이 책에서 다루는 모든 source codes는 필자의 naver cafe인
https://cafe.naver.com/limjongsulab에서 download받을 수 있다.

임종수의
STM32 Cortex-M
완벽활용서 vol.1 개정판

STM32 MCU 개발에 사용되는 CubeMX, CubeIDE,
IAR 그리고, KEIL에 대한 자세한 설명과 다양한 부품들에 대한
사용 방법, 그리고 회로적인 내용도 설명하였다.
또한, 상용 제품에서 사용되는 PC의 Windows Program과 여러분의
MCU가 어떻게 서로 데이터 통신을 수행하는지 그 전송 규약에 대해서 직접 개발하고,
MCU에서 제공하는 데이터를 실시간으로 그래프와 데이터로 시각화하는 방법도 설명하였다.

도서출판 버무림

┃임종수의 STM32 Cortex-M 완벽 활용서 - 1. 개정판┃

저 자_임종수

발 행_2024년 11월 22일

교 정_버무림

편집디자인_편집부

표지디자인_임진택

발행처_버무림

발행인_임종수

출판등록_제 561-2022-000005호

주소 경기도 군포시 공단로 284, 6층 606호 우편번호 15809

전화 010)3387-5782(HP) 팩스 031)464-9802

E-mail_limjongsulab@naver.com

정가 43,000원

ISBN 979-11-977727-2-6

머리말

1차 초판을 출간하고, 2년 반이 넘어서 **개정판을 출간**하게 되었다. 처음 3권의 책을 시리즈로 출간할 계획이었고, 2024년 10월 Vol.2를 출간하였다. 이번 개정판에서는 초판과 비교하여 다음과 같은 내용이 추가되고 수정되었다.

❶ 주요 개발 도구인 KEIL Inc.의 MDKARM과 IAR Inc.의 Embedded Workbench에 대한 license 변동이 있어서 이들에 대한 내용을 수정하고 추가하였다.
❷ **전반적인 예제 코드들과 흐름은 그대로 유지하여 기존의 41개 동영상 강좌를 보며, 따라하고 실습하는데 문제가 없도록 하였다.** 그러므로, 계속해서 Vol.1. 개정판을 학습하기 위해서는 기본적으로 SJ_MCUBook_M3 보드를 사용해야 하지만, Vol.1, Vol.2, 그리고 앞으로 출간될 Vol.3에서 공통으로 사용될 SJ_MCUBook_M4 보드를 사용할 것을 **추천**한다. 자세한 내용은 10.2. **단원**을 참조하기 바란다.
❸ 몇몇 내용들을 수정 보완하였다. 예를 들면, 14.3. **단원**, Chapter 16. 등등.

다음은 이 책에 대한 소개이다.

이 책은 여러분을 STM32 MCU Coding 전문가로 만들어 줄 선물과 같은 책이다.

누구나 살아가면서 하고 싶은 일이 있을 것이고, 그리고 정열적으로 그 일을 쟁취해 나가면서 성공한 자신의 모습을 상상해 본 경험이 있을 것이다. 비록, 그것이 당장은 꿈일지라도 언젠가는 삶의 무대에서 당당히 주인공이 되는 자신의 모습을 상상해 보고, 행복해 한 경험이 있을 것이다. 이 책은 MCU Coding 방법에 대한 여러 선물들을 잔뜩 포함하고 있다. 여러분이 Embedded Coding이라는 무대에서 당당히 주인공이 되어 여러분의 꿈을 실현하는 데 분명히 도움이 될 귀한 선물들로 가득하다.

무엇보다도 이 책은 여러분에게 단편적인 STM32 MCU에 대한 잔재주를 다루지 않는다.

또한, 이 책은 독자의 편의나 안락함을 고려하지 않는다. 오로지, 정렬과 인내심을 가지고, 자신이 꿈꾸는 제품 즉, 전자 회로를 설계하고, 그리고, 그 설계된 보드에 소프트웨어를 불어 넣어서 완전체를 만드는데 필요한, 그 무대의 시작에 해당하는 MCU에 대한 많은 내용을 수록하고 있다.

여러분은 이 책을 통하여 STM32 MCU에 대한 사용 방법뿐만 아니라 **Cortex-M core에 대한 근본적인 내용을 설명하고 있으므로 Cortex-M core를 사용하는 다른 제조사의 MCU를 학습하는데도 많은 도움**이 될 것이다. 무엇보다도 이들 상당 부분은 Cortex-A core의 공통적인 내용에 해당한다는 데 주의하기 바란다. 또한, 다양한 부품들에 대한 특성과 사용 방법, 그리고 회로적인 내용도 학습하게 될 것이다. 그리고, 상용 제품에서 사용되고 있는 PC의 Windows Program 또는 임의의 다른 MCU와 여러분의 MCU가 어떻게 서로 데이터를 주고 받으며 통신하는지 그 **전송 규약**에 대해서 학습하고, 학습한 내용을 직접 구현할 것이다. 이어서, MCU에서 제공하는 데이터를 실시간으로 그래프와 데이터로 시각화하는 방법도 학습하게 될 것이다.

구체적으로 이 책에서 다루는 각각의 Chapter에 대해서 소개하면 다음과 같다.

Chapter 1.에서는 STM32 MCU의 종류와 각각의 MCU가 가지고 있는 특징들을 학습하게 될 것이다. 또한, STM32 MCU 내부 구성도를 살펴볼 것이다. 여기서는 주요 성분들이 어떠한 bus 구조로 상호 연결되어 있는지 학습하게 될 것이다. 이것은 추후 CubeMX를 활용할 때뿐만 아니라 올바른 Coding을 하기 위해서 필요한 내용이다. 그리고, STM32 MCU를 이용하여 coding하는 데 필요한 emulator에 관련된 내용과 유용한 소프트웨어에 대해서 자세히 설명하였다.

Chapter 2.에서는 STM32 MCU를 이용한 Embedded C code 개발을 위한 소프트웨어 종류에 대해서 살펴보고, 각각의 소프트웨어를 download 받는 방법과 설치하는 방법에 대해서 학습한다. 그 밖에 Embedded C code 개발에 유용한 소프트웨어들에 대해서 학습하고, 이들도 함께 설치해 본다.

Chapter 3.에서는 STM32 MCU가 제공하는 GPIO port 내부 구조와 전기적인 특성을 분석하고, 학습한다. 그러므로, 회로 해석과 관련된 내용이 많은데, 실력 있는 Embedded Engineer가 되기 위해서는 반드시 이해해야 하는 내용들이다. MCU 이미지 갱신에 따른

RESET 상황 또는 임의의 RESET 상황에서 Latch 소자가 갖는 의미를 SN54/74HCT573 소자와 함께 학습한다. 그리고, SN54/74HCT573 소자의 특성 분석과 관련 C code 개발을 한다. 원하는 C framework에 대한 source files를 자동으로 생성하도록 CubeMX 설정 방법을 학습한다. 그리고, 생성된 C framework에 GPIO port 제어 code를 추가하고, IAR Inc.의 Embedded Workbench로 실행 image를 만들어서 Nucleo 보드에서 동작 확인을 한다.

Chapter 4.에서는 STM32 MCU에서 사용할 수 있는 외부 interrupt에 대한 특징과 내부 구조를 학습한다. 즉, 외부 interrupt가 발생하고, 이것이 관련 callback 함수를 호출할 때까지의 흐름을 학습한다. 그리고, STM32 MCU 종류에 따른 외부 interrupt 차이점을 학습하고, 외부 interrupt 관련 CubeMX 설정 방법에 대해서도 학습한다. 여기서는 KEIL Inc.의 MDK-ARM을 이용하여 외부 interrupt 처리하는 방법을 학습하게 될 것이다. 무엇보다도 Nucleo 보드를 이용하여 외부 interrupt를 발생시키고, 처리하는 일련의 과정을 함께 실험하게 될 것이다.

Chapter 5.에서는 STM32 MCU 전원 공급에 대한 감시 체계에 대해서 학습하고, 전력 소비를 제어하는 방법을 살펴볼 것이다. 그리고, clock 공급 방법과 관련된 주의사항들에 대해서 학습하고, 이들을 CubeMX에 설정하는 방법도 설명하였다.

Chapter 6.에서는 STM32 MCU에서 제공하는 Timer 종류와 각각의 특징을 학습한다. 구체적으로 Timer의 내부 구조와 동작 원리를 살펴보고, Timer 동작 원리와 관련된 register들을 CubeMX에서 설정하는 방법을 학습하게 될 것이다. 그리고, Timer interrupt 발생과 그에 따른 처리 방법을 학습하고, 다양한 Timer 동작 방식들을 그림과 함께 설명하였다. 무엇보다도 SJ_MCUBook_Apps program을 이용하여 CubeMX의 Timer 설정 방법을 손쉽게 하는 방법을 소개하였다. Nucleo 보드를 통하여 Timer 관련 여러 예제들을 실험해 볼 것이다. Watchdog timer의 개념과 종류, 그리고, CubeMX를 이용한 설정 방법도 설명하였다. ADI Inc.의 전용 watchdog timer 소자인 ADM8613의 사용 방법도 설명하였다.

Chapter 7.에서는 STM32 MCU에서 제공하는 PWM의 내부 구조와 특징을 학습할 것이다. 여러 PWM channel들을 동기화하는 3가지 방식들에 대해서 학습하고, 동기화가 갖는 의미를 살펴볼 것이다. 또한, SJ_MCUBook_Apps program의 편의 기능을 이용하여 CubeMX

에서 PWM 설정을 보다 손쉽게 하는 방법도 설명하였다.

Chapter 8.에서는 STM32 MCU를 사용하기 위한 ST Inc.에서 제공하는 library 구조와 특징을 학습하고, library에서 제공하는 다양한 함수들의 체계와 호출 순서도를 살펴볼 것이다. 또한, 제공되는 다양한 데이터 type에 대해서도 학습할 것이다. STM32CubeIDE를 활용하여 PC의 UART 통신 program인 Tera Term과 문자열을 주고 받도록 Nucleo 보드에서 동작하는 code를 구현해 볼 것이며, PC에서 동작하는 SJ_MCUBook_Apps program과 데이터를 원활히 실시간으로 주고 받을 수 있도록 전송 규약을 작성하는 방법도 설명하였다. 즉, SJ_MCUBook_Apps program이 발생한 event number에 따른 MCU의 event handler 함수를 호출하는 구조를 파악하여 MCU 내부에 저장되어 있는 sine wave 1주기 데이터를 0.5[초] 단위 마다 순서대로 추출하여 SJ_MCUBook_Apps program의 window 화면에 계속해서 plotting하도록 coding 하는 방법을 학습하게 될 것이다. 단, 작성한 전송 규약만 지킨다면, Windows Program뿐만 아니라 임의의 다른 MCU와도 **전송 규약에 맞추어 통신을 수행**할 수 있다.

Chapter 9.에서는 STM32 MCU를 위한 clock 관련 회로 구성 방법과 RTC에 대한 특징과 사용 방법을 CubeMX와 함께 살펴본다. RTC에 대한 사용 방법을 자세히 학습하고, Windows program인 SJ_MCUBook_Apps로 현재 PC의 시각 정보를 MCU에 전송하여 MCU의 RTC가 계산한 새로운 초 단위를 근거로 생성한 날짜와 시각 정보를 실시간으로 받아서 표시하는 일련의 방법에 대해서 학습하고, coding해 볼 것이다. RTC를 위한 날짜와 시각 정보 데이터를 MCU와 PC가 서로 교환할 수 있도록 Chapter 8.에서 개발한 UART 전송 규격을 수정하는 방법도 함께 살펴 볼 것이다. 개발한 RTC 관련 project를 다양한 MCU들에서 동작하도록 수정해 볼 것이다. 예를 들면, STM32L476, STM32L496, STM32F103, 그리고, STM32F303. 또한, 동일한 RTC 주변 장치에 대해서 STM32 MCU들 사이의 HAL library 함수를 사용할 때의 차이점과 주의사항들에 대해서도 설명하였다.

Chapter 10.에서는 우선, I2C 통신 방식에 대한 내용을 학습하고, 이어서, STM32 MCU가 제공하는 I2C 통신에 대한 특징과 사용 방법에 대해서 살펴볼 것이다. 그리고, CubeMX에서 I2C 통신 관련 설정 방법에 대해서 학습할 것이다. EEPROM 소자들, RTC 소자, 그리고, battery charger와 데이터 통신을 하기 위한 실질적인 I2C 관련 source 파일을 개발해 본다. SJ_MCUBook_M3 보드에 있는 EEPROM 소자에 대한 read/write 동작을 함께 실험해 보고, 그 결과를 SJ_MCUBook_Apps program으로 확인해 볼 것이다.

Chapter 11. 에서는 SPI 통신 방식에 대한 내용을 학습하고, STM32 MCU가 제공하는 SPI 통신에 대한 특징과 사용 방법에 대해서 학습할 것이다. 그리고, CubeMX에서 SPI 통신 관련 설정 방법에 대해서 살펴 볼 것이다. 예제로는 TI Inc.의 DAC 부품인 TLV5638, ADI Inc.의 DAC 부품인 AD5687R/AD5689 소자들을 제어하고, 데이터 통신을 수행하기 위한 실질적인 SPI 관련 source 파일을 개발한다. 그리고, SJ_MCUBook_M3 보드에 있는 DAC 인 TLV5638 소자를 제어하여 정현파를 생성하고, 그 결과를 SJ_MCUBook_Apps program으로 확인해 볼 것이다.

Chapter 12. 에서는 DMA 전송 방식에 대한 상당히 많은 내용을 만나게 될 것이다. 우선, STM32 MCU의 DMA 내부 구조를 학습해 보고, UART DMA 전송 방식에 대해서 학습하고, 실습해 볼 것이다. 또한, **UART IDLE interrupt**에 대해서 학습해 볼 것이다. 그리고, Buffer의 필요성과 double buffer에 대해서 살펴보고, Queue와 Circular Queue에 대해서 학습한 이후에 학습한 내용을 UART DMA에 적용해 볼 것이다. UART DMA 전송 방식으로 SJ_MCUBook_Apps program과 통신할 수 있도록 UART 전송 규약을 수정하는 방법을 살펴 볼 것이며, SPI DMA 전송 방식에 대해서도 학습하고, 실습해 볼 것이다. 그리고, STM32 MCU에서 DMA 방식을 사용하는 경우에 주의해야 하는 사항들에 대해서 설명하였다.

Chapter 13. 에서는 우선, 신호의 종류와 특징에 대해서 학습할 것이다. 그리고, 신호를 변환해 주는 ADC의 종류와 각각의 동작 원리에 대해서 살펴볼 것이다. ADC와 관련된 전문 용어에 대한 학습과 ADC datasheet 항목들과 연관 지어 볼 것이다. 그리고 나서, CubeMX 로 원하는 ADC 사양을 설정하는 방법과 함께 STM32 MCU가 제공하는 ADC의 기능과 특징 들에 대해서 설명하였다. 다양한 ADC 사용 방법에 대해서 학습하고, 예제로는 STM32 MCU가 제공하는 내부 온도 센서 사용 방법과 SJ_MCUBook_M3 보드의 NTC 개념과 사용 방법을 학습하고, 이어서 SJ_MCUBook_Apps program에 실시간으로 온도를 표시해 주는 방법에 대해서 학습할 것이다.

Chapter 14. 에서는 STM32 MCU DAC의 기능과 특징을 학습하고, CubeMX로 원하는 사양을 설정하는 방법을 학습할 것이다. 예제로는 DMA 방식으로 신호를 발생시키는 방법을 실험해 볼 것이다. 또한, Cortex-M core를 위한 Interrupt Controller인 NVIC에 대해서 살펴볼 것이다. 그리고 나서, Interrupt 우선 순위의 개념과 조정 방법에 대해서 학습할 것이다.

Chapter 15. 에서는 산업용으로 광범위하게 사용되는 RS-485 통신 규격에 대해 자세히 학습하고, 회로적으로 구현할 때에 고려해야 하는 사항들을 살펴 볼 것이다. 예제로는 RS-485 transceiver 소자인 ADI Inc.의 ADM2481과 TI Inc.,의 ISO308x 부품들에 대한 특성을 학습할 것이다. 그리고, LCD 16×2 module인 GC1602D-01XA0에 대한 특성을 학습하고, 구동해 볼 것이다.

Chapter 16. 에서는 CubeMX, CubeIDE, 그리고, IAR Inc.의 Embedded Workbench, KEIL Inc.의 MDK ARM에 대한 다양한 사용 경험을 공유할 것이다. 구체적으로 각각의 개발 도구에 대한 고유한 option들에서 자세히 학습할 것이다. 예제로는 Bootloader 등과 같이 2개의 실행 image를 동시에 교차하며 debugging하는 방법을 학습하게 될 것이다. 또한, Hex file format에 대한 자세한 내용도 학습하고, 이어서 Nucleo 보드를 사용할 때에 만날 수 있는 여러 특수 상황을 살펴볼 것이다.

아마도, 이 책을 모두 읽고, 실험을 하기 위해서는 필자가 그러하였듯이 많은 시간이 소요될 것이다. 그러나 그러한 노력과 정렬이 자신이 자신을 더욱 더 믿게 하는 원동력이 될 것이라고 생각한다. 이 책을 읽다보면, 여러 곳에서 너무 긴 문장이 사용되어 이해하기 어려운 부분들이 있을 것이다. 게다가 가능하면 이해하기 쉽도록 하나의 그림에 여러 작은 그림들을 함께 배치하여 글씨 크기가 작아져서 돋보기가 필요한 경우도 있을 것이다. 그럼에도 불구하고, 끝까지 읽고, 이해하며 실험해 본다면, 어느새 자신의 실력이 놀라울 정도로 커진 것을 느끼게 될 것이다. 만일, 반복된 노력에도 이해가 안 되는 부분들이 있다면, 필자의 cafe에 문의하기 바란다. 이 책에서 다루는 모든 source 파일을 포함한 자료는 필자의 **naver cafe** 인

http://cafe.naver.com/limjongsulab

를 참조하면 되고, 필자의 email address는 **limjongsulab@naver.com**이다.

필자가 저술한 Matlab, Simulink와 같은 기존의 책자들뿐만 아니라 앞으로 출간될 책자들,

그리고, 필자의 회사에서 추진하는 여러 교육 과정들과 최신 정보들에 대한 모두 사항들을 앞서 언급한 naver cafe **임종수 연구소**에서 관리하고 있다. 이곳에서 여러분과 함께 질문과 답변을 통한 토론을 하였으며 한다. 그리고 유용한 자료들을 많이 등록하여 공유하였으면 한다. 또한, 이 책에서 사용하는 SJ_MCUBook_**M0** 보드, SJ_MCUBook_**M3** 보드, 그리고, SJ_MCUBook_**M4** 보드를 포함한 제품들과 Windows Program인 SJ_MCU**Pro**와 SJ_MCU**Free**에 대한 자료와 구매는 다음에 보여준 필자의 homepage를 참조하면 된다. 또한, **고성능 연기 측정기**와 **유독 가스 측정기** 제품들도 구매할 수 있다.

https://www.sujinpub.com/shop/

간단히 필자는 다음과 관련된 최신 제품들을 회로 설계, PCB 설계, Embedded C code, Windows Program 일체를 직접 개발하여 판매하고 있으며, 무엇보다도 해당 제품에 대한 **CPU module만** 따로 판매하고 있으니, 참조하기 바란다.

❶ **전기화학 관련 제품 :**
각종 바이러스 검출기, 유독 가스 검출기, 의료용 진단기, 등등
- **적용 사례 :**
  - 반도체와 자동차 관련 업체 : CO, H2S, H2 측정기,
  - 스마트 팜 : CO2, CH4 측정기

❷ **연기 측정기 관련 제품 :**
다양한 출력을 통한 정밀 연기, 온도, 습도 측정기
- **적용 사례 :**
  - 바테리 충/방전기 : 0~5[V] 전압 출력 방식.
  - 배전반 개발 또는 자동차 관련 업체 : CAN, RS-485, RS-232 출력 방식

❸ **전력 측정 및 분석 관련 제품 :**
단상 또는 3상 전력량 측정 및 THD, SAG/Swell 검출 및 파형 추출, 등등
- **적용 사례 :**
  - 단상과 3상을 포함한 다양한 고/저압 공용 스마트 미터(Smart Meter).

❹ **교육 관련 제품 :**
다양한 종류의 교육용 보드 및 소프트웨어, 다양한 교육과정 운영 등등

감사의 말씀.

제일 먼저, 이와 같이 개정판을 출간하도록 축복하신 하나님에게 감사합니다.

독자 여러분들과 Naver cafe를 통하여 많은 관심을 가져주시고, 성원해 주신 분들에게도 감사함을 표하고 싶습니다. 여러분들의 관심과 도움으로 개정판을 출간하게 되었습니다.

지난 2014년 존경하고, 사랑하는 지금은 천국에 계시는 아버지 **임 문 구**에게 감사함을 표하고 싶습니다. 그리고, 언제나, 따듯한 마음과 가르침을 주신 존경하고, 사랑하는 한경대 이 택 기 교수님에게 감사함을 표하고 싶습니다.

언제나 그러하듯이 세상에서 가장 아름답고, 사랑스러운 아내 권 정희에게 감사하며, 그리고, 이 책의 표지를 만들어 주고, 항상 힘이 되어주는 아들 임 진택에게도 감사를 표합니다.

2024년 11월
공학 박사 임 종 수로부터

차 례

제1장 STM32 MCU 소개   19

- 학습 목표   20
- 1.1 STM32 MCU 종류와 특징   21
- 1.2 STM32 MCU 내부 구성도   25
- 1.3 STM32F MCU 관련 개발 도구들 소개   29
- 연구 과제   44

제2장 CubeIDE, CubeMX, IAR, 그리고, KEIL 설치 방법   45

- 학습 목표   46
- 2.1 CubeIDE 설치 방법 소개   47
- 2.2 CubeMX 설치 방법 소개   51
- 2.3 IAR Embedded Workbench 설치 방법 소개   52
- 2.4 KEIL MDK-ARM 설치 방법 소개   59
- 2.5 그 밖에 필요한 소프트웨어 소개   64
  - 2.5.1 TERA Term 설치 방법   64
  - 2.5.2 SJ_MCUBook_Apps 설치 방법   66
- 연구 과제   75

제3장 GPIO 사용 방법   77

- 학습 목표   79
- 3.1 GPIO 내부 구조와 전기적 특성 분석   80
- 3.2 GPIO port 제어 방법   90

■ 연구 과제 ··· 106

제4장 Interrupt 소개와 외부 interrupt 처리 방법 107

■ 학습 목표 ··· 109
4.1 KEIL을 이용한 외부 interrupt 사용 방법 ··· 110
4.2 GPIO 외부 인터럽트 사용 실례 ·· 129
■ 연구 과제 ··· 133

제5장 전원과 Clock 설정 방법 135

■ 학습 목표 ··· 136
5.1 전원 공급과 감시 체계 ·· 137
5.2 STM32 MCU의 전력 mode ·· 140
5.3 Clock 설정 방법 ·· 145
　　5.3.1 HSI clock 소개 ··· 149
　　5.3.2 PLL(Phase locked loop) 소개 ·· 150
　　5.3.3 LSE clock 소개 ·· 151
　　5.3.4 그 밖의 clock 소개 ··· 152
■ 연구 과제 ··· 154

제6장 Timer와 WatchDog Timer 사용 방법 155

■ 학습 목표 ··· 156
6.1 Timer 동작 원리 상세 분석 ·· 158
6.2 예제를 통한 Timer 사용 방법 ·· 166
6.3 Watchdog Timer 사용 방법 ··· 175
6.4 ADM8613(WatchDog) 사용 방법 ·· 181
6.5 Timer를 이용한 micro second delay 함수 구현 방법 ································· 188
■ 연구 과제 ··· 191

제7장 PWM 생성 및 사용 방법 193

- 학습 목표 ·· 194
- 7.1 PWM 소개와 사용 방법 ·· 195
- 7.2 여러 Timer들을 동기화하는 방법 ·· 204
  - 7.2.1 Timer들 동기화를 위한 Reset Mode ·· 208
  - 7.2.2 Timer들 동기화를 위한 Gated Mode ··· 210
  - 7.2.3 Timer들 동기화를 위한 Trigger Mode ··· 212
- 연구 과제 ·· 220

제8장 UART 사용 방법과 전송 규격 작성 방법 221

- 학습 목표 ·· 222
- 8.1 STM32 Library 구조 소개 ·· 223
- 8.2 CubeIDE를 이용한 UART 사용 방법 ··· 231
- 8.3 Windows Program과 UART 통신 방법 ··· 250
- 8.4 전용 UART2USB 부품 사용시 주의사항 ·· 262
- 연구 과제 ·· 264

제9장 RTC 사용 방법 265

- 학습 목표 ·· 266
- 9.1 RTC 소개와 CubeMX에 대한 자세한 설명 ··· 267
- 9.2 RTC 사용 방법과 PC 사이의 통신 방법 ··· 278
- 9.3 L476 RTC project를 F103, F303과 L496에 적용 방법 ························· 292
  - 9.3.1 L476 RTC code를 F103에 적용 방법 ·· 292
  - 9.3.2 L476 RTC code를 F303에 적용 방법 ·· 300
  - 9.3.3 L476 RTC code를 L496에 적용 방법 ·· 302
- 9.4 RTC 관련 HAL 함수들 사용 방법 ··· 304
- 연구 과제 ·· 314

제10장 I2C 사용 방법과 관련 소자들 사용 방법   315

- 학습 목표 ·· 316
- 10.1 I2C 통신 소개 ·· 317
- 10.2 SJ_MCUBook_M3 교육용 보드 소개 ·· 321
- 10.3 AT24C256C EEPROM 사용 방법 ··· 324
- 10.4 AT24C256C EEPROM Coding 방법 ··· 331
- 10.5 SJ_MCUBook_M3 UART port 사용 ··· 344
- 10.6 M24M02-DR EEPROM 사용 방법 ·· 346
- 10.7 ADP5062 Li-Ion Battery Charger 사용 방법 ································ 348
- 10.8 DS3231M RTC 사용 방법 ··· 352
- 10.9 STM32F10xxC/D/E I2C bug 및 기타 주의 사항 ·························· 359
- 연구 과제 ·· 363

제11장 SPI 사용 방법과 관련 소자들 사용 방법   365

- 학습 목표 ·· 366
- 11.1 SPI 사용 방법 소개 ·· 367
- 11.2 TLV5638 DAC 사용 방법 ·· 377
- 11.3 TLV5638 DAC Coding 방법 ·· 385
- 11.4 Timer를 이용한 TLV5638 DAC 출력 방법 ··································· 394
- 11.5 AD5687R과 AD5689R DAC 사용 방법 ·· 401
- 연구 과제 ·· 418

제12장 DMA 사용 방법   419

- 학습 목표 ·· 420
- 12.1 STM32 MCU의 DMA 소개 ·· 421
- 12.2 UART DMA와 IDLE interrupt 사용 방법 ······································ 430
- 12.3 Buffer의 필요성과 double buffering 소개 ····································· 446
- 12.4 DMA 전송과 Circular Queue(Ring Buffer) 구현 방법 ················· 453
- 12.5 본격적인 UART DMA 구현 방법 ··· 461

12.6 SPI DMA Coding 방법 ··· 480
12.7 DMA Coding 관련 주의 사항 ··· 489
■ 연구 과제 ··· 493

제13장 ADC와 내부 온도센서, 그리고, NTC 사용 방법   495

■ 학습 목표 ··· 496
13.1 ADC의 개념과 종류 ··· 497
13.2 ADC 관련 datasheet 보는 방법 ··· 503
13.3 CubeMX를 이용한 기본적인 ADC 설정 방법 ························ 509
13.4 CubeMX를 이용한 ADC 사용 방법 ······································· 529
13.5 그 밖의 ADC 설정 방법 ·· 544
13.6 온도 측정 방법 ·· 553
    13.6.1 NTC를 이용한 온도 측정 방법 ···································· 554
    13.6.2 STM32F MCU 내부 온도 sensor를 이용한 온도 측정 방법 ············ 559
■ 연구 과제 ··· 564

제14장 DAC 사용 방법과 Interrupt 우선순위   565

■ 학습 목표 ··· 566
14.1 STM32 MCU DAC 특징 정리 ·· 567
14.2 DAC 사용 방법 ·· 578
14.3 Interrupt 우선순위 ··· 588
■ 연구 과제 ··· 606

제15장 RS-485와 LCD 사용 방법   607

■ 학습 목표 ··· 608
15.1 RS-485 통신에 대한 소개와 사용 방법 ································· 609
15.2 LCD 16×2 사용 방법 ·· 618

제16장 IAR, KEIL, CubeIDE, 그리고, CubeMX 사용 방법 정리 … 623

- 학습 목표 …………………………………………………………………………………… 624
- 16.1 IAR Embedded Workbench 사용 방법 정리 ……………………………… 625
  - 16.1.1 임의의 외부 header file including 방법 ………………………… 625
  - 16.1.2 CMSIS error가 발생하는 경우 …………………………………… 626
  - 16.1.3 Debugging 동작에서 빠져나올 때 주의 사항 …………………… 626
  - 16.1.4 예상했던 데이터의 개수보다 적게 데이터가 생성되는 경우 ……… 627
  - 16.1.5 MCU 자원 사용 현황 확인 방법 …………………………………… 629
  - 16.1.6 source file 경로 불일치 error가 발생한 경우 …………………… 632
  - 16.1.7 임의의 source files를 project에서 제외하는 방법 ……………… 633
  - 16.1.8 bootloader와 application image를 하나로 만드는 방법 ……… 634
  - 16.1.9 2 image들에 대한 debugging 방법과 CubeIDE 주의 사항 …… 650
  - 16.1.10 Project Active로 변경하는 방법과 파일 수정에 따른 붉은 점 …… 656
  - 16.1.11 CSTACK overflow Error ………………………………………… 657
  - 16.1.12 IAR C-STAT 사용 방법 정리 …………………………………… 658
  - 16.1.13 새로운 project 추가 방법 ………………………………………… 661
  - 16.1.14 Breakpoint에서 실행이 멈추지 않는 경우 ……………………… 662
  - 16.1.15 부분적으로 최적화를 설정하는 방법 …………………………… 663
  - 16.1.16 가변 크기를 가지는 배열 정의를 위한 option ………………… 665
  - 16.1.17 hex file이 안 만들어 지는 경우 ………………………………… 666
  - 16.1.18 전역 변수가 live watch window에서 사용할 수 없는 경우 …… 667
  - 16.1.19 CubeMX에서 생성된 linker script file *.icf에 오류가 있어요! …… 668
  - 16.1.20 현재 IAR Debugging 환경을 다른 Project에서 사용하는 방법 …… 671
- 16.2 KEIL MDK-ARM 사용 방법 관련 정리 ……………………………………… 672
  - 16.2.1 임의의 MCU를 위해 새로운 Project 생성 방법 ………………… 673
  - 16.2.2 Project 이름 변경 방법 …………………………………………… 680
  - 16.2.3 hex file만 downloading 방법 …………………………………… 680
  - 16.2.4 외부에서 얻은 파일과 library files가 일치하지 않은 경우 ……… 683
  - 16.2.5 uint32_t에 음수 값을 할당하면 무조건 "0" ……………………… 686
  - 16.2.6 Cortex Core에 따른 C 언어 사용상 주의 사항 - IAR도 관련됨 …… 686
- 16.3 CubeMX와 CubeIDE 사용시 주의 사항 ……………………………………… 694

16.3.1 IAR Project를 CubeIDE로 불러들이는 방법 ·············· 694
16.3.2 CubeMX와 ST-Link emulator 설정 방법 ·············· 702
16.3.3 새로운 *.c file 추가 할 때 주의 사항 ·············· 705
16.3.4 Floating Point Unit(FPU) Enabling ·············· 705
16.3.5 필요한 HAL 함수 이름이 기억나지 않는 경우 ·············· 706
16.3.6 개발 tool을 IAR로 바꾸었더니 Error 발생 ·············· 707
16.4 Nucleo 보드 사용시 주의 사항 ·············· 708
16.4.1 Nucleo 보드에 있는 emulator로 다른 보드 debugging하는 방법 ···· 708
16.4.2 Nucleo 보드에서 제공하는 UART 통신이 잘 안 되는 경우 ·············· 710
16.4.3 Leakage Current 개념 정리 ·············· 711

부록 1 SJ_MCUBook_M0/3/4 보드 소개   713

찾아보기   721

CHAPTER 01

STM32 MCU 소개

소비자들의 다양의 요구와 신상품의 출시로 현재, 많은 종류의 MCU들이 다양한 목적으로 생산되어 사용되고 있다. 그중에서도 여러분에게 일반 산업 및 소비자용 제품으로 광범위하게 사용되고 있는 ST 마이크로 회사의 MCU 사용 방법을 자세히 설명하고자 한다. 영국의 ARM 회사에서 개발한 Cortex-M core를 기반으로 하는 STM32 MCU는 소프트웨어 개발에 도움을 주는 강력한 도구들을 무료로 제공하고 있으며, 다양한 종류의 평가 보드들을 출시하고 있다. 무엇보다도 사용자들이 많아서 인터넷을 통하여 쉽게 원하는 자료를 얻을 수 있다. 이번 Chapter에서는 STM32 MCU의 종류와 특징에 대해서 살펴보고, 그 내부 구조에 대해서 학습하게 될 것이다. 또한, STM32 MCU를 이용하여 소프트웨어를 개발하는 데 유용한 Nucleo 보드와 Emulator에 대해서 학습하게 될 것이다. 이때 여러분은 JTAG 20pins의 여러 구성을 학습하게 될 것이다.

■ 학습 목표 :
- STM32 MCU의 종류와 각각의 MCU가 가지고 있는 특징들을 이해한다.
- STM32 MCU 내부 구성도를 살펴본다. 추후 CubeMX를 활용할 때뿐만 아니라 올바른 Coding을 하기 위해서 필요한 내용이다.
- STM32 MCU를 이용하여 coding하는 데 필요한 emulator에 관련된 내용과 유용한 소프트웨어에 대해서 자세히 학습한다.

1.1 STM32 MCU 종류와 특징.

STM32 MCU는 그 목적에 따라서 여러 family 군으로 분류된다. 여기서는 주요 family 군들이 가지는 특징들에 대해서 간단히 살펴보도록 하겠다. 좀 더 자세한 제품의 종류와 식별 방법에 대해서는 **Vol.2의 1.3. 단원**을 참고하기 바란다. 특별히, **적은 전력을 소비하도록** 설계된 STM32L family가 있는데, 이들 소자 중에서 대략 64pins 이상의 package의 경우, part number 맨 뒤에 [그림 1.1-1]에서 보여준 것과 같이 P를 붙인 것과 안 붙인 것이 있다는데 주의하자.

Option
Blank = Standard production with integrated LDO
P = Dedicated pinout supporting external SMPS

[그림 1.1-1] STM32L family 특징(1).

결국, P를 붙인 소자는 외부 SMPS를 통한 전원을 공급받을 수 있도록 전용 VDD12 전원 pin이 제공된다는 의미가 된다. 즉, [그림 1.1-2]에서 L family가 아닌 것은 ①번과 같이 VDD pin에 3.3[V]를 공급하여 주면, MCU 내부에 있는 LDO를 통하여 Core를 위한 1.2[V]가 **자동**으로 제공되어 공급된다.

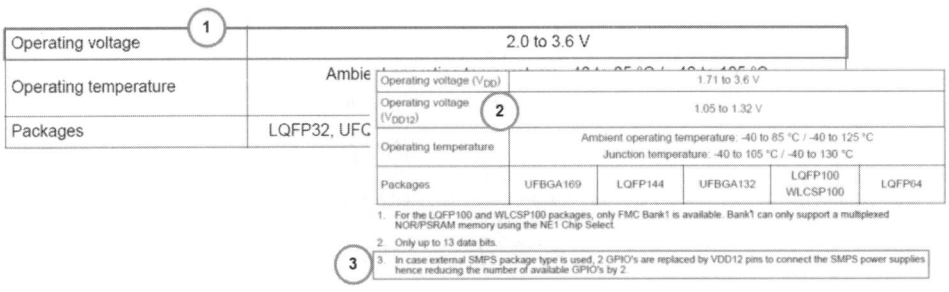

[그림 1.1-2] STM32L family 특징(2).

그러나, L family의 경우에는 Core 부분과 Core가 아닌 부분을 **분리**하기 위해서 ③번과 같이 외부 SMPS power를 연결하기 위한 **VDD12 pins가 추가**된다. 이로 인해서 사용할 수 있는 2개의 GPIO pins가 줄어든다. 즉, 외부에서 1.2[V] Core 전원과 3.3[V] 입력과 출력 pins를 위한 전원을 **독립적으로** 공급하도록 하여 사용자가 전원을 각각 제어할 수 있게 하였다. 이것은 결국, 소비 전력을 줄일 수 있는 방법을 추가적으로 사용할 수 있다는 의미가 된다. 그러나, 이와 같은 추가적인 VDD12 전용 pin이 필요하기 때문에 64pins 이상을 갖는 package에서**만** 지원한다는데 주의하자. 또한, STM32G family는 STM32F3 family와 STM32F4 family의 **중간급**으로서 STM32F3 family보다 최신 이어서 **가성비가 높은 것**이 사실이다. 또한, STM32 MCU를 사용하는 경우에 다음의 사항들을 기억해 두도록 하자.

❶ **일반적으로** STM32F7 family는 STM32F4 family와 **pin-to-pin 호환**된다.
❷ STM32F429xx를 **포함한 여러 제품군이** 24bits parallel digital RGB를 지원하는 LCD-TFT controller를 제공한다.
❸ STM32F4 family를 구성하는 다음의 주변 장치들은 **SYSCLK를** 사용하지 않으므로 따로 **외부에서 clock을 공급**해 주어야 한다.
- USB OTG FS/HS clock, I2S clock, SAI(Serial Audio Interface) clock, LCD-TFT controller(LTDC) clock, Ethernet MAC clocks

그러나, 일반적으로 MCU 내부 clock들은 온도에 따른 특성이 좋지 않아서 거의 대부분의 상용 제품에서는 외부에 8[MHz], 32.768[KHz] clock 소자들을 연결하여 사용해 준다. STM32 MCU를 종류별로 구분하기 전에 우선, **STM32 MCU의** library에 대해서 알아두는 것이 좋다. library는 **STM32Cube_FW_x**(x=1,2,3,4,7등) 이름으로 제공한다. **2.1. 단원**에서 학습할 CubeMX라는 소프트웨어 개발 tool에서 사용할 MCU를 선택하고, 원하는 사양을 지정해 주면, 지정한 사양을 근거로 해당 library에 있는 함수들을 복사하여 기본적인 C framework code를 **자동으로** 생성해 준다. 이때에 C framework code를 생성하는데 필요한 library들을 선택한 MCU를 기준으로 ST 마이크로 website에서 **자동으로** download 받아서 기본적으로 [그림 1.1-3]에서 보여준 folder에 저장해 준다.

C:₩Users₩*jskm7*₩STM32Cube₩Repository

그러므로, CubeMX를 사용하는 경우에는 인터넷 연결이 되어 있어야 한다는 데 주의하자.

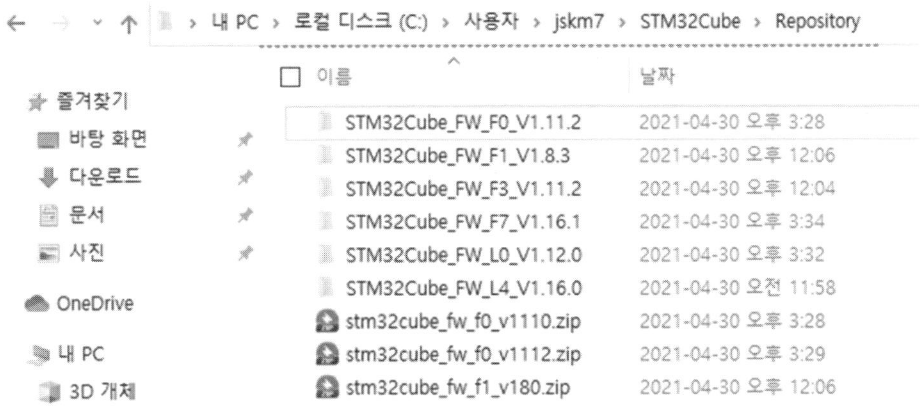

[그림 1.1-3] STM32 MCU library 구성과 위치.

여기서, *jskm7*은 필자의 PC 계정이므로 여러분은 여러분의 PC 계정 이름을 기준으로 경로를 확인하면 된다. 다음은 STM32 MCU를 종류별로 간단히 정리해 본 것이다.

❶ Cortex-M0 기반 : ARMv6-M architecture

: STM32 F0, G0 family, 관련 library는 STM32Cube_FW_**F0**이다.

■ HAL, Low-Layer APIs, CMSIS(CORE, DSP, RTOS), USB, File system, RTOS, Touch Sensing.

❷ Cortex-M0+ 기반 : ARMv6-M architecture

전력 소비를 더 줄인 것으로 STM32 L0 family.

❸ Cortex-M3 기반 : ARMv7-M architecture

: STM32 F1, F2, L1 family, 관련 library는 STM32Cube_FW_**F1/F2**이다.

■ HAL, Low-Layer APIs, CMSIS(CORE, DSP, RTOS), USB, TCP/IP, File system, RTOS, Graphic.

❹ Cortex-M4 기반 : ARMv7E-M architecture

: DSP type 명령어(예를 들면, SIMD)를 지원하기 위해서 ARMv7-M을 확장한 것을 ARMv7E-M 이라고 부르며, **float** data type 지원을 위한 FPU 추가가 가능하다.

: STM32 F3, F4, L4, L4+, WB family, 관련 library는 STM32Cube_FW_**F3/F4**이다.

■ HAL, Low-Layer APIs, CMSIS(CORE, DSP, RTOS), USB, TCP/IP, File system, RTOS, Touch Sensing, Graphic.

❺ Cortex-M7 기반 : ARMv7E-M architecture

: STM32 F7, H7 family. I-Cache와 D-Cache 내장, 그리고, float 또는 **double** data type 지원을 위한 FPU 추가가 가능하다. 관련 library는 STM32Cube_FW_**F7**이다.

■ HAL, Low-Layer APIs, CMSIS(CORE, DSP, RTOS), USB, TCP/IP, File system, RTOS, Touch Sensing, Graphic.

❻ Cortex-M33 기반 : ARMv8-M mainline architecture

: TrustZone 보안 기술과 Cortex-M3/M4 보다 빠른 성능을 가짐. STM32 L5 family.

일반적으로 STM32 MCU의 part number는 [그림 1.1-4]와 같은 **규칙으로 설정**된다.

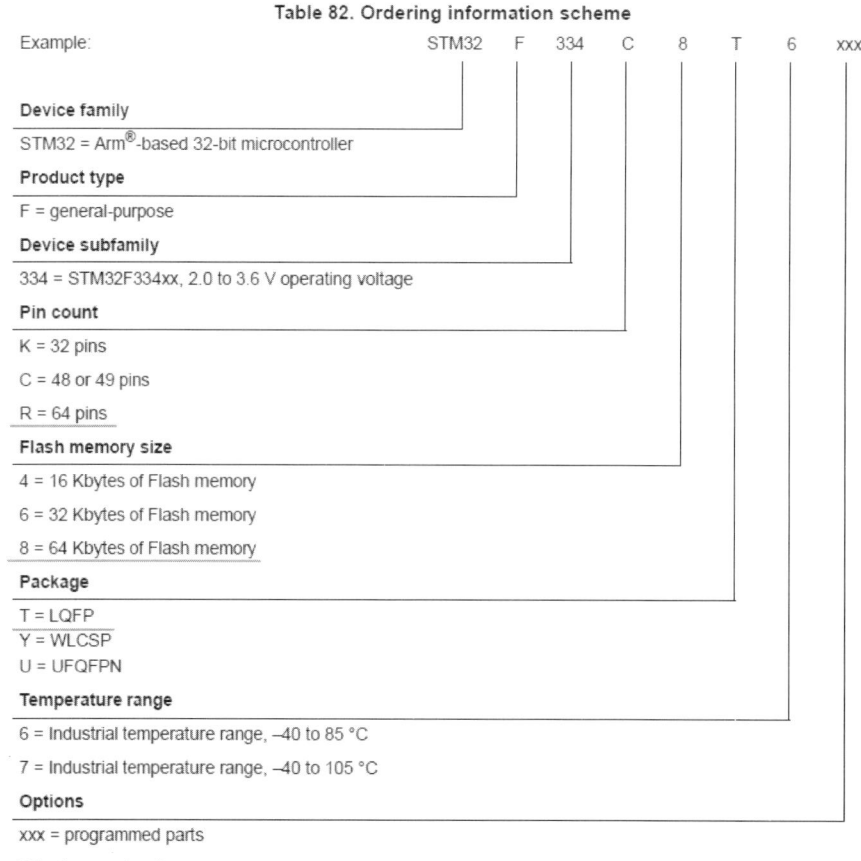

[그림 1.1-4] STM32 MCU Part number 규칙.

1.2 STM32 MCU 내부 구성도.

이제부터 STM32 MCU 내부 구성도를 설명할 것이다. 각각의 기능 블록들에 대한 소개와 이들 블록들을 연결해 주는 bus 구조와 동작의 기준이 되는 clock 구성도 즉, **clock tree**에 대해서 설명할 것이다. 처음 MCU 내부 구조를 학습하는 분들에게는 다소 어려울 수도 있지만, 향후 DMA controller 뿐만 아니라 Timer와 PWM 관련 coding을 할 때, 그 밖의 여러 MCU가 포함하는 주변 장치들을 제어하는 coding을 할 때에 이들 내용에 대한 이해를 요구한다. 그러나, 여기서는 전반적인 내용을 설명하는 것이고, 향후 특정 주변 장치를 만날 때마다, 관련된 블록에 대한 세부 설명을 할 것이므로 가볍게 읽어 보기 바란다. 한 가지 기억해 둘 것은 MCU뿐만 아니라 임의의 반도체 IC를 사용하려는 경우에 제일 먼저, 관련 datasheet에서 기능 블록도(functional block diagram)를 보고, 소자에 대한 특징을 파악해야 한다는 데 주의하자. [그림 1.2-1]은 ARM Inc.에서 개발한 Cortex-M3의 내부 bus 구조를 보여준 것이다.

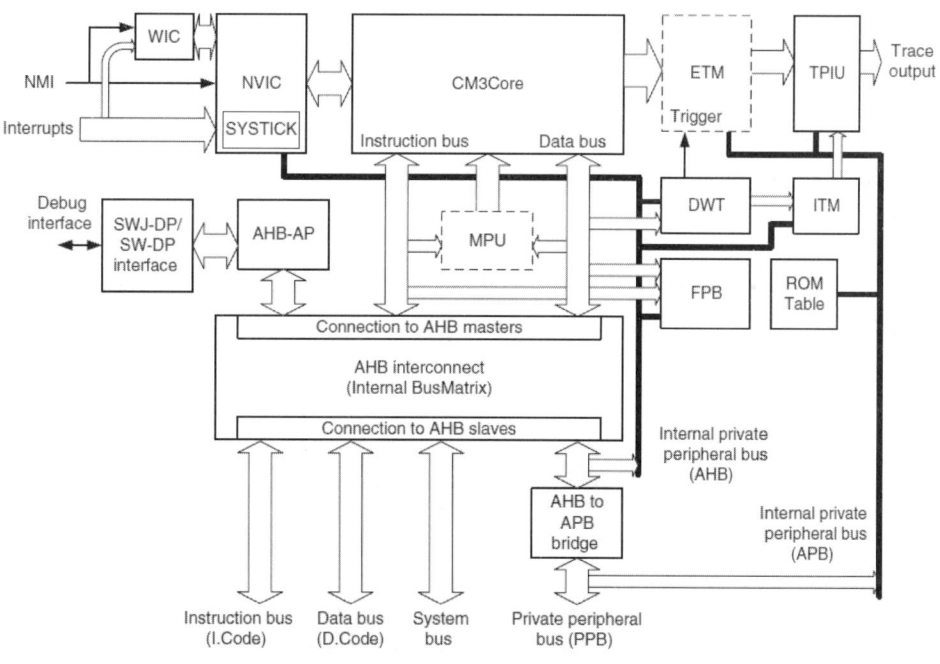

[그림 1.2-1] Cortex-M3 내부 구조.

이 구조는 STM뿐만 아니라 **MCU 제조사에 상관없이** Cortex-M3 Core를 사용하는 경우에 반드시 **공통적으로** 포함되어야 한다. Cortex-M3 core가 외부와 연결되기 위하여 다음과 같은 bus interface를 **내부 bus matrix를 통하여 제공**하는 것을 볼 수 있다.

❶ I.Code bus와 D.Code bus : 0x0000_0000~0x1FFF_FFFF.
일반적으로 MCU 내부 flash memory 즉, **Code 영역**에 연결하기 위한 AHB-Lite bus protocol에 기초한 **32bits** bus interface. 결국, MCU 내부 flash memory와 연결 제공.
❷ System bus : 0x2000_0000~0xDFFF_FFFF와 0xE010_0000~0xFFFF_FFFF
MCU 내부의 SRAM, 주변 장치, 그리고, 외부 memory 등을 위한 AHB-Lite bus protocol에 기초한 32bits bus interface.
❸ PPB bus : 0xE000_0000~0xE00F_FFFF.
AHB/APB bus protocol에 기초한 32bits bus interface. 주로 NVIC, FPW, ITM, TPIU, ETM, 그리고 ROM table을 위해서 사용된다.

Cortex-M3 이상은 data를 전송 할 때에 **unaligned 전송을 지원**하므로 bus interface는 자동으로 unaligned 전송을 aligned 전송으로 변환하여 준다. 그러므로, **모든 전송은 aligned로 간주**되어야 한다. 그러나, Cortex-M0 또는 M0+ core를 사용하는 MCU의 경우에는 **unaligned 전송을 지원하지 않는다.** 이로 인해서 **동일한 C code가 동작하지 않는 문제점과 주의해야 할 사항**들이 있는데, 이들에 대한 자세한 내용은 **16.2.6.절**을 참조하면 된다. [그림 1.2-2]는 Cortex-M3 bus interface를 포함하고 있는 STM32**F103** 내부 구성도이다. [그림 1.2-2]의 ②번 즉, system bus를 통하여 내부 SRAM이 연결되어 있고, 또한, AHB bus가 bus bridge를 통하여 APB2 **bus**와 APB1 **bus**로 연결되어 각종 주변장치들과 연결되는 것을 볼 수 있다. 우선, bus matrix에서 바로 **FSMC**(Flexible static memory controller) bus가 나오는데, 이것은 외부 NOR/NAND flash 또는 SDRAM을 연결하기 위하여 사용된다. 그리고, AHB bus에서 바로 SD card interface인 **SDIO**가 연결되어 나가는 것도 볼 수 있다. 무엇보다도 bus matrix에는 2개의 DMA들이 **개별적으로 갖는 DMA bus**들과 system bus가 함께 연결되어서 주변 장치들에 접근을 요청할 수 있는데, 이때에는 먼저 요청한 bus가 먼저 접근하는 **round-robin 방식을 사용**한다. 구체적으로 bus matrix 는 D-code bus, system bus, DMA1 master bus, DMA2 master bus, 총 4개의 master 들과 FLITF, SRAM, FSMC, AHP/APB bridge, 총 4개의 slave들이 연결되어 있다.

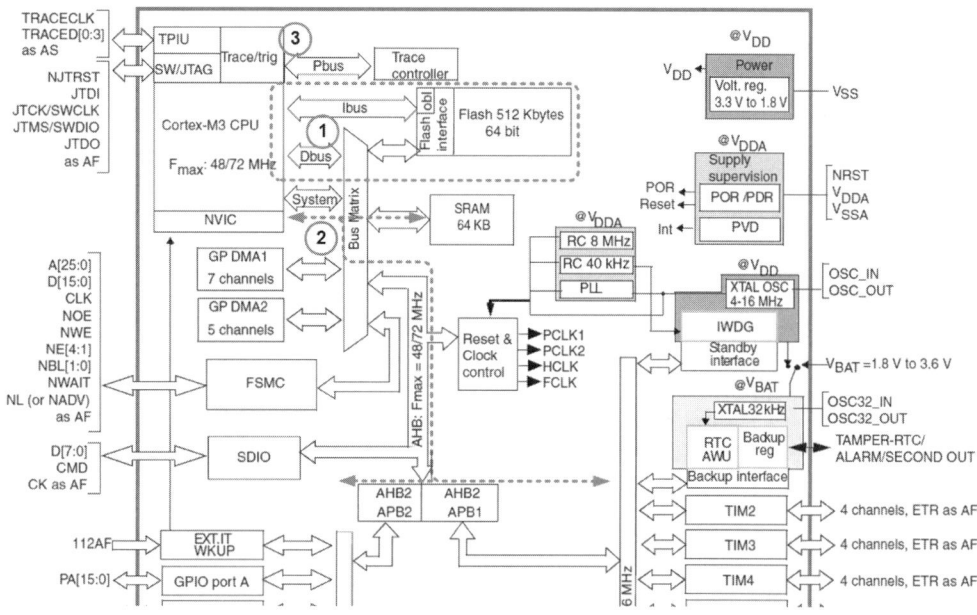

[그림 1.2-2] STM32F103 내부 구성도(1).

[그림 1.2-3]을 보면, APB1 bus가 APB2 bus 보다 2배 속도가 느린 것을 볼 수 있다.

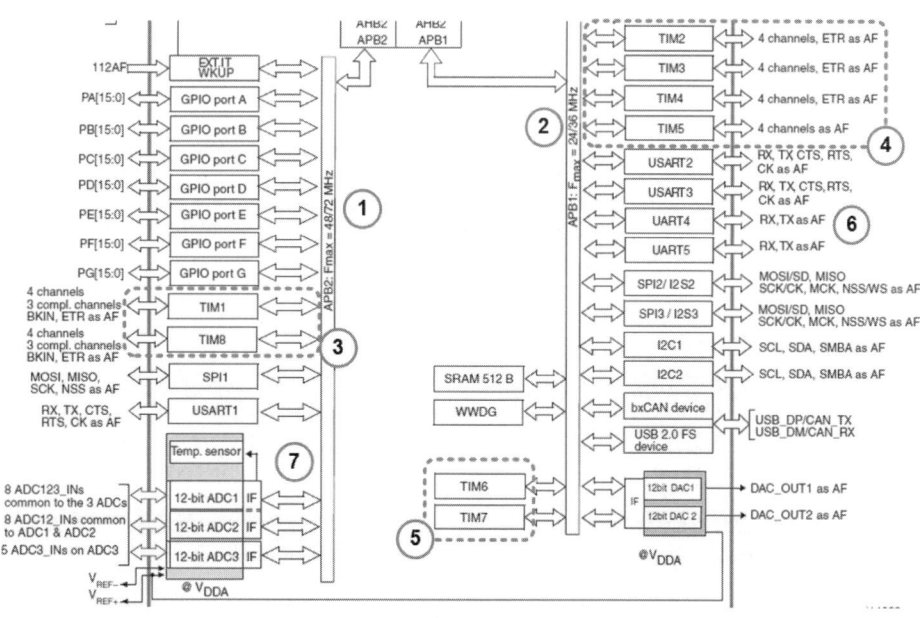

[그림 1.2-3] STM32F103 내부 구성도(2).

또한, 보다 **빠른** APB2 bus에 교류 전동기 구동을 위한 PWM 발생에 사용되는 advanced control timer TIM1과 TIM8이 연결되어 있다. 그리고, 3개의 ADC들과 SPI1, USART1이 연결되어 있는 것을 볼 수 있다. APB1 bus에는 CAN과 full speed까지 지원하는 USB, 그리고, GP(General Purpose) timer와 Basic timer가 연결되어 있다. [그림 1.2-4]는 STM32**F103**RC MCU의 전체 내부 구성도를 보여준 것이다.

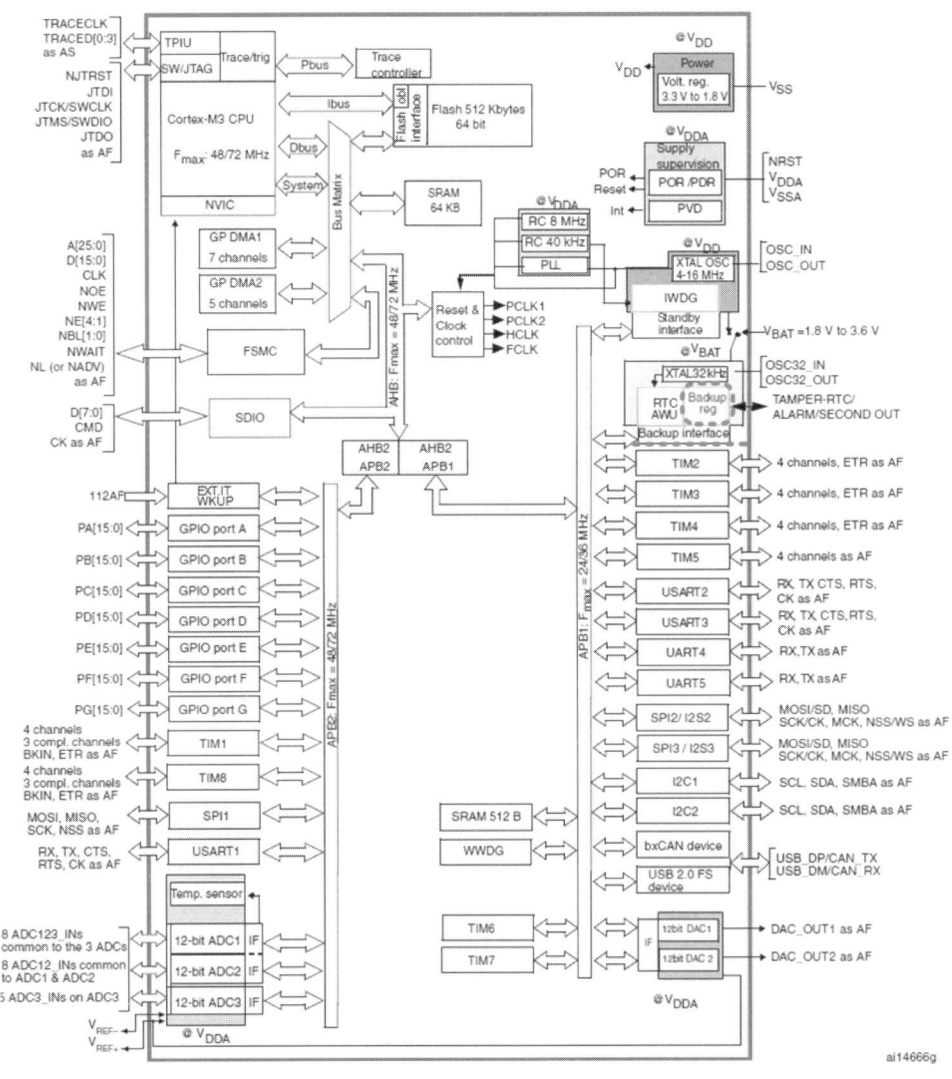

[그림 1.2-4] STM32F103RC block diagram.

특별히, STM32 MCU에서 제공하는 **Backup Registers(BKP)**에 대해서 살펴보도록 하겠

다. user application data 즉, 사용자가 coding 과정에서 저장하고 싶은 데이터를 저장할 수 있도록 최대 42개의 **16bits** register들을 backup registers로 제공하는데, 이들은 V_{DD} 전원이 끊겼을 때, 이때를 대비하여 Battery를 연결한 경우에 V_{BAT}에 의해서 전원이 대신 공급되어 **계속해서 데이터가 존재**하게 되는 backup 영역에 구현되어 있다. 그러므로, Battery 전원이 공급되는 한 계속해서 데이터가 유지된다. 구체적으로 **Vol.2.의 1.3. 단원**에서 자세히 설명한 MCU의 종류에 따라서 즉, medium-density와 low-density devices에는 20bytes data registers를 제공하고, high-density와 XL-density는 84bytes data registers 즉, 42개의 **16bits** registers를 제공한다. 어쨌든, 이들 영역은 MCU가 Standby mode로부터 깨어나거나 System reset 또는 Power reset이 발생하여도 저장된 데이터가 reset되지 않는데 주의하자. 자세한 내용은 **Chapter 9.**에서 RTC(Real Time Clock)에 대해 학습할 때, 설명하도록 하겠다. **reset 이후**에는 Backup registers와 RTC에 대한 접근이 막히며, 이들에 접근하기 위해서는 다음의 과정을 따라야 한다.

❶ RCC_APB1ENR register 안에 있는 PWREN과 BKPEN bits를 "1"로 설정하여 power와 backup interface clocks를 enabling 해 준다.
❷ Backup registers와 RTC에 접근하는 것이 가능하도록 Power Control Register (PWR_CR)의 DBP bit를 "1"로 설정한다.

그러나, 이들 register들에 대해서 직접 여러분이 접근할 필요는 없고, Chapter 9.에서 학습하게 되겠지만, 관련 STM32 Library HAL 함수를 사용하면 된다.

1.3 STM32F MCU 관련 개발 도구들 소개.

이번 단원에서는 STM32 MCU를 사용하여 원하는 code를 개발하려는 경우에 필요한 최소한의 개발 도구들에 대해서 학습하도록 할 것이다. 먼저, hardware 즉, 사용할 보드로 가장 저렴하고, 쉽게 구할 수 있는 **Nucleo** board에 대해서 살펴보고, 이어서 **emulator인 ST-LINK**에 대해서 자세히 살펴보도록 할 것이다. [그림 1.3-1]은 STM32 MCU 중에서 64pins를 갖는 MCU에 대한 Nucleo board의 전체 구성도이다.

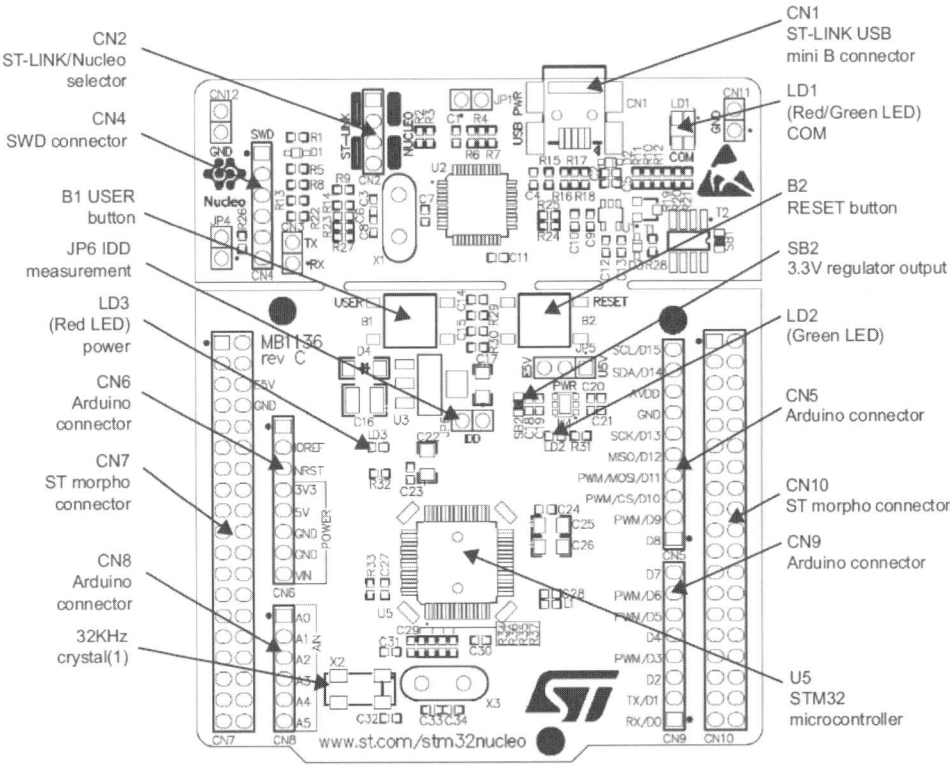

[그림 1.3-1] Nucleo-64 보드 구성도.

기억해 둘 것은 **MCU의 종류에 상관없이 보드의 회로도는 모두 동일**하다는 것이다. 그러므로, 능력만 된다면, 구매한 Nucleo 보드에 붙어 있는 MCU를 열풍기로 떼어내고, 직접 pins 개수만 같다면, 원하는 MCU를 대신 땜질하여 붙여서 사용할 수도 있다. 사실, 이렇게 많이 사용한다. 그러나, 사용하려는 MCU에 따라서 제공하는 주변 장치들이 모두 다르므로 64pins 각각의 역할이 서로 다를 수 있으므로 이점은 주의해야 한다. Nucleo board가 갖는 가장 큰 장점은 **emulator 즉, ST-LINK/V2-1를 포함**하고 있다는 것이다. 그러므로, 별도의 emulator를 구매할 필요가 없으며, **16.4.1.절**에서 설명한 것처럼 다른 개발용 보드에 연결하여 사용할 수도 있다. 실제로 Vol.2.에서 설명하는 외부 SPI serial flash memory booting 방법에 대한 실습과정에서 Nucleo 보드에 있는 emulator를 SJ_MCUBook_M4 보드에 연결하여 사용한다. 그런데, 여기서 **주의**할 것이 있다. Nucleo board처럼 보드에 포함되어 있는 ST-LINK emulator에는 1.8[V] I/O를 처리해 줄 수 없고, [그림 1.3-2]와 같이 단독으로 되어 있는 ST-LINK/V2-1만 1.65[V]~5.5[V] I/O를 처리해 줄 수 있다는

데 주의하기 바란다. [그림 1.3-2]는 ST MCU에서 사용되는 emulator 2 종류를 보여주고 있다.

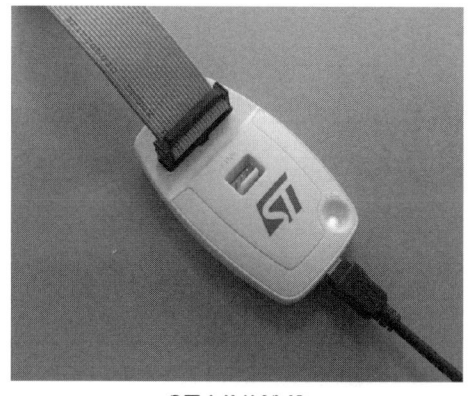 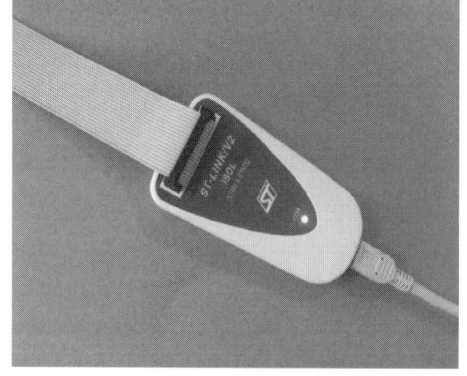

ST-LINK/V2   ST-LINK/V2-ISOL

[그림 1.3-2] ST-LINK/V2과 ST-LINK/V2-ISOL

또한, 정품이 아닌 비품 ST-LINK/v2-1은 3.3[V] I/O 이하 즉, 1.8[V] I/O를 처리해 주는 부품이 빠져 있는 경우가 있으므로 주의해야 한다. [그림 1.3-3]에서 보여준 것과 같이 다양한 종류의 Nucleo 보드와 그 밖의 개발용 보드들을 판매하는 shopping mall들을 쉽게 naver 또는 google을 통하여 찾을 수 있고, 구매할 수 있다. 특별히, [그림 1.3-2]의 오른쪽에 보여준 ST-LINK/V2-ISOL은 target 보드와 **절연(isolation)**을 시켜준다. 즉, MCU를 포함하고 있는 개발용 보드와 PC가 서로 다른 전원을 사용하는 경우에 ground level 차이로 인해서 폭발할 수 있다. 개발용 보드와 PC가 각각 자신만의 필요한 전원을 만들어 사용하는 과정에서 ground level에 차이가 발생할 수 있고, 이 level 차이는 전위차를 의미하여 전압의 발생을 의미하게 된다. 결국, 전류가 흐르게 되고, 이때 발생한 전류가 과도하게 흐르면 폭발이 발생하게 된다. 예를 들어서, 공장이나 연구소에는 3상 전압이 바로 벽면을 통하여 들어오는 경우가 있다. 이때, 실수로 개발용 보드에는 3상을 연결하고, PC에는 단상을 연결하면, 전원을 켜지 않아도 폭발한다. 예를 들면, 멀티탭에 PC의 전원을 연결하고, 전원 스위치는 꺼도, ground는 연결되어 있다. 이때, PC의 USB port와 보드의 USB port에 USB cable을 연결하게 되면, 결국, 보드와 PC 사이에 페루프를 형성하게 되고, 2개의 전원 ground 사이에 전위차가 존재한다면, 과도한 전류가 흐를 수 있고, 결국, 폭발할 수 있게 된다. 이때, 큰 전원을 제어하는 보드인 경우에는 상당히 위험할 수 있으니 주의해야 한다.

[그림 1.3-3] Nucleo 보드 구매 방법.

이와 같은 문제를 해결하기 위하여 개발용 보드와 PC는 각각 자신만의 ground**만** 사용하도록 ground를 분리해 주면, 모든 전류는 각각의 폐루프를 형성하므로 어느 한쪽의 전류가 다른 쪽으로 넘어 가지 못하고, 단순히 전압의 차이만 즉, 신호 전압만 다른 쪽으로 넘겨주어 상대편의 ground를 기준으로 전류가 흘러서 신호가 전달되도록 하는 것을 **절연**(isolation)이라고 한다. 이처럼 ground 즉, 전원을 분리해 주는 역할을 수행하는 소자를 isolator라고 하여 다양한 종류의 제품들이 출시되고 있다. 이들 제품들은 신호의 입력과 출력 사이에 적절한 완충 장치(예: transformer, optocoupler, 등)를 삽입하여 입력단과 출력단을 전기적으로 분리 및 차단시켜준다. **15.1. 단원**에서 관련 부품과 내용을 좀 더 학습하게 될 것이며, SJ_MCUBook_M4 보드에서 사용되는 RS-232, RS-485, CAN transceiver는 모두 isolation 기능을 가진 부품들이 탑재되어 있다. 어쨌든, MCU와 연결되어 있는 보드 전원과 PC에 연결되어 있는 **전원을 분리**하여 이와 같은 폭발을 막아 주는 ST-LINK/V2-ISOL emulator는 isolator 부품이 추가되어 상대적으로 고가이다. [그림 1.3-4]는 20pins **JTAG**

또는 2pins SWD cable 연결도를 보여준 것이다.

Pin no.	ST-LINK/V2 connector (CN3)	ST-LINK/V2 function	Target connection (JTAG)	Target connection (SWD)
1	VAPP	Target VCC	MCU VDD[1]	MCU VDD[1]
2				
3	TRST	JTAG TRST	JNTRST	GND[2]
4	GND[3]	GND[3]	GND[3][4]	GND[3][4]
5	TDI	JTAG TDO	JTDI	GND[2]
6	GND[3]	GND[3]	GND[3][4]	GND[3][4]
7	TMS_SWDIO	JTAG TMS, SW IO	JTMS	SWDIO
8	GND[3]	GND[3]	GND[3][4]	GND[3][4]
9	TCK_SWCLK	JTAG TCK, SW CLK	JTCK	SWCLK
10	GND[5]	GND[5]	GND[4][5]	GND[4][5]
11	Not connected	Not connected	Not connected	Not connected
12	GND	GND	GND[4]	GND[4]
13	TDO_SWO	JTAG TDI, SWO	JTDO	TRACESWO[6]
14	GND[5]	GND[5]	GND[4][5]	GND[4][5]
15	NRST	NRST	NRST	NRST
16	GND[3]	GND[3]	GND[3][4]	GND[3][4]
17	Not connected	Not connected	Not connected	Not connected
18	GND	GND	GND[4]	GND[4]
19	VDD[3]	VDD (3.3 V)[3]	Not connected	Not connected
20	GND	GND	GND[4]	GND[4]

[그림 1.3-4] JTAG/SWD cable connections.

단, 표에서 처음 2개의 **열**은 ST-LINK/V2 20pins emulator에 대한 설명이고, 3번째와 4번째 열은 각각 MCU 측면에서 20pins JTAG과 2pins SWD에 대한 연결도를 보여준 것이다. 여기서, 1번 pin은 MCU VDD에 연결해 준다. 즉, MCU VDD에 3.3[V]가 정상적으로 제공되는 지 확인하는 pin이므로 **ST-LINK emulator 입장에서는 입력 pin**이 된다. 그리고, 19번 pin은 ST-LINK emulator가 PC의 USB에서 제공되는 전원을 내부 LDO를 이용하여 3.3[V]로 출력해 주므로 이것을 개발용 보드의 전원으로도 사용할 수 있다. 그러나, ST-LINK/V2-ISOL emulator에서는 **사용할 수 없다는데 주의하자**. [그림 1.3-5]에서 보여준 것과 같이 emulator로서 ST-LINK/V2를 이용하는 경우에 PC의 전원이 USB cable을 타고 MCU에 전달되도록 **19번** pin을 MCU VDD 전원에 연결해 주면, 추가적인 보드 전원이 필요 없이 사용할 수 있다. 단, ①번에서 보여준 것과 같이 1번 pin과 19번 pin을 함께 연결해 주어야 한다.

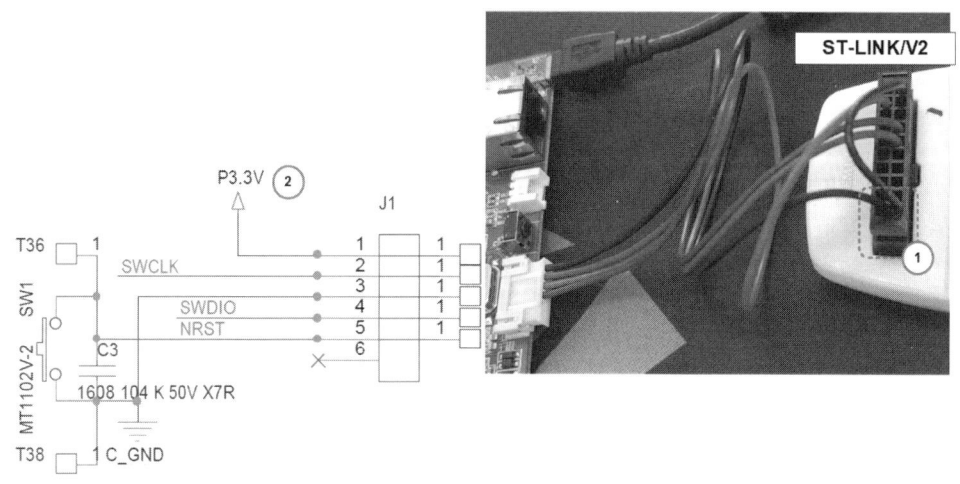

[그림 1.3-5] SWD cable 연결도.

여기서 주의할 것은 만일, 개발용 보드에서는 독립적인 전원을 사용하고 있다면, 결국, **19번 pin**을 MCU VDD 전원에 연결해 주는 [그림 1.3-5]의 J1 connector에 1번 P3.3V 단자는 필요 없다는 것이다. 그러므로, emulator를 연결하기 위한 최소의 lines는 SWCLK, SWDIO, NRST, 그리고, ground, 이렇게 **4개만** 있으면 충분하다. 그러나, emulator로서 ST-LINK/V2-**ISOL**를 사용하는 경우에는 앞서 언급한 것과 같이 USB cable을 타고 전원이 전달되지 않으므로 MCU에 전원을 공급해 주는 전원이 보드 내에 독립적으로 제공되어야 하므로 이런 내용은 필요 없다는데 주의하자. 사실, emulator로서 ST-LINK/V2-**ISOL**를 사용하면, PC의 전원에 포함되어 있는 **전원 noise**가 개발 보드에 전달되지 않고, 독립적인 개발 보드 전원을 사용하므로 PC와 개발 보드 사이의 UART 통신이 좀 더 좋아지므로 데이터 끊김이 줄어드는 효과가 있다. 그러나, ST-LINK/V2 emulator는 시중에서 대략 2~3만원 정도에 구매가 가능하지만 ST-LINK/V2-**ISOL**은 가격이 10만원 가까이 해서 그리 많이 사용하지 않는다. 참고적으로 ST-LINK/V2 emulator에서 제공하는 전원은 USB 규격에 따른 전원을 제공하므로 간단한 MCU 보드에서 전원으로 사용하기에 충분하다. 정리하면, **JTAG은 4개의 pins를 사용하고, SWD는 2개의 pins를 사용**한다. 한 가지 기억해 둘 것은 JTAG의 경우에 **13번 pin** 즉, TDO_SWO를 이용하여 **emulator의 semihost 기능**을 사용할 수 있다는데 주의하자. ST 마이크로는 자사의 website를 통하여 STM32 MCU를 이용하여 Embedded code를 개발하는 데 도움을 줄 수 있는 다양한 소프트웨어들을 제공하고 있다. 그 중에서도 경험상 가장 유용한 **ST-LINK Utility** tool에 대해서 설명하도록 하겠다. ST-Link utility tool은 작은 크기에 사용하기 편하여 **공장에서 대량으로 제품의 MCU에 실행 이미지를 download할 때** 많이 사용하고 있다. [그림 1.3-6]은 **ST-LINK Utility** tool을 download 받는 방법을 보여준 것이다.

[그림 1.3-6] ST-LINK Utility tool download 방법.

위와 같이 Google로 검색하고, 해당 link를 click하면, [그림 1.3-7]과 같이 **ST-LINK Utility** tool을 download 받을 수 있는 ST 마이크로 website로 들어가게 된다.

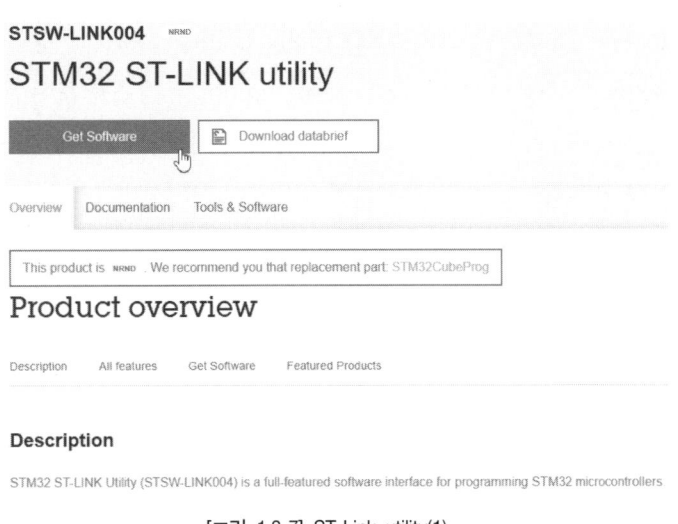

[그림 1.3-7] ST-Link utility(1)

물론, 오래된 program이니, STM32CubeProgrammer을 대신 받으라고 하지만, 일단, 무시하고, 이곳에서 download 받아서 설치하여 준다. 참고적으로 STM32CubeProgrammer는 Vol.2.의 4.1. 단원에서 설명하는데, 개인적으로 지금부터 설명할 ST-Link Utility가 가볍고 필요한 것만 있어서 보다 유용하다고 생각한다. 어쨌든, ST-Link emulator를 보드에 연결하여 주고, [그림 1.3-8]에서 보여준 것과 같이 ST-Link Utility를 실행하여 **Connect** menu를 선택하여 준다.

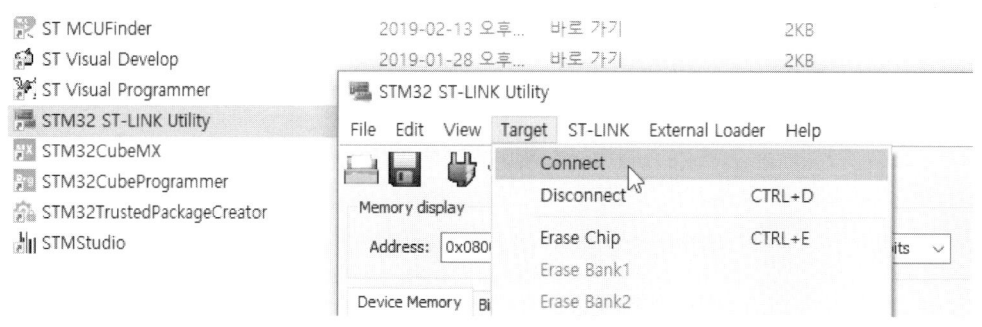

[그림 1.3-8] ST-Link utility(2)

이때, error가 없다면, 현재 MCU의 내부 flash memory에 저장되어 있는 hex file 내용을 볼 수 있다. 그러나, 만일, error message가 발생한다면, 대부분의 경우에 필자의 경험상으로 볼 때, [그림 1.3-4]의 **1번** pin이 MCU의 VDD pin에 연결이 제대로 되어 있지 않은 경우이다. 여기서 실수를 많이 하므로 다시 한 번 잘 살펴보기 바란다. [그림 1.3-9]에서 ①번은 Nucleo-STM32F103RB에 **ST-LINK Utility** tool을 이용하여 ST-Link/V2-1 emulator를 연결한 경우에 연결한 ST-Link emulator 정보를 보여주고 있다. 그리고, ②번은 PC에 2개의 ST-Link emulator들을 **동시에 각각의 Nucleo 보드에 연결하고**, IAR Embedded Workbench tool을 이용하여 download를 실행하려는 경우를 보여주고 있다. 이처럼 하나의 ST-Link emulator가 연결된 경우에는 emulator 정보를 보여주지 않는데, 2개 이상이 동시에 연결된 경우에는 사용할 emulator를 선택할 수 있도록 dialogbox가 나타난다. 그러므로, 현재, PC에 여러 개의 ST-Link emulator들이 **동시에 연결된 경우**에 각각을 구분해 주기 위해서는 [그림 1.3-7]에서 보여준 것과 같이 **ST-LINK Utility** tool의 도움이 필요하다. 이제, [그림 1.3-10]에서 보여준 것과 같이 binary file로 저장하면, 이후 다른 보드에서도 동일한 MCU에 download하여 사용할 수 있게 된다.

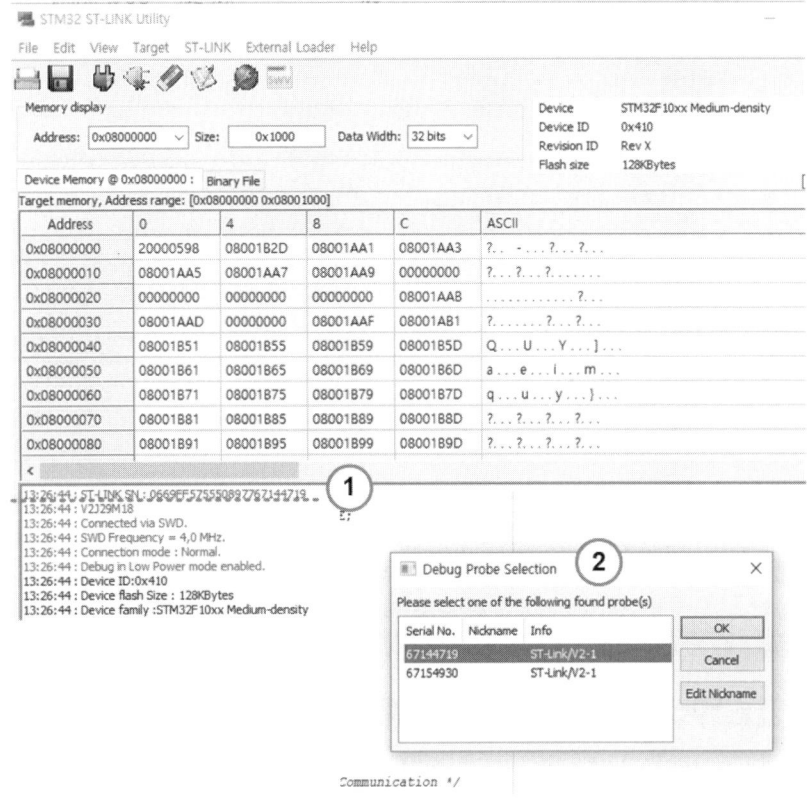

[그림 1.3-9] ST-Link/V2-1 관련.

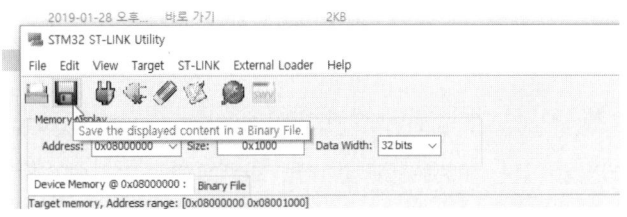

[그림 1.3-10] Binary file 저장 방법.

또한, [그림 1.3-11]에서 보여준 것과 같이 MCU 내부에 있는 Flash **Option Bytes...** 내용도 작성할 수 있다. 이들은 MCU가 reset 되기 전**에 설정되기 원하는 내용을 작성하는 용도**로 사용된다. 좀 더 구체적으로 설명하면, 잠시 후에 설명할 Option Bytes에서 설정한 내용에 따른 적용은 System Reset이 아닌 POR(Power On Reset)을 수행해야 나타난다. 즉, 전원을 끄고, 다시 켜야 반영된다. 그리고, [그림 1.3-12]에서 보여주는 것과 같이 사용하는 MCU에 따라서 Option bytes 설정 내용이 동일하지 않고, 서로 다른데 주의하자.

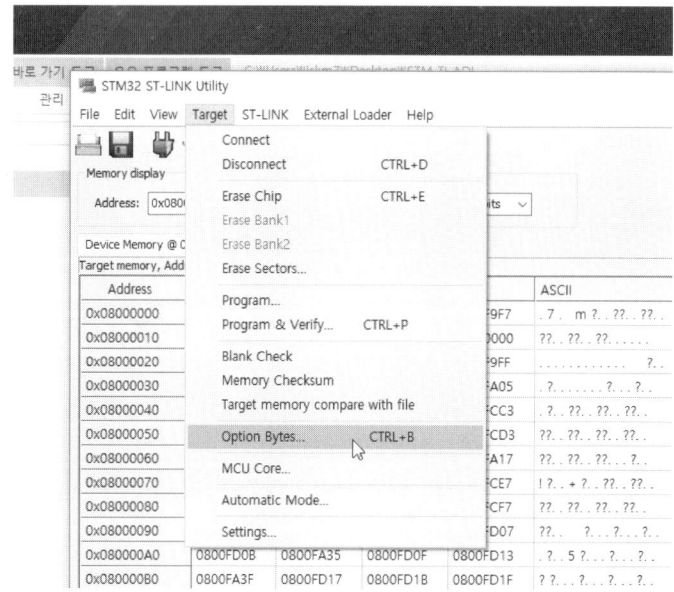

[그림 1.3-11] Option Bytes(1).

일반적으로 제품 개발을 완료하고, 대량 생산 즉, 양산을 시작하려면, 제일 먼저, 사용하는 MCU flash memory에 저장한 binary file을 허락받지 않은 제 3자가 읽어내서(read out) 다시 재사용하는 것을 막을 필요가 있다. 이처럼 MCU flash memory에 저장된 binary file을 읽어내지 못하도록 **보호하는 기능**을 수행하려면, [그림 1.3-13]에서 보여준 **Read Out Protection**의 default 값인 Level 0을 Level 1로 바꾸어 주거나 또는 **Disabled**를 **Enabled**로 바꾸어 주어야 한다. 즉, [그림 1.3-14]의 ①번과 같이 **Level 1**로 Read Out Protection을 바꾸어 주면, ②번과 같이 현재 flash memory의 내용을 보여주던 것이 [그림 1.3-15]의 ③번과 같은 message box를 출력한다. 여기서, **확인**을 click하면, [그림 1.3-16]의 ④번과 같이 flash memory 내용을 보여주지 않는다. 그리고, **Device Memory not accessible.** 이라는 message를 볼 수 있다. 만일, ⑤번과 같이 **Target** menu에서 **Connect** menu를 선택하여 다시 MCU에 접근하려고 시도 한다면, memory를 읽을 수 없다는 ③번의 message box를 다시 보게 된다. 이때, 단지, MCU 내부의 flash memory를 읽을 수 없다는 것이지 그 내용이 바뀌었다는 것은 아니며, 이처럼 Option bytes의 내용을 바꾼 경우에 그 바뀐 내용을 적용하기 위해서는 System reset이 아닌 POR(Power On Reset)을 수행해 주어야 한다. 즉, 전원을 끄고, 다시 켜주어야 한다는데 주의하자.

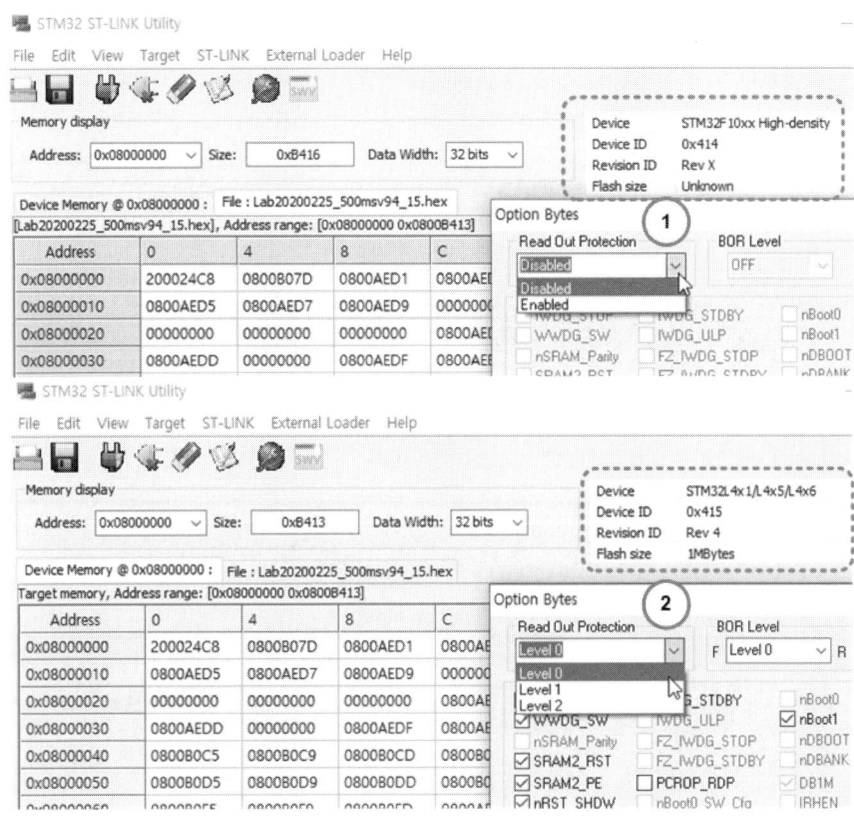

[그림 1.3-12] Option Bytes(2)

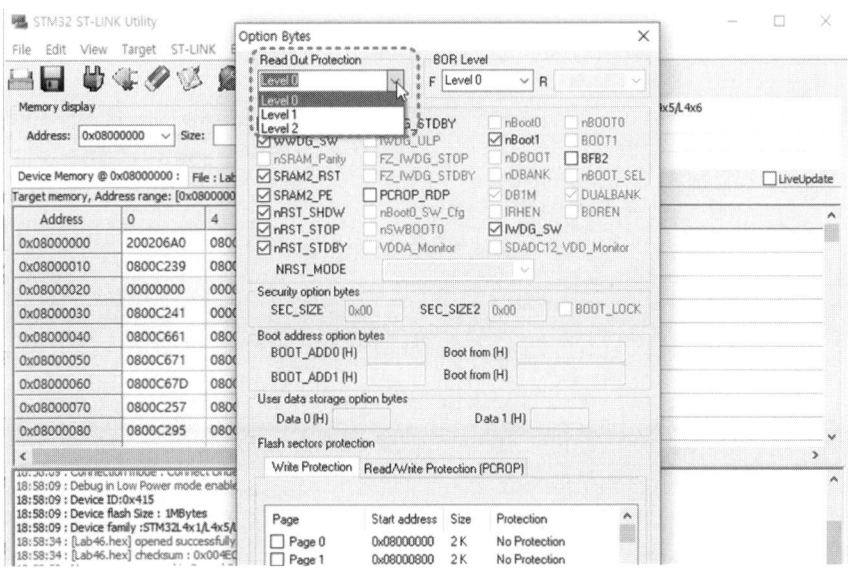

[그림 1.3-13] Read Out Protection 기능(1).

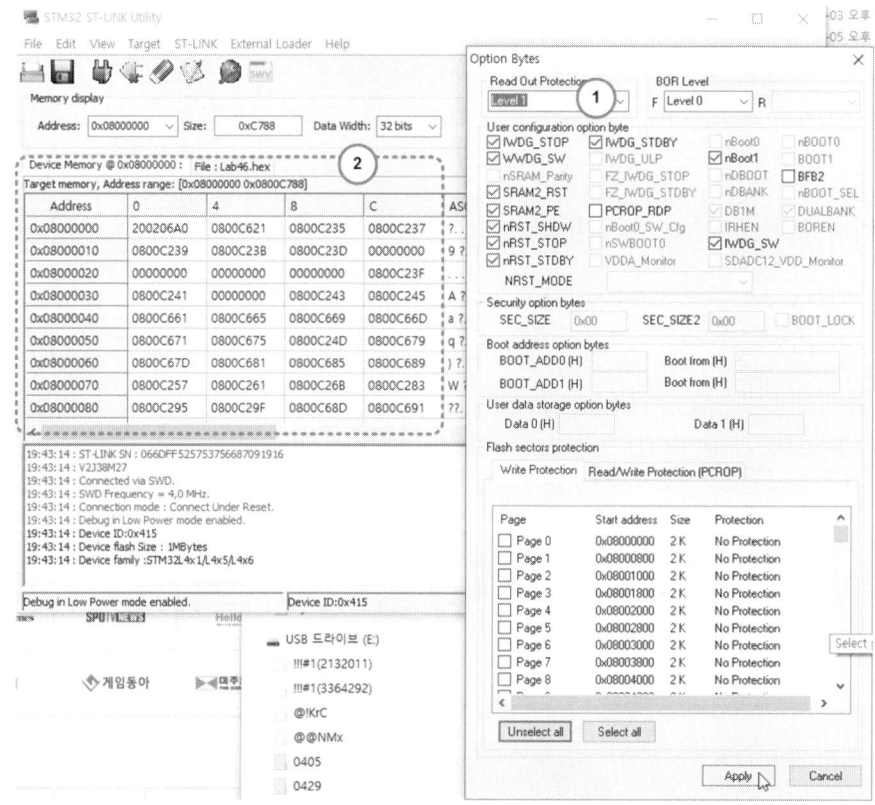

[그림 1.3-14] Read Out Protection 기능(2).

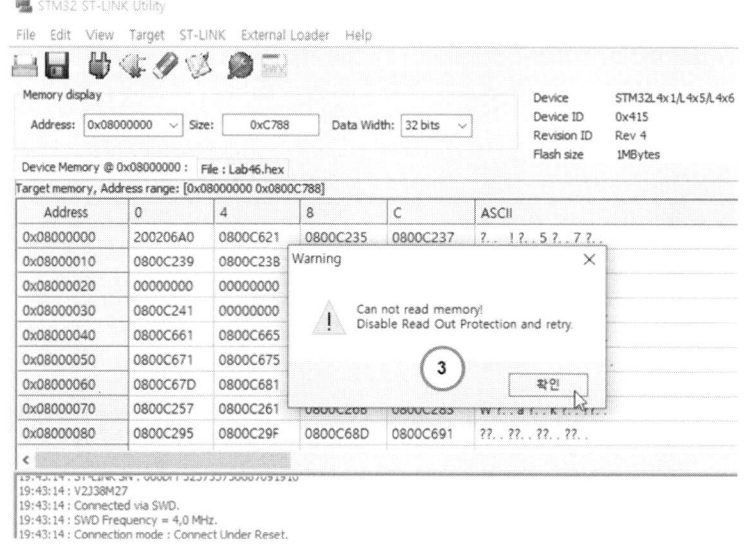

[그림 1.3-15] Read Out Protection 기능(3).

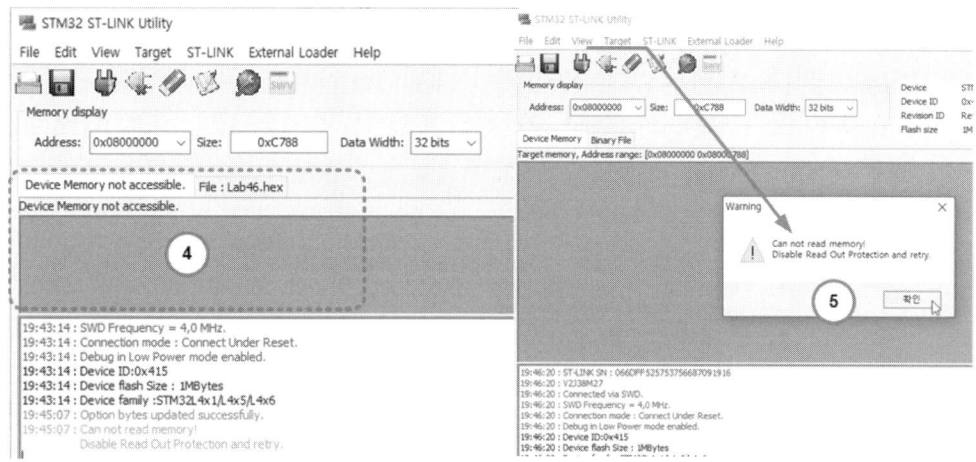

[그림 1.3-16] Read Out Protection 기능(4).

이때, [그림 1.3-17]의 ⑥번과 같이 다시, Read Out Protection level을 0으로 바꾸면, ⑦번과 같이 내부 flash memory의 내용은 **모두 삭제된**다는 데 주의하기 바란다.

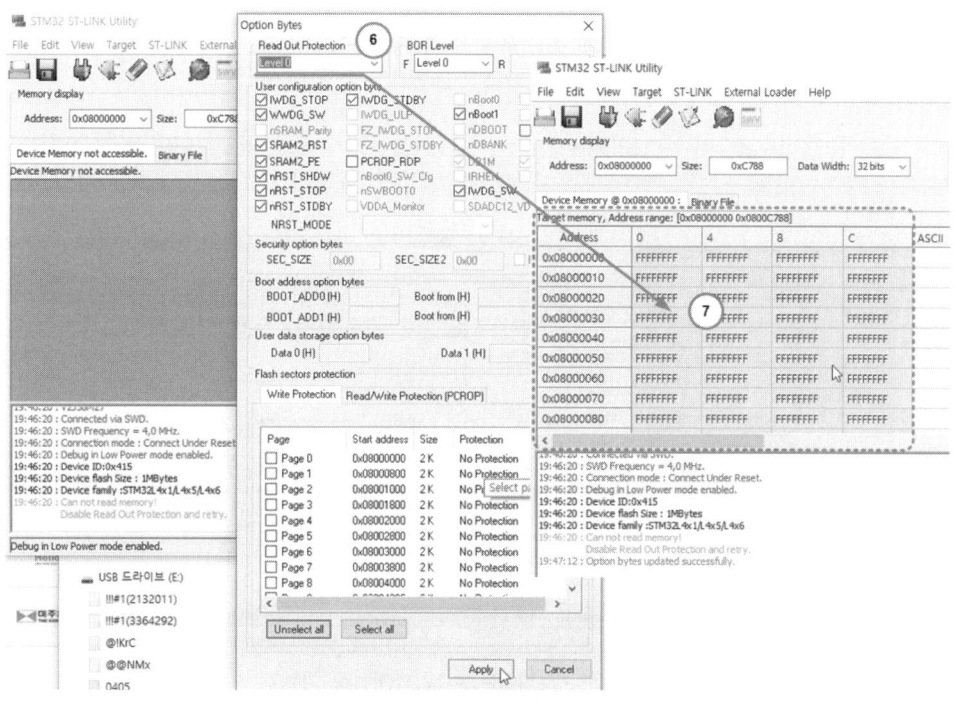

[그림 1.3-17] Read Out Protection 기능(5).

그러므로, Read Out Protection level을 바꾸는 경우에 주의해야 한다. 그런데, 만일, [그림 1.3-18]의 ⑧번과 같이 Read Out Protection을 **Level 2**로 바꾸면, ⑨번과 같은 message box를 보게 되며, 결국, JTAG을 통하여도 다시는 MCU 내부 flash memory 내용에 접근할 수 없게 된다.

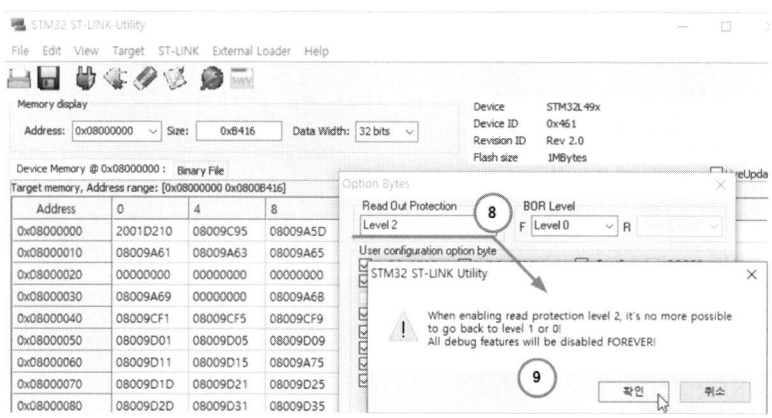

[그림 1.3-18] Read Out Protection 기능(6).

확인 버튼을 click하면, [그림 1.3-19]의 ⑩번과 같이 다시 확인을 묻는다.

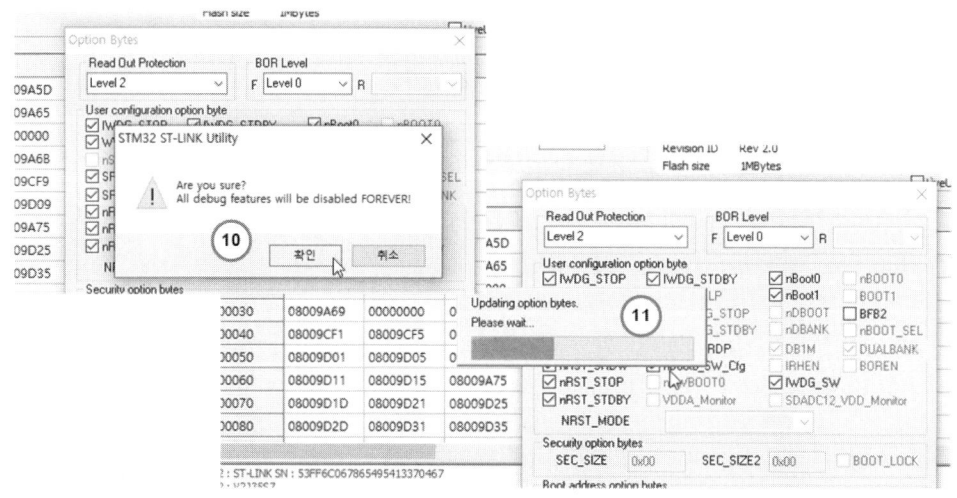

[그림 1.3-19] Read Out Protection 기능(7).

그럼에도 불구하고, **확인** button을 click하면, ⑪번과 같이 설정한 Level 2를 MCU 내부

flash memory에 모두 적용하기 시작한다. 이때 STM32L496의 경우에 1분정도 진행하다가 갑자기 내부 error가 발생하여 중단한다는 message box가 나타난다. 왜냐하면, 그 시점부터 JTAG 접근이 막혔기 때문에 현재 ST-Link와의 연결이 끊어져서 발생하는 error message이다. 이후부터는 **이 MCU는 어떠한 접근이 불가능하고, 현재 flash memory의 내용만 충실히 수행**하게 된다. 사실, 이것을 확인하기 위하여 STM32L496이 탑재된 보드 하나를 희생하였다. 즉, 더 이상 MCU에 대한 접근이 불가능하여 새로운 실행 가능한 이미지를 적용할 수 없으므로 현재, MCU 내부 flash memory에 있는 내용만 사용할 수 있다.

【연구 과제】

STM32 MCU는 ARM Inc.에서 개발한 Cortex-M family core를 사용한다. 비록 오래된 자료이기는 하지만, 2017년 기준 Mobile 관련 제품을 포함하여 다양한 제품에 엄청난 수량의 Cortex Core를 적용한 MCU가 사용하고 있는 것을 볼 수 있다.

Markets for ARM in 2017

	Devices Shipped (Million of Units)	2017 Devices	Device CAGR	Chips/ Device	2017 Chips	Chip CAGR	Key Growth Areas for ARM
Mobile	Smart Phone	1,700	20%	3-5	6,800	20%	←
	Feature Phone	-	-	-	-	-	
	Low End Voice	710	-1%	1-2	1,400	15%	
	Portable Media Players	90	-10%	1-3	180	-5%	
	Mobile Computing* (apps only)	850	20%	1	850	20%	←
Home	Digital Camera	130	-5%	1-2	200	-5%	
	Digital TV & Set-top-box	600	10%	1-4	2,000	25%	←
Enterprise	Desktop PCs & Servers (apps)	200	Flat	1	200	Flat	
	Networking	1,500	5%	1-2	1,700	5%	←
	Printers	130	2%	1-3	130	2%	
	Hard Disk & Solid State Drives	1,100	10%	1	1,100	10%	
Embedded	Automotive	3,800	10%	1	3,800	10%	
	Smart Card	8,500	10%	1	8,500	10%	
	Microcontrollers	11,400	5%	1	11,400	5%	←
	Others **	3,000	10%	1-2	3,000	10%	
	Total	34,000	5%		41,000	10%	

* Including tablets, netbooks and laptops   ** Includes other applications not listed such as headsets, DVD, game consoles, etc

Source: Gartner, IDC, SIA and ARM estimates

이처럼 광범위하게 사용되는 Cortex Core에는 어떠한 종류가 있고, 각각의 core가 갖는 특징들은 무엇이 있는 지 확인해 보기 바란다.

CHAPTER 02

CubeIDE, CubeMX, IAR, 그리고, KEIL 설치 방법

STM32 MCU를 사용하여 소프트웨어를 개발할 때에 사용할 수 있는 개발 tool들은 다음과 같이 분류할 수 있다.

❶ CubeMX, CubeIDE - ST 마이크로에서 **무료**로 배포하는 개발 tool.
❷ IAR Embedded Workbench - IAR에서 **유료**로 판매하는 개발 tool.
❸ KEIL MDK-ARM - ARM 회사의 자회사인 KEIL에서 **유료**로 판매하는 개발 tool.

여기서, ②번의 IAR과 ③번의 KEIL 개발 tool은 최종 MCU에 저장될 image file에서 code 크기가 최대 32[KB]인 경우에는 **무료로 사용할 수 있었다**. 그러나, 2024년부터 IAR 회사의 Embedded Workbench는 무료 평가판을 제공하지 않고, 학교에만 교육의 목적으로 무료로 제공하는데 주의하기 바란다. 단, KEIL MDK-ARM은 이전과 동일하게 계속해서 무료 평가판을 제공한다. 이제 각각의 개발 tool을 설치하는 방법을 학습하도록 할 것이다. 이 책은 기본적으로 IAR Embedded Workbench tool을 사용하지만, 여러 곳에서 KEIL 또는 CubeIDE 사용 방법도 설명하고 있으니 모든 tool들에 대해서 학습할 수 있을 것이다. 특별히, **4장**에서는 **KEIL MDK-ARM**을 사용하여 예제 project를 개발할 것이다. 이때, KEIL의 MDK-ARM 무료 평가판을 사용하시는 분들은 IAR 예제 code를 KEIL MDK-ARM으로 바꾸어 사용하면 될 것이다. 그리고, **8장**에서는 **CubeIDE**를 사용하여 UART 통신을 구현하는 code를 개발하는 방법을 학습하게 될 것이다. 여기서는 이들 개발 tool들 download 받아서 설치하는 방법을 설명하고, 그 밖에 Embedded C code를 개발하는 데 유용한 소프트웨어들을 살펴볼 것이다. 무엇보다도 수진에서 STM32 MCU 뿐만 아니라 임의의 MCU 관련 embedded code 개발에 유용한 **SJ_MCUBook_Apps** 소프트웨어에 대해서 설명하도록 할 것이다. 그럼, 우선, 무료로 배포하는 통합 개발 환경인 **STM32CubeIDE**를 download 받아서 설치하는 방법부터 살펴보도록 하겠다.

■ 학습 목표 :
- STM32 MCU를 이용한 Embedded C code 개발을 위한 소프트웨어 종류 확인.
- 각각의 개발용 소프트웨어 download 방법과 설치 방법 학습.
- 그 밖에 Embedded C code 개발에 유용한 소프트웨어 확인과 설치 방법 학습.

2.1 CubeIDE 설치 방법 소개.

Google 검색 기능을 이용하여 [그림 2.1-1]에서 보여준 것과 같이 STM32CubeIDE를 download 받을 수 있는 ST 마이크로 website를 찾는다.

[그림 2.1-1] STM32CubeIDE download website.

즉, ①번과 같이 **CubeIDE Download**라는 keyword를 지정해 주고, 검색을 하면, ②번과 같은 link를 찾을 수 있을 것이다. 이곳을 click하면, ③번과 같이 CubeIDE를 download 받을 수 있는 ST 마이크로 website가 나타난다. 이곳에서 **Get Software** button을 click하여 준다. 그리고, [그림 2.1-2]의 ④번과 같이 현재 사용하고 있는 운영 체제에 맞는 것을 선택하여 **Get lastest** button을 click하면, ⑤번과 license 관련 window가 나타난다. **ACCEPT** button을 click하여 동의하면, ⑥번처럼 **Get Software** window가 나타나고, 여기서, **Login/Register** button을 click하여 준다. 만일, 기존에 ST website에 회원 등록을 하였다면, 바로 download 받기 시작할 것이고, 회원 등록을 하지 않았다면, 약식으로 이번에만 download 받을 수 있도록 하는 window가 나타나는데, 앞으로 ST 마이크로 website에서 download 받을 경우가 많이 발생할 것이므로 가능하면, ST website에 회원 등록을 하고, download 받는 것이 좋겠다. 어쨌든, 2021년 9월 기준 download 받은 **CubeIDE 1.7버전의 크기는 대략 800[MB]** 정도 된다. 단, 2024년 11월 기준 최신 CubeIDE 1.16.1

버전의 크기는 1[GB]가 넘는다. 어쨌든, 압축을 풀고, mouse로 double click하여 실행을 시켜주면, [그림 2.1-3]에서 보여준 것과 같은 dialogbox가 나타난다.

[그림 2.1-2] STM32CubeIDE download 방법.

[그림 2.1-3] STM32CubeIDE 설치 방법.

여기서 Next> button을 click하여 준다. [그림 2.1-4]는 CubeIDE를 설치할 folder를 선택할 수 있도록 하고 있다.

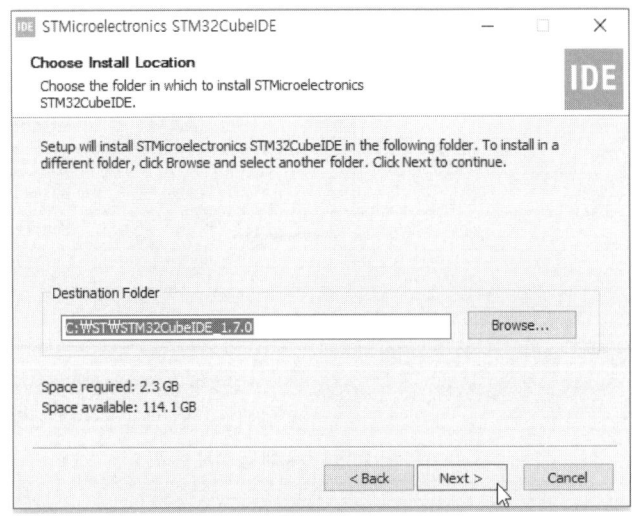

[그림 2.1-4] 설치 경로 지정 방법.

가능하면, 기본으로 제공하는 경로 즉, 보여준 경로를 그대로 사용할 것을 추천한다. 이제, Next > button을 click하여 주면, 본격적으로 CubeIDE 설치를 시작한다. 설치하는 동안에 [그림 2.1-5]에서 보여준 것과 같이 emulator를 구동하는 데 필요한 Windows device driver 설치도 포함된다.

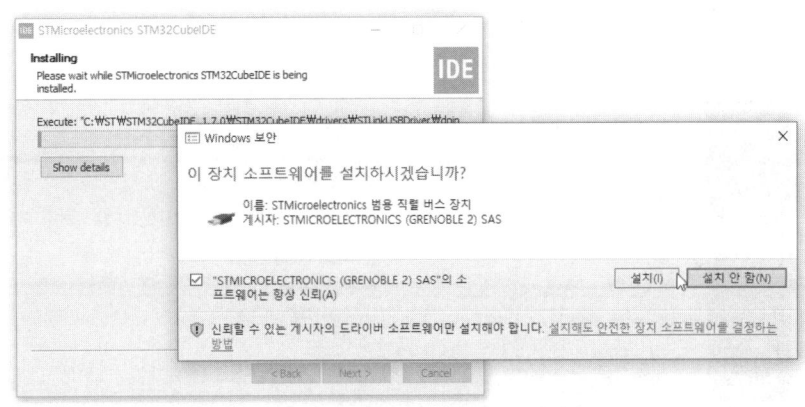

[그림 2.1-5] emulator를 위한 device driver 설치.

그림에서 보여준 것과 같이 **설치(I)** button을 click하여 주면 계속해서 CubeIDE 설치를 진행할 것이다. [그림 2.1-6]에서 보여준 것과 같이 설치를 완료하기 위하여 최종적으로 **Finish** button을 click하여 주면 **모든 설치가 완료**된다.

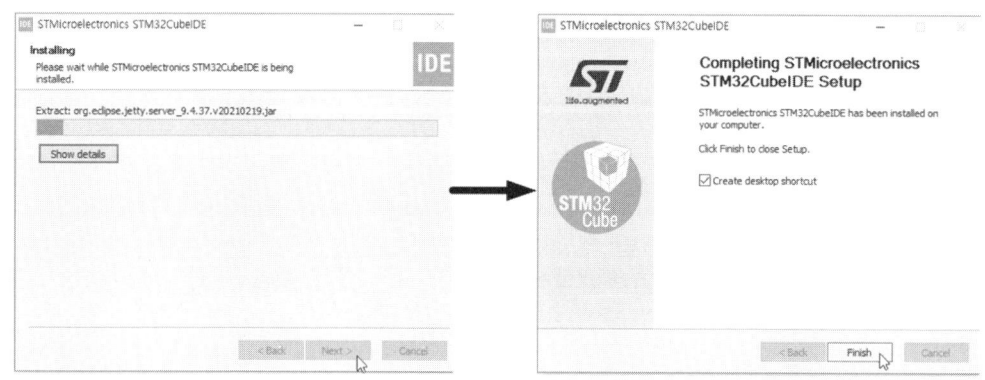

[그림 2.1-6] CubeIDE 설치 완료.

[그림 2.1-7]에서 보여준 것과 같이 [그림 2.1-4]에서 지정한 경로에 STM32CubeIDE가 설치된 것을 확인할 수 있고, 실행 icon도 바탕화면에 추가된 것을 볼 수 있다. CubeIDE에 대한 자세한 사용 방법은 **Chapter 8.**에서 설명하도록 할 것이다.

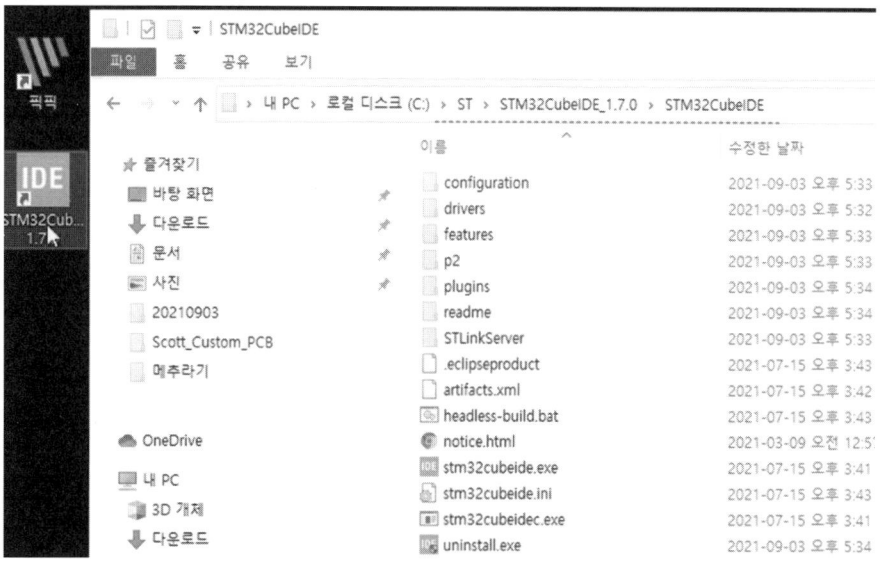

[그림 2.1-7] CubeIDE 설치 경로.

2.2 CubeMX 설치 방법 소개.

사실, CubeIDE는 CubeMX를 포함하고 있다. 그러나, 개발 도구로 IAR Inc.의 Embedded Workbench 또는 KEIL Inc.의 MDK-ARM을 사용하는 경우에는 **CubeMX만** 설치해 주고 사용해 주면 된다. CubeMX는 Windows GUI 환경에서 사용할 MCU를 선택하고, 선택한 MCU의 주변 장치들에 대한 초기 설정을 수행해 주면, **자동으로 설정 값에 근거하여 기본적인 C framework를 구성하는 source files와 관련 header files를 생성**해 준다. 그러므로, 개발자는 생성된 C framework source files에 필요한 기능들을 **추가**해서 구현해 주면 된다. 이것은 마치, Visual C++에서 MFC를 사용하는 경우에 필요한 기능들을 지정해 주면, 그 설정된 값들에 근거하여 해당 class와 관련된 source files를 자동으로 생성해 주는 것과 동일한 개념이다. 또한, 자동으로 생성된 C source files와 header files에 **개발자가 추가할 code 구간을 미리 지정**해 놓았으므로 **그 구간 안에서만 code를 추가해야** 한다. 이후에 CubeMX를 다시 호출하여 주변 장치에 대한 설정을 바꾸고, 자동으로 다시 C source files 와 header files를 생성하더라도 기존에 개발자가 미리 지정한 구간에 **추가한 code는 변경하지 않고**, 바뀐 설정 값에 근거하여 CubeMX가 자동으로 생성한 code만 변경해 준다. 잘 이해가 가지 않아도 상관없다. 어짜피, **3장**부터 자세히 실습을 하면서 단계별로 학습해 나갈 것이기 때문에 걱정할 필요가 없다. 앞서 학습한 CubeIDE와 동일한 방법으로 [그림 2.2-1] 의 ①번과 같이 CubeMX를 download 받을 수 있는 website를 찾는다.

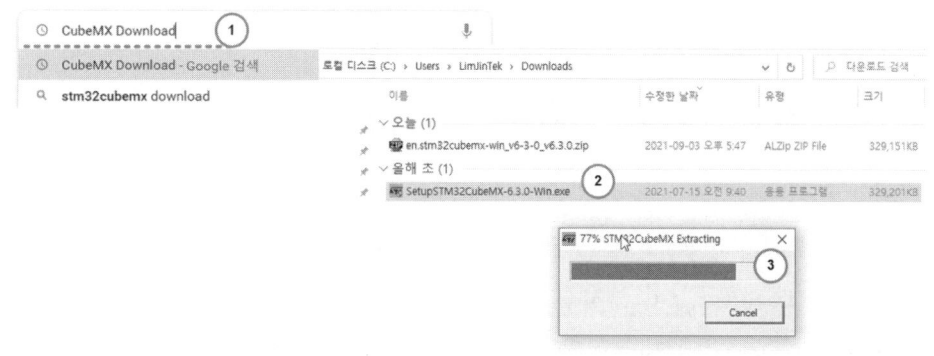

[그림 2.2-1] CubeMX download 방법.

그리고, download 받은 파일을 ②번과 같이 mouse로 double click하여 CubeMX Install을 시작한다. ③번과 같이 install화면이 나오고, 이어서 [그림 2.2-2]처럼 CubeMX를 설치할 경로를 지정하는 dialogbox가 나타나면, 관리하기 쉽도록 ④번과 같이 앞서 지정한 CubeIDE와 **같은 ST** folder에 있도록 지정해 주도록 한다.

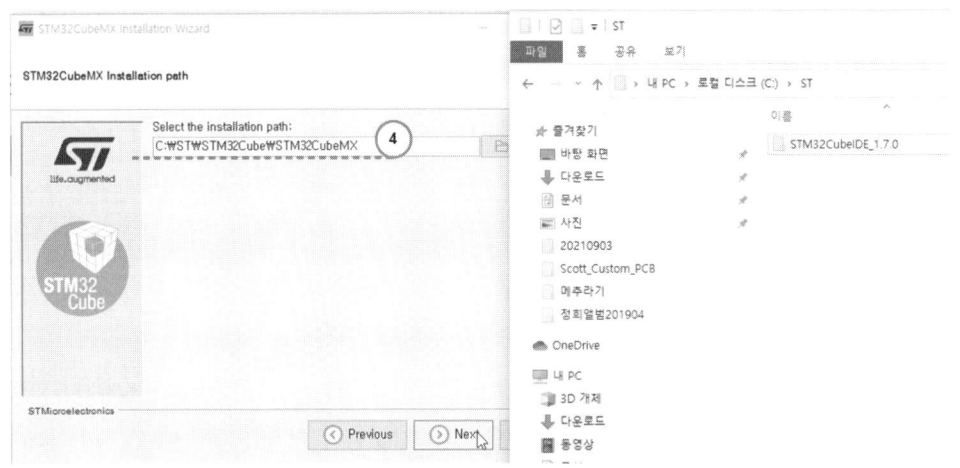

[그림 2.2-2] CubeMX install 경로 지정 방법.

그리고, **Next** button을 click하여 계속해서 CubeMX를 설치하도록 한다. [그림 2.2-3]은 CubeMX를 설치하는 모습이며, 지정한 **ST** folder에 앞서 설치한 CubeIDE와 함께 있는 것을 확인 할 수 있다. 설치가 완료되면, 역시, 바탕 화면에 **STM32CubeMX** icon이 추가된 것을 확인 할 수 있다. CubeMX에 대한 자세한 사용 방법은 **Chapter 3.**에서 자세히 설명하도록 할 것이다.

2.3 IAR Embedded Workbench 설치 방법 소개

일반적으로 Cortex-M Core를 사용하는 MCU 제조사는 자신의 회사에서 생산하는 MCU**만 지원**하는 개발 도구들을 무료로 제공한다. 그러나, 이번 단원과 다음 단원에서 설명할 유료 개발 도구들 즉, IAR Inc.의 Embedded Workbench와 KEIL Inc.의 MDK-ARM은 모든 제조사의 MCU들에 대해서 사용할 수 있다.

[그림 2.2-3] CubeMX install 과정.

또한, 개발 과정에서 유용한 다양한 추가적인 기능들을 제공한다. 대략 가격은 500여만원 이상 하는데, option에 따라서 가격은 변동하고, 정확한 가격은 판매점에 문의해서 확인해야 한다. 이들 유료 개발 도구들은 일반적으로 각각 다음과 같이 3가지 버전으로 나눌 수 있다.

❶ 유료 버전
❷ 15일 동안만 전체 기능을 사용할 수 있는 평가 버전
❸ 최종 실행 파일의 코드 크기를 최대 32[KB]로 제한한 버전으로서 날짜 제한이 없다.

본서에서는 ❸번 **무료 버전**에 해당하는 KEIL 개발 도구와 ❷번에 해당하는 **무료 버전**에 해당하는 IAR 개발 도구를 download 받아서 설치하는 방법을 설명할 것이다. 우선, IAR Inc.의 Embedded Workbench를 download 받을 수 있는 website를 찾기 위해서 [그림 2.3-1]의 ①번과 같이 검색하여 ②번 link를 click하면, ③번과 같이 download 받을 수 있는 website로 이동한다. 이제, ③번과 같이 **무료버전** button을 click하여 준다. 그러면, [그림 2.3-2]에서 보여준 것과 같이 **다운로드** button이 나타난다. 이때 내용을 읽어보면 알 수 있듯이 오늘을 제외한 14일 즉, **15일 동안만 사용할 수 있다는 데 주의**하기 바란다.

2 CubeIDE, CubeMX, IAR, 그리고, KEIL 설치 방법 | 53

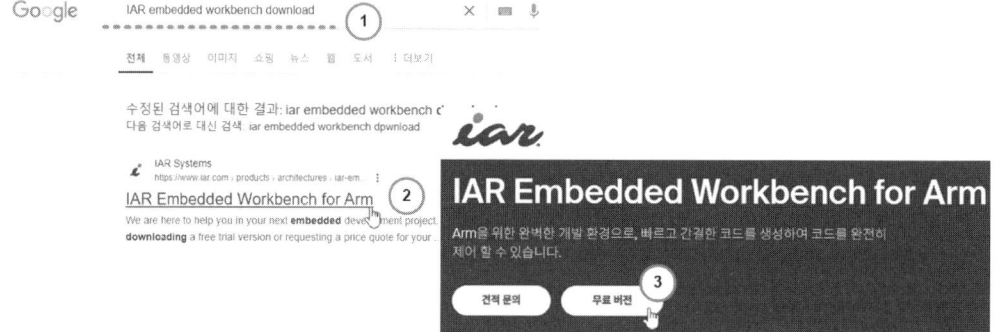

[그림 2.3-1] IAR Embedded Workbench download 방법.

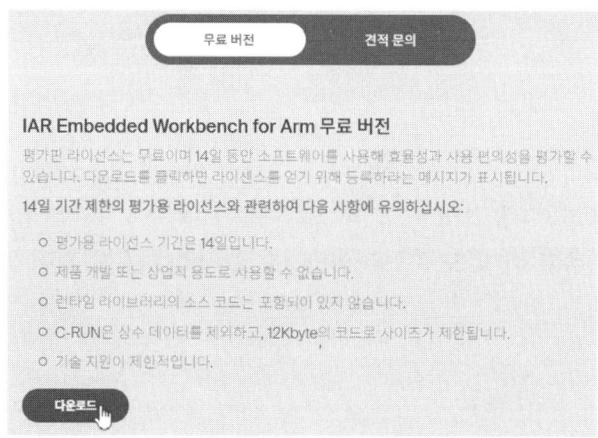

[그림 2.3-2] Embedded Workbench 무료 버전 download.

[그림 2.3-2]에서 **다운로드** button을 click하여 주면, [그림 2.3-3]과 같이 **Register for Evaluation** website가 나타난다. 이때, ④번과 같이 **Email***에 **회사 email 주소**를 지정해 주어야 한다. 예를 들면, naver와 같은 email 주소를 제공하면, **Invalid email address**라고 하고, 등록이 되지 않는다. 그리고, 등록한 email address로 등록에 따른 **확인 email**이 바로 전송되므로 **정확하게 기입**해 주어야 한다. 어쨌든 모든 항목들을 지정해 주었으면, ⑤번과 같이 **Submit Registration** button이 활성화 된다. 이 button을 click하고, 입력한 email 주소로 가보면, [그림 2.3-4]와 같이 email이 도착해 있을 것이다. ⑥번과 같이 email에 포함된 link를 mouse로 click하면 **등록 완료** web page가 나타날 것이다. 여기서 ⑦번 **license 번호**를 따로 기록해 놓고, ⑧번 **소프트웨어 다운로드** link를 click하여 IAR Embedded Workbench install file을 download 받는다.

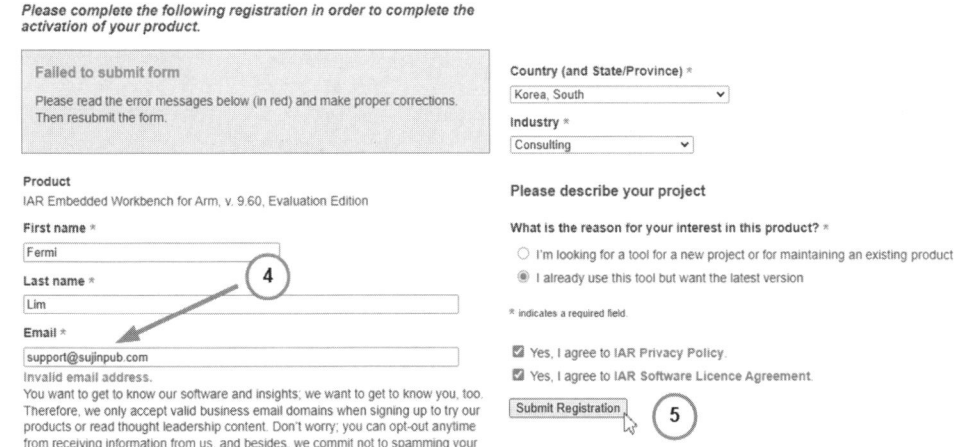

[그림 2.3-3] Embedded Workbench 무료 버전 등록 방법.

[그림 2.3-4] Embedded Workbench download.

전체 크기가 대략 1.9[GB]이므로 저장할 수 있는 충분한 여유 공간이 있어야 할 것이다. 이제, [그림 2.3-5]의 ⑨번과 같이 모두 download 받았으면, mouse로 double click하여 준다. 그러면, ⑩번과 같이 압축을 풀고, 오른쪽 화면과 같이 Install 관련 Dialogbox가 나타날 것이다. 그리고, ⑪번과 같이 앞서 CubeIDE와 CubeMX가 설치되어 있는 folder 즉, ST folder에 함께 설치하도록 Change... button을 click하여 경로를 수정해 준다. 즉, [그림 2.3-6]과 같이 바꾸어 준다. 단, 이 경로는 같은 성질의 개발 도구들을 하나의 folder에 정리하는 것이 추후 관리에 좋으므로 추천사항일 뿐이다. 그리고 나서, ⑫번과 같이 Next〉 button을 click하여 준다. 이어서 Feature installation dialogbox에서 ⑬번과 같이 Dongle drivers는 uncheck해 준다. 그리고, Next〉 button을 click하여 주면 본격적으로 install이 시작된다.

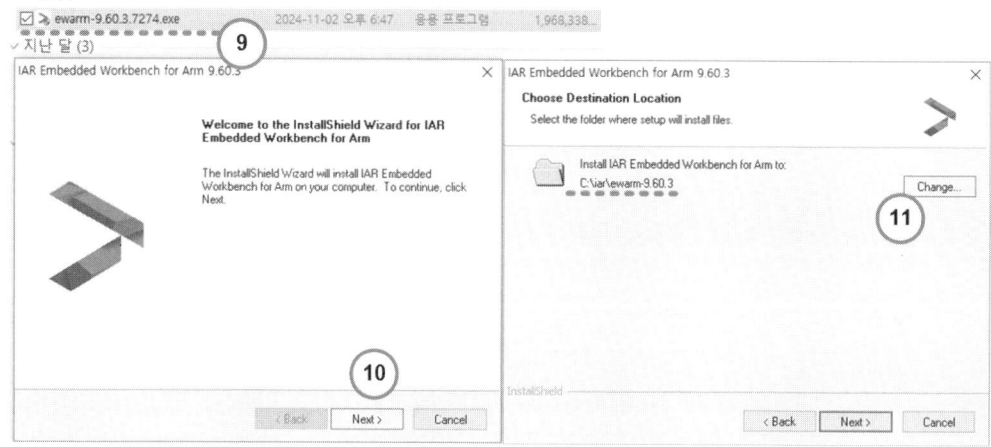

[그림 2.3-5] Embedded Workbench Install 과정(1).

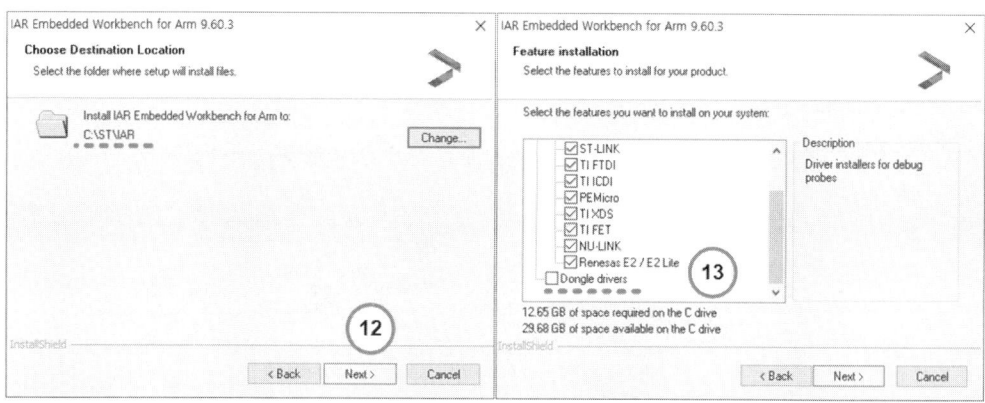

[그림 2.3-6] Embedded Workbench Install 과정(2).

[그림 2.3-7]의 왼쪽과 같이 설치가 완료되면, ⑭번과 **Finish** button을 click하여 준다. 그런데, [그림 2.3-6]에서 앞으로 사용할 수도 있는 MCU들에 대한 모든 emulator들을 선택하였으므로 선택한 여러 emulator들을 구동하는데 필요한 Windows device driver install 관련 dialogbox들이 나타날 것이다. 그때마다 모두 확인을 선택해 주면, 설치가 모두 완료된다. 이제, ⑮번과 같이 IAR Embedded Workbench 실행 icon을 따로 바탕 화면에 drag하여 넣는다. 그리고, 실행 icon을 double click하여 Embedded Workbench를 실행하여 준다. 그러면, 잠시 후에 [그림 2.3-8]의 ⑯번과 같이 **License Wizard** dialogbox가 나타날 것이다.

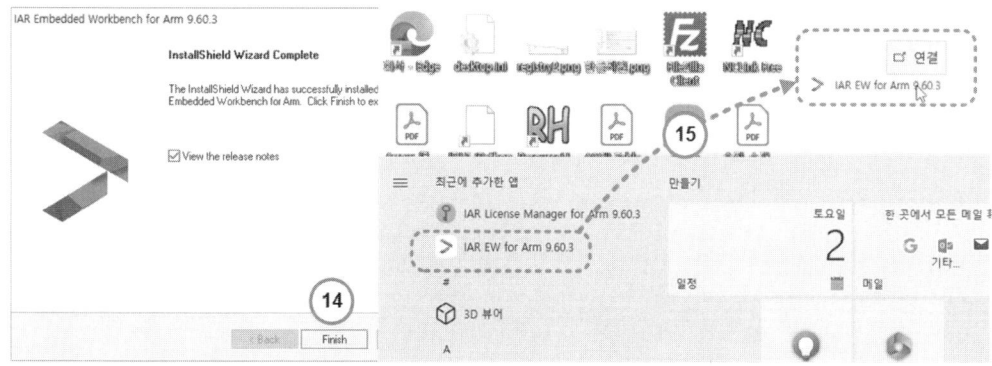

[그림 2.3-7] Embedded Workbench 설치 완료.

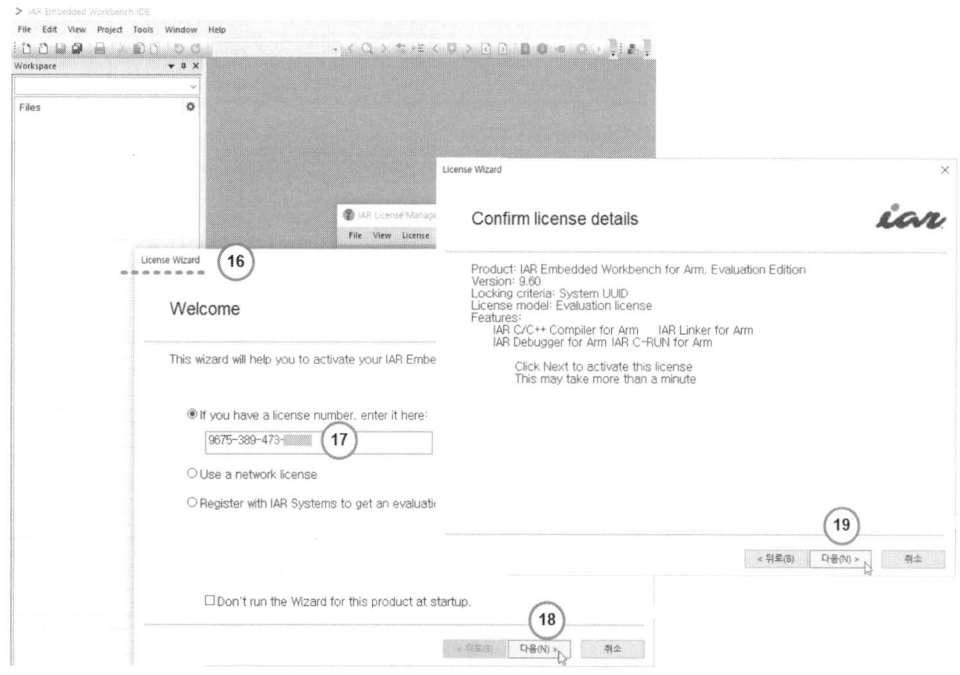

[그림 2.3-8] Embedded Workbench license 번호 등록(1).

이제 ⑰번과 같이 [그림 2.3-4]의 ⑦번에서 따로 기록해 놓은 license 번호를 typing해 주고, ⑱번과 같이 **다음(N)>** button을 click하여 주면, license 번호 등록을 위한 IAR 본사와의 확인 과정을 수행하고, [그림 2.3-9]의 ⑳번과 같이 완료하게 된다. **유료 버전도 동일하게** 만일, 현재 사용 기간이 얼마나 남았는지 또는 자신의 license 기능들을 확인하고 싶다면, ㉑번과 같이 **Help** menu에서 **License Manager…**를 선택하여 준다.

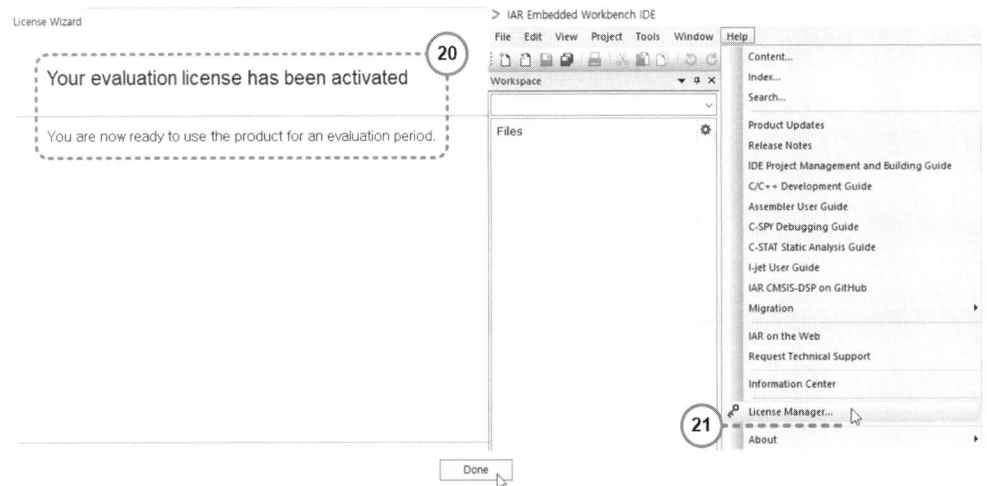

[그림 2.3-9] Embedded Workbench license 번호 등록(2).

그러면, [그림 2.3-10]의 ㉒번과 같이 **IAR License Manager** dialogbox가 나타난다. 여기서, 그림과 같이 자신의 license number를 mouse로 double click하면, **License Details** dialogbox가 나타나고, ㉓번의 붉은 점선 사각형과 같이 현재 사용하는 license의 기간과 기능들을 확인 할 수 있다.

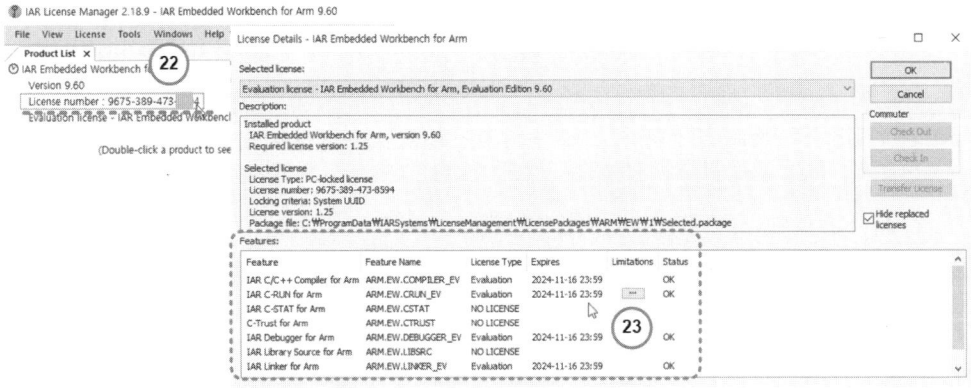

[그림 2.3-10] Embedded Workbench license 번호 등록(3).

어쨌든, IAR Inc.의 Embedded Workbench뿐만 아니라 잠시 후에 설명할 KEIL Inc.의 MDK-ARM을 설치할 때에도 반드시, **인터넷 접속이 가능**하도록 통신을 연결해 주어야 한다. 설치한 IAR Embedded Workbench에 대한 사용 방법은 이 책 전반적으로 설명하고 있으므로 천천히 학습하면 되겠다.

2.4 KEIL MDK-ARM 설치 방법 소개.

KEIL Inc.은 Cortex-M core를 개발한 ARM 회사의 자회사이다. 그러므로, IAR Inc. 보다는 좀 더 우월한 입장인 것은 사실이다. 그렇다고, 이것이 KEIL Inc.의 MDK-ARM이 IAR Inc.의 Embedded Workbench보다 우월하다는 것을 의미하는 것은 아니다. 어쨌든, 이들 2개의 개발 도구에 대한 평가는 여러분의 몫이라고 생각한다. KEIL Inc.의 MDK-ARM을 download 받을 수 있는 website를 찾기 위해서 [그림 2.4-1]의 ①번과 같이 검색하여 ②번 link를 click하면, ③번과 같이 download 받을 수 있는 website로 이동한다.

[그림 2.4-1] MDK-Arm download 방법.

③번과 같이 **MDK-Arm**을 mouse로 click하면, [그림 2.4-2]와 같이 정보 입력 web page가 나타난다. 이곳에 정보를 기입하고, ④번과 같이 **제출(Submit)** button을 click하여 준다. 그러면, ⑤번과 같이 최신 MDK-ARM을 download 받을 수 있는 web page가 열린다. 2021년 9월 최신 버전은 **MDK535.exe 즉, 5.35버전**이고, 전체 크기가 대략 900[MB] 정도 된다. 이처럼 KEIL Inc.의 MDK-ARM이 IAR Inc.의 Embedded Workbench 보다 훨씬 작은 이유는 IAR은 거의 모든 제조사들의 MCU에 대한 flashloader 관련 파일, device 정보 파일, 그리고, linker 설정 파일, 등등을 설치 파일에 모두 포함하고 있다.

[그림 2.4-2] MDK-Arm 등록 방법.

그러나, KEIL Inc.의 MDK-ARM은 사용할 MCU를 선택하면 그때 그때 마다 설치하기 때문에 초기 설치 파일의 크기가 작은 것이다. 어쨌든, [그림 2.4-3]과 같이 설치 파일을 download 받고, mouse로 double click하면 MDK-ARM install dialogbox가 나타난다.

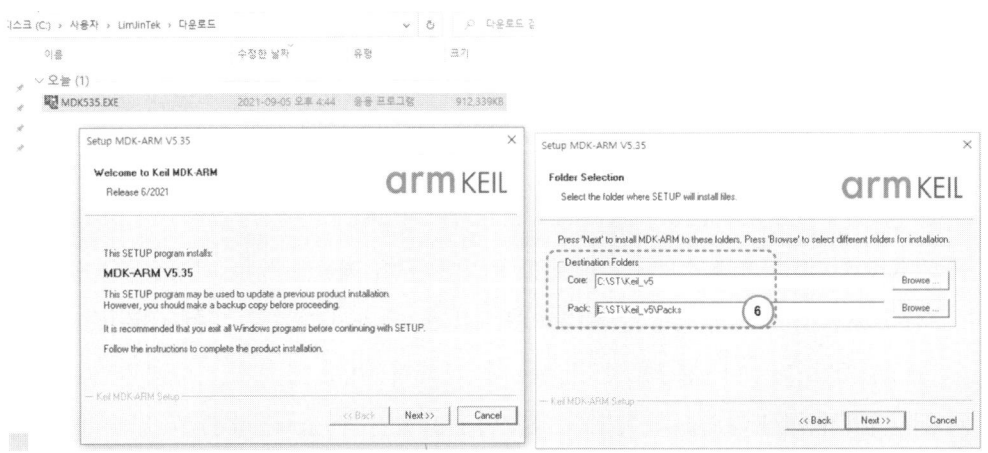

[그림 2.4-3] MDK-Arm 설치 과정(1).

Setup MDK-ARM dialogbox에서 Next >> button을 click하여 주면, MDK-ARM을 설

치할 경로를 지정할 수 있는 dialogbox가 나타난다. [그림 2.4-3]의 ⑥번과 같이 필자의 경우에는 CubeIDE, CubeMX, 그리고, IAR, KEIL을 모두 **ST** folder에 **함께 저장**하도록 지정하였다. 특별히, KEIL Inc.의 MDK-ARM은 각각의 MCU 제조사에서 제공하는 각종 library와 예제 code들을 **pack**으로 관리하는데, 이들 pack이 저장될 위치도 지정해 주어야 한다. 이제, 경로를 지정하였으면, **Next>>** button을 click하고, 사용자 정보를 입력하면, 본격적으로 MDK-ARM install을 시작한다. 설치하는 과정에는 [그림 2.4-4]의 ⑦번과 같이 기본적인 Pack들을 압축 해제하여 설치도 하고, ⑧번과 같이 emulator와 관련된 device driver들도 설치한다.

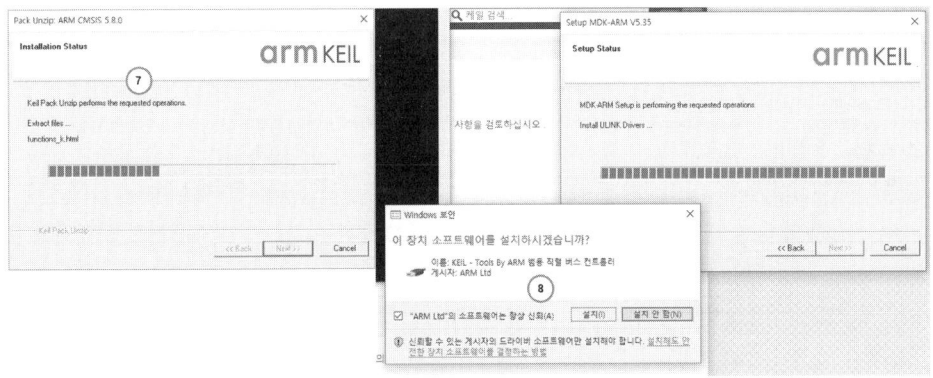

[그림 2.4-4] MDK-Arm 설치 과정(2).

모든 설치가 완료되면, [그림 2.4-5]의 ⑨번과 같이 **Finish** button을 click하여 준다. 그러면, **바로** ⑩번과 같이 **Pack Installer** window가 나타난다. 이제, OK button을 click하여 주고, [그림 2.4-6]의 ⑪번 부분 즉, 상태표시줄을 눈여겨보면, 각 제조사에 대한 각각의 pack을 MDK-ARM에 설치할 수 있도록 script file들이 설치되는 것을 볼 수 있을 것이다. **그러므로,** [그림 2.4-6]에서 보여준 Window의 **close** button(즉, ×)을 갑자기 click하지 말고, **0%가 100% 되어 완료될 때까지 기다려 주어야 한다**는 데 **주의**하자. 이제, 100%로 완료되었으면, **close** button을 click하여 Pack Installer window를 닫아준다. 그리고, 바탕화면에 추가된 Keil uVision5 실행 icon을 double click하여 주면, MDK-ARM이 실행되는 것을 확인 할 수 있다. [그림 2.4-7]의 ⑫번과 같이 **File** menu의 **License Management...** menu를 click하여 주면, ⑬번과 같이 기본적으로 **MDK-Lite** 즉, 평가 버전으로 install 된 것을 확인할 수 있다.

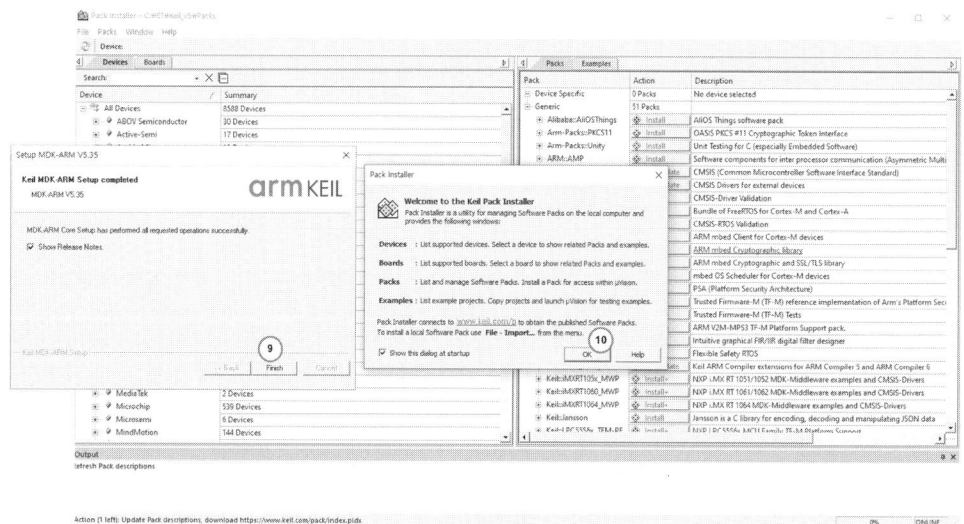

[그림 2.4-5] MDK-Arm 설치 과정(3).

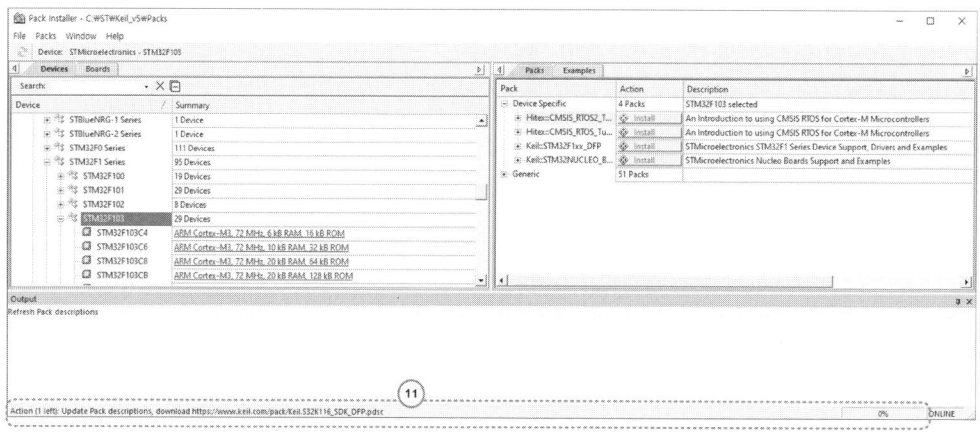

[그림 2.4-6] Pack Installer 초기화.

주목할 것은 IAR Embedded workbench처럼 15일 동안만 사용할 수 있는 것이 아니라 [그림 2.4-8]의 점선 사각형 안에 표시한 것과 같이 현재 설치한 **MDK-Lite 버전**은 최대 실행 파일의 코드 크기를 **32[KB]까지로 제한**하지만, **영구히 무료로 사용할 수 있다**. 이제, MDK-ARM을 사용할 수 있게 되었다. KEIL Inc.의 MDK-ARM에 대한 자세한 사용 방법은 **Chapter 4.**에서 자세히 설명하도록 할 것이다. 게다가 keil.com homepage에 방문해 보면, [그림 2.4-8]의 점선 사각형 안에 표시한 것과 같이 STM32 MCU 중에서 내부 core로 **Cortex-M0, M0+, 또는, M23**을 사용한 경우에는 32[KB] 제한도 없다는 데 주의하자.

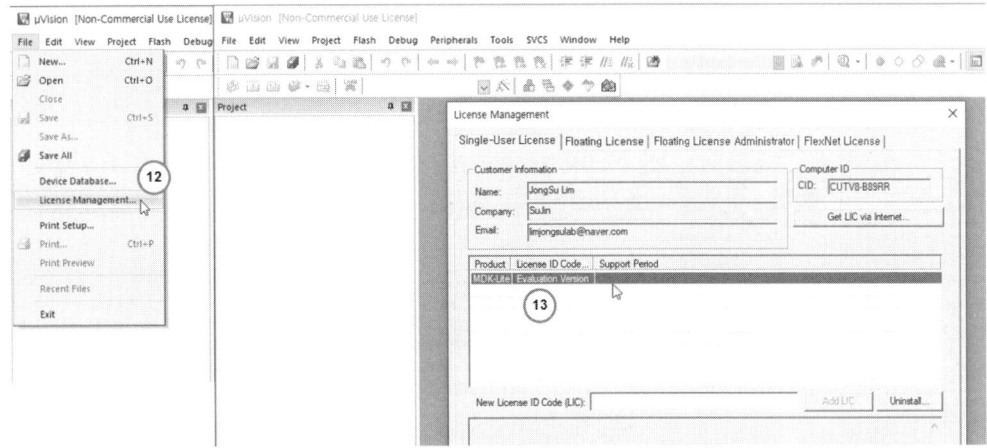

[그림 2.4-7] MDK-ARM license 확인 - 1.

Limitations

Keil development development tools without a current product license run as a Lite/Evaluation edition and have the following restrictions:

MDK-Lite Edition

- Programs that generate more than 32 Kbytes of code and data will not compile, assemble, or link.
- The debugger supports programs that are 32 Kbytes or smaller.
- The compiler does not generate a disassembly listing of the machine code generated. The -S, --asm, and --interleave compiler command-line options are disabled. Projects will not compile with Target -> Listing -> C Compiler Listing enabled.
- The compiler and assembler do not generate position-independent code or data. The --apcs /ropi /rwpi /pic/ pid compiler and assembler command line options are disabled.
- The assembler and linker create Symbolic Output Format objects which cannot be linked with third-party linker utilities. Fully licensed tools generate standard ELF/DWARF files which may be used with third-party utilities.
- Arm7/Arm9/Cortex-R4 devices are not supported.

[그림 2.4-7] MDK-ARM license 확인 - 2.

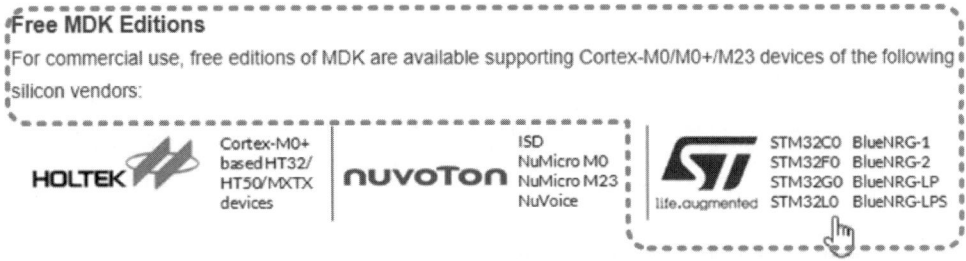

[그림 2.4-8] MDK-ARM license 확인 - 3.

결국, 사용자 입장에서는 KEIL의 MDK-ARM이 좀 더 자유롭게 사용할 수 있는 것이 사실

2 CubeIDE, CubeMX, IAR, 그리고, KEIL 설치 방법 | 63

이다.

2.5 그 밖에 필요한 소프트웨어 소개.

PC를 통하여 개발 보드의 상태를 확인하거나 또는 새로운 명령을 내려 줄 필요가 있는 경우에 가장 많이 사용하는 통신 방식이 UART 통신 방식이다. 개발 보드와 UART 통신을 하는데 아마도 가장 많이 사용되는 PC application program은 **Tera Term**일 것이다. 그런데, Tera Term은 개발 보드와 **문자 기반의 통신만 지원**하므로 데이터를 그래프 형태로 확인할 수는 없다. 개발 보드와 PC 사이에 UART 통신을 기반으로 데이터를 그래프로 표시해 주고, 그 밖에 STM32 MCU의 Timer, PWM, ADC, 그리고, 임의의 register 값 분석을 수행하는데 유용한 다양한 기능들을 제공하는 수진에서 개발한 **SJ-MCUBook_Apps** program에 대해서도 함께 살펴보도록 할 것이다.

2.5.1. TERA Term 설치 방법.

Tera Term을 download 받을 수 있는 website를 찾기 위해서 [그림 2.5.1-1]의 ①번과 같이 검색하여 ②번 link를 click하면, ③번과 같이 download 받을 수 있는 website로 이동한다.

[그림 2.5.1-1] Tera Term download 방법.

[그림 2.5.1-2]의 ④번과 같이 teraterm-4.106.exe를 mouse로 click하여 download를 시작하도록 한다. 물론, 보다 최신 버전이 있으므로 그것을 사용하는 것이 더 좋을 것이다.

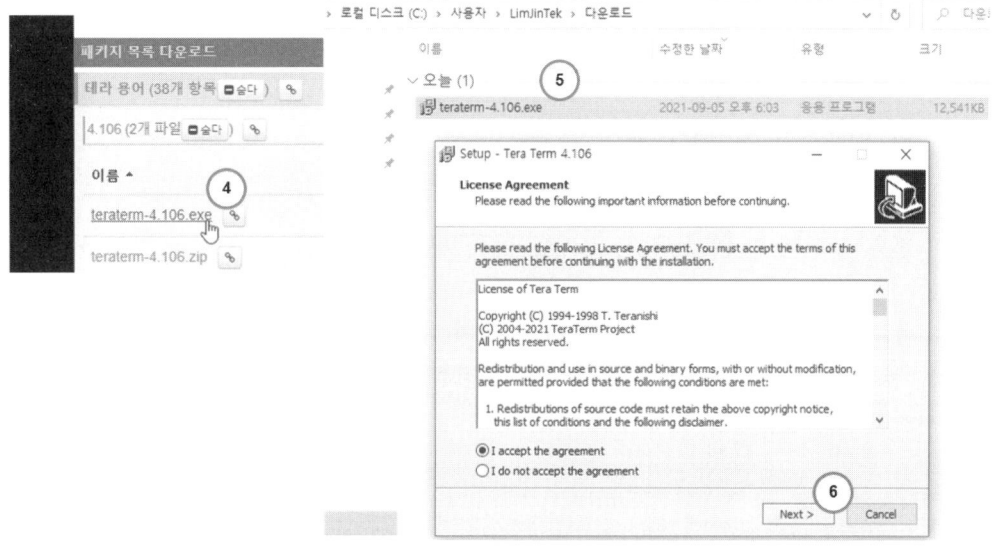

[그림 2.5.1-2] Tera Term install 과정(1).

⑤번과 같이 download가 완료되면, mouse로 double click하여 실행하여 준다. 그리고, ⑥번과 같이 Next⟩ button을 click하여 주면, install 과정이 시작된다. 중간에 [그림 2.5.1-3]의 ⑦번과 같이 Select Components dialogbox가 나타나면 기본 설정을 유지하고, 그대로 Next ⟩ button을 click하여 준다.

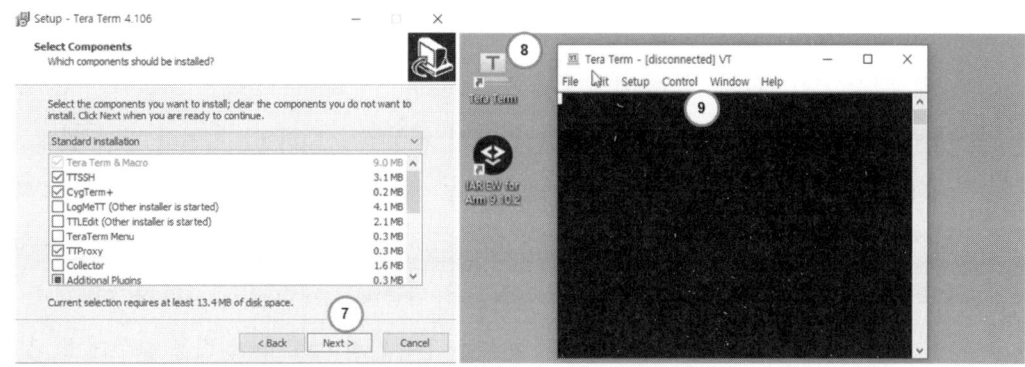

[그림 2.5.1-3] Tera Term install 과정(2).

이제, 설치가 완료되면, ⑧번과 같이 바탕 화면에 Tera Term 실행 icon이 추가될 것이다. 이것을 mouse로 double click하면 ⑨번과 같이 Tera Term 화면을 만날 수 있게 된다. 앞으로 **문자 기반**으로 PC와 개발 보드 사이에 통신을 하는 경우에 자주 사용하게 될 것이다. Tera Term에 대한 보다 자세한 사용 방법에 대해서는 **8.2.절**을 참조하면 되겠다.

2.5.2. SJ_MCUBook_Apps 설치 방법.

SJ_MCUBook_Apps program은 Visual C++를 이용하여 MFC 기반으로 개발하였다. [그림 2.5.2-1]은 SJ_MCUBook_Apps program이 동작하는 모습을 보여준 것이다.

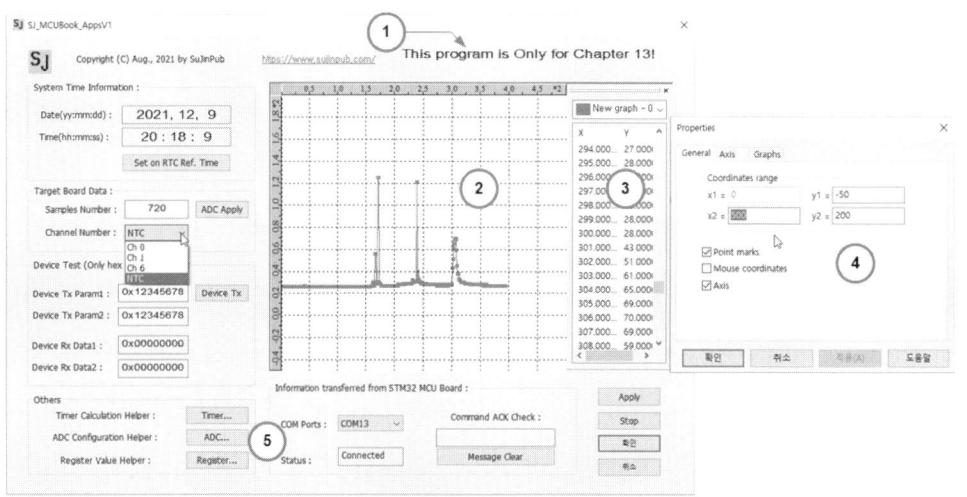

[그림 2.5.2-1] SJ_MCUBook_Apps program 동작 화면.

즉, ②번과 같이 MCU가 보내주는 데이터를 0.5[초] 마다 그래프로 표시해 주고, 동시에 ③번과 같이 그 값을 listbox에 표시해 준다. 또한, mouse를 그래프 화면에 놓고, 오른쪽 버튼을 click하여 나타나는 popup menu에서 속성을 선택하면, ④번과 같이 현재 x축과 y축에 대한 범위를 동작 중에 재설정해 줄 수 있다. 그리고, ⑤번과 같이 다양한 STM32 MCU 주변 장치를 제어하는 데 유용한 dialogbox가 준비되어 있다. 이들 기능은 앞으로 여러분이 이 책을 통하여 embedded coding을 학습하고 개발할 code와 **연동**하게 될 것이다. **결국, 자연스럽게 여러분은 실무와 관련된 전문가적 coding 실력을 갖추게 될 것**이다. 단, SJ_MCUBook_Apps program은 **Vol.1.**에서**만** 사용하기 위한 Windows program이다. Vol.2에서는 무료인 SJ_MCUFree 버전 또는 유료인 SJ_MCUPro 버전을 사용해야 한다. [그림 2.5.2-1]의 ①번에서 의미하듯이 **반드시**, Chapter에 대한 정보와 일치하는 버전을 해당 Chapter의 MCU 예제 code와 함께 사용해야 한다. 예를 들면, ①번과 같이 Chapter 13**만**을 위한 program을 다른 Chapter의 MCU 예제 코드와 함께 사용하면 동작하지 않는데 주의하기 바란다. 즉, **각** Chapter에 첨부되어 있는 SJ_MCUBook_Apps program을 사용해야 한다. 왜냐하면, 각각의 Chapter에서 제공하는 Embedded Code에서**만** 반응하도록 특별히 개발하였기 때문이다. 기본적으로 SJ_MCUBook_Apps program을 실행시키면, **제일 먼저** 현재 여러분이 사용하고 있는 **PC에서 제공하는 COM port들을 모두 찾기 시작**한다. 예를 들면, [그림 2.5.2-2]에서 보여준 것과 같이 Tera Term을 실행하고, ⑥번과 같이 **Serial** 옆의 radio button 선택하고, **Port :** 옆의 listbox를 열어보면, ⑦번과 같이 **Bluetooth**를 통한 2개의 무선 UART port를 현재 PC에서 제공하는 것을 볼 수 있다.

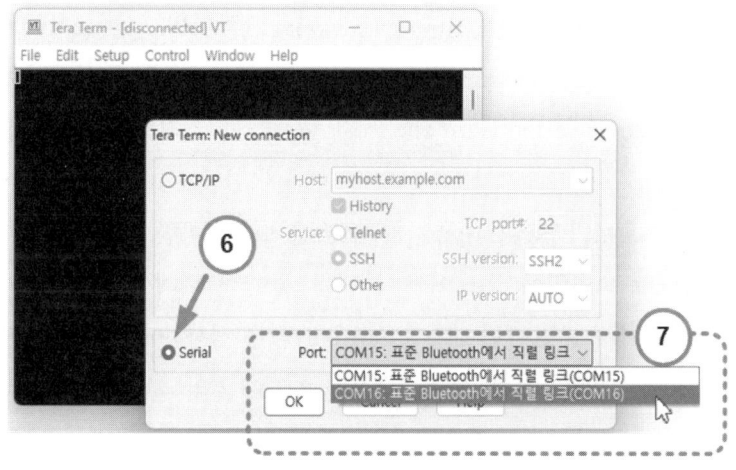

[그림 2.5.2-2] Tera Term을 이용한 현재 사용하는 PC의 COM port 상황 표시.

그런데, 문제는 이와 같은 무선 COM port들은 찾아서 식별하는데, 유선의 COM port들보다 상대적으로 많은 시간을 소모한다는 것이다. 그런데, SJ_MCUBook_Apps program은 일정 주기로 계속해서 모든 COM port들의 상태를 확인하기 때문에 무선 COM port로 인해서 동작이 느려지고, 정상적으로 작동하지 않게 된다. 물론, 무선 mouse와 keyboard를 많은 분들이 이용하지만, [그림 2.5.2-3]에서 보여준 것과 같이 **SJ_MCUBook_Apps program을 사용하는 동안은 블루투스를 끄고, 유선 mouse와 keyboard를 사용하기 바란**

다.

[그림 2.5.2-3] Bluetooth 끄는 방법.

즉, ⑧번과 같이 Windows의 **작업표시 줄**의 맨 오른쪽에 있는 ∨ symbol을 click하면, 나타나는 toolbar에서 ⑨번과 같이 bluetooth icon을 선택하면, popup menu가 나타나고, 여기서, ⑩번과 같이 **Bluetooth 장치 표시(D)** menu를 선택하고, 이어서 ⑪번과 같이 현재 켜져 있는 Bluetooth를 mouse로 click하여 꺼준다. 그리고 나서, ⑫번과 같이 Bluetooth **설정** window를 끄지 말고, **최소화** 시켜준 다음에 나중에 다시 필요할 때에 켜주면 된다. 그리고 나서, SJ_MCUBook_Apps program을 실행시키면 동작하는데 아무런 문제가 없다. 참고적으로 **Vol.2.**에서는 이런 불편을 줄이기 위해서 처음 SJ_MCUFree 또는 SJ_MCUPro를 실행했을 때**만** 모든 COM port들을 검사하고, 그 이후로는 검사하지 않게 만들었다. 물론, 현재 사용하는 PC가 [그림 2.5.2-2]의 ⑦번과 같이 무선 COM port를 지원하지 않으면, **블루투스를 계속해서 사용해도 된다.** 사실, Vol.1을 집필할 때에 사용하던 PC는 무선 COM port를 지원하지 않아서 이 현상을 모르고 개발한 것인데, 지금 이들을 모두 고치기에는 시간이 없어서 **양해를 구한다.** 어쨌든, 무선 COM port 문제가 없다면, [그림 2.5.2-1]에서 보여준 것과 같이 SJ_MCUBook_Apps program을 실행하고, 제일 먼저 보드와 연결된 UART COM port를 **COM Ports :** 옆의 drop listbox 박스에서 선택한다. 물론, 그 port가 무엇인지 구체적인 것은 차차 학습하게 된다. 이제, 정상적으로 연결되었으면, **Status :** 옆의 editbox에 그림과 같이 **Connected**라는 문자열로 바뀌게 되고, 이것은 SJ_MCUBook_Apps program과 보드 사이에 이 책에서 설명할 **UART 전송 규약**에 **맞게 통신을 수행할 물리적인 준비가 되었다는** 의미가 된다. 앞서 설명한 것과 같이 기본적으로 0.5[초] 마다 보드에서 데이터를 가져와서 ②번과 같이 그래프를 **동적으로** 갱신하며 그려주고, **동시에** ③번과 같이 Listbox에 현재 그려지는 데이터의 값을 보여준다. 무엇보다도 ⑤번에서 보여준 것과 같이 3가지 종류의 **Helper** dialogbox를 제공하는데, 이 중에서 **Register…** helper dialogbox는 임의의 register bit field를 분석하는 데 매우 유용하다. 이들의 기능은 다음과 같이 정리할 수 있다.

❶ **Timer** Helper dialogbox - **Timer…** button click.

STM32 MCU에서 Timer와 PWM에 관련된 CubeMX의 parameter 설정할 때에 유용하다. 자세한 사용 방법은 **Chapter 6.**과 **Chapter 7.**을 참조하면 된다. [그림 2.5.2-4]는 **Timer** Helper dialogbox를 실행시킨 모습이다.

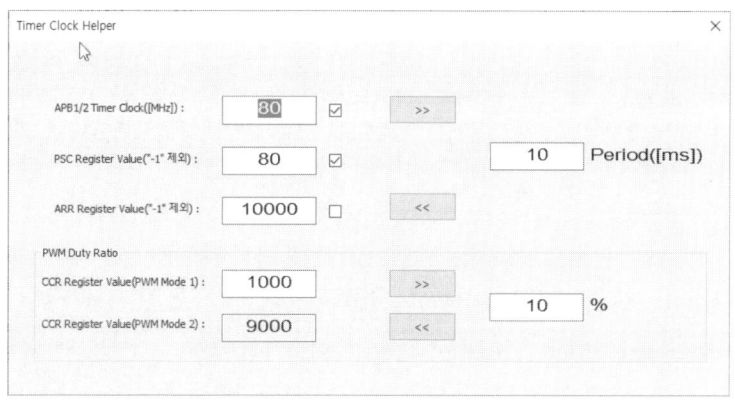

[그림 2.5.2-4] STM32 MCU Timer와 PWM CubeMX 파라미터 설정 도우미.

❷ **ADC** Helper dialogbox - **ADC…** button click.

STM32 MCU에서 ADC에 관련된 CubeMX의 parameter 설정할 때에 유용하다. 자세한 사용 방법은 **Chapter 13.**을 참조하면 된다. [그림 2.5.2-5]는 **ADC** Helper dialogbox를 실행시킨 모습이다.

❸ **Register** Helper dialogbox - **Register…** button click.

임의의 32bits 값을 16진수로 지정하고, 〉〉 button을 click하여 주면, 32개의 2진수 bit들로 표시하여준다. 그리고, 32개의 2진수 bit 조합을 **임의로** 0과 1로 설정하고, 〈〈 button을 click하면, 다시 16진수 32bits 값으로 표시해 준다. 또한, 2진수 1의 값은 붉고 **굵은 글씨체**로 0과 달리하여 **bit 변화**를 쉽게 파악할 수 있도록 하였다.

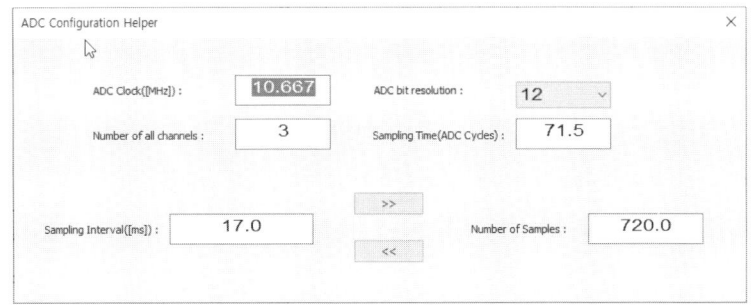

[그림 2.5.2-5] STM32 MCU ADC CubeMX 파라미터 설정 도우미.

[그림 2.5.2-6]은 **Register** Helper dialogbox를 실행시킨 모습이다.

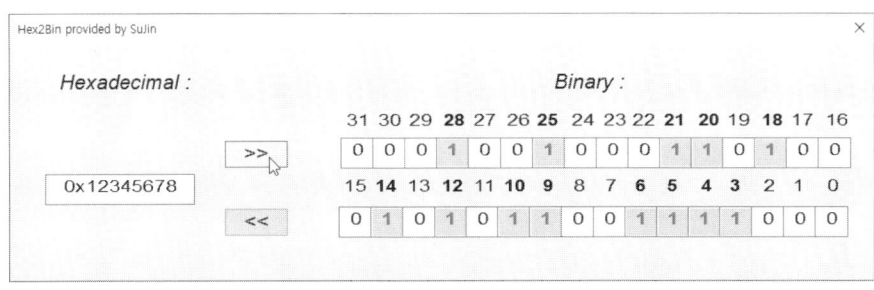

[그림 2.5.2-6] 32bits 값과 그에 대한 2진수 값 사이의 비교 tool.

특별히, **Register** Helper dialogbox는 임의의 Embedded Code를 작성할 때, 16 진수 32bits 값을 구성하는 2진수 중에서 어느 bit 위치가 1인지 0인지 확인하고, 또한, 임의의 1과 0의 bit 값을 바꾸었을 때에 새로운 32bits 값을 확인하는데 매우 유용하게 사용할 수 있다. 그 밖에 **Set on RTC Ref. Time** button을 click하여 주면, PC의 현재 날짜 정보와 시각을 MCU로 보내줘서 MCU의 RTC가 보내준 날짜 정보와 시각을 기준으로 다시 초 단위로 계산하여 현재 시각을 알려준다. 이렇게 알려준 날짜 정보와 시각을 **Date(yy:mm:dd):** 옆에 날짜 정보를 표시해 주고, **Time(hh:mm:ss):** 옆에 현재 시각 정보를 0.5[초] 단위로 갱신해 준다. 결국, 초 값이 바뀌면 현재 보드가 **정상적으로** 살아있다는 것을 확인할 수 있다. 이에 대한 자세한 내용은 **Chapter 9.**에서 설명할 것이다. 또한, **Target Board Data :** 에서는 SJ_MCUBook_M3 보드와 연동하여 3개의 Analog channel들로부터 들어오는 신호들을 선택할 수 있도록 한다. 그리고, 선택한 데이터를 그래프와 데이터로 역시, 0.5[초] 단위로 갱신해 주도록 한다. 현재 [그림 2.5.2-1]에서 표시하고 있는 그래프와 데이터는 인두를 가열하여 SJ_MCUBook_M3 보드에 있는 NTC 근처에 가져갔을 때의 변화를 **동적으로** 보여주는 것으로서 이에 대한 자세한 내용은 Chapter 13.에서 설명할 것이다. 그리고, 임의의 송신 데이터 또는 명령어를 사용자가 정의하여 개발용 보드에 전송하면, 그에 따른 데이터를 사용자가 정의한 데로 받을 수 있도록 즉, 사용자 정의 블록인 Device Test(Only hex value is allowed) :를 구성하였다. 이에 대한 예제로 Chapter 10에서는 SJ_MCUBook_M3 보드에 있는 AT24C256C EEPROM의 번지와 데이터를 지정하고, I2C로 PC에서 지정한 번지와 데이터를 기준으로 EEPROM에 write와 read하는 code를 함께 만들어 볼 것이다. 그러나, 모든 예제 code는 SJ_MCUBook_M3 보드뿐만 아니라 어떠한 보드에도 국한 되지 않는 **상용 버전의 안정된 code를 여러분과 함께 개발할 것**이므로 다양한 제품에 적용할 수 있을 것이다. 지금까지 간단히, SJ_MCUBook_Apps program과 SJ_MCUBook_M3 보드에 대해서 설명하였다. 그런데, 불행하게도 SJ_MCUBook_Apps program은 installer가 없다. 그러므로 다소 귀찮더라도 이제부터 설명하는 내용대로 직접 설치해 주어야 사용할 수 있다. 그럼, 설치해 보도록 하겠다. 먼저, [그림 2.5.2-7]에서 보여준 것과 같이 다음에 제시한 2개의 files를 C:₩Windows₩System32 folder에 저장해 주어야 한다. 단, **Windows OS** 64bits를 사용하는 경우에는 C:₩Windows₩SysWOW64 folder에도 **추가적으로 반드시 저장**해 주어야 한다.

❶ mfc120ud.dll, ❷ msvcr120d.dll

이때, 관리자 모드에서만 2개의 dll files를 System32 folder 또는 SysWOW64 folder에 저장할 수 있다고 물어보면, OK를 click하여 **반드시**, [그림 2.5.2-7]의 오른쪽에 보여준 System32 folder에 2개의 dll files를 저장해 주고, 이어서 SysWOW64 folder에도 저장해 주어야 한다. 그리고 나서, **Visual C++ 2013 재배포 가능 패키지**를 여러분의 PC에 설치해야 한다. 단, 여러분의 PC에 이미 Visual C++ 2013이 install되어 있거나 또는 지금 설치할 Visual C++2013 재배포 가능 패키지가 이미 설치되어 있다면 다시 설치하지 않아도 된다. 만일, VisualC++ 2013 재배포 가능 패키지를 설치하지 않고, SJ_MCUBook_Apps program을 double click하여 실행하려고 시도 한다면, [그림 2.5.2-8]과 같은 error message를 만나게 된다는 데 주의하자.

[그림 2.5.2-7] SJ_MCUBook_Apps Program 설치 방법(1).

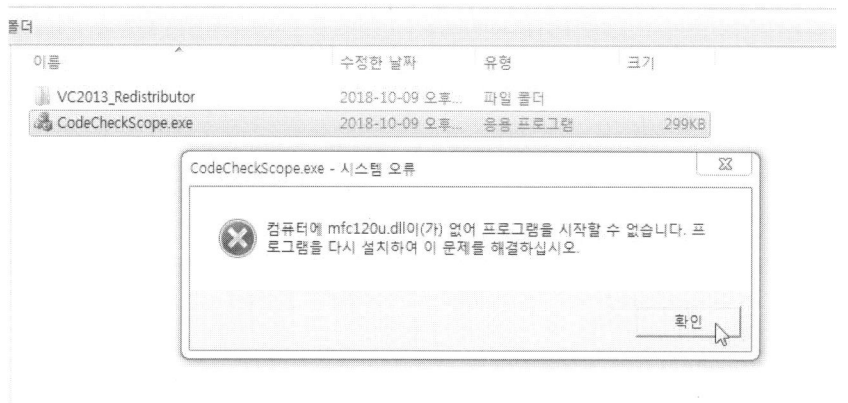

[그림 2.5.2-8] SJ_MCUBook_Apps Program 설치 방법(2).

그러므로, [그림 2.5.2-9]의 ①번에서 보여준 것과 같이 여러분의 PC에서 **제어판**의 **시스템**을 선택하면 나오는 정보가 만일, **32비트 운영체제**이면, ③번과 같이 **vcredist_x86**을 선택하고, **64비트 운영체제**이면, ③번에서 **vcredist_x64**를 선택하여 double click하여 실행해 주면 된다. 예를 들어서, 여러분의 PC가 32비트 운영체제이면, [그림 2.5.2-9]의 ③번과 같이 **vcredist_x86**을 double click하여 실행해 준다.

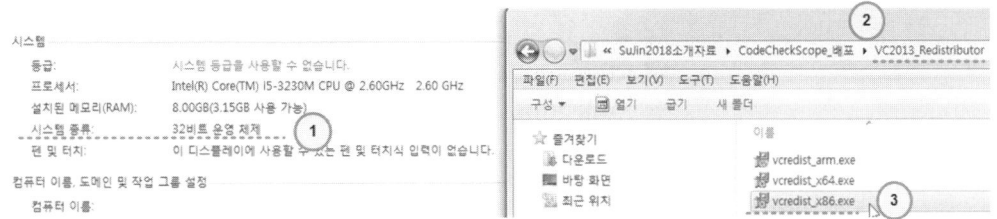

[그림 2.5.2-9] SJ_MCUBook_Apps Program 설치 방법(3).

그러면, [그림 2.5.2-10]과 같은 Visual C++ 2013 재배포 package에 대한 동의를 묻는 dialogbox가 나타날 것이고, **동의함**을 선택한 이후에 **설치** 버튼을 click하여 주면 된다.

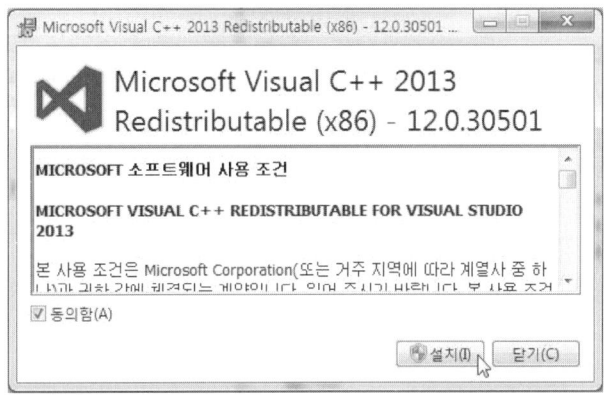

[그림 2.5.2-10] SJ_MCUBook_Apps Program 설치 방법(4).

물론, 사용하는 Windows OS에 따라서 다르겠지만, 갑자기 화면이 회색이 되고, **다음 프로그램이 이 컴퓨터를 변경할 수 있도록 허용하겠는지?** 묻는 dialogbox가 나타난다면, **예(Y)** 를 선택하여 주시기 바란다. 그러면, 설치를 시작할 것이다. 그리고, 모두 설치되면, [그림 2.5.2-11]과 같이 **설치 완료** message를 포함하는 dialogbox가 나타날 것이다. 이제, 여러분의 PC는 SJ_MCUBook_Apps Program을 사용할 수 있는 준비를 마친 것이다. 바로, 가지고 있는 Nucleo 보드를 연결하여 기능을 확인 할 수도 있지만, 차근차근 학습해 나가도록 하자. 한 가지 얘기하고 싶은 것은 현재, SJ_MCUBook_Apps program에서 사용하는 UART 통신 관련 Windows System program은 필자가 독자 개발한 것으로 상당히 많은 시간과 실험을 통하여 안정화한 것으로서 여러 양산 제품들에 적용하여 문제를 일으킨 사례가 없다.

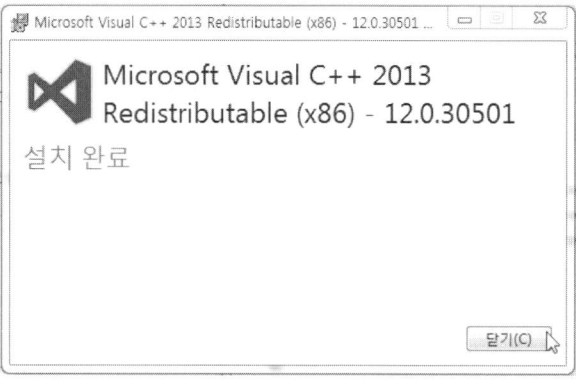

[그림 2.5.2-11] SJ_MCUBook_Apps Program 설치 방법(5).

【연구 과제】

이번 Chapter에서는 다양한 STM32 MCU뿐만 아니라 임의의 MCU를 이용하여 Embedded C code를 개발할 때에 필요한 여러 소프트웨어 개발 tool들을 download 받아서 설치하는 방법을 학습하였다. 이 밖에도 Source Insight, Araxis Merge, 그리고, Ultra Editor와 같은 다양한 소프트웨어 편집기 tool들이 있는데, 이들 소프트웨어에 대해서는 동영상 강좌에서 설명하였으니 참고하기 바란다. 이들 소프트웨어는 모두 유료 버전으로 구매를 해야 하지만, 평가 버전을 제공하며, 어쨌든, 그 돈 값어치를 할 정도로 우수하다. 개발자 입장에서는 가능하면 쉽고, 강력하게 자신의 source files 뿐만 아니라 외부 source files도 쉽게 분석하고, 편집할 수 있도록 도와주는 개발 tool이 상당히 중요하다. 훌륭한 검객일수록 훌륭한 칼을 가지고 있는 것과 같다. 그러므로, 이들 개발 tool들을 설치하고, 사용 방법을 학습해 보기 바란다.

CHAPTER

03

GPIO 사용 방법

우선, GPIO port가 무엇인지 살펴보는 시간을 가지도록 할 것이다. 아마도, 여러분은 이번 Chapter를 학습하는 동안 기존에 쉽게 접하지 못한 유용한 정보들을 다양하게 경험하게 될 것이다. 그리고, 학습한 내용을 근거로 GPIO port를 제어하는 coding 방법을 이해하게 될 것이다. 우선, STM32 MCU에서 GPIO port가 어떻게 구성되어 있는지 그 자체에 대해서 학습하게 될 것이다. 그리고 나서, **CubeMX**를 이용하여 기본적인 GPIO C framework source files를 **자동으로 생성하는 방법**을 학습하고, 이어서 생성된 C source file에 필요한 기능들을 추가하는 방법을 학습하게 될 것이다. 여기서 사용할 개발 tool은 CubeMX와 IAR 의 Embedded Workbench이다. 그러나, Chapter 4.에서 KEIL의 MDK-ARM을 학습하고 나면, 쉽게 IAR의 Embedded Workbench로 만든 예제 project를 KEIL의 MDK-ARM 으로 바꿀 수 있을 것이다. [그림 3-1]은 대표적인 Nucleo board 즉, 144핀 보드와 64핀 보드를 함께 보여주고 있다. **64pins** 보드는 Nucleo-**L476RG**이고, **144pins** 보드는 Nucleo-**F303ZE**이다.

(a) NUCLEO-F303ZE   (b) NUCLEO-L476RG

[그림 3-1] Nucleo-L476RG과 Nucleo-F303ZE

ST 마이크로에서 판매하는 모든 Nucleo 보드들은 [그림 3-1]에서 보여준 것과 같이 **사용되는 MCU에 상관없이** 144pins 보드와 64pins 보드로 구분된다. 즉, 2가지 종류의 Nucleo 보드들을 출시하고 있으며, 각각의 보드에 대한 **회로도는 동일**하다. 또한, 여러분이 어떠한 종류의 Nucleo 보드, 심지어 어떠한 STM32 MCU 보드를 가지고 있더라도 **여기서 설명하는 내용들을 동일하게 적용**하여 사용할 수 있다. 그러므로 만일, Nucleo 보드가 없다면, 일단, 가지고 있는 보드와 emulator를 준비해 주기 바란다. 참고적으로 Nucleo 보드를 포함한 거의 모든 ST 마이크로에서 출시하는 평가 보드들은 ST-LINK emulator가 보드에 기본적으로 포함되어 있으므로 emulator를 따로 구매할 필요가 없다.

■ 학습 목표 :
- STM32 MCU가 제공하는 GPIO port 내부 구조와 **전기적인 특성을 분석하고, 학습**한다. 그러므로, **회로 해석과 관련된 내용**이 많은데, 실력 있는 Embedded Engineer가 되기 위해서는 반드시 이해해야 하는 내용들이다.
- MCU 이미지 갱신에 따른 RESET 상황 또는 임의의 RESET 상황에서 Latch 소자가 갖는 의미를 **SN54/74HCT573 소자**와 함께 학습한다.
- **SN54/74HCT573 소자**의 특성 분석과 관련 C code 개발을 한다.
- 원하는 C framework에 대한 source files를 **자동으로 생성**하도록 CubeMX 설정 방법을 학습한다.
- 생성된 C framework에 GPIO port 제어 code를 추가하고, **IAR Inc.의 Embedded Workbench**로 실행 image를 만들어서 Nucleo 보드에 download하고, 동작을 확인한다.

3.1 GPIO 내부 구조와 전기적 특성 분석.

[그림 3.1-1]은 STM32 MCU 각각의 pin 즉, 표준 I/O port **A부터 G까지** 중에서 임의의 pin 즉, 임의의 port에 해당하는 port **bit**의 **내부 구조**를 보여주고 있다.

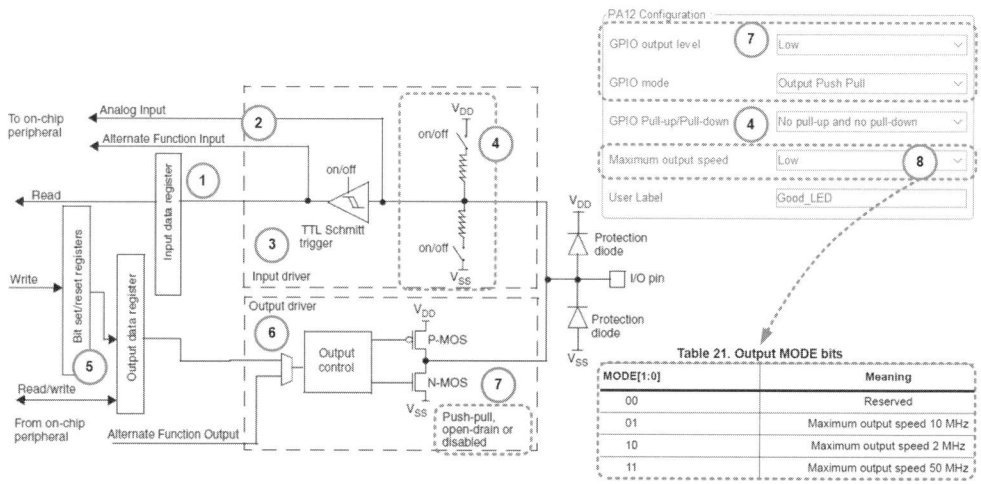

[그림 3.1-1] 표준 I/O port bit의 기본 구조.

외부에서 임의의 신호가 들어오는 경우에는 ③번과 같이 **Input driver** block을 거치게 되고, 임의의 신호가 MCU에서 출력되는 경우에는 ⑥번과 같이 **Output driver** block을 거치게 된다. 즉, input driver block과 output driver block을 통하여 MCU는 외부 소자와 신호를 주고받게 되는 것이다. 또한, **default 입력을 결정**하기 위해서 ④번과 같이 pull-up과 pull-down을 선택할 수 있고, ⑦번과 같이 **default 출력을 결정**할 수 있도록 Push-Pull과 Open-Drain 구조를 제공한다. reset 구간 동안 또는 특별한, 설정을 하지 않은 pin은 No pull-up and no pull down 즉, floating **상태인 것에 주의**해야 한다. [그림 3.1-1]의 오른쪽 상단에 있는 **PA12 Configuration :**는 MCU의 PA12 pin에 대한 CubeMX GUI 일부분이며, **3.2.절**에서 자세히 사용 방법을 학습하게 될 것이다. 구체적으로 MCU에 주어지는 신호는 다음과 같이 분류할 수 있다.

❶ 입력 신호의 종류 :

analog 입력 신호와 digital 입력 신호로 분류되며, digital 입력 신호는 I2C, SPI 등과 같은 **규격화된 입력 신호**와 GPIO 일반 bit 신호가 있다. 규격화된 입력 신호는 **alternate function**이라고도 하며, [그림 3.1-1]의 ②번에서 확인할 수 있다. 그리고, GPIO 일반 입력 bit 신호는 ①번에서 보여준 것과 같이 input data **register**에 저장된다.

❷ 출력 신호의 종류 :
⑤번과 같이 GPIO Output data **register**를 GPIO bit 출력 신호로 출력하거나 또는 I2C, SPI 등과 같은 규격화된(즉, Alternate function) 신호를 출력 신호로 선택하여 출력할 수 있다.

참고적으로 [그림 3.1-1]에서 보여준 2개의 Input/Output data registers와 Bit set/reset register는 datasheet에 다음과 같이 설명되어 있다.

❶ 2개의 32-bit **data** registers :
GPIOx_IDR(input data register) 그리고, GPIOx_ODR(output data register)를 의미.

31	30	29	28	27	26	25	24	23	22	21	20	19	18	17	16
Res.	Res.	Res.	Res.	Res.	Res.	Res.	Res.	Res.	Res.	Res.	Res.	Res.	Res.	Res.	Res.
15	14	13	12	11	10	9	8	7	6	5	4	3	2	1	0
ID15	ID14	ID13	ID12	ID11	ID10	ID9	ID8	ID7	ID6	ID5	ID4	ID3	ID2	ID1	ID0
r	r	r	r	r	r	r	r	r	r	r	r	r	r	r	r

Bits 31:16　Reserved, must be kept at reset value.
Bits 15:0　**ID[15:0]:** Port x input data I/O pin y (y = 15 to 0)
　　　　　These bits are read-only. They contain the input value of the corresponding I/O port.

[그림 3.1-2] GPIOx_IDR(input data register) 구조.

31	30	29	28	27	26	25	24	23	22	21	20	19	18	17	16
Reserved															
15	14	13	12	11	10	9	8	7	6	5	4	3	2	1	0
ODR15	ODR14	ODR13	ODR12	ODR11	ODR10	ODR9	ODR8	ODR7	ODR6	ODR5	ODR4	ODR3	ODR2	ODR1	ODR0
rw	rw	rw	rw	rw	rw	rw	rw	rw	rw	rw	rw	rw	rw	rw	rw

Bits 31:16　Reserved, must be kept at reset value.
Bits 15:0　**ODRy:** Port output data (y= 0 .. 15)
　　　　　These bits can be read and written by software and can be accessed in Word mode only.
　　　　　Note:　For atomic bit set/reset, the ODR bits can be individually set and cleared by writing to the GPIOx_BSRR register (x = A .. G).

[그림 3.1-3] GPIOx_ODR(output data register) 구조.

❷ 한 개의 32-bit **set/reset** register :
GPIOx_BSRR, GPIOx_ODR에 대한 bitwise access.

기본 출력 신호의 level은 [그림 3.1-1]의 ⑦번과 같이 push-pull 구조이고, high 또는 low로 설정할 수 있다. 또한, 만일, 출력 신호가 PWM과 같이 신호의 level이 빈번히 바뀌는 경우에는 ⑧번에서 보여준 **Maximum output speed**를 사용하려는 port pin의 driving 주파수에 맞게 설정해 주어야 한다. [그림 3.1-4]에서 보여준 것과 같이 Maximum output speed는 Low, Medium, High, 그리고, Very High로 구분된다.

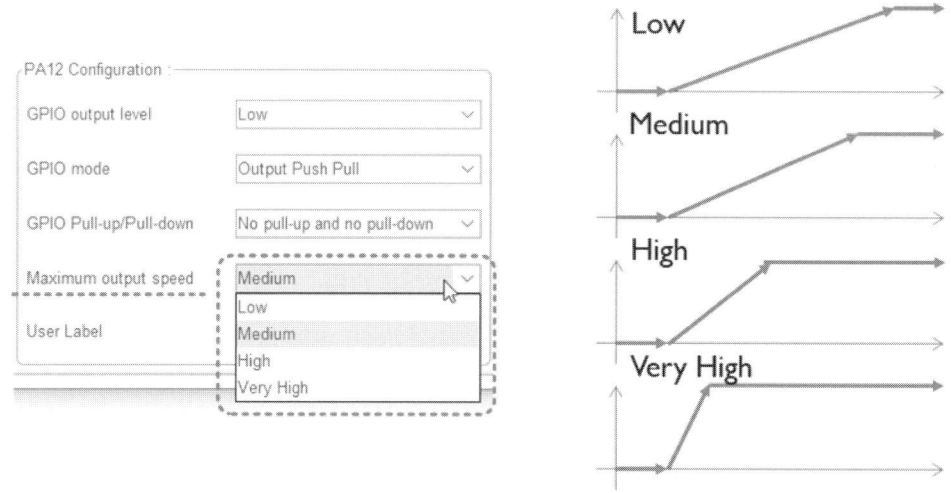

[그림 3.1-4] Maximum output speed options.

Very High로 갈수록 GPIO 출력 전압 level은 빠른 transition을 가질 수 있지만, 대신에 **EMI noise가 증가하고, 전력 소비가 증가**하게 될 것이다. 왜냐하면, 기울기가 급해 진다는 것은 그 만큼 고주파가 증가하였다는 의미이기 때문이다. 그러므로, 양산 제품에 대해서는 이점에 대해서도 고려해야 한다. reset 구간 동안 또는 reset 이후에 JTAG pins를 제외한 나머지 특별히 기능 설정을 하지 않은 입력과 출력 ports의 **모든 pin들은 기본적으로 floating 상태**라고 하였다. 그러므로, 외부 interrupt 입력을 받아들이지 않는다. 또한, 선택한 MCU에 따라서 다르겠지만, STM32**F103** MCU의 경우에 모든 port들은 **총 19개 (EXTI0~EXTI18)의 외부 interrupt** 또는 **event 입력이 가능**하다. 좀 더 자세한 사항은

4.1.절에서 설명하도록 하겠다. [그림 3.1-5]의 **주석 1과 2**에서 언급한 것과 같이 absolute maximum(Max) rating 이상의 stress를 주면, device에 손상이 가서 **오동작**할 수 있다.

Symbol	Ratings		Min	Max	Unit
$V_{DDX} - V_{SS}$	External main supply voltage (including V_{DD}, V_{DDA}, V_{DDIO2}, V_{DDUSB}, V_{LCD}, V_{BAT})		-0.3	4.0	V
$V_{DD12} - V_{SS}$	External SMPS supply voltage	Range 1	-0.3	1.4	
		Range 2	-0.3		
$V_{IN}^{(2)}$	Input voltage on FT_xxx pins		V_{SS}-0.3	min (V_{DD}, V_{DDA}, V_{DDIO2}, V_{DDUSB}, V_{LCD}) + 4.0 $^{(3)(4)}$	
	Input voltage on TT_xx pins		V_{SS}-0.3	4.0	
	Input voltage on BOOT0 pin		V_{SS}	9.0	
	Input voltage on any other pins		V_{SS}-0.3	4.0	
$|\Delta V_{DDx}|$	Variations between different V_{DDX} power pins of the same domain		-	50	mV
$|V_{SSx}-V_{SS}|$	Variations between all the different ground pins$^{(5)}$		-	50	mV

1. All main power (V_{DD}, V_{DDA}, V_{DDIO2}, V_{DDUSB}, V_{LCD}, V_{BAT}) and ground (V_{SS}, V_{SSA}) pins must always be connected to the external power supply, in the permitted range.
2. V_{IN} maximum must always be respected. Refer to *Table 20: Current characteristics* for the maximum allowed injected current values.
3. This formula has to be applied only on the power supplies related to the IO structure described in the pin definition table.
4. To sustain a voltage higher than 4 V the internal pull-up/pull-down resistors must be disabled.
5. Include VREF- pin.

[그림 3.1-5] Voltage Characteristics.

그러므로, **FT_xxx** pins의 입력 전압 범위는 (V_{SS}-0.3)[V] ~ (V_{DD}+4)[V]이어야 한다. 이제, V_{DD}=3.3[V]이면, **최대 입력 전압은 7.3[V]**가 된다. 그러므로, STM32F MCU를 0~5[V]로 동작하는 소자(예를 들면, RS-232 transceiver)와 **바로 연결**하기 위해서는 입력 pins는 [그림 3.1-6]에서 보여준 **FT_xx를 선택**해야 한다. 즉, STM32 MCU의 입력과 출력 핀은 **항상 3.3[V]**라고 생각하시는 분들이 있는데, **FT_xx를 선택**하면 0~5[V] 범위에서 사용할 수 있다는데 주의하자. 한 가지 기억해 둘 것은 [그림 3.1-5]의 **주석 4.**에서 언급한 것과 같이 4[V] 보다 높은 전압을 유지하기 위해서는 [그림 3.1-1]의 ④번과 같이 CubeMX 에서 해당 GPIO pin의 설정 항목에 있는 GPIO Pull-up/Pull-down의 값으로 No **pull-up and no pull-down**을 설정해 주어야 한다. 즉, 내부 pull-up/pull-down 저항들은 모두 disable 해주어야 한다. 단, CAN과 RS-485 transceiver의 출력 단 사이 즉, 120[Ohm] 종단 저항을 결선하는 곳은 최대 5[V]로 한정되는데, **일반적으로 한정이 아니고, 5[V]를 사용**한다는데 주의하자. 예를 들면, **open drain** 구조로 5[V] **출력**을 내고 싶다면,

[그림 3.1-7]에서 보여준 것과 같이 CubeMX에서 설정해 주어야 한다.

LQFP64	LQFP64_SMPS	WLCSP100	WLCSP100_SMPS	LQFP100	LQFP100_SMPS	UFBGA132	UFBGA132_SMPS	LQFP144	LQFP144_SMPS	UFBGA169	UFBGA169_SMPS	Pin name (function after reset)	Pin type	I/O structure	Notes	Alternate functions	Additional functions
59	58	D7	B7	93	93	B4	B4	137	136	D5	D5	PB7	I/O	FT_fla	-	LPTIM1_IN2, TIM4_CH2, TIM8_BKIN, I2C1_SDA, I2C4_SDA, DFSDM1_CKIN5, USART1_RX, UART4_CTS, TSC_G2_IO4, DCMI_VSYNC, LCD_SEG21, FMC_NL, TIM8_BKIN_COMP1, TIM17_CH1N, EVENTOUT	COMP2_INM, PVD_IN
60	59	E6	D7	94	94	A4	A4	138	137	E5	E5	PH3-BOOT0	I/O	FT	-	EVENTOUT	-
61	60	B8	B8	95	95	A3	A3	139	138	C4	C4	PB8	I/O	FT_fl	-	TIM4_CH3, I2C1_SCL, DFSDM1_DATIN6, CAN1_RX, DCMI_D6, LCD_SEG16, SDMMC1_D4, SAI1_MCLK_A, TIM16_CH1, EVENTOUT	-
62	61	A8	A8	96	96	B3	B3	140	139	D4	D4	PB9	I/O	FT_fl	-	IR_OUT, TIM4_CH4, I2C1_SDA, SPI2_NSS, DFSDM1_CKIN6, CAN1_TX, DCMI_D7, LCD_COM3, SDMMC1_D5, SAI1_FS_A, TIM17_CH1, EVENTOUT	-

[그림 3.1-6] I/O pin types.

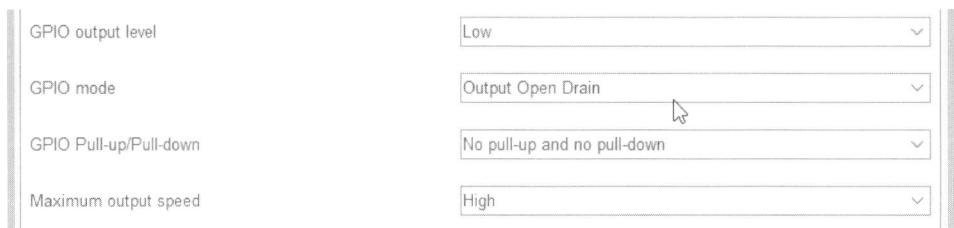

[그림 3.1-7] 4[V] 이상 Open-Drain 구동을 위한 설정 방법.

[그림 3.1-8]은 STM32L family에 속하는 L496ZG datasheet에 나와 있는 **전류 특성 표**이다. 예를 들면, SMD type LED 뿐만 아니라 일반 IR을 포함한 LED는 보통 10[mA]로 구동시켜 준다. 그러면, 눈에 보기 좋게 밝은 빛을 낸다. 이때, R = V/I = 3.3[V]/10[mA]로부터 330[Ω]이 필요하게 된다. 이처럼 330[Ω]을 사용하게 되면, 하나의 LED를 구동하기 위해서 10[mA]를 소비하게 되는 셈이다.

Symbol	Ratings	Max	Unit
∑IV$_{DD}$	Total current into sum of all V$_{DD}$ power lines (source)[1][2]	150	mA
∑IV$_{SS}$	Total current out of sum of all V$_{SS}$ ground lines (sink)[1]	150	
IV$_{DD(PIN)}$	Maximum current into each V$_{DD}$ power pin (source)[1][2]	100	
IV$_{SS(PIN)}$	Maximum current out of each V$_{SS}$ ground pin (sink)[1]	100	
I$_{IO(PIN)}$	Output current sunk by any I/O and control pin except FT_f	20	
	Output current sunk by any FT_f pin	20	
	Output current sourced by any I/O and control pin	20	
∑I$_{IO(PIN)}$	Total output current sunk by sum of all I/Os and control pins[3]	100	
	Total output current sourced by sum of all I/Os and control pins[3]	100	
I$_{INJ(PIN)}$[4]	Injected current on FT_xxx, TT_xx, RST and B pins, except PA4, PA5	-5/+0[5]	
	Injected current on PA4, PA5	-5/0	
∑|I$_{INJ(PIN)}$|	Total injected current (sum of all I/Os and control pins)[6]	25	

[그림 3.1-8] L496ZG 전류 특성 표.

결국, STM32L496ZG는 I/O 전류의 합으로 총 100[mA]를 넘을 수 없으므로 개발하는 보드 상에서 산술적으로 이와 같은 LED 10개 이상을 MCU pins 10개 이상에 각각 연결하여 사용하면 문제가 된다. 그러므로, **MCU가 많은 전류를 요구하는 부하를 직접 구동하지 않고,** 많은 전류 제어는 BJT 즉, 트랜지스터 또는 gate driver 소자에 맡기고, 대신에 gate drive를 제어하여 전류 소비를 줄여서 사용한다. 또는 330[Ω] 보다 높은 예를 들면, 3.3[kΩ]를 사용하는 경우에 I=V/R=3.3/3.3[k]=1[mA]를 제공하게 되고, 이때에는 LED 밝기가 1/10으로 줄어들 것이다. 그러나, 경험상 붉은 색 LED 기준으로 너무 흐릿해서 보기가 좀 그렇고, 1[kΩ] 이하는 되어야 쓸 만 한 것 같다. 어쨌든, 소비 전류를 줄인 것과 대비하여 밝기가 괜찮다면, 사용해도 될 것이다. 능력 있는 Embedded Coding 엔지니어가 되기 위해서는 개발 보드의 회로도를 분석할 수 있어야 한다. 예를 들어서, [그림 3.1-9]는 Nucleo 보드에서 제공되는 ST-LINK/V2-1 emulator 회로도의 일부분인데, **BOOT0** pin을 보면, ground에 바로 연결하지 않고, 100[kΩ]을 **중간에 추가**하였다. 그 이유를 설명할 수 있겠는가? 한 가지 힌트를 준다면, BOOT0 pin은 일반 입력 또는 출력 pin으로 CubeMX에서 설정하여 사용할 수 있다. 즉, BOOT0 용도로 사용하지 않고, 일반 GPIO port로 사용할 수도 있다. 그 이유는 만일, BOOT0 pin을 BOOT0이 아닌 일반 GPIO 출력 port로 설정하고, logic level high를 출력하면, [그림 3.1-9]에서 보여준 100[kΩ] 없이 연결한 경우에 이것은 전원과 ground를 바로 연결한 즉, **단락이 된 상태에 해당한다.**

Figure 29. ST-LINK/V2-1

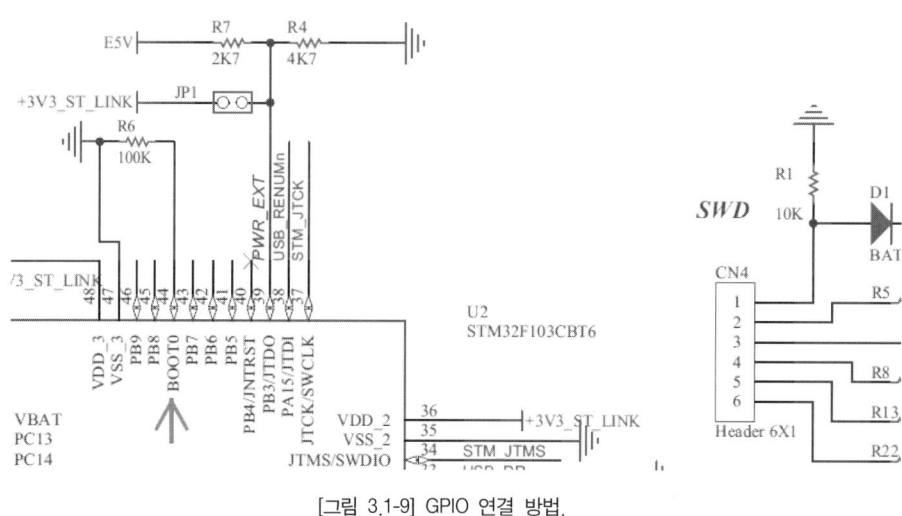

[그림 3.1-9] GPIO 연결 방법.

결국, MCU가 파손될 수 있기 때문이다. 왜냐하면, [그림 3.1-7]과 같이 No pull-up and no pull down로 설정하고, High level을 출력하면, ground에 바로 연결되어 단락(short)이 되고, 순간적으로 많은 전류가 흘러서 소자가 파손될 수 있게 된다. 물론, BOOT0 용도로 **만** 사용할 것이라고 생각할 수 있지만, 후임자에게 개발 업무 인수인계 과정에서 누락될 수도 있으므로, 만약을 위해서라도 그림과 같이 저항을 추가해 주는 것이 좋다. 또한, BOOT0 pin을 입력 port로 설정하였어도 BOOT0 pin 가까이 있는 pins와 SMT 과정에서 잘못 납땜하여 함께 연결되고, 이때에 저항이 없는 경우, 우회적으로 단락이 되어 소자가 파손될 수도 있다. 그러므로, **항상, ground에 바로 연결하지 말고, 저항을 추가해야 한다는 것에 주의**하자. 이번에는 MCU GPIO port **출력**에 대한 중요한 내용을 설명하도록 하겠다. [그림 3.1-10]은 MCU GPIO **출력**을 보조하기 위해서 일반적으로 많이 사용하는 high current 3-state 출력 drive 기능을 가지는 **D-type latch들을 8개 포함**하고 있는 SN54/74HCT573이라는 소자의 pin 구성도이다. 구체적으로 5[V]에서 ±6[mA] 출력을 구동하며, 동작 전압은 4.5[V]~5.5[V]이다. 그리고, 다음과 같은 기능을 가진다. 즉,

❶ LE(Latch Enable)이 high인 경우 :
  8개의 입력 데이터 D는 각각의 출력 Q로 나간다.

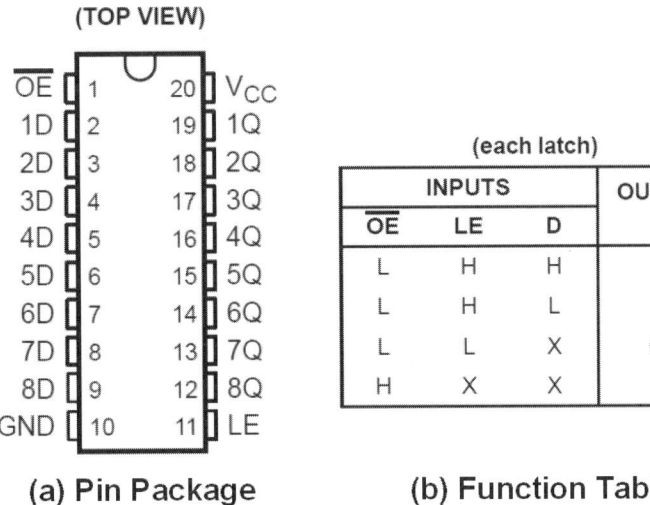

[그림 3.1-10] SN54/74HCT573.

❷ LE(Latch Enable)이 low인 경우 :

각각의 출력 Q는 이전 값을 유지한다.

❸ ~~W~~OE(Buffered Output Enable)이 high인 경우 :

8개의 출력 Q는 high impedance가 된다.

❹ ~~W~~OE(Buffered Output Enable)이 low인 경우 :

8개의 출력 Q는 정상적으로 동작한다.

이 소자는 현재 동작중인 제품의 MCU를 어떠한 이유로 reset하려는 경우에 **reset과 상관없이 이전의 출력 port 상태를 유지해 주어야 할 때에 사용**된다. 즉, 앞서 언급한 것과 같이 **reset 되는 동안**에는 모든 MCU pins는 **floating 상태**가 된다. 결국, reset 이전에 MCU가 연결되어 있는 외부 소자를 high level 또는 low level로 구동하던 것을 **계속해서 유지하지** 못하게 된다는 의미가 된다. 그런데, 많은 제품들이 **MCU가 reset 되는 동안**에도 MCU에 연결되어 있는 외부 소자들에게는 이전 logic level을 그대로 유지해 줄 것을 요구하는 경우가 많다. 예를 들어서, 원격으로 판매한 제품들에서 현재 실행하고 있는 image를 새로운 실행 image로 갱신하고자 하는 경우에 그 새로운 실행 이미지가 MCU의 내부 flash memory에 download 되고, 실행하기 위해서 reset이 걸리는 일련의 과정 동안에 MCU의 GPIO 출력 port들은 그 영향을 받지 말고, 이전 상태 값을 유지해야 하는 경우가 있다.

이때에 **latch 기능**이 있는 SN54/74HCT573 소자를 많이 사용한다. 사용하는 방법은 다음과 같다. 예를 들어서, [그림 3.1-11]에서 보여준 것과 같이 **PC8번 pin을 LE에 연결**하고, **출력할 데이터 1D는 PC2에 연결**된 경우를 가정해 보자.

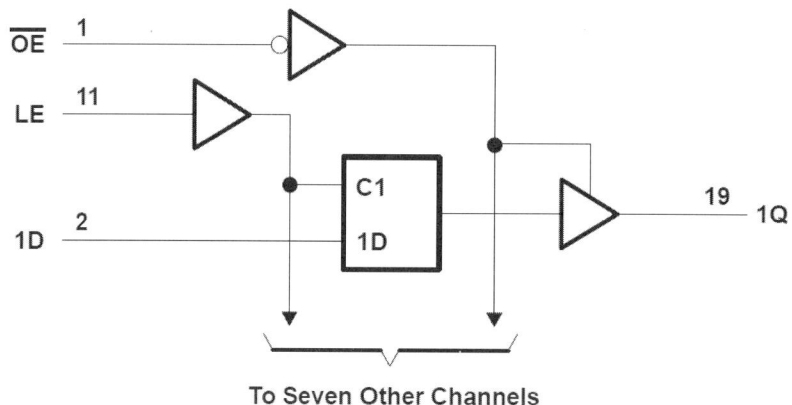

[그림 3.1-11] SN54/74HCT573 기능도.

이제, WOE는 low level로 enabling인 상태를 유지해 주고, PC8번을 이용하여 LE가 low level에서 high level로 바뀌는 순간 PC2에 연결되어 있는 1D가 1Q로 출력된다. 즉, PC2번 pin의 level값이 PC8번 pin에 연결된 LE pin이 Low에서 High로 갈 때, 1Q로 넘어가게 된다. 그 이전까지는 1Q는 이전 전압 level을 유지하고 있다. 이때, LE가 low에서 high로 바뀔 때, 요구되는 최소한의 LE 신호에 대한 setup과 hold time은 [그림 3.1-12]와 같다.

		V_{CC}	$T_A = 25°C$		SN54HCT573		SN74HCT573		UNIT
			MIN	MAX	MIN	MAX	MIN	MAX	
t_w	Pulse duration, LE high	4.5 V	20		30		25		ns
		5.5 V	17		27		23		
t_{su}	Setup time, data before LE↓	4.5 V	10		15		13		ns
		5.5 V	9		14		12		
t_h	Hold time, data after LE↓	4.5 V	5		5		5		ns
		5.5 V	5		5		5		

[그림 3.1-12] SN54/74HCT573 LE toggling 시간.

setup time 즉, t_{su}=13[ns], 그리고, pulse duration 즉, t_w=25[ns], 마지막으로 hold time 즉, t_h=5[s]가 요구되는 것을 볼 수 있다. 정리하면, LE가 Low에서 High로 바뀌는

것이 유효하기 위해서는 **최대** $t_{su}+t_w+t_h$= 13+25+5=43[ns]**의 시간이 필요**하다. 그런데, 일반적으로 LE pin에 신호를 공급하는 PC8번 pin과 같은 GPIO 출력 port는 low에서 high로 그리고, 다시 low로 바뀔 때까지 대략 500[ns]를 유지한다. 그러므로, setup time과 hold time을 고려할 필요 없이 PC8번 pin의 출력을 제어하면 SN74HCT573 소자가 정상 동작하는데 충분하다. [그림 3.1-13]에서 보여준 것과 같이 1D가 1Q에 전달되는 시간이 대략 50[ns] 이하가 된다.

PARAMETER	FROM (INPUT)	TO (OUTPUT)	V_{CC}	$T_A = 25°C$			SN54HCT573		SN74HCT573		UNIT
				MIN	TYP	MAX	MIN	MAX	MIN	MAX	
t_{pd}	D	Q	4.5 V		25	35		53		44	ns
			5.5 V		21	32		48		40	
	LE	Any Q	4.5 V		28	35		53		44	
			5.5 V		25	32		48		40	

[그림 3.1-13] SN54/74HCT573 데이터 전송 시간.

이번에는 MCU GPIO port **입력**에 대한 중요한 내용을 설명하도록 하겠다. [그림 3.1-14]는 [그림 3.1-1]에서 Input Driver block만 다시 정리한 것이다.

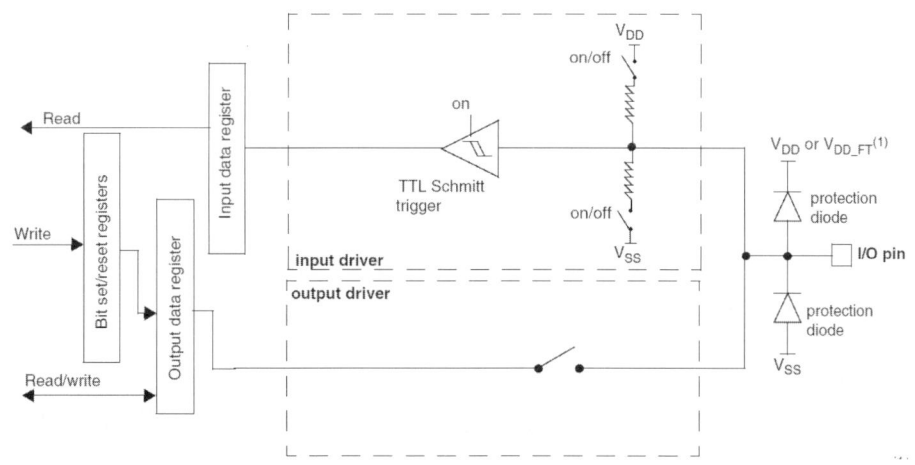

[그림 3.1-14] GPIO input port 구성도.

GPIO port를 입력으로 사용하는 경우에는 다음 사항들을 기억해 두어야 한다.

❶ output buffer는 disabling된다.

❷ Schmitt trigger 입력이 활성화된다.
❸ 입력 설정에 따라서 weak pull-up, pull-down resistors가 활성화되거나 floating된다.
❹ I/O pin에 주어진 data는 APB2 clock cycle 마다 Input Data Register안으로 sampling 된다.

지금까지 STM32 MCU GPIO port에 대한 구조적인 내용, 그리고 전기적인 특성들에 대해서 학습하였다. 이제, CubeMX를 이용하여 임의의 GPIO port를 제어하는 방법을 단계 별로 학습해 보도록 하겠다.

3.2 GPIO port 제어 방법.

이번 단원에서 실험할 GPIO port 제어 방법과 준비물을 정리하면 다음과 같다.

❶ 사용할 Nucleo 보드 :
[그림 3-1(b)]에서 보여준 64pins NUCLEO-L476RG. 단, NUCLEO-L476RG 보드가 없는 경우, 64pins Nucleo 보드는 **MCU에 상관없이 회로도가 동일**하므로 가지고 있는 임의의 64pins Nucleo 보드로 이번 단원에서 설명하는 내용을 따라해도 된다.

❷ Coding을 위한 구성 :
- **PA5** port를 GPIO Output port로 설정하여 **LD2(Green)**를 구동하도록 한다.
- **PC13** port를 GPIO Input port로 설정하여 **Blue Switch** 입력을 받도록 한다.

❸ Coding 목표 :
PC13번 pin에 연결되어 있는 Blue Switch를 누르면(Push), **PA5번 pin**에 연결되어 있는 LD2 LED가 녹색으로 켜지고(Turn On), 누르지 않으면, LD2 LED가 꺼지도록(Turn Off) coding한다.

[그림 3.2-1]은 coding 목표를 달성하기 위한 **NUCLEO-L476RG** 회로도 일부분이다. 회로도와 보드를 통하여 동작 실험 계획을 정리해 보기 바란다.

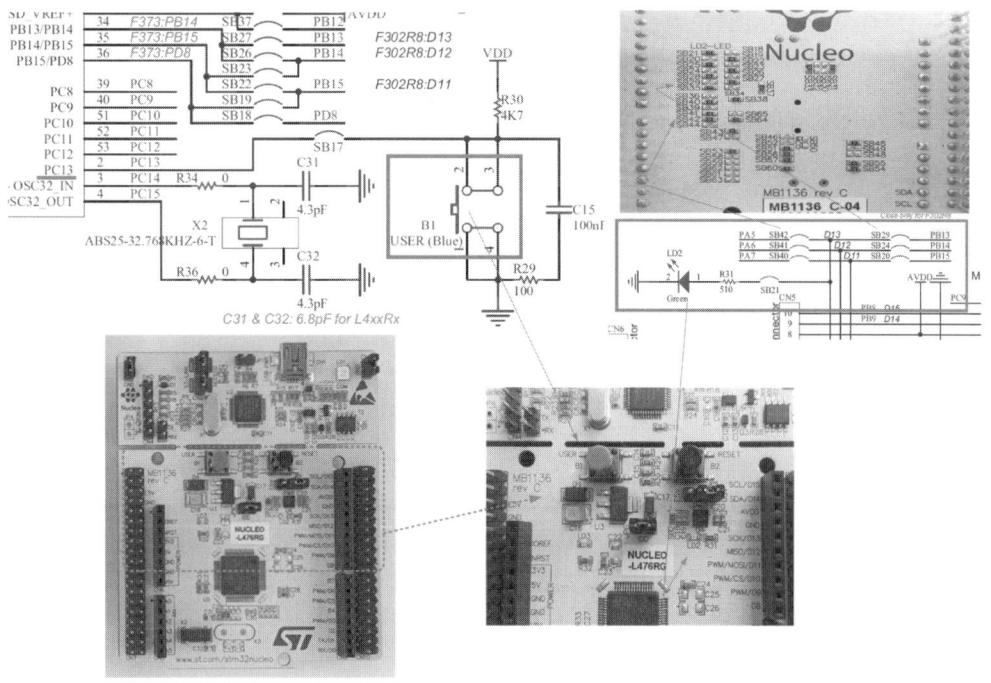

[그림 3.2-1] NUCLEO-**L476RG** 보드와 회로도 분석.

한 가지 주의할 것은 그림의 오른쪽 위에 첫 번째 화살표가 가리키는 SB29는 **끊어져 있고**, SB42는 0[Ω]으로 **연결**되어 있다는 것이다. 그러므로, 회로도 상으로 LD2는 PB13이 아닌 PA5로 제어해야 한다는 것을 알 수 있다. 이제, CubeMX를 사용하는 방법을 살펴보도록 할 것이다. 여기서 설명하는 내용은 여러분이 IAR 또는 KEIL 개발 도구를 사용하는 경우에 필요한 내용이다. 그러나, CubeIDE를 사용하는 경우에도 CubeMX는 그대로 사용하므로 유념해서 잘 따라 하기 바란다. 우선, Chapter 2에서 설치한 CubeMX를 실행하고, [그림 3.2-2]의 ①번에서 보여준 것과 같이 **File** menu에서 **New Project** menu를 선택한다. 그러면, **Download Selected Files** window가 나타나면서 인터넷을 통하여 다양한 파일들을 받기 시작할 것이다. 그리고 나서, **New Project** window가 나타날 것이다. 여기서, ②번과 같이 **Part Number** 부분에 사용할 Nucleo-L476RG 보드에서 사용되는 MCU part number인 **L476**을 typing하면, 자동으로 관련 MCU list가 나타난다. 그리고, ③번과 같이 정확한 MCU part number를 지정해 준다. 만일, L476이 아닌 다른 64pins Nucleo 보드를 사용하는 경우에는 장착되어 있는 MCU의 part number 예를 들면, F103과 같이 지정해 주면 된다.

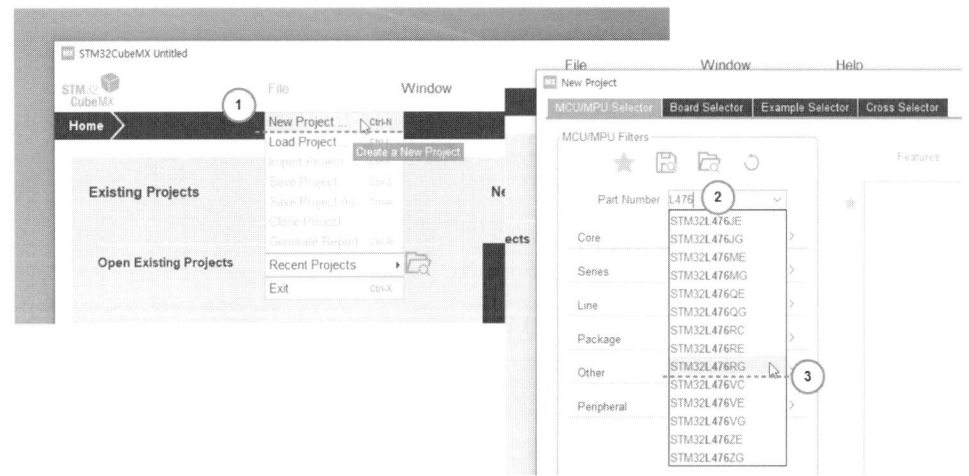

[그림 3.2-2] CubeMX 사용 방법(2).

이제, Window 화면의 오른쪽 하단을 보면, [그림 3.2-3]에서 보여준 것과 같이 ④번과 ⑤번 영역이 보일 것이다.

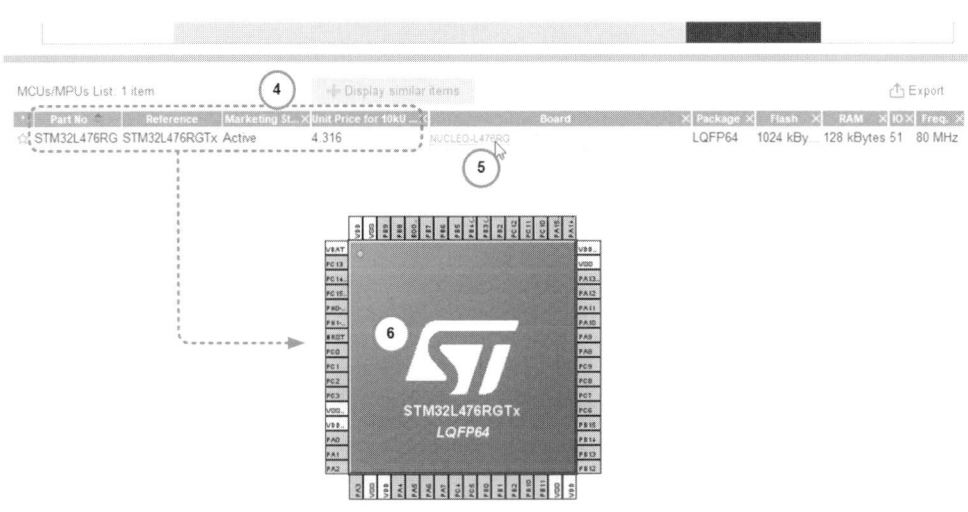

[그림 3.2-3] CubeMX 사용 방법(2).

⑤번과 같이 **NUCLEO-L476RG** 문자열을 double click하면, [그림 3.2-4]의 ⑦번과 같이 선택한 NUCLEO 보드 사진과 함께 Nucleo 보드의 기본 사양을 적용한 것을 보여준다.

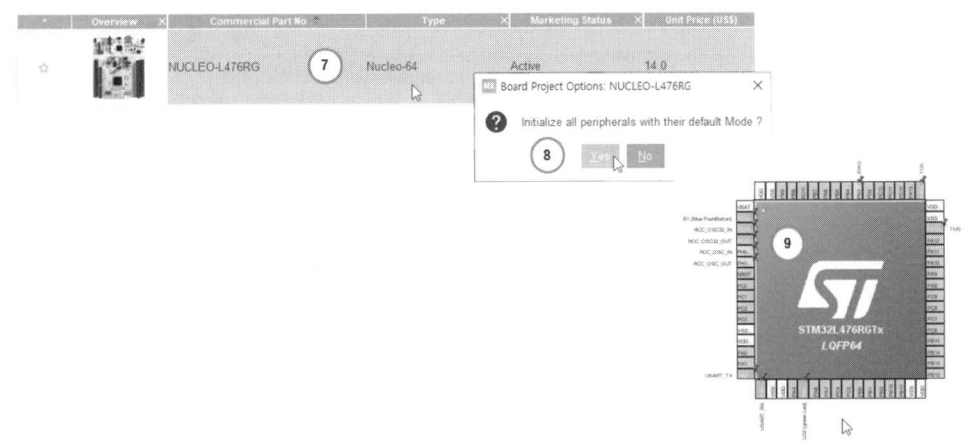

[그림 3.2-4] CubeMX 사용 방법(3).

그러나, ④번 영역을 mouse로 double click하면, ⑥번과 같이 Nucleo 보드의 사양을 반영하지 않고, 선택한 MCU에 대한 **특별한 초기화 설정 없이** CubeMX 설정 화면으로 넘어간다. ⑦번 영역을 또 다시 mouse로 double click하면, ⑧번과 같이 **NUCLEO-L476RG 보드**를 위한 기본 default mode로 설정할 것인지 문의한다. 여기서 **Yes**를 click하면, ⑨번과 같이 선택한 MCU 즉, **L476RG에 NUCLEO-L476RG 보드**가 가지고 있는 기본 구성에 맞게 설정하고 사용할 수 있도록 준비해 준다. ⑨번과 [그림 3.2-3]의 ⑥번을 비교해 보기 바란다. 특별히, ⑨번 그림을 보면, L476RG pin package symbol에서 몇몇 pin들이 **녹색**으로 표시된 것을 볼 수 있을 것이다. 그런데, ⑥번 symbol에서는 녹색 pin들이 안 보일 것이다. 여기서 **녹색**으로 표시한 pin들은 **pin 기능이 확정되었다는 것을** 의미한다. 그리고, **회색**으로 표시된 pin들은 **아무 설정도 되지 않았다는 것을** 의미한다. [그림 3.2-5]는 CubeMX window의 초기 GUI 화면을 보여준 것이다. ①번부터 ⑤번까지 표시한 CubeMX의 **주요 구성 요소들**에 대해서 다음과 같이 간단히 정리하고, 계속해서 각각의 구성 성분들에 대하여 책 전반에 걸쳐서 자세히 학습하도록 할 것이다.

❶ **Pinout & Configuration** tab :
선택한 MCU가 제공하는 모든 주변 장치들에 대한 설정과 회로도 상에서 MCU에 Clock을 공급하는 방식과 종류, 그리고, 사용할 emulator 연결 방식 등에 대한 내용들도 설정한다.

[그림 3.2-5] CubeMX GUI 주요 구성 요소들.

또한, USB CDC, Free RTOS, FAT File System 등과 같은 middleware도 설정할 수 있다.

❷ Clock Configuration tab :

MCU 내부의 Core를 포함한 모든 주변 장치들에 대한 clock rate를 설정한다. 또한, MCU 내부의 clock을 사용할 것인지, 외부에 추가로 연결한 clock을 사용할 것인지 설정한다. 이에 대한 자세한 사항은 5.3.절에서 자세히 설명할 것이다.

❸ Project Manager tab :

자동으로 생성될 **C framework 관련 파일들**이 위치할 folder, project 이름, 사용할 개발 toolchain, 참조할 STM library, library 참조 방식, 등등 생성될 파일 배치와 구조에 대한 전반적인 사항들을 설정한다. 이에 대해서는 잠시 후에 좀 더 자세히 설명할 것이다.

❹ Tools tab :

선택한 MCU에 대한 전력 소비에 대해서 분석해 준다. 만일, 개발하는 제품이 전력 소비에 아주 민감하다면 고려해야 할 것이다.

❺ GENERATE CODE button :
①번부터 ④번까지 설정한 내용을 근거로 GENERATE CODE button을 click하면 자동으로 C framework 관련 파일들을 생성한다.

그럼, 본격적으로 Pinout & Configuration tab부터 개발하려는 Coding 목표에 맞도록 설정해 보도록 하자. 앞서 정리한 것과 같이 PA5는 GPIO output port로 사용하고, PC13은 GPIO input port로 사용할 것이다. 이를 위해서 [그림 3.2-6]의 ⑩번과 같이 PA5 port를 찾기 위해서 PA5를 typing해 주면, PA5 port부분이 깜빡일 것이다.

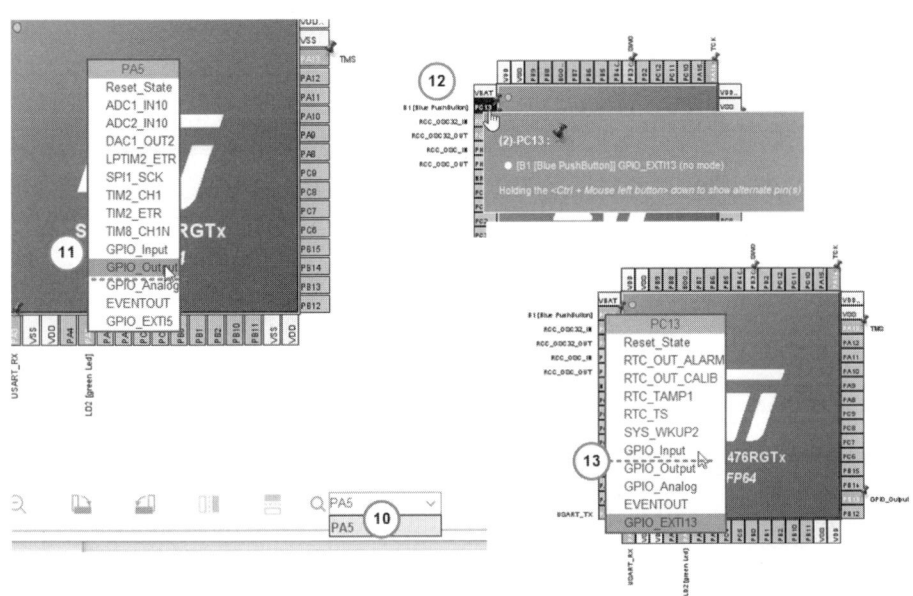

[그림 3.2-6] CubeMX로 GPIO 입력과 출력 port 설정 방법(1).

이제 mouse로 깜빡이는 PA5 pin을 선택하고, 오른 버튼을 click하여 나타나는 menu에서 ⑪번 즉, GPIO_Output menu를 선택한다. 그러면, PA5 pin은 회색으로 바뀔 것이다. 이 때, **다시** ⑪번과 같이 GPIO_Output menu를 선택해 주면, GPIO_Output이라는 문자열이 추가되고 선택한 pin에 대해서 **기능 확정을 알리는 녹색 핀**으로 바뀌게 될 것이다. 사실, 처음부터 PA5는 GPIO Output port로 기능이 확정되어 있었는데, 교육의 목적으로 수행해 본 것이다. 같은 방식으로 PC13 port를 찾아서 ⑬번과 같이 GPIO_Input menu를 선택하면, 이번에는 기존의 B1[Blue PushButton] 문자열이 GPIO_Input 문자열로 바뀌고 GPIO input port로 확정된 녹색 핀으로 표시될 것이다. 즉, 기본적으로 GPIO EXIT13 port로 설정되어 있었는데, GPIO input port로 바꾼 것이다. 설정한 PA5와 PC13 GPIO port를 좀 더 확실히 설정하기 위해서 [그림 3.2-7]의 ⑭번과 같이 **System Core** tab을 mouse로 선택하여 항목들을 나열하도록 한다.

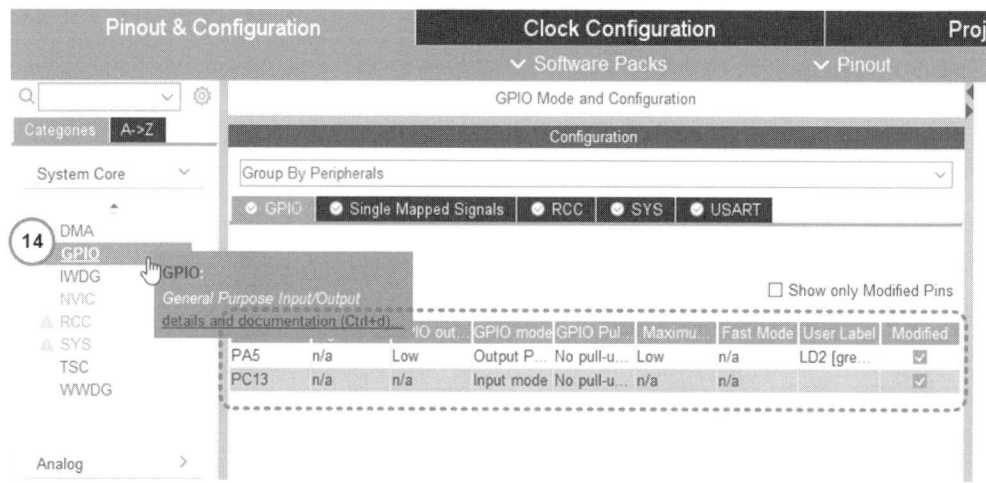

[그림 3.2-7] CubeMX로 GPIO 입력과 출력 port 설정 방법(2).

그리고, 나열된 항목 중에서 **GPIO** item을 click하여 선택하여 준다. 그러면, **GPIO Mode and Configuration** 제목을 갖는 GPIO port 설정을 위한 화면이 나타나게 된다. 이제, [그림 3.2-8]의 ⑮번과 같이 **PA5** item을 선택하여 나타나는 **PA5 Configuration** group box 안에 PA5에 대한 자세한 내용을 설정해 준다. 즉, GPIO mode는 **Output Push Pull**로 하고, 초기 GPIO 출력 값은 **Pull-down** 즉, **low level로 설정**한다. 그리고, Label로 **LD2**를 지정해 준다. 같은 방식으로 **PC13 Configuration**도 설정해 준다. [그림 3.2-1]의 상단 왼쪽을 보면, Blue switch를 누르지 않으면, 기본적으로 외부에 4.7[KΩ]으로 pull-up 되어 있으므로 MCU 내부에서도 pull-up을 잡아줄 필요는 없다. default 입력 구성인 floating으로 설정해 준다. 즉, **GPIO Pull-up/Pull-down**의 값으로 **No pull-up and no pull-down**을 설정하고, Label로 Switch를 지정하였다. 현재 Coding 계획은 Switch 버튼을 click할 때마다 LD2를 Turn On/Off하는 것이므로 clock과 관련된 내용이 없으므로 Clock 설정은 필요 없다.

[그림 3.2-8] CubeMX 사용 방법(6).

그러므로, **Clock Configuration** tab은 기본 값을 그대로 사용할 것이므로 설정을 하지 않는다. 이제, 생성될 파일에 대한 설정을 수행하기 위해서 [그림 3.2-9]의 ①번에서 보여준 **Project Manager** tab을 click하여 준다. 구체적으로 **Project Manager** tab은 다음과 같이 3가지 설정 group들로 구성되어 있다.

❶ **Project** group :
  이곳에서는 C framework source files를 포함한 다양한 자동으로 생성될 파일들이 위치할 folder와 project 이름, 사용할 개발 toolchain, 그리고 사용할 stack과 heap의 크기를 설정해 준다. 또한, 참조할 STM library도 지정해 준다.

❷ **Code Generator** group :
  설정한 options에 근거하여 파일들을 생성할 때에 생성될 파일들의 구성과 구조를 설정한다.

❸ **Advanced Settings** group :
  생성될 파일, 예를 들면, main.c file에 포함될 HAL 함수들에 대한 **호출 순서** 등과 같은 함수 호출과 관련된 설정을 수행하는 데, **12.7.절**에서 자세히 다룰 것이다.

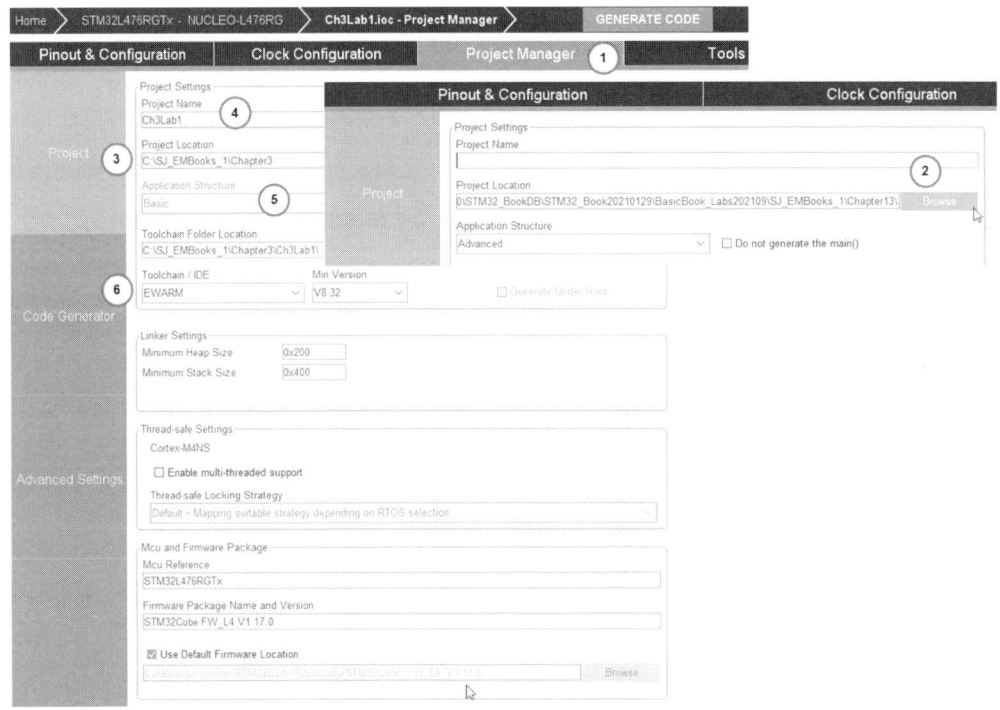

[그림 3.2-9] CubeMX 사용 방법(7).

우선, **Project Settings** group box안의 item들을 지정해 준다. 예를 들면, ②번 **Browse** button을 click하여 나타나는 **Choose Project Folder** dialogbox에서 project가 저장될 위치 즉, 경로를 지정해 주고, **열기** button을 click하여 준다. 그러면, 지정한 경로가 ③번의 **Project Location**에 표시 될 것이다. 그리고, ④번과 같이 **Project Name**에 project이름을 지정해 준다. 이어서, ⑤번과 같이 **Application Structure**는 **Basic**으로 설정해 준다. 그리고, ⑥번의 **Toolchain/IDE**에서는 IAR Embedded Workbench를 사용하기 위해서 **EWARM**을 선택한다. 추후에 만일, 사용하는 개발 도구를 KEIL의 MDK-ARM 또는 CUBEIDE로 바꾸고 싶을 때는 단순히 여기서 원하는 개발 도구를 선택해 주기만 하면 된다. 어쨌든, 사용하려는 개발 도구를 선택하였으면, 선택한 MCU를 위한 C framework file들을 생성하는데 필요한 STM library files를 지정해 주어야 한다. CubeMX는 기본적으로 선택한 MCU에 적합한 library를 알아서 확인하고, [그림 3.2-9]의 맨 마지막 **Use Default Firmware Location**에서 보여준 것과 같이 **default 경로에 있는 library**를 이용한다. 지금까지 설명한 내용들에 대해서 모두 설정을 완료하였으면, [그림 3.2-10]의 ⑰번과 같이

Code Generator tab을 선택하여 준다.

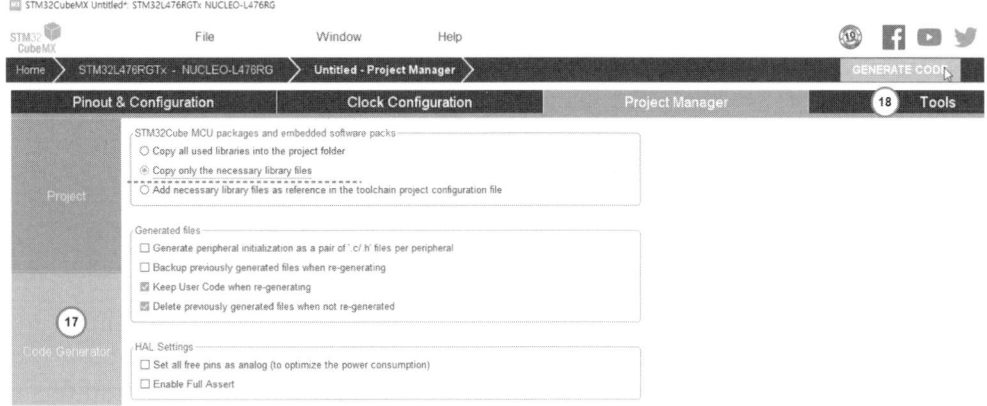

[그림 3.2-10] CubeMX 사용 방법(8).

그리고, **Copy only the necessary library files**를 선택하여 준다. 그래야 반드시 필요한 files**만** 새로 생성될 project folder에 복사해 넣기 때문에 project folder의 크기를 줄일 수 있게 된다. 그리고 나서, ⑱번과 같이 **GENERATE CODE** button을 click하여 주면, [그림 3.2-11]의 ⑲번과 같이 [그림 3.2-9]에서 지정한 library files가 없다면, 바로 download 받기 시작한다.

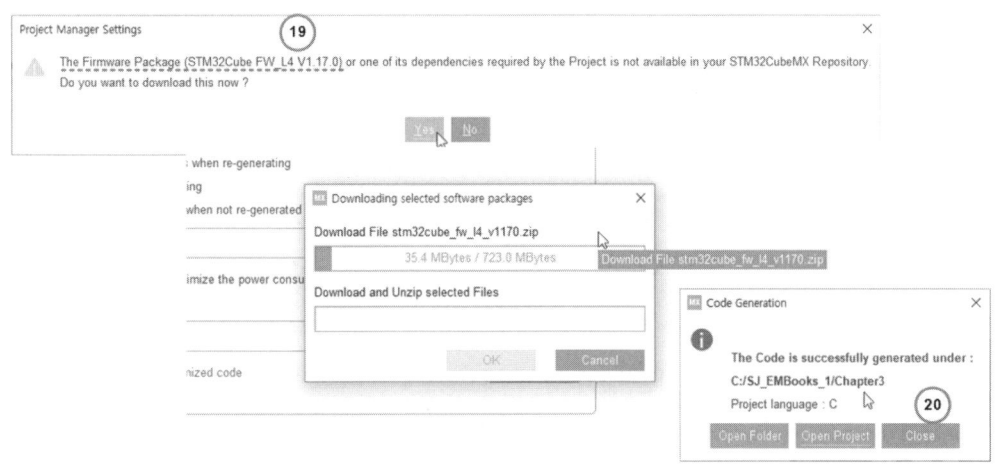

[그림 3.2-11] CubeMX 사용 방법(9).

일반적으로 각각의 MCU에 대한 library files는 대략 800[MB] 정도 되므로 참조하기 바란다. 어쨌든, library files를 모두 download 받으면, ⑳번과 같이 **Code Generation** dialogbox가 나타난다. 여기서, **Open Project**를 선택하면, 앞서 선택한 IAR 개발 도구가 호출되지만, 가능하면, 생성된 files를 확인해 보고, 개발 도구를 호출하는 것이 좋으므로 일단, **Close** button을 선택하여 준다. [그림 3.2-12]의 ①번과 같이 [그림 3.2-11]에서 download 받은 파일들이 default 경로에 저장된다.

(a) Library files   (b) 생성된 Project files

[그림 3.2-12] 생성된 Project files.

그리고, ②번과 같이 CubeMX에서 선택한 개발 toolchain 즉, [그림 3.2-9]의 ⑥번에서 선택한 **EWARM**을 위한 Project folder가 생성된 것을 볼 수 있다. 생성된 project files 중에서 *.ioc file은 [그림 3.2-10]까지 설정한 CubeMX 관련 설정 정보를 포함하고 있는 CubeMX를 위한 파일로서 **text file**이다. 추후에 CubeMX에서 설정한 내용을 수정하고 싶다면, *.ioc file을 double click하여 CubeMX를 호출하고, 수정해 주면 된다. 이제, 생성된 project folder인 EWARM folder 안에 있는 해당 Embedded Workbench **workspace file**인 *.eww file을 [그림 3.2-13]의 ③번과 같이 double click하여 주면, ④번과 같이 IAR Embedded workbench가 호출된다. 그리고, 그림과 같이 project **Ch3Lab1 - Ch3Lab1**을 mouse로 선택하고, 오른쪽 버튼을 click하여 popup menu가 나타나게 하여 ④번과 같이 필요한 **Options...**가 있다면 설정해 준다. 특별히, 앞으로 **debugging** 기능을 원활히 사용하기 위하여 ⑤번에서 보여준 것과 같이 **Category :**의 C/C++ **Compiler**에서 C/C++ **최적화를 해제**해 준다. 즉, Optimizations Level을 **None**으로 설정해 준다. 그래야, 여러분이 작성한 임의의 code line에 breakpoint를 설정할 수 있기 때문이다.

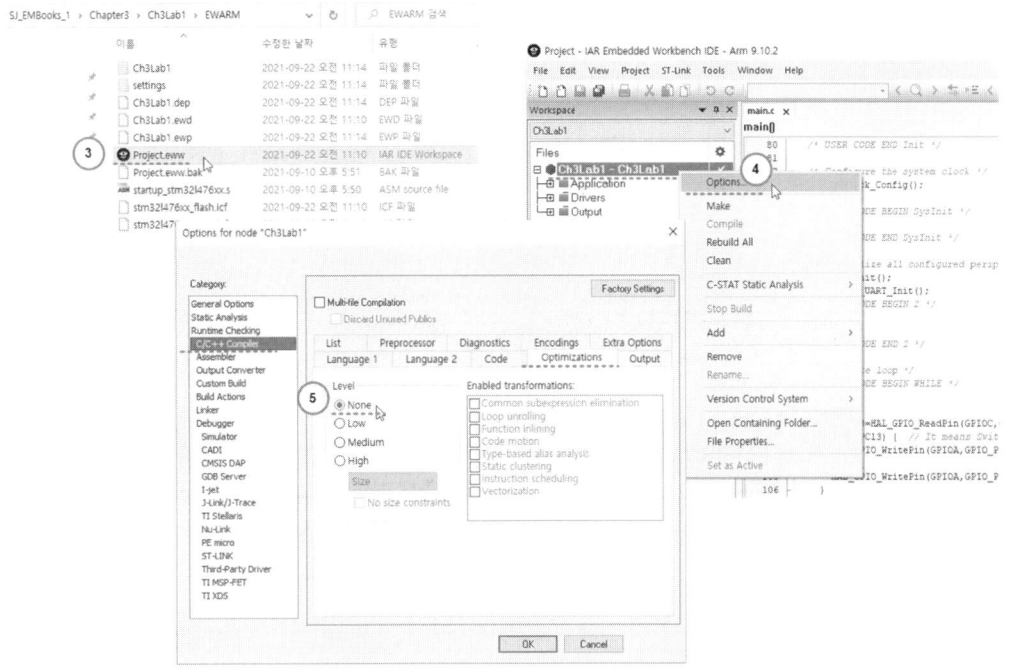

[그림 3.2-13] 생성된 Project files를 위한 Options.

만일, 최적화를 해제하지 않으면, 즉, 최적화를 적용하면 여러분이 작성한 code 중에서 Compiler의 판단 하에 적용한 최적화 level 값에 따라서 필요 없다고 판단되는 code 부분을 **임의로 제거하고, compile** 할 수 있다. 이처럼 compiler가 최적화 과정에서 임의로 제거한 code 부분에 대해서는 breakpoint를 설정할 수 없고, 무엇보다도 여러분이 의도한 대로 동작하지 않을 수도 있다는 데 주의하자. 게다가 compiler가 여러분이 작성한 code를 어떻게 수정하였는지 확인하기가 어렵다. 그러므로, 가능하면, Optimizations Level은 **None**으로 설정하는 것이 좋겠다. 물론, 이렇게 되면, build를 수행한 이후에 생성되는 실행 image의 크기는 상대적으로 커질 것이다. 이제, [그림 3.2-14]에서 보여준 것과 같이 **Build** button을 click하여 생성된 project files를 compile해 준다. Build 과정에서 오류가 없다면, NUCLEO-STM32L476 보드와 PC를 USB cable로 연결하고, [그림 3.2-15]의 ⑥번에서 보여준 icon을 click하여 새롭게 build하여 생성된 firmware image를 downloading해 준다. 그러면, ⑦번과 같이 **main() 함수**에서 program counter가 멈춘 것을 알려주기 위해서 **녹색** 화살표가 멈춘 line에 표시될 것이다. 현재, IAR editor에 줄번호가 없어서 불편할 것 같다.

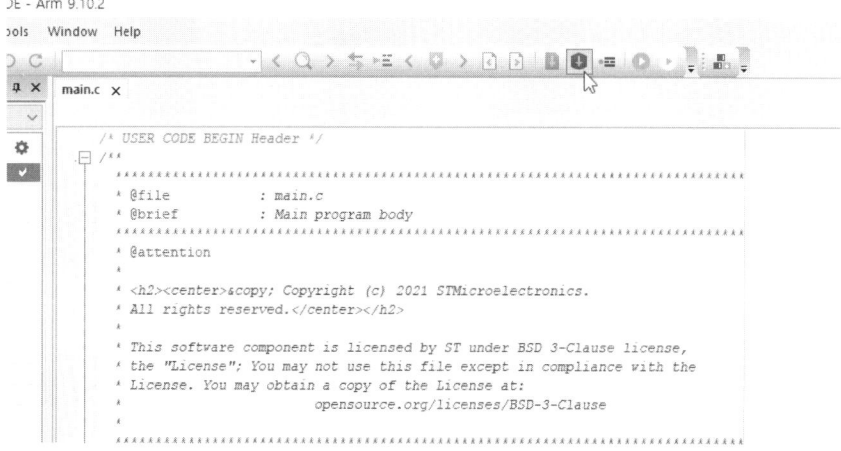

[그림 3.2-14] 생성된 Project files Build.

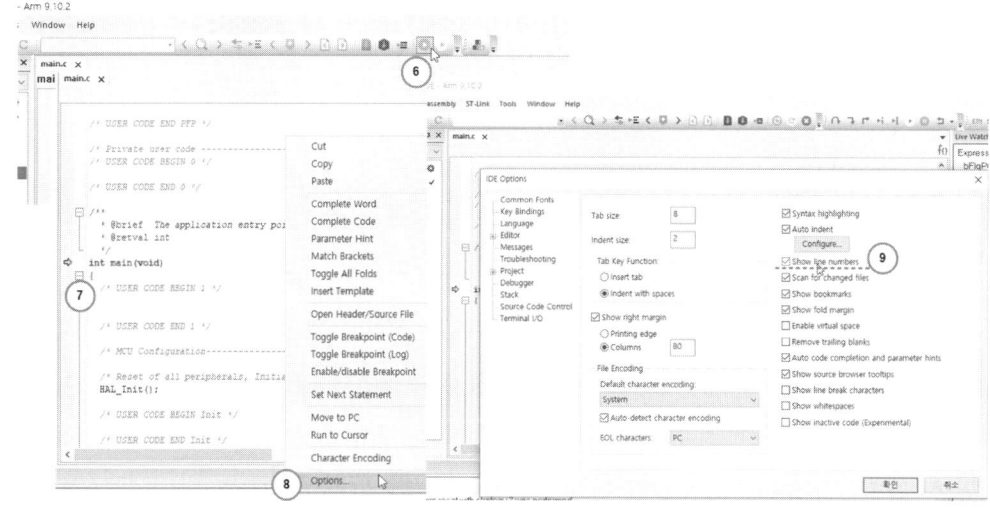

[그림 3.2-15] 생성된 Project files building 방법.

그러므로, line 번호를 표시해 주기 위해서 편집기 임의의 위치에서 mouse 오른 버튼을 click하여 나타나는 popup menu에서 ⑧번과 같이 **Option...** menu를 선택해 준다. 그리고 ⑨번과 같이 **Show line numbers**를 선택해 주면, line 번호가 text editor에 표시된다. 이제, Coding 목표인 **PC13번 pin**에 연결된 switch를 누르면, **PA5번 pin**에 연결된 LD2가 켜지도록 [그림 3.2-16]의 ⑩번과 같이 coding해 준다. ⑩번 부분이 잘 보이지 않는 분들은 다음을 참조하기 바란다.

[그림 3.2-16] 생성된 Project files Debugging 방법.

```
/* USER CODE BEGIN WHILE */
while (1)  {
  bFlgPC13 = HAL_GPIO_ReadPin(GPIOC, GPIO_PIN_13);  // PC13 pin bit 값을 읽는다.
  if(bFlgPC13) {  // It means Switch Off
    // PA5=0 출력, LED will be Off
    HAL_GPIO_WritePin(GPIOA,GPIO_PIN_5, GPIO_PIN_RESET);
  } else {
    // PA5=1 출력, LED will be On
    HAL_GPIO_WritePin(GPIOA,GPIO_PIN_5, GPIO_PIN_SET);
  }
/* USER CODE END WHILE */
```

물론, main.c file을 열어보면, 알겠지만, bFlgPC13는 전역 변수로 다음과 같이 선언되어 있다.

```
/* USER CODE BEGIN PV */
bool bFlgPC13=true;
/* USER CODE END PV */
```

이처럼 bool data type을 갖는 변수를 선언하기 위해서는 다음과 같이 stdbool.h을 include해 주어야 할 것이다.

```
/* USER CODE BEGIN Includes */
#include <stdbool.h>
/* USER CODE END Includes */
```

그리고, ⑪번과 같이 **PA5** GPIO output을 GPIO_PIN_SET 즉, "1" 로 설정하는 **105번째 line**을 mouse click하여 **breakpoint를 추가**해 준다. 여기서 사용된 관련된 HAL 함수들은 다음과 같다.

- GPIO_PinState **HAL_GPIO_ReadPin**(GPIO_TypeDef *GPIOx, uint16_t GPIO_Pin)
  - **GPIOx**에서 x는 선택한 MCU에 따라서 **A~H**까지 지정할 수 있다.
  - **GPIO_Pin**은 선택한 MCU에 따라서 GPIO_PIN_0 ~ GPIO_PIN_15까지 지정할 수 있다.
  - **GPIO_PinState**는 다음과 같은 type으로 선언되어 있으며, 해당 port의 bit 값으로 사용한다.

```
typedef enum {
  GPIO_PIN_RESET = 0U,
  GPIO_PIN_SET
}GPIO_PinState;
```

- void **HAL_GPIO_WritePin**(GPIO_TypeDef *GPIOx, uint16_t GPIO_Pin, GPIO_PinState PinState)
  - 지정한 PinState 값을 선택한 GPIO port로 출력해 준다.

Debug mode에서 실시간으로 전역변수 bFlgPC13의 값이 변하는 것을 확인하기 위하여 ⑫번처럼 **View** menu에서 **Live Watch** menu를 선택한다. 그리고 전역 변수 bFlgPC13을 ⑬번과 같이 typing해 준다. 초기 값이 true이므로 "1" 로 설정된 것을 확인할 수 있다. 이제, ⑭번과 같이 **Go** button을 click하여 실행한다. 그리고, 파란색 switch를 **눌러주면**, [그림 3.2-16]에서 보여준 것과 같이 전역변수 bFlgPC13의 값은 "0" 이 되고, PA5에 연결되어 있는 LD2 LED가 켜지게 된다. 물론, switch를 눌러주지 않으면, LD2 LED는 꺼지게 된다.

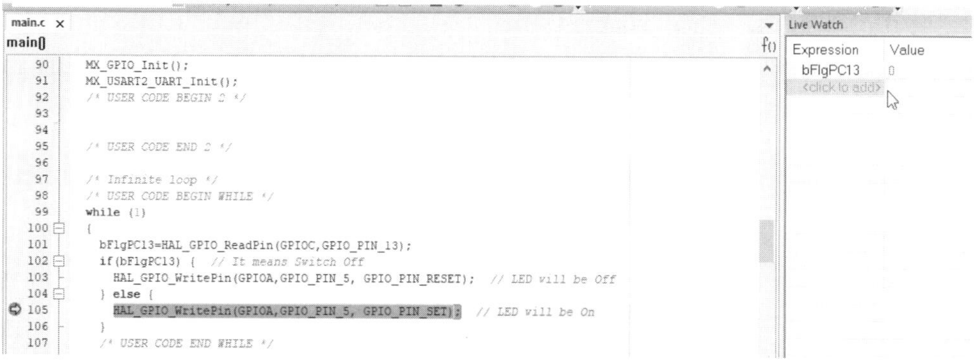

[그림 3.2-16] Debugging 방법.

아주 간단한 예제 code를 통하여 CubeMX에 대한 사용 방법과 생성된 project files를 IAR Inc.의 Embedded workbench로 build하여 Nucleo-STM32L476 보드에 download하고, 실행하는 일련의 방법을 학습하였다. 참고적으로 **Ch3Lab2** folder는 지금까지 Nucleo STM32L476 보드에서 수행한 동일한 내용을 Nucleo-STM32F103 보드로 수행한 project 이다. 이제 Chapter를 바꾸어 GPIO port를 통한 외부 interrupt 처리 방법에 대해서 학습해 보도록 하겠다.

【연구 과제】

우리는 이번 Chapter를 통하여 STM32 MCU에서 제공하는 GPIO port에 대한 자세한 내부 구조와 전기적인 특성들을 학습하였다. [그림 3.1-1]은 STM32 MCU의 GPIO port에 대한 내용을 정리한 것으로 GPIO 출력 port로 사용할 때에 **GPIO mode**로 **Output Push Pull**과 **Output Open Drain** 중에서 선택할 수 있도록 되어 있다. 그렇다면, **Output Push Pull**과 **Output Open Drain**이 무엇이며, 이들의 차이점에 대해서 조사하여 정리해 보기 바란다.

CHAPTER 04

Interrupt 소개와 외부 interrupt 처리 방법

대부분의 processor들은 외부 소자와 연결하기 위한 많은 주변 장치들을 가지고 있다. 그러므로, 이들 주변 장치들이 갑자기, Core의 정상적인 code 명령어 해석 작업보다 **우선순위가 높은** 업무를 발생시킬 수 있는데, 이것을 **interrupt**라고 한다. 또한, 여러 주변 장치들에서 동시에 interrupt들이 발생하는 경우에 이들 발생한 interrupt들 중에서 어느 것을 먼저 수행할지 우선순위를 결정해야 하는데, 발생한 **interrupt들에 대한 우선순위는 기본적으로 미리 정해져 있다**. 최종적으로 발생한 interrupt들 중에서 어느 하나만 선정되어 Core의 정상적인 code 명령어 해석 작업을 잠시 멈추고, 처리하도록 요청하는데, 이와 같은 작업을 수행하는 Digital 논리 회로를 **Interrupt Controller**라고 한다. 일반적으로 MCU 제조사마다 자신의 MCU에 특화된 interrupt controller를 개발하여 사용하는 데, STM32 MCU처럼 Cortex-M core family를 사용하는 경우에는 **NVIC**(Nested Vectored Interrupt Controller)라는 **공통적인 interrupt controller를 모두 사용하도록 고정**되어 있다. 결국, 모든 Cortex-M Core를 사용하는 MCU는 **제조사와 상관없이 모두 동일한 NVIC**라는

interrupt controller를 사용하므로 Code에 대한 **이식성을 높일 수** 있다. 기본적으로 interrupt가 발생하면, 발생한 interrupt가 호출할 함수 즉, Interrupt Service Routine(ISR)을 **미리** coding하여 놓는다. 이와 같이 미리 발생할 interrupt 각각에 대해 호출될 함수 즉, ISR의 시작 번지들을 순서대로 저장해 놓은 것을 **interrupt vector table**이라고 한다. 어쨌든, ISR에 대한 작업을 마무리하면, interrupt가 호출되기 **바로 전에** 수행한 명령어의 다음 명령어를 수행할 수 있도록 Program Counter(PC)가 바뀌게 된다. 정리하면, 임의의 interrupt가 발생하면, interrupt controller 즉, NVIC가 우선순위에 근거하여 최종적으로 선택한 해당 ISR을 core가 호출하게 된다. 여러분의 code 상에서 ISR을 호출하는 것이 아닌데 주의하자. 그런데, CubeMX를 사용하게 되면, 설정한 interrupt에 대한 기본적인 ISR code routine을 생성해 준다. 임의의 ISR은 일반적인 함수 수행 즉, main() 함수와 관련된 code를 수행하는 것보다 우선순위가 높다. 그러므로, 임의의 ISR에서 오래 머물게 되면, main() 함수의 정상적인 수행에 문제를 발생시킬 수 있다. 좀 더 구체적으로 설명하면, main() 함수 안에서 사용되는 무한 while-loop는 각각의 loop 수행 시간이 **수십 [us] 안에 완료**되어야 한다. 이것이 ms 단위를 넘어가는 것은 올바른 coding 방법이 아니다. interrupt와 함께 **Event**가 있는데, 이것은 상당히 광범위한 의미를 포함하고 있다. 그러나, embedded system에서는 단지, event 발생에 따른 flag 값에 근거하여 호출되는 함수를 **callback 함수**라고 한다. 사실, 용어에 대한 정확한 구분을 할 수는 없지만, 기본적으로 MCU와 연결된 **외부의 변화**로 발생한 것을 **interrupt**라고 하고, MCU **내부**에서 설정한 **조건**에 의해서 발생하는 것을 **event**라고 한다. 물론, 임의의 interrupt 발생에 따른 ISR에서 수행할 내용이 많다면, 이것도 software 적으로 event를 발생하여 해당 **callback 함수**를 호출하여 수행하도록 할 수 있다. 이 경우에 callback 함수는 ISR이 호출하는 함수이므로 **동일한 우선순위와 동작 mode**를 가진다. 이제, Chapter 3.에서 학습한 PC13 pin의 파란색 스위치를 누를 때, LD2 LED가 켜지도록 **PC13의 입력을 interrupt 신호로 인식**하는 code를 개발해 보도록 하겠다. Chapter 3.에서 개발한 code와 비교해 보기 바란다. 비록, 이번 Chapter에서는 외부 interrupt에 대해서만 설명하지만, 계속해서 Chapter를 바꾸어가며, 다양한 주변장치가 발생시키는 interrupt를 처리하는 방법을 학습하게 될 것이다.

■ 학습 목표 :
- STM32 MCU에서 사용할 수 있는 외부 interrupt 특징과 내부 구조를 학습한다.
- 외부 interrupt가 발생하고, 이것이 관련 callback 함수를 호출할 때까지의 흐름을 학습한다.
- STM32 MCU 종류에 따른 외부 interrupt 차이점을 학습한다.
- 외부 interrupt 관련 CubeMX 설정 방법에 대해서 학습한다.
- **KEIL Inc.의 MDK-ARM**을 이용하여 외부 interrupt 처리하는 방법을 학습한다.
- Nucleo 보드를 이용하여 외부 interrupt를 발생시키고, 처리하는 일련의 과정을 학습한다.

4.1 KEIL을 이용한 외부 interrupt 사용 방법.

[그림 4.1-1]은 STM32F103 MCU 내부에서 발생한 외부 GPIO interrupt를 처리하는 전반적인 흐름을 보여준 것이다.

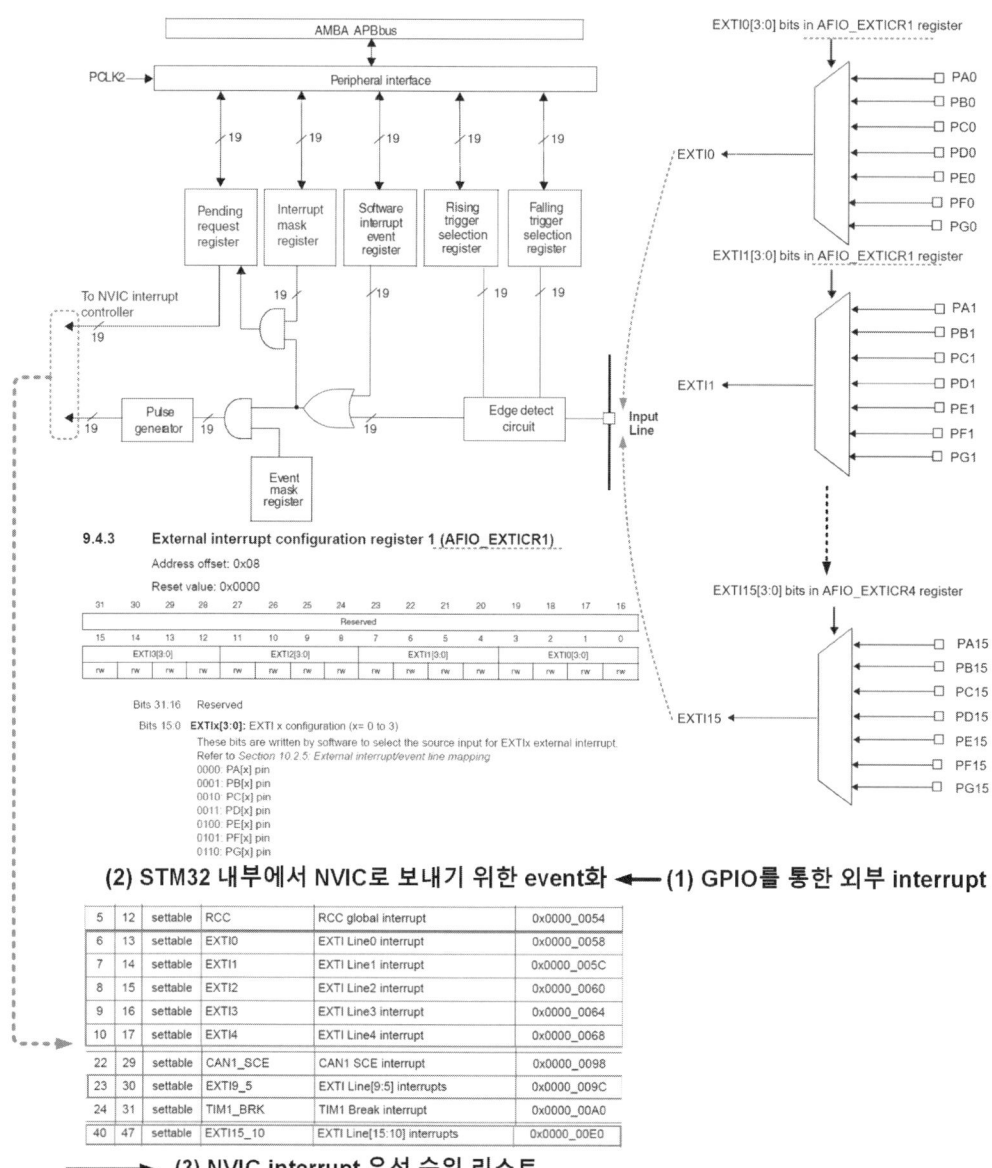

[그림 4.1-1] STM32F103 외부 interrupt와 event controller 구성도.

외부 interrupt와 event를 처리하는 controller는 interrupt와 event 요청들을 생성하기 위해서 사용되는 **19개의 edge detector lines**로 구성된 것을 볼 수 있다. 각각의 line은 **독립적으로** trigger event를 선택하기 위해서 구성될 수 있고, masking 될 수 있다. 또한, pending register가 있어서 interrupt requests 상태를 **유지**할 수 있다. 어쨌든, 여러분이 눈여겨 볼 내용은 **동일한 핀 번호**를 갖는 PAx부터 PGx까지는 **동일한 EXTIx에 연결**된다는 것이다. 또한, **AFIO_EXTICR1..4 register**의 EXTIx[3:0] 값을 이용하여 interrupt source 입력을 선택하도록 되어 있다. 그러므로, **PA0과 PG0을 동시에 interrupt source로 사용할 수 없다는 데 주의**하자. 이것은 STM32F103뿐만 아니라 STM32L476을 포함한 **모든 STM32 MCU에서 동일하게 적용**된다. 참고적으로 이 규칙을 지키기 위해서 CubeMX에서 PA0을 외부 interrupt source로 설정하고, 이어서 PB0을 외부 interrupt source로 설정하려고 한다면, **자동으로** 앞서 설정한 PA0 외부 interrupt source 설정은 **해지된다는 데 주의**하자. 이처럼 자동으로 해지되면, 관련 code가 생성되는 framework source에 포함되지 않는데, GUI 상에서 모두 설정한 것만 기억하고, 자동으로 code가 생성되었을 것이라고 **실수하는 경우**가 종종 있으므로 주의하기 바란다. 어쨌든, 발생한 외부 interrupt는 다시금 [그림 4.1-1]의 맨 왼쪽 도표에 나와 있는 데로 mapping된다. 즉, EXTI0부터 EXTI4는 각각 자신**만**의 interrupt line을 갖고 있지만, EXTI5부터 EXTI9까지는 EXTI9_5 line **하나에 공통으로 연결**된다. 또한, EXTI10부터 EXTI15까지도 EXTI15_10 line 하나에 공통으로 연결된다는데 주의하기 바란다. 이것은 결국, EXTI5부터 EXTI9까지 임의의 interrupt가 발생하면, EXTI9_5과 관련된 공통의 ISR이 생성되고 이것을 이용해야 한다는 것을 의미한다. 예를 들면, EXTI5 interrupt와 EXTI9 interrupt가 발생하면, CubeMX가 interrupt EXTI9_5을 위해서 생성해 준 ISR을 공통으로 사용한다는 것이다. 그리고, 잠시 후에 설명하겠지만, GPIO 외부 interrupt callback 함수인 **HAL_GPIO_EXTI_Callback()**에서 발생한 interrupt가 EXTI5 interrupt인지 EXTI9 interrupt를 구분한다. **interrupt 우선순위는 숫자가 낮을수록 높다.** 즉, 우선순위 13번을 갖는 EXTI0 interrupt와 14번을 갖는 EXTI1 interrupt가 **동시에 발생**하였다면, EXTI0 interrupt가 우선순위가 높으므로 **먼저 수행하게 된다는 데 주의**하자. 참고적으로 내부 APB2 clock 주기 보다 더 짧은 pulse 폭을 가지는 외부 line을 검출할 수 있다. 실질적으로 **144핀** package의 경우, PA~PG까지 총 7개의 GPIO pin들로 구성된 각각의 group 16개가 존재하므로 7×16=112개, 총 112개의 GPIO pins를 가질 수 있는데, 여기서 **16개까지 GPIO 외부 interrupt에 연결**할 수 있다.

물론, 64핀 package의 경우에서도 사용할 수 있는 GPIO pins의 개수가 줄어들 뿐이고, GPIO 외부 interrupt는 **동일하게 16개까지 사용**할 수 있다. 구체적으로 [그림 4.1-2]에서 보여준 것과 같이 EXTI0 외부 interrupt는 AFIO_EXTICR1.[3:0] register에서 선택한 GPIO PA0~PG0 pins 중에서 어느 하나의 triggering에 의해서 발생한다.

31	30	29	28	27	26	25	24	23	22	21	20	19	18	17	16
							Reserved								
15	14	13	12	11	10	9	8	7	6	5	4	3	2	1	0
EXTI3[3:0]				EXTI2[3:0]				EXTI1[3:0]				EXTI0[3:0]			
rw	rw	rw	rw	rw	rw	rw	rw	rw	rw	rw	rw	rw	rw	rw	rw

Bits 31:16　Reserved

Bits 15:0　**EXTIx[3:0]**: EXTI x configuration (x= 0 to 3)
　　　　　These bits are written by software to select the source input for EXTIx external interrupt.
　　　　　Refer to Section 10.2.5: External interrupt/event line mapping
　　　　　0000: PA[x] pin
　　　　　0001: PB[x] pin
　　　　　0010: PC[x] pin
　　　　　0011: PD[x] pin
　　　　　0100: PE[x] pin
　　　　　0101: PF[x] pin
　　　　　0110: PG[x] pin

[그림 4.1-2] External interrupt configuration register 1(AFIO_EXTICR1)

그러나, 실질적으로 여러분이 이와 같은 register를 상대로 직접 관련 coding을 수행할 필요는 없고, CubeMX에서 해당 내용을 선택해 주기만 하면 된다. [그림 4.1-3]은 [그림 4.1-1]에서 보여준 interrupt vector table만 다시 보여준 것이다.

5	12	settable	RCC	RCC global interrupt	0x0000_0054
6	13	settable	EXTI0	EXTI Line0 interrupt	0x0000_0058
7	14	settable	EXTI1	EXTI Line1 interrupt	0x0000_005C
8	15	settable	EXTI2	EXTI Line2 interrupt	0x0000_0060
9	16	settable	EXTI3	EXTI Line3 interrupt	0x0000_0064
10	17	settable	EXTI4	EXTI Line4 interrupt	0x0000_0068
22	29	settable	CAN1_SCE	CAN1 SCE interrupt	0x0000_0098
23	30	settable	EXTI9_5	EXTI Line[9:5] interrupts	0x0000_009C
24	31	settable	TIM1_BRK	TIM1 Break interrupt	0x0000_00A0
40	47	settable	EXTI15_10	EXTI Line[15:10] interrupts	0x0000_00E0

[그림 4.1-3] interrupt vector table(STM32F10x 기준).

정리하면, EXTI0~EXTI4번까지 각각의 GPIO line은 **바로 일대일 NVIC에 연결**되어 있다. 그러나, EXTI5~EXTI9번은 **함께** 하나의 interrupt 즉, EXTI9_5에 연결되어 NVIC에 공급되고, EXTI10~EXTI15번도 함께 하나의 interrupt 즉, EXTI15_10에 연결된 것을 볼 수 있다. 참고적으로 [그림 4.1-4]는 STM32L4xx Family에서 GPIO 외부 interrupt 16개 외에 추가적으로 제공해 주는 외부 interrupt들 즉, EXTI lines를 보여준 것이다.

EXTI line	Line source[1]	Line type	EXTI line	Line source[1]	Line type
0-15	GPIO	configurable	28	USART3 wakeup[2]	direct
16	PVD	configurable	29	UART4 wakeup[2]	direct
17	OTG FS wakeup event[2][3] (OTG_FS_WKUP)	direct	30	UART5 wakeup[2]	direct
			31	LPUART1 wakeup	direct
18	RTC alarms	configurable	32	LPTIM1	direct
19	RTC tamper or timestamp or CSS_LSE	configurable	33	LPTIM2[2]	direct
20	RTC wakeup timer	configurable	34	SWPMI1 wakeup[2]	direct
21	COMP1 output	configurable	35	PVM1 wakeup	configurable
22	COMP2 output	configurable	36	PVM2 wakeup	configurable
23	I2C1 wakeup[2]	direct	37	PVM3 wakeup	configurable
24	I2C2 wakeup[2]	direct	38	PVM4 wakeup	configurable
25	I2C3 wakeup	direct	39	LCD wakeup[4]	direct
26	USART1 wakeup[2]	direct	40[5]	I2C4 wakeup	direct
27	USART2 wakeup[2]	direct			

[그림 4.1-4] EXIT lines 연결.

❶ EXTI line 16은 PVD output에 연결. 자세한 내용은 **Chapter 5** 참조.
❷ EXTI line 17은 USB Wakeup event에 연결.
❸ EXTI line 18은 RTC Alarm event에 연결.
… 등등

추가적인 EXTI line들은 모두 MCU가 전력을 절약하기 위해서 sleep mode에 들어갔을 때, 단순히 깨우기 위한(wakeup) event를 발생시키는데 사용되는 interrupt인 것을 알 수 있다. 이와 같이 event와 관련된 interrupt는 추가적으로 ISR을 갖지 않고, main while-loop가 다시 시작하도록 MCU를 wakeup 해 주도록 사용하는 것이 일반적이다. 어쨌든, GPIO 외부 interrupt가 발생하면, 해당 interrupt handler 함수가 호출되고, 이어서 관련된 callback 함수가 호출된다. 이제부터 **KEIL의 개발 도구인 MDK-ARM을 이용**하여 **PC13번 pin**에 연결되어 있는 Blue Switch를 GPIO 외부 interrupt 입력으로 받고, 누를 때마다 **PA5번 pin**에 연결되어 있는 LD2 LED가 켜지고, 꺼지는 것을 반복하도록

Nucleo-STM32L476RG 보드에 대한 coding 방법을 살펴보도록 하겠다. 그러나, 앞서 언급한 것과 같이 임의의 STM32 MCU를 사용하는 보드에서도 동일하게 따라할 수 있다. [그림 4.1-5]의 ①번과 같이 Chapter 3.에서 생성한 CubeMX file인 Ch3Lab1.ioc file을 새롭게 생성한 Ch4Lab1 folder에 복사해 넣고, 이름을 Ch4Lab1.ioc file로 바꾼다. 그리고, double click하여 CubeMX를 호출한다.

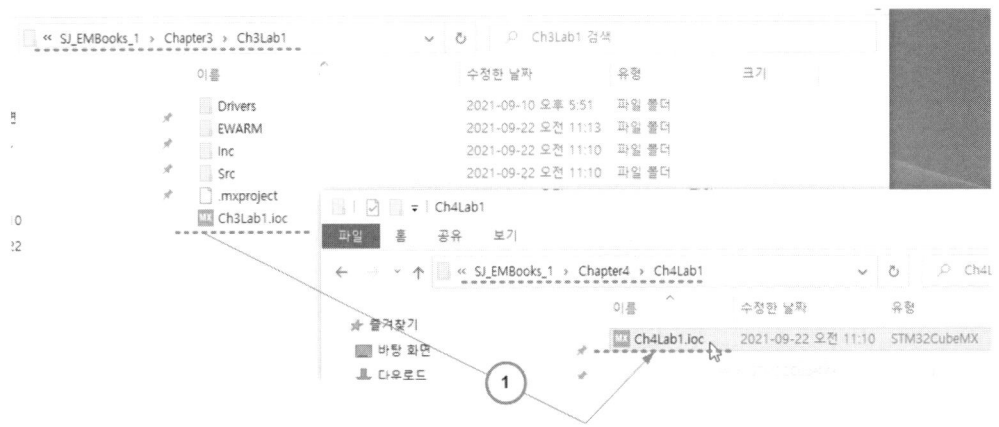

[그림 4.1-5] Ch4Lab1 Project folder 생성.

이어서, [그림 4.1-6]에서 보여준 것과 같이 **PC13 pin**을 **Pinout view**에서 mouse로 click하여 나타나는 menu에서 ②번과 같이 기존의 **GPIO_Input**에서 새롭게 **GPIO_EXTI13** menu를 선택하여 바꾸어 준다. 그리고, 점선의 사각형 안에 있는 **PC13 Configuration**:에서 GPIO mode는 기존의 **Input mode**에서 ③번과 같이 **External Interrupt Mode with Falling edge trigger detection**을 선택한다. 즉, falling edge를 interrupt 신호로 인식하겠다는 의미이다. 그러므로, GPIO Pull-up/Pull-down은 **Pull-up**을 선택해 주어야 할 것이다. default인 **No pull-up and no pull-down** 즉, pull-up 그리고, pull-down도 아닌 것으로 설정하면, 외부에 해당 pull-up 저항이 없는 경우에 **floating**으로 되어 있어서 잡음에 의하여 잘못된 interrupt가 들어오는 경우가 발생하게 할 수 있으므로 **주의**해야 한다. 물론, [그림 3.2-1]의 왼쪽 상단에 보여준 것과 같이 외부에 4.7[kΩ]으로 pull up 저항이 있지만, ③번과 같이 **pull-up**이라고 설정해 주도록 한다. 어쨌든, 우리는 falling edge를 interrupt 신호로 인식할 것이기 때문에 외부에 pull-up 저항을 걸어서 default **high** level을 갖도록 해야 한다.

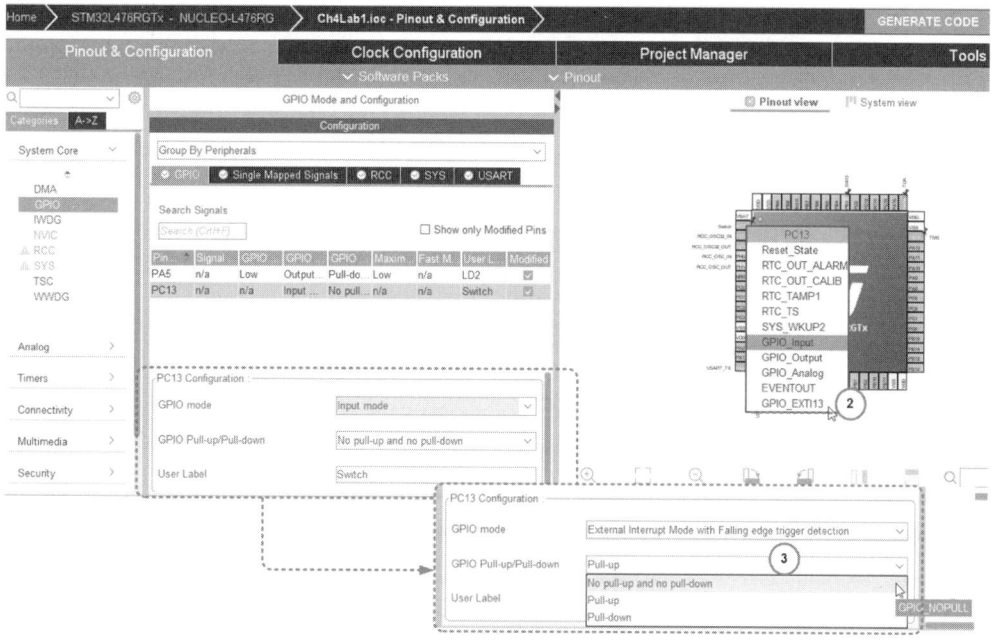

[그림 4.1-6] GPIO 외부 interrupt 설정 방법(1).

무엇보다도 사용하는 모든 GPIO **입력** port들은 초기 pull-up 또는 pull-down을 설정해 주는 것이 **안정적**이다. 최종적으로 **PC13 Configuration** groupbox 내용을 [그림 4.1-7]과 같이 설정해 주는데, 간혹, **User Label**에 원하는 label 즉, EXTI_13을 typing하면 문자 지정이 잘 안 되는 경우가 있다. 만일, 이와 같은 경우를 만나면, 원하는 문자열을 임의의 text editor, 예를 들면, Notepad 등과 같은 text editor에 먼저 typing해 주고, typing한 문자열을 복사해서 붙여 넣는 방식을 사용하면 된다. 어쨌든, 모든 입력이 완료되었으면, [그림 4.1-8]과 같이 **Toolchain/IDE**에서 KEIL Inc.의 **MDK-ARM**을 선택하여 준다. 그리고 나서, **GENERATE CODE** button을 click하여 지금까지 CubeMX에서 설정한 option들을 반영한 STM32L476RG MCU를 위한 C framework source 파일들을 생성하도록 만든다. 잠시 후에 [그림 4.1-9]의 ④번과 같이 **Code Generation** dialogbox가 나타나면, **Close** button을 click하여 준다. 생성된 framework source files를 보면, ⑤번과 같이 Chapter 3.에서 IAR Inc.의 Embedded Workbench을 위한 **EWARM** folder 대신에 KEIL MDK-ARM을 위한 **MDK-ARM** folder를 만든 것을 볼 수 있다. **MDK-ARM** folder를 click하여 안으로 들어가 보면, MDK-ARM 관련된 file들이 생성된 것을 볼 수 있을 것이다.

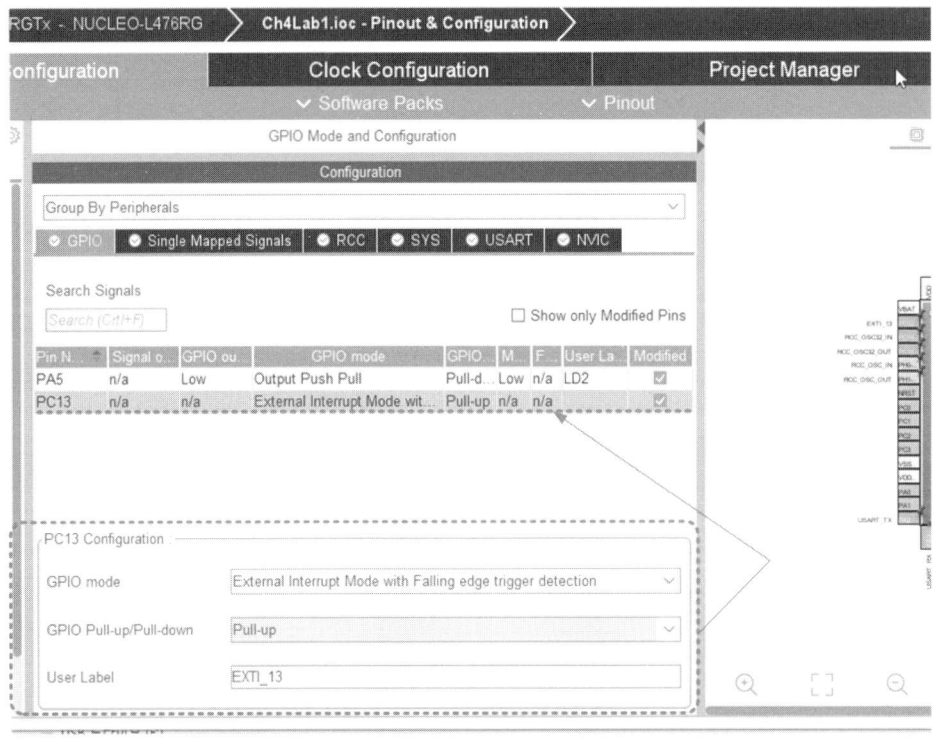

[그림 4.1-7] GPIO 외부 interrupt 설정 방법(2).

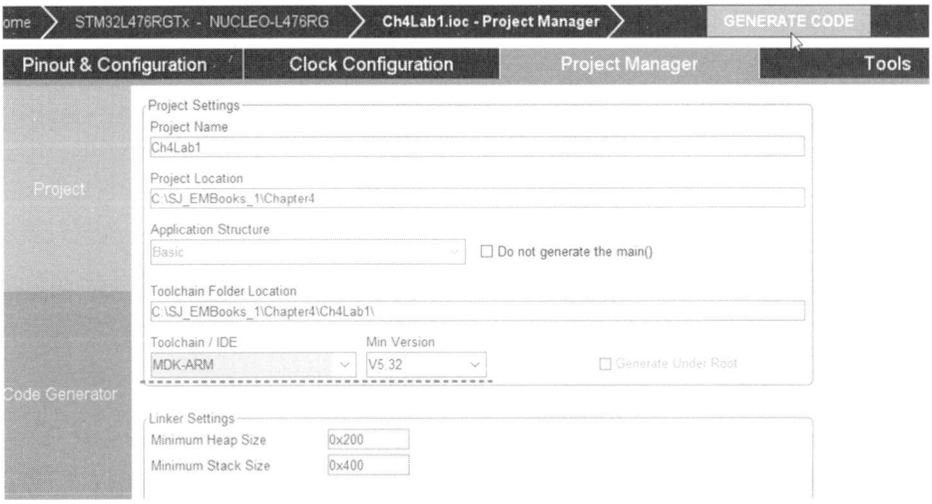

[그림 4.1-8] KEIL MDK-ARM 설정 방법.

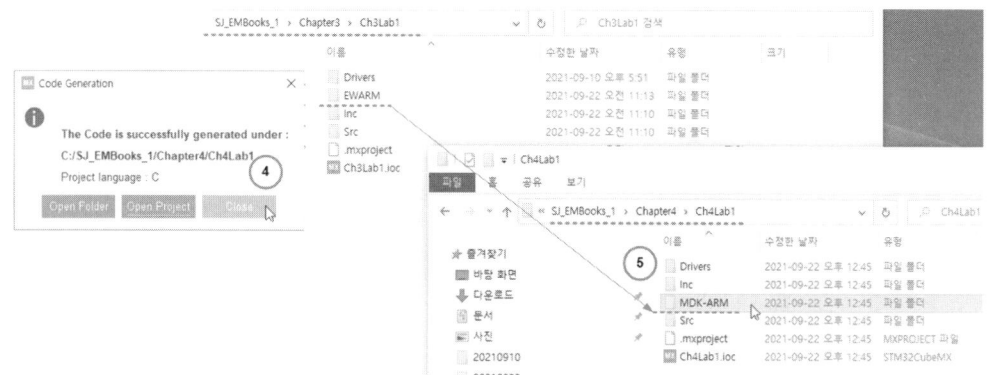

[그림 4.1-9] KEIL MDK-ARM을 framework source 생성.

앞서 학습한 [그림 3.2-13]의 ③번과 비교해 보기 바란다. 이제, [그림 4.1-10]의 ⑥번과 같이 MDK-ARM project file 즉, *.**uvprojx** 파일을 double click하여 준다.

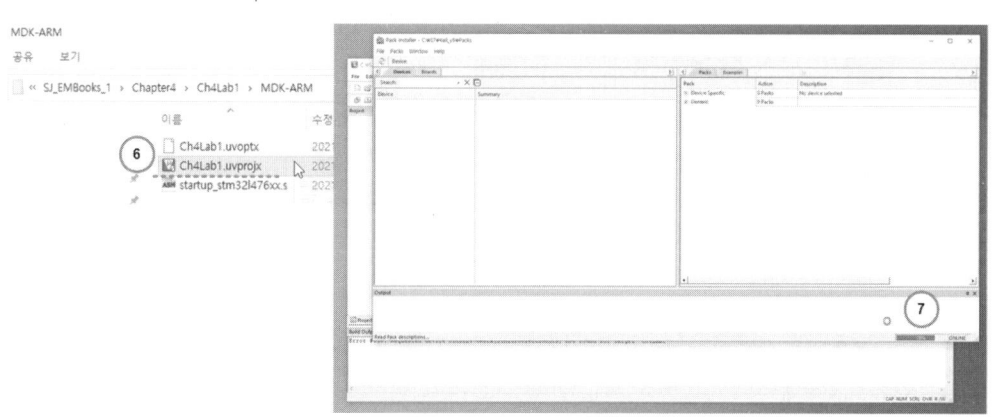

[그림 4.1-10] 선택한 MCU를 위한 Pack install(1).

이때, 기존에 선택한 MCU에 대한 library가 설치되어 있지 않다면, Pack Installer가 나타난다. 그리고, ⑦번과 같이 처음 Pack Installer를 구동하는 경우에 초기화 작업을 수행한다. 초기화 작업이 완료되었으면, [그림 4.1-11]의 ⑧번과 같이 **Install** button을 선택하여 사용할 MCU를 위한 library files를 설치한다. install이 완료되었으면, [그림 4.1-12]에서 보여준 것과 같이 표시된다.

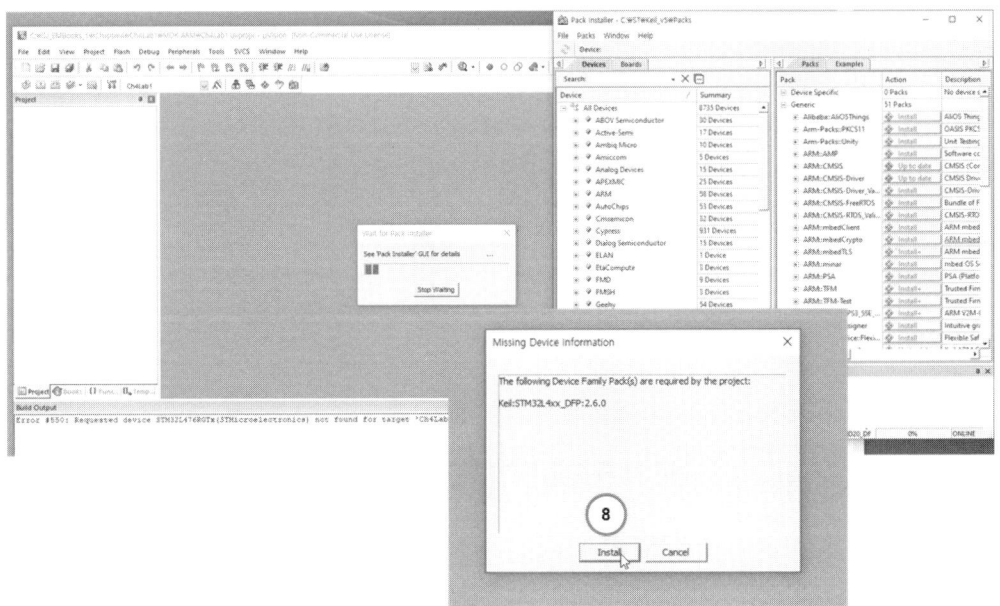

[그림 4.1-11] 선택한 MCU를 위한 Pack install(2).

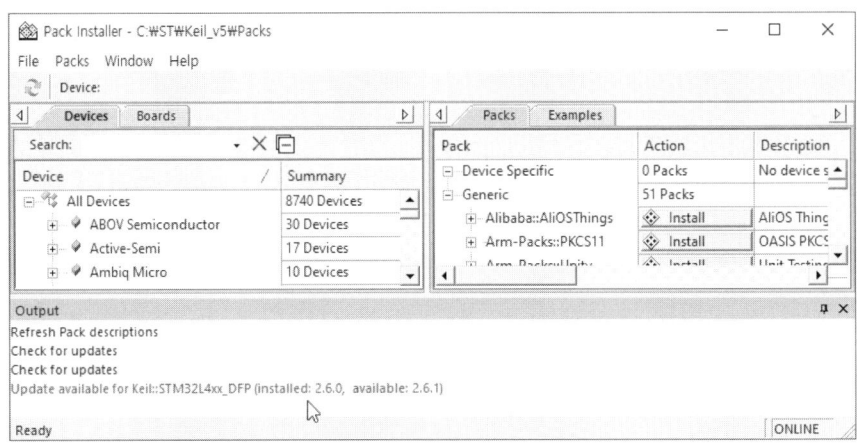

[그림 4.1-12] Pack install 설치 완료.

이제, MDK-ARM을 사용하기 위한 설정 작업을 설명할 것인데, 앞서 학습한 IAR Inc.의 Embedded Workbench, 그리고, 앞으로 학습할 CubeIDE도 마찬가지로 설정 방법이 다양하므로 한 번에 모두 설명할 수는 없고, 해당 개발 도구를 사용할 때마다 설정 방법 및 사용 방법에 대한 설명을 조금씩 넓혀 갈 것이다. 어쨌든, 필요한 Pack이 모두 설치되었으면, [그림 4.1-13]의 ⑨번과 같이 좀 더 많은 친구들이 생성된 것을 볼 수 있다.

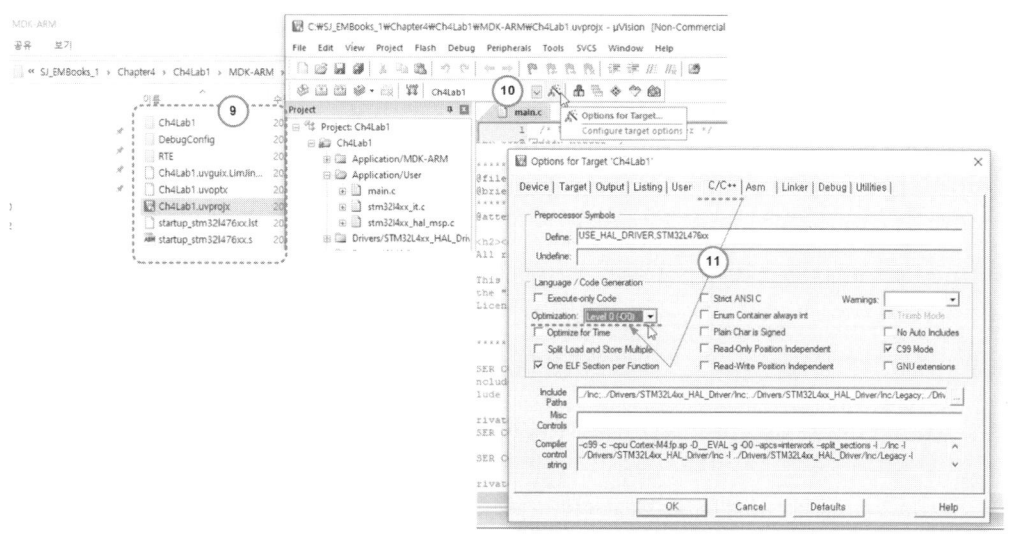

[그림 4.1-13] MDK-ARM 설정 작업.

이제, 다시, **Ch4Lab1.uvprojx**를 double 하면, MDK-ARM 개발 화면이 나타난다. ⑩번과 같이 마법사 지팡이처럼 생긴 **Options for Target...** icon을 click하고, ⑪번과 같이 C/C++ tab에 있는 최적화 level을 **Level 0(-O0)**으로 설정한다. 한 가지 주의 할 것은 **Level 0(-O0)**가 [그림 3.2-13]의 ⑤번 즉, IAR에서 최적화 level을 **None**으로 설정한 것과 같다. 〈default〉는 Level 2 (-O2)에 해당한다는데 주의하자. 현재, Nucleo-STM32L476 board가 PC에 연결되어 있는지 확인하기 바란다. 만일, Nucleo board가 아닌 경우에는 ST_Link emulator가 PC에 연결되어 있는지 확인한다. 왜냐하면, 이제, **MDK-ARM에 ST-LINK emulator를 등록**할 것이기 때문이다. 우선, [그림 4.1-14]의 ⑫번 즉, **Debug Tab**을 선택하고, **Use :** 옆에 **ST-Link Debugger**를 선택해 준다. 그리고 나서, **Settings** button을 선택한다. 그러면, ⑬번과 같이 **ST-LINK Firmware Upgrade** dialogbox가 나타날 수 있다. 여기서, **Yes** button을 선택한다. 그러면, ⑭번과 같이 **ST-Link Upgrade** dialogbox가 나타나고, 여기서, **Device Connect** button을 선택한다. [그림 4.1-15]의 점선 사각형 안의 정보는 연결한 ST-LINK emulator에 대한 정보이다. 이제, ⑮번 **Yes〉〉〉** button을 click하여 주면, driver를 설치하고 완료되면, ⑯번과 같이 **확인** button을 선택해 주면 된다. 그리고 나서, **Options** dialogbox를 닫고, 다시, **Options for Target...** icon을 click하여 [그림 4.1-14]의 ⑫번 **Settings** button을 다시 click하여 주면, [그림 4.1-16]과 같이 ST-LINK/V2-1 emulator가 정상적으로 PC와 연결된 것을 확인할 수 있다.

4 Interrupt 소개와 외부 interrupt 처리 방법 | **119**

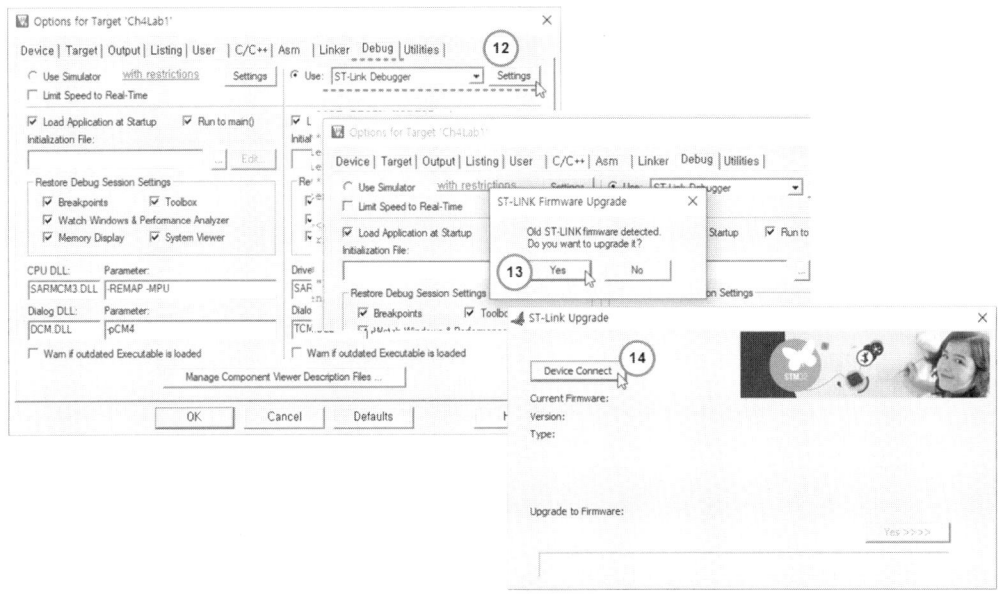

[그림 4.1-14] ST-Link Emulator 설정 작업(1).

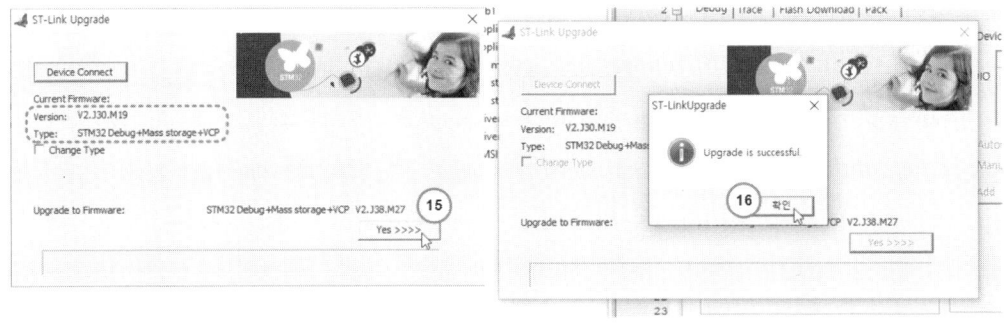

[그림 4.1-15] ST-Link Emulator 설정 작업(2).

지금까지 CubeMX에서 생성된 framework를 MDK-ARM에서 사용할 수 있도록 관련 Pack을 설치하였고, emulator가 PC에 연결되는 것도 확인하였다. 이제 구체적으로 CubeMX에서 생성된 C framework source files를 확인해 보도록 하자. 그러기 위해서는 우선, Cortex-M Family Core가 갖는 **interrupt vector table**에 대해서 학습해야 한다. STM32 MCU에서 사용되는 Cortex-M Family Core는 [표 4.1-1]에서 보여준 **interrupt vector table**을 갖는다.

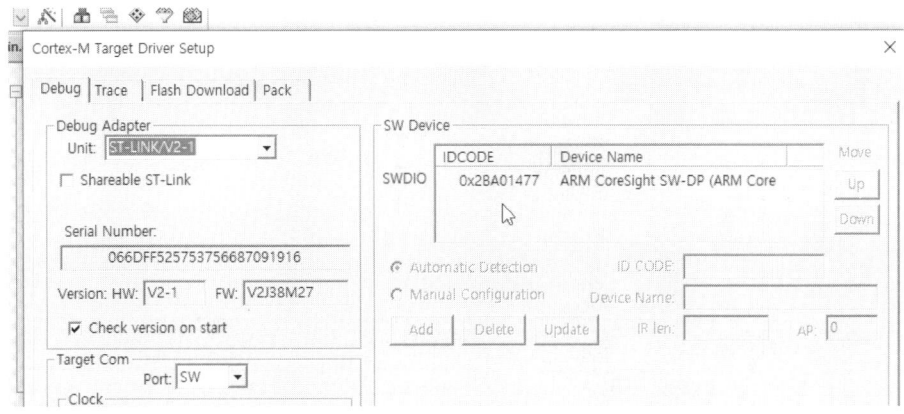

[그림 4.1-16] ST-Link Emulator 설정 작업(3).

Position	Interrupt type	IRQ Num	번지	설명
	NA	NA	0x0000_0000	Initial Stack Pointer.
우선 순위 조정 불가	Reset		0x0000_0004	Reset vector
	NMI	-14	0x0000_0008	Non-Maskable Interrupt
	Hard Fault	-13	0x0000_000C	만일, 대응하는 exception handler가 enabling되어 있지 않은 상태에서 system exception이 발생한 경우.
4	MemManage fault	-12	0x0000_0010	MMFSR 참조
5	Bus fault	-11	0x0000_0014	data/prefetch abort에 해당. BFSR 참조.
6	Usage fault	-10	0x0000_0018	UFSR 참조.
7~10	Reserved	NA		Reserved
11	SVCall	-5	0x0000_002C	System Service Call
12	Debug Monitor		0x0000_0030	breakpoints, watchpoints, etc
13	Reserved	NA		Reserved
14	PendSV	-2	0x0000_0038	System device를 위한 pendable request
15	SYSTICK	-1	0x0000_003C	System Tick timer
16	WWDG	0	0x0000_0040	Window Watchdog interrupt
17	PVD	1	0x0000_0044	PVD through EXTI Line detection interrupt
..	...	...	...	...
22	EXTI0	6	0x0000_0058	GPIO 외부 interrupt #0

[표 4.1-1] Cortex-M Interrupt Vector Table.

구체적으로 [그림 4.1-17]을 보면, 처음 target board에 전원을 On하고, reset을 주면, PC(Program Counter)는 0x0000_0004번지에 저장되어 있는 reset handler 번지 예를 들면, 0x0000_0134번지에서 시작하는 reset handler routine을 포함하는 **bootstrap** code를 수행하게 된다.

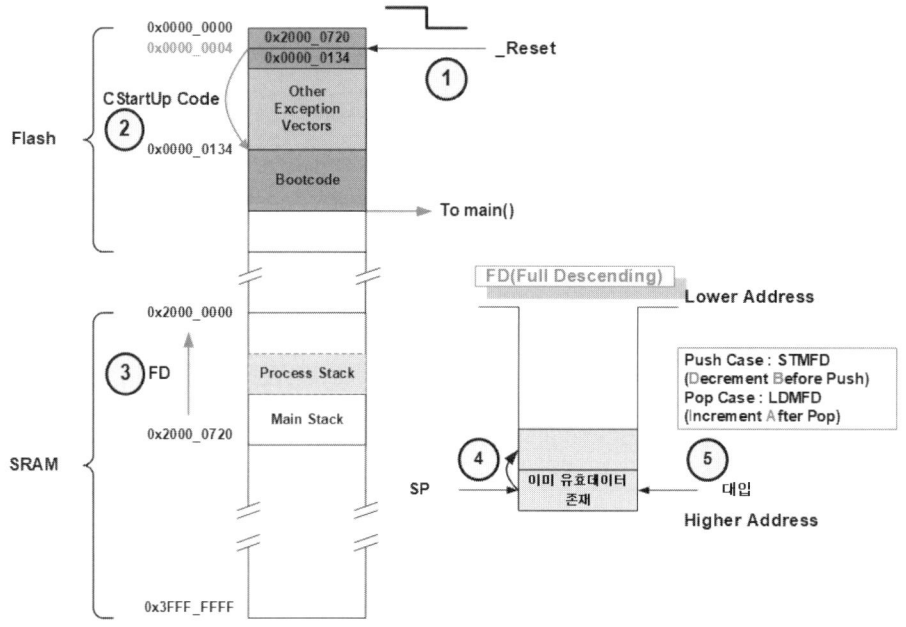

[그림 4.1-17] Cortex-M3/M4 boot sequence와 Memory Map.

구체적으로 bootstrap code는 C code를 수행하는데 필요한 stack 또는 heap을 구성하고, 그 밖에 필요한 내용을 수행한 이후에 main() 함수를 호출하는 역할을 수행하는 CStartUp code이다. 즉, 우리가 개발할 실행 파일의 reset handler routine은 C 언어로 작성하는 첫 번째 함수인 main() 함수를 호출해야 하고, 이처럼 C 언어로 coding된 임의의 함수를 호출하기 위해서는 함수의 시작 번지와 매개변수들 그리고, 각종 변수들을 저장하기 위한 **stack 영역을 반드시 설정해** 주어야 한다. [그림 4.1-17]을 보면, reset handler의 stack에 해당하는 MSP(Main Stack Pointer) 값이 저장되어 있는 0x0000_0000 번지에 stack의 시작 번지로 0x2000_0720 번지가 지정된 것을 볼 수 있다. 또한, Cortex-M series는 기본적으로 stack을 FD(Full-Descending)로 MSP가 addressing을 하는데 주의하기 바란다. boot code와 관련된 CStartUp assembly code에 대한 자세한 내용은 **Vol.2**를 참조하면 된다. [표 4.1-1]에서 보여준 것과 같이 interrupt number **15번까지는 예약**되어 있어서 **16번부터 사용**할 수 있다. 즉, MCU 제조사와 상관없이 interrupt number **15번까지는 모두 동일**하며, 16번부터 MCU 마다 자신만의 interrupt들을 등록하여 사용한다. STM32

MCU 성능에 따라서 더 많은 interrupt들을 처리할 수 있지만, 그 순서와 종류는 거의 동일하게 유지한다는데 주의하자. [표 4.1-2]는 STM32L476과 STM32F103에 대한 interrupt vector table을 비교한 것이다.

Position	Priority	Type of priority	Acronym	Description	Address
0	7	settable	WWDG	Window Watchdog interrupt	0x0000 0040
1	8	settable	PVD_PVM	PVD/PVM1/PVM2/PVM3/PVM4 through EXTI lines 16/35/36/37/38 interrupts	0x0000 0044
2	9	settable	RTC_TAMP_STAMP /CSS_LSE	RTC Tamper or TimeStamp /CSS on LSE through EXTI line 19 interrupts	0x0000 0048
3	10	settable	RTC_WKUP	RTC Wakeup timer through EXTI line 20 interrupt	0x0000 004C
4	11	settable	FLASH	Flash global interrupt	0x0000 0050
5	12	settable	RCC	RCC global interrupt	0x0000 0054
6	13	settable	EXTI0	EXTI Line0 interrupt	0x0000 0058
7	14	settable	EXTI1	EXTI Line1 interrupt	0x0000 005C
8	15	settable	EXTI2	EXTI Line2 interrupt	0x0000 0060
9	16	settable	EXTI3	EXTI Line3 interrupt	0x0000 0064
10	17	settable	EXTI4	EXTI Line4 interrupt	0x0000 0068
11	18	settable	DMA1_CH1	DMA1 channel 1 interrupt	0x0000 006C

(a) STM32L476 vector table

Position	Priority	Type of priority	Acronym	Description	Address
0	7	settable	WWDG	Window Watchdog interrupt	0x0000_0040
1	8	settable	PVD	PVD through EXTI Line detection interrupt	0x0000_0044
2	9	settable	TAMPER	Tamper interrupt	0x0000_0048
3	10	settable	RTC	RTC global interrupt	0x0000_004C
4	11	settable	FLASH	Flash global interrupt	0x0000_0050
5	12	settable	RCC	RCC global interrupt	0x0000_0054
6	13	settable	EXTI0	EXTI Line0 interrupt	0x0000_0058
7	14	settable	EXTI1	EXTI Line1 interrupt	0x0000_005C
8	15	settable	EXTI2	EXTI Line2 interrupt	0x0000_0060
9	16	settable	EXTI3	EXTI Line3 interrupt	0x0000_0064
10	17	settable	EXTI4	EXTI Line4 interrupt	0x0000_0068

(b) STM32F103 vector table

[표 4.1-2] STM32L476과 STM32F103 Interrupt Vector Table 비교.

STM32L476은 Cortex-M4 core이고, STM32F103은 Cortex-M3 core로 그 종류가 다름에도 불구하고, 2개의 MCU가 거의 유사한 interrupt vector table을 갖는 것을 확인할 수 있다. 이처럼 interrupt vector table이 유사하면, code에 대한 호환성에 많은 도움을 준다. CubeMX에 의해서 자동으로 생성된 파일 중에 **stm32l4xx_it.c** 파일을 열어 보면, [그림 4.1-18]의 ②번에서 보여준 것과 같이 예약된 system interrupt들은 확인 할 수 있지만, 정작 [그림 4.1-7]에서 추가한 **PC13번 pin**의 외부 interrupt에 대한 Interrupt

Service Routine(ISR)이 보이지 않는다.

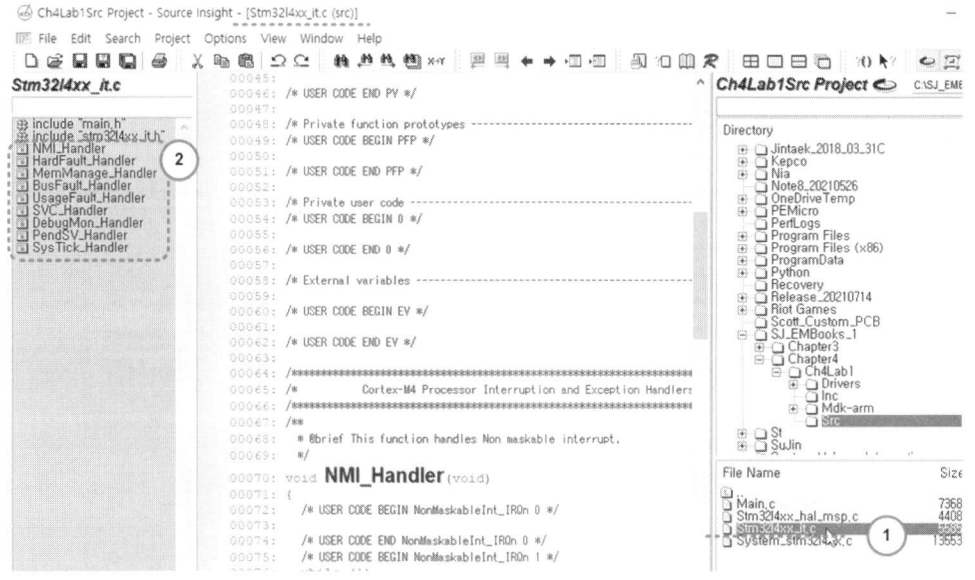

[그림 4.1-18] stm32l4xx_it.c 내용.

[그림 4.1-3]에서도 설명하였듯이 **PC13번 pin**은 13 즉, 10과 15 사이이므로 EXTI15_10 interrupt line을 함께 사용한다. 다시, **Ch4Lab1.ioc** file을 double click하여 CubeMX를 호출하고, 이어서 [그림 4.1-19]처럼 **System Core** item을 click하고, 그리고 나서 **NVIC** item을 click하여 선택한다. 그러면, **NVIC Mode and Configuration**에 대한 설정 화면이 나타나는데, 여기서, ③번과 같이 **EXTI line[15:10] interrupts** 옆의 **Enabled** checkbox를 선택해 준다. 그리고, 다시 새롭게 설정한 내용을 반영하여 C framework source 파일들을 생성하기 위해서 **GENERATE CODE** button을 click하여 준다. 그러면, ④번과 같이 KEIL Inc.의 MDK-ARM이 main.c 파일의 내용이 외부 editor에서 바뀌었다고, 알려주고, 그 바뀐 내용을 다시 load 할 것인지 문의한다. 그러면, 모두 **예** button을 선택해 준다. 이제, 다시 **stm32l4xx_it.c** 파일을 열어보면, [그림 4.1-20]에서 보여준 것과 같이 **PC13번 pin**에 대한 GPIO 외부 interrupt ISR인 void **EXTI15_10_IRQHandler**(void) 함수가 **새롭게 추가**된 것을 확인할 수 있다. ④번과 같이 HAL_GPIO_EXTI_Callback() 함수의 선언을 찾아보면, 그 앞에 [그림 4.1-21]의 ⑤번과 같이 **__weak** 라는 keyword가 함수의 prototype 앞에 추가된 것을 볼 수 있다.

[그림 4.1-19] 설정한 interrupt enable 방법.

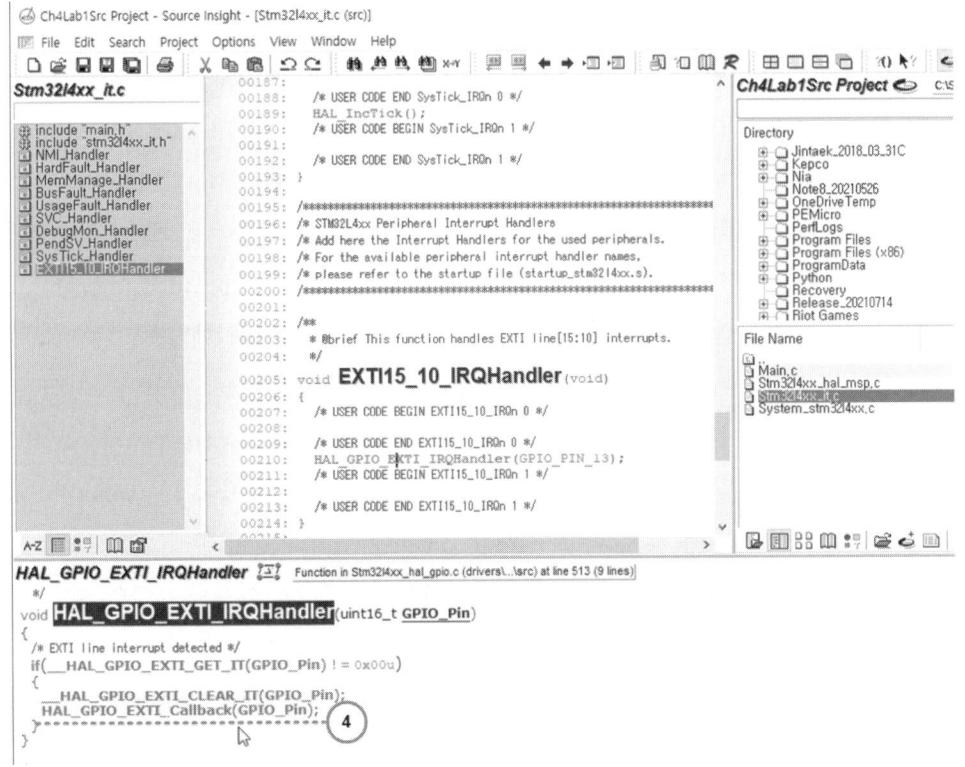

[그림 4.1-20] 예약어 __weak가 붙은 함수 사용 방법(1).

4 Interrupt 소개와 외부 interrupt 처리 방법 | 125

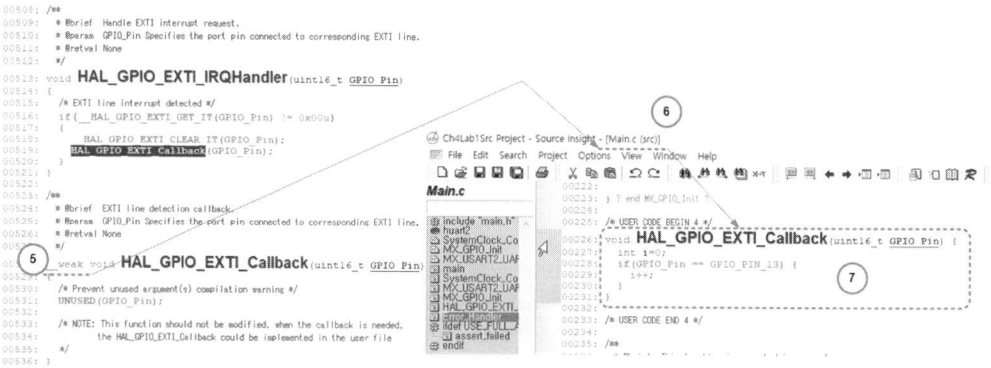

[그림 4.1-21] 예약어 __weak가 붙은 함수 사용 방법(2).

이처럼 어떠한 함수의 선언 앞에 예약어 __weak를 추가하면, 이 함수는 다른 source 파일에서 **동일한 함수가 정의**되어 있지 않다면, 예약어 __weak가 붙은 함수를 수행하고, 만일, 동일한 함수가 다른 파일에 존재한다면, 그 함수를 수행하겠다는 의미이다. 결국, 동일한 prototype을 갖는 함수가 2개 서로 다른 파일에 정의되어 있는데, 그중에 하나는 예약어 __weak를 추가한 것이다. 만일, 예약어 __weak를 추가하지 않은 함수가 정의되어 있다면 그 함수를 실행하고, 예약어 __weak를 추가하지 않은 함수가 다른 파일에 정의되어 있지 않다면, 예약어 __weak를 추가한 함수를 실행하게 된다. 이와 같은 예약어 __weak를 사용하여 2개의 동일한 prototype을 갖는 함수들을 정의할 수 있도록 한 것은 **team 별 업무를 분장하는데 도움**을 주기 위함이다. 예를 들면, application program을 개발하는 team은 device에 대한 직접적인 데이터 읽기와 쓰기에 해당하는 함수를 예약어 __weak로 함수의 prototype만 만들어서 제공하면, device driver team은 데이터를 읽고 쓸 수 있는 동일한 prototype을 갖는 예약어 __weak가 없는 함수를 application program과 상관없이 개발할 수 있기 때문이다. 정리하면, [그림 4.1-21]의 ⑤번과 같이 예약어 __weak가 붙은 함수와 동일한 prototype을 갖는 함수가 **main.c** file에 ⑦번과 같이 존재하고, 이 함수 앞에는 예약어 __weak가 없으므로 HAL_GPIO_EXTI_Callback() 함수를 호출할 때에는 ⑤번의 함수가 아닌 ⑦**번의 함수가 호출**되게 된다는데 주의하자. 이제, callback 함수 HAL_GPIO_EXTI_Callback()를 [그림 4.1-21]의 ⑦번과 같이 정의하고, build한 이후에 [그림 4.1-22]처럼 **229번째 line**을 mouse로 click하여 breakpoint를 설정한다. 그리고 나서, ⑧번과 같이 Start/Stop Debug Session icon을 click하여 **debug mode로 실행**한다.

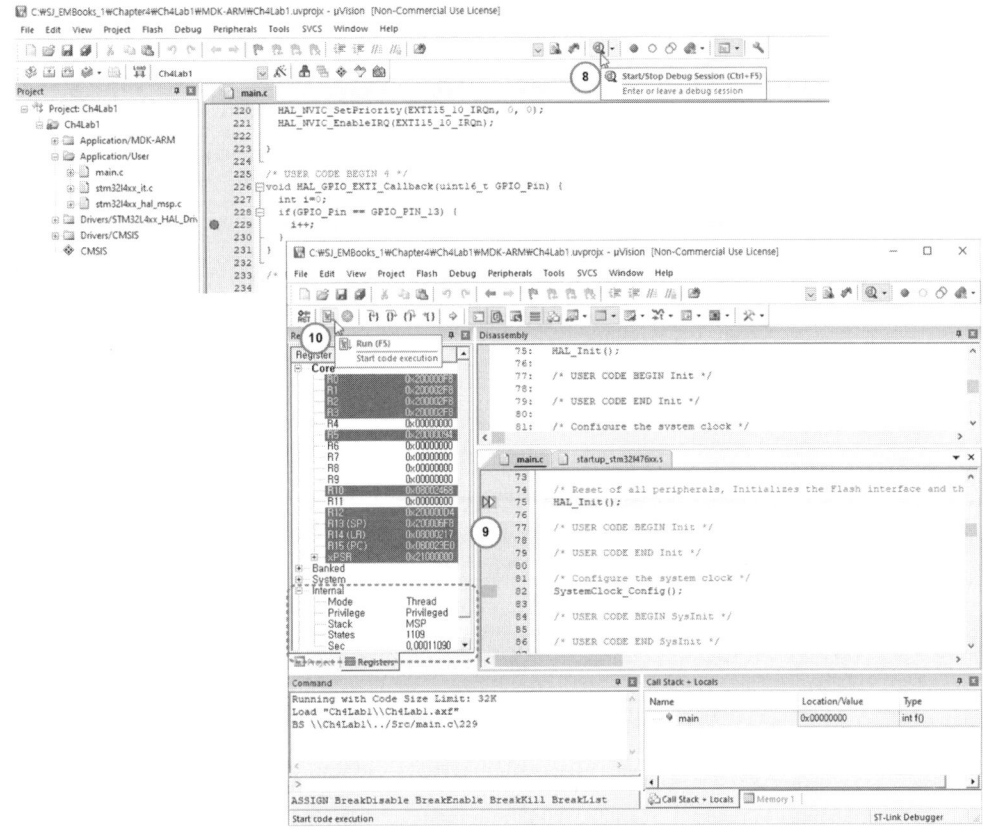

[그림 4.1-22] MDK-ARM debugging 방법(1).

그러면, ⑨번과 같이 main() 함수의 첫 번째 수행할 명령어 앞에 program counter가 멈추는 것을 볼 수 있다. 이때, 참고적으로 점선의 사각형으로 표시한 내부를 보면, Mode가 **Thread** mode이고, **Privileged** state에 MSP(Main Stack Pointer)를 사용하는 것을 볼 수 있다. Thread mode에 대한 내용은 **12.5. 단원**에서 설명할 것인데, Thread mode와 Privileged state에 대한 본격적인 이해는 **Vol.2**를 참조해야 한다. 어쨌든, ⑩번과 같이 **Run** icon을 click하여 실행해 준다. 그리고 나서, PC13번 pin에 연결되어 있는 파란색 버튼을 click하여 falling edge가 생성되어 interrupt가 발생하도록 한다. 그러면, PC13번 pin에 대한 ISR인 EXTI15_10_IRQHandler()가 호출되고, 이어서 [그림 4.1-20]과 [그림 4.1-21]에서 보여준 flow로 [그림 4.1-23]의 ⑪번과 같이 설정한 **229번째 line**의 breakpoint에서 실행이 멈추게 된다. 이어서 **실시간으로 전역 변수의 값이 바뀌는 것을 확인**하기 위하여 ⑫번과 같이 **View** menu에서 **Watch** window를 debug 화면에 추가해 준다.

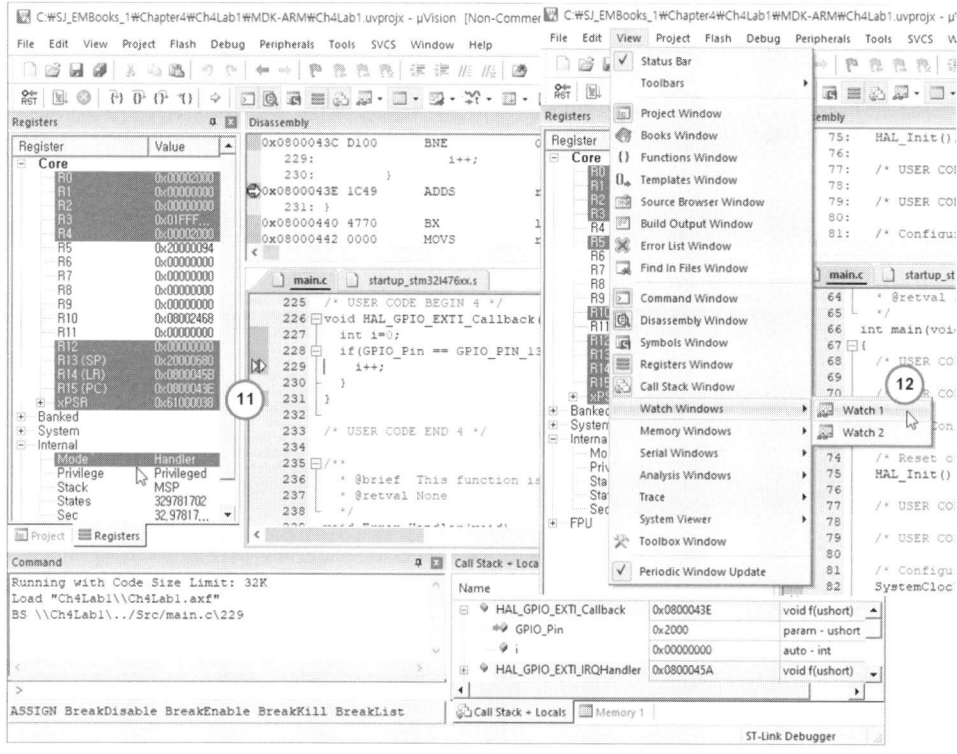

[그림 4.1-23] MDK-ARM debugging 방법(2).

참고적으로 IAR은 실시간으로 전역 변수가 바뀌는 것을 보기 위해서는 Live Watch window를 사용해야 하는데, KEIL은 구분 없이 Watch window를 사용하면 된다. [그림 4.1-24]는 전역 변수 bFlgPC13을 Watch window에 추가한 모습이다. 그리고, PC13번 pin에 연결된 파란색 버튼을 click할 때마다 LD2 LED가 켜지거나 꺼지도록 관련 coding을 수행해 준다. 그리고 나서, build하고, 다시, [그림 4.1-22]의 ⑧번과 같이 **Start/Stop Debug Session** icon을 click하여 **debug mode로 실행**한다. 그리고, ⑩번과 같이 **Run** icon을 click하여 실행해 준다. MCU가 code를 실행하고 있는 동안에 파란색 버튼을 click하여 주면, [그림 4.1-24]에 설정한 전역 변수 bFlgPC13의 값이 그때마다 **1(true)**과 **0(false)** 사이를 교번하는 것을 확인할 수 있을 것이다. 지금까지 KEIL Inc.의 MDK-ARM을 이용하여 GPIO 외부 interrupt를 처리하는 방법을 설명하였다. 뭐든 익숙함은 반복된 실습에서 만들어진다. 처음 이 내용을 접한 분들은 다시 처음부터 따라해 보기 바란다. 관련 내용은 **Ch4Lab1** folder를 참조하면 된다. 또한, **Ch4Lab2** folder는 동일한 내용을 Nucleo-STM32F103 보드에서 구현한 것이다.

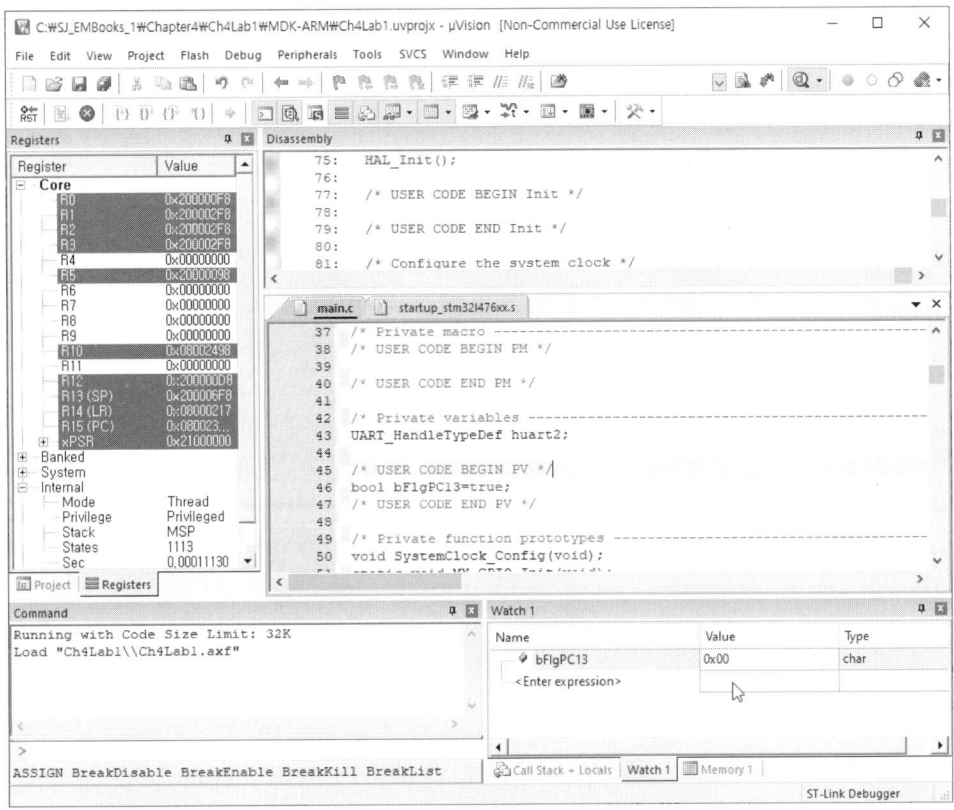

[그림 4.1-24] MDK-ARM debugging 방법(3).

4.2 GPIO 외부 인터럽트 사용 실례

다음은 STM32L496 MCU를 사용하여 한전에서 전기 요금을 산정하는 차세대 지능형 계측 시스템 (Intelligent Metering System)을 구성하는 개방형 플랫폼 기반 고/저압 공용 스마트 미터 (Smart Meter)인 AMIGO(AMI Gear for Open-platform)를 개발하였을 때에 사용한 code의 일부분이다. 가정에 들어오는 220[V] 60[Hz] 전원 또는 공장에 들어오는 3상 전원을 측정하는데 사용되는 ADI Inc.에서 출시한 ADE9000이라는 소자를 사용하였으며, 좀 더 자세한 사항은 naver cafe **임종수 연구소**를 참조하면 된다. STM32L496 MCU와 ADE9000은 SPI라는 통신 방식으로 데이터를 주고 받으며, ADE9000이 5개의 interrupt를 발생시키므로 이들을 모두 GPIO 외부 interrupt에 연결하여 처리하였다. [그림 4.2-1] 은 사용 방법을 순서대로 보여준 것이다.

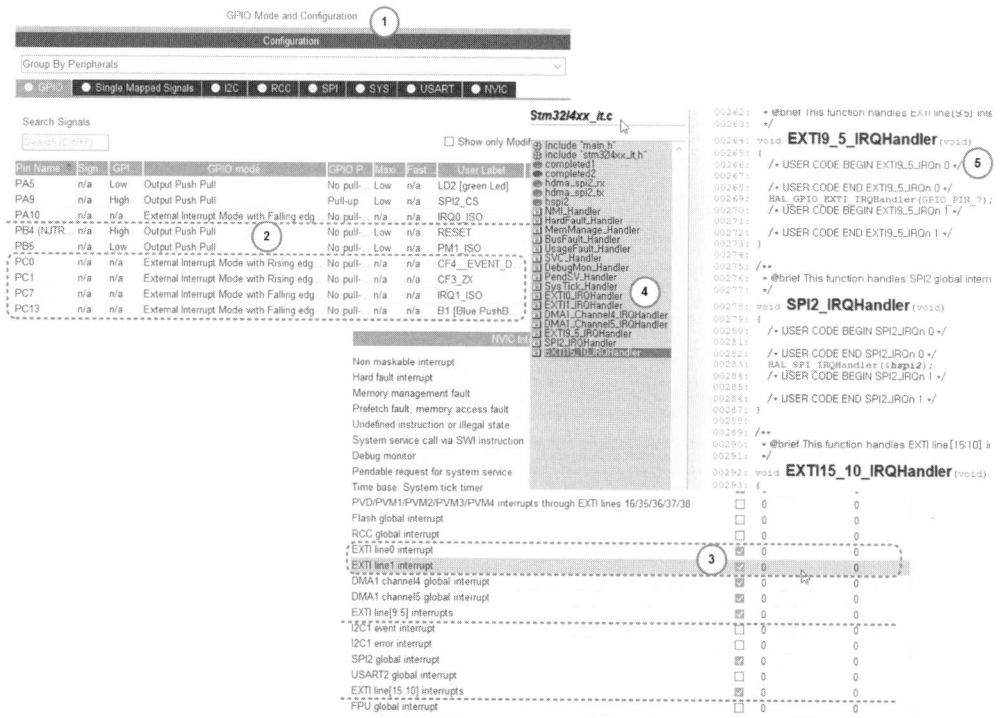

[그림 4.2-1] STM32 interrupt 사용 방법(1).

①번에서 보여준 것과 같이 **GPIO mode**에서 외부 interrupt로 사용할 GPIO pin들 PA10, PC0, PC1, PC7, 그리고, PC13 pin의 edge type을 ②번과 같이 설정하고, 이어서 ③번과 같이 해당 interrupt들을 enable해 준다. 그러면, ④번과 같이 관련 외부 interrupt들에 대한 ISR routines가 생성된다. ⑤번의 EXTI9_5_IRQHandler() 함수는 외부 GPIO interrupt 9_5번에 대한 ISR이다. 그런데, 외부 interrupt가 발생하면, interrupt를 발생한 ADE9000에 연결되어 있는 예를 들면, SPI 통신을 통하여 ADE9000에 접근해야 하는 경우가 있다. 즉, ADE9000이 데이터를 가져가라고, interrupt를 발생해 주면, 가서 데이터를 가져오는 경우를 의미한다. 결국, 외부 interrupt가 발생하면, 바로 SPI 통신을 통하여 발생한 device 내부의 register에 값을 쓰거나 읽어주어야 하는 데, 이와 같은 routine을 [그림 4.2-1]의 ⑤번 ISR에서 바로 coding하는 것은 문제가 될 수 있다. 예를 들면, 외부 interrupt가 발생하여 SPI 통신으로 발생한 ADE9000의 내부 registers를 읽거나 쓰는 것을 역시, SPI interrupt로 처리한다면, 또는 timer를 기준으로 뭔가를 해야 한다면, 우선 순위 문제도 걸리고, 잘못하면 blocking되어 program이 멈출 수도 있다. 어쨌든, 외부

interrupt에 대한 callback 함수를 사용하기 위해서는 해당 함수의 prototype을 알아야 하는데, 이처럼 임의의 interrupt에 대한 callback 함수의 prototype을 찾는 방법은 거의 동일하다. 즉, [그림 4.2-2]의 ⑥번과 같이 **stm32l4xx_it.c** file의 ⑦번에서 보여준 ISR에서 IRQ handler 함수들을 살펴보면, ⑧번과 같이 callback 함수의 prototype을 찾을 수 있다.

[그림 4.2-2] STM32 interrupt 사용 방법(2).

앞서 언급한 것처럼 ⑨번과 같이 **__weak**라고 함수 앞에 선언한 것을 볼 수 있다. 이제, 이 함수를 ⑩번과 같이 **재정의**하여 사용하면 된다. 만일, GPIO_PIN_10에 해당하는 falling edge interrupt가 발생하면, ⑩번의 조건문이 참이 되어 해당 routine으로 들어가게 된다. **이제, 이곳에 원하는 내용을 작성**하면 된다. 주의 할 것은 외부 interrupt를 설정할 때, [그림 4.2-3]의 ①번에서 보여준 것과 같이 설정하면 안 된다. 즉, ②번과 같이 pull-up 그리고, pull-down도 아닌 것으로 설정하면, 외부에 해당 pull-up 저항이 없는 경우에 floating으로 되어 있어서 잡음에 의하여 잘못된 interrupt가 들어오는 경우가 발생하게 된다.

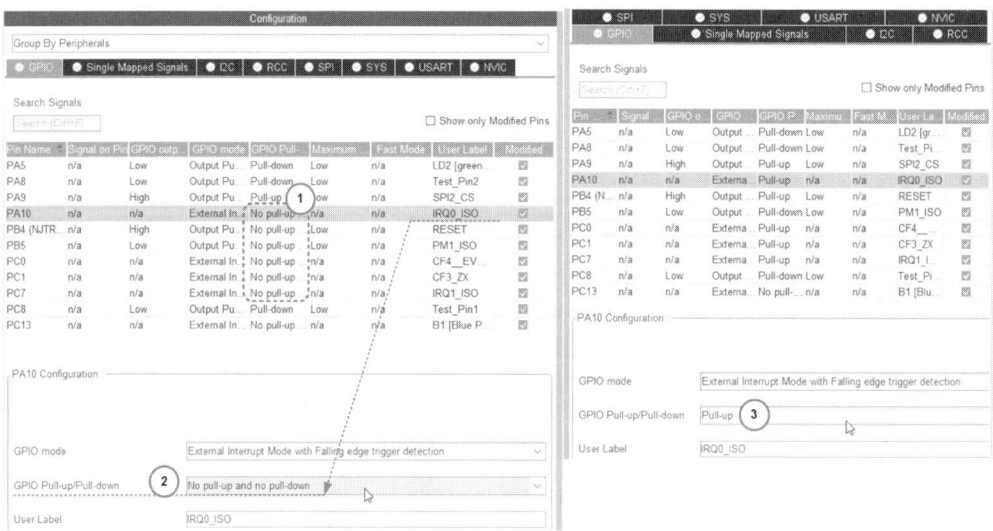

[그림 4.2-3] 외부 interrupt 설정시 주의사항.

그러므로, ③번과 같이 **pull-up**이라고 설정해 주어야 한다. 무엇보다도 가능하면, 모든 GPIO에 초기 pull-up 또는 pull-down을 설정해 주는 것이 좋다. 지금까지 Cortex-M core만을 위한 interrupt controller인 NVIC의 특징과 관련 GPIO 외부 interrupt 처리 방법에 대해서 자세히 학습하였다. 계속해서 Timer, UART, SPI, 그리고, I2C 등과 같은 여러 주변 장치에 원하는 순간 interrupt가 발생하도록 하고, 그에 따른 ISR을 등록하여 사용하는 방법을 학습할 것인데, 근본적인 interrupt에 대한 흐름은 이번 단원에서 학습한 GPIO 외부 interrupt와 비슷하다는 것을 기억해 두기 바란다.

【연구 과제】

Cortex-M core family는 동일한 interrupt controller인 NVIC(Nexted Vectored Interrupt Controller)를 사용해야 한다. 또한, [표 4.1-1]에서 보여준 Reset부터 SYSTICK까지 동일한 16개의 system exceptions를 가지고 있다. 이들 각각의 exception이 언제 발생하는지 조사하고 이해하는 것은 Embedded Coding 실력 향상에 상당히 중요하다고 생각한다. 특별히, **Hard Fault** exception이 발생하는 경우에 대해서 중점적으로 조사해 보기 바란다.

CHAPTER 05

전원과 Clock 설정 방법

이번 단원에서는 STM32 MCU를 사용하여 보드를 설계하는 경우에 가장 먼저 고려해야 하는 전원 설계 방법과 clock 설계 방법에 대해서 살펴보도록 할 것이다. Embedded C coding을 수행하는데 있어서 개발 보드에 대한 사전 회로 해석은 반드시 필요한 항목이다. 현재 MCU가 동작할 보드에 대한 충분한 이해가 없다면 올바른 coding을 수행할 수 없기 때문이다. MCU에 연결되는 많은 주변 소자들에 대한 이해도 필요하겠지만, 우선은 MCU 자체에 대한 전원 공급과 Clock 공급은 MCU가 올바로 동작하는데 반드시 필요한 기본적인 항목이므로 이번 단원을 통하여 상세히 학습하기 바란다. 무엇보다도 이번 단원에서 학습하는 내용은 STM32 MCU가 아닌 임의의 processor를 사용하는 경우에도 공통적으로 적용되는 내용이므로 충분한 학습이 필요하겠다.

■ 학습 목표 :
- STM32 MCU 전원 공급에 대한 감시 체계 학습.
- STM32 MCU 전력 소비를 제어하는 방법 학습.
- STM32 MCU clock 공급 방법과 주의사항들에 대해서 학습하고, 이들을 CubeMX에 설정하는 방법도 학습한다.

5.1 전원 공급과 감시 체계.

외부에서 공급되는 전원이 정해진 전압 범위 안에 있는지 감시한다. 즉, 공급 전원 VDD/VDDA가 2[V] 보다 커지거나 또는 작아지면, [그림 5.1-1]에서 보여준 것과 같이 POR(Power On Reset) 또는 PDR(Power Down Reset)이 발생하여 자동으로 **NRST** pin 을 low로 구동한다.

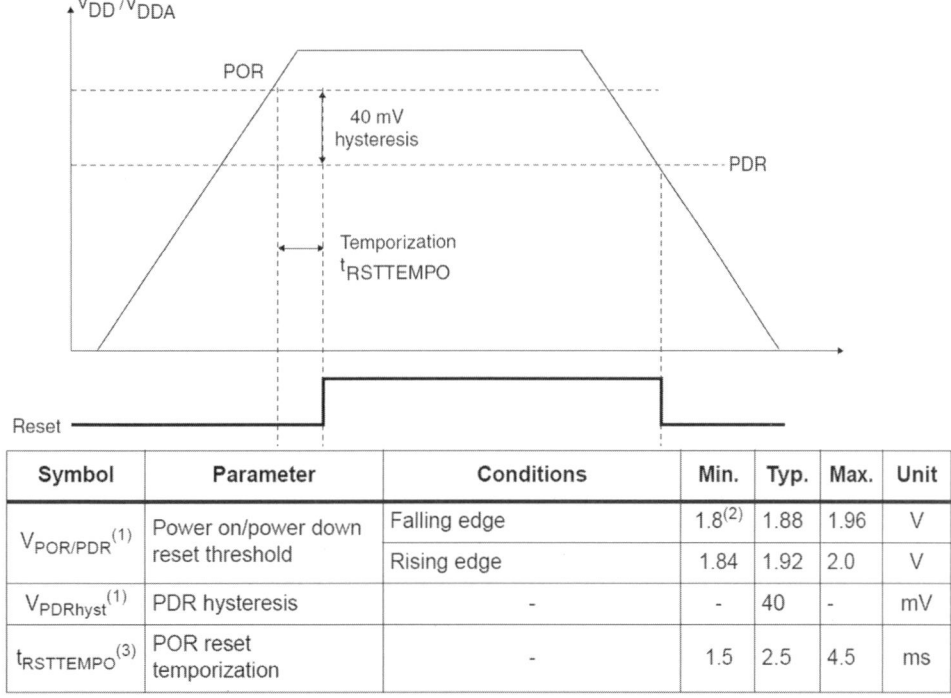

[그림 5.1-1] POR/PDR waveform.

결국, 측정된 공급 전압이 지정한 $V_{POR/PDR}$ threshold 보다 작으면 **reset mode를 유지**한다는데 주의하자. 참고적으로 POR과 PDR은 항상 active 상태를 유지한다.

❶ POR은 단지 V_{DD} 공급 전압만 측정한다. startup 할 때, V_{DDA}가 제일 먼저 도달해야하고, 그리고 V_{DD} 보다 **크거나 같아야** 한다.
❷ PDR은 V_{DD}와 V_{DDA} 모든 공급 전압을 측정한다. 그러나, 만일, V_{DD}와 같거나 크게 V_{DDA}

가 설계되었다면, V_{DDA} power 공급 감시자는 전용 VDDA_MONITOR option bit를 이용하여 power 소비를 줄이기 위해서 disabling 될 수 있다.

일반적으로 STM32 MCU가 정상적으로 동작하기 위해서는 2[V]~3.6[V]의 외부 전원 VDD가 공급되어야 한다. 그러면, 내장된 regulator가 이것을 1.8[V]로 변환하여 내부 core와 memory를 포함한 주변 장치들에 공급한다. **외부 전원 VDD가 공급되지 않을 때는 자동으로 backup(BKP) register, RTC, 그리고, BKPSRAM 등은 battery 전원 VBAT에서 전원을 공급받는다**. 그리고 미리 설정한 PVD(Programmable Voltage Detector) threshold 값보다 작아지는지 여부도 조사할 수 있다. 즉, **PWR_CR**(Power Control register)의 PLS[2:0] bit field에서 선택한 PVD level 즉, threshold 전압과 V_{DD} power 공급을 PVDO flag를 사용하여 비교하고, 그리고 크거나 작아지는 경우에 관련 event는 **Chapter 4**에서 학습한 외부 interrupt EXTI line 16에 연결되어 있으므로 EXTI register를 enabling한다면 interrupt를 발생시킬 수 있다. 그러므로, MCU에 공급되는 전원을 감시하여 미리 설정한 임계값을 기준으로 사전에 외부에 전원 상태를 알려줄 수 있다. 구체적으로 PVD는 PVDE bit에 의해서 enabling된다. 외부 interrupt EXTI Line 16의 rising/falling edge sensitivity는 [그림 5.1-2]에서 보여준 PVD 출력 형태에 따라서 설정되어야 한다.

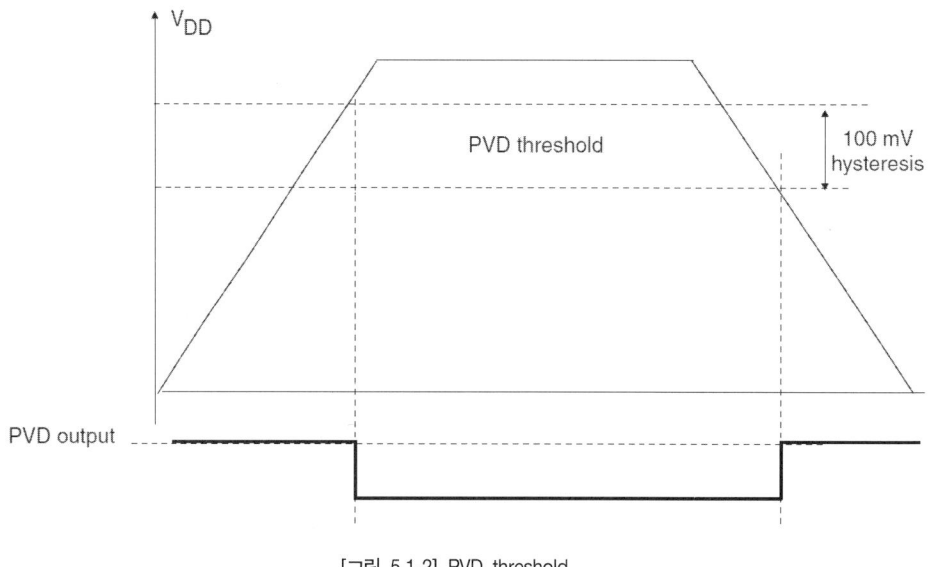

[그림 5.1-2] PVD threshold

즉, EXTI line 16은 rising edge sensitivity로 구성되면, **VDD가 PVD threshold 아래로 떨어질 때, interrupt가 발생**될 것이다. 이때의 ISR은 emergency shutdown task가 될 것이다. 참고적으로 [그림 5.1-2]를 보면, 100[mV] hysteresis라고 적혀 있는 것을 볼 수 있다. 즉, PVD threshold는 100[mV] hysteresis를 갖는 다는 의미인데, [그림 5.1-3]의 ①번과 같이 관련 MCU의 datasheet에서 **전기적인 특성(Electrical characteristics)** 부문을 확인하면 된다.

Symbol	Parameter	Conditions	Min	Typ	Max	Unit
V_{PVD}	Programmable voltage detector level selection	PLS[2:0]=000 (rising edge)	2.1	2.18	2.26	V
		PLS[2:0]=000 (falling edge)	2	2.08	2.16	
		PLS[2:0]=001 (rising edge)	2.19	2.28	2.37	
		PLS[2:0]=001 (falling edge)	2.09	2.18	2.27	
		PLS[2:0]=010 (rising edge)	2.28	2.38	2.48	
		PLS[2:0]=010 (falling edge)	2.18	2.28	2.38	
		PLS[2:0]=011 (rising edge)	2.38	2.48	2.58	
		PLS[2:0]=011 (falling edge)	2.28	2.38	2.48	
		PLS[2:0]=100 (rising edge)	2.47	2.58	2.69	
		PLS[2:0]=100 (falling edge)	2.37	2.48	2.59	
		PLS[2:0]=101 (rising edge)	2.57	2.68	2.79	
		PLS[2:0]=101 (falling edge)	2.47	2.58	2.69	
		PLS[2:0]=110 (rising edge)	2.66	2.78	2.9	
		PLS[2:0]=110 (falling edge)	2.56	2.68	2.8	
		PLS[2:0]=111 (rising edge)	2.76	2.88	3	
		PLS[2:0]=111 (falling edge)	2.66	2.78	2.9	
$V_{PVDhyst}$ [2]	PVD hysteresis	-	-	100	-	mV
$V_{POR/PDR}$	Power on/power down reset threshold	Falling edge	1.8 [1]	1.88	1.96	V
		Rising edge	1.84	1.92	2.0	
$V_{PDRhyst}$ [2]	PDR hysteresis	-	-	40	-	mV
$T_{RSTTEMPO}$ [2]	Reset temporization	-	1	2.5	4.5	ms

[그림 5.1-3] PVD hyeteresis.

그리고, ②번과 같이 PDR hysteresis는 40[mV]인 것도 확인 할 수 있다. 임의의 **임계값**은 결국, **경계선**을 의미한다. 예를 들면, [그림 5.1-2]에서 PLS[2:0]=0b000으로 설정하면, 전형적인 전압 검출 level은 2.18[V]이지만, 100[mV] **hysteresis**를 적용하면,

(2.18[V]-50[mV]) ~ (2.18[V]+50[mV]) 까지는 모두 2.18[V]로 인식하겠다는 의미이다. 결국, 하나의 **고정된 값** 2.18[V]를 **범위로 변환**하여 사용하겠다는 의미이다. 왜냐하면, 여러분이 설계하는 보드의 전원 전압은 제품의 특성에 따라서 다르겠지만, 수[mV]까지 항상 정확하게 **일정한 값**을 갖지 못한다. 즉, 전원 잡음을 포함한 여러 외적 요인으로 인해서 값이 흔들리는데, 만일, hysteresis 구간을 두지 않고, 2.18[V]라고 한다면, 전원 전압에 조금이라도 변동이 발생하면, 검출과 비검출이 수시로 바뀌어 사용할 수 없게 된다. 이와 같은 현상을 막기 위해서 일반적으로 **경계 값**(threshold)이 아닌 **경계 범위**를 설정하는 것을 **Hysteresis**라고 한다. 특별히, 대 전력에 대한 제어의 경우에는 짧은 차단과 system on을 반복하면 위험한 상태에 빠질 수 있으므로 system을 켜거나 차단할 때에는 항상 hysteresis를 설정하여 사용한다. 사실, Hysteresis라는 용어는 자성체에서 나온 용어로 모든 MCU가 가지고 있는 GPIO pin, 예를 들면, [그림 5.1-4]는 Chapter 3의 [그림 3.1-1]에서 보여준 STM32 MCU GPIO port 기본 구조를 간소화한 것으로 TTL **Schmitt trigger**라고 표현한 것을 볼 수 있다. 이것은 logic high와 logic low에 대한 **level을 분명히 구분**해 주며, hysteresis에 해당한다.

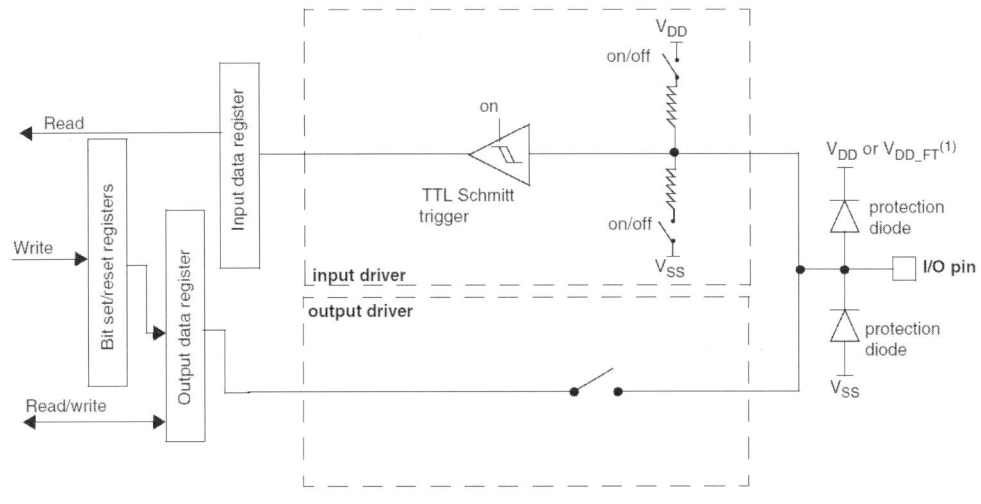

[그림 5.1-4] GPIO pin의 TTL Schmitt trigger.

5.2 STM32 MCU의 전력 mode.

여기서는 일반 F family MCU인 STM32F10x과 **저전력** L family MCU인 STM32L496 family에 대한 **전력 mode**에 대해서 살펴보도록 하겠다. 그러나, 다른 STM32 MCU들도 거의 이들과 동일하다. 우선, F family인 STM32F10x MCU는 다음과 같은 **전력 mode**로 동작시킬 수 있다.

❶ Run Mode :
reset 이후 MCU는 기본적으로 run mode로 동작한다.

❷ Low Power Mode :
일반적으로 다음과 같은 3 종류의 **저전력 mode**를 사용할 수 있다.

ⓐ Sleep Mode :
- CPU clock 정지, 모든 주변 장치들은 정상 동작.
- interrupt 또는 event가 발생하면 CPU를 깨울 수 있음.

ⓑ Stop Mode :
- 모든 clock들은 정지된다. SRAM과 register들의 데이터 값들은 보존 된다.
- EXTI에서 interrupt가 발생하면 CPU를 깨울 수 있다. 구체적으로 GPIO를 통하여 발생하는 16개의 EXTI, PVD 출력, RTC alarm/wakeup/tamper/time stamp events, USB OTG FS/HS wakeup, Ethernet wakeup 등등.

ⓒ Standby Mode :
- 모든 clock들은 정지된다. backup 영역, backup SRAM과 대기 모드 회로내의 register들을 제외한 SRAM과 register들의 데이터 값들은 모두 지워진다.
- 다음의 경우에 standby mode에서 빠져나올 수 있다.
외부 reset(NRST), IWDG reset, RTC alarm/wakeup/tamper/time stamp events, WKUP pin에서 rising edge 발생.

이번에는 L Family MCU인 **STM32L496ZG**를 기준으로 살펴보도록 하겠다. 일단, STM32L family는 **low power mode**를 지원하기 위해서 즉, 전력을 상대적으로 적게 소비하기 위해서 [그림 5.2-1]에서 보여준 것과 같이 VDD 전원이 **1.71[V]** ~ 3.6[V]까지 사용할 수 있다. 참고적으로 SJ_MCUBook_M0 보드에서는 STM32L052가 사용된다.

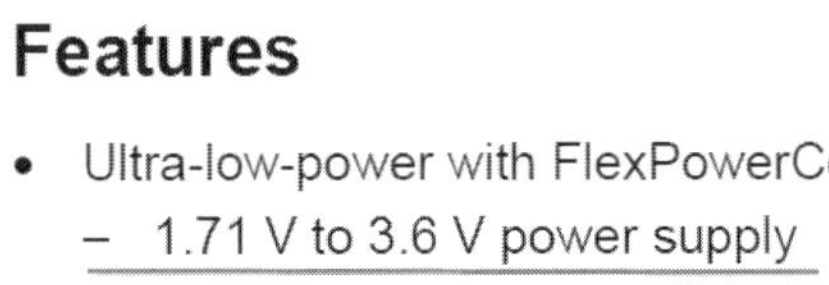

Features

- Ultra-low-power with FlexPowerControl
  - 1.71 V to 3.6 V power supply

[그림 5.2-1] STM32L family.

이것은 리튬 이온 battery의 경우에 계속해서 사용하면 사용할수록 축적된 전하량만 줄어드는 것이 아니라 그에 따른 **전압도 떨어지기 때문**에 battery 기준으로 사용되는 MCU의 경우에는 낮은 전압에서도 동작할 수 있어야 한다. 어쨌든, reference manual을 보면, [그림 5.2-2]와 같이 low power mode 사이에서 가능한 천이를 볼 수 있다.

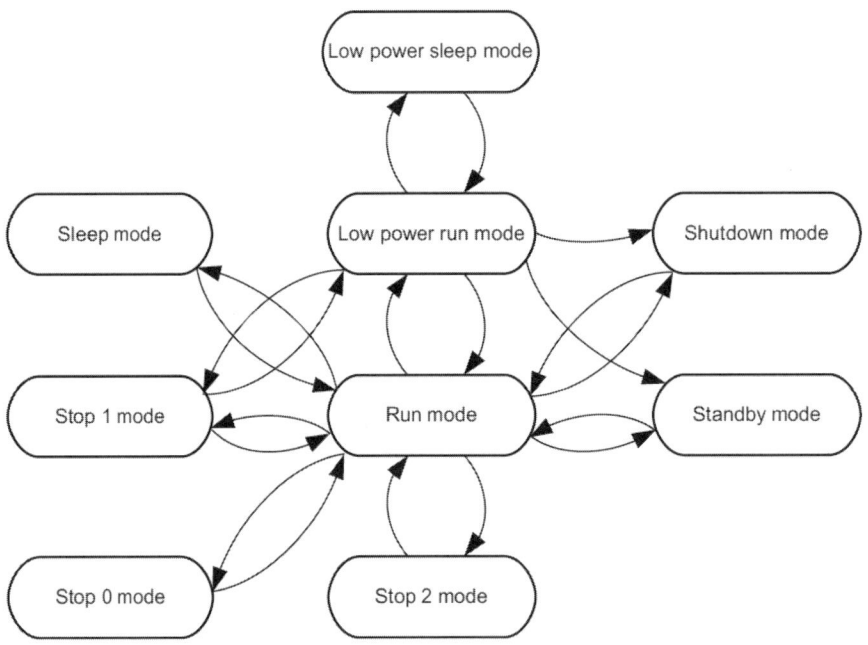

[그림 5.2-2] low power modes 천이 방법.

STM32L4 family는 다음과 같은 전력 mode로 동작시킬 수 있다. 앞서 학습한 F family인 STM32F10x MCU의 **전력 mode**와 비교하며 학습하기 바란다.

❶ Run Mode :
reset 이후 MCU는 기본적으로 run mode로 동작한다.

❷ Low Power Mode :

일반적으로 다음과 같은 7 종류의 저전력 mode들을 사용할 수 있다.

ⓐ Sleep Mode :
- CPU clock 정지, 모든 주변 장치들은 정상 동작. 임의의 interrupt 또는 event가 발생하면 CPU를 깨울 수 있다.

ⓑ Low power run Mode :
- System Clock 주파수가 2[MHz] 아래로 떨어질 때 발생한다. code는 SRAM 또는 flash로부터 실행된다.

ⓒ Low power sleep Mode :
- 모든 I/O pins는 Run mode와 동일한 상태를 갖는다. low power run mode에서만 low power sleep mode로 들어갈 수 있고, 임의의 interrupt 또는 event에 의해서 빠져 나올 때에도 low power run mode로 들어간다.

ⓓ Stop 0, Stop 1, 그리고, Stop 2 Mode :
- SRAM1과 SRAM2 그리고 모든 registers 내용은 유지된다. V_{CORE} domain 안에 있는 모든 clocks는 멈추고, PLL, MSI, HSI16, 그리고, HSE는 disabling 된다. 그러나, LSI와 LSE는 계속해서 동작한다.

ⓔ Standby Mode :
- V_{CORE} domain은 power-off. 그러나, SRAM2 내용은 보존된다.

ⓕ Shutdown Mode :
- V_{CORE} domain은 power-off. 그리고, 모든 clock들도 멈춘다. 그러나, LSE는 계속해서 동작한다.

주목할 것은 Standby mode로부터는 WKUP pin과 RTC에 의해서 깨어 날 수 있고, reset를 click 한 것과 같이 **reset vector에서 다시 시작한다**는 데 주의하자. 각각의 mode에 대한 소비 전력은 [그림 5.2-3]에서 보여준 것과 같이 해당 datasheet의 **Supply current characteristics**를 참조하면 된다. 또한, [그림 5.2-4]에서 보여준 것과 같이 사용하지 않는 pin들은 **모두 analog pin 즉, GPIO_Analog로 바꾸면 전력 소모를 수백 [uA] 줄일 수 있다.**

Symbol	Parameter	Conditions	V_{DD}	TYP 25 °C	55 °C	85 °C	105 °C	125 °C	MAX[1] 25 °C	55 °C	85 °C	105 °C	125 °C	Unit
I_{DD_ALL}(Stop 2 with RTC)	Supply current in Stop 2 mode, RTC enabled	RTC clocked by LSI, LCD disabled	1.8 V	2.97	7.46	26.2	61.4	139	6.1	17.2	64.8	155.4	354	μA
			2.4 V	3.09	7.61	26.5	62.3	140	6.2	17.5	65.7	157.6	360	
			3 V	3.15	7.81	27	63.5	144	6.5	17.9	67.2	160.6	367	
			3.6 V	3.4	8.05	27.7	65.2	147	7.1	18.7	69.0	164.9	376	
		RTC clocked by LSI, LCD enabled[3]	1.8 V	2.98	7.31	25.5	60	135	5.5	16.8	65.1	155.8	355	
			2.4 V	3.10	7.46	25.8	60.7	137	5.8	17.1	66.3	158.2	360	
			3 V	3.23	7.63	26.4	62.1	141	6.2	17.5	67.6	161.4	367	
			3.6 V	3.47	7.95	27.1	63.6	144	6.58	18.3	69.5	165.5	376	
		RTC clocked by LSE bypassed at 32768Hz, LCD disabled	1.8 V	2.93	7.52	26.2	61.4	139	-	-	-	-	-	
			2.4 V	3.1	7.68	26.6	62.1	140	-	-	-	-	-	
			3 V	3.3	7.81	26.9	63.4	143	-	-	-	-	-	
			3.6 V	3.48	8.07	27.6	65.0	146	-	-	-	-	-	
		RTC clocked by LSE quartz[3] in low drive mode, LCD disabled	1.8 V	2.86	7.48	26.2	61.4	-	-	-	-	-	-	
			2.4 V	3.01	7.56	26.5	62.2	-	-	-	-	-	-	
			3 V	3.18	7.65	26.8	63.5	-	-	-	-	-	-	
			3.6 V	3.31	7.94	27.5	65.1	-	-	-	-	-	-	

[그림 5.2-3] Stop 2 mode에서의 전류 소비량.

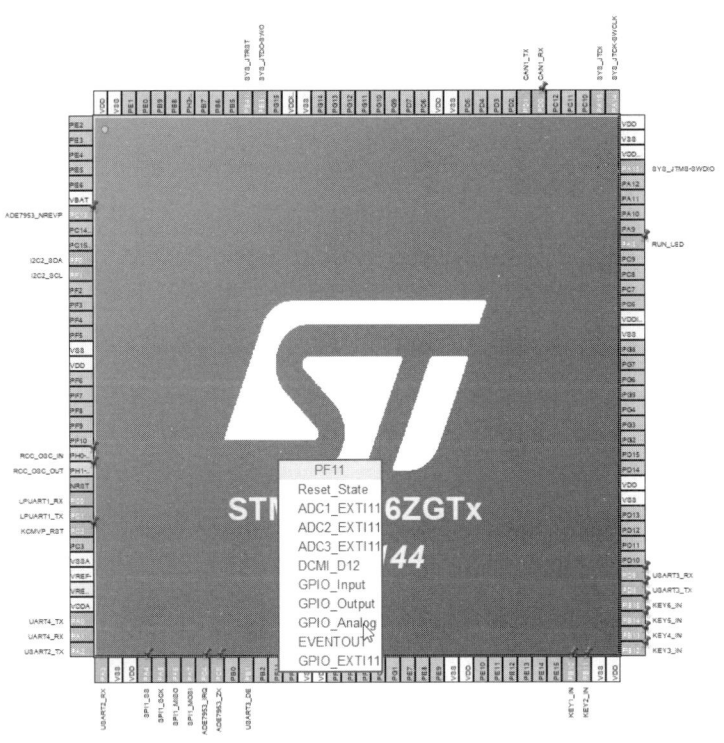

[그림 5.2-4] 사용하지 않는 pin은 GPIO Analog pin으로 설정.

참고적으로 [그림 5.2-5]와 같이 CubeMX를 실행하여 Project Manager tab의 Code Generator options에서 HAL Settings groupbox에 속하는 Set all free pins as analog(to optimize the power consumption)을 check해 주면, 사용하지 않는 핀들을 일괄적으로 analog pin으로 설정하도록 만들어 준다.

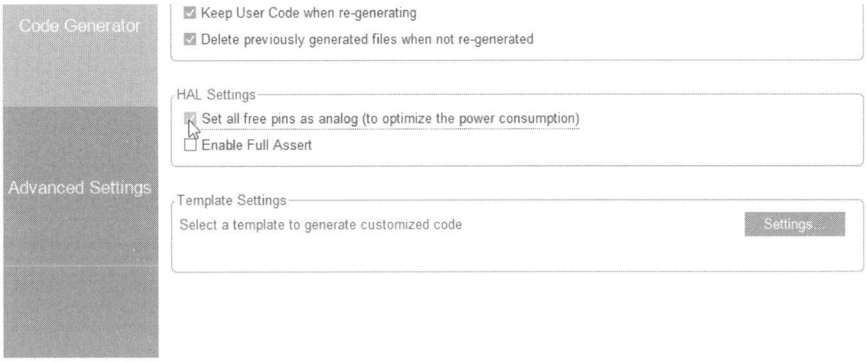

[그림 5.2-5] GPIO Analog pin 설정.

5.3 Clock 설정 방법.

[그림 5.3-1]에서 보는 것과 같이 system clock(즉, SYSCLK)은 다음의 3가지 clock source들 중에서 어느 하나로 구동된다.

❶ HSI(High Speed Internal) :
HSI 내부 8[MHz] RC oscillator clock, system reset 이후에 기본적으로 선택된다.
❷ HSE(High Speed External) :
HSE clock signal, 즉 MCU 외부에서 4[MHz] ~ 32[MHz] clock을 OSC 또는 Crystal 소자를 이용하여 공급.
❸ PLL(Phased Locked Loop) :
PLL를 이용하여 HSI 또는 HSE clock을 채배해 준다.

또한 다음과 같은 부가적인 clock sources를 가지고 있다.

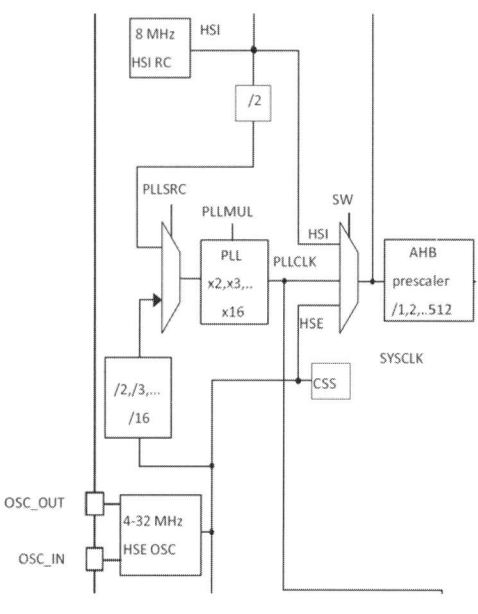

[그림 5.3-1] system clock(**SYSCLK**).

❹ 독립적인 watchdog를 구동하고, 그리고, 선택적으로 Stop 또는 Standby mode로부터 Auto-wakeup을 위해 사용되는 **RTC**를 구동하는 40[KHz] LSI(Low Speed **Internal**) RC clock. Watchdog 사용 방법에 대해서는 **6.3.절**을 참조하면 되겠다.

❺ 선택적으로 realtime clock(**RTCCLK**)를 구동하는 32.768[kHz] LSE(Low Speed **External**) crystal과 같은 외부 소자에서 공급. 단, STM32 MCU와 관련된 Crystal에 대한 상세한 정보는 **AN2867**을 참조하면 된다. 참고적으로 Capacitor는 **15[pF] 이하**를 사용하는 것이 좋으며, 만일, RTC가 조금 느리거나 빠르면, [그림 5.3-2]에서 보여준 것과 같이 **RCC Parameters**에 속하는 **LSE Drive Capability**를 **LSE oscillator high drive capability**로 설정해 주면 개선될 수 있다.

모든 clock source들은 전력 소비를 줄이기 위하여 개별적으로 On/Off 될 수 있다. 또한, 다음의 예외 사항들을 제외하고는 모든 주변 장치들을 위한 clock은 그들의 **bus clock**(HCLK, PCLK1, 또는 PCLK2)으로부터 만들어진다.

❶ Flash memory programming interface clock(**FLITFCLK**)은 **항상** HSI clock이다.
❷ option byte loader clock은 **항상** HSI clock이다.

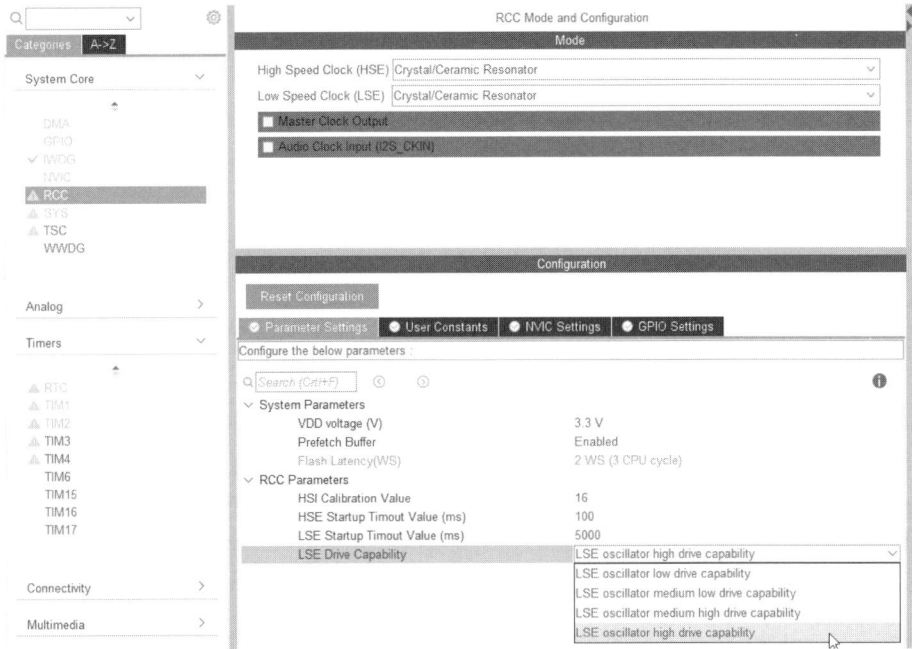

[그림 5.3-2] CubeMX clock 설정 방법.

❸ ADC clock은 PLL로부터 만들어진다. 이것은 72[MHz]까지 도달할 수 있다. 그리고 나서 1, 2, 4, 6, 8, 10, 12, 16, 32, 64, 128 또는 256에 의해서 나누어질 수 있다.

❹ USART는 소프트웨어에 의해서 다음의 4개 source들 중에서 어느 하나로 만들어진다.
- System clock, HSI clock, LSE clock, APB1 또는 APB2 clock.
- 일반적으로 UART Tx, Rx port만 사용하고, clock을 사용하는 경우는 거의 없다.

❺ I2C clock은 다음의 2개 source들 중에서 어느 하나로 만들어진다.
- System clock, HSI clock

❻ RTC clock은 LSE, LSI로부터 만들어지거나 또는 32로 나누어진 HSE clock으로 만들어진다.

❼ IWDG clock은 **항상 LSI** clock으로부터 만들어진다.

[그림 5.3-3]과 [그림 5.3-4]는 STM32F302x MCU의 **내부 clock tree 구조**와 이에 대한 CubeMX **Clock Configuration** tab을 함께 비교할 수 있도록 짝수 페이지와 홀수 페이지에 배치하여 보여준 것이다.

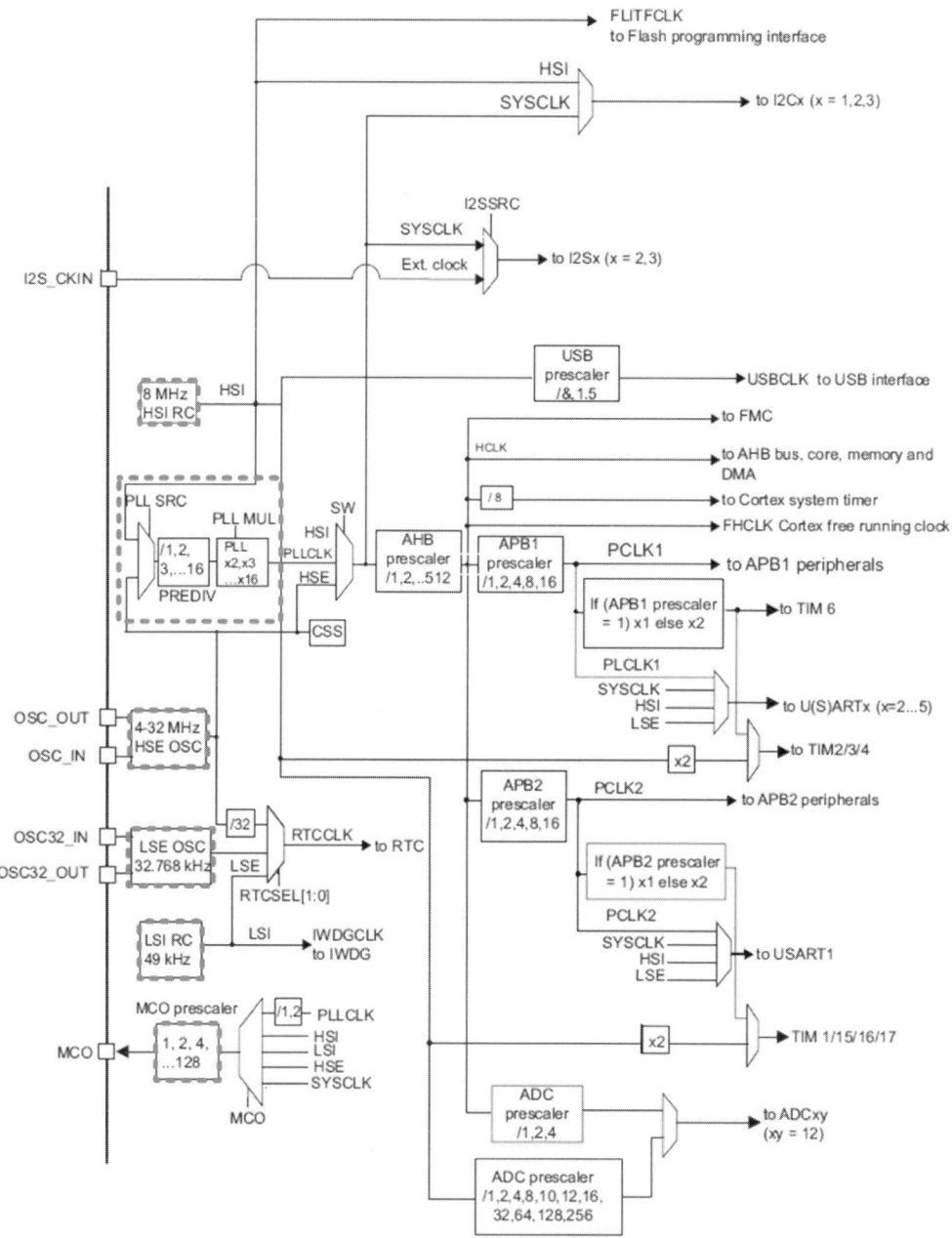

[그림 5.3-3] STM32F302xD/E MCU 내부 clock tree.

이처럼 MCU가 제공하는 임의의 주변 소자를 사용하기 위해서는 그 소자의 clock을 누가 그리고, 어디서 공급하는지 해당 MCU의 **reference** manual로 확인해 보고, 그에 맞추어 CubeMX Clock Configuration tab에서 설정해 주어야 할 것이다.

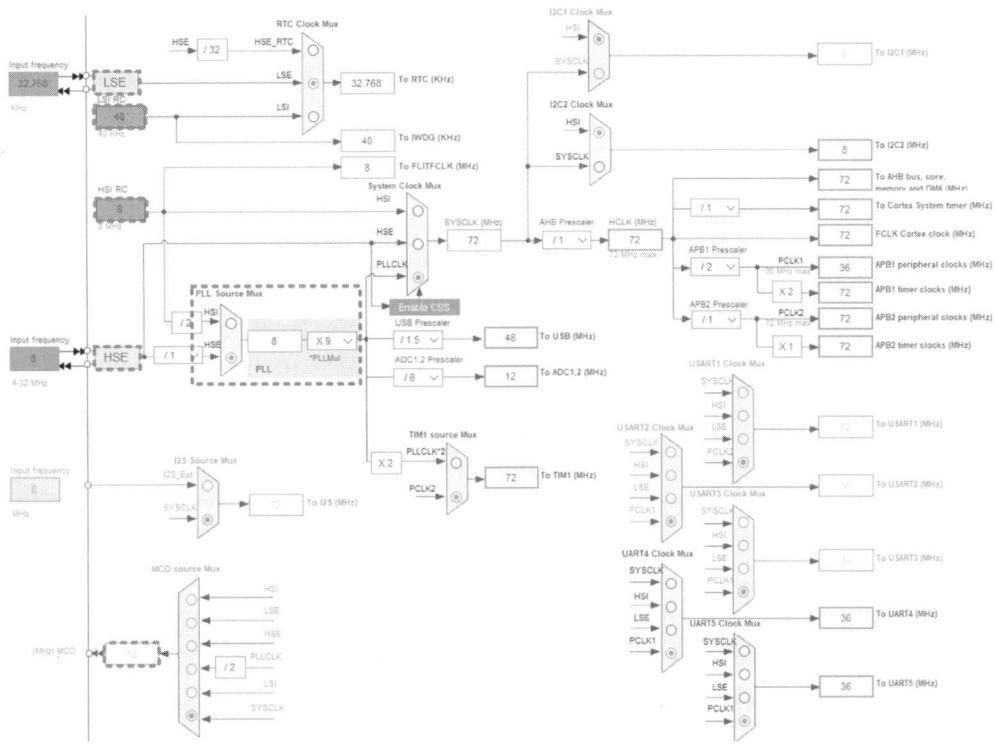

[그림 5.3-4] CubeMX Clock Configuration for STM32F302xD/E MCU clock tree.

Cortex Core는 ARM Inc.에서 자사의 Core를 위해 개발한 **AMBA**(Advanced Microcontroller Bus Architecture) 표준의 부분인 **AHB**와 **APB**를 통하여 Core 주변의 소자 또는 logic 회로와 연결된다. **RCC**(Reset and Clock Control)는 AHB clock인 HCLK을 8로 나눈 clock으로 Cortex System Timer(SysTick)의 외부 clock을 공급해 준다. SysTick은 이 clock으로 동작하거나 또는 Cortex clock(HCLK)으로 바로 동작할 수도 있다. 일단, CSS(Core Security System)가 enabling 되고, 만일, HSE clock이 실패하면, CSS interrupt가 발생하고, NMI가 자동으로 발생하게 된다. 그러므로, NMI ISR은 RCC_CIR register안에 있는 CSSC bit를 이용하여 CSS interrupt를 clear해 주어야 한다. 만일, HSE OSC가 system clock으로 사용되는 동안 fail이 검출되면, **자동으로 HSI OSC 로 전환**되고, HSE OSC는 disabling된다.

5.3.1. HSI clock 소개.

외부에 clock이 없는 경우에 [그림 5.3-1]에서 보여준 것과 같이 **내부** 8[MHz] RC OSC로부터 생성된다. HSI RC OSC를 사용한다면, 외부에 추가적인 clock source 공급 관련 부품들이 필요 없으므로 저렴하게 구현할 수 있고, HSE crystal OSC 보다 빠른 startup time을 가진다. 그러나, **정밀도가 T_A=25℃ 1%가** 되도록 제조사인 ST에 의해서 calibration되어 그 값이 [그림 5.3.1-1]에서 보여준 RCC_CR register 안의 HSICAL[15:8] bits에 저장되어 출하된다는 데 주의해야 한다.

31	30	29	28	27	26	25	24	23	22	21	20	19	18	17	16
Res	Res	Res	Res	Res	Res	PLL RDY	PLLON	Res	Res	Res	Res	CSS ON	HSE BYP	HSE RDY	HSE ON
						r	rw					rw	rw	r	rw

15	14	13	12	11	10	9	8	7	6	5	4	3	2	1	0
HSICAL[7:0]								HSITRIM[4:0]					Res	HSI RDY	HSION
r	r	r	r	r	r	r	r	rw	rw	rw	rw	rw		r	rw

[그림 5.3.1-1] Clock Control Register(RCC_CR)

그러므로, 25℃가 아닌 **고온에서 동작시켜야 하는 경우에는 정밀도가 많이 떨어지므로 외부에 crystal을 붙여서 사용**하는 것이 좋다. [그림 5.3.1-1]은 Clock Control Register, RCC_CR를 보여주고 있다. 그러므로, 개발하는 제품의 주변 온도의 변화가 HSI 주파수에 영향을 준다면, RCC_CR 안의 HSITRIM[7:3] bit field를 이용하여 HSI 주파수를 직접 맞추어 주어야 한다. default 값은 0x60이고, 이것은 8[MHz]±1%로 HSI를 설정해 주어야 한다. ±1 값 조정에 따른 즉, trimming step($F_{hsitrim}$)는 대략 40[kHz]이다. startup 할 때, HSI 출력 clock은 자동으로 HSIRDY=1로 설정 될 때까지 출력되지 않는다. HSI clock은 RCC_CR.HSION bit에 의해서 ON 또는 OFF 될 수 있다. HSI는 HSE를 위한 crystal 또는 OSC가 실패하는 경우에 backup source 즉, 보조 clock으로 사용될 수 있다. 일반적으로 HSE에 crystal을 연결하여 사용한다.

5.3.2. PLL(Phase locked loop) 소개.

PLL을 위한 입력 clock의 선택이나, 체배(multiplication)는 모두 PLL을 enabling 하기 전에 수행되어야 한다. **일단, PLL이 enabling되면, 이들 매개변수들은 바뀔 수 없다**는 데 주의하자. PLL 구성을 바꾸기 위해서는 다음과 같이 하여야 한다.

❶ PLLON=0으로 설정하여 PLL을 disabling한다.
❷ PLLRDY=0이 될 때까지 기다린다.
❸ 이제 PLLRDY=0이 되면, 원하는 매개변수의 값들을 바꾼다.
❹ PLLON=1으로 설정하여 다시 PLL을 enabling한다.

만일, RCC_CIR(Clock Interrupt register)에서 enabling하면, PLL이 ready 될 때, interrupt가 발생될 수 있다. PLL 출력 주파수는 16~72[MHz] 범위 안에 있어야 한다. 그러나, 여러분이 직접 PLL 관련 register 설정을 수행할 일은 없고, [그림 5.3-4]에서 보여준 것과 같이 CubeMX에서 제공하는 **Clock Configuration**에서 설정하여 주면, 설정한 값을 반영하여 자동으로 C framework source files가 생성되므로 이것을 사용하면 된다.

5.3.3. LSE clock 소개.

LSE crystal은 32.768[kHz]를 가져야 하며, RTC(realtime clock peripheral)를 위해서 매우 정확한 clock source를 제공해 주어야 한다. 그러므로, **RTC를 사용할 계획이 없다면, 제공하지 않아도 된다.** 정확한 시간을 원하는 경우에는 전용 RTC 소자를 사용하는데, 10.8.절에서 전용 RTC 소자인 **DS3231M** 사용 방법에 대해서 학습하게 될 것이다. 또한, 외부에서 **OSC** 또는 어떠한 방법으로 32.768[kHz] clock을 정확히 제공할 수 있다면, [그림 5.3.3-1]의 ①번에서 보여준 것과 같이 OSC32_IN에 연결하고, OSC32_OUT은 **NC 처리** 해 주면 된다. 단, **STM32L496 기준**인데 주의하자.

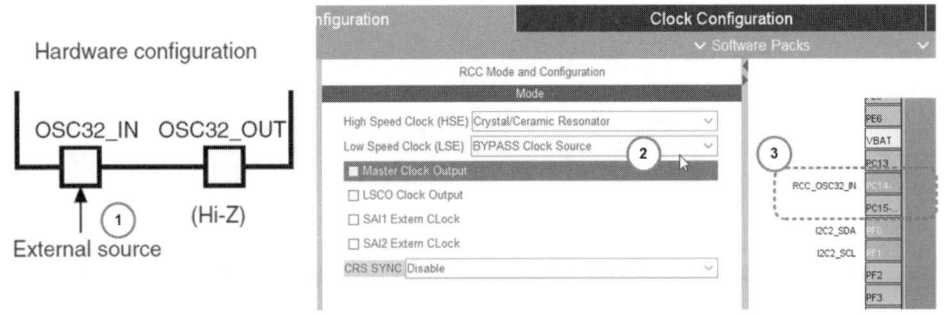

[그림 5.3.3-1] OSC32_IN/OUT 연결 방법.

그리고, ②번과 같이 CubeMX에서 **BYPASS Clock Source**를 선택하여 주어야 한다. 그러면, ③번과 같이 OCS32_OUT pin(즉, PC15)이 floating으로 바뀐 것을 볼 수 있다. 즉, OSC32_IN(PC14)과 OSC32_OUT(PC15)에는 최대 1[MHz]까지 50% duty cycle을 갖는 clock signal(예 : square, sine 또는 triangle)을 OSC32_IN에 공급할 수 있고, OSC32_OUT pin은 high impedance 상태로 두어야 하므로 NC 처리해야 한다. 그러나, **Crystal 또는 Ceramic resonator**를 이용하는 경우에는 OSC32_IN으로 공급하고, OSC32_OUT으로 내보내 주어야 한다. 즉, Crystal 또는 Ceramic을 사용하는 경우에는 OSC32_IN(PC14)과 OSC32_OUT(PC15), 2개의 pin들을 모두 사용해야 한다. LSE crystal은 RTC domain control register, RCC_BDCR의 LSEON bit를 이용하여 On 또는 OFF 될 수 있다. LSERDY flag는 LSE crystal이 안정화되었는지를 알려준다. startup 시에 LSE crystal 출력 신호는 LSERDY=1이 될 때까지 출력되지 않는다.

5.3.4. 그 밖의 clock 소개.

❶ LSI clock :

Stop과 Standby mode에서 독립적인 watchdog(IWDG)와 RTC가 계속하여 동작할 수 있도록 low-power clock source로 사용된다.

❷ ADC clock :

최대 72[MHz]까지 도달할 수 있으며, 1, 2, 4, 6, 8,10,12,16, 32, 64, 128 또는 256으로 분주 될 수 있다.

❸ RTC clock :

RTCCLK clock source는 HSE/32, LSE 또는 LSI clock 중에서 어느 하나가 될 수 있으며, RCC_BDCR.RTCSEL bit field에 의해서 선택된다. 이 선택은 RTC domain reset이 있어야 수정될 수 있다. 그러나, LSE clock만 RTC domain에 속한다. 그러므로, 다음과 같이 정리할 수 있다.

ⓐ RTC clock = LSE인 경우 :

- 설령 V_{DD} supply가 끊겨도 V_{BAT} supply가 공급된다면, RTC는 계속 일할 수 있다.
- **RTC는 system reset 상황에서도 clock이 공급되고, 정상적으로 동작**한다.

ⓑ RTC clock = LSI인 경우 :

- 만일, V_{DD} supply가 끊기면, RTC 상태는 보장되지 않는다.

ⓒ RTC clock = HSE/32인 경우 :

- 만일, V_{DD} supply가 끊기거나 또는 내부 전압 regulator가 끊기면, RTC 상태는 보장되지 않는다.

【연구 과제】

MCU뿐만 아니라 임의의 소자가 안정적으로 동작하기 위해서는 전원 공급이 안정되어야 한다. 그러나, 다양한 이유와 사고로 인해서 순간적으로 안정적인 전원 공급이 차단되는 경우가 있다. 이때, STM32 MCU는 공급 전원 VDD/VDDA가 2[V] 보다 작으면, **reset mode를 유지**하게 된다고 학습하였다. 이때, 미리 설정한 **PVD**(Programmable Voltage Detector) threshold 값 즉, **PWR_CR**(Power Control register)의 PLS[2:0] bit field에서 선택한 PVD level threshold 전압과 V_{DD} power 공급을 PVDO flag를 사용하여 비교하고, 그리고 크거나 작아지는 경우에 관련 event는 외부 interrupt EXTI line **16**에 연결되어 있으므로 EXTI register를 enabling한다면 interrupt를 발생시킨다고 하였다. 이 기능을 이용하여 MCU 전원 감시를 수행하는 code를 개발해 보도록 하자.

CHAPTER
06

Timer와 WatchDog Timer 사용 방법

우리가 OS(Operating System) 즉, 운영 체제를 사용하는 것은 여러 개의 일들을 각각 아주 작은 시간 단위로 쪼개서 순서대로 처리하여 마치 동시에 처리하는 것처럼 보이기 위함이다. 즉, **multi-tasking**을 수행하기 위해서 OS를 사용하게 되는데, 원칙적으로 하나의 머리를 즉, single Core를 이용하여 여러 업무를 동시에 처리한다는 것은 물리적으로 불가능하다. 즉, 임의의 순간에 여러 업무를 동시에 처리할 수는 없다. 그러나, 우리가 인식할 수 없을 정도의 아주 짧은 시간 간격을 두고, 여러 업무들을 순서대로 모두 조금씩 수행한다면, 마치 여러 업무들이 동시에 처리되는 것으로 착각할 수 있게 된다. 예를 들면, 동영상을 보여주는 소프트웨어와 문서를 작성하는 소프트웨어를 동시에 실행하고 있다면, 이들 소프트웨어들은 아주 짧은 시간 간격으로 순서대로 업무를 교대하며 수행하는데, 이 업무 교대는 해당 소프트웨어를 종료할 때까지 수행되며, 인식할 수 없는 아주 짧은 시간 간격에 수행되므로 마치 모두 동시에 수행하는 것으로 착각하게 되는 것이다. Chapter 4.의 [표 4.1-1]에 나열된 interrupt들 중에 15번째 interrupt가 **SysTick**이다. 이것은 system timer로서 OS를 사용하는 경우에 앞서 언급한 **일정한 그리고, 아주 짧은 시간 간격**을 생성하기 위해서 사용되며, Cortex-M core에 내장되어 있는 기본 timer이다. 우리가 어떠한 업무를 수행하려고 할 때에도 이와 같이 **일정한 시간 간격**이 필요하다. 예를 들면, Chapter 8.에서 학습할 STM32 MCU가 제공하는 UART 통신의 경우에 PC로 **일정한** 시간 간격을 두고 MCU의 데이터를 전송하도록 구성할 필요가 있다. 즉, 0.5[초] 간격으로 MCU 데이터를 전송하여 PC에서 모니터링 할 수 있도록 하는 경우, 또는 일정한 시간 동안 MCU 내부의 while loop가 looping을 하지 않는 경우, 등등 이처럼 **일정한 시간 간격을 생성해 주는 timer**를 학습하는 것은 아주 중요하다. 이제부터 구체적으로 STM32 MCU에서 제공하는 timer의 종류와 각각의 특징들에 대해서 상세히 학습할 것이다. STM32 MCU reference manual을 보면, PWM을 timer에 포함하여 함께 설명하는 것을 볼 수 있다. 그러나, 그렇게 하기에는 하나의 Chapter 분량이 너무 커지므로 timer를 이용하여 PWM을 생성하는 방법과 이들 PWM들에 대해서 동기를 맞추는 방법은 **Chapter 7.**에서 설명하고, 이번 장에서는 timer 사용 방법에 대해서**만** 상세히 설명하고자 한다. 단, Chapter 7.의 PWM 내용을 학습하기 위해서는 반드시, 이번 장에서 설명하는 내용을 모두 이해해야 한다는데 주의하기 바란다.

■ 학습 목표 :
- STM32 MCU에서 제공하는 Timer 종류와 각각의 특징을 학습한다.
- STM32 MCU에서 제공하는 Timer의 내부 구조와 동작 원리를 학습한다.
- Timer 동작 원리와 관련된 register들을 CubeMX에서 설정하는 방법을 학습한다.
- Timer interrupt 발생과 그에 따른 처리 방법을 학습한다.
- 다양한 Timer 동작 방식들을 그림과 함께 학습한다.
- SJ_MCUBook_Apps program을 이용하여 CubeMX의 Timer 설정 방법을 학습한다.
- Nucleo 보드를 통하여 Timer 관련 여러 예제들을 실험해 본다.
- Watchdog timer의 개념과 종류, 그리고, CubeMX를 이용한 사용 방법을 학습한다.
- ADI Inc.의 전용 watchdog timer 소자인 ADM8613의 사용 방법을 학습한다.

이번 Chapter 6부터 마지막 Chapter 16까지 설명할 내용들은 학습할 내용도 많고, 실험할 내용도 많으며 처음 접하는 분들에게는 어려운 상당히 도전적인 내용이 될 것이다. 그러므로, 설명에 따른 내용에 대해서 이해가 되지 않는다면, **우선, 모두 읽고, 따라한 뒤에 다시 처음부터 읽어 보면 이해가 잘 될 것**이라고 생각한다. 무언가 노력을 하는데, 진도가 안 나가면 지치기 마련이다. 이런 상황에서는 이해력도 더 저하되므로 반드시 처음부터 끝까지 최선을 다해서 읽어보고, 다시 처음부터 읽는 학습 방식을 사용하기 **추천**한다. 무엇보다도 이번 Chapter부터는 현재 상용 제품에서 사용되는 **관련 전용 소자들에 대해서도 설명**할 것이므로 많은 유용한 정보를 얻을 수 있을 것이다.

6.1 Timer 동작 원리 상세 분석.

우선, STM32 MCU에서 사용할 수 있는 timer들을 종류별로 간단히 살펴보도록 하자. 단, 여기서 설명하는 내용은 STM32 MCU 종류와 상관없이 **모두 동일하게 적용되는 내용**이다.

❶ Basic Timer : TIM6과 TIM7

동작 중에 조정 가능한 prescaler에 의해서 구동되는 **16bits** auto-reload counter로 구성되며, 입력과 출력 pins를 갖지 않는다. 여기서 언급한 입력과 출력 pins에 대한 내용은 **Chapter 7.**에서 설명할 것이다.

- 용 도 :

ⓐ 일반적인 시간 간격 설정.   ⓑ 다른 timer의 master로 사용.

ⓒ DAC를 위한 time 구간 설정 :

사실, Basic timers는 내부적으로 DAC에 연결되어 있고, trigger 출력을 통하여 구동할 수 있다. 자세한 내용은 **Chapter 14.**를 참조하기 바란다.

❷ GP(General Purpose) timer : TIM2~TIM5, TIMy

동작 중에 조정 가능한 prescaler에 의해서 구동되는 **16bits** auto-reload counter로 구성되며, STM32F1xx MCU를 제외한 나머지 상위 MCU는 **32bits** auto-reload counter도 내장하고 있다.

ⓐ basic timer 기능들을 **모두 수행**.

ⓑ 최대 4개까지의 PWM channel들 구성이 가능.

ⓒ GP timer와 Advanced control timer는 **함께 동기화**될 수 있다. 구체적으로 외부 신호로 timer를 동기화할 수 있고, 여러 timer들을 함께 상호 연결하여 동기화할 수도 있다.

ⓓ 다음과 같은 interrupt 생성.

- **Update** Interrupt :

 Counter Overflow/Underflow 발생, counter 초기화.

- **Trigger** Interrupt :

 Counter Start, Stop, 초기화 또는 내부/외부 trigger에 의한 count.

- 입력 capture와 출력 비교.

❸ Advanced control timer : TIM1과 TIM8, TIMx

동작 중에 조정 가능한 prescaler에 의해서 구동되는 **16bits** auto-reload counter로 구성된다.

ⓐ 모든 GP timer 기능을 수행.
ⓑ timer의 출력 신호를 reset 상태 또는 알려진 상태로 설정하는 **break 입력 기능**.
ⓒ 추가적으로 **3상 교류 전동기 제어**와 **전력 변환**에 관계된 기능들을 제공한다.

[그림 6.1-1]은 Advanced Control timer 내부 구조와 Basic Timer의 내부구조를 함께 보여준 것이다.

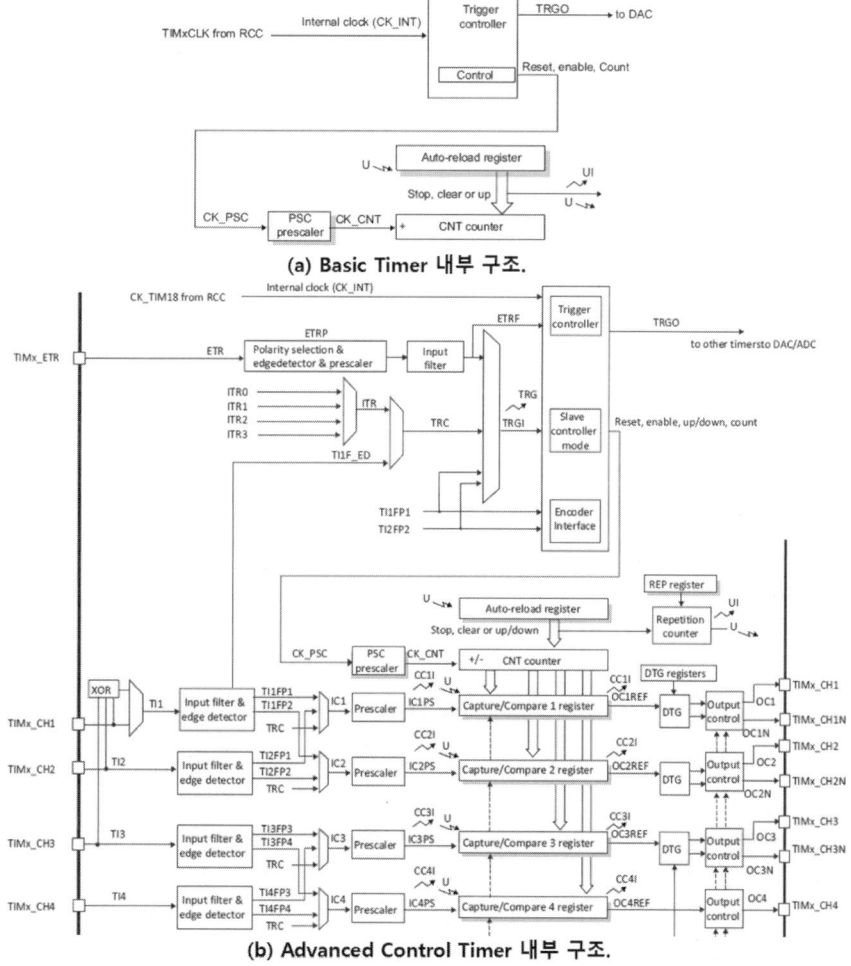

[그림 6.1-1] timer 종류와 내부 구조 비교.

단, 앞으로 General Purpose Timer는 단어의 간소화를 위해서 **GP timer**로 생략하여 표현할 것이다. 처음 timer의 내부 구조를 접하는 경우에는 다소 복잡하게 생각할 수도 있지만, 함께 coding 하며 그 기능들을 이해하고, 학습하게 될 것이다. 이 밖에도 MCU에 따라서 하나의 master와 5개의 slave timer들 즉, 6개 timer들로 고정밀의 시간 간격을 생성할 수 있는 **High Resolution timer**와 저전력용 **low power timer**가 있다. [표 6.1-1]은 3가지 종류의 timer들을 종류별로 구분한 것이다.

Timer	Counter resolution	Counter type	Prescaler factor	DMA request generation	Capture/compare channels	Complementary outputs
TIM1, TIM8	16-bit	Up, down, up/down	Any integer between 1 and 65536	Yes	4	Yes
TIM2, TIM3, TIM4, TIM5	16-bit	Up, down, up/down	Any integer between 1 and 65536	Yes	4	No
TIM6, TIM7	16-bit	Up	Any integer between 1 and 65536	Yes	0	No

[표 6.1-1] timer 종류별 비교.

[그림 6.1-2]의 ③번과 [그림 6.1-3]의 ①번에서 보여준 것과 같이 advanced control timer TIM1과 TIM8은 core clock과 동일한 **최대** 72[MHz]인 APB2에 연결되어 있다. 글씨가 작아서 루페(돋보기)를 이용하여 보면, [그림 6.1-3]의 ②번 부분은 CubeMX의 Clock Configuration tab에 있는 APB2 timer clock을 설정하는 부분이다. 만일, 너무 글씨가 작아서 보이지 않는다면, Chapter4 folder 안에 있는 Ch4Lab2 folder의 **Ch4Lab2.ioc** 파일을 double click하여 실행하여 CubeMX를 호출한 후에 Clock Configuration Tab 부분을 보면 되겠다. 어쨌든, HCLK를 64[MHz]로 설정하였다. 그리고, APB2는 64[MHz]로 설정하기 위하여 APB2 prescaler 값을 1로 설정하였다. [그림 6.1-3]을 보면, 여러 내부 block들에서 **prescaler**라는 단어를 자주 볼 수 있는데, 이것은 단순히, clock을 조정해 주는 block이라고 생각하면 되겠다. ②번을 자세히 보면, APB2 timer clock(MHz)은 64[MHz] 이고, 이 clock은 [그림 6.1-2]의 ③번과 같이 TIM1과 TIM8 clock 즉, **CK_INT** internal clock으로 사용 된다.

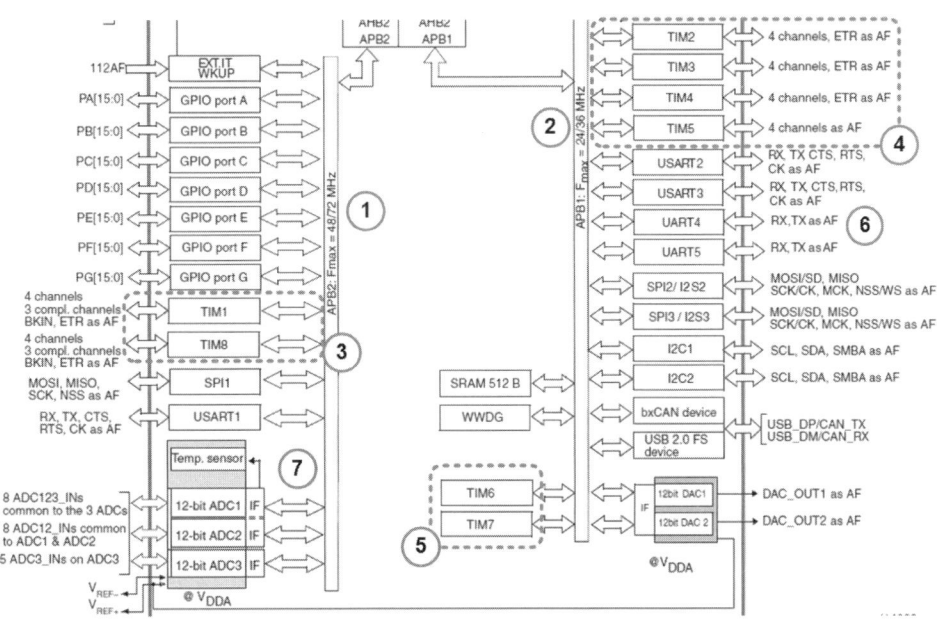

[그림 6.1-2] STM32F103 내부 구성도.

그러나, GP timer와 basic timer는 모두 1/2인 32[MHz] APB1에 연결되어 있고, 이것은 다시 ×2를 하여 APB1 **timer** clocks도 64[MHz]가 되어 TIM2~TIM7 clock 즉, CK_INT 로 사용된다. 그림이 아주 작아서 거의 숨은 그림 찾기 수준일 것이다. 이제, 이들 GP timer 들 또는 advanced control timer들을 **서로 동기 시켜서** master와 slave 관계로 연결하여 사용하기 원한다면, 내부 trigger(즉, ITR0~3) 또는 외부 trigger(ETR)에 연결하여 사용하면 된다. 이들에 대한 내용은 Chapter 7.에서 학습하게 될 것이다. [그림 6.1-3]에서 주의 깊게 볼 것은 ⑤번에서 보여준 **PSC prescaler, CNT counter, Auto-Reload Register**이 다. 이들 register의 값은 counter가 **동작하는 상황**에서도 읽을 수 있으며, 새로운 값을 설정할 수도 있다. 이들은 HAL library에서 **TIM_TypeDef** 구조체에 각각 **PSC, CNT, ARR** 멤버 변수로 선언되어 있으므로 **TIMx->PSC**와 같이 접근하면 된다. 자세한 사항은 잠시 후에 여러분과 관련 coding을 학습하게 될 것이다. [그림 6.1-4]는 timer의 동작 원리를 좀 더 쉽게 이해 할 수 있도록 단순화하였다. [그림 6.1-4]는 STM32L476에서 발췌한 것이지만 다른 MCU도 사용 방법이 동일하다. 우선, 앞서 설명한 것과 같이 ①번처럼 APB1에 TIM2~TIM7까지 연결되어 있고, ②번처럼 TIM1,TIM8 그리고, TIMx에 해당하는 TIM15, TIM16, TIM17이 APB2에 연결된 것을 볼 수 있다.

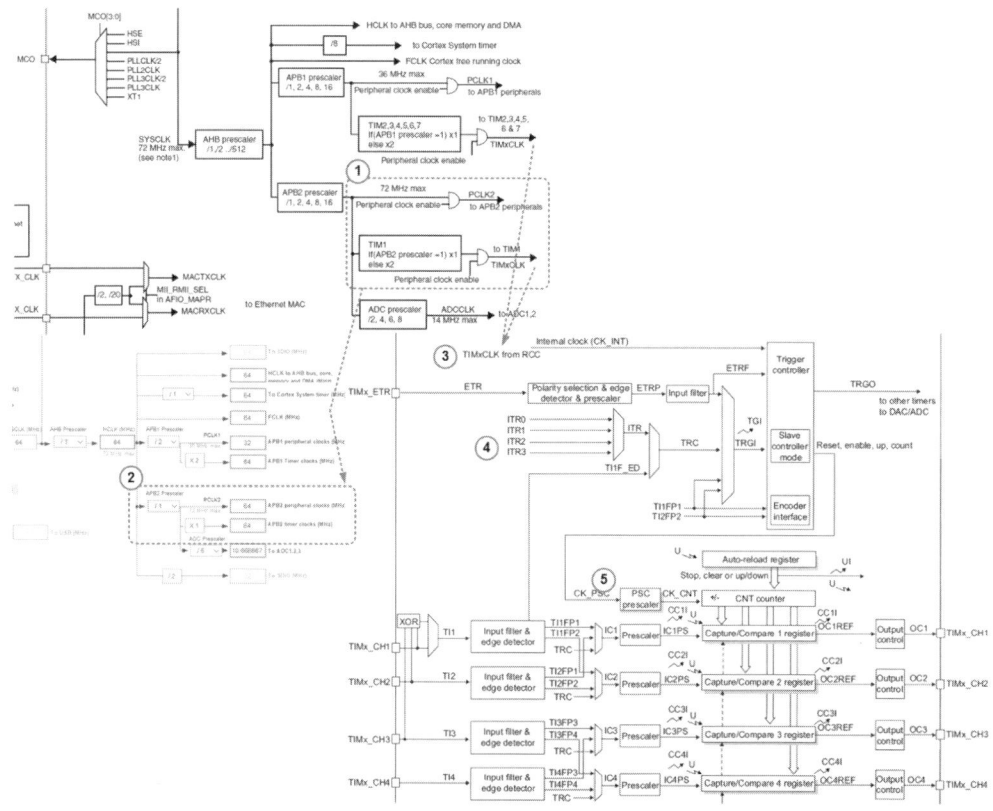

[그림 6.1-3] timer 동작을 위한 내부 구성도.

①번과 ②번은 각각 CubeMX의 **Clock Configuration** tab에서 ③번과 ④번에 해당한다. 즉, 사용할 MCU의 reference manual에서 제공하는 block diagram과 CubeMX의 block diagram을 서로 잘 연관 지어 생각해야 한다. 이들은 ⑤번의 f_{CK_PSC}에 해당하며, timer 내부적으로 ⑥번에서 보여준 수식의 관계를 갖고, f_{CK_CNT}를 출력한다. 만일, ⑦번과 같이 CubeMX에서 Prescaler(PSC-16 bits value)에 8000-1이라고 설정한다면, ⑧번처럼 f_{CK_CNT} = 5000[Hz]가 될 것이다. 그런데, 16bits **ARR(Auto-reload register)**에 10-1=9를 지정해 주면, **CNT Counter**는 지정한 Counter Mode가 **Up**이므로 0부터 9까지 **10번** count하고 Update Interrupt를 발생시키게 된다. 결국, 500[Hz](즉, 2[ms])마다 Update Interrupt를 반복적으로 발생시킨다. 물론, ⑨번과 같이 TIM1 Update interrupt를 enable 해 주어야 한다. 단, 향후 Update Interrupt는 용어의 간소화를 위하여 **UI**로 생략하여 표현할 것이다. 추가적으로 **RCR**(Repetition Counter) register가 있는데, 이것은 CNT Counter가 ARR을 RCR에 **지정한 값 + 1** 만큼 읽었을 때, UI를 발생시키도록 한다.

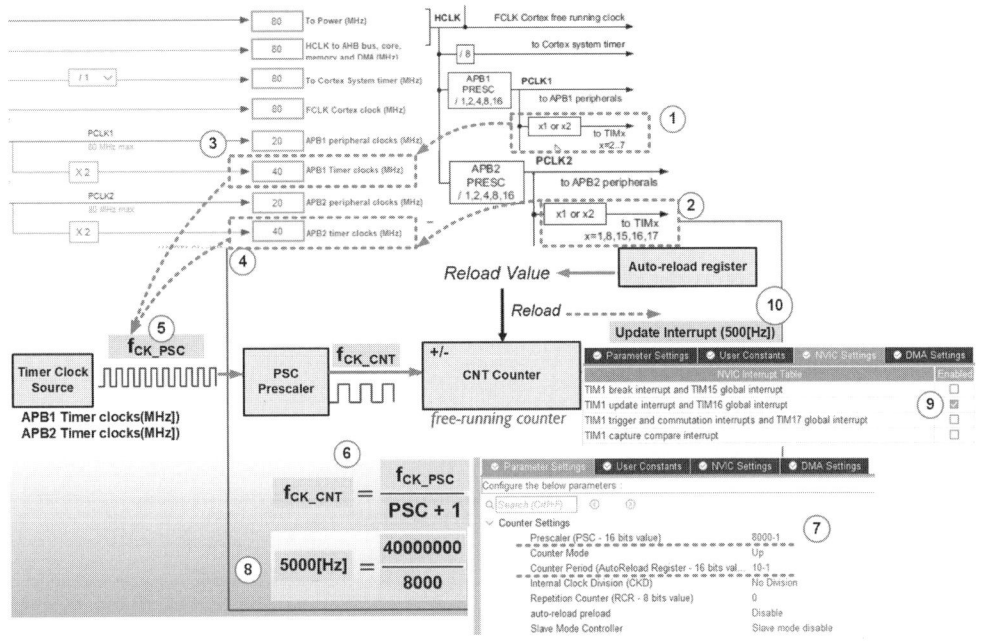

[그림 6.1-4] timer 동작 원리.

예를 들면, RCR=1이면, Counter가 0부터 9까지 **2번** counting을 하였을 때에 UI를 발생시킨다. 사실, RCR은 PWM 주기 마다 duty cycle을 바꾸지 말고, 지정한 **정수배수마다 duty cycle을 바꾸려고 할 때 유용**하다. 정리하면, timer의 시간 간격은 16bits PSC prescaler를 이용하여 CK_PSC clock을 낮추어 CK_CNT clock을 만들고, counter에 그 clock 기준으로 간격을 지정해 주면 된다. 즉,

UI_주기=(CK_PSC/(Prescaler설정값+1))/(Counter Period+1)[Hz]   (식 6.1-1)

이 수식은 다음과 같이 바꿀 수 있다.

CK_PSC/UI_주기=(Prescaler설정값+1)×(Counter Period+1)   (식 6.1-2)

예를 들어서, [그림 6.1-4]에서 Timer 1을 이용하여 500[Hz](즉, 2[ms]) 마다 UI를 발생시키고 싶다면, (식 6.1-2)로부터 CK_PSC = 40[MHz]이므로 40000000/500 = **(Prescaler 설정값+1)** × (Counter Period+1)=80000이 된다. 그러므로, (Prescaler 설정값+1) ×

(Counter Period+1)=80000이 성립하는 Prescaler 값과 Counter Period 값을 선택하면 된다. 앞서 우리는 Prescaler 값으로는 8000을 Counter Period 값으로는 10을 선택하였다. 그 곱은 80000인데 주의하자. 그런데 문제는 지금은 학습해서 원하는 timer interrupt가 발생하도록 Prescaler 값과 Counter Period 값을 (식 6.1-2)를 바탕으로 계산할 수 있지만, 몇일만 지나가도 모두 잊어버리는 것이다. 이와 같은 번거로운 일들은 **2.5.절**에서 설명한 SJ_MCUBook_Apps program이 해결해 줄 수 있다. 우선, Chapter14 folder에 있는 **SJ_MCUBook_AppsV1Ch14.exe**을 double click하여 실행해 본다. 그리고, [그림 6.1-5]의 ①번과 같이 **Timer...** button을 click하여 준다.

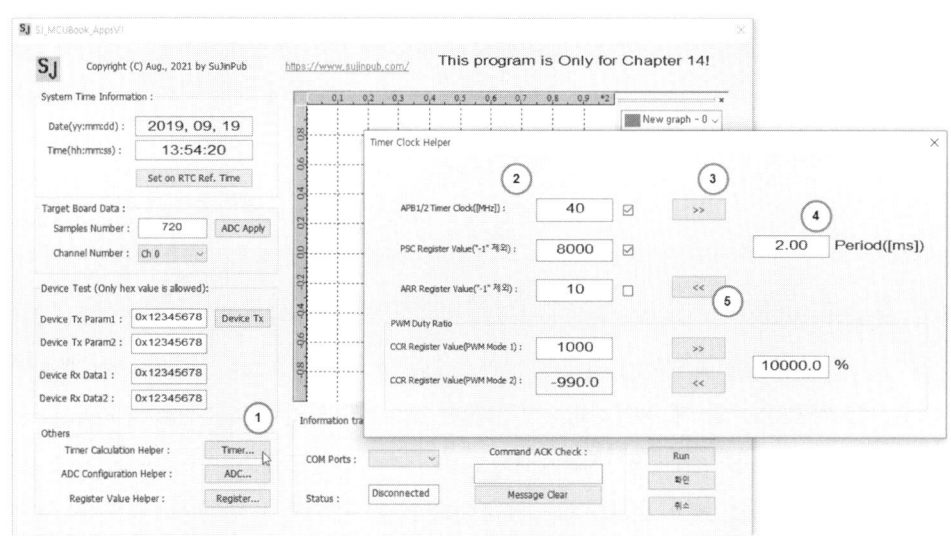

[그림 6.1-5] Timer Clock Helper 사용 방법(1).

그러면, **Timer Clock Helper** dialogbox가 나타날 것이다. 이제, ②번과 같이 Timer clock 40[MHz]의 **40**을 지정해 주고, Prescaler 값 **8000**을 지정해 주고, 이어서 Counter Period 즉, **ARR**(Auto Reload register)의 값인 **10**을 지정해 준다. 그리고 나서, ③번 >> button을 click하여 주면, ④번과 같이 2[ms]마다 timer가 interrupt를 발생시켜주는 **시간 간격**을 알려준다. 만일, 2[ms] 시간 간격을 사용하고 싶고, Timer clock은 40[MHz]인 경우에 PSC와 ARR 값을 모르는 경우에는 일단, PSC의 값으로 8000을 지정해 주고, ARR은 아무 값이나 지정해 준다. 그리고, ⑤번과 같이 << button을 click하면, ARR 값으로 10을 알려준다. 40과 8000 옆의 checkbox가 check 된 것은 이들 40과 8000은 계산 과정에서 **고정하**

고, ARR 값만 바꿀 수 있다는 의미이다. 예를 들어서, [그림 6.1-6]과 같이 8000 옆의 checkbox를 해지하면 ARR 옆의 checkbox가 자동으로 check되는데, 이때, << button을 click하면, Timer clock = 40[MHz], ARR = 100일 때, 2[ms] 시간 간격을 얻기 위해서 필요한 PSC 값 800을 [그림 6.1-6]과 같이 알려준다.

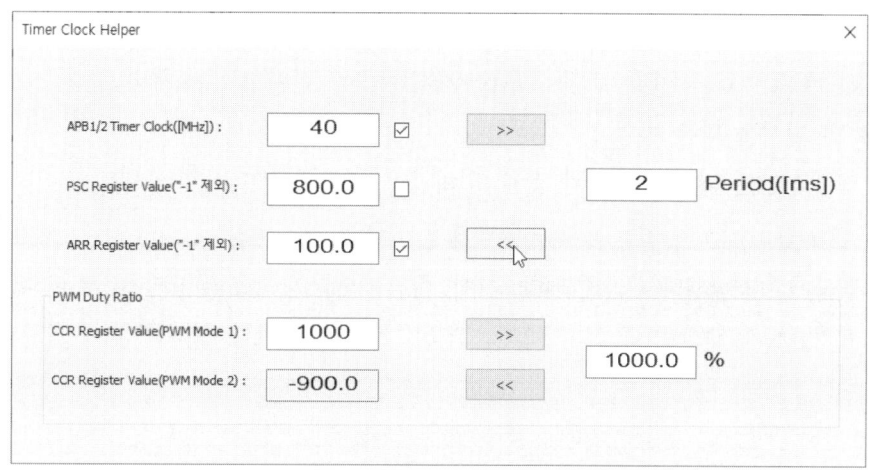

[그림 6.1-6] Timer Clock Helper 사용 방법(2).

이제 이들 PSC 값과 ARR 값을 [그림 6.1-4]의 ⑦번에서 보여준 CubeMX Timer Parameter Settings에 지정해 주면, 원하는 2[ms] 시간 간격으로 Update interrupt가 발생하게 된다. 또한, timer 간격은 다음과 같이 정의된다.

Timer 간격=((Prescaler설정값+1)×(Counter Period+1))/CK_PSC[초]   (식 6.1-3)

timer는 [그림 6.1-4]에서 보여준 것과 같이 단순히 CK_CNT clock source로부터 pulse를 count하는 **free-running counter**로 구성되어 있다. 16bits PSC prescaler 값을 작게 잡고, Counter Period 즉, 16bits ARR의 값(즉,1~65535)을 크게 잡으면, 좀 더 정확한 시간 간격을 설정할 수 있다. timer를 사용할 때 기억해 둘 것은 Update Interrupt를 발생시키고, 임의의 timer를 동작시키기 위해서는 **HAL_TIM_Base_Start_IT()** 함수를 호출해 주어야 timer가 **동작을 시작한다**는 것이다. main while-loop를 수행하기 **전에** 이 함수를 호출해야 하는데, 이것을 **잊어버리고**, timer interrupt가 발생하지 않는다고, debugging하는

경우가 많으니 **유념**하기 바란다. 임의의 순간에 UI를 발생시키거나 disable하는 방법은 다음과 같다.

❶ 임의의 순간에 UI를 발생시키는 방법 :

임의의 순간에 UI를 발생시키고 싶은 경우에는 **EGR.UG=1**로 설정해 주면 된다. 그러면, UI를 발생시키고, RCR의 값을 포함한 counting 작업을 초기화한다. 예를 들면, UG bit가 EGR의 0번째 bit이므로 **TIMx->EGR=1;**과 같이 coding하면 된다.

❷ UI 발생을 막는 방법 :

일반적으로 UI가 발생하지 않도록 하려면, **CR1.UDIS=1**로 설정해 주면 된다. 또는, **ARR=0**을 지정해 주면, timer 내부에 있는 CNT counter가 counting을 하지 않게 되고, 결국, UI가 발생하지 않게 된다. 이제, 다른 timer의 update interrupt callback 함수에서 **TIMx->ARR=9**와 같이 지정해 주면, 다시 CNT Counter가 counting을 시작하게 된다.

이처럼 STM32 library가 제공하는 service 함수를 찾는 대신에 직접 관련 register의 bit값을 조정하여 timer를 원하는 시간 동안 발생시키거나 또는 멈추도록 coding하는 방법도 중요하므로 학습해 두기 바란다.

6.2 예제를 통한 Timer 사용 방법.

간단한 예제를 통하여 timer 사용 방법을 학습하도록 하겠다. Nucleo-**L476RG** 보드를 사용할 것이다. 그리고, 개발 도구로는 IAR Embedded Workbench를 사용할 것이다. 이번 예제에서는 3개 timer들을 각각 다음과 같은 사양으로 생성하고자 한다. 단, KEIL을 사용하는 경우, 또는 다른 Nucleo 보드를 사용하는 경우에도 비슷하게 따라하면 되겠다.

❶ TIM1 :
- APB2 timer clock = **36[MHz]**, timer 동작 주파수 = **1[ms]**, Up Counting mode
- **사용 용도** : 전체 application의 기준 시간으로 사용.

❷ TIM2 :
- APB1 timer clock = 18[MHz], timer 동작 주파수 = 2[ms], **Center aligned** mode
- **사용 용도** : application을 구성하는 일정 함수의 기준 시간으로 사용.

❸ TIM3 :
- APB1 timer clock = 18[MHz], timer 동작 주파수 = 100[ms].
- **사용 용도** : 500[ms] 주기로 PC에 데이터를 전송.

우선, CubeMX를 이용하여 Timer 1을 생성하는데 필요한 설정 값들에 대해서 살펴보도록 하겠다. APB2 timer clock = 36[MHz]이고, 원하는 시간 간격은 1[ms] 즉, 1000[Hz]이므로 (식 6.1-2)를 다음과 같이 사용할 수 있다.

CK_PSC/UI_주기=(Prescaler설정값+1)×(Counter Period+1)=36000000/1000

즉, 36000=(Prescaler설정값+1)×(Counter Period+1)이 된다. 이제 적당히 Prescaler 값인 **PSC**과 Counter Period 값인 **ARR**을 설정해 주면 된다. 예를 들면, PSC=6000으로 결정하면, ARR=6이 될 것이다. 물론, SJ_MCUBook_Apps program이 제공하는 Timer Clock Helper dialogbox를 사용해도 된다. 어쨌든, **Up** counting으로 설정하면, [그림 6.2-1]을 참조하면 된다.

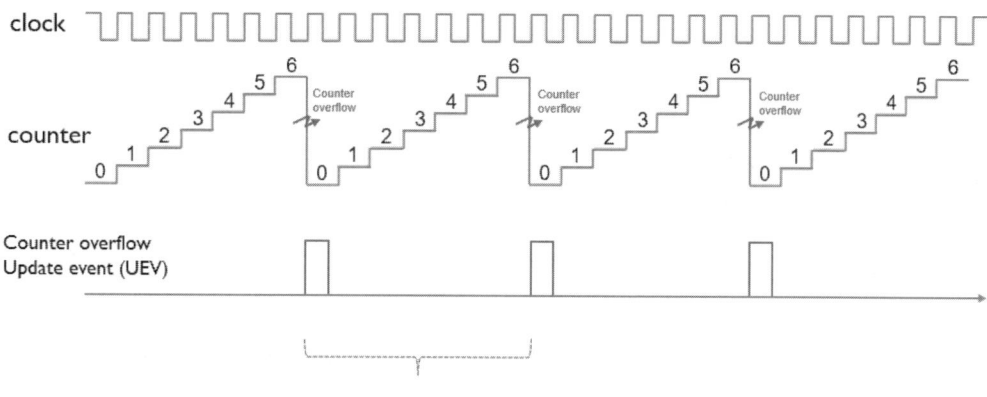

[그림 6.2-1] ARR=6, RCR=0에서 Up Counting의 경우.

즉, CNT=0부터 시작하여 CNT=ARR(여기서는 6)값까지 **증가한 후에 다시 0부터** counting을 시작하는 작업을 계속해서 반복하는데, **CNT=0이 될 때 마다 overflow가 발생**하고, update event(UEV)와 UI(즉, Update Interrupt)**가 발생**한다. 그러므로, 원하는 ARR개의 count 값을 반영하기 위해서는 **ARR-1**을 지정해 주어야 하는 것을 알 수 있다. 이것은 [그림 6.2-2]에서 보여준 것과 같이 **down** counting으로 설정하였을 때에도 **ARR-1**을 지정해 주어야 한다.

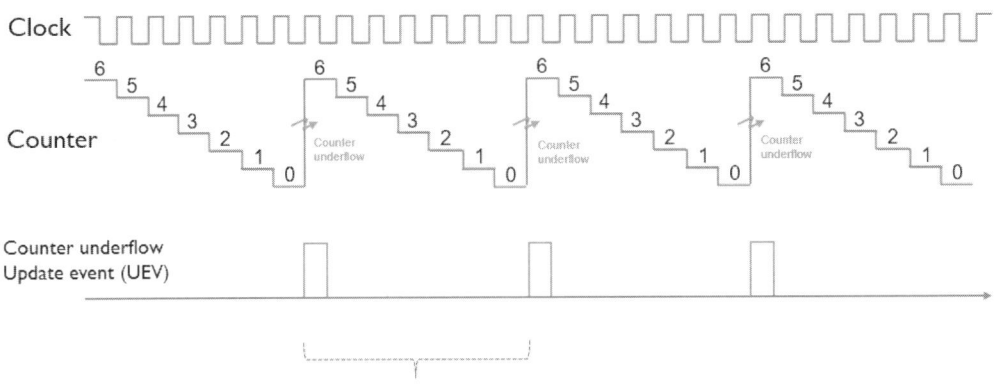

[그림 6.2-2] ARR=6, RCR=0에서 Down Counting의 경우.

그러나, [그림 6.2-3]에서 보여준 Center-aligned mode의 경우에는 -1을 하면, 안 된다는 것을 알 수 있다. 즉, Up 또는 Down counting mode에서는 ARR=6-1을 지정해 주어야 하고, Center-aligned mode에서는 ARR=6×2=12를 지정하면, 정확히 2배의 크기가 된다. 생성하고자 원하는 3개의 timer들에 대한 예제 project는 **Ch6Lab1** folder를 참조하면 된다. [그림 6.2-4]는 **Ch6Lab1** project를 실행하고, 그 결과를 oscilloscope에서 확인한 것이다. 3개의 timer들 각각의 사양과 일치하는 결과를 얻었다. 이제, 이 결과를 얻기 위한 과정을 설명할 것이니 잘 따라 하기 바란다. 우리는 Chapter 3에서 CubeMX로 기본적인 C framework를 생성하는 방법과 생성된 C framework를 IAR Inc.의 Embedded Workbench에 연결하여 사용하는 방법을 학습하였다. 동일한 방법으로 Ch6Lab1 project도 만들어 볼 것이다.

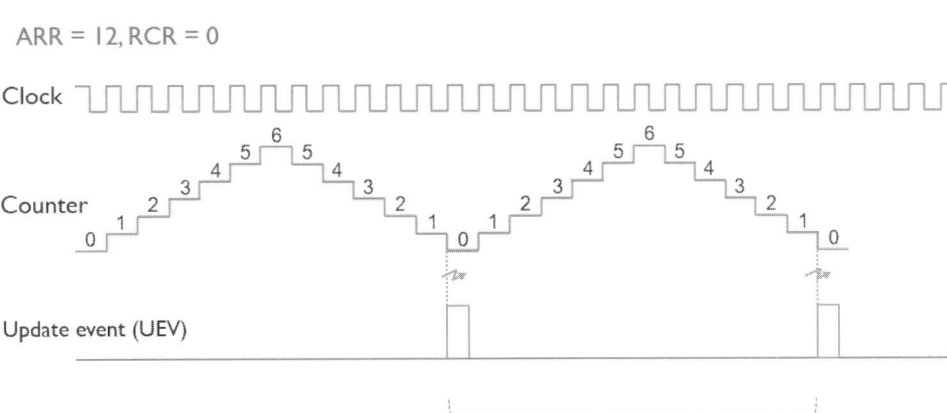

[그림 6.2-3] ARR=12, RCR=0에서 Center-aligned Counting의 경우.

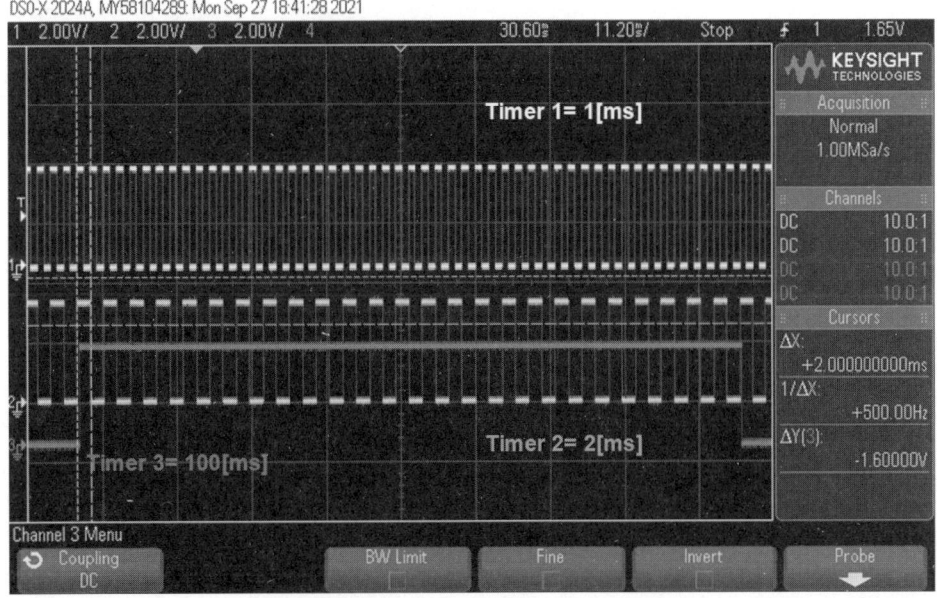

[그림 6.2-4] **Ch6Lab1** 결과 화면.

그러나, 중복된 설명을 피하고, 효과적으로 학습을 할 수 있도록 Ch6Lab1 folder에 있는 내용을 **검토하는 방식**을 취할 것이다. 그러므로, CubeMX로 Ch6Lab1.ioc file을 생성하고, IAR project를 생성하는 방법이 기억나지 않는 분들은 우선, Chapter 3을 다시 한 번 따라해 보기 바란다. 이것은 어려움의 문제가 아니라 익숙함의 문제이기 때문이다. 어쨌든, [그림 6.2-5]의 ①번과 같이 Ch6Lab1 folder에 있는 **Ch6Lab1.ioc** file을 double click하여 CubeMX를 호출하여 준다.

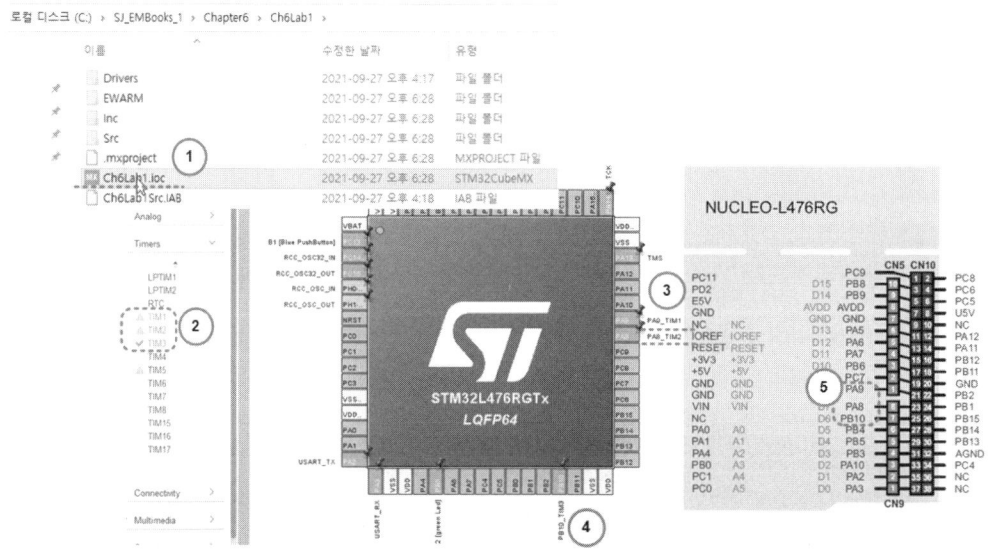

[그림 6.2-5] **Ch6Lab1.ioc** 호출 화면.

②번과 같이 timer 1, timer 2, 그리고, timer 3 즉, TIM1, TIM2, 그리고, TIM3 문자열 옆에 뭔가 symbol이 추가된 것으로 볼 때에 이미 어떠한 설정이 수행된 것을 알 수 있다. 구체적으로 다음의 timer callback 함수 **HAL_TIM_PeriodElapsedCallback()**에 나와 있듯이 timer 1(**TIM1**)의 UI가 발생하면, **PA9 pin**이 toggle하고, timer 2(**TIM2**)의 UI는 **PA8**, 그리고, timer 3(**TIM3**)의 UI는 **PB10 pin**을 toggling 하도록 coding 되어 있다.

```
void HAL_TIM_PeriodElapsedCallback(TIM_HandleTypeDef *htim) {
  if(htim->Instance == TIM1) {   // Whenever TIM1 UI is happened every 1[ms]
    HAL_GPIO_TogglePin(GPIOA, GPIO_PIN_9);
  }
  if(htim->Instance == TIM2) {   // Whenever TIM2 UI is happened every 2[ms]
    HAL_GPIO_TogglePin(GPIOA, GPIO_PIN_8);
  }
  if(htim->Instance == TIM3) {   // Whenever TIM3 UI is happened every 100[ms]
    HAL_GPIO_TogglePin(GPIOB, GPIO_PIN_10);
```

    }
  }

또한, 제일 먼저 3개의 timer들 요구 사항에 맞게 [그림 6.2-6]에서 보여준 것과 같이 clock configuration을 설정해 준다.

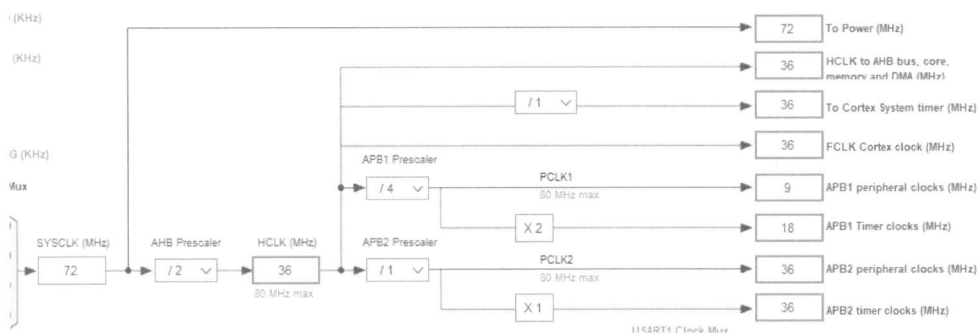

[그림 6.2-6] 3개의 timers 요구 사항에 따른 clock configuration.

즉, APB2 timer clock은 36[MHz]이고, APB1 Timer clock은 18[MHz]이다. 아마도 여러분은 timer callback 함수 HAL_TIM_PeriodElapsedCallback()을 어떻게 CubeMX가 생성해 준 framework에 추가할 수 있었는지 궁금할 수 있다. 그 방법은 Chapter 4에서 [그림 4.2-2]를 통하여 간단히 설명하였지만, STM32 library 구조를 학습하는데 상당히 중요하므로 다시 한 번 설명하도록 하겠다. [그림 6.2-7]의 ⑥번과 같이 CubeMX에서 **TIM1**에 대한 Clock Source를 default인 **Internal Clock**으로 설정해 준다. 즉, [그림 6.1-3]에서 설명한 APB2 Timer Clock으로 설정해 준다. 여기서는 [그림 6.2-6]에 나와 있듯이 **36[MHz]**이다. 이제, 1000[Hz] 즉, 1[ms] 시간 간격을 갖는 timer를 만들 것이므로 (식 6.1-2)를 사용하면, 36000000/1000=36000=(PSC+1)(ARR+1)이 된다. PSC=6000-1으로 설정하면, ARR=6-1이 되어야 하므로 ⑦번과 같이 설정하였다. 그리고, count mode는 Up이며, RCR=0인 것을 볼 수 있다. 이제 UI가 발생하면 처리할 ISR 관련 code를 생성하도록 ⑧번과 같이 **NVIC Settings**에서 **TIM1 update interrupt and TIM_16 global interrupt**를 check해 준다. 그리고 나서 GENERATE CODE button을 click하여 C framework 파일들을 생성하여 준다.

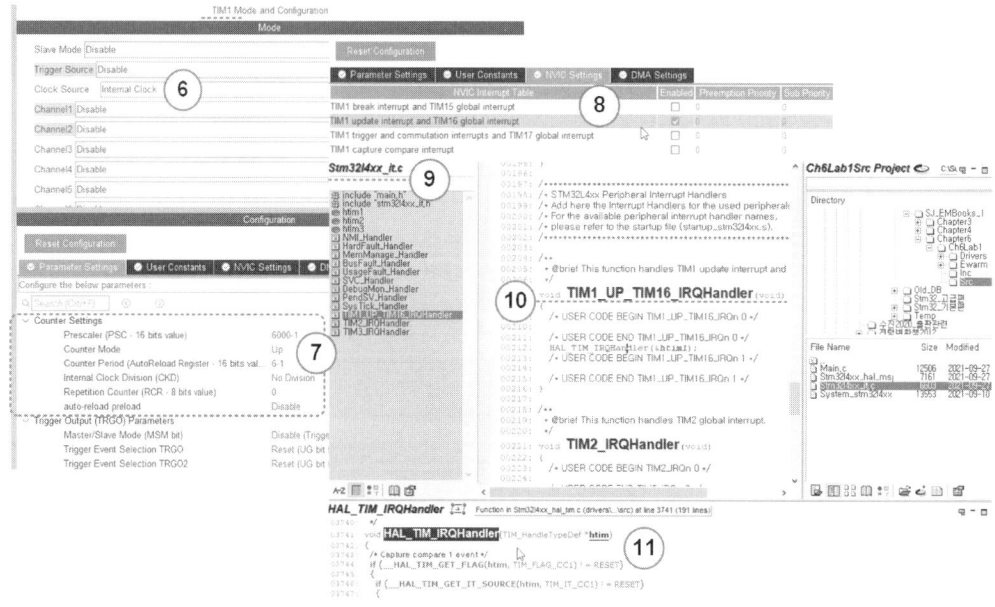

[그림 6.2-7] Timer 1 Interrupt Service Routine.

그러면, ⑨번과 같이 **stm32l4xx_it.c** file안에 ⑩번과 같이 timer1의 Update Interrupt가 발생하였을 때에 처리할 Interrupt Service handler인 **TIM1_UP_TIM16_IRQHandler()** 함수 관련 code가 추가된다. 이 함수는 내부적으로 HAL_TIM_IRQHandler() 함수를 호출하는 것을 볼 수 있다. 그리고, 이 함수의 내용을 보면, Capture compare 1 event부터 4 event까지 처리하고, 이후에 ⑧번에서 check한 **TIM Update event**를 처리하는데, 구체적으로 **HAL_TIM_PeriodElapsedCallback()** 함수가 처리하도록 되어 있다. 그런데, 이 함수는 __weak 함수로 되어 있으므로, HAL_TIM_PeriodElapsedCallback() 함수를 main.c source file에서 새롭게 **재정의**해서 사용해 주면 된다. 즉, Timer 1 UI가 발생하면, main.c file 안에 재정의한 HAL_TIM_PeriodElapsedCallback() 함수가 호출되고, 이 함수의 입력 매개변수 TIM_HandleTypeDef ***htim**의 Instance member가 **TIM1**이면, timer 1 UI가 발생한 것을 의미하고, TIM2이면, timer 2 UI가 발생한 것을 의미하는 방식이다. 그런데, 이와 같은 **Timer Interrupt가 발생**하기 위해서는 main while-loop에 들어가기 **전에** 다음과 같이 **반드시 HAL_TIM_Base_Start_IT() 함수를 호출**해 주어야 한다는 것을 잊지 말아야 한다.

```
HAL_TIM_Base_Start_IT(&htim1);    // timer 1(TIM1) counting 시작!
```

```
HAL_TIM_Base_Start_IT(&htim2);   // timer 2(TIM2) counting 시작!
HAL_TIM_Base_Start_IT(&htim3);   // timer 3(TIM3) counting 시작!
```

[그림 6.2-8]은 나머지 timer 2와 timer 3에 대한 CubeMX 설정 화면이다.

[그림 6.2-8] Timer 2와 Timer 3 설정 방법.

이들도 모두 **NVIC Settings** tab에서 해당 interrupt를 enable해 주어야 사용할 수 있다는 것을 기억해야 한다. Timer 2는 2[ms] 시간 간격을 만들어야 하는데, Center Aligned mode를 사용하기로 하였다. 그러므로, ⑫번과 같이 **ARR값에서 -1을 하지 말고**, 설정해 주면 된다. 참고적으로 Center Aligned mode1, mode 2, 또는 mode3은 PWM 생성할 때만 의미가 있고, timer에서는 모두 동일한 Center Aligned mode이므로 어느 것을 선택하던 결과는 같다. 그리고, Timer 3의 경우에는 100[ms] 즉, 10[Hz]에 대한 시간 간격을 생성할 것이고, APB1=18[MHz]이므로 (식 6.1-2)로부터 18000000/10 = 1800000 = 60×30000이 된다. 그러므로, PSC=30000-1, ARR=60-1이 되어야 할 것이다. 여기서 주의 할 것은 **Prescaler와 Counter Period의 값은 16bits이므로 65535를 넘을 수 없다는 데 주의하자**. 이번에는 STM32L496의 timer6 설정 방법에 대해서 살펴보도록 하겠다. [그림 6.2-9]에서 보여준 것과 같이 TIM6과 TIM7은 APB1 최대 80[MHz]에 연결되어 있다.

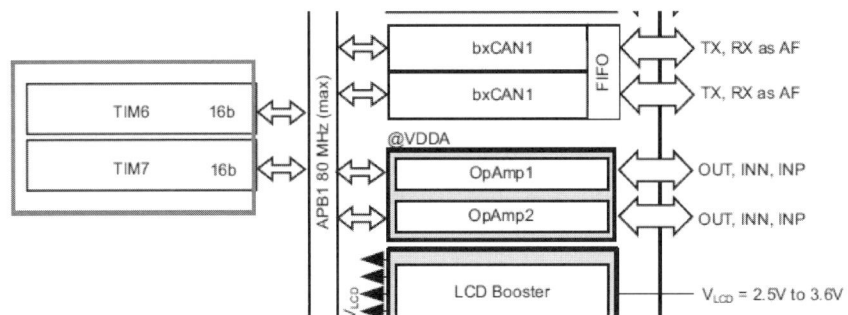

[그림 6.2-9] STM32L496의 timer6 설정 방법(1).

그러나, [그림 6.2-10]을 보면, APB1 timer clock을 40[MHz]로 설정한 것을 볼 수 있다.

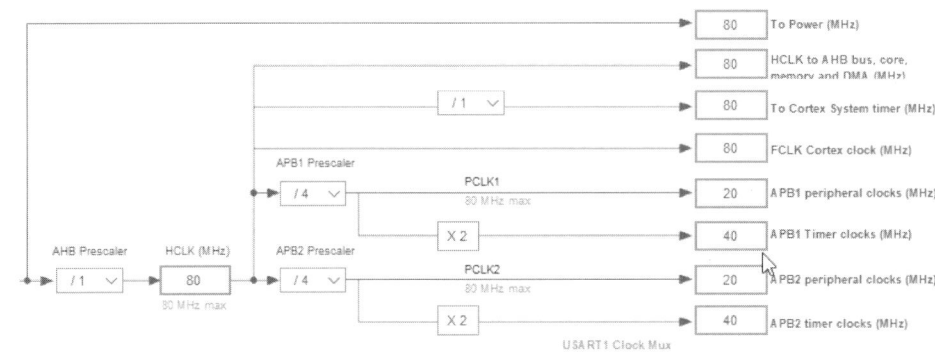

[그림 6.2-10] STM32L496의 timer6 설정 방법(2).

그러므로, CK_PSC=40×10^6[Hz]가 된다. 생성하고 싶은 시간 간격은 10[kHz]이다. 즉, 100[us]이다. (식 6.1-2)로부터 40000000/10000=4000=(PSC+1)(ARR+1)이 된다. 여기서는 PSC=40-1, ARR=100-1로 [그림 6.2-11]과 같이 설정하였다. 이제, 적당히 GPIO 출력 pin을 할당하여 100[us] 시간 간격이 생성되는지 확인해 보기 바란다. 간혹, 모두 구현해 놓고, HAL_TIM_PeriodElapsedCallback() 함수가 호출되지 않아서 당황하는 경우가 있다. 물론, coding을 장시간 집중해서 하다보면, 시야가 많이 좁아져서 실수를 하게 된다. **HAL_TIM_Base_Start_IT() 함수를 호출해야 timer가 동작을 시작**하는 것인데, 해당 함수를 호출하는 것을 잊는 경우가 있으므로 주의하기 바란다. 심지어 **HAL_TIM_Base_Start() 함수** 즉, _IT()를 빼먹고 호출하는 경우가 있는데, _IT()를 빼먹으면, timer가 polling 방식으로 동작을 시작하므로 interrupt가 발생하지 않는데 주의하기 바란다.

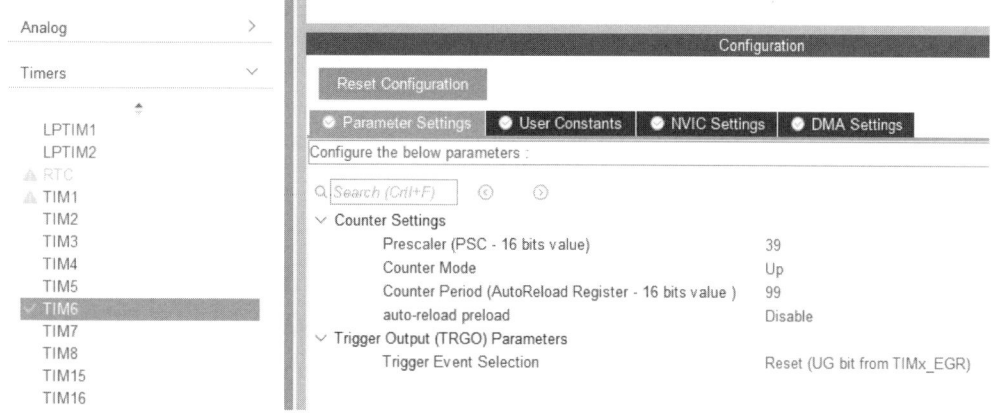

[그림 6.2-11] STM32L496의 timer6 설정 방법(3).

모든 STM32 library 함수들은 interrupt 기반인 경우에는 반드시 접미사로 _IT()를 사용한 다는 것을 기억해 두기 바란다.

6.3 Watchdog Timer 사용 방법.

간혹, Watchdog Timer에 대한 개념이 확립되지 않은 분들이 있는 것 같아서 간단히 설명하고자 한다. 거의 모든 processor들은 watchdog timer를 지원하는데, watchdog timer는 system 고장 방지를 위한 system 감시 timer로서 전원인가 시에 enable 상태로 되며, 주기적으로 system reset을 발생시킨다. 그러므로 일반적으로 main while-loop에서 반복하는 명령의 제일 처음에 watchdog timer가 reset을 발생시키지 않도록 counter를 reload해 주어야 한다. 예를 들면, MCU가 제공하는 임의의 입/출력 주변 장치를 통해서 데이터가 계속해서 잘못 들어오거나 또는 뭔가 잘못되어 임의의 반복문에서 빠져나오지 못할 때에 system을 reset시켜서 처음부터 다시 실행하도록 한다. 여기서 중요한 것은 "**계속해서**"라는 용어이다. 즉, MCU와 외부 소자를 연결해 주는 임의의 입/출력 주변 장치를 통하여 원하는 데이터가 제대로 입/ 출력하는지 판단하는 상대적으로 높은 우선순위를 가지는 ISR을 내부에 넣었다면, 그리고 그 데이터가 입/출력을 하지 않아서 계속해서 기다리고 있다면, 결국, core를 계속해서 해당 반복 및 판단 문이 잡고 있어서 system이 더 이상 진행하지 못하는 상황 즉, **hang** 걸리게 된다. 또한, 임의의 함수가 어떠한 event를 반복문을 사용하여 계속해서 기다리는데, event가 발생하지 않아서 전체적으로 system을 hang상태에 빠지게 할 수도 있다. 이것을 방지하기 위해서 설정한 시간 구간까지 timer를 clear하지 않으면, 즉, timeout이 되면, **전체 system을 reset하도록 하는 특별한 목적의 timer를 watchdog timer**라고 한다. 그러므로 어떠한 면에서는 system 전체를 다시 시작하도록 하는 기능을 수행하므로 system watchdog timer라고 할 수도 있다. 정리하면, watchdog timer란 timer로 지정한 시간을 넘어서도 응답을 하지 않을 경우에 system reset을 하도록 만드는 것이다. [그림 6.3-1]에서 보여준 것과 같이 **STM32 MCU는 2가지 종류의 watchdog**를 제공한다. 즉, MCU main clock과 상관없이 동작하는 IWDG(**Independent** watchdog)과 APB clock으로 동작하는 WWDG(**Window** watchdog)이 있다.

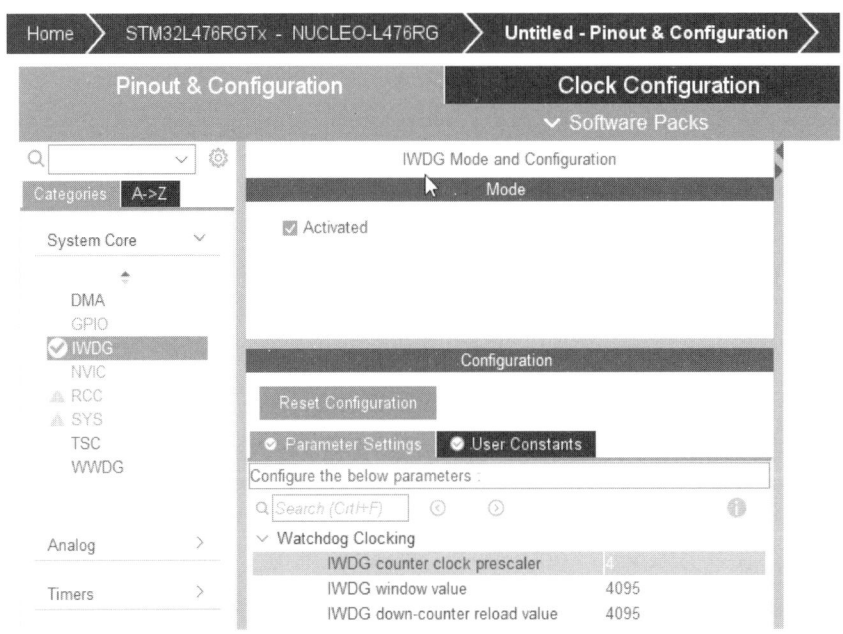

[그림 6.3-1] 2가지 종류의 watchdog IWDG과 WWDG.

[그림 6.3-2]는 2개의 watchdog들에 대한 **설정 화면**을 비교할 수 있도록 함께 보여준 것이다. 각각의 watchdog을 사용하기 위해서는 [그림 6.3-2]의 ①번과 ③번처럼 사용할 watchdog를 우선, **Activated** checkbox를 선택해 주어야 한다. 앞서 설명한 것과 같이 watchdog은 main() 함수를 수행하는 동안 갑자기 program counter가 어딘가에서 빠져 나오지 못하는 경우에 사용된다.

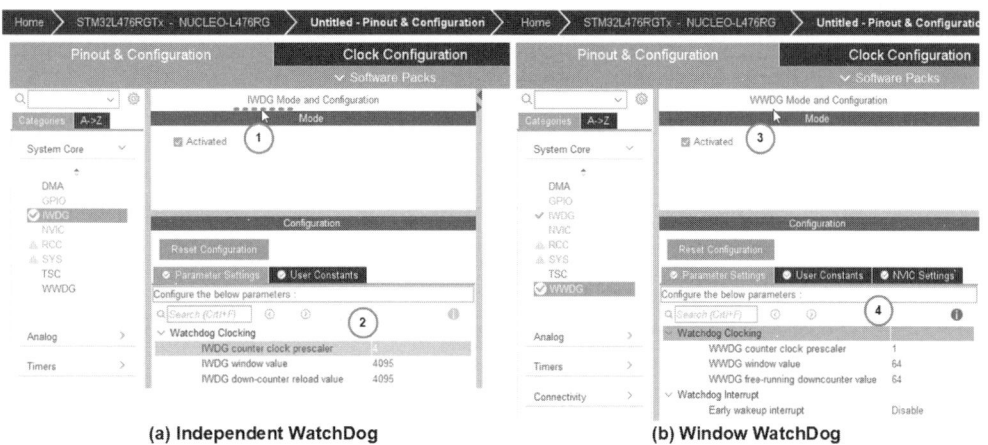

[그림 6.3-2] IWDG과 WWDG 설정화면 비교.

보다 엄밀히 얘기하면, 예상한 시간(예 : 50[us]이하) 안에 main-while loop을 순환해야 하는데, 어딘가에 붙잡혀서 움직이지 않게 되면, 외부에서 볼 때는 **system이 멈춘 것**으로 보인다. 만일, 그 system이 전력 제어를 수행한다면, 폭발의 위험이 생길 수 있으며, 그 밖에 심각한 문제를 야기할 수 있다. [그림 6.3-3]에서 보여준 것과 같이 IWDG는 MCU에 따라서 다르지만 **내부의 32[kHz] 전용 RC clock**을 사용한다.

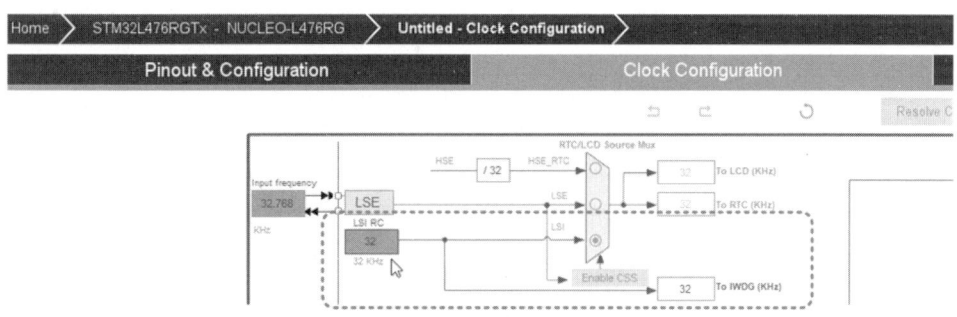

[그림 6.3-3] IWDG을 위한 RC clock.

즉, main clock과 독립적인 clock을 사용하는데, 문제는 이 clock이 정확하지 않다는 것이다. 즉, 내부 RC clock을 사용하므로 온도에 따라서 그 특성이 달라질 수 있다. 즉, **설정한 시간 구간에 대한 오차가 크다**는 의미이다. [그림 6.3-4]는 IWDG에 대한 사용 방법을 정리한 것이다.

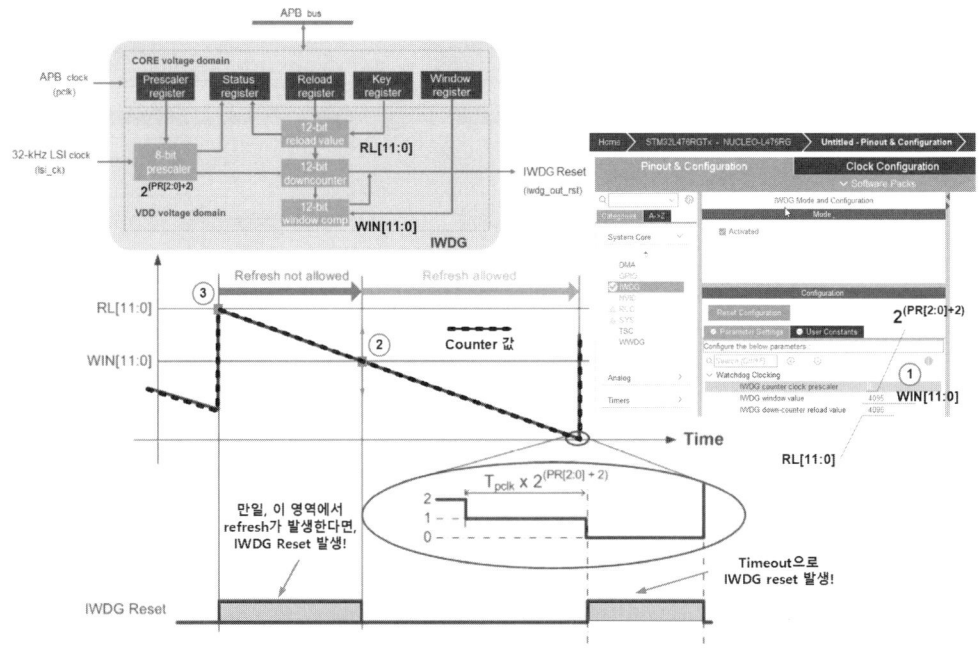

[그림 6.3-4] IWDG 사용 방법.

예를 들어서, STM32L476의 경우, [그림 6.3-3]처럼 LSI RC는 32[kHz]이다. 단, STM32F103과 STM32F302는 모두 LSI RC가 40[kHz]인데 주의하자. 그러므로, 앞서 학습한 timer의 구조와 연관지어 보면, 대충 입력으로 주어진 LSI RC 32[kHz]를 8bits prescaler로 낮추어 주고, 이 clock으로 12bits reload register에 설정한 개수만큼 counting한다는 의미인데, 단지, 12bits WIN[11:0]에 설정한 값보다 작은 구간에서 이 counting 값을 다시 reload하면 IWDG reset이 발생하지 않고, 그렇지 않으면 발생한다는 의미가 된다. 그런데, 현재, WIN[11:0] register의 값은 default인 0x0FFF=4095이다. 그리고, RL[11:0]의 값도 4095이다. 그러면, ②번의 점이 위로 이동하여 ③번으로 이동해서 하나의 점이 되고, 이것은 결국, **Refresh not allowed** 구간이 제거 된다. 결국, **Refresh allowed** 구간만 존재하게 되어 임의의 시간 구간에서 RL 값을 refresh해도 IWDG reset이 발생하지 않는다는 의미가 된다. 정리하면, 현재 counter의 값이 WIN[11:0] register의 값에 저장되어 있는 값보다 **더 작을 때에 RL 값을 refresh하면 reset이 발생하지 않는다.** 또한, refresh 하고 싶을 때에는 함수 **HAL_IWDG_Refresh()**를 사용하면 된다. 좀 더 구체적으로 **tms**[ms] 동안 시간 구간을 설정하여 이 시간 구간 안에 RL 값을 refresh하지 않으면, IWDG reset이 걸리도록 하고 싶은 경우에 RL[11:0]에 설정할 값은 다음 수식을 이용하면 된다. 단, WIN[11:0]=4095, LSI RC=32[kHz], $2^{PR[2:0]+2}$ = PR로 가정한다. **tms** = (1/32000)×PR×(RL[11:0]+1)[ms]이 성립할 것이다. 이 수식을 RL[11:0] 중심으로 수정하면 다음과 같다.

$$RL[11:0] = (tms \times 32000)/(PR \times 1000) - 1 \quad (식\ 6.3-1)$$

(식 6.3-1)의 분모에 1000을 곱한 것은 **tms** 단위를 [ms]로 바꾸기 위함이다. 예를 들어서, main() 함수에서 MX_IWDG_Init() 함수를 호출하여 일단, IWDG이 enable되면, 이후부터는 disable되지 않는다. 이제, 10[ms] 시간 구간 동안 RL이 refresh 되지 않으면 자동으로 IWDG reset이 걸리도록 CubeMX에 RL[11:0]의 값을 (식 6.3-1)을 이용하여 계산하면 다음과 같다. 단, $2^{PR[2:0]+2}$ = PR = 4로 선택하였다.

RL[11:0] = (10×32000)/(4×1000)−1 = (10×32)/(4)−1 = 80−1=79가 된다.

이제 이 값을 적용하여 IWDG reset 기능을 Nucleo-STM32L476 보드에서 확인해 보도록 하겠다. 예제 code는 **Ch6Lab2** folder에 있다. [그림 6.3-5]는 Test용으로 선택한 PA8번 pin에 대한 설정 화면이다.

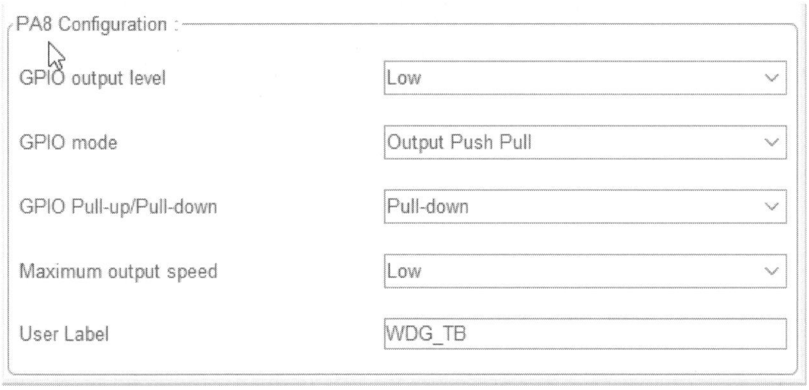

[그림 6.3-5] IWDG Test용 PA8 설정.

Ch6Lab2 project의 main.c file에서 다음의 code 부분을 확인하면 알 수 있듯이 delay는 9[ms]이다.

```
HAL_GPIO_WritePin(GPIOA, GPIO_PIN_8,1);
while (1) {
  HAL_Delay(9); // [ms] in units, 9[ms] delay!
  HAL_IWDG_Refresh(&hiwdg);
  HAL_GPIO_WritePin(GPIOA, GPIO_PIN_8,0);
}
```

즉, 설정한 10[ms] 시간 구간 안에 분명히 RL refresh를 수행하지만, 결과는 [그림 6.3-6(a)]와 같이 timeout으로 잘못 판단하고, IWDG reset이 반복적으로 걸린다는 것이다.

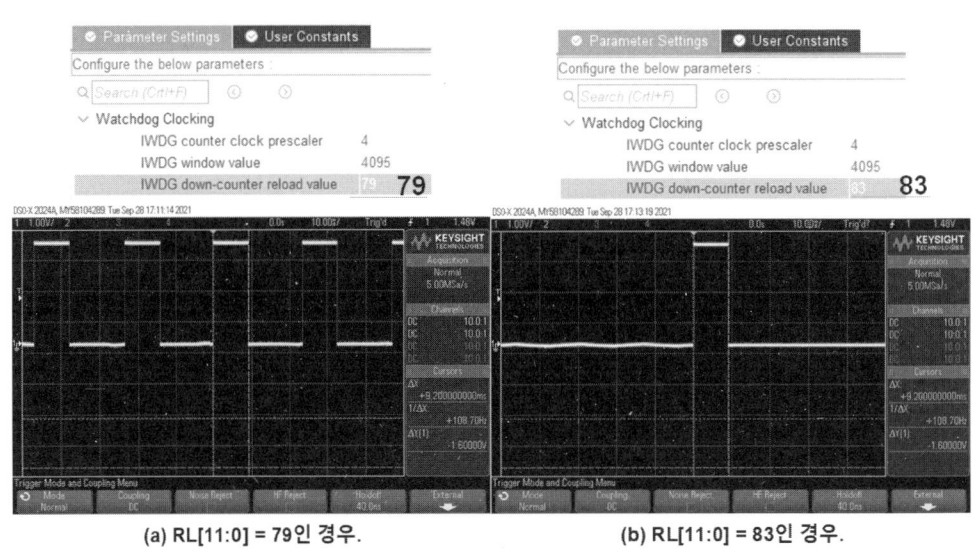

(a) RL[11:0] = 79인 경우.　　　　　　(b) RL[11:0] = 83인 경우.

[그림 6.3-6] HAL_Delay(9)를 이용한 경우.

그러나, 10.5[ms] 시간 구간으로 바꾸기 위해서 RL[11:0]=83을 설정하면, timeout으로 판단하지 않는 것을 볼 수 있다. 물론, 32[kHz]에 PR=4이면, 1/8000[s] = 125[us] counting clock이므로 오차가 발생할 수는 있어도 다소 과한 것이 사실이다. 게다가 RC clock은 온도에 따라서 그 정확도가 달라지므로 정밀한 기계에서는 문제가 될 수 있다. 어쨌든, 개발하는 제품이 수[ms] 오차는 무시할 수 있다면 상관없을 것이다. 이 책에서는 IWDG에 대한 지금까지의 설명으로 STM32 MCU 사용자 입장에서는 충분하다고 생각한다. 주로 **MCU 전원 관련 모니터링**을 수행하기 위해서 전용 watchdog 소자를 사용하는 경우가 많은데, 추가적으로 MCU의 GPIO pin을 전용 watchdog 소자에 연결하여 지정한 시간 구간 안에

toggling하지 않으면, 전용 watchdog 소자가 MCU의 reset 핀을 active low로 구동하여 MCU를 reset 시켜준다. 다양한 전용 watchdog 소자가 시장에 출시되어 있지만, 여기서는 ADI Inc.에서 출시하는 **ADM8613** watchdog 소자를 소개해 보도록 하겠다.

6.4 ADM8613(WatchDog) 사용 방법.

여기서는 전용 WatchDog 소자인 ADI Inc.에서 출시한 ADM8613 소자에 대해서 설명하지만, 다른 제조사의 전용 watchdog 소자들도 사용방법이 비슷하고, 성능도 유사하므로 많은 도움이 될 것이다. 구체적으로 ADM8613은 Watchdog Timer와 Manual Reset 기능을 갖고 있는 Ultralow Power Supervisory IC이다. 이 device는 Ultralow Power에 걸맞게 **92[nA] 전류를 소비**한다. ADM8613 low power 전압 관리자는 power-up, power-down 그리고, 급격한 전압 저하 동안에 올바른 동작을 보장함에 주어서 system 동작의 오류를 막아 준다. [그림 6.4-1]은 ADM8613의 내부 구성도를 보여준 것이다.

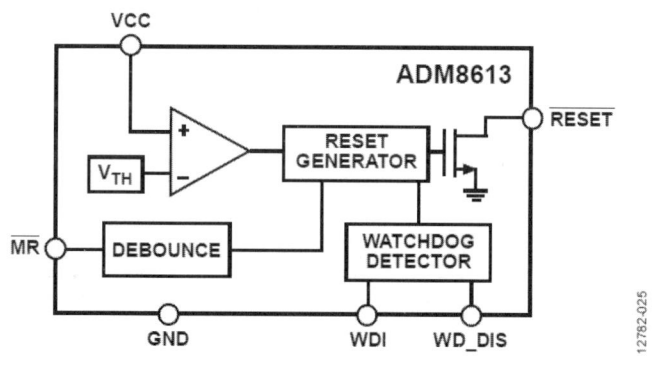

[그림 6.4-1] ADM8613 내부 구성도.

[그림 6.4-1]에서 보여준 것과 같이 전원 전압(V_{CC})을 V_{TH}와 비교하여 V_{TH}보다 적으면, _RESET pin을 0으로 출력하여 계속해서 MCU를 reset 상태에 있게 한다. 만일, 최소 기간 즉, active reset timeout 기간 동안 V_{TH}보다 크면, _RESET pin을 1로 출력한다. 이것은 MCU가 reset으로부터 빠져나오기 전에 MCU를 위한 공급 전압이 적절한 level로 올라갔고, 안정적인 것을 의미한다. ADM8613의 V_{CC} pin은 ADM8613 자체의 전원을 공급하기

위해서도 사용되고, 전압 monitoring 입력으로도 사용된다. [그림 6.4-2]처럼 ADM8613의 V_{CC} pin과 GND pin 사이에 가능하면 가깝게 0.1[uF] decoupling capacitor를 배치해 줄 것을 추천한다.

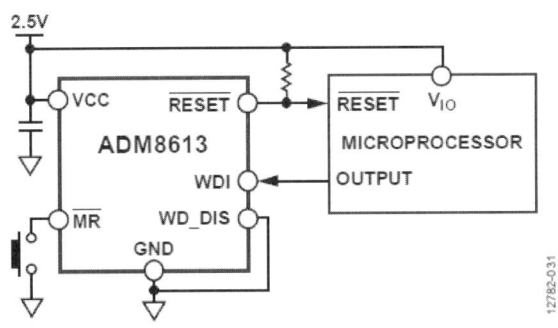

[그림 6.4-2] ADM8613의 전형적인 구성도.

참고적으로 [그림 6.4-3]은 ADM8615에 대한 전형적인 회로 구성을 보여준 것이다.

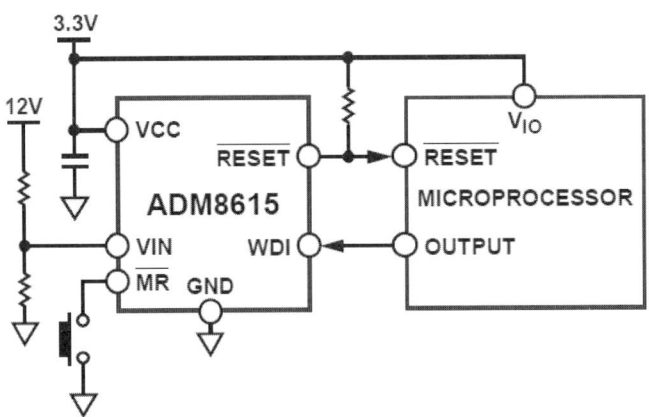

[그림 6.4-3] ADM8615의 전형적인 구성도.

ADM8615는 특별히 원하는 전압 monitoring threshold를 programming할 수 있도록 외부 저항 divider 회로를 구성하여 추가적인 V_{IN} pin에 입력으로 제공할 수 있다. 순간적인 power 공급의 변화로 유발되는 불필요한 reset들을 피하기 위해서 내부적으로 filter가 V_{CC}와 V_{IN}에 제공된다. ADM8613의 _RESET은 active low, open-drain reset 출력이며, $V_{CC} > 0.9[V]$이면, 바로 _RESET pin 출력은 유효하게 된다. 측정된 전압이 관련된

threshold 전압 아래로 떨어지면, _RESET pin은 23[us]~26[us] 안에서 low가 된다. 즉, ADM8613Y232의 경우에 0.9[V]<V_{cc}<2.35[V]이면, _RESET pin은 low가 된다. 단, 2.35[V]는 [표 6.4-1]에서 발췌한 것이다.

Reset Threshold Number	Min	Typ	Max	Unit
232	2.290	2.32	2.350	V
263	2.596	2.63	2.664	V
293	2.892	2.93	2.968	V
308	3.040	3.08	3.120	V
463	4.570	4.63	4.690	V

[표 6.4-1] ADM8613의 V_{CC} Reset Threshold Voltage(V_{TH}) Options.

이것이 **system reset**으로 사용된다면, MCU의 오동작을 막을 수 있게 된다. ADM8613은 _MR이라는 manual reset 입력을 가지고 있다. 즉, _RESET pin은 전원 전압의 상태에 따라서 **자동**으로 수행되는 system reset으로 사용하고, _MR pin은 toggle switch에 연결하여 **manual** reset으로 사용한다. _MR pin이 low로부터 high로 천이할 때, _RESET은 [그림 6.4-4]에서 보여준 t_{RP} 동안 reset 상태로 남아 있게 된다.

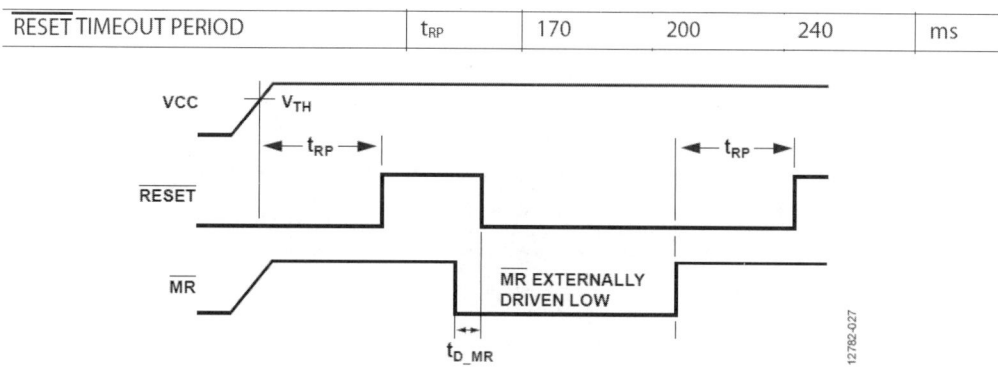

RESET TIMEOUT PERIOD	t_{RP}	170	200	240	ms

[그림 6.4-4] Manual Reset Timing.

t_{RP}의 전형적인 값은 **200[ms]**인 것을 알 수 있다. _MR pin 입력은 내부적으로 600[kΩ] pull-up 저항을 가지고 있다. 만일, 필요하다면, _MR pin과 ground 사이에 0.1[uF] capacitor를 사용하여 추가적으로 noise를 막을 수도 있다. 내부에 있는 watchdog timer 는 WDI pin에 low to high 또는 high to low 천이가 발생할 때마다 clear 된다. 만일, timer가 미리 지정한 timeout period(t_{WD})까지 counting을 하면, _RESET 출력은 active low가 된다. 예를 들면, 앞서 살펴본 ADM8613Y232의 경우에 [표 6.4-2]로부터 timeout period(t_{WD})는 1.6[s]인 것을 볼 수 있다.

Watchdog Timeout Period Code	Min	Typ	Max	Unit	Test Condition/Comments
Y	1.4	1.6	1.9	sec	WD_DIS low
Z	22.3	25.6	30.5	sec	WD_DIS low

[표 6.4-2] ADM8613 ADM8615 Watchdog Timeout Options.

그러므로, MCU가 ADM8613Y232의 _RESET pin을 system reset pin으로 이용하는 경우에는 1.6[s] 안에 WDI pin을 toggling해 주지 않으면, 자동으로 reset이 걸리게 된다는데 주의하자. [그림 6.4-5]는 지금까지의 설명을 보여주는 ADM8613Y232의 _RESET pin 파형이다.

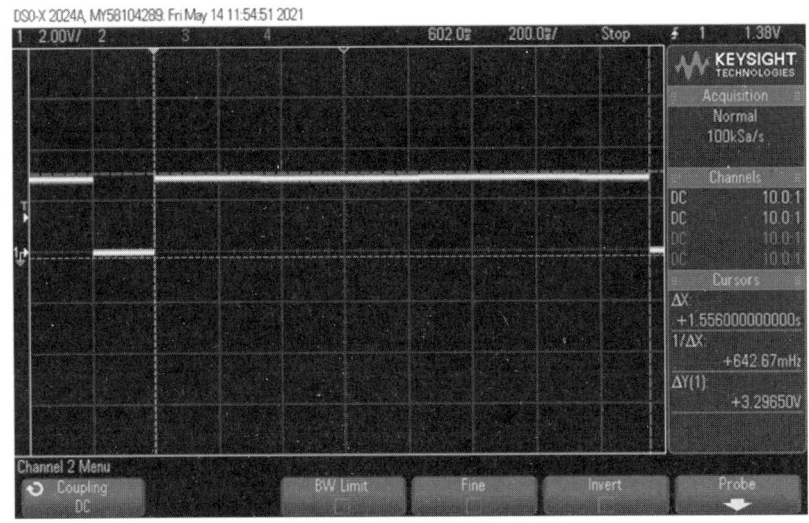

[그림 6.4-5] ADM8613Y232 _RESET pin 동작 파형.

만일, timeout period 안에 WDI pin을 toggling하지 못하였다는 것은 ADM8613 WDI pin에 연결되어 있는 MCU의 GPIO output pin이 toggling하지 못하였다는 것을 의미하고, 이것은 MCU의 GPIO output pin이 toggling하도록 만드는 code를 timeout 주기 안에 실행하지 못하였다는 것을 의미한다. 이것은 MCU 내부 어딘가에 실행이 멈추었거나 빠져나오지 못하여서 다음 명령문을 실행하지 못하는 것을 의미한다. [그림 6.4-6]에서 보여준 것과 같이 이 경우에는 ADM8613의 _RESET pin에서 reset pulse가 발생하여 MCU를 reset해 준다.

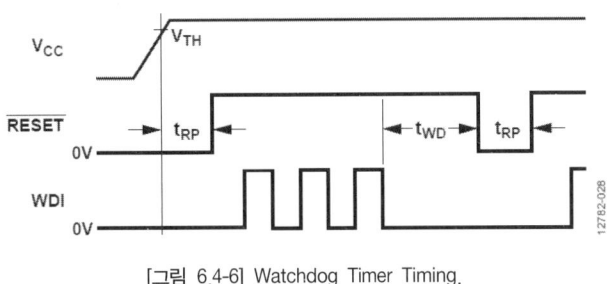

[그림 6.4-6] Watchdog Timer Timing.

일반적으로 수십 [us]안에 loop 수행을 완료해야 하는 **main while-loop** 안에 WDI pin을 toggling하는 code를 추가해 준다. _MR pin이 low가 되면, 내부 watchdog timer는 다시 counting을 시작한다. 또한, [그림 6.4-6]에서 보여준 것과 같이 _RESET pin이 active low 즉, assert되면, watchdog timer는 clearing되고, _RESET 출력이 deasserting 될 때까지 다시 counting을 시작하지 않는다. watchdog timer는 WD_DIS를 high로 driving 함에 의해서 disable 될 수 있다. [그림 6.4-7]에서 보여준 것과 같이 WDI pin을 구동하는 MCU의 GPIO pin에 대한 GPIO mode는 **Output Push Pull**로 설정해 주어야 한다.

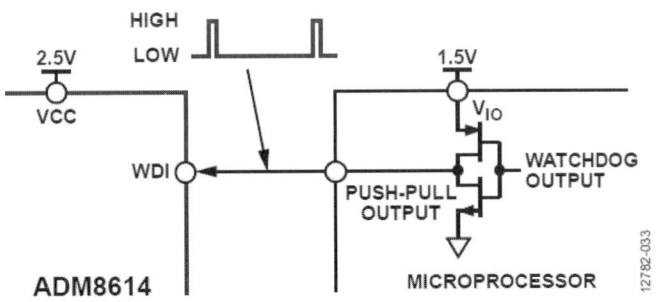

[그림 6.4-7] WDI pin을 위한 Push Pull 출력.

또한, power 손실을 최소화하기 위해서 WDI pin을 구동할 pulse의 폭을 아주 짧게 (>85[ns]) 설정해 주는 것이 좋다. 만일, [그림 6.4-8]과 같이 pull-up 저항을 이용한 open-drain 출력을 사용한다면, 가능하면, WDI 폭을 작게 잡아서 pull-up 저항으로 흐르는 전류의 양을 최소화 해 주는 것이 좋다.

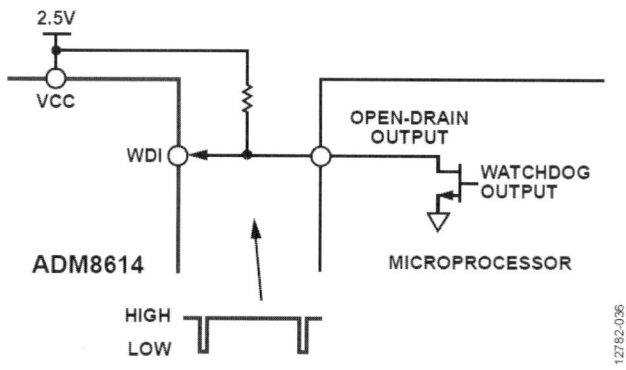

[그림 6.4-8] pull-up 저항을 이용한 WDI 구동.

앞서 언급한 것과 같이 ADM8613은 watchdog timer 기능을 disable해 주는 WD_DIS pin 을 가지고 있다. release options는 **standard model**이라고 부르며, [표 6.4-3]과 같이 reset threshold 전압과 관련을 가진다.

Model	Reset Threshold (V)	Watchdog Timeout (sec)
ADM8611N263ACBZ-R7	2.63	N/A
ADM8611N293ACBZ-R7	2.93	N/A
ADM8612N110ACBZ-R7	1.1	N/A
ADM8613Y232ACBZ-R7	2.32	1.6
ADM8613Z232ACBZ-R7	2.32	25.6
ADM8614Y263ACBZ-R7	2.63	1.6
ADM8615Y100ACBZ-R7	1	1.6
ADM8615Z050ACBZ-R7	0.5	25.6

[표 6.4-3] Standard Model.

[그림 6.4-9]는 **order code** 구조를 보여 준 것이고, [그림 6.4-10]는 ADM8613Y232의 동작 상황을 보여주고 있다.

6.5 Timer를 이용한 micro second delay 함수 구현 방법.

HAL library에서 제공하는 **HAL_Delay()** 함수는 1[ms] 단위로 delay를 시켜줄 수 있다.

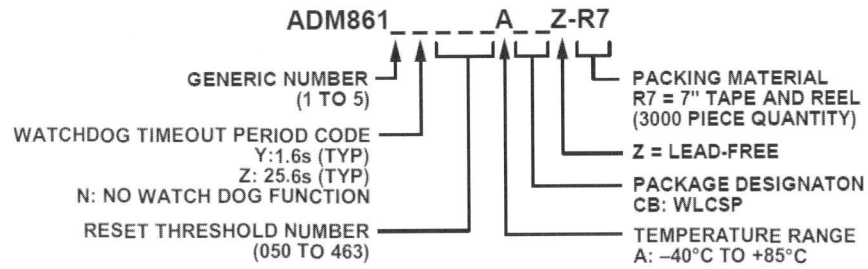

[그림 6.4-9] 주문(order) code 구조.

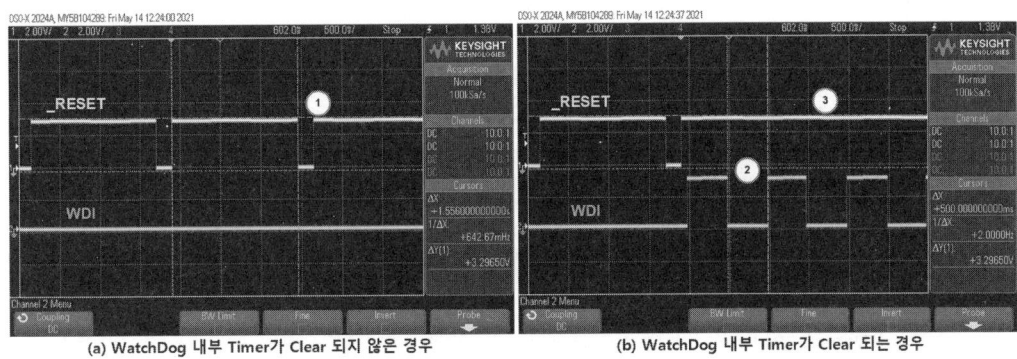

[그림 6.4-10] Watchdog 내부 timer clear.

이제, micro second delay 함수를 구현하는 방법을 살펴보도록 하겠다. 사실, 이 함수는 15.2.절에서 설명할 LCD 16×2 module을 사용하여 정보를 표시할 때 사용할 것이다. 우리가 기억할 것은 이번 단원에서 구현할 것은 **Core의 실행을 지정한 시간동안 지연시켜주는 함수를 구현하는 것이다. 즉, 어떠한 시간 구간마다 업무를 수행할 수 있도록 interrupt를 발생시킬 필요가 없다는 것**이다. 사실, us 단위로 일정한 업무를 수행하도록 interrupt를 발생시키는 것은 일반 MCU 입장에서는 상당히 벅찬 것이 사실이다. 일반적으로 GPIO는 pulse를 생성할 때, setup과 hold time 생성시간으로 인해서 50[MHz] 이상의 pulse를 생성하는 것은 어렵다. 어쨌든, [그림 6.5-1]과 같이 APB2 Timer clock을 80[MHz]로 공급하고, PSC=80-1을 설정하면, 1[MHz] 즉, **1[us] 마다 Timer 1의 counter 값**을 counting 하게 된다. 이때, Counter Period 즉, ARR=0xFFFF-1와 같이 최대값으로 설정하여 주는 것이 좀 더 안정적으로 1[us] 단위의 delay를 얻는데 도움을 준다. 사실, 이 값은 초기 설정 값으로만 의미를 가지고, Ch6Lab3 folder 안에 있는 main.c file에 다음과 같은 delay 함수를 정의하여 직접 CNT Counter register 값을 설정할 것이다.

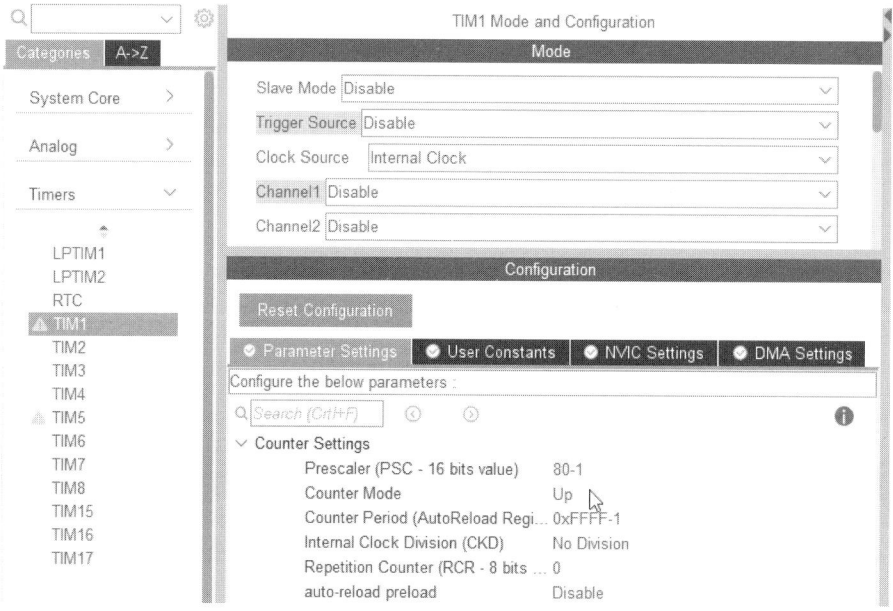

[그림 6.5-1] Timer 1 설정 화면.

```
void NonHal_Delay(uint16_t us) {
  __HAL_TIM_SET_COUNTER(&htim1,0); // Set the Timer 1 counter value as 0
  // wait for the counter to reach the us input value in the parameter.
  while(__HAL_TIM_GET_COUNTER(&htim1) < us);
}
```

이 함수에서 __HAL_TIM_SET_COUNTER() 함수는 첫 번째 입력 매개변수로 지정한 timer의 CNT counter register 값을 2번째 입력 매개변수 값으로 할당해 준다. 결국, [그림 6.1-4]를 참조하면, **1[us] 마다 Timer 1의 counter 값**을 counting 하는데, main while-loop에서 다음과 같이 NonHal_usDelay(10) 함수를 호출하면, 결국, 10[us] 마다 NonHal_usDelay() 함수의 while loop를 빠져나가게 되고, 그리고, PA8번 pin의 출력을 toggling하게 될 것이다.

```
/* USER CODE BEGIN 2 */
HAL_TIM_Base_Start(&htim1);
/* USER CODE END 2 */

/* Infinite loop */
/* USER CODE BEGIN WHILE */
```

```
while (1) {
  NonHal_usDelay(10);   // 10[us]
  HAL_GPIO_TogglePin(GPIOA,GPIO_PIN_8);
  /* USER CODE END WHILE */

  /* USER CODE BEGIN 3 */
}
```

[그림 6.5-2]는 작성한 NonHal_Delay() 함수를 이용하여 10[us] delay를 발생시키고, PA8번 pin을 toggling 한 결과 화면이다.

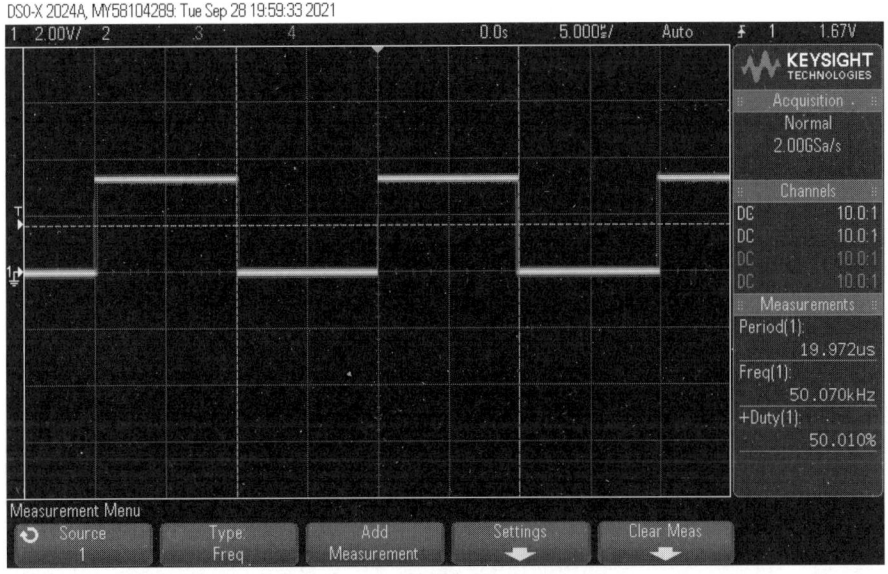

[그림 6.5-2] Timer 1을 이용한 10[us] delay.

STM32 MCU를 지원하는 HAL 관련 함수들을 사용할 때, 항상, 기억해 둘 것은 어떠한 주변 장치를 사용하기 위해서는 **해당 주변 장치를 triggering하는 함수와 그에 대한 callback 함수의 조합이 항상 함께 존재해야 한다는 것**이다. 예를 들면, [그림 6.5-2]와 같이 Timer를 작동시키기 위해서는 Timer가 enabling되어 동작해야하는데, 이때, **interrupt를 발생시킬 것인지에 따라서 HAL_TIM_Base_Start_IT() 함수에 대한 호출을 결정**한다. 만일, interrupt가 필요 없으면, **접미사 _IT를 제거한 HAL_TIM_Base_Start()** 함수를 호출하면 된다. Ch6Lab3 project에서는 Timer 1 interrupt를 사용하지 않았으므로

HAL_TIM_Base_Start()를 호출해야 한다. [그림 6.5-3]은 timer 관련 trigger 함수들을 보여주고 있다. 이 내용은 timer 뿐만 아니라 RTC를 제외한 거의 모든 주변 장치들에도 유사하게 적용된다는 데 주의하자. [그림 6.5-4]는 Chapter 13에서 학습할 ADC와 관련된 trigger 함수들을 보여준 것이다.

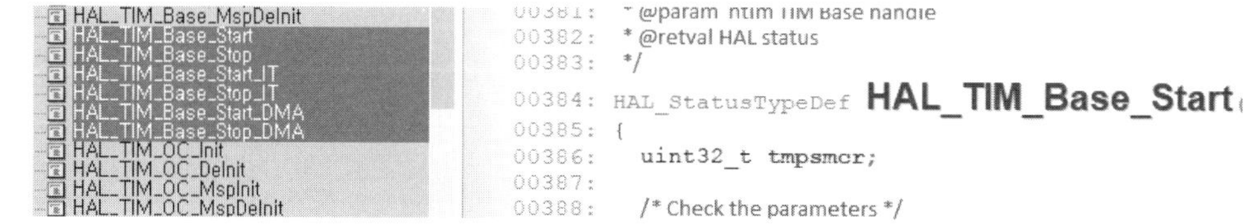

[그림 6.5-3] Timer Trigger 함수들.

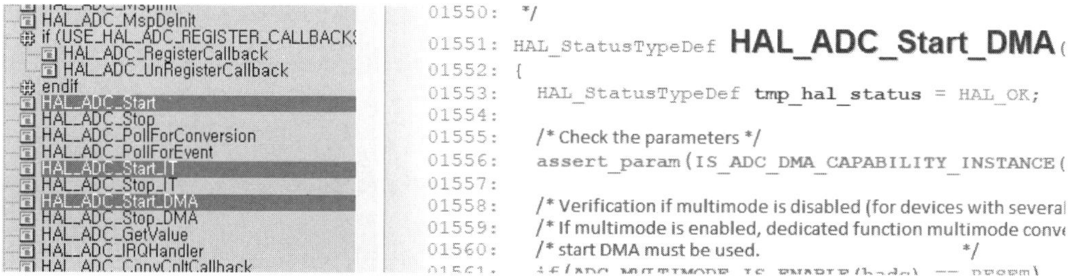

[그림 6.5-4] ADC Trigger 함수들.

결국, trigger하는 함수, 그리고, 그 trigger하는 함수가 interrupt 기반이면, callback 함수를 작성하여 사용하는 방식이다. 일반적인 UART, I2C, SPI 등도 모두 polling 기반과 접미사로 _IT()를 사용하는 interrupt 기반 함수들로 구분되는데, 이들 함수를 호출 할 때마다 관련 polling과 interrupt 기반 동작을 수행하게 된다. 수신의 경우에는 접미사 _IT() 함수를 호출 할 때마다 수신 interrupt에 대해서 조사하고, enabling 하므로 여러 번 호출하여도 문제가 되지 않는다. 물론, 이것은 polling 방식의 수신에서도 동일하다. 단지, **HAL_TIM_Base_Start_IT() 함수와 HAL_TIM_Base_Start() 함수를 동일한 timer에 대해서 사용하면 절대로 안 된다는 데 주의하자. 이것은 다른 주변 장치에서도 적용되는 것으로서 동일한 주변 장치에 polling 방식과 interrupt 방식을 동시에 사용하면 문제가 발생할 수 있다는데 주의하자.**

【연구 과제】

이번 Chapter에서는 Timer와 관련된 다양한 내용들에 대해서 학습하였다. 또한, 학습한 내용에 대해서 Nucleo-STM32L476 보드를 활용하여 Ch6Lab1, Ch6Lab2, 그리고, Ch6Lab3 project를 수행하였다. 이제, 이들 내용을 Nucleo-STM32F103으로 수행해 보고, 그 결과를 비교해 보기 바란다. 특별히, STM32L476의 경우에 LSI RC는 32[kHz]인 반면에 STM32F103과 STM32F302는 모두 LSI RC가 40[kHz]인데 주의하자. 다음은 STM32F103 LSI RC가 40[kHz]인 것을 보여주고 있다.

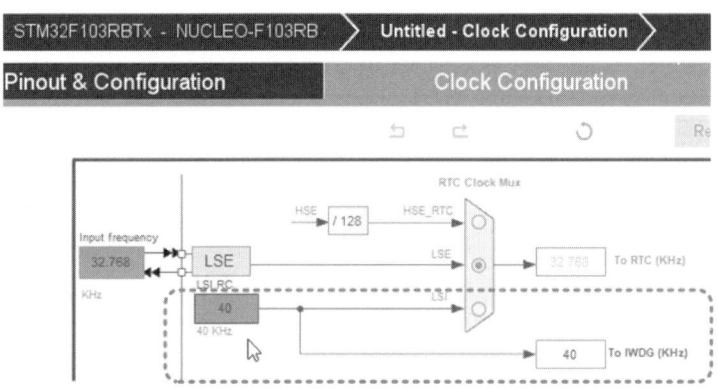

CHAPTER 07

PWM 생성 및 사용 방법

PWM(Pulse Width Modulation)은 단어 자체가 의미하듯이 구형 pulse 각각의 1 주기에 대해서 high level(즉, "1")과 low level(즉, "0")의 폭에 대한 비율에 **의미를 부여**하는 방법이다. 여기서 "**의미**"를 부여한다는 것은 **데이터를 실어준다**는 의미이다. 예를 들면, 라디오 방송에서 **AM**(Amplitude Modulation)과 **FM**(Frequency Modulation)이 있는데, 이것은 각각 라디오의 audio 신호를 크기(amplitude)로 변조(modulation)하는 방식과 주파수(frequency)로 변조(modulation)하는 것을 의미한다. 마찬가지고 PWM은 1주기 구형파의 pulse를 구성하는 high level과 low level의 폭에 대한 비율과 원하는 데이터 사이에 관계를 만들어 주는 방식이다. 구체적으로 PWM을 전력 제어용 반도체에 연결하면, high level 폭이 넓을수록 더 많은 전력이 전송되도록 설계할 수 있다. 이처럼 pulse 폭에 원하는 데이터를 관련시키는 변조 방식을 PWM이라고 하며, 다음과 같은 분야에서 사용되고 있다.

① 표준 서보 모터의 위치제어.   ② 서보 모터의 회전 속도 제어.
③ LED의 밝기 제어.   ④ 음향관련 소리 발생기.
⑤ sine, 삼각파, 또는 구형파 등과 같은 파형 발생기.

이번 Chapter에서는 STM32 MCU가 제공하는 PWM의 내부 구조와 원하는 사양에 맞는 PWM을 생성하는 방법을 학습하게 될 것이다. 그리고, **여러 PWM channel들을 동기화시키는 방법**과 사용 실례들을 학습해 보도록 하겠습니다.

■ 학습 목표 :
- STM32 MCU에서 제공하는 PWM의 내부 구조와 특징을 학습한다.
- STM32 MCU에서 제공하는 여러 PWM channel들을 동기화하는 방법에 대해서 학습한다.
- 여러 PWM channel들을 동기화하는 3가지 방식들에 대해서 학습한다.
- PWM channel들에 대한 동기화가 갖는 의미를 학습한다.
- SJ_MCUBook_Apps program의 편의 기능을 이용하여 CubeMX에서 PWM 설정을 보다 쉽게 하는 방법을 학습한다.

7.1 PWM 소개와 사용 방법.

[그림 7.1-1]에서는 4개의 PWM channel들을 이용하여 DC motor를 구동하기 위한 H-Bridge 즉, full bridge를 보여주고 있다.

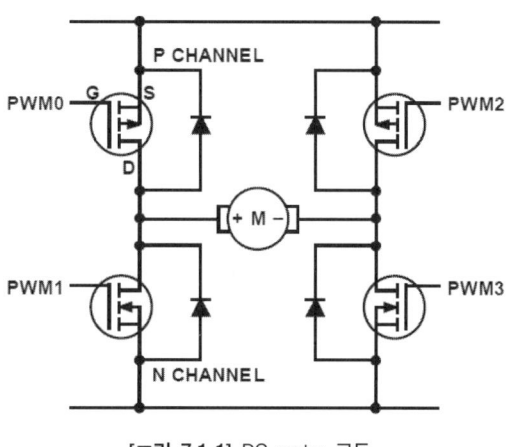

[그림 7.1-1] DC motor 구동.

참고적으로 [그림 7.1-2]는 $V_{DC}/2$를 출력하는 half bridge를 보여준 것이다.

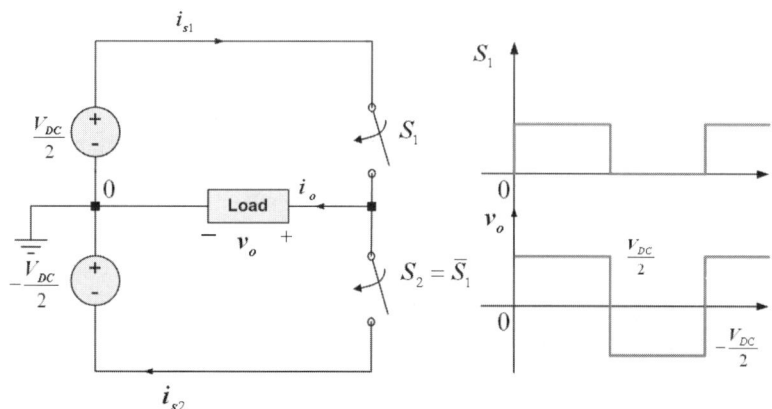

[그림 7.1-2] half bridge.

그리고 [그림 7.1-3]은 V_{DC}를 출력하는 full bridge를 보여준 것이다. 구체적으로 [그림 7.1-1]에 주어진 DC motor를 구동하기 위해서는 4개의 PWM 신호들이 필요하다.

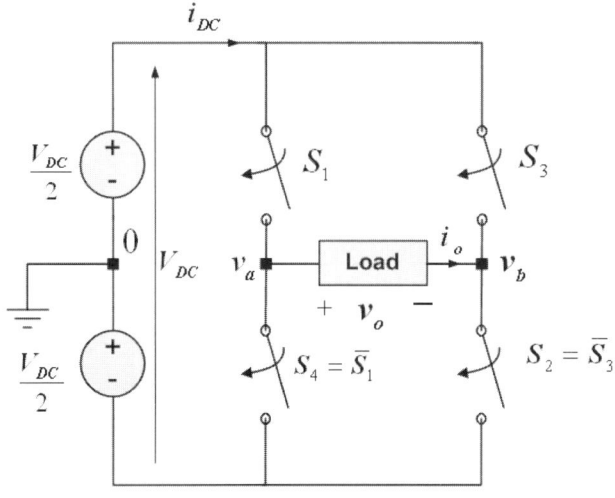

[그림 7.1-3] full bridge.

물론, PWM0과 1 그리고 PWM 2와 3은 **arm short(동시에 단락)**가 발생하지 않도록 항상 역상으로 발생해야 할 것이다. 여기서 언급한 arm short는 전력 반도체(예 : MOSFET, IGBT 등)를 사용하는 경우에 switch turn on에 비해서 turn off에 따른 전압 level의 하강 시간이 상대적으로 느려서 2개의 switch들이 동시에 연결(단락)되는 현상을 의미하며, 이와 같은 arm short의 발생을 막기 위해서 2개의 switch들이 동시에 끊어지도록 미세하게 PWM 폭을 제어하는 기능을 **deadtime 기능**이라고 하며, 잠시 후에 좀 더 자세히 설명할 것이다. 이처럼 DC motor뿐만 아니라 전력 반도체(예 : MOSFET, IGBT 등)에서는 PWM에 대한 미세한 제어가 중요한 역할을 한다. 이제, PWM 신호에 대해서 자세히 학습하고, STM32 MCU의 PWM channel을 통하여 PWM 신호를 생성하는 방법에 대해서 학습해 보도록 하겠다. [그림 7.1-4]는 전형적인 PWM 신호를 보여준 것이다. 구체적으로 PWM은 다음과 같은 중요한 2가지 매개변수들이 존재한다.

❶ 주기(Period) 또는 주파수(Frequency) :

[그림 7.1-4]의 경우, 50[Hz] 또는 20[ms]를 주기로 반복적인 구형파가 생성되는 것을 알 수 있다. 참고적으로 이 주파수 값은 서보 모터 제어에서 일반적이다.

❷ Duty Cycle :

[그림 7.1-4]의 경우, 1주기가 20[ms]이고, high level 구간은 4[ms]이므로 4/20=1/5가 된다. 결국, 1주기 기준으로 **duty cycle은 20%**가 된다.

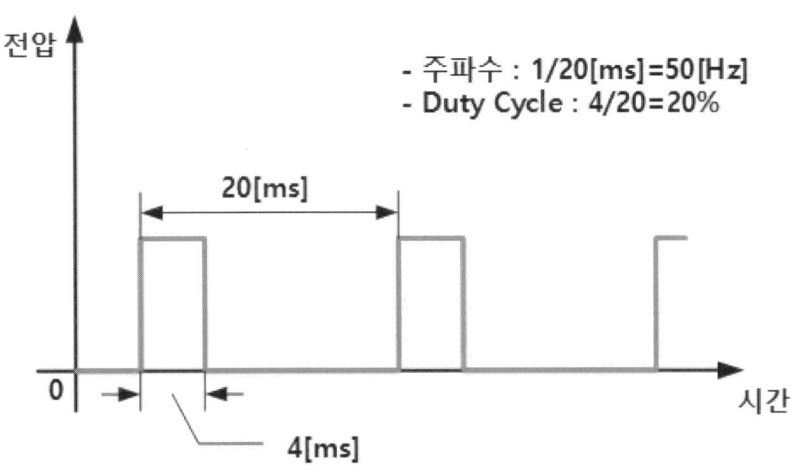

[그림 7.1-4] 전형적인 PWM 신호.

Chapter 6.에서 우리는 STM32 MCU가 [표 7.1-1]에서 보여준 3가지 종류의 timer들을 지원한다고 학습하였다.

Timer	Counter resolution	Counter type	Prescaler factor	DMA request generation	Capture/compare channels	Complementary outputs
TIM1, TIM8	16-bit	Up, down, up/down	Any integer between 1 and 65536	Yes	4	Yes
TIM2, TIM3, TIM4, TIM5	16-bit	Up, down, up/down	Any integer between 1 and 65536	Yes	4	No
TIM6, TIM7	16-bit	Up	Any integer between 1 and 65536	Yes	0	No

[표 7.1-1] timer 종류별 비교.

이중에서 Advanced timer(TIM1, TIM8)와 General Purpose timer(TIM2~TIM5)만 PWM 신호를 생성할 수 있다. 즉, TIM6과 TIM7 Basic timer는 PWM 신호를 생성할 수 없다는 데 주의하자. 왜냐하면, Basic timer는 입력과 출력 pin 설정을 할 수 없기 때문이다. [그림 7.1-5]는 [그림 7.1-4]에 Timer 기능을 함께 표시한 것이다. y축인 16bits counter는 [그림 6.1-4]의 CNT Counter register에 저장되는 값을 의미한다.

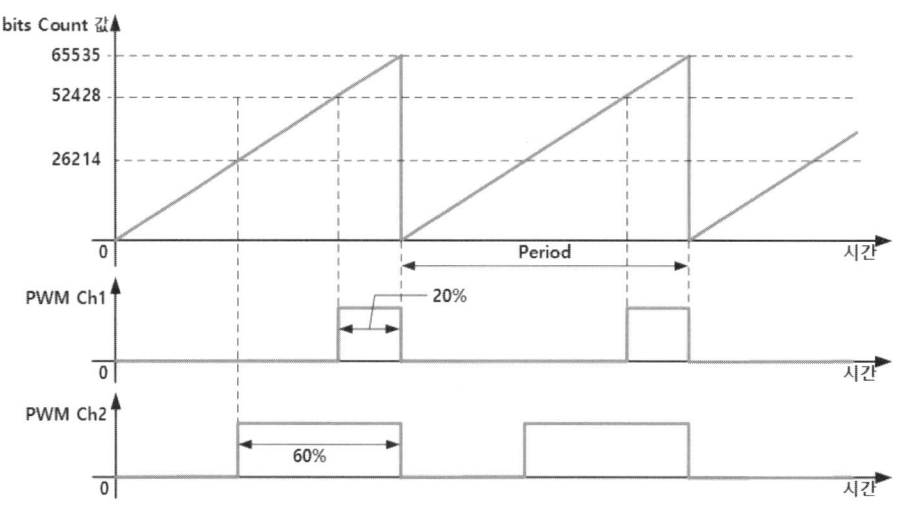

[그림 7.1-5] PWM 신호 생성(1).

16bits이므로 0부터 65535까지 counting을 할 것이다. [그림 7.1-5]는 2개의 PWM 신호 즉, 20% duty cycle을 갖는 PWM Ch1과 60% duty cycle을 갖는 PWM Ch2를 보여주고 있다. 이와 같은 **PWM 신호를 생성**하기 위해서는 앞서 Chapter 6의 [그림 6.1-4]에 대한 내용을 이해해야 한다. 즉, **PSC** register에 설정한 clock을 기준으로 **CNT** counter가 계속해서 Up 또는 Down counting을 하다가 설정한 16bits **ARR** register 값과 일치하면, **event를 발생**시켜서 **일정 시간 구간을 생성**하는 방법을 학습하였다. 또한, Up, Down 그리고, center aligned counting과 관련된 [그림 6.2-1]부터 [그림 6.2-3]을 살펴보았다. 이 그림들에 20%와 60% duty cycle을 생성하는데 필요한 **CCR(Capture Compare register)**을 추가하면 [그림 7.1-6]과 같이 표현할 수 있다. 즉, 다음과 같이 2가지 PWM 생성 mode를 제공한다.

❶ PWM Mode 1 :
  CNT counter 값 〈 CCR 일 때는 High level 출력, 그렇지 않을 때는 Low level 출력.
❷ PWM Mode 2 :
  CNT counter 값 〈 CCR 일 때는 Low level 출력, 그렇지 않을 때는 High level 출력.

Ch7Lab1 예제 code에 있는 **Ch7Lab1.ioc** 파일을 열면, [그림 7.1-7]과 같이 2개의 PWM 신호를 생성하도록 설정한 것을 볼 수 있다.

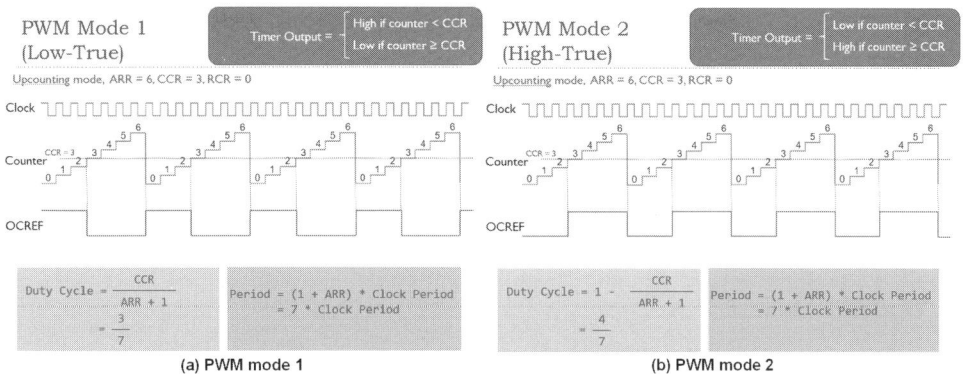

[그림 7.1-6] PWM 생성 mode.

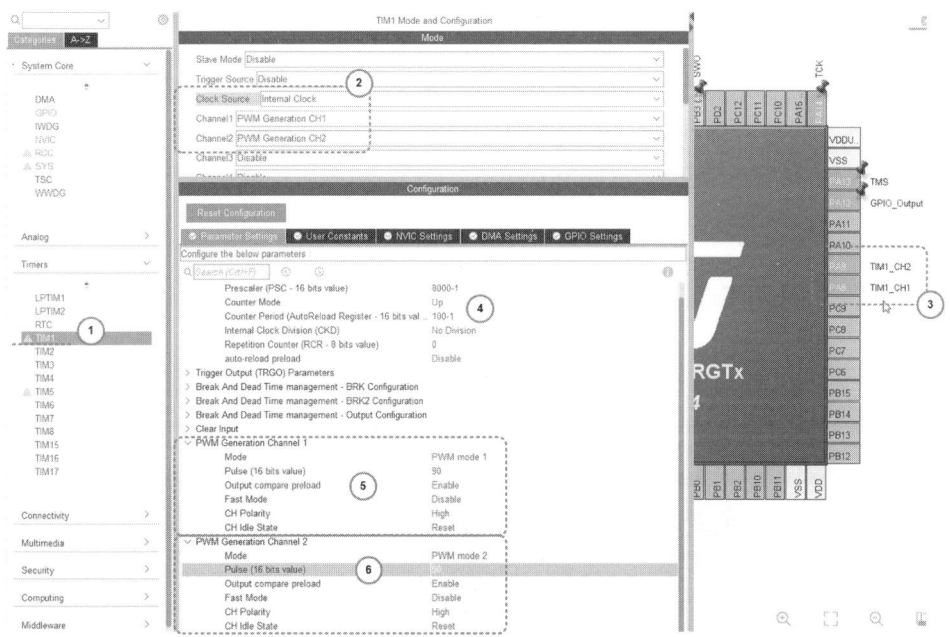

[그림 7.1-7] PWM 생성 mode.

2개의 PWM 신호를 생성하기 위해서 사용할 timer는 1번 즉, Advanced Control timer인 TIM1이다. 즉, ①번과 같이 선택하고, ②번과 같이 Clock Source로는 Internal Clock 80[MHz]를 선택하고, 2개의 **PWM Generation CH1**번과 **PWM Generation CH2**번을 선택한다. 그러면, 자동으로 ③번과 같이 PA8번 pin은 TIM1_CH1이 할당되고, PA9번 pin은 **TIM1_CH2가 PWM 출력 port로 각각 할당**된다. CNT counter clock은 80[MHz]를 8000

으로 분주하여 10[kHz]로 만들어서 **10[ms]마다** Update Interrupt(UI)가 발생하도록 ARR=100을 할당한 것을 볼 수 있다. 그리고, ⑤번과 같이 PWM CH1을 위해 **Pulse(16 bits value)** 즉, **CCR1=90**을 지정해 주고, PWM CH2에도 동일하게 **CCR2=90**을 지정해 주었다. 단, 각각 PWM mode 1과 2를 할당하여 주었다. 결국, 전체 10[ms]를 ARR=100으로 표현한다면, 다음과 같은 PWM 신호들이 생성될 것이다.

❶ PWM Mode 1 :

CNT counter 값 〈 CCR1=90 일 때는 **High** level 출력, 그렇지 않을 때는 Low level 출력. 결국, 90% duty cycle을 가진 PWM wave가 생성될 것이다.

- PA8번 pin으로 PWM **TIM1_CH1** 출력.

❷ PWM Mode 2 :

CNT counter 값 〈 CCR2=90 일 때는 **Low** level 출력, 그렇지 않을 때는 High level 출력. 결국, 10% duty cycle을 가진 PWM wave가 생성될 것이다.

- PA9번 pin으로 PWM **TIM1_CH2** 출력.

[그림 7.1-8]은 **Ch7Lab1** folder에 있는 IAR project를 build하여 Nucleo-STM32**L476** 보드에서 실행하여 생성된 PWM 신호들이다.

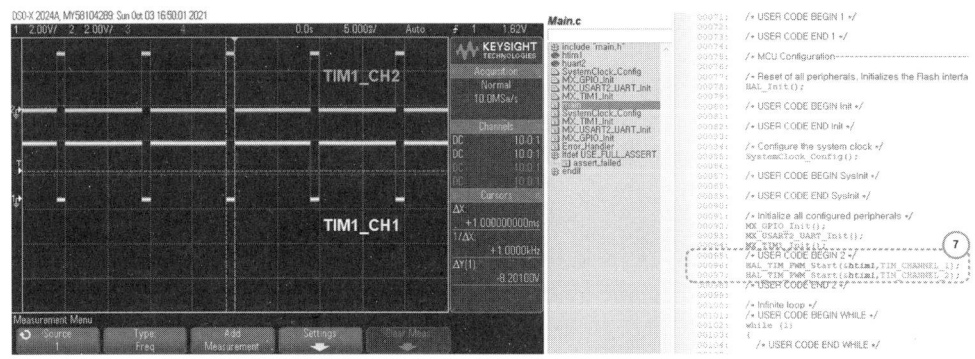

[그림 7.1-8] **Ch7Lab1** folder로부터 생성된 PWM 신호들.

PWM Mode 1로 출력한 PWM TIM1_CH1은 전체 10[ms]에서 1[ms]만 low level인 것을 확인할 수 있다. 즉, duty cycle은 90%이다. 그리고, PWM Mode 2로 출력한 PWM TIM1_CH2은 전체 10[ms]에서 1[ms]만 high level인 것을 확인할 수 있다. 즉, duty cycle

은 10%이다. 주의 할 것은 ⑦번과 같이 **Timer와 달리** HAL_TIM_PWM_Start() 함수를 사용하여 해당 timer를 enable해 주고, channel도 할당해 주어야 한다는 것이다. 단, [그림 7.1-9]의 ⑧번과 같이 bit **or** 연산자를 이용하여 TIM_CHANNEL_1과 TIM_CHANNEL_2 를 함께 표현해 주면 **안 된다는데 주의**하자.

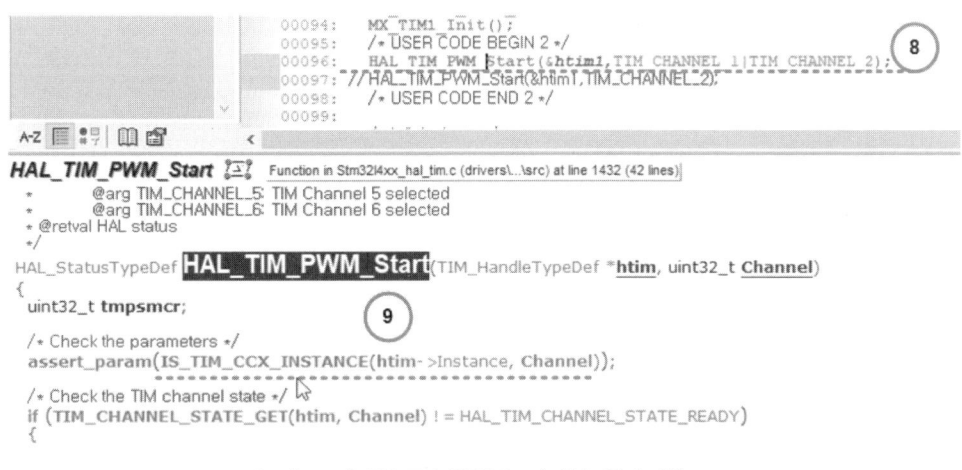

[그림 7.1-9] HAL_TIM_PWM_Start() 함수 주의 사항.

그 이유는 ⑨번에서 보여준 IS_TIM_CCX_INSTANCE() macro 내부를 보면 알 수 있을 것이다. 지금까지 학습한 PWM 신호를 생성하는 방법을 정리해 보도록 하겠다. Advanced control timer와 General Purpose timer들은 각각 자신만의 **CCR**을 가지고 있다. Advanced control timer의 경우에는 MCU type에 따라서 다소 차이가 있는데, 즉, Cortex-M3 core를 기반으로 하는 STM32F10x family의 경우에는 CCR1~CCR4 총 4개를 가지고 있고, Cortex-M4 core와 그 보다 고성능 core인 경우에는 CCR1~CCR6 총 6개를 가지고 있다. 그러나, 근본적으로 [표 7.1-1]에서 보여준 것과 같이 CCR1~CCR4 총 4개 Capture/Compare channel들만 PWM 신호를 출력할 수 있고, CCR5와 CCR6는 내부 동기화를 위한 trigger 신호를 생성하는 용도로만 사용할 수 있다. [그림 7.1-10]은 Advanced Control timer 1에 대한 **registers 구조체**이다. 4개의 기본 PWM channel 출력을 위한 CCR1~CCR4과 추가적으로 Advanced control timer1과 timer8은 CCR5와 CCR6도 제공하는 것을 확인할 수 있다. 그 밖에 지금까지 사용한 ARR, PSC, 그리고, CNT register들도 확인 할 수 있다.

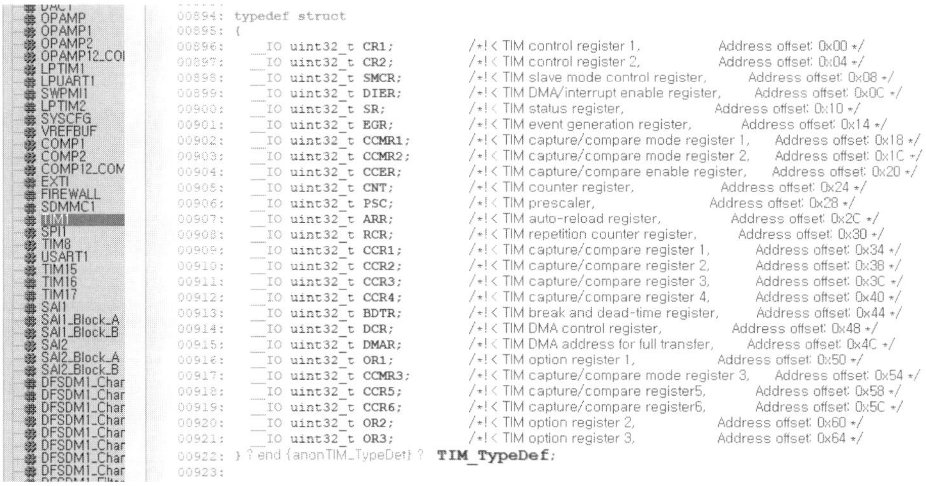


```
typedef struct
{
    __IO uint32_t CR1;      /*!< TIM control register 1,                     Address offset: 0x00 */
    __IO uint32_t CR2;      /*!< TIM control register 2,                     Address offset: 0x04 */
    __IO uint32_t SMCR;     /*!< TIM slave mode control register,            Address offset: 0x08 */
    __IO uint32_t DIER;     /*!< TIM DMA/interrupt enable register,          Address offset: 0x0C */
    __IO uint32_t SR;       /*!< TIM status register,                        Address offset: 0x10 */
    __IO uint32_t EGR;      /*!< TIM event generation register,              Address offset: 0x14 */
    __IO uint32_t CCMR1;    /*!< TIM capture/compare mode register 1,        Address offset: 0x18 */
    __IO uint32_t CCMR2;    /*!< TIM capture/compare mode register 2,        Address offset: 0x1C */
    __IO uint32_t CCER;     /*!< TIM capture/compare enable register,        Address offset: 0x20 */
    __IO uint32_t CNT;      /*!< TIM counter register,                       Address offset: 0x24 */
    __IO uint32_t PSC;      /*!< TIM prescaler,                              Address offset: 0x28 */
    __IO uint32_t ARR;      /*!< TIM auto-reload register,                   Address offset: 0x2C */
    __IO uint32_t RCR;      /*!< TIM repetition counter register,            Address offset: 0x30 */
    __IO uint32_t CCR1;     /*!< TIM capture/compare register 1,             Address offset: 0x34 */
    __IO uint32_t CCR2;     /*!< TIM capture/compare register 2,             Address offset: 0x38 */
    __IO uint32_t CCR3;     /*!< TIM capture/compare register 3,             Address offset: 0x3C */
    __IO uint32_t CCR4;     /*!< TIM capture/compare register 4,             Address offset: 0x40 */
    __IO uint32_t BDTR;     /*!< TIM break and dead-time register,           Address offset: 0x44 */
    __IO uint32_t DCR;      /*!< TIM DMA control register,                   Address offset: 0x48 */
    __IO uint32_t DMAR;     /*!< TIM DMA address for full transfer,          Address offset: 0x4C */
    __IO uint32_t OR1;      /*!< TIM option register 1,                      Address offset: 0x50 */
    __IO uint32_t CCMR3;    /*!< TIM capture/compare mode register 3,        Address offset: 0x54 */
    __IO uint32_t CCR5;     /*!< TIM capture/compare register5,              Address offset: 0x58 */
    __IO uint32_t CCR6;     /*!< TIM capture/compare register6,              Address offset: 0x5C */
    __IO uint32_t OR2;      /*!< TIM option register 2,                      Address offset: 0x60 */
    __IO uint32_t OR3;      /*!< TIM option register 3,                      Address offset: 0x64 */
} ? end {anonTIM_TypeDef} ? TIM_TypeDef;
```

[그림 7.1-10] Advanced Control timer1에 대한 registers 구조체.

어쨌든, CCR에 PWM mode 1의 경우에 출력할 PWM의 **high** level 폭에 대한 counter 값을 저장해 주면, 그 값과 같을 때에 event가 발생하고, [그림 7.1-7]의 ②번과 같이 바로 PWM 출력에 반영되도록 설정하였다면, PWM 신호가 출력된다. [그림 7.1-4]에서 PWM Ch1은 Duty cycle 20% 즉, CCR1 값을 65535×0.8=52428으로 설정한다. 이제 counter 값이 52428에 도달하면, 65535가 될 때까지 즉, 20% 구간 동안 high level을 유지해 준다. 이와 같은 동작을 반복하며 pulse를 내보내게 된다. 물론, 이때의 PWM mode는 **2**가 되어야 할 것이다. 다음의 수식은 PWM mode **2**에서 CCR 값을 계산하는 과정을 설명한 것이다. 여기서, MAX는 16bits ARR 값을 의미하고, DC는 Duty Cycle을 의미한다. 즉, high level 구간을 설정하기 위한 CCR 값은 다음과 같이 계산하면 된다.

$$DC = \frac{MAX - CCR}{MAX} \qquad \text{(식 7.1-1)}$$

(식 7.1-1)은 다음과 같이 수정하면, 원하는 DC에 따른 CCR 값을 계산할 수 있게 된다.

$$CCR = MAX - MAX \times DC = MAX \times (1 - DC) \qquad \text{(식 7.1-2)}$$

예를 들어서, [그림 7.1-4]에서 PWM Ch**2**는 60%이다. 이때에 CCR**2** register 저장할 값은

(식 7.1-2)로부터 다음과 같이 계산된다.

$$CCR2 = MAX \times (1-DC) = 65535 \times (1-0.6) = 26214 \qquad (식\ 7.1\text{-}3)$$

그러므로, timer 2의 CCR2 register에 26214를 설정해 주면, 60% duty cycle을 갖는 PWM 신호가 생성된다. **Ch7Lab2** folder에 있는 IAR project는 [그림 7.1-11]의 ①번에서 보여준 것과 같이 Timer2로 50[ms] **시간 간격을 생성**하고, 그때 마다 CCR1의 값을 1부터 99까지 바꾸도록 coding하였다.

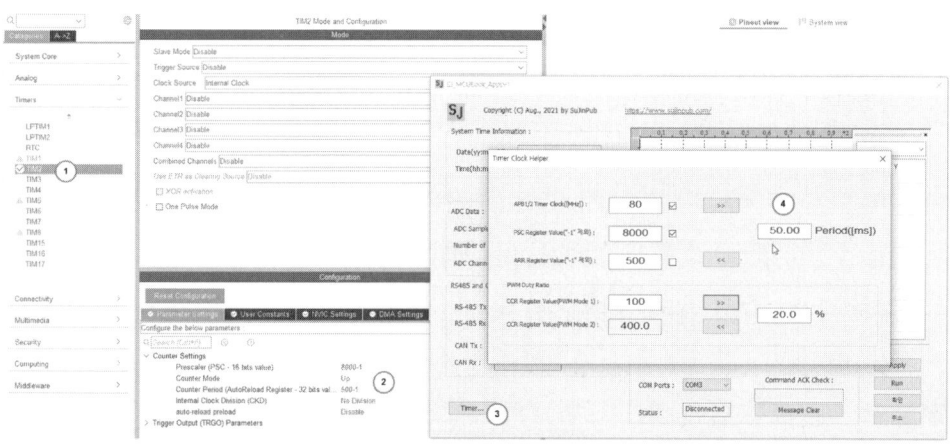

[그림 7.1-11] 동작 중에 CCR1 값 변경을 위한 Timer2 설정.

Timer 2의 50[ms] 시간 설정을 위한 ARR register 값을 좀 더 쉽게 얻기 위해서 ③번과 같이 **SJ_MCUBook_Apps** program의 **Timer...** button을 click하여 **Timer Clock Helper** dialogbox를 사용하였다.

SJ_MCUBook_Apps program은 **반드시** 해당 Chapter folder에 있는 program을 사용해야 한다. 왜냐하면, 해당 Chapter에 있는 MCU code에 맞게 만들었기 때문이다. 그러므로, 다른 Chapter에 있는 SJ_MCUBook_Apps program을 사용하면, MCU code와 맞지 않아서 동작하지 않을 수도 있다는 데 주의하자.

우선, APB1/2 Timer Clock([MHz]):에는 APB2 Timer clock([MHz])인 80을 설정하고, PSC에는 8000-1에서 -1을 뺀 8000을 설정해 준다. 그리고, ④번과 같이 원하는 시간 간격인 50을 지정한 이후에 ≪ button을 click하여 주면, ARR Register Value("-1" 제외): 옆에 500이 표시될 것이다. 이 값을 ②번의 Counter Period 옆에 500-1과 같이 지정해 주면, Timer 2는 50[ms]마다 UI(Update Interrupt)를 발생할 것이다. 이제, Timer 2의 UI에 대한 callback routine **HAL_TIM_PeriodElapsedCallback()** 함수에 [그림 7.1-12]의 ⑤번과 같이 CCR1의 값을 1부터 99까지 바뀌도록 설정해 준다.

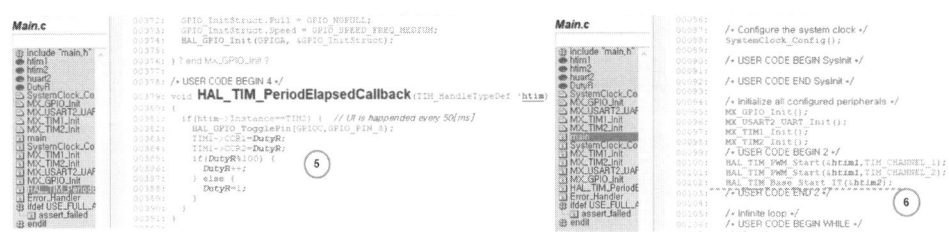

[그림 7.1-12] CCR1의 값을 1부터 99까지 바뀌도록 설정.

그리고 나서, ⑥번과 같이 Timer2를 enable하면, [그림 7.1-13]과 같이 Duty Cycle이 1%에서 99%까지 50[ms] 마다 계속해서 바뀌는 것을 확인 할 수 있을 것이다.

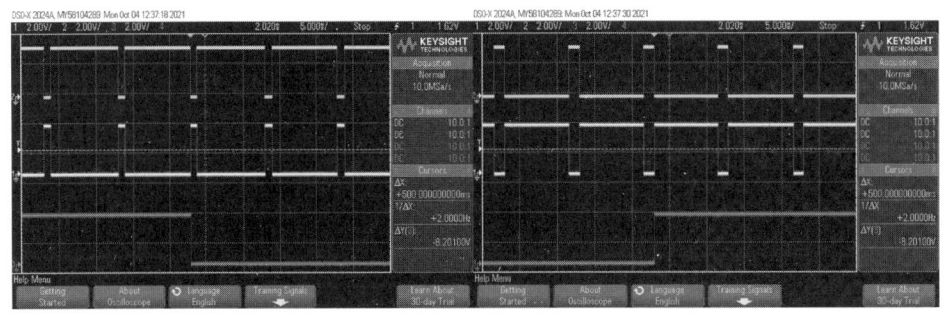

[그림 7.1-13] Duty Cycle이 1%에서 99%까지 50[ms] 마다 계속해서 바뀜.

7.2 여러 Timer들을 동기화하는 방법

[그림 7.2-1]에서 보여준 것과 같이 하나의 Advanced control timer 또는 GP timer는

적어도 4개의 동기화된 PWM 신호들을 동시에 생성해 낼 수 있다.

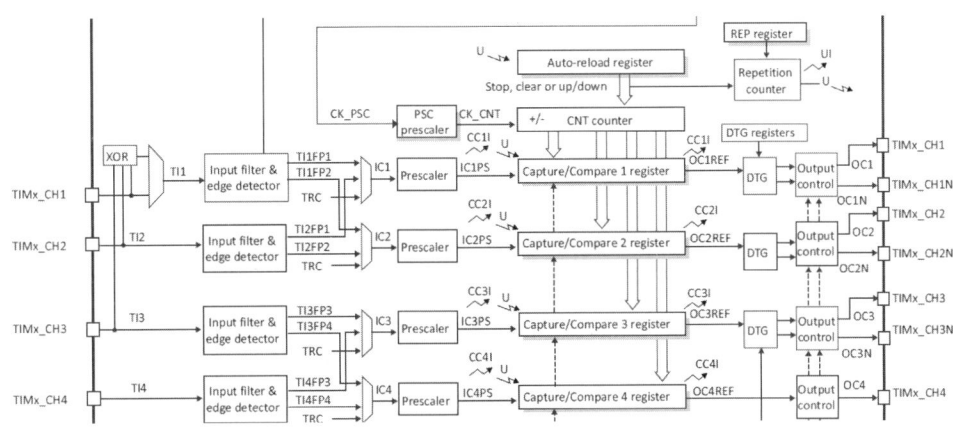

[그림 7.2-1] Advanced Control timer block diagram.

[그림 7.2-1]은 STM32L476에서 발췌한 Advanced Control timer의 내부 구조이지만, 다른 MCU도 동일한 구조를 가진다. 구체적으로 Advanced control timer는 GP timer와 달리 몇 개의 추가적인 기능 block들이 있는데 이들은 전력 제어를 수행하는데 필요하다. 전력 제어를 할 때에는 전력 제어용 반도체 스위치 소자를 사용해야 한다. 그런데, 전력용 반도체 스위치는 꺼지는 시간이 상대적으로 켜지는 시간 보다 상당히 길기 때문에 두 스위치들이 동시에 켜져 있는 경우가 발생할 수 있다. 이렇게 되면, 단락(이것을 arm short라 함)이 되어서 시스템이 폭발하게 된다. 따라서, Off되는 스위치가 확실히 꺼진 다음에 다른 스위치가 켜지도록 On 신호를 일정 시간 후에 인가해 주어야 한다. 이러한 일정 시간을 DT(Dead Time)이라고 한다. 결국, DT(Dead Time) 구간에는 같은 극의 두 스위치들이 모두 꺼져 있게 된다. 그래서 dead time이라 부르는 것이다. 이때, 필요한 DT의 크기는 사용하는 반도체 스위치 소자의 종류와 용량에 따라 다른데, IGBT의 경우는 수 us정도이다. 참고적으로 [그림 7.2-2]는 **dead time시 오차 전압에 의한 전류 왜곡 현상**을 보여 준 것이다. 이와 같은 전류 왜곡이 발생하면, 전류는 부하가 가져가서 사용하는 힘을 의미하므로 결국, 모터가 회전할 때에 진동을 유발할 수 있다는데 주의하기 바란다. 이와 같은 DT를 생성해 주는 **DTG** block은 Advanced control timer에서**만** 사용할 수 있다. 구체적으로 3상 교류 전동기를 구동하기 위해서는 총 6개의 전력용 스위치를 제어하기 위한 6개의 전압들이 필요하며, 서로 120도 각도 위상차를 갖는 3상 전압 U, V W를 생성해 주어야 한다.

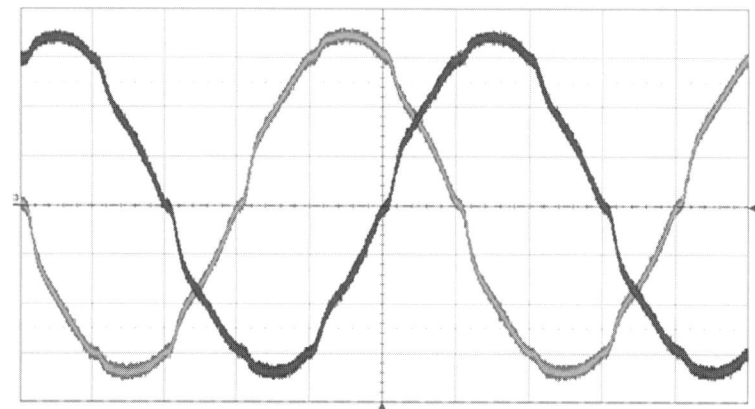

[그림 7.2-2] dead time으로 인한 전류 파형.

그리고 각각의 U, V, W 전압에 **DT**를 추가한 180도 위상차를 가지는 X, Y, Z 전압을 생성해 주어야 한다. 이렇게 생성한 6개의 전압들 즉, U, V, W, X, Y, Z로 전력용 스위치 6개를 제어하여 3상 교류 전동기를 구동하는 것이다. 이때, 모터가 회전하면서 발생하는 전류의 변화에 대한 정보를 ADC로 받아서 feedback 제어를 하게 되는데, 여기서 중요한 것은 다음과 같은 **동기화**이다.

❶ U, V, W는 서로 간에 **120도 위상차**를 유지해야 한다. 이것이 3상 교류 전원이 되기 위한 요구 조건이다. 가정용 집에서는 220[V] 60[Hz] 전원이 들어오는데, 이것을 **단상 전원**이라고 한다. 사실, 이것은 여러분이 사는 아파트 또는 근무하는 건물에 3상 교류 전원이 들어와서 다시 단상으로 바꾸어 사용하는 방식이다. 어쨌든 3상을 구성하는 각각의 전원은 상호 120도 위상차를 유지해야 하는데, 이것은 3개의 **PWM 신호들이 상호 120도 위상차를 계속해서 유지하도록 동기화**를 하여 만들어 낸다.

❷ U, V, W 각각의 전압에 DT를 추가한 180도 위상차를 갖는 X, Y, Z 전압을 생성하도록 해당 PWM 신호를 **동기화**하여 생성한다.

❸ 6개의 발생한 PWM 신호들과 feedback되어 받아들인 ADC 사이의 **동기화**가 필요하다.

결국, **동기화(Synchronization)**란 설정한 위상차를 계속해서 유지하는 것을 의미한다. 어쨌든, 이들 동기화가 제대로 이루어지지 않으면 시스템이 불안해 진다. Advanced control timer는 동기화한 PWM 출력 신호에 DTG를 이용하여 DT를 추가할 수 있고, TIMx_CHxN이라는 TIMx_CHx와 180도 위상차가 나는 즉, X, Y, Z에 해당하는 port를 가지고 있다.

[그림 7.2-3]은 TIMx_CHx에 해당하는 **OCx**와 180도 위상차를 갖는 Complementary 출력인 TIMx_CHxN에 해당하는 **OCxN**, 그리고, 이들 각각에 반영되는 deadtime 즉, delay를 함께 도식화한 것이다.

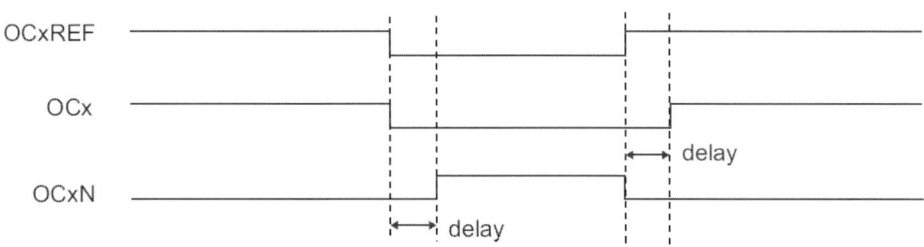

[그림 7.2-3] TIMx_CHx와 180도 위상차가 나는 TIMx_CHxN, 그리고 deadtime delay.

여기서 OCxREF, OCx, 그리고, OCxN은 잠시 후에 자세히 학습할 것이다. 단지, 180도 위상차와 dead time에 대한 이해를 돕기 위해서 보여준 것이다. 이와 같은 **동기화를 수행**하기 위한 **다양한 trigger 신호들**과 **비상시** 사용할 수 있는 **break 기능**들도 제공한다. 여기서, trigger 기능을 제외한 다른 기능들은 모두 Advanced Control timer에서**만** 사용할 수 있고, 다른 GP timer에서는 사용할 수 없고, basic timer는 PWM 신호를 출력할 수도 없다는 데 주의하자. Timer들은 서로 간에 **동기화**를 위해서 또는 chain 구성을 수행하기 위해서 내부적으로 함께 연결되어 동작할 수 있다. 즉, STM32 MCU는 다음과 같은 방법으로 **동기화를 수행**할 수 있도록 설정할 수 있다.

❶ Reset Mode :
지정한 trigger 입력이 발생하면 counter 값과 prescaler가 **초기화되고, 다시 counting**을 시작한다.

❷ Gated Mode :
counter는 선택한 입력의 level **구간에 대해서만 counting을 수행**한다. 예를 들면, Trigger 입력 1이 low level 값을 가지는 동안에**만** counting을 수행한다.

❸ Triggered Mode :
counter는 선택한 입력에 대한 event가 발생하면 counting을 시작한다.

이제 이들 각각의 경우에 대해서 간단한 **예제를 만들어가며 동기화를 구현하는 방법**에 대해서 이해해 보도록 하겠다. 특별히, **triggered mode**는 향후 전력 제어를 포함한 다양한 분야에서 사용되므로 자세히 설명하도록 하겠다. 단, 실험을 수행하기 위해 보드를 설정하는 방법은 7.2.1.에서만 설명할 것이므로 참조하기 바란다.

7.2.1. Timer들 동기화를 위한 Reset Mode.

관련 예제 code는 **Ch7Lab3 folder**에 있다. Reset Mode 실험을 수행하기 위해서 Nucleo STM32L476 보드를 사용하도록 하겠다. [그림 7.2.1-1]은 **64pins**를 가지는 STM32 MCU를 위한 Nucleo 보드 회로도의 일부이다.

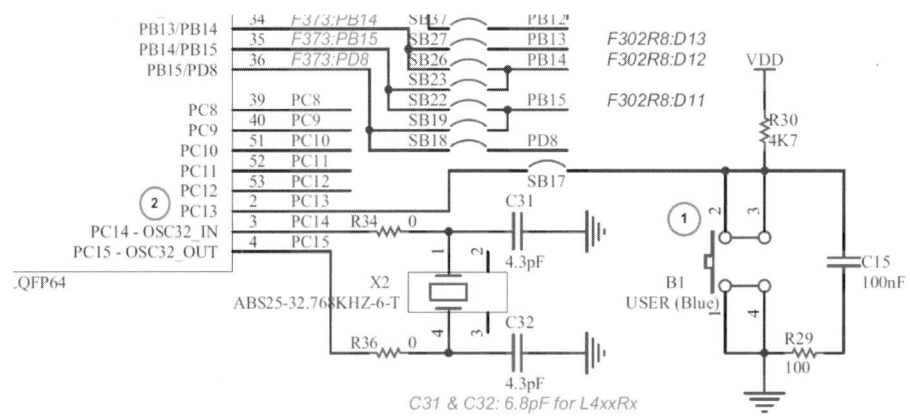

[그림 7.2.1-1] **64pins** STM32 MCU를 위한 Nucleo 보드 회로도.

보드에 있는 파란색 버튼을 click하면, ①번에서 보여준 것과 같이 PC13번 pin에는 0[V]가 인가되고, click하지 않으면, 3.3[V] IO 전압이 걸리게 된다. 이제, 이 전압을 Reset Mode 실험을 위한 **입력 trigger 전압**으로 사용할 것이다. [그림 7.2-1]을 자세히 보면, 그림의 **왼쪽**에 있는 **TIMx_CH1** pin이 어쩌구 어쩌구하여 **TI1FP1** 또는 **TI1FP2** 출력으로 나오게 되는 것을 볼 수 있다. 그리고 MUX를 거쳐서 **IC1**(Input Capture1)에 할당된다. 이때의 MUX 입력 부분을 확대해 보면, [그림 7.2.1-2]와 같다. 이제 다시 자세히 보면, IC1이 될 수 있는 후보는 **TI1FP1, TI2FP1,** 또는 **TRC**이다. 우리는 이번 실험을 위하여 TIMx_CH1 pin을 사용할 것이며, 입력으로는 PC13번 pin의 입력을 jumper wire로 연결하여 사용할 것이다.

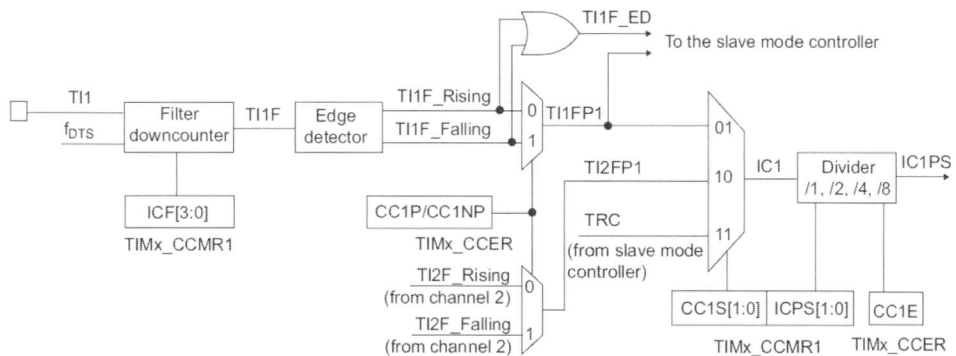

[그림 7.2.1-2] Channel 1 입력 부분관련 구성도.

그러므로, IC1은 TI1FP1이 될 것인데, 극성을 falling edge로 설정할 것이므로 최종적으로 **TI1F_Falling**이 IC1이 될 것이다. 이를 위한 CubeMX에서의 설정은 [그림 7.2.1-3]을 참조하면 된다.

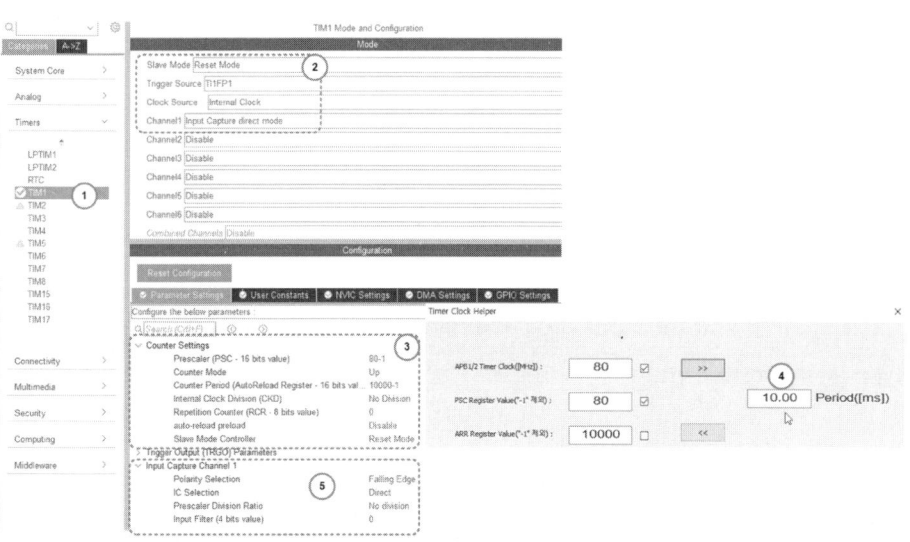

[그림 7.2.1-3] Channel 1 입력 설정.

①번과 같이 Advanced control timer 1을 선택하고, ②번처럼 **Slave Mode**로는 **Reset Mode**를 선택한다. 그리고, 동기화 방법 즉, **Trigger Source**로는 **TI1FP1**을 선택하는데, ⑤번의 **Polarity Selection**에서 보여준 것과 같이 **Falling Edge**를 선택한다. 이어서 TIMx_CH1을 IC1으로 할당하기 위해서 Channel 1에 **Input Capture direct mode**를 선택

한다. ③번과 ④번은 시간 간격이 10[ms]로 설정된 것을 보여주고 있다. 구체적으로 TIMx_CH1 pin이 어떻게 할당되었는지 확인하기 위하여 [그림 7.2.1-4]의 ⑥번처럼 **GPIO Settings** tab을 click하여 준다.

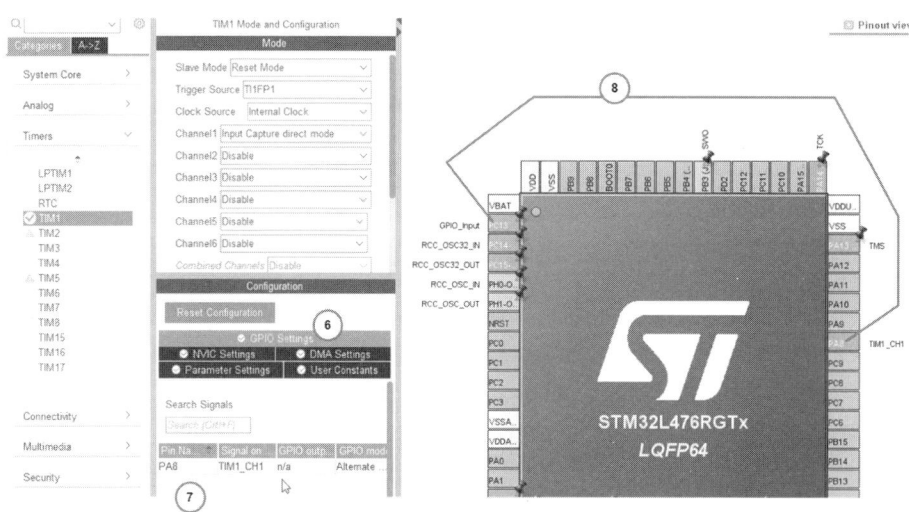

[그림 7.2.1-4] Channel 1 입력으로 PC13번 pin 설정.

그러면, ⑦번과 같이 **PA8** pin이 할당된 것을 볼 수 있다. 이제, PC13번 pin을 ⑧번과 같이 TIM1_CH1인 PA8번 pin에 jumper wire로 연결해 준다. [그림 7.2.1-5]의 ⑨번과 같이 연결을 하고, **PB10**번 pin이 10[ms] 마다 toggle되는 것이 ⑩번에서 보여준 파란색 버튼을 click 할 때마다 **Reset Mode**가 실행되어 ARR, CNT가 초기화가 되어 다시 시작하는 ⑪번 모습을 확인할 수 있다.

7.2.2. Timer들 동기화를 위한 Gated Mode.

이번 단원에서 설명할 Timer들 동기화를 위한 Gated Mode에 대한 예제 code는 **Ch7Lab4** folder에 있으니 참조하기 바란다. 사용할 보드 구성은 앞서 학습한 Reset Mode에서 사용한 보드 구성과 동일하다. 구체적으로 [그림 7.2.2-1]의 ①번과 같이 Advanced control timer 1을 선택하고, ②번과 같이 **Slave Mode**로는 **Gated Mode**를 선택하고, 동기화 방법으로 **TI1FP1**을 선택하면, 역시 동일하게 TIM1_CH1 pin으로 **PA8**번 pin이 할당된 것을 확인할 수 있다.

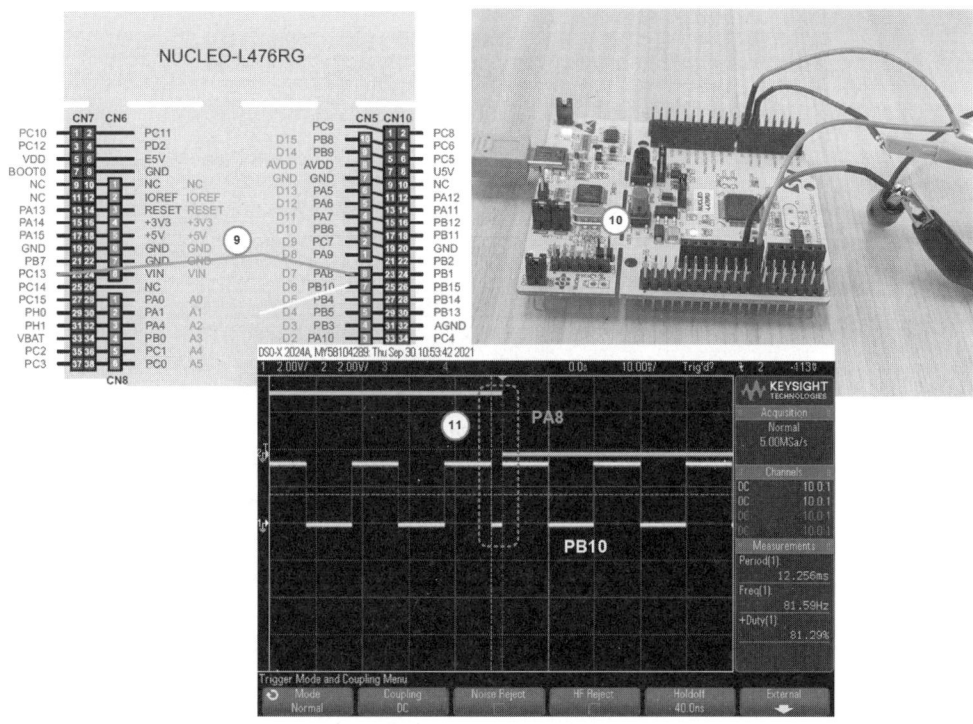

[그림 7.2.1-5] Reset Mode 실험.

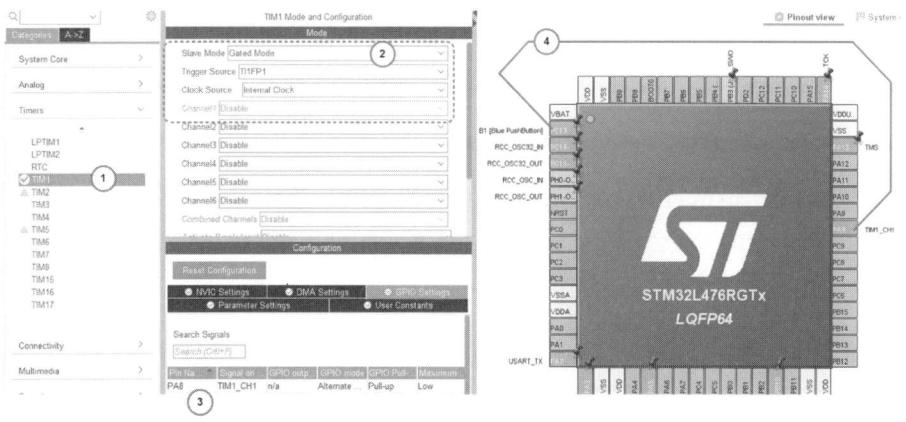

[그림 7.2.2-1] Gated Mode 설정 화면.

이제, PC13번 pin을 할당된 PA8번 pin에 jumper wire로 연결하고, 파란색 버튼을 click하여 주면, click 되어 있는 동안은 low level이 되고, **이 구간 동안만 Timer 1이 동작하는 것**을 확인할 수 있을 것이다. [그림 7.2.2-2]는 그 결과 화면이다.

7 PWM 생성 및 사용 방법 | 211

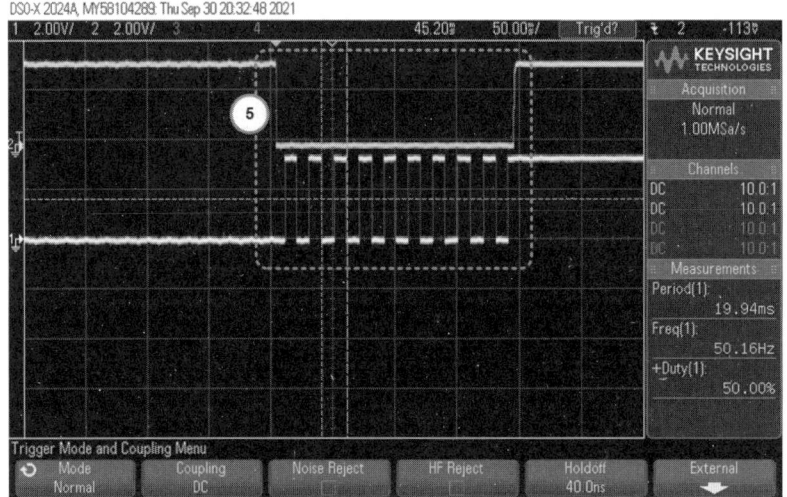

[그림 7.2.2-2] Gated Mode 동작 화면.

지금까지 학습한 내용을 직접 실험하고, code를 확인해 보기 바란다.

7.2.3. Timer들 동기화를 위한 Trigger Mode.

우리는 앞서 Chapter 6의 [그림 6.1-4]에서 PSC register에 설정한 clock을 기준으로 CNT counter가 계속해서 Up 또는 Down counting을 하다가 설정한 16bits ARR register 값과 일치하면, event를 발생시키도록 하여 일정한 시간 구간을 생성하는 방법을 학습하였다. trigger mode를 이용하여 **동기화를 수행**한다는 것은 [그림 7.2.3-1]에서 보여준 것과 같이 생성한 PWM 신호들 사이에 **일정한 위상각을 유지**하도록 만드는 것이다. PWM_1, PWM_2, 그리고, PWM_3은 각각 9[ms] 주기를 가지며, PWM mode 1을 이용하여 25% duty cycle을 갖고 있다. 그리고, 3개의 PWM 신호들은 서로 120도 위상차를 유지하고 있다. 즉, 360도의 120도 위상차는 120/360=1/3인 것과 같이 전체 360도에 해당하는 9[ms] 에서 3[ms]만 high level이므로 3/9=1/3 즉, 3[ms]는 120도에 해당한다고 볼 수 있다. 이제부터 이와 같이 **특정한 위상각을 유지**하도록 PWM 신호를 생성하는 방법을 학습해 보도록 하겠다. 관련된 예제 code는 **Ch7Lab5** folder를 참조하면 된다. [그림 7.2.3-2]의 ①번을 보면, 내부 trigger 신호로 ITR0~ITR3을 사용할 수 있고, 이들은 TRGI 즉, trigger interrupt 신호 발생에 대한 source인 것을 알 수 있다. 또한, ②번에서 보여준 것과 같이 **Slave controller mode**에서 사용해야 한다.

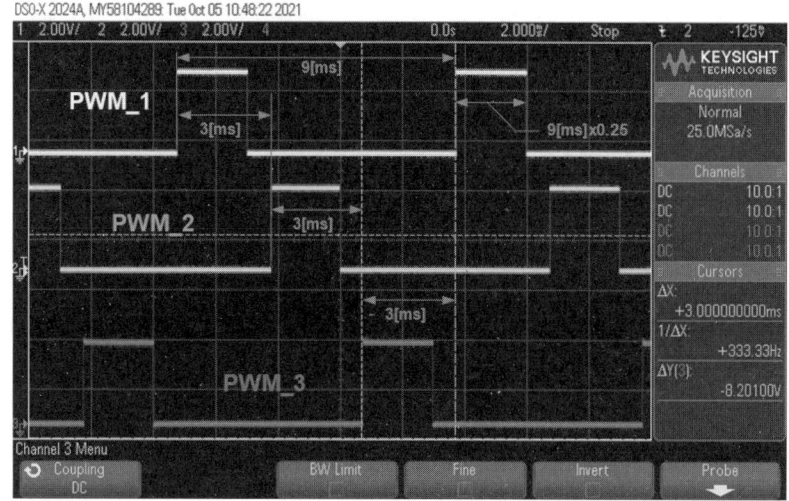

[그림 7.2.3-1] 120도 위상차를 갖는 3개의 PWM 신호들.

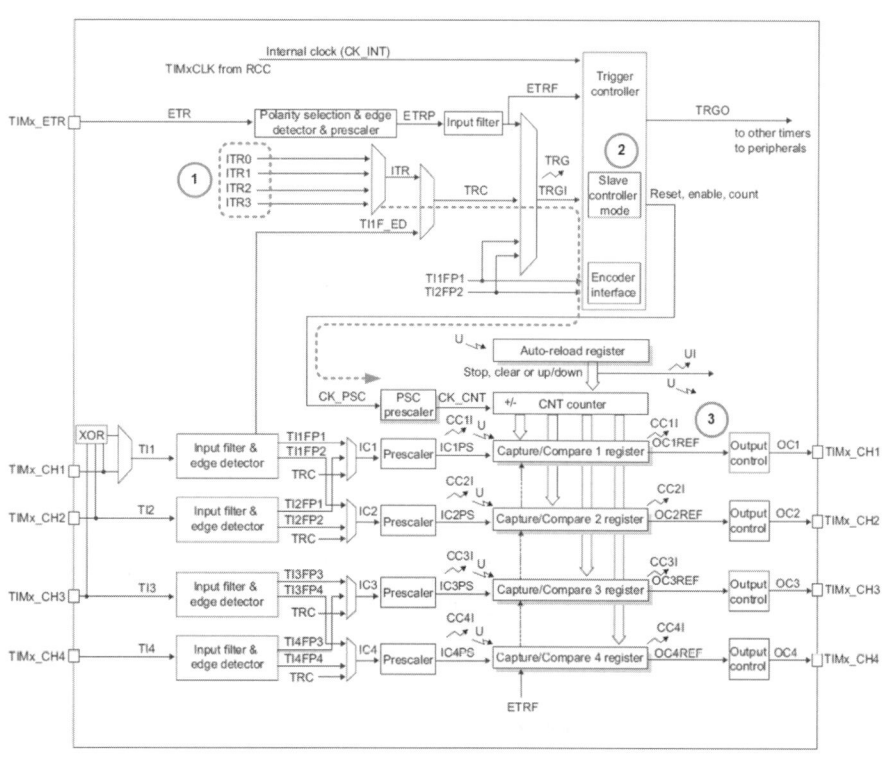

[그림 7.2.3-2] 내부 trigger 신호 사용 방법.

결국, CNT counting을 수행하기 위한 clock 즉, CK_PSC를 생성할 때, 점선으로 표시한 것과 같이 동기화를 수행하는 역할을 수행한다. 구체적으로 ③번과 같이 **OCxREF에 설정한 값과 일치할 때 interrupt를 발생**하여 이것을 내부 trigger ITR0~ITR3의 source로 사용한다. 이것을 좀 더 구체적으로 설명하면, [그림 7.2.3-3]에서 보여준 것과 같이 Timer1의 CNT counter 값이 지정한 방향 예를 들면, Up counting을 하다가 ④번처럼 CCR1에 설정한 값과 일치하는 순간에 interrupt가 발생한다.

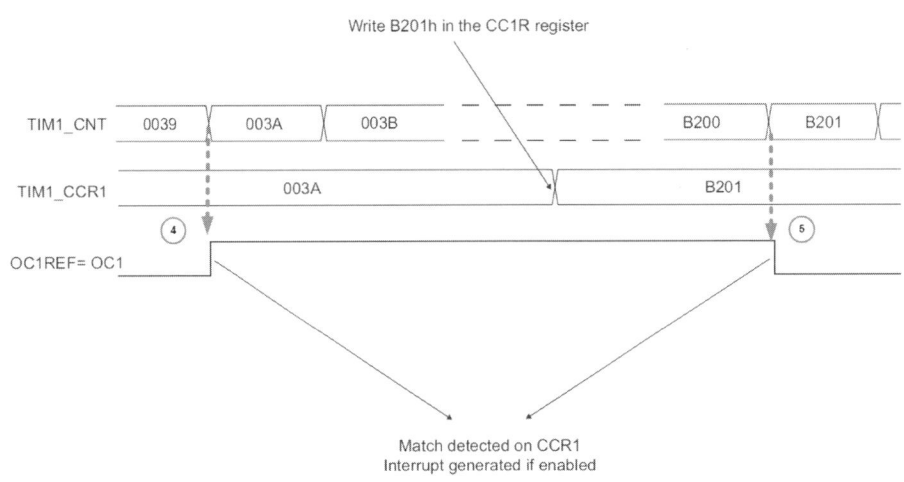

[그림 7.2.3-3] Internal Trigger(ITR)로 사용되는 Interrupt 발생.

그리고, CNT counter가 계속해서 counting을 하는 동안 CCR1의 값을 0xB201로 설정 값을 바꾸어 준다. 그러면, 계속해서 Up counting하다가 역시, ⑤번처럼 CCR1에 설정한 새로운 값과 같으면, interrupt를 발생시키는데, 이들 interrupt는 내부 trigger ITR0~ITR3의 source로 사용된다는 의미이다. 즉, 다른 PWM 신호들을 생성할 때에 trigger 신호로 사용될 수 있다는 의미이며, 이들 생성된 PWM 신호는 trigger 신호에 **동기되어** 만들어 진다. 또 다른 예를 들어보면, TIM1의 Channel1은 PWM 신호를 출력하기 위해서 사용하고, Channel2의 CCR2에 설정한 값이 CNT counting 값과 일치하게 되면, interrupt가 발생하도록 하고, 그 발생한 interrupt를 TIM2에 대한 **동기화 신호로 사용**하고 싶다면, TIM2는 **slave mode**로 동작해야 할 것이다. TIM2는 GP timer 이므로 [표 7.2.3-1]에서 보여준 것과 같이 내부 trigger ITR0에 의해서 TIM1과 **연결**된다. 그러므로, TIM1의 CCR2에 설정한 값에 의해서 발생한 OC2REF 신호의 edge는 interrupt를 생성시키고, 이 interrupt는 내부 trigger 신호 ITR0에 의해서 TIM2에 전달되어 **동기화**를 이루게 되는 것이다.

Slave TIM	ITR0 (TS = 000)	ITR1 (TS = 001)	ITR2 (TS = 010)	ITR3 (TS = 011)
TIM2	TIM1	TIM8/OTG_FS_SOF[1]	TIM3	TIM4
TIM3	TIM1	TIM2	TIM15	TIM4
TIM4	TIM1	TIM2	TIM3	TIM8
TIM5	TIM2	TIM3	TIM4	TIM8

1. Depends on the bit ITR1_RMP in TIM2_OR1 register.

[표 7.2.3-1] GP Timer 내부 trigger 연결도.

이제, 이와 같은 내용을 CubeMX에 설정하는 방법을 살펴보도록 하겠다. 좀 더 쉽게 이해할 수 있도록 관련 예제 파일이 있는 **Ch7Lab5** folder 안에 있는 Ch7Lab5.ioc 파일을 double click하여 CubeMX를 실행한다. 그리고, [그림 7.2.3-4]에서 보여준 CubeMX window 화면을 보면서 학습해 보기 바란다.

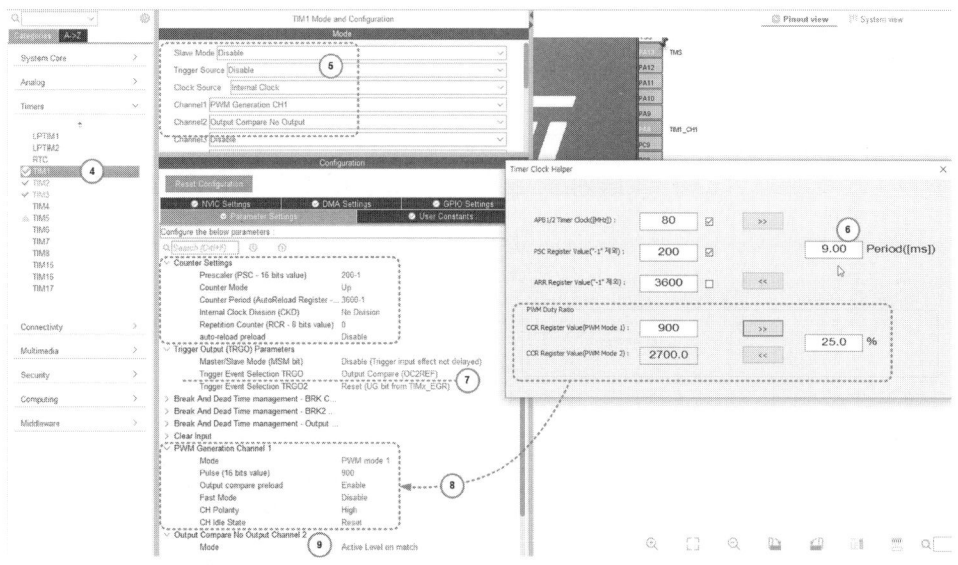

[그림 7.2.3-4] 내부 trigger 신호와 CubeMX 설정 방법.

이번에 학습 목표는 [그림 7.2.3-1]에서 보여준 120도 위상차를 유지하는 3개의 PWM 신호들을 출력하도록 CubeMX로 설정하고, 생성된 C framework에 Coding을 하는 방법을 학습하는 것이다. 우선, [그림 7.2.3-4]의 ④번과 같이 Timer1 즉, TIM1을 선택한다. 현재,

Timer 1은 trigger 신호를 받지 않으므로 ⑤번과 같이 **Slave Mode**는 **disable**을 선택하고, **Trigger Source**도 역시, **disable**을 선택한다. 그리고, Channel1 즉, TIM1_CH1 pin으로 PWM1을 출력하고, Channel2 즉, TIM1_CH2의 경우에는 출력은 하지 않고, 비교만하도록 선택해 준다. 즉, OC2REF 신호를 이용하여 ITR0를 생성하여 Timer2에 trigger 신호를 출력할 것이다. 이어서 SJ_MCUBook_Apps program에서 제공하는 **Timer Clock Helper**의 도움을 받아서 APB2=80[MHz]인 경우에 ARR의 값이 정확히 1/3 등분되는 PSC와 ARR 값을 찾아본다. 예를 들면, 1주기가 9[ms]이면, PSC=200, ARR=3600이 되어서 ARR의 값이 1/3로 나누어떨어진다. 그래서 이 값들 즉, PSC=200, ARR=3600을 사용하도록 하겠다. 결국, 360도의 1/3이 120도이므로 1200의 값을 OC2REF에 해당하는 CCR2에 할당하면 될 것이다. 주의 할 것은 ⑤번에서 보여준 것과 같이 현재, Channel2에 **output Compare No Output**을 선택하였으므로 ⑦번과 같이 **Trigger Event Selection TRGO**에 나열되는 항목 중에서 OC2REF를 선택해 주어야 내부 trigger 신호인 ITR0에 연결되는 slave timer 즉, [표 7.2.3-1]나와 있듯이 Timer2와 동기를 맞출 수 있다. 일단, Timer 1의 Channel1로 출력할 PWM1의 duty cycle을 25%로 설정하기 위해서 필요한 CubeMX의 **PWM Generation Channel 1**에 속하는 파라미터들 중에서 CCR1의 값을 결정해야 한다. 이 값을 찾기 위해서는 앞서 설명한 관련 수식을 이용하거나 또는 Timer Clock Helper dialogbox의 **PWM Duty Ratio** groupbox를 사용하면 된다. 즉, 원하는 PWM duty ratio인 **25**를 지정해 주고, ≪ button을 click하여 주면, **PWM mode 1**을 위한 **CCR Register Value (PWM Mode 1):** 옆에 900이 계산되어 나타날 것이다. 만일, **PWM mode 2**를 사용하고 싶다면, 2700을 지정해 주면 된다. 즉, ⑧번과 같이 PWM mode 1에 CCR1=900을 설정해 준다. 이어서 ⑨번 즉, **Channel2**의 OC2REF에 1200을 할당하는 부분은 [그림 7.2.3-5]를 참조하면 된다.

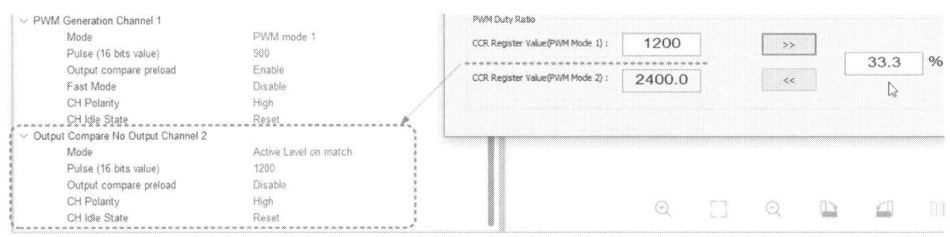

[그림 7.2.3-5] OC2REF에 1200을 할당.

Mode로는 CNT counting 값이 **1200**일 때, 내부 trigger 신호 즉, ITR0가 active 되도록 **Active Level on match**로 설정하였다. 1200을 설정하였을 때에 전체 100%의 1/3인 33.3%인 것을 알 수 있으며, 앞서 계산 것과 같이 전체 3600의 1/3에 해당하는 trigger 신호이다. 이제, Timer1에 대한 설정이 끝났으면, [그림 7.2.3-6]과 같이 Timer2에 대한 설정을 수행한다.

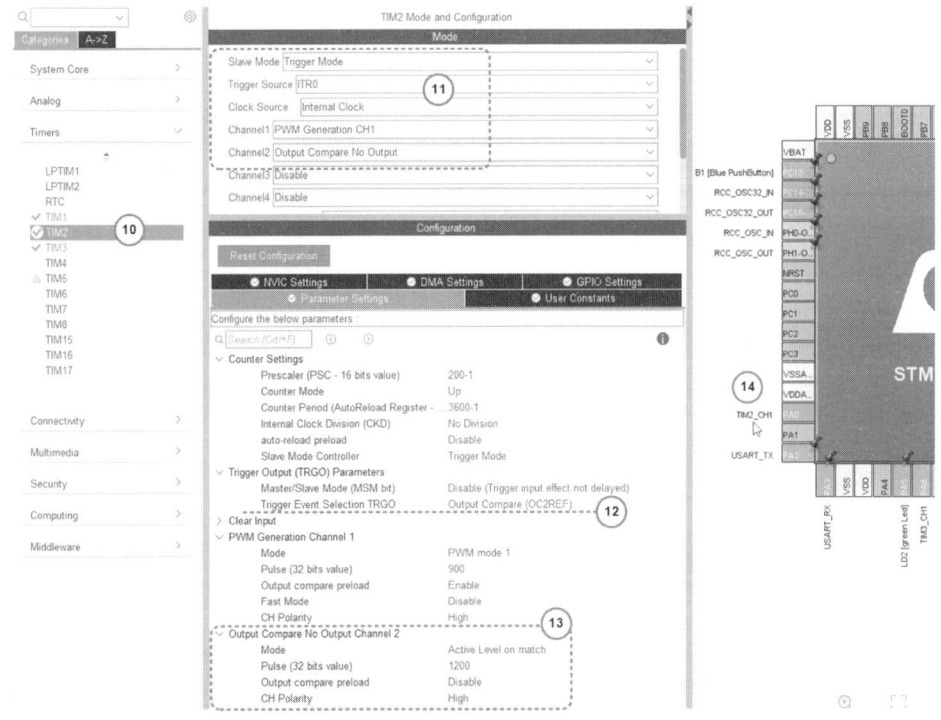

[그림 7.2.3-6] PWM2를 생성하기 위한 Timer 2 설정 방법.

Timer 1 설정과 비슷한 개념이다. 단지, Timer 1이 제공하는 내부 trigger 신호 ITR0를 사용해야 하므로 ⑪번과 같이 Slave Mode로는 **Trigger Mode**를 선택하고, Trigger Source로는 ITR0를 선택하면 된다. 그리고, Timer3과 동기를 맞추기 위해서 즉, trigger 신호를 제공하기 위해서 Channel 2에서 OC2REF를 사용하고 있다. 착각하지 말 것은 여기서의 OC2REF는 timer 2에 속하는 OC2REF이다. [그림 7.2.3-4]의 ⑦번에 있는 OC2REF는 timer 1에 속하는 것으로 서로 다른 것이다. 그러므로, ⑪번에서 Channel 3에 **Output Compare No Output**을 할당하고, ⑫번에서 OC3REF를 사용해도 동일한 결과를 얻을 수 있다. 어쨌든, 선택한 OC2REF에도 ⑬번과 같이 1200을 설정해 준다. 왜냐하면, PWM2 **기준**으로 120도 즉, 1200만큼 떨어져서 PWM3를 생성할 계획이기 때문이다. ⑪번과 같이 PWM channel을 선택하면, ⑭번과 같이 대응하는 PWM channel 출력 pin이 **자동으로 할당**된다. [그림 7.2.3-7]은 3번째 PWM3을 생성하기 위한 설정을 보여주고 있다.

[그림 7.2.3-7] PWM3를 생성하기 위한 Timer 3 설정 방법.

주의 할 것은 Timer 3이 Slave Mode인 경우에 [표 7.2.3-1]에서 보여준 것과 같이 **ITR1** 내부 trigger 신호에 의해서 Timer 2가 연결된다는 것이다. 그러므로, ⑯번과 같이 Trigger Source에 ITR1을 할당한다. PWM3을 위한 channel로 TIM3_CH1을 할당하면, ⑰번과 같이 자동으로 **PA6** pin이 할당된 것을 확인할 수 있을 것이다. 이제 모든 설정이 완료되었으면, **GENERATE CODE** button을 click하여 C framework를 생성하고, 이것을 build하여 [그림 7.2.3-8]과 같이 jumper wire를 연결하여 Oscilloscope로 확인하면, [그림 7.2.3-1]과 같은 화면을 얻을 수 있게 된다.

[그림 7.2.3-8] 120도 위상차 PWM 실험 모습.

【연구 과제】

이번 단원에서는 PWM 신호가 무엇이고, 원하는 duty cycle을 갖는 PWM 신호를 출력하는 방법에 대해서 학습하였다. 또한, 여러 PWM 신호들 사이에 동기를 맞추는 방법에 대해서도 학습하였다. 특별히, **Ch7Lab5** project에서는 120도 위상차를 갖는 3개의 25% duty ratio를 갖는 PWM 신호들을 생성하였다. 이제, 120도 위상차를 유지하면서 **35% duty ratio**를 갖는 **3개의 PWM 신호들**을 Nucleo-STM32**F103** 보드에서 구현해 보도록 하자. 그리고, 지금까지 PWM duty cycle을 바꾸는 방법은 확실히 학습하였는데, 왜? PWM duty cycle을 바꾸어야 하는지? 그리고, 전력 전자의 경우에 어떠한 효과를 기대할 수 있는지? 등등에 대한 이론적인 학습이 없었다. [그림 7.1-1]에서는 4개의 PWM channel들을 이용하여 DC motor를 구동하기 위한 H-Bridge 즉, full bridge를 보여주었다. DC motor가 구동하기 위한 4개의 PWM channel 출력의 조건들에 대해서 조사해 보기 바란다.

CHAPTER
08

UART 사용 방법과 전송 규격 작성 방법

이번 Chapter에서는 **STM32CubeIDE**를 사용하여 UART 통신을 수행하는 code를 개발해 보도록 할 것이다. 그리고 나서, IAR과 KEIL 개발 도구로 **상호 전환하는 방법**에 대해서도 살펴보도록 할 것이다. 게다가 SJ_MCUBook_Apps와 같은 Windows Program과 MCU 사이에 UART 통신을 통하여 **데이터를 실시간으로 주고받을 있도록 전송 규격을 작성**하는 방법에 대해서 함께 code를 만들어가며 학습하게 될 것이다. 여러분은 이번 Chapter를 통하여 STM32 MCU code를 개발하는데 사용되는 주요 3개 개발 환경들 즉, **CubeIDE**, 그리고, IAR, KEIL에 대해서 모두 학습하게 될 것이다. 각각의 개발 도구들에 대한 성능에 대해서 평가하는 것은 옳지 않은 것 같고, Chapter 2.에서 학습하였듯이 STM32CubeIDE는 **무료**이며, STM32 MCU 제조사의 website에서 download 받아서 사용하면 된다. 그리고, **유료**인 IAR과 KEIL은 비슷한 가격대를 형성하고 있다. 참고적으로 자동차 관련 code를 개발하기 위해서는 자동차 관련 **인증**을 통과한 compiler를 사용해야 한다. 이들 tools는 IAR 또는 KEIL에서**만 제공**하므로 CubeMX로 기본 C framework code를 생성한 이후에 IAR 또는 KEIL을 어떻게 연계하여 code를 개발해야 하는지 학습하는 것은 상당히 중요하다. 그러나, 일반 산업 현장에서는 무료인 STM32CubeIDE도 광범위하게 사용되고 있다. 필자의 경우에는 거의 모든 code 개발은 CubeMX와 IAR 또는 KEIL을 사용하여 개발한다. 지금까지 우리는 몇몇 STM32 library에서 제공하는 함수들에 대해서 학습하였다. 이제 본격적으로 UART 통신을 학습하기 전에 STM32 library 구조에 대해서 간단히 학습해 보도록 하겠다. 이번 Chapter는 상대적으로 많은 내용을 포함하고 있으므로 여러분의 집중과 열정이 더 필요할 것이다.

■ 학습 목표 :
- UART 통신뿐만 아니라 STM32 MCU를 사용하기 위한 library 구조와 특징을 학습한다. library에서 제공하는 다양한 함수들의 체계와 호출 순서도를 학습하고, 다양한 데이터 type에 대해서도 학습한다.
- STM32CubeIDE를 활용하여 PC의 UART 통신 program인 Tera Term과 문자열을 주고 받도록 Nucleo 보드에서 동작하는 code를 구현해 본다.
- PC에서 동작하는 SJ_MCUBook_Apps program과 데이터를 원활히 실시간으로 주고받을 수 있도록 전송 규약을 작성하는 방법을 학습한다.
- SJ_MCUBook_Apps program이 발생한 event number에 따른 MCU의 event handler 함수를 호출하는 구조를 파악한다.
- MCU 내부에 저장되어 있는 sine wave 1주기 데이터를 0.5[초] 단위 마다 순서대로 추출하여 SJ_MCUBook_Apps program의 window 화면에 계속해서 동적으로 plotting하도록 coding 한다.

8.1 STM32 Library 구조 소개.

STM32 MCU와 관련된 coding을 수행하기 위해서는 필요로 하는 service 함수에 대한 사전 지식 또는 경험이 풍부해야 좀 더 쉽게 원하는 code를 구현할 수 있다. 그러므로, 이제부터 여러분은 STM32 MCU를 사용하는데 필요한 library와 그 library에서 제공하는 service 함수들에 대해서 살펴볼 것이다. 어쩌면 다소 지루할 수도 있지만 반드시, 한 번 쯤은 읽어보고 지나가야 하는 내용들이다. 우선은 간단히 읽어보고, 지나가기 바란다. 그리고 나서, 이후에 실질적인 coding과정에서 필요하다고 느낄 때에 다시 읽어본다면, 그때에는 관련 내용들이 좀 더 쉽게 이해될 것이다. 우선, 제일 먼저 밝혀둘 것은 사용하는 MCU family에 따라서 그리고 사용하는 library version에 따라서 해당 HAL 관련 service 함수들의 내용이 모두 다를 수 있다는 것이다. 예를 들어서, STM32F103 family에서 지원되는 **RTC** 관련 초기화 함수를 포함한 service 함수들 그리고 관련 구조체들의 멤버 구성이 STM32**F3**xx, STM32**F4**xx family와 다른 부분이 많이 존재한다. 그러므로, STM32F103 MCU에서 사용하던 RTC 관련 code를 그대로 다른 종류의 MCU 즉, STM32**F3**xx 또는 STM32**F4**xx family에서 사용하면 **오동작하는 것**을 흔히 볼 수 있다. [그림 8.1-1]은 각각의 MCU 마다 제공되는 STM32 library 구성도를 보여주고 있다.

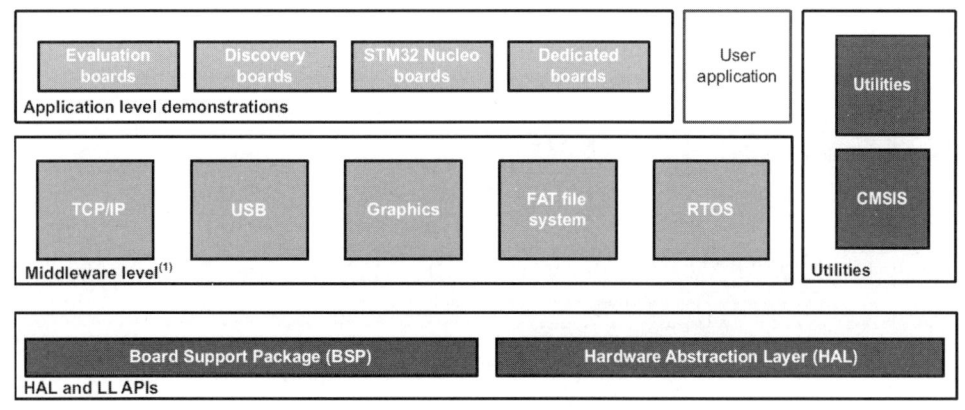

[그림 8.1-1] STM32 MCU library 구성도.

여기서, MCU의 주변 장치들에 대한 제어와 관련된 service 함수들은 **HAL** level에서 이루어지고, 우리가 중점적으로 살펴볼 내용이다. 구체적으로 여러 주변 장치들의 설정을 위한 구조체와 관련 API 함수들이 다수 포함되어 있다. [그림 8.1-2]는 특별히, STM32F1xx MCU를 위한 HAL 관련 files에 대한 경로와 해당 files를 보여주고 있다.

```
사용자 > jskm7 > STM32Cube > Repository > STM32Cube_FW_F1_V1.7.0 > Drivers > STM32F1xx_HAL_Driver > Src
```

이름	수정한 날짜	유형	크기
Legacy	2019-05-21 오후	파일 폴더	
stm32f1xx_hal.c	2019-05-21 오후...	C 파일	22KB
stm32f1xx_hal_adc.c	2019-05-21 오후...	C 파일	81KB
stm32f1xx_hal_adc_ex.c	2019-05-21 오후...	C 파일	54KB
stm32f1xx_hal_can.c	2019-05-21 오후...	C 파일	65KB
stm32f1xx_hal_cec.c	2019-05-21 오후...	C 파일	22KB
stm32f1xx_hal_cortex.c	2019-05-21 오후...	C 파일	21KB
stm32f1xx_hal_crc.c	2019-05-21 오후...	C 파일	12KB
stm32f1xx_hal_dac.c	2019-05-21 오후...	C 파일	34KB
stm32f1xx_hal_dac_ex.c	2019-05-21 오후...	C 파일	25KB
stm32f1xx_hal_dma.c	2019-05-21 오후...	C 파일	30KB
stm32f1xx_hal_eth.c	2019-05-21 오후...	C 파일	72KB
stm32f1xx_hal_flash.c	2019-05-21 오후...	C 파일	31KB
stm32f1xx_hal_flash_ex.c	2019-05-21 오후...	C 파일	38KB
stm32f1xx_hal_gpio.c	2019-05-21 오후...	C 파일	22KB
stm32f1xx_hal_gpio_ex.c	2019-05-21 오후...	C 파일	6KB
stm32f1xx_hal_hcd.c	2019-05-21 오후...	C 파일	35KB

[그림 8.1-2] STM32F1xx HAL 관련 firmware.

①번에서 jskm7은 **1.1. 단원**에서 설명한 것과 같이 여러분의 계정으로 바꾸어 지정해 주어야 한다. ②번에 나열된 소스 파일들의 이름은 각각의 주변 장치 이름 앞에 "_hal_"이라는 문자열이 추가된 것을 볼 수 있다. [표 8.1-1]은 [그림 8.1-2]에서 볼 수 있는 **HAL 관련 약자**와 그에 따른 full name을 정리한 것이다.

약 자	Full Name
CEC	Consumer Electronic controller
ETH	Ethernet Controller
EXTI	External Interrupt/Event Controller
HCD	USB Host Controller Driver
MSP	MCU Specific Package
PCD	USB Peripheral Controller Driver
PPP	STM32 Peripheral or Block
RCC	Reset and Clock Controller
SD	Secure Digital

[표 8.1-1] HAL 관련 약자와 그에 따른 full name 정리.

HAL driver는 각각의 주변 장치 구동을 위한 다음과 같은 구조체를 가진다. 이들에 대해서는 참고용으로 간단히 살펴보고, 이후 coding을 할 때, 다시 살펴보면 도움이 될 것이다. 단, 함수 이름 또는 구조체 이름에 사용한 PPP는 해당 주변 장치의 이름을 대신하여 사용된 것이다. 예를 들면, PPP_HandleTypeDef 구조체 type이 UART 주변 장치인 경우에는 UART_HandleTypeDef 구조체 type을 의미한다는 데 주의하자.

❶ Peripheral Handle 구조체 :

PPP_HandleTypeDef *handle;

단, GPIO, SYSTICK, NVIC, PWR, RCC, **FLASH**는 handle 구조체를 갖지 않음.

- 예 : TIM_HandleTypeDef, UART_HandleTypeDef, 등등

❷ 초기화와 동작 조건 설정용 **구조체** :

PPP_**InitTypeDef** *handle;

- 예 : TIM_Base_InitTypeDef, UART_InitTypeDef, 등등

❸ 작업 수행용 **구조체** :

PPP_Process**Config** *sConfig;

특정한 작업을 수행하기 위해 API 함수 내에서 사용되는 구조체.

Cortex-M core와 관련된 주변 장치, 예를 들면, NVIC, 그리고, SYSTICK과 관련된 API 함수들은 STM32F1xx_**hal_cortex**.c file에 있다. 주변 장치 driver는 다양한 API 함수 외에도 다음과 같은 interrupt handler와 callback 함수를 제공한다. 단, [표 4.1-1]에 나열한 전체 16개 system exception들 중에서 예약 5개와 NA를 제외한 Cortex-M core의 **9개** interrupt handler들은 모두 **stm32f1xx_it**.c file에 있고, CubeMX에서 **여러분이 새롭게 추가한** 각각의 주변 장치에 대한 interrupt handler들도 모두 **stm32f1xx_it**.c file에 추가 된다.

❶ interrupt handler :

HAL_PPP_IRQHandler() :

Interrupt가 발생한 주변 장치에 대한 Interrupt Service 함수이다.

- 예 : HardFault_Handler(void), HAL_**UART**_IRQHandler(UART_HandleTypeDef *huart)

❷ User Callback 함수 :

weak 속성을 갖는 empty 함수로 정의되어 있다. 그러므로 **재정의 하여 사용**하면 된다.

여기서 weak 속성을 갖는 함수란, 4.1. 단원에서 설명한 것과 같이 **함수를 선언할 때**, 그 함수 이름 앞에 __weak라는 keyword를 추가해 준 함수로서 사용자가 다시 그 함수를 재정의해서 사용할 수 있는 함수이다. 어쨌든, 사용자 callback 함수는 다음과 같은 3가지 종류가 있다.

ⓐ HAL_PPP_MspInit()와 HAL_MspDeInit() :
- 주변 장치 초기화와 초기화 해제용 callback 함수이다. 단, 주변 장치 초기화를 수행하는 HAL_PPP_Init() 함수가 이 함수를 호출한다.
  - 예 : HAL_UART_MspInit(UART_HandleTypeDef *huart)와
    HAL_UART_MspDeInit(UART_HandleTypeDef *huart)

ⓑ HAL_PPP_ProcessCpltCallback() :
- process 완료시 호출되는 callback 함수이다. 주변 장치나 DMA interrupt handler 가 작업을 완료하였을 때, 이 함수를 호출한다.
  - 예 : HAL_UART_TxCpltCallback(UART_HandleTypeDef *huart)

ⓒ HAL_PPP_ErrorCallback() :
- error 발생시에 호출되는 callback 함수이다. 주변 장치나 DMA interrupt handler 에서 error가 발생한 경우에 이 함수를 호출한다.
  - 예 : HAL_UART_ErrorCallback(UART_HandleTypeDef *huart);

❸ HAL API 함수 :
다음과 같이 일반(Generic) API와 확장(Extension) API로 나뉜다.

ⓐ HAL generic API :
모든 STM32 MCU에 공통적으로 적용되는 일반적인 함수를 의미하며 다음과 같은 종류가 제공된다.

- 초기화 함수와 초기화 해제 함수 :
  - HAL_PPP_Init() : clock, GPIO, alternate 기능, DMA, interrupt 등의 주변 장치관련 low-level 자원을 설정한다.
  - HAL_PPP_DeInit() : 주변 장치를 reset 상태로 복귀시킨다.
- 입력과 출력 함수 : 앞으로 우리가 임의의 주변 장치들을 읽거나 쓰려고 할 때, **제일 많이 사용할 함수들**이다.
  - HAL_PPP_Read(), HAL_PPP_Receive() :

- ■ HAL_PPP_Write(), HAL_PPP_Transmit() :
- 제어 함수 :
  - ■ HAL_PPP_Set(), HAL_PPP_Get() : 주변 장치의 설정을 **동적으로 변경**하거나 다른 동작 mode로 전환 할 때 사용한다.
- 상태 및 error 함수 :
  - ■ HAL_PPP_GetState(), HAL_PPP_GetError() : 실행 도중에 주변 장치의 상태를 확인하거나 error가 발생한 경우에 error의 종류를 알아보는 데 사용하는 함수이다.

ⓑ HAL Extension API :

특정 MCU에서만 동작하는 함수 또는 **특정 기능을 수행**하는 함수들을 의미한다. 확장 API가 들어 있는 file은 이름의 끝에 접미사 _ex을 가진다.

❹ MCU 구동 관련 HAL API 함수 :

Clock, GPIO, NVIC 등등 MCU 구동을 위한 기본 성분들과 관련된 API 함수들은 다음과 같다.

ⓐ Clock 관련 :

System clock을 설정하기 위한 주요 함수는 다음과 같다.

- HAL_StatusTypeDef **HAL_RCC_OscConfig**(RCC_OscInitTypeDef *RCC_OscInitStruct)

여러 개의 clock source(즉, HSE, HSI, LSE, LSI, PLL)의 동작 조건을 설정하는 함수.

- HAL_StatusTypeDef **HAL_RCC_ClockConfig**(RCC_ClkInitTypeDef *RCC_ClkInitStruct,
            uint32_t FLatency)

system의 clock source를 선택, AHB, APB1, APB2 clock 분주기 설정, flash memory 대기 상태 숫자를 설정, HCLK clock이 변경될 때, SysTick 설정을 갱신. 단, 일부 주변 장치는 독립적인 clock source를 가지며, stm32f1xx_hal_rcc_**ex**.c 파일에 정의된 확장 API를 사용해야 한다.

- HAL_StatusTypeDef **HAL_RCC_DeInit**(void)

이 함수는 초기화를 해제하여 clock 설정을 reset 상태의 값으로 복귀시킨다.

ⓑ GPIO 관련 :

GPIO 관련 입/출력 HAL API는 다음과 같다.

- HAL_GPIO_Init(), HAL_GPIO_DeInit(), **HAL_GPIO_ReadPin()**, 등등.

ⓒ EXTI 관련 :

외부 interrupt EXTI1로부터 EXTI16까지 총 16개는 GPIO에 연결되어 있으며, ISR인

HAL_GPIO_EXTI_IRQHandler(uint16_t GPIO_Pin)을 호출한다.

main() 함수에서 처음 호출되는 **HAL_Init()** 함수에서는 SysTick interrupt로 1[ms] **lowest** interrupt를 활성화하는데, 이것을 기반으로 coding 과정에서 delay가 필요할 때에는 HAL_Delay() 함수를 호출하여 구현할 수 있다. 즉, HAL_Delay() 함수는 **1[ms] 단위로 delay를 발생시켜준다**. 그러므로, HAL_Delay() 함수가 임의의 주변 장치 ISR 안에서 사용된다면, HAL_Delay() 함수가 blocking되어 HAL_Delay() 함수 안에서 빠져 나오지 못하여 다음 명령을 수행할 수 없게 된다는데 주의하자. background에서 시간에 대한 단위를 제공하는 것이 일반적이므로 SysTick interrupt는 제일 낮은 우선순위를 갖는 것이 올바른 선택이다. 게다가 HAL_Delay() 함수를 사용하게 되면, 지정한 시간 동안 실행이 멈추게 되어 전체 code 흐름을 방해하게 되므로 일반적으로 code 개발 과정에서 사용하지 말아야 한다. 그런데, **STM32Cube_FW_F1_V1.7.0**에서는 SysTick interrupt 우선순위가 기존의 interrupt 우선순위와 다르게 lowest 즉, **0xF0으로 되어 있지 않고, default 0x0으로 설정**되어 있다. 그러므로, [그림 8.1-3]과 같이 수정해 주어야 한다. 옆의 주석을 보면 알 수 있듯이 ST에서 실수한 것으로 판단된다.

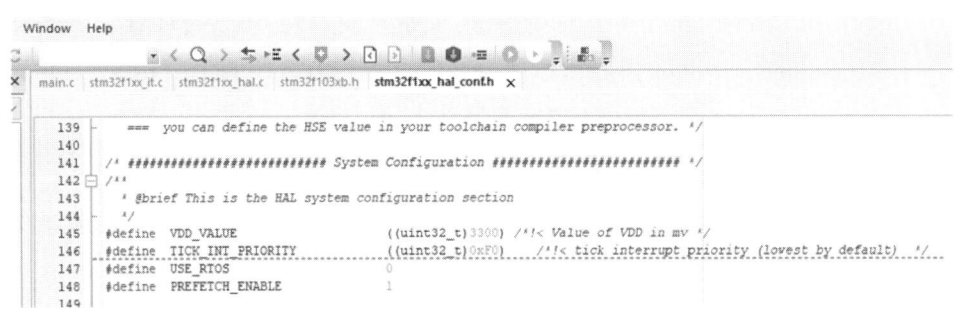

[그림 8.1-3] SysTick interrupt 우선순위.

이처럼 제조사에서 제공해 주는 library 또는 예제 code가 모두 완벽하다고 생각하면 안된다. 만일, 이것을 고려하지 않고, 제품을 양산하는 경우에 시장에서 문제가 발생하면, 그에 대한 책임은 MCU 제조사가 아닌 제품 개발자가 책임을 진다는 데 주의하기 바란다. 왜냐하면, MCU 제조사에서 제공해 주는 모든 library와 예제 code는 그야 말로 **예제**이기 때문에 어떠한 보증도 하지 않기 때문이다. 그러므로, 철저한 실험을 수행하는 것이 제일 중요하다.

HAL 함수는 다음과 같은 **3가지 mode의 데이터 입력과 출력 방식**을 제공한다.

❶ **Polling Mode :**

HAL 함수는 Polling Event를 기다리기 위해 **blocking mode에서 작업**을 하는데, 처리 지연 또는 무한 대기 등을 막기 위하여 **timeout 값(단위 [ms])을 사용**한다. 어쨌든, 작업이 완료되면 처리 결과(또는 process 상태 값)를 다음과 같이 반환한다.

ⓐ **HAL_OK** : 작업이 성공적으로 완료.

ⓑ **Error 발생** : error의 상태 값을 반환.

다음은 전형적인 polling mode processing 순서를 보여주고 있다.

```
HAL_StatusTypeDef HAL_PPP_Transmit ( PPP_HandleTypeDef * phandle, uint8_t pData,
int16 tSize,uint32 tTimeout)
{
if((pData == NULL ) || (Size == 0))
{
return HAL ERROR;
}
(…) while (data processing is running)
{
if( timeout reached )
{
return HAL_TIMEOUT;
}
}
(…)
return HELIAC; }
```

[그림 8.1-4] Polling mode processing 순서.

❷ **Interrupt Mode :**

interrupt가 발생하면, 해당 ISR을 호출하고, 작업 상태 값을 반환한다. 그리고, **작업이 완료되면, 미리 지정한 callback 함수가 호출**된다. Interrupt mode를 위해서 다음의 4개 함수들이 HAL driver에 선언되어 있다.

ⓐ **HAL_PPP_Process_IT()** :

interrupt mode에서 process를 **시작**하는 함수. user code에서 이 함수를 호출하면 process가 interrupt mode에서 시작한다는데 주의하자.

ⓑ **HAL_PPP_IRQHandler():**

global 주변 장치 ISR로서 interrupt mode에서 process를 시작하기 **전에** stm32f1xx_it.c file 안에 해당 ISR이 존재해야 한다. CubeMX에서 해당 interrupt option을 지정해 주면, 관련 ISR이 **자동으로** stm32f1xx_it.c file 안에 **추가**된다.

ⓒ __weak HAL_PPP_ProcessCpltCallback() :

해당 process 완료시에 호출되는 callback 함수. 만일, 완료시에 특별한 작업이 필요 없으면 호출하지 않아도 된다. callback 함수는 driver 내에서 **weak 함수로 선언**되어 있으므로 사용자가 callback 함수를 다시 선언하는 것이 가능하다. 즉, 사용자가 예약어 "__weak"를 제외한 **동일한 이름의 callback 함수를 다시 정의**하여 주면, 다시 정의한 함수가 호출된다.

ⓓ __weak HAL_PPP_ProcessErrorCallback() :

해당 process Error가 발생하였을 때, 호출되는 callback 함수. 역시, **weak 함수**이다.

❸ DMA Mode :

관련 DMA interrupt를 enable 시킨 이후에 process의 상태 값을 반환한다. 역시, **작업이 완료되면, 미리 지정한 callback 함수가 호출**된다. DMA mode를 위해서 다음의 4개 함수들이 HAL driver에 선언되어 있다. 여기서 기억해 둘 것은 callback 함수는 interrupt mode와 DMA mode에 관련되며, **polling mode와는 관계가 없다**는 데 주의하기 바란다. 즉, **polling mode와 관련된 callback 함수는 없다**는 것을 기억해 두기 바란다.

ⓐ HAL_PPP_Process_DMA() :

DMA mode에서 process를 **시작**하는 함수. user code에서 이 함수를 호출하면 process가 DMA mode에서 시작한다.

ⓑ HAL_PPP_DMA_IRQHandler():

global 주변 장치에 의해서 사용되는 DMA ISR.

ⓒ __weak HAL_PPP_ProcessCpltCallback() :

해당 process 완료시에 호출되는 callback 함수. 만일, 완료시에 특별한 작업이 필요 없으면 호출하지 않아도 된다. 앞서 학습한 Interrupt mode와 동일함

ⓓ __weak HAL_PPP_ProcessErrorCallback() :

해당 process Error가 발생하였을 때, 호출되는 callback 함수. 앞서 학습한 Interrupt mode와 동일함

8.2 CubeIDE를 이용한 UART 사용 방법

2.1.절에서 STM32CubeIDE를 download 받아서 설치하였다. 이제, [그림 2.1-6]에서 보여준 것과 같이 설치가 완료되었으면, [그림 8.2-1]의 ①번과 같이 STM32CubeIDE를 실행한다. 그러면, ②번과 같이 STM32CubeIDE Launcher window가 나타날 것이다.

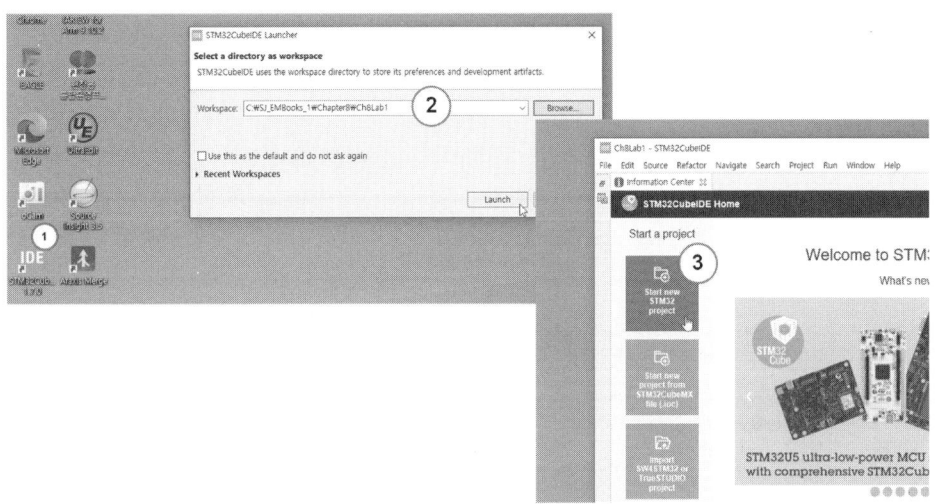

[그림 8.2-1] STM32CubeIDE 사용 방법(1).

그리고, **Workspace** : 옆에 code를 개발하여 저장할 project 바로 상위의 folder를 지정해 준다. 지정한 folder에는 여러 project들을 관리하는 workspace용 folder로 사용될 것이다. 이어서, **Launch** button을 click하여 주면, 잠시 후에 STM32CubeIDE program이 올라온다. ③번과 같이 새로운 STM32 project를 생성하도록 **Start new STM32 project** button을 mouse로 click하여 준다. 그런데, 만일, **Information Center** tab이 나타나지 않으면, [그림 8.2-2]에서 보여준 것과 같이 **Create a new STM32 project** item을 click하여 주면 된다. 그리고 사용할 MCU를 [그림 8.2-3]의 ④번처럼 **Part Number**를 지정해 준다. 여기서는 STM32**L476RG**를 지정해 주었다. 실험에 사용할 Nucleo 보드가 Nucleo-STM32L476RG이기 때문이다. 그러나, 이것은 중요하지 않다. 만일, 다른 어떠한 STM32 MCU가 장착되어 있는 보드가 있어도 지금부터 설명하는 내용을 그대로 동일하게 적용할 수 있기 때문이다.

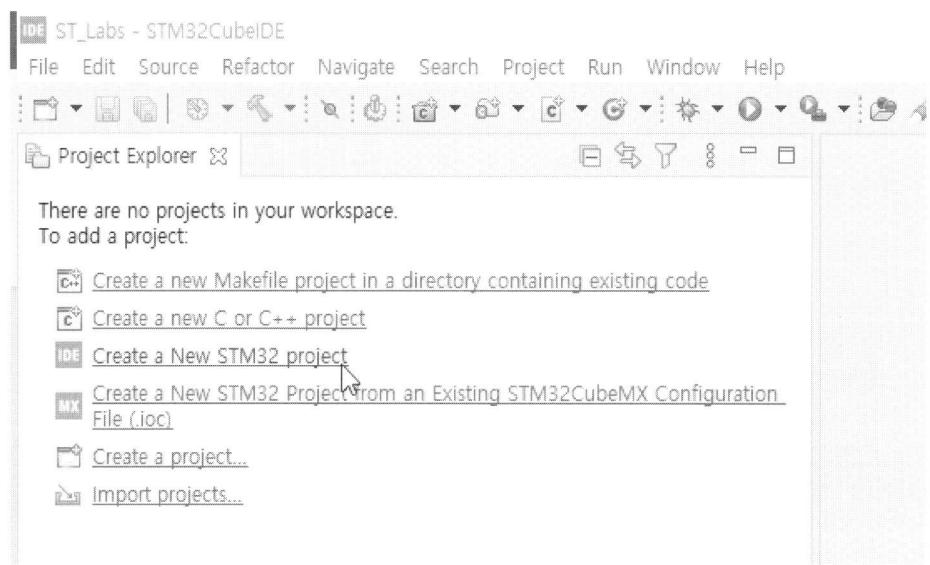

[그림 8.2-2] STM32CubeIDE 사용 방법(2).

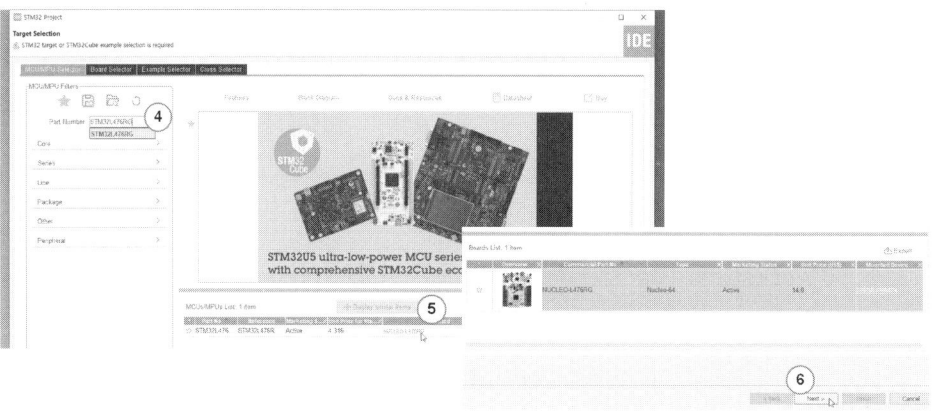

[그림 8.2-3] STM32CubeIDE 사용 방법(3).

⑤번은 선택한 STM32L476RG MCU를 장착한 STM에서 판매하는 Nucleo-L476RG 평가 보드가 있는 경우에 선택하는 것인데, 사실, STM32L476RG처럼 **64pins**인 MCU가 사용된 보드라면 어떠한 보드이건 **회로 상으로 모두 동일**하므로 상관없이 선택해 주면 된다. 그리고, 나타나는 window에서 ⑥번과 같이 **Next〉** button을 click하여 준다. 그러면, [그림 8.2-4]의 ⑦번에서 보여준 것처럼 **STM32 Project** dialogbox가 나타난다. 이제, **Project Name :** 옆에 Project 이름을 지정해 준다. 여기서는 **Ch8Lab1Prj**라고 지정해 주었다.

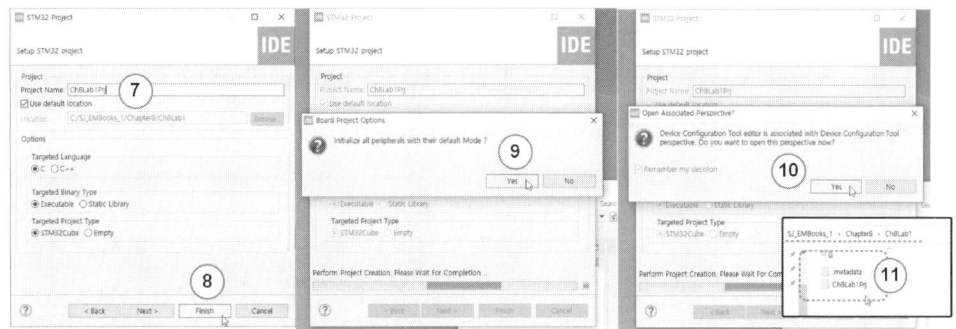

[그림 8.2-4] STM32CubeIDE 사용 방법(4).

그리고 나서, ⑧번과 같이 **Finish** button을 click하여 주면, ⑨번과 같이 Nucleo L476RG 평가 보드의 기본 값으로 설정할 것인지 message window가 나타날 것이다. 그리고, Eclipse window를 Device Configuration Tool 외관으로 보여주어도 되는지 message window가 나타나 문의하면, 모두 **Yes**를 click하여 준다. 그러면, ⑪번과 같이 지정한 **Project** 이름을 갖는 **folder**가 **생성**되어 생성한 project와 관련된 모든 folders와 files를 관리하게 된다. 참고적으로 **workspace** folder는 항상, **.metadata** folder를 갖는다. 만일, 지정한 MCU에 대한 최신 library가 존재한다면, **자동으로 update를 수행**하게 된다. 그리고 나서, [그림 8.2-5]와 같이 CubeMX 화면이 나타나게 된다.

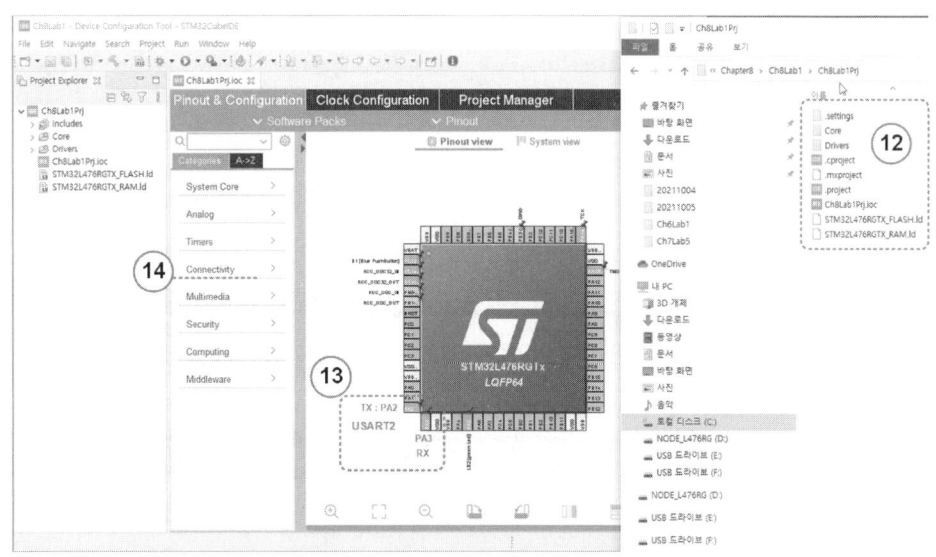

[그림 8.2-5] STM32CubeIDE 사용 방법(5).

우선, ⑫번과 같이 CubeIDE를 위한 project folder를 구성하는 파일들과 folders가 생성되는 것을 확인할 수 있다. 이어서 ⑬번과 같이 PA2번 pin은 USART2 Tx pin으로 사용하고, PA3번 pin은 USART2 Rx pin으로 사용하도록 녹색 핀으로 선정된 것을 확인할 수 있을 것이다. 이제, 선정된 USART2에 대해서 필요한 설정 작업을 수행할 것이다. 그러기 위해서 ⑭번에서 보여준 Connectivity tab을 click 하여 준다. 그러면, [그림 8.2-6]의 ⑮번과 같이 STM32L476RG MCU가 지원하는 **모든 interface들이 나열**된다.

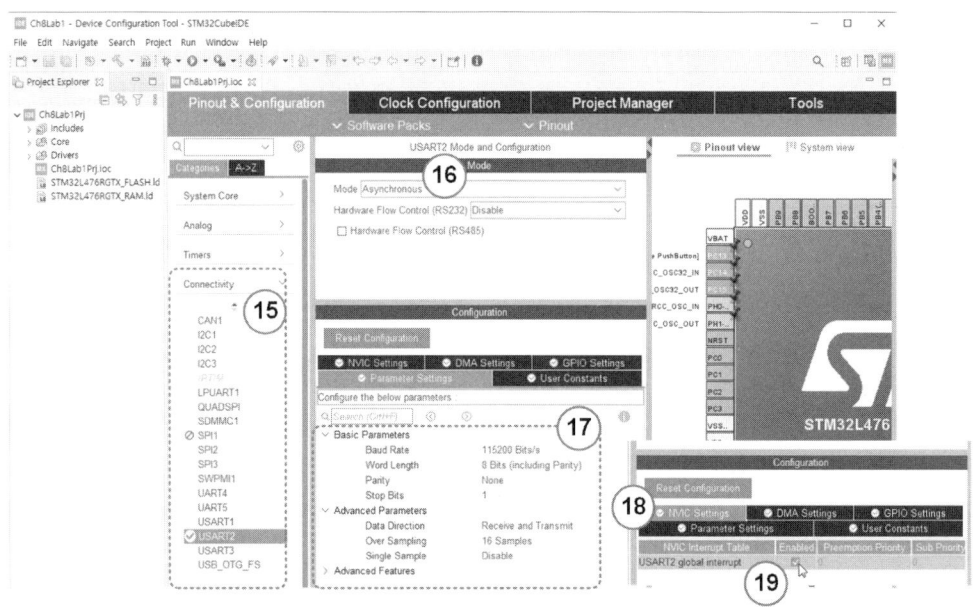

[그림 8.2-6] STM32CubeIDE 사용 방법(6).

여기서, USART2 번을 선택하고, ⑯번과 같이 Mode에는 Asynchronous를 지정해 준다. 이어서 ⑰번과 같이 Parameter Settings tab에 사용할 UART 사양을 설정해 준다. 즉, 사용할 UART의 baud rate를 115200[bps]로 설정해 주고, 나머지 parameter들은 기본값을 그대로 사용한다. 설정이 완료되었으면, ⑱번과 같이 NVIC Settings tab을 선택하여 ⑲번과 같이 USART2 global interrupt를 선택하여 enable하여 준다. 즉, USART2 interrupt 발생에 따른 처리를 하도록 ISR 관련 code를 자동으로 생성하도록 설정해 준다. 이제, 모든 설정이 완료되었으면, 최종적으로 [그림 8.2-7]과 같이 Project Manager tab을 선택하여 project 경로와 그 밖의 사항들을 확인하고, Save All icon을 click하여 준다.

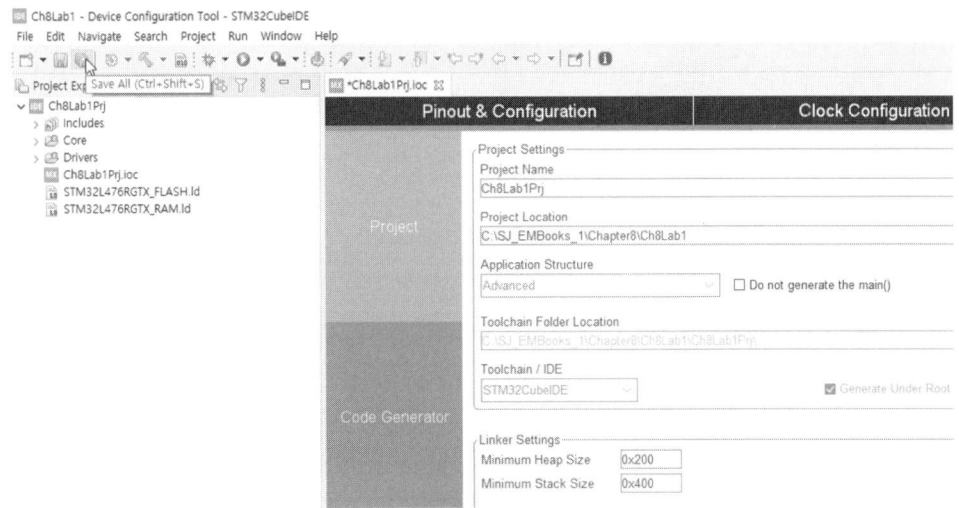

[그림 8.2-7] STM32CubeIDE 사용 방법(7).

그러면, [그림 8.2-8]의 ①번과 같이 지금까지 CubeMX에서 설정한 내용들을 바탕으로 code를 생성할 것인지 문의한다.

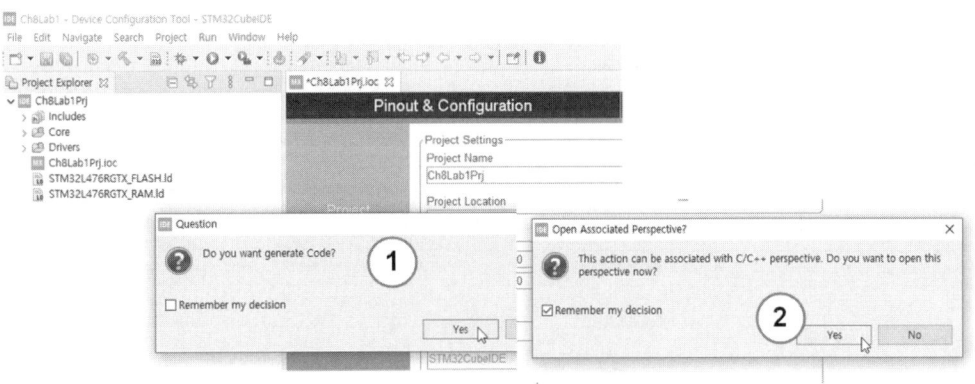

[그림 8.2-8] STM32CubeIDE 사용 방법(8).

Yes를 click하면, ②번과 같이 Open Associated Perspective? dialogbox가 나타나서 code를 분석하기 적절한 왜관으로 바꿀 것인지 문의한다. 이것은 당연하므로 **Remember my decision**을 선택하고, Yes를 click하여 준다. 그러면, [그림 8.2-9]의 ③번과 같이 관련 codes를 포함하는 files와 folders를 **자동으로 생성**하여 준다.

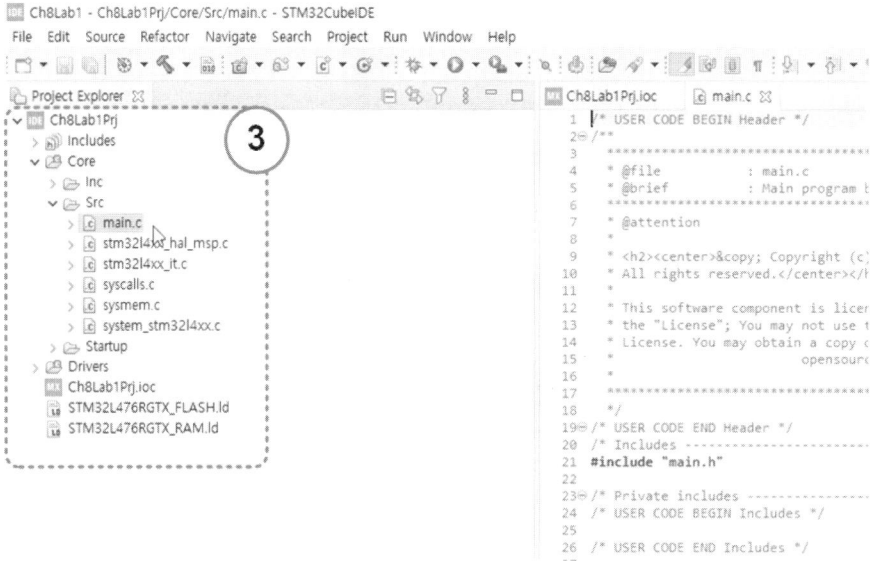

[그림 8.2-9] STM32CubeIDE 사용 방법(9).

[그림 8.2-10]의 ④번과 같이 생성된 project에 대해서 **Build**를 수행하면, ⑤번과 같이 오류 없이 building을 완료하고, ⑥번과 같이 최종적으로 사용하는 MCU에 download하여 사용할 수 있는 **실행 image file**이 생성된다.

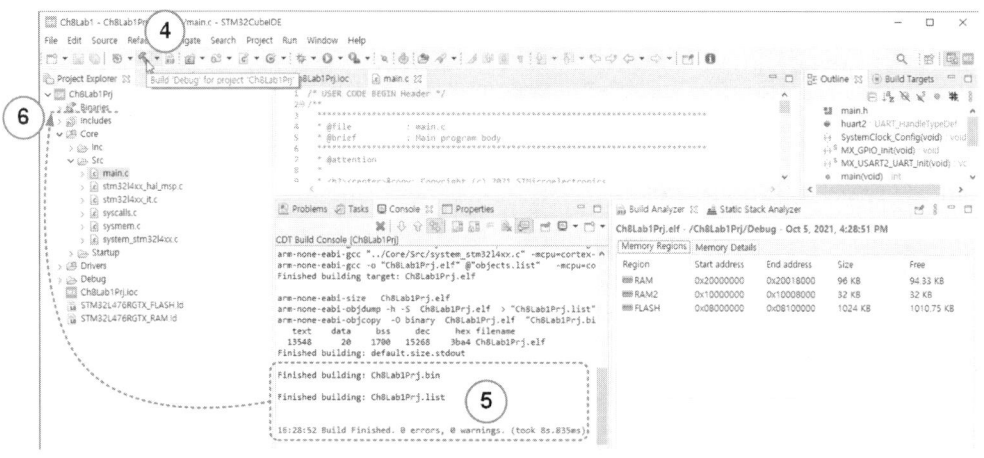

[그림 8.2-10] STM32CubeIDE 사용 방법(10).

이제, Tera Term과 같은 PC 상의 UART serial terminal program을 사용하여 MCU로

문자를 전송한 경우에 문자가 수신되는 상황을 debug mode에서 확인해 보도록 하자. 참고적으로 Nucleo 보드를 PC에 연결하면 UART 관련 COM port가 **자동으로 추가**된 것을 볼 수 있을 것이다. 이제 이 COM port를 통하여 PC와 Nucleo 보드 사이에 UART 통신을 수행하도록 할 것이다. 그러기 위해서는 우선, HAL_UART_Receive_IT() 함수를 사용하여 지정한 USART2로 **1개의 문자**가 전역변수 UARTRxBuf에 수신되는 경우에 interrupt가 발생하도록 coding해 보도록 하자. 이 함수는 앞서 8.1.절에서 설명한 HAL level API 함수 중에서 **입력과 출력 함수에 해당**한다. 그런데, 접미사로 _IT가 추가 된 것으로 보아서 polling mode가 아닌 interrupt mode에 속하는 함수인 것을 알 수 있다. 즉, 함수 HAL_UART_Receive_IT()는 다음과 같이 선언되어 있다.

```
HAL_StatusTypeDef HAL_UART_Receive_IT(UART_HandleTypeDef *huart,
uint8_t *pData, uint16_t Size)
```

이 함수를 호출하면, byte 단위로 지정한 Size 개수의 데이터가 수신된 경우에 interrupt가 발생하고, 그때에 지정한 pData data buffer에 저장해 준다. 이때, Size는 byte 단위의 데이터 개수이다. 일반적으로 Size=1로 설정하여 1개의 byte가 수신되면, interrupt가 발생하고, 그때에 저장된 데이터를 pData data buffer에서 읽어내어 사용하는 방식을 이용한다. [그림 8.2-11]의 ⑦번은 USART2에 1byte 데이터가 수신되면, interrupt가 발생하고, 그 값을 uint8_t data type의 전역 변수 UARTRxBuf에서 읽어내도록 coding 한 것을 보여 준 것이다. 단, main() 함수 안에 있는 **while(1)** loop내의
/* USER CODE BEGIN WHILE */과 /* USER CODE END WHILE */ **사이에 code를 추가**해 준 것에 주의하자. CubeMX가 자동으로 생성해 주는 C framework 파일들을 사용하는 경우에 **가장 중요한 것은 사용자가 작성한 code는 항상**, /* USER CODE BEGIN *WHILE* */과 /* USER CODE END *WHILE* */ **사이에 넣어야 한다는 것**이다. 단, *WHILE*은 현재 사용자가 작성한 code의 역할에 따라서 다른 용어들이 사용될 수 있다. 어쨌든, /* USER CODE BEGIN xxx */ 이후부터 사용자 code를 작성하고, /* USER CODE END xxx */ 이후에는 작성하면 안 된다. 왜냐하면, CubeMX GUI를 이용하여 추후에 어떠한 설정 값을 수정하고, 다시 code를 생성하는 경우에 /* USER CODE BEGIN xxx */부터 /* USER CODE END xxx */ 사이에 있는 code **부분만 그대로 유지하고 보존**해 주기 때문이다.

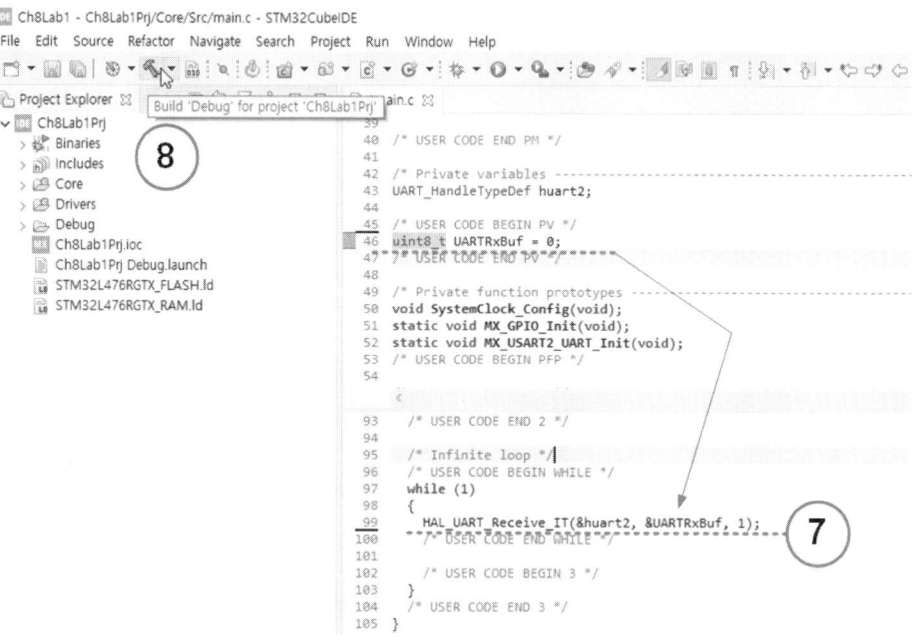

[그림 8.2-11] STM32CubeIDE UART Coding(1)

다른 부분은 모두 CubeMX가 code를 **다시 생성할 때마다 바뀔 수 있다는 데 주의**하기 바란다. 참고적으로 HAL level API 함수를 사용하는 경우에 그 이름이 길어서 모두 암기할 수 없는 것이 사실이다. 이 경우에는 [그림 8.2-12]에서 보여준 것처럼 기억하는 부분까지 예를 들면, HAL_UART_Receiv까지 typing하고 이어서 **Ctrl** key를 click하고 있는 상태에서 **spacebar**를 click하면, typing한 문자열까지 공통인 HAL 함수들이 나열된다. 여기서 원하는 함수를 선택하면 된다. 이제, [그림 8.2-11]의 ⑧번과 같이 다시 **build** icon을 click하여 준다. 물론, 그전에 **Project** menu의 **Clean...** menu를 click하고, 이어서 **Build All** menu를 선택해 주는 것이 **보다 좋은 방법**이다. 왜냐하면, **Clean...** menu를 선택하면, Build 과정에서 생성될 파일들을 모두 삭제해 준다. 만일, 그냥, Build를 수행하면, 기존에 존재하던 파일들에 덮어쓰게 되는데, 이 과정에서 간혹, 오류가 발생하는 것을 경험한 적이 있다. 그러므로, 가능하면, 양산에 가까워진 경우에는 **습관적으로 Clean... menu를 선택**하고, 그리고 나서, Build를 수행하는 것이 좋다. 이것은 IAR과 KEIL도 마찬가지이다. 어쨌든, error 없이 build가 완료되면, [그림 8.2-13]의 ⑨번과 같이 **Debug** icon을 click하여 debug mode에서 **build한 image를 연결된 target 보드에서 실행**해 본다. 단, 그전에 emulator가 board에 정상적으로 연결되어 있어야 한다.

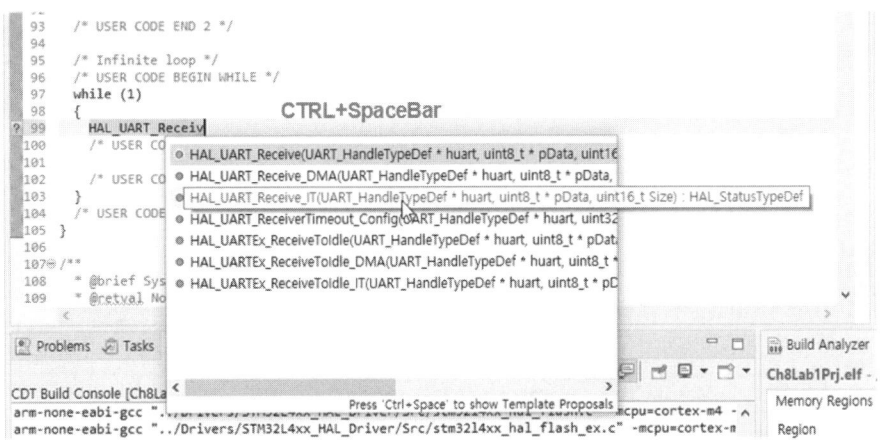

[그림 8.2-12] STM32CubeIDE UART Coding(2)

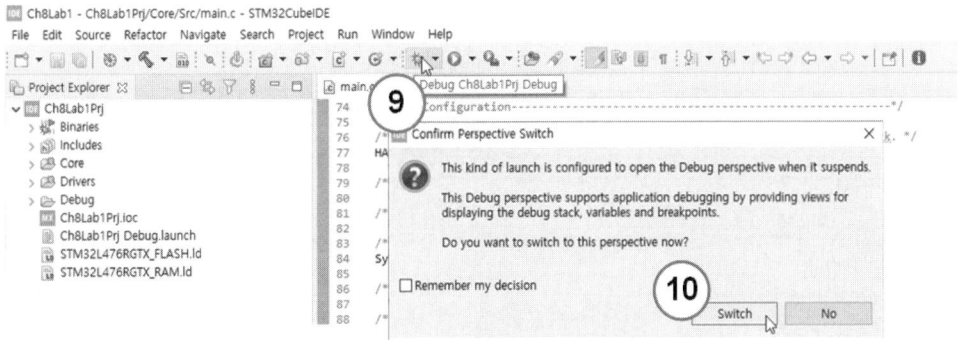

[그림 8.2-13] STM32CubeIDE UART Coding(3)

그러나, nucleo board를 포함한 공식적인 STM32 MCU 보드들은 모두 emulator가 함께 제공되므로 신경 쓸 필요가 없다. 그리고, ⑩번과 같이 현재의 code 개발 즉, 편집기 위주의 환경에서 Debug mode에 유용한 환경으로 전환하도록 **Switch** button을 click하여 준다. 그런데, 이때, [그림 8.2-14]와 같이 현재 emulator의 버전을 갱신할 것을 문의하면, **Yes**를 Click해 주어야 한다. 만일, 여기서 **No**를 click하면 최종적으로 Nucleo-L476RG board와 emulator가 연결되지 않는데 주의하자. 그러므로, 선택의 여지없이 **Yes** button을 click하여 주어야 한다. 그러면, [그림 8.2-15]와 같이 **STLinkUpgrade** dialogbox가 나타나는데, **Open in update mode** button을 click하면, ⑪번과 같은 message가 표시되고 update를 위한 변화가 실행되지 않는 경우가 있다. 여기서 DFU는 **Do Firmware Upgrade**를 의미하며, 보다 구체적으로 STLink emulator에 있는 MCU firmware upgrade를 의미한다.

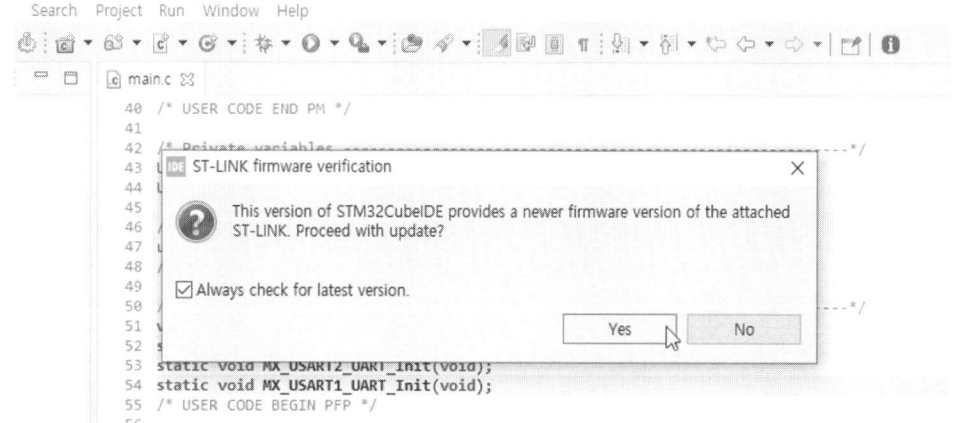

[그림 8.2-14] STM32CubeIDE UART Coding(4)

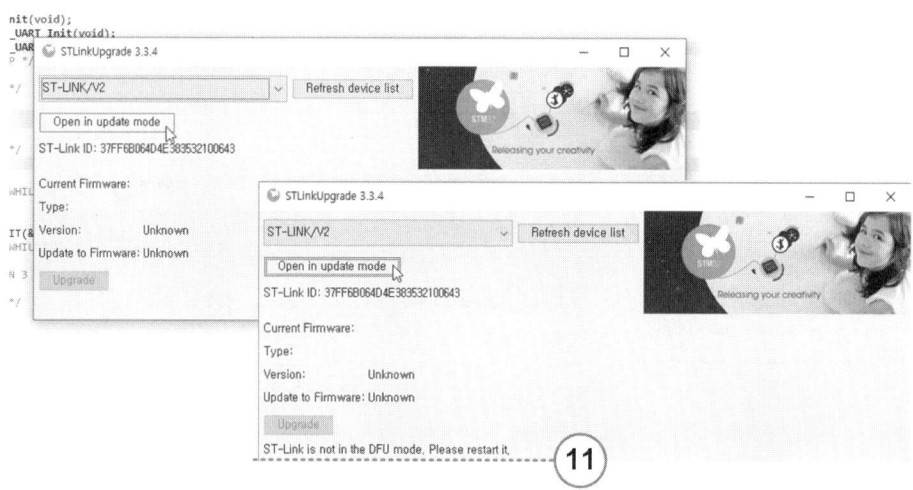

[그림 8.2-15] ST-Link emulator Firmware Update(1).

그러므로, DFU mode로 들어가지 못했으니 다시 시작하라는 의미가 된다. 여기서 **다시 시작(restart)**은 현재 PC와 STLink emulator에 연결되어 있는 USB port를 emulator에서 뺐다가 다시 꽂으라는 의미이다. 즉, unplug하고 다시 plug한 이후에 다시 **Open in upgrade mode** button을 click하여 주면, [그림 8.2-16]의 ⑫번과 같이 현재 emulator의 firmware version 정보가 표시되고, **Upgrade** button이 활성화된다. 이제, **Upgrade** button을 click하여 주면, ⑬번과 같이 갱신이 완료된다. 이제 STLink emulator에 대한 firmware upgrade 작업이 완료되었다.

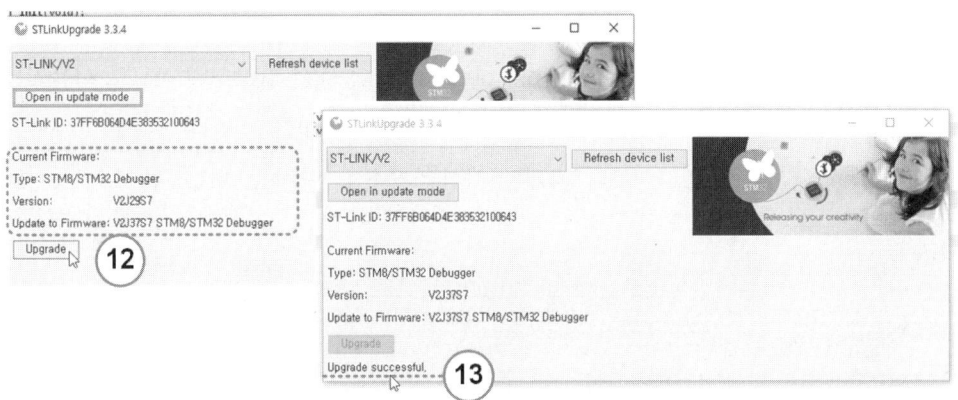

[그림 8.2-16] ST-Link emulator Firmware Update(2).

결국, 연결한 STLink emulator가 사용할 준비가 되었으므로 [그림 8.2-17]과 같이 **debug mode**로 진입한다.

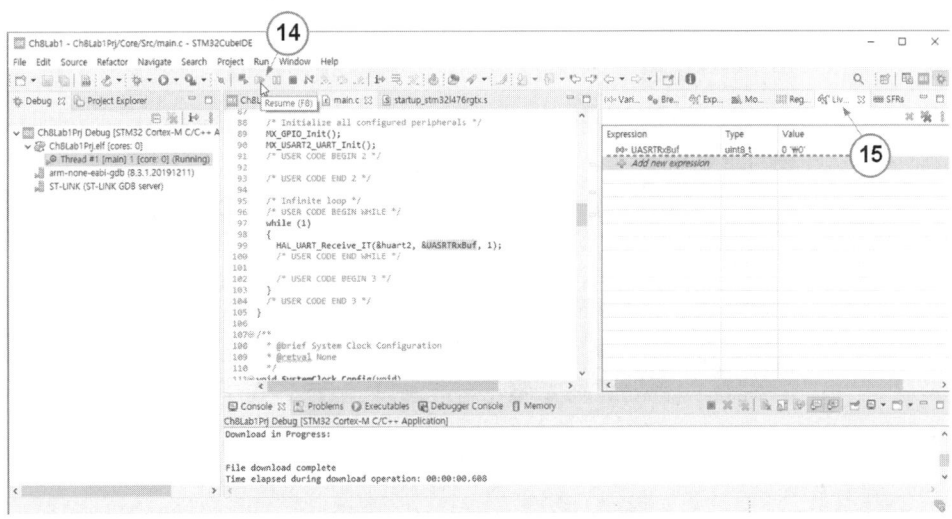

[그림 8.2-17] STM32CubeIDE UART Coding(5)

이때, MCU가 동작하는 동안 변수 값들을 **실시간**으로 읽어보기 위해서 ⑮번과 같이 **Live Expressions**에 전역변수 UARTRxBuf을 typing해 주도록 하자. 그리고 나서, ⑭번과 같이 실행 icon을 click하여 실행시켜준다. 이제 Nucleo 보드에 대한 준비가 완료되었으므로 PC에서 1개의 문자를 전송해줄 UART terminal program을 설치해 보도록 하자. 여기서는 여러분의 PC에서 Nucleo-STM32L476RG 보드로 COM port를 통하여 **문자 기반의 통신**을 수행하기 위해서 사용하는 terminal program들 중에서 가장 보편적으로 사용되는 **Tera Term**이라는 소프트웨어를 사용할 것이다. Tera Term은 다음의 website에서 **무료로** download 받을 수 있다. 보다 자세한 사항은 **2.5.1. 단원**을 참조하면 된다.

https://osdn.net/projects/ttssh2/releases/

어쨌든, download가 완료되었으면, install을 수행하고, 실행을 해 보기 바란다. Tera Term이 실행되면, 제일 먼저, [그림 8.2-18]과 같이 현재 PC에 연결되어 있는 UART port 즉, COM port들을 **Port :** 옆에 drop listbox에 나열해 준다.

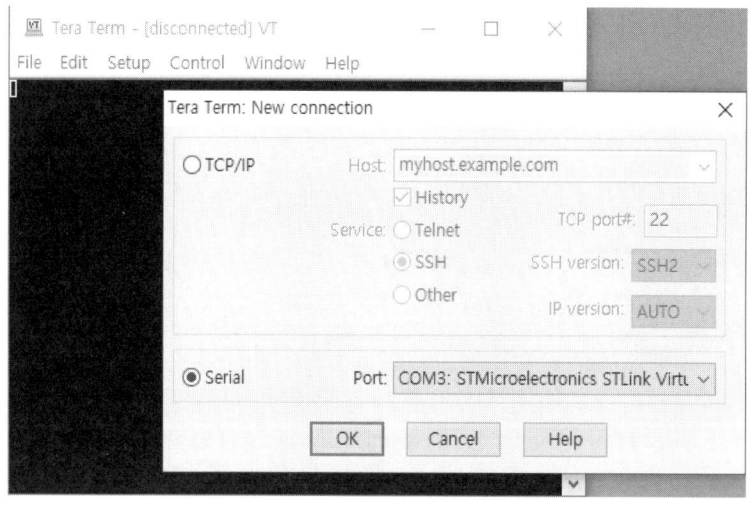

[그림 8.2-18] Tera Term 설정 화면(1).

[그림 8.2-18]과 같이 STLink Emulator가 제공하는 UART 즉, COM port를 선택하고, **OK** button을 click하여 준다. 그리고, [그림 8.2-19]에서 보여준 것과 같이 target board와 연결된 **Serial port**를 선택한다. 즉, ⑯번에서 **Setup** menu를 선택하고, 이어서 **Serial port...** menu를 선택해 준다. 그리고, 앞서 [그림 8.2-6]의 ⑰번과 **동일하게 설정**해 준다. 왜냐하면, PC와 target board 사이에 **통신 사양이 일치해야 데이터 교환이 가능**하기 때문이다. 다시, Tera Term main menu 중에서 **Setup** menu를 선택하고, 이어서 **Terminal...** menu를 선택해 준다.

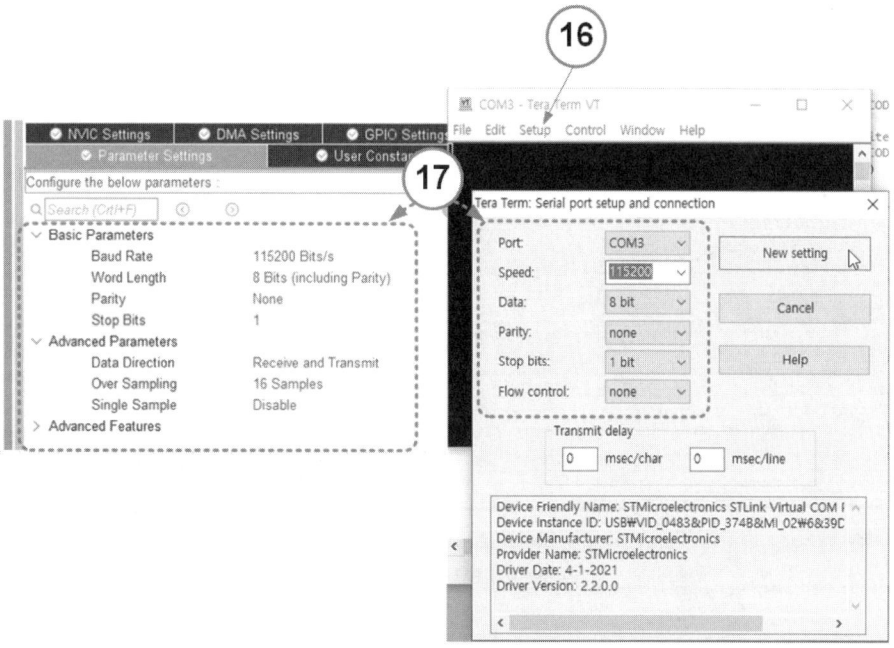

[그림 8.2-19] Tera Term 설정 화면(2).

그리고, [그림 8.2-20]의 ⑱번에서 보여준 것과 같이 **Receive:** 는 **LF** 를 선택하고, Tera Term window 화면에서 typing하는 문자를 보면서 동시에 target board로 전송하기 위해서 **Local echo** 를 check하여 준다.

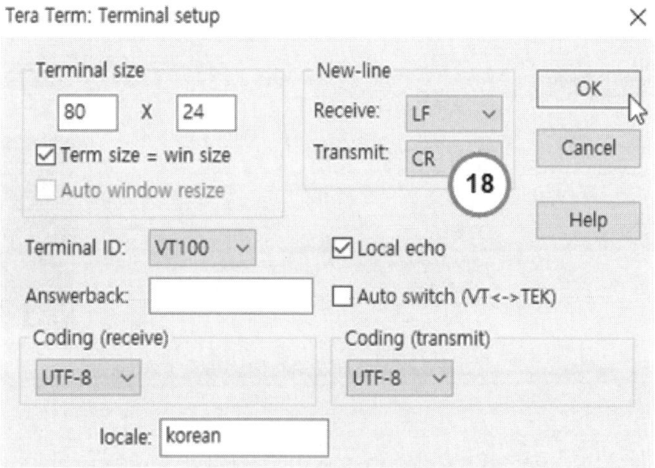

[그림 8.2-20] Tera Term 설정 화면(3).

[그림 8.2-21]의 ⑳번과 같이 Tera Term의 검은 window 화면을 mouse로 click하여 focus를 Tera Term으로 옮기고, keyboard에서 1을 typing하여 주면, 문자 1이 COM port를 통하여 연결되어 있는 Nucleo-L476RG 보드의 USART2로 전송된다.

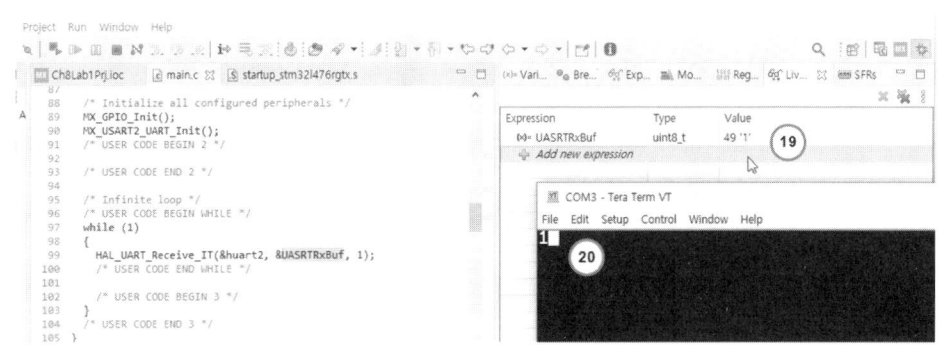

[그림 8.2-21] STM32CubeIDE UART Coding(6)

그리고, 내부 **UARTRxBuf 전역 변수**에 ⑲번과 같이 문자 1 즉, ASCII code 값으로 **49**가 저장되는 것을 볼 수 있을 것이다. 이와 같은 방식으로 PC에서 보내준 문자를 수신하면 되고, PC로 문자를 전송하기 위해서는 **HAL_UART_Transmit_IT()** 함수를 사용하면 된다. [그림 8.2-22]의 ①번과 ②번은 이를 위해서 추가한 code이다.

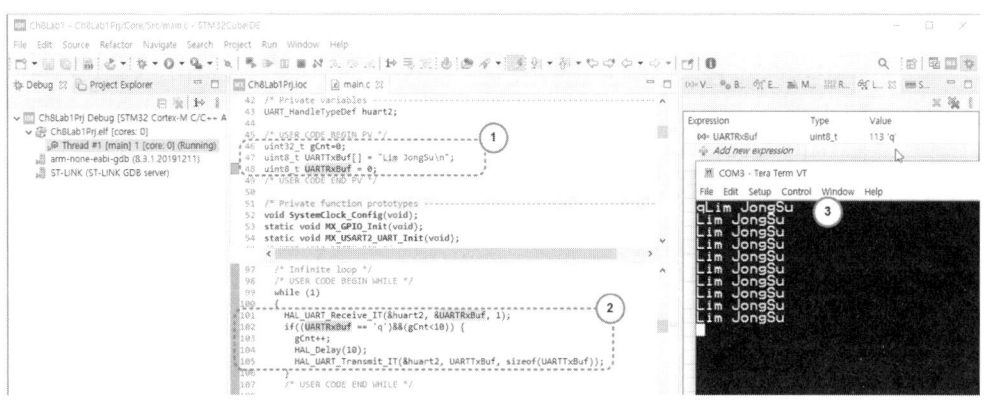

[그림 8.2-22] STM32CubeIDE UART Coding(7)

Coding이 완료되었으면, 다시 Clean menu를 선택하여 파일들을 정리하고, 이어서 Build를 수행한 이후에 debug mode로 진입하여 실행을 시킨다. 그리고 나서, ③번과 같이 Tera

Term에 q를 typing하여 주면, 추가된 code 상에서 지정한 문자열이 지정한 횟수만큼 출력되는 것을 확인할 수 있을 것이다. 그런데, target board에서 PC로 문자열을 전송 할 때에 형식화된 문자열 즉, **printf() 함수를 사용**하면 편리하다. stdio.h에 포함되어 있는 이 함수를 사용하기 위해서는 [그림 8.2-23]에서 보여준 것과 같이 STM32CubeIDE를 사용하는 경우에는 __io_putchar() 함수를 정의해 주어야 하고, IAR 또는 KEIL을 사용하는 경우에는 fputc() 함수를 정의해 주어야 사용할 수 있다는 것을 기억해 두기 바란다.

```
00024: /* Private includes --------------------------- */
00025: /* USER CODE BEGIN Includes */
00026: #include<stdio.h>
00027: /* USER CODE END Includes */
00280: /* USER CODE BEGIN 4 */
00281:
00282: int __io_putchar (int ch)                                        For STM32CubeIDE
00283: {
00284:     (void)HAL_UART_Transmit(&hlpuart1, (uint8_t *)&ch, 1, 100);
00285:     return ch;
00286: }

00288: int fputc(int ch, FILE *f) {                                     For IAR/KEIL
00289:     /* Place your implementation of fputc here */
00290:     /* e.g. write a character to the USART1 and Loop until the end of transmission */
00291:     HAL_UART_Transmit(&hlpuart1, (uint8_t *)&ch, 1, 0xFFFF);   //huart2
00292:     return ch;
00293: }
```

[그림 8.2-23] STM32CubeIDE UART Coding(8)

그런데, IAR의 경우에 **9.20.1 버전 이상부터는** fputc() 함수를 사용하면 안 되고, 다음과 같은 **__write()** 함수를 정의하고 사용해야 한다.

```
int __write(int file, char* ptr, int len) {
    int DataIdx;
    for (DataIdx = 0; DataIdx < len; DataIdx++) {
        HAL_UART_Transmit(&huart2, (uint8_t *)ptr++, 1, 1000);
    }
    return len;
}
```

그러나, 2023년 중반 이후 출시된 KEIL은 기존의 fputc() 함수와 __write() 함수 모두 작동하지 않는데 주의하기 바란다. 결국, KEIL을 사용하는 경우에는 printf() 함수를 사용할 수 없다는 얘기가 되는데, 사실, printf() 함수는 다양한 형식 지정자를 사용할 수 있고, 이것은 code 크기가 크다는 의미가 된다. 일반적으로 자신만의 printf() 함수 기능을 수행하는 가벼운 함수를 만들어 사용한다. 어쨌든, fputc() 함수를 지원한다면, [그림 8.2-23]과 같이 typing해 준다. 일반적으로 2개의 함수들을 [그림 8.2-23]과 같이 모두 정의해 주고 사용하면 된다. 자세한 내용은 **Ch8Lab1** folder에 있는 main.c file을 참조하면 된다. 단, **stdio.h** header file을 포함해 주어야 한다. 또한, printf() 함수에서 **소수를 표시하고 싶은 경우**에는 IAR과 KEIL 개발 도구의 경우에는 특별히, 고려할 것이 없지만, STM32CubeIDE의 경우에는 [그림 8.2-24]와 같은 error message가 나타난다.

[그림 8.2-24] STM32CubeIDE UART Coding(9)

이 문제를 해결하기 위해서는 노란색의 문자열 즉, tooltip message에서 알려주는 데로 [그림 8.2-25]처럼 **MCU GCC Linker**의 **Miscellaneous**를 선택하고, ④번 icon을 click한 이후에 **-u _printf_float**라고 지정해 주면 된다.

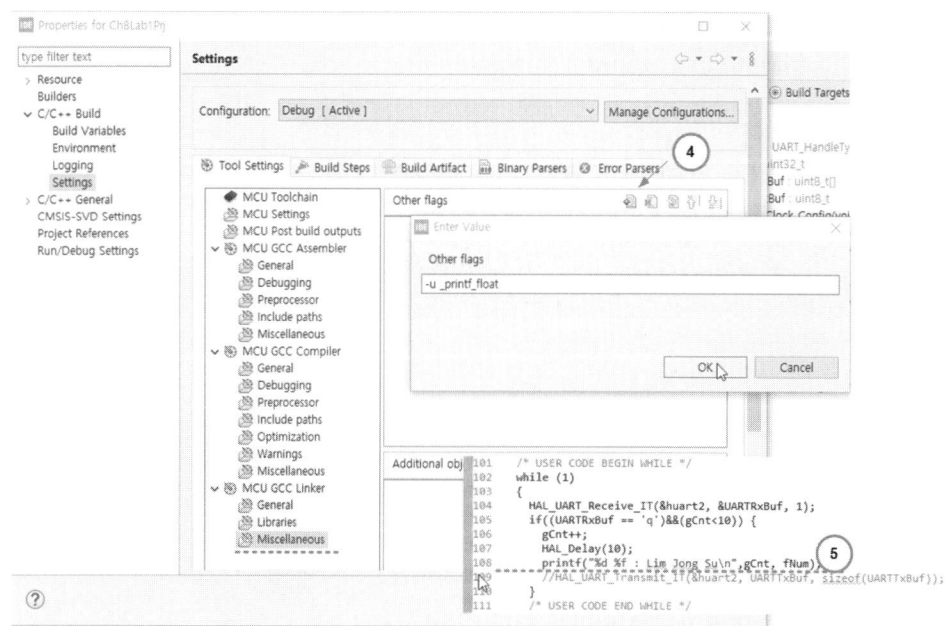

[그림 8.2-25] STM32CubeIDE UART Coding(10)

-u _printf_float라고 적용하고 나면, ⑤번과 같이 **printf()** 함수 주변의 error message가 사라진 것을 확인 할 수 있을 것이다. 이제, 다시 project를 Clean하고, Build를 수행한다. 그리고 나서 실행하여 보면, [그림 8.2-26]과 같이 **소수도 정상적으로 출력**되는 것을 확인 할 수 있을 것이다.

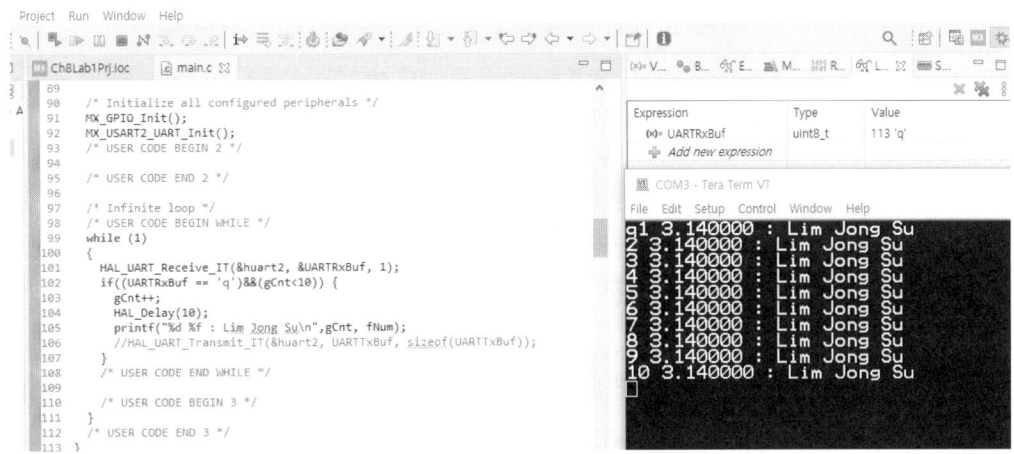

[그림 8.2-26] STM32CubeIDE UART Coding(11)

지금까지 STM32에서 제공하는 **무료** 개발 tool인 STM32**CubeIDE**를 사용하여 UART 통신을 수행하는 code를 작성하는 방법에 대해서 살펴보았다. 그런데, 이처럼 CubeIDE로 개발한 project를 IAR 또는 KEIL을 사용하는 다른 개발자에게 제공하는 경우를 생각해 보자. 다른 개발 도구를 사용하는 개발자는 자신의 개발 도구에서 사용할 수 있도록 해당 CubeMX file 즉, *.ioc file을 사용하여 **원하는 개발 도구만 다시 설정하고, 그리고 나서 GENERATE CODE button을 click**하여 주기만 하면 된다. 즉, 생성된 Project folder에서 CubeMX file인 **Ch8Lab1Prj.ioc** file을 CubeMX로 open하여 사용하려는 tool 즉, IAR 또는 KEIL을 지정해 주고 code를 생성해 주면 된다. 예를 들어서, [그림 8.2-27]의 ⑥번과 같이 Ch8Lab1Prj.ioc file을 double click하여 CubeMX를 open한다. 그리고, **Project Manager** tab에서 ⑦번과 같이 Toolchain/IDE에서 IAR의 EWARM을 선택한 이후에 ⑧번과 같이 단순히 **GENERATE CODE**를 click하여 C framework를 생성해 주면, **EWARM** project folder 즉, IAR Embedded Workbench project folder인 EWARM folder가 추가적으로 새롭게 생성된 것을 확인할 수 있을 것이다.

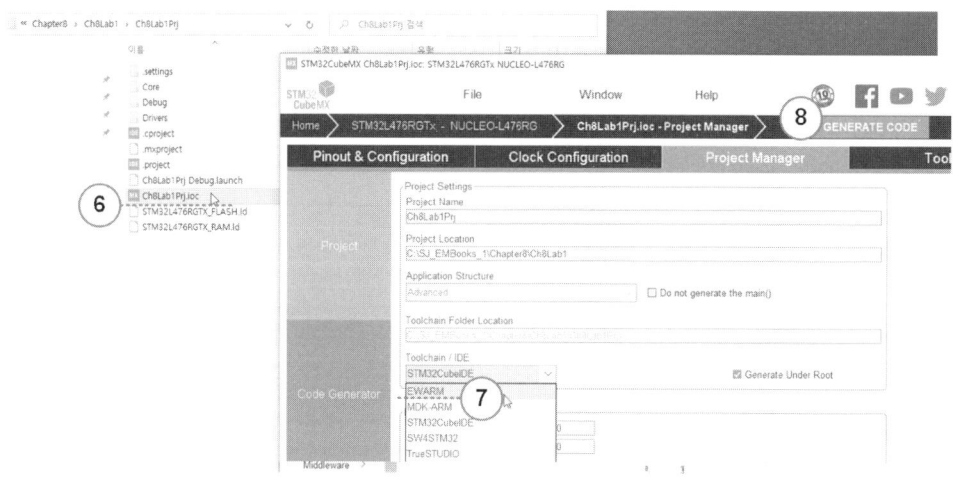

[그림 8.2-27] STM32CubeIDE에서 IAR EWARM으로 전환 방법(1).

[그림 8.2-28]에서 보여준 것과 같이 CubeIDE 개발 환경에서 IAR EWARM으로 전환하게 되면, 단순히, **EWARM** folder만 ⑨번과 같이 첨가된 것을 확인할 수 있다.

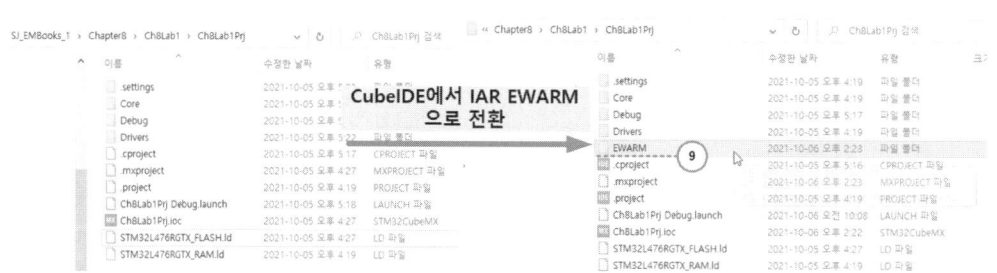

[그림 8.2-28] STM32CubeIDE에서 IAR EWARM으로 전환 방법(2).

이것은 KEIL MDK-ARM을 선택할 때에도 동일하다는데 주의하자. 이제, 새로 만들어진 **EWARM** folder 안에 있는 IAR workspace file **Project.eww** file을 double click하여 IAR tool을 호출하면 [그림 8.2-29]와 같이 정상적으로 IAR Embedded Workbench가 호출되어 실행되는 것을 확인할 수 있다. 게다가, 앞서 CubeIDE로 개발할 때 사용된 모든 source files도 함께 정리되어 올라온 것을 볼 수 있다. ⑩번과 같이 debug 환경을 고려하여 **최적화를 None**으로 설정한 이후에 Build를 수행하고, 실행하여 보면, 앞서 CubeIDE로 개발한 것과 동일하게 작동하는 것을 확인할 수 있을 것이다.

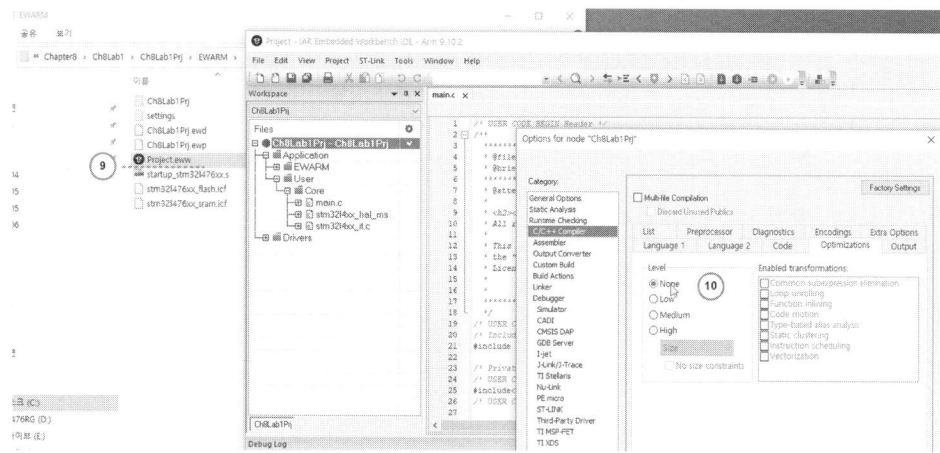

[그림 8.2-29] STM32CubeIDE에서 IAR EWARM으로 전환 방법(3).

이것은 KEIL 개발 도구를 사용할 때에도 동일하다. [그림 8.2-30]의 ⑪번처럼 개발 도구로 **MDK-ARM**을 선택해 주고, **GENERATE CODE** button을 click하여 주면, ⑫번처럼 KEIL 개발 도구를 위해서 새로운 project folder **MDK-ARM** folder가 새롭게 생성된다.

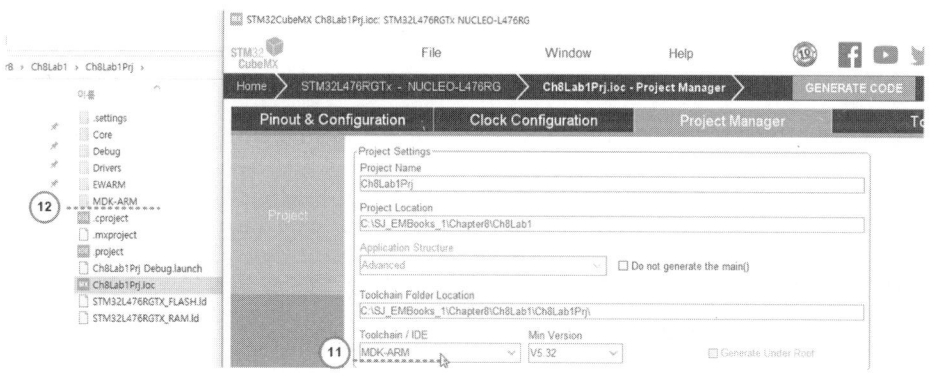

[그림 8.2-30] CubeIDE에서 MDK-ARM으로 전환 방법(1).

이 folder에서 [그림 8.2-31]의 ⑬번처럼 KEIL의 project file인 **Ch8Lab1Prj.uvprojx** file 을 double click하여 실행해 주고, ⑭번과 같이 원활한 debugging을 수행하기 위해서 역시, **최적화를** Level0으로 설정해 준다. 그리고 나서, **Project** menu에서 **Clean Targets** menu 를 선택하여 build 과정에서 생성될 파일들을 제거하고, 이어서 build하고 실행하면, 앞서 CubeIDE에서 얻은 동일한 결과를 얻을 수 있을 것이다.

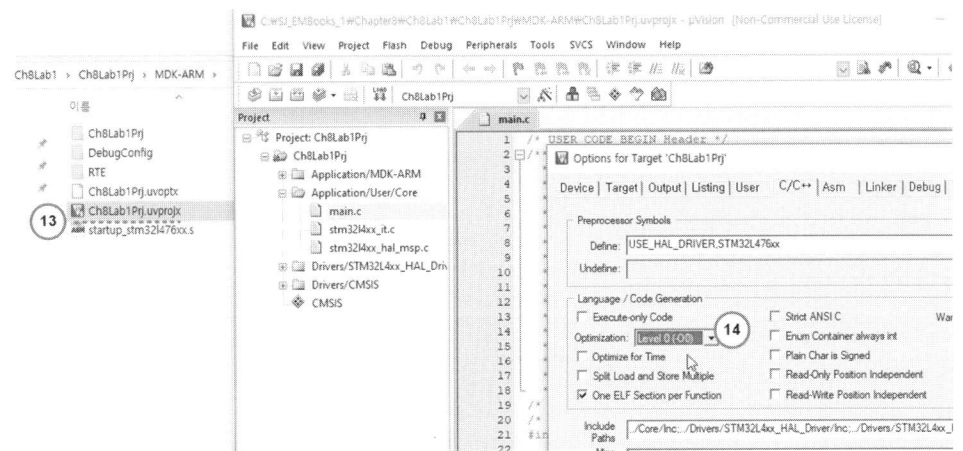

[그림 8.2-31] CubeIDE에서 MDK-ARM으로 전환 방법(2).

이로서 우리는 MCU의 UART 주변 장치를 이용하여 PC의 Tera Term program과 데이터를 주고받는 coding을 할 수 있게 되었다. 이것은 결국, MCU와 PC 사이에 데이터를 주고받을 터널이 만들어졌다는 의미이고, 이제, 이 터널을 통하여 수송될 데이터가 보다 안정적이고, 효과적으로 상호 전달될 수 있도록 **전송에 대한 규약**을 만들어 볼 것이다. 또한, 지금까지 학습한 UART 통신에 대한 interrupt 방식의 HAL_UART_Transmit_**IT**() 함수와 HAL_UART_Receive_**IT**() 함수에 대한 사용 방법은 사실, 거의 모든 다른 통신 방식 예를 들면, I2C, SPI 통신 등에서도 **거의 동일한 방식으로 사용**하면 된다. 또한 timeout을 입력 매개변수로 추가하는 polling 방식의 접미사 _IT를 제거한 HAL_UART_Transmit() 함수와 HAL_UART_Transmit() 함수도 다른 I2C, SPI 통신 방식에서도 동일하게 사용할 수 있다. 상당히 많은 내용을 설명한 것 같다. 이들 많은 내용을 자신의 것으로 만들기 위해서는 직접 실험을 하고, 경험을 쌓아가야 한다. 그러므로, **Ch8Lab1** folder에 있는 내용을 참조하여 직접 [그림 8.2-26]과 같은 결과를 얻도록 노력하기 바란다. 그리고, 그 결과를 IAR과 KEIL을 이용하여 동일한 결과가 나오도록 실험해 보기 바란다.

8.3 Windows Program과 UART 통신 방법.

무엇을 하건 제일 중요한 것은 정확히 대상에 대해서 이해를 하는 것이다. 대충 이해한 것은 어쩔 수 없이 대충 제품을 만들게 되고, 이것은 분명히 시장에서 또는 고객에게서 여러분의 신뢰를 빼앗아 갈 것이다. 물론, 정확히 목표한 것을 이해하는 것은 많은 시간과 정렬을 요구할 것이므로 여러분의 인내가 필요하다. 이제부터 여러분과 함께 MCU와 UART 통신을 이용하여 어떻게 PC가 서로 간에 데이터 교환을 할 수 있는지 자세히 그 내용을 해부해 가면서 살펴보도록 할 것이다. 많은 인내와 집중력을 요구할 것이다. 이해가 되지 않으면 반복적으로 읽고 따라해 보면서 자신의 것으로 만들어 보기 바란다. 우리가 이해해야 하는 내용은 **Ch8Lab2** folder를 참조하면 된다. 이 folder 안에 있는 main.c file을 보면 다음과 같은 code가 보인다.

```
/* USER CODE BEGIN WHILE */
while (1) {
  HAL_UART_Receive_IT(&huart2, &UARTRxBuf, 1);
  if((UARTRxBuf == 'q')&&(gCnt<10)) {
    gCnt++;
    gCnt %=10;
    HAL_UART_Transmit_IT(&huart2, &tmp, 1);  // uint8_t tmp=0x55=0b0101_0101;
  }
  HAL_GPIO_TogglePin(GPIOA,GPIO_PIN_8);
  /* USER CODE END WHILE */
```

이제부터 code 내용을 살펴볼 것인데, USART의 내부 구성도를 보여준 [그림 8.3-1]을 손가락으로 집어가면서 설명하는 내용과 맞추어 가면서 읽어 보기 바란다. 왜냐하면, 앞으로 PC와의 통신이 모두 USART 또는 UART 주변 장치를 통하여 이루어지기 때문에 완전한 이해가 필요하기 때문이다. 우선, HAL_UART_Receive_IT() 함수로 USART2 interrupt를 enable하고, 만일, USART2로 지정한 1byte 1개의 문자가 들어오면, interrupt가 발생하여, 수신된 1byte 문자는 지정한 전역 변수 **UARTRxBuf**에 저장되도록 하였다. 여기서 주의 할 것은 HAL_UART_Receive_IT() 함수를 호출하면, 구체적으로 USART_**CR1** control register의 bit field인 USART_**RXNEIE** 즉, **RXNE** Interrupt를 **E**nable해 준다. RXNE는 USART 수신 버퍼 **RDR**(Receive Data Register)에 데이터가 들어와서 읽을 수 있는 경우에 1이 된다. 즉, USART_**SR** 상태 register의 bit field인 RXNE=1이 되었을 때에 USART_RXNEIE=1이면, USART interrupt가 발생하게 된다.

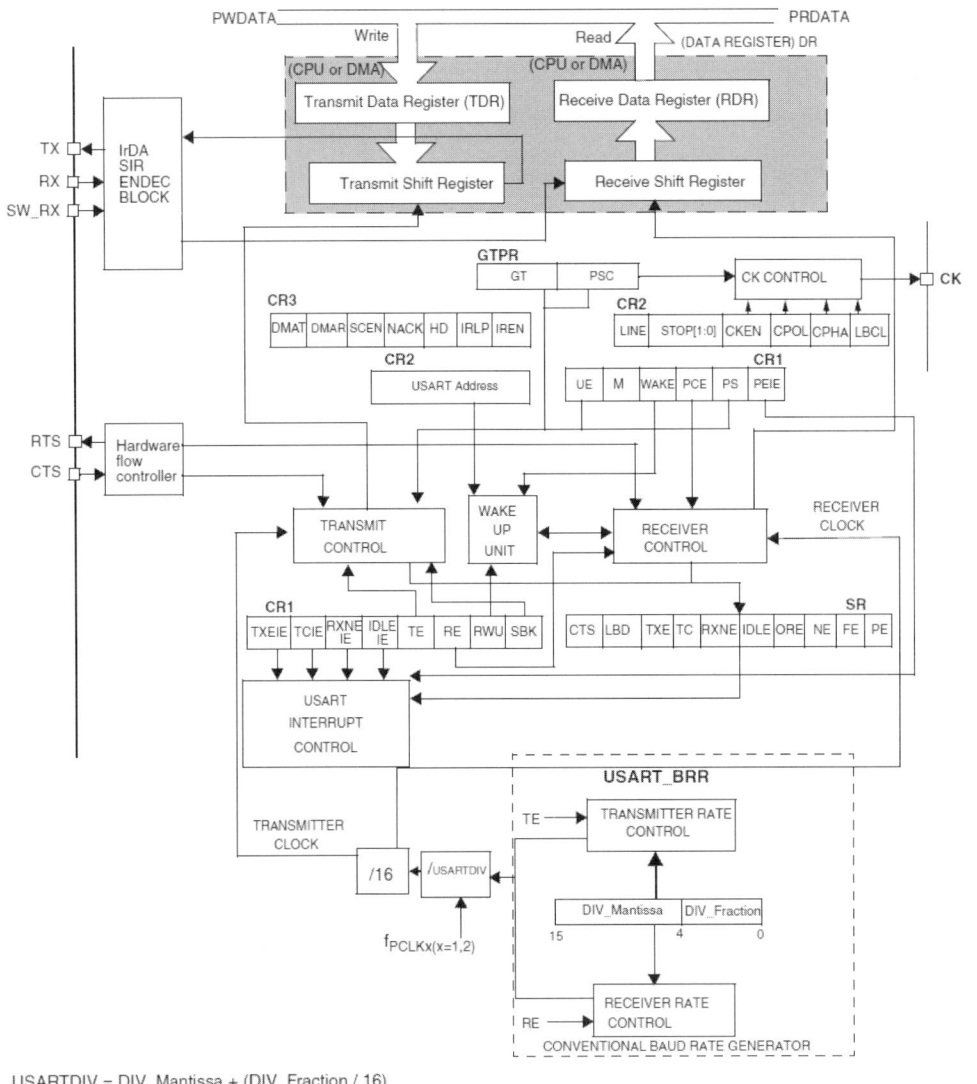

USARTDIV = DIV_Mantissa + (DIV_Fraction / 16)

[그림 8.3-1] USART Functional Block Diagram.

여기서, RXNE는 Receive data register Not Empty를 의미하고, RXNEIE는 RXNE Interrupt Enable을 의미한다. 정리하면, HAL_UART_Receive_IT() 함수를 호출하면, RXNEIE=1을 설정하여 외부에서 데이터가 수신될 때마다 USART interrupt를 발생하여 stm32l4xx_it.c 파일 안에 있는 관련 ISR인 USART2_IRQHandler() 함수를 호출한다. 이 함수는 다시 내부적으로 HAL_UART_IRQHandler() 함수를 호출하고, 이어서, UART_RxISR_8BIT() 함수를 호출한다. 이 함수는 우선, USART_RXNEIE = 0으로 만들

어서 외부에서 데이터가 수신되어도 더 이상 USART interrupt가 발생하지 못하도록 만들고, HAL_UART_RxCpltCallback() 함수 즉, Rx **완료** callback 함수를 호출한다. HAL_UART_RxCpltCallback() 함수는 기본적으로 다른 callback 함수처럼 weak keyword와 함께 선언되어 있으므로 다시 main.c file에서 정의하여 사용하면 된다. 어쨌든, 중요한 것은 HAL_UART_Receive_IT() 함수를 호출할 때**마다** 데이터가 수신되면 interrupt를 발생하도록 USART_RXNEIE = 1로 설정해 주고, 막상 데이터가 수신되면, ISR routine에서 USART_RXNEIE = 0으로 interrupt를 clear해 준다는 것이다. 이와 같은 내용은 동일하게 USART **Tx**에도 적용된다. 단지, USART_**TXEIE**과 TXE interrupt가 대신 사용되는 것뿐이다. 즉, 전송할 데이터가 Tx buffer TDR(Transmit Data Register)에서 shift register로 전송되어 empty가 된 경우에 interrupt가 발생한다. 이제, HAL_UART_Receive_IT() 함수를 호출하여 USART_RXNEIE = 1로 설정해 주고, 데이터가 수신되어 interrupt가 처리되었다고 가정해 보자. 그런데, 만일, while(1) loop를 순환하는데 어딘가에 묶여서 시간을 많이 소비하여 HAL_UART_Receive_IT() 함수를 늦게 호출한 사이에 데이터가 USART에 수신되면, **그 데이터는 놓친다는 데 주의**하기 바란다. 결국, USART로 데이터가 수신되는 **시간 간격**과 while(1) loop의 순환에 소요되는 **시간 간격**을 잘 고려해야 데이터를 놓치지 않고, **원활한 USART 통신**을 수행할 수 있다. 이제 좀 더 구체적인 실험을 통하여 확인해 보도록 하겠다. **Ch8Lab2** folder 안에 작성한 main.c 파일을 보면, HAL_UART_Receive_IT() 함수는 while(1) loop를 순환 할 때마다 매번 호출된다. 즉, [그림 8.3-2]의 ①번에서 보여준 것과 같이 while(1) loop를 순환 할 때마다 매번 호출되는데, while(1) loop를 한 번 순환하는데 걸리는 시간이 ②번에서 보여준 것과 같이 **1.35[us]** 정도이다. **Ch8Lab2** project가 실행되고 있는 Nucleo-STM32L476 보드의 core clock이 80[MHz]이므로 하나의 명령을 처리하는데, 0.125[us]가 걸린다. Cortex-M core는 하버드 구조에 pipeline 구조로 되어 있으므로 대략 평균 잡아서 0.135[us]라고 해도 될 것이다. 그러므로, loop에 대한 한 번의 순환에 대략 10개의 명령들을 처리하는 것으로 보인다. 이제, [그림 8.2-26]처럼 Tera Term window 화면에서 문자 **q**를 typing하면, if문 안으로 들어가게 되고, 변수 tmp에 저장된 0x55=0b0101_0101을 출력하게 된다. 즉, USART2 Tx pin으로 [그림 8.3-2]의 ④번과 같이 0과 1을 교대로 10번 출력하게 될 것이다. 그런데, [그림 8.3-3]의 ⑤번과 같이 USART2 **Tx** pin은 **PA2번 pin**이고, Rx pin은 **PA3번 pin**이다.

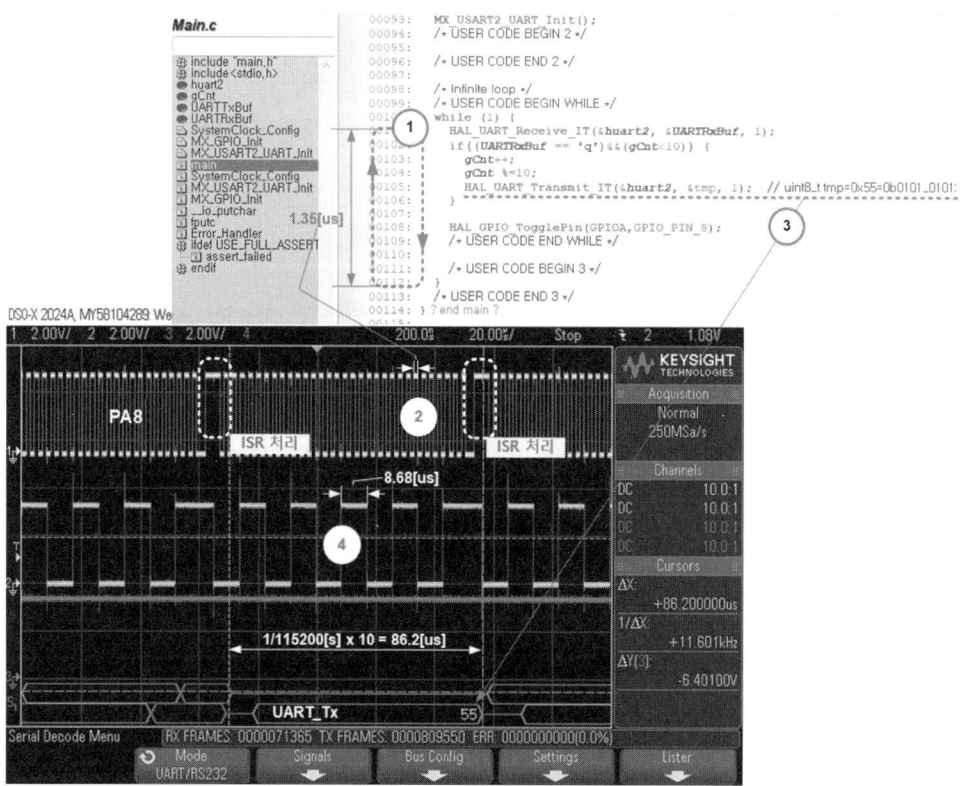

[그림 8.3-2] UART 통신에 대한 분석도(1).

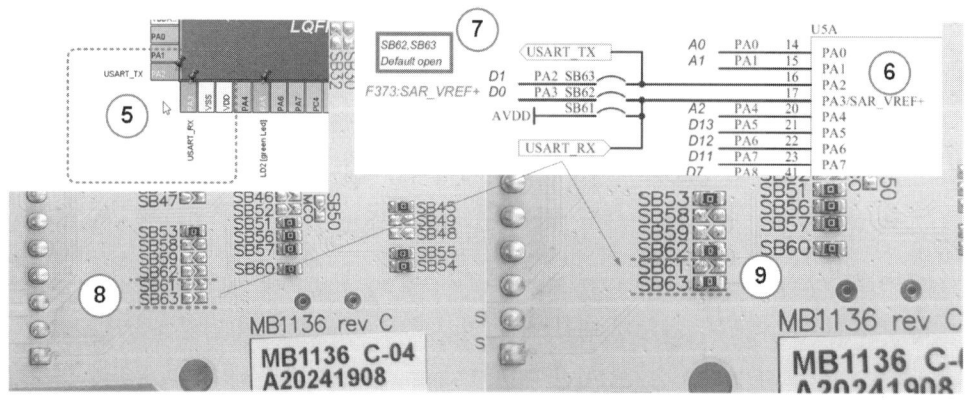

[그림 8.3-3] 64pins Nucleo 보드의 USART2 회로도.

64pins Nucleo-L476RG에서 관련 회로도를 보면, ⑥번과 같이 PA2번 pin과 PA3번 pin이 각각 SB63과 SB62를 거치게 되는데, ⑦번 주석과 같이 모두 끊어져있다. 그러므로, PA2번

Tx pin으로 0x55를 PC로 전송해도 PA2번 pin 커넥터에 jumper wire를 연결하여 oscilloscope로 확인해 보면, [그림 8.3-2]의 ④번과 같은 파형을 볼 수가 없다. 그러므로, ⑧번과 같이 끊어져 있는 곳에 ⑨번과 같이 0[Ω]을 걸어주어야 파형을 볼 수 있고, PC로 0x55 데이터가 전송될 수 있다. 이때, 0[Ω]이라고 해서 대충 jumper wire로 연결하지 않는 것이 좋다. 왜냐하면, connector에 jumper wire로 연결할 때, 순간적으로 손에서 발생한 정전기가 커넥터를 타고, MCU를 망가트릴 수가 있기 때문에 0[Ω] 저항을 걸어주는 것이 안전하다. 왜냐하면, 0[Ω] 저항일지라도 측정해 보면, 저항 값이 존재하므로 순간적인 전압에 따른 전류를 소비할 수 있어서 뒷단의 MCU를 보호해 줄 수 있기 때문이다. 참고적으로 Nucleo 보드 자체가 저가(?)로 판매하다보니, 땜질을 해야 하는 PAD가 상당히 약해서 쉽게 PAD 동박이 떨어지는 경향이 있다. 일단, PAD 동박이 떨어지면, 상당히 난감해 지므로 가능하면 땜질은 신속하게 너무 과한 열은 피해서 처리해야 한다. 다시, [그림 8.3-2]의 code로 돌아와서 보면, 전역변수 gCnt는 %=10 연산에 의해서 10이 되면 자동으로 0으로 바뀌게 되어 결국, 한 번 문자 q를 typing하면 **계속해서** if문 안으로 들어가게 된다. [그림 8.3-4]에서 보여준 것과 같이 USART2 baud rate는 ⑩번과 같이 현재 115200[bps]로 설정하였다. 그러므로, [그림 8.3-2]의 ④번처럼 1/115200 = 8.68[us]가 되므로 8.68[us]마다 ⑫번에서 보여준 UART 규격에 맞추어 전송할 것이다. start와 stop bit를 포함하면, 총 10개 bits가 필요하므로 **하나의 1byte 문자 0x55를 전송하기 위해서는 대략 86.8[us]가 걸릴 것이다**. 마찬가지로 1개 문자 수신에도 대략 86.8[us]의 시간이 필요할 것이므로 HAL_UART_Receive_IT() 함수는 **이 보다 짧은 주기로 호출되어야 수신되는 문자를 놓치지 않는다는 것**을 알 수 있다. 그러므로, 일반적으로 여유를 갖고 9600[bps]를 많이 사용한다. 어쨌든, 현재는 [그림 8.3-2]의 ①번에서 보여준 것과 같이 **1.35[us] 마다 호출**되므로 아무런 문제가 없다. 또한, HAL_UART_Transmit_IT() 함수는 86.8[us] 마다 1byte를 전송하고 interrupt를 발생할 것이다. 여기서 주의 할 것은 while(1) loop 순환 업무보다 **우선순위가 높은 USART2 interrupt 처리 관련 routine이 중간에 수행되기 위해서** while(1) loop를 1.35[us] 마다 규칙적으로 순환하던 것이 2~3배 정도 더 시간이 걸린 것이다. 그러나, **중요한 것은 while(1) loop를 순환하는 데 걸리는 총 시간이 현재의 요구 사항인 86[us] 보다 더 짧으므로 USART2 수신 문자를 놓치지는 않을 것이다.** 그러나, 만일, 여러 interrupt들이 연속적으로 발생하고, 중간에 연산처리가 많이 들어가면 문제가 될 수 있으므로 항상, 시간 계산을 잘 해 주어야 할 것이다.

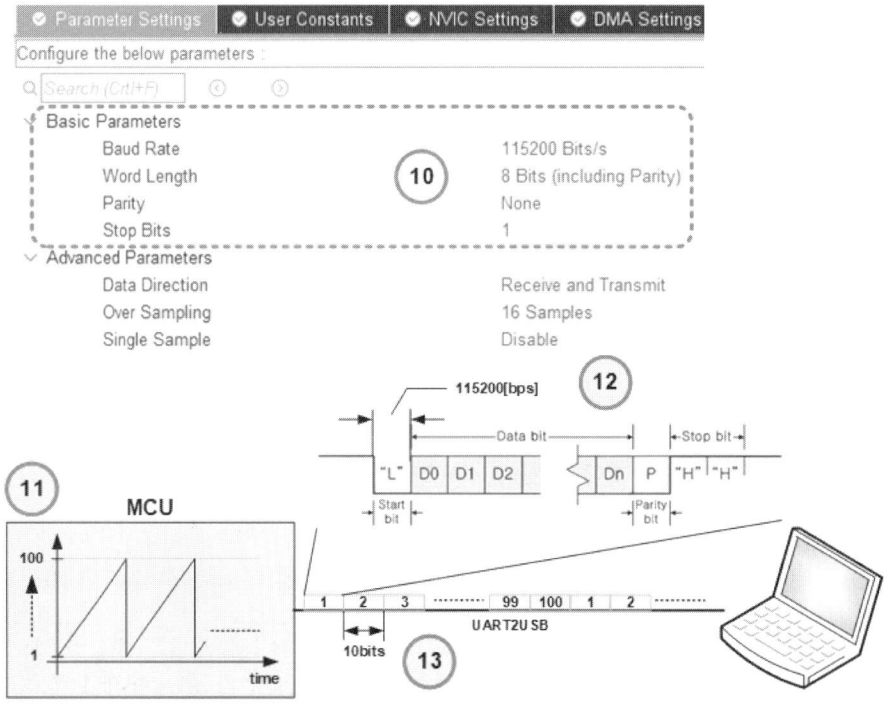

[그림 8.3-4] UART 통신에 대한 분석도(2).

이제부터 여러분과 함께 지금까지 학습한 내용을 바탕으로 **SJ_MCUBook_Apps** program 과 Nucleo-L476 보드 사이에 연결된 UART 통신을 통하여 데이터를 송/수신하는 방법을 본격적으로 학습해 보도록 하겠다. 사용할 예제는 **Ch8Lab3** folder에 있으니 참조하기 바란다. Windows program인 **SJ_MCUBook_Apps**은 MFC 기반의 Visual C++로 개발하였으며, UART 통신을 위한 Windows System Program과 MCU에서 수행하는 event에 따른 함수 pointer 배열을 활용한 알고리즘도 **모두 수진 자체적으로 개발한 것**임을 밝혀 둔다. 그러나, 이 책은 Embedded Coding 관련 서적이므로 여기서는 Windows program과 UART 통신을 수행하기 위한 방법만 살펴보도록 할 것이다. [그림 8.3-5]는 Nucleo-L476 보드와 **SJ_MCUBook_Apps** program 사이의 데이터 통신을 위해 **수진**이 정한 **UART 통신 규약**이다. 통신 규약(protocol)은 상호 통신을 수행하기 위한 주체들 사이에 데이터를 주고 받기 위한 **형식화된 약속**을 의미한다. [그림 8.3-5]는 사실, 일반 산업 현장에서 가장 많이 사용되는 간단한 통신 규약이다. 즉, PC에서 데이터를 전송하기 위해서는 STX=0x2 1byte 를 시작으로 데이터를 보내기 시작한다.

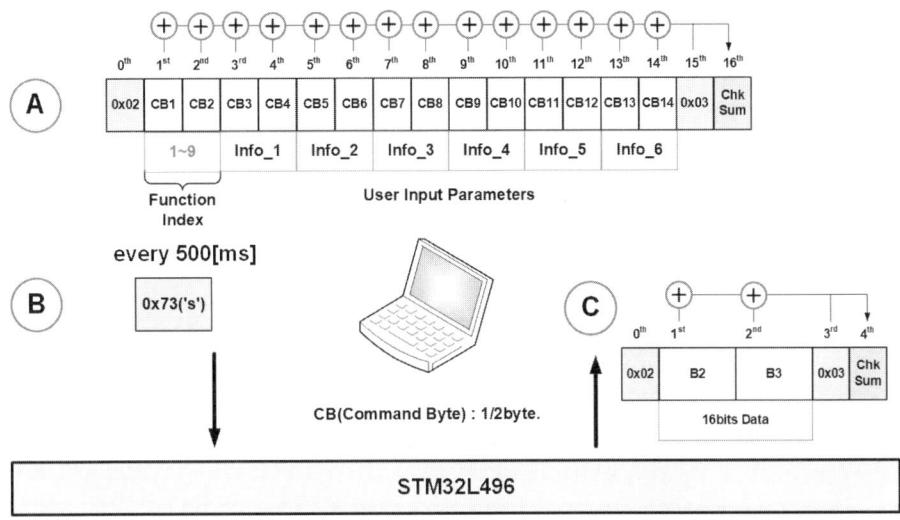

[그림 8.3-5] Nucleo-L476 보드와 SJ_MCUBook_Apps를 위한 **UART 통신 규약**.

각각의 데이터 byte는 2개의 16진수로 표시되므로 중간에 text 기반의 tera term terminal로 연결하여 보아도 그 숫자의 의미를 확인할 수 있도록 각각의 16진수를 ASCII code 값으로 변환하여 보낸다. 결국, 1byte 데이터를 구성하는 2개의 16진수는 각각의 1byte ASCII code 값으로 바꾸어서 2bytes가 된다. 이와 같은 변환을 거쳐 데이터를 모두 전송하면, 데이터의 끝을 알리는 ETX=0x3 1byte를 전송하고, 모든 데이터를 더하여 얻은 checksum 1byte를 전송한다. 이때 전송할 데이터의 전체 크기는 총 7bytes로 **고정**하였다. 이제, MCU는 **0x2**가 들어오면, 데이터의 **시작으로 인식**하고, 2개의 bytes를 하나의 byte로 변화하는데, 총 7개의 bytes를 데이터로 인식한다. 이어서 ETX=0x3이 들어오면, 수신한 데이터를 모두 더하여 전송된 Checksum의 값과 같은지 비교한다. 만일, 틀리면, 전송과정에서 데이터가 손상된 것이므로 데이터를 버린다. 그렇지 않으면, [그림 8.3-5]의 Ⓐ번에 표시한 Function Index 값 즉, **첫 번째 byte의 값을 실행할 함수 pointer의 index로 사용**한다. 그리고 나머지 6bytes는 일종의 실행할 함수에 대한 입력 매개변수들로 생각하면 되겠다. 지금까지 **SJ_MCUBook_Apps** program이 [그림 8.3-5]의 Ⓐ번 통신 규약에 의거해서 데이터를 보내는 것에 대해서 설명하였다. 구체적으로 Ⓐ번 통신 규약에서 실행할 함수 번호는 1~9라고 적혀 있다. 이것은 실질적으로 [그림 8.3-6]에서 보여준 **SJ_MCUBook_Apps program**을 구성하는 GUI 성분들 옆에 표시한 event **번호**에 해당한다.

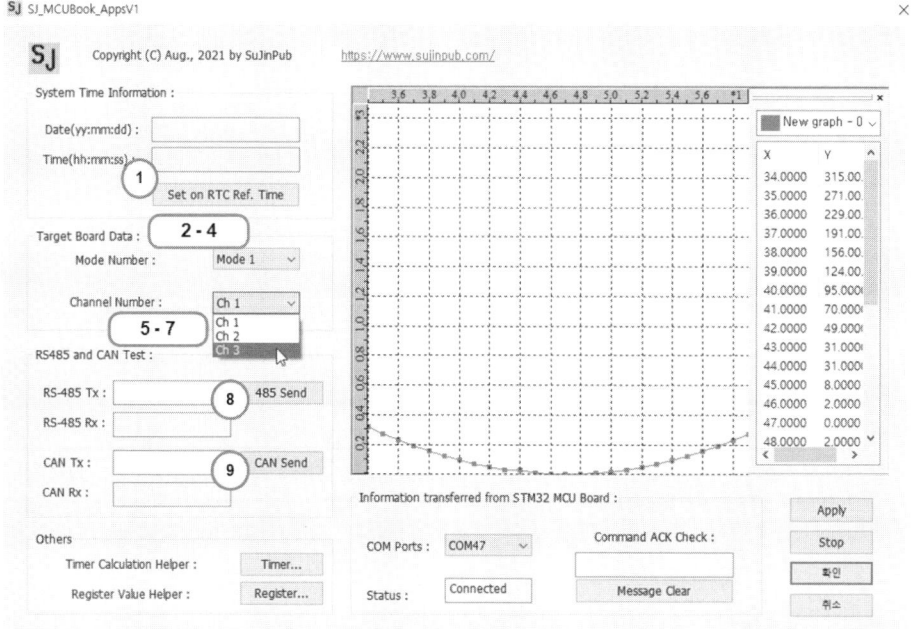

[그림 8.3-6] SJ_MCUBook_Apps program의 GUI 성분과 event 번호.

예를 들면, Channel Number : 옆의 drop listbox에서 **Ch 3**을 선택하면, **실행할 함수 pointer의 index=7**이 되고, 이 7이라는 숫자가 MCU에 전달되어 함수 pointer 배열의 **index로 사용**되는 것이다. 즉, 해당 event handler 함수를 호출한다. 관련 code를 보면서 어떻게 구현하였는지 자세히 살펴보도록 하겠다. [그림 8.3-7]은 함수 pointer 배열과 PC에서 UART로 전송하는 데이터 사이의 **상호 관계를 정리**한 것이다. 즉, 0.5[초] 마다 PC에서는 ASCII 문자 s에 해당하는 **0x73**을 ②번과 같이 반복적으로 계속해서 전송한다. 이때, 앞서 설명한 것과 같이 수 us 단위로 while(1) loop를 순환하면서 UART2가 1byte 문자를 수신하면, 수신한 문자를 UART2RxBuf1 변수에 저장하고, interrupt를 enable하도록 ①번과 같이 HAL_UART_Receive_IT() 함수를 반복적으로 계속해서 호출한다. 예를 들면, 0x73 1byte를 수신하면, 해당 ISR이 호출되고, 최종적으로 ④번에서 보여준 callback 함수 HAL_UART_RxCpltCallback()가 호출될 것이다. 이 함수가 호출되면, 앞서 설명한 것과 같이 USART_RXNEIE=0으로 만들어서 외부에서 데이터가 수신되어도 더 이상 USART interrupt가 발생하지 못하도록 하였으므로 빨리 UART2RxBuf1 변수에 저장된 값을 가져가야 한다.

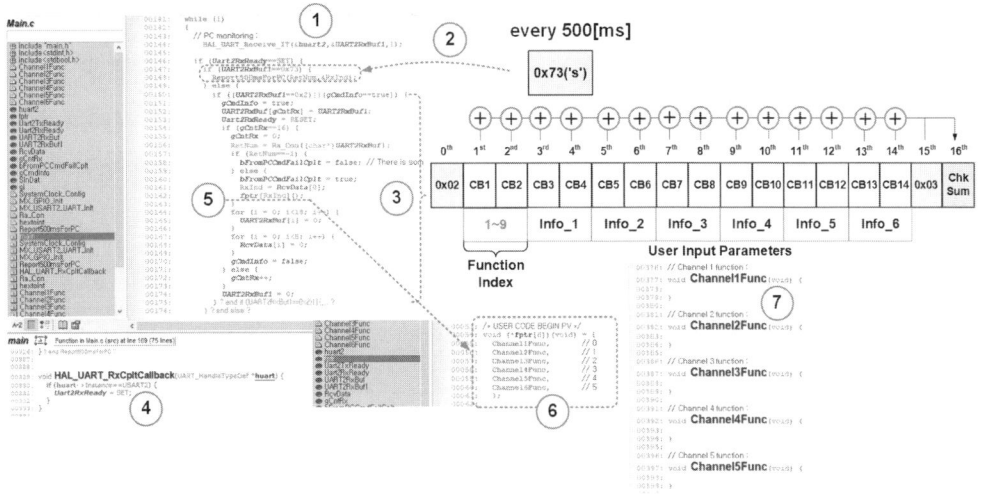

[그림 8.3-7] 함수 pointer 배열 구현 방법.

왜냐하면, ISR과 관련된 routine은 while(1) loop에서 수행하는 업무보다 **우선순위가 높으므로** 어짜피 ④번에서 보여준 callback 함수의 수행이 완료될 때까지는 while(1) loop로 업무 복귀를 하지 않기 때문이다. 그러므로, ④번에서 보여준 것과 같이 전역 변수 Uart2RxReady에 **SET** 또는 **RESET**을 할당하여 ISR과 관련된 자원 즉, **UART2RxBuf1 변수에 저장된 값**에 대한 접근 시점을 결정하는 것이 code의 동작적인 측면과 code의 흐름도 측면에서 모두 명확해 진다. Coding할 때 제일 중요한 것은 원하는 동작을 수행하도록 Coding하는 것도 중요하지만, 보다 중요한 것은 **Code의 흐름이 순서대로 명확하게 작성**되어야 한다. 그렇지 않으면, 추후에 그 code를 다른 사람은 고사하고 자신도 알아볼 수 없기 때문이다. 어쨌든, 지금 막 수신된 문자가 0.5[초] 마다 반복적으로 PC에서 전송하는 문자 0x73가 맞는지? 확인하여 맞다면, 함수 Report500msForPC()를 호출하고, 그렇지 않고 0x2인지 확인하여 맞다면, STX로 인식하여 ③번에서 보여준 전송 규약에 맞게 처리한다. 즉, 첫 번째 byte는 함수의 index로 ⑤번에서 보여준 것과 같이 함수 pointer 배열 **fptr**에 index로 사용된다. 이 함수 pointer 배열 **fptr**은 ⑥번과 같이 선언되어 있고, 각각의 함수들은 ⑦번과 같이 선언해 주면 된다. 그런데, ⑦번에서 보여준 함수들은 모두 입력과 출력 매개변수들이 없다. 이 문제에 대해서는 다음 Chapter 9.에서 설명하도록 하겠다. 그러므로, 여러분은 얼마든지 자신만의 event number와 그에 따른 handler 함수를 추가하여 사용할 수 있다. 이 code를 이해하기 위해서는 좀 더 세부적으로 **Ra_Con() 함수의 역할**을 알아야 한다. 이 함수는 그동안 STX를 시작으로 수신된 17개의 bytes를 저장하고 있는

UART2RxBuf[17] 전역 변수를 입력으로 받아서 STX와 ETX, 그리고 Checksum 등등 ③번에서 보여준 전송 규약에 맞게 데이터가 수신되었는지 확인한다. 확인 결과 정확하다면, 7개의 데이터 bytes를 RcvData[7] 전역 변수에 저장한다. 아마도 여러분 중에서는 이미, SJ_MCUBook_Apps program이 실행할 함수 pointer와 그 함수의 입력 매개변수들을 어떻게 전송하면 되는 지? 이해하는 분들도 있을 것이다. 물론, 이해하지 못하는 분들도 실망할 필요는 없다. 뭐든 인내심과 지구력이다. 여러분의 부족한 부분은 이 책을 통하여 충분히 채워 질 테니 걱정할 필요가 없다.

```
int16_t Ra_Con(char* Cmd) {
  int i, ChkSum = 0;
  unsigned char Tmp = 0;
  if ((Cmd[0]==0x2)&&(Cmd[15]==0x3)) {
    for (i = 1; i<15; i++)
      ChkSum += Cmd[i];
    Tmp = (unsigned char)ChkSum;
    if (Tmp==((unsigned char)Cmd[16])) {
      for (i = 0; i<7; i++) {
        RcvData[i] = hextoint((unsigned char *)(Cmd+2*i+1));    ▶ ⑧
      }
    } else {
      return -1;
    }
    return RcvData[0];                                           ▶ ⑨
  } else {
    return -1;
  }
}
```

⑧번과 같이 RcvData[7] 배열에 데이터를 모두 정상적으로 저장하였으면, 반환 값으로 첫 번째 원소의 값 즉, 함수 pointer의 index로 사용될 값인 [그림 8.3-6]에서 보여준 1~9 사이의 event 값을 반환한다. 즉, -1이 아니므로 **fptr[RxInd]();** 을 실행하게 되는 것이다. 좀 더 정리해 보면, 0x73은 0.5[초]마다 PC에서 반복적으로 전송하는 데이터로서 이 값은 0.5[초] 마다 PC에 새로운 데이터를 전송하려고 할 때 사용한다. 예를 들면, ADC에서 받아들인 데이터 또는 다른 주변 장치로부터 받아들인 데이터를 0.5[초] 마다 주기적으로 반복하여 PC로 전송하면, [그림 8.3-6]의 오른쪽 화면에 보여준 것과 같이 그 데이터를 그래프로

그려주거나 또는 listbox에 수신한 값을 표시해 주는 데 사용한다. 여기서 여러분이 생각할 것은 MCU 입장에서는 PC에서 0.5[초]마다 0x73을 전송하여 **데이터를 요청할 때에만** 데이터를 PC에 보내준다는 것이다. 만일, PC와 Nucleo-L476 보드 사이에 USB cable을 떼어 내면, 즉, 끊기면, 자동적으로 MCU는 PC로 데이터를 전송하는 Report500msForPC() 함수를 호출하지 않을 것이다. 이 얘기는 반복적으로 계속해서 MCU에 부하를 주는 함수 Report500msForPC()는 현장에서 제품의 문제가 있는지 확인할 때에만 실행하고, 그 이외에는 작동하지 않는다는 것이다. 그리고, [그림 8.3-7]의 ③번에서 보여준 전송 규약은 Windows program에서 임의의 GUI 성분들을 click하여 event가 발생할 때에만 해당 함수가 호출된다. 결국, PC가 연결되지 않은 상태에서는 관련 routine들이 모두 작동하지 않도록 coding되어 있다는 데 주의하기 바란다. 현재, Ch8Lab3 project에서는 PC로 0.5[초]마다 MCU가 내부 배열에 저장하고 있는 sine 데이터를 순서대로 전송하도록 coding되어 있다. [그림 8.3-8]의 ⑩번에서 보여준 것과 같이 MCU 내부 메모리에 저장되어 있는 100개의 sine 데이터가 0.5[초] 마다 PC로 전송되기 위해서는 우선, ⑪번에서 보여준 **COM Ports** : 옆의 drop listbox를 click하여 현재 Nucleo-L476 보드가 제공하는 **COM port 번호를 선택**해 주어야 한다.

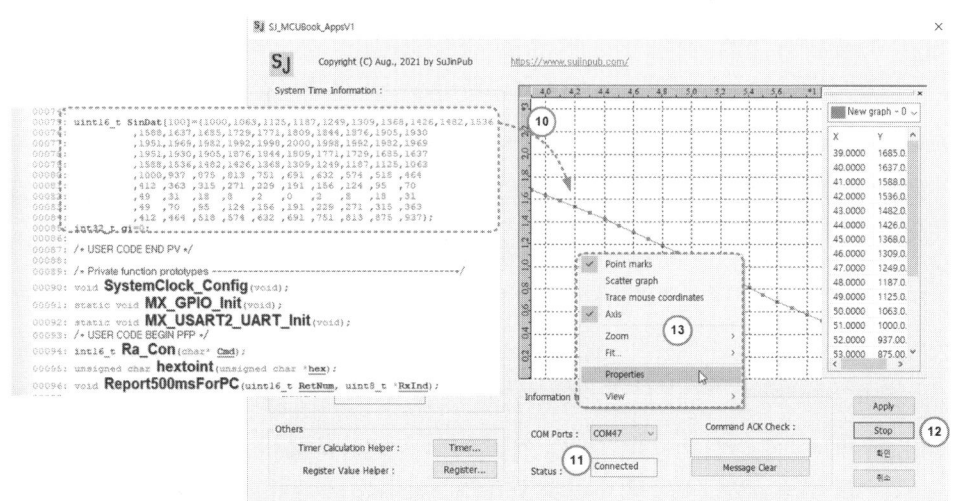

[그림 8.3-8] SJ_MCUBook_Apps program 기능들.

필자의 경우에는 **COM47**이다. 이제, COM47을 선택을 하면, **Status** : 옆의 editbox 문자 열이 **Connected**로 바뀔 것이다. 여기서 주의 할 것은 비록, COM Ports : 옆의 drop listbox에 선택을 하지 않았는데도 Nucleo-L476이 제공하는 COM port 번호가 처음부터 선택되어 있어도 **반드시** mouse로 drop listbox를 click하여 해당 COM port 번호를 선택하여 click해 주어야 **Status :** 옆의 editbox 문자열이 **Connected**로 바뀌고 정상 동작한다는 것이다. 왜냐하면, 그렇게 만들었기 때문이다. 그리고 나서, ⑫번 button의 문자열이 현재는 **Stop**이지만, 처음에는 **Run**으로 되어 있을 것이다. 이 버튼을 click하면, PC에서 전송되는 데이터가 [그림 8.3-8]과 같이 실시간으로 그래프를 갱신하면 동적으로 그려줄 것이다. 동시에 listbox에는 각각의 데이터 값이 표시될 것이다. 그래프기 그려지고 있는 화면에서 mouse의 오른쪽 버튼을 click하여 주면, ⑬번에서 보여준 popup menu가 나타난다. 특별히, **Properties** menu를 click하여 x와 y 좌표축의 범위를 조정하면 좀 더 그래프를 원하는 각도에서 볼 수 있을 것이다. 만일, 어느 순간 0.5[초] 마다 데이터를 표시 작업을 중단하고 싶다면, ⑫번에서 표시된 **Stop** 버튼을 click하여 주면 된다. 그러면, 데이터 갱신이 멈추고, 그래프와 listbox가 멈추게 될 것이다.

8.4 전용 UART2USB 부품 사용시 주의사항.

다음의 내용은 회로 설계 과정에서 흔히 발생하는 실수를 정리한 것이다. MCU의 UART port를 전용 UART2USB 소자인 **CP2102** 또는 **FT232RQ**를 사용할 때에 자주 발생할 수 있는 실수이므로 잘 기억해 두기 바란다. 구체적으로 [그림 8.4-1]은 MCU의 UART 통신을 PC의 **USB** port에 연결하여 UART 통신을 수행할 수 있도록 변환해 주는 **CP2102**와 MCU 사이의 연결도이다. PC와 외부 장비 사이의 연결이 UART 통신일 때에 흔히 사용하는 **null modem 방식**을 사용하여 연결된 것을 볼 수 있다. 즉, Tx와 Rx 전송 lines를 서로 교차해 놓아야 한다는 데 주의하자. 이것을 **실수**하여 jumper wire로 연결하거나 또는 Artwork 수정하고, 다시 PCB를 만드는 경우가 많으므로 주의해야 한다. 참고적으로 STM32 MCU library에서 제공하는 **USB CDC 기능**을 이용하여 바로 USB cable로 PC에 연결하여 UART를 구현하여 사용하는 경우도 있는데, 이때에 일반적으로 EMI 특성이 전용 소자를 사용하는 것과 비교하여 상당히 나빠지는 경우가 많다. 그러므로 관련 제품을 양산할 때에는 EMI 인증을 받기 위해서 이점을 고려해야 한다.

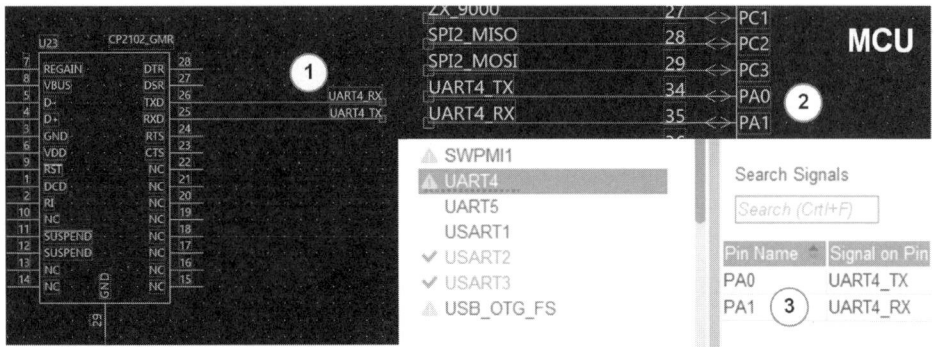

[그림 8.4-1] CP2102와 MCU 사이의 연결도.

그러나, RS-485 transceiver인 **ADM2481**과 연결할 때는 [그림 8.4-2]에서 보여준 것처럼 MCU의 UART Tx가 **바로** ADM2481의 Tx에 연결되고, Rx도 **바로** ADM2481의 Rx에 교차 없이 연결해야 한다는 데 주의하자.

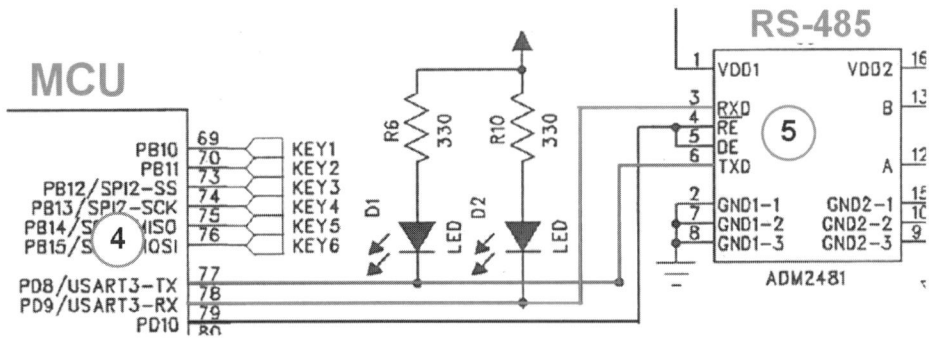

[그림 8.4-2] RS-485와 MCU 사이의 연결도.

15.1.절에서는 RS-485 통신에 대해서 자세히 학습할 것이며, 이때에 ADI Inc.의 ADM2481 소자와 TI Inc.의 ISO308x 소자에 대해서도 학습하게 될 것이다.

【연구 과제】

이번 단원에서는 STM32 MCU를 활용하는데 필요한 library 구조와 활용 방법에 대한 전반적인 내용을 학습하였다. 그리고, CubeIDE를 이용하여 Nucleo-STM32L476 보드와 PC 사이에 문자 기반의 데이터 통신을 구현하였다. 이를 위해서 PC에서는 UART 통신용 terminal program인 Tera Term을 설치하여 사용하였다. 문자 기반의 데이터 통신이 보드와 PC 사이에 형성된 것은 결국, 상호 데이터 교환이 가능한 터널이 완성된 것을 의미한다. 이 터널을 보다 안정적이고, 효과적으로 이용하기 위해서 UART 전송 규약을 만드는 방법에 대해서 학습하였다. 이들 모든 내용은 Nucleo-STM32L476 보드에서 구현하여 예제로 제공하고 있다. 이제, 이번 Chapter에서 학습한 UART 전송규약 즉, [그림 8.3-5]에서 보여준 규약을 Nucleo-STM32**F103** 보드에서 구현하여 [그림 8.3-8]과 같이 MCU 내부 메모리에 저장되어 있는 sine 데이터를 순서대로 SJ_MCUBook_Apps program에 plotting되도록 구현해 보도록 하자.

CHAPTER
09

RTC 사용 방법

RTC(Real Time Clock)는 MCU에 존재하는 **시계**를 의미한다. 예를 들면, 어떠한 시스템에서 현재 시각 정보를 알려주면, 그때부터 **일반 시계처럼** 정확히 현재 날짜와 요일, 그리고, 시각을 알려주는 기능을 의미한다. 일반적으로 PC의 현재 시각 정보를 년도부터 초 단위까지 모두 MCU에 보내서 기준 시각으로 사용하도록 한다. 개발하는 제품이 어떠한 서비스에 따른 사용료를 산정하는 기능이 필요하거나 또는 상품에 대한 가격이나 유통 기한을 알려주어야 하는 경우에는 정확한 현재 시각에 대한 정보가 필요하므로 이때에는 MCU에 내장되어 있는 RTC 보다는 전용 RTC 소자를 사용하게 된다. 이번 Chapter에서는 MCU에 내장되어 있는 RTC의 사용 방법과 특징을 살펴보고, 이어서 **Chapter 10.**에서는 전용 RTC 소자인 이제는 ADI Inc.의 제품인 **DS3231MZ**에 대해서 살펴볼 것이다.

■ 학습 목표 :

- STM32 MCU를 위한 clock 관련 회로 구성 방법과 CubeMX 설정 방법에 대해서 학습한다.
- STM32 MCU가 제공하는 RTC의 특징과 사용 방법을 CubeMX와 함께 살펴본다.
- RTC에 대한 사용 방법을 학습하고, Windows program인 SJ_MCUBook_Apps로 현재 PC의 시각 정보를 제공하고, MCU의 **RTC가 계산한 초 단위** 날짜와 시각 정보를 실시간으로 받아서 표시하는 방법에 대해서 학습한다.
- RTC를 위한 날짜와 시각 정보 데이터를 MCU와 PC가 서로 교환할 수 있도록 **Chapter 8.**에서 개발한 UART 전송 규격을 수정한다.
- 개발한 RTC 관련 project를 다양한 MCU들에서 동작하도록 수정해 본다. 예를 들면, STM32L476, STM32L496, STM32F103, 그리고, STM32F303.
- 동일한 RTC 주변 장치에 대해서 STM32 MCU들 사이의 HAL library 함수를 사용할 때의 주의사항들에 대해서 학습해 본다.

9.1 RTC 소개와 CubeMX에 대한 자세한 설명.

RTC(Real Time Clock)은 MCU에 존재하는 시계를 의미한다고 하였다. 그런데, MCU가 탑재되어 있는 제품에 전원이 갑자기 끊어지고, 이후에 다시 전원이 공급되어도 시각 정보는 변함없이 계속해서 **정확히** 알려주어야 한다. 이것이 가능하기 위해서는 제품에 **RTC 만을 위한 Battery를 추가**해 주어야 한다. [그림 9.1-1]은 수진에서 자체 개발한 단상과 삼상에 대해서 모두 사용할 수 있는 **전력량 계측기**의 모습이다.

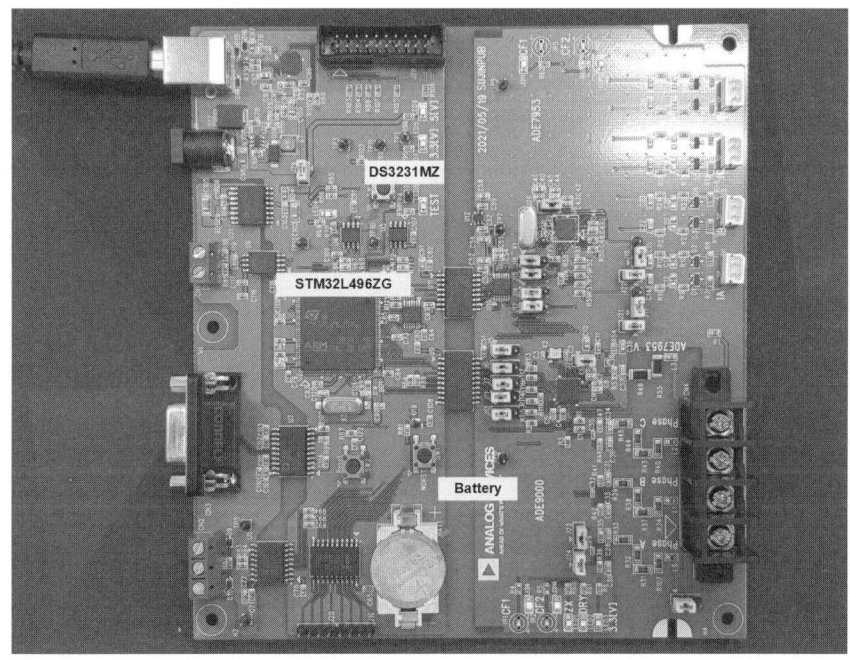

[그림 9.1-1] 수진의 전력량 계측기.

RTC만을 위한 battery로 **Li-ion coin battery**가 많이 사용된다. 또한, **Chapter 10.**에서 I2C 통신 방식에 대해서 설명할 때 소개할 전용 RTC 소자인 **DS3231MZ**도 보인다. 일반적으로 STM32 MCU에서 제공하는 RTC는 정확한 시각을 제공할 수 없다. 왜냐하면, 시각을 계산하는 데 사용되는 내부 clock이 온도나 습도에 영향을 받아서 경험상으로 볼 때, 대략 1개월에 수[초] 정도는 계속해서 오차가 누적된다. 결국, 1년에 분 단위의 오차가 발생할 수도 있다. 물론, 이정도 오차는 문제가 없다면, 그냥 사용해도 되겠지만, 정확한 시각을 원한다면, 전용 RTC 소자를 사용해야 할 것이다. 이번 Chapter에서는 STM32L476, STM32F103, STM32F303, 그리고, STM32L496에서 사용할 수 있는 **RTC code 작성 방법**을 학습하게 될 것이다. 무엇보다도 MCU 전원과 battery 사이에 **전원이 절체 되는 경우**, 즉, MCU 전원이 공급되다가 이것을 끊고, battery 전원을 공급하다가 다시, 이것을 끊고 MCU 전원을 공급하는 이와 같은 전원 교환 작업을 **전원 절체**라고 하는데, 이때에 하필 하루 또는 심지어 년도가 바뀌는 경우, 등등 여러 경우들에 대해서 안정적으로 정확한 시각을 표시해 주는 Code를 학습하게 될 것이다. 여기서 소개할 Code는 이미 수진 자체적으로 충분히 검증한 유용한 code인 것을 밝혀둔다. 이번 Chapter에서 RTC 동작 원리를 설명하기 위해서 우리는 Chapter 8.에서 개발한 **Ch8Lab3** project를 사용할 것이다. 즉, 예를 들면, 누군가 수진과 같이 고마운 기업이 RTC 관련 Code인 **Ch8Lab3** project를 제공하였다고 가정할 것이다. 이제 여러분은 제공된 Ch8Lab3 project를 수정하여 RTC 기능을 갖는 새로운 **Ch9Lab1** project를 개발하는 과정을 학습하게 될 것이다. 이 과정에서 여러분은 관련 code들이 덩어리체로 이동과 복사하는 것을 보게 될 것이다. 즉, code 자체에 대한 이해는 나중에 하기로 하고, 우선, 선물로 받은 RTC code를 Nucleo-L476 보드에 적용하는데 집중할 것이다. 그리고, [그림 9.1-2]에서 보여준 것과 같이 **SJ_MCUBook_AppsV1** program을 실행시킨다. 단, ⑧번에서 보여준 것과 같이 **Chapter9** folder에 있는 **SJ_MCUBook_AppsV1Ch9.exe**을 실행시켜야 한다는 데 주의하자. 어쨌든, 제일 먼저, ①번에서 보여준 것과 같이 **COM Ports :** 옆의 Combobox를 click하여 Nucleo-L476 보드가 제공하는 COM port를 선택한다. 여기서는 **COM47**인 것을 알 수 있다. 이어서 **Status :** 옆에 **Connected**라고 표시되면, ③번에서 보여준 **System Time Information** group 안에 있는 **Date(yy:mm:dd) :**와 **Time(hh:mm:ss) :** 옆의 editobox 각각에 날짜와 시각 정보가 표시되는데, 제일 먼저 **초** 즉, 16이 갱신될 것이다. 그러나, 현재 시각을 MCU에게 알려주지 않았으므로 정확한 시각을 표시하지 못하므로 ②번 즉, **Set on RTC Ref. Time** button을 click하여 준다. 그러면, 여러분의 현재 PC 시각을 MCU로 보내서 기준 시각으로 설정하고, 그 기준 시각을 **시작**으로 MCU에 내장되어 있는 RTC가 초 단위로 날짜와 시각을 계산하여 **0.5[초] 단위**로 PC에 새로운 날짜와 시각 데이터를 계속해서 반복적으로 전송해 줄 것이다. 그러면, SJ_MCUBook_Apps program은 이 데이터를 0.5[초] 단위로 새롭게 날짜와 시각 정보를 표시해 줄 것이다. 이때, Ch8Lab3 project에서 학습한 sine data도 함께 보내준다.

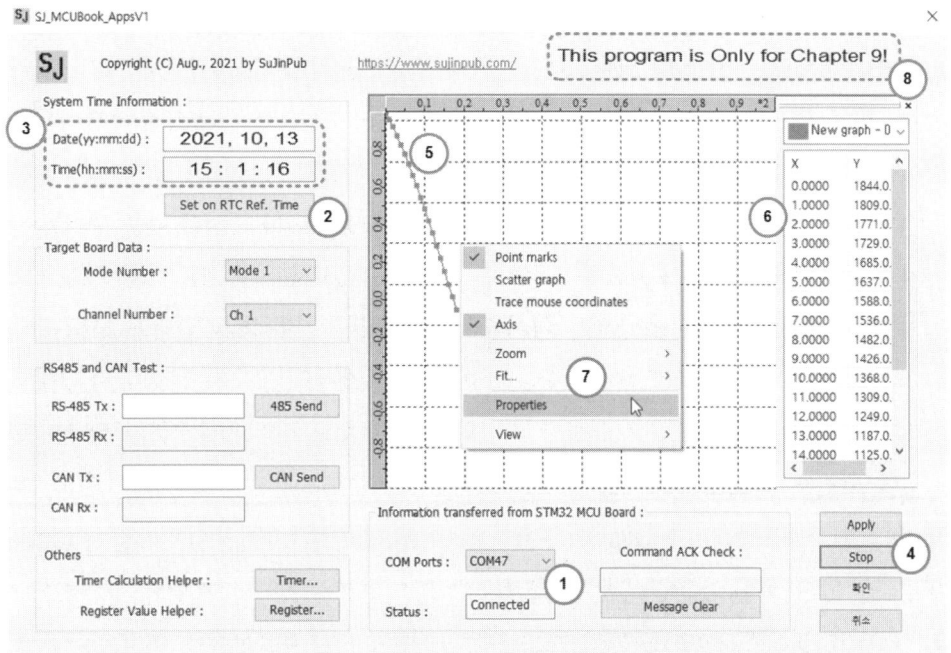

[그림 9.1-2] SJ_MCUBook_AppsV1 동작 화면.

정리하면, **Set on RTC Ref. Time** button을 click하여 주면, PC의 현재 시각을 시작으로 시각과 날짜 정보를 ③번에 올바로 표시한다. 이어서 ④번에 **Run** 이라는 문자열의 버튼이 **초기에** 보일 것이다. 이것을 click하면, 문자열은 **Stop**으로 바뀌고 Ch8Lab3 project에서 구경한 sine data가 0.5[초] 마다 날짜와 시각 정보와 함께 갱신되는 것을 ⑤번의 그래프와 ⑥번의 listbox를 통하여 확인할 수 있을 것이다. 물론, 데이터를 plotting하는 화면에서 mouse의 오른쪽 버튼을 click하여 나타나는 popup menu를 사용할 수도 있다. 이번 Chapter에서 여러분이 할 업무는 ②번 button event를 MCU가 받아서 ③번 시각과 날짜 정보를 표시하고, ⑤번과 ⑥번 그래프와 listbox로 표시하는 code를 개발하는 것이다. 제일 먼저, Nucleo-L476 보드에서 동작하는 것을 확인하고, 그리고 나서 보드를 바꾸어서 Nucleo-F103 보드에서 확인하고, 이어서, Nucleo-F303 보드에서도 동일한 동작을 수행하도록 code를 개발할 것이다. 이 과정에서 여러분은 MCU가 서로 다르더라도 RTC를 제어하는 **software는 거의 동일하다는 것**을 알게 될 것이다. 이것은 다른 주변 장치들에서도 거의 동일하다. 어쨌든, 이에 대한 보다 자세한 내용은 **9.3.절**에서 설명하고, 여기서는 작업을 위한 준비과정과 함께 CubeMX 사용 방법에 대해서 자세히 설명하도록 하겠다.

CubeMX는 사용하려는 STM32 MCU 주변 장치들에 대한 **초기화 C framework 관련 파일들을 자동으로 생성할 때** 사용한다. 이제, 자동으로 생성된 파일들에 STM32 library에서 제공하는 함수들을 적절히 사용하여 원하는 동작을 수행하도록 **code를 추가**해 주면 된다. 이때, 사용하는 MCU에 따라서 동일한 주변 장치일지라도 register들의 번지가 서로 다를 수도 있고, 심지어 동일한 이름의 register 일지라도 bit field 구성이 다를 수 있는데 주의하자. 그러나, 사용자가 호출하여 사용하는 해당 주변 장치에 관련된 함수 이름들과 구조체 이름들은 **거의 동일**하므로 MCU 차이에 따른 code 수정은 **거의** 없다고 봐도 된다. 우선, **CubeMX**를 이용하여 RTC 관련 C framework를 생성해 보도록 하겠다. [그림 9.1-3]은 현재 사용하는 CubeMX tool 보다 **최신의** CubeMX가 있는지 확인하기 위하여 CubeMX 실행 화면에서 **CHECK FOR UPDATES** button을 click하는 것을 보여주고 있다.

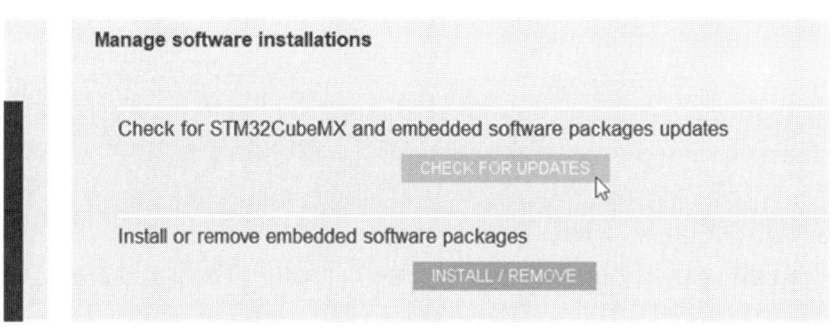

[그림 9.1-3] STM32CubeMX 갱신 방법(1).

만일, [그림 9.1-4]에서 보여준 것처럼 최신 버전이 있다면, 선택하고, **Install Now** button을 선택하여 준다. 그리고, [그림 9.1-5]와 같이 설치를 완료하여 주면 된다. 설치가 완료되면, [그림 9.1-6]과 같이 CubeMX를 다시 실행하고, 이어서 **New Project** menu를 선택한다. 그리고 나서, [그림 9.1-7]과 같이 사용할 STM32 MCU를 선택하여 주면 된다. 예를 들어서 왼쪽 상단의 **Part Number** 옆에 사용할 MCU 즉, **STM32F103RB**를 지정하고, ①번과 같이 <u>**NUCLEO-F103RB**</u> link를 선택하여 준다. 그러면, [그림 9.1-8]에서 보여준 것과 같은 window 화면이 나타나고, 이어서 해당 Nucleo 보드를 double click하면, 초기 설정에 대한 적용 여부를 묻는 dialogbox가 나타난다. 여기서, **Yes** button을 선택하면, CubeMX main 설정화면이 나타난다.

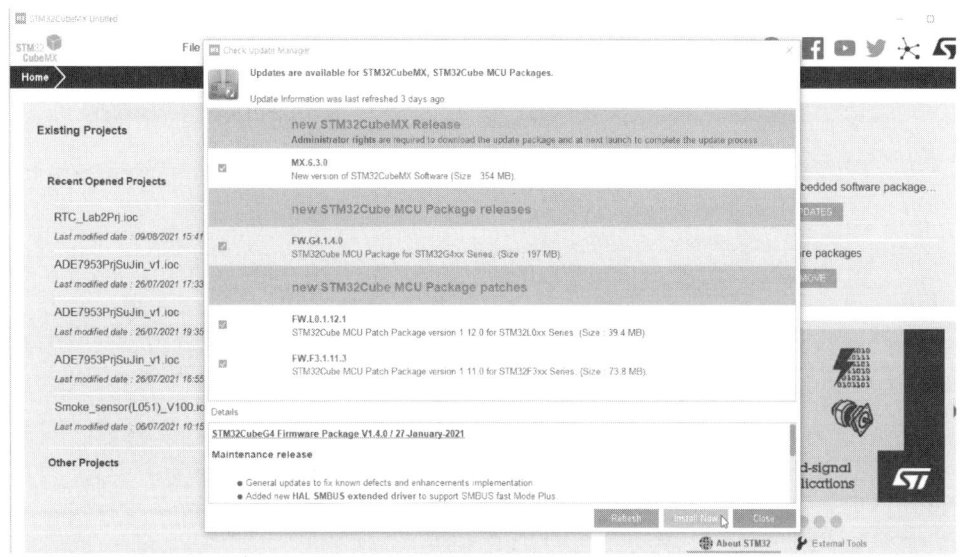

[그림 9.1-4] STM32CubeMX 갱신 방법(2).

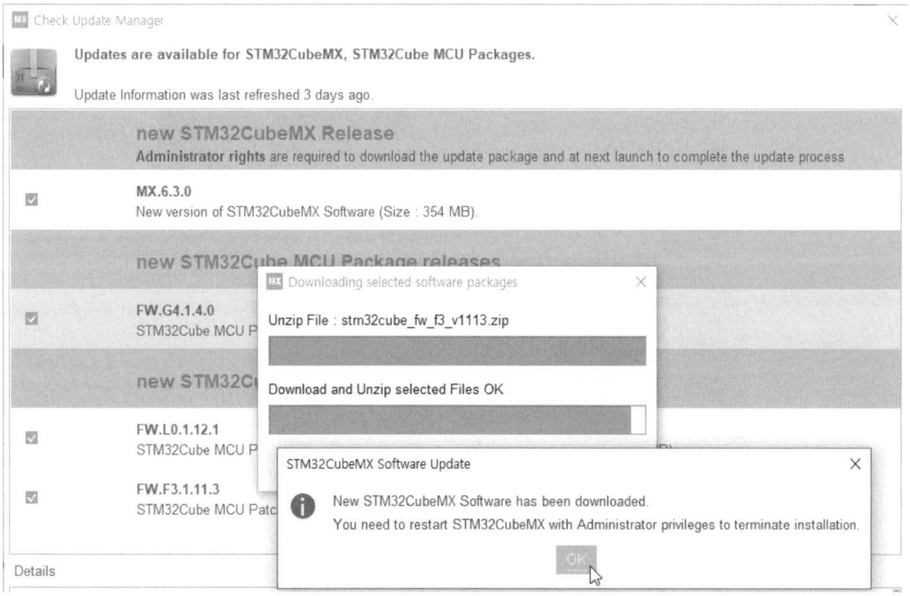

[그림 9.1-5] STM32CubeMX 갱신 방법(3).

그러나, [그림 9.1-7]의 ①번에서 보여준 **NUCLEO-F103RB** link가 아닌 ②번과 같이 다른 항목 또는 위치를 mouse로 double click하면, ③번에서 보여준 것과 같이 **초기 설정이 없는 MCU 상태**로 CubeMX main 설정 화면으로 들어가게 된다는 데 주의하자.

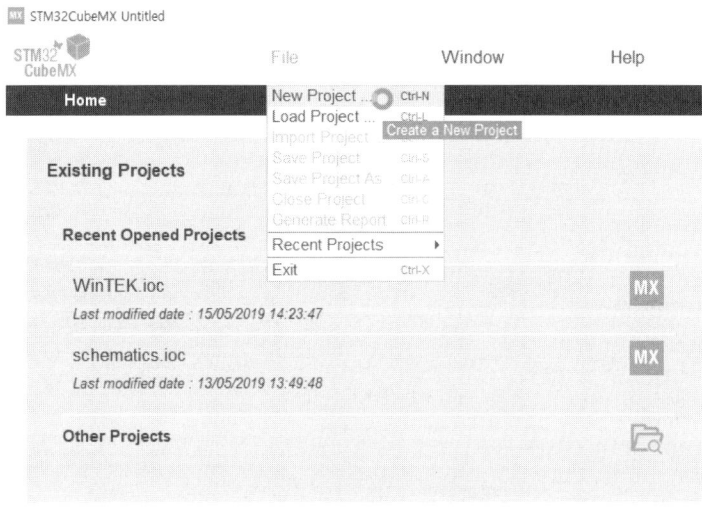

[그림 9.1-6] 새로운 project 생성.

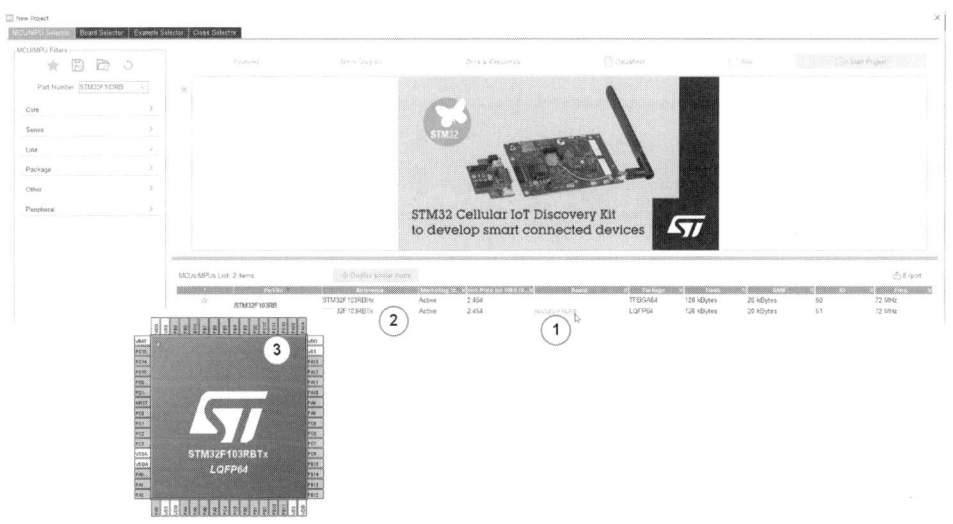

[그림 9.1-7] device 선택.

그러므로, Nucleo board와 같이 평가 보드를 사용할 때는 해당 보드의 link를 click하여 주고, 그렇지 않고, **새롭게 개발할 보드**에서는 ②번과 같이 **다른 곳**을 double click하여 초기 설정이 없는 MCU 상태에서 작업을 시작해야 한다는 것을 기억해 두도록 하자. 그러나, 앞서 언급한 것과 같이 우리는 Chapter 8에서 개발한 **Ch8Lab3** project를 이용할 것이므로 [그림 9.1-9]의 ④번과 같이 예를 들면, **MyLab** folder를 하나 새롭게 만든다.

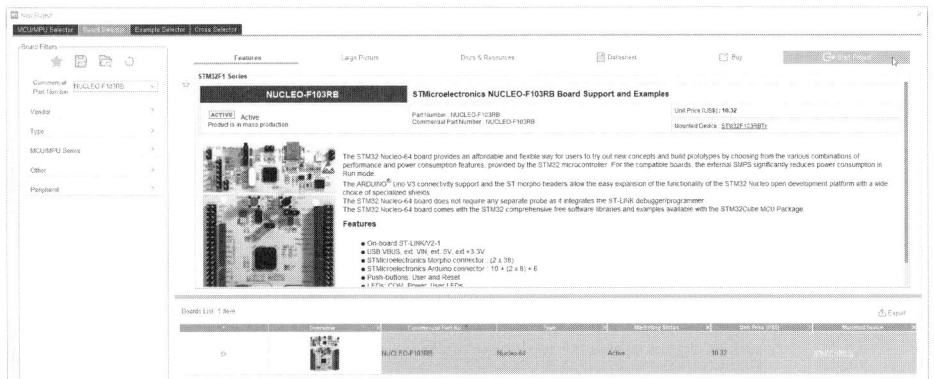

[그림 9.1-8] 새로운 Project 시작.

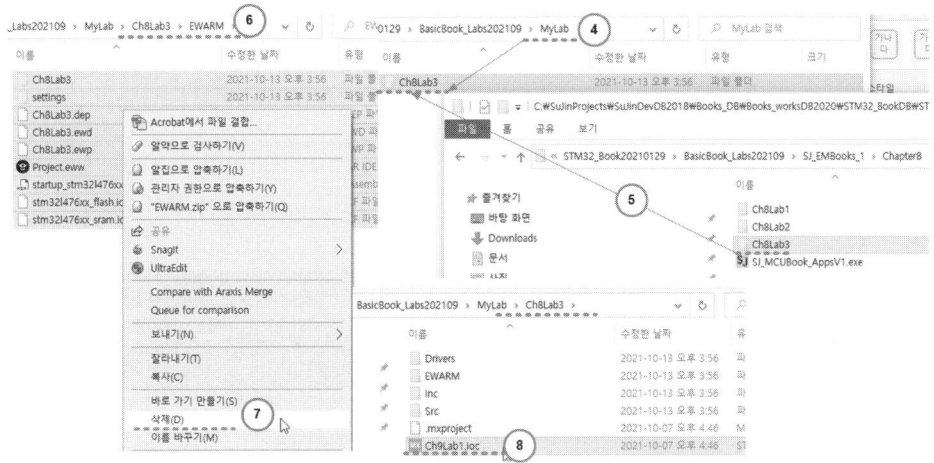

[그림 9.1-9] Ch8Lab3 Project를 **Ch9Lab1** project로 수정하는 방법.

그리고, ⑤번과 같이 Chapter8 folder에 있는 Ch8Lab3 folder의 내용을 전부 MyLab folder에 복사해 넣는다. 그리고 나서, Ch8Lab3 folder 안에 있는 EWARM folder의 모든 내용을 ⑦번과 같이 삭제한다. 이어서 ⑧번처럼 Ch8Lab3.ioc file의 이름을 **Ch9Lab1.ioc**로 파일명을 바꾸어 준다. 그리고 Ch9Lab1.ioc 파일을 double click하여 CubeMX를 호출하여 주고, [그림 9.1-10]의 ⑩번과 같이 바로 **GENERATE CODE** button을 click하여 C framework 파일들을 생성해 준다. 그러면, ⑪번과 같이 EWARM folder에 IAR Embedded Workbench 개발 도구를 사용할 수 있도록 관련 파일들이 생성된다. 사실, 임의의 application을 만들기 위해서 **제일 먼저 할 일**은 [그림 9.1-11]의 ⑫번에서 보여준 **RCC(Reset and Clock control)**를 선택하고, 원하는 clock tree와 reset을 설정해 주어야

한다.

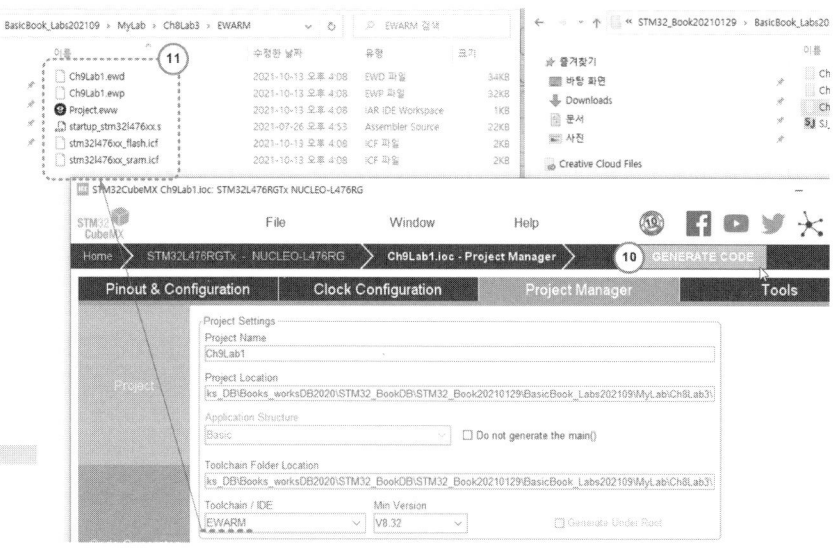

[그림 9.1-10] Ch9Lab1 project 구성 방법.

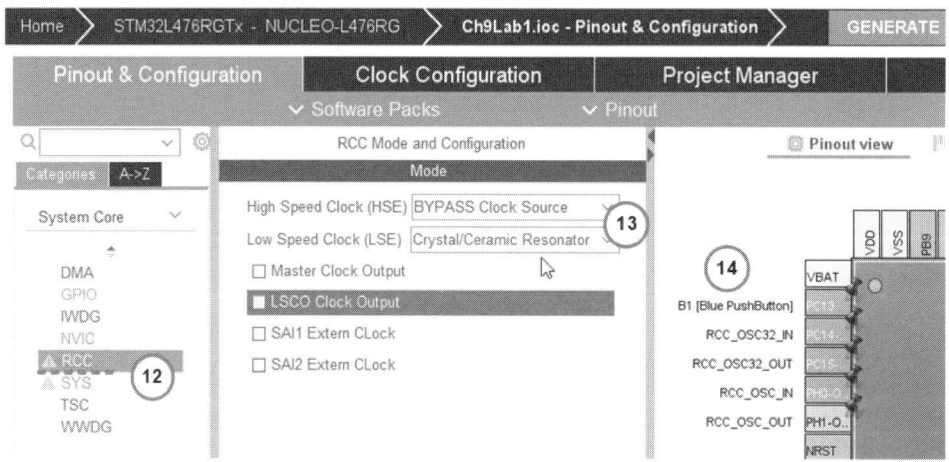

[그림 9.1-11] RCC 설정(1).

현재, 우리가 사용할 보드는 NUCLEO-L476 **64pins** 보드로서 [그림 9.1-12]의 ⑮번과 같이 **LSE**(Low Speed External) clock으로 32.768[kHz] **crystal**을 사용하고 있지만, ⑯번에서 보여준 8[MHz] **crystal**은 장착되어 있지 않고, 대신에 **MCO**(Microcontroller Clock Output)로 **OSC가 제공**되고 있다.

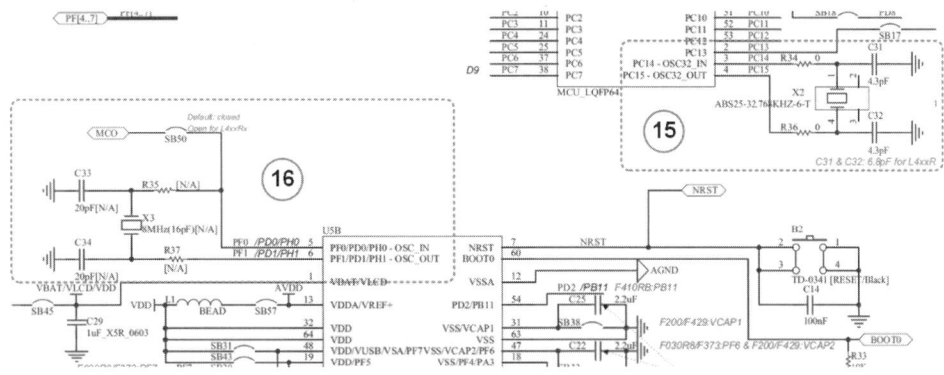

[그림 9.1-12] RCC 설정(2).

이때에는 [그림 9.1-11]의 ⑬번과 같이 8[MHz] HSE는 BYPASS Clock Source를 선택하고, LSE는 Crystal/Ceramic Resonator를 선택하여 주면 된다. 즉, OSC를 사용하는 경우에는 BYPASS Clock Source를 선택해 주어야 한다는 것에 주의하자. 이처럼 선택하여 주면, ⑭번과 같이 자동으로 해당 pins가 할당되고, 녹색 pin 기능이 확정되어 표시된 것을 확인 할 수 있을 것이다. 아마도 지금 당장은 이 내용이 눈에 와 닿지 않을 수 있다. 그러나, 여러분이 나중에 보드를 개발하려고 회로도를 작성할 때에 OSC 또는 Crystal 중에서 선택하려는 순간에 이 내용이 분명히 도움이 될 것이므로 기억해 두기 바란다. 그리고 나서, [그림 9.1-13]에서 보여준 것과 같이 System Core category에서 SYS item을 선택하여 사용할 emulator를 설정해 주어야 한다.

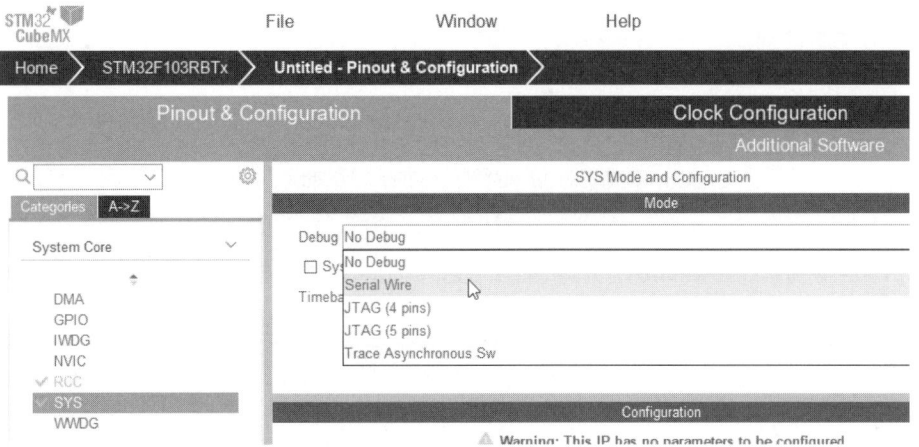

[그림 9.1-13] Serial Wire Debugger.

여기서는 Nucleo board에 붙어 있는 ST-LINK emulator를 사용하기 위하여 **Serial Wire debugger**를 선택하여 주었다. 참고적으로 STM32**F103** family의 경우에 Serial Wire를 설정하지 않고, emulator를 Serial Wire Mode로 연결하려고 시도하면, 개발 tool이 멈추는 경우가 발생한다. **다른 family**는 error message를 출력하는 데, 103 family는 구체적인 error 없이 program이 멈추는데 주의하자. 현재 우리는 Ch8Lab3.ioc file의 이름을 Ch9Lab1.ioc로 바꾸고 double click하여 CubeMX를 실행하였다. 그러나, 만일, 새로운 CubeMX project 즉, 새롭게 *.ioc file을 생성하는 경우에는 [그림 9.1-14]의 **Project Name**과 **Project Location, Application Structure**를 설정할 수 있지만, 지금처럼 이미 존재하는 *.ioc file을 사용하는 경우에는 이들을 수정할 수 없다는 데 주의하자.

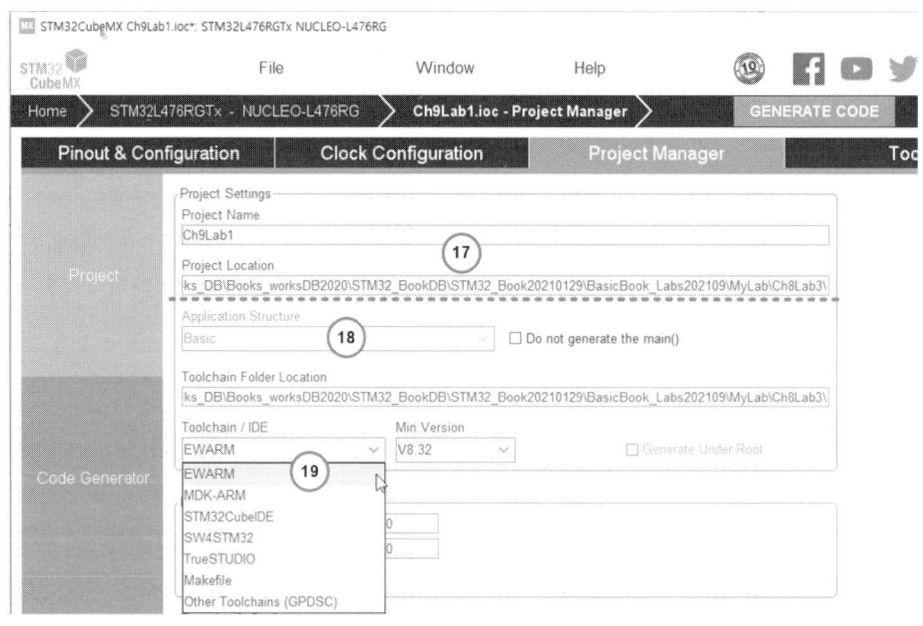

[그림 9.1-14] CubeMX의 **Project Manager** Tab 구성.

어쨌든, 새롭게 CubeMX project 즉, *.ioc file을 생성할 때에 ⑰번과 같이 새로 생성될 CubeMX project가 **저장될 folder의 경로** 상에는 **특수문자나 한글**을 사용하는 경우에 문제가 발생하는 경우가 많으므로 주의하기 바란다. 예를 들면, 관련 파일들을 include하였는데도 include되지 않았다는 error message를 만나는 경우가 발생한다. 그러므로, C framework 관련 파일들이 생성될 folder의 경로에는 **어떠한 한글이나 특수 문자를 사용하**

지 말아야 한다는 데 주의하자. ⑱번과 같이 Application Structure로는 Basic을 선택한다. Advanced는 여러분이 USB, FAT File System, 등과 같이 Middleware를 사용할 때 생성된 파일들에 보다 쉽게 접근하도록 files와 folders의 구성을 바꾸어 준다. 그런데 우리는 Middleware를 사용하지 않을 것이므로 여기서는 Basic을 선택하면 된다. 그리고, ⑲번과 같이 사용할 개발 tool을 선택하여 준다. 또한, [그림 9.1-15]에서 보여준 Code Generator tab을 선택하여 생성될 codes에 대한 option들을 설정해 준다.

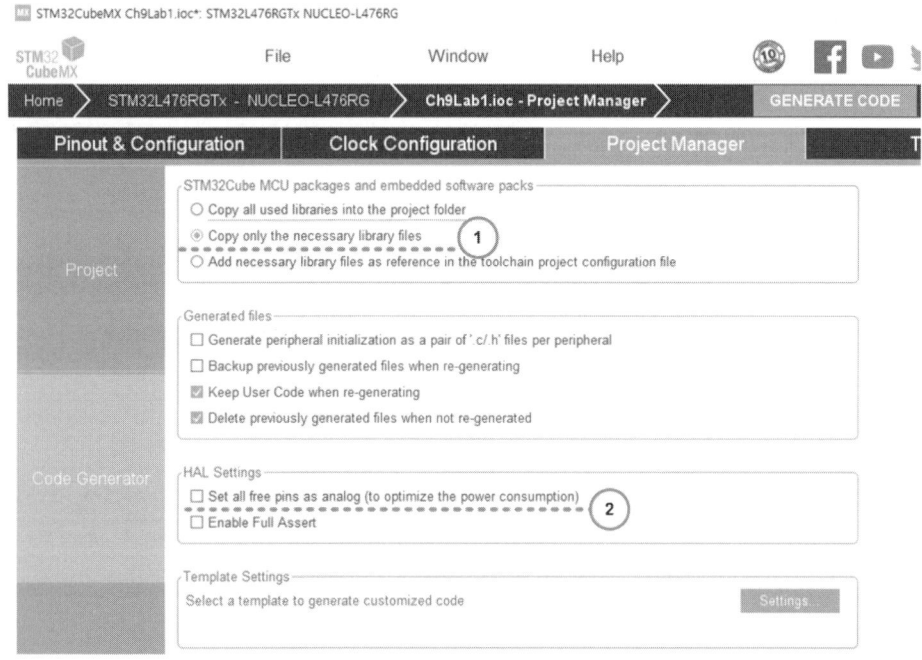

[그림 9.1-15] Code Generator 설정 방법.

예를 들어서, ①번에서 default option인 Copy all used libraries into the project folder를 선택하면, 전체 library files가 **모두** 현재 작업하는 project folder에 복사되므로 그 용량이 엄청나다. 그러므로, 꼭 필요한 파일들만 복사해 넣도록 Copy only the necessary library files를 선택해 줄 것을 **권장**한다. 그리고, 사용하지 않는 pins에 대한 전원을 줄이기 원한다면, ②번에서 보여준 **Set all free pins as analog** option을 선택하여 주면 된다. 지금까지 clock 설정 방법과 CubeMX에 대한 사용 방법을 자세히 학습하였다. 이제 본격적으로 앞서 언급한 RTC 관련 업무를 시작해 보도록 하겠다.

9.2 RTC 사용 방법과 PC 사이의 통신 방법.

CubeMX에서 RTC를 설정하기 위해서는 [그림 9.2-1]의 ①번과 같이 **Timers** item을 click 하고, 이어서 **RTC** item을 선택한다.

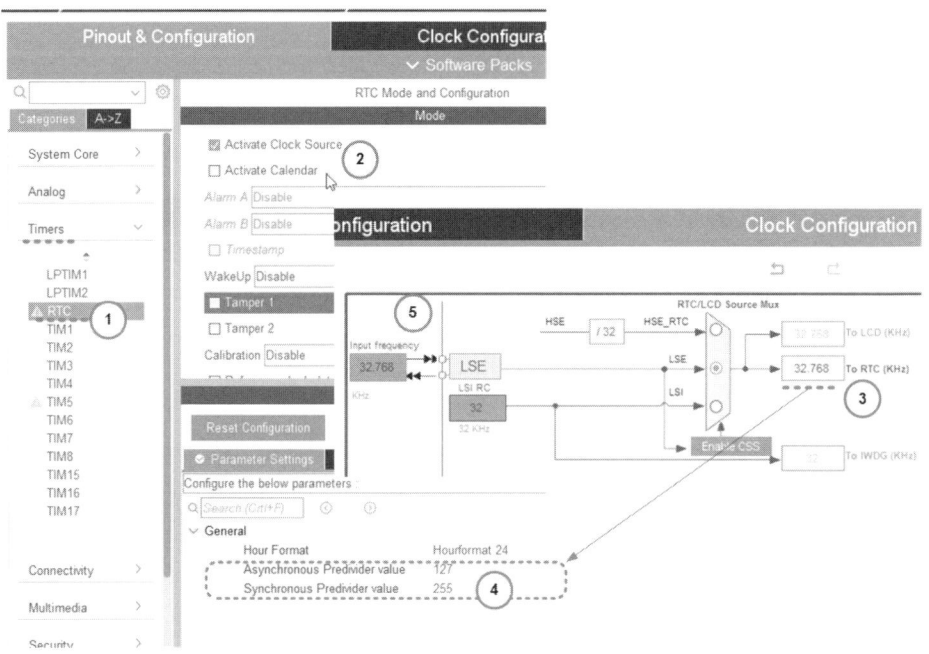

[그림 9.2-1] CubeMX에서 RTC 설정 방법(1).

그리고 나서, ②번과 같이 **Activate Clock Source**만 선택하고, **Activate Calendar**는 선택하지 않는다. RTC가 제공하는 날짜와 시간 정보는 기본적으로 **BCD data format**이다. 그러므로, BCD data format으로 RTC data를 획득하게 될 것이다.

사실, BCD data format 뿐만 아니라 **Binary data format**도 있는데, 추후에 설명할 RTC 설정 함수에서 BCD data format과 Binary data format 중에서 어느 하나를 매개변수로 지정해 주어야 한다는데 주의하자. BCD format에 대해서는 Chapter 10에서 **DS3231M RTC 부품**을 설명할 때에 자세히 다루도록 하겠다.

그런데, ①번에서 선택한 RTC 옆에 아마도 **느낌표**를 포함한 노란색의 icon이 보일 것이다. 이것은 RTC OUT이 PC13번 pin을 이용해야 하는데, 이미 파란색 스위치가 연결되어 사용되고 있으므로 충돌 나서 사용할 수 없다는 것을 알려주고 있는 것이다. 그러나, 우리는 RTC out을 사용할 계획이 없으므로 무시해도 된다. 이제, CubeMX에서 **Clock Configuration** tab을 선택하여 ⑤번과 같이 RTC clock source로 LSE 즉, 32.768[kHz] 외부 clock을 사용하도록 RTC/LCD Source Mux에서 선택하여 ③번과 같이 지정해 준다. 이때 주의 할 것은 보드를 개발하는 분과 Embedded code를 개발하는 분이 서로 다른 경우에 의외로 외부에 32.768[kHz] crystal을 연결해 놓고, ③번과 같이 지정해 주는 것을 잊어버리고, default인 LSI 32[kHz]를 그대로 사용하는 경우가 종종 있다. 동작상에는 아무런 차이가 없지만, 외부에 Crystal을 추가로 붙여서 사용하는 이유는 앞서 언급한 것과 같이 MCU 내부 LSI clock이 **온도에 따라서 오차가 커지므로** 이 오차를 줄이기 위해서 사용하는 것인데, 정작 ③번과 같이 실수로 지정해 주지 않으면 나중에 양산되어 현장에 설치되고, 이후에 문제를 발견하여 새로 수정해서 실행 이미지를 배포할 때에 Vol. 2에서 설명하는 원격 다운로딩 기능이 없다면, 엄청난 비용을 지불해야 하므로 주의하도록 하자. ④번의 설정 내용은 [그림 9.2-2]의 ⑥번에서 보여준 **RTC_PRER** register에 대한 내용으로서 32.768[kHz] = 32768은 Asynchronous 7-bit prescaler의 default 값인 **128**과 Synchronous 15-bit prescaler의 default 값인 **256**으로부터 내부 clock 주파수 ck_spre를 생성한다.

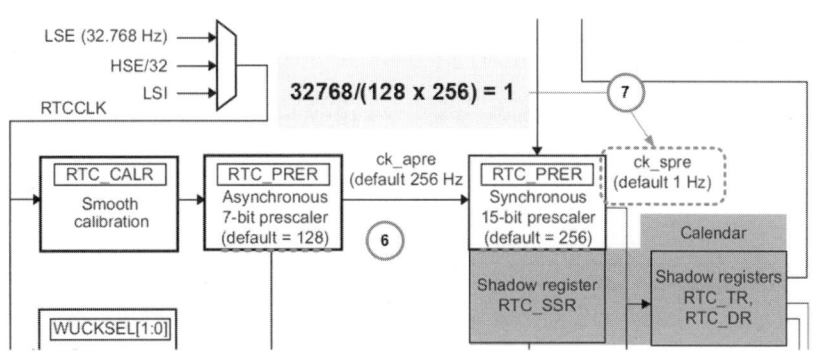

[그림 9.2-2] CubeMX에서 RTC 설정 방법(2).

즉, ⑦번과 같이 32768/(128×256)=1[초]를 정확히 생성할 수 있다. 그래서, 32.768[kHz] clock을 사용하는 것이다. [그림 9.2-3]에서 보여준 것과 같이 RTC core와 clock 구성 관련 register들은 모두 battery 전원(V_{BAT})에 의해서 유지되는 **Backup 영역**에 저장되어 있다.

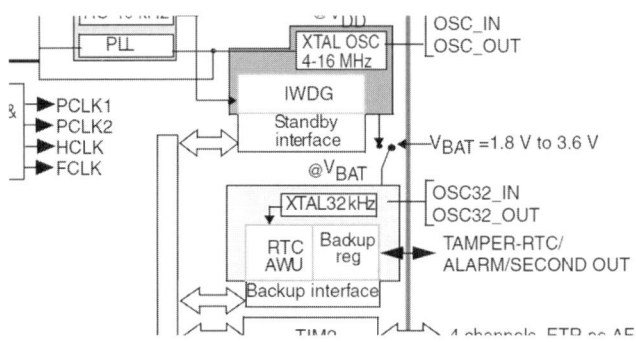

[그림 9.2-3] RTC core와 Clock 관련 내부 block도.

앞에서도 언급한 것과 같이 일반적으로 **RTC를 위해서 32.768[KHz] 외부 clock을 연결하여 사용**한다. 물론, 내부 32[KHz] LSI를 clock으로 연결하여 사용할 수도 있다. 그리고, 1.8[V] ~ 3.6[V] Battery V_{BAT}를 연결하여 주면, **Backup 영역**이 계속해서 유지된다는 것도 알 수 있다. 일반적으로 Li-Ion Coin battery cell을 사용하는데, 시간이 지나갈수록 전압이 떨어진다. 결국, 2[V] 이하로 떨어지면, 교체해 주는 것이 좋다. 물론, MCU 내부의 flash memory도 전원과 상관없이 데이터를 저장할 수 있지만, Backup 영역에 있는 register들은 그야말로 register들이므로 데이터를 쓸 때에 flash memory처럼 어떠한 제한을 갖지 않으므로 사용하기가 상당히 간편하다. 그러나, Flash memory가 아니므로 MCU 전원뿐만 아니라 V_{BAT} 전원도 1.8[V] 이하로 떨어지면, 저장된 데이터가 모두 삭제된다는 데 주의하기 바란다. STM32L476의 경우에는 **32bits backup registers가 32개 제공**된다. 그러므로, backup registers를 사용할 계획이면, 선택한 MCU에서는 몇 개를 제공하는 지 확인해 보아야 할 것이다. 참고적으로 이번 Chapter에서 RTC coding을 할 때에 backup register를 사용할 계획이다. 또한, RTC Core(즉, Prescaler, Alarm, Counter 그리고, Divider) 관련 register들은 Backup domain reset에 의해서**만** reset된다. Backup domain reset 즉, **RTC domain reset**에 대해서는 추후에 설명하도록 하겠다. 어쨌든, 모든 설정이 완료되었으면, **GENERATE CODE** button을 click하여 설정한 값들을 근거로 C framework를 생성해 주도록 한다. [그림 9.2-4]는 CubeMX가 생성한 C framework에 대한 IAR project를 importing한 모습이다. ⑧번에서 보여준 것과 같이 Ch8Lab3 project 에는 없던 RTC 초기화를 수행하는 함수가 호출되고 있다.

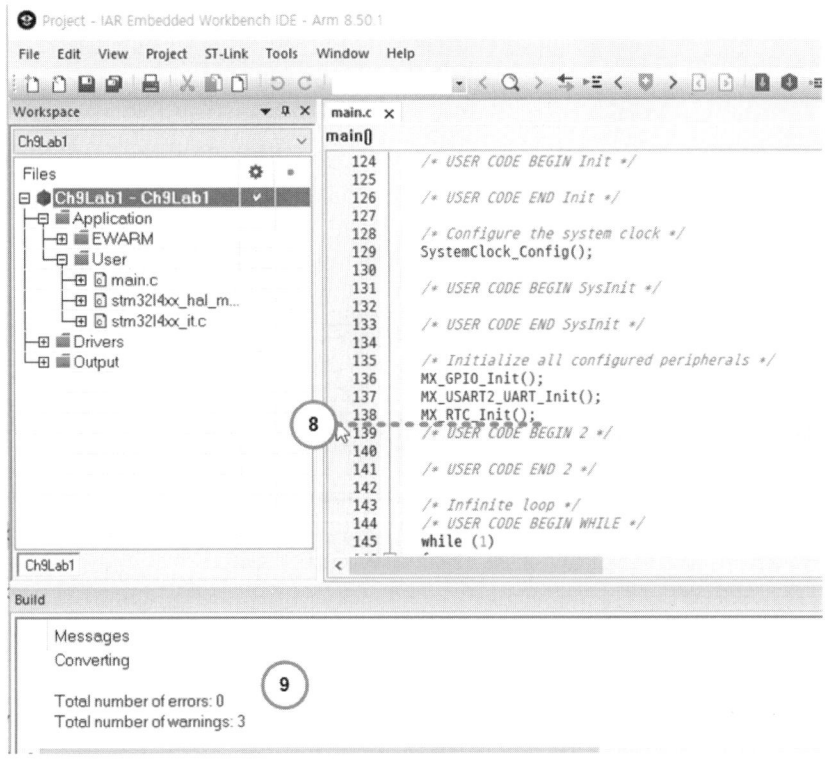

[그림 9.2-4] Ch9Lab1 Project.

어쨌든, ⑨번과 같이 build 과정에서 errors는 발생하지 않았다. 그러나, 3개의 경고가 보인다. 일반적으로 경고가 더 문제가 될 수 있다. 왜냐하면, 경고는 제품이 동작을 하는데, 뭔가 미심쩍은 부분이 있다는 의미이다. 즉, 오동작의 원인이 될 수 있다는 의미이다. 그러므로, 경고를 모두 삭제하기 싫으면, 적어도 그 경고가 무엇이고, 제품에 미치는 영향이 무엇인지는 파악하고 그리고 나서 무시하거나 제거하는 것이 좋겠다. [그림 9.2-5]에서 보여준 것과 같이 build한 실행 이미지를 MCU의 내부 flash memory에 download해 주고, 이어서 debugging mode로 들어가기 위하여 ⑩번 icon을 click하여 준다. 그러면, **main() 함수**에서 program counter가 멈추는 것을 확인할 수 있다. 이제, ⑪번과 같이 **View** menu에서 **Register 1** menu를 선택하면, ⑫번과 같이 PRIMASK register를 볼 수 있다. 이 register는 Cortex-M core 및 NVIC 관련 register로서 PRIMASK.PM=0 즉, 기본 값이 0인 것을 볼 수 있다. 구체적으로 PRIMASK(Priority Mask Register)는 모든 interrupt들의 발생을 한 번에 무효화 할 수 있다.

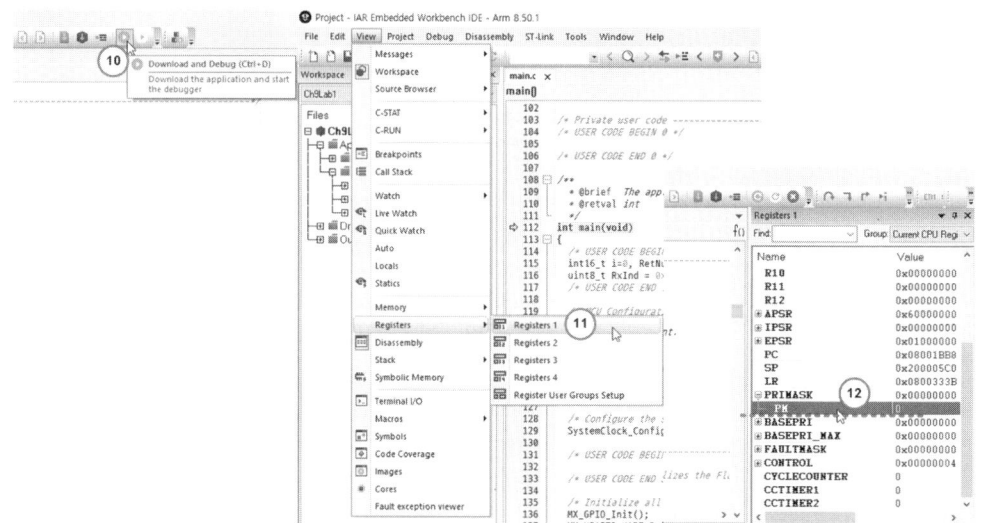

[그림 9.2-5] PRIMASK.PM bit 의미.

즉, PRIMASK register는 1-bit register로서 그 값이 1이면, **NMI와 hard fault exception을 제외한 모든 발생한 interrupt들이 core로 전달되는 것을 막는다**. 그러나, 값이 0이므로 모든 interrupt들이 non-masking되는 것을 알 수 있다. 즉, 임의의 interrupt가 발생하면 core에 전달된다. STM32 MCU는 reset 이후 RCC를 제외한 모든 주변 장치들의 clock은 disabling되고, 무엇보다도 모든 주변 장치의 interrupt는 disabling되도록 coding되어 있다는데 주의하자. 그러므로, 따로 interrupts를 활성화시켜주기 전까지는 현재 상태에 interrupt들이 걸릴 일은 없다는 데 주의하자. 이것은 거의 모든 MCU가 갖는 공통적인 특징이다. 참고적으로 [그림 9.2-6]은 **CMSIS**에서 제공하는 함수들이다. 즉, 임의의 Cortex-M core 기반의 MCU에서 사용할 수 있는 함수이다. 이제 Ch8Lab3 project에 RTC를 추가한 C framework를 생성하였으니 구체적으로 PC의 SJ_MCUBook_AppsV1 program과 Nucleo-L476 보드의 Embedded C code 사이에 데이터를 송/수신하는데 필요한 **UART 통신 규격을 결정**해야 할 것이다. Chapter 8의 [그림 8.3-5]에 보면, 0.5[초]마다 **주기적으로** target board가 데이터를 PC로 보내주도록 하는 명령어(command)와 **비주기적으로** SJ_MCUBook_AppsV1 program을 구성하는 임의의 GUI 성분을 click하였을 때에 발생하는 event를 처리하도록 하는 명령어 frame을 볼 수 있다. 이제, **RTC event**를 처리할 수 있도록 명령어 frame을 [그림 9.2-7]과 같이 수정하였다.

Function Name	Instruction	Description
void __WFI(void)	WFI	Wait for interrupt (sleep)
void __WFE(void)	WFE	Wait for event (sleep)
void __SEV(void)	SEV	Send event
void __enable_irq(void)	CPSIE i	Enable interrupt (clear PRIMASK)
void __disable_irq(void)	CPSID i	Disable interrupt (set PRIMASK)
void __enable_fault_irq(void)	CPSIE f	Enable interrupt (clear FAULTMASK)
void __disable_fault_irq(void)	CPSID f	Disable interrupt (set FAULTMASK)
void __NOP(void)	NOP	No operation
void __ISB(void)	ISB	Instruction synchronisation barrier
void __DSB(void)	DSB	Data synchronisation barrier
void __DMB(void)	DMB	Data memory barrier

[그림 9.2-6] CMSIS intrinsic 함수들.

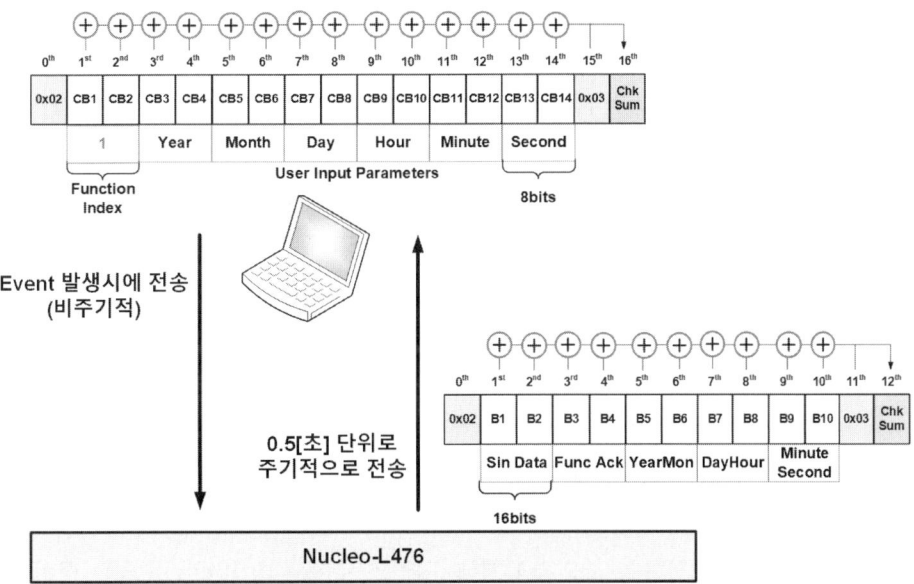

[그림 9.2-7] PC program과 Nucleo-L476 사이의 UART 통신 규격.

[그림 9.1-2]의 ②번 즉, **Set on RTC Ref. Time** button을 click하면, PC의 **현재 시각** 정보가 Nucleo-L476 보드로 전송되고, 그리고, STM32L476은 전송 받은 시각을 기준으로 RTC를 이용하여 시각과 날짜를 계산한다. 그리고, 그 정보를 0.5[초] 단위로 [그림 9.2-7] 에서 보여준 frame format을 형성하여 반복적으로 PC로 전송한다. PC로 전송된 frame은 SJ_MCUBook_AppsV1 program이 분석하여 sine data는 그래프와 listbox로 전송하고,

시각과 날짜 정보만 [그림 9.1-2]의 ③번과 같이 표시해 준다. 구체적으로 [그림 8.3-6]에는 각각의 GUI event에 따른 **function index**가 표시되어 있다. 즉, **Set on RTC Ref. Time** button을 click하면, function index 1이 발생한다. 그리고, PC에서 데이터를 전송할 때에는 1byte를 구성하는 16진수 각각을 ASCII 1byte로 변환하여 전송하였는데, 정작 Nucleo-L476에서 PC로 보낼 때는 1byte 값을 그대로 전송하는 것을 볼 수 있다. 일반적으로 PC에서는 주로 명령어를 전송하고, target board는 그에 따른 데이터를 PC로 전송하는 경우가 많은 데, 그 데이터의 양이 UART 통신 속도와 비교하여 많을 때가 있다. 예를 들면, UART 통신으로 저장한 ADC 입력 파형의 데이터 또는 그 밖의 다량에 제품에 대한 오류 정보를 날짜와 함께 일시에 보내야 할 때 등등이 있다. 이와 같은 경우에 데이터 전송과정 동안 오류가 발생하지 않고, 안정적으로 통신이 이루어지기 위해서는 가능하면 전송할 데이터의 양이 적어야 할 것이다. [그림 9.2-7]과 같이 data frame format을 설정하면, PC에서 Nucleo-L476로 데이터를 전송할 때와 비교하여 2배로 데이터를 보낼 수 있다. 게다가 PC에서 명령어들이 제대로 target board에 전송되는지 간단히 Tera Term과 같은 UART terminal로 계속해서 중간에 확인도 할 수 있다. 이처럼 제일 먼저 PC와 target board 사이에 [그림 9.2-7]에서 보여준 것과 같이 **UART 통신 규격을 결정**해 주고, 그리고 나서 규격에 맞게 PC program과 target Embedded code를 각각 작성해야 한다. 일단, PC program은 알아서 잘 만들었다고 믿고, 여기서는 MCU code에 대해서만 집중하도록 할 것이다. [그림 9.2-8]의 ①번은 **9.1.절**에서 수정하여 생성한 Ch8Lab3 project이고, ②번은 이 책의 첨부 파일 folder에 있는 Ch9Lab1 project이다. 즉, Chapter 8의 Ch8Lab3 project에 RTC를 추가하여 생성한 Ch8Lab3 project 내용을 수정하여 [그림 9.2-7]에서 보여준 UART 통신 규격을 적용할 것이다. 그래서 완성한 ②번과 같은 Ch9Lab1 project를 만들어 볼 것이다. 설명 방식은 9.1.절에서도 언급하였듯이 관련 codes를 덩어리체로 이동 및 복사하면서 Nucleo-L476 보드에서 동작하는 것을 확인할 것이다. 그리고, 정상적으로 동작을 잘하면, 그 project를 수정하여 바로 Nucleo-F103, Nucleo-F303, 그리고, Nucleo-L496 보드들에도 적용해 볼 것이다. 그러므로, 추후에 RTC 관련 내용을 **여러분의 업무에 적용할 때**에는 여기서 설명하는 방법을 **그대로 따라하면** 되겠다. 어쨌든, 2개의 project 각각의 **folder 전체 내용을 비교**하였더니, ③번에서 보여준 것과 같이 **main.c file**과 stm32l4xx_hal_msp.c file이 서로 다르다고 한다. 일반적으로 stm32l4xx_hal_msp.c file은 우리가 손을 델 녀석이 아니므로 뭐가 다르다는 것인지 눈으로 확인만 하면 된다.

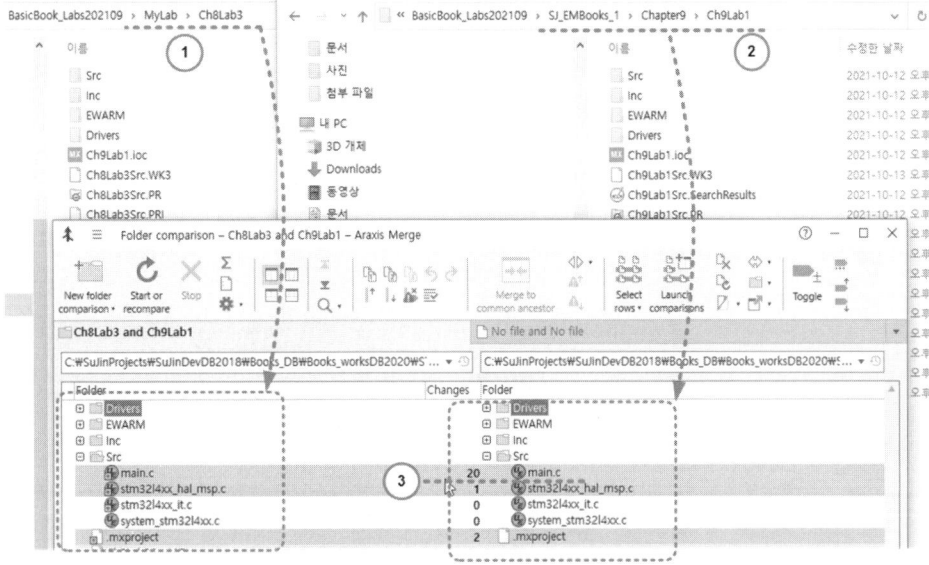

[그림 9.2-8] Ch8Lab3 project와 Ch9Lab1 project 비교(1).

우리가 집중할 file은 **main.c**이다. 참고적으로 [그림 9.2-8]에서 파일 비교기로 사용한 것은 **Araxis Merge**라는 파일 비교기인데, 유료이기는 하지만, 상당히 유용하여 예전부터 사용해오고 있다. 여러분도 참고해 보기 바란다. 현재, main.c file에는 차이점이 많은 것 같다. 그러므로, main.c file에서의 차이점을 집중 분석해 보도록 하자. [그림 9.2-9]의 **분석_1**을 보면, Ch9Lab1 folder에 있는 main.c 파일에서는 event가 발생할 때에 호출될 함수의 이름을 바꾼 것을 볼 수 있다.

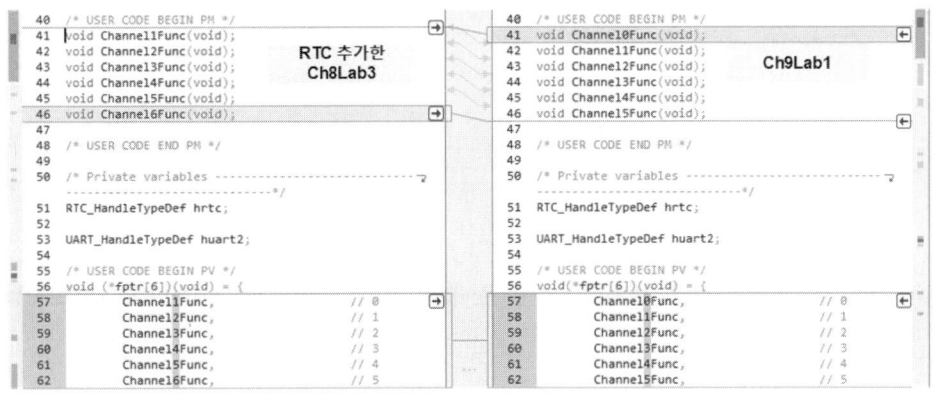

[그림 9.2-9] Ch8Lab3 project와 Ch9Lab1 project 비교 - **분석_1**.

이것은 함수 index 번호와 event 번호를 맞추기 위해서 바꾼 것이다. 즉, [그림 8.3-6]에서 **Set on RTC Ref. Time**의 event number는 1이다. 이제, 이 button을 click하면, MCU안에 있는 event 1에 대한 handler 함수로 Channel1Func()을 호출하기 위함이다. 그리고, [그림 9.2-10]의 **분석_2**를 보면, 많은 전연 변수들과 함수 3개가 추가된 것을 볼 수 있다.

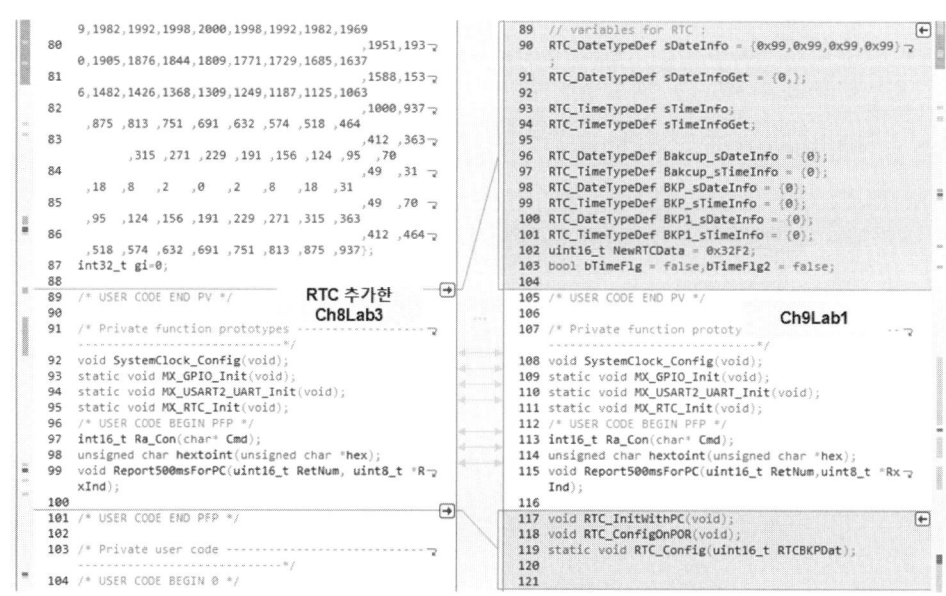

[그림 9.2-10] Ch8Lab3 project와 Ch9Lab1 project 비교 - **분석_2**.

일단, Ch9Lab1 folder에 있는 main.c file에 추가된 내용들을 **그대로** 단순히 CubeMX에서 RTC만 설정하여 추가하고 생성한 C framework인 Ch8Lab3 folder에 있는 main.c에 추가해 준다. 즉, Ch9Lab1 folder에 있는 main.c file의 내용을 살펴보면서 Ch8Lab3 folder에 있는 main.c에 그대로 복사해 주어서 2개가 **동일한 파일**이 되게 한다. 현재 복사해 넣는 code 부분들에 대해서는 **9.4.절**에서 자세히 다루도록 할 것이고, 여기서는 덩어리체 복사해 넣기만 하자. 그러나, 가능하면, 복사해 넣기 전에 한 번쯤 code 내용을 주의 깊게 살펴보기 바란다. [그림 9.2-11]의 **분석_3**을 보면, while(1) loop 앞에 backup register writing 함수를 호출하여 사용하고 있고, 그리고, loop 안에는 단순히, RTC_InitWithPC() 함수만 호출하고 있다. 그런데, RTC_InitWithPC() 함수의 내용을 보면, 뭔 내용인지 바로 눈에 들어오지는 않지만, 일단, RTC_Config() 함수와 RTC_ConfigOnPOR() 함수만 함수 이름 앞에 **HAL_**이라는 접두사가 없는 것으로 보아서 필자가 개발한 함수인 것을 알 수 있다.

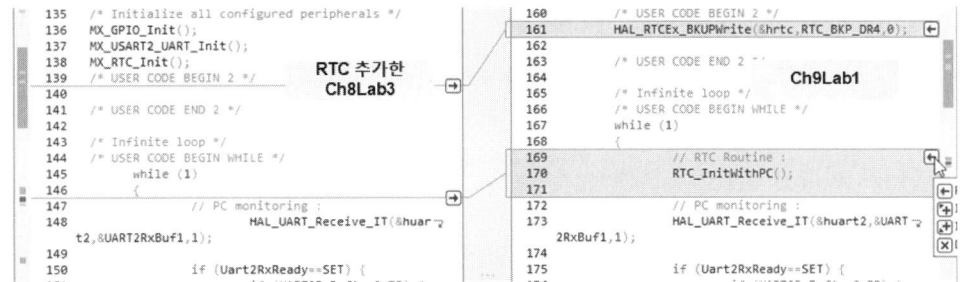

[그림 9.2-11] Ch8Lab3 project와 Ch9Lab1 project 비교 - **분석_3**.

각각의 함수 내용을 다시 확인해 보면, 결국, 이들 3개 함수들에서 사용하는 HAL 관련 함수들은 다음과 같이 정리할 수 있다.

❶ HAL_RTCEx_BKUPRead(), HAL_RTCEx_BKUPWrite() 함수
❷ HAL_RTC_GetTime() 함수
❸ HAL_RTC_SetTime(), HAL_RTC_SetDate(), Error_Handler() 함수

9.4.절에서는 이들 함수들에 대해서 자세히 파악하고, 관련된 전역 변수, backup register들에 대한 연관성도 파악할 것이다. [그림 9.2-12]의 **분석_4**에서 SystemClock_Config() 함수 동네는 우리가 관여할 내용이 아니다.

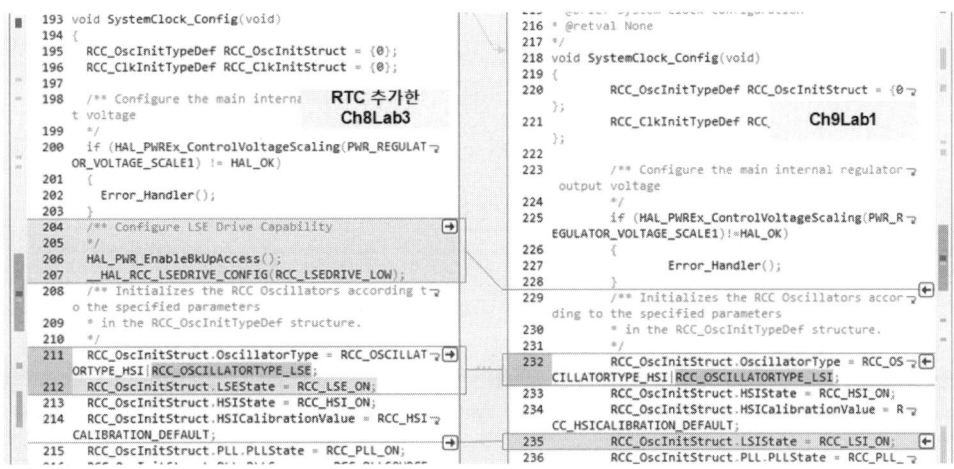

[그림 9.2-12] Ch8Lab3 project와 Ch9Lab1 project 비교 - **분석_4**.

왜냐하면, 이들은 모두 CubeMX에 의해서 관리되기 때문이다. 그러므로, 이들 부분은 서로 차이가 발생해도 손대지 않고, 그대로 놔둔다. 그 보다도 여러분이 새로 만들어 추가할 함수들은 모두 [그림 9.2-13]에서 보여준 /* USER CODE BEGIN 4 */ 주석 **다음부터** 넣어 주어야 한다는 것을 기억해두자.

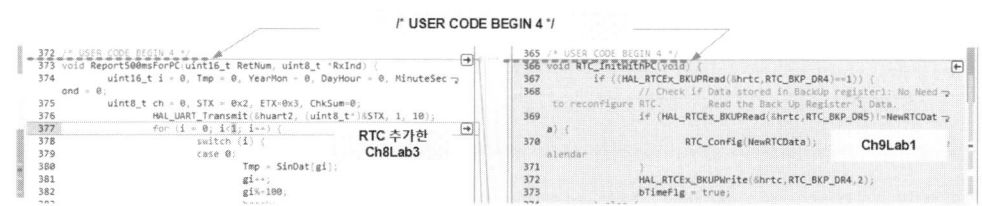

[그림 9.2-13] Ch8Lab3 project와 Ch9Lab1 project 비교 – **분석_5**.

분석_5를 보면, 3개의 함수들 중에서 RTC_InitWithPC() 함수의 내용부터 추가된 것을 볼 수 있다. 일단, 지금까지 살펴본 **분석_1**부터 **분석_5**까지 **모두 그대로** CubeMX로 단순히 RTC만 설정하여 추가한 Ch8Lab3 folder에 있는 main.c file에 추가해 준다. 그리고 나서, build를 수행하면, Channel0Func() 함수가 없다는 error 1개만 발생할 것이다. [그림 9.2-14]는 0.5[초] 마다 PC로 전송할 데이터 frame을 생성하는 **Report500msForPC()** 함수의 내용이 어떻게 수정되었는지 보여주고 있다. 또한, UART2 전송 방식으로 **polling 방식**을 사용하기 위해서 접미사 _IT()가 없는 HAL_UART_Transmit() 함수를 사용하는 것도 볼 수 있다. 그리고, ②번과 ③번은 PC로 전송할 시간과 날짜 계산을 수행하는 routine이고, ①번은 PC로 전송할 data frame 구조를 보여준 것이다. 이들은 **모두 그대로 복사하여 사용**하면 된다. 기존의 Ch8Lab3 folder에 있던 main.c 파일의 Report500msForPC() 함수에서 for문은 16bits 데이터 하나만 전송할 것이므로 **1번만** 순환하였다. 그러나, 이번에는 5개의 데이터를 전송해야 하므로 for-loop를 **5번 순환**하는 것을 볼 수 있다. 그렇다면, 그 이상의 데이터를 전송하고 싶다면, 단순히 for-loop의 순환 횟수를 늘리면 될 것이다. 물론, 늘어난 만큼 Windows program도 인식할 수 있도록 수정해 주어야 한다. 어쨌든, CubeMX로 단순히 RTC 설정만 하고, 추가한 Ch8Lab3 folder에 있는 main.c file에 있는 함수 Report500msForPC()의 내용을 수정하고 나서, event 0번에 대한 handler 함수인 Channel0Func()을 추가하고, Channel6Func() 함수를 삭제한다. 그리고 나서, 다시 build 하면, 이번에는 error 없이 실행 파일이 생성될 것이다.

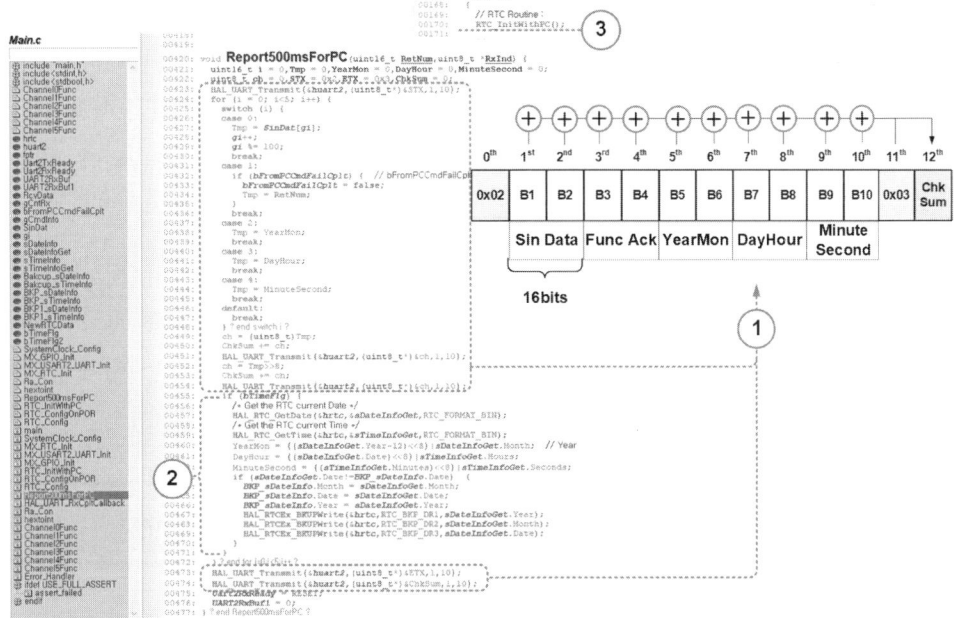

[그림 9.2-14] PC로 날짜/시각 정보 전송을 위해 Report500msForPC() 함수의 수정된 내용.

지금까지 우리는 함수 Report500msForPC()를 수정하여 PC로 데이터를 전송할 수 있도록 준비하였다. 그러나, 아직까지 PC에서 전송해 준 현재 날짜와 시각 정보를 수신하는 routine은 작성하지 않았다. 이 부분은 [그림 9.2-15]를 참조하면 된다.

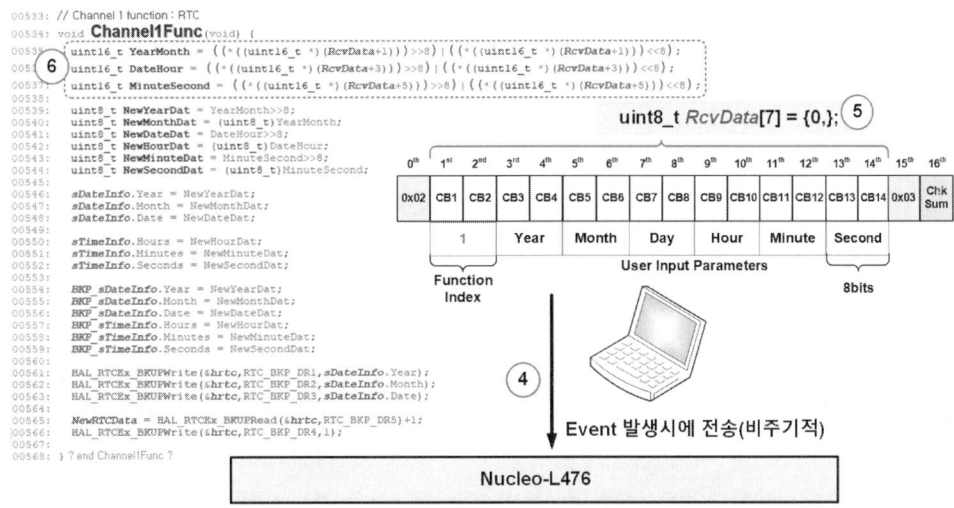

[그림 9.2-15] PC에서 전송해 준 현재 날짜와 시각 정보 수신 방법.

우선, ④번은 RTC event 1을 발생시키는 **Set on RTC Ref. Time** button을 click한 경우로서 이때에 PC에서 전송되는 명령어 frame이다. 함수 index=1인 것을 알 수 있다. 전송된 데이터는 ⑤번에서 보여준 것과 같이 MCU 내부의 전역변수 **RcvData[7] 배열**에 저장된다. 이제, 함수 index 1에 맞는 event 함수 handler Channel1Func()이 호출되면, ⑥번과 같이 수신된 명령어 frame을 분석하여 각각의 변수에 저장한다. 이후는 RTC 계산과 관련된 routine이다. Channel1Func() 함수의 내용도 그대로 CubeMX로 단순히 RTC 설정만하여 생성한 Ch8Lab3 project에 복사해 넣고, 다시 build를 실행한다. error 없이 build 과정이 완료되면, Nucleo-L476을 PC에 연결하여 준다. 그리고, [그림 9.2-16]의 ⑦번과 같이 **Go(F5)** icon을 click하여 download한 이미지를 실행 시켜준다.

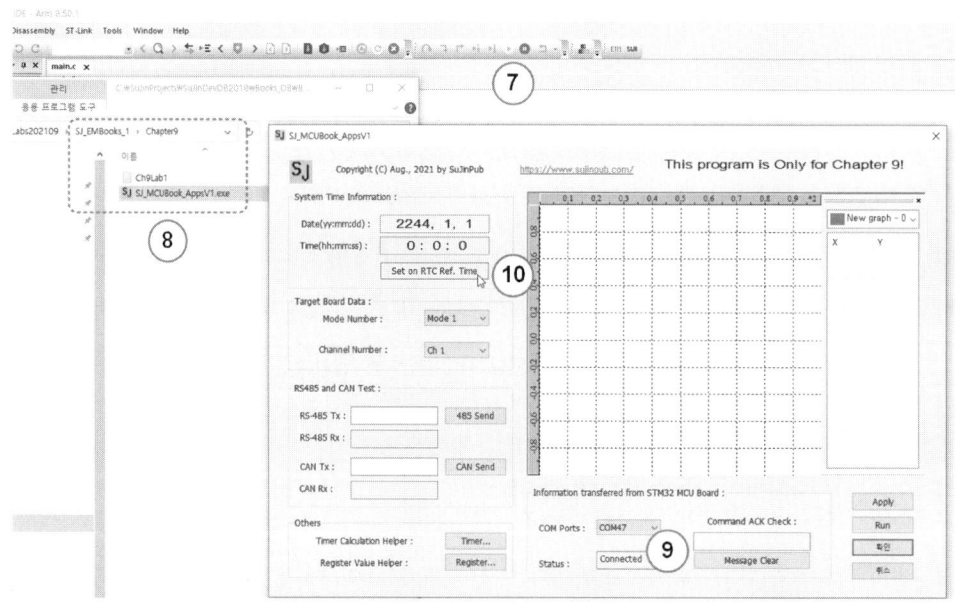

[그림 9.2-16] PC에서 보내준 날짜/시각 정보 SJ_MCUBook_Apps에 표시.

이어서 ⑧번과 같이 첨부 파일 folder의 Chapter9 folder에 있는 **SJ_MCUBook_AppsV1Ch9.exe** 파일을 실행시켜준다. 그리고, ⑨번처럼 PC에 연결된 Nucleo-L476 COM port를 선택하여 **Status :** 옆의 문자열이 **Connected**로 바뀌게 한다. 이제부터 PC는 Nucleo-L476 보드로부터 **0.5[초] 마다** [그림 9.2-14]의 ①번 frame format으로 데이터를 수신하여 **동적으로** 표시해 줄 것이다. 만일, 표시하지 않고, Windows program이 멈춘 것으로 보이면, 잘못된 COM port를 선택한 것이다. 이때에는

Tera Term을 실행하여 **Serial** 옆의 둥근 radiobutton을 click하여 주고, **Port :** 옆에서 예를 들면, COM47: STMicroelectronics STLink Virtual COM Port(COM47)에서 알려준 번호 47을 선택하면 된다. 보다 자세한 내용은 [그림 8.2-18]에 대한 설명을 참조하기 바란다. 단, 이때, Tera Term이 COM47을 잡으면 안 되므로 Tera Term은 닫아준다. 어쨌든, 올바로 선택하여 초 값이 바뀌는 것을 보면, 시각과 날짜 정보가 잘못된 상태로 초 값이 계속해서 바뀌는 것을 확인할 수 있을 것이다. 이것은 아직, 기준이 되는 PC의 현재 시각 정보를 Nucleo-L476 보드로 전송해 주지 않았기 때문이다. 이를 위해서 [그림 9.2-16]의 ⑩번과 같이 **Set on RTC Ref. Time** button을 click하면, [그림 9.2-17]의 ⑪번과 같이 정상적인 시각과 날짜 정보가 표시된다.

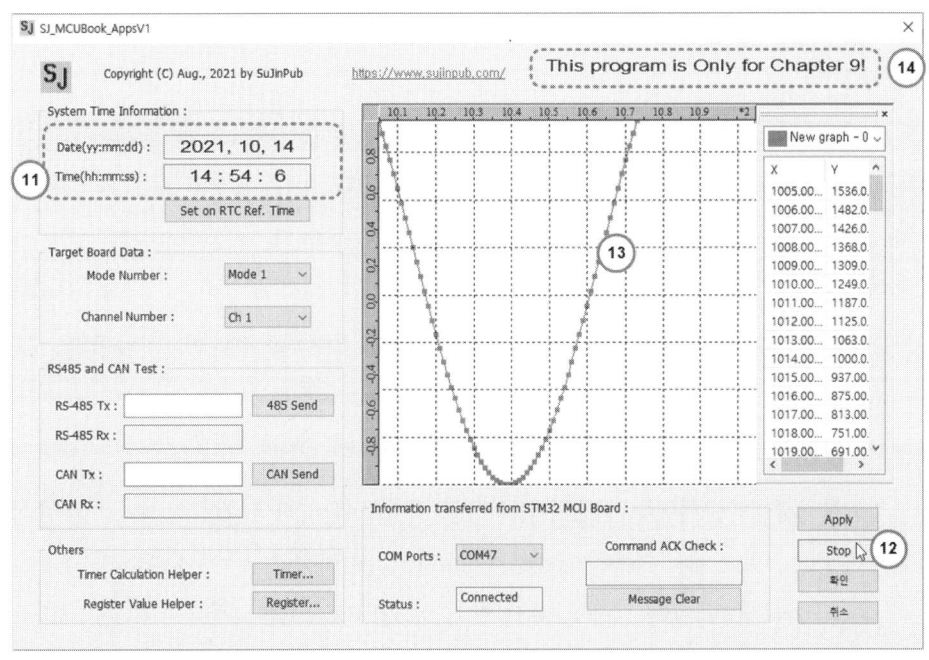

[그림 9.2-17] Nucleo-L476 RTC 구현 결과.

이어서 ⑫번의 **Run** button을 click하여 주면, 버튼의 문자열이 **Stop**으로 바뀌고, ⑬번과 같이 그래프와 listbox에 0.5[초]마다 데이터가 갱신되어 표시된다. 그런데, 가만히 보면, 초 단위가 뭔가 부드럽게 1초마다 바뀌지 않고, 간혹, 2~3초 만에 바뀌는 것을 볼 수 있다. 그러나, 이 문제는 차츰 모두 해결될 것이니 신경 쓰지 않아도 된다. 한 가지 주의할 것은 ⑭번에 보여준 것과 같이 Chapter 9에 있는 **SJ_MCUBook_AppsV1Ch9** program을 사용해야 된다는 것이다. 앞서 학습한 Chapter8 folder에 있는 SJ_MCUBook_AppsV1Ch8 program은 [그림 9.2-14]의 ①번 frame format을 인식하지 못하기 때문이다. 지금까지 Nucleo-L476 보드에서 RTC를 구현하는 방법을 학습하였다. 처음 접하는 분들에게는 상당히 난해하고, 어려운 내용이었을 것이다. 아마도 지금까지 설명한 내용을 따라하면서 [그림 9.2-17]과 같은 결과를 얻는 것도 쉽지 않았을 것이다. 어쨌든, 다시 한 번 처음부터 따라해 보면서 해당 내용에 대해서 충분히 익숙해지도록 노력해 보기 바란다.

9.3 L476 RTC project를 F103, F303과 L496에 적용 방법.

이제 **9.2.절**에서 개발한 STM32**L476** RTC project를 Nucleo-STM32**F103** 보드에 적용해 보도록 하겠다. 그리고 나서, Nucleo-STM32**F303** 보드와 Nucleo-STM32L496에도 RTC code를 동일하게 적용해 보겠다. 여기서 사용할 PC Windows program은 UART 통신 규격이 바뀌지 않았으므로 그대로 사용하면 된다. 이들 3개의 보드에 있는 서로 다른 MCU에 동일한 RTC 기능을 적용하는 방법을 학습하고, 그 다음 단원부터는 단순히 복사와 붙여 넣기만 한 RTC 기능 구현 관련 source file에 대해서 분석하는 시간을 갖도록 할 것이다. 우선적으로 동작을 몸으로 확인하고, 이후에 머리로 이해하며 학습하는 방식이다.

9.3.1. L476 RTC code를 F103에 적용 방법.

그림들을 통하여 순서대로 설명할 것이므로 그대로 따라하면 되겠다. 우선, CubeMX를 실행하여 **File** menu에서 **New Project…** menu를 선택하고, 이어서 [그림 9.3.1-1]의 ①번과 같이 Part Number에 사용할 MCU인 STM32F103RB를 지정하여 준다. 그리고, ②번과 같이 **Nucleo-F103RB**를 double click하여 준다. 그리고, 기준이 되는 **9.2.절**에서 개발한 **Ch9Lab1.ioc** file을 double click하여 CubeMX를 호출한다. 즉, 실수를 방지하기 위하여 2개의 CubeMX program들을 **동시에** 실행한 상태에서 각각의 항목 별로 **서로 비교**하며 Nucleo-F103RB를 설정해 주도록 하자. [그림 9.3.1-2]의 ③번과 같이 **Timers** Category에서 **RTC** item을 선택한다. 이어서 ④번과 같이 RTC Clock Source를 활성화해 주고, Calendar 기능은 check 하지 않는다. 그런데, RTC Clock을 활성화 하지 않고, ⑤번과 같이 **Clock Configuration** tab을 click하여 확인해 보면, **RTC Clock Mux**가 ⑥번처럼

비활성화 된 것을 볼 수 있을 것이다.

[그림 9.3.1-1] Nucleo-F103 RTC 구현 방법(1).

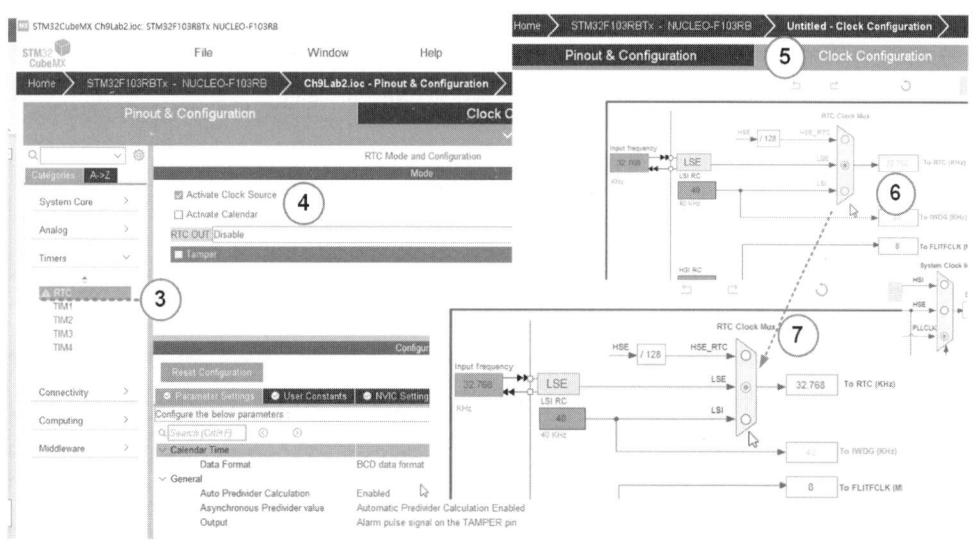

[그림 9.3.1-2] Nucleo-F103 RTC 구현 방법(2).

그러므로, LSE와 LSI를 선택할 수 없게 된다. 그러나, ④번과 같이 RTC Clock Source를 check하여 RTC Clock을 활성화하면, RTC Clock Mux가 ⑦번과 같이 활성화되고, 이제 외부의 LSE 32.768[kHz]와 LSI 40[kHz]를 선택할 수 있게 된다. 어쨌든, ⑦번과 같이 LSE 32.768[kHz]가 RTC source로 연결되어 있는지 확인한다. 그리고, [그림 9.3.1-3]의 ⑧번과 같이 **USART2** item을 click하여 ⑨번과 같이 설정한다. 사실, ⑨번은 default 설정 값들이다.

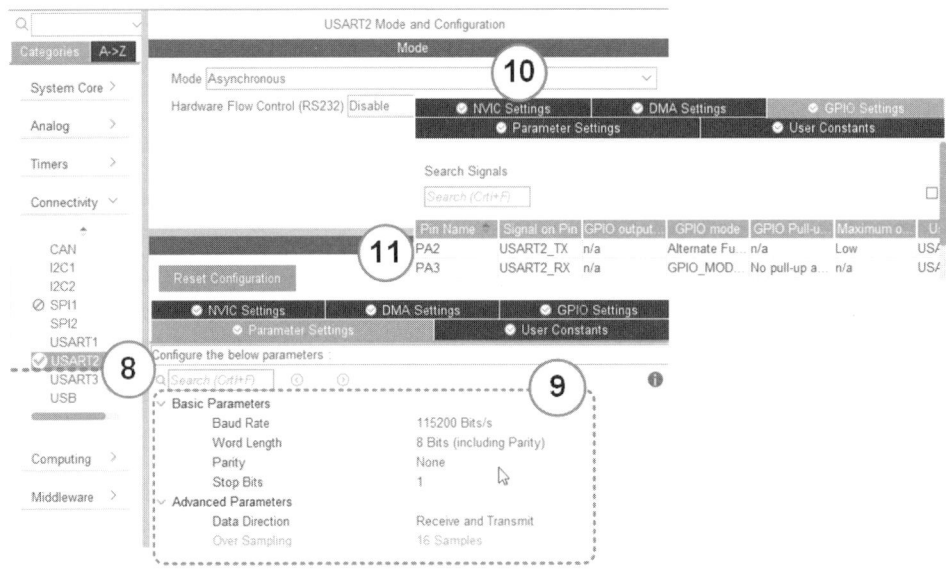

[그림 9.3.1-3] Nucleo-F103 RTC 구현 방법(3).

그리고, ⑩번 NVIC Settings tab을 click하여 interrupt를 선택하여 준다. 이어서, ⑪번과 같이 GPIO Settings tab을 선택하여 USART2에 할당된 pins를 확인한다. 현재, Tx pin으로 PA2번 pin, Rx pin으로 PA3번 pin이 각각 할당되었다. 이것은 [그림 8.2-5]의 ⑬번과 같이 64pins를 갖는 STM32L476도 동일하게 USART2는 PA2번 pin에 Tx, PA3번 pin에 Rx가 할당되어 **pin 호환성을 갖는 것**을 알 수 있다. 주변 장치들과 clock에 대한 설정이 완료되었으면, [그림 9.3.1-4]의 ⑫번과 같이 Project Manager tab을 click하고, ⑬번과 같이 Project Location을 설정한 뒤에 Project Name을 Ch9Lab2로 지정해 준다. 그리고 나서, Application Structure는 Basic으로 설정하고, Toolchain/IDE는 EWARM IAR 개발 도구를 선택한다. 그리고, ⑭번과 같이 Code Generator tab을 click하여 ⑮번 항목을 선택한다. 즉, 반드시 필요한 library files만 새로 생성될 project에 복사해서 넣도록 한다. 설정이 완료 되었으므로 ⑯번 GENERATE CODE button을 click하여 Nucleo-F103RB 보드를 위한 C framework를 생성하도록 한다. 그러면, [그림 9.3.1-5]의 ①번과 같이 지정한 Project Name을 갖는 Ch9Lab2 folder안에 C framework가 생성된다.

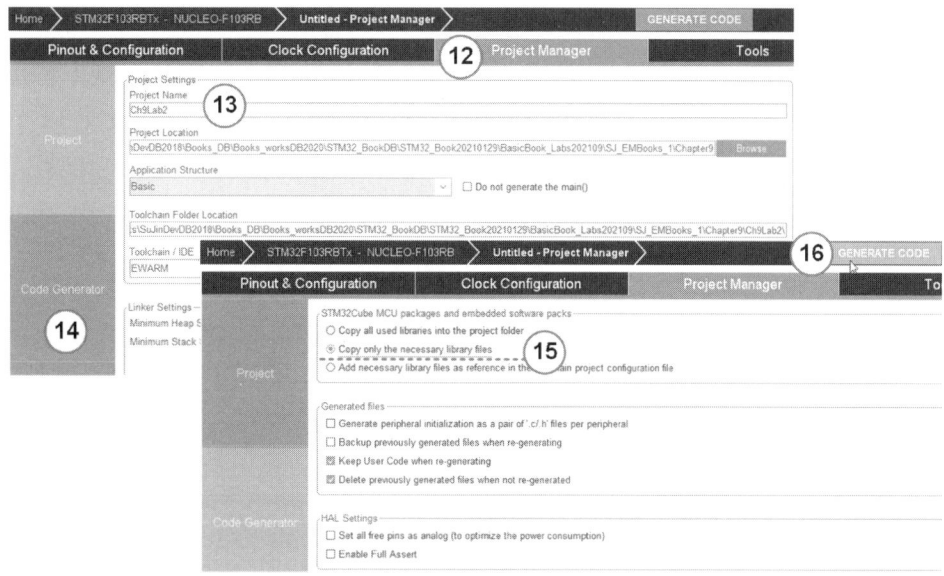

[그림 9.3.1-4] Nucleo-F103 RTC 구현 방법(4).

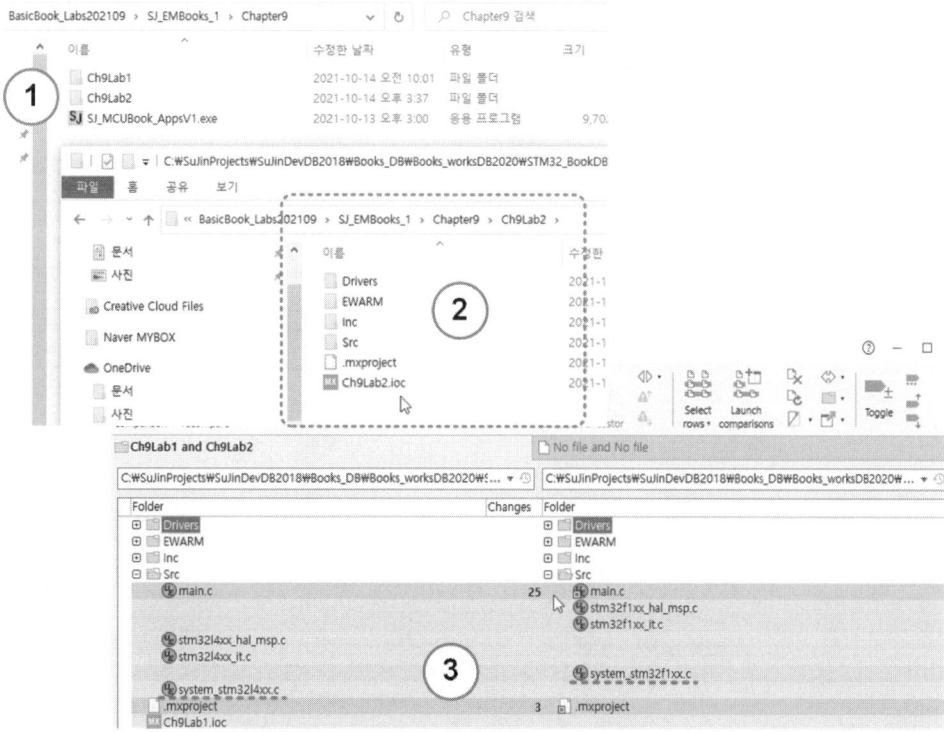

[그림 9.3.1-5] Nucleo-F103 RTC 구현 방법(5).

9 RTC 사용 방법 | 295

이제, ②번과 같이 생성된 **Ch9Lab2** folder와 **9.2.절**에서 개발한 **Ch9Lab1** folder 전체를 ③번과 같이 함께 비교해 본다. 역시, **main.c** file에서 발생한 차이점만 관심을 가지면 되겠다. 그럼, 비교 분석해 보도록 하자. [그림 9.3.1-6]에서 /* USER CODE BEGIN PFP */ 위쪽은 CubeMX 관리 영역이므로 우리가 신경 쓸 필요가 없고, 실선의 화살표로 표시한 **아래쪽 영역**에만 우리가 작성한 Code를 추가해 주어야 한다.

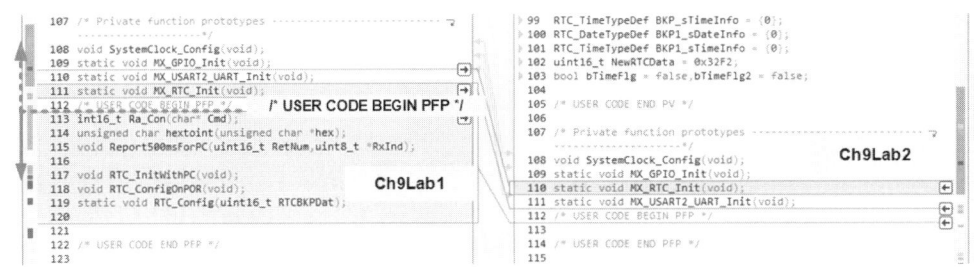

[그림 9.3.1-6] Nucleo-F103 RTC 구현 방법(6).

이처럼 CubeMX가 관리하는 Code 영역과 우리가 사용할 수 있는 영역이 어디인지 구분하는 것은 아주 중요하다. 우리는 항상, CubeMX가 관리하지 **않는** 영역 즉,
/* USER CODE BEGIN ~~~ */부터 /* USER CODE END ~~~ */ 사이에
우리가 작성한 **code를 추가**해 주어야 한다. 정상적으로 모든 필요한 code를 추가하고, [그림 9.3.1-7]의 ④번과 같이 Project.eww file을 double click하여 IAR Embedded Workbench를 호출한다. 그리고, build 하면 error 없이 실행 이미지가 만들어질 것이다.

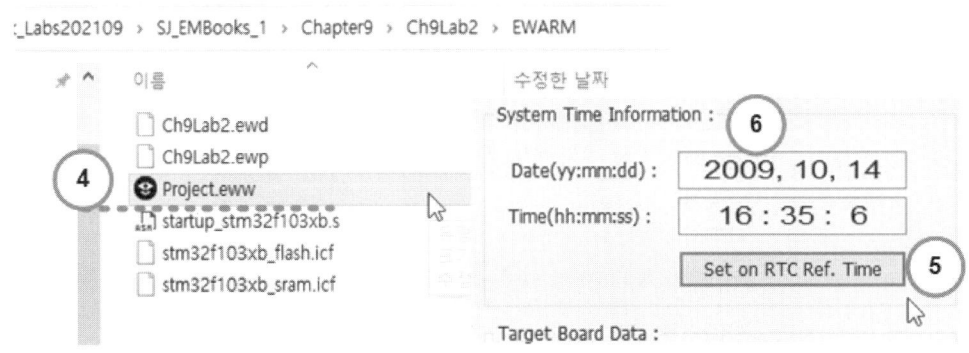

[그림 9.3.1-7] Nucleo-F103 RTC 구현 방법(7).

MCU를 실행을 시키고, Windows program SJ_MCUBook_AppsV1Ch9를 실행한 이후에 Nucleo-F103RB가 제공하는 COM port를 선택한 다음 ⑤번의 **Set on RTC Ref. Time** button을 click하여 주면, ⑥번과 같이 년도가 잘못 나오는 것을 볼 수 있다. 정확히, 12년이 부족하다. 이것을 **보상**하기 위해서 [그림 9.3.1-8]의 ⑦번과 같이 STM32F103을 위한 code를 추가하고, 다시 build 한 다음에 Windows program SJ_MCUBook_AppsV1을 실행하면, ⑧번과 같이 년도가 정상적으로 표시되는 것을 확인할 수 있다.

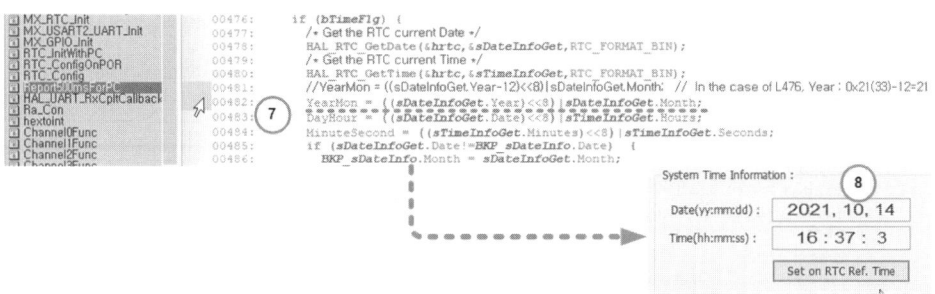

[그림 9.3.1-8] Nucleo-F103 RTC 구현 방법(8).

Debug Mode에서 실시간으로 임의의 변수 값이 바뀌는 것을 확인하기 위해서는 KEIL의 경우에는 단순히, **watch** window를 사용하면 되고, IAR Embedded workbench는 **live watch** window, CubeIDE는 **Live Expressions**를 사용해야 한다. 그러나, 이들은 모두 순간순간 데이터의 값을 보여주며, 누적된 데이터를 보여주는 것은 아니다. Chapter 1의 [그림 1.3-5]에서 잠시 설명한 내용 중에 다음의 내용이 있다. 즉, **JTAG은 4개의 pins를 사용하고, SWD는 2개의 pins를 사용**한다. 한 가지 기억해 둘 것은 JTAG의 경우에 13번 pin 즉, TDO_SWO를 이용하여 **emulator의 semihost 기능**을 사용할 수 있다는데 주의하자. 그러나 만일, SWO가 회로적으로 연결되어 있지 않다면 사용할 수 없다. [그림 9.3.1-9]의 ⑨번과 같이 Nucleo 보드들은 **다행히 SWO가 기본적으로 연결**되어 있다. 그러므로, Semihost 기능을 사용할 수 있다. ⑩번과 같이 **via semihosting**을 선택하여 준다. 이제 여러분은 실시간으로 MCU 데이터의 변화를 Serial I/O Terminal window를 통하여 확인할 수 있다. 이것이 semihosting 기능인데, SWO가 의미하듯이 **printf()** 함수를 통하여 데이터를 **출력만** 할 수 있다는 데 주의하자. 이 기능은 IAR뿐만 아니라 KEIL과 CubeIDE도 동일하게 지원한다.

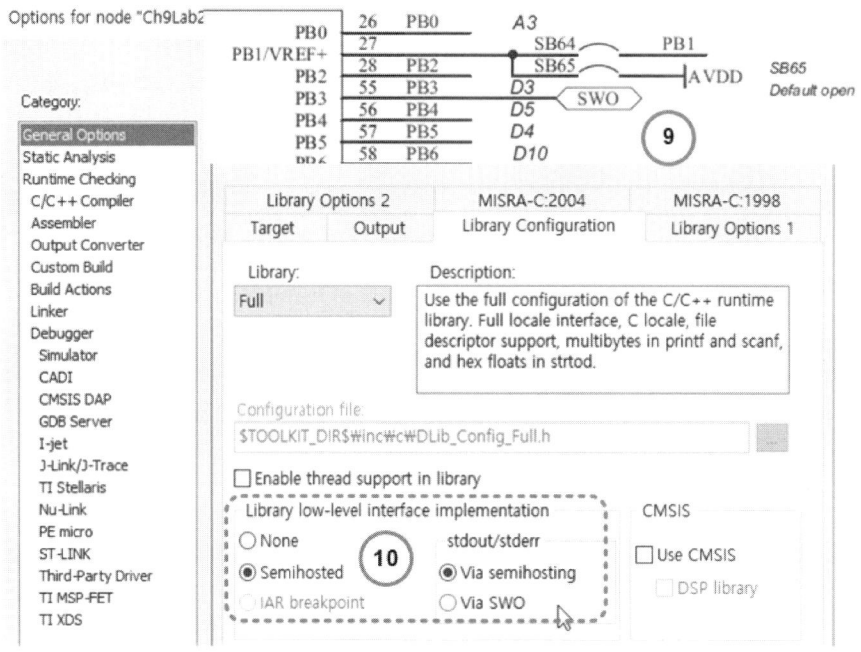

[그림 9.3.1-9] Semihost 기능(1).

예를 들어서, 여러분이 만일, sine 데이터가 PC로 전달되기 전에 어떠한 값들이 전달되는지 실시간으로 그 값들을 Serial I/O terminal에 printf() 함수를 이용하여 표시하고 싶다면, [그림 9.3.1-10]의 ⑪번과 같이 **printf()**함수를 추가해 주면 된다. 단, 기억해 둘 것은 printf() 함수를 사용하기 위해서는 먼저, **stdio.h** file을 include해 주어야 한다는 것이다. 즉, main.c file에 #include<stdio.h>와 같이 추가해 주어야 한다. 이제, build를 다시 수행하고, debug mode로 들어가도록 하자. 그리고, ⑫번과 같이 **View** menu에서 **Terminal I/O**를 선택하면, IAR debug mode에 Terminal I/O window가 추가 될 것이다. 이제, 실행을 하면, [그림 9.3.1-11]과 같이 PC를 통한 UART 통신과 **별개로** SWO를 통하여 semihosting 기능으로 지정한 변수의 실시간 데이터 값의 변화를 monitor 할 수 있다. 또한, PC와 target board 사이의 UART 통신에 **어떠한 부하로 작용하지 않는다.** 이와 같은 semihost 기능은 IAR 개발 도구뿐만 아니라 KEIL의 MDK-ARM과 무료인 CubeIDE도 제공하는 **일반적인 기능**이다.

[그림 9.3.1-10] Semihost 기능(2).

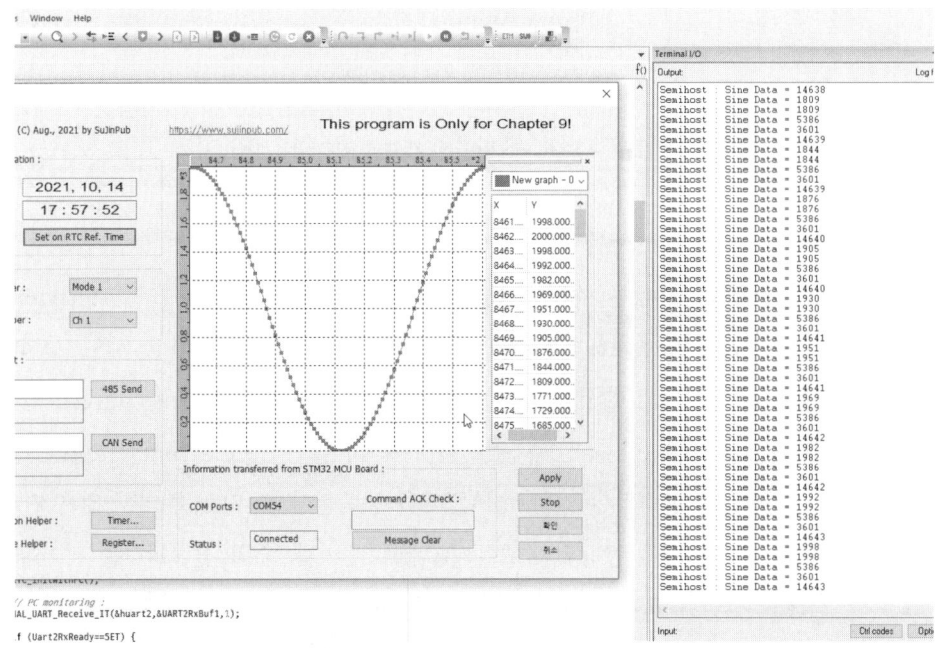

[그림 9.3.1-11] Semihost 기능(3).

9 RTC 사용 방법 | **299**

9.3.2. L476 RTC code를 F303에 적용 방법.

반복적인 설명은 피하도록 하겠다. 이 단원에서 RTC를 구현할 보드는 **Nucleo-F303ZE**이다. 그리고, **Ch9Lab3** folder에 있는 파일들을 참조하면 된다. 또한, 앞서 설명한 것과 같이 Windows program은 **동일한 것**을 사용하면 된다. 이제 **Ch9Lab3** project를 어떻게 구현하였는지 간단히 살펴보도록 하겠다. 우선, CubeMX를 실행하고, **New Project...** menu를 선택한 이후에 [그림 9.3.2-1]의 ①번과 같이 사용할 MCU인 STM32**F303ZE**를 지정하여 준다. 이어서, ②번과 같이 **Nucleo-F303ZE** 보드를 double click하여 준다.

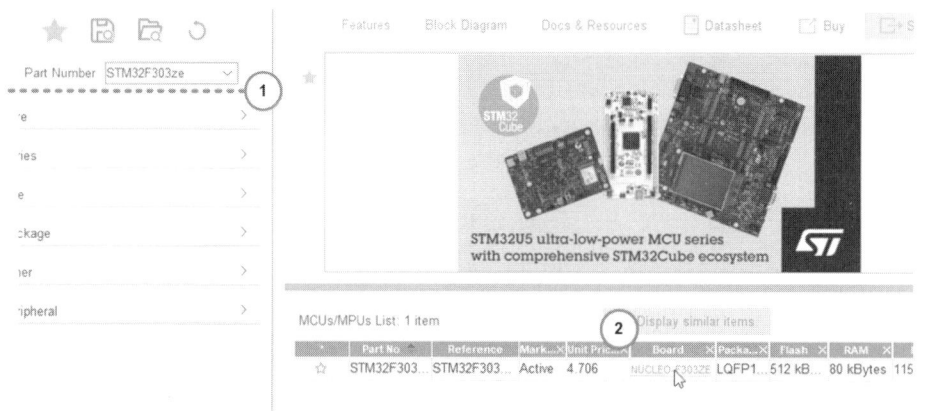

[그림 9.3.2-1] **Nucleo-F303ZE**에서 RTC 구현 방법.

그리고, RTC clock source를 선택하기 위하여 [그림 9.3.2-2]의 ③번과 같이 **Timers** Category에서 **RTC** item을 선택하고, 이어서 이전처럼 ④번과 같이 **Activate Clock Source**만 선택하고, **Activate Calendar**는 선택하지 않는다. 그리고 나서, ⑤번과 같이 RTC Clock Mux에서 LSE에서 공급되는 32.768[kHz]를 RTC clock source로 지정해 준다. 이제 RTC clock source를 선택하였으면, ⑥번과 같이 **Connectivity** item을 선택하고, 여기서는 기본적으로 선택되어 있는 **USART3**을 선택한다. 여기서 **주의할 것**은 기본적으로 선택되어 있는 USART3에 할당된 UART Tx와 Rx pin이 PC와 연결된다는 것이다. 그러므로, 기본적으로 선택된 USART3를 그대로 사용해야 한다는 데 주의하자. ⑦번과 같이 사용할 USART3 설정을 앞서 STM32L467과 STM32F103RB에서 **사용한 동일한 사양**으로 맞추어서 PC와 통신이 이루어지도록 한다.

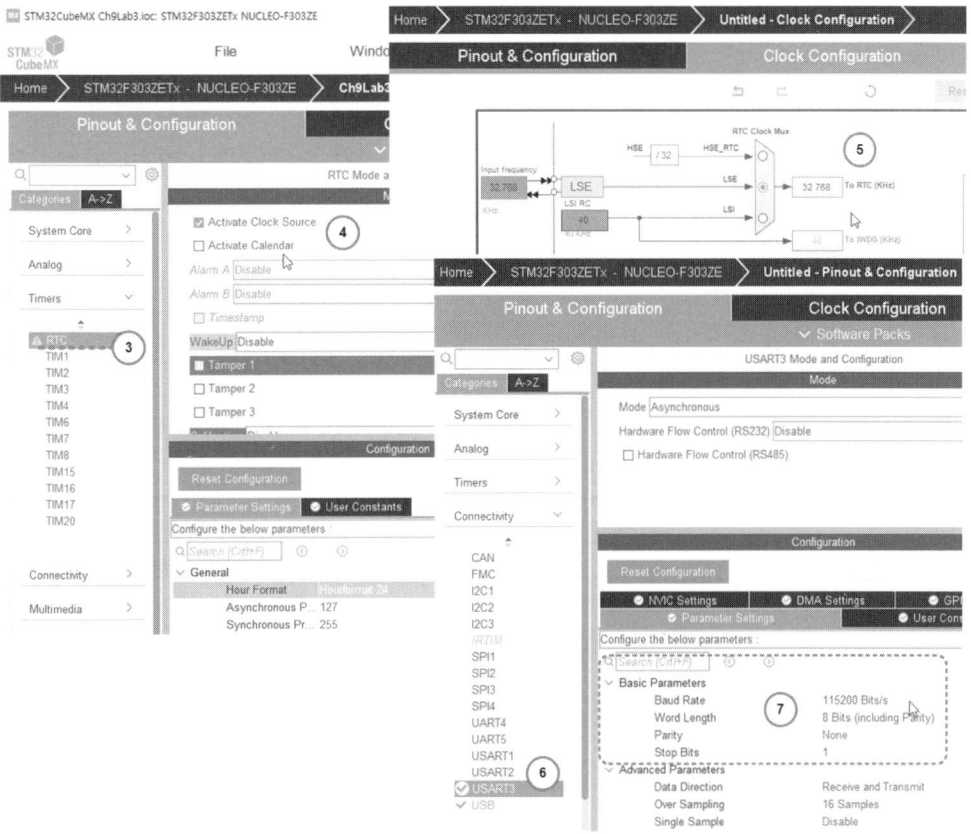

[그림 9.3.2-2] RTC clock source와 UART 선택.

이제, CubeMX에 대한 설정이 완료되었으면, **GENERATE CODE** button을 click하여 STM32F303ZE를 위한 C framework 파일들을 생성하여 준다. 그리고, [그림 9.3.2-3]과 같이 앞서 Nucleo-STM32L476에서 개발한 RTC code **Ch9Lab1** project와 이제 막 생성된 Nucleo-STM32F303 보드를 위한 C framework **Ch9Lab3** project를 **folder 전체에 대해서 비교**한다. 여기서도 주의할 것은 **main.c** file이다. 앞서 학습한 것과 같이 L476 main.c file과 F103 main.c file을 상호 비교하면서 F103을 위한 RTC code를 구현한 방법과 동일하게 F303 C framework도 수정해 보도록 하자. 단지, 주의할 것은 [그림 9.3.2-4]의 ⑧번에서 보여준 것과 같이 UART callback 함수인 HAL_UART_Rx**Cplt**Callback() 함수에서 **USART2**를 [그림 9.3.2-2]의 ⑥번처럼 USART3을 선택하였으므로 ⑩번에서 보여준 **USART3**으로 바꾸어 주어야 한다는 것이다.

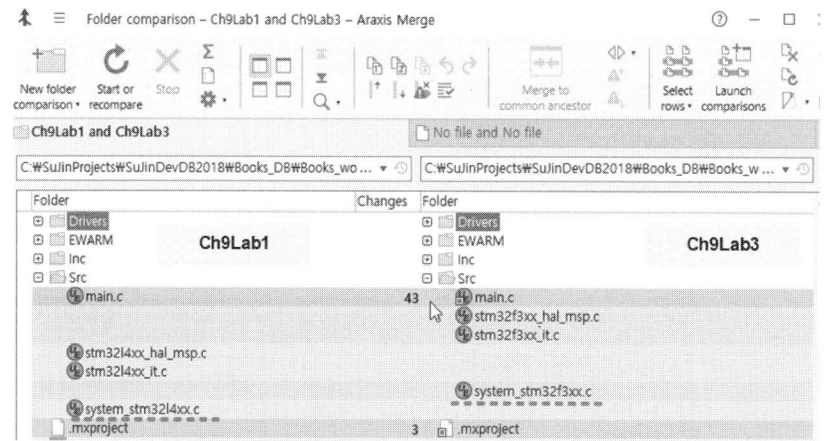

[그림 9.3.2-3] Ch9Lab1과 Ch9Lab3 비교(1).

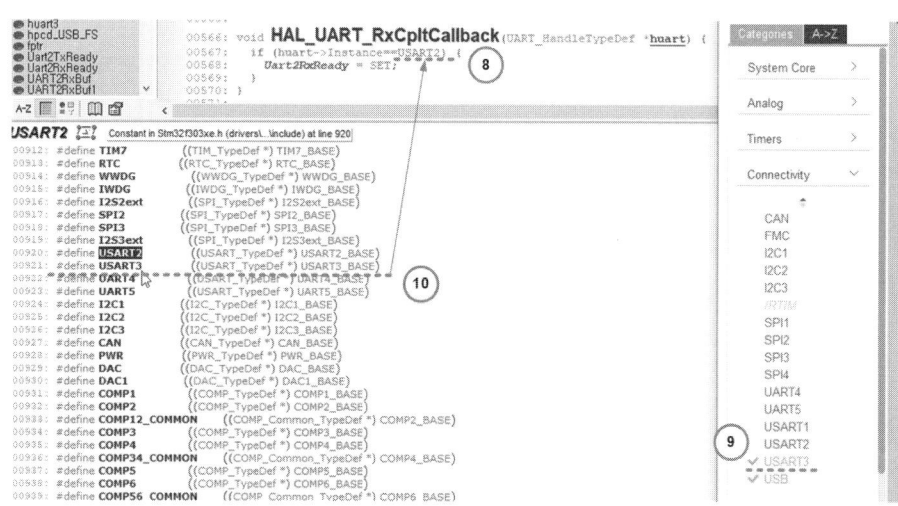

[그림 9.3.2-4] Ch9Lab1과 Ch9Lab3 비교(2).

Code 수정이 완료되었으면, build하고, 실행하여 보면, [그림 9.3.2-5]와 같이 정상 동작하는 것을 확인할 수 있을 것이다. 만일, [그림 9.3.2-5]와 같이 동작하지 않는다면, Ch9Lab3 folder를 참조하여 다시 한 번 차근차근 따라해 보기 바란다.

9.3.3. L476 RTC code를 L496에 적용 방법.

역시, 반복적인 설명은 피하도록 하겠다. 이번 단원에서 RTC를 구현할 보드는 Nucleo L496ZG이다. 그리고, 관련 파일들은 Ch9Lab4 folder를 참조하면 된다.

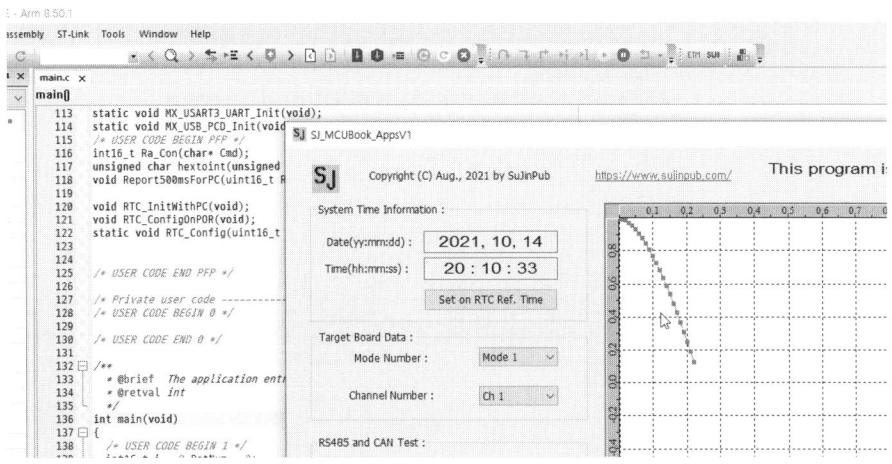

[그림 9.3.2-5] Nucleo-F303ZE와 RTC 구현 결과.

앞서 설명한 것과 같이 Windows program은 **동일한 것**을 사용하면 된다. 이제 **Ch9Lab4** project를 어떻게 구현하였는지 간단히 살펴보도록 하겠다. 우선, [그림 9.3.3-1]의 ①번과 같이 STM32L496ZG를 지정하여 ②번과 같이 **Nucleo-L496ZG**를 double click하여 준다.

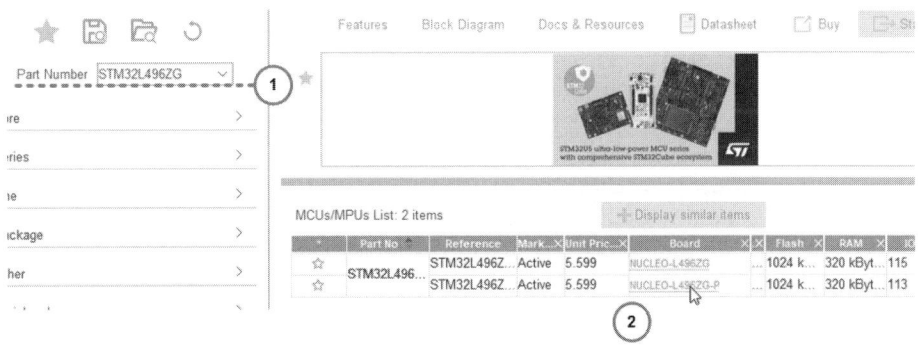

[그림 9.3.3-1] **Nucleo-L496ZG**에서 RTC 구현 방법(1).

그런데, ②번을 보면, 2개의 Nucleo 보드 즉, Nucleo-L496ZG와 Nucleo-L496ZG-P, 이렇게 2개가 나열된 것을 볼 수 있다. 여기서 접미사로 -P가 붙은 보드의 의미는 이미 **1.1. 절**의 [그림 1.1-1]에서 설명한 내용이므로 이 부분을 참조하면 된다. Nucleo-L496ZG를 double click하면, [그림 9.3.3-2]의 ③번과 같이 **default** UART가 **LPUART1**인 것을 확인할 수 있다.

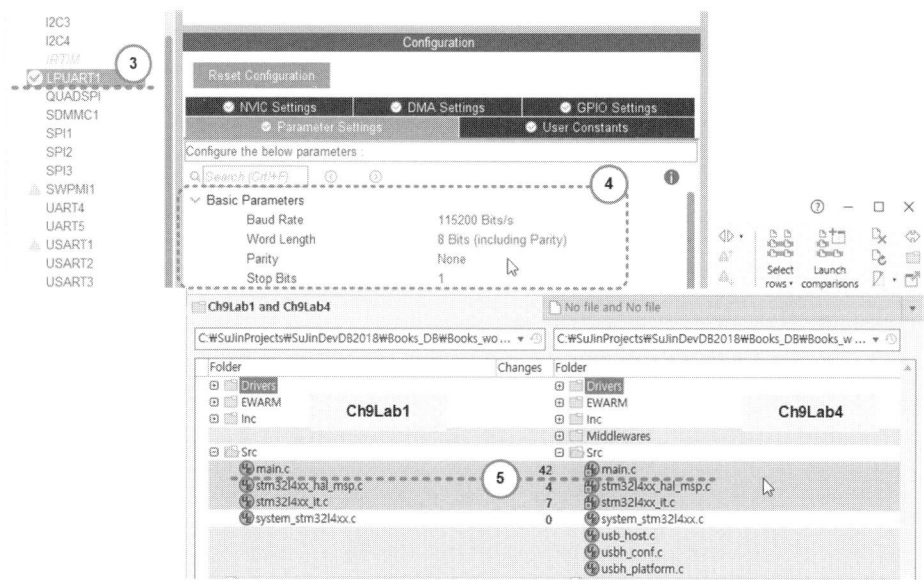

[그림 9.3.3-2] Nucleo-L496ZG에서 RTC 구현 방법(2).

이제, ④번과 같이 LPUART1의 기본 사양을 변경하여 기존의 L476, F103, 그리고, F303에서 설정한 동일한 UART 사양으로 설정하여 PC와 통신할 수 있도록 하고, **GENERATE CODE** button을 click하여 관련 C framework 파일들을 생성해 준다. ⑤번에서 보여준 것과 같이 생성된 C framework 관련 파일들 중에서 우리는 main.c file에만 집중하면 되겠다. 앞서 학습한 내용과 같이 RTC 관련 code와 LPUART1으로 바뀐 부분을 적용해 주고 build하여 실행 파일을 만들고, downloading해 준다. 그리고, MCU를 실행하면, [그림 9.3.3-3]과 같이 SJ_MCUBook_AppsV1Ch9 program 상에서 현재 시각과 날짜가 정상적으로 표시되고, 데이터도 그래프와 listbox에 정상적으로 적용되는 것을 확인 할 수 있을 것이다.

9.4 RTC 관련 HAL 함수들 사용 방법.

지금까지 우리는 L476을 시작으로 F103, F303, 그리고, L496 STM32 MCU에 RTC를 구현하는 방법을 학습하였다. 여기서는 RTC 기능을 구현하기 위해서 사용된 HAL library 함수들에 대해서 정리하고, 관련 내용들을 설명하도록 하겠다.

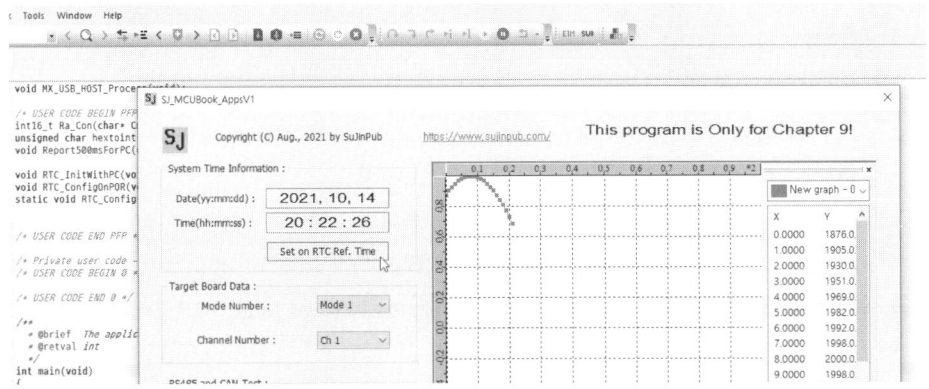

[그림 9.3.3-3] Nucleo-L496ZG와 RTC 구현 결과.

우선, **Backup register**와 **관련**해서는 다음의 2개 함수들이 사용되고 있다.

❶ void **HAL_RTCEx_BKUPWrite**(RTC_HandleTypeDef *hrtc, uint32_t BackupRegister, uint32_t Data)
: 지정한 RTC Backup data register 안에 **데이터를 저장**한다.
- RTC_HandleTypeDef * **hrtc** :
  RTC에 대한 구성 정보를 포함하는 RTC_HandleTypeDef 구조체에 대한 pointer.
- uint32_t **BackupRegister** :
  RTC Backup data register **번호**로서 선택한 MCU에 따라 RTC_BKP_DR1..10(또는 42).
- uint32_t **Data** :
  지정한 RTC Backup data register에 작성될 **데이터**.

❷ uint32_t **HAL_RTCEx_BKUPRead**(RTC_HandleTypeDef * hrtc, uint32_t BackupRegister)
: 지정한 RTC Backup data register로부터 **데이터를 읽는다.**
- RTC_HandleTypeDef ***hrtc** :
  RTC에 대한 구성 정보를 포함하는 RTC_HandleTypeDef 구조체에 대한 pointer.
- uint32_t **BackupRegister** :
  RTC Backup data register **번호**로서 선택한 MCU에 따라 RTC_BKP_DR1..10(또는 42).

또한, 다음과 같은 **RTC와 관련** HAL 함수들을 사용하여 **날짜와 시간을 설정**해 주고 있다.

❸ HAL_StatusTypeDef **HAL_RTC_SetDate**(RTC_HandleTypeDef *hrtc, RTC_DateTypeDef *sDate, uint32_t Format)
: RTC 현재 **날짜를 설정**해 줌.

- RTC_HandleTypeDef *hrtc :

  RTC에 대한 구성 정보를 포함하고 있는 RTC_HandleTypeDef 구조체에 대한 pointer.
- RTC_DateTypeDef *sDate :

  Date 구조체에 대한 pointer.
- uint32_t Format :

  입력된 매개변수의 format을 다음 중에서 어느 하나로 지정.
  - RTC_FORMAT_BIN : Binary data format, RTC_FORMAT_BCD : BCD data format

❹ HAL_StatusTypeDef **HAL_RTC_SetTime**(RTC_HandleTypeDef *hrtc, RTC_TimeTypeDef *sTime, uint32_t Format)

: RTC 현재 **시각을 설정**해 줌.

❺ HAL_StatusTypeDef **HAL_RTC_GetDate**(RTC_HandleTypeDef *hrtc, RTC_DateTypeDef *sDate, uint32_t Format)

: RTC 현재 날짜를 sDate로부터 얻을 수 있다.

❻ HAL_StatusTypeDef **HAL_RTC_GetTime**(RTC_HandleTypeDef *hrtc, RTC_TimeTypeDef *sTime, uint32_t Format)

: RTC 현재 시각을 sTime으로부터 얻을 수 있다.

눈여겨 볼 것은 RTC_FORMAT_BIN과 RTC_FORMAT_BCD 매개변수이다. 사실, 이 값들에 대한 정확한 이해를 하지 못하고 STM32에서 제공하는 예제 code들을 편집하여 사용하다가 거의 2일을 소비하였다. [그림 9.4-1]은 다소 복잡한 flow로 구성되어 있다. 일단, [그림 9.4-1]에서 사용된 글씨 크기가 너무 작아서 제대로 보이지 않을 것이다. 필자의 네이버 cafe인 **임종수 연구소에서 수진 신간 참고 자료에 [공유] 그림 9.4-1**이라는 제목으로 올려놓았으니 참조하기 바란다. [그림 9.4-1]에서 보여주고 있는 내용을 제대로 이해야 STM32에서 제공하는 RTC를 올바로 사용할 수 있다. 우선, ①번과 같이 RTC의 현재 날짜를 확인해 보니, 2019년 9월 25일이다. 이 값은 앞서 설명한 HAL_RTC_SetTime() 함수를 다음과 같이 사용하여 미리 설정한 것이다.

```
HAL_RTC_SetTime(&hrtc, &sTimeInfo, RTC_FORMAT_BIN);
```

즉, **binary**(즉, RTC_FORMAT_BIN) format으로 값을 입력하였다. binary로 값을 입력한다는 것은 예를 들면, 12를 숫자 12로 입력하고, 읽어 들이겠다는 의미이다.

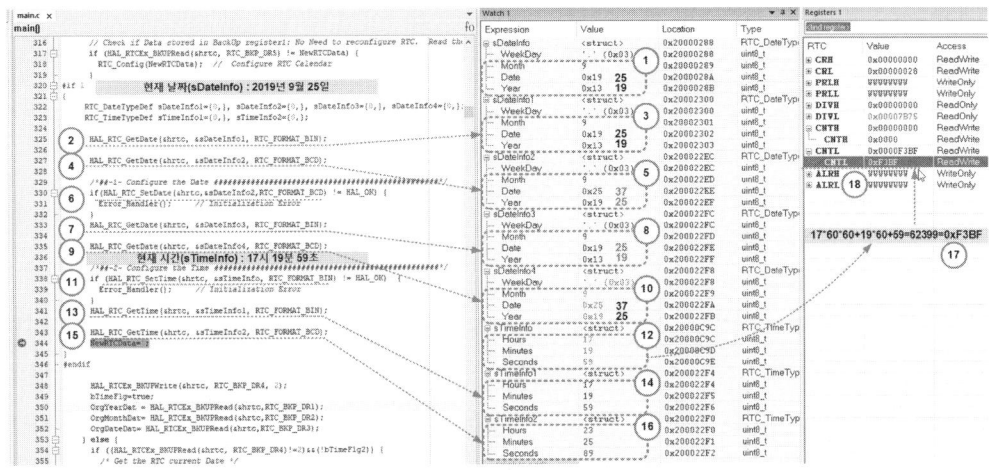

[그림 9.4-1] RTC 관련 함수들 사용 방법.

그러나, decimal(즉, RTC_FORMAT_BCD) format으로 값을 입력하는 경우에는 예를 들면, 12를 숫자 0x12로 입력하고, 읽어 들이겠다는 의미이다. BCD format은 하루를 24시간이 아닌 12시간으로 LCD에 표시할 때 유용한 format이다. 그러므로, ②번과 같이 설정한 binary format으로 동일하게 읽으면, ③번과 같이 정확한 날짜를 읽어들일 수 있다. 그러나, ④번과 같이 설정한 binary format과 다르게 decimal format으로 읽으면, ⑤번과 같이 다른 값을 읽어들인다는 데 주의하기 바란다. 그러므로, 날짜뿐만 아니라 시간을 설정하고, 읽어들일 때는 **항상, 동일한 format**을 사용해야 한다는 데 주의하자. ⑥번은 날짜를 decimal format으로 설정한 것을 보여주고 있다. 이제, 설정된 날짜를 ⑦번과 같이 binary format으로 읽어 들이면, ⑧번과 같이 날짜 0x25는 십진수 25로 읽어 들이는 오류를 범하는 것을 알 수 있다. 그러나, ⑨번과 같이 설정한 동일한 decimal format으로 읽어 들이면, ⑩번과 같이 정확하게 날짜 0x25를 읽어 들인 것을 알 수 있다. 이 내용은 시각에 대해서도 동일하게 적용되는데, 현재 시각이 17시 19분 59초라고 한다. 이것을 초로 환산하면, ⑰번과 같이 0xF3BF가 되며, 이 값은 battery 전원이 연결되어 있으면 항상 유지되는 RTC register CNTH/CNTL에 저장된 것을 ⑱번과 같이 알 수 있다. 즉, MCU 전원이 끊어져도 battery 전원에 의해서 이 값은 계속해서 counter가 동작하면서 흘러간다. 그런데, 문제는 날짜에 대한 정보 즉, HAL_RTC_GetDate() 함수로 얻은 **날짜 정보는 시각과 다르게 Battery 전원으로 유지되는 registers에 저장되지 않는다.** 게다가 CubeMX에서 생성해 주는 RTC 초기화 함수 즉, MX_RTC_Init() 함수의 안쪽을 따라가다 보면, 다음과 같이 이 함수가 호출될 때마다 날짜 정보를 2000년 1월 1일로 **설정**하는 것을 알 수 있다.

```
/* Initialize date to 1st of January 2000 */
hrtc->DateToUpdate.Year = 0x00U;
hrtc->DateToUpdate.Month = RTC_MONTH_JANUARY;
hrtc->DateToUpdate.Date = 0x01U;
```

결국, reset을 걸 때마다 날짜는 **항상, 2000년 1월 1일로 설정**된다. 그러나, 보드에 Battery 전원**만** 제공한다면, 처음에 설정한 날짜와 시각 정보를 기준으로 시간이 계속해서 흘러가도록 만들어야 한다. 이 문제를 해결하기 위해서는 MCU 내부의 BKP 또는 보드에 EEPROM이 있다면 이곳에 날짜 정보를 저장해 주어야 한다. 좀 더 쉽게 단계적으로 설명해 보도록 하겠다. [그림 9.4-2]에서 [그림 9.4-4]까지는 **RTC에 대한 동작을 도식적으로 표현**한 것이다.

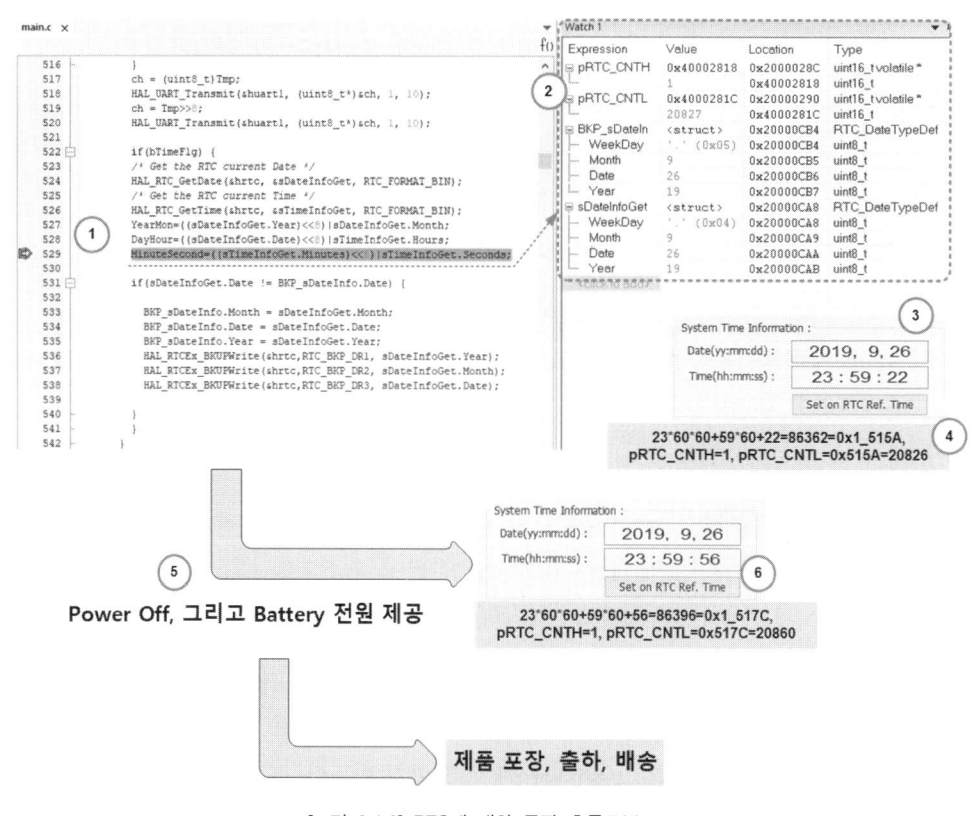

[그림 9.4-2] RTC에 대한 동작 흐름도(1).

우선, [그림 9.4-2]에서 ①번과 같이 breakpoint로 동작을 멈추게 한 순간의 시각이 ③번처럼 23시 59분 22초이며, 이때 앞서 설명한 RTC register CNTH/CNTL 즉, pRTC_CNTH와 pRTC_CNTL의 값은 ②번에서 보여준 것과 같이 각각 1과 20827이다. 단, **전역 변수**로 다음과 같이 pRTC_CNTH와 pRTC_CNTL를 미리 선언해 주어야 할 것이다.

```
#if 1
// RTC_BASE = 0x40000000U(APB1PERIPH_BASE ) + 0x00002800U=0x4000_2800U.
// from \..\Drivers\CMSIS\Device\ST\STM32F1xx\Include folder
// Address offset of RTC_CNTH = 0x18
volatile uint16_t *pRTC_CNTH = NULL;
// Address offset of RTC_CNTL = 0x1C
volatile uint16_t *pRTC_CNTL = NULL;
#endif
```

그리고, 다음과 같이 main() 함수 초기 변수 선언에 각각 다음과 같이 초기화 해 주면 된다.

```
pRTC_CNTH = (volatile uint16_t *)(RTC_BASE+0x18);
pRTC_CNTL = (volatile uint16_t *)(RTC_BASE+0x1C);
```

이 값들은 ④번에서 보여준 수식에 의해서 23시 59분 22초와 연관을 갖게 된다. 그런데, ①번 아래의 조건문을 보면, 현재 표시하는 날짜와 BKP에 저장한 처음 PC가 보내 준 기준 날짜가 서로 다르다면, BKP를 현재 날짜로 갱신하는 것을 볼 수 있다. 이제, ⑥번과 같이 23시 59분 56초에 전원을 끄고, MCU의 BKP에 전원을 V_{DD}에서 V_{BAT}으로 전환한다. 즉, battery 전원으로 절체한다. 이것은 마치, **제품 검증**을 완료하여 전원을 끄고, 포장하고, 창고에 저장한 뒤에 시간이 지나서 출하하여 고객에게 전달하는 과정의 연속으로 생각할 수 있다. 이 기간은 솔직히, 얼마가 걸릴지 알 수가 없다. 그러나, 고객이 받아서 전원 즉, V_{DD}를 인가하면, 처음 설정한 시각에 대해서 정상적으로 battery 전원에 의지하여 시각은 계속해서 흘러가서 **현재 정확한 시각을 알려줘야 할 것**이다. 이것이 가능한 이유는 RTC register 즉, CNTH과 CNTL이 32bits 공간을 형성하므로 초 단위라고 하더라도 2^{32} 즉, **대략 136년을 표시할 수 있는 공간**이기 때문이다. 결국, 전원을 끄고, 대략 136년 안에 다시 전원을 살리면, 전원을 끄기 전의 시각을 정확히 알려줄 수 있다는 의미이다. 단, 그때까지 battery 전원이 계속해서 공급되어야 할 것이다. 어쨌든, 전원을 켠다는 것은 결국, 고객이 제품을 구매하여 Power On Reset을 수행한 것을 의미한다. 그리고, [그림 9.4-3]의 ⑧번의 아래 조건문에서 보여준 것과 같이 **한번**만 BKP에 저장된 날짜 정보를 읽어 와서 함수 HAL_RTC_SetDate()를 호출하여 **날짜 정보를 설정**해 준다.

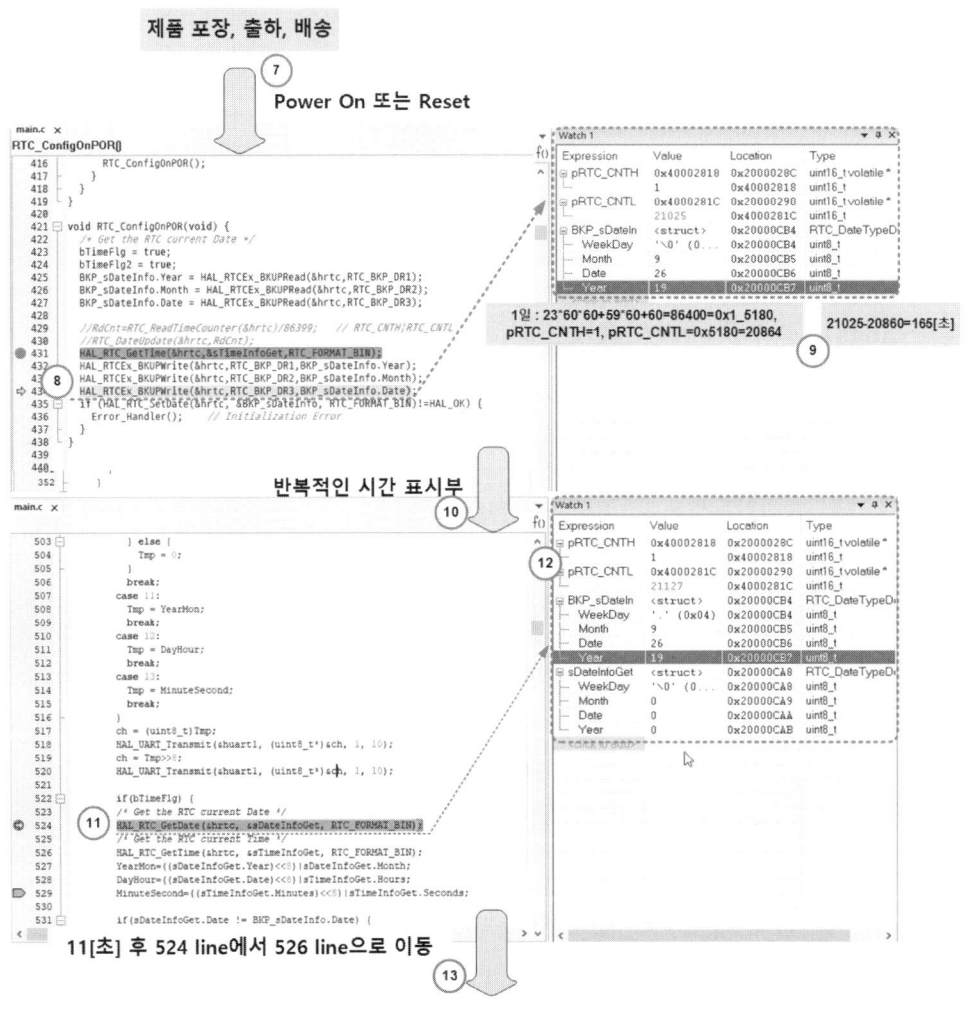

[그림 9.4-3] RTC에 대한 동작 흐름도(2).

또한, ⑨번으로부터 전원을 끄고, 165[초]가 지나서 다시 전원을 인가한 것을 알 수 있다. 그런데, 1일은 RTC CNTH/CNTL registers 기준으로 0x1_5180이다. 그러므로, 전원을 끄고, 인가하는 사이에 **하루 즉, 1일이 지난** 것을 알 수 있다. 즉, 전원을 끄고, 다시 인가하게 되면, 날짜 정보가 바뀌어야 할 것이다. 그런지 확인하기 위하여 ⑪번에서 보여준 routine이 현재 시각을 표시해 주는 과정을 살펴보도록 하자. ⑫번으로부터 현재 날짜를 표시해 주는 **날짜 구조체 sDateInfoGet**은 아직, HAL_RTC_GetDate() 함수가 실행되지 않아서 모든 fields 값이 0이다. 그리고, BKP registers 즉, backup registers는 전원을 끌 때 저장한 날짜 정보이다. 그러나, [그림 9.4-4]의 ⑭번과 같이 HAL_RTC_GetDate() 함수가 실행되면, 앞서 [그림 9.4-3]의 ⑧번에서 **HAL_RTC_SetDate()** 함수로 설정한 날짜 정보와 RTC CNTH/CNTL registers에 저장된 초과된 날짜 일수(또는 달, 년도)만큼 합쳐서 날짜 정보를 갱신하여 되돌려 준다.

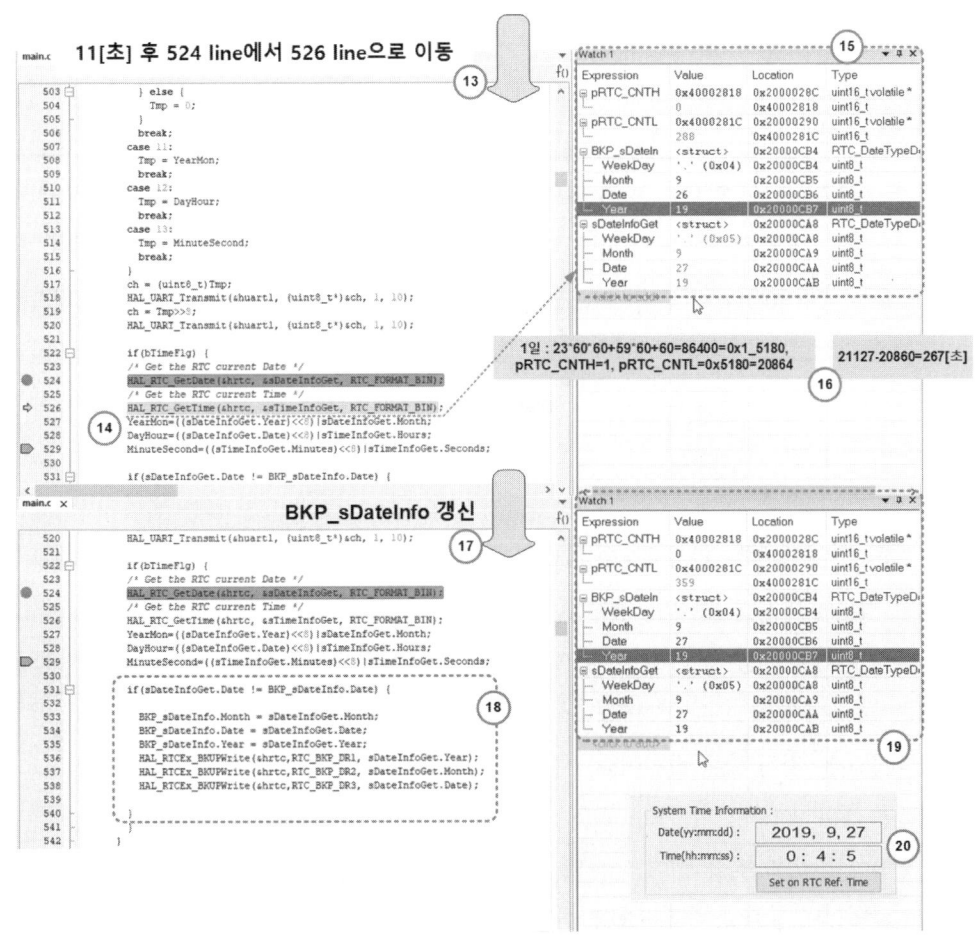

[그림 9.4-4] RTC에 대한 동작 흐름도(3).

⑮번을 보면, 현재 날짜를 표시해 주는 날짜 구조체 sDateInfoGet의 값이 함수 HAL_RTC_GetDate()을 호출하여 갱신된 것을 볼 수 있다. 그리고, 날짜가 갱신된 초만큼

감소된 값으로 RTC CNTH/CNTL registers 값이 갱신된 것도 볼 수 있다. 그리고, 계속해서 현재 표시하는 날짜 정보와 BKP에 저장된 날짜 정보를 ⑱번과 같이 비교하여 다르면, BKP에 값을 갱신해 준다. 왜냐하면, HAL_RTC_GetDate() 함수가 호출될 때마다 날짜 단위의 크기 즉, 1일 기준으로 0x1_5180이 넘는 값은 날짜 값을 1만큼 올려주고 감소하기 때문이다. 그러므로, 갱신된 날짜 정보를 계속해서 BKP에 저장해 주어야 한다. 이와 같은 과정을 모두 올바로 수행하였으면, ⑳번과 같이 날짜가 갱신되고 계속해서 정확한 시각을 보여주는 것을 볼 수 있다. 그런데, 간혹, 이렇게 생각하시는 분들이 있다. 예를 들면, 오늘이 2019년 9월 25일인 경우에 reset 날짜 정보 2000년 1월 1일을 빼주어서 19, 8, 24를 각각 BKP 또는 EEPROM에 저장해 주고, reset이 걸리면, 그 값만 더해 주는 방식을 사용하시는 분들이 있는데, 이것은 **예전 몇몇 MCU들**이 자동으로 HAL_RTC_GetDate() 함수처럼 설정한 날짜 정보와 RTC CNTH/CNTL registers의 값을 이용하여 갱신된 날짜를 생성해 주지 못하였기 때문에 이와 관련된 모든 coding을 수행해 주어야 했기 때문이다. 그러나, STM32 MCU는 앞서 설명한 것과 같이 관련 함수를 호출하여 사용하면 **code가 상당히 단순**해진다. 부족한 시간만큼 더해주는 것은 생각보다 상당히 복잡하다. 왜냐하면, 30일로 된 달과 31일로 된 달, 심지어 28일 또는 29로 된 2월을 모두 고려해서 계산해주도록 coding해야 하기 때문이다. 일반적으로 날짜 정보를 MCU 내부의 battery 전원으로 항상 유지되는 BKP 대신에 별도의 EEPROM에 저장하시는 분들이 많은 데, 이것은 좋지 않은 방법이다. 예를 들어서, 장비를 운용하는 과정에 battery 불량이 발생하여 교체하는 경우에 EEPROM에 저장된 날짜 정보는 유지되겠지만, 계속해서 초단위로 증가하는 RTC CNTH/CNTL registers의 값은 지워지기 때문에 자칫 서로 엇박자가 되어 잘못된 날짜를 보여줄 수 있기 때문이다. 결론적으로 RTC CNTH/CNTL registers와 같은 **backup 영역**에 속하는 **BKP에 날짜 정보를 저장하는 것이 좋은 방법**이다. 사실, EEPROM을 사용하는 이유는 각종 아나로그 회로와 관련된 Calibration 정보와 RTC를 기준으로 한 각종 system 오류 발생 날짜와 오류 내용을 기록하여 추후에 System이 파손된 경우에 손쉽게 EEPROM만 떼어내서 그 내용을 읽어보기 위함이다. 일종의 **제품에 대한 blackbox 역할**을 할 수 있기 때문에 유용하게 사용된다. 만일, MCU 내부의 flash memory를 대신 이용한다면, MCU 자체를 떼어내기도 힘들고, EEPROM과 비교하여 MCU 내부의 flash memory 내용을 읽기도 어려운 것이 사실이다. 어쨌든, BKP 또는 EEPROM 중에서 어느 것을 사용할 것인지는 여러분의 몫이다. 정리하면, HAL_RTC_SetTime() 함수는 처음 설정할 때, 한번만 설정해 주면, 자동으로 그 값이

CNTH/CNTL RTC register에 저장되고, reset을 걸거나 심지어, 전원을 꺼도 battery가 연결되어 있으면 그 값이 계속해서 유지되고 1초 단위로 증가하게 되어 **system의 시계로 사용**할 수 있다. 그러나, 날짜에 대한 정보는 지워지므로 이들에 대한 데이터들은 BKP 또는 EEPROM에 저장해 주어야 한다. **일반적으로 RTC의 기준 시간은 PC에서 제공해준다.** 그런데, 이 기준 시간은 system에 한번만 제공되어야 할 것이다. 물론, 여러 system 사이에 동기화를 수행하기 위해서 인위적으로 바꾸는 경우도 있지만, 일반적으로 PC에서 제공해 주는데, 위와 같이 coding 하면, BKP_DR1에 **0x32F2**가 저장되고, 이제, main while(1) loop에 진입하기 전에 다음과 같이 coding 하면, 한번만 RTC_CalendarConfig() 함수를 실행하여 기준 시각을 한번만 설정하게 되는 것이다.

```
/*##-2- Check if Data stored in BackUp register1: No Need to reconfigure RTC #*/
/* Read the Back Up Register 1 Data */
if (HAL_RTCEx_BKUPRead(&hrtc, RTC_BKP_DR1) != 0x32F2) {
  RTC_CalendarConfig();    // Configure RTC Calendar
}
```

또한, [그림 9.4-2]에서 [그림 9.4-4]까지는 **하나의 그림**으로 만들어서 필자의 네이버 cafe인 **임종수 연구소**에서 **수진 신간 참고 자료**에 **[공유]** 그림 9.4-2이라는 제목으로 올려놓았으니 참조하기 바란다.

【연구 과제】

이번 단원에서는 MCU에 내장되어 있는 RTC(Real Time Clock)를 이용하여 PC에서 제공한 현재 기준 시각을 바탕으로 초 단위로 시각을 0.5[초] 단위로 계산하여 다시 PC로 전송해 주는 전반적인 과정을 학습하였다. 이것을 수행하기 위해서 Chapter 8.에서 학습한 UART 전송 규격을 수정하여 날짜와 시각 정보도 PC와 MCU 사이에 교환할 수 있도록 하였다. 9.3.절에서 학습한 **Ch9Lab2** folder에 있는 내용을 build하여 **Nucleo-F103RB** 보드에 download하고, 실행하면, [그림 9.3.1-11]과 같은 결과를 얻을 수 있었다. 이제, **Nucleo-F103RB** 보드의 회로도를 참고해서 Li-ion Coin battery를 jumper wire로 연결하고, 그리고, 보드의 전원인 USB Cable을 끊고, 즉, USB 전원을 끊고, 다시 연결하였을 때에 SJ_MCUBook_Apps program에서 표시하는 날짜와 시각이 **연속적으로 이어가는 지 확인**해 보기 바란다. 아마도, **날짜** 정보가 정상적으로 이어지지 않을 것이다. 그런데, 우리가 학습한 Ch9Lab1, Ch9Lab3, 그리고, Ch9Lab4 project는 동일하게 해당 Nucleo 보드에 battery를 연결하고, USB 전원을 끊고, 다시 연결해도 정상적으로 이어가는 것을 확인할 수 있다. 이제, Ch9Lab2 project의 code를 수정하여 날짜 정보가 USB 전원을 끊고, 다시 연결하였을 때에도 정상적으로 동작하도록 수정해 보기 바란다. 참고적으로 현재 Ch9Lab2 project는 다음과 같이 Semihost 기능을 사용하고 있다. 그러므로, 개발용 보드에서는 다음의 내용을 comment 처리해 주어야 SJ_MCUBook_Apps program이 정상 작동할 것이다.

```
// printf("Semihost : Sine Data = %d\n",Tmp);
```

CHAPTER
10

I2C 사용 방법과 관련 소자들 사용 방법

이번 Chapter부터는 필자가 여러 제품들을 개발하면서 사용하였던 부품들에 대한 Source Code와 경험들을 함께 수록 할 것이다. 그러므로, 다음에 열거한 부품들을 사용한다면 해당 code를 그대로 사용해도 문제가 되지 않을 것이다.

■ 이번 Chapter에서 다룰 부품 목록 :
❶ EEPROM 관련 소자 : AT24C256C, M24M02-DR
❷ RTC 관련 소자   : DS3231M
❸ Li-Ion Battery Charger 관련 소자 : ADP5062

구체적으로 이번 Chapter에서는 STM32 MCU와 I2C interface로 device를 연결하여 서로 데이터 통신하는 방법과 관련 code들에 대해서 자세히 살펴보도록 할 것이다.

■ 학습 목표 :
- I2C 통신 방식에 대한 소개와 관련 내용을 학습한다.
- STM32 MCU가 제공하는 I2C 통신에 대한 특징과 사용 방법에 대해서 학습한다.
- CubeMX에서 I2C 통신 관련 설정 방법에 대해서 학습한다.
- EEPROM 소자들, RTC 소자, 그리고, battery charger와 데이터 통신을 수행하기 위한 실질적인 I2C 관련 source 파일을 개발한다.
- SJ_MCUBook_M3 보드에 있는 EEPROM 소자에 대한 read/write 동작을 하고, 그 결과를 SJ_MCUBook_Apps program으로 확인해 본다.
- EEPROM 소자에 대한 read/write 동작을 위한 UART 통신 규격을 수정해 본다.

10.1 I2C 통신 소개.

I2C 통신이 무엇인지 간단히 살펴보도록 하겠다. **I2C 통신**은 [그림 10.1-1]에서 보여준 것과 같이 **2개의 신호 선**들 즉, SDA, SCL로 이루어져 있다.

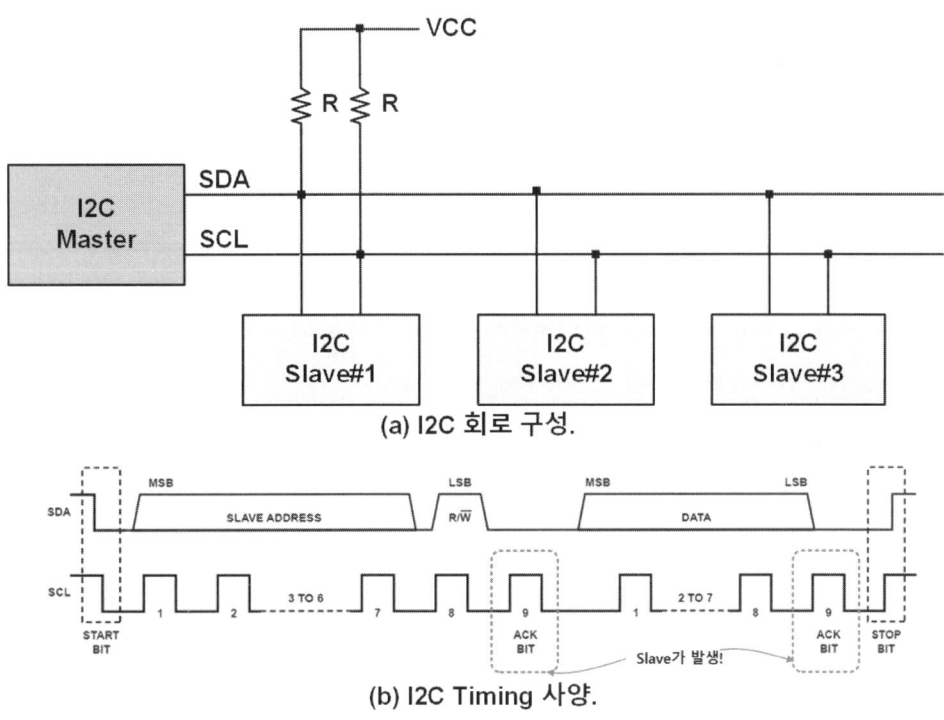

(a) I2C 회로 구성.

(b) I2C Timing 사양.

[그림 10.1-1] 전형적인 I2C 전송 순서.

회로적으로는 [그림 10.1-1(a)]에서 보여준 것과 같이 2개의 신호 선들이 **모두 pull-up으로 연결**되어 있고, slave address로 각각의 slave 소자들을 **구분**한다. 여기서, [그림 10.1-1(b)]에서 MSB와 LSB는 각각 다음과 같은 의미를 갖는다.

❶ MSB(Most Significant Bit) :
   데이터를 구성하는 **최상위 bit를 의미**한다. 예를 들면, 0x9C는 2진수로 0b10011100이다. 여기서, 제일 먼저 나오는 bit를 의미한다.

❷ LSB(Least Significant Bit) :

데이터를 구성하는 **최하위 bit를 의미**한다. 예를 들면, 0x9C는 2진수로 0b1001110<u>0</u>이다. 여기서, 제일 마지막으로 나오는 bit를 의미한다.

또한, 2개의 신호 선들은 다음과 같은 용도로 사용된다.

❶ SCL : Serial CLock pin.
I2C 통신을 수행하는 데 필요한 clock인 SCL을 만드는 부품을 **master**라고 하는데, 엄밀히 말하면, 모든 **직렬** 통신 방식에서는 clock을 공급하는 부품을 master라고 하며, 그 clock을 받아서 구동되는 부품을 slave라고 한다. 그러나, 하나의 부품에는 여러 I2C 주변 장치들이 있을 수 있고, 각각의 I2C 주변 장치는 설정에 따라서 master 또는 slave가 될 수 있으므로 master와 slave에 대한 구분은 부품 그 자체보다는 MCU의 경우에 **I2C라는 주변 장치의 설정에 따라서 각각 구분**하는 것이 올바른 표현이다. 정리하면, Master만 clock을 생성하여 준다. 구체적으로 master는 **fast mode(즉, 400[KHz])** 또는 **standard mode(즉, 100[KHz])** 중에서 어느 하나로 동작시키는 것이 일반적이다. 그러나, 이와 다른 clock에서도 얼마든지 동작시킬 수 있다는데 주의하자.

❷ SDA : Serial DAta pin.
I2C 통신에서 데이터 line이다. 데이터 송신과 수신을 **하나의 SDA line에서 수행**하므로 어느 한 순간에는 송신 또는 수신**만** 수행할 수 있다는 데 주의하자.

이처럼 2개의 line으로 데이터 통신을 할 수 있으므로 특별히, **소형 제품**에서 다양하게 사용된다. UART와 다른 점은 UART는 clock이 없는 송신과 수신, 2개의 데이터 line만 사용하는 **비동기**식 전송방식이고, I2C는 SCL이라는 clock을 기반으로 하는 **동기식** 전송 방식이다. 또한, [그림 10.1-1(b)]에서 보여준 것과 같이 SDA의 첫 번째 1byte는 slave address를 의미하므로 결국, 하나의 SDA 신호 선에 주소를 달리하는 여러 부품들을 연결할 수 있다는 의미가 된다. 구체적으로 [그림 10.1-1(b)]에서 보여준 전송 방식을 보니, SCL의 falling edge에 **start bit**를 보내고, 그리고 나서 **1byte 크기**의 slave address와 R/_W를 보내고, **slave로부터 <u>ACK 1 bit</u>**를 기다린다. 이제, ACK 1bit가 발생하면, 역시, **1byte 크기**의 데이터를 보내고, **slave로부터 <u>ACK 1 bit</u>**를 기다린다. ACK 1bit가 발생하고, I2C 통신을 마감하려면, SCL의 rising edge에 **stop bit**를 보내주면 된다. 이것이 **I2C 통신 규칙의 모든**

것이다. 결국, I2C 전송 방식으로는 slave들을 최대 2^7개=128개까지 동시에 연결하여 구분할 수 있다는 의미이며, 이것을 I2C **7bit addressing 방식**이라고 한다. 또한, 모든 **I2C data 전송은** 1byte 단위로 이루어지는데, **각각의 byte는 마지막으로 ACK 1bit**를 위한 SCL clock이 하나 더 필요하므로 **각각의 1byte 전송에는 총** 9 **SCL clocks가 필요**하다는 것을 알 수 있다. 그리고, stop condition은 slave device address 전송 이후에 임의의 데이터에 대한 read 또는 write 동작이 완료되었을 때 발생한다. STM32 MCU는 2개 이상의 I2C interfaces를 지원하는데, 예를 들면, STM32F103의 경우, [그림 10.1-2]에서 보여준 것과 같이 2개의 I2C들, 즉, I2C1과 I2C2를 사용할 수 있다. 간단히, I2C와 관련하여 제공되는 STM32 HAL library 함수들과 data type을 정리하면 다음과 같다.

❶ **I2C_HandleTypeDef** handle 구조체를 선언한다. 예를 들면,

  I2C_HandleTypeDef hi2c;

❷ CubeMX가 생성한 C framework 파일들에서는 **MX_I2C2_Init()** 함수를 호출하고, 이것은 지정한 I2C low level 자원을 초기화해 준다.

❸ 데이터 송신과 수신을 위해서 다음과 같이 2가지 종류의 polling mode와 interrupt mode service 함수들을 지원한다.

  ⓐ Polling mode I/O operation :

   ▪ HAL_I2C_Master_Transmit(), HAL_I2C_Master_Receive() :
    지정한 데이터의 양을 master mode에서 송신 또는 수신한다.

   ▪ HAL_I2C_Slave_Transmit(), HAL_I2C_Slave_Receive() :
    지정한 데이터의 양을 slave mode에서 송신 또는 수신한다.

  ⓑ Polling mode I/O MEM operation :

   일반적으로 I2C 연결은 MCU와 EEPROM 연결에 많이 사용된다. 그러므로, 이와 관련된 **특화된** service **함수들**을 제공해 준다. 즉, I2C에 **연결된 device가 EEPROM**과 같이 **address를 이용**하여 데이터를 쓰고, 읽어야 하는 경우에 사용한다. 입력 매개변수 uint16_t **MemAddress**과 uint16_t **MemAddSize**는 I2C에 연결된 device에 대한 주소와 address 크기를 의미한다. 여기서 언급한 address 크기는 다음과 같이 8bits 또는 16bits 중에서 어느 하나의 값을 가진다.

Peripherals		STM32F103Rx			STM32F103Vx			STM32F103Zx		
Flash memory in Kbytes		256	384	512	256	384	512	256	384	512
SRAM in Kbytes		48	64		48	64		48	64	
FSMC		No			Yes(1)			Yes		
Timers	General-purpose	4								
	Advanced-control	2								
	Basic	2								
Comm	SPI(I²S)(2)	3(2)								
	I²C	2								
	USART	5								
	USB	1								
	CAN	1								
	SDIO	1								
GPIOs		51			80			112		
12-bit ADC Number of channels		3 16			3 16			3 21		
12-bit DAC Number of channels		2 2								
CPU frequency		72 MHz								
Operating voltage		2.0 to 3.6 V								
Operating temperatures		Ambient temperatures: –40 to +85 °C /–40 to +105 °C (see Table 10) Junction temperature: –40 to + 125 °C (see Table 10)								
Package		LQFP64, WLCSP64			LQFP100, BGA100			LQFP144, BGA144		

Pins						Pin name	Type(1)	I / O Level(2)	Main function(3) (after reset)	Alternate functions(4)	
LFBGA144	LFBGA100	WLCSP64	LQFP64	LQFP100	LQFP144					Default	Remap
M9	J7	G3	29	47	69	PB10	I/O	FT	PB10	I2C2_SCL/USART3_TX(9)	TIM2_CH3
M10	K7	F3	30	48	70	PB11	I/O	FT	PB11	I2C2_SDA/USART3_RX(9)	TIM2_CH4
C6	B5	B5	58	92	136	PB6	I/O	FT	PB6	I2C1_SCL(9)/ TIM4_CH1(9)	USART1_TX
D6	A5	C5	59	93	137	PB7	I/O	FT	PB7	I2C1_SDA(9) / FSMC_NADV / TIM4_CH2(9)	USART1_RX

[그림 10.1-2] STM32F103에서 사용할 수 있는 I2C1과 I2C2.

```
#define I2C_MEMADD_SIZE_8BIT            0x00000001U
#define I2C_MEMADD_SIZE_16BIT           0x00000010U
```

즉, 8bits 또는 16bits address bits 크기를 가지는 device만 지원한다.

- HAL_I2C_Mem_Write() :

지정한 memory address로 지정한 데이터의 크기만큼 송신한다. 다음은 관련 예제 code이다.

```
DatBuf[0] = data;   // uint8_t DatBuf[2]={0,0};  Mem_AddrSize=2
HAL_I2C_Mem_Write(&hi2c2, Mem_DevAddr, Mem_Addr, Mem_AddrSize,
            DatBuf, 1, 1000);
HAL_Delay(10);  // Required Maximum Latency 5[ms]
```

- HAL_I2C_Mem_Read() :

지정한 memory address로부터 지정한 데이터의 크기만큼 수신한다. 다음은 관련 예제 code이다.

```
uint16_t Mem_result = 0;
HAL_I2C_Mem_Read(&hi2c2, Mem_DevAddr, Mem_Addr, Mem_AddrSize,
        DatBuf, 1, 1000);
HAL_Delay(10);
Mem_result = DatBuf[0];
```

ⓒ Interrupt mode I/O operation : Master

- HAL_I2C_Master_Transmit_IT(), HAL_I2C_Master_Receive_IT() :

지정한 데이터의 양을 master mode에서 interrupt 방식으로 송신 또는 수신한다.

ⓓ Interrupt mode I/O operation : Slave

- HAL_I2C_Slave_Transmit_IT(), HAL_I2C_Slave_Receive_IT() :

지정한 데이터의 양을 slave mode에서 interrupt 방식으로 송신 또는 수신한다.

10.2 SJ_MCUBook_M3 교육용 보드 소개.

ST Inc.에서 제공하는 STM32 MCU를 탑재한 Nucleo 보드는 모두 LED 1개를 제외한 어떠한 외부 소자를 가지고 있지 않다. 단지, 아두이노 우노(Arduino Uno) connector를 통하여 외부 보드와 연결할 수만 있도록 설계되어 있다. 그러므로, I2C와 SPI 통신, 그리고, USB, CAN 뿐만 아니라 RS-485 소자를 어떻게 구동하는지 직접적으로 학습하기 위해서는 해당 소자들을 가지고 있는 **외부 보드**를 아두이노 우노 connector에 연결하여 실험해 보아야 한다. **수진(SuJin)**에서는 이를 위한 다양한 보드들을 다음의 shopping mall에서 판매하고 있으므로 참조하기 바란다.

https://www.sujinpub.com/shop/

기본적으로 이 책 즉, Vol.1은 SJ_MCUBook_M3 보드를 사용하여 모든 예제와 동영상 강좌를 개발하였다. 그러나, 여러분이 Vol.1뿐만 아니라 Vol.2와 앞으로 출간될 Vol.3을 포함한 **공통된 보드를 사용하고 싶다면**, SJ_MCUBook_M4 보드를 선택해야 한다. 비록, SPI와 관련된 소자가 Vol.1은 DAC이고, 이 소자는 SJ_MCUBook_M3 보드에**만** 있지만, **SJ_MCUBook_M4** 보드에서는 SPI를 위해서 SPI Serial Flash Memory가 연결되어 있다. 그러므로, Chapter 11.에서 SPI에 대한 내용을 학습하고, 바로, Vol.2에서 설명하는 SPI Serial Flash Memory 사용 방법을 학습하는 것이 보다 유익할 것으로 판단된다. 그 외에 2개의 보드에 대한 나머지 I2C, NTC, 그리고, CP2102를 포함한 **모든 내용은 동일하다**. 게다가 **SJ_MCUBook_M4** 보드는 CAN transceiver를 포함하고 있으며, RS-232와 RS-485 transceiver를 포함하고 있는데, 이들 transceiver가 모두 **isolation**을 지원한다. 그러므로, 외부의 보드와 연결할 때에 폭발이나 잡음의 전파에 걱정하지 않아도 된다. 그러므로, 계속해서 Vol.2와 Vol.3를 학습하기 위해서는 **SJ_MCUBook_M4** 보드를 선택할 것을 **강력히 추천**한다. 만일, Vol.1에서 설명하는 내용 또는 동영상 강좌에서 설명하는 내용을 **SJ_MCUBook_M4** 보드에 적용하기 어려운 경우에는 부담 없이 naver cafe 임종수 연구소로 문의하면 즐거운 마음으로 답변을 하도록 할 것이다. 어쨌든, 이제부터 SJ_MCUBook_M3 보드에서 제공하는 EEPROM 소자를 I2C 통신 방식으로 읽고 쓰는 방법에 대해서 학습해 보도록 할 것인데, 참고적으로 SJ_MCUBook_M4 보드에도 동일한 부품이 사용되고 있다. **SJ_MCUBook_M4** 보드에 대한 보다 자세한 사항은 **Vol.2의 부록 2.를 참조**하면 된다. 그러나, 거의 모든 EEPROM은 I2C 통신 방식으로 read 또는 write 동작을 수행하며, 그 방식도 동일하다. 그러므로, EEPROM 소자를 포함하는 보드를 가지고 있다면, 그 보드를 가지고 실험해도 상관없다. [그림 10.2-1]은 SJ_MCUBook_M3 **Package**에 대한 구성 품을 보여주고 있다. 물론, 기존에 Nucleo 보드를 가지고 있는 분들이라면, SJ_MCUBook_M3 보드**만** 따로 구매해도 될 것이다. [그림 10.2-2]는 SJ_MCUBook_M3 보드에 대한 내부 기능 block diagram을 보여준 것이다. 이제부터 [그림 10.2-2]에서 보여준 EEPROM인 **AT24C256C**에 I2C 통신을 이용하여 특정 번지에 데이터를 쓰고, 읽기 위한 code를 개발해 보도록 할 것이다. 사용할 Nucleo 보드는 STM32**F103**이다.

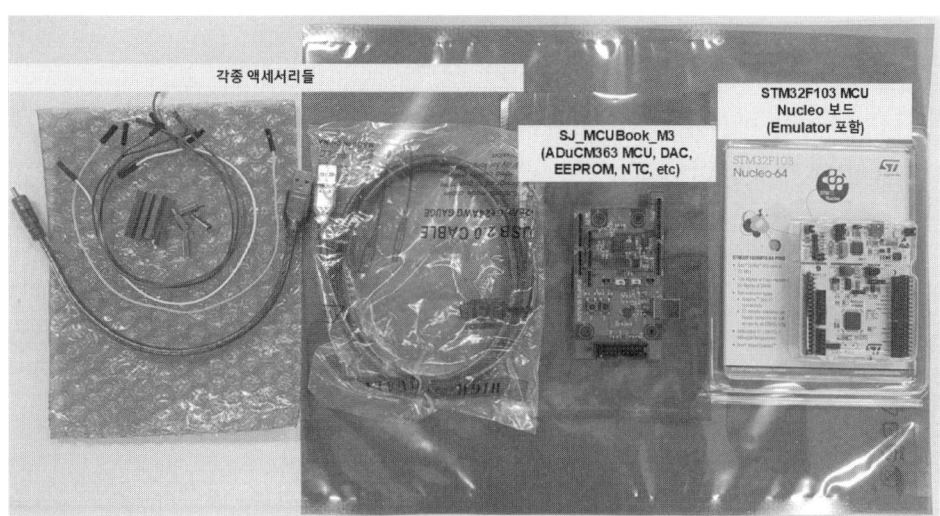

[그림 10.2-1] SJ_MCUBook_M3 Package 구성 품.

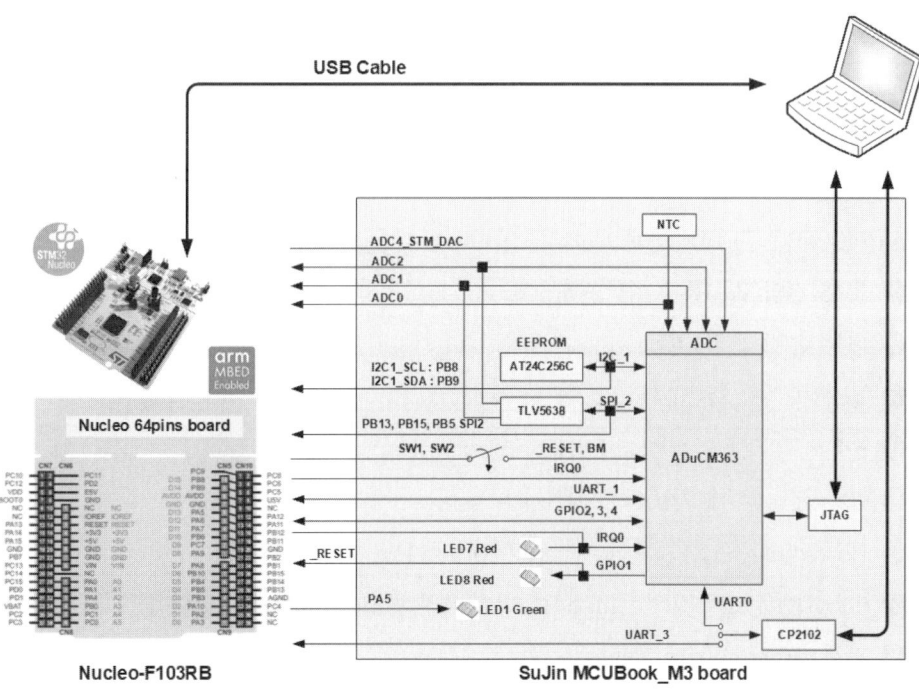

[그림 10.2-2] SJ_MCUBook_M3 model 기능 블록도.

10 I2C 사용 방법과 관련 소자들 사용 방법

10.3 AT24C256C EEPROM 사용 방법.

임의의 소자에 대한 coding을 수행하기 위해서는 제일 먼저 해당 소자에 대해서 정확히 파악해야 할 것이다. 이를 위해서는 관련 datasheet와 application note를 확인해 보아야 한다. AT24C256C은 I2C 호환 Serial EEPROM이며, 내부 용량은 부품이름에도 명시되어 있듯이 256Kbit이다. 이것은 결국, 256Kbits=32768×8을 의미하고, 32[KB]를 저장할 수 있다. 단, 2^{15} = 32768.

- 용어 설명 :
  ❶ word : AT24C256C EEPROM의 경우, read와 write 동작과 관련된 기본 데이터 크기인 1word의 크기는 8bits이다.
  ❷ Data Word address : 1byte만 read 또는 write를 수행하기 위한 15bits address
  ❸ Device Address Word : I2C 통신 신호 선(즉, SDA, SCL)에 여러 소자들이 연결되어 있는 경우에 각각의 소자를 식별하기 위한 AT24C256C EEPROM 부품 자체의 번지로서 8bits 크기를 가진다.

AT24C256C EEPROM에 대해서 정리하면 다음과 같다.
❶ 동작 전압(V_{CC})은 1.7[V]~5.5[V].
❷ 내부 용량 : 256Kbits.
❸ 통신 방식 : I2C 호환
❹ Noise 억제를 위한 schmitt trigger, filtered 입력.
❺ 400[KHz] = 1.7[V]와 1[MHz] = 2.5[V], 2.7[V], 5[V] 호환.
❻ Hardware 보호를 위한 Write Protect Pin 제공.
❼ 64bytes Page Write Mode : 부분적인 Page Writes가 허락됨.
❽ 자체 timed Write Cycle : 5[ms] Max.

[그림 10.3-1]은 각각의 Pin 구성과 기능, 그리고, 제공되는 소자의 package type이 2가지인 것을 보여주고 있다. 또한, [그림 10.3-2]는 AT24C256C EEPROM 부품과 관련된 SJ_MCUBook_M3 보드 회로도의 일부분이다.

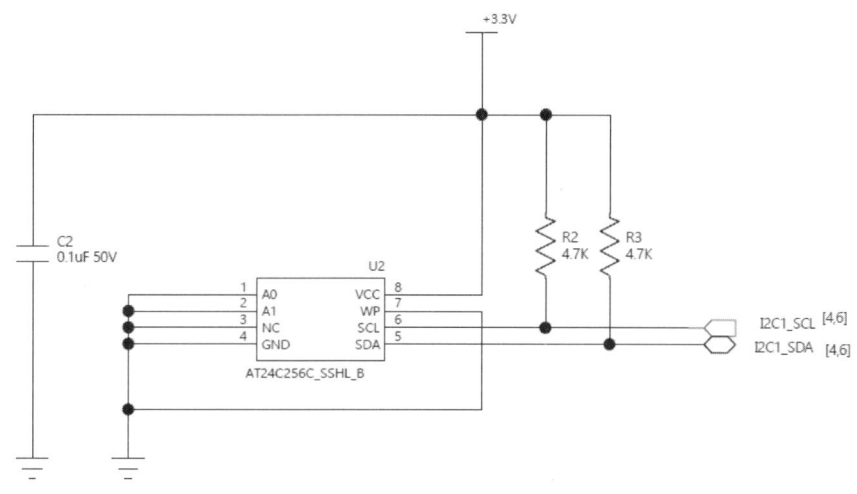

Pin	Function
A_0	Address Input
A_1	Address Input
A_2	Address Input
GND	Ground
SDA	Serial Data
SCL	Serial Clock Input
WP	Write Protect
V_{CC}	Device Power Supply

[그림 10.3-1] AT24C256C pin 구성과 Package.

[그림 10.3-2] AT24C256C 관련 회로.

❶ SCL :

- positive edge clock에서 각각의 EEPROM device 안에 **데이터를 write.**
- negative edge clock에서 각각의 EEPROM device로부터 **데이터를 read.**

❷ SDA :

- 입력과 출력 데이터 전송을 위한 신호선. 그러므로, **어느 한 순간에** read 또는 write, 2개 중에서 어느 하나의 동작**만** 가능.

❸ A0, A1, A2 :

- 만일, A0, A1, A2 device address pins를 연결하지 않았다면, 이들은 GND에 내부적

으로 pull-down되지만, **known state로 연결할 것을 추천**한다. pull-up resistor를 이용할 때, Atmel **AT24C256C** EEPROM 부품의 경우에는 대략 10[KOhm]을 추천한다.

❹ Write Protect(WP) :

- [그림 10.3-2]에서 보여준 것과 같이 GND에 연결하면, 일반적인 write 동작을 허락한다. 그러나, 바로 V_{CC}에 연결되면, **모든 write 동작은 금지**된다. 만일, 연결하지 않으면, 내부적으로 pull-down되지만, **known state로 연결해 줄 것을 추천**한다. 양산 과정에서 주변 소자들의 간섭으로 WP을 항상 ground에 연결한 경우에 임의의 데이터가 EEPROM에 write되는 경우가 발생할 수 있다. 이와 같이 **원하지 않는 write 동작이 발생하지 않는 것을 보장하기 위하여 WP pin을 제어**하는 경우가 많다는 데 주의하자.

SDA, SCL 2개의 신호 선들은 모두 **open drain**으로 구동되고, 임의의 다른 devices와 wire-ORed된다. 내부적으로 **각각의 page 크기는 64bytes이고, 512 pages로 구성**되어 있다. 임의의 word addressing의 경우에는 2^{15}(=32768) 즉, **15bit** data word 번지까지 사용할 수 있다. [그림 10.3-3]은 내부 block diagram이다.

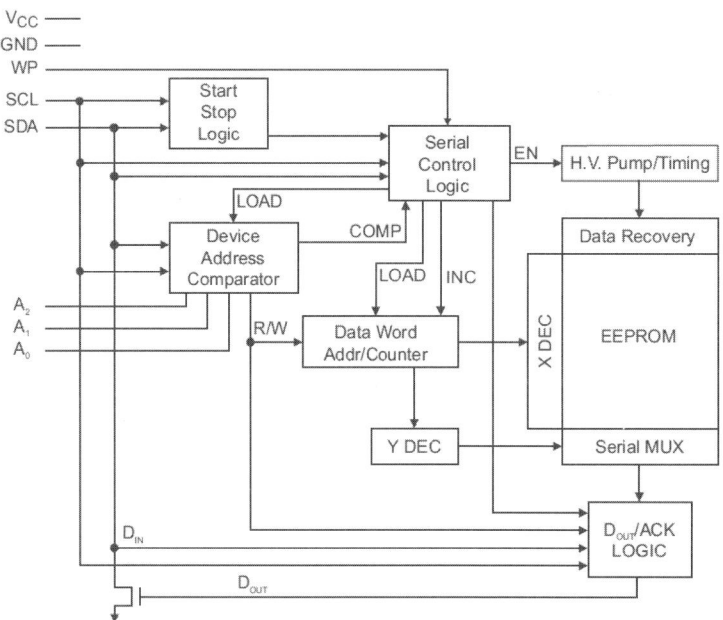

[그림 10.3-3] AT24C256C 내부 block diagram.

일반적으로 제조사와 상관없이 EEPROM 소자들은 거의 비슷한 구조를 가진다. 구체적으로 device address 즉, **AT24C256C** EEPROM 부품 자체를 식별하는데 사용되는 번지는 [그림 10.3-4]에서 보여준 것과 8bit device address word를 사용한다.

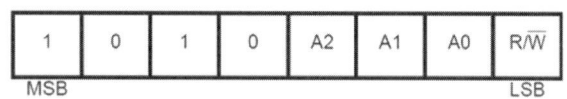

[그림 10.3-4] 8bits Device Addressing

[그림 10.3-2]를 보면, $A_0=A_1=A_2=0$이므로 Device address=0b1010_000R/W이 된다. 그러므로, 0xA0이고, 다음과 같이 분류할 수 있다.

❶ Read 동작의 경우 : Device address=0b1010_0001=0xA1
❷ Write 동작의 경우 : Device address=0b1010_0000=0xA0

❶ Write 동작 설명 :
ⓐ Byte Write :
1byte(즉, 8bits)를 특정 address에 작성하기 위해서는 [그림 10.3-5]에서 보여준 것과 같이 MCU는 2개의 8bits data word addresses를 제공하고, 1개의 8bit data를 출력해 주어야 한다.

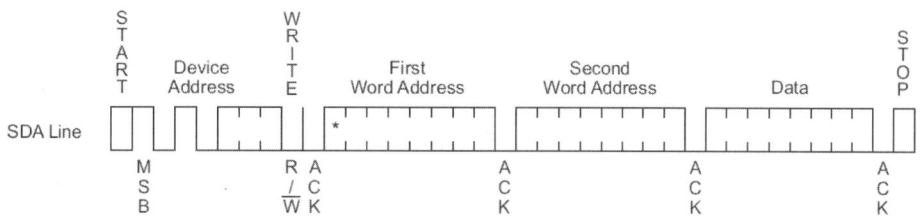

Note: * = Don't care bit

[그림 10.3-5] Byte Write

이제, EEPROM은 내부적으로 수신한 1byte를 writing 즉, 저장하고, 완료하는 데 [그림

10.3-6]에서 보여준 t_WR 만큼 **모든 입력을** disabling한다.

t_WR	Write Cycle Time		5	5	ms

[그림 10.3-6] t_WR 사양.

즉, t_WR 시간 동안 EEPROM은 응답을 하지 않는데 주의하자. 결국, 1byte를 EEPROM에 writing 할 **때마다** 적어도 t_WR = 5[ms] 동안은 EEPROM에 접근하면 안 된다는 것을 알 수 있다. 5[ms] 시간은 대부분의 MCU 입장에서는 상당히 긴 시간이므로 이 시간적인 조건을 만족시키기 위해서는 timer를 사용해야 할 것이다.

ⓑ Page Write :

[그림 10.3-7]에서 보여준 것과 같이 MCU는 첫 번째 data word의 16 bits address를 출력하고 이어서 총 64개의 데이터 words 즉, **1page에 해당하는 64bytes** 데이터를 출력하고, STOP condition을 출력해 주어야 한다.

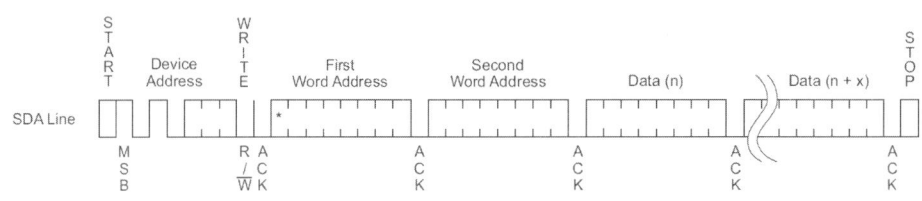

[그림 10.3-7] Page Write

그러면, **자동으로** data word address가 증가하게 된다. 이때 주의할 것은 제공한 data word address의 하위 6bits만 자동으로 증가하고, 7번째 이상부터 address bits는 바뀌지 않는다. 왜냐하면, 63=0x3F=0b0011_1111이기 때문이다. 그러므로, 내부적으로 생성되는 address가 page boundary에 도달하면, 다음 byte는 동일한 page의 시작번지에 다시 저장된다. 즉, **overwrite하게 된다는** 데 주의하자.

❷ Read 동작 설명 :

다음과 같이 3가지 종류의 read 동작들이 제공된다.

ⓐ Current Address Read :

[그림 10.3-3]에서 보여준 내부 data word address counter는 전원이 꺼지지 않았다

면, 마지막 read 또는 write 동안 접근된 **마지막 address 값을 유지**하고 있다.

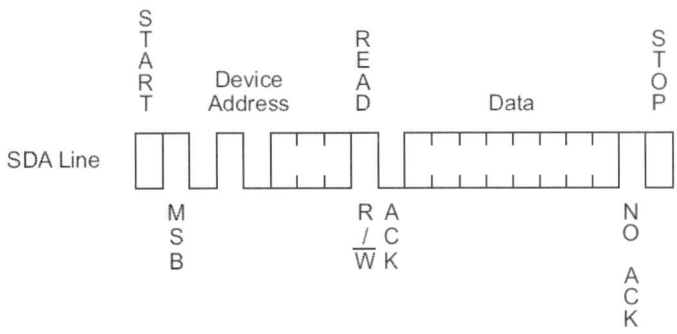

[그림 10.3-8] Current Address Read.

ⓑ Random Address **Read** :

1byte를 읽기 위해서는 [그림 10.3-9]에서 보여준 것과 같이 **Dummy write sequence**가 필요하다. 그리고 나서, MCU는 앞서 학습한 Current Address Read 동작을 수행하면 된다.

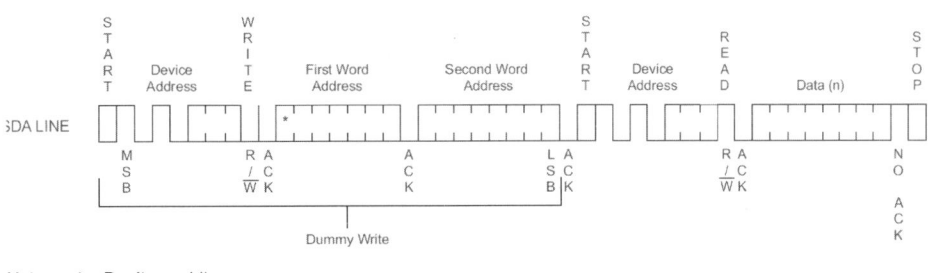

[그림 10.3-9] Random Address Read.

ⓒ Sequential **Read** :

앞서 학습한 Current Address Read 또는 Random Address Read 중에서 어느 하나에 의해서 **초기화**된다. 이제, MCU가 하나의 data word를 수신한 이후에 ACK를 전송하면, 자동으로 data word address를 1씩 증가시키며 memory address의 끝에 도달하면, roll-over할 것이다. 이 출력은 [그림 10.3-10]에서 보여준 것과 같이 ACK 없이 Stop condition을 출력하면 종료된다.

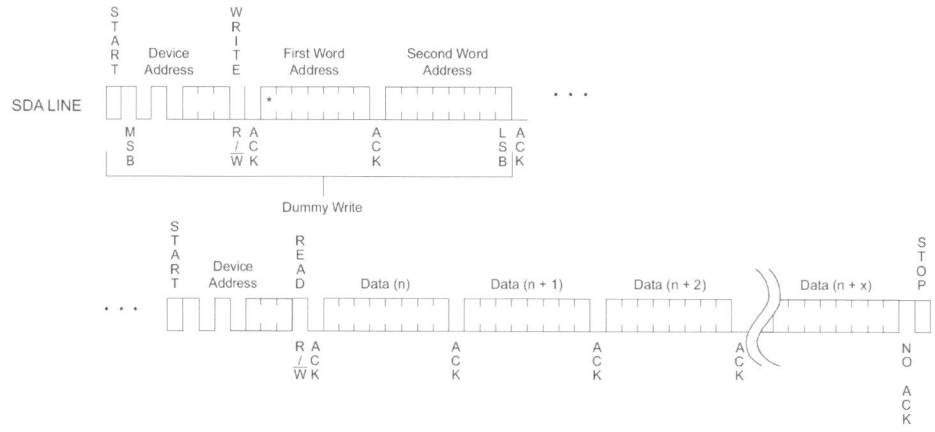

[그림 10.3-10] Sequential Read.

[그림 10.3-11]은 AT24C256C 부품명에 대한 구성을 보여준 것이다.

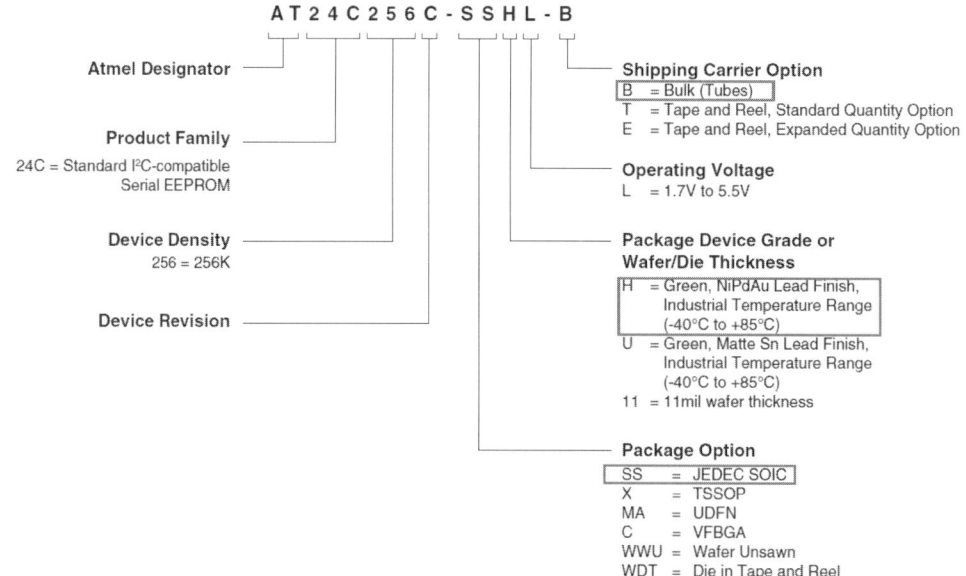

[그림 10.3-11] Package Type.

10.4 AT24C256C EEPROM Coding 방법.

우선, **SJ_MCUBook_M3 package**에 포함되어 있는 Nucleo 보드 STM32**F103RB**를 사용하여 10.3.절에서 학습한 AT24C256C EEPROM에 16bits 데이터를 쓰고, 읽는 기능을 수행하는 code를 함께 만들어 볼 것이다. 제일 먼저, [그림 10.4-1]의 ①번에서 보여준 것과 같이 **Chapter10** folder의 **Ch10Lab1** folder에 있는 MCU 실행 파일을 downloading시켜 주고 ②번과 같이 실행하여 준다.

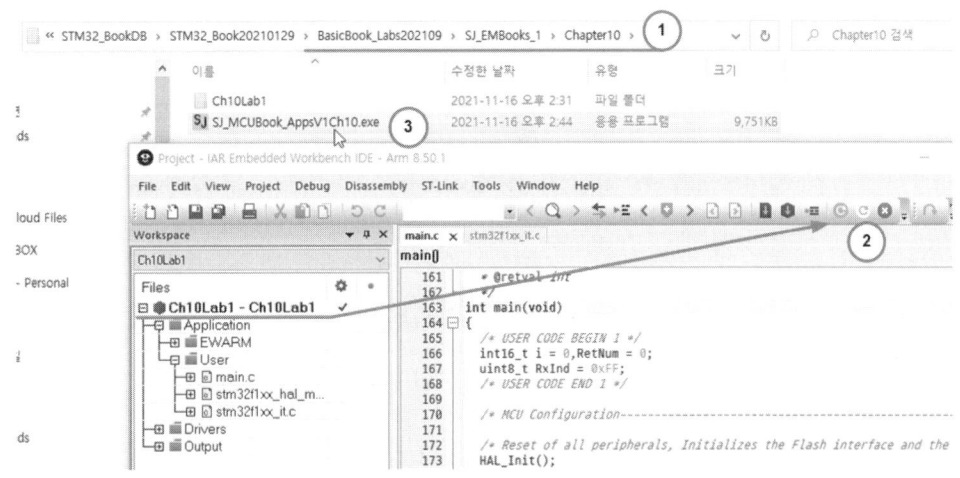

[그림 10.4-1] Ch10Lab1 folder에 있는 MCU 실행 파일 실행.

그리고 나서, ③번과 같이 **Chapter10** folder에 있는 SJ_MCUBook_AppsV1**Ch10**.exe program을 이용해야 한다. 왜냐하면, MCU coding과 함께 Windows program도 함께 발전해 나가기 때문이다. 그러므로, GUI 구성이 계속해서 약간씩 필요에 따라서 달라질 수 있다는 데 주의하자. [그림 10.4-2]는 전반적인 실험 방법을 정리한 것이다. 즉, ①번과 같이 Chapter 10.을 위한 Windows program이 맞는지 확인한다. 그리고 나서, ②번에서 현재 Nucleo 보드가 제공하는 COM port를 지정해 준다. 여기서는 COM61번인 것을 알 수 있다. 이어서 Status : 옆에 문자열이 **Connected**로 바뀌는 것을 확인하면, 이제, Nucleo 보드와 PC는 지정한 COM port로 연결된 것이다. 정상적으로 연결되었는지 확인하기 위해서 ③번의 **Set on RTC Ref. Time** button을 click하여 준다. 그러면, 현재, PC의 시각을 MCU RTC에 설정하고, 초단위로 바뀌는 시간의 변화를 0.5초마다 읽어 와서 표시해 줄 것이다.

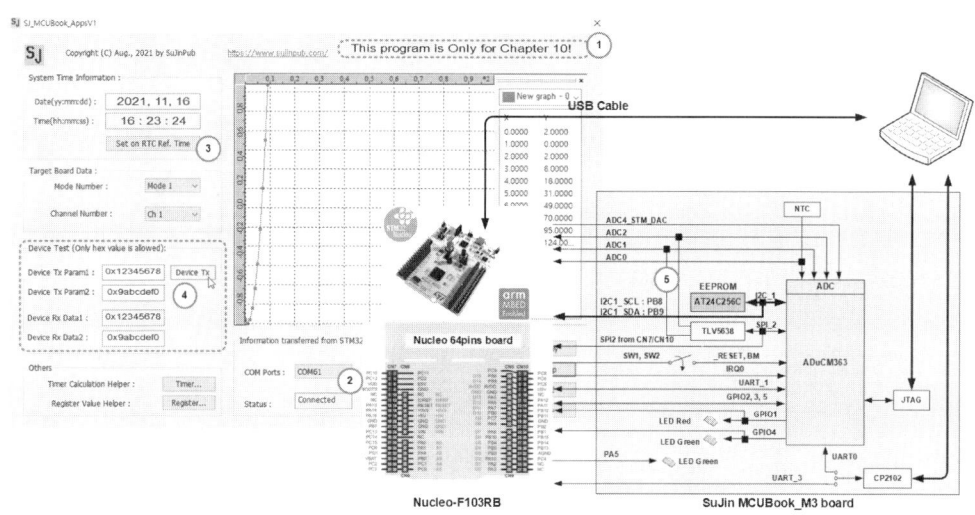

[그림 10.4-2] AT24C256C EEPROM 16bits 데이터 read/write 실험 방법.

Time(hh:mm:ss) : 옆의 초에 해당하는 숫자가 **바뀌면** Nucleo 보드와 PC는 지정한 COM port를 통하여 정상적으로 연결된 것이다. 이번 단원의 목표는 ⑤번에서 보여준 EEPROM을 I2C 통신을 이용하여 접근해서 16bits 데이터를 쓰고, 그리고 읽는 일련의 MCU coding을 수행하는 것이다. 우선, 작성할 데이터는 ④번에서 보여준 **Device Tx Param1** :과 **Param2** : 옆의 editbox 각각에 지정한 32bits 2개의 데이터를 이용할 것이다. 즉, 각각의 editbox에는 **16진수**로 32bits 크기를 가지는 데이터를 지정해 줄 수 있고, 이어서 **Device Tx** button을 click하면, Chapter 8.과 Chapter 9.에서 학습한 함수 pointer 배열 중에서 **Channel2Func() 함수**가 호출되어 전송된 2개의 32bits 데이터를 사용할 수 있도록 한다.

 주 의

그런데, 간혹, [그림 10.4-1]과 같이 emulator를 이용하여 실행할 때에는 정상적으로 동작하다가 전원을 모두 끄고, emulator를 연결하지 않은 상태에서 다시 전원만 공급하여 Windows program을 실행하면 이전처럼 정상적으로 동작하지 않는 경우를 만날 수 있다. 이 문제와 관련된 자세한 내용은 **10.5.절**과 **16.4.2. Nucleo 보드에서 제공하는 UART 통신이 잘 안 되는 경우.**을 참조하기 바란다.

[그림 10.4-2]의 ④번에서 **Device Rx Data1**과 **Data2**는 0.5초마다 MCU가 날짜와 시각 정보, 그리고, 내부의 sine 파형 데이터와 **함께 제공**해 주는 2개의 32bits 데이터이다. Ch10Lab1 folder에 있는 project는 Tx Param1과 Param2 2개의 32bits 데이터를 이용하여 EEPROM에 writing하고, 이어서 EEPROM에 작성한 데이터를 그대로 읽어 와서 Rx Data1과 Data2에 표시하도록 되어 있다. 이제 본격적으로 Ch10Lab1 project에 구현되어 있는 I2C 통신을 이용한 EEPROM read/write code를 분석해 보도록 하자. [그림 10.4-3] 은 EEPROM read/write 수행을 하기 위한 PC와 MCU 사이의 새로운 **UART 통신 규약**이다.

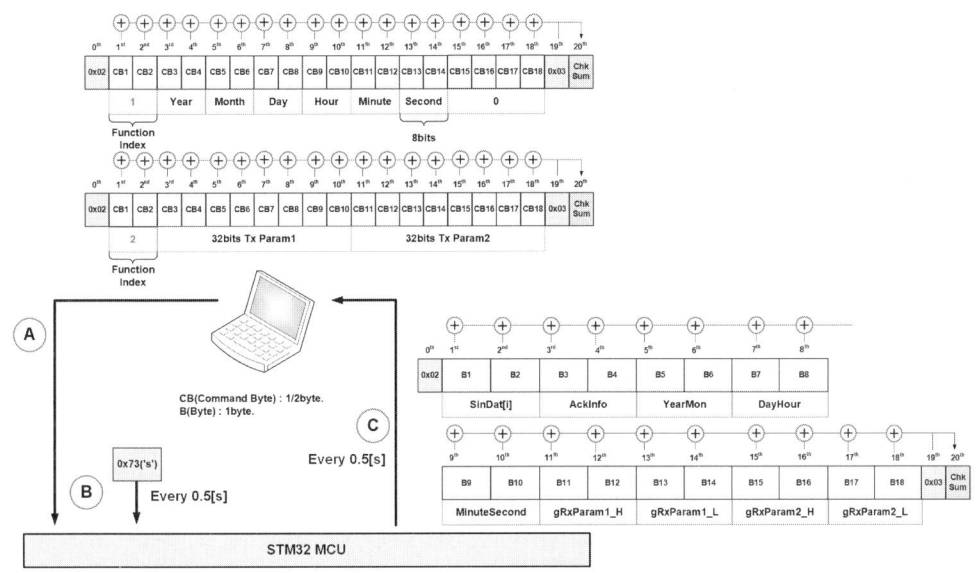

[그림 10.4-3] AT24C256C EEPROM Read/Write UART 규약.

[그림 8.3-5]와 [그림 9.2-7]을 기본으로 2개의 32bits 데이터를 MCU로 전달하고, MCU에 있는 2개의 32bits 데이터를 0.5[초]마다 전송할 수 있도록 수정하였다. 함수 index는 2 즉, [그림 10.4-2]의 ④번 **Device Tx** button event 2를 발생시키면, event 처리를 위해 **Channel2Func() 함수**가 호출된다. 이때, 2개의 32bits 데이터가 MCU로 전달된다. 또한, 기존의 RTC를 위한 함수 index 1과 0.5[초] 마다 데이터를 MCU에서 PC로 전송하도록 요청하는 **0x73** command도 그대로 유지하고 있는 것을 볼 수 있다. 이제 사용할 UART 전송 규격도 정의하였으므로 본격적으로 code를 구현하기 위해서 Nucleo-STM32F103RB

보드를 위한 Ch10Lab1 project를 만들어 보도록 하겠다. 우선, Chapter9 folder에 있는 **Ch9Lab2** folder 전체를 [그림 10.4-4]의 ①번과 같이 Chapter10 folder에 그대로 복사하여 넣고, folder이름을 Ch10Lab1로 바꾸어 준다.

[그림 10.4-4] I2C1 추가 방법(1).

그리고 나서, Ch9Lab2.ioc CubeMX file 이름도 **Ch10Lab1**.ioc로 바꾸어 주고, mouse로 double click하여 CubeMX를 호출한다. ②번과 같이 **I2C1 통신을 추가**하기 위해서 **I2C1** item을 선택하고, 이어서 ③번과 같이 **I2C**를 선택한다. 그러면, 기본적으로 ④번과 같이 SCL은 PB6 pin에 할당하고, SDA는 PB7 pin에 할당할 것이다. 그러나, [그림 10.2-3]과 회로도를 살펴보면, I2C1의 SCL은 PB8 pin에 할당해야 하고, SDA는 PB9 pin에 할당해야 한다. 이제, 키보드에서 **Ctrl** button을 **누른 상태**에서 PB7 pin symbol을 ⑤번과 같이 mouse로 선택하고, 위로 drag하면, ⑥번과 같이 I2C1 SDA가 할당될 수 있는 **다른** pin들이 **반짝반짝**하며 알려준다. 이 기능은 I2C뿐만 아니라 모든 주변 장치에 대해서 동일하게 사용할 수 있는 **유용한 기능**이므로 기억해 두기 바란다. 결국, PB9 pin이 반짝이는 것으로 봐서 PB9 pin도 I2C1 SDA pin으로 사용될 수 있다는 것을 알 수 있다. 그러므로, mouse로 PB9 pin을 I2C1로 설정하고, 이어서 PB8 pin을 I2C1 SCL로 설정해 준다. 설정을 완료하였으면, **GENERATE CODE** button을 click하여 C code framework를 생성하도록 한다.

그리고, [그림 10.4-5]의 ⑨번 **Project.eww** file을 double click하면, IAR Embedded workbench가 호출되고, ⑦번과 같이 Ch10Lab1.ioc file의 이름과 동일한 Ch10Lab1 project가 생성된 것을 확인할 수 있다.

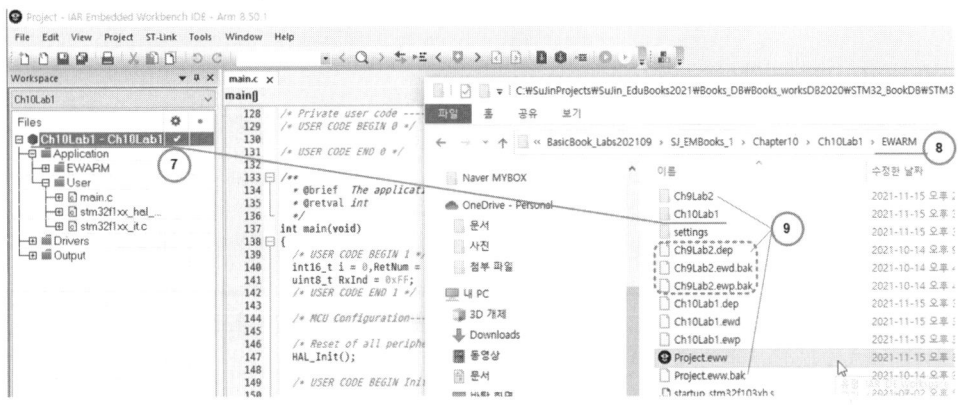

[그림 10.4-5] I2C1 추가 방법(2).

이처럼 IAR 개발 tool이 호출되면, **자동으로** project 이름과 동일한 **Ch10Lab1**이라는 **debug** folder가 새롭게 생성되고, 이전 project 이름을 기반으로 한 파일들은 모두 *.bak files로 바뀌게 된다. 이제 이들 이전 파일들과 Ch9Lab2 folder를 삭제하여 정리해 주면, Ch10Lab1 project에 대한 기본적인 정리가 완료된 것이다. **10.1.절**에서 polling mode로 EEPROM과 같은 memory를 I2C 통신 방식으로 접근하려면 **HAL_I2C_Mem_Write() 함수와 HAL_I2C_Mem_Read() 함수**를 이용하라고 하였다. 기본적으로 EEPROM에 데이터를 쓰거나 읽는 것이 우선순위를 요구할 정도로 빠른 처리를 요구하지는 않는다. 그러므로, interrupt mode보다는 polling mode로 사용하는 것이 일반적이다. **Ch10Lab1** folder의 **main.c** file을 보면, **byte 단위**로 EEPROM에 데이터를 read 또는 write 할 수 있도록 EEPROM_Read**Byte**() 함수와 EEPROM_Write**Byte**() 함수가 제공되고 있다. 그리고, **16bits 단위**로 EEPROM에 read/write 하고 싶은 경우에는 EEPROM_Read**Word**() 또는 EEPROM_Write**Word**() 함수를 사용하면 된다. 그런데, 16bits로 EEPROM에 데이터를 read 또는 write 할 때에는 I2C_ReEnable() 함수를 호출하는 것을 볼 수 있을 것이다. 이 함수에 대한 내용은 **10.9.절**을 참조하기 바란다. 4개의 함수는 간단한 구조를 가지고 있으므로 쉽게 이해 될 것이라고 생각한다. 이제, 직접적으로 EEPROM에 read 또는 write

할 수 있는 함수를 작성하였으니 PC에서 함수 index 2가 호출되면, MCU에서 함수 Channel2Func()가 호출되고, 이 호출된 함수에 전달된 2개의 32bits 데이터는 [그림 10.4-3]에서 보여준 구조를 가지므로 각각 다음과 같이 16bits 단위로 쪼개서 EEPROM에 전달할 수 있도록 coding해 준다.

```
void Channel2Func(void) {
  uint16_t TxParam1_H = ((*((uint16_t *)(RcvData+1)))>>8)|
                        ((*((uint16_t *)(RcvData+1)))<<8);        ▶ ①
  uint16_t TxParam1_L = ((*((uint16_t *)(RcvData+3)))>>8)|
                        ((*((uint16_t *)(RcvData+3)))<<8);        ▶ ②
  uint16_t TxParam2_H = ((*((uint16_t *)(RcvData+5)))>>8)|
                        ((*((uint16_t *)(RcvData+5)))<<8);        ▶ ③
  uint16_t TxParam2_L = ((*((uint16_t *)(RcvData+7)))>>8)|
                        ((*((uint16_t *)(RcvData+7)))<<8);        ▶ ④
  uint16_t P1H=0, P1L=0, P2H=0, P2L=0;

  // Test 용 code :
  // uint32_t TxParam1=0,TxParam2=0;
  // TxParam1=(((uint32_t)TxParam1_H)<<16)|((uint32_t)TxParam1_L);
  // TxParam2=(((uint32_t)TxParam2_H)<<16)|((uint32_t)TxParam2_L);
  // TxParam1=TxParam1+TxParam2;

  EEPROM_WriteWord(0,TxParam1_H);                                 ▶ ⑤
  EEPROM_WriteWord(2,TxParam1_L);                                 ▶ ⑥
  EEPROM_WriteWord(4,TxParam2_H);                                 ▶ ⑦
  EEPROM_WriteWord(6,TxParam2_L);                                 ▶ ⑧

  P1H = EEPROM_ReadWord(0);                                       ▶ ⑨
  P1L = EEPROM_ReadWord(2);
  P2H = EEPROM_ReadWord(4);
  P2L = EEPROM_ReadWord(6);

  gRxParam1_H = P1H, gRxParam1_L = P1L;                           ▶ ⑩
  gRxParam2_H = P2H, gRxParam2_L = P2L;
}
```

①번부터 ④번까지는 이미, Chapter 9.에서 학습한 Channel1Func() 함수에 대한 내용이다. 만일, 여러분이 ①번에 주어진 code가 어떻게 동작하는지 확실히 이해하기 어렵다면, 이제부터 설명하는 내용을 잘 따라해 보기 바란다. 이 방법은 여러분이 어떠한 code를 만들

거나 상관없이 **아주 유용하게 도움**이 될 것이다. 우선, 임의의 code를 개발하는 데 있어서 가장 중요한 것은 결국, **debugging 기능의 강력함**이다. MATLAB의 경우에는 수시로 다양한 그래프 기능을 이용하여 시각적으로 현재 개발하는 code 또는 알고리즘이 제대로 개발되고 있는지 확인할 수 있다. 즉, 문자보다는 그래프와 같은 시각적인 데이터 표현으로 어떠한 내용 또는 개념을 이해하는데 많은 도움을 준다. 그러나, MATLAB을 사용할 수 없는 상황이라면, 그 다음은 Visual C++의 debugging 기능을 사용하는 것이다. 필자의 경우에 고조파(THD, Total Harmonic Distortion) 분석을 수행하는 알고리즘 개발 의뢰를 받은 경험이 있다. 항상, 그러하듯이 일단, 알고리즘은 MATLAB으로 개발한다. 왜냐하면, 앞서 언급한 것과 같이 다양한 그래프로 데이터가 알고리즘을 따라 흘러가면서 어떻게 가공되어 가는지 눈으로 확인할 수 있기 때문이다. **MATLAB으로 알고리즘의 정당성이 확인**되면, 이 알고리즘을 바탕으로 Visual C++를 이용하여 지금부터 설명하는 방법으로 C code로 직접 바꾸어 준다. 그리고, 바뀐 C code를 검증을 거친 후에는 그대로 MCU에서 동작할 수 있는 Embedded C code로 사용하면 된다. [그림 10.4-6]의 ①번과 같이 필자는 현재 상당히 오래된 Visual C++ 2013을 사용하고 있다.

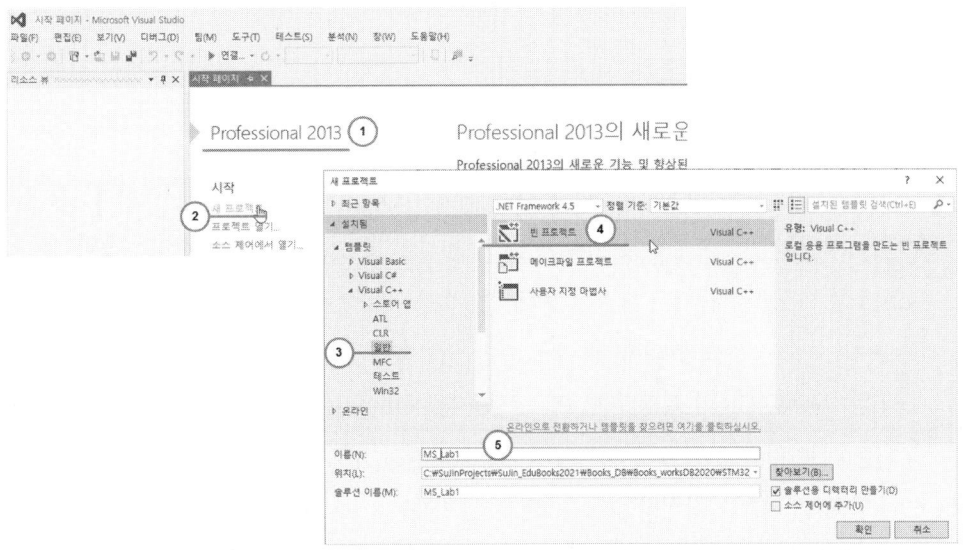

[그림 10.4-6] VisualC++를 이용한 Embedded C code 개발 방법(1).

그러나, application을 개발하는 데는 아무런 문제가 없다. 여기서는 Visual C++ 2019의 경우도 함께 설명하겠다. 우선, Visual C++ 2013부터 사용 방법을 간단히 설명하겠다.

Visual Studio version에 따라서 다소 GUI 모습이 다를 수는 있지만, 잘 찾아보면, ②번과 같이 **새 프로젝트...** 처럼 새로운 프로젝트를 생성해 주는 button이 있을 것이다. 이것을 찾아서 click한 다음에 ③번과 같이 Visual C++에서 **일반**을 선택한다. 그리고 나서, ④번과 같이 **빈 프로젝트**를 선택하면 된다. 이후에는 **찾아보기(B)...** button을 click 하여 새롭게 생성될 project folder의 위치를 지정해 주고, ⑤번과 같이 project 이름을 임의로 예를 들면, **MS_Lab1**처럼 지정해 준다. 그리고, **확인** 버튼을 click하여 준다. 그리고 [그림 10.4-7]의 ⑥번과 같이 **소스 파일** item을 선택하고, mouse 오른쪽 버튼을 click하여 **새 항목(W)...** menu를 선택하여 준다.

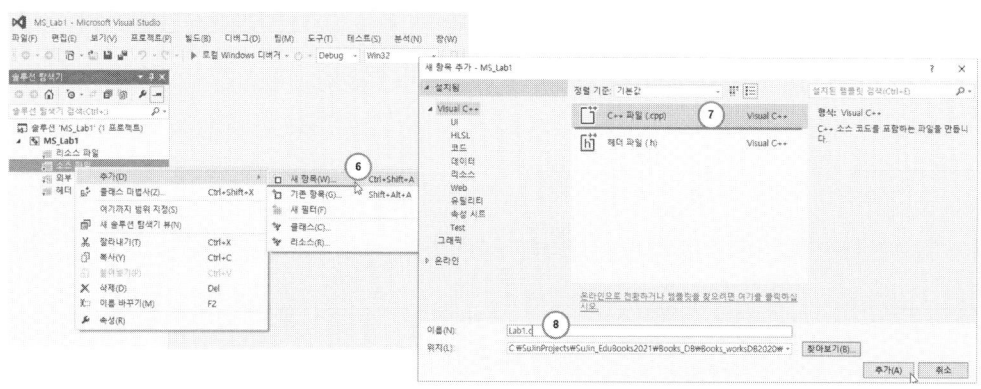

[그림 10.4-7] VisualC++를 이용한 Embedded C code 개발 방법(2).

그리고, ⑦번과 같이 source file 작성을 위해서 **C++ 파일(.cpp)**를 선택한다. 그리고, ⑧번과 같이 새롭게 빈 프로젝트 MS_Lab1에 추가될 source file의 이름을 임의로 예를 들면, Lab1.c를 지정해 준다. 여기서 주의할 것은 Lab1.c file에서 검증된 code는 그대로 Embedded C code로 사용할 것이므로 반드시 확장자를 *.c로 지정해 주어야 한다. Visual C++는 source file의 **확장자**를 보고, **사용할 compiler**를 선택하기 때문이다. 엄연히 C++와 C는 서로 다른 언어인데 주의하기 바란다. 일단, [그림 10.4-8]의 ⑨번과 같이 기본적인 main() 함수 구문을 작성하는데, ⑨번에서 보여준 standard header files를 **항상 모두** 추가해 줄 것을 권장한다. 그리고 나서, 잘 이해가 가지 않는 code 부분을 ⑩번과 같이 복사하여 넣고, 해당 연관된 code 부분도 모두 복사하여 넣는다. 이제, [그림 10.4-9]의 ⑪번과 같이 compile하고, 11번째 line을 mouse로 click하여 breakpoint를 설정해 준다. 그리고, **F5**를 click하여 **debug mode에서 실행**하여 return 0;에서 실행을 멈추게 한다.

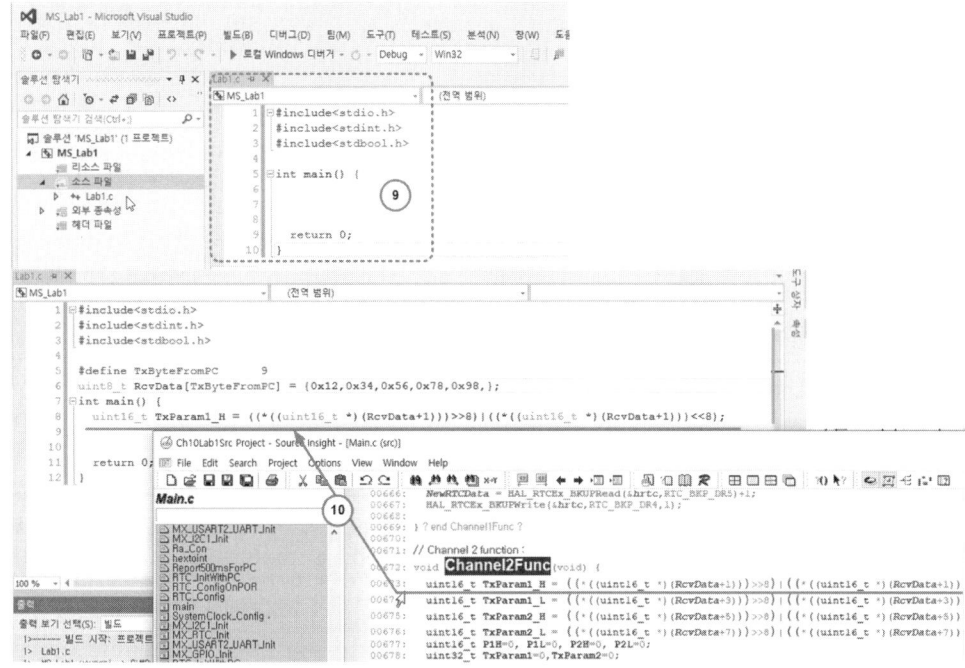

[그림 10.4-8] VisualC++를 이용한 Embedded C code 개발 방법(3).

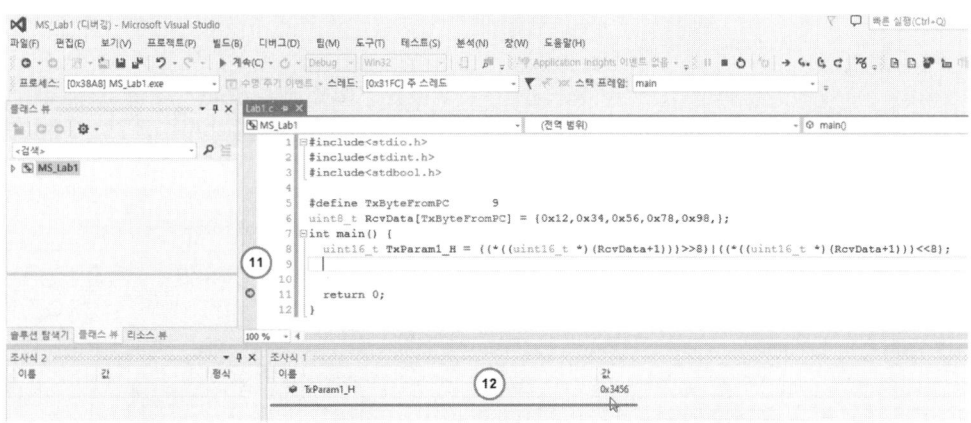

[그림 10.4-9] VisualC++를 이용한 Embedded C code 개발 방법(4).

⑫번과 같이 **디버그(D)** menu의 **창(W)** menu에서 **조사식(W)**에서 **조사식 1** window를 click하여 추가해 주고, 확인하고 싶은 변수 TxParam1_H를 추가하면, 그 값을 쉽게 확인할 수 있다. 또한, [그림 10.4-10]의 ⑬번과 같이 한 개의 line에서 이해하기 어려우면, 2개의 line으로 나누어서 각각 ⑭번과 같이 그 변수의 값들을 확인할 수도 있다.

[그림 10.4-10] VisualC++를 이용한 Embedded C code 개발 방법(5).

이와 같이 확인하고, 원하는 부분을 수정한 다음에 compile하여 문제가 없다면, 바로 Embedded C code로 사용할 수 있는 것이다. 여러분은 **Ch10Lab1** project에 있는 main.c file과 **Ch9Lab2** project에 있는 main.c file을 서로 비교해 보면, [그림 10.4-11]에서 보여준 것과 같이 **상당히 많이 바뀐 것**을 확인 할 수 있을 것이다.

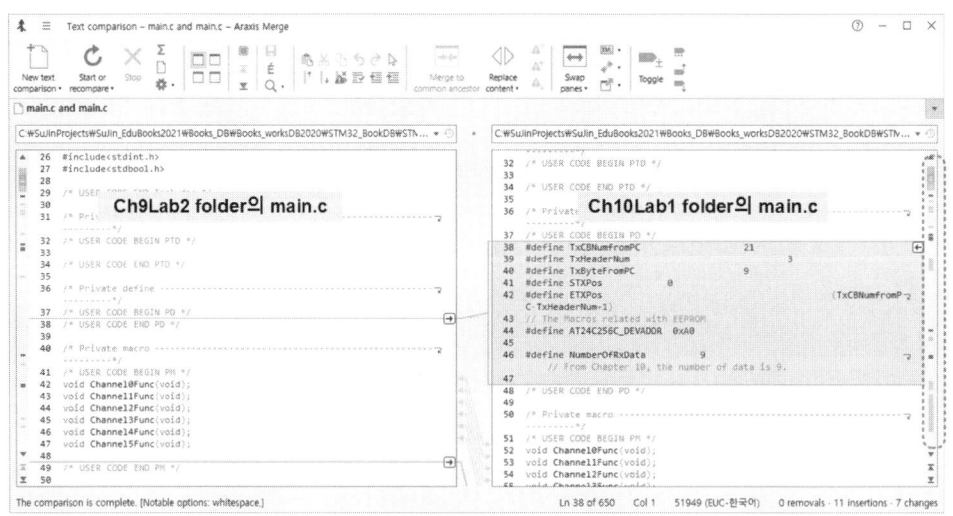

[그림 10.4-11] Ch10Lab1 folder의 main.c file.

특별히, 배열의 크기나 index를 숫자로 바로 넣지 않고, 모두 **#define**문을 사용한 것을 볼 수 있는데, 이것이 옳은 방법이다. 무엇보다도 [그림 10.4-3]에서 보여준 UART 통신 규약에 맞게 관련 for문, 배열의 크기, 등등을 수정하였으므로 비교하며 잘 검토하고, 이해하기 바란다. 또한, [그림 10.4-2]의 ④번과 같이 Device Tx Param1 : 옆의 editbox에는 0x12345678을 입력하고, Device Tx Param2 : 옆의 editbox에는 0x9abcdef0을 입력한 이후에 **Device Tx** button을 click하면, [그림 10.4-12]의 ①번과 같이 함수 pointer 배열 중에서 **Channel2Func() 함수**가 호출되고, 이어서 PC에서 전송해준 2개의 32bits 데이터가 ②번처럼 정상적으로 수신되는지 확인해 보기 바란다.

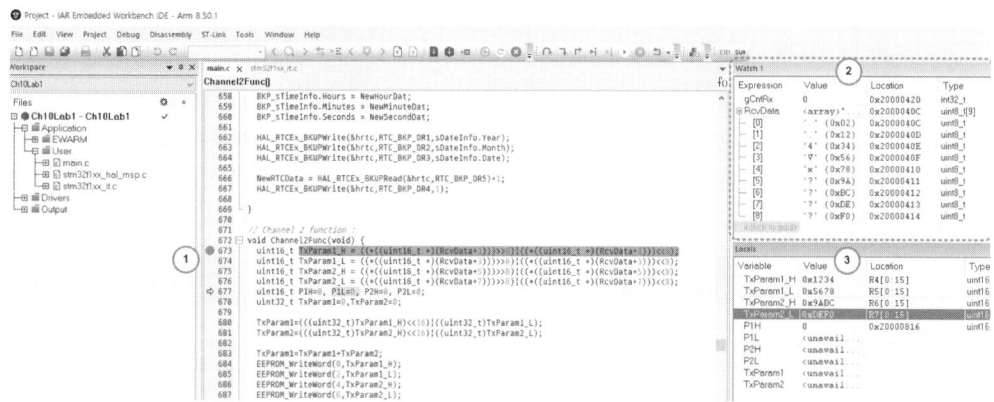

[그림 10.4-12] Windows program과 함께 debugging 하는 방법.

[그림 10.4-12]와 같은 실험을 수행하기 위해서는 우선, ①번과 같이 **breakpoint**를 설정해 주어야 하고, **Watch** window와 **Local** window를 추가해 주어야 할 것이다. 지금까지 설명한 내용들이 모두 이해되고, 정상적으로 실험이 되었다고 하여도 다시 한 번 반복해 보기 바란다. 그래야 좀 더 자신의 것으로 되고, 익숙함이 생기게 된다. [그림 10.4-13]의 ①번은 Visual C++ 2019로 **빈프로젝트**를 어떻게 생성하는지 보여준 것이다. 즉, ①번 **새 프로젝트 만들기(N)** button을 click하면, [그림 10.4-14]와 같은 Dialogbox가 나타난다. 여기서, ②번과 같이 **C++, Windows, 데스크톱** item을 각각 선택하고, 이어서, **Windows 데스크톱 마법사** item을 선택한다. 그리고 나서, **다음(N)** button을 click하여 준다. [그림 10.4-15]의 ④번과 같이 새로운 project 이름을 지정해 주고, 생성될 project folder가 위치할 경로도 설정해 준다. 이때, ⑤번에서 보여준 것과 같이 **솔루션과 프로젝트를 같은 folder에 배치**하도록 선택한다. Visual C++에서 언급하는 **솔루션**은 CubeIDE, IAR, KEIL에서 workspace에 해당하는 것으로 여러 project들을 하나로 관리하기 위한 것이다.

[그림 10.4-13] VisualC++ 2019 빈프로젝트 생성 방법(1).

[그림 10.4-14] VisualC++ 2019 빈프로젝트 생성 방법(2).

그리고, **만들기(C)** button을 ⑥번과 같이 선택한다. 그리고, ⑦번과 같이 **콘솔 애플리케이션**에서 **빈 프로젝트(E)**를 선택하여 주면 된다. 이제, **확인** 버튼을 click한 이후에는 앞서 [그림 10.4-7]에서 학습한 순서대로 사용해 주면 된다. 즉, ⑨번과 같이 **새 항목(W)…** menu를 선택하고, 이어서 ⑩번처럼 **Lab1.c** source file을 만들어서 ⑪번과 같이 기본 template을 만든 뒤에 필요한 code를 추가하여 사용하면 된다.

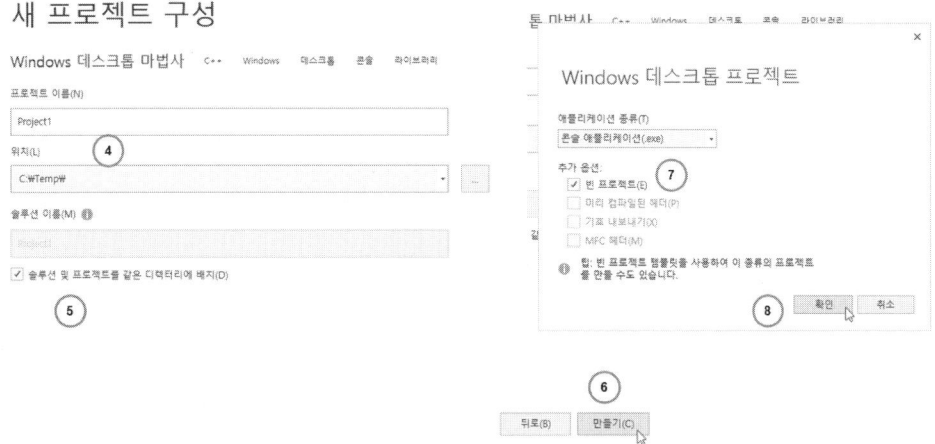

[그림 10.4-15] VisualC++ 2019 빈프로젝트 생성 방법(3).

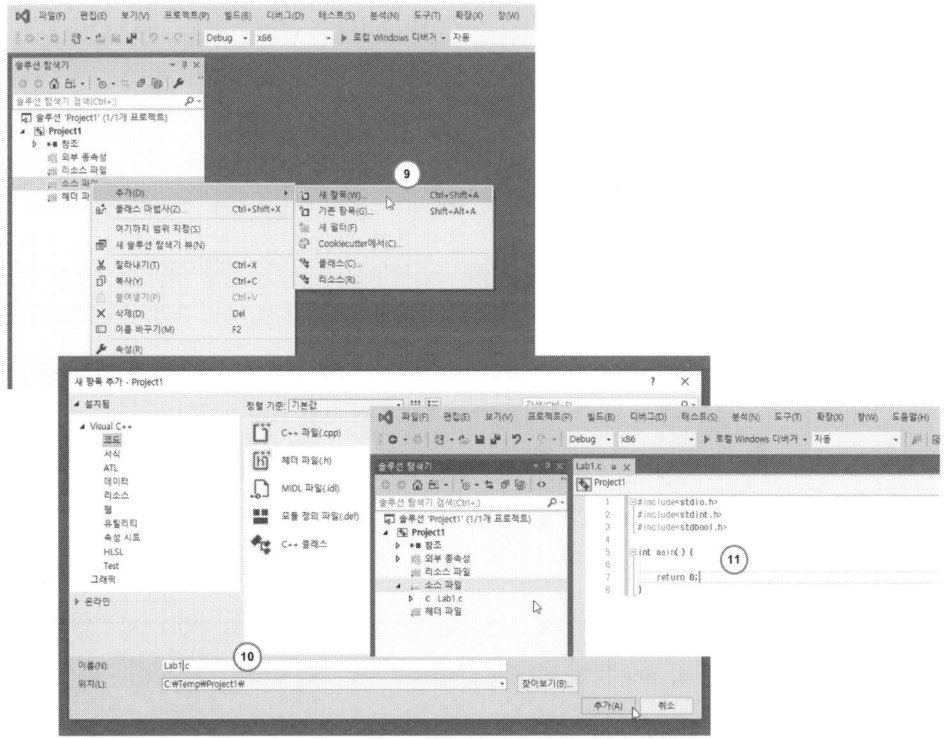

[그림 10.4-16] VisualC++ 2019 빈프로젝트 생성 방법(4).

10.5 SJ_MCUBook_M3 UART port 사용.

Ch10Lab2 project는 10.4.절에서 학습한 내용을 Nucleo-STM32**L476** 보드에 적용한 것이다. 비교해 보기 바란다. 여기서는 10.4.절에서 개발한 code를 Nucleo-STM32F103RB 보드에 있는 STM32F103RB MCU 내부 flash memory에 저장하였으므로 원칙적으로는 전원을 끄고, emulator 연결을 하지 않은 상태에서 다시 전원을 주면, 정상적으로 이전과 동일하게 Windows program이 동작해야 하지만, 그렇지 않은 경우가 빈번하게 발생한다. 무엇보다도 초 단위 변화가 매끄럽지 않은 것을 볼 수 있다. 이 문제는 Nucleo 보드 자체에 대한 것으로 판단된다. 그러므로, 여기서는 UART가 끊기는 문제를 해결하기 위해서 Nucleo 보드에서 기본으로 제공하는 UART port를 사용하지 않고, SJ_MCUBook_M3 보드에 있는 전용 UART2USB **CP2102 소자를 통한 UART port**를 대신 사용하는 방법을 살펴보도록 하겠다. 이처럼 CP2102 또는 FTDI 회사에서 제공하는 소자를 사용하여 MCU에서 제공하는 UART 통신을 USB 통신으로 변환하여 PC에 연결하면, UART 통신이 끊기는 현상이 사라진다. 그러나, 16.4.2.절에서도 언급하였듯이 UART 통신이 끊기는 현상이 STM32 MCU의 USB 관련 driver code에 문제가 있어서가 아니다. 즉, STM32 MCU의 UART와 USB 관련 driver code와 부품 자체에는 문제가 없는데, 추정하건데, Nucleo 보드 자체 또는 emulator로 사용되는 소자와 관련이 있어 보인다. 어쨌든, Chapter10 folder에 있는 **Ch10Lab3** project는 Nucleo-STM32**F103**RB 보드가 제공하는 기존의 UART 통신 **대신에** SJ_MCUBook_M3 보드에 있는 CP2102 소자를 통하여 PC와 통신을 수행하도록 수정하였다. 이것을 수행하기 위해서는 기본적으로 [그림 10.5-1]의 ①번과 ②번처럼 연결되어 있는 구성을 ③번처럼 연결해야 한다. 그 결과를 ④번에서 보여준 것과 같이 J2는 디바이스 마트 용어 기준으로 **미니 점퍼핀**으로 연결하고, J3는 jumper wire 하나를 사용하여 연결한 것을 보여 준 것이다. 그리고, [그림 10.5-2]에서 보여준 것과 같이 **USART3**를 추가하여 주면 된다. 이제, Ch10Lab3.ioc file로부터 생성된 C framework 파일들과 Ch10Lab1 project file을 서로 비교하여 보면, 쉽게 이해가 될 것이다. [그림 10.5-3]은 **Ch10Lab3** project를 실행하여 USART3과 PC 사이에 [그림 10.4-3]에서 보여준 UART 통신 규약에 의거해서 데이터 교환을 하는 것을 보여준 것이다. 이때에는 전원을 끄고, emulator 연결을 하지 않은 상태에서 다시 전원을 주면, Windows program만 실행하여도 **이전과 달리 안정적으로 UART 통신이 계속해서 정상적으로 수행되는 것을** 확인할 수 있을 것이다.

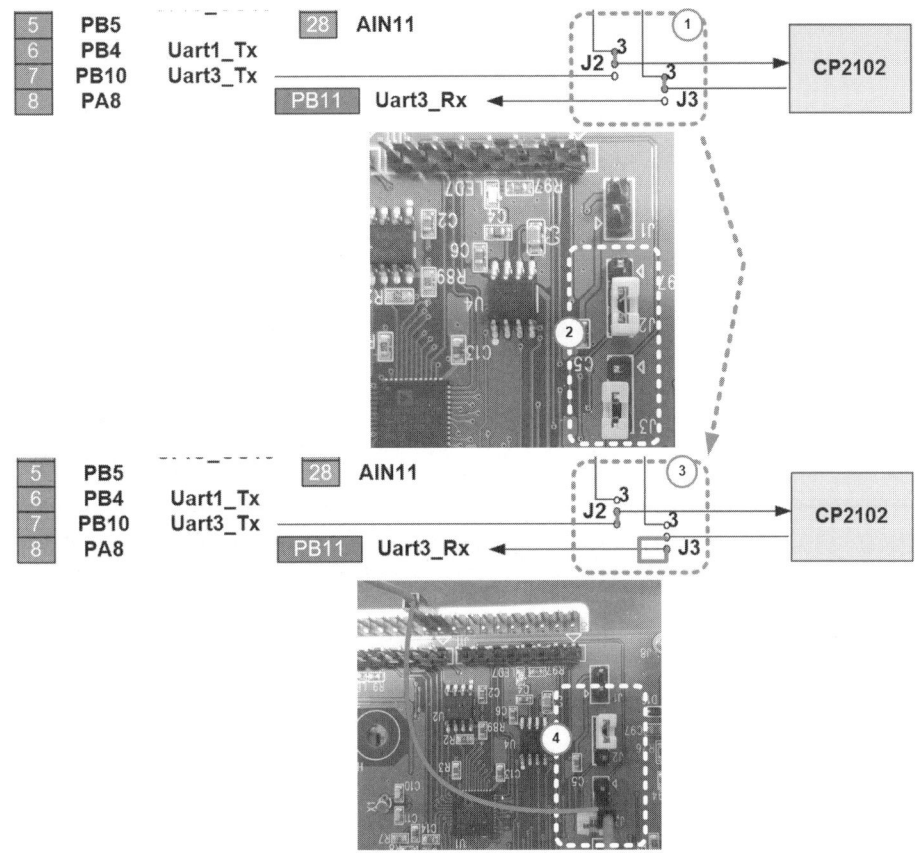

[그림 10.5-1] SJ_MCUBook_M3 UART port를 main COM port로 사용하는 방법.

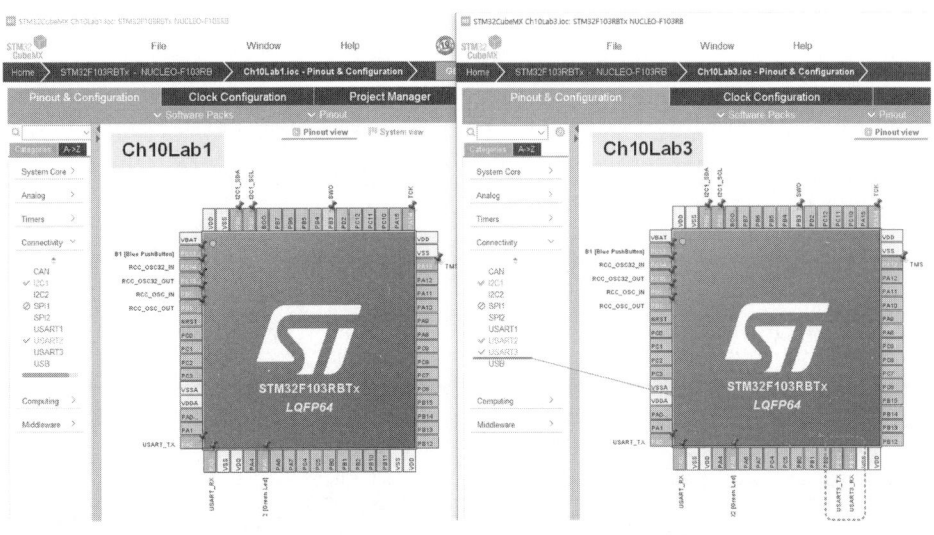

[그림 10.5-2] SJ_MCUBook_M3 USART3 port 추가.

10 I2C 사용 방법과 관련 소자들 사용 방법 | 345

[그림 10.5-3] SJ_MCUBook_M3 USART3 동작 모습.

게다가, 초단위로 움직이는 RTC도 **이전 보다 매끄럽게 동작**하는 것을 확인할 수 있을 것이다.

10.6 M24M02-DR EEPROM 사용 방법.

이번에는 STM32 MCU를 제공하는 ST Inc.에서 만든 EEPROM인 **M24M02-DR**에 대한 사용 방법을 살펴보도록 하겠다. I2C 호환 Serial EEPROM 2Mbit(256[KB]) 용량을 가지며 다음과 같은 특징을 가진다. 여기서, 2^18=256[KB] 즉, 0x0000_0000~0x0003_FFFF 범위를 갖는다.

M24M02-DR EEPROM에 대해서 정리하면 다음과 같다.

❶ V_{CC} = 1.8[V]~5.5[V] 동작 전압.

❷ 100[Khz], 400[KHz]와 1[MHz] 모두 호환.

❸ 전체 memory array에 대한 Write Protect 제공.

❹ 1 page 크기는 256bytes이며, byte 또는 page **write**를 수행하는데 <u>10[ms] 소요</u>.

M24M02-DR은 identification 1page를 제공하는데, 이곳에는 영원히 read-only mode
로 locking 될 민감한 application 매개변수들을 저장하기 위해서 사용될 수 있다.

■ Pin 구성과 각 pin 설명 :

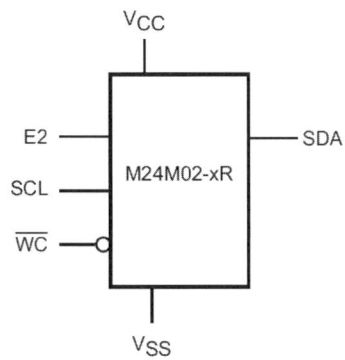

[그림 10.6-1] M24M02-xR pin 구성도.

❶ SCL : Serial Clock, ❷ SDA : Serial Data,

❸ E2 : Chip Enable

E2(Chip Enable) pin은 [그림 10.6-2]에서 보여준 것과 같이 7bits device select code
의 3번째 bit 값에 해당한다. 그러므로, 왼쪽에 보여준 회로도를 이용하면, E2=0이 된다.
그리고, **b2b1**은 $2^{18}=256$[KB]에서 A17과 A16 address를 의미한다. 결국, 0xA0은 A17
= A16 = 0이고, **writing**을 의미하고, 0xA1은 A17=A16=0이고, **reading**을 의미한다.
그리고, 이것은 10.3.절에서 학습한 AT24C256C와 동일한데 주의하자.

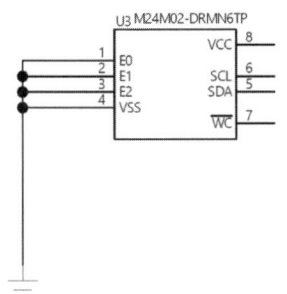

	Device type identifier[1]				Chip Enable	MSB address bits		$\overline{RW}$
	b7	b6	b5	b4	b3	b2	b1	b0
Device select code when addressing the memory array	1	0	1	0	E2[2]	A17	A16	$\overline{RW}$
Device select code when addressing the Identification page	1	0	1	1	E2[2]	X	X	$\overline{RW}$

[그림 10.6-2] Device Select Code.

정리하면, E2 입력은 V_{CC} 또는 V_{SS}에 연결되어야 한다.

❹ _WC : Write Control
- _WC=1이면, 전체 memory array에 대해서 **write 동작이 disable**된다. 그러나, device 선택과 address bytes는 의미를 갖고, data bytes는 의미가 없다.
- _WC=0 또는 floating이면, write 동작이 enable된다.

❺ V_{CC} : Supply Voltage ❻ V_{SS} : Ground.

핀 구성이 앞서 학습한 AT24C256C와 같으며, footprint도 SOIC 8N으로 동일하다. 또한, Read 동작과 write 동작에 대한 device address도 동일하므로 결국, AT24C256C 소자에서 사용한 C code뿐만 아니라 PCB 부품 symbol도 그대로 사용해도 된다는 의미이다. 이처럼, **거의 대부분의 EEPROM들은** [그림 10.6-2]와 [그림 10.3-2]로부터 알 수 있듯이 **회로 구성도 동일하고, 동일한 소프트웨어를 사용할 수 있는 특징**을 가진다.

10.7 ADP5062 Li-Ion Battery Charger 사용 방법.

I2C interface 학습을 위하여 ADI Inc.에서 출시하는 Linear Li-Ion Battery Charger라는 부품을 제어하는 방법에 대해서 살펴보도록 하겠다. 이 device가 무엇인지는 설명하지 않고, 단지, ADP5062 device와 STM32 MCU가 I2C 통신을 수행하기 위해서는 어떻게 해야 하는지 그리고, [그림 10.7-1]에서 보여준 2개의 내부 register 즉, ①번에서 보여준 0x2번지에 ②번처럼 500[mA]에 해당하는 0b0110을 지정하여 ③번과 같이 0x6을 writing 하고, ④번에서 보여준 0x7번지에는 ⑤번처럼 battery **Charging is enabled**를 선택하고, 그리고, **end of Charge allowed**를 선택하기 위해서 ⑥번처럼 0x5를 writing하도록 C coding 방법을 학습할 것이다. [그림 10.7-2]는 ADP5062가 사용하는 I2C interface protocol이다. 좀 더 자세한 내용을 원하는 경우에는 ADP5062 datasheet를 참조하면 된다. [그림 10.7-2]에서 **chip address**는 다음과 같이 정리할 수 있다.

❶ Write Mode : I2C chip address는 **0x28**
❷ Read Mode : I2C chip address는 **0x29**

Table 20. VINx Pin Settings, Register Address 0x02 ①

Bit No.	Bit Name	Access	Default	Description
[7:5]	Not used	R		
4	RFU	R/W	0	Reserved for future use.
[3:0]	ILIM[3:0]	R/W	0000 = 100 mA	VINx input current limit programming bus. The current into VINx can

```
Hexadecimal :                              Binary :
                          31 30 29 28 27 26 25 24 23 22 21 20 19 18 17 16
        ③       >>         0  0  0  0  0  0  0  0  0  0  0  0  0  0  0  0
   0x00000006              15 14 13 12 11 10 9  8  7  6  5  4  3  2  1  0
                <<         0  0  0  0  0  0  0  0  0  0  0  0  0  1  1  0
```

0100 = 300 mA.
0101 = 400 mA.
0110 = 500 mA. ②

Table 25. Functional Settings 1, Register Address 0x07 ④

Bit No.	Bit Name	Access	Default	Description
7	Not used			
6	DIS_IC1	R/W	0	0 = normal operation. 1 = the ADP5062 is disabled; V$_{VINx}$ must be V$_{ISO\_Bx}$ < V$_{VINx}$ < 5.5 V.
5	EN_BMON	R/W	0	0 = when V$_{VINx}$ < V$_{VIN\_OK\_RISE}$ or V$_{VIN\_OK\_FALL}$, the battery monitor is disabled. When V$_{VINx}$ = 4.0 V to 6.7 V, the battery monitor is enabled regardless of the EN_BMON state. 1 = the battery monitor is enabled even when the voltage at the VINx pins is below V$_{VIN\_OK}$.
4	EN_THR	R/W	0	0 = when V$_{VINx}$ < V$_{VIN\_OK\_RISE}$ or V$_{VIN\_OK\_FALL}$, the THR current source is
3	DIS_LDO	R/W	0	
2	EN_EOC	R/W	1	0 = end of charge not allowed. 1 = end of charge allowed.
1	Not used			
0	EN_CHG	R/W	0	0 = battery charging is disabled. 1 = battery charging is enabled. ⑤

```
Hexadecimal :                              Binary :
                          31 30 29 28 27 26 25 24 23 22 21 20 19 18 17 16
        ⑥       >>         0  0  0  0  0  0  0  0  0  0  0  0  0  0  0  0
   0x00000005              15 14 13 12 11 10 9  8  7  6  5  4  3  2  1  0
                <<         0  0  0  0  0  0  0  0  0  0  0  0  0  1  0  1
```

[그림 10.7-1] ADP5062 I2C 사용 방법(1).

ADP5062는 수신한 8bits data byte를 내부 register 0x2 또는 0x7번지에 writing하고 나서 acknowledge를 전송한다. 또한, ADP5062는 VIN으로 전원이 들어오지 않으면 내부 registers가 모두 default 상태 즉, reset 된다고 한다. 여기서는 10.1.절에서 소개한 다음의 2개 HAL 함수들을 사용할 것이다. 즉,

ⓐ Polling mode I/O operation :

- HAL_I2C_Master_Transmit(), HAL_I2C_Master_Receive() :

지정한 데이터의 양을 master mode에서 송신 또는 수신한다. 즉, 다음과 같이 coding 하였다.

```
uint8_t ADP5062RegW[2] = {0,0}, ADP5062RegR= 0;
// Writing 0x6 at 0x2 which is one of ADP5062 internal registers
```

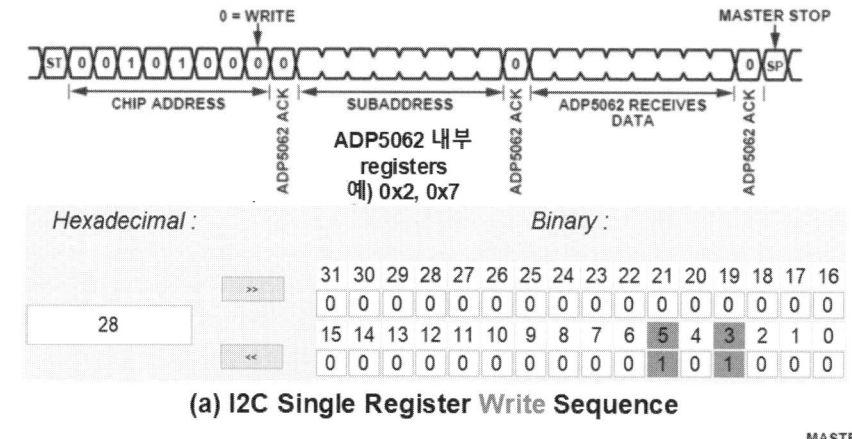

(a) I2C Single Register Write Sequence

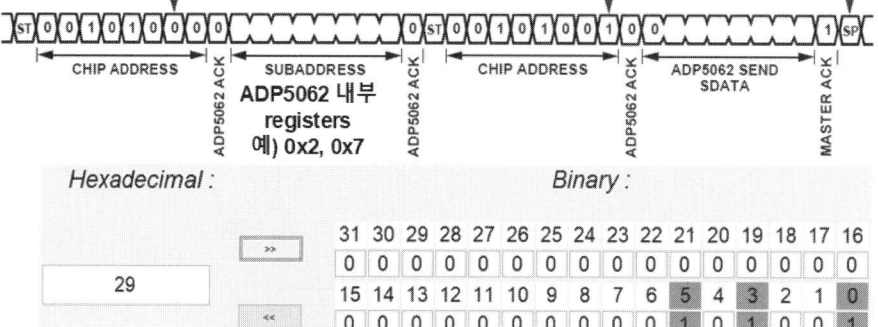

(b) I2C Single Register Read Sequence

[그림 10.7-2] ADP5062 I2C 사용 방법(2).

```
ADP5062RegW[0]=0x2;        ADP5062RegW[1]=0x6;    // 0x2번지에 0x6을 writing!
// Write Mode : I2C chip address는 0x28
HAL_I2C_Master_Transmit(&hi2c3, 0x28, ADP5062RegW, 2, 10);
ADP5062RegW[0]=0x2;
HAL_I2C_Master_Transmit(&hi2c3, 0x28, ADP5062RegW, 1, 10);
HAL_I2C_Master_Receive(&hi2c3, 0x29, &ADP5062RegR, 1, 10);


// Writing 0x5 at 0x7 which is one of ADP5062 internal registers
ADP5062RegW[0]=0x7;        ADP5062RegW[1]=0x5;
HAL_I2C_Master_Transmit(&hi2c3,0x28,ADP5062RegW,2,10);
ADP5062RegW[0]=0x7;
HAL_I2C_Master_Transmit(&hi2c3,0x28,ADP5062RegW,1,10);
HAL_I2C_Master_Receive(&hi2c3,0x29,&ADP5062RegR,1,10);
```

위와 같이 coding 하고, 0x2번지에 6이 정상적으로 작성되었는지 [그림 10.7-3]과 같이 확인하였다.

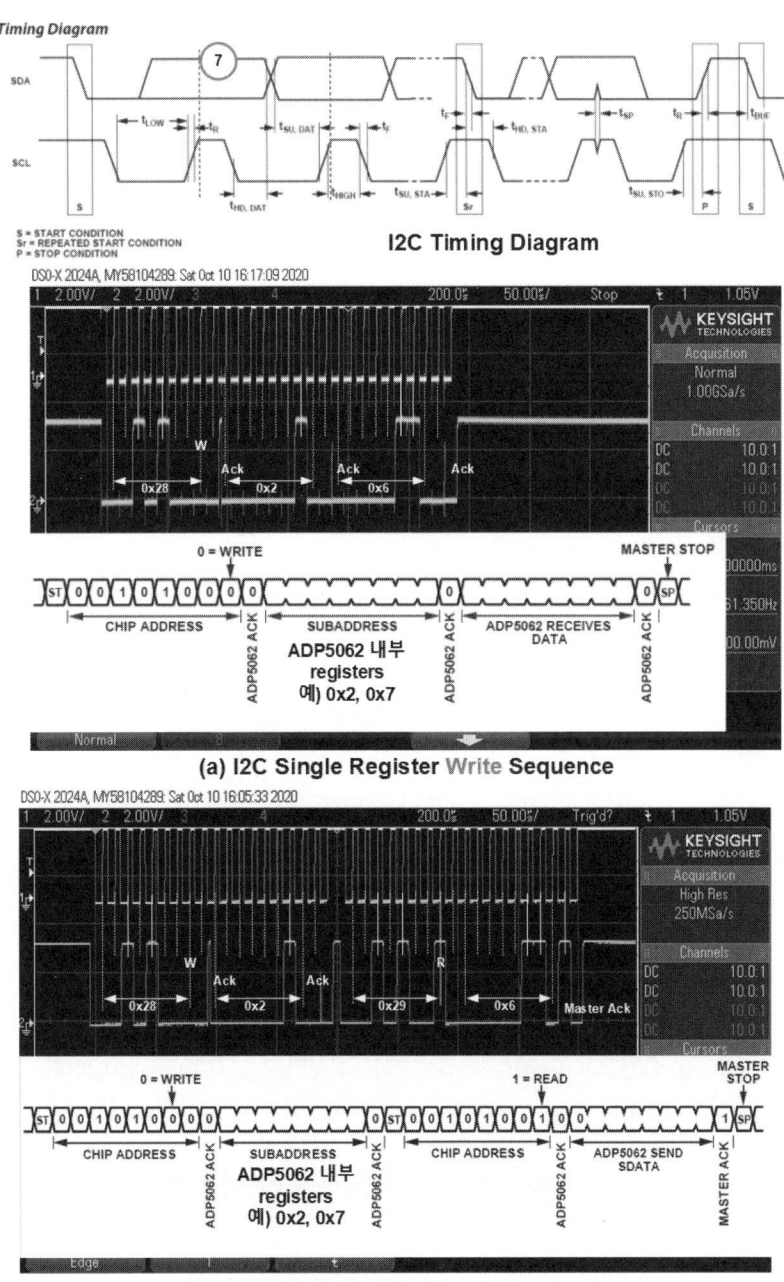

[그림 10.7-3] ADP5062 I2C 사용 방법(3).

10.8 DS3231M RTC 사용 방법.

이번에는 I2C interface에 **전용** RTC device인 **DS3231M**을 연결하여 사용하는 방법을 구체적으로 살펴볼 것이다. 그러기 위해서 우선, DS3231M에 대하여 간단히 살펴보도록 하겠다. 단, VCC 전원을 인가한 상태에서 battery를 탈/부착 할 수 있는 보드이어야 하는데, 현재, Nucleo 보드와 SJ_MCUBook_M3 보드 모두 battery를 연결하는 구성이 없다. 그러나 이번 단원에서 설명하는 내용들은 관련 여러 제품들을 개발하면서 작성한 연구 노트를 정리한 것이므로 전용 RTC 부품을 이용하려는 경우에 좋은 참고 자료가 될 것이라고 생각한다.

DS3231M RTC에 대해서 정리하면 다음과 같다.

❶ I2C interface 제공 :
   DS3231M은 정밀한 RTC(Real Time Clock) 정보를 포함한 내부 register 접근을 **fast mode(즉, 400[KHz])** 또는 **standard mode(즉, 100[KHz])** I2C를 모두 제공해 준다.

❷ 전원 검사와 자동 전원 절체 기능 :
   VCC 전원이 끊긴 경우에는 V_{BAT}를 통하여 공급되는 battery 전력으로 구동된다. 즉, _RST pin은 VCC 전원을 검사하여 문제가 발생하면 신호를 보내서 자동으로 battery 전원으로 절체할 수 있도록 도와준다.

❸ 정확한 시간 정보 제공 :
   RTC는 초, 분, 시, 날, 요일, 달, 그리고 연에 대한 모든 정보를 제공한다. 즉, 자동으로 윤년 등을 고려하여 계산해 준다. 또한, 24시간 방식 또는 AM/PM과 함께 12시간 방식 모두 제공한다. 구체적으로 2100년까지 윤년등 시간 정보를 정확히 계산해 주며, −45℃~85℃ 범위에서 하루에 ±0.432초 정도 틀어지는데, 이것은 **5ppm(parts per million)**에 해당한다. 왜냐하면, 24×60×60: 0.432 = 1000000 : x에서 x=5이기 때문이다. VCC를 전원으로 이용하는 경우에는 1[s]마다, 그리고, battery를 전원으로 이용하는 경우에는 10[s]마다 ±0.432초 오차를 계속 유지하도록 **자동으로 재보정** 된다. **시간과 날짜 registers는 01/01/00 01 00:00:00 (DD/MM/YY DOW HH:MM:SS)로 reset**된다.

❹ Alarm 기능 제공 :
   2개의 날짜를 기준으로 한 alarm 신호를 _INT/SQW에서 제공한다.

❺ 1[Hz]와 RTC clock인 32.768[kHz] 출력 :

초 단위 기준으로 사용할 수 있도록 1[Hz] 출력을 내보내 준다.

❻ 온도 센서 내장 :

±3℃ 정밀도를 가짐.

❼ 기 타 :

MCU의 V_{BAT} pin과 ground 사이에는 0.1[nF]~1[nF] 사이의 capacitor를 연결해 준다.

또한, 기존의 16pins DS3231 RTC와 핀 호환이 된다. [그림 10.8-1]은 각각의 pin 역할을 정리한 것이다.

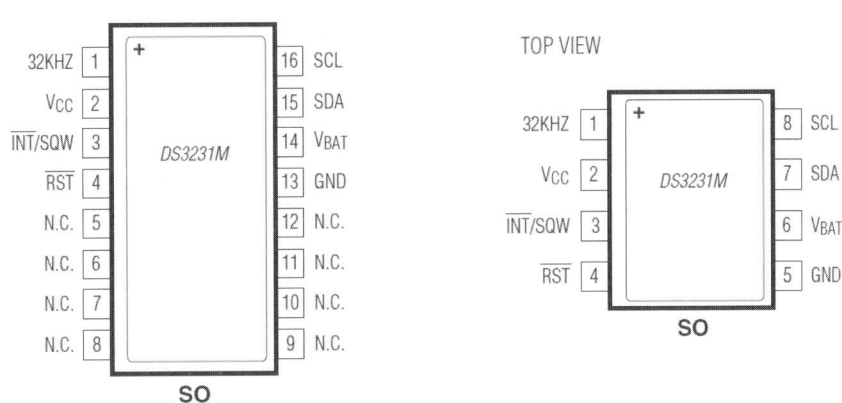

[그림 10.8-1] DS3231M RTC pin 구성.

❶ 32KHZ pin :

[그림 10.8-1]에서 보여준 것과 같이 32.768kHz 출력(50% Duty Cycle) pin. 이 open-drain pin은 외부 pull-up 저항이 필요하다. 상태 register(0x0F)의 EN32KHZ bit=1이고, oscillator가 enabling되면, 32.768[kHz]를 생성한다. 단, EN32KHZ bit의 default 값은 1이다. 만일, 필요 없다면, floating으로 해도 된다.

❷ VCC pin :

Primary Power Supply이며, 사용하지 않는다면, ground에 연결하면 된다.

❸ _INT/SQW :

Alarm active-Low Interrupt 또는 1Hz Square-Wave 출력. 외부 pull-up 저항이

필요하다. 필요 없다면, floating으로 해도 된다.
- Control register(0x0E)의 INTCN bit=0 : 1[Hz] 출력.
- Control register(0x0E)의 INTCN bit=1 : 만일, alarm이 enabling되어 있고, timekeeping registers와 alarm registers가 서로 일치하면, activate한다. default는 1이다.

❹ _RST pin :

Active Low Reset. 이 pin은 **open-drain input/output**이다. 그러므로, MCU에 연결되는 GPIO port는 필요에 따라서 input mode와 output mode를 바꿀 수 있어야 한다. 이것이 가능한 이유는 I2C처럼 **open-drain방식**이기 때문이다.
- **출력의 경우 : Power Fail 전압** 즉, VPF는 $2.45[V] \leq VPF \leq 2.7[V]$이다. 만일,
  ⓐ VCC≦VPF 인 경우 :
  _RST pin은 low가 된다.
  ⓑ VCC>VPF 인 경우 :
  _RST pin은 high가 된다. 구체적으로 VCC≦VPF에서 VCC>VPF로 돌아오고 나서 t_{RST}(즉, 250[ms]) 이후에 high가 된다.
- **입력의 경우** : Active Low open drain 출력은 debounced pushbutton 입력과 연결되어 있고, 이것은 내부적으로 $50[k\Omega]$으로 VCC에 pull-up되어 있다. 그러므로, 외부 pull-up resistor는 연결되지 말아야 한다.

❺ VBAT pin :

Backup Power-Supply Input. 사용하지 않는 경우에는 ground에 연결.

❻ SDA와 SCL pins :

I2C interface 형성. 이 open-drain pin은 각각 외부 pull-up 저항을 요구한다.

[그림 10.8-2]는 내부 기능 block이고, [그림 10.8-3]은 내부 register들이다. 시간과 날짜 register들의 값은 [그림 10.8-4]에서 보여준 binary-coded decimal(**BCD**) format을 이용한다. 즉, 정수로 34는 3이 0b0011이고, 4가 0b0100이므로 34 = 0b0011_0100 = 0x34 결국, 정수 34는 BCD format으로 52(0x34)가 된다. 그러므로, [그림 10.8-3]에서 보여준 초(second)의 경우에 2개의 BCD format 숫자를 표현하기 위해서 8bits를 4bits로 나누어서 1의 자리와 10의 자리로 구분하여 적절히 사용하는 것을 볼 수 있다.

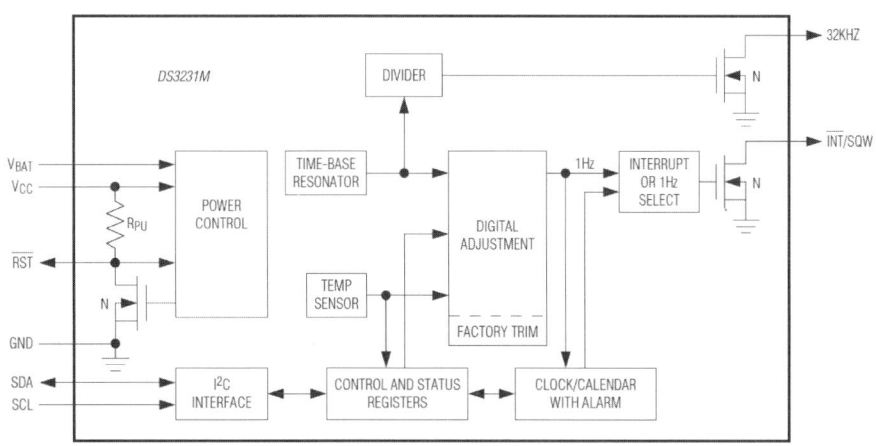

[그림 10.8-2] DS3231M Block 구성도.

ADDRESS	BIT 7 MSB	BIT 6	BIT 5	BIT 4	BIT 3	BIT 2	BIT 1	BIT 0 LSB	FUNCTION	RANGE
00h	0		10 Seconds			Seconds			Seconds	00-59
01h	0		10 Minutes			Minutes			Minutes	00-59
02h	0	12/$\overline{24}$	$\overline{AM}$/PM 20 Hours	10 Hours		Hour			Hours	1-12 + $\overline{AM}$/PM 00-23
03h	0	0	0	0	0		Day		Day	1-7
04h	0	0		10 Date			Date		Date	01-31
05h	Century	0	0	10 Month		Month			Month/Century	01-12 + Century
06h		10 Year				Year			Year	00-99
07h	A1M1		10 Seconds			Seconds			Alarm 1 Seconds	00-59
08h	A1M2		10 Minutes			Minutes			Alarm 1 Minutes	00-59
09h	A1M3	12/$\overline{24}$	$\overline{AM}$/PM 20 Hours	10 Hours		Hour			Alarm 1 Hours	1-12 + $\overline{AM}$/PM 00-23
0Ah	A1M4	DY/$\overline{DT}$		10 Date	Day				Alarm 1 Day	1-7
					Date				Alarm 1 Date	1-31
0Bh	A2M2		10 Minutes			Minutes			Alarm 2 Minutes	00-59
0Ch	A2M3	12/$\overline{24}$	$\overline{AM}$/PM 20 Hours	10 Hours		Hour			Alarm 2 Hours	1-12 + $\overline{AM}$/PM 00-23
0Dh	A2M4	DY/$\overline{DT}$		10 Date	Day				Alarm 2 Day	1-7
					Date				Alarm 2 Date	1-31
0Eh	$\overline{EOSC}$	BBSQW	CONV	NA	NA	INTCN	A2IE	A1IE	Control	—
0Fh	OSF	0	0	0	EN32KHZ	BSY	A2F	A1F	Status	—
10h	SIGN	DATA	DATA	DATA	DATA	DATA	DATA	DATA	Aging Offset	81h-7Fh
11h	SIGN	DATA	DATA	DATA	DATA	DATA	DATA	DATA	Temperature MSB	—
12h	DATA	DATA	0	0	0	0	0	0	Temperature LSB	—

[그림 10.8-3] 내부 registers.

십진법	0	1	2	3	4	5	6	7	8	9
BCD	0000	0001	0010	0011	0100	0101	0110	0111	1000	1001

[그림 10.8-4] binary-coded decimal(BCD) format.

각각의 alarm에 대한 모든 mask bits가 0일 때, timekeeping registers 안에 있는 값들이 time-of-day/date alarm registers 안에 저장된 대응하는 값과 일치할 때에만 alarm이 발생한다. 또한, 매 초, 분, 시, 날 또는 날짜마다 반복되도록 coding 할 수 있다. [그림 10.8-5]는 Control Register를 보여주고 있다. 각각의 bit field에 대한 역할을 정리하면 다음과 같다.

BIT 7	BIT 6	BIT 5	BIT 4	BIT 3	BIT 2	BIT 1	BIT 0
_EOSC	BBSQW	CONV	NA	NA	INTCN	A2IE	A1IE
0	0	0	1	1	1	0	0

[그림 10.8-5] Control Register.

❶ _EOSC : Enable Oscillator
- 0 : Oscillator 동작. 1 : Oscillator 멈춤(단, 전원이 VBAT인 경우에만).

❷ BBSQW : Battery Backed Square Wave Enable
- 0이고, $V_{CC} < V_{PF}$ 인 경우 : _INT/SQW는 high impedance.
- 1이고, INTCN=0, $V_{CC} < V_{PF}$ 인 경우 : 1[Hz] 출력.

❸ CONV : Convert Temperature
- Convert temperature. CONV=1로 설정하면, 온도를 디지털 값으로 변환해 준다. 그리고, 내부 oscillator의 정밀도를 개선하기 위해서 온도 보상 알고리즘을 실행한다. 그리고, 온도 변환이 완료되면, CONV=0으로 clear 한다.

❹ INTCN : Interrupt Control. 이 bit는 _INT/SQW port 출력 신호를 제어한다.
- INTCN=0일 때, 1[Hz] square wave를 _INT/SQW port에서 출력한다.
- INTCN=1이고, alarm이 enable되어 있고, timekeeping register와 alarm register 중에서 어느 하나가 일치하면, _INT/SQW 출력을 activate한다. 단, 대응하는 alarm flag(즉, A1F, A2F)는 INTCN bit의 상태와 무관하게 항상 설정된다. default 값은 INTCN=1이다.

❺ A2IE : Alarm 2 interrupt enable.
- A2IE=1이고, INTCN=1이면, A2F가 _INT/SQW 출력을 1로 출력한다.
- A2IE=0이거나 또는 INTCN=0이면, A2F는 _INT/SQW 출력을 구동하지 않는다. default 값은 A2IE=0이다.

❻ A1IE : Alarm 1 interrupt enable,

- A1IE=1이고, INTCN=1이면, A1F가 _INT/SQW 출력을 1로 출력한다.
- A1IE=0이거나 또는 INTCN=0이면, A1F는 _INT/SQW 출력을 구동하지 않는다. default 값은 A1IE=0이다.

[그림 10.8-6]은 status register를 구성하는 각각의 bit field 역할을 정리한 것이다.

BIT 7	BIT 6	BIT 5	BIT 4	BIT 3	BIT 2	BIT 1	BIT 0
OSF	0	0	0	EN32KHZ	BSY	A2F	A1F
1	0	0	0	1	X	X	X

[그림 10.8-6] Status Register (0x0Fh)

❶ OSF : Oscillator Stop Flag,

OSF=1은 oscillator가 멈춘 것을 의미한다. 0으로 설정해 주어야 clear된다. 다음은 OSF=1로 되는 경우를 정리한 것이다.

- 처음 전원이 인가된 경우.
- VCC와 VBAT 양쪽에 인가된 전압이 oscillator를 지원하기에 불충분한 경우.

❷ EN32KHZ : 32.768[kHz] 출력 enable,

- oscillator가 enable되어 있고, EN32KHZ=1인 경우, 32.768[kHz]를 출력한다. default 값은 1이다.
- EN32KHZ=0인 경우, 32.768[kHz]를 출력하지 않는다.

❸ BSY : Busy,

온도 변환 수행 중인 경우에 BSY=1이고, 변환이 완료되면, 자동으로 0이 된다.

❹ A2F : Alarm 2 Flag,

시간이 alarm 2 registers와 일치하는 경우에 A2F=1이 된다. 만일, A2IE = 1이고, INTCN = 1인 경우에는 _INT/SQW는 1을 출력한다. 0을 writing하면, clear된다. 이 bit는 단지, 0을 작성할 수 있고, 1은 의미 없다.

❺ A1F : Alarm 1 Flag,

시간이 alarm 1 registers와 일치하는 경우에 A1F=1이 된다. 만일, A1IE = 1이고, INTCN = 1인 경우에는 _INT/SQW는 1을 출력한다. 0을 writing하면, clear된다. 이

bit는 단지, 0을 작성할 수 있고, 1은 의미 없다.

[그림 10.8-7]은 내부 온도 registers이다.

Temperature Register (Upper Byte = 11h)

BIT 7	BIT 6	BIT 5	BIT 4	BIT 3	BIT 2	BIT 1	BIT 0
SIGN	DATA	DATA	DATA	DATA	DATA	DATA	DATA
0	0	0	0	0	0	0	0

Temperature Register (Lower Byte = 12h)

BIT 7	BIT 6	BIT 5	BIT 4	BIT 3	BIT 2	BIT 1	BIT 0
DATA	DATA	0	0	0	0	0	0
0	0	0	0	0	0	0	0

[그림 10.8-7] Temperature Registers (11h-12h)

온도는 0.25℃ resolution으로 10bits code로 표현되며, **2의 보수 format**이다. 0x11h번지에 있는 8bits는 **정수를 표현**하고, 0x12h 하위의 2bits는 **소수를 표현**한다. 예를 들어서, 0x0001_1001_01=25.25℃이다. POR에서 0℃를 가진다. 구체적으로 다음과 같이 I2C 통신을 사용한다. device의 slave address byte = 0xD0h이다. I2C Slave address byte 구성은 [그림 10.8-8]과 같다.

❶ Device Identifier : 0xD0h,
❷ Device Address, ❸ R/_W : Read/Write Bit

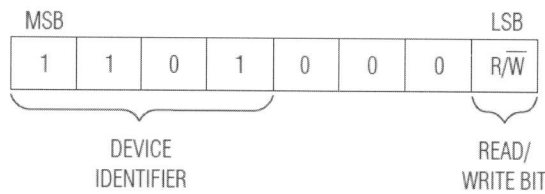

[그림 10.8-8] I2C Slave Address Byte

I2C master에 의해서 보내진 device address는 device에 할당된 address 0xD0h과 일치해야 한다. I2C 통신으로 byte를 전송하는 경우에 9번째 전송되는 bit는 항상 ACK 또는

NACK이다. 즉, 데이터를 수신하는 device는 9번째 bit 시간 구간 동안 0을 전송함에 의해서 **ACK**를 전송하고, 1을 전송함에 의해서 **NACK**를 전송한다. 여기서 데이터를 수신하는 동작은 reading하는 동안 master 또는 writing하는 동안 slave device를 의미한다. [그림 10.8-9]는 전형적인 I2C write transaction이다.

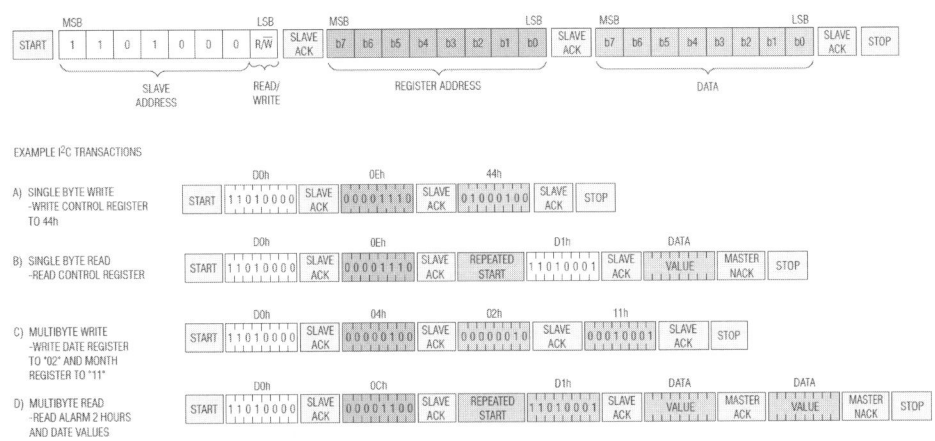

[그림 10.8-9] DS3231M의 I2C 통신 방식

V_{CC}, V_{BAT}를 위한 Power 공급을 위해서는 0.1[uF]과/또는 1.0[uF] capacitors를 사용하면 된다. surface mount 소자들은 lead inductance를 최소화한다. 32[kHz]와 _INT/SQW 출력들은 모두 open drain이므로 logic high 출력 levels를 실현하기 위해서 외부 pull-up 저항들을 요구한다. pull-up 저항은 1[kΩ]~10[MΩ] 사이의 값을 사용하면 된다. _RST 출력도 open drain이지만, 내부적으로 V_{CC}에 50[kΩ] pull-up 저항이 제공되므로 외부에 추가적으로 pull-up 저항을 추가하면 안 된다. [그림 10.8-10]은 적산 전력계를 개발할 때 설계한 회로도 일부이다. 참조하기 바란다.

10.9 STM32F10xxC/D/E I2C bug 및 기타 주의 사항.

[그림 10.9-1]에서 보여준 것과 같이 EEPROM과 상관없이 특별히, STM32**F10x** family에서 I2C 통신 방식을 사용하려는 경우에 다음과 같은 **bug가 존재**하여 간혹, I2C 통신이 막히는 경우가 발생한다.

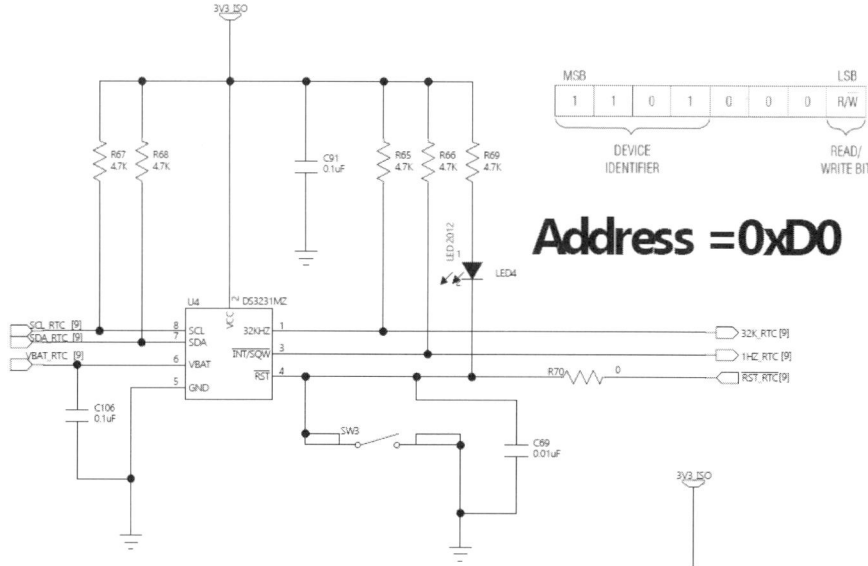

[그림 10.8-10] DS3231MZ 회로 구성.

STM32F10xxC/D/E silicon limitations   STM32F101xC/D/E STM32F103xC/D/E

2.14.7   I2C analog filter may provide wrong value, locking BUSY flag and preventing master mode entry

Description

The I2C analog filters embedded in the I2C I/Os may be tied to low level, whereas SCL and SDA lines are kept at high level. This can occur after an MCU power-on reset, or during ESD stress. Consequently, the I2C BUSY flag is set, and the I2C cannot enter master mode (START condition cannot be sent). The I2C BUSY flag cannot be cleared by the SWRST control bit, nor by a peripheral or a system reset. BUSY bit is cleared under reset, but it is set high again as soon as the reset is released, because the analog filter output is still at low level. This issue occurs randomly.

[그림 10.9-1] STM32F10xxC/D/E I2C bug.

이 문제를 해결하기 위해서 다음과 같이 coding하였다.

```
void EEPROM_WriteWord(uint16_t eeww_MemAddress, uint16_t eeww_data){
  // uint8_t eeww_prev_buf[2] = {0,0};
  eeww_prev_write_buf[0] = (uint8_t)(eeww_data >> 8);
  eeww_prev_write_buf[1] = (uint8_t)(eeww_data & 0x00ff);
  if(HAL_I2C_Mem_Write(&hi2c2, AT24C256C_DEVADDR, eeww_MemAddress, 2,
      eeww_prev_write_buf, 2, 1000)!=HAL_OK)   {               ▶ ①
    if(__HAL_I2C_GET_FLAG(&hi2c2, I2C_FLAG_BUSY) != RESET) {   ▶ ②
      I2C_ReEnable();                                          ▶ ③
```

```
      }
      HAL_I2C_Mem_Write(&hi2c2, AT24C256C_DEVADDR, eeww_MemAddress, 2,
          eeww_prev_write_buf, 2, 1000);                              ▶ ④
    }
  HAL_Delay(10);
  }
```

즉, ①번과 같이 지정한 16bits I2C address에 16bits 1 word data를 write 하도록 명령하였는데, HAL_OK가 발생하지 않고, I2C_FLAG_BUSY가 풀리지 않는 경우에는 [그림 10.9-1] 문서에서 제시한 방법을 구현한 **I2C_ReEnable() 함수**를 호출한 이후에 다시 동일한 16bits I2C address에 16bits 1 word data를 write 해 주면 된다. 구체적으로 STM32에서 제시한 방법은 해당 문서를 참조하면 되고, **I2C_ReEnable()** 함수의 내용은 다음과 같다.

```
  void I2C_ReEnable(void) {
    GPIO_InitTypeDef GPIO_InitStruct = {0};
    // 1. Disable the I2C peripheral by clearing the PE bit in I2Cx_CR1 register.
    uint32_t tmp=hi2c2.Instance->CR1;
    tmp &=0xFFFFFFFE;
    // 2. Configure the SCL and SDA I/Os as General Purpose Output Open-Drain, High
     level (Write 1 to GPIOx_ODR).
    // PB10 = I2C2 SCL, PB11=I2C2 SDA
    GPIO_InitStruct.Pin = GPIO_PIN_10;
    GPIO_InitStruct.Mode = GPIO_MODE_OUTPUT_OD;
    GPIO_InitStruct.Pull = GPIO_PULLUP;
    GPIO_InitStruct.Speed = GPIO_SPEED_FREQ_LOW;
    HAL_GPIO_Init(GPIOB, &GPIO_InitStruct);
    GPIO_InitStruct.Pin = GPIO_PIN_11;
    GPIO_InitStruct.Mode = GPIO_MODE_OUTPUT_OD;
    GPIO_InitStruct.Pull = GPIO_PULLUP;
    GPIO_InitStruct.Speed = GPIO_SPEED_FREQ_LOW;
    HAL_GPIO_Init(GPIOB, &GPIO_InitStruct);
    HAL_GPIO_WritePin(GPIOB, GPIO_PIN_10, GPIO_PIN_SET);  // SCL : High Level
    HAL_GPIO_WritePin(GPIOB, GPIO_PIN_11, GPIO_PIN_SET);  // SDA : High Level
    // 3. Check SCL and SDA High level in GPIOx_IDR.
    GPIO_PinState SCL_Val= HAL_GPIO_ReadPin(GPIOB, GPIO_PIN_10);
    GPIO_PinState SDA_Val= HAL_GPIO_ReadPin(GPIOB, GPIO_PIN_11);
    // 4. Configure the SDA I/O as General Purpose Output Open-Drain, Low level
    HAL_GPIO_WritePin(GPIOB, GPIO_PIN_11, GPIO_PIN_RESET);  // SDA : LOW Level
    // 5. Check SDA Low level in GPIOx_IDR.
    SDA_Val= HAL_GPIO_ReadPin(GPIOB, GPIO_PIN_11);
```

```
    // 6. Configure the SCL I/O as General Purpose Output Open-Drain, Low level
    HAL_GPIO_WritePin(GPIOB, GPIO_PIN_10, GPIO_PIN_RESET);   // SCL : LOW Level
    // 7. Check SCL Low level in GPIOx_IDR.
    SCL_Val= HAL_GPIO_ReadPin(GPIOB, GPIO_PIN_10);
    // 8. Configure the SCL I/O as General Purpose Output Open-Drain, High level
    HAL_GPIO_WritePin(GPIOB, GPIO_PIN_10, GPIO_PIN_SET);   // SCL : HIGH Level
    // 9. Check SCL High level in GPIOx_IDR.
    SCL_Val= HAL_GPIO_ReadPin(GPIOB, GPIO_PIN_10);
    // 10. Configure the SDA I/O as General Purpose Output Open-Drain , High level
    HAL_GPIO_WritePin(GPIOB, GPIO_PIN_11, GPIO_PIN_SET);   // SDA : HIGH Level
    // 11. Check SDA High level in GPIOx_IDR.
    SDA_Val= HAL_GPIO_ReadPin(GPIOB, GPIO_PIN_11);
    // 12. Configure the SCL and SDA I/Os as Alternate function Open-Drain.
    GPIO_InitStruct.Pin = GPIO_PIN_10;
    GPIO_InitStruct.Mode = GPIO_MODE_AF_OD;
    GPIO_InitStruct.Pull = GPIO_PULLUP;
    GPIO_InitStruct.Speed = GPIO_SPEED_FREQ_LOW;
    HAL_GPIO_Init(GPIOB, &GPIO_InitStruct);
    GPIO_InitStruct.Pin = GPIO_PIN_11;
    GPIO_InitStruct.Mode = GPIO_MODE_AF_OD;
    GPIO_InitStruct.Pull = GPIO_PULLUP;
    GPIO_InitStruct.Speed = GPIO_SPEED_FREQ_LOW;
    HAL_GPIO_Init(GPIOB, &GPIO_InitStruct);
    // 13. Set SWRST bit in I2Cx_CR1 register.
    tmp=hi2c2.Instance->CR1;
    tmp |=0x8000;
    // 14. Clear SWRST bit in I2Cx_CR1 register.
    tmp=hi2c2.Instance->CR1;
    tmp &=0x7FFF;
    // 15. Enable the I2C peripheral by setting the PE bit in I2Cx_CR1 register.
    tmp=hi2c2.Instance->CR1;
    tmp |=0x1;
  }
```

이제, 더 이상 I2C bug 문제는 발생하지 않았다. 그런데, EEPROM_WriteWord() 함수를 보면, [그림 10.3-6]에서 설명한 내용 즉, "EEPROM은 내부적으로 1byte를 writing하고, 완료하는 데 t_{WR} = 5[ms] 만큼의 시간이 요구된다."를 반영하기 위해서 **HAL_Delay(10);**을 사용한 것을 볼 수 있다. 그런데, HAL_Delay(10) 함수는 **Systick exception과 동기 되어** 동작하므로 임의의 handler mode에서 사용하면 **동작이 멈출 수 있어서** 12.5. 단원에서 HAL_Delay() 함수 대신에 timers를 대신 사용하는 방법을 학습하게 될 것이다.

【연구 과제】

이번 단원에서는 I2C 통신 방식에 대한 내용과 CubeMX에 원하는 I2C 통신 사양을 설정하는 방법을 학습하였다. 또한, I2C 통신 방식으로 연결되는 여러 소자들에 대해서도 학습하였다. [그림 10.4-2]에서는 SJ_MCUBook_M3 보드에 있는 AT24C256C EEPROM에 임의의 번지를 지정하여 데이터를 작성하고, 작성된 데이터를 다시 읽어서 표시하는 연습을 하였다. 즉, 0.5[초] 마다 날짜, 시각, MCU 내부 배열의 sine 데이터, 그리고, EEPROM 데이터를 표시하는 기능을 수행하는 연습을 하였다. 이제, [그림 10.4-2]의 ④번에 보여준 **Device Tx** button을 click하면, MCU 내부 배열에 저장되어 있는 sine 데이터를 모두 EEPROM에 저장하고, 0.5[초] 마다 MCU 내부 배열의 sine 데이터 대신에 EEPROM에 저장한 데이터를 순서대로 하나씩 읽어서 SJ_MCUBook_Apps program에 plotting 하도록 coding해 보도록 하자. 또한, 다음 그림과 같이 64pins Nucleo 보드의 **CN3** connector TX를 **J2**의 가운데 즉, 2번 pin에 연결하고, •RX를 **J3**의 가운데 즉, 2번 pin에 각각 제공되는 jumper wire로 연결하고, SJ_MCUBook_Apps program은 Nucleo 보드 COM port에 연결하고, SJ_MCUBook_M3 보드의 CP2102에 연결된 USB2UART COM port에는 Tera Term을 연결하여 준다.

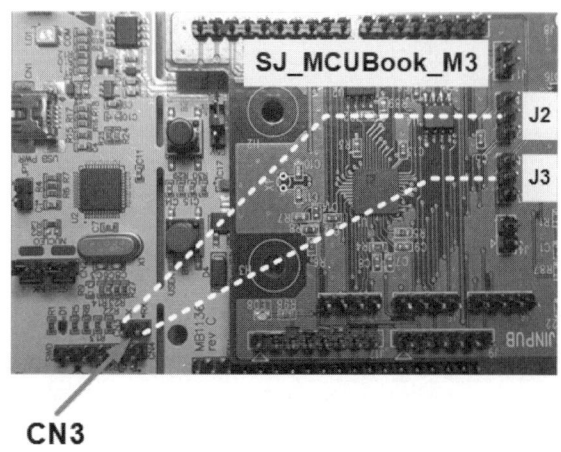

그리고, SJ_MCUBook_Apps program에서 임의의 GUI 성분을 click할 때마다 UART 전송 규격에 따른 데이터가 Tera Term에 다음과 같이 표시되는 것을 확인해 보기 바란다. 또한, 위와 같이 연결해 주어야 하는 이유를 64pin nucleo 보드 회로도와

SJ_MCUBook_M3 보드의 회로도를 함께 분석하여 확인해 보기 바란다.

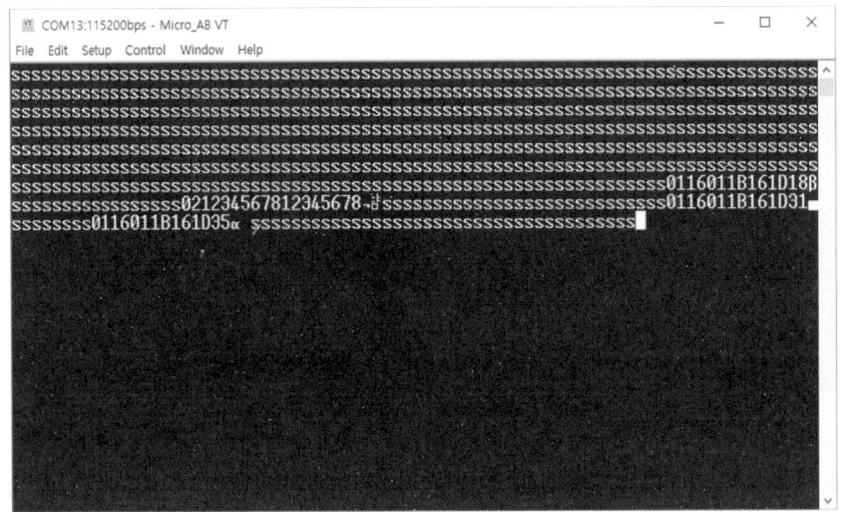

CHAPTER

11

SPI 사용 방법과 관련 소자들 사용 방법

이번 Chapter에서는 앞서 학습한 UART, I2C와 함께 직렬 통신 방식으로 광범위하게 사용되는 또 다른 통신 방식인 **SPI**(Serial Peripheral Interfaces)에 대해서 학습해 보도록 하겠다. Master가 제공하는 clock을 기준으로 데이터를 구성하는 bit stream이 전송되는 **동기식 방식**으로서 송신과 수신 신호 선을 각각 가지고 있는 **full duplex 통신 방식**이다. 그러므로, 상대적으로 UART, I2C 통신 방식과 비교하여 보다 안정적으로 좀 더 빠른 bit rate를 가질 수 있다. 구체적으로 **SPI 통신 방식은 다음과 같이 4개의 신호선들로 구성**된다. 단, I2C 통신 방식에서도 언급하였듯이 **모든 동기식 전송 방식에서 clock을 생성하는 부품은 master**라고 하고, **받는 부품은 slave**라고 한다.

❶ MISO(Master In Slave Out) pin : master 입장에서 입력

　Master의 MISO pin은 Slave의 MISO pin과 연결되어야 한다. 기본적으로 **MSB 먼저** 8-bit serial data가 전송된다.

❷ MOSI(Master Out Slave In) pin : master 입장에서 출력

　Master의 MOSI pin은 Slave의 MOSI pin과 연결되어야 한다. 기본적으로 **MSB 먼저**

8-bit serial data가 전송된다.

❸ SCLK(Serial Clock) pin : master 입장에서 출력

Master가 제공하는 Serial Clock(SCLK)은 관련 register에 의해서 clock의 **초기 전압 level**을 high 또는 low 중에서 선택할 수 있고, 위치도 조정할 수 있다. 그리고, 전송율(bit rate)도 지정할 수 있는데 자세한 내용은 **11.1.절**을 참고하기 바란다. 연결된 slave와 정확하게 데이터 통신을 수행하기 위해서는 **clock에 대한 설정이 상호 동일**해야 한다.

❹ CS(Chip Select) pin : master 입장에서 출력

SPI slave mode 입장에서 **전송은 CS pin이 low level이 될 때 시작하여 CS pin이 high level이 될 때, 종료**된다. 또한, SCLK와 마찬가지로 CS도 항상, master가 발생시켜준다.

현재, SJ_MCUBook_M3 보드에는 **TLV5638** DAC 부품이 SPI 통신 방식으로 연결되어 있다. 물론, ADuCM363 MCU와 바로 SPI 통신 방식으로 연결되어 있으니, 어느 한 쪽의 MCU에 있는 SPI를 master로 설정하고, 다른 한 쪽을 slave로 설정하여 SPI 통신 방식에 대한 학습을 하여도 될 것이다.

■ 학습 목표 :
- SPI 통신 방식에 대한 소개와 관련 내용을 학습한다.
- STM32 MCU가 제공하는 SPI 통신에 대한 특징과 사용 방법에 대해서 학습한다.
- CubeMX에서 SPI 통신 관련 설정 방법에 대해서 학습한다.
- TI Inc.의 DAC 부품인 TLV5638, ADI Inc.의 DAC 부품인 AD5687R/AD5689 소자들을 제어하고, 데이터 통신을 수행하기 위한 실질적인 SPI 관련 source 파일을 개발한다.
- SJ_MCUBook_M3 보드에 있는 DAC인 TLV5638 소자를 제어하여 정현파를 생성하고, 그 결과를 SJ_MCUBook_Apps program으로 확인해 본다.

11.1 SPI 사용 방법 소개.

일반적으로 STM32 MCU와 SPI 통신으로 연결될 부품은 **slave**가 될 것이다. 이제부터 MCU에 연결할 부품에 대한 datasheet를 보고, 어떻게 STM32 MCU SPI coding을 해야 하는지 **2가지 경우**로 나누어 자세히 설명하도록 할 것이다. 첫 번째는 [그림 11.1-1]에서 보여준 것과 같이 SPI 통신을 사용하는 경우를 생각해 보자. 일반적으로 MCU 내부의 pull-up 기능 보다는 관련된 4개의 신호 선들을 모두 I2C처럼 **외부**에서 **pull-up**해 준다.

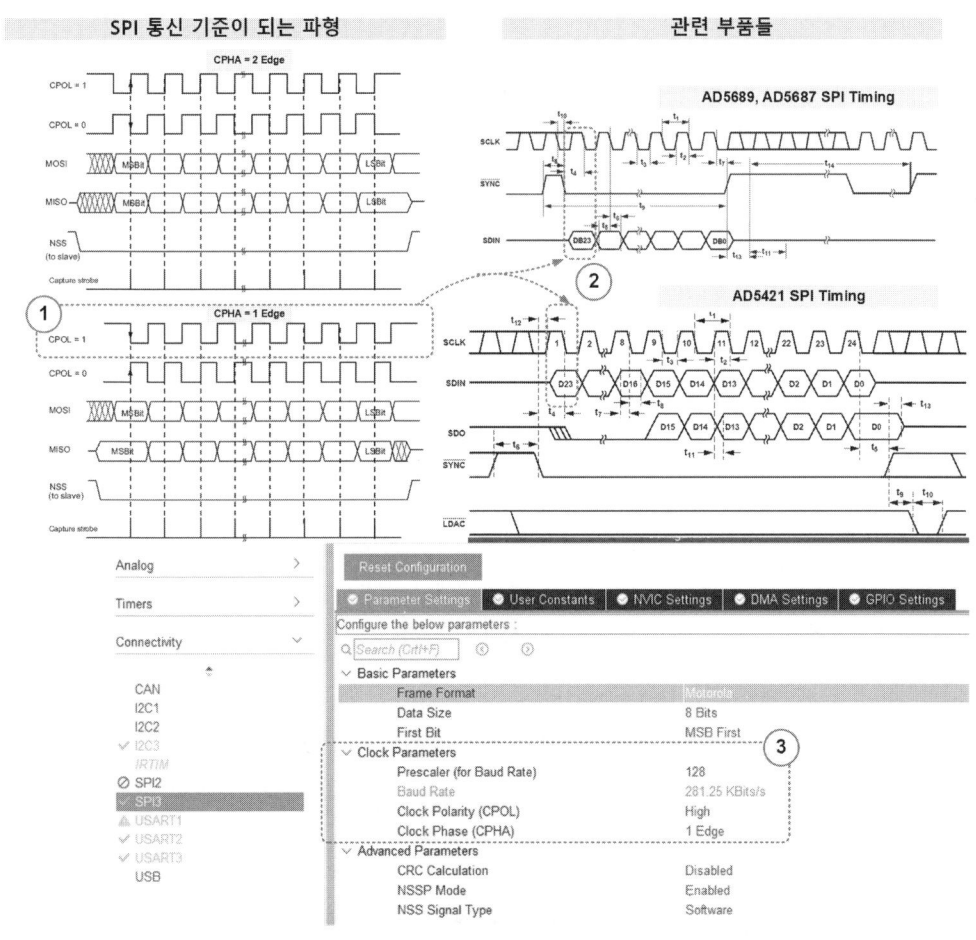

[그림 11.1-1] SPI 통신 사례 - 1.

SPI 통신을 위해서는 제일 먼저 [그림 11.1-1]의 ③번에서 보여준 Clock Parameters 관련 값들을 사용하려는 부품의 datasheet를 보고, 맞추어 주어야 한다. ①번 파형에서는 clock 이 **바로 떨어지는 또는 올라가는** 즉, 1 Edge 기준으로 falling edge 또는 rising edge에서 **data를 획득하는 것**을 보여주고 있다. ①번 파형의 경우, clock의 falling edge에서 데이터를 가져가지만, CPOL=1 즉, High이다. 그러므로, ③번처럼 Clock Polarity(CPOL)로는 **High**를 지정하고, Clock Phase(CPHA)로는 **1 Edge**를 지정하였다. 그런데, ADI에서 제공하는 16-Bit, Serial Input, Loop-Powered, 4[mA]~20[mA] DAC인 **AD5421**과 Dual, 16-/12-Bit nanoDAC+인 **AD5689** 또는 **AD5687 datasheet**의 SPI timing 특성을 보면, ②번에서 보여준 것과 같이 ①번 파형과 일치하는 것을 확인 할 수 있다. 그러므로, 이들 소자들과 STM32 MCU가 SPI 통신을 수행하기 위해서는 ③번에서 보여준 것과 같이 CubeMX에 설정해 주고 C framework를 생성해 주어야 한다. 특별히, ①번과 같이 1 Edge CPOL=1로 설정한 경우에 **SCLK default level**이 **high인데 주의**하자. 그러므로, SCLK는 CubeMX에서 **초기에 pull-up** 시켜주어야 한다는 데 주의하자. [그림 11.1-2]는 두 번째 SPI 통신에 대한 경우이다. [그림 11.1-2]에 해당하는 device로는 ADI Inc.에서 제공하는 단상 전력 분석용 **ADE7953**과 삼상 전력 분석용 **ADE9000**이 있다. ⑤번은 이들 부품이 갖는 SPI timing 특성을 보여주고 있다. 이 특성은 ④번에서 보여준 SPI 통신 기준 파형과 **일치하는 것을 확인** 할 수 있다. 그러므로, ⑥번의 Clock Parameters 관련 설정에서 CPOL=1이기 때문에 Clock Polarity(CPOL)의 값으로는 **High**를 지정하고, Clock Phase(CPHA)의 값으로는 **2 Edge**를 설정하여 준다. 이때에도 역시, SCLK 초기 level은 high가 되도록 pull-up 시켜주어야 한다는 데 주의하자. 이처럼 CubeMX에서 설정한 또는 수정한 parameter 들의 값에 대한 변동은 **main.c** file 상에서 해당 주변 장치의 초기화 code 부분에서 해당 설정 값들만 바뀌어 반영된다. 물론, 추가한 주변 장치를 위해서 interrupt를 새롭게 enable 하였다면, 해당 함수 code가 stm32f7xx_it.c file과 main.c file에 반영되어 C framework로 생성된다. 그리고, 선택한 주변 장치에 대한 기본적인 초기화 관련 code는 stm32f7xx_**hal_msp**.c file에서 확인할 수 있다. 단, 설정 값으로 인해서 interrupt 관련 HAL_SPI_Receive_IT() 함수 또는 polling 관련 HAL_SPI_Transmit() 함수의 사용 방법 자체가 바뀌지는 않는다는 데 주의하자. 이제, SPI 통신을 위한 Clock Parameters 설정을 완료하였다면, **Basic Parameters**를 설정해 주어야 한다. 구체적으로 [그림 11.1-3]에서 보여준 **Data Size** parameter의 값을 설정해 주어야 한다.

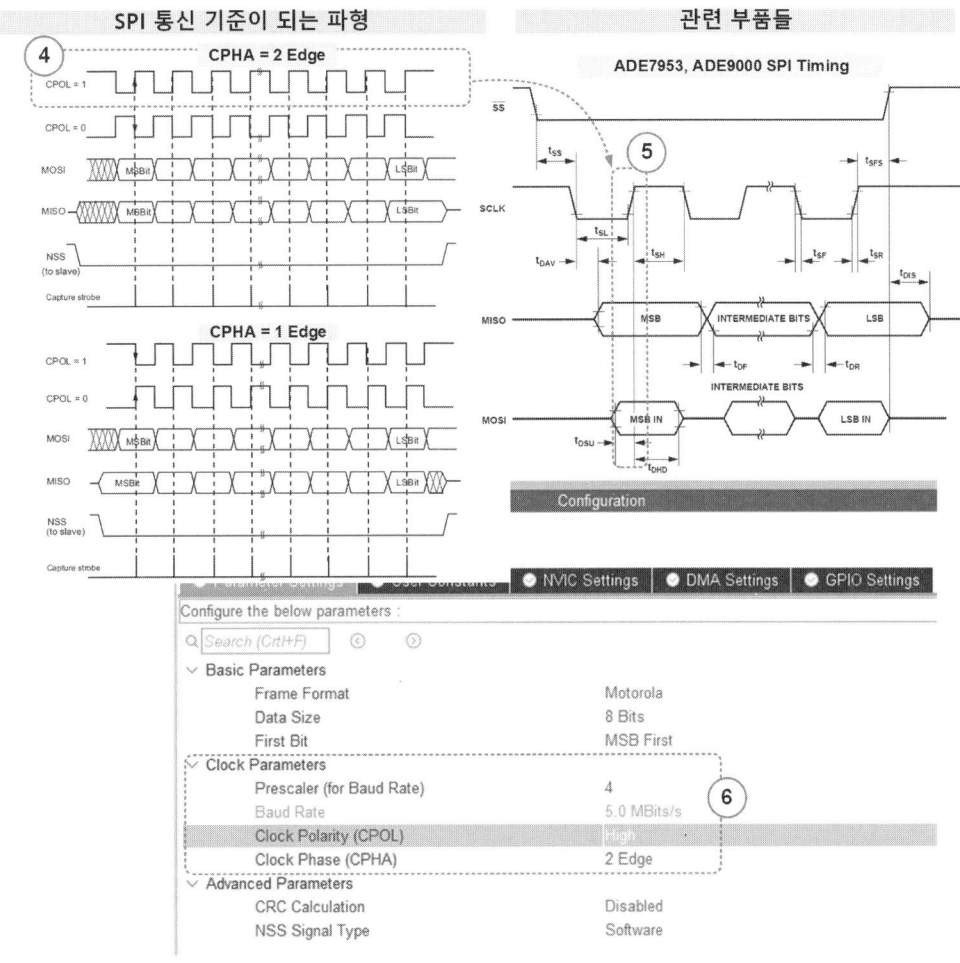

[그림 11.1-2] SPI 통신 사례 – 2.

예를 들면, Data Size=16bits로 설정하고, **polling 방식**으로 16bits 데이터 0x20 하나를 전송하려는 경우에는 다음과 같이 HAL_SPI_Transmit() 함수를 사용하면 된다.

```
uint8_t TmpSpiTx = 0x20, *pTmpSpiTx;
pTmpSpiTx=&TmpSpiTx;
HAL_SPI_Transmit(&hspi2, (uint8_t*)pTmpSpiTx, 1, 100);  // timeout = 100[ms]
```

여기서 사용된 HAL_SPI_Transmit() 함수의 prototype은 다음과 같다.

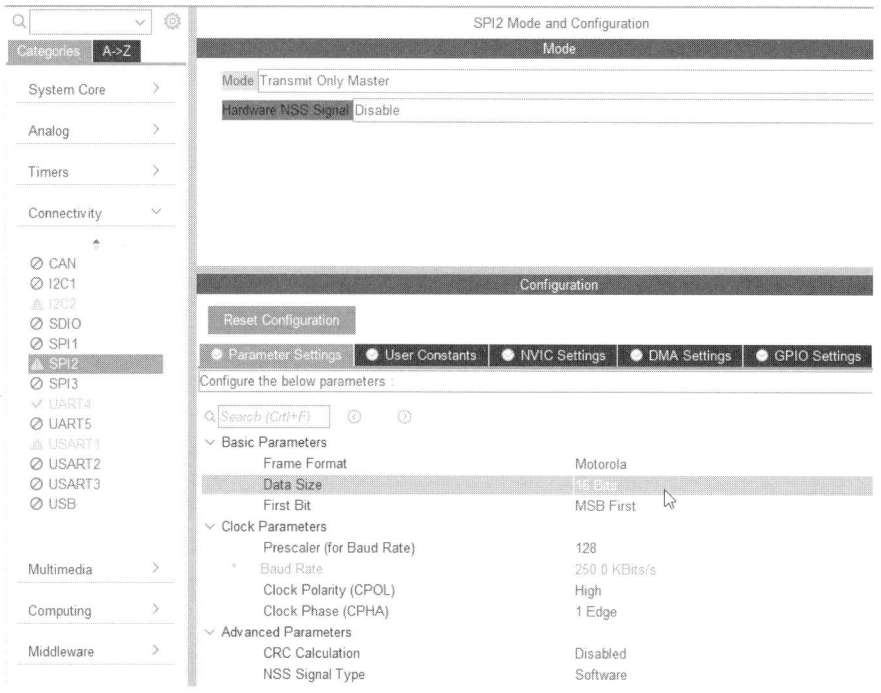

[그림 11.1-3] SPI 통신을 위한 Data Size 설정.

```
/**
  * @brief  Transmit an amount of data in blocking mode.
  * @param  hspi pointer to a SPI_HandleTypeDef structure that contains
  *              the configuration information for SPI module.
  * @param  pData pointer to data buffer
  * @param  Size amount of data to be sent
  * @param  Timeout Timeout duration
  * @retval HAL status
  */
HAL_StatusTypeDef HAL_SPI_Transmit(SPI_HandleTypeDef *hspi, uint8_t *pData,
          uint16_t Size, uint32_t Timeout)
```

HAL_SPI_Transmit(&hspi2, (uint8_t*)pTmpSpiTx, 1, 100);과 같이 설정하면, 8개의 SCLK pulse가 나갈 것이고, 데이터는 8bits만 전송될 것이라고 생각하지만, 이미, [그림 11.1-3]에서 **Data Size = 16Bits**라고 설정하였으므로 16개의 bits가 전송된다는데 **주의**하기 바란다. 그러므로, CubeMX에서 설정한 Data Size 값을 잊어버리고,

```
HAL_SPI_Transmit(&hspi2, (uint8_t*)pTmpSpiTx, 2, 100);
```

위와 같이 사용하면, 16×2=**32bits가 전송**되며, 지정하지 않은 부분은 **모두 0으로 즉, zero padding**되어 그 bits 개수만큼 SCLK pulse들을 생성한다는 데 주의하기 바란다. 이와 관련된 실수를 하지 않기 위해서는 항상, CubeMX에 설정하는 값을 고려하여 HAL library 함수를 사용하는 습관을 가져야 한다. [그림 11.1-4]는 지금까지 설명한 내용을 정리한 것이다.

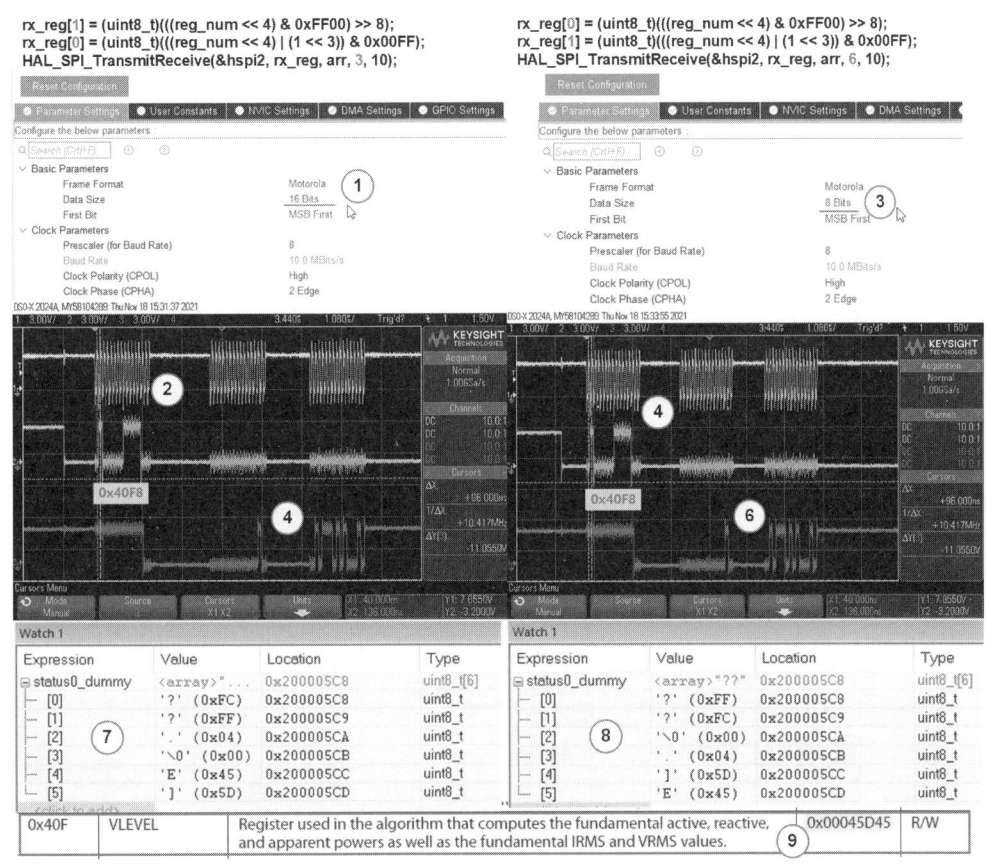

[그림 11.1-4] SPI 통신 : 8bits와 16bits mode 비교.

관련 code는 다음과 같으니 함께 비교해 보면서 지정한 번호 별로 순서대로 분석해 보도록 하자.

```
uint16_t reg_num=0x0000040F; uint8_t arr[10]={0,};
ADE9000RegRead(reg_num, arr);
void ADE9000RegRead(uint16_t reg_num, uint8_t *arr) {
  uint8_t rx_reg[6] = {0, 0, 0, 0, 0, 0};
```

```
    #if 1 // Data Size=16bits, 이때에는 rx_reg[1]-rx_reg[0]이 16bits가 됨 즉, 0x40F8.
      rx_reg[1] = (uint8_t)(((reg_num << 4) & 0xFF00) >> 8);             // 0x40
      rx_reg[0] = (uint8_t)(((reg_num << 4) | (1 << 3)) & 0x00FF);       // 0xF8
      HAL_GPIO_WritePin(SPI2_CS_GPIO_Port, SPI2_CS_Pin, GPIO_PIN_RESET);
      HAL_SPI_TransmitReceive(&hspi2, rx_reg, arr, 3, 10);
      HAL_GPIO_WritePin(SPI2_CS_GPIO_Port, SPI2_CS_Pin, GPIO_PIN_SET);
    #else // Data Size=8bits, 이때에는 rx_reg[0]-rx_reg[1]이 16bits가 됨 즉, 0xF840.
      rx_reg[0] = (uint8_t)(((reg_num << 4) & 0xFF00) >> 8);             // 0x40
      rx_reg[1] = (uint8_t)(((reg_num << 4) | (1 << 3)) & 0x00FF);       // 0xF8
      HAL_GPIO_WritePin(SPI2_CS_GPIO_Port, SPI2_CS_Pin, GPIO_PIN_RESET);
      HAL_SPI_TransmitReceive(&hspi2, rx_reg, arr, 6, 10);
      HAL_GPIO_WritePin(SPI2_CS_GPIO_Port, SPI2_CS_Pin, GPIO_PIN_SET);
    #endif
    }
```

단, 주어진 code는 앞서 언급한 ADE9000 소자가 **특별히 요구하는 SPI 통신 규약**에 맞추어 작성된 것이다. [그림 11.1-5]는 ADE9000 datasheet에 나와 있는 SPI 통신 규약을 정리한 것이다.

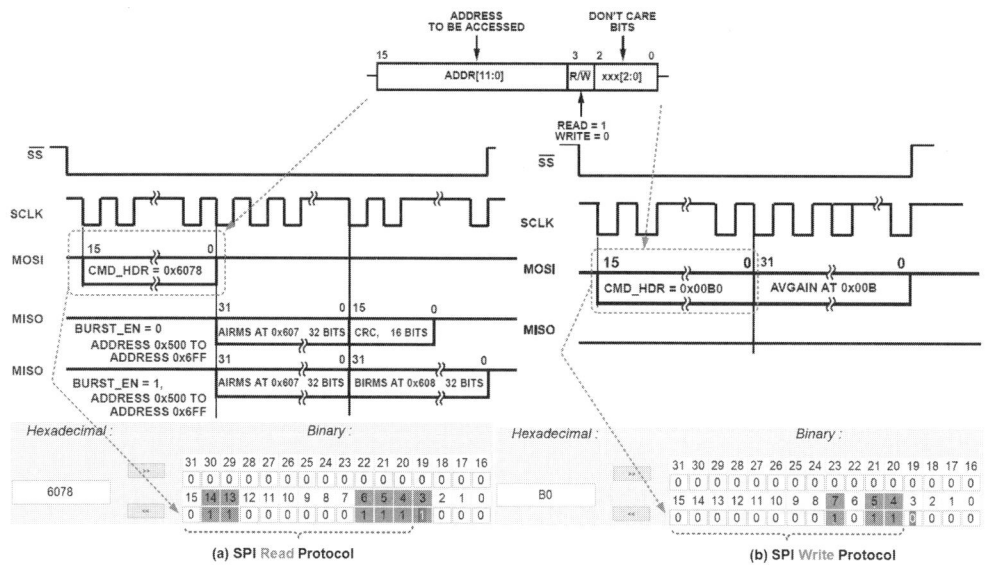

[그림 11.1-5] ADE9000 SPI 통신 규약 정리.

이처럼, 여러분이 다루어야 할 소자가 있다면, 해당 부분에 대해서 간단히 그림으로 정리해 놓는 것이 coding하는 데 많은 도움이 된다. 즉, ADE9000 내부 register를 읽기 위해서는

16bits CMD_HDR을 전송하고, 이후에 32bits SCLK pulse를 주면 해당 register 값이 출력된다는 의미이다. 그런데, 16bits CMD_HDR에서 0~2bit까지는 don't care로 의미가 없고, 3번째 bit값이 1이면, register 값을 read하는 요청이고, 0이면, write하는 요청으로 인식하겠다는 의미이다. 그리고, 나머지 15~4bit 즉, 12bits가 실질적인 register 번지로 사용된다는 의미가 된다. 이제 이 부품의 내부 register들 중에서 **0x40F** 번지에 있는 내용을 읽고 싶은데, 그 register의 기본 값 즉, default 값은 [그림 11.1-4]의 ⑨번과 같이 0x00045D45이다. 이 값을 정상적으로 읽는지 확인하기 위하여 위와 같이 coding을 한 것이다. 여기서, 사용한 HAL_SPI_**TransmitReceive**() 함수는 **한번**에 SPI 송신을 하고, 이어서 **자동으로** 수신을 수행한다. 이 함수에 4번째 매개변수로 설정한 **3**과 **6**은 **송신과 수신에 사용될 전체 데이터의 개수**이다. 이때, 데이터의 **기본 크기** 즉, word size는 [그림 11.1-4]의 ①번 또는 ③번에서 설정한 값이다. 그러므로, 4번째 매개변수로 6을 지정하고, rx_reg에 CMD_HDR 16bits를 MOSI로 전송하면, 나머지 8bits × 4 = 32bits에 해당하는 32개 SCLK는 MISO를 통하여 register 값이 읽혀진다. 왜냐하면, full-duplex이므로 일단, slave가 처음 보내준 16bits를 받아서 MISO로 응답을 하게 되며, 이것은 MOSI 신호와 상관없이 수행하게 된다. 그런데, Data Size를 16bits 또는 8bits 설정에 상관없이 ②번과 ④번에서 보여준 것과 같이 **16개의** SCLK pulse로 **동일하게 파형을 생성**하는 것을 확인할 수 있다. 또한, **First Bit**로 **MSB First**를 설정하였으므로 16bits CMD_HDR에 설정한 **0x40F8**이 그대로 serial bit stream으로 변환되어 MOSI로 출력되어야 한다. 이것을 맞추기 위해서 앞서 주어진 code에서 **rx_reg[0]**과 **rx_reg[1]**의 순서가 설정한 Data Size의 bits 값에 따라서 **서로 다른 것이다**. 이것은 또한, Data Size를 **16bits로 설정한 경우**에 수신되는 MISO 데이터에 저장되는 unit8_t 배열의 원소 값들과 **8bits로 설정한 경우**에 저장되는 원소 값들의 **순서가 다른** 원인과 같다. 그러므로, Data Size를 8bits로 설정한 경우에는 즉, [그림 11.1-6]의 ⑩번과 같이 읽혀진 데이터는 ⑪번과 같이 **후처리를 수행할 macro**를 만들어 ⑫번과 같이 원하는 값을 얻도록 해야 할 것이다. 다음과 같이 polling 방식을 사용한 함수를 보면, timeout으로 10[ms]를 설정한 것을 볼 수 있다.

```
HAL_SPI_TransmitReceive(&hspi2, rx_reg, arr, 6, 10);
```

사실, timeout에 할당할 시간 간격에 대해서 제대로 계산하여 결정해 주어야 한다.

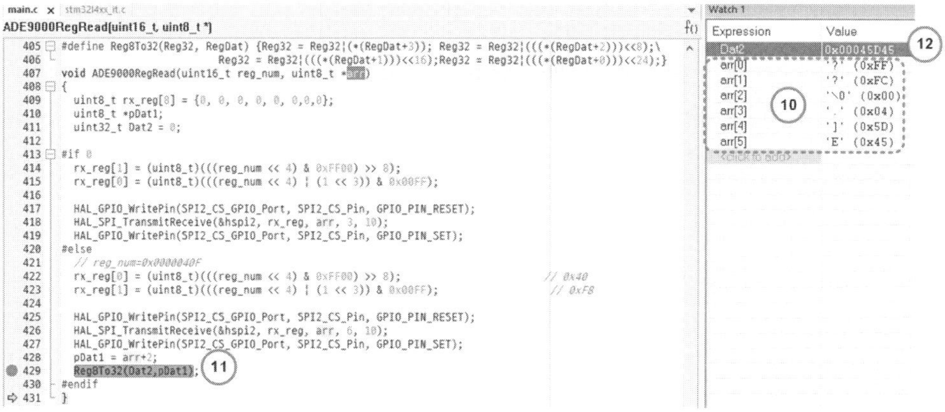

[그림 11.1-6] SPI 통신으로 읽혀진 값 후처리 방법.

예를 들어서, 문제를 좀 더 간단히 하기 위하여 115200[bps]로 UART를 구동하는 경우를 생각해 보자. 이때, 1byte를 PC가 수신하기 위해서는 start와 stop bit를 포함하여 대략 10bits이므로 1byte 전송하는데, 대략 86.8[us]가 걸린다. 이것을 계산의 편의상 100[us]라고 하면, 100[ms]에는 1000×100[us]=100[ms]가 되어서 결국, 1000bytes를 전송할 수 있다는 의미가 된다. 그런데, 다음과 같이 coding을 하면, Saw2Dat8 배열의 크기가 714*2+2+4=**1434** bytes가 되므로 100[ms]안에 모두 전송할 수 없게 되어서 timeout이 걸리며, 결국, 100[ms] 이후의 데이터는 전송되지 않거나 오동작의 원인이 될 수 있다.

```
for(i=0;i<(714+1);i++) {
  Saw2Dat8[2*i+4]=(uint8_t)((Saw2Dat[i])>>8);
  Saw2Dat8[2*i+5]=(uint8_t)(Saw2Dat[i]);
}
HAL_UART_Transmit(&huart1, Saw2Dat8, 714*2+2+4, 100);         // Channel 2 Data
```

이 문제를 해결하기 위해서는 다음과 같이 time out 시간을 늘려주어야 한다.

```
HAL_UART_Transmit(&huart1, Saw2Dat8, 714*2+2+4, 1000);        // Channel 2 Data
```

어짜피, **필요한 시간만 사용할 것**이므로 200로 설정하거나 1000으로 설정하거나, 1434bytes를 **전송하는 데 필요한 시간은 동일**하게 소비된다. 그러므로, 넉넉하게 1000으로 설정하였다는 데 주의하자. 특별히, 임의의 부품 내부 register에 접근할 때에 **union**을 이용한 유용한 coding tip을 소개하도록 하겠다. 잘 살펴보고, 만일, 이해가 가지 않는다면, **10.4.절**에서 소개한 VisualC++의 빈프로젝트 방법을 이용하여 확인해 보기 바란다. 단, 다음의 code 내용 중에서 HAL 관련 함수들을 만나면 이들은 적절히 수정하여 Visual C++ 에서 동작하도록 만들어야 한다. 예를 들면, GPIO 제어는 무시하고, SPI read 또는 write 동작은 정상적으로 수행되었다고 가정한다. **오로지 union data type과 그에 따른 데이터 조작을 어떻게 하고 있는지** Visual C++의 debug mode로 실행해 가면서 한 줄 한 줄 모두 이해해 보기 바란다.

```c
#include<stdio.h>
#include<stdint.h>
typedef union{
    uint16_t DacVal16;  uint8_t  DacVal8[2];
} DacValType;
typedef union{
    uint32_t DacDat32;  uint8_t  DacVal8[4];
} DacType;

uint8_t u1[2] = { 0, }, u2[4] = { 0, };
DacValType result;
DacType result32;
int main() {
    int i = 0;   uint8_t u3[4] = { 0, };

    result.DacVal16 = 0x1234;
    u1[0] = result.DacVal8[0];
    u1[1] = result.DacVal8[1];
    result32.DacDat32 = 0x12345678;
    u2[0] = result32.DacVal8[0];       // 0x78  u2[1] = result32.DacVal8[1];
    u2[2] = result32.DacVal8[2];              u2[3] = result32.DacVal8[3];
    u2[0] = *((uint8_t*)&result32);    // 0x78  u2[1] = *((uint8_t*)&result32+1);
    u2[2] = *((uint8_t*)&result32+2);         u2[3] = result32.DacVal8[3];
    return 0;
}
```

또한, 다음과 같이 union을 사용하는 예제 code도 주목하기 바란다.

```c
typedef union{
    uint32_t  ui32;  uint8_t  b8[4];
```

```c
}_uni_type_dw2b;

int32_t  ADE7953_SPI_RegRead(uint16_t addr) {
uint8_t u8_spitxbuf[10], u8_spirxbuf[10];
_uni_type_dw2b    result;
int rxlen = 0;

if (addr<0x100)
  rxlen = 1;
else
  if (addr<0x200)
    rxlen = 2;
  else
    if (addr<0x300)
      rxlen = 3;
    else
      if (addr<0x400)
        rxlen = 4;
      else
        if ((addr==0x702)||(addr==0x800))
          rxlen = 1; // special register addr
        else
          return -1;

HAL_GPIO_WritePin(SPI1_SS_GPIO_Port, SPI1_SS_Pin, GPIO_PIN_RESET);
u8_spitxbuf[0] = (addr>>8)&0xFF;
u8_spitxbuf[1] = addr&0xFF;
u8_spitxbuf[2] = 0x80;              // SPI Read indication.
HAL_SPI_Transmit(hSpiADE7953, (uint8_t*)u8_spitxbuf, 3, 100);
u8_spirxbuf[0] = 0x00;    u8_spirxbuf[1] = 0x00;
u8_spirxbuf[2] = 0x00;    u8_spirxbuf[3] = 0x00;
HAL_SPI_Receive(hSpiADE7953, (uint8_t*)u8_spirxbuf, rxlen, 100);
HAL_GPIO_WritePin(SPI1_SS_GPIO_Port, SPI1_SS_Pin, GPIO_PIN_SET);

result.ui32 = 0;
switch (rxlen) {
case 0:
  break;
case 1:
  result.b8[0] = u8_spirxbuf[0];
  break;
case 2:
  result.b8[1] = u8_spirxbuf[0];  result.b8[0] = u8_spirxbuf[1];
```

```
      break;
    case 3:
      result.b8[2] = u8_spirxbuf[0];   result.b8[1] = u8_spirxbuf[1];
      result.b8[0] = u8_spirxbuf[2];
      break;
    case 4:
      result.b8[3] = u8_spirxbuf[0];   result.b8[2] = u8_spirxbuf[1];
      result.b8[1] = u8_spirxbuf[2];   result.b8[0] = u8_spirxbuf[3];
      break;
    }
    return (int32_t)result.ui32;
}
```

11.2 TLV5638 DAC 사용 방법.

SJ_MCUBook_M3 보드에는 SPI 통신을 이용하여 STM32 MCU뿐만 아니라 ADI Inc.에서 출시하는 ADuCM363 MCU도 TLV5638 DAC에 접근할 수 있도록 연결되어 있다. 여기서는 지금까지 학습한 SPI 통신 관련 지식을 바탕으로 STM32 MCU를 이용하여 TLV5638 DAC를 구동하는 code를 작성해 보도록 하겠다. TLV5638 DAC는 2.7[V]~5.5[V] Low Power **Dual 12bit DAC**이며, 구체적으로 다음과 같은 특징을 가진다.

❶ **Dual** 12bit voltage 출력 DAC, 즉, 2개의 **12bits** DAC 출력 channel들을 제공.
❷ Programmable 내부 reference를 가지고 있다. 그러므로, 별도의 외부 reference 전압이 필요 없다.
❸ Programmable settling time :
   - 1[us] in Fast Mode,   - 3.5[us] in Slow mode.
❹ Differential Nonlinearity〈0.5LSB Typ

[그림 11.2-1]은 SJ_MCUBook_M3 보드에서 TLV5638과 관련된 회로도 일부분이다. 또한, [그림 11.2-2]는 TLV5638 DAC의 내부 기능 블록도이다. 구체적으로 4개의 제어 bits와 12개의 data bits를 포함하는 총 16bits serial string으로 programming된다. 또한, 내부에 resistor string **출력 전압은 ×2 gain rail-to-rail 출력 buffer**에 의해서

buffering된다.

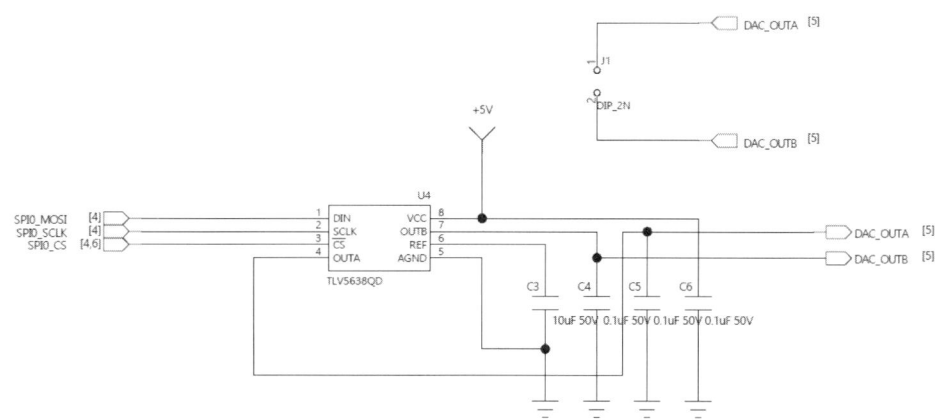

[그림 11.2-1] TLV5638 DAC 관련 회로도.

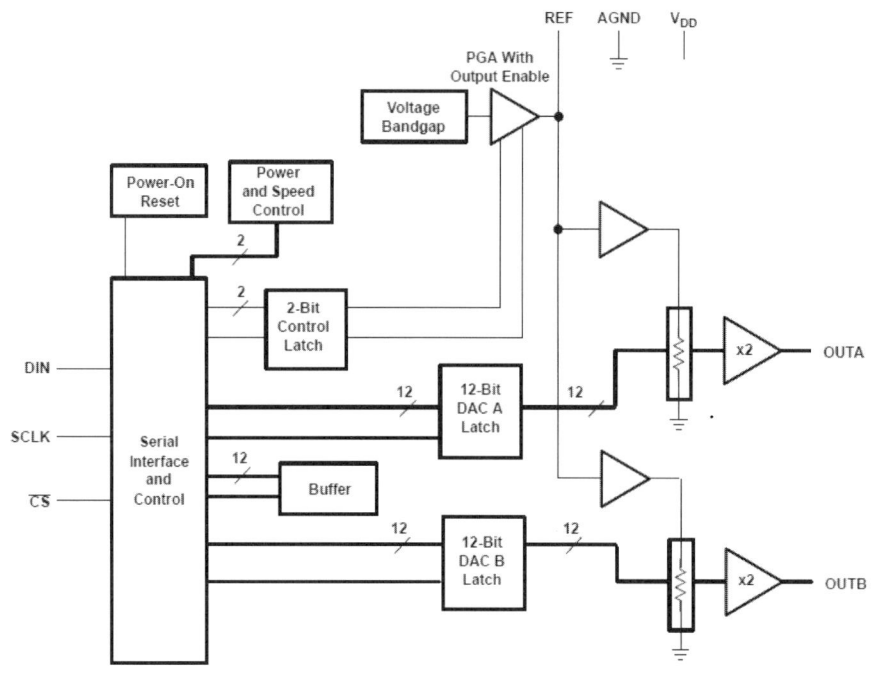

[그림 11.2-2] TLV5638 block diagram.

[그림 11.2-3]은 임의의 MCU와 TLV5638 DAC 사이의 SPI 연결도를 보여준 것이다. 또한, settling time을 줄이고, 안정적으로 동작하기 위해서 class AB output stage를 가진다.

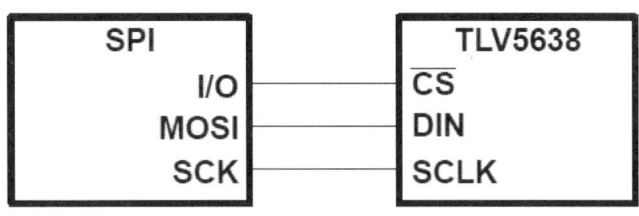

[그림 11.2-3] SPI 연결.

그리고, 사용자가 속도와 전원 소비를 최적화할 수 있도록 settling time을 programming 할 수 있다. on-chip programmable precision voltage reference를 포함하고 있으며, 1[mA]까지 driving 할 수 있으므로 system reference로 사용될 수도 있다. 출력 전압은 reference 전압에 의해서 결정되는 full scale로서 (식 11.2-1)에 의해서 얻어진다.

$$2 \times REF \times \frac{CODE}{0x1000} [V] \qquad \text{(식 11.2-1)}$$

여기서, REF는 reference voltage이며, 잠시 후에 보여줄 [표 11.2-2]를 기준으로 선택하면 된다. 그리고, CODE는 12bits DAC 이므로 0x000~0xFFF 범위 안에 있는 digital 입력 값이다. 최초 POR 즉, 전원 reset 시에 내부의 latch들은 모두 0 값을 가진다. SCLK의 **falling edge**에서 MSB로 시작하는 데이터를 구성하는 bit stream이 내부 register로 shifting 된다. 16bits가 전송된 이후 또는 WCS가 rising한 이후에 shift register의 내용은 data word 안에 있는 control bits에 따라서 target latch(즉, DAC A, DAC B, buffer, control)로 이동한다. write 동작 이후에 holding register 또는 control register는 자동으로 **16번째** positive clock edge에 대해서 갱신된다. 최대 SPI clock은 (식 11.2-2)로 얻어지고, 최대 update rate는 (식 11.2-3)으로부터 얻어진다.

$$f_{sclkmax} = \frac{1}{t_{whmin} + t_{wlmin}} = 20[MHz] \qquad \text{(식 11.2-2)}$$

$$f_{updatemax} = \frac{1}{16(t_{whmin} + t_{wlmin})} = 1.25[MHz] \qquad \text{(식 11.2-3)}$$

단, 최대 update rate는 단지 이론적인 값이다. 실질적으로는 이 값에 settling time의 값이 추가되어야 한다. 정리하면, 최대 대략 1[us] 마다 즉, 1[MHz]로 DAC 출력을 위한 데이터 sample 값을 갱신할 수 있다는 의미가 된다.

❶ Data Format :

16bits data word는 다음과 같이 2개의 부분들로 나뉜다.

ⓐ Program bits : D15~D12,   ⓑ New Data : D11~D0

D15	D14	D13	D12	D11	D10	D9	D8	D7	D6	D5	D4	D3	D2	D1	D0
R1	SPD	PWR	R0	12 Data bits											

SPD: Speed control bit   1 → fast mode   0 → slow mode
PWR: Power control bit   1 → power down   0 → normal operation

[그림 11.2-4] Data Format.

[표 11.2-1]은 R0와 R1로 register 선택의 조합을 보여준다.

R1	R0	설 명
0	0	DAC B에 데이터 write하고, DAC B 출력 갱신.
0	1	Buffer에 데이터 write
1	0	DAC A에 데이터 write하고, DAC A 출력 갱신, 그리고, 동시에 BUFFER 내용으로 DAC B 갱신.
1	1	Control register에 데이터 write.

[표 11.2-1] R0와 R1으로 register 선택 조합.

[그림 11.2-5]에서 보여준 것과 같이 만일, 2개의 DAC register들 중에서 어느 하나 또는 Buffer가 선택되면, 즉, R1R0=0b11이 아니면, 12개의 data bits는 새로운 DAC 값을 결정한다.

D11	D10	D9	D8	D7	D6	D5	D4	D3	D2	D1	D0
New DAC Value											

[그림 11.2-5] 12bits Data : DAC A, DAC B 또는 BUFFER

만일, R1R0=0b11로 Control register가 선택되면, reference 전압을 설정하기 위하여 [그

림 11.2-6]에서 보여준 것과 같이 D0와 D1만 사용된다.

D11	D10	D9	D8	D7	D6	D5	D4	D3	D2	D1	D0
X	X	X	X	X	X	X	X	X	X	REF1	REF0

[그림 11.2-6] 12bits Data : Control Register

[표 11.2-2]는 Control register의 REF0과 REF1로 reference source를 설정하는 방법을 보여주고 있다.

REF1	REF0	Reference
0	0	External
0	1	1.024[V]
1	0	2.048[V]
1	1	External

[표 11.2-2] Reference bits

만일, 외부 reference voltage가 REF pin에 적용되면, 외부 reference를 선택해야 한다. 그러나, 현재 SJ_MCUBook_M3 board에서는 외부 reference 전압을 사용하지 않고 있다.

❷ 사용 방법 예제 :

■ 예 제-1 : DAC A 출력을 조정, fast mode(1[us] settling time) 선택, 2.048[V]로 내부 reference 선택 :

ⓐ reference voltage=2.048[V]로 control register를 이용하여 설정.

D15	D14	D13	D12	D11	D10	D9	D8	D7	D6	D5	D4	D3	D2	D1	D0
1	1	0	1	0	0	0	0	0	0	0	0	0	0	1	0

[그림 11.2-7] 예제-1 : Control Register 설정.

[그림 11.2-7]의 bit 값은 [그림 11.2-8]에서 보여준 것과 같이 SJ_MCUBook_Apps program을 이용하여 **쉽게** coding 과정에서 필요한 **해당 16진수 값**을 얻을 수 있다. 즉, ①번과 같이 Chapter11 folder에 있는 SJ_MCUBook_Apps program을 실행하고, ②번에서 보여준 **Register...** button을 click하여 준다.

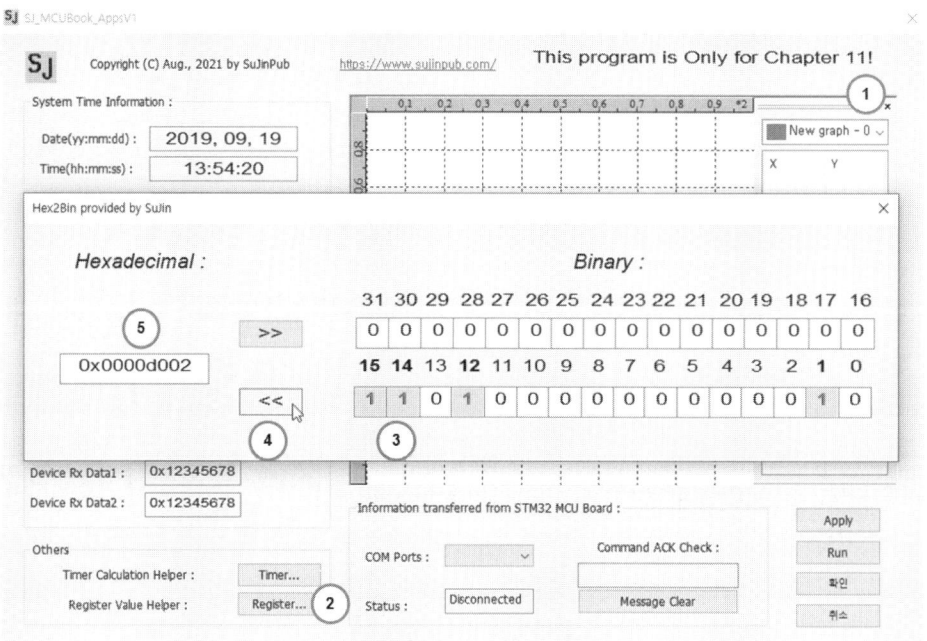

[그림 11.2-8] SJ_MCUBook_Apps를 이용한 16진수 변환.

그러면, **Hex2Bin** Dialogbox가 나타날 것이다. 이제, ③번과 같이 [그림 11.2-7]에서 보여준 1의 값을 해당 bit 위치에 지정해 주고, ④번과 같이 2진수를 16진수로 변환해 주는 ≪ button을 click하여 주면, 0b1101_0000_0000_0010=**0xd002**에 해당한다고 알려준다. 이제 이 값을 Coding 과정에서 사용하면 된다. 같은 방식으로 이후에 나타나는 모든 2진수와 16진수 사이의 값에 대한 관계와 변환은 **Hex2Bin** Dialogbox를 사용하면 도움이 된다.

ⓑ 새로운 DAC A 값을 BUFFER에 writing하고, DAC A 출력을 갱신.

DAC A 출력은 D0이 전송된 이후에 rising clock edge에서 갱신된다. 연속적으로 동일한 DAC 구성으로 data를 출력하기 위하여 다시 Control register를 programming 할 필요는 없고, [그림 11.2-9]와 같이 Data register만 새로운 출력 값을 계속해서 설정해 주면 된다.

D15	D14	D13	D12	D11	D10	D9	D8	D7	D6	D5	D4	D3	D2	D1	D0
1	1	0	0					New DAC A output value							

[그림 11.2-9] 예제-1 : Data Register 설정.

이제, (식 11.2-1)로 계산된 analog 값이 OUTA port로 계속해서 출력된다.

■ 예제-2 : DAC B 출력을 조정, fast mode(1[us] settling time) 선택, 외부 reference 전압 선택 :

ⓐ 외부 reference 전압을 설정하기 위하여 control register를 이용하여 설정.

D15	D14	D13	D12	D11	D10	D9	D8	D7	D6	D5	D4	D3	D2	D1	D0
1	1	0	1	0	0	0	0	0	0	0	0	0	0	0	0

[그림 11.2-10] 예제-2 : Control Register 설정.

ⓑ 새로운 DAC B 값을 BUFFER에 writing하고, DAC B 출력을 갱신.

D15	D14	D13	D12	D11	D10	D9	D8	D7	D6	D5	D4	D3	D2	D1	D0
0	1	0	0	\multicolumn{12}{c}{New BUFFER content and DAC B output value}

[그림 11.2-11] 예제-2 : Data Register 설정.

DAC B 출력은 D0이 전송 된 이후에 rising clock edge에서 갱신된다. 연속적으로 동일한 DAC 구성으로 data를 출력하기 위하여 다시 Control register를 설정 할 필요는 없고, Data register만 새로운 출력 값을 계속해서 설정해 주면 된다. (식 11.2-1)로 계산된 analog 값이 OUTB port로 계속해서 출력된다.

■ 예제-3 : DAC A와 DAC B 양쪽의 출력을 동시에 조정, slow mode(3.5[us] settling time) 선택, 1.024[V]로 내부 reference 선택 :

ⓐ reference voltage=1.024[V]로 control register를 이용하여 설정.

D15	D14	D13	D12	D11	D10	D9	D8	D7	D6	D5	D4	D3	D2	D1	D0
1	0	0	1	0	0	0	0	0	0	0	0	0	0	0	1

[그림 11.2-12] 예제-3 : Control Register 설정.

ⓑ 새로운 DAC B 값을 BUFFER에 writing한다.

D15	D14	D13	D12	D11	D10	D9	D8	D7	D6	D5	D4	D3	D2	D1	D0
0	0	0	1	\multicolumn{12}{c}{New DAC B value}

[그림 11.2-13] 예제-3 : DAC B Buffer Register 설정.

ⓒ 새로운 DAC A 값을 writing하고, DAC A와 DAC B를 동시에 출력을 갱신한다.

D15	D14	D13	D12	D11	D10	D9	D8	D7	D6	D5	D4	D3	D2	D1	D0
1	0	0	0	\multicolumn{12}{c|}{New DAC A value}											

[그림 11.2-14] 예제-3 : DAC A와 DAC B 동시에 출력 갱신.

2개의 DAC A와 B 출력은 DAC A data word의 D0이 전송 된 이후에 rising clock edge에서 갱신된다. 연속적으로 동일한 DAC 구성으로 data를 출력하기 위하여 다시 Control register를 설정 할 필요는 없고, 2개의 Data register들만 새로운 출력 값을 계속해서 설정해 주면 된다. (식 11.2-1)로 계산된 analog 값이 **OUTA**와 **OUTB** port 로 **계속해서 출력**된다.

■ 예제-4 : Power Down Mode

[그림 11.2-15]는 Power Down Mode 설정 방법을 보여준 것이다.

D15	D14	D13	D12	D11	D10	D9	D8	D7	D6	D5	D4	D3	D2	D1	D0
X	X	1	X	X	X	X	X	X	X	X	X	X	X	X	X

X = Don't care

[그림 11.2-15] 예제-4 : Power Down Mode.

❸ Single Ended supplies를 이용한 Linearity, Offset, 그리고, Gain Error.

amplifier는 single supply로 동작할 때, 전압 offset은 positive 또는 negative 중에서 어느 하나가 될 수 있다. positive offset은 출력 전압에 대해서 첫 번째 code 값부터 반영된다. 그러나, [그림 11.2-16]에서 보여준 것과 같이 negative offset은 출력 전압에 대해서 첫 번째 code 값부터 반영되지 않는데 주의하자.

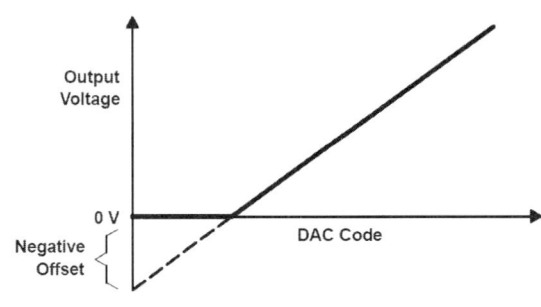

[그림 11.2-16] Negative offset의 효과

Zero-scale error는 digital 입력 code가 0일 때, zero 전압 출력으로부터의 이탈을 의미한다. 그런데, TLV5638의 경우에 [그림 11.2-17]에서 보여준 것과 같이 최대 ±24[mV]인 것을 알 수 있다.

ELECTRICAL CHARACTERISTICS (Continued)
over recommended operating conditions, V_{ref} = 2.048 V, V_{ref} = 1.024 V (unless otherwise noted)

STATIC DAC SPECIFICATIONS						
PARAMETER		TEST CONDITIONS	MIN	TYP	MAX	UNIT
Resolution				12		bits
INL	Integral nonlinearity, end point adjusted	See (1) C and I suffixes		±1.7	±4	LSB
		Q and M suffixes		±1.7	±6	LSB
DNL	Differential nonlinearity	See (2)		±0.4	±1	LSB
E_{ZS}	Zero-scale error (offset error at zero scale)	See (3)			±24	mV

[그림 11.2-17] Zero-scale error

11.3 TLV5638 DAC Coding 방법.

11.2.절에서 우리는 SJ_MCUBook_M3 board에 있는 TLV5638 DAC에 대해서 자세히 살펴보았다. 이제, Nucleo-STM32**F103**RB 보드로 SPI 통신을 통하여 TLV5638 DAC를 구동해 보도록 하겠다. 그리고 나서, Nucleo-L476 보드에서도 구동해 보도록 하겠다. [그림 11.3-1]은 SJ_MCUBook_M3 보드에서 TLV5638 DAC만 강조하여 표시한 것이다. 제일 먼저, 구동해야할 소자에 대한 주변 회로 구성과 제품에서 소자가 갖는 의미 즉, 역할을 분석하고 이해할 수 있어야 한다. 왜냐하면, Hardware 설계 실수를 인지하지 못하고, 오동작하는 문제를 소프트웨어로 해결하려고 시간을 낭비하는 경우가 많기 때문이다. 특히나 동일한 조건에서 간헐적으로 오동작하는 경우에는 hardware PCB 설계부문 즉, 신호선들의 배치에 대해서도 분석해야 한다. 그러므로, 실력 있는 소프트웨어 전문가가 되기 위해서는 hardware에 대한 능력도 중요하다. [그림 11.3-1]의 ①번을 보면, 알 수 있듯이 **PB13**번 pin에 연결되어 있는 SCLK와 **PB15**번 pin에 연결되어 있는 MOSI는 Arduino Uno 기본 connector에 없으므로 **외부 jumper wire를 이용**해서 연결해 주어야 한다. 그리고, TLV5638은 MISO pin이 없다. 즉, MCU에서 필요한 내부 register들에 작성만하고, 그 결과를 다시 읽어 와서 확인할 방법이 없다는 데 주의하자.

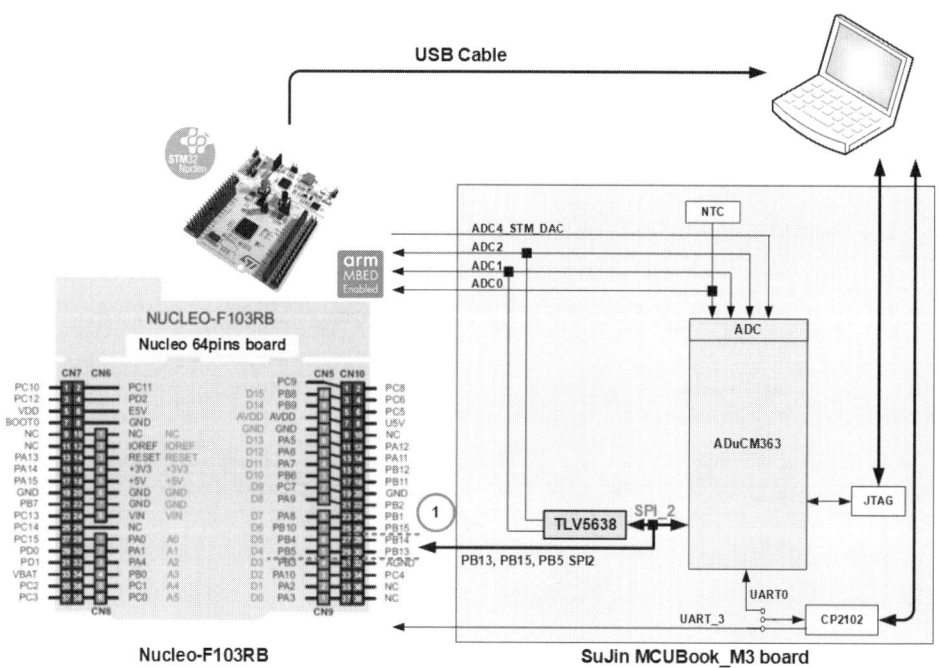

[그림 11.3-1] SJ_MCUBook_M3 board에서 TLV5638 DAC 부문.

구체적으로 [그림 11.3-2]의 ②번은 Nucleo 64pins 보드의 SCLK PB13, MOSI PB15 pin을 jumper wire를 이용하여 J5의 SPI0_SCLK과 SPI0_MOSI에 각각 연결한 것을 보여주고 있다.

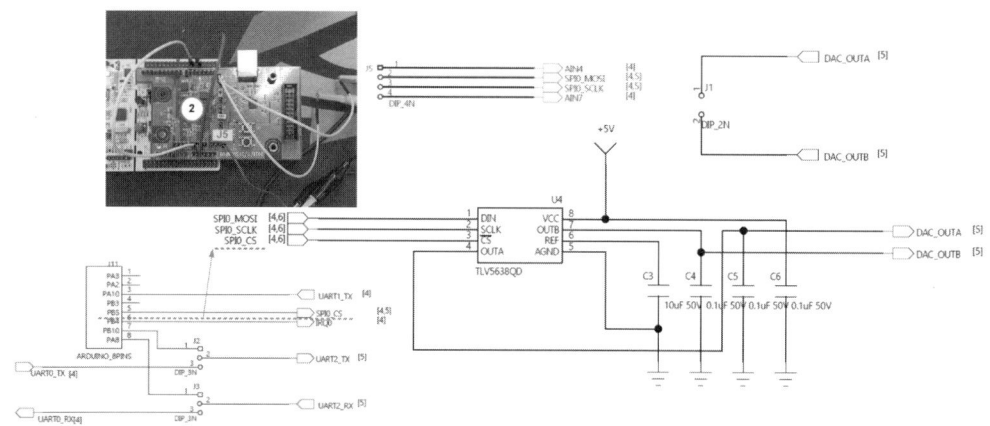

[그림 11.3-2] TLV5638 DAC 구동을 위한 jumper 연결 방법.

이와 같은 jumper 연결을 수행한 이유는 한정된 Arduino Uno connector pin들을 이용해야 하기 때문이다. 연결을 완료하였으면, 본격적으로 Coding을 수행하기 위해서 앞서 개발한 Ch10Lab3 project 전체를 Chapter11 folder에 복사해 넣고, 이전과 같이 이것을 Ch11Lab1으로 이름만 변경하여 사용해 보도록 하자. [그림 11.3-2]는 CP2102 UART를 사용하도록 J2와 J3 pin header에 미니 점퍼들을 이용하여 연결을 구성하였다. 단, J3 2번 pin에 아직 UART2_RX jumper wire를 연결하지는 않았다. [그림 11.3-3]은 제일 먼저 **Clock Parameters**에 대한 설정 값을 보여주고 있다.

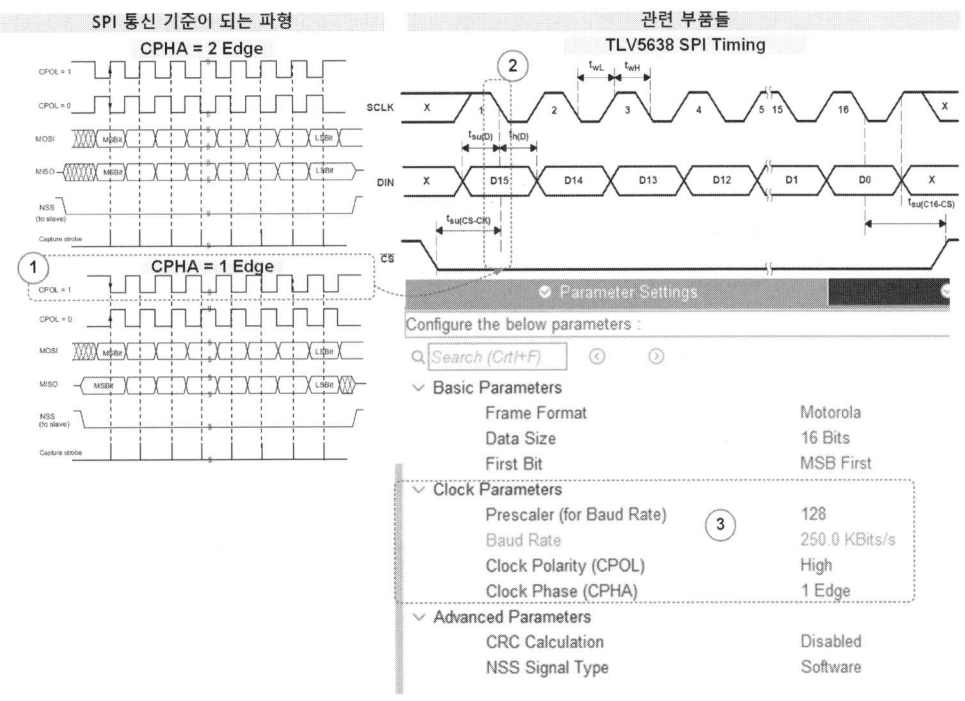

[그림 11.3-3] TLV5638 SPI timing diagram.

TLV5638 datasheet에서 SPI Timing diagram을 분석해 보니, [그림 11.1-1]에서 학습한 ADI의 DAC와 동일한 SPI timing diagram을 갖는 것을 확인 할 수 있다. 그러므로, ③번과 같이 **Clock Polarity(CPOL)**로는 **High**를 지정하고, **Clock Phase(CPHA)**로는 **1 Edge**를 지정하였다. 또한, **Prescaler(for Baud Rate)**에는 **128**을 설정하였더니, 사용할 SPI2에 대한 **Baud Rate=250[kbps]**로 나타난다. 이 값은 **Clock Configuration** tab을 확인해 보면 알 수 있듯이 SPI2에 clock을 공급해 주는 **APB1 peripheral clocks(MHz)**의 값이

32[MHz]이기 때문이다. 그러므로, 32000000/128=250[kbps]이다. 그런데, (식 11.2-2)로부터 20[MHz]까지 TLV5638은 구동할 수 있다. 그러나, Prescaler 값은 2^1, 2^2, ..., 2^8 중에서 어느 하나이므로 **16[Mbps]가 최대**가 될 것이다. DAC의 Baud Rate 값은 DAC를 구동하는데, 필요한 Timer 설정과 밀접한 관련을 가진다. 이에 대해서는 잠시 후에 설명하도록 하겠다. 또한, **Basic Parameters**에서 **Data Size=16bits**로 설정하였다. [그림 11.3-2]로부터 알 수 있듯이 TLV5638은 Master로부터 설정 값을 받기만 할 수 있다. 즉, [그림 11.3-4]의 ④번과 같이 회로 구성을 하여 사용한다.

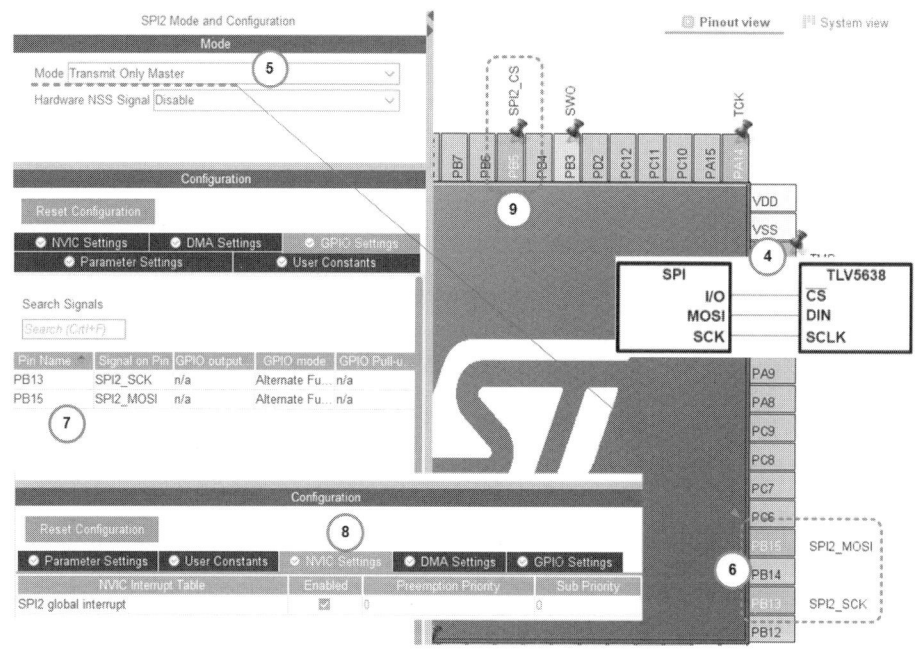

[그림 11.3-4] TLV5638 SPI 설정 방법.

그러므로, ⑤번과 같이 **Mode** 값으로 **Transmit Only Master**를 설정해 준다. 그러면, ⑥번과 같이 SPI2_MISO에 해당하는 PB14 pin이 할당되지 않는다. 물론, **Mode** 값으로 **Full-Duplex Master**를 설정해 주고, 할당된 SPI2_MISO에 해당하는 PB14 pin을 사용하지 않아도 된다. 어쨌든, ⑦번과 같이 pin이 할당된 것을 확인 할 수 있다. 그리고, ⑧번과 같이 SPI2를 interrupt mode로 사용하고 싶다면, 설정해 주면 된다. 그러나, 이번 예제에서는 Polling mode로 사용할 것이므로 설정하지 않아도 된다. 마지막으로 ⑨번과 같이 PB5 pin에 SPI_CS을 설정해 준다. [그림 11.3-5]에서 보여준 것과 같이 SPI_CS 신호는 active low이므로 GPIO output level 값으로 High를 설정하고, Pull-up을 설정하여 초기에 high level을 갖도록 구성해 준다.

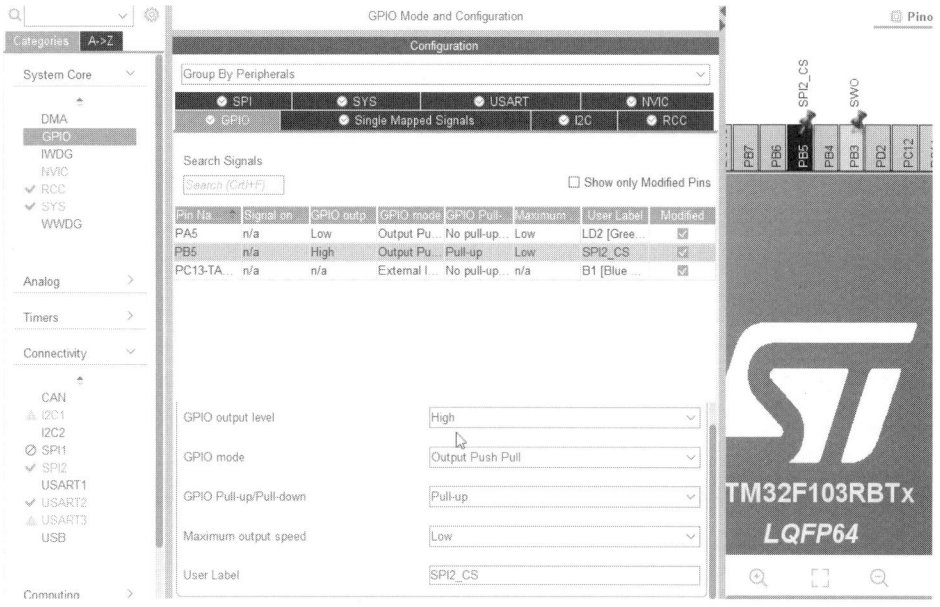

[그림 11.3-5] TLV5638 SPI_CS 설정 방법.

이제, 모든 설정이 완료되었으면, **GENERATE CODE** button을 click하여 설정한 값들에 근거하여 C framework를 생성하도록 한다. 그리고, [그림 11.3-6]에서 보여준 것과 같이 정상적으로 build 작업이 완료되는 지 확인한다. 확인이 완료되었으며, TLV5638 2개의 analog 출력 port인 OUTA와 OUTB로 (식 11.2-1)에 근거하여 analog 출력을 실험해 보도록 하자. 구체적으로 **11.2.절**에서 학습한 **예제-3**을 구현해 보도록 하겠다.

■ 예제-3 :
  DAC A와 DAC B 양쪽의 출력을 동시에 조정, slow mode(3.5[us] settling time) 선택, 1.024[V]로 내부 reference 선택. OUTA 출력 = 1.2[V], OUTB 출력 = 1.8[V]

예제-3을 구현하기 위해서는 다음과 같이 우선, control register 값을 구성하고, 이어서 2개의 data register 값들을 할당해야 한다.

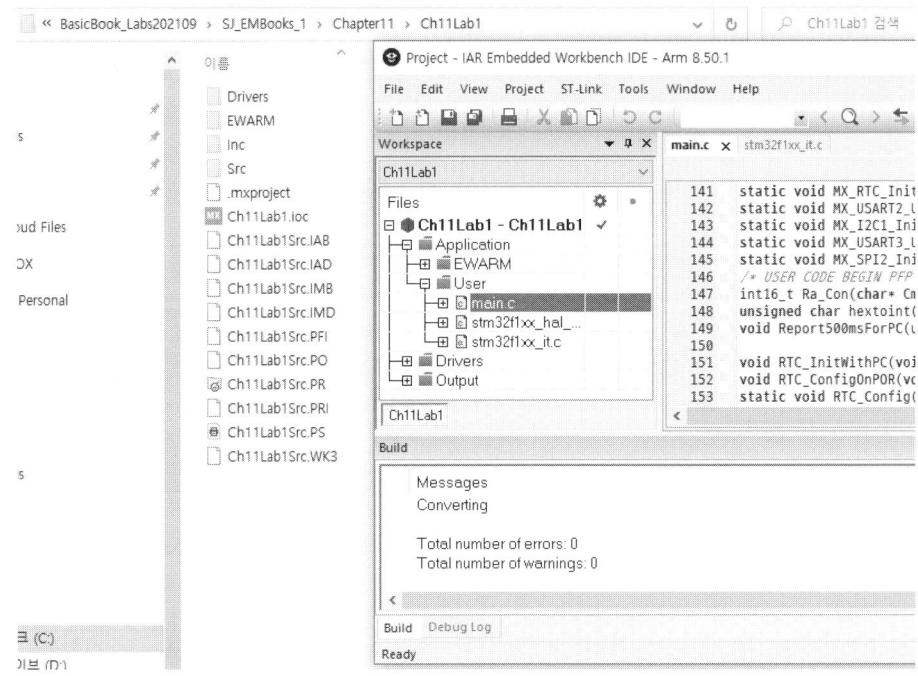

[그림 11.3-6] Ch11Lab1 Project build.

우선, (식 11.2-1)에 근거하여 REF=1.024[V] 일 때에 OUTA 출력 = 1.2[V], OUTB 출력 = 1.8[V]를 출력하려면, 12bits DAC code 값은 다음과 같다. 단, 0x1000=4096이다.

$$CODE = \frac{OUTA/B \times 4096}{2 \times REF} \qquad (식\ 11.3-1)$$

- OUTA 출력 = 1.2[V]의 경우 12bits DAC Code 값(DACADat) :
  DACADat=(1.2*4096)/(2*1.024)=**2400=0x960**
- OUTB 출력 = 1.8[V]의 경우 12bits DAC Code 값(DACBDat) :
  DACBDat=(1.8*4096)/(2*1.024)=**3600=0xE10**

Coding 순서는 다음과 같다.

❶ Control register에 REF=1.024[V]를 선택하도록 [그림 11.2-12]와 같이 설정한다. 즉,

0x9001을 제일 먼저 TLV5638로 전송해 주어 설정한다.

❷ 새로운 DAC B 값 0xE10을 Buffer에 writing한다. 그러기 위해서는 [그림 11.2-13]에서 보여준 D15-D12 bits 값도 함께 설정해 주어야 한다. 이때에는 [그림 11.3-7]의 ①번과 같이 DAC B 12bits 값인 0xE10을 ①번과 같이 설정하고, 16진수를 2진수로 표시하도록 ②번 >> button을 click하여 준다.

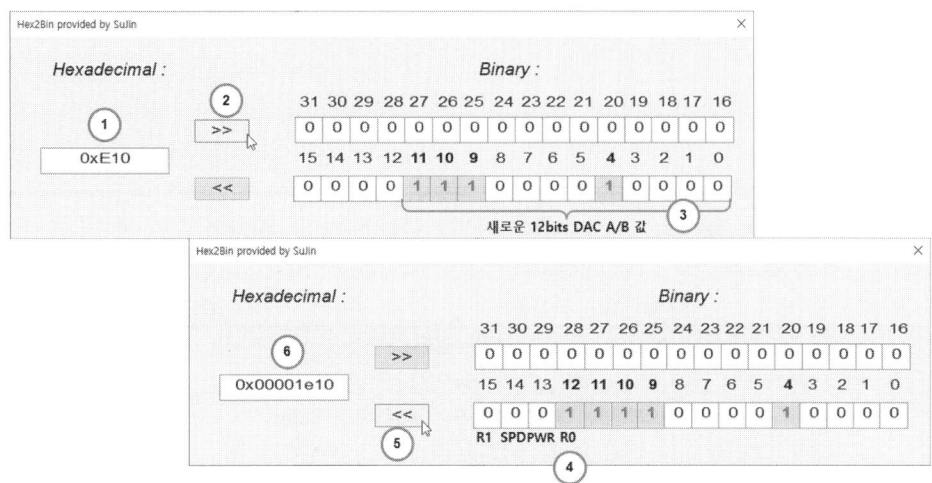

[그림 11.3-7] DAC B register 값 설정 방법.

그러면, ③번과 같이 D11-D0까지 새로운 DAC B 값인 0xE10이 표시된다. 이제, ④번과 같이 [그림 11.2-13]에서 설명한 D15=0, D12=1을 설정해 준 뒤에 2진수를 16진수로 변환해 주는 ⑤번 << button을 click하면, 우리가 원하는 **0x1E10**값을 얻을 수 있다. 이 16진수 값을 2번째로 전송해 준다.

❸ 새로운 DAC A 값 0x960을 writing하고, DAC A와 DAC B를 **동시에 출력을 갱신**하도록 [그림 11.3-8]에서 보여준 **0x8960**을 3번째로 전송해 줄 것이다. 3개의 16bits 데이터들은 [그림 11.1-4]의 ①번과 ②번처럼 전송된다. 즉, 0x8960을 전송하고 싶다면, SpiBuf[0] = 0x60, SpiBuf[1] = 0x89를 설정하고, 다음과 같이 전송해 주어야 한다.

```
HAL_GPIO_WritePin(GPIOB, GPIO_PIN_5, GPIO_PIN_RESET);  // PB5 pin은 SPI_CS
if (HAL_SPI_Transmit(&hspi2, SpiBuf, 1, 1)!=HAL_OK) {
  /* Transfer error in transmission process */
  Error_Handler();
```

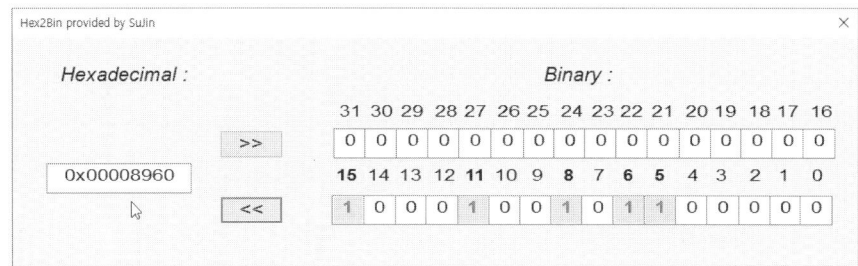

[그림 11.3-8] DAC A(0x960)과 DAC B(0xE10) 동시 출력

```
}
HAL_GPIO_WritePin(GPIOB, GPIO_PIN_5, GPIO_PIN_SET);
```

구체적으로 TLV5638 DAC를 제어하기 위하여 다음과 같이 3개의 함수들을 새롭게 작성하였다. Code 분석을 하기 바란다.

```
// fast mode and 2.048 internal reference
void TLV5638DAC_SPI_Tx(uint8_t *SpiBuf) {
  HAL_GPIO_WritePin(GPIOB, GPIO_PIN_5, GPIO_PIN_RESET);
  if (HAL_SPI_Transmit(&hspi2, SpiBuf, 1, 1)!=HAL_OK)  {
    /* Transfer error in transmission process */
    Error_Handler();
  }
  HAL_GPIO_WritePin(GPIOB, GPIO_PIN_5, GPIO_PIN_SET);
}
void TLV5638DAC_Init(uint8_t *SpiBuf) {
  TLV5638DAC_SPI_Tx(SpiBuf);
}
void TLV5638DAC_Write(uint16_t OUTADacDat, uint16_t OUTBDacDat) {
  // Slow mode and Writing data into DAC_A and updating DAC B with buffer.
  uint16_t OUTADACCode = 0x8000|OUTADacDat;
  // Slow mode and write data into buffer.
  uint16_t OUTBDACCode = 0x1000|OUTBDacDat;
  uint8_t TLV5638Dat[2] = { 0x00, 0x00 };
  // Writing data into buffer
  TLV5638Dat[0] = (uint8_t)OUTBDACCode;    TLV5638Dat[1] = (OUTBDACCode>>8);
  TLV5638DAC_SPI_Tx(TLV5638Dat);
  // Writing data into DAC_A and updating DAC B with buffer
  TLV5638Dat[0] = (uint8_t)OUTADACCode;    TLV5638Dat[1] = (OUTADACCode>>8);
  TLV5638DAC_SPI_Tx(TLV5638Dat);
}
```

그리고, 다음과 같이 이들 함수들을 main-while loop에 들어가기 전에 한 번 호출하였다.

```
// Slow mode and 1.024 internal reference
SpiBuf[0] = 0x01; SpiBuf[1] = 0x90;
TLV5638DAC_Init(SpiBuf);
DACAData= 0x960, DACBData=0xE10;
TLV5638DAC_Write(DACAData, DACBData);// DACAData =1.2[V], DACBData=1.8[V]
```

[그림 11.3-9]는 **Ch11Lab1** project를 실행하고, Oscilloscope에서 얻은 결과 화면이다.

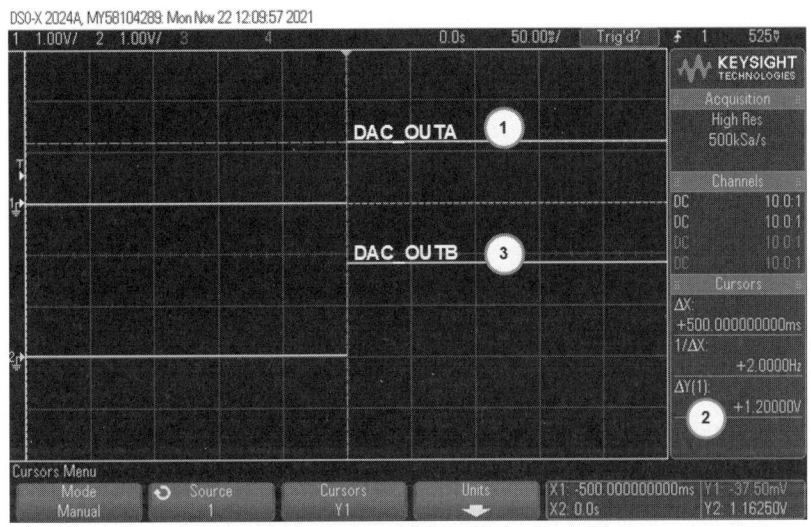

[그림 11.3-9] Ch11Lab1 project 실행 결과 화면.

만일, DAC 출력이 나오지 않는다면, [그림 11.3-2]의 ②번에서 보여준 것과 같이 SCLK PB13 pin, MOSI PB15 pin을 jumper wire를 이용하여 **J5**의 SPI0_SCLK과 SPI0_MOSI에 각각 연결하였는지 **다시 한 번 확인**해 보기 바란다. 한 가지 주의할 것은 Nucleo 보드의 reset 버튼을 click한다고 하여 DAC 출력이 바뀌지는 않는다는 것이다. 왜냐하면, DAC 출력을 바뀌게 하기 위해서는 DAC 내부 Data register에 새로운 값을 할당해야 한다. 이것은 결국, 새로운 MCU 실행 이미지를 개발하여 원격으로 downloading한 이후에 reset을 걸어주어도 DAC 출력에 연결된 임의의 부품들은 영향을 받지 않는다는 의미도 된다.

11.4 Timer를 이용한 TLV5638 DAC 출력 방법.

DAC를 사용하는 목적은 [그림 11.3-9]와 같이 일정한 level을 갖는 신호를 출력하기 위해서 사용하는 경우는 거의 없다. 임의의 원하는 파형을 생성하기 위해서 사용한다. 일단, 출력 전압의 값을 높이기 위해서 REF=2.048[V]로 설정하고, 빠른 신호의 안정화를 위하여 fast mode로 설정하는 것은 control register에 [그림 11.4-1]에서 보여준 것처럼 0xd002를 할당하면 된다.

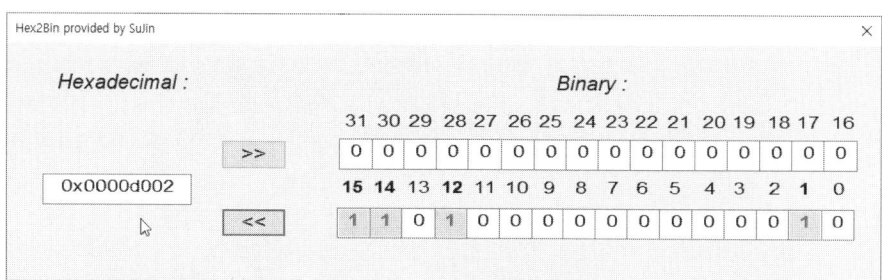

[그림 11.4-1] REF=2.048[V], fast mode로 설정.

그리고, (식 11.2-1)에서 12bits CODE 값 즉, D11-D0까지 원하는 파형을 형성하는 값을 할당하면 된다. 그러기 전에 우리는 [그림 11.4-2]에서 보여준 analog 신호와 digital 신호 사이의 관계를 이해해야 한다. 기본적으로 신호는 (a)에서 보여준 것과 같이 크기를 표시하는 **진폭(Amplitude)**과 신호의 반복 시간을 표시하는 **주기(Period)**로 특징화한다. 1초에 몇 번 주기가 반복되었는지를 **주파수(Frequency)**라고 하는데, 예를 들면, 1초에 60번 주기를 반복한다면, 그 신호는 60[Hz] 주파수를 갖는다고 한다. 물론, 자연에서 존재하는 모든 신호는 반복적인 파형을 갖지 않는다. 그러나, 디지털 신호 처리 분야에서 빠지지 않는 Fourier 라는 분이 모든 파형은 주파수를 달리하는 sin과 cos의 합으로 표현될 수 있다 것을 수식으로 증명하였는데, 이것이 바로 Fourier Series이고, Series는 이미 고등학교 시절에 학습한 수열을 의미한다. 어쨌든, 자연에 존재하는 모든 신호는 **시간에 대해서 연속적으로** 그 데이터 값을 갖는 (b)번과 같은 파형을 갖는데, 이와 같은 신호를 **analog 신호**라고 한다. 이 신호를 일정한 간격(**sampling time**)으로 취하여 얻은 값을 임의의 bits 단위 즉, 12bits로 표시한 것이 **digital 신호**이다. 근본적으로 analog 신호는 신호가 연속적으로 존재하여 신호를 처리할 시간을 확보할 수 없으므로 단순히 높이거나 줄이거나 합치는 작업만 가능하다.

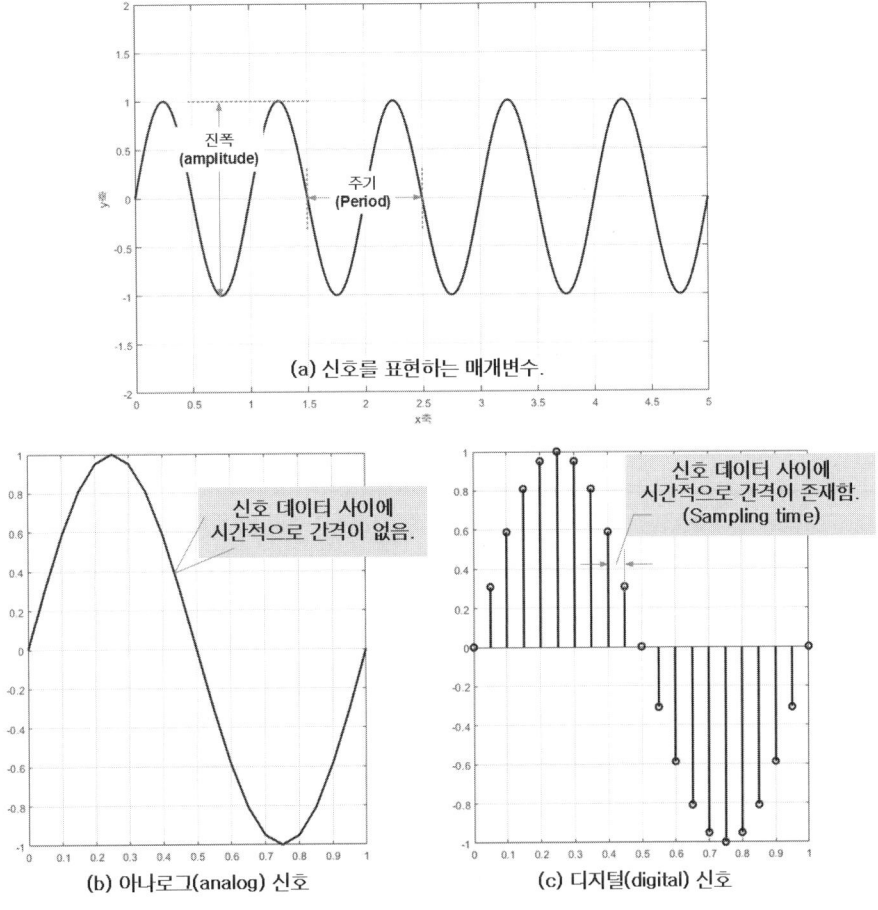

[그림 11.4-2] analog 신호와 digital 신호.

그러나, digital 신호는 sampling time 동안은 신호 값이 없으므로 빠른 CPU를 사용하여 이전 데이터를 처리 및 가공하여 새로운 신호로 재창조할 수 있다. 이것이 바로 digital 신호가 analog 신호와 비교하여 얻을 수 있는 **강점**이다. 물론, sampling 간격 사이의 데이터는 잃어버리므로 그에 따른 대책은 마련해야 할 것이다. 이에 대한 좀 더 자세한 사항은 Chapter 13.에서 ADC에 대하여 설명할 때에 자세히 다루도록 하겠다. 어쨌든, DAC는 digital 신호를 analog 신호로 바꾸어 주는 역할을 수행한다. [그림 11.4-3]은 원하는 analog 파형을 생성하기 위해서 MCU와 DAC 소자 각각의 역할을 정리한 것이다. MCU는 **timer를 이용하여 sampling time을 정의**하고, 그 시간 간격마다 SPI로 사용하는 TLV5638 data format에 맞게 새로운 DAC 출력 값을 계속해서 전송해 준다.

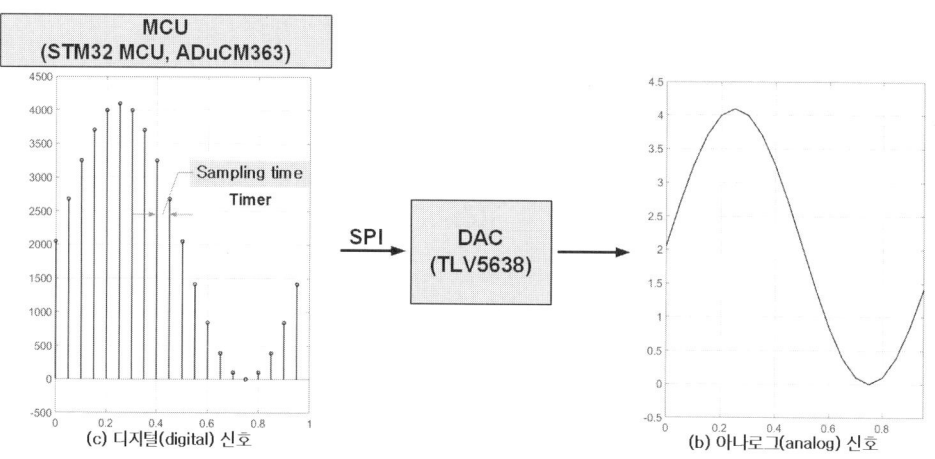

[그림 11.4-3] DAC를 이용한 analog 신호 생성 방법(1).

그러면, TLV5638 DAC는 수신한 데이터를 근거로 analog 신호를 생성한다. 다행히 우리는 이미 Chapter 6.에서 Timer를 사용하는 방법에 대해서 충분히 학습하였다. 또한, (식 11.2-1)에 근거하여 신호는 최소 0[V]에서 최대 4.095[V] 전압까지 표시될 수 있다. 이제 이들 내용들을 모두 서로 연관시켜서 [그림 11.4-4]에서 보여준 sin 파형을 생성하도록 하자. 총 100개의 sample 데이터를 MCU에 저장할 것이다. 각각의 데이터 값은 12bits로 표시된다. 다음은 [그림 11.4-4]에서 보여준 100개의 데이터를 생성해 주는 **Ch11DACDatGen.c** 파일 내용이다. 지금까지 C code 분석에 사용하였던 Visual C++의 빈 프로젝트 방법을 사용하여 분석하고, 이해하면 될 것이다.

```c
#include<stdio.h>
#include<stdint.h>
#include<math.h>

#define SamplesNum        100    // The number of Samples for DAC data.
#define PI                3.141592653589793
uint16_t DACSinDat[100] = {0,};

int main() {
    FILE *fp = NULL;
    int32_t i = 0,j = 0;
    double t=0,y = 0;

    fp =
```

```
fopen("DACDat.txt","w");
```

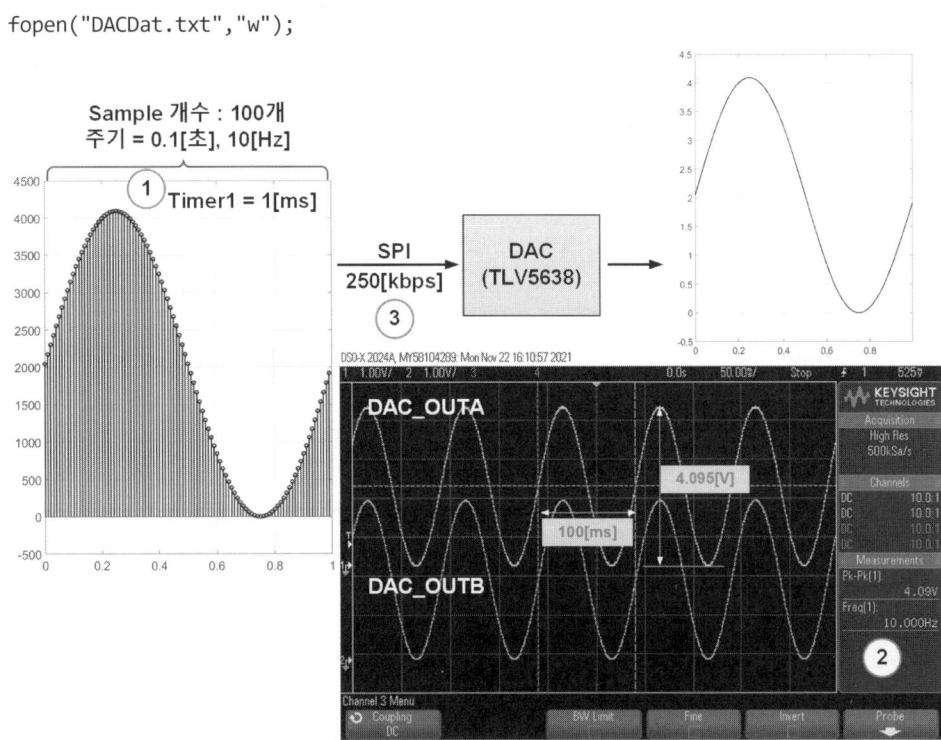

[그림 11.4-4] DAC를 이용한 analog 신호 생성 방법(2).

```
    for(i=0;i<SamplesNum;i++) {
        y = 2047+2047*sin(2*PI*t);
        t += 0.01;                              // sampling time for 1 period.
        DACSinDat[i] = (uint16_t)(y+0.5);       // to make it a fixed integer.
        fprintf(fp,"%d\n",DACSinDat[i]);
    }
    fclose(fp);
    return 0;
}
```

구체적으로 **Ch11Lab2** folder의 main.c file에서 DACSinDat[100] 배열을 발견할 수 있다. 참고적으로 [그림 11.4-4]는 **Matlab**을 이용하여 데이터를 생성하고, 그래프로 표현한 것이다. 일반적으로 임의의 알고리즘을 포함한 어떠한 수학적인 또는 논리적인 흐름을 우선적으로 simulation하는 도구로 Matlab이 광범위하게 사용된다. 무엇보다도 자동차나 항공기 등과 같은 정밀 계산을 요구하는 분야 또는 회사에서는 Windows OS처럼 기본적으로 설치하고 사용한다. 어쨌든, 다음은 [그림 11.4-4]에 대한 Matlab source file이며, 파일 이름은

Ch11_SPIDAC.m이다. 현재, Naver cafe **임종수 연구소**의 **Matlab 자료방**에는 다양한 종류의 **Matlab 학습 자료**가 무료로 제공되고 있으니 참고하기 바란다.

```
close all
clear all
m=100;
t=0:1/m:(1-1/m);
DacDat=2047+2047*sin(2*pi*t);
Hnd=plot(t,DacDat);
DacDat2=round(2047+2047*sin(2*pi*t));
subplot(1,2,1)
Hnd1=stem(t,DacDat2);
grid on
set(gca,'ylim',[-500 4500])
subplot(1,2,2)
Hnd2=plot(t,2*2.048*DacDat/4096);
grid on
set(gca,'ylim',[-0.5 4.5])

set(gcf,'color','w')
set(gca,'xlim',[-inf inf])
set([Hnd1 Hnd2],'color','k','linewidth',2)
```

[그림 11.4-4]의 ②번으로부터 2개의 DAC channel들 즉, DAC_OUTA와 DAC_OUTB는 동일하게 0 ~ 4.095[V]로 10[Hz] 주파수를 갖는 sine 파형을 출력하는 것을 볼 수 있다. 이와 같은 sine 파형을 출력하기 위해서 각각의 데이터는 1[ms] 마다 Timer1이 함수 TLV5638DAC_Write()를 사용하여 SPI 통신으로 데이터를 TLV5638로 전송해 준다. 결국, 1[ms] 마다 sample 값이 갱신된다. 이때, 1[ms]에 2개의 16bits SPI 데이터가 전송될 수 있는지 그 시간을 확인해야 한다. 만일, SPI가 너무 느려서 시간이 부족하면, DAC 출력 데이터는 왜곡될 것이다. 현재, 사용하는 SPI2 baud rate는 250[kbps]이다. 그러므로, 4[us] 마다 1bits를 전송한다. 전체 16bits 2개를 전송하고, 그 사이에 stop time이 요구되므로 4[us]×32=128[us] + alpha가 요구 될 것이다. [그림 11.4-5]의 ④번을 보면, alpha=134-128=6[us]인 것을 볼 수 있다. 결국, 1[ms] 안에 충분히 들어가는 시간이다. 그리고, SCLK는 ⑤번에서 표시한 것과 같이 설정한 250[kHz]인 것도 확인할 수 있다.

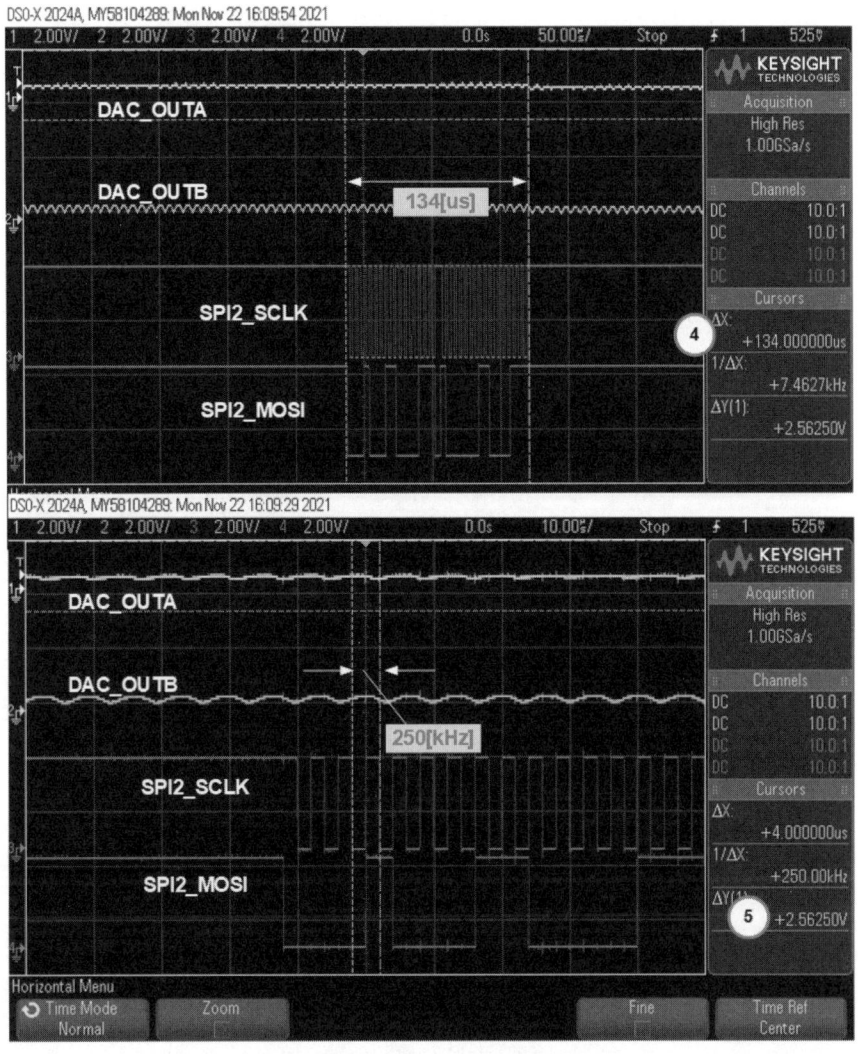

[그림 11.4-5] DAC를 위한 시간 margin.

그런데, [그림 11.4-4]에서 보여준 출력된 sine 파형을 자세히 보면, **계단형식의 각**이 있는 것을 볼 수 있다. 이것은 sampling time을 줄여 주면 줄수록 사라진다. 이처럼 신호에 **"각"**이 존재한다는 것은 불연속적인 신호 성분을 의미하고, 이것은 상당한 고주파 잡음이 불필요하게 추가되었다는 것을 의미한다. 이것을 제거하기 위하여 sampling time을 줄이려면, timer의 1[ms]를 0.1[ms]로 줄이면 될 것이다. 그런데, 이렇게 되면, 100[us]로서 DAC 데이터의 갱신에 필요한 134[us] 보다 짧으므로 결국, SPI SCLK bit rate를 더 높여 주어야 할 것이다. 그럼에도 불구하고, 문제는 100[us] 마다 MCU가 SPI로 데이터를 전송할 수 있는지가 문제이다. 게다가 한 번에 많은 데이터를 보내는 것이 아니고, 정해진 100[us] 마다 하나씩 보내야 하는 것도 문제가 된다. [그림 11.4-6]은 Timer1로 **1[ms] 시간 간격**을 생성하는데 필요한 CubeMX 설정 방법을 보여준 것이다.

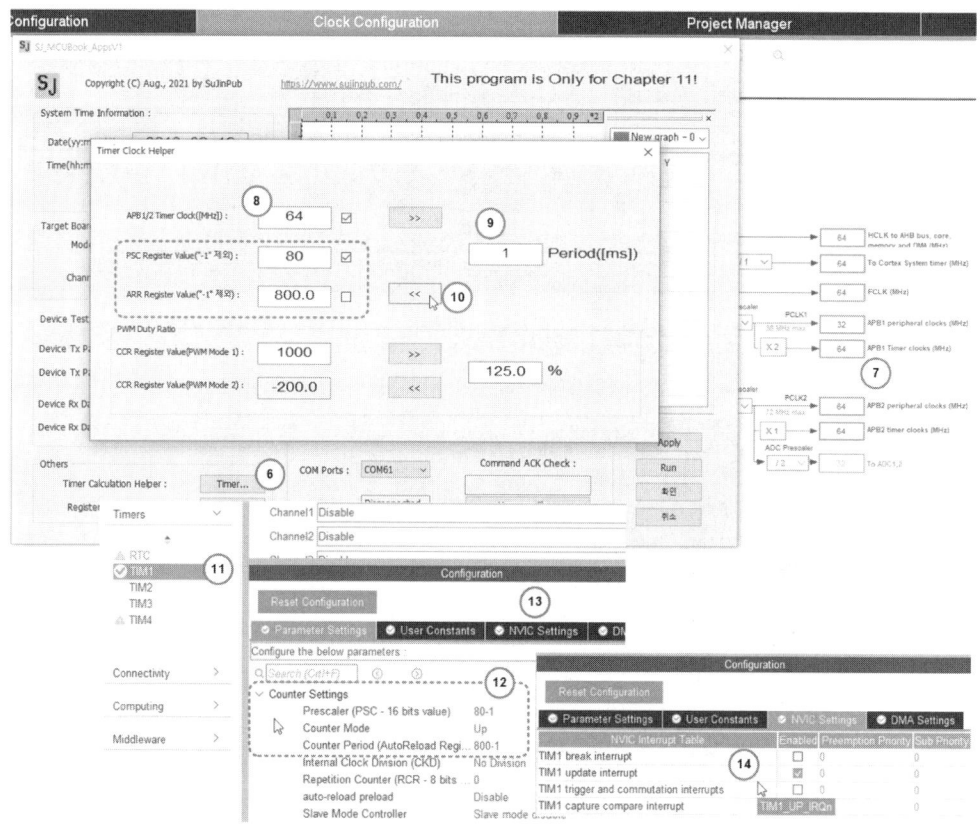

[그림 11.4-6] Sampling time을 결정하는 Timer1 설정 방법.

즉, 파라미터 변수인 **Prescaler, Counter Period** 값을 얻기 위한 방법을 보여주고 있다. 우선, SJ_MCUBook_Apps program을 실행하고, ⑥번과 같이 **Timer...** button을 click한다. 그러면, **Timer Clock Helper** dialogbox가 나타날 것이다. 이제, ⑦번과 같이 Timer1의 clock인 APB1 Timer clocks(MHz)를 확인하고, 그 값 즉, 64를 ⑧번과 같이 APB1/2 Timer Clock([MHz]) : 옆에 설정해 준다. 그리고, ⑨번과 같이 원하는 1[ms]를 지정하고, ⑩번 ≪ button을 click하면, **PSC Register Value=80, ARR Register Value=800**이 출력된다. 이제 이 값을 CubeMX의 ⑪번과 같이 TIM1의 **Parameter Settings**에 ⑫번과 같이

설정해 주면 된다. 그리고, ⑬번의 **NVIC Settings** tab을 click하여 ⑭번과 같이 **TIM1 update interrupt**를 enable해 주고, C framework를 생성해 주면 된다. 이제, 생성된 C framework에 [그림 11.4-4]에서 보여준 sine 파형이 생성되도록 coding해 주면 되는데, 자세한 내용은 **Ch11Lab2** project를 참조하면 된다.

11.5 AD5687R과 AD5689R DAC 사용 방법.

사실, 여기서 설명하는 내용은 ADI Inc.의 AD5684R, AD5685R, 그리고, AD5686R DAC에도 그대로 적용하여 사용할 수 있다. 우선, 간단히 AD56847R DAC에 대한 사양을 정리하고, 관련 coding을 수행해 보도록 하겠다. 단, 여기서 설명하는 Code는 제품 개발 과정에서 사용한 AD5687R DAC에 대한 내용이므로 충분히 검증된 것이다. 다음은 AD5687R에 대해서 정리한 것이다.

❶ High relative accuracy(INL) :
  Dual 12bits buffered voltage 출력 DAC. 단, AD5689R은 **16bits**까지 제공. TLV5638처럼 2 channel이면서 보다 더 정밀하게 analog 신호를 생성하는 것을 알 수 있다.
❷ 기본적으로 enabling 되어 있는 low drift 2.5[V] 내부 reference는 전형적으로 2ppm/°C.
❸ 외부 load를 **10[mA]까지 driving** 할 수 있다. 그러므로, 전원으로도 고려해 볼만 하다.
❹ offset error는 최대 ±1.5[mV], Gain error는 full scale range에서 최대 ±0.1%
❺ ×1 또는 ×2 Gain pin 제공.
  - ×1 gain의 경우 : full scale 출력 범위 0~2.5[V]
  - ×2 gain의 경우 : **full scale 출력 범위 0~5[V], 단, 출력은 V_{DD} 전압을 넘을 수 없다는 데 주의**
❻ zero scale 또는 midscale로 reset 할 수 있는 별도의 reset pin, RSTSEL.
❼ 2.7[V]~5.5[V] power supply, low power 3[V]에서 3.3[mW] 소비.
❽ 최대 50[MHz] SPI. 1.8[V]/3[V]/5[V] 호환 되도록 V_{LOGIC} pin 제공. 단, AD5697R은 I2C interface를 제공한다. 결국, 50[MHz]는 50[Mbps] SPI SCLK를 의미하므로

TLV5638보다 sampling 시간을 줄일 수 있다. 이처럼 sampling 시간을 줄인다는 것은 결국, 앞서 언급한 것과 같이 신호에 불필요한 noise를 좀 더 줄일 수 있다는 의미가 된다.

❾ 동작 온도 : −40℃~105℃ 범위.

전체 내부 기능 block diagram은 [그림 11.5-1]과 같다.

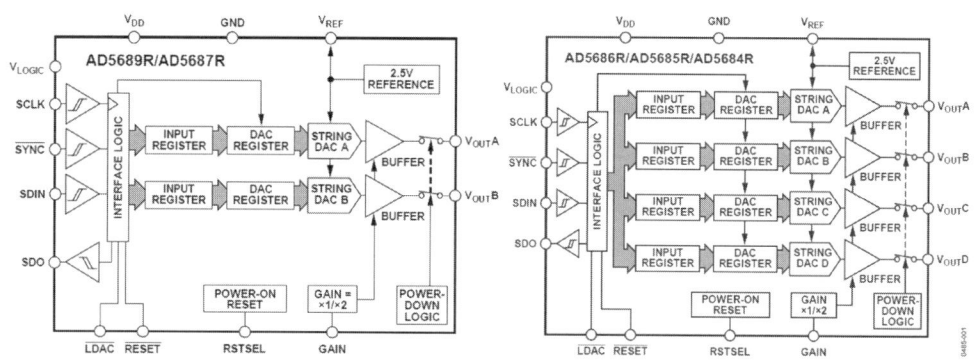

[그림 11.5-1] AD5584R~AD5689R 내부 구성도.

AD5687R은 분명한 데이터가 SPI를 통하여 내부 register에 작성될 때까지 DAC의 출력을 zero scale 또는 midscale을 유지하는 것을 보장하기 위하여 Power On Reset 회로와 RSTSEL pin을 제공한다. 각각의 channel은 power down mode에서 3[V], 4[uA]로 전류 소비를 줄이기 위한 power-down 기능을 가지고 있다. [그림 11.5-2]와 같이 2가지 packaging types가 제공된다. 각각의 pin에 대한 역할 또는 기능들에 대해서 정리하면 다음과 같다. 단, EPAD(즉, exposed pad)는 GND에 연결하여야 한다.

❶ $V_{OUT}A$, $V_{OUT}B$:
   DAC A, B analog 출력 port. 출력 AMP는 **rail-to-rail 특성**을 가진다. 그러므로, 0[V]~V_{DD}[V]까지 출력 전압이 발생한다.

❷ V_{DD} :
   2.7[V]~5.5[V] 사용 가능. [그림 11.5-3]과 같이 10[uF], 0.1[uF] Capacitors 필요.

❸ SDO, SDIN, SCLK, _SYNC :
   - SDO(Serial Data 출력) :

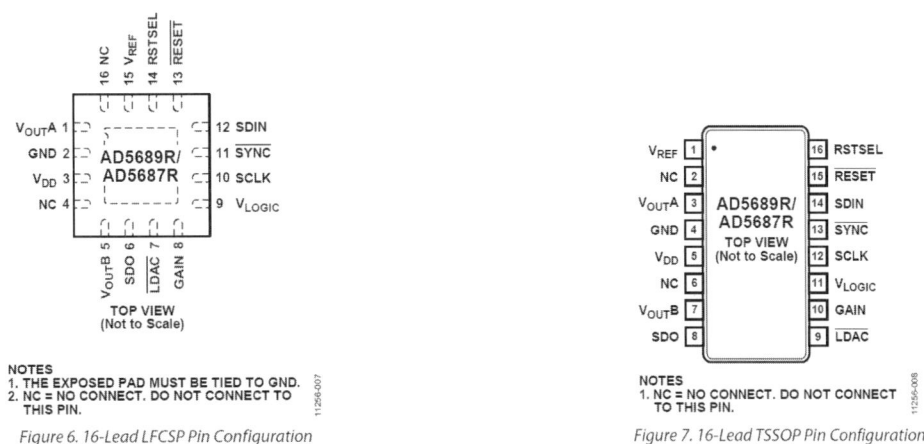

[그림 11.5-2] AD5687R packaging types.

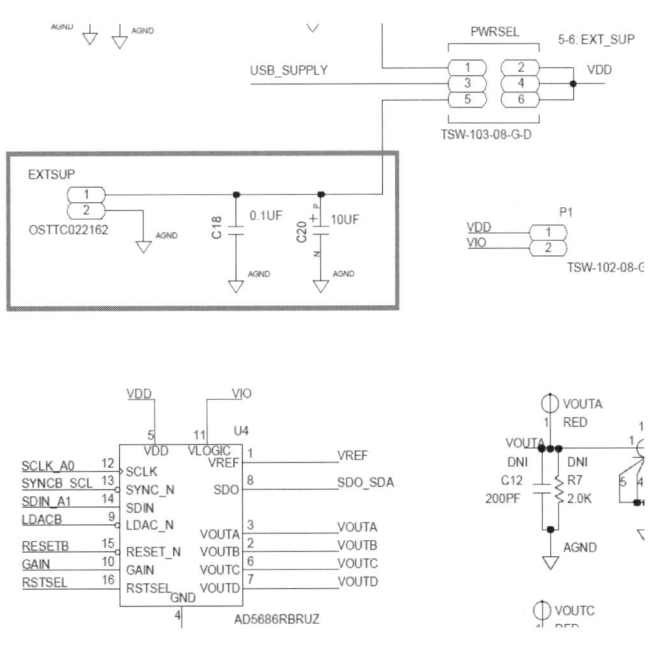

[그림 11.5-3] VDD 회로 구성 방법.

Daisy chain으로 여러 DAC들을 연결할 때, 또는 readback을 위해서 사용된다.

- **SDIN**(Serial Data 입력) :

24bits 내부 input shift register.

- **SCLK**(Serial Clock 입력) :

SCLK의 **falling edge**에서 데이터는 내부 입력 register로 들어가고, 또한, **falling** edge에서 SDO pin의 경우 유효하다. 최대 50[MHz].

- _SYNC(Active Low Control 입력) :

SPI의 _CS에 해당. 입력 데이터를 위한 frame 동기 신호이며, 이 동기 신호는 _SYNC 가 low로 갈 때를 의미한다. 이 _SYNC 동기 신호 이후에 데이터는 다음 24개 clocks의 falling edges에서 전송된다. 즉, write sequence는 _SYNC line을 low level로 가져감에 의해서 시작한다. [그림 11.5-4]는 SPI timing도를 보여준 것이다.

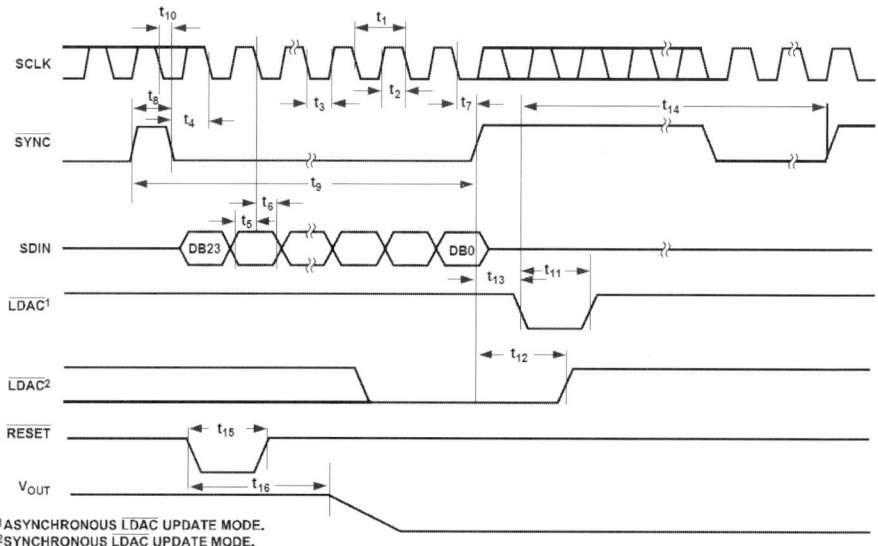

[그림 11.5-4] SPI timing도(1).

24번째 마지막 bit(즉, DB0)가 input register로 들어오면, _SYNC line은 high level이 되어야 한다. 그래야, 다음 frame 동기 신호를 만들기 위한 low level로 내려 갈 수 있기 때문이다. 그리고 나서, _LDAC에 따른 변화와 동작 mode가 발생한다. 만일, _SYNC line이 24 clock 이전에 high로 가면, frame은 유지하지만, 데이터는 유효하지 않는 상태가 된다. 또한, _SYNC pulse 폭 즉, [그림 11.5-4]에서 $t_8 > 20[ns]$보다 커야 한다. 그러나, [그림 11.5-5]에서 보여준 것과 같이 **_SYNC는 일반 SPI의 _CS와 동일**하게 생각하면 된다. 어쨌든, 이 값은 다음 write sequence 이전에 최소 20[ns]=50[MHz]이고, 이것은 일반적으로 GPIO high와 low 관련 HAL 함수를 바로 구동해도 보장되는 시간이 된다.

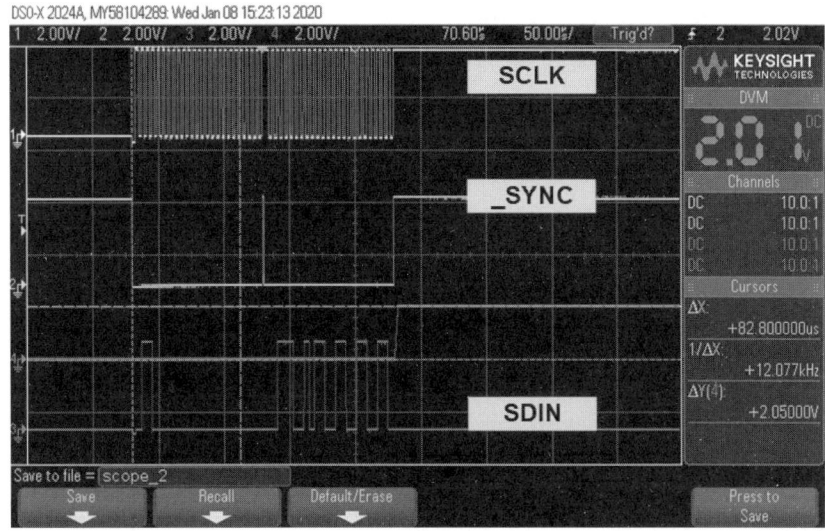

[그림 11.5-5] SPI timing도(2).

[그림 11.5-6]은 STM32**F103**에서 GPIO를 high에서 **바로** low로 구동하였을 때에 생성되는 pulse의 모양이다.

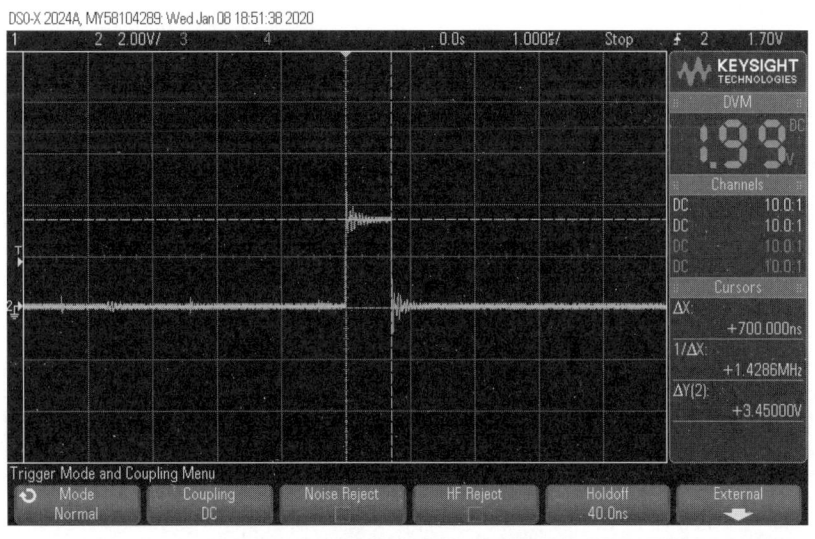

[그림 11.5-6] 최소 GPIO pulse 폭.

pulse 폭이 700[ns]로 충분한 시간 구간을 갖는 것을 알 수 있다. 정리하면, _SYNC의 falling edge는 다음 write sequence를 초기화한다. 그리고, 24bit data 전송 동안 low

를 유지하고, _SYNC의 rising edge에서 input register는 새로운 데이터를 저장하게 된다. DAC registers와 출력은 _SYNC line이 high인 동안 새로운 DAC 데이터가 addressing 된 DAC의 입력 register 안으로 loading 되도록 _LDAC을 low level로 설정하여 주면 된다.

❹ _LDAC : 입력, Load into DAC register

[그림 11.5-4]에서 보여준 것과 같이 _LDAC은 2가지 modes에서 동작할 수 있다. 이 pin에 low level 즉, GND를 주면, 입력 registers가 새로운 데이터를 가지는 경우에 DAC register가 갱신된다. 이것을 **동기 mode**라고 하며, _LDAC을 이용하여 input register 내용이 필요할 때에 DAC register로 갱신되도록 하는 mode를 **비동기 mode**라 고 한다. 결국, 비동기 mode를 사용하려는 경우에는 _LDAC을 제어해야 한다.

❺ GAIN(Gain 선택) :
- GAIN=GND : 2개의 DAC들은 0~V_{REF} 범위로 출력.
- GAIN=V_{LOGIC} : 2개의 DAC들은 0~2×V_{REF} **범위로 출력**.

❻ V_{LOGIC} :

1.62[V]~5.5[V], 일반적으로 GAIN을 ×2하려는 경우에는 V_{DD}와 함께 연결한다.

❼ _RESET :
- RSTSEL=GND 일 때 :

_RESET이 low 이후 high로 되면, 입력 register와 DAC registers는 모두 zero **scale** 로 갱신되어 출력된다.

- RSTSEL=V_{LOGIC} 일 때 :

_RESET이 low 이후 high로 되면, 입력 register와 DAC registers는 모두 mid **scale** 로 갱신되어 출력된다. 그런데, 이 방법을 사용하기 위해서는 V_{DD} 보다 앞서서 V_{LOGIC} 전원이 들어가는 것을 보장해 주어야 한다. 즉, power sequence를 필요로 한다는 데 주의하자.

지금까지 AD568xR DAC에 대한 전반적인 사항을 학습하였다. 이제부터는 DAC 출력 제어 와 관련된 자세한 사용 방법을 살펴보도록 하겠다. SPI를 통하여 데이터는 내부 **24bits** word format으로 작성된다.

$$V_{OUT} = V_{REF} \times Gain \left[\frac{CODE}{2^N} \right] [V] \qquad (식\ 11.5\text{-}1)$$

$CODE$는 0~4095($2^{\wedge}12$=4096) 사이의 값으로 DAC register에 저장된 값. 단, 16bits DAC인 AD5689R의 경우에는 0~65535($2^{\wedge}16$=65536) 사이의 값이 DAC register에 저장된다. 또한, N은 DAC의 resolution이다. 예를 들면, 12bit DAC를 사용하고, 내부 2.5[V] reference를 사용하며, Gain=2로 설정한 경우를 생각해 보자. 이때에는 Gain=2이고, V_{REF}=2.5[V]이므로 전체 5[V]가 되고, 그러면, 1[V]는 DAC code 값으로 4095/5=819가 된다. 결국, 2[V]를 출력하고 싶다면, 2×819=1638을 지정해 주면 된다. 그러므로, (식 11.5-1)은 다음과 같이 바뀌어야 한다.

$$CODE = 2^N \times \frac{V_{OUT}}{V_{REF} \times Gain} \qquad (식\ 11.5\text{-}2)$$

예를 들면, 12bits DAC인 AD5687R의 경우, $N=12$가 되고, 이것은 $2^{12}=0x1000$이 된다. 단, 개발하려는 시스템이 0~4[V] 출력이 되어야 한다면, ×2 Gain을 선택해야 한다. 그러므로, GAIN pin에 V_{LOGIC}을 할당하여 ×2로 설정해 주어야 한다. [그림 11.5-7]에서 보여준 것과 같이 input shift register는 24bits 폭에 데이터는 **MSB(DB23)가 먼저 저장**된다. 이때 주의할 것은 MSB(Most Significant Byte)부터 전송한다는 것이다. 즉, [그림 11.5-8]에서 ①번, ②번, 그리고 ③번의 **순서로** AD568x에 전송해 주어야 한다. 예를 들어서, [그림 11.5-9]의 ①번에서 보여준 것과 같이 출력하고자 원하는 DAC code 값이 0x1234이고, 그리고, 16bits DAC 값(0~65535)을 저장할 수 있는 AD5686R을 사용하는 경우를 생각해 보자. 전송 하려는 16bits DAC code 값 즉, 0x1234와 Command bits와 Address bits로 구성된 8bits 크기를 갖는 DAC_CmdAddr, 총 24bits를 32bits 크기를 갖는 DACData 변수에 저장하기 위해서 총 24bits 값을 8bits만 왼쪽으로 bit shifting하여 준다. 그리고 나서, 32bits DACData를 MSB부터 1byte씩 ②번, ③번, ④번의 순서대로 전송해 주면 된다. 그리고, 12bits DAC 값까지 지원(0~4095)하는 AD5684R 부품을 사용할 때에는 12bits만 왼쪽으로 bit shifting하고, 이어서 32bits DACData를 MSB부터 1byte씩 ⑤번, ⑥번, ⑦번의 순서대로 전송해 주면 된다.

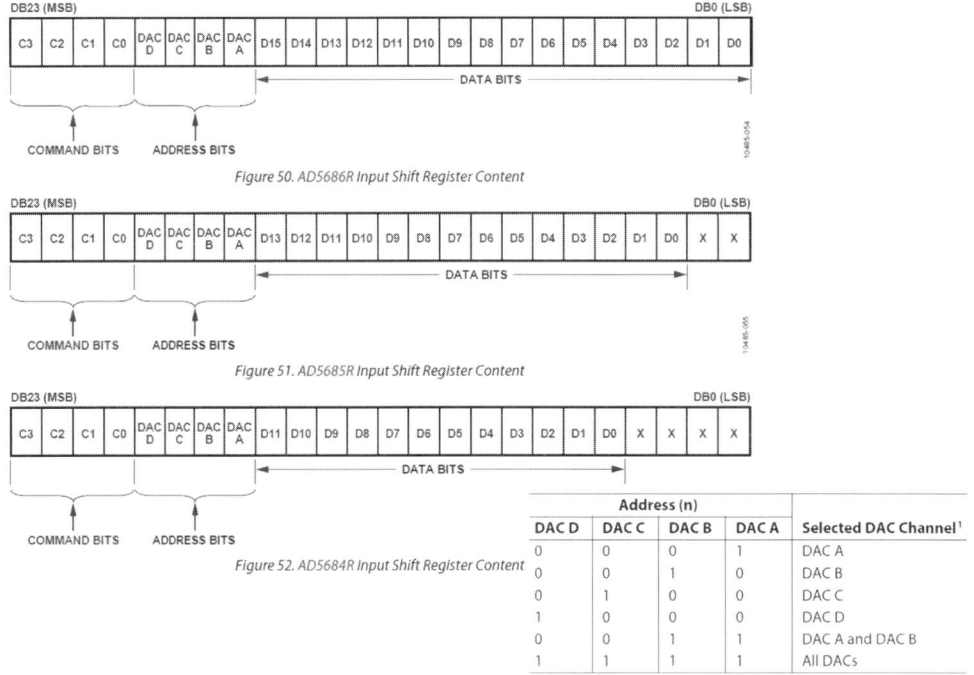

[그림 11.5-7] 24bits input shift register(1).

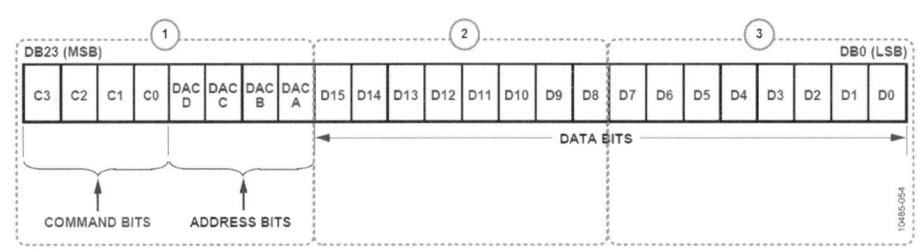

[그림 11.5-8] 24bits input shift register(2).

이때, DACValue 값은 범위 안에 있는 값을 사용해야 한다. 만일, 12bits DAC를 사용하는데, 4095를 넘는 값을 지정하면, Address bits와 logic Or 즉, "|" 연산을 하게 되므로 문제가 발생할 수 있다는 데 주의하자. [그림 11.5-10]은 ADI Inc.에서 판매하는 AD5686R 평가 보드와 Nucleo-STM32F303ZE 보드를 SPI 통신으로 서로 연결하고, ①번과 같이 SPI 설정을 하였다. 그리고, 실험한 결과이다. 즉, Baud rate가 현재 10[Mbps]인 경우에 2개 channel들을 설정하는데, ②번에서 보여준 것과 같이 대략 40[us]가 걸린다. 또한, 하나의 channel을 설정하는데 ④번처럼 대략 13[us]가 걸리는 것을 알 수 있다.

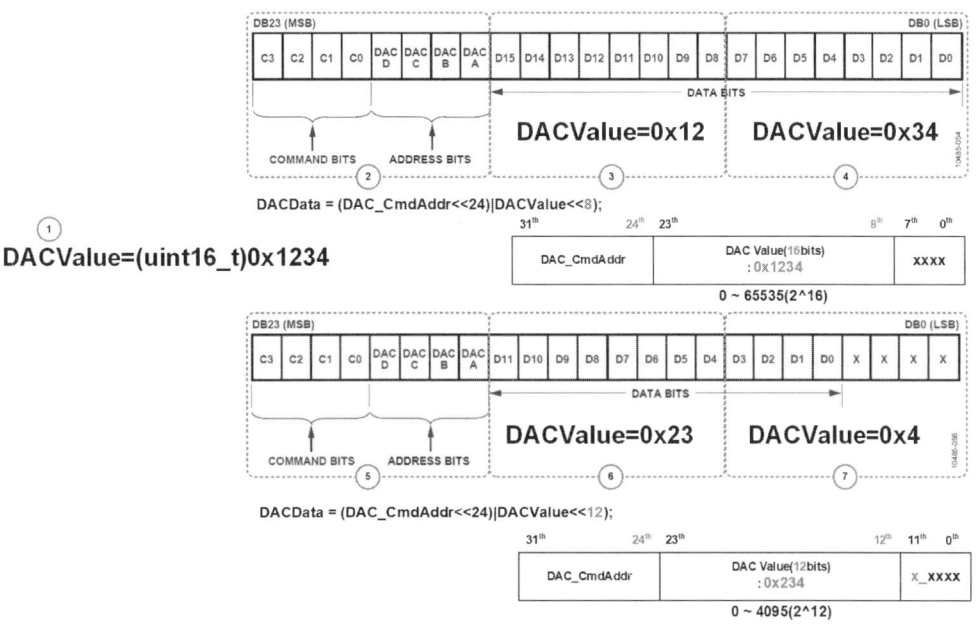

[그림 11.5-9] 24bits input shift register(3).

그런데, 기본적으로 STM32F303 MCU뿐만 아니라 대부분의 STM32 MCU가 제공하는 SPI 통신의 경우에 **송신 완료를 확인**하기 위해서는 baud rate를 10[Mbps]보다 높여도 **13[us]가 필요**하다. 그러므로, 2개 channel들을 사용하는 경우에 전체 40[us]가 걸리고, 이것은 sampling period 될 것이다. 그러므로, 60[Hz] sine wave를 만드는 경우에 한 주기는 1/60=16.67[ms]이 되며, 이것을 40[us]로 나누면, 16670/40=416.67이 된다. 결국, 416개의 levels로 구성된 sine wave를 생성할 수 있다는 의미가 된다. 이제, MCU에는 가능하면 부하를 주지 않고, 최대한 50[us]로 timer를 동작시켜서 SPI를 통하여 DAC 내부 register를 갱신하도록 [그림 11.5-11]과 같이 설정하였다. 그러면, 16670/50=333.4가 된다. 그러므로, 대략 333개 level들로 구성된 sine wave를 생성할 수 있다는 의미가 된다. 이 정도면 어느 정도 **고조파**의 영향을 피해 갈 수 있을 것 같다. [그림 11.5-11]은 4개 channel 전체를 출력하는 경우에 대략 62[us]가 걸리는 것을 보여주고 있다. 또한, 4개 channel 각각에 대한 출력을 보여주고 있다. 처음 4개 bits(즉, C3-C0)는 command bits이고, 그리고, 그 뒤의 4개 bits는 DAC A, B, C 또는 DAC D를 선택하기 위한 것이다. 그리고, 최종적으로 data word가 채워진다. 이들 **데이터 bits**는 SCLK의 **24개** falling edges에 따라서 input shift register로 들어가고, 이어서 _SYNC의 rising edge에서 갱신된다.

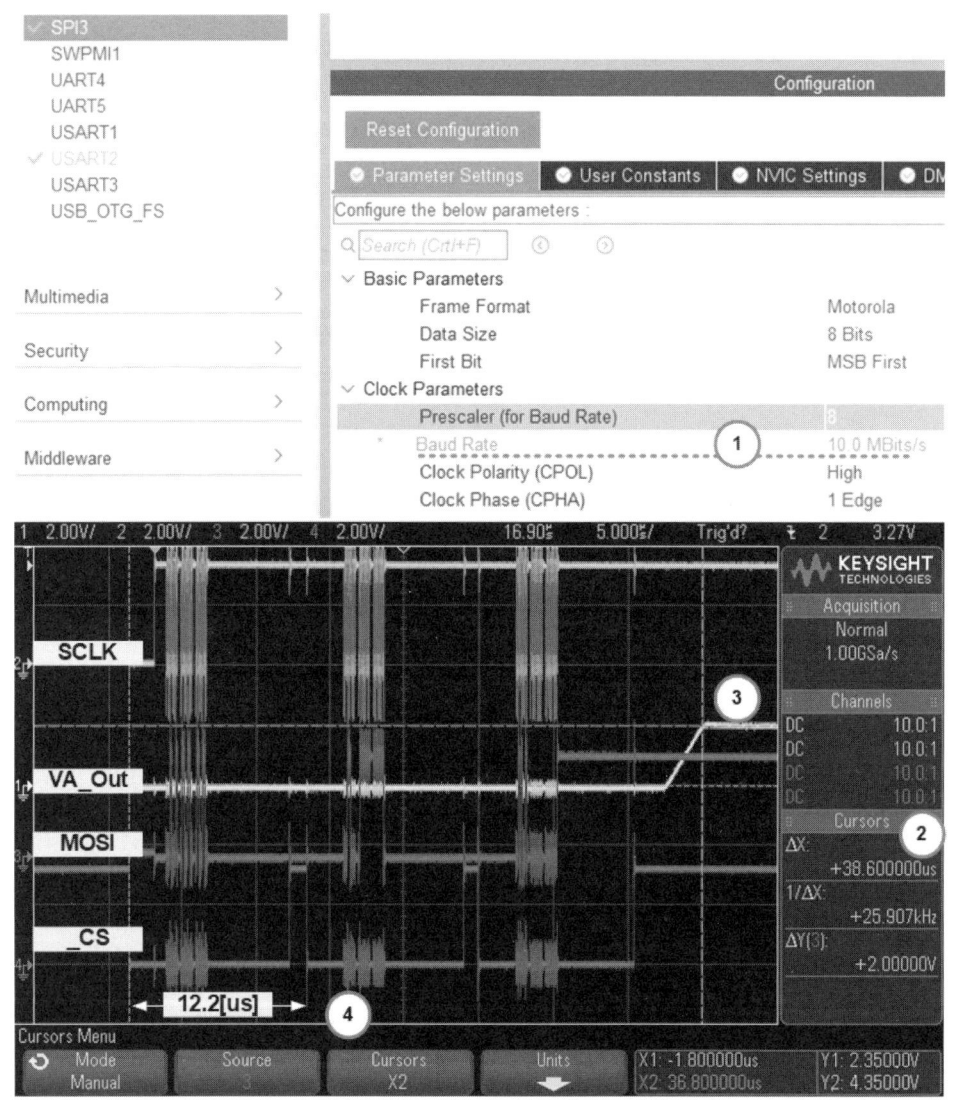

[그림 11.5-10] 24bits input shift register(4).

[그림 11.5-12]에서 보여준 commands는 [그림 11.5-13]에서 보여준 address bits 선택에 따라서 각각의 DAC channel 또는 동시에 2개의 DAC channel들을 실행할 수 있다. 다음은 [그림 11.5-14]에서 command에 따른 동작을 정리한 것이다.

❶ command = 0001 : Write to Input Register n (_LDAC=high level인 경우)

각각의 DAC 전용 input register에 데이터를 개별적으로 write 하는 것을 허락한다.

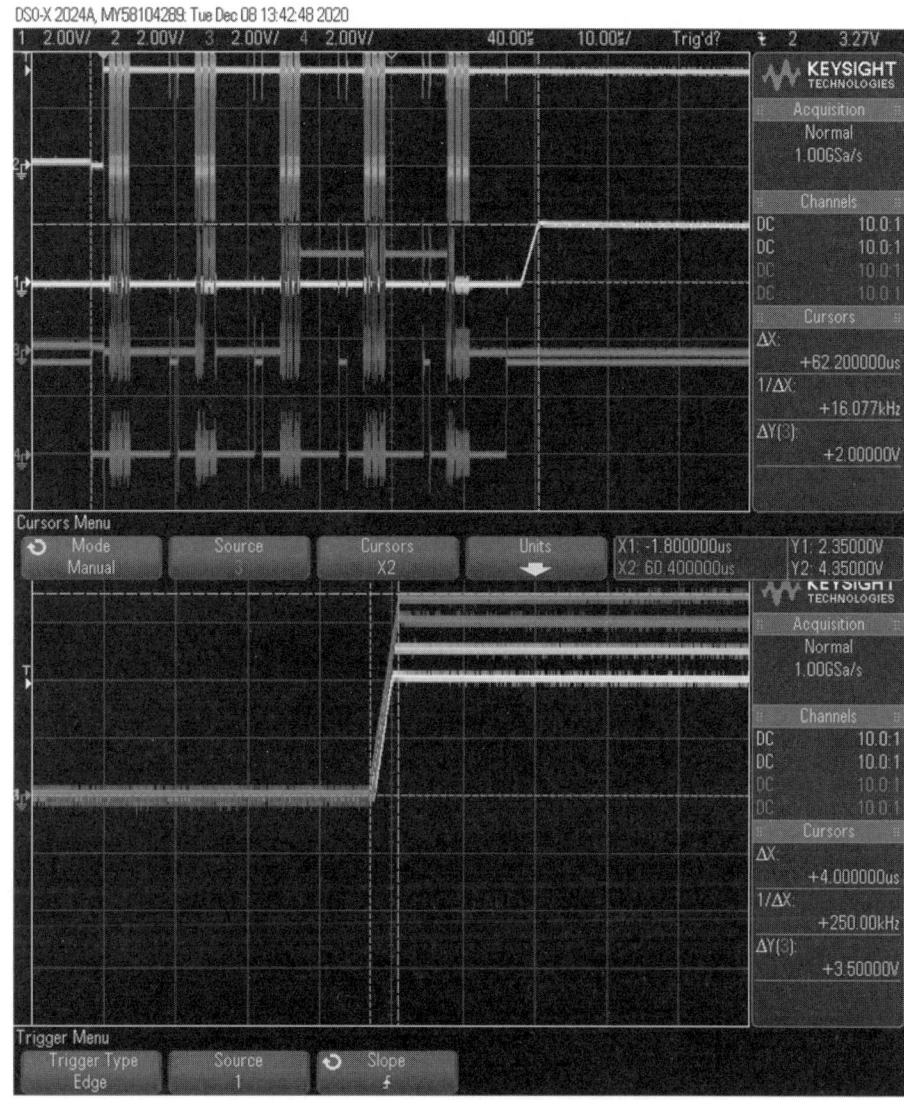

[그림 11.5-11] 24bits input shift register(5).

❷ command = 0010 :

Update DAC Register n with Contents of Input Register n

선택한 input register의 내용으로 DAC register와 출력에 loading하고, 바로 DAC 출력을 갱신한다. 즉, command =0001로 input register에 데이터가 들어왔으면, 이후에 command = 0010을 실행하여 input register의 내용을 DAC register로 갱신해 주어야 DAC 출력이 바뀌게 된다.

Command				Description
C3	C2	C1	C0	
0	0	0	0	No operation
0	0	0	1	Write to Input Register n (dependent on $\overline{LDAC}$)
0	0	1	0	Update DAC Register n with contents of Input Register n
0	0	1	1	Write to and update DAC Channel n
0	1	0	0	Power down/power up DAC
0	1	0	1	Hardware $\overline{LDAC}$ mask register
0	1	1	0	Software reset (power-on reset)
0	1	1	1	Internal reference setup register
1	0	0	0	Set up DCEN register (daisy-chain enable)
1	0	0	1	Set up readback register (readback enable)
1	0	1	0	Reserved
...	...	...	...	Reserved
1	1	1	1	No operation in daisy-chain mode

[그림 11.5-12] command bits

Address (n)				Selected DAC Channel
DAC B	0	0	DAC A	
0	0	0	1	DAC A
1	0	0	0	DAC B
1	0	0	1	DAC A and DAC B

[그림 11.5-13] Address command.

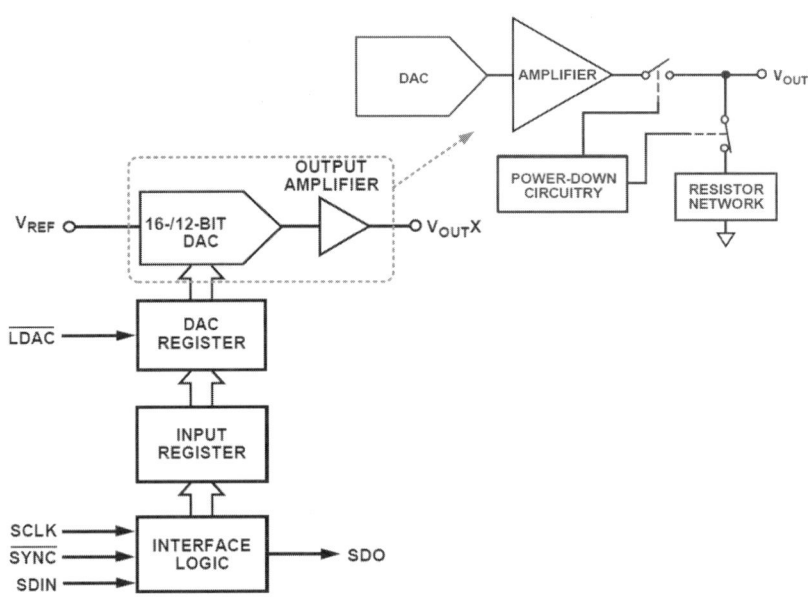

[그림 11.5-14] AD5687R 내부 block diagram.

❸ command = 0011 : Write to and Update DAC Channel n (_LDAC과 무관)
_LDAC level과 무관하게 선택한 input register의 내용으로 DAC register와 출력에 loading하고, 바로 DAC 출력을 갱신한다.

❹ command = 1001 : readback
다음과 같은 순서로 실행한다.
ⓐ 0x90_0000을 writing 하여 DAC A register에 대한 readback을 준비한다. 이때, 전송한 DB15~DB4 data는 모두 무시된다. 단, DAC B register의 경우에는 0x98_0000을 writing해 주어야 한다.
ⓑ 그리고, 0x00_0000을 writing해 주면, 이것은 [그림 11.5-15]에서 보여준 nop condition에 해당한다.

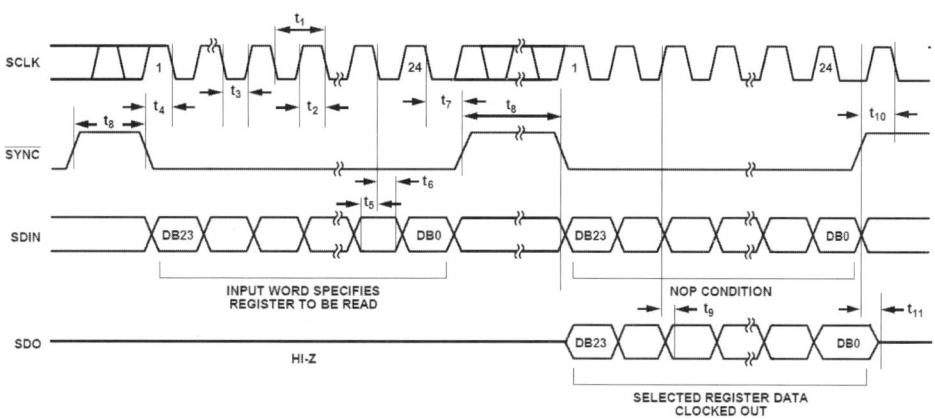

[그림 11.5-15] AD5687R readback operation.

이때, SDO pin을 통하여 지정한 DAC input register에 저장된 데이터가 출력된다. 그리고, DB19~DB4 data, 16bits만 앞서 지정한 register 데이터를 가지는 데 주의하자.

❺ command = 0100 : Power-Down
[그림 11.5-16]과 같이 설정하면 된다. 어느 하나 또는 2개의 DAC 모두 선택한 mode로 power down될 수 있다. PDA1..0 또는 PDB1..0는 [그림 11.5-17]과 같은 의미를 갖는다. 즉, PDx1..0=0이면, normal operation 즉, 5[V]에서 4[mA]를 소모한다. 그러나, power down mode로 들어가면, 5[V]에서 4[uA]를 소비하게 된다. 선택한 power down mode에 따라서 출력은 GND 대비 내부 1[KΩ] 또는 100[KΩ] 저항에 연결된다.

DB23 (MSB)	DB22	DB21	DB20	DB19 to DB16	DB15 to DB8	DB7	DB6	DB5	DB4	DB3	DB2	DB1	DB0 (LSB)
0	1	0	0	X	X	PDB1	PDB0	1	1	1	1	PDA1	PDA0
Command bits (C3 to C0)				Address bits; don't care		Power-down, select DAC B		Set to 1		Set to 1		Power-down, select DAC A	

[그림 11.5-16] AD5687R power-down mode 설정 방법.

Operating Mode	PDx1	PDx0
Normal Operation Mode	0	0
Power-Down Modes		
1 kΩ to GND	0	1
100 kΩ to GND	1	0
Three-State	1	1

[그림 11.5-17] PDA1..0 또는 PDB1..0 설정 방법.

또는 three-state 즉, open-circuit으로 유지하게 된다. power down mode에 있을 때, DAC register는 영향을 받지 않으며, DAC register의 내용이 갱신될 수도 있다. 구체적으로 power down mode에서는 bias generator, 출력 AMP, resistor strings, 그리고 관련된 선형회로에 전원 공급이 끊기게 되는 것이다.

❻ command = 0110 : software reset, power-on reset
❼ command = 0111 : 내부 2.5[V] reference 설정 register.

기본적으로 on-chip reference는 power-up할 때 On된다. 그러나, [그림 11.5-18]에서 보여준 것과 같이 공급 전류를 줄이기 위해서 Off 할 수 있다.

DB23 (MSB)	DB22	DB21	DB20	DB19	DB18	DB17	DB16	DB15 to DB1	DB0 (LSB)
0	1	1	1	X	X	X	X	X	1 or 0
Command bits (C3 to C0)				Address bits (A3 to A0)				Don't care	Reference setup register

Internal Reference Setup Register (DB0)	Action
0	Reference on (default)
1	Reference off

[그림 11.5-18] 내부 2.5[V] reference 설정 방법.

[그림 11.5-14]에서 보여준 것과 같이 AD5687R은 2개의 register 즉, input register와 DAC register로 구성된 double buffered 구조이다. 이제, SPI를 통하여 input register에 새로운 데이터를 writing 하였으면, _LDAC pin이 low level을 가져야 DAC register로

데이터가 넘어가게 된다. 예를 들면, Command = 0b0001로 데이터가 input register로 들어가는 동안 _LDAC=GND이면, SPI를 통하여 들어온 데이터는 input register와 해당 DAC register 양쪽에 _SYNC pin의 rising edge에서 모두 저장된다. 그리고 나서, 출력이 바뀌게 되는 것이다. [그림 11.5-19]는 write commands와 _LDAC pin에 대한 진리표이다.

Command	Description	Hardware LDAC Pin State	Input Register Contents	DAC Register Contents
0001	Write to Input Register n (dependent on LDAC)	V_{LOGIC}	Data update	No change (no update)
		GND[2]	Data update	Data update
0010	Update DAC Register n with contents of Input Register n	V_{LOGIC}	No change	Updated with input register contents
		GND	No change	Updated with input register contents
0011	Write to and update DAC Channel n	V_{LOGIC}	Data update	Data update
		GND	Data update	Data update

[1] A high-to-low hardware LDAC pin transition always updates the contents of the DAC register with the contents of the input register on channels that are not masked (blocked) by the LDAC mask register.
[2] When the LDAC pin is permanently tied low, the LDAC mask bits are ignored.

[그림 11.5-19] write commands와 LDAC pin에 대한 진리표.

[그림 11.5-19]에도 나와 있듯이 _LDAC이 high-to-low로 천이하면, input register의 내용이 DAC register로 넘어가게 된다. 그러므로, command=0001로 데이터를 input register에 작성하고 나서 _LDAC=V_{LOGIC}로 설정되어 있으면, input register의 내용은 DAC register로 넘어가지 않으므로 DAC 출력은 바뀌지 않게 된다. [그림 11.5-20]은 _LDAC 동작을 위한 input register의 bit field를 보여준 것이다.

DB23 (MSB)	DB22	DB21	DB20	DB19	DB18	DB17	DB16	DB15 to DB4	DB3	DB2	DB1	DB0 (LSB)
0	1	0	1	X	X	X	X	X	DAC B	0	0	DAC A
Command bits (C3 to C0)				Address bits, don't care				Don't care	Setting the LDAC bit to 1 overrides the LDAC pin			

[1] X = don't care.

[그림 11.5-20] _LDAC 동작을 위한 input register.

이때, _LDAC=GND로 연결하거나 또는 command =0010을 주면, input register의 내용이 DAC register로 넘어가게 된다. 물론, command=0011이면, _LDAC pin의 전압 level에 상관없이 데이터는 _SYNC가 high로 올라갈 때, input register와 DAC register에 **모두 작성되어 출력**이 바뀌게 된다. 그러나, 외부 _LDAC pin을 GND에 묶어서 사용하면 상관없지만, 그렇지 않고, MCU로 제어하는 경우에는 command = 0101을 이용하여 외부

_LDAC pin의 전압 level을 overwrite하여 사용할 수 있다. command=0b0101은 _LDAC pin에 대한 software mask 기능을 제공한다. 즉, command=0b0101이면, DB3와 DB0만 [그림 11.5-21]과 같이 의미를 가진다.

Load LDAC Register		
LDAC Bits (DB3, DB0)	LDAC Pin	LDAC Operation
0	1 or 0	Determined by the LDAC pin.
1	X[1]	DAC channels update and override the LDAC pin. DAC channels see the LDAC pin as set to 1.

[그림 11.5-21] _LDAC pin overwrite.

예를 들어서, DB3=1이면, DAC B는 _LDAC pin의 high-to-low 천이를 무시하고, 데이터를 갱신하지 않는다. 결국, 사용자는 DAC A register 또는 DAC B register를 선택적으로 갱신할 수 있게 되는 것이다. 다음은 관련 code를 정리한 것이다.

```c
typedef union{
  uint32_t DacDat32; uint8_t  DacVal8[4];
} DacType;
DacType SPIDacDat32;
#define BYTESWAP(num) ((num>>24)&0xff)|((num<<8)&0xff0000)|\
  ((num>>8)&0xff00)|((num<<24)&0xff000000)
// V_RefData=2000, I_RefData=2500
void AD5686RDAC_Write(uint16_t V_RefData, uint16_t I_RefData) {
  uint16_t tempVal = 0, tempCtrl = 0;
  uint32_t temp = 0, vTemp = V_RefData, iTemp = I_RefData;
  // DAC A will be 2[V]
#ifdef AD5687R
  // AD5687R, 4096/5=819.2, 4095/5=819, DAC_A=2[V] -> 2[V]*819=1638
  tempVal = (uint16_t)((vTemp * 819) / 1000);
#else
  // AD5686R, 65536/5=13107.2, 65535/5=13107, DAC_A=2[V] -> 2[V]*13107=26214
  tempVal = (uint16_t)((vTemp * 13107) / 1000);
#endif
  tempCtrl = 0x11;                     // Command = 0001, DAC_A
  temp = (tempCtrl << 24) | (tempVal << 8);
  SPIDacDat32.DacDat32 = BYTESWAP(temp);
```

```c
  AD5686RDAC_Op();
  // DAC B will be 2.5[V]
  tempVal = (uint16_t)((iTemp * 13107) / 1000);
  tempCtrl = 0x12;                    // Command = 0010, DAC_B
  temp = (tempCtrl << 24) | (tempVal << 8);
  SPIDacDat32.DacDat32 = BYTESWAP(temp);
  AD5686RDAC_Op();
  // DAC C will be 3[V]
  iTemp=3000;
  tempVal = (uint16_t)((iTemp * 13107) / 1000);
  tempCtrl = 0x14;                    // Command = 0100, DAC_C
  temp = (tempCtrl << 24) | (tempVal << 8);
  SPIDacDat32.DacDat32 = BYTESWAP(temp);
  AD5686RDAC_Op();
  // DAC D will be 3.5[V]
  iTemp=3500;
  tempVal = (uint16_t)((iTemp * 13107) / 1000);
  tempCtrl = 0x18;    // Command = 1000, DAC_D
  temp = (tempCtrl << 24) | (tempVal << 8);
  SPIDacDat32.DacDat32 = BYTESWAP(temp);
  AD5686RDAC_Op();
  // Update DAC Register n with Contents of Input Register n
  tempVal = 0;
  tempCtrl = 0x2F;    // Command = 0xF, all DAC_A..DAC_D will be updated
  temp = (tempCtrl << 24) | (tempVal << 8);
  SPIDacDat32.DacDat32 = BYTESWAP(temp);
  AD5686RDAC_Op();
}
void AD5686RDAC_Op(void) {
  // DAC software reset Test.
  HAL_GPIO_WritePin(GPIOC, GPIO_PIN_11, GPIO_PIN_RESET);
  if (HAL_SPI_Transmit(&hspi3, (uint8_t*)&SPIDacDat32, 3, 100) != HAL_OK) {
    /* Transfer error in transmission process */
    Error_Handler();
  }
  HAL_GPIO_WritePin(GPIOC, GPIO_PIN_11, GPIO_PIN_SET);
}
```

【연구 과제】

Chapter11 folder를 보면, **Ch11Lab2Update** folder가 있다. 이 project의 main.c file을 보면, 다음과 같이 if 문이 하나 더 추가된 것을 볼 수 있다. 이처럼 if문이 추가되면, 기존의 Ch11Lab2 project와 비교하여 무엇이 개선될 수 있는 지 토의해 보기 바란다.

```c
// Timer related callback functions.
void HAL_TIM_PeriodElapsedCallback(TIM_HandleTypeDef *htim){
  uint16_t OUTADacDat=0, OUTBDacDat=0;
  if (htim->Instance==TIM1){
    if (gCmdInfo==false) {
      OUTADacDat=DACSinDat[gDacInd];
      OUTBDacDat=DACSinDat[gDacInd];
      // V_Ref_Init =0[V], I_Ref_Init=2.5[V];
      TLV5638DAC_Write(OUTADacDat, OUTBDacDat);
      gDacInd++;
      gDacInd%=100;
    }
  }
}
```

CHAPTER
12

DMA 사용 방법

DMA(Direct Memory Access)는 MCU 내부 memory와 MCU에 연결되는 주변 장치들 사이에 core의 간섭 없이 데이터를 전송하는 방법을 의미한다. 여기서 주의할 것은 memory 그 자체도 주변 장치에 포함될 수 있다는 것이다. 즉, memory의 일정 영역에서 다른 영역으로 core의 간섭 없이 DMA를 이용하여 데이터 전송을 수행할 수도 있다. 이와 같은 DMA 기술은 데이터 전송 작업을 담당하는 MCU 내부 DMA controller에 의해서 수행되는데, 구체적으로 전송될 데이터의 크기를 포함하는 counter register와 source address register, destination address register, 그리고 status register, 이렇게 4개의 register 들을 기본적으로 가지고 있으며, 일반적으로 **TCB(Transfer Control Block)**이라는 **구조체로 정의**하여 사용한다. 이제 본격적으로 STM32 MCU 내부의 DMA controller에 대해서 살펴보고, 그 사용 방법을 학습해 보도록 하겠다. 내용이 상당히 많고, 복잡할 것이다. 아마도 엄청난 인내심과 노력이 필요 할 것이다.

■ 학습 목표 :
- STM32 MCU의 DMA 내부 구조를 학습해 본다.
- UART DMA 전송 방식에 대해서 학습하고, 실습해 본다.
- UART IDLE interrupt에 대해서 학습해 본다.
- Buffer의 필요성과 double buffer에 대해서 학습한다.
- Queue와 Circular Queue에 대해서 학습하고, UART DMA에 적용해 본다.
- UART DMA 전송 방식으로 SJ_MCUBook_Apps program과 통신할 수 있도록 UART 전송 규약을 수정한다.
- SPI DMA 전송 방식에 대해서 학습하고, 실습해 본다.
- STM32 MCU에서 DMA 방식을 사용하는 경우에 주의해야 하는 사항들에 대해서 학습해 본다.

12.1 STM32 MCU의 DMA 소개.

모든 STM32 family MCU들은 Cortex-M core에 대한 **데이터 전송 부하를 줄이기 위해서** 적어도 하나의 DMA controller를 가지고 있다. 구체적으로 STM32F09x를 제외한 STM32F0/G0/L0 MCU들은 모두 DMA controller가 1개이고, 나머지 모든 STM32 MCU들은 모두 2개의 DMA controller들을 포함하고 있는 데, 각각의 DMA는 2개의 port 즉, 하나는 주변 장치를 위한 DMA port, 다른 하나는 memory를 위한 port를 가지고 있으며, **이들은 동시에 동작할 수 있다.** 예를 들어서 STM32**F302x** device는 12개 또는 5개의 channel들을 가지는 DMA_2 controller와 7개의 channel들을 가지는 DMA_1 controller, 이렇게 2개의 DMA controller들을 포함하고 있다. 즉, STM32**F302x6/8**의 경우, DMA_2 controller는 5개의 channel들을 포함하고 있다. 결국, 유사한 부품명(part number)을 가져도 이처럼 내부 peripheral은 다른 사양 또는 구성을 가질 수 있다는 데 주의하자. 각각의 channel은 하나 또는 그 이상의 주변 장치들로부터 **memory 접근 요청을 관리**할 수 있으며, 하나의 DMA controller는 DMA 요청들 사이에 우선순위를 관리하기 위해서 **중재자(arbiter)**를 가지고 있다.

❶ 각각의 channel은 **전용** hardware DMA **request**에 연결되어 있고, **software trigger 기능**을 제공한다.

❷ DMA channel들로부터 발생하는 요청들에 대한 **우선순위**는 [그림 12.1-1]처럼 very high, high, medium, low 이렇게 4개의 level로 DMA Channel x Configuration Register인 **DMA_CCRx.PL[1:0]** register에서 설정 할 수 있다. 이들 register 설정과 관련된 CubeMX 항목은 [그림 12.1-2]의 점선 사각형 즉, ①번에 해당한다. 여러분들은 이 책을 통하여 이처럼 DMA 동작 특성과 그에 따른 관련된 register들에 대한 학습을 하고, 그리고 나서 CubeMX에 설정하는 방법을 알게 될 것이다. 동일한 level을 갖는 DMA channel들 사이에는 channel number가 **낮은 것이 우선순위**가 높다. 예를 들면, channel_1에 대한 요청 request1은 channel_2에 대한 요청 request2 보다 높은 우선권을 가진다. 또한, [그림 12.1-1]에서 보여준 것과 같이 특별한 경우가 아니면, 임의의 MCU를 구성하는 DMA controller를 포함한 모든 주변 장치들은 **동일한 register map**을 가진다. 즉, MCU 마다 특별한 주변장치를 따로 개발하여 장착하지 않는다.

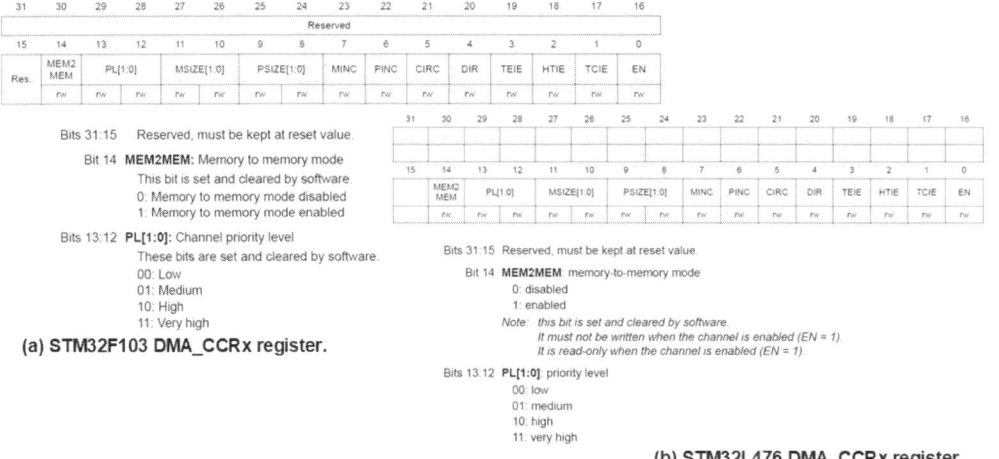

[그림 12.1-1] DMA Channel x Configuration register 구성.

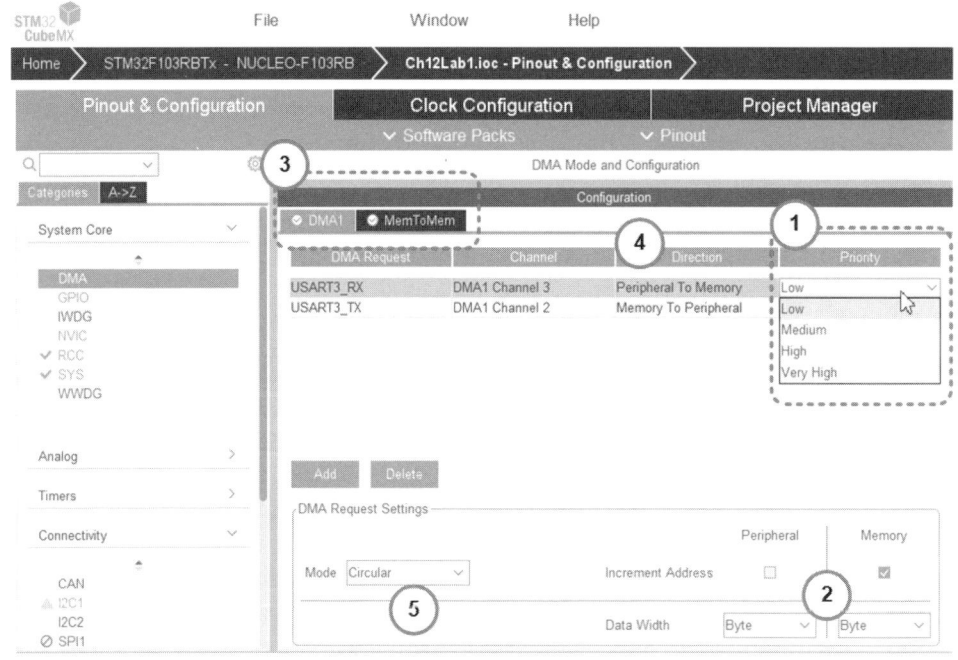

[그림 12.1-2] DMA Channel x Configuration register와 CubeMX 항목의 연관성.

왜냐하면, 개발에 따른 비용, 유지와 보수비용이 크고, 무엇보다 그럴 필요가 없기 때문이다. 단지, bug가 발견되었거나 성능을 개선할 필요가 있는 경우에만 동일한 주변 장치에 대해서 약간씩 다른 사양을 가진다. 게다가, ADI와 같이 analog에 특화된 업체, 심지어 TI처럼

DSP에 상당한 전통이 있는 업체라고 하더라도 모든 주변 장치들을 자신이 직접 만들지 않고, 몇몇 특별한 주변 장치들은 Cortex-M core IP를 구매해서 사용하듯이 이들 주변 장치들도 해당 전문적인 개발사에서 IP를 구매하여 사용하는 경우가 많다. 그러므로, MCU 제조사가 달라도 동일한 기능과 register map을 갖는 주변 장치를 포함하는 MCU가 충분히 존재할 수 있다.

❸ source와 destination 사이의 **전송 데이터 크기**는 byte(1), half word(2), word(4) 등 **어떠한 것도 사용 가능**하지만, 설정한 데이터 크기에 맞게 source와 destination 번지를 설정해야 한다는 데 주의하자. 관련된 register field는 다음과 같고, [그림 12.1-2]의 ②번에 해당한다.

- 0b00 : 8bits(byte), 0b01 : 16bits(half word), 0b10 : 32bits(word)
- DMA_CCRx.MEM2MEM=1인 경우에 memory2memory mode enabled. 이처럼 memory2memory mode를 enable하기 위해서는 [그림 12.1-2]의 ③번에서 **MemToMem tab**을 선택해서 설정해 주어야 한다.

ⓐ DMA_CCRx.**MSIZE**[1:0] : 지정한 **memory로** 각각의 DMA 전송을 위한 data 크기.
- DMA_CCRx.MEM2MEM=1인 경우, DIR=1이면, memory source 크기, DIR=0이면, memory destination 크기를 의미한다.
- DMA_CCRx.MEM2MEM=0인 경우, DIR=1이면, peripheral source 크기, DIR=0이면, peripheral destination 크기를 의미한다.

여기서, **DIR은 DMA data 전송 방향**을 의미한다. 예를 들어서, [그림 12.1-2]의 경우, **USART3_RX** DMA Request는 DMA1 controller의 Channel 3에 해당하고, 이것의 방향은 주변 장치 즉, USART3_RX로부터 데이터가 memory로 향하므로 MEM2MEM=0이고, DIR=0이다. 그러므로, MSIZE에 설정한 memory에 전송되는 DMA data의 크기는 peripheral destination의 크기가 되고, 바로 설명할 PSIZE에 설정한 DMA data의 크기는 MEM2MEM=0이고, DIR=0이므로 peripheral source의 크기 즉, USART3_RX buffer의 크기가 된다는 데 주의하기 바란다. 내용이 다소 까리하다. 그러므로, 이해가 가지 않는 분은 다시 반복해서 읽어보기 바란다.

ⓑ DMA_CCRx.**PSIZE**[1:0] : 지정한 **주변장치로** 각각의 DMA 전송을 위한 data 크기
- DMA_CCRx.MEM2MEM=1인 경우, DIR=1이면, memory destination 크기, DIR=0이면, memory source 크기를 의미한다.

- DMA_CCRx.MEM2MEM=0인 경우, DIR=1이면, peripheral destination 크기, DIR=0이면, peripheral source 크기를 의미한다.
❹ 최대 65535개까지의 데이터 전송가능.
❺ [그림 12.1-3]과 같은 **event flag** 즉,

31	30	29	28	27	26	25	24	23	22	21	20	19	18	17	16
				TEIF7	HTIF7	TCIF7	GIF7	TEIF6	HTIF6	TCIF6	GIF6	TEIF5	HTIF5	TCIF5	GIF5
				r	r	r	r	r	r	r	r	r	r	r	r
15	14	13	12	11	10	9	8	7	6	5	4	3	2	1	0
TEIF4	HTIF4	TCIF4	GIF4	TEIF3	HTIF3	TCIF3	GIF3	TEIF2	HTIF2	TCIF2	GIF2	TEIF1	HTIF1	TCIF1	GIF1
r	r	r	r	r	r	r	r	r	r	r	r	r	r	r	r

[그림 12.1-3] DMA_ISR(DMA Interrupt Status Register).

- TCIFx : channelx 전송 **완료** flag.
- HTIFx : channelx half 전송 **완료** flag.
- TEIFx : channelx 전송 error flag.
- GIFx : channelx global interrupt flag. 이 bit는 hardware에 의해서 설정된다.
  0 : TE, HT, 또는 TC event가 channel x에 발생하지 않은 경우.
  1 : TE, HT, 또는 TC event가 channel x에 대해서 발생한 경우.
  DMA_IFCR register안에 대응하는 bit에 1을 작성하면 clear 된다.

[그림 12.1-4]는 STM32F302에서 사용되는 DMA 기능 block diagram이다. 그리고, [그림 12.1-5]는 STM32F103과 STM32L476에서 사용되는 DMA 기능 block diagram이다. 3개의 MCU 모두 **기본적인 구조는 동일**하다는 것을 알 수 있다. 단지, STM32L476과 STM32F302 DMA controller에서는 Arbiter 관련 그림을 생략하였을 뿐이다. 모든 DMA controller는 각각 **DMA bus**를 통하여 **bus matrix**에 연결되어 있는 것을 볼 수 있다. 다음은 전형적인 DMA controller의 동작 특성을 정리해 본 것이다.

❶ 입/출력 주변 장치(I/O peripherals)들은 DMA controller의 DMA request line을 통하여 **DMA 동작을 요청**한다. 물론, DMA controller는 여러 I/O peripheral들로부터 발생하는 DMA 요청들을 각각의 전용 channel들로부터 받아들일 수 있다.

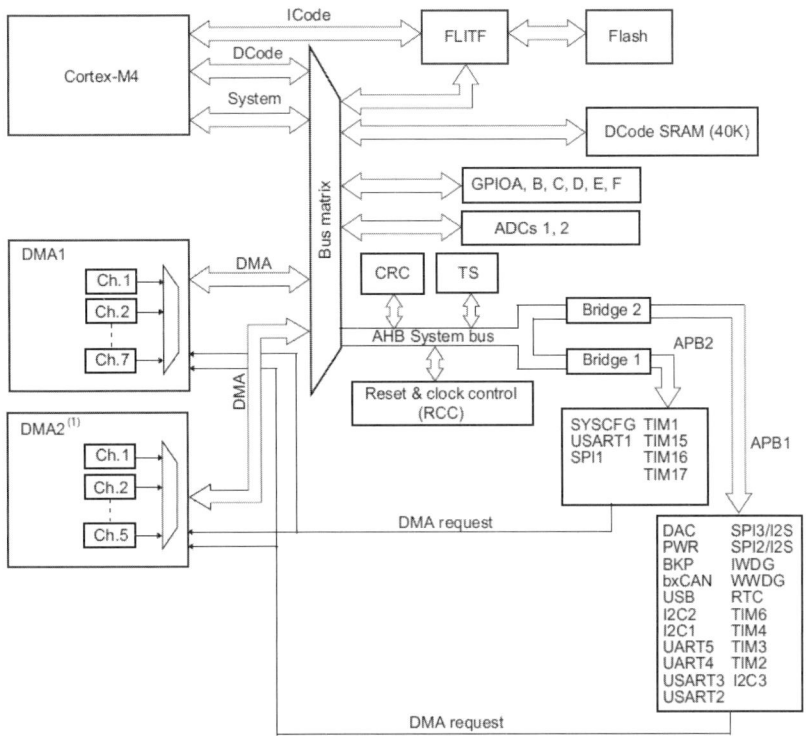

[그림 12.1-4] STM32F302 DMA block diagram.

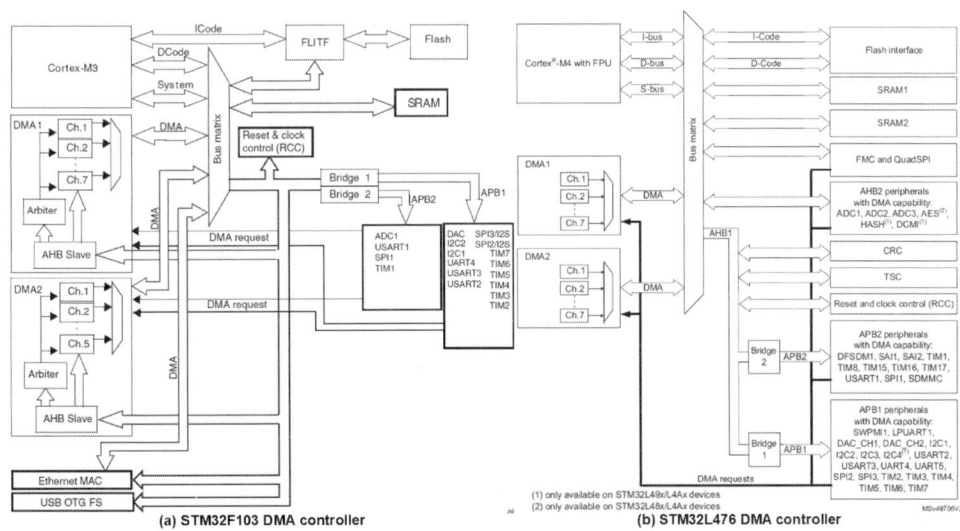

[그림 12.1-5] STM32F103과 STM32L476 DMA block diagram.

12 DMA 사용 방법 | 425

예를 들면, [그림 12.1-4]에서 보여준 것과 같이 STM32F302 DMA_1 controller는 7개의 DMA channel들을 가지고 있다. 그러므로 single cycle에서 여러 DMA channel들이 동시에 DMA를 요청하면, Arbiter의 중재를 통하여 각 channel에 할당된 우선순위에 따라서 처리하게 된다. 여기서, 각 channel은 SPI, I2C, USART, Timer, AD Converter 등과 같은 주변장치들의 DMA 요구에 대한 작업을 수행한다. 또한, **GP DMA-1 7 channels**는 General Purpose DMA 7 channel들을 의미한다.

❷ DMA controller는 Cortex-M core가 system bus를 release 하도록 요청한다.

❸ core는 bus를 release하였다는 것을 DMA controller에게 알려주면, DMA controller는 DMA를 요청한 I/O device로부터/로 지정한 source/destination address에 근거하여 지정한 데이터의 크기만큼 system bus에 실어서 core의 간섭 없이 전송을 시작하여 **완료되면, interrupt를 발생**시킨다.

이 내용은 잠시 후에 STM32 MCU 내부 구조를 바탕으로 좀 더 자세히 설명할 것이다. 결국, DMA controller는 일반적으로 counter register, source address register, destination address register, 그리고 status register, 이렇게 4개를 기본적으로 가지고 있으며, 이를 **TCB(Transfer Control Block)**이라는 **구조체로 정의**하여 사용한다는데 주의하기 바란다. 다양한 DMA 전송 방식이 가능하겠지만, 일반적으로 다음과 같이 3가지 type들이 있다.

❶ Block 전송 : 가장 많이 사용하는 방식

지정한 DMA block의 데이터 전송이 **완료될 때까지** core는 system bus를 사용할 수 없으며, 단지, 내부적인 명령만 수행할 수 있다. core와 DMA에 대한 우선순위는 일반적으로 **round-robin 방법**을 사용한다.

❷ Cycle Stealing :

system bus와 관련된 system clock을 DMA controller가 1 clock 씩 core와 번갈아 가며 데이터 전송을 완료할 때까지 사용하는 방식으로서 결국, word 단위로 데이터 전송이 수행된다.

❸ Interleaved DMA :

DMA controller는 core가 register들에 기반을 둔 내부적인 연산을 수행하기 위해서 system bus를 사용하지 않을 때만 system bus를 점령하여 데이터를 전송한다. 그러므로

DMA controller는 core가 system bus를 사용하지 않는 시작점과 사용하려는 시점을 확인할 수 있어야 한다.

정리하면, DMA 전송은 core를 제외한 나머지 MCU를 구성하는 memory를 포함한 내부 주변 장치들 사이에 core의 간섭 없이 데이터의 전송을 가능하게 하는 기술로서 core의 부담을 덜어주는 효과를 발휘할 수 있다. 이것은 현재 시장에서 볼 수 있는 대부분의 MCU에 내장되어 있는 core speed가 MCU를 구성하는 내부 구성 요소들 보다 **상대적으로 빠른 속도**를 가지므로 core가 연산을 위한 데이터를 가져오거나 저장하는데 기다려야 하는 일을 덜어주는 효과를 기대할 수 있게 되는데, 이처럼 core가 연산을 위한 데이터를 기다려야 하는 상황을 **data starvation**이라고 한다. DMA 전송을 수행하기 위해서는 추후에 관련 예제를 통하여 학습하게 되겠지만, TCB 관련 구조체를 정의하고, DMA controller를 초기화하고, 전송에 따른 관련 routines를 coding해야 하므로 부가적인 code의 증가가 발생하게 된다. 그러나, 전송할 데이터의 용량이 큰 경우, 또는 **double-buffering**를 사용해야 하는 경우에는 **DMA 전송**을 통하여 90% 이상의 **speed 개선** 효과를 볼 수 있다. 또한, DMA controller는 Cortex-M core와 함께 system bus를 공유함에 의해서 direct memory 전송을 수행한다. 그러므로, DMA request는 앞서 언급한 것과 같이 core가 system bus에 접근하는 것을 막을 수 있다. 예를 들면, core와 DMA가 동일한 memory 또는 주변장치의 번지에 접근하려고 한다면, round-robin 방법으로 bus matrix가 결정된다. [그림 12.1-6]에서 보여준 3개의 event들 중에서 어느 하나라도 발생하면, 해당 주변 장치는 DMA controller에게 request signal을 전송한다.

Interrupt event	Event flag	Enable control bit
Half-transfer	HTIF	HTIE
Transfer complete	TCIF	TCIE
Transfer error	TEIF	TEIE

[그림 12.1-6] DMA interrupt requests.

그러면, DMA controller는 channel 우선순위를 고려하여 그 요청을 처리한다. DMA controller가 주변장치에 접근하자마자 DMA controller는 **Acknowledge를 해당 주변장치**

에게 보내고, 그 Acknowledge를 주변 장치가 수신하면, 바로 그 요청을 release해 준다. 일단, 그 요청이 주변 장치에 의해서 release 즉, de-assert되면, DMA controller는 Acknowledge를 release해 준다. 만일, 더 많은 request들이 있다면, 그 주변장치는 다음 transaction을 초기화한다. 즉, 각각의 **DMA 전송은 다음과 같은 3개의 동작으로 구성**된다.

❶ 내부 현재 peripheral/memory 번지 register를 통하여 지정된 memory 안의 위치 또는 주변 장치의 데이터 register**로부터** 데이터를 loading한다. **첫 번째 데이터 전송**을 위해 사용되는 start 번지는 DMA Channel x Peripheral 번지 register인 **DMA_CPARx** 또는 DMA Channel x Memory 번지 register인 **DMA_CMARx** register 안에 지정한 base peripheral 또는 memory 번지이다. 만일, PSIZE=0b01(16bits)이면, 마지막 1bit PA[0]은 무시되고, PSIZE=0b10(32bits)이면, 마지막 2bits PA[1:0]은 무시된다. 이것은 MSIZE에 따라서 **DMA_CMARx** register의 MA[0]과 MA[1:0]에도 동일하게 적용된다.

❷ 내부 현재 peripheral/memory 번지 register를 통하여 지정된 memory 안의 위치 또는 주변 장치의 데이터 register**로** loading 되는 데이터의 저장. **첫 번째 데이터 수신**을 위해 사용되는 start 번지는 DMA_CPARx 또는 DMA_CMARx register 안에 지정한 base peripheral 또는 memory 번지이다. 결국, 정리하면, DMA source 또는 destination 번지는 각 주변 장치 전용 DMA channel의 DMA_CPARx 또는 DMA_CMARx register에 설정하면 된다. 참고적으로 사용하는 MCU에 맞는 예를 들면, STM32F103을 사용하는 경우에는 Stm32f1xx_**hal_dma**.c file의 **DMA_SetConfig()** 함수의 내용을 참조하면 된다.

❸ 전송될 데이터의 개수를 저장하는 DMA Channel x Number of Data register인 **DMA_CNDTRx** register의 post-decrementing 즉, 각각의 DMA 전송 이후에 감소한다. 전송이 완료되면, 이 register는 **normal** mode의 경우에는 0이 되고, **Circular** mode인 경우에는 이전에 설정한 값이 **reloading** 된다. 단, memory2memory 전송에서는 normal mode만 사용 가능하다. 이 register는 아직 전송해야 할 데이터의 개수 즉, transaction의 개수를 포함하고 있다. 그러므로, **0이 되면, DMA 동작이 발생하지 않는다**. 결국, normal mode로 설정하고, 마지막 전송이 완료되면, 더 이상 DMA 동작이 발생하지 않게 된다. 단, DMA_CNDTRx register는 해당 DMA channel이 disable 되었을 경우에만 설정가능하다. DMA channel을 Circular mode로 설정하기 위해서는 앞서 학습한 DMA_CCRx.CIRC=1로 설정하면 되고, DMA_CCRx.CIRC=0이면, normal mode가 된다.

다음은 DMA channel x를 설정하는 순서를 정리한 것이다.

❶ DMA_CPARx register에 **Peripheral** register address를 설정해 준다. 이제, 그 peripheral에서 event가 발생하면, 데이터는 이 주소로부터 memory로 또는 그 반대 방향으로 이동하게 된다.

❷ DMA_CMARx register에 **Memory** address를 설정해 준다. 이제, 그 peripheral에서 event가 발생하면, 데이터는 설정한 memory 주소로부터 읽혀지거나 또는 작성되기 시작한다.

❸ DMA_CNDTRx register에 **전송될 전체 데이터의 개수**를 설정한다. 이제, event가 발생할 때마다 감소하게 된다.

❹ DMA Channel Configuration Register인 DMA_CCRx.PL register를 이용하여 DMA channel 우선순위를 설정한다. 또한, data 전송 방향(DIR), circular 또는 normal mode(CIRC), peripheral 또는 memory incremented mode(PINC/MINC), peripheral 또는 memory data size(PSIZE/MSIZE), 그리고, transfer half, transfer complete, 또는 transfer error 후에 interrupt enabling 등등을 설정한다. 여기서, DIR=0이면, 주변장치에서 읽혀지는 것이고, DIR=1이면, memory에서 읽혀지는 것이다. 그러나, 지금까지 설명한 내용들은 모두 [그림 12.1-2]에서 보여준 것과 같이 CubeMX에서 해당 GUI 성분들로 설정할 수 있으므로 추가적인 사용자 coding 작업은 필요 없지만 설정할 파라미터의 의미를 이해하는데 필요한 내용들이다.

❺ DMA_CCRx.EN=1로 설정하여 해당 channel을 enable한다. 이것은 관련 HAL 함수를 사용해야 한다. 예를 들면, **HAL_UART_Receive_DMA()** 함수 등등

임의의 DMA channel이 enable되면, 바로, 그 channel에 연결되어 있는 주변 장치로부터 임의의 DMA 요청을 수행할 수 있다. 또한, 임의의 request가 없어도 memory to memory DMA 전송을 수행할 수 있다. 즉, DMA_CCRx.MEM2MEM=1로 설정하고, DMA를 enable하면 **바로** 전송을 시작한다. 단, normal mode로**만** 사용 가능하다. DMA 전송 error가 발생하면, 해당 channel은 disable된다.

12.2 UART DMA와 IDLE interrupt 사용 방법.

[그림 12.2-1]은 USART 주변 장치의 **CR3**(Control Register3) bit field 구성을 보여주고 있다. 임의의 DMA를 사용하기 위해서는 **제일 먼저**, DMA Tx와 DMA Rx **enable bit**를 사용할 주변 장치에 따라서 **방식은 다를 수 있지만**, 다음과 같이 **SET_BIT macro**를 사용하여 enable해 주어야 한다.

```
SET_BIT(huart->Instance->CR3, USART_CR3_DMAR);   // DMA Enable Receiver
SET_BIT(huart->Instance->CR3, USART_CR3_DMAT);   // DMA Enable Transmitter
```

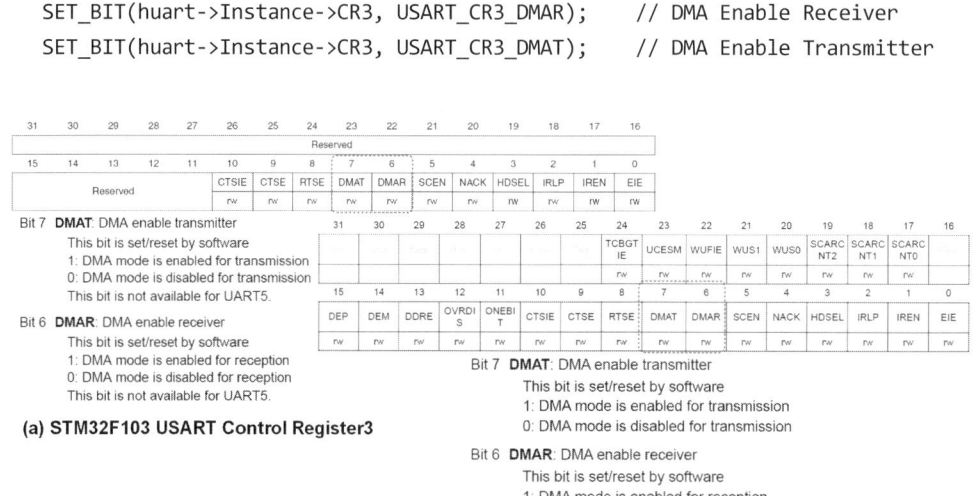

[그림 12.2-1] DMA Tx와 DMA Rx Enable 설정.

그리고 나서, DMA 전송 방식을 이용하여 수신 또는 송신할 데이터의 개수를 지정해 주어야 하는데, 지정한 개수가 모두 채워질 때까지 interrupt가 발생하지 않는다. 이것은 각각의 전송 문자 단위로 동작할 수 있도록 coding하였다면 문제가 된다. 예를 들면, 지금까지 사용한 SJ_MCUBook_Apps은 0.5[초] 단위로 0x73(즉, s) 문자 하나를 MCU에 UART 통신으로 전송하는데, 이 문자 하나를 받기 위해서 DMA 전송 방식을 사용할 수는 없다. 그러나, 이 UART 통신으로 다량의 데이터를 주고, 받을 일도 있다면, DMA 전송 방식을 사용하는 것이 유리할 것이다. 예를 들어서, 다음과 같이 UART Rx DMA를 설정한 경우를 생각해 보자.

```
HAL_UART_Receive_DMA(&huart2, DMA_RX_Buffer, 10);
```

지정한 10개 이하의 데이터를 수신한 경우에는 DMA 인터럽트가 안 떠서 데이터를 못 받고, 10개 이상의 데이터를 받으면, 10개는 받고 나머지 10개 이상의 데이터가 들어올 때까지 또 다시 기다리며 받지 못하게 된다. 이와 같은 문제는 **UART_IDLE interrupt**를 사용하면 해결될 수 있다. UART_IDLE 인터럽트는 데이터를 수신하다가 **1개 이상 데이터가 수신될 수 있는 시간 동안 데이터가 수신되지 않을 때에 걸리는 인터럽트**이다. 보통 **연속적으로** 데이터가 수신되다가 DMA controller에 지정한 데이터의 개수 보다 작게 수신되고, **1개 이상 데이터가 수신될 수 있는 시간 동안** 더 이상 수신되지 않는 경우에 발생한 UART_IDLE interrupt service 함수에서 **수동으로** DMA를 disable하고, **전송 완료 RX DMA 인터럽트를 강제로 발생**시키도록 하는 방식이다. 이제, 구체적으로 UART_IDLE interrupt를 UART DMA와 연관시켜서 사용하는 방법을 학습해 보도록 할 것이다. [그림 12.2-2]에서 보여준 것과 같이 지금까지는 단순히 interrupt 방식으로 USART3을 통하여 PC와 Nucleo 보드 사이에 데이터 통신을 수행하였다.

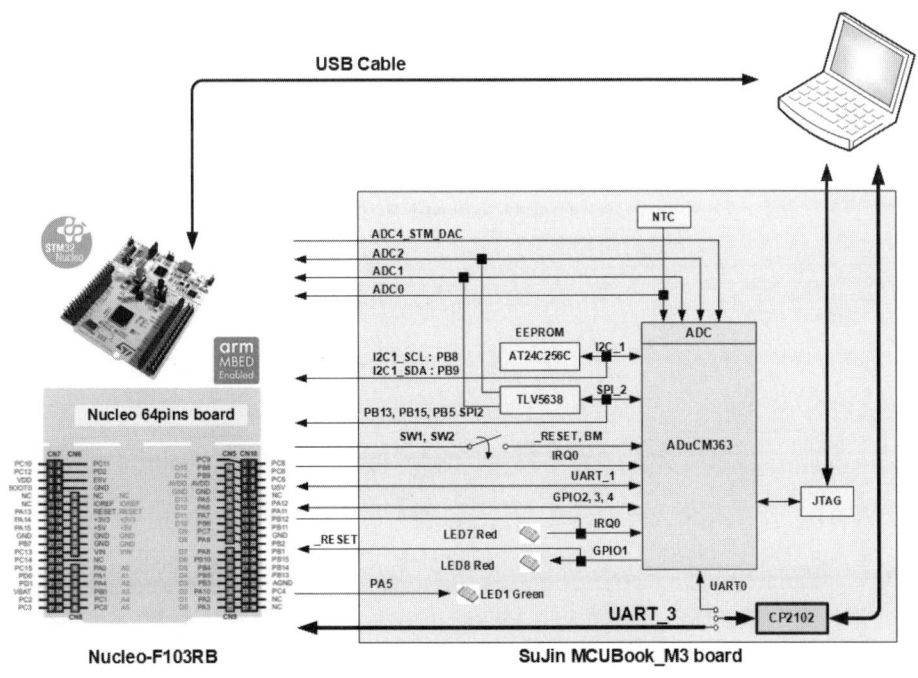

[그림 12.2-2] USART3 Rx DMA 사용 방법.

PC에서 연속적으로 데이터를 Nucleo 보드로 전송하지 않으면, UART idle interrupt가 발생하도록 할 것이다. 그리고, USART3 **Rx/Tx** DMA channel을 구성해보도록 할 것이다. 우선, Chapter11 folder에 있는 **Ch11Lab2** project를 Chapter12 folder에 그대로 복사해 넣고, Ch11Lab2 folder 이름을 Ch12Lab1로 변형해 주고, Ch11Lab2.ioc file의 이름도 Ch12Lab1.ioc로 바꾸어 준다. 그리고, Ch12Lab1.ioc 파일을 double click하여 CubeMX를 호출해 준다. [그림 12.2-3]은 USART3에 대한 Rx와 Tx DMA 설정을 방법 보여주고 있다.

[그림 12.2-3] UART RX DMA 설정.

순서대로 따라해 보도록 하자. 우선, ①번에서 보여준 것과 같이 Nucleo-STM32F103RB 보드가 선택된 것을 확인할 수 있다. ②번과 같이 **Connectivity** item에서 **USART3** item을 click하여 선택하고, ③번과 같이 **DMA Settings** tab을 click 하여 준다. 그리고, ④번의 **Add** button을 click하여 주면, ⑤번의 **DMA Request** label 아래에 USART3_RX 또는 USART3_TX item이 선택 가능할 것이다. 순서는 상관없지만, 우선, USART3_RX를 선택 하여 주면, **Channel** label 아래에 **DMA1**의 **Channel3**이 선택될 것이다. 그리고, DMA 전 송 방향 즉, **Direction**은 자동으로 Peripheral To Memory가 선택된다. 즉, MCU 입장에 서 USART3_RX는 PC로부터 데이터를 수신하는 것이므로 USART3 peripheral로부터 memory로 데이터가 저장되어야 할 것이다. 그리고, ⑥번과 같이 **DMA Request Settings** groupbox에서 DMA **Mode**로 **Circular**를 선택한다. 왜냐하면, 데이터가 들어오면, 이것을 **Ring buffer**를 이용하여 저장할 것이기 때문이다. 그러나, 본격적으로 Coding을 할 때에 자세히 설명하겠지만, USART3_**TX** item을 선택한 경우에는 DMA **Mode**로 **Normal**을 선택해 주어야 한다. 왜냐하면, UART Rx의 경우에는 PC에서 얼마나 많은 데이터가 들어올지 알 수 없으므로 DMA controller를 Circular mode로 선택하지만, UART Tx의 경우에는 필요할 때마다 원하는 데이터의 개수만 **미리 알고** 전송하므로 URAT DMA Tx 전송이 완료되면, **종료**해야 되므로 Normal mode로 설정해 주어야 하는 것이다. 그리고, ⑦번과 같이 기본설정 값인 memory 번지 증가는 Memory만 되도록 하고, Data Width는 **Byte 단위**로 수행되도록 설정한다. 이제, USART3 RX DMA 설정이 완료되었으면, 같은 방식으로 ④번의 **Add** button을 click하여 ⑤번과 같이 USART3_TX DMA request를 설정해 준다. Tx의 경우에는 방금 설명한 것과 같이 DMA mode는 Normal을 선택해 주어야 한다. [그림 12.2-4]는 STM32**F103** reference manual에서 발췌한 것이다. CubeMX를 이용하여 [그림 12.2-3]에서 설정한 내용과 비교해 보기 바란다. 특별히, ⑩번에서 보여준 것과 같이 DMA_CCRx.PL에서 설정한 값이 같다면, Channel 숫자가 작은 것이 보다 높은 우선순위를 갖도록 hardware 적으로 설계되어 있다. 사실, **hardware 적으로 보다는 내부 logic 적으로** 설계되어 있다는 표현이 더 옳을 것이다. 어쨌든, 어느 한 순간에 ⑪번에서 보여준 DMA1 request는 이들 channel들 중에서 어느 하나가 될 것이다. ⑧번의 DMA channel2는 ⑨번의 DMA channel3보다 숫자가 작으므로 DMA channel2의 우선순위가 높은데, DMA channel2는 USART3_TX에 할당되었고, DMA channel3는 USART3_RX에 할당되었다. 그러므로, USART3_TX가 USART3_RX 보다 DMA 전송에서는 보다 높은 우선 순위를 갖게 된다. 이제, USART3 Rx와 Tx DMA 설정이 완료되었으면, [그림 12.2-5]에서 보여준 것처럼 각각의 DMA channel에 대한 interrupt가 enable되어 있는지 확인해 본다. [그림 12.2-6]은 interrupt들에 대한 **우선순위 설정**을 보여준 것이다. 우선, ①번과 같이 **System Core** item을 click하고, 이어서 **NVIC** item을 선택한다. 그러면, **NVIC Mode and Configuration**을 볼 수 있는데, 이와 관련된 내용은 이미, Chapter 4.에서 충분히 설명하였다. ②번 **Sort by Preemption Priority and Sub Priority**를 check하여 **NVIC Interrupt Table**에 표시되는 interrupt들을 우선순위에 따라서 나열하도록 한다. 특별히,

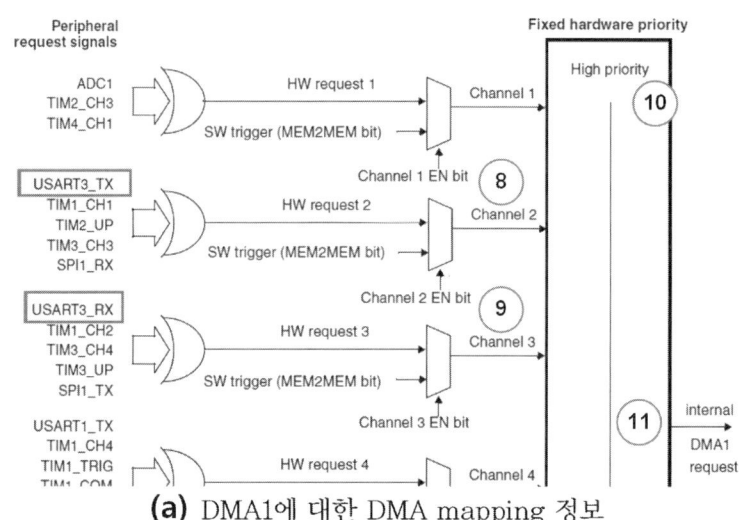

(a) DMA1에 대한 DMA mapping 정보

Peripherals	Channel 1	Channel 2	Channel 3	Channel 4	Channel 5	Channel 6	Channel 7
ADC1	ADC1	-	-	-	-	-	-
SPI/I²S	-	SPI1_RX	SPI1_TX	SPI2/I2S2_RX	SPI2/I2S2_TX	-	-
USART	-	USART3_TX	USART3_RX	USART1_TX	USART1_RX	USART2_RX	USART2_TX
I²C	-	-	-	I2C2_TX	I2C2_RX	I2C1_TX	I2C1_RX
TIM1	-	TIM1_CH1	-	TIM1_CH4 TIM1_TRIG TIM1_COM	TIM1_UP	TIM1_CH3	-
TIM2	TIM2_CH3	TIM2_UP	-	-	TIM2_CH1	-	TIM2_CH2 TIM2_CH4
TIM3	-	TIM3_CH3	TIM3_CH4 TIM3_UP	-	-	TIM3_CH1 TIM3_TRIG	-
TIM4	TIM4_CH1	-	-	TIM4_CH2	TIM4_CH3	-	TIM4_UP

(b) DMA1에 대한 DMA channel 할당 정보

[그림 12.2-4] USART3 DMA channel.

[그림 12.2-6]은 [표 4.1-1]과 함께 비교하면서 살펴보기 바란다. ③번은 Cortex-M core의 내부 interrupt controller인 NVIC에 정의되어 있는 기본 interrupt들이고, ④번은 각 제조사에서 정의한 사용자 정의 interrupt들이다. 또한, ⑤번에서 보여준 방향으로 우선순위의 level이 설정된다는 데 주의하자. 그런데, [그림 12.2-6]을 자세히 보면서 PC에서 데이터를 요청하기 위해서 MCU에 전송하는 command 데이터와 관련된 USART3 Rx DMA1 Channel3 request와 MCU가 PC로 데이터를 전송하기 위해 요청하는 USART3 Tx DMA1 Channel2 request에 대한 우선순위를 비교해 보면, 모두 Preemption Priority 값이 0으로 동일한 우선권을 가지는 것을 볼 수 있다.

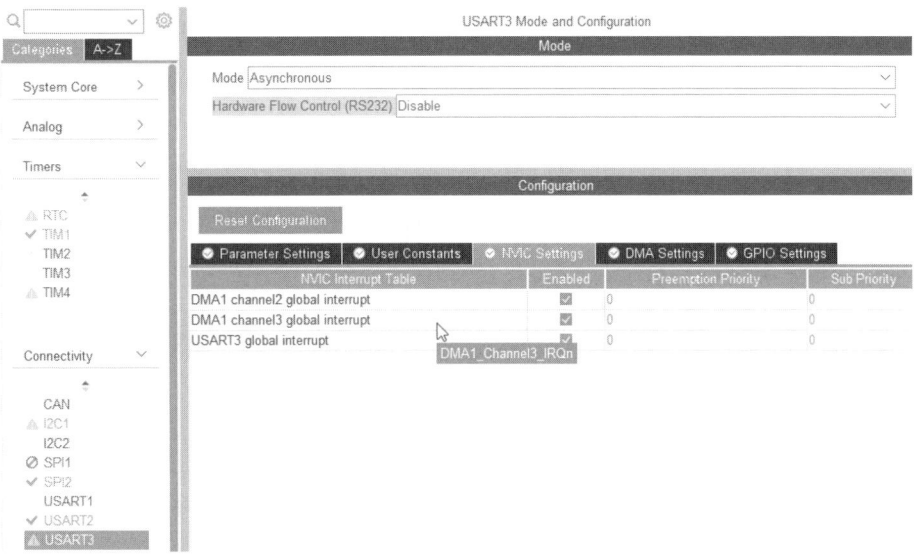

[그림 12.2-5] DMA channel에 대한 interrupt 설정.

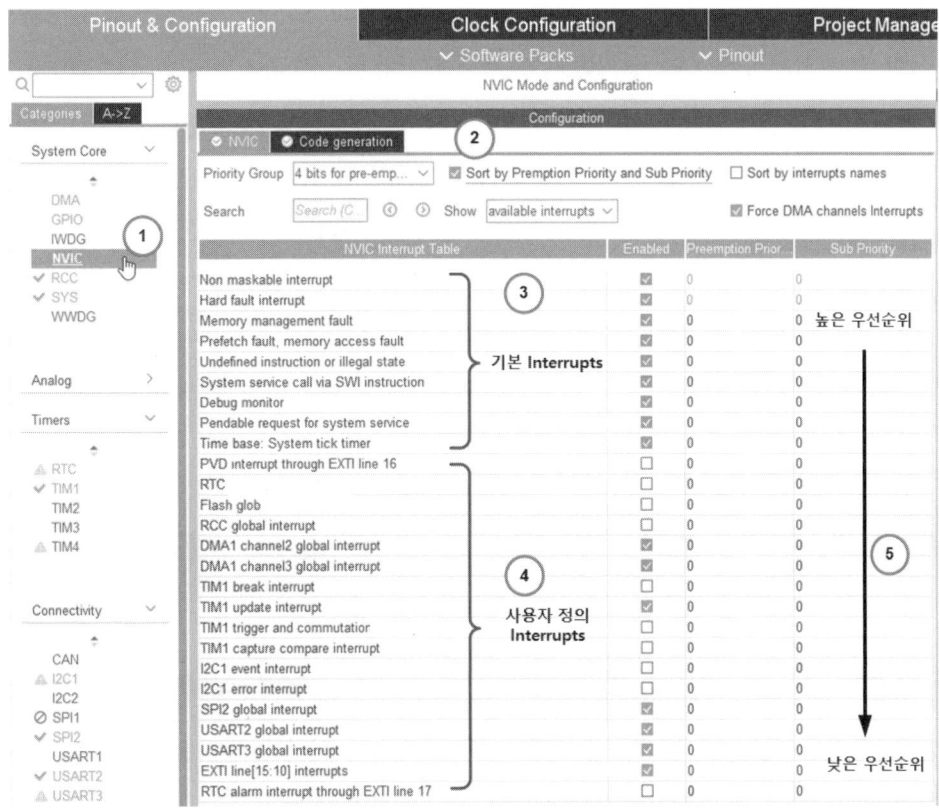

[그림 12.2-6] interrupts 우선순위 설정.

그러므로, DMA Channel 숫자가 작은 USART3 Tx DMA Channel2가 보다 높은 우선순위를 가지게 된다. 결국, PC에서 command를 전송할 때에 MCU가 PC로 데이터를 전송할 일이 발생하면, PC로 데이터를 전송하는 것이 **먼저**라는 것이다. 그런데, 만일, PC로부터 명령을 수신하는 것이 MCU로부터 데이터를 받는 것보다 더 중요하다면, 그때에는 우선순위를 바꾸어 주어야 할 것이다. 이에 대한 내용은 다소 분량이 크므로 **14.3.절**에서 자세히 다루도록 하겠다. 여기서는 고려하지 않고, 그대로 넘어가도록 한다. 이번에는 UART IDLE interrupt에 대해서 자세히 살펴보도록 하자. [그림 12.2-7]은 UART Data Format을 보여준 것이다.

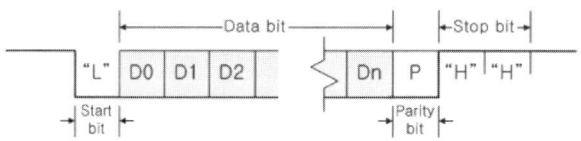

[그림 12.2-7] UART Data Format.

UART Data Format은 한 개의 start bit와 5~8개의 data bits 그리고 최대 2개까지의 stop bits로 구성된다. 물론, 한 개의 parity bit가 첨가될 수도 있다. UART 통신 방식은 start bit와 stop bit를 부가함으로서 **1문자(1byte)의 전송 동안에만 송신측과 수신측의 동기**를 취하여 timing을 일치시키는 **비동기식(Asynchronous)** 전송 방식이다. [그림 12.2-8]은 STM32 MCU가 UART 1문자 수신의 시작인 **start bit를 검출하는 과정**을 좀 더 자세히 보여준 것이다. ①번에서 보여준 것과 같이 1개의 bit를 16개의 sample들로부터 판단한다. 즉, ②번에서 보여준 것과 같이 Oversampling은 default가 **16 samples**인데 주의하자. **start bit**는 [그림 12.2-8]에서 보여준 sequence 0b1110_x0x0x0_x0x0x0가 인식되어야 검출된 것으로 판단한다. 그러나, 이 sequence가 식별되지 못하면, start bit가 검출되지 않은 것이고, **idle state로 되돌아간다**. 그리고는 falling edge가 발생할 때까지 다시 기다리게 된다. [그림 12.2-9]는 USART IDLE interrupt와 관련된 Control Register 1 즉, USART_**CR1** bit field를 보여준 것이다. 기본적으로 CubeMX에서 USART 또는 UART를 선택하면, 13번과 2번 3번 bit는 1 즉, enable된다. 그러나, 앞서 설명한 **idle interrupt를 사용하기 위해서 4번 bit도 1로 설정**해 주어야 한다. 이것은 main while loop에 들어가기 전에 다음과 같이 macro를 이용하여 coding 해 주면 된다.

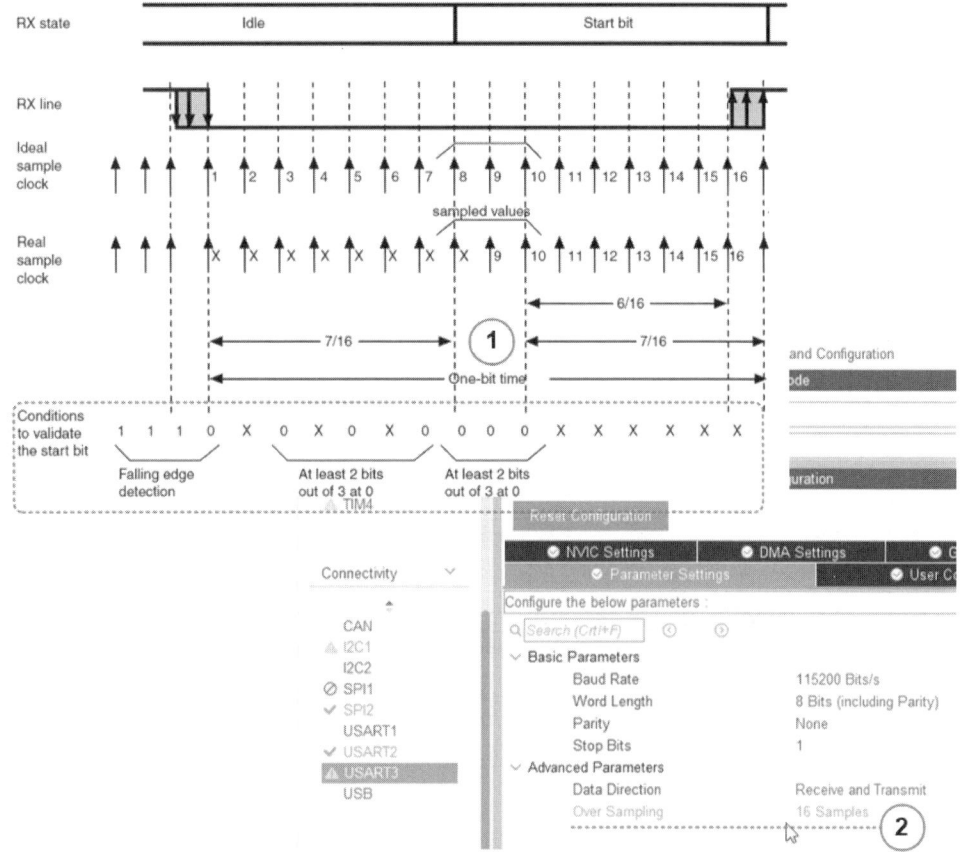

[그림 12.2-8] Oversampling 16 또는 8에서 start bit 검출과정.

```
__HAL_UART_ENABLE_IT(&huart3, UART_IT_IDLE); // USART3을 이용하는 경우.
```

또한, [그림 12.2-10]은 USART Status Register 즉, USART_SR bit field를 보여준 것이다. [그림 12.2-8]에서 설명한 idle state로 들어가면, 즉, 임의의 idle line이 검출되면, USART_SR.IDLE = 1로 hardware에 의해서 설정된다. 이때, 앞서 USART_CR1.**IDLEIE** = 1로 설정하였으므로 USART interrupt가 발생하여 관련 ISR으로 들어가게 된다. 단, 이때에 발생한 interrupt는 앞서 설정한 DMA interrupt가 아니고, 기존에 사용해 온 USART3 **global interrupt** service routine으로 들어가는데 **주의**하기 바란다. 일단, ISR에 들어가면, [그림 12.2-10]에 나와 있듯이 USART_SR register를 읽고, 그리고 나서, USART Data register인 USART_DR을 읽으면, **자동으로 clear** 된다. 그러나, 이것은 STM32**F103**에서만 정답이다.

31	30	29	28	27	26	25	24	23	22	21	20	19	18	17	16
Reserved															

15	14	13	12	11	10	9	8	7	6	5	4	3	2	1	0
Reserved		UE	M	WAKE	PCE	PS	PEIE	TXEIE	TCIE	RXNEIE	IDLEIE	TE	RE	RWU	SBK
		rw	rw	rw	rw	rw	rw	rw	rw	rw	rw	rw	rw	rw	rw

Bits 31:14 Reserved, forced by hardware to 0.

Bit 13 **UE**: USART enable
When this bit is cleared the USART prescalers and outputs are stopped and the end of the current
byte transfer in order to reduce power consumption. This bit is set and cleared by software.
0: USART prescaler and outputs disabled
1: USART enabled

Bit 4 **IDLEIE**: IDLE interrupt enable
This bit is set and cleared by software.
0: Interrupt is inhibited
1: A USART interrupt is generated whenever IDLE=1 in the USART_SR register

Bit 3 **TE**: Transmitter enable
This bit enables the transmitter. It is set and cleared by software.
0: Transmitter is disabled
1: Transmitter is enabled
Note: 1: During transmission, a "0" pulse on the TE bit ("0" followed by "1") sends a preamble (idle line) after the current word, except in Smartcard mode.
2: When TE is set there is a 1 bit-time delay before the transmission starts.

Bit 2 **RE**: Receiver enable
This bit enables the receiver. It is set and cleared by software.
0: Receiver is disabled
1: Receiver is enabled and begins searching for a start bit

[그림 12.2-9] USART control register 1(USART_CR1)

31	30	29	28	27	26	25	24	23	22	21	20	19	18	17	16
Reserved															

15	14	13	12	11	10	9	8	7	6	5	4	3	2	1	0
Reserved						CTS	LBD	TXE	TC	RXNE	IDLE	ORE	NE	FE	PE
						rc_w0	rc_w0	r	rc_w0	rc_w0	r	r	r	r	r

Bit 4 **IDLE**: IDLE line detected
This bit is set by hardware when an Idle Line is detected. An interrupt is generated if the IDLEIE=1 in the USART_CR1 register. It is cleared by a software sequence (an read to the USART_SR register followed by a read to the USART_DR register).
0: No Idle Line is detected
1: Idle Line is detected
Note: The IDLE bit will not be set again until the RXNE bit has been set itself (i.e. a new idle line occurs).

[그림 12.2-10] USART Status Register(USART_SR)

예를 들어서, STM32F302 또는 STM32L476과 같은 MCU는 [그림 12.2-11]에서 보여준 것과 같이 USART Interrupt Flag Clear Register 즉, USART_ICR.**IDLECF**에 1을 writing해 주어야 clear된다는 데 주의하기 바란다. 사용하는 MCU의 **Drivers** folder 인에 있는 **STM32F1xx_HAL_Driver** folder, 여기서는 사용하는 MCU가 STM32F103RB 즉, STM32**F1** family이므로 folder 이름이 사용하는 MCU 이름을 따라가는 것을 볼 수 있다.

Address offset: 0x20
Reset value: 0x0000 0000

31	30	29	28	27	26	25	24	23	22	21	20	19	18	17	16
Res.	Res.	Res.	Res.	Res.	Res.	Res.	Res.	Res.	Res.	Res.	WUCF	Res.	Res.	CMCF	Res.
											rc_w1			rc_w1	
15	14	13	12	11	10	9	8	7	6	5	4	3	2	1	0
Res.	Res.	Res.	EOBCF	RTOCF	Res.	CTSCF	LBDCF	TCBGTCF	TCCF	Res.	IDLECF	ORECF	NCF	FECF	PECF
			rc_w1	rc_w1		rc_w1	rc_w1	rc_w1	rc_w1		rc_w1	rc_w1	rc_w1	rc_w1	rc_w1

Bit 4 **IDLECF**: Idle line detected clear flag
Writing 1 to this bit clears the IDLE flag in the USART_ISR register.

[그림 12.2-11] USART Interrupt Flag Clear Register.

이 folder 안에는 header file들을 모아둔 Inc folder와 source file들을 모아둔 Src folder 가 있다. 임의의 register bits를 제어하는 데는 macro가 적합하고, 이들은 header file에 정의되어 있는 것이 일반적이다. 또한, UART에 대한 macros이어야 하므로 Inc folder에 있는 stm32f1xx_hal_uart.h file을 참조하면 될 것이다. 이 파일을 자세히 보니, [그림 12.2-12]에서 보여준 것과 같이 다양한 macros가 정의된 것을 볼 수 있다.

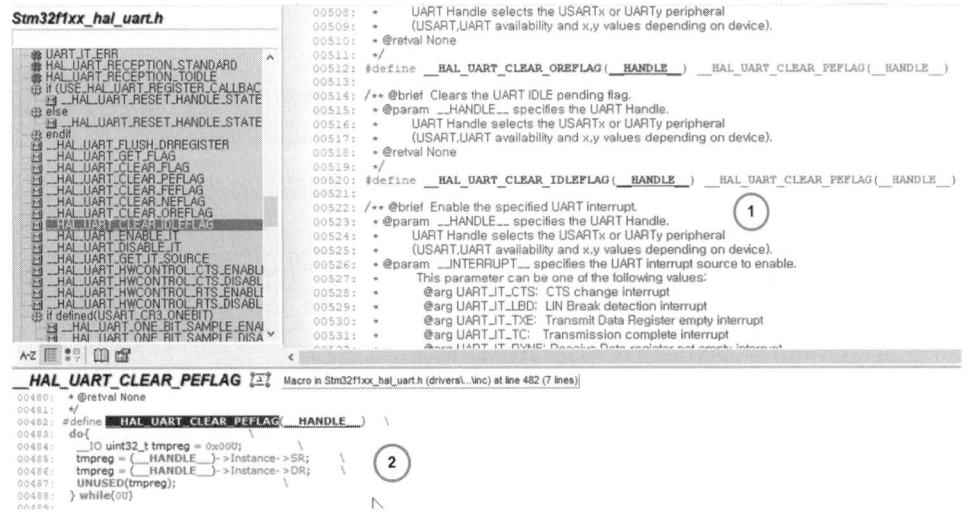

[그림 12.2-12] UART 제어를 위한 다양한 macros.

①번에서 보여준 __HAL_UART_CLEAR_PEFLAG() macro는 발생한 IDLE interrupt를 clear해 주기 위해서 USART3 interrupt service routine에서 사용하면 되겠다. ②번을

보니, 이 macro가 앞서 학습한 것과 같이 USART3_SR.IDLE=1을 clear 하기 위해서 USART3의 SR과 DR register를 읽는 것을 볼 수 있다. 그 밖에도 잘 찾아보면, 유용한 macro들을 더 발견할 수 있다. 예를 들면, UART_IT_IDLE macro를 호출하면, IDLE interrupt가 enable되는 것을 알 수 있다.

```
#define UART_IT_IDLE    ((uint32_t)(UART_CR1_REG_INDEX << 28U |
    USART_CR1_IDLEIE))
```

물론, 모두 직접 작성할 수도 있지만, 가능하면, 향후 Software 호환성과 안정을 위해서라도 HAL library에서 제공하는 함수는 또는 macro를 적극적으로 사용하는 것이 좋겠다. 앞서 [그림 12.2-1]과 [그림 12.2-2]에서 보여준 것과 같이 CubeMX로 UART DMA Rx와 Tx를 설정해 주어도 [그림 12.2-1]에서 보여준 USART_**CR3**의 DMA Transmitter와 Receiver의 enable bit 즉, DMAT와 DMAR은 1로 설정되지 않는다. 즉, [그림 12.2-13]의 ①번까지 실행하였을 때에 USART3의 CR3 register 값은 ②번에서 보여준 것과 같이 0이다. 그러나, ③번을 수행하면, ④번과 같이 CR3의 값이 **0xC0**이 되는 것을 확인할 수 있다.

```
// UART DMA Tx
#define UART_DMA_TX_DISABLE     0x00000000U         // UART DMA TX disabled
#define UART_DMA_TX_ENABLE      USART_CR3_DMAT      // UART DMA TX enabled
//   UART DMA Rx
#define UART_DMA_RX_DISABLE     0x00000000U         // UART DMA RX disabled
#define UART_DMA_RX_ENABLE      USART_CR3_DMAR      // UART DMA RX enabled
// DMA Enable Transmitter
SET_BIT(huart3.Instance->CR3,UART_DMA_TX_ENABLE);
// DMA Enable Receiver
SET_BIT(huart3.Instance->CR3,UART_DMA_RX_ENABLE);
```

CR3=0xC0은 [그림 12.2-14]에서 보여준 것과 같이 CR3.DMAT bit와 CR3.DMAR bit의 값이 1인 것을 의미하며, 이것은 또한, USART3 Tx와 Rx를 위한 각각의 DMA mode가 enable된 것을 의미한다. 그런데, [그림 12.2-13]을 보면, 현재 CR1=0x200C인 것을 알 수 있다. 즉, CR1.IDLEIE bit 값을 1로 설정해 주어야 할 것이다. [그림 12.2-15]는 다음의 macro를 추가하여 CR1.**IDLEIE**=1로 설정하여 UART Idle interrupt를 enable해 준 것을 보여주고 있다.

[그림 12.2-13] UART DMA와 idle interrupt 사용 방법(1).

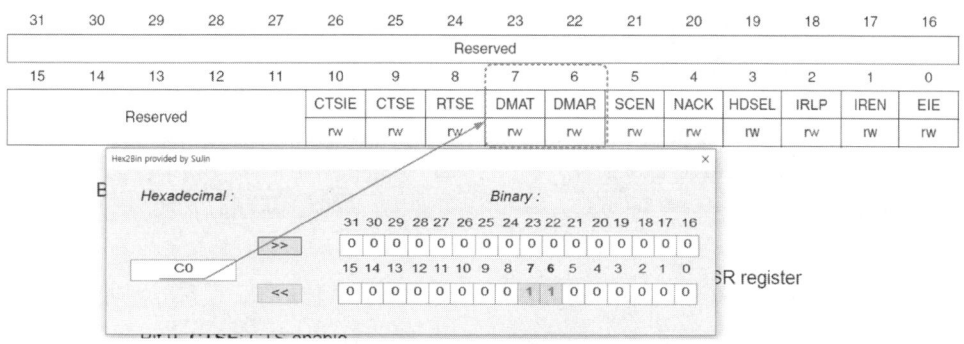

[그림 12.2-14] CR3.DMAT bit와 CR3.DMAR bit의 값이 "1".

```
// IDLE interrupt enable
__HAL_UART_ENABLE_IT(&huart3, UART_IT_IDLE);
```

이처럼 모든 주변 장치들이 그런 것은 아니지만, **임의의 DMA controller를 사용하기 위해서는 해당 enable bit를 직접 Code 상에서 enable해 주어야 한다는** 데 주의하자.

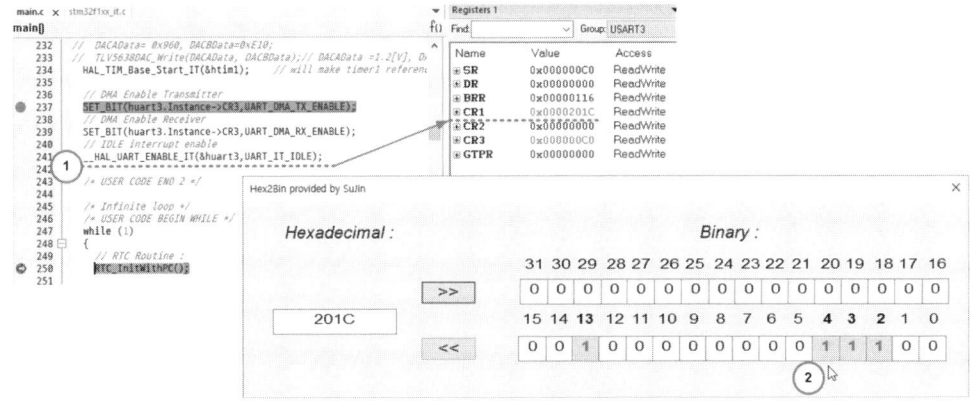

[그림 12.2-15] IDLE interrupt enable.

즉, CubeMX에서 DMA를 선택하였다고 해서 자동으로 Enable해 주지 않는다. 그리고, main while(1) loop에 진입하기 **전에** 다음과 같이 UART DMA 수신을 설정해 주면, UartRxDMA_Buf buffer에 데이터가 원칙적으로는 **RXBUF_MAX** bytes 만큼 저장되어야 한다.

```
// DMA USART Tx and Rx buffer size
#define TXBUF_MAX         303                     // 303 bytes
#define RXBUF_MAX         303                     // 303 bytes
// UART Tx and Rx DMA Buffer
uint8_t UartTxDMA_Buf[TXBUF_MAX];
uint8_t UartRxDMA_Buf[RXBUF_MAX];
// UART DMA Receive Start :
HAL_UART_Receive_DMA(&huart3, UartRxDMA_Buf, RXBUF_MAX);
```

그러나, 여기서는 지정한 RXBUF_MAX bytes 만큼 수신하지도 못하였는데, [그림 12.2-8]에서 설명한 idle interrupt가 발생하는 경우, 설정한 USART3 global interrupt가 DMA Rx interrupt 대신에 발생하게 된다. 그런데 문제는 idle 자체가 의미하듯이 수신관련 업무를 완료했다고 판단할 수 없다. 그러므로, stm32f1xx_it.c 파일에 있는 USART3 global interrupt의 ISR인 USART3_IRQHandler() 함수에서 Rx complete callback routine을 **자동으로 호출해 주지 않는다는 것이다.** 그러므로 USART3 ISR에서 강제로 Rx complete callback routine을 다음과 같이 호출해 주어야 한다. 다음은 전형적인 사용 방법이다.

```
void USART3_IRQHandler(void) {
  /* USER CODE BEGIN USART3_IRQn 0 */
  __HAL_UART_CLEAR_IDLEFLAG(&huart3);
  /* USER CODE END USART3_IRQn 0 */
  HAL_UART_IRQHandler(&huart3);
  /* USER CODE BEGIN USART3_IRQn 1 */
  HAL_UART_RxCpltCallback(&huart3);
  /* USER CODE END USART3_IRQn 1 */
}
```

좀 더 정확히 설명하면, USART3 ISR에서 Rx complete callback routine을 **자동으로 호출**하지는 않는다. main() 함수에서 **HAL_UART_Receive_IT()** 함수를 호출해야 Rx complete callback 함수인 **HAL_UART_RxCpltCallback()** 함수가 호출된다. 심지어 이것은 main() 함수 안에서 HAL_UART_Receive_IT() 함수를 호출하지 않으면, callback routine인 HAL_UART_RxCpltCallback() 함수 자체가 compile되지 않아서 beakpoint가 설정되지 않는다는 의미도 되므로 주의해야 한다. 그래서, 직접 USART3의 ISR인 USART3_IRQHandler() 함수에서 HAL_UART_RxCpltCallback() 함수를 호출한 것이다. 참고적으로 HAL_UART_TxCpltCallback() 함수는 HAL_UART_Transmit_IT() 함수를 호출하지 않아도 **compile이 되어** breakpoint를 설정할 수 있다. 지금까지 설명한 내용들을 모두 반영하고, 다음과 같이 HAL_UART_RxCpltCallback() 함수를 coding 하여 준다.

```
if (huart->Instance==USART3) {
  // UartRxDMANum is the number of received data.
  UartRxDMANum = RXBUF_MAX - huart->hdmarx->Instance->CNDTR;
}
```

앞서 우리는 **DMA_CNDTRx** register는 post-decrementing 즉, 각각의 DMA 전송 **이후**에 감소한다고 하였다. [그림 12.2-3]의 ⑤번을 보면, PC에서 전송된 데이터가 memory 즉, UartRxDMA_Buf[RXBUF_MAX] buffer에 저장되면, HAL_UART_Receive_DMA() 함수에서 지정한 수신될 데이터의 크기 RXBUF_MAX의 값에서 지정한 buffer에 저장된 데이터의 개수만큼 **뺀 값이** DMA_CNDTRx register에 저장된다. 그러므로, **실질적으로 수신된 데이터의 개수**는 위와 같이 계산하여 변수 UartRxDMANum에 저장하였다. 이제, 모두 build하고, [그림 12.2-16]에서 보여준 것과 같이 SJ_MCUBook_M3 보드에서 제공하는 USART3을 이용할 수 있도록 **J2, J3** pin header 연결과 외부 jumper wire를 연결하여 준다.

[그림 12.2-16] SJ_MCUBook_M3의 USART3 이용.

그리고, [그림 12.2-17]의 ①번과 같이 breakpoint를 설정하고, ②번처럼 DMA 전송 데이터가 저장될 UartRxDMA_Buf[RXBUF_MAX] buffer의 내용을 확인하기 위해서 **Watch window**에 UartRxDMA_Buf 배열을 추가해 준다. 그리고 나서, ③번과 같이 실행 버튼을 click하여 준다. PC에서 데이터를 전송하기 위해서 Tera Term을 ④번과 같이 설정하고, 실행한다. 이어서, [그림 12.2-18]의 ⑤번처럼 Tera Term의 **File** menu에서 **Send file...** menu를 선택하여 준다. 그리고, PC로 전송할 문자열을 포함하고 있는 **TestStr.txt**를 ⑥번처럼 선택하고, ⑦번과 같이 **열기** 버튼을 click하여 준다. 그러면, 선택한 파일에 있는 문자열이 COM13 UART port를 통하여 MCU로 전송된다. 이때, Ch12Lab1 folder에 있는 **TestStr.txt** 파일을 열어보면 알겠지만, 단순히 **Lim Jong Su**라는 문자열이 저장되어 있다. 이제, 마지막 문자가 전송되고, 더 이상 문자가 연속적으로 전송되지 않으면 IDLE interrupt가 발생할 것이다. 그리고, 등록한 **HAL_UART_RxCpltCallback() 함수**가 [그림 12.2-19]의 ⑨번과 같이 호출된다. 정리하면, [그림 12.2-19]의 ⑧번과 같이 **Lim Jong Su** 문자열을 전송하면, ⑨번과 같이 설정한 breakpoint에서 실행이 멈추게 된다. 이어서 **F10**을 click하여 명령어 하나 더 실행하여 준다.

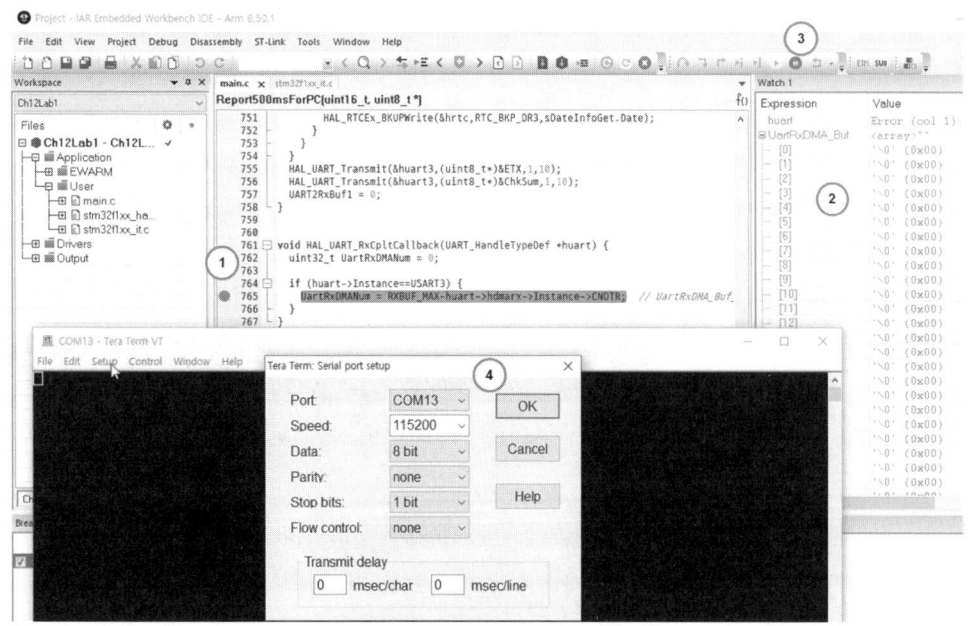

[그림 12.2-17] UART DMA와 Idle interrupt(1).

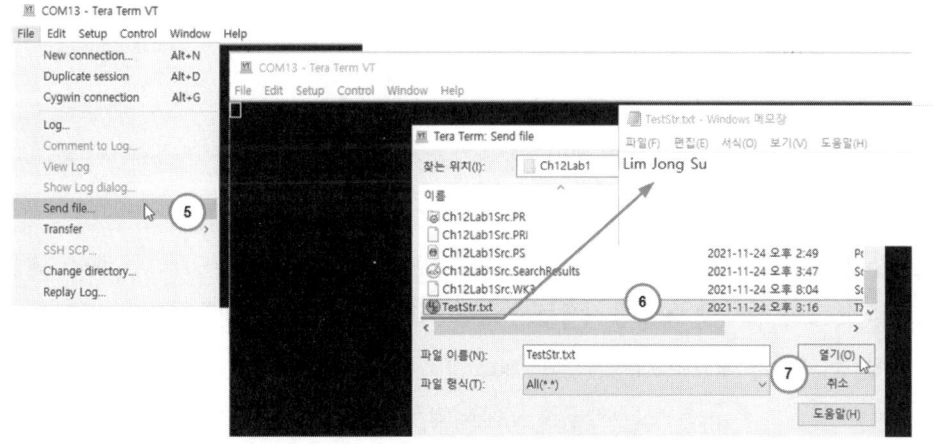

[그림 12.2-18] UART DMA와 Idle interrupt(2).

그러면, ⑪번과 같이 지정한 buffer에 문자열들이 정상적으로 수신된 것과 수신한 문자의 개수를 UartRxDMANum 변수 값을 통하여 확인할 수 있다. 또한, ⑩번과 같이 DMA_CNDTRx의 값이 303-11=292인 것도 확인 할 수 있다.

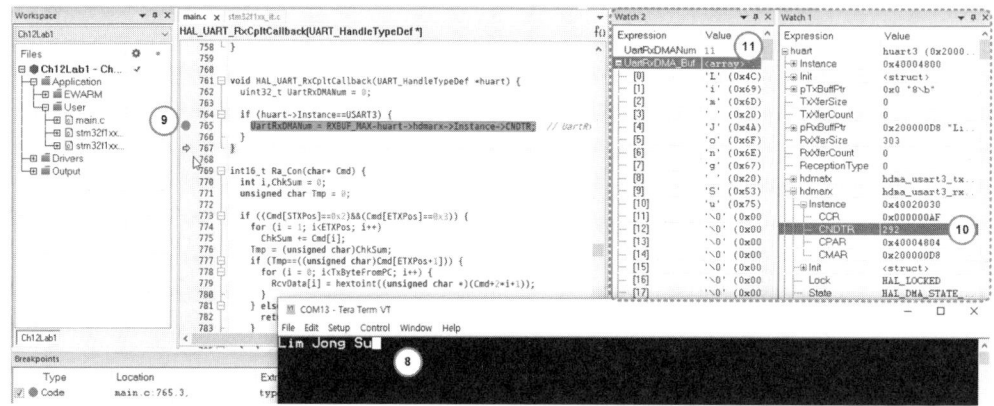

[그림 12.2-19] UART DMA와 Idle interrupt(3).

지금까지 우리는 DMA channel을 통하여 데이터를 수신하는 방법에 대해서 학습하였다. 이제부터는 수신되는 다량의 데이터를 효과적으로 다루는 방법에 대해서 살펴보도록 하겠다.

12.3 Buffer의 필요성과 double buffering 소개.

우선, DMA 전송과 데이터 buffering이 갖는 의미와 필요성부터 학습해 보도록 하자. 이해를 돕기 위해서 audio 신호처리에 대한 내용을 간단히 예제로 들어보도록 하겠다. 왜냐하면, 필자가 사실, Audio 관련 경험이 많기 때문이다. 여기서 설명하는 내용은 web 상에서 흔히 접할 수 없는 필자의 경험과 지식을 수록한 **귀한 선물과 같은 내용**이므로 잘 읽어보기 바란다. 처음, CD가 세상에 나왔을 때는 **sampling 주파수가 44.1[kHz]**이었다. 이때 사용하던 오디오 files가 *.mp3 또는 *.wav files이며, 아마도 여러분들도 익숙한 파일 확장자일 것이다. 이들은 모두 44.1[kHz]로 sampling 되어 저장되었다. 그러나, Dolby Inc.을 주축으로 하는 **AC3 압축 기술이 48[KHz] sampling rate까지 지원**되도록 출시되면서 이들은 **DVD audio sampling rate의 기본**이 되었다. 어쨌든, 이들 48[KHz]로 sampling된 sample은 일반적으로 16bits로 처리되지만, 여유롭게 32bits로 serial 전송하는 경우가 많다. 그러므로, 48[KHz]×2×32=3.072[MHz] bit clock으로 [그림 12.3-1]에서 보여준 SPORT라는 serial 전송을 이용한다.

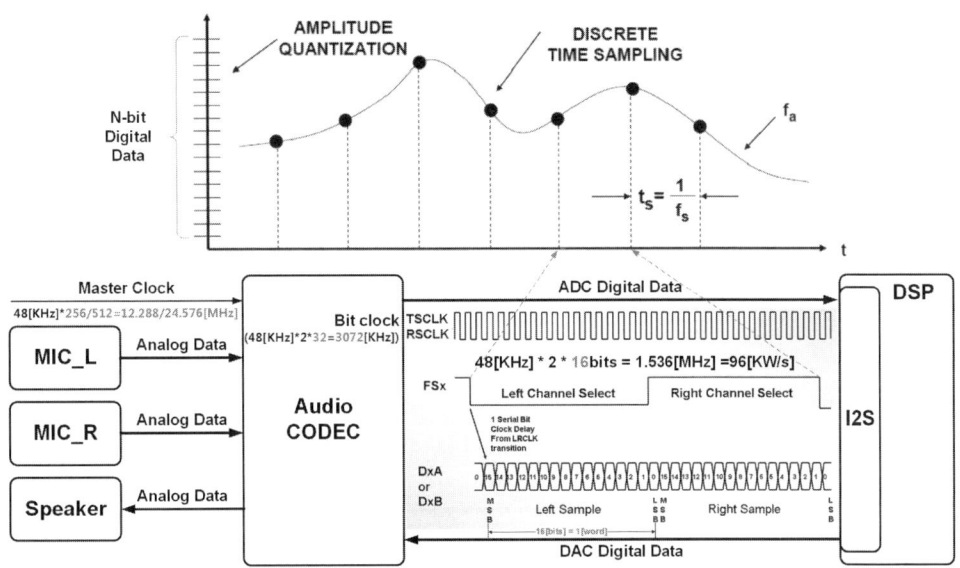

[그림 12.3-1] SPORT를 I2S로 사용하는 경우.

3.072[MHz] 계산 과정에서 사용한 2는 Left와 Right를 의미하고, 32는 32bits를 의미한다. 결국, **Stereo** 왼쪽 오른쪽 이어폰을 생각하면 된다. 그런데, 근본적으로 A/D와 D/A converter를 내장하는 CODEC에는 analog signal을 digital signal로 또는 digital signal을 analog signal로 바꾸기 위한 **기준 clock**을 공급해 주어야 sampling을 수행할 수 있을 것이다. 여기서 언급한 **기준**이란 동일한 audio stream을 처리하는 모든 device들이 공통으로 가져가야 하는 clock을 의미한다. 즉, audio는 **실시간처리를 요구**하므로 동일한 audio를 처리하는 모든 device들은 **기준 clock에 동기화 되어 동작**해야 한다. 이 clock은 bit clock을 생성해 주는 기준 clock이 될 것인데, 기본적으로 sampling 주파수의 256 또는 512배를 사용한다. 이것은 마치 앞서 학습한 [그림 12.2-8]에서 16배로 over sampling 하여 문자 동기를 맞추는 것과 유사한 개념이다. 즉, 48[KHz] × 256/512 = **12.288[MHz]** 또는 24.576[MHz]를 기준 clock으로 CODEC에 공급해 주어야 하는데, 이 clock을 특별히, **master clock**이라고 부른다. 또한, 5.1 channel들을 포함하여 여러 speaker들을 사용하는 경우에 각각의 speaker에 delay를 주어서 **음장 효과**를 내는 경우가 많다. 이와 같은 **delay를 주기 위해서는 실시간으로 들어오는 데이터를 저장하여둘 공간**이 많이 필요하게 되고, 결국, 내부 memory의 일정 영역 또는 외부 memory가 필요하게 된다. 정리하면, 48[kHz] sampling rate가 기본이며, 2의 배수인 96[KHz] sampling rate는 **Blue DVD의 audio**로

사용되기도 한다. 어쨌든, 이들은 sampling rate를 의미하며, sampling 된 각각의 sample은 [그림 12.3-1]에서 보여준 것과 같이 16bits로 양자화 되는 것을 볼 수 있다. [그림 12.3-2]는 **전형적인 audio 처리 관련 system block diagram**이다.

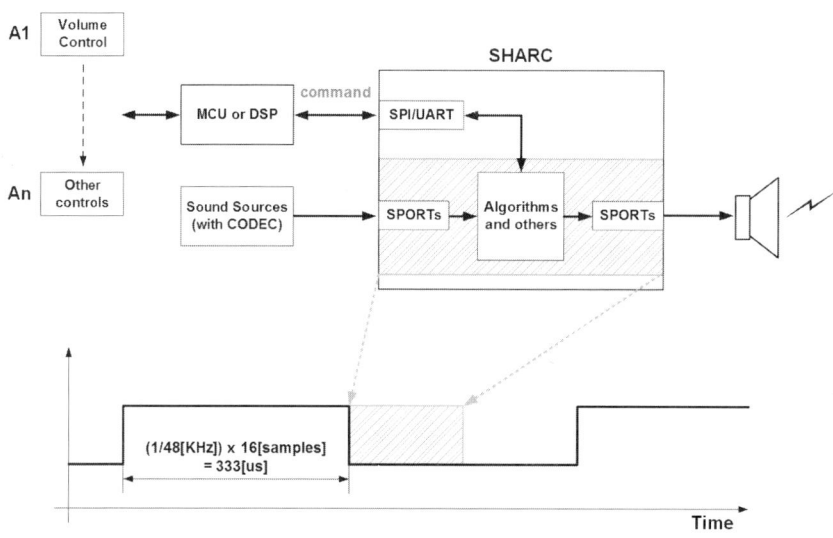

[그림 12.3-2] 일반적인 audio 처리 구성도(1).

단, **SHARC**는 ADI Inc.에서 출시한 전문 Audio 관련 DSP 부품명이다. 하맘, 덴소 등등 오디오 관련 많은 고품질 시스템에서 사용되며, 필자는 이것만 6년 이상 연구하고, 기술 지원을 하였다. 아마도 오디오 신호처리 하신 분이라면 들어 본 적이 있을 것이다. 그러나, 현재는 Cortex-M core를 기반으로 하는 MCU 예를 들면, STM32 MCU에서도 동일한 처리 능력과 효과를 얻을 수 있다. 우선, 외부에는 오디오와 관련된 다양한 제어 입력들이 존재할 수 있다. 예를 들면, 볼륨 조정, music modes, 등등과 관련된 제어 입력들이 존재할 수 있고, 그리고, 음원을 제공해 주는 module이 존재한다. 요즘, 전기자동차의 경우, 저속으로 운전하는 경우에는 보행자에게 주의를 주기 위해서 다양한 **가상 엔진 사운드 시스템(VESS)**를 가지고 있는데, 음원은 자동차 제조사에서 주고, 이것을 적절하게 음장 효과를 주도록 DSP 또는 MCU로 처리하는데, 워낙 가격 경쟁이 치열하고, 단가가 낮아서 쉽지 않은 시장이다. 어쨌든, VESS의 경우에는 CODEC이 필요 없는 예를 들면, 48[kHz]로 sampling 된 digital 데이터가 저장되어 있어서 [그림 12.3-1]에서 보여준 I2S 통신 방식으로 전달만 해줘도 되는 CD 등이 있고, 또는 무선 통신을 통하여 얻은 analog 데이터를

CODEC을 이용하여 48[kHz]로 sampling 하고, 이어서 I2S로 전달해 주어야 하는 것들이 있을 수 있다. 이들 음원은 계속해서 MCU 내부의 알고리즘을 통하여 처리된 이후에 speaker들로 전달되어야 한다. 즉, 중간에 사용자가 어떠한 오디오 제어 입력을 주어서 처리하는 동안에도 중간에 끊기면 안 된다. [그림 12.3-2]에서는 48[KHz] sampling rate에 **16개 sample들을 하나의 block 또는 frame으로 처리하는** timing diagram을 보여주고 있다. I2S로 들어올 때는 sample 단위로 들어오지만 이들을 16개씩 buffer에 모아서 **한 번에 처리하므로 sample 단위의 처리보다 많은 시간을 확보할 수 있다.** 즉, 16개의 sample 들을 [그림 12.3-2]에서 보여준 것과 같이 정확히 333[us]에 처리하여 출력한다면, 음원과 speaker 사이에는 **일정한 고정된** delay 333[us](constant)만 존재 하므로 음원이 깨지지 않는다. 즉, speaker를 통하여 음향을 듣는 청취자 입장에서는 333[us] 뒤에 음향을 듣기 **시작**하는 것이므로 문제가 되지 않는다. 장치를 켜고 너무 늦게 소리가 들리면 문제가 되겠지만, 333[us]는 귀로 식별할 수 없는 시간이고, 무엇보다도 중간에 음향이 깨지는 것이 문제이지 처음 시작이 고정된 아주 작은 시간 지연을 갖는 것은 문제가 되지 않는다. 그러나, 이들 데이터를 저장하는 buffer들은 DSP 내부 memory를 차지하므로 무한정 buffers의 크기를 크게 할 수는 없다. 또한, 가격문제로 인해서 외부에 memory를 추가하는 경우는 거의 없다. 어쨌든, [그림 12.3-2]에서 보여준 SHARC는 대략 333[us] 안에 SPORT 즉, I2S로 데이터를 입력 받아서 처리하고, 출력해야 한다. 그렇지 않으면, 이어서 들어오는 다음 16개 sample들을 저장하는 과정에서 buffer와 충돌하게 될 것이다. 이 충돌이 약하게 또는 산발적으로 발생하면, 음향에 "지지지" 하는 잡음이 들리게 된다. 일반적으로 오디오 제어 입력들은 또 다른 작은 MCU 또는 DSP에 입력되어 이곳에서 SHARC와 미리 약속한 **형식화된(formatted) command**로 만들어져서 전달된다. 마치 우리가 지금까지 학습한 UART protocol을 정의한 것과 같은 형식화된 command를 사용한다. 일반적으로 자동차의 경우에는 이들 오디오 제어 입력들이 CAN interface를 통하여 전달된다. 이제, MCU/DSP 에서 전달된 형식화된 command를 분석하고 음향처리에 반영하려는 경우, **음원이 깨지지 않도록** 하기 위해서는 [그림 12.3-3]과 같은 flow로 처리하면 된다. 여기서 제일 중요한 것은 SPORT 통신으로 수행되는 음향 데이터에 대한 입/출력과 관련된 SPORTs interrupt 에 따른 ISR과 각종 알고리즘 관련 함수들의 처리 우선권보다 SPI/UART를 통하여 전달된 **command 처리가 더 높은 우선권을 갖도록 하는** 것이다.

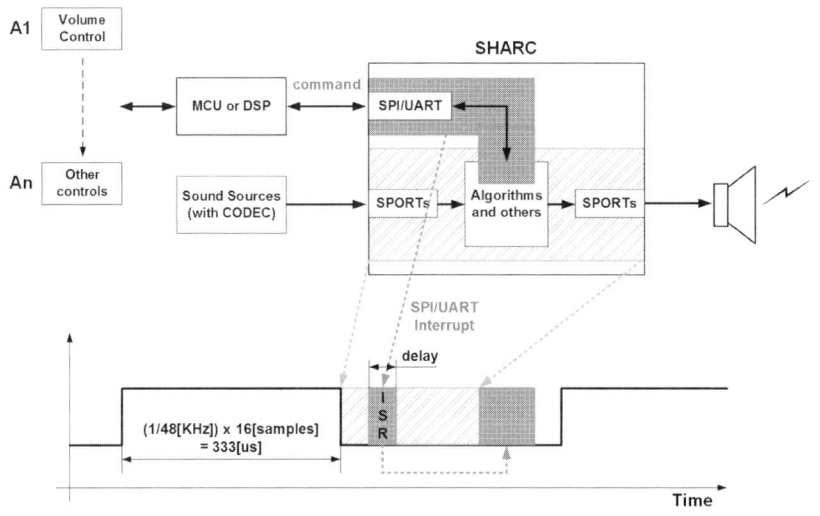

[그림 12.3-3] 일반적인 audio 처리 구성도(2).

이렇게 되면, 음원을 처리하는 임의의 구간에서 SPI/UART interrupt가 발생하면, [그림 12.3-3]에서 보여준 것과 같이 자동으로 해당 ISR이 먼저 처리되고, 음원 처리는 자연스럽게 delay 된다. 이제, 전달된 command와 관련된 업무를 수행하고, 빠져나오면, delay 되었던 음원 처리를 이어서 완료한다. 물론, SPI/UART ISR에 할당된 시간을 최소화하기 위해서 flag를 setting하고, 빠져나온 다음에 callback routine을 수행하도록 즉, flag 정보에 따라서 후속 제어를 수행하게 만들 수도 있다. 이 **모든 것이 역시, 333[us] 안에서 끝난다면 결국, 48[KHz] sampling rate에 어떠한 흐름을 끊은 것이 아니므로 문제가 되지 않는 것**이다. 단, 이때 주의할 것은 SPI/UART에 주어진 업무가 완료되고, 그리고 나서, 이것을 확인한 이후에 새로운 command가 내려와야 할 것이다. 예를 들면, 주어진 command가 하나의 buffer 여분 구간에 모두 완료할 수 없어서 여러 buffer 구간 동안 flag setting 값을 유지하면서 가져가야 하는데, 중간에 interrupt가 발생하여 flag 값을 바꾼다면 오동작을 할 수 있기 때문이다. 결국, 이와 같은 **timing flow에 맞게 coding**을 수행하기 위해서는 작성한 code에 따른 **각각의 기능 block 단위로 소요 시간을 가능하면 정확하게 측정**하여 하나의 표로 구성하는 **timing margin table이 필요**하게 된다는 데 주의하자. 사실, 삼성과 LG soundbar 개발지원을 할 때에 함께 일한 인도 음향 전문회사와 미팅을 가질 때는 기본적으로 사용하는 DSP 성능에 따른 전체 구현 code에 대한 기능별 상세 timing margin table을 가지고 회의를 한다. 참고적으로 [그림 12.3-4]는 상용으로 판매되고 있는 USB 전원 기반의 음향 시스템에 대한 전반적인 구성도이다.

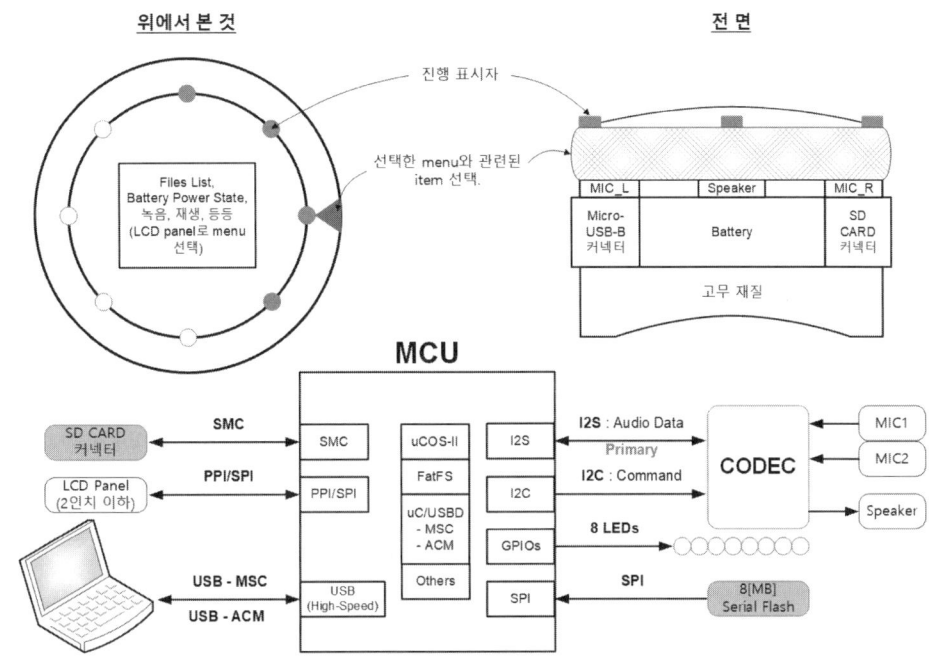

[그림 12.3-4] 소형 음향 시스템 구성도.

지금까지 여러분은 신호를 처리하는 데 있어서 buffer가 필요한 상세한 이유를 학습하였다. 이번에는 이들 Buffer들을 사용하여 안전하게 데이터를 처리할 수 있도록 사용하는 **double buffering**과 DMA 전송에 대해서 살펴보도록 하겠다. DMA 전송을 수행하기 위해서는 TCB 관련 구조체를 정의하고, DMA controller를 초기화하고, 전송에 따른 관련 routines를 coding해야 하지만, STM32 MCU를 사용하는 경우에는 관련 HAL 함수를 사용하여 이를 쉽게 구현할 수 있었다. 어쨌든, 일반 interrupt 방식과 비교하여 DMA와 관련된 부가적인 code의 증가가 발생하게 된다. 그러나, [그림 12.3-5]에서 보여준 **double buffering 또는 ping-pong buffering DMA 전송**을 이용하면, 일반 interrupt 전송 방식과 비교하여 크게는 90% 이상의 데이터 전송 속도 개선 효과를 볼 수 있으며, 안정적으로 통신을 수행할 수 있다. 즉, ①번과 같이 DMA 전송을 수행할 I/O peripheral을 초기화하고, ②번과 같이 DMA controller를 초기화하기 위해서 TCB를 지정해 주면, 지정한 TCB에 근거하여 초기화한 I/O peripheral로부터 데이터를 받아서 ③번과 같이 Rx buffer로 저장을 시작한다.

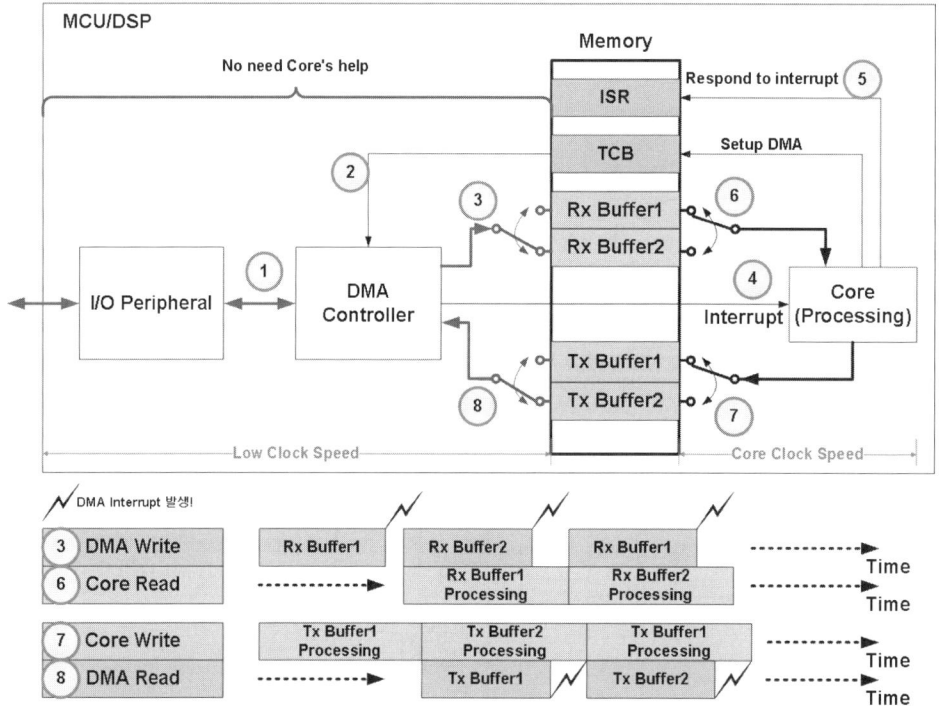

[그림 12.3-5] double-buffering DMA 전송 방식.

이때 주의할 것은 DMA controller가 예를 들면, 데이터를 Rx Buffer1에 저장하는 동안 Core는 독립적으로 Rx Buffer 2에 **이미 저장**되어 있는 데이터를 읽어내서 처리할 수 있다는 것이다. 여기서 중요한 것은 DMA Controller가 Rx Buffer1에 데이터를 writing 하는 동안에 Core가 동일한 Rx Buffer1로부터 데이터를 읽어 가려고 한다면, 동일한 번지에 데이터를 쓰려는 동작과 읽으려는 동작이 서로 충돌이 발생하여 문제가 될 수 있다. 즉, MCU가 동작을 멈추거나 순간적으로 데이터가 튀어서 음향으로 들으면 하나의 주파수를 갖는 싱글 톤이 발생하게 된다. DMA controller가 Rx Buffer1에 모든 데이터 저장 작업을 완료하면, ④번과 같이 interrupt를 발생하여 core에게 Rx buffer1로부터 데이터를 가져갈 시점을 알려준다. 그러면, ⑤번에서 보여준 것과 같이 core가 ISR을 통하여 임의의 task 즉, 함수에서 ⑥번과 같이 Rx Buffer1로부터 데이터를 읽어 와서 지정한 연산(processing)을 수행하는데, 이와 **병행**하여 또는 **동시에** DMA controller는 Rx Buffer2에 새로운 데이터를 저장하게 된다. 또한, core가 Rx buffer1에 대한 처리를 완료하여 Tx buffer1에 저장해 주면, 지정한 TCB에 따라서 Tx buffer1로부터 DMA controller가 데이터를 가져와서

I/O peripheral을 통하여 출력하게 되는데, 이와 병행하여 core는 계속해서 Rx buffer2에 대한 처리를 완료하여 Tx Buffer2에 저장할 수 있다. 이와 같은 double buffering DMA 전송을 수행하기 위해서는 2개의 TCB 즉, primary TCB와 alternate TCB를 함께 사용해야 한다. 결국, **동시에 동일한 데이터를 core와 DMA가 접근하지 않게 되며**, 또한, I/O peripheral들을 포함하는 상대적으로 낮은 clock 영역은 DMA controller가 담당하고, Core는 상대적으로 빠른 core clock 영역에서만 작업을 수행할 수 있게 되므로 전반적인 system speed를 획기적으로 올릴 수 있게 되는 것이다. 그러나 만일, DMA controller를 사용하지 않는다면, 지금까지 coding한 방법대로 **직접 core**가 I/O peripheral로부터 데이터를 **sample 단위**로 가져와서 처리를 하고, 다시 I/O peripheral로 보내주어야 하므로 상대적으로 느린 I/O peripheral로부터/로 데이터가 **입/출력 될 때까지 기다려야** 하므로 core speed를 제대로 활용할 수 없게 되고, 전체 system speed가 느리게 동작하는 결과를 낳게 된다는데 주의하기 바란다. 참고적으로 임의의 data item에 대해서 2개의 복사본을 가질 수 있는 즉, memory와 cache에 각각 복사본을 가지는 경우에 문제가 발생할 수 있다. 왜냐하면, DMA controller는 memory에 대해서 데이터 전송을 수행하지만, 실질적으로 core는 cache를 통하여 데이터를 참조하기 때문이다. 이와 같은 상황을 **coherency problem** 또는 **stale data problem**이라고 한다. 이 문제를 해결하기 위해서는 선택적으로 I/O read에 대해서 무효화(invalidation)하도록 하고, I/O write에 대해서는 강제로 writeback하도록 하는 것이다. 이와 같은 상황을 **cache flushing**이라고 하는데, 1.1.절에서도 언급하였듯이 STM32 MCU 중에서 내부에 cache를 가지고 있는 것은 Cortex-M7 core를 갖는 STM32F7 또는 STM32H7 family와 같이 고성능 MCU들이며, 이들을 사용할 때만 주의하면 된다. 지금까지 buffer의 필요성과 double buffering에 대해서 학습하였다. 이제, **Circular Queue**를 buffer로 이용하여 PC에서 전달되는 데이터를 저장하도록 Ch12Lab1 project를 바꾸어 보도록 하겠다.

12.4 DMA 전송과 Circular Queue(Ring Buffer) 구현 방법.

간단히, queue에 대해서 정리해 보고, 학습한 Circular Queue를 Ch12Lab1 project에 반영하여 Ch12Lab2 project를 만들어 보도록 하겠다. queue는 [그림 12.4-1]에서 보여준

것과 같이 **데이터를 가져나오는(get) 출구에 해당하는** tail과 **데이터를 저장하는(put) 입구에 해당하는** head, 이렇게 2개의 데이터 통로들이 존재한다.

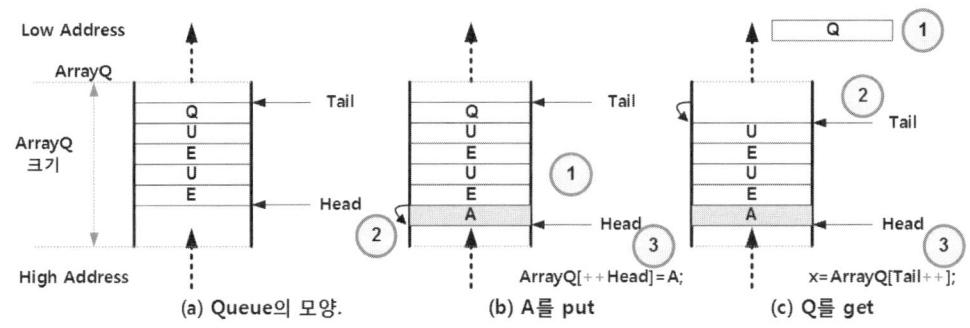

[그림 12.4-1] Queue의 개념과 동작 원리.

결국, 먼저 들어온 데이터가 항상 먼저 나가게 되어 있는 FIFO(First In First Out) 구조에 해당한다. 이와 같은 queue를 관리하는 방법으로는 배열을 이용하는 방법과 linked list를 이용하는 방법이 있다. 자세한 구현 방법은 잠시 후에 설명하기로 하고, [그림 12.4-1(b)]를 보면, 알 수 있듯이 새로운 데이터를 저장(put)하기 위해서는 우선, **pointer 변수 Head를 증가시키고, 그리고 나서, 데이터 A를** 저장하는 것을 볼 수 있다. 또한, (c)를 보면, 데이터를 가져갈 때(get)는 **데이터를** 가져가고 **그리고 나서 pointer 변수 Tail을** 증가시키는 것을 볼 수 있다. 정리하면, Queue를 위해서 할당한 **배열 ArrayQ**에 임의의 데이터를 put하는 경우와 get하는 경우, **모두 address를 증가**시키는 것을 알 수 있다. 이렇게 되면, 계속해서 put과 get 연산을 반복하는 경우, Head가 쉽게 ArrayQ 배열의 한계에 도달하여 실질적으로는 ArrayQ에 데이터가 가득차지 않았는데도 memory overflow가 발생할 수 있게 된다. 이 문제를 해결하기 위해서 [그림 12.4-2]와 같이 **circular queue**를 생각해 보았다. [그림 12.4-2]에서 보여준 circular queue에서도 put과 get 동작은 모두 동일하게 pointer가 **증가하는 방향으로만 존재**하는 것을 볼 수 있다. 그러나, [그림 12.4-2(c)]를 자세히 보면, get 동작에 의해서 만들어진 **비워진 공간**을 마치 put 동작이 **쫓아가는 모양**을 하는 것을 볼 수 있다. 결국, [그림 12.4-1]에서 보여준 linear queue와 달리 circular queue를 사용하는 경우에는 전체 queue 공간에서 **1개의 데이터 공간을** 제외한 나머지 공간을 모두 사용할 수 있다는 것을 알 수 있다.

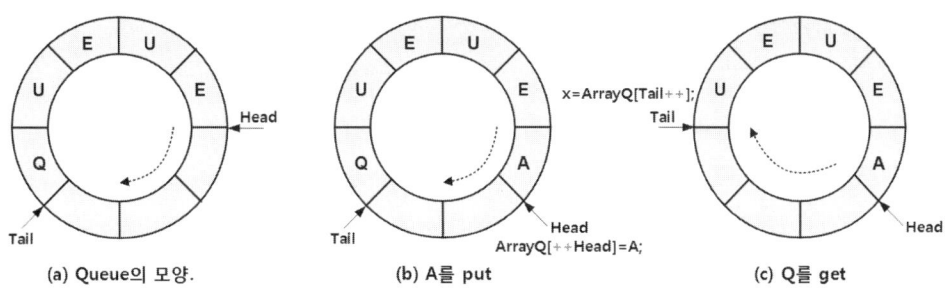

[그림 12.4-2] circular queue의 개념(1).

즉, circular queue의 경우, 1개의 데이터 공간은 **완충 지대**로서 사용할 수 없다는 것도 알 수 있는데, 이것은 데이터가 가득 찬(full) 경우와 비어있는(empty) 경우를 구별하기 위함이다. 만일, 완충 지대가 없다면, [그림 12.4-3]에서 보여준 것과 같이 full인 경우와 empty인 경우를 구별할 수 없을 것이다.

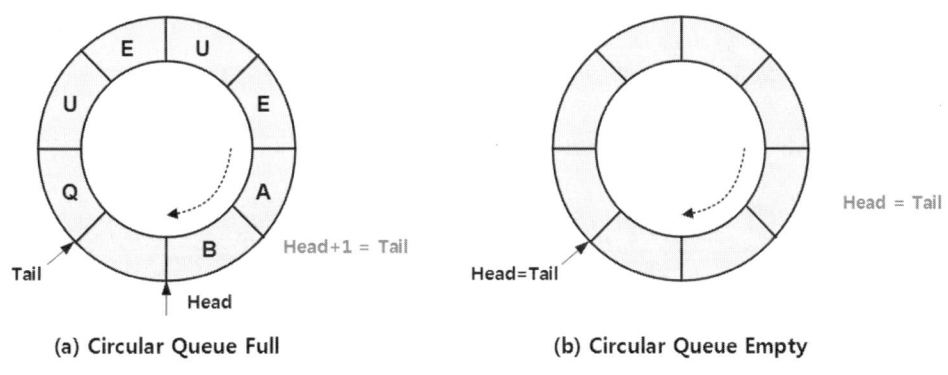

[그림 12.4-3] circular queue의 개념(2).

[그림 12.4-2]에서 보여준 circular queue가 **가득 찬 경우**는 [그림 12.4-3(a)]와 같이 Head+1=Tail인 경우이고, **비어있는 경우**는 Head=Tail인 경우이다. 결국, Head+1=Tail 인 경우에 데이터를 더 추가하려고 시도한다면, overflow가 발생하고, Head=Tail인 경우에 데이터를 추출하려고 시도한다면, underflow가 발생하게 된다. 이와 같은 특성을 갖도록 일정 memory 영역을 확보하여 사용하는 경우에 [그림 12.4-2]에서 보여준 것과 같이 Ring 과 같은 원리로 데이터를 저장하고, 관리하므로 Ring buffer라고 부르며, 가장 많이 사용되는 buffer 구조이다. 다음은 지금까지 설명한 circular queue에 대하여 구현한 code이다. Visual C++의 빈프로젝트 기법으로 동작을 확인해 보기 바란다.

```c
#include<stdio.h>
#include<stdint.h>
#include<stdbool.h>
#include<string.h>

// DMA USART Tx and Rx buffer size
#define TXBUF_MAX        20              // 303 bytes
#define RXBUF_MAX        20              // 303 bytes

typedef struct UARTBufTag {
  uint8_t RxBuf1[TXBUF_MAX];
  uint8_t RxBuf2[RXBUF_MAX];
  int32_t m_iHead,m_iTail,QueueSize;
  uint32_t OverFlowNum,UnderFlowNum;
} UARTBufTyp;

void QueueClear(void);
int QueueGetSize(void);
void QueueDisplayFun(void);
bool QueuePutByte(uint8_t b);            // 1 byte 넣기
bool QueueGetByte(uint8_t *pb);          // 1 byte 꺼내기

UARTBufTyp UARTBuf;
int main() {
  int i = 0,j = 0;
  uint8_t ch = 0,Tmp = 0;

  QueueClear();
  for (j = 0; j<40; j++) {
    if (UARTBuf.QueueSize==(RXBUF_MAX-1)) {
      for (i = 0; i<10; i++) {
        QueueGetByte(&Tmp);
      }
    }
    UARTBuf.QueueSize = QueueGetSize();
    for (i = 0; i<10; i++) {
      ch++;
      QueuePutByte(ch);
    }
    UARTBuf.QueueSize = QueueGetSize();
    QueueDisplayFun();
  }
  return 0;
```

```c
}
// Queue를 초기화
void QueueClear() {
  // When Head_ptr=Tail_ptr, circular queue is empty.
  UARTBuf.m_iHead = UARTBuf.m_iTail = 0;
  UARTBuf.OverFlowNum = UARTBuf.UnderFlowNum = 0;

  memset(UARTBuf.RxBuf1,0,TXBUF_MAX);
  memset(UARTBuf.RxBuf2,0,RXBUF_MAX);
}
// Queue에 들어 있는 자료 개수.
int QueueGetSize() {  // Head_Ptr is larger than Tail_ptr all the time.
  return (UARTBuf.m_iHead-UARTBuf.m_iTail+RXBUF_MAX)%RXBUF_MAX;
}
// Queue에 1 byte 넣음.
// When Head_ptr+1=Tail_ptr, circular queue is full. The maximum queue size is
// BUFF_SIZE-1. so when lower than (BUFF_SIZE-1), new data can be put.
bool QueuePutByte(uint8_t b) {
  if (QueueGetSize()==(RXBUF_MAX-1)) {
    UARTBuf.OverFlowNum++;
    return false;
  }
  // For using "0" index, buff[m_iHead++] is used instead of buff[++m_iHead].
  UARTBuf.RxBuf1[UARTBuf.m_iHead++] = b;
  // Thanks to "%" operator, Head_ptr can be circular.
  UARTBuf.m_iHead %= RXBUF_MAX;
  return true;
}
// Queue에서 1 byte 꺼냄.
bool QueueGetByte(uint8_t* pb) {
  if (QueueGetSize()==0) {
    UARTBuf.UnderFlowNum++;
    return false;
  }
  *pb = UARTBuf.RxBuf1[UARTBuf.m_iTail++];
  // Thanks to "%" operator, Head_ptr can be circular.
  UARTBuf.m_iTail %= RXBUF_MAX;
  return true;
}
void QueueDisplayFun(void) {
  int InitFlag = 0,i,j,k,QueueSize;
  for (j = 0; j<RXBUF_MAX; j++) {
    if (InitFlag==0) {
```

```
            for (i = UARTBuf.m_iHead; i>0; i--,j++) {
                UARTBuf.RxBuf2[j] = UARTBuf.RxBuf1[i-1];
            }
            InitFlag = 1;
        }
        k = (RXBUF_MAX-1)-(j-UARTBuf.m_iHead);
        UARTBuf.RxBuf2[j] = UARTBuf.RxBuf1[k];
    }
    QueueSize = QueueGetSize();
}
```

[그림 12.4-4]의 ①번과 같이 40번째 line에 breakpoint를 설정하고, F5(계속(C)) key를 3번 click하여 준다.

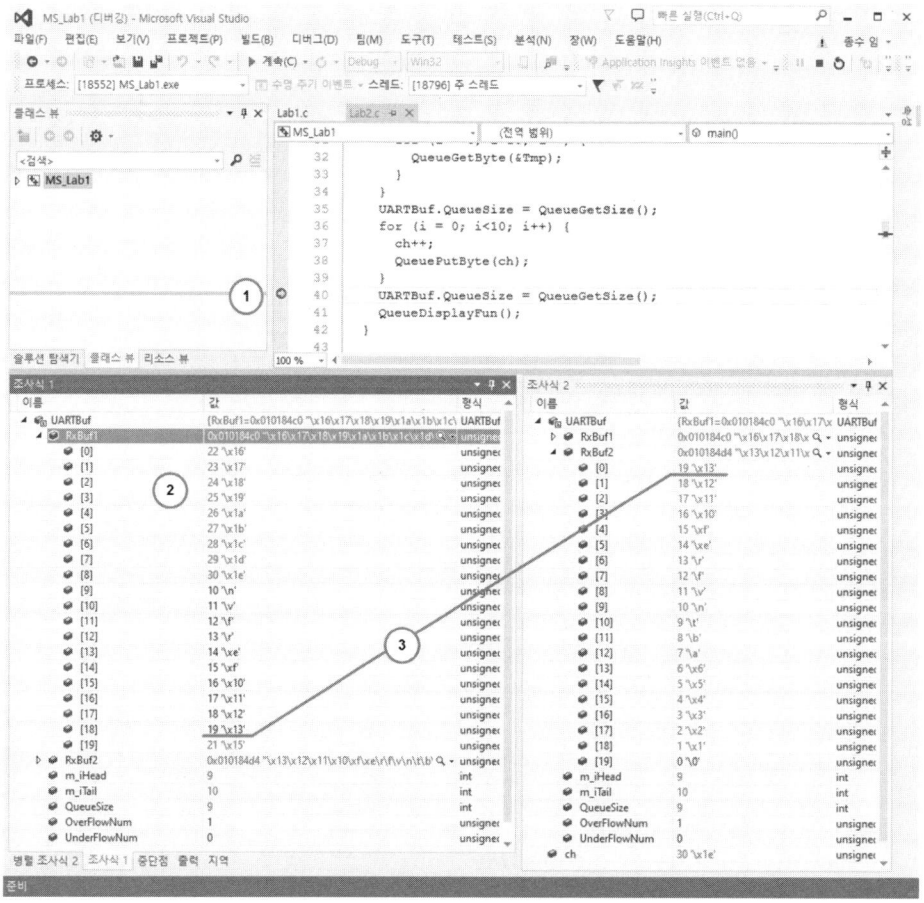

[그림 12.4-4] Circular Queue 동작 원리.

즉, 3번 맨 바깥쪽의 for-loop를 실행해 준다. 그러면, ②번과 같이 외부에서 데이터를 받는 첫 번째 Circular queue 즉, RxBuf1 buffer가 순환하며 데이터를 저장하는 것을 볼 수 있다. 그리고, 2번째 RxBuf2 buffer는 FIFO 방식으로 저장된 RxBuf1 배열로부터 데이터를 복사하여 LIFO으로 재배치해 주는 것을 볼 수 있다. 이제, 이들 Queue와 관련된 code를 충분히 검증하였으니, Ch12Lab1 project에 그대로 반영하여 사용해 보도록 하겠다. 그러기 위해서, 우선, Ch12Lab1 folder를 모두 복사하여 이름을 Ch12Lab2 folder로 바꾸어 준다. 그리고, Ch12Lab1.ioc file의 이름도 Ch12Lab2.ioc file로 바꾸고, mouse로 double click 하여 주어서 CubeMX를 실행한 이후에 **바로 GENERATE CODE button**을 click하여 C framework를 생성해 준다. 생성된 C framework에 Queue 관련 함수들과 **UARTBufTyp 구조체**를 복사하여 넣는다. 그리고, 다음과 같이 HAL_UART_RxCpltCallback() 함수를 수정하여 준다.

```c
void HAL_UART_RxCpltCallback(UART_HandleTypeDef *huart) {
  int32_t i = 0,j = 0;
  uint32_t UartRxDMANum = 0;

  if (huart->Instance==USART3) {
    QueueClear();
    // UartRxDMA_Buf_pW is the amount of received data.
    UartRxDMANum = RXBUF_MAX - huart->hdmarx->Instance->CNDTR;
    for (i = 0; i<UartRxDMANum; i++) {
      QueuePutByte(UartRxDMA_Buf[i]);
    }
  }
}
```

[그림 12.4-5]는 Ch12Lab2 project의 실행 결과이다. 여러분이 작성한 것과 비교해 보기 바란다. [그림 12.2-19]의 ⑧번에서 설명한 것과 같이 Tera Term을 이용하여 ①번과 같이 문자열을 전송하면, HAL_UART_RxCpltCallback() 함수의 for-loop문에 ②번처럼 설정한 breakpoint에서 실행이 멈춘다. 이때, **UartRxDMA_Buf** 즉, USART3의 DMA 수신 buffer를 확인해 보면, ③번과 같이 PC에서 전송한 데이터가 저장된 것을 확인할 수 있다.

[그림 12.4-5] Ch12Lab2 project 실행 결과.

앞서 언급한 것과 같이 **UartRxDMA_Buf buffer**는 **직접적으로** 주변장치에서 데이터를 받는 **전용 buffer**로 사용하고, 이 데이터에 대한 어떠한 처리는 ④번과 같이 Circular Queue 즉, ring buffer에 모두 복사하고 나서, 이것을 이용하여 필요한 데이터 처리를 하도록 buffer의 용도를 분리하는 double buffer 방식을 사용한다. 물론, Ping-Pong buffer와 같이 2개의 buffer 용도를 번갈아가며 변경하지는 않지만, 적어도 주변 장치가 데이터를 buffer에 저장하는 동안에 동일한 주소의 데이터를 **동시에** 처리하기 위해서 접근하지는 않도록 분리한 것은 분명하다. 그런데, 만일, 여러분 중에서 혹시나 ③번에서 보여준 UartRxDMA_Buf buffer에 **데이터가 하나만 저장**되어 있던지, 또는 지금까지 설명한 것과 다르게 데이터가 위와 같이 저장되어 있지 않다면, 12.6. 절의 내용을 먼저 참조하기 바란다. **지금까지 연습 게임은 충분히 한 것 같다.** 이제부터 여러분과 진정한 C code의 세계를 맛보러 갈 계획이다. 처음 접하는 분들에게는 상당히 난해할 수 있다. 그러나, 백지에서 개발한 사람도 있으니, 두려워 하거나 포기하지 말기 바란다. 무엇보다도 실무 경험 위주로 coding 하고, 설명하였으니, 모두 이해하고, 따라하면, 분명히 놀라운 실력을 갖게 될 것이다.

12.5 본격적인 UART DMA 구현 방법.

12.4.절에서 개발한 **Ch12Lab2** project가 SJ_MCUBook_AppsV1Ch12.exe과 함께 **이전과 동일하게 UART 통신을 수행**하도록 만들어 보겠다. 그러기 위해서는 제일 먼저, UART 통신 규약 즉, [그림 10.4-3]에서 보여준 데이터 **frame 구조**로 데이터를 주고/받아야 한다. 여기서는 UART DMA 전송 방식과 구별하기 위해서 [그림 12.5-1]과 같이 0.5[초] 마다 갱신된 데이터를 요구하는 event number를 **기존의 0x73에서 0x10으로 수정**하고, 다른 event number와 **일관성**을 갖도록 frame 구조에 맞게 전송하도록 수정하였다. 또한, [그림 12.5-2]는 기존의 UART interrupt 방식과 UART DMA 방식을 비교한 것이다. Ch11Lab2 Project에서 사용하고 있는 **기존의 UART Interrupt 방식**에 대한 흐름을 정리하면, 다음과 같다. ①번의 main() 함수에 있는 ②번의 **무한 loop**인 while-loop 안에서 ③번처럼 HAL_UART_Receive_IT() 함수를 **반복적으로 계속해서 호출**하면서 PC에서 보내주는 데이터가 도착하였는지 감시한다. PC에서 데이터를 보내주면, UART callback 함수인 HAL_UART_RxCpltCallback() 함수에서 UART 수신을 알려주는 flag 변수로 사용되는 bool 변수 Uart2RxReady를 **SET**로 설정하여 수신된 데이터가 0.5[초] 마다 정보를 갱신하기 위한 것인지, 아니면, 어떠한 event number와 그에 따른 입력 매개변수 값들 인지를 **분석**하여 ④번과 같이 해당 event handler 함수 포인터 배열인 **fptr**를 이용하여 해당 event handler 함수로 뛰게 된다.

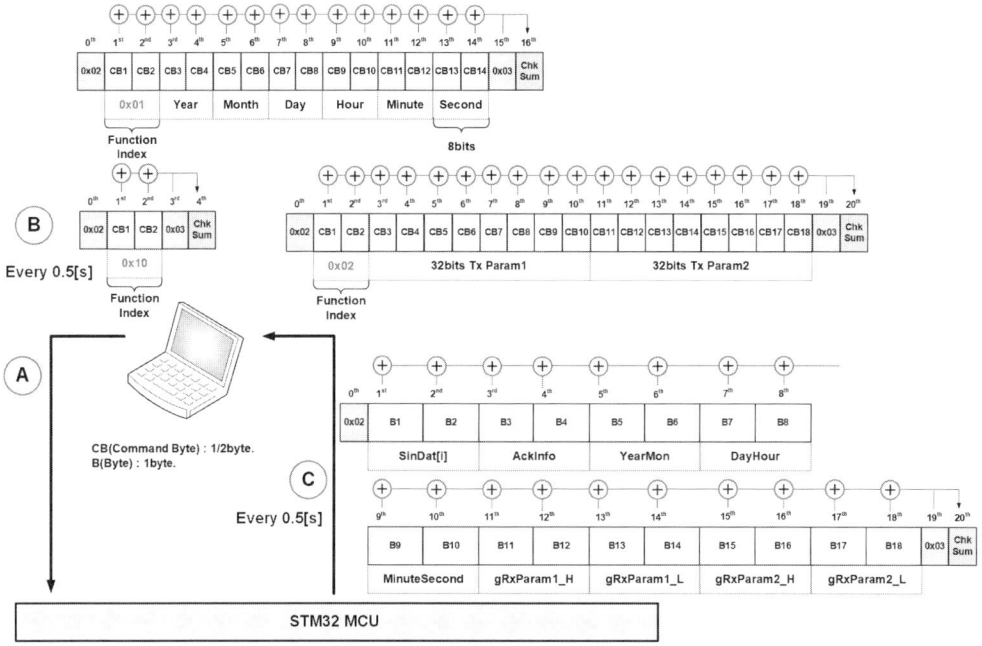

[그림 12.5-1] UART DMA 방식 전송을 위한 UART 통신 규약 수정.

이때, 주의할 것은 PC가 보내준 **각각의 byte를 수신할 때마다 interrupt가 발생**하고, 그때마다 수신 버퍼에 데이터를 저장하여 지정한 개수만큼 수신되면 데이터를 분석하는 방식이다. 또한, MCU가 PC로 데이터 전송은 0.5[초] 마다 정보 데이터 갱신할 때, for-loop를 이용하여 모두 일괄적으로 전송하도록 polling 방식의 HAL_UART_Transmit() 함수를 반복적으로 호출한다. [그림 12.5-1]에서 보여준 데이터 **frame 구조**로 형식화하여 전송하여 준다. 이제, 이 동작 방식을 UART **DMA 전송 방식**으로 구현하기 위해서는 어떻게 해야 할지 생각해 보기 바란다. 이렇게 구현해 보는 것을 생각해 보았다. 역시, ⑥번과 같이 main() 함수 안에서 **무한 while-loop 이전**에 UART DMA를 초기화한다. 그리고, ⑦번과 같이 HAL_UART_Receive_DMA() 함수를 다음과 같이 호출하여 준다.

```
HAL_UART_Receive_DMA(&huart3, UartRxDMA_Buf, RXBUF_MAX);
```

이때, 기억해야 할 것은 Rx DMA는 [그림 12.2-3]의 ⑥번과 같이 **DMA** Mode로 **Circular**를 설정하였다.

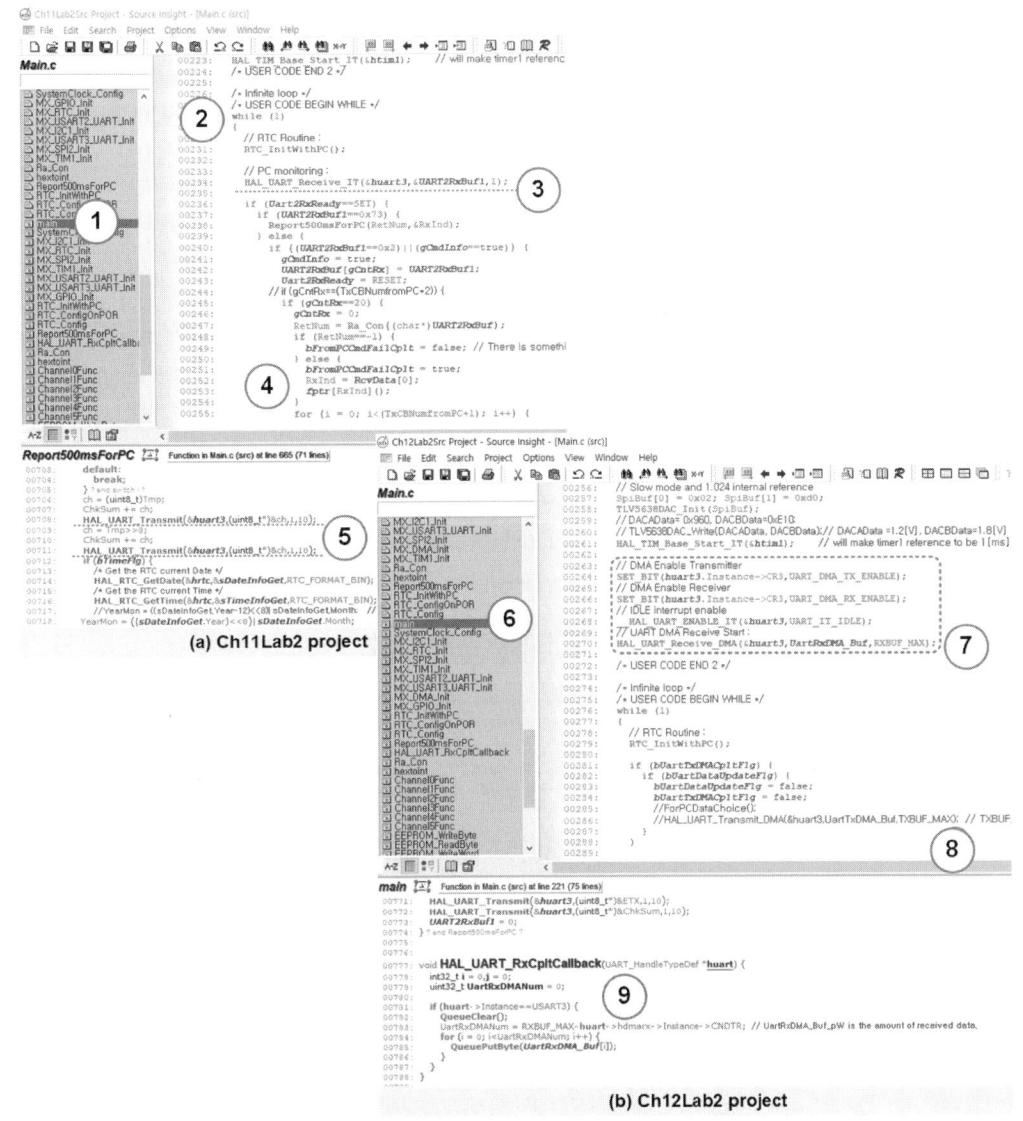

[그림 12.5-2] 기존의 UART interrupt 방식과 UART DMA 방식 비교.

이처럼 Circular로 설정하면, 데이터를 수신할 때마다 그 데이터를 Circular buffer로 할당한 UartRxDMA_Buf buffer에 저장해 주고, 저장해 주었으면, 그 때마다 DMA_CNDTRx register의 값을 감소시켜주는 데, normal mode의 경우에는 0이 되면, DMA 동작을 **중지**시키고, Circular mode인 경우에는 이전에 설정한 값이 **다시 reloading** 되어 DMA 수신 작업을 **반복적으로 계속해서 수행**하게 된다. 그러므로, [그림 12.5-2]의 ⑦번과 같이

Coding해 준 것은 결국, while-loop를 통하여 ③번과 같이 **반복적으로 UART 수신을 확인하고, 저장하는 동일한 효과**를 볼 수 있게 해 준다는 데 주의하자. 다시 말해서 ⑦번의 UART DMA 수신 code는 ③번과 같이 while-loop 안에 넣어서 반복적으로 호출할 필요가 없다. 그런데, 문제는 PC에서 UART 통신 규약에 맞게 보내준 데이터를 어디서 어떻게 분석하여 0.5[초] 마다 데이터를 전송하고, event를 요청하는 경우에는 필요한 event handler 함수를 어떻게 호출할 것인지가 문제이다. 물론, PC로 데이터를 보낼 때에는 ⑧번과 같이 HAL_UART_Transmit_DMA() 함수를 이용하면 된다. 아무래도 ⑨번에서 보여주고 있는 UART callback 함수인 HAL_UART_RxCpltCallback() 함수에서 수신된 데이터를 분석하는 것이 좋을 것 같다. 이때 여러분이 명심해야 할 것은 PC에서 보내준 데이터는 UartRxDMA_Buf buffer에 circular mode로 저장된다는 것이다. 그러므로, PC에서 **한 번에 전송할 최대 데이터의 개수**보다 UartRxDMA_Buf buffer의 크기가 작으면, buffer의 경계를 넘어서 데이터를 **overwrite**하게 되어 분석을 할 수 없게 되는 데 주의하자. [그림 12.5-1]을 보면, PC에서 보낼 줄 데이터의 **최대 크기는 21개 bytes**이다. 그러므로, 넉넉히 200bytes를 사용하도록 하고, PC에서 전송된 데이터를 저장하는 UartRxDMA_Buf buffer에 있는 데이터를 앞서 학습한 double buffering 기법을 적용하기 위하여 또 다른 동일한 크기의 Ring buffer **UARTBuf**에 복사하여 넣는다. 이때, UartRxDMA_Buf buffer가 ring buffer이므로 [그림 12.5-3]에서 보여준 것처럼 **2개의 배열 index 즉,** UartRxDMA_Buf_pW과 UartRxDMA_Buf_pR **변수들을 이용하여** 데이터를 복사해 넣을 것이다. 여기서 UartRxDMA_Buf_pW는 수신된 데이터의 개수이고, 이 개수만큼 Queue**PutByte**() 함수를 이용하여 UartRxDMA_Buf_pR 변수의 값을 증가시켜 가면서 UARTBuf.RxBuf1 buffer에 저장해 준다. 이때, UartRxDMA_Buf buffer는 이후 계속해서 idle interrupt를 기준으로 데이터가 들어올 때마다 **순환하며 저장**할 것이다. 그러나, UARTBuf.RxBuf1 buffer는 **idle interrupt가 발생 할 때마다 들어온 데이터만** 저장하도록 **QueueClear()** 함수를 호출하는데 주의하자. 그러므로, UARTBuf.RxBuf1 buffer는 UartRxDMA_Buf buffer 보다 작아도 되지만, PC에서 보내줄 최대 데이터 크기보다는 커야 할 것이다. 이제, UARTBuf.RxBuf1 buffer에 저장된 데이터가 [그림 12.5-1]에서 정의한 UART 통신 규약에 맞게 들어오는지 데이터 frame을 분석하여 맞으면, 특별히, STX(즉, 0x3)만 제거하고, UARTBuf.RxBuf2 buffer에 저장해 준다. 그리고 나서, UARTBuf.RxBuf2 buffer에 저장해 준 데이터에 대해서 원하는 처리를 해 주면 된다.

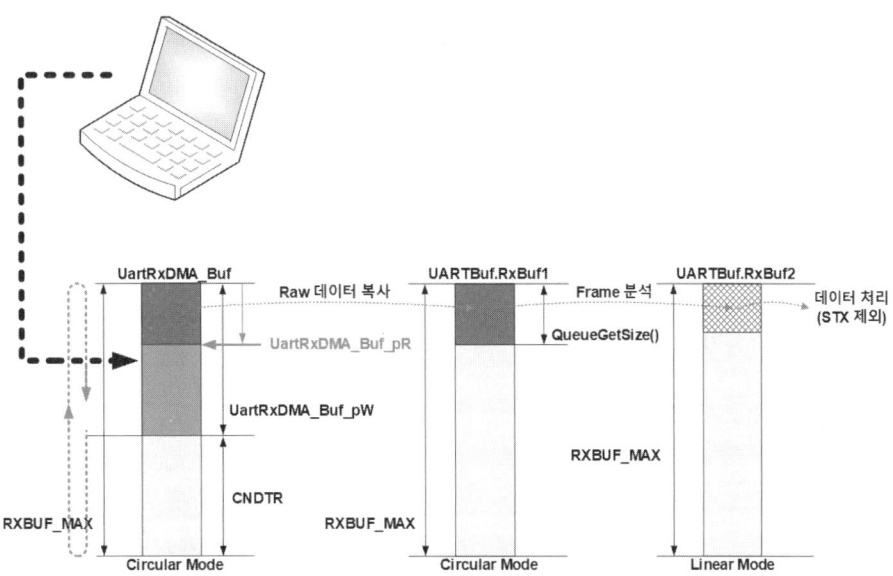

[그림 12.5-3] UART DMA 동작을 위한 buffer 구조.

그리고, Circular mode가 아닌 Normal 즉, linear mode로 데이터에 접근하도록 하였다. 다음은 지금까지 설명한 내용을 반영하여 다시 작성한 HAL_UART_RxCpltCallback() 함수이다.

```c
void HAL_UART_RxCpltCallback(UART_HandleTypeDef *huart) {
  int32_t i = 0,j = 0,RxInd = 0,Qsz1 = 0,Qsz2 = 0;
  uint32_t UartRxDMANum = 0;
  uint16_t ChkSum = 0;
  uint8_t ch = 0;
  bool Uart2Flg = false;
  bool bFlag = false;

  if (huart->Instance==USART3) {
    // UartRxDMA_Buf_pW is the amount of received data.
    UartRxDMA_Buf_pW = RXBUF_MAX - huart->hdmarx->Instance->CNDTR;
    QueueClear();
    while (UartRxDMA_Buf_pW!=UartRxDMA_Buf_pR) {
      Qsz1 = QueueGetSize();
      if (Qsz1<RXBUF_MAX) {
        bFlag = true;
        QueuePutByte(UartRxDMA_Buf[UartRxDMA_Buf_pR]);
      } else {
```

```
      bFlag = false; // to do the Overwrite or Skip in here.
      break;
    }
    if (++UartRxDMA_Buf_pR>=RXBUF_MAX) {
      bFlag = true;
      UartRxDMA_Buf_pR = 0;
    }
  }
  if (bFlag) {
    Qsz2 = QueueGetSize();
    bFlag = false;
    if (Qsz2>1) {
      QueueGetByte(&ch);
      for (i = 1; i<(Qsz2-2); i++) {
        QueueGetByte(&ch);
        ChkSum += ch;
        UARTBuf.RxBuf2[i-1] = ch;   // Except for STX
      }
      ChkSum = (uint8_t)ChkSum;
      QueueGetByte(&ch);   // ETX
      QueueGetByte(&ch);   // Checksum
      if (ChkSum==ch) {
        Uart2Flg = true;
      } else {
        Uart2Flg = false;
      }
    } else {
      QueueGetByte(&ch);
      if (ch==0x10) {
        UARTBuf.RxBuf2[0] = ch;
        Uart2Flg = true;
      } else {
        Uart2Flg = false;
      }
    }
  } else {
    return;
  }
  if (Uart2Flg) {
    Uart2Flg = false;
    switch (UARTBuf.RxBuf2[0]) {
    case 49:
      bUartDataUpdateFlg = true;
```

```
            break;
        case 48:
            RxInd = UARTBuf.RxBuf2[1] - 48;
            fptr[RxInd]();
            break;
        default:
            break;
        }
      }
    }
  }
```

그리고, **가장 중요한 것은 도저히, case문 이외의 상황은 발생할 수 없다고, 판단하여 default 문을 사용하지 않는 실수를 범하지 말아야 한다.** 즉, default문은 swtch문을 사용하는 경우에는 **무조건 추가**해 주어야 하고, 이것은 default 단어가 의미하듯이 case문과 전혀 일치하지 않는 경우에 대처할 방법을 지정해 주어야 한다. 예를 들어서, 도저히 나열한 case문들 이외에 다른 사항 들은 발생할 수 없다고 하더라도, 고온이나 저온, 또는 MCU 근처의 여러 전자기적인 사건이 갑자기 발생하여 Flash memory에 있는 coding 내용과 전혀 상관없이 신호의 전달과정에서 왜곡되어 다른 값이 전달될 수 있다. 특히나, 복잡한 OS 기반의 driver에 연결된 외부 장치와 빈번히 데이터 통신을 하는 경우에 예상치 못한 데이터가 엉뚱한 곳으로 침범하는 경우도 있다. 물론, 이런 경우가 발생할 확률은 아주 적지만, 그렇게 적은 확률로 발생하는 제품에 그와 같은 문제가 발생하면 찾을 수 없고, 그 **제품은 안정성이 떨어져서 신뢰를 잃게 될 것**이다. 그러므로, 비록, 여기서는 default문에 단순히 break문만 추가하였지만, 여러분이 기억해 둘 것은 반드시 switch문에서는 **default문을 추가해 주어야 한다.** 어쨌든, 지금까지 설명한 내용들을 기반으로 한 번에 모두 이해하고, code를 구현한다는 것은 어려운 일이라고 생각한다. 필자가 개발할 때처럼 여러분도 직접 연습장에 buffer와 관련된 그림을 그려가면서 code를 한 줄 한 줄 분석해가며 이해하도록 노력해 보기 바란다. 이제, PC에서 들어온 데이터를 수신하고, 분석하는 **작업은 완료**되었다. 이번에는 event handler 함수 포인터 배열인 **fptr[]**을 구성하는 각각의 event handler 함수들에 대해서 살펴보도록 하겠다. 근본적으로 UART Interrupt 방식에서는 수신한 데이터를 저장하는 buffer **RcvData**를 이용하였는데, 여기서는 [그림 12.5-3]처럼 UARTBuf.RxBuf2 buffer를 대신 이용해야 한다. **RcvData** buffer와는 달리 UARTBuf.RxBuf2 buffer에는 **ASCII 데이터가 그대로 저장**되어 있다. 이것을 16bits 데이터로 변환해 주기 위해서 [그림 12.5-4]의 ②번처럼 hextoint8() 함수를 새롭게 만들고, ①번과 같이 데이터를 추출하여 ③번과 ④번처럼 기존의 event 함수 routine에 있는 변수들에 저장하고, ⑤번처럼 나머지 routine은 그대로 이용하였다.

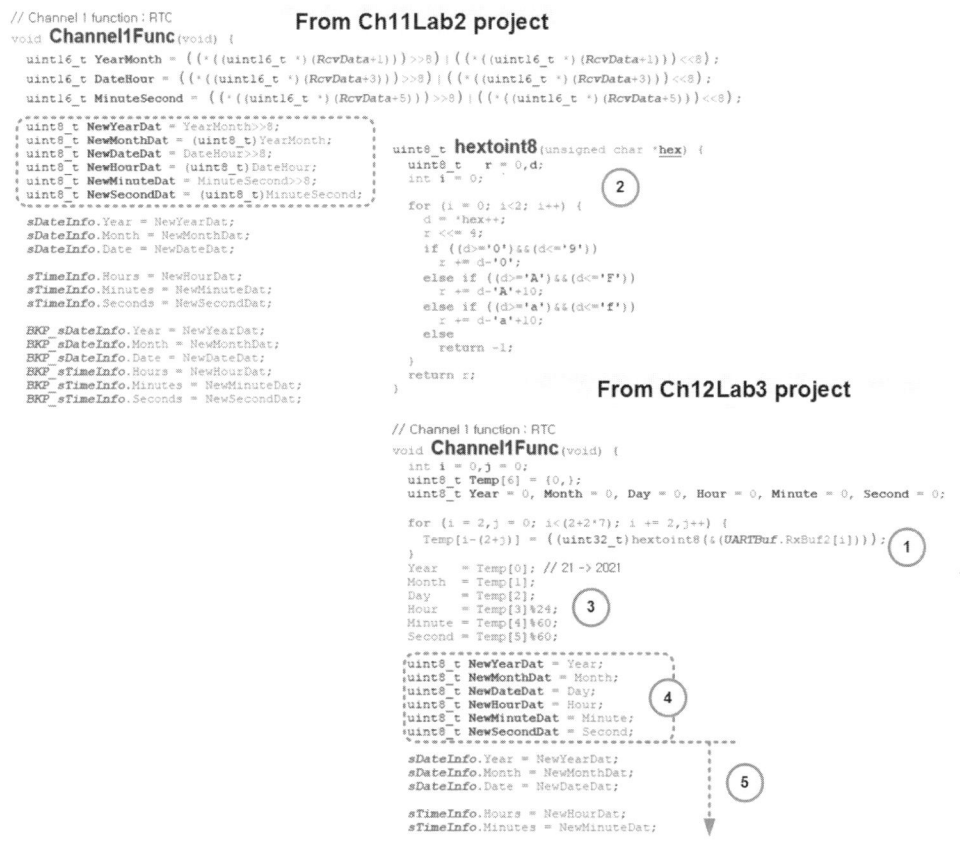

[그림 12.5-4] Event handler 함수 수정 방법.

여기서는 ①번 for-loop에 대해 이해하는데 조금 시간이 필요할 것이다. 어쨌든, RTC event handler 함수를 수정하였으니, PC로 0.5[초] 마다 갱신된 정보를 [그림 12.5-1]에서 보여준 데이터 frame으로 전송해 주도록 해야 하는데, 이때, 기존에 사용하던 Report500msForPC() 함수는 사용할 수 없을 것이다. 왜냐하면, UART를 이용하여 PC로 지정한 개수만큼 데이터를 DMA 전송 방식으로 **한 번에 보낼 것**이므로 기존의 함수 Report500msForPC()에서 사용한 for-loop는 더 이상 사용할 수가 없다. 그렇다면, 어떻게 이 부분을 구현해야 할지 생각해 보기 바란다.

사실, PC로부터 데이터를 수신하여 분석하는 작업과 비교하면 상당히 간단한 것이 사실이다. 무한 loop인 while-loop는 앞서 힌트를 제공한 것처럼 다음과 같이 수정하였다.

```
while (1) {
  // RTC Routine :
  RTC_InitWithPC();
  if (bUartTxDMACpltFlg) {
    if (bUartDataUpdateFlg) {
      bUartDataUpdateFlg = false;
      bUartTxDMACpltFlg = false;
      ForPCDataChoice();
      HAL_UART_Transmit_DMA(&huart3, UartTxDMA_Buf, 21);
    }
  }
  /* USER CODE END WHILE */
  /* USER CODE BEGIN 3 */
}
```

즉, UartTxDMA_Buf buffer에 저장되어 있는 21개의 bytes를 DMA 전송 방식으로 **한 번에 전송**하고, 멈춘다. 이때, UART **Tx** DMA Mode는 CNDTR에 지정한 데이터를 모두 전송하면 멈추어야 하므로 **Normal**로 지정한다. 그리고, UartTxDMA_Buf buffer에 저장될 데이터는 ForPCDataChoice() 함수를 새롭게 만들어서 [그림 12.5-1]에서 보여준 UART 규격에 맞추어 생성해 주면 된다. 이때, 전송할 16bits data는 [그림 12.5-5]의 ⑥번과 같이 **LSB가 하위 byte에 위치**하고, **MSB가 상위 byte에 위치**해야 한다는데 주의하자. 또 하나 주의 할 것은 UART **Tx** DMA가 완료되면, 동일하게 **idle interrupt가 발생**하게 된다. 단, 이때에는 "huart->hdmarx->Instance->CNDTR" 즉, DMA Rx 전송에 대한 CNDTR 값을 갱신하지는 않는다. 그러나 중요한 것은 idle interrupt가 발생하여서 등록한 callback 함수인 HAL_UART_RxCpltCallback() 함수를 **동일하게 호출하므로 code 작성에 이것을 인식하고 대처하여 오류를 범하지 않도록 주의**해야 한다. 지금까지 설명한 내용은 **Ch12Lab3** project이다. [그림 12.5-6]은 실행 결과를 보여준 것이다. 직접 보드를 연결하여 **Ch12Lab3** project를 build하고 동작 실험을 수행하기 바란다. 눈으로 보고 이해하는 것은 결코, 이해한 것이 아닌데 주의하자.

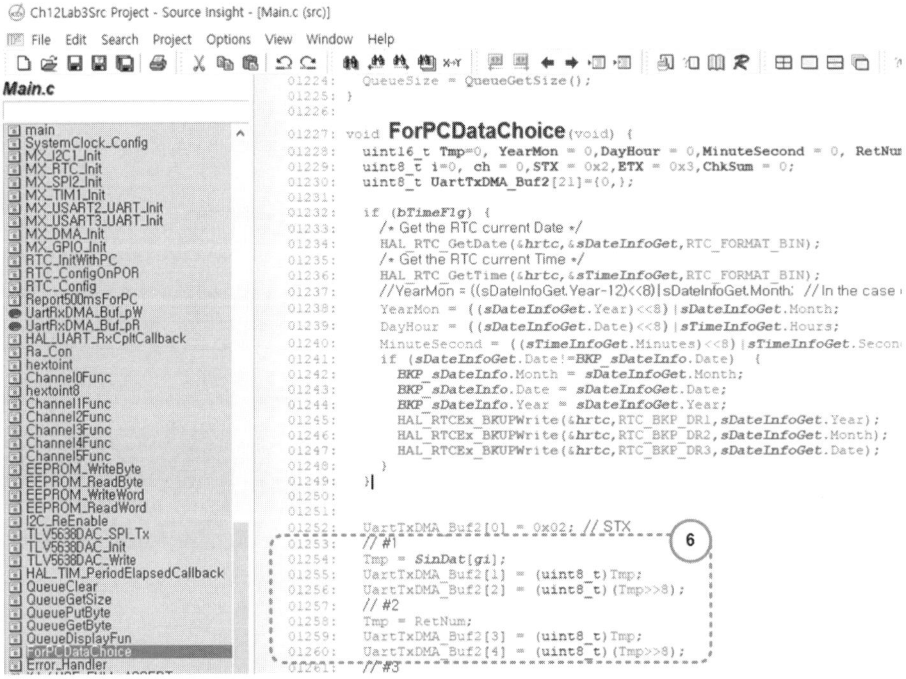

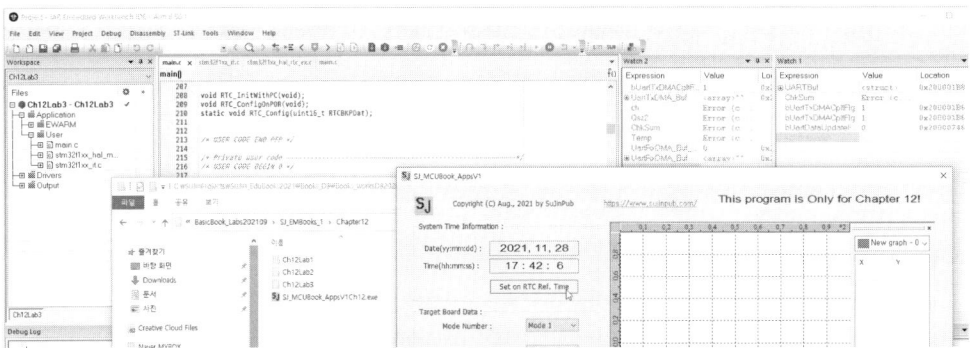

[그림 12.5-5] ForPCDataChoice() 함수.

[그림 12.5-6] Ch12Lab3 project 실행 결과.

Set on RTC Ref. Time button을 click하여 주면, PC의 시각 정보가 이전과 같이 MCU로 들어가서 MCU가 그 시각 정보를 기준으로 초 단위 계산을 수행하고, 계산된 시간 정보를 0.5[초]마다 [그림 12.5-1]에서 보여준 UART 통신 규약으로 전송해 주는 것을 확인 할 수 있을 것이다. 이제 EEPROM 관련 event를 처리하도록 해당 event handler 함수를 수정해 보도록 하겠다. 이에 대한 예제는 **Ch12Lab4** project이다. 이 project를 열어서 **main.c**

파일을 확인해 보면 알 수 있겠지만, Ch12Lab3 project에 상당히 많은 변화를 주었다. 구체적으로 EEPROM에 저장할 데이터도 Circular Queue로 관리하기 위해서 다음과 같이 변수를 추가하였다.

```
UARTCircBufTyp UARTBuf, *pUARTBuf = &UARTBuf;
UARTCircBufTyp EEPROMBuf, *pEEPROMBuf = &EEPROMBuf;
```

이처럼 여러 개의 Queue들을 관리해야 하므로 기존의 Queue 관련 함수들이 Queue에 대한 instance pointer를 입력으로 받을 수 있도록 융통성을 주었다. Ch12Lab3 project에 있는 main.c 파일에서는 전역 변수 UARTBuf를 함수 안에서 사용하고 있는 데, 이렇게 되면, **그 변수만을 위한** 함수가 될 것이다. 그러나, Ch12Lab4 project에 있는 main.c 파일과 같이 Queue에 대한 pointer를 **입력 매개변수**로 받아서 처리하도록 수정하면, **임의의 queue를 위한 함수**가 된다. 구체적으로 Ch12Lab3 project에 있는 main.c 파일과 Ch12Lab4 project에 있는 main.c 파일의 해당 내용에 대해서 어떠한 수정을 어디에 하였는지 서로 비교하기 쉽도록 하기 위해서 다음 그리고 다음 페이지의 왼쪽 면에는 Ch12Lab3 project에 있는 **main.c** 파일을 배치하였고, 오른쪽 면에는 Ch12Lab4 project에 있는 **main.c** 파일의 해당 code 부분을 배치하였다. 또한, 각각의 Ch12Lab3 project의 Queue **함수들**과 Ch12Lab4 project의 Queue **함수들**을 가능하면 동일한 위치에 배치되도록 [그림 12.5-7]과 [그림 12.5-8]을 설정하였다. 이제 바뀐 Queue 함수들을 각각의 UART callback 함수인 HAL_UART_RxCpltCallback() 함수에 반영하였다. 그리고, 각각의 HAL_UART_RxCpltCallback() **함수**에 대해서 비교하기 쉽도록 역시, 페이지의 왼쪽 면에는 Ch12Lab3 project의 main.c 파일에 있는 HAL_UART_RxCpltCallback() **UART callback 함수의** code 내용을 배치하였고, 오른쪽 면에는 Ch12Lab4 project의 main.c 파일에 있는 UART callback 함수인 HAL_UART_RxCpltCallback() **함수의** code 내용을 배치하였다. 또한, 각각의 함수를 구성하는 code 부분을 좀 더 쉽게 서로 비교 분석할 수 있도록 Ch12Lab3 project의 HAL_UART_RxCpltCallback() **함수**와 가능하면 동일한 위치에 배치하기 위해서 Ch12Lab4 project의 HAL_UART_RxCpltCallback() **함수들**을 [그림 12.5-9]와 [그림 12.5-10]을 설정하였다. 한 가지 주의할 것은 한 페이지에 모든 code를 넣기 위해서 글씨 크기도 줄였고, 그리고, 다소 하나의 줄에 여러 명령문들을 함께 넣어서 해석하는데, 어려움이 있을 것이나 이해해 주기 바란다. 어쨌든, **좌우에 대응하는 파일 내용**

을 보면서 **전역 변수를 사용하는 함수를 어떻게 입력 매개변수를 사용하는 방식으로 바꾸었는지 비교**해 보는 것은 중요하다. 일반적으로 처음 Embedded C code를 개발하는 시점에는 우선적으로 제품에서 요구되는 사항들에 대한 **기능 구현**을 coding하여 동작을 확인하는 것을 제일 먼저 하게 된다. 그러므로, 입력 매개변수를 이용한 함수의 prototype을 규정하고 함수를 구현하는 것보다는 우선적으로 손쉬운 전역 변수들을 남발하면서 구현하는 경우가 많다. 이후에 기능 구현이 확인되면, 이들 남발한 전역 변수들을 하나씩 하나씩 입력 매개변수로 바꾸어 **기능별 code block 단위**로 구분하고, 이들 block들에 대한 흐름에 따라서 다시금 전역 변수들을 입력 매개변수로 바꾸거나 그대로 유지하게 된다. 이처럼 전역 변수 방식이 아닌 입력 매개 변수 방식을 사용하는 **근본적인 목적**은 해당 **함수에 대한 재사용성** 때문이다. 전역 변수를 사용 하게 되면, 다른 code에서 해당 함수를 재사용하기 어렵고, 무엇보다도 동작에 문제가 발생한 경우에 해당 함수와 관련된 전역 변수가 다른 source file에 있다면, 관련 추적이 쉽지 않기 때문이다. 결국, **함수의 module화**가 어렵게 된다. 그러므로, **전역 변수의 사용은 최소화**해야 한다는 데 주의하자. 무엇보다도 지금은 bug가 수정되었는지 모르겠지만, ST Inc.에서 무료로 제공해 주는 개발용 소프트웨어인 CubeIDE에 포함되어 있는 무료 compiler 또는 예전 버전인 TrueStudio를 사용하는 경우, 서로 다른 2개의 C source file들에 **동일한 이름의 전역 변수들을 정의하고, 이어서 각각 서로 다른 초기 값을 할당**한 경우에 error 없이 build를 완료하고 실행 파일을 생성하는 문제가 있었다. 분명히, 이것은 동일한 변수를 2번 정의한 것으로 error가 발생하여야 하는데, error 없이 실행 파일 즉, *.hex file을 생성한다. 이렇게 되면, **어떤 초기 값을 가져 갖는지 문제가 된다**는 데 주의하자. 그러나, 동일한 source file과 header file로 구성된 project를 유료 버전인 KEIL의 MDK-ARM 또는 IAR의 Embedded Workbench로 build하였을 때에는 정확히 2개의 파일에서 동일한 전역 변수를 정의하고 있다고 하며, error message와 함께 실행 파일을 생성하지 않았다. 여러분이 기억해둘 것은 무료 개발용 소프트웨어가 bug를 가지고 있고, 이 bug로 인해서 제품에 대한 반품 등 여러 금전적인 문제가 발생하였을 때에 해당 소프트웨어 회사에게 책임을 묻기 어렵다는 것이다. 왜냐하면, 처음부터 무료 개발용 소프트웨어 이고, 대부분 어딘가 작게 이와 같은 문제가 발생하는 경우에 책임지지 않는다고 명시되어 있기 때문이다. 그러므로, **인명과 관련된 자동차 또는 항공, 의료 기계의 경우에는 반드시 유료 버전의 개발용 소프트웨어를 사용**해야 하고, 심지어 compiler가 관련 분야의 인증을 받은 것만 사용해야 한다는 것을 기억해 두도록 하자.

```c
UARTCircBufTyp UARTBuf;    // 전역 변수 UARTBuf
// Queue를 초기화
void QueueClear() {
  UARTBuf.m_iHead = UARTBuf.m_iTail = 0; // When Head_ptr=Tail_ptr, circular queue is empty.
  UARTBuf.OverFlowNum = UARTBuf.UnderFlowNum = 0;

  memset(UARTBuf.RxBuf1,0,RXBUF_MAX);
  memset(UARTBuf.RxBuf2,0,RXBUF_MAX);
}
// Queue에 들어 있는 자료 개수.
int32_t QueueGetSize() {  // Head_Ptr is larger than Tail_ptr all the time.
  int32_t Ret=0;
  Ret=(UARTBuf.m_iHead-UARTBuf.m_iTail+RXBUF_MAX)%RXBUF_MAX;
  return Ret;
}
// Queue에 1 byte 넣음.
// When Head_ptr+1=Tail_ptr, circular queue is full. The maximum queue size is
// BUFF_SIZE-1. so when lower than (BUFF_SIZE-1), new data can be put.
bool QueuePutByte(uint8_t b) {
  if (QueueGetSize()==(RXBUF_MAX-1)) {
    UARTBuf.OverFlowNum++;
    return false;
  }
  // For using "0" index, buff[m_iHead++] is used instead of buff[++m_iHead].
  UARTBuf.RxBuf1[UARTBuf.m_iHead++] = b;
  UARTBuf.m_iHead %= RXBUF_MAX;   // Thanks to "%" operator, Head_ptr can be circular.
  return true;
}
// Queue에서 1 byte 꺼냄.
bool QueueGetByte(uint8_t* pb) {
  if (QueueGetSize()==0) {
    UARTBuf.UnderFlowNum++;
    return false;
  }
  *pb = UARTBuf.RxBuf1[UARTBuf.m_iTail++];
  UARTBuf.m_iTail %= RXBUF_MAX;   // Thanks to "%" operator, Head_ptr can be circular.
  return true;
}
void QueueDisplayFun(void) {
  int InitFlag = 0,i,j,k;
  int32_t QueueSize;
  for (j = 0; j<RXBUF_MAX; j++) {
    if (InitFlag==0) {
      for (i = UARTBuf.m_iHead; i>0; i--,j++) {
        UARTBuf.RxBuf2[j] = UARTBuf.RxBuf1[i-1];
      }
      InitFlag = 1;
    }
    k = (RXBUF_MAX-1)-(j-UARTBuf.m_iHead);
    UARTBuf.RxBuf2[j] = UARTBuf.RxBuf1[k];
  }
  QueueSize = QueueGetSize();
}
```

[그림 12.5-7] **Ch12Lab3** project의 Queue 함수들.

```c
UARTCircBufTyp UARTBuf,*pUARTBuf = &UARTBuf;              // 전역 pointer 변수 pUARTBuf
UARTCircBufTyp EEPROMBuf,*pEEPROMBuf = &EEPROMBuf;        // 전역 pointer 변수 pEEPROMBuf
// Queue를 초기화
void QueueClear(UARTCircBufTyp *pUARTBuf) {
  pUARTBuf->m_iHead = pUARTBuf->m_iTail = 0;   // When Head_ptr=Tail_ptr, circular queue is empty.
  pUARTBuf->OverFlowNum = pUARTBuf->UnderFlowNum = 0;
  memset(pUARTBuf->RxBuf1,0,TXBUF_MAX);
  memset(pUARTBuf->RxBuf2,0,RXBUF_MAX);
}
// Queue에 들어 있는 자료 개수.
int32_t QueueGetSize(UARTCircBufTyp *pUARTBuf) {  // Head_Ptr is larger than Tail_ptr all the time.
  int32_t Ret = 0;
  Ret = ((pUARTBuf->m_iHead)-(pUARTBuf->m_iTail)+RXBUF_MAX)%RXBUF_MAX;
  return Ret;
}
// Queue에 1 byte 넣음.
// When Head_ptr+1=Tail_ptr, circular queue is full. The maximum queue size is
// BUFF_SIZE-1. so when lower than (BUFF_SIZE-1), new data can be put.
bool QueuePutByte(UARTCircBufTyp *pUARTBuf, uint8_t b) {
  if (QueueGetSize(pUARTBuf)==(RXBUF_MAX-1)) {
    pUARTBuf->OverFlowNum++;
    return false;
  }
  // For using "0" index, buff[m_iHead++] is used instead of buff[++m_iHead].
  pUARTBuf->RxBuf1[pUARTBuf->m_iHead++] = b;
  pUARTBuf->m_iHead %= RXBUF_MAX; // Thanks to "%" operator, Head_ptr can be circular.
  return true;
}
// Queue에서 1 byte 꺼냄.
bool QueueGetByte(UARTCircBufTyp *pUARTBuf, uint8_t* pb) {
  if (QueueGetSize(pUARTBuf)==0) {
    pUARTBuf->UnderFlowNum++;
    return false;
  }
  *pb = pUARTBuf->RxBuf1[pUARTBuf->m_iTail++];
  pUARTBuf->m_iTail %= RXBUF_MAX; // Thanks to "%" operator, Head_ptr can be circular.
  return true;
}
void QueueDisplayFun(UARTCircBufTyp *pUARTBuf) {
  int InitFlag = 0,i,j,k,QueueSize;
  for (j = 0; j<RXBUF_MAX; j++) {
    if (InitFlag==0) {
      for (i = pUARTBuf->m_iHead; i>0; i--,j++) {
        pUARTBuf->RxBuf2[j] = pUARTBuf->RxBuf1[i-1];
      }
      InitFlag = 1;
    }
    k = (RXBUF_MAX-1)-(j-(pUARTBuf->m_iHead));
    pUARTBuf->RxBuf2[j] = pUARTBuf->RxBuf1[k];
  }
  QueueSize = QueueGetSize(pUARTBuf);
}
```

[그림 12.5-8] **Ch12Lab4** project의 Queue 함수들.

```
uint32_t UartRxDMA_Buf_pW = 0, UartRxDMA_Buf_pR = 0;
void HAL_UART_RxCpltCallback(UART_HandleTypeDef *huart) {
  int32_t i = 0,j = 0,RxInd = 0,Qsz1 = 0,Qsz2 = 0;
  uint32_t UartRxDMANum = 0;   uint16_t ChkSum = 0;   uint8_t ch = 0;
  bool Uart2Flg = false;   bool bFlag = false;
  if (huart->Instance==USART3) {
    // UartRxDMA_Buf_pW is the amount of received data.
    UartRxDMA_Buf_pW = RXBUF_MAX - huart->hdmarx->Instance->CNDTR;
    QueueClear();
    while (UartRxDMA_Buf_pW!=UartRxDMA_Buf_pR) {
      Qsz1 = QueueGetSize();
      if (Qsz1<RXBUF_MAX) {
        bFlag = true;        QueuePutByte(UartRxDMA_Buf[UartRxDMA_Buf_pR]);
      } else {
        bFlag = false; // to do the Overwrite or Skip in here.
        break;
      }
      if (++UartRxDMA_Buf_pR>=RXBUF_MAX) {
        bFlag = true;        UartRxDMA_Buf_pR = 0;
      }
    }
    if (bFlag) {
      Qsz2 = QueueGetSize();      bFlag = false;
      if (Qsz2>1) {
        QueueGetByte(&ch);
        for (i = 1; i<(Qsz2-2); i++) {
          QueueGetByte(&ch);      ChkSum += ch;      UARTBuf.RxBuf2[i-1] = ch;  // Except for STX
        }
        ChkSum = (uint8_t)ChkSum;   QueueGetByte(&ch);   // ETX   QueueGetByte(&ch);  // Checksum
        if (ChkSum==ch) {
          Uart2Flg = true;
        } else {
          Uart2Flg = false;
        }
      } else {
        QueueGetByte(&ch);
        if (ch==0x10) {
          UARTBuf.RxBuf2[0] = ch;         Uart2Flg = true;
        } else {
          Uart2Flg = false;
        }
      }
    } else {     return;    }
    if (Uart2Flg) {
      Uart2Flg = false;
      switch (UARTBuf.RxBuf2[0]) {
      case 49:      bUartDataUpdateFlg = true;      break;
      case 48:      RxInd = UARTBuf.RxBuf2[1]-48;       fptr[RxInd]();       break;
      default:      break;
      }
    }
  }
}
```

[그림 12.5-9] **Ch12Lab3** project의 HAL_UART_RxCpltCallback() 함수.

```
uint32_t UartRxDMA_Buf_pW = 0;    uint32_t UartRxDMA_Buf_pR = 0;
void HAL_UART_RxCpltCallback(UART_HandleTypeDef *huart) {
  int32_t i = 0,j = 0,RxInd = 0,Qsz1 = 0,Qsz2 = 0;  uint32_t UartRxDMANum = 0;
  uint16_t ChkSum = 0;  uint8_t ch = 0;  bool Uart2Flg = false;  bool bFlag = false;
  if (huart->Instance==USART3) {
    // UartRxDMA_Buf_pW is the amount of received data.
    UartRxDMA_Buf_pW = RXBUF_MAX - huart->hdmarx->Instance->CNDTR;
    QueueClear(pUARTBuf);
    while (UartRxDMA_Buf_pW!=UartRxDMA_Buf_pR) {
      Qsz1 = QueueGetSize(pUARTBuf);
      if (Qsz1<RXBUF_MAX) {
        bFlag = true;        QueuePutByte(pUARTBuf,UartRxDMA_Buf[UartRxDMA_Buf_pR]);
      } else {
        bFlag = false; // to do the Overwrite or Skip in here.
        break;
      }
      if (++UartRxDMA_Buf_pR>=RXBUF_MAX) {
        bFlag = true;        UartRxDMA_Buf_pR = 0;
      }
    }
    if (bFlag) {
      Qsz2 = QueueGetSize(pUARTBuf);     bFlag = false;
      if (Qsz2>1) {
        QueueGetByte(pUARTBuf,&ch);
        for (i = 1; i<(Qsz2-2); i++) {
          QueueGetByte(pUARTBuf,&ch);        ChkSum += ch;        UARTBuf.RxBuf2[i-1] = ch;
        }
        ChkSum = (uint8_t)ChkSum;   QueueGetByte(pUARTBuf,&ch); //ETX
        QueueGetByte(pUARTBuf,&ch);            // Checksum
        if (ChkSum==ch) {
          Uart2Flg = true;
        } else {
          Uart2Flg = false;
        }
      } else {
        QueueGetByte(pUARTBuf,&ch);
        if (ch==0x10) {
          UARTBuf.RxBuf2[0] = ch;        Uart2Flg = true;
        } else {
          Uart2Flg = false;
        }
      }
    } else {      return;    }
    if (Uart2Flg) {
      Uart2Flg = false;
      switch (UARTBuf.RxBuf2[0]) {
      case 49:      bUartDataUpdateFlg = true;      break;
      case 48:      RxInd = UARTBuf.RxBuf2[1]-48;      fptr[RxInd]();      break;
      default:      break;
      }
    }
  }
}
```

[그림 12.5-10] **Ch12Lab4** project의 HAL_UART_RxCpltCallback() 함수.

어쨌든, 여기까지는 그리 어렵지 않게 갈 수 있는데, 문제는 다음에 보여준 EEPROM에 대한 read와 write 함수이다.

```c
void EEPROM_WriteWord(uint16_t eeww_MemAddress, uint16_t eeww_data){
  eeww_prev_write_buf[0] = (uint8_t)(eeww_data >> 8);
  eeww_prev_write_buf[1] = (uint8_t)(eeww_data & 0x00ff);
  if(HAL_I2C_Mem_Write(&hi2c1, AT24C256C_DEVADDR, eeww_MemAddress, 2,
        eeww_prev_write_buf, 2, 1000)!=HAL_OK)  {
    if(__HAL_I2C_GET_FLAG(&hi2c1, I2C_FLAG_BUSY) != RESET) {
      I2C_ReEnable();
    }
    HAL_I2C_Mem_Write(&hi2c1, AT24C256C_DEVADDR, eeww_MemAddress, 2,
        eeww_prev_write_buf, 2, 1000);
  }
  HAL_Delay(10);
}

uint16_t EEPROM_ReadWord(uint16_t eeww_MemAddress){
  uint16_t prev_eerw_result = 0;
  eeww_prev_read_buf[0]=0;
  eeww_prev_read_buf[1]=0;
  if(HAL_I2C_Mem_Read(&hi2c1, AT24C256C_DEVADDR, eeww_MemAddress, 2,
        eeww_prev_read_buf, 2, 1000)!=HAL_OK) {
    if(__HAL_I2C_GET_FLAG(&hi2c1, I2C_FLAG_BUSY) != RESET) {
      I2C_ReEnable();
    }
    HAL_I2C_Mem_Read(&hi2c1, AT24C256C_DEVADDR, eeww_MemAddress, 2,
        eeww_prev_read_buf, 2, 1000);
  }
  HAL_Delay(10);
  prev_eerw_result = eeww_prev_read_buf[0];
  prev_eerw_result =((uint16_t)prev_eerw_result << 8) & 0xff00U;
  prev_eerw_result += (uint16_t)eeww_prev_read_buf[1];
  return prev_eerw_result;
}
```

아마도 기억이 날지 모르겠는데, Chapter 8.에서 다음과 같은 내용을 학습한 경험이 있다.

main() 함수에서 처음 호출되는 HAL_Init(); 함수에서는 SysTick interrupt로 1[ms] **lowest** interrupt를 활성화하는데, 이것을 기반으로 coding 과정에서 delay가 필요할 때에

는 HAL_Delay() 함수를 호출하여 구현할 수 있다. 즉, HAL_Delay() 함수는 1[ms] 단위로 delay를 발생시켜준다. 그러므로, HAL_Delay() 함수가 임의의 주변 장치 ISR 안에서 사용된다면, HAL_Delay() 함수가 blocking되어 HAL_Delay() 함수 안에서 빠져 나오지 못하여 다음 명령을 수행할 수 없게 된다.

결국, **임의의 ISR 안에서는 HAL_Delay() 함수가 사용되면 안 된다**는 의미가 된다. 우리가 앞서 학습한 **Ch11Lab2** project에서는 EEPROM 관련 event handler 함수인 Channel2Func() 함수를 main() 함수에 있는 while-loop에서 함수 포인터 배열 fptr[]를 이용하여 호출하였다. 즉, interrupt 발생에 의한 ISR에서 Channel2Func() 함수를 호출한 것이 아니다. 좀 더 전문적으로 설명하면, Cortex-M core는 일반 **thread mode**와 interrupt 관련 **handler mode**, 이렇게 2개의 **동작 mode**들을 가지고 있는데, Channel2Func() 함수는 thread mode에서 동작하므로 HAL_Delay() 함수를 사용해도 문제가 되지 않았다. 그런데, Ch12Lab3 project의 경우에 함수 포인터 배열 **fptr[]**를 UART callback routine 즉, **handler mode**에서 이용하여 Channel2Func() 함수를 호출하고 있고, 이 함수는 EEPROM_WriteWord() 함수와 EEPROM_ReadWord() 함수를 호출하며, 이들은 내부에 모두 HAL_Delay() 함수를 호출하고 있다. 결국, handler mode에서 HAL_Delay() 함수를 호출하여 **HAL_Delay() 함수 안에서 blocking되어 빠져 나오지 못하게 된 것이고, 다음 명령을 수행할 수 없게 된 것이다.** 그러므로, 이 문제를 풀기 위해서는 어떻게 해서든 handler mode에서 HAL_Delay() 함수를 사용하지 않고, 동일한 효과를 갖도록 EEPROM_WriteWord() 함수와 EEPROM_ReadWord() 함수를 수정해야 한다. 게다가 여러 번 언급하였지만, HAL_Delay() 함수는 전체 code 흐름을 지정한 시간만큼 중지시키므로 main() 함수의 while(1)~loop에서 각각의 loop에 소요되는 시간이 ms 단위를 넘을 수 있는 불안정한 경우를 발생시킬 수 있으므로 사용하지 말아야 한다. 어쨌든, 이 경우에 가장 흔히 사용하는 방식이 **timer를 이용한 delay**이다. 즉, [그림 12.5-11]의 ①번과 같이 while-loop 안에 ②번에서 보여준 것처럼 10[ms] 마다 EEPROM write와 read 동작을 수행할 수 있는 code 영역 ③번에 들어가도록 만든다. 이때, PC에서 EEPROM 데이터를 write하거나 read 하도록 event를 발생시키면, 해당 데이터는 UART Rx callback 함수에서 UARTBuf.RxBuf2 배열에 저장할 것이고, 그리고, [그림 12.5-12]의 ④번에서 보여준 event handler 함수 Channel2Func()를 호출할 것이다.

[그림 12.5-11] EEPROM 관련 함수 수정 사항(1).

이 함수는 저장한 데이터를 EEPROM queue에 저장하고, EEPROM queue에 데이터가 있다는 것을 알리기 위해서 ⑤번과 같이 bFlagEEPROMWr의 값을 true로 바꾼다. 그리고, [그림 12.5-11]의 ③번 영역에 2개의 if문들을 이용하여 **우선순위를 정한 것처럼 먼저, EEPROM에 write** 할 데이터가 있는 경우 즉, bFlagEEPROMWr = true인 경우에 EEPROMWrFunc() 함수를 호출한다. 이 함수는 [그림 12.5-12]의 ⑥번에서 보여준 것처럼 EEPROM queue에 저장된 데이터 2개 bytes를 꺼내어 16bits로 만들고, 함수 EEPROM_WriteWord() 를 호출하는데, 이 함수는 ⑦번에서 보여준 것과 같이 **10[ms] HAL_Delay() 함수가 제거**되었다. 이 10[ms]의 시작 시점을 분명히 하기 위하여 ⑧번과 같이 Channel2Func() 함수 마지막에서 CntD10ms=0을 할당하였다.

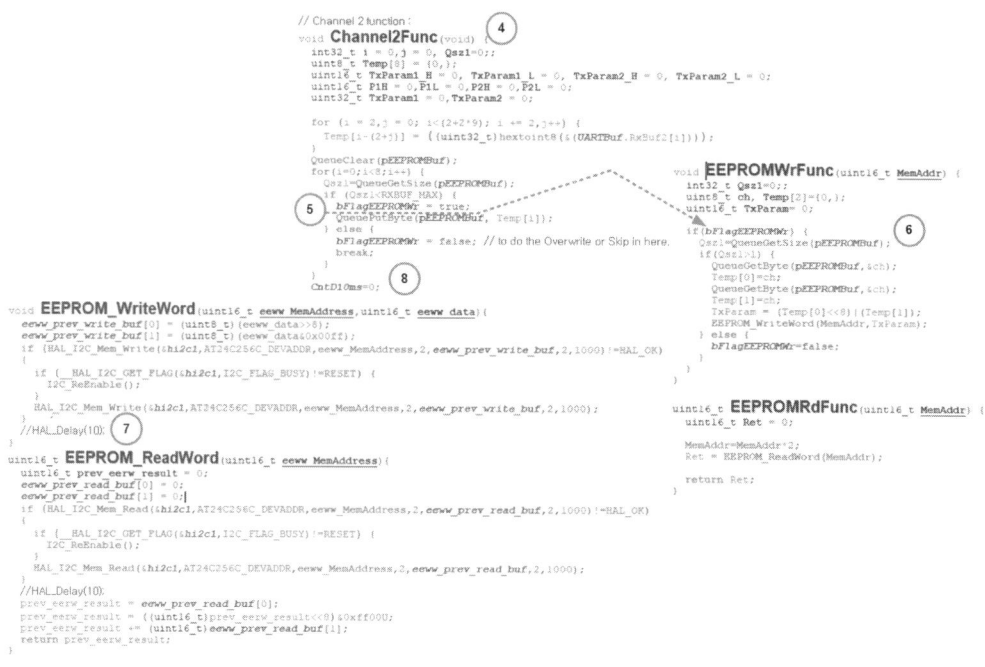

[그림 12.5-12] EEPROM 관련 함수 수정 사항(2).

이제 지금까지 설명한 내용들을 모두 정리하여 **Ch12Lab4** project를 만들어서 실행하면, [그림 12.5-13]에서 보여준 것과 같이 EEPROM 관련 동작을 이전과 같이 수행하는 것을 확인할 수 있을 것이다. EEPROM write 동작이 완료되면, [그림 12.5-11]의 ③번 영역에서 보여준 것처럼 자동으로 EEPROM에 저장한 데이터를 읽어내어 gRxParam 배열에 저장한다. 이 배열은 ForPCDataChoice() 함수를 보면 알 수 있듯이 0.5[초] 마다 PC로 전송하는 데이터 정보 중에 하나이다. Vol.2.에서는 좀 더 고급화한 기술로 이 문제를 해결하고 있으니 참고하기 바란다.

12.6 SPI DMA Coding 방법.

이번 단원에서 설명하는 내용은 ADI Inc.에서 출시하고 있는 전력량 측정 및 분석용 반도체인 **ADE9000**과 관련된 제품을 개발하면서 얻은 경험을 바탕으로 작성하였다. 구체적으로 이 소자와 **SPI DMA 통신**으로 STM32L476/496을 연결하여 개발하였다.

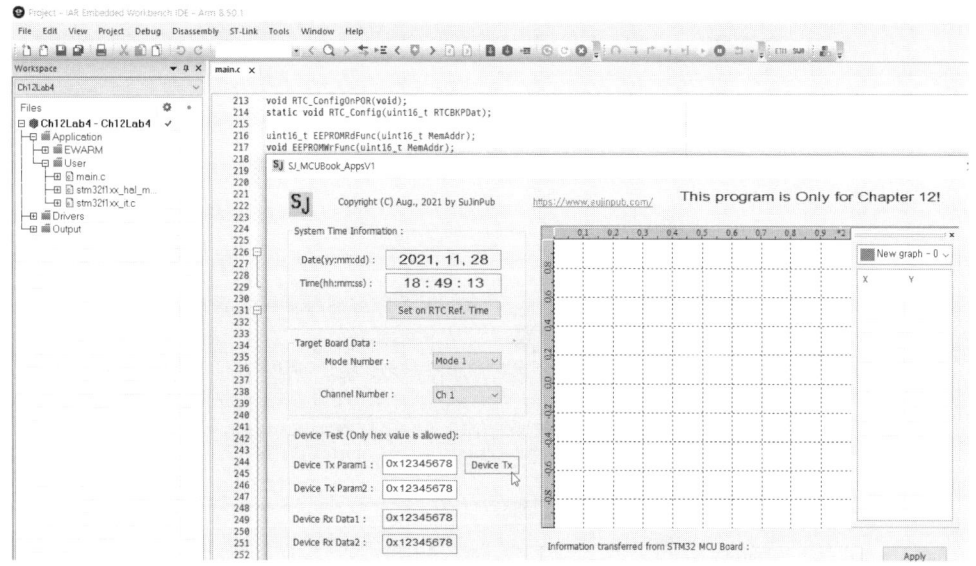

[그림 12.5-13] Ch12Lab4 project를 이용한 EEPROM 관련 동작.

SJ_MCUBook_M3 보드에는 ADE9000이 없으므로 동일하게 실험을 수행 할 수 없으므로 여기서는 개발한 source file을 분석하고, 그리고, 개발과 관련된 경험을 공유하는 시간을 갖도록 하겠다. 사실, 이것은 **여러분에게 매우 중요한 시간**이 될 것이다. 왜냐하면, 여러분이 어떠한 회사에 입사하여 처음부터 백지에서 code를 개발하는 경우보다는 이미 개발한 code 를 유지, 보수하는 업무가 대부분이기 때문이다. 참고적으로 **Vol.2.**에서는 SPI serial flash memory에 대한 read 또는 write 동작을 **SPI DMA 방식**으로 처리하는 방법을 상세히 설명 하고 있다. 우선, STM32L476/496 MCU를 위한 C framework를 생성하기 위해서 CubeMX를 실행하여 [그림 12.6-1]에서 보여준 것처럼 UART DMA와 동일하게 SPI Tx와 Rx DMA 설정을 수행해 보자. ①번은 SPI2_**RX** DMA 설정을 보여주고 있다. 즉, ②번과 같이 address가 순환되도록 Circular mode로 선택하고, 데이터 폭은 **Byte 단위**로 설정한 다. 그러므로, 이때에는 SPI2 Data Size = **8bits로 설정**해 주는 것이 좋다. [그림 12.6-2] 의 ④번은 SPI2_**TX** DMA 설정을 보여주고 있는 데, 이때에는 UART DMA에서 학습한 것과 같이 **Normal** address 증가 방식을 ⑤번처럼 선택하였다. 그리고, ⑥번과 같이 interrupt들을 모두 enable해 준다. 그러면, **stm32l4xx_it.c** file에 각각의 해당 ISR prototype이 생성된다. 단, STM32L476/496 MCU를 사용하였으므로 **stm32l4xx_it.c** file인데 주의하자.

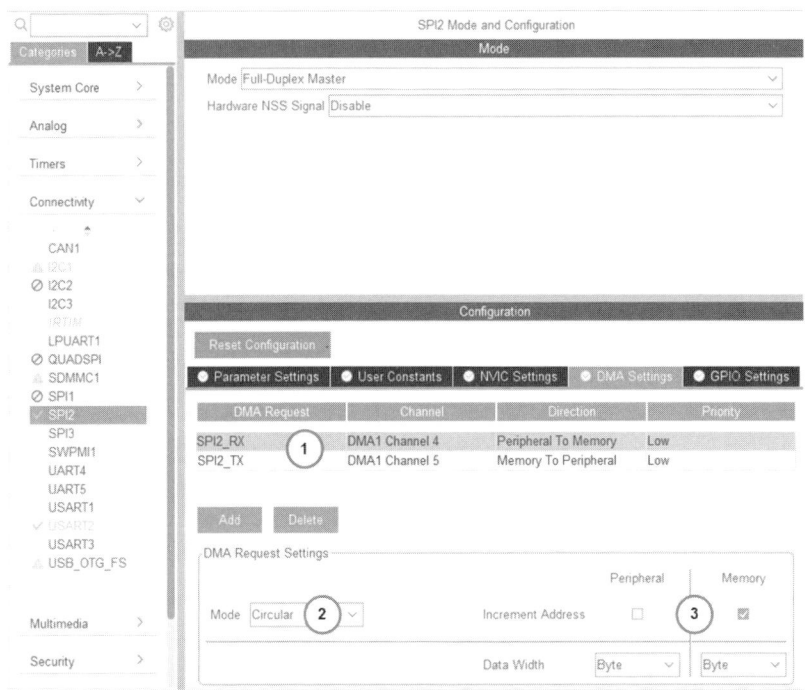

[그림 12.6-1] SPI Tx와 RX DMA 설정 방법(1).

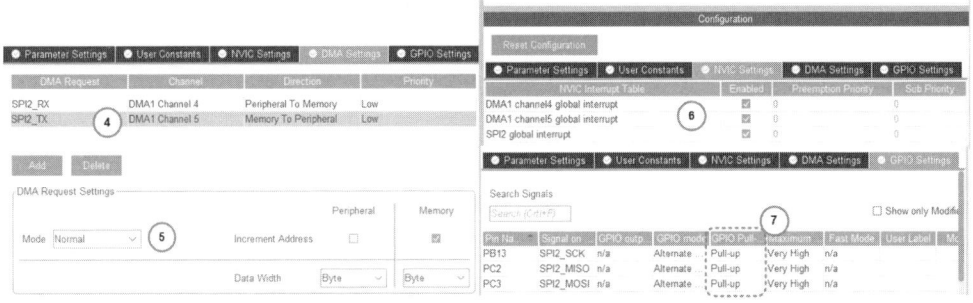

[그림 12.6-2] SPI Tx와 RX DMA 설정 방법(2).

그리고, ⑦번과 같이 SPI signals는 모두 pull-up 하여 사용하는 것이 좋다. 이제, SPI interrupt 발생에 따른 처리를 수행하기 위해서 [그림 12.6-3]의 ⑧번과 같이 **Drivers** folder 안에 있는 **Src** folder를 열어 보면, ⑨번과 같이 **stm32l4xx_hal_spi.c** file을 발견할 수 있다. 이 파일의 내용은 ⑩번과 같다. SPI_TX DMA interrupt 처리를 수행하는 적절한 HAL 관련 함수를 찾기 위해서 [그림 12.6-4]의 ⑪번에서 보여준 함수 SPI_DMATransmitCplt() 내용을 살펴보도록 하자.

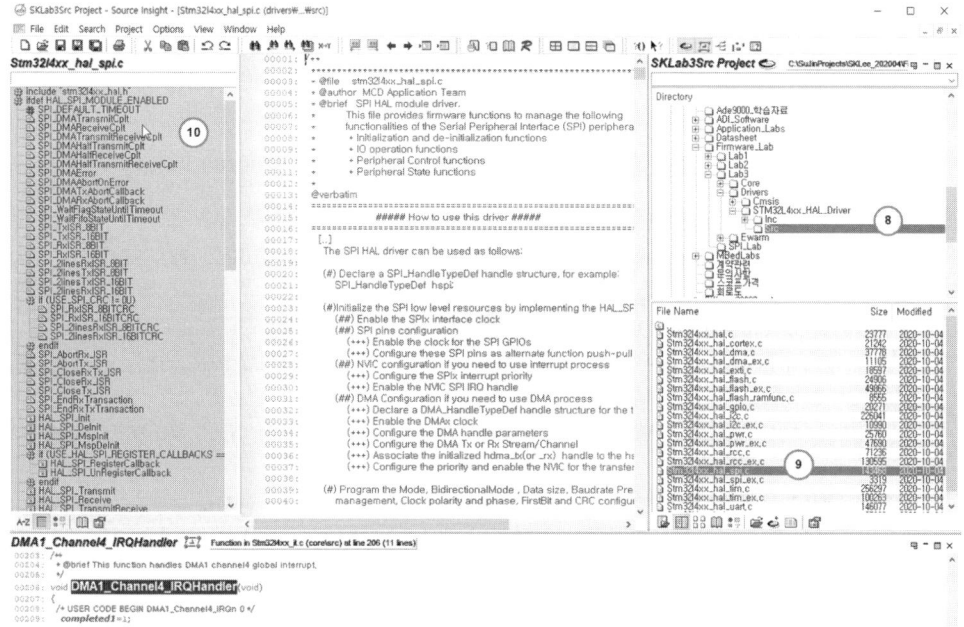

[그림 12.6-3] SPI Tx와 RX DMA 설정 방법(3).

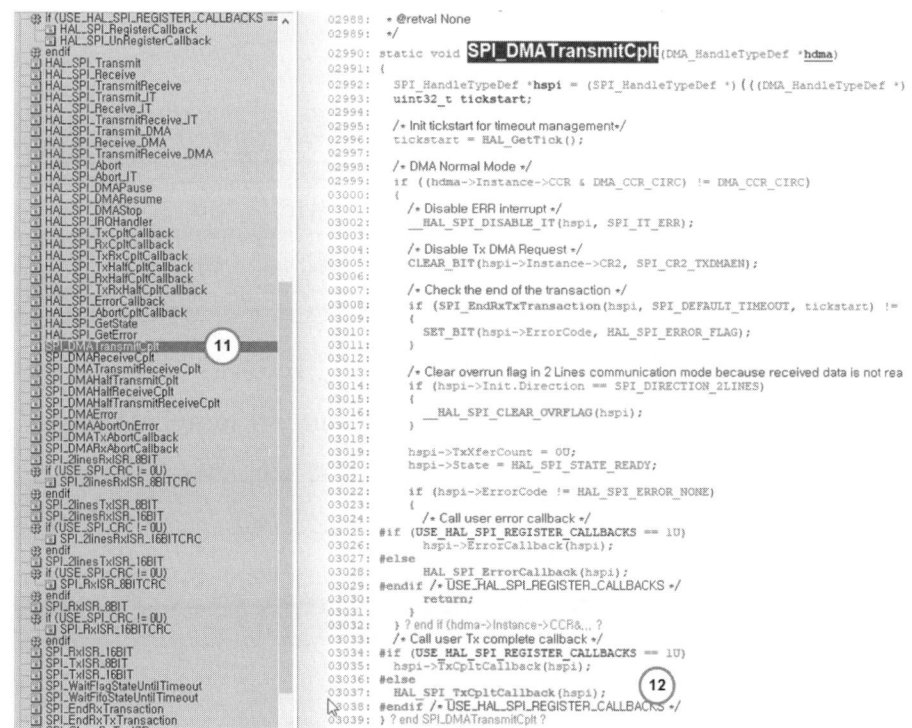

[그림 12.6-4] SPI Tx와 RX DMA 설정 방법(3).

12 DMA 사용 방법 | 483

그러면, 맨 아래 lines에 ⑫번과 같이 SPI DMA Tx 전송을 완료하면 호출되는 Complete Callback 함수인 HAL_SPI_TxCpltCallback() 함수를 찾을 수 있다. 이제, SPI DMA를 다음과 같이 활용하면 된다.

```
void HAL_SPI_TxCpltCallback(SPI_HandleTypeDef *hspi) {
  // HAL_GPIO_WritePin(SPI2_CS_GPIO_Port, SPI2_CS_Pin, GPIO_PIN_SET);
}
void HAL_SPI_RxCpltCallback(SPI_HandleTypeDef *hspi) {
  HAL_GPIO_WritePin(SPI2_CS_GPIO_Port, SPI2_CS_Pin, GPIO_PIN_SET); // _CS high
}
void ADE9000RegDMARead32(uint16_t Reg_Addr, uint16_t Reg_Num, uint8_t *Reg_Dat)
  {
  uint8_t rx_reg[8] = {0, 0, 0, 0, 0, 0,0,0};
  rx_reg[0] = (uint8_t)(((Reg_Addr << 4) & 0xFF00) >> 8);
  rx_reg[1] = (uint8_t)(((Reg_Addr << 4) | (1 << 3)) & 0x00FF);
  HAL_GPIO_WritePin(SPI2_CS_GPIO_Port, SPI2_CS_Pin, GPIO_PIN_RESET);
   // _CS low
  HAL_SPI_Transmit_DMA(&hspi2, rx_reg, 2);
  HAL_SPI_Receive_DMA(&hspi2, Reg_Dat, Reg_Num*4);   // Rx DMA로 종료.
}
```

단, SPI2_CS_Pin은 SPI2를 위한 Chip Select pin으로서 active low이다. 위에 주어진 code로부터 알 수 있듯이 SPI CS를 high로 바꾸어주는 것은 SPI 통신이 완료된 것을 확인한 HAL_SPI_RxCpltCallback()에서 수행해 주면 된다는 것이다. 일반적으로 SPI Tx DMA와 Rx DMA를 혼용해서 사용하는 경우에는 정확하게 수행하기 위해서 Oscilloscope로 _CS가 동작하는 것을 확인해야 하지만, 가능하면, 하나의 함수에서는 _CS를 처음에 low로 설정해 주고, 이후에 Rx DMA로 종료할 계획이면, HAL_SPI_RxCpltCallback()**에서만 _CS를 high로 바꾸어 주는 것이 좋다. 또한, DMA mode와 Non-DMA mode를 혼용해서 사용하는 경우에는 주의**해야 할 것이 있다. 일단, 위와 같이 DMA 관련 service 함수 예컨대, HAL_SPI_Receive_DMA() 함수를 호출하면, DMA mode로 들어가며, 이때, non-DMA 함수 HAL_SPI_Receive()를 호출하면 [그림 12.6-5]의 ③번에서 보여준 것과 같이 SPI state가 **HAL_DMA_STATE_BUSY**로 되어 있어서 HAL_SPI_Receive() 함수가 동작을 하지 않고, **무한 loop**를 돌게 된다.

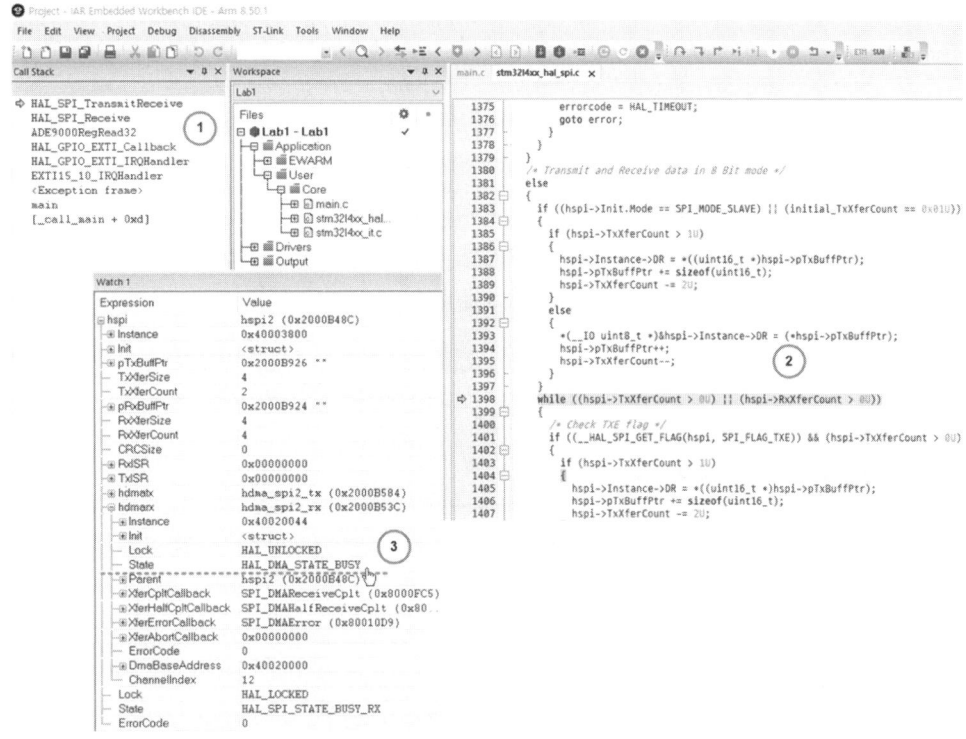

[그림 12.6-5] DMA 함수와 non-DMA 함수를 혼용해서 사용하는 경우(1).

이 문제를 해결하기 위해서는 **non-DMA 함수를 호출하기 전**에 우선, 다음에 보여준 code의 ④번처럼 HAL_SPI_DMA**Stop()** 함수를 호출하여 DMA Tx와 Rx를 disable해 주어야 한다. 단, ADE9000RegRead32() 함수와 ADE9000Reg32Write() 함수는 다음과 같이 SPI 통신을 polling mode로 사용하는 Non DMA 함수이다.

```
void ADE9000RegRead32(uint16_t Reg_Addr,uint16_t Reg_Num,uint8_t *Reg_Dat) {
  uint8_t rx_reg[2] = {0,0};
  rx_reg[0] = (uint8_t)(((Reg_Addr<<4)&0xFF00)>>8);
  rx_reg[1] = (uint8_t)(((Reg_Addr<<4)|(1<<3))&0x00FF);
  HAL_GPIO_WritePin(SPI2_CS_GPIO_Port,SPI2_CS_Pin,GPIO_PIN_RESET);
  HAL_SPI_Transmit(&hspi2,rx_reg,2,10);
  HAL_SPI_Receive(&hspi2,Reg_Dat,Reg_Num*4,10);
  HAL_GPIO_WritePin(SPI2_CS_GPIO_Port,SPI2_CS_Pin,GPIO_PIN_SET);
}
void ADE9000Reg32Write(uint16_t Reg_Addr,uint32_t data) {
  uint16_t tx_reg;
  uint8_t access_reg[6] = {0,0,0,0,0,0};
```

```
    tx_reg = Reg_Addr;  tx_reg = (tx_reg<<4);  tx_reg = (tx_reg&0xFFF7);
    access_reg[0] = (uint8_t)(tx_reg>>8);    access_reg[1] = (uint8_t)tx_reg;
    access_reg[2] = (uint8_t)((data&0xFF000000)>>24);
    access_reg[3] = (uint8_t)((data&0x00FF0000)>>16);
    access_reg[4] = (uint8_t)((data&0x0000FF00)>>8);
    access_reg[5] = (uint8_t)((data&0x000000FF));
    HAL_GPIO_WritePin(SPI2_CS_GPIO_Port,SPI2_CS_Pin,GPIO_PIN_RESET);
    HAL_SPI_Transmit(&hspi2,access_reg,6,10);
    HAL_GPIO_WritePin(SPI2_CS_GPIO_Port,SPI2_CS_Pin,GPIO_PIN_SET);
}
void HAL_GPIO_EXTI_Callback(uint16_t GPIO_Pin) {
    uint8_t RegDat32[4]={0,}, RegDat16[2]={0,};
    uint32_t Reg32 = 0, Reg16 = 0;
    Reg32BitsTyp Reg32U;
    //When the SPI DMA Pause/Stop features are used, we must use the following APIs
    //   the HAL_SPI_DMAPause()/ HAL_SPI_DMAStop() only under the SPI callbacks
     routine.
    if(GPIO_Pin == GPIO_PIN_10) {
        HAL_SPI_DMAStop(&hspi2);                                         ▶ ④
        ADE9000RegRead32(ADDR_STATUS0,1,RegDat32);
        ADE9000Reg32Write(ADDR_STATUS0,0xFFFFFFFF);
        Reg8To32(Reg32,RegDat32);
        Reg32U.Reg32=Reg32;
        if(Reg32U.Bit17) {  // STATUS0.PAGE_FULL is 17th bit.
            ADE9000RegRead16(ADDR_WFB_TRG_STAT_16b,1,RegDat16);
            Reg8To16(Reg16,RegDat16);
            Reg16=Reg16>>12;
            if(Reg16==7) {
                // Read 0x400samples : 0x800~0xBFF(Page0~Page7)
                Page0_7Flg=true;
                Page8_15Flg=false;
            } else {
                // Read 0x400samples : 0xC00~0xFFF(Page8~Page15)
                Page0_7Flg=false;
                Page8_15Flg=true;
            }
        }    else {
            Page0_7Flg=false;
            Page8_15Flg=false;
        }
        HAL_SPI_DMAResume(&hspi2);                                       ▶ ⑤
    }
}
```

그리고, 다시 DMA 전송 기능을 사용하기 위해서 HAL_SPI_DMAResume() 함수를 ⑤번과 같이 호출하여 **DMA Tx와 Rx를 re-enable**해 준 것에 주의하기 바란다. 이와 같이 ④번과 ⑤번처럼 DMA enable과 disable함수를 적용하면, [그림 12.6-6]의 ⑥번과 ⑦번처럼 [그림 12.6-5]의 ②번과 ③번에서 보여준 동일한 call stack과 위치에서 SPI state는 **HAL_DMA_STATE_READY**로 되어서 Non-DMA 함수를 호출할 수 있게 된다.

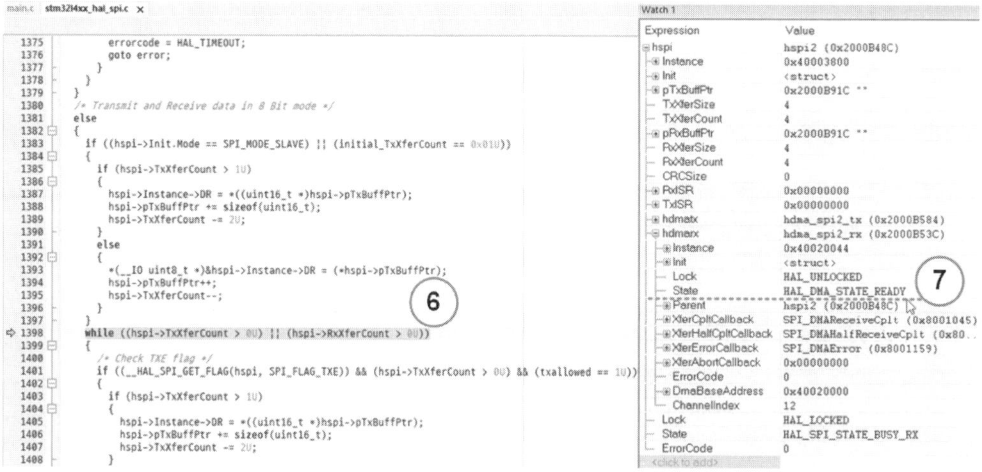

[그림 12.6-6] DMA 함수와 non-DMA 함수를 혼용해서 사용하는 경우(2).

그리고, 주의할 것은 예를 들어서 DMA 시작 번지 또는 수신 buffer 번지, 또는 개수를 바꾸는 경우에는 다음과 같이 **DMA 설정을 다시** 해 주어야 한다. 이처럼 DMA 설정을 다시 해 주기 위해서는 현재 동작하고 있는 DMA를 멈추어야 한다.

```
  if (Page0_7Flg) {            // Read 0x400samples : 0x800~0xBFF(Page0~Page7)
    Page0_7Flg = false;
    // DMA read  ①
    ADE9000RegDMARead32(0x800,0x400-WFB_HalfChnSize,PingBuf0_7,WFB_20Real);
    memcpy(PingPong8To32,PongBuf8_15,sizeof(PongBuf8_15));
    for (i = 0; i<(DMASize-WFB_HalfChnSize); i++) {
      PingPong8To32[i] = (int32_t)(swap_uint32(PingPong8To32[i]));
    }
     ... 중간 생략 ...
  }
  if (Page8_15Flg) {           // Read 0x400samples : 0xC00~0xFFF(Page8~Page15)
    Page8_15Flg = false;
```

```
    // DMA read②
    ADE9000RegDMARead32(0xC00,0x400-WFB_HalfChnSize,PongBuf8_15,WFB_20Real);
    // ForHarmonics
    memcpy(PingPong8To32,PingBuf0_7,sizeof(PingBuf0_7));
    for (i = 0; i<(DMASize-WFB_HalfChnSize); i++) {
      PingPong8To32[i] = (int32_t)(swap_uint32(PingPong8To32[i]));
    }
  ... 중간 생략 ...
  }
  if (Pwr_Tim==65) {
    if(Tim1s_3==3) {
      HAL_GPIO_WritePin(SPI2_CS_GPIO_Port,SPI2_CS_Pin,GPIO_PIN_SET);
      HAL_SPI_DMAStop(&hspi2);
    }
    if(Tim1s_3>5) {
      HAL_SPI_DMAResume(&hspi2);
      ret = true;
      Pwr_Tim = 0;
      // DMA read ③
      ADE9000RegDMARead32(0x600,AllInfoPwr,AllPwr8Inf600_63C,WFB_20Real);
    }
  ... 중간 생략 ...
  }
```

위에 보여준 code에서는 3개의 SPI DMA read들을 볼 수 있다. 즉, ①번, ②번, 그리고 ③번을 볼 수 있는데, 이들은 모두 DMA source address가 다르다. 이처럼 DMA 설정을 다시 해야 하는 경우에는 그 DMA 동작이 완료된 것을 확인하고, 다시 설정해 주어야 한다. DMA가 동작하고 있는 동안에 설정을 바꾸어 주면 안 된다. 높은 baud rate로 SPI 통신을 이용하는 경우에는 DMA mode를 사용해야 설정한 baud rate를 보장 받을 수 있다. 그렇지 않고, interrupt 또는 polling mode를 이용하게 되면, SPI 통신을 처리하기 위해서 빈번하게 CPU 접근을 해야 하므로 전반적인 Cotrex-M core의 성능과 SPI throughput을 떨어뜨릴 수 있다는 데 주의하자. 앞서 언급한 것과 같이 **Vol.2.의 Chapter 7.**에서는 SPI serial flash memory에 대한 SPI DMA 사용 방법에 대한 자세한 내용과 여러 예제를 만날 수 있다.

12.7 DMA Coding 관련 주의 사항.

다음과 같이 DMA를 사용할 주변 장치의 초기화 함수 전에 DMA 초기화 함수를 지정해 주어야 한다.

```
int main(void) {
    ... 중간 생략 ...
    MX_GPIO_Init();
    MX_DMA_Init();
    MX_ADC1_Init();
    MX_USART3_UART_Init();
    ... 중간 생략 ...
```

그렇지 않으면, **DMA controller가 오동작**을 한다. 사실, 기본적으로 CubeMX에서 생성되는 C framework는 이를 고려하지 않고, 생성해 준다. 그러므로, DMA를 사용하는 경우에는 **반드시, MX_DMA_Init() 함수를 관련 주변 장치 초기화 함수들 맨 앞으로 수정**해 주어야 한다. 예를 들면, USART3을 interrupt 또는 polling 방식으로 사용할 목적으로 처음에는 CubeMX에서 DMA를 설정하지 않고, C framework를 생성하고, 이후에 DMA 전송이 필요하여 CubeMX에 DMA 설정을 추가하였다면, 이때에는 USART3 주변 장치 초기화 함수가 먼저 호출되고, 이후에 DMA 초기화 함수가 호출되어 **DMA controller가 오동작을 하게 되는 것**이다. 이와 같은 오동작의 구체적인 현상은 예를 들면, 여러 ADC channel들을 설정 하였더라도 하나의 channel에**만** 집중적으로 ADC 값들이 나타나는 오동작을 하거나 또는 지정한 UART DMA channel에 할당한 수신 버퍼에 여러 데이터를 전송하였는데도 **하나의 데이터만 수신**되어 저장되는 오동작을 한다. 그러므로, ADC1이 DMA controller를 이용하여 전송 기능을 수행할 계획이라면, 위와 같이 DMA를 수행할 주변 장치인 MX_ADC1_Init() 앞에 DMA 초기화 함수인 **MX_DMA_Init()을 먼저 호출**해 주어야 한다. 간혹, [그림 12.7-1]에서 보여준 것과 같이 ADC1에 DMA 기능을 사용하겠다고 설정한 이후에 C framework를 생성시키면, 앞서 언급한 것과 같이 잘못된 code를 생성해 주는 경우가 있다.

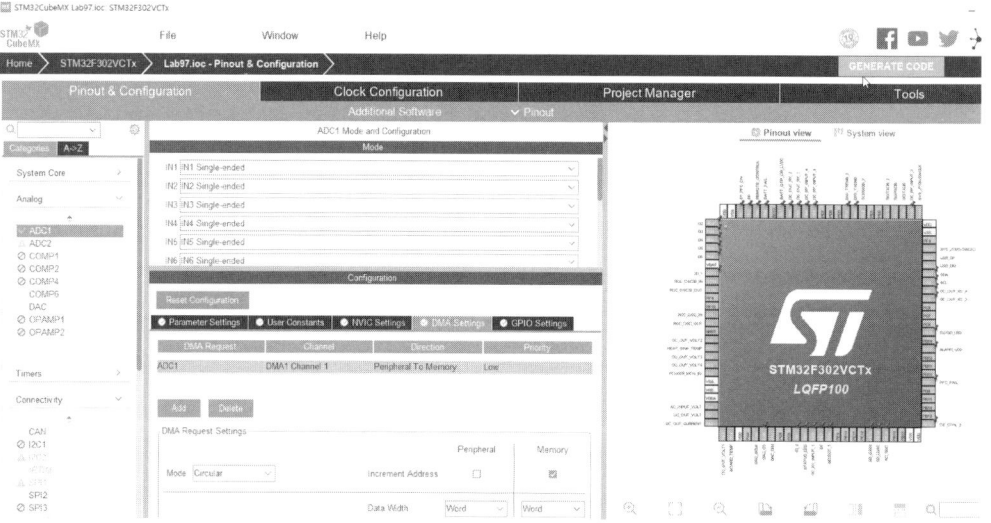

[그림 12.7-1] ADC DMA 사용 방법.

```
/* USER CODE BEGIN SysInit */
  MX_DMA_Init();                                           ▶ ③
/* USER CODE END SysInit */

/* Initialize all configured peripherals */
MX_GPIO_Init();
/* Initialize all configured peripherals */
MX_GPIO_Init();
MX_ADC1_Init();                                            ▶ ①
MX_RTC_Init();
MX_SPI1_Init();
MX_TIM1_Init();
MX_DMA_Init();                                             ▶ ②
MX_IWDG_Init();
MX_USB_DEVICE_Init();
```

결국, 생성된 code로는 ADC1에 대해서 DMA 기능이 오동작을 하게 된다. 문제는 이것이 user code 부분이 아니라는 것이다. 그러므로, CubeMX를 이용하여 code를 생성할 때마다 직접 수작업으로 DMA 초기화 함수 호출을 맨 앞으로 바꾸어 주어야 한다는 의미가 된다. 그러므로, ③번과 같이 DMA 초기화 함수를 user code 영역에서 **한 번 더 호출하는 방법**을 생각해 볼 수 있다. 그러나, 보다 효과적인 방법은 예를 들면, [그림 12.7-2]의 ①번처럼 **Ch12Lab2** folder에 있는 내용을 그대로 복사하여 **Ch12Lab3** folder로 이름만 바꾸어 생성한다.

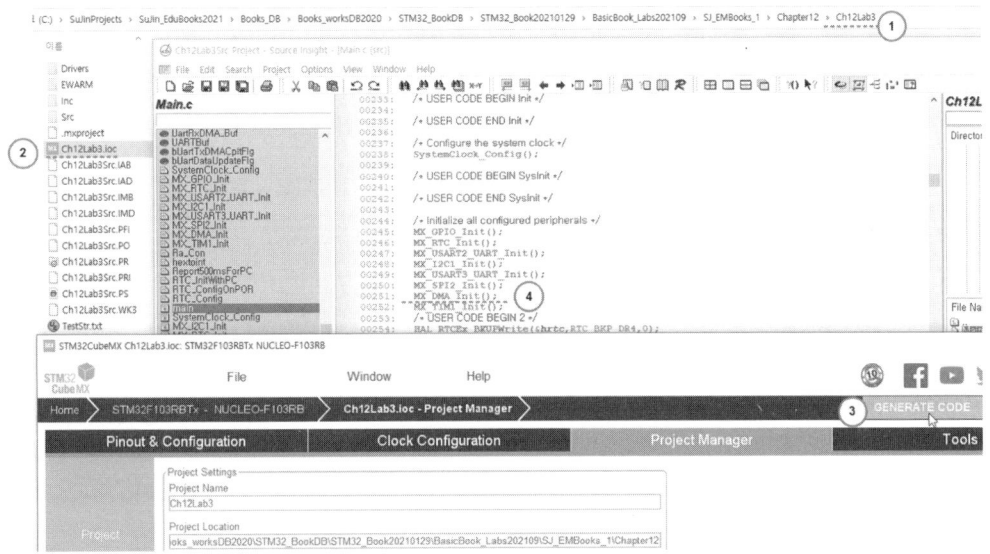

[그림 12.7-2] 초기화 함수 호출 순서 변경 방법(1).

이어서 Ch12Lab2.ioc file의 이름을 ②번과 같이 Ch12Lab3.ioc로 바꾸고, double click하여 CubeMX를 실행시킨다. 그리고 나서 ③번과 같이 **GENERATE CODE** button을 click하여 C framework를 생성하면, ④번과 같이 MX_DMA_Init() 함수가 DMA를 사용하는 주변 장치에 대한 초기화 함수들 보다 늦게 호출되는 **문제가 발생**한다. 이 문제를 해결하기 위해서는 [그림 12.7-3]의 ⑤번과 같이 **Advanced Settings** tab을 선택하면, 앞서 ④번에서 보여준 **초기화 함수 호출 순서**가 나열된 것을 확인할 수 있다. 이제, 문제가 되는 **MX_DMA_Init** item을 mouse로 ⑥번과 같이 click하여 선택하고, ⑦번과 같이 **Up Step** button을 click하여 [그림 12.7-4]의 ⑧번과 같이 **Rank**를 3으로 올려준 다음에 **GENERATE CODE** button을 click하여 C framework를 생성하면, ⑨번과 같이 **정상적인 위치로 MX_DMA_Init() 함수가 이동한 것**을 확인 할 수 있다.

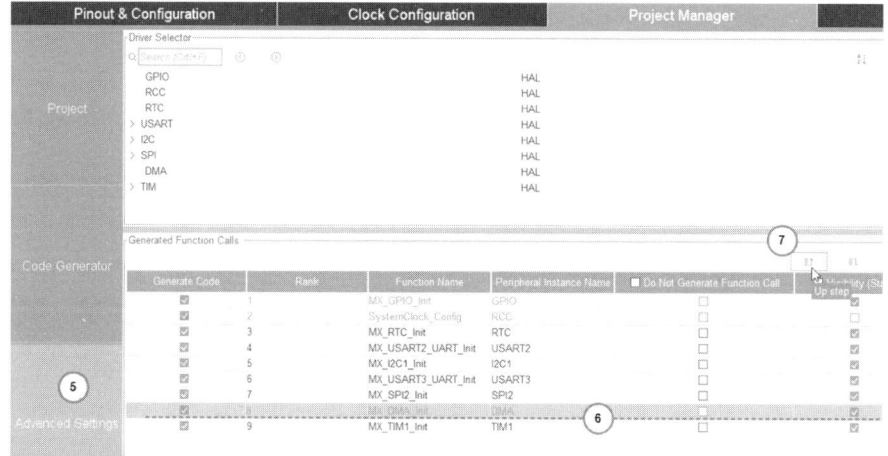

[그림 12.7-3] 초기화 함수 호출 순서 변경 방법(2).

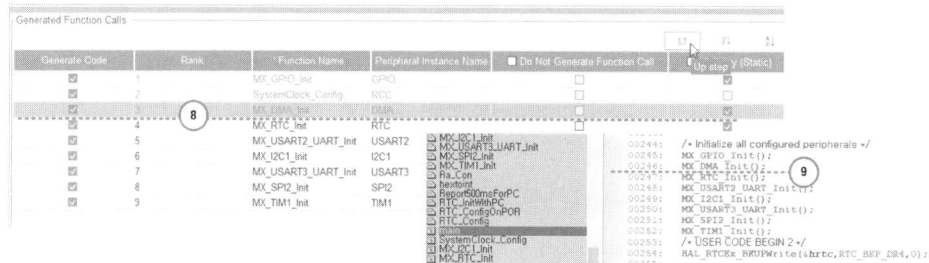

[그림 12.7-4] 초기화 함수 호출 순서 변경 방법(3).

【연구 과제】

Code를 개발하는 데 있어서 중요한 것은 어떠한 예상치 못한 상황이 발생해도 Code가 잘 동작하는 것이다. 예를 들어서, 뭔가 잘못되어서 처음 전원을 넣어서 발생하는 POR의 경우에 PC가 아무런 데이터도 UART로 보내지 않았는데도 MCU는 UART 수신을 하였다고, HAL_UART_RxCpltCallback() 함수를 호출하는 경우가 발생할 수 있다. 게다가 PC로부터 수신한 데이터의 개수가 RXBUF_MAX의 값과 같게 된다고 하는 경우를 생각해 보자. 이때에는 다음의 Code에서 UartRxDMA_Buf_pW의 값은 0이 된다.

```
UartRxDMA_Buf_pW = RXBUF_MAX - huart->hdmarx->Instance->CNDTR;
```

또한, UartRxDMA_Buf_pR은 전역 변수로 초기값이 0이다. 결국, 2개의 변수가 POR 이후에 동일한 값 0을 가지므로 bFlag=false가 되어 UART callback 함수를 그대로 빠져 나갈 수 있다. 이 현상이 계속해서 반복적으로 이루어지면, 정상 동작을 하지 못하게 된다. 물론, reset switch를 click하여 주면 그때부터 정상 동작을 한다. 이와 같이 처음 POR을 수행하였을 때에 발생하는 비정상적인 경우를 배제하기 위한 code를 추가해 보기 바란다.

CHAPTER

13

ADC와 내부 온도센서, 그리고, NTC 사용 방법

우리가 일상에서 접하는 자연에서 만들어지는 모든 신호들은 **시간에 대해서 연속적인** 아날로그(analog) 신호들이다. 예를 들면, 주변에서 들리는 소리는 시간에 따라서 연속적으로 그 크기가 바뀌어 귀에 들리는 것이다. 다시 말해서 **시간의 흐름에 대해서 항상 그 크기를 가지고 있다.** 덥고, 춥다는 느낌도 결국은 시간에 따라서 연속적으로 온도 값이 바뀌는 것에 해당한다. 이처럼 시간에 대해서 연속적으로 바뀌는 analog 신호는 11.4.절의 [그림 11.4-2]에서도 언급하였듯이 신호를 처리할 수 있는 **시간적인 여유**가 존재하지 않는다. 주어진 신호를 분석하고 처리하기 위해서는 analog 신호를 시간에 대해서 **불연속적인 특성**을 갖는 digital 신호로 변환해 주어야 하는데, 이와 같은 변환을 ADC(**Analog to Digital Converter**)라고 하며, 이번 Chapter에서는 STM32 MCU에서 제공하는 ADC에 대한 사용 방법을 학습해 보도록 하겠다. 우선, ADC에 대한 이론적인 배경을 학습하고, 그 이론적인 배경에 근거하여 ADC에 대한 사용 방법에 대해서 자세히 학습해 보도록 할 것이다.

■ 학습 목표 :
- 신호의 종류와 특징에 대해서 학습한다.
- 신호를 변환해 주는 ADC의 종류와 각각의 동작 원리에 대해서 학습한다.
- ADC와 관련된 전문 용어에 대한 학습과 ADC datasheet 항목들과 연관 지어 본다.
- CubeMX로 원하는 ADC 사양을 설정하는 방법을 학습한다.
- STM32 MCU가 제공하는 ADC의 기능과 특징들에 대해서 학습한다.
- STM32 MCU가 제공하는 다양한 ADC 사용 방법에 대해서 학습한다.
- STM32 MCU가 제공하는 내부 온도 센서 사용 방법에 대해서 학습한다.
- SJ_MCUBook_M3 보드의 NTC 개념과 SJ_MCUBook_Apps program에 실시간으로 온도를 표시해 주는 방법에 대해서 학습한다.

13.1 ADC의 개념과 종류.

여러분 주위에서 들리는 신호를 컴퓨터에 저장하여 재생하고 싶다면, 제일 먼저, 그 신호를 숫자와 같은 어떠한 구체적인 **정량적인 값**으로 바꾸어 주어야 할 것이다. 예를 들면, 주변에서 들리는 소리의 크기 즉, **진폭**을 1[분] 동안 모으고 싶다면 다음과 같은 문제에 부딪힐 것이다.

❶ 1[분]이라는 **시간 구간을 몇 등분**하여 소리의 값들을 얻어야 원음 그대로 들을 수 있는지?
❷ 소리의 크기를 어떻게 수치적인 값 예를 들면, 1byte 즉, 8bits 변수에 저장할 수 있는 0~127 범위의 값에 대응시킬 것인지?

이들 2개의 문제들을 여러분이 해결할 수 있다면, 결국은 주변 소리를 1[분] 동안 컴퓨터나 어떠한 저장 매체에 저장할 수 있다는 의미가 된다. 왜냐하면, 주변에서 들리는 **소리**는 눈에 보이지도 않고, 손에 잡히지도 않는 **무형의 물질**인데, 이것을 여러분이 눈에 보이는 구체적인 숫자들로 변환하였기 때문이다. [그림 13.1-1]은 시간에 따라 연속적으로 크기를 바꾸는 analog 신호를 어떠한 숫자 즉, 디지털 신호로 바꾸는 과정을 보여주고 있다.

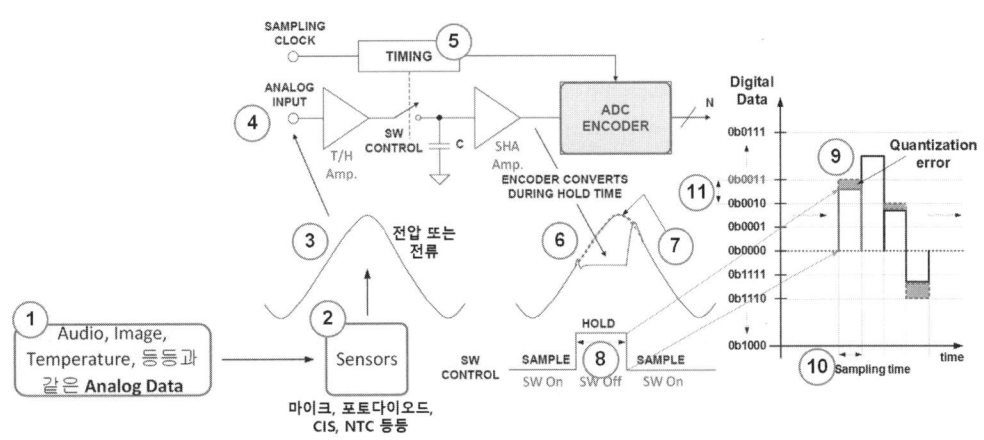

[그림 13.1-1] 아나로그 신호를 디지털 신호로 변환하는 과정.

그림이 다소 복잡해 보이지만, 신호를 해석하는 데 있어서 상당히 중요한 개념과 많은 전문 용어들을 포함하고 있으니 지금부터 설명하는 내용을 잘 숙지하기 바란다. 우선, ①번과 같이 자연에서 존재하는 다양한 analog 신호들은 관련 sensor를 통하여 신호의 크기가 전류 또는 전압의 크기로 바뀌게 된다. 예를 들면, 마이크, 포토 다이오드, NTC, 등이 있다. 이때, 크기라는 용어보다는 **진폭(amplitude)**이라는 용어를 많이 사용하므로 앞으로는 크기보다는 **진폭**이라는 용어를 사용하도록 하겠다. 어쨌든, **sensor**는 시간에 대해서 연속적으로 바뀌는 자연의 신호를 ③번과 같이 전압의 진폭으로 바꾸어 준다. 물론, sensor 중에는 내부에 ADC가 포함되어 있어서 바로 디지털 신호를 출력하는 부품들도 많다. 예를 들면, 수진에서 개발하여 판매하는 정밀 연기 감지기에서 사용하는 ADPD188BI 부품의 경우에는 센서부와 내부 ADC를 모두 가지고 있다. 그러나, 일반적으로 sensor의 출력은 ③번과 같이 analog 신호이다. 이 신호는 ⑤번에서 보여준 timing 즉, **일정한 시간 간격**으로 설정된 timer에 의해서 각각의 시간 간격 시작점에서 그 값이 취해진다. ⑥번은 값이 취해진 시점을 보여주고 있다. 이제, 그 일정한 시간 간격동안은 ⑥번에서 취한 값을 **유지(holding)**해 준다. 그러므로, 유지하는 시간 간격 동안에 발생하는 신호의 변화 즉, ⑦번이 가리키는 점선의 **데이터 변화는 손실**되게 된다. ⑦번이 가리키는 손실된 데이터의 변화는 ⑧번의 hold 시간 간격 동안 발생하는데, 이 시간 간격을 **sampling time**이라고 한다. 점선으로 보여준 손실된 데이터의 양을 줄이려면, sampling time을 줄여주면 될 것이다. 이렇게 되면, 단위 시간당 처리해야 하는 sample data가 더 늘어난다는 의미가 되고, 이들 데이터를 저장할 memory 공간과 데이터 처리 속도와 관련된 Core와 system bus도 고려해야 할 것이다. ⑨번은 ⑥번의 시점에서 취한 analog 신호를 디지털 신호로 바꾸어 주는 과정을 표시한 것이다. 즉, ⑥번의 시점에서 취한 신호의 진폭이 ⑨번의 실선 사각형의 높이를 가지는 것을 보여주고 있다. 그림이 작아서 눈을 치켜뜨고 자세히 보니, ⑨번의 점선 사각형은 0b0011과 0b0010의 값 사이에 존재하며, 0b0011에 좀 더 가까운 것을 볼 수 있다. 결국, ⑥번의 시점에서 취한 신호의 값은 0b0011 즉, 3이 된다. 그런데, ⑥번 시점에서 취한 데이터가 0b0011이 되면, 결국, ⑨번에서 보여준 점선의 사각형 크기만큼은 **오차가 발생**하게 된다. 이와 같은 오차를 특별히, **양자화 오차**(Quantization error)라고 부른다. 그렇다면, 양자화 오차를 줄이기 위해서는 어떻게 해야 할까? 당연히 y축을 형성하는 눈금이 좀 더 많아서 세밀해 진다면 오차를 줄일 수 있을 것이다. 그러기 위해서는 진폭의 값을 저장하는 bits의 폭이 그림과 같이 4bits가 아니라 8bits 또는 16bits처럼 커져야 할 것이다. 이 양자화 오차의 최대 크기는 ⑪번에서 보여준 0b0011 - 0b0010이 될 것이며, ⑩번은 sampling time을 보여주고 있다. 지금까지의 설명을 정리해보면, analog 신호는 제일 먼저 일정한 시간 간격 즉, sampling time 간격으로 값을 취하여 유지하는 sample and hold 과정을 거친 뒤에 각각의 **진폭에 2진수를 할당**하는 과정을 거쳐서 **digital 신호**가 되는 데, 이 과정에서 양자화 오차가 발생한다. 특별히, sample and hold 과정은 거쳤지만, 아직, 진폭에 대해서 디지털 값이 할당되지 않은 신호의 형태를 **discrete time 신호**라고 한다. 결국, 신호는 analog 신호, digital 신호, 그리고 discrete time 신호, 이렇게 3가지 종류로 나눌 수 있다. 또한, analog 신호를 digital 신호로 바꾸는 과정에서는 sampling에 따른 손실과 양자화 error에 의한 손실이 발생하는 것도 학습하였다. 이와 같은 손실이 발생함에도 불구하고, 우리는 analog 신호를 digital 신호로 바꾸어 주어야 한다. 왜냐하면, 수치적으로 신호의 진폭에 따른 명확한 값들이 주어지고, sample time이라는 **시간적 간격이 존재하여 여러 연산을 적용**할 수 있고, 이것은 결국, 새로운 신호를 재창조하여 출력할 수 있기 때문이다. analog 신호 그 자체로는 진폭을 키우거나 줄이는 것만 수행할 수 있지, 그 신호에 대한 분석을 할 수 없다. 여기서 언급한 **분석**을 **인식**이라고 생각해도 좋다. 즉, 음성 인식, 영상 인식 등등은 모두 신호가 구체적인 값들로 주어져야 빅데이터를 이용하여 분석할 수 있다. 임의의 analog 입력 신호를 ADC를 이용하여 digital 신호로 변환하였을 때에 다시 DAC로 원래 analog 신호로 복원하기 위해서는 처음 ADC의 sampling rate가 적어도 입력으로 주어진 analog 신호에 포함되어 있는 최고 주파수의 2배보다 커야 한다. 그렇지 않으면, 입력 신호에 대한 정보를 잃을 수 있다. 만일, sampling 주파수가 입력 신호의 가장 높은 주파수의 2배 이하가 되면, *aliasing* 현상이 발생하게 된다. 이것을 **Nyquist-Shannon Sampling 정리**라고 하며, 이처럼 중요한 sampling에 대한 수학적인 기초는 1924년과 1928년 Bell 연구소에서 근무하던 Harry Nyquist가 수립하였다. [그림 13.1-2]에서 실선은 원래 analog 입력 신호인데, sampling을 입력 신호의 2배 이하로 설정한 경우에 추가적으로 점선으로 보여준 원래 신호와 상관없는 신호가 생성되어 합쳐져서 입력 신호가 왜곡되는 것을 보여 준 것이다.

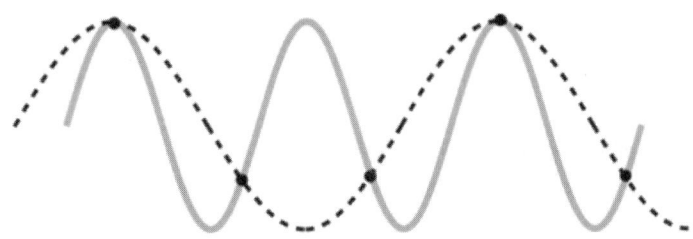

[그림 13.1-2] 원래 신호와 aliasing현상.

현재, 일반적으로 사용되는 ADC 기술은 다음과 같이 2가지로 종류로 분류할 수 있다.

❶ Sigma-Delta ADC 원리 :

기본적으로 Sigma-Delta A/D converter는 우리가 원하는 신호가 존재하는 주파수 대역(즉, **inband**)에서 양자화 error를 줄이기 위해서 oversampling, 양자화 error 처리 그리고 inband에 있는 신호의 향상을 위한 LPF와 oversampling에 따른 decimation 관련 block들로 구성된다. 전반적인 구조는 [그림 13.1-3]과 같다.

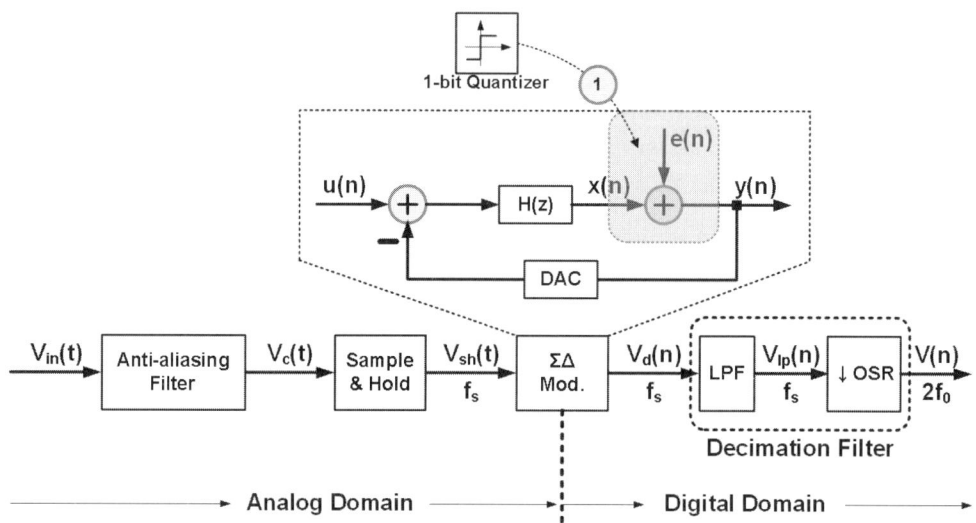

[그림 13.1-3] Sigma-Delta A/D Converter의 구조.

즉, aliasing이 발생하지 않도록 **anti-aliasing** filter를 저항과 capacitor로 구성하여 입력 analog 신호에 적용하고, 이어서 analog 입력 신호에 대한 sampling 과정에서 발생하는 양자화 error를 신호대역 밖(즉, **out-of-band**)으로 밀어내기 위한 **noise shaping filter**를 사용하는 $\Sigma\Delta$ modulator와 이로부터 생성된 출력에서 inband 신호만 filtering하여 oversampling에 따른 decimation을 수행하고, 우리가 필요로 하는 word length로 변환하는 과정을 거친다. 양자화기(quantizer)는 **1-bit** quantizer이며, 이것을 ①번에서 보여준 것과 같이 noise로 표현하였다. [그림 13.1-3]을 보면, 구조적으로 Sigma-Delta ADC는 LPF를 가지게 되는데, 이와 같은 디지털 필터는 사용하는 차수만큼 **위상 지연**을 유발하게 된다. 이로 인한 지연은 결국, 최종 디지털 값을 얻는데 SAR

ADC와 비교하여 상대적으로 많은 시간을 요구하는 것에 해당한다. 그래서 고속 ADC 보다는 정밀한 값을 얻을 때 사용한다. 예를 들어서, SJ_MCUBook_M3 보드에 있는 **ADuCM363** MCU는 내부에 **24bits Sigma-Delta** ADC를 가지고 있다. 그러나, CubeMX를 통하여 쉽게 확인 할 수 있겠지만, STM32 MCU는 **최대 16bits Sigma Delta** ADC까지 지원한다. 예를 들어서, STM32F373의 경우에는 3개의 16bits Sigma Delta ADC와 1개의 **12bits** SAR ADC를 지원한다. 결국, sampling rate는 SAR ADC와 비교하여 상대적으로 느리지만, sampling된 값을 보다 높은 resolution bits 데이터로 표현할 수 있으므로 앞서 언급한 양자화 오차를 크게 줄여줄 수 있다. 그러므로, 입력으로 주어진 analog 신호를 고속으로 디지털 데이터로 변환하여 처리하는 제품보다는 오히려 정밀한 온도 또는 무게 등과 같이 저속으로 디지털 데이터로 변환해도 되지만, 그 변환된 데이터 값이 정밀해야 할 때 사용한다.

❷ SAR ADC 원리 :

1975년 switched-capacitor를 이용한 charge-redistribution A/D converter 구조를 가지는 SAR ADC가 개발되면서 processor에 내장할 수 있는 작은 크기로 구현할 수 있게 되었다. [그림 13.1-4(a)]는 charge-redistribution A/D converter의 동작 원리를 flow chart로 나타내어 본 것이다.

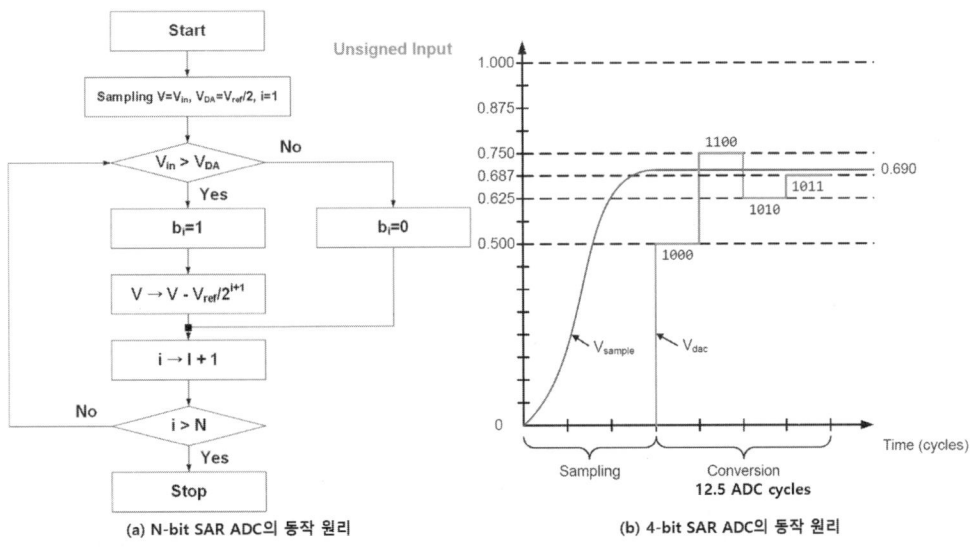

[그림 13.1-4] N-bit SAR ADC의 동작 원리.

그리고, [그림 13.1-4(b)]는 예제로 4-bit SAR ADC 동작원리를 보여주고 있다. 즉, Vref 전압의 **절반과 비교**하여 그 결과를 bit 값으로 설정하고, **이어서 그 결과의 절반과 이전 절반 값의 합을 비교**하여 그 결과를 bit 값으로 설정하고, 이 과정을 반복하면서 각각의 bit 값을 채워나가는 방식이다. 즉, 지금 여러분의 머릿속에 생각하는 숫자가 뭔지 맞추어 보도록 하겠다. 일단, 그 크기는 Vref 보다는 작아야 한다. 이제, 그 절반 보다 큰지 작은지 문의하고, 크면, 1을 그리고, 작으면 0을, 이어서 그 절반 값의 1/2에 이전 절반 값을 더하여 그 크기보다 크면 1을 적으면 0을 할당하는 식으로 계속해서 허용하는 bit resolution까지 반복해 나간다. 즉, 여기서는 4번 반복해 나가면서 여러분의 머릿속에 **생각하는 숫자의 근사 값에 수렴하는 방식**이다. 이렇게 되면, 결국, 저장할 bit 폭이 커지면 커질수록 여러분의 머릿속에 있는 값을 거의 정확하게 맞추어 갈 수 있을 것이다. 특별히, STM32 **12bits** SAR ADC는 이와 같은 변환을 수행하는데 걸리는 시간이 **12.5 ADC clock으로 고정**되어 있다는 데 주의하자. 단, 12bits가 아닌 다른 resolution으로 바꾸면 12.5 ADC clock이 아닌데, 이것에 대해서는 **13.3.절**에서 좀 더 자세히 설명하겠다. [그림 13.1-5]는 SAR ADC의 구조를 보여준 것이다.

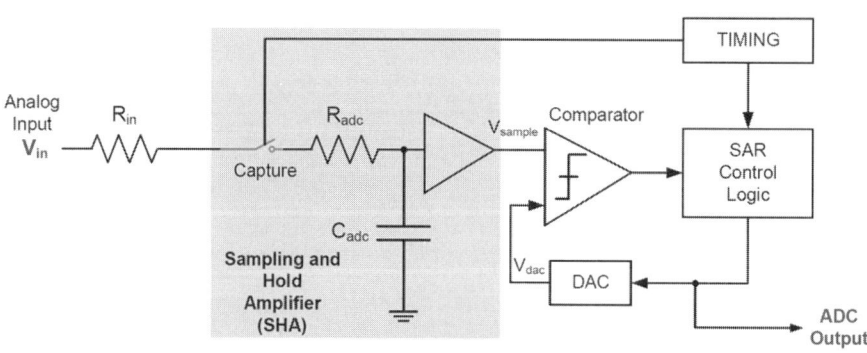

[그림 13.1-5] SAR ADC의 구조.

결국, 입력으로 주어진 analog 신호에 대해서 N-bit까지 1/2씩 줄여가면서 즉, 1bit씩 이동하면서 **연속적으로 근사 값을 찾는 방식**으로서 그 구조가 단순하여 Sigma-Delta ADC 보다 작은 크기로 구현이 가능하며, 또한 **고속처리가 가능**하다. 즉, Sigma-Delta Converter 보다 bit resolution(즉, bit 폭)은 작지만, 구조가 간단하여 sampling rate를 높일 수 있는 구조이다. STM32F MCU에 내장되어 있는 ADC는 대부분 **12bits SAR** ADC이다. 그러나, 앞서 언급한 것과 같이 STM32**F373** family는 보다 정확한 **16bits Sigma-Delta ADC**를 3개 포함하고 있다.

지금까지 간단히, ADC에 대한 동작 원리와 종류에 대해서 살펴보았으니, 이번에는 이들 ADC 소자 또는 주변 장치가 갖는 특징들을 정리해 보도록 하겠다.

13.2 ADC 관련 datasheet 보는 방법

[그림 13.2-1]은 일반적인 ADC에 대한 구조이다. 여기서, fs는 sampling 주파수이다.

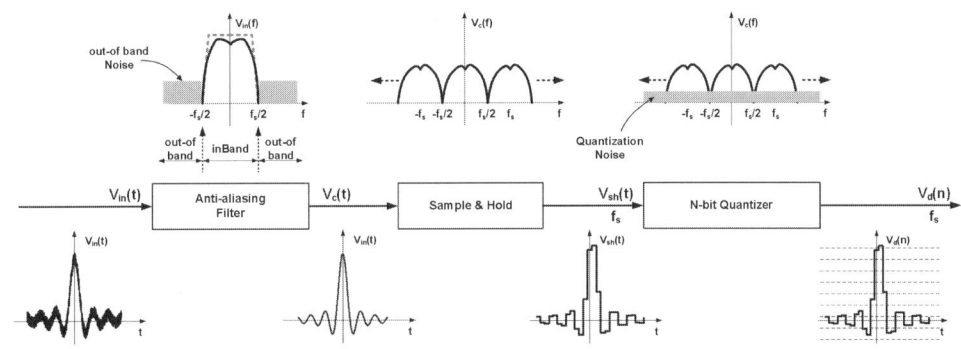

[그림 13.2-1] 일반적인 A/D Converter의 구조.

특별히, sampling 주파수(즉, fs)의 1/2배보다 적은 양의 신호 대역**만** 취하도록 sampling 이전에 analog 회로 형태의 **anti-aliasing filter**를 구현해 주면 aliasing의 발생을 사전에 막을 수 있게 된다. 이처럼 근본적으로 sampling을 수행하기 전에 aliasing이 발생하지 않도록 사전에 filtering을 수행하기 때문에 이름이 anti-aliasing filter이다. 한 가지 여러분이 기억해 둘 것은 **DC noise** 성분과 **양자화 noise**이다. 근본적으로 이들은 impulse train으로 sampling하는 순간에 발생하는 AC noise 성분과는 별개로 bit resolution을 확보하는 과정에서 발생하는 것으로서 **DC noise 성분**은 실제 converter를 구현하는 **전자회로가** 가지고 있는 비선형성 때문에 발생하는 것이고, **양자화 noise**는 analog 입력 신호의 진폭을 제한된 bit resolution으로 변환하는 과정에서 발생하는 것이다. 그러므로, 근본적으로 이들 2개의 noise는 다른 것이다. ADC의 analog 신호 입력 범위는 Voltage reference(즉,

V_{REF})에 의해서 결정된다. 즉, AD converter의 full scale 입력 범위는 V_{REF}와 같거나 또는 2배로 공급된다. 일반적으로 ADC는 [그림 13.2-2]와 같이 3가지 types로 analog 신호를 받아들일 수 있다.

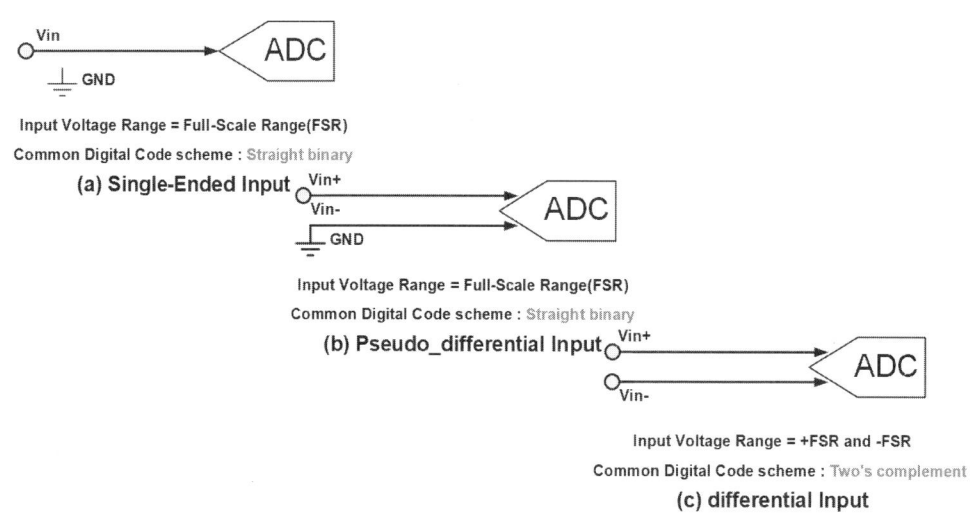

[그림 13.2-2] A/D converter 입력 ports의 종류.

입력이 교류인 경우, 예를 들면, 전력량을 측정하는 ADE9000 또는 ADE7953과 같은 소자들은 모두 [그림 13.2-2(b)]와 같은 구조로 사용한다. 사실, [그림 13.2-2(c)]와 같은 음전압이 있기 위해서는 개발하는 제품에 양과 음 전원을 모두 생성해 주어야 하므로 문제가 된다. 임의의 AD converter를 선정할 때, 관련 datasheet에서 주의 깊게 살펴볼 내용은 크게 다음과 같이 구분할 수 있다. 즉, 연속적인 analog 입력 신호를 반복적으로 sampling 하는 과정에서 발생하는 sampling된 신호와 noise의 특성이 중요하다면, **AC 사양** 즉, **dynamic performance**에 대한 내용을 주의 깊게 살펴보아야 하고, 실제 analog 입력 전압을 표현한 digital code가 중요하다면, **DC 사양**, 즉, **DC Accuracy**에 대한 내용을 중점적으로 살펴보아야 한다. 결국, DC 사양은 **평균적인 의미의 정확도**를 의미하고, AC 사양은 시간에 대해서 연속적인 analog signal을 sampling하는 과정에서 발생하는 **신호와 잡음에 대한 특성**을 의미한다. 들어오는 입력 신호에 noise가 너무 많다 던지, 입력 신호 자체가 noise와 비교하여 너무 작으면, sampling 과정에서 생성되는 noise와 합쳐져서 정확한 AD converting을 수행하기 어렵게 된다. **AC 사양**은 SNR, THD, SFDR, IMD, effective resolution, SINAD, ENOB 또는 bandwidth 등으로 나타낼 수 있으며, 이들은 직접적으로 생성되는 digital code의 정확도를 의미하는 것은 아니라는데 주의하자. 그리고 **DC 사양**은 resolution, offset error, gain error, DNL 그리고 INL 등이 있는데, 이들은 입력으로 주어진 analog 신호가 생성될 digital code와 평균적으로 얼마나 일치하는지에 대한 정보를 제공한다. AC 사양 중에서 제일 먼저 살펴보아야 할 것은 **SNR(Signal to Noise Ratio)**이다. 이상적으로 임의의 converter에 대한 SNR은 $6.02n+1.76[dB]$이며, 여기서의 noise는 양자화 noise를 의미한다. 엄밀히 말해서 **SNR**은 주파수 영역에서 inband 신호의 power**와** 상관관계가 전혀 없는 inband에 포함되어 있는 error의 power에 대한 ratio를 의미한다. 그러므로 이 error에는 양자화 error 외에도 여러 다른 것들이 존재할 수 있다. 단지, 이상적으로 양자화 error만 고려한 것이다. $SNR=20\log(S/N)$이고, **SINAD**=$20\log(S/(N+D))$이다. 여기서, **N**은 양자화 noise이고, **D**는 고조파 왜곡을 의미한다. converter에서 sampling 과정에서 생성되는 고조파 왜곡을 극소화한다면, 이론적으로 SINAD의 최소값은 SNR이 될 것이다. SINAD의 단위도 **dB**인 것을 알 수 있다. A/D converter가 표현할 수 있는 bits의 개수를 정의하기 위해서 **ENOB(Effective Number Of Bits)**를 새롭게 정의한다. 즉, $SNR=6.02n+1.76[dB]$이므로, $SINAD=6.02\times$**ENOB**$+1.76[dB]$이 되고, 이로부터 **ENOB**=$(SINAD-1.76)/6.02[bits]$가 된다. [그림 13.2-3]은 DC noise의 종류를 정리한 것이다. 구체적으로 DC 사양으로는 Analog Ground 즉, AGND에 대한 첫 번째 천이(transition)인 AGND+1LSB Analog Output code 값인 0b001에 대응하는 이상적인 값과 실제 측정된 값 사이의 차이인 **offset voltage** 또는 **offset error**가 있는데, 이것은 [그림 13.2-3]의 (a)에서 보여준 것과 같이 일정한 error 값을 가지므로 모든 digital code로부터 해당 offset error 값을 software적으로 빼주면 간단히 **calibration**을 수행할 수 있다. 간혹, **Calibration**의 의미에 대해서 혼동하는 경우가 있는데, Calibration은 모든 제품 또는 경우에 대해서 일괄적으로 동일한 동작 결과를 얻기 위해서 필요한 값을 **사전에** 찾을 수 없을 때에 각각의 제품 또는 경우에 맞는 **고유한 값을 찾아서 적용하는 것**을 의미한다. 예를 들면, 저항, capacitor, 그리고, inductor 등과 같은 수동 소자는 제조 과정에서 몇 %의 오차를 갖고 출하된다. 이 오차들이 모두 합쳐지면 문제가 될 수 있는 경우에 **그 오차를 보정하여 모든 제품이 동일한 성능 또는 기능을 발휘 할 수 있도록 적절한 값을 찾는 과정**을 calibration이라고 한다.

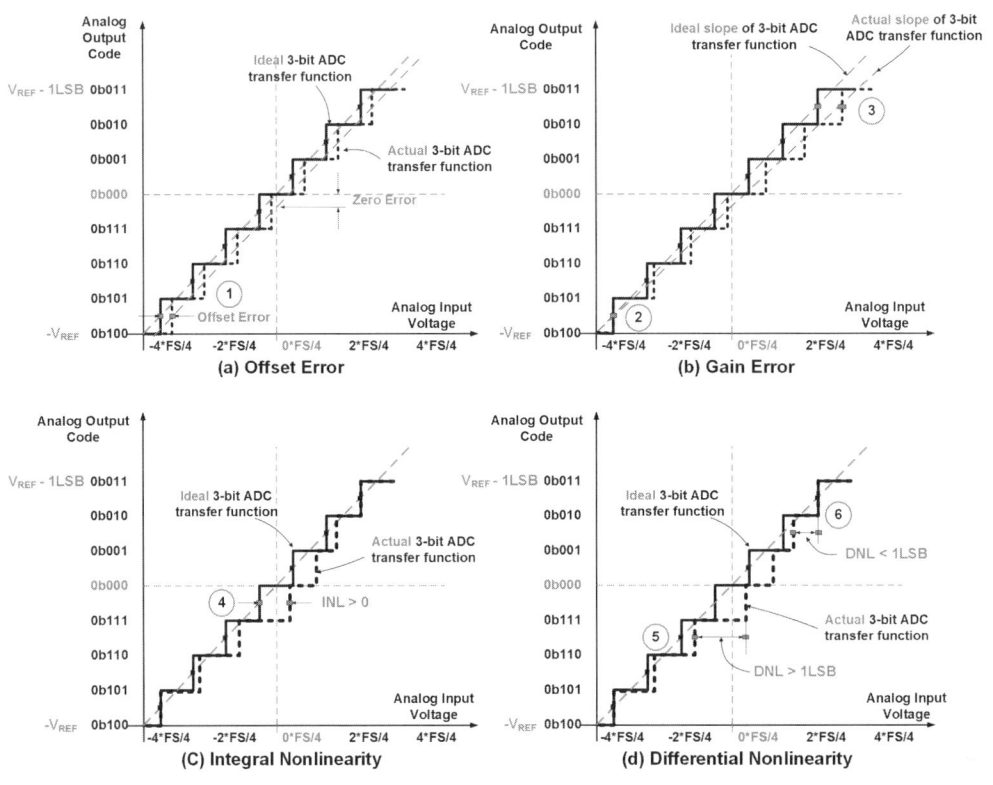

[그림 13.2-3] DC Noises의 종류.

어쨌든, offset error에 대해서 calibration을 수행하였으면, 마지막 Analog Output Code, 예를 들면, [그림 13.2-3]의 (b)에서 0b011가 이상적인 값 V_{REF} - 1LSB로부터 이탈한 값인 **gain error**를 calibration 해 주어야 한다. 여기서, offset error와 gain error를 합하여 **Full-scale error**라고 한다. 비슷한 개념으로 Full Scale(FS) 범위가 $2 \times V_{REF}$인 $-V_{REF}$와 $+V_{REF}$ bipolar 입력을 가지는 경우에 2의 보수 Analog Output Code 0b000로부터 이상적인 V_{REF} - 1LSB 입력에 대한 차이를 **Zero-Code Error**라고 부른다. [그림 13.2-3(c)]의 **INL**은 ADC transfer function의 끝점까지 최대 이탈 값을 의미한다. [그림 13.2-3(d)]에서 보여준 **DNL**은 이상적인 값과 그 이상적인 값 + 1LSB에 대한 실제 측정한 값 사이의 차이를 의미한다. 만일, 12bits resolution을 가지는 ADC의 **DNL=-1LSB**라고 한다면, 2^{12}=4096 digital codes 중에서 하나의 **missing code가 발생**할 수 있다는 의미가 된다. 또한, DNL=0이면, 모든 codes는 정확히 1LSB 폭 보다 작은 error를 가진다는 의미가 된다. 예를 들어서, ADI Inc.에서 출시하는 4-channel 200kSPS 12-bit SAR ADC인

AD7923의 datasheet에서 DC accuracy를 보면 [그림 13.2-4]와 같다.

DC ACCURACY[2]			
Resolution	12	Bits	
Integral Nonlinearity	±1	LSB max	
Differential Nonlinearity	−0.9/+1.5	LSB max	Guaranteed no missed codes to 12 bits
0 V to REF$_{IN}$ Input Range			Straight binary output coding
Offset Error	±8	LSB max	Typ ±0.5 LSB
Offset Error Match	±0.5	LSB max	
Gain Error	±1.5	LSB max	
Gain Error Match	±0.5	LSB max	
0 V to 2 × REF$_{IN}$ Input Range			−REF$_{IN}$ to +REF$_{IN}$ biased about REF$_{IN}$ with twos complement output coding
Positive Gain Error	±1.5	LSB max	
Positive Gain Error Match	±0.5	LSB max	
Zero-Code Error	±8	LSB max	Typ ±0.8 LSB
Zero-Code Error Match	±0.5	LSB max	
Negative Gain Error	±1	LSB max	
Negative Gain Error Match	±0.5	LSB max	

[그림 13.2-4] AD7923의 DC Noise 특성.

단, R_{EFIN}=2.5[V]이다. Unipolar 입력으로 사용한다면, FSR(Full Scale Range)는 0[V] ~ 2.5[V]이 된다. 이때, offset error=±8LSB$_{max}$이고, gain error=±1.5LSB$_{max}$이다. 언뜻 보기에 worst case에 full-scale error는 ±9.5LSB인 것처럼 보인다. 결국, 12-bit resolution에서 10을 빼면, 2-bit resolution 밖에 갖지 못하는 것처럼 보인다. 사실, 이것은 말이 안 된다. 왜냐하면, 이런 ADC를 판매할 업체는 없기 때문이다. 12-bit converter의 경우, 1LSB=2.5/(2^12)= 0.61[mV]가 되며, 이것은 4096개의 가능한 codes 중에서 어느 하나를 표현한다는 것이다. 그러므로 다음과 같은 결과를 얻을 수 있다.

$$\text{Offset error} = \pm 8\text{LSB}_{max} = \pm 8 \times 0.61[mV] = \pm 4.88[mV],$$
$$\text{Gain error} = \pm 1.5\text{LSB}_{max} = \pm 1.5 \times 0.61[mV] = \pm 0.9150[mV]$$

이것은 **변환 과정에서 최악의 경우, full-scale error 4.88+0.915=5.7950[mV]가 발생할 수 있다는 의미**가 된다. 또한, 4096 개의 가능한 codes 중에서 최대 10개의 code missing이 발생할 수 있다는 의미가 된다. 물론, code missing이 어디서 발생할지는 모른다. 예를 들면, unipolar 입력 신호의 경우, 0~4088 digital codes를 생성할 수도 있다. 이때에는 손실된 codes가 4088~4095에 해당한다. 그러나 앞서 언급한 것과 같이 calibration에 의해서 이와 같은 손실을 막을 수 있다. 지금까지 학습한 AC noise와 DC noise를 도식적으로 표현해 보면, [그림 13.2-5]와 같다.

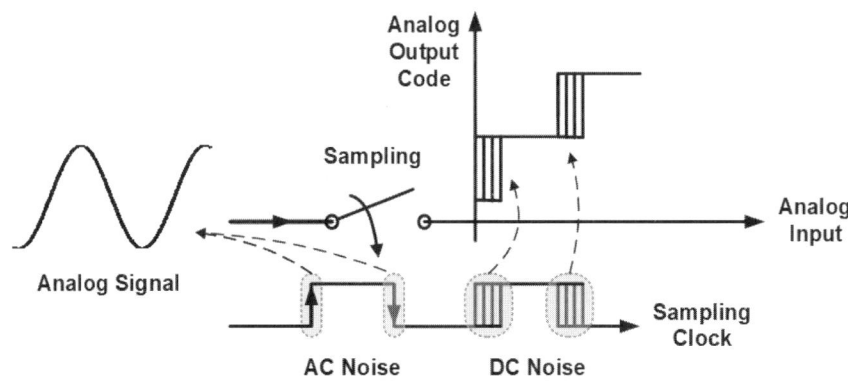

[그림 13.2-5] AC noise와 DC noise.

그리고, [그림 13.2-6(a)]는 3bit **unipolar** ADC 즉, [그림 13.2-2(a)]에서 보여준 single ended analog 입력 신호에 대한 ADC 변환을 도식적으로 표현한 것이고, [그림 13.2-6(b)]는 3bit **bipolar** ADC 즉, [그림 13.2-2(c)]에서 보여준 differential analog 입력 신호에 대한 ADC 변환을 도식적으로 표현한 것이다.

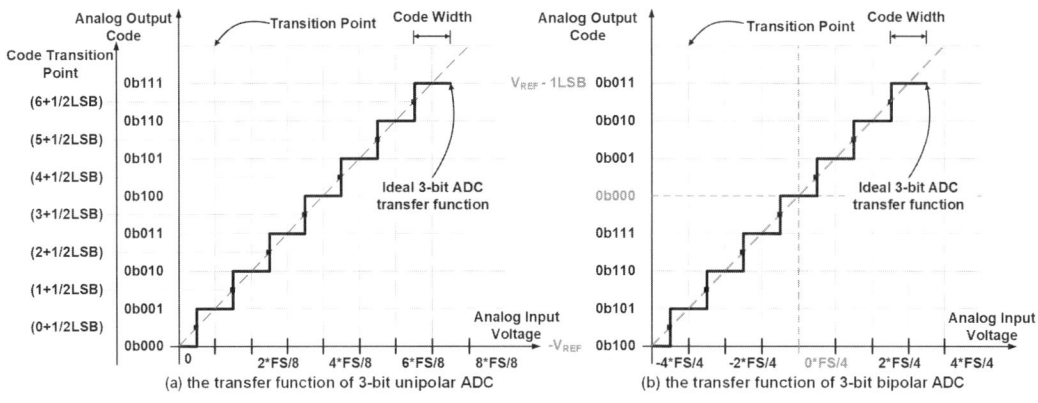

[그림 13.2-6] Unipolar와 Bipolar analog 입력 신호에 대한 ADC.

또한, [그림 13.2-7]은 STM32F103RB와 STM32F303ZE에서 제공하는 12bits SAR ADC에 대한 정밀도 사양을 보여준 것이다.

Table 48. ADC accuracy - limited test conditions(1) (2)

Symbol	Parameter	Test conditions	Typ	Max(3)	Unit
ET	Total unadjusted error	f_{PCLK2} = 56 MHz, f_{ADC} = 14 MHz, R_{AIN} < 10 kΩ V_{DDA} = 3 V to 3.6 V T_A = 25 °C Measurements made after ADC calibration	±1.3	±2	LSB
EO	Offset error		±1	±1.5	
EG	Gain error		±0.5	±1.5	
ED	Differential linearity error		±0.7	±1	
EL	Integral linearity error		±0.8	±1.5	

(a) STM32F103RB ADC 사양

Table 81. ADC accuracy - limited test conditions, 100-/144-pin packages (1)(2)

Symbol	Parameter	Conditions			Min (3)	Typ	Max (3)	Unit
ET	Total unadjusted error	ADC clock freq. ≤ 72 MHz Sampling freq. ≤ 5 Msps $V_{DDA} = V_{REF+}$ = 3.3 V 25°C	Single ended	Fast channel 5.1 Ms	-	±3.5	±4.5	LSB
				Slow channel 4.8 Ms	-	±4	±4.5	
			Differential	Fast channel 5.1 Ms	-	±3	±3	
				Slow channel 4.8 Ms	-	±3	±3	
EO	Offset error		Single ended	Fast channel 5.1 Ms	-	±1	±1.5	
				Slow channel 4.8 Ms	-	±1	±2.5	
			Differential	Fast channel 5.1 Ms	-	±1	±1.5	
				Slow channel 4.8 Ms	-	±1	±1.5	
EG	Gain error		Single ended	Fast channel 5.1 Ms	-	±3	±4	
				Slow channel 4.8 Ms	-	±3.5	±4	
			Differential	Fast channel 5.1 Ms	-	±1.5	±2.5	
				Slow channel 4.8 Ms	-	±2	±2.5	
ED	Differential linearity error		Single ended	Fast channel 5.1 Ms	-	±1	±1.5	
				Slow channel 4.8 Ms	-	±1	±1.5	
			Differential	Fast channel 5.1 Ms	-	±1	±1	

(b) STM32F303ZE ADC 사양

[그림 13.2-7] STM32F103RB와 STM32F303ZE ADC 정밀도 사양.

사실, MCU의 ADC를 사용하는 제품에서 **ADC 정밀도는 제품의 성능과 직접적인 관련**을 가지는 중요한 성분이다. 정밀도를 개선하기 위해서는 앞서 언급한 각종 오차(error)들에 대한 정확한 이해와 이들 오차에 영향을 주는 요인들을 분석하는 것은 매우 중요하다.

13.3 CubeMX를 이용한 기본적인 ADC 설정 방법.

이번 단원에서는 ADC 사용 방법에 대해 상당히 많은 내용을 여러 개발 실례들을 기준으로 설명할 것이다. 내용이 많고, 다소 복잡하므로 이해가 잘 되지 않으면, 간단히 읽고, **13.4.절**의 사용 예제를 실행해 보기 바란다. 그리고 나서 다시 **13.3.절**을 읽어보면, 좀 더 이해가 쉬울 것이다. [그림 13.3-1]은 STM32 MCU가 최대 4개까지 지원하는 12bits ADC 각각에 대한 ADC 내부 구성도이다. 기본적으로 STM32 MCU에 포함되어 있는 ADC는 [그림 13.3-1]에서 보여준 것과 같이 **16개**까지의 일반적인(**Regular**) ADC channel들과 trigger 입력에 의해서 ADC **변환 중간에 수행**될 수 있는 **4개**의 **Injected** channel들로 구성되어 있다. 구체적으로 STM32**F103**RB를 탑재한 Nucleo 보드를 기준으로 CubeMX에서 ADC를 설정하는 방법에 대하여 살펴보도록 하겠다. 우선, Chapter12 folder에서 **Ch12Lab4** folder를 전체 복사하여 Chapter13 folder에 붙여 넣고, folder 이름과 Ch12Lab4.ioc file의 이름도 **Ch13Lab1.ioc**로 바꾸어 준다. 그리고 나서, Ch13Lab1.ioc 파일을 double click 하여 CubeMX를 호출한다. [그림 13.3-2]의 ①번은 실행된 CubeMX에서 **ADC1**을 선택한 경우이다.

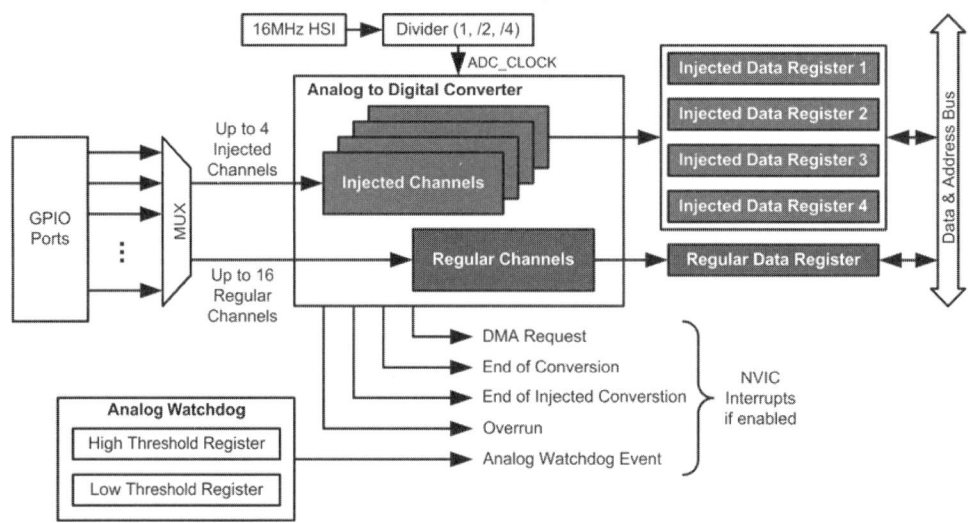

[그림 13.3-1] STM32 ADC 내부 구조.

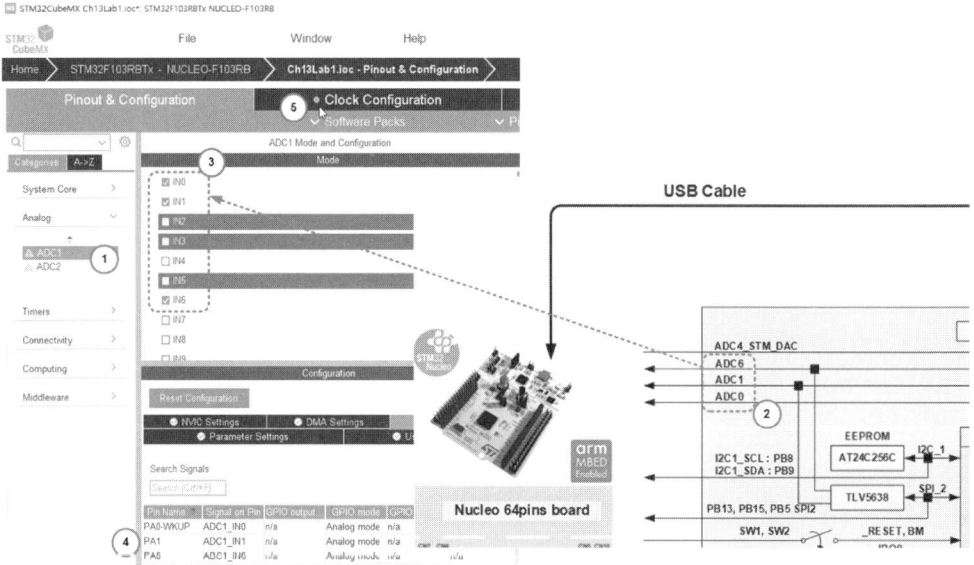

[그림 13.3-2] CubeMX에서 ADC 설정 방법(1).

현재, SJ_MCUBook_M3 보드에서는 ②번처럼 ADC channel 0, 1, 그리고 6번을 사용하고 있다. 그러므로, ③번과 같이 선택해 주면, ④번과 같이 GPIO pin이 **Analog mode**로 설정되고, 각각 **PA0, PA1** 그리고, **PA6**번 pin에 할당된다. 그런데, 이처럼 ADC 설정을 수행하면, ⑤번과 같이 **Clock Configuration**에 문제가 발생하게 된다. **Clock Configuration** tab

을 click하면, [그림 13.3-3]과 같이 **자동으로** 발생한 clock 문제를 해결하기 원하는지 문의한다.

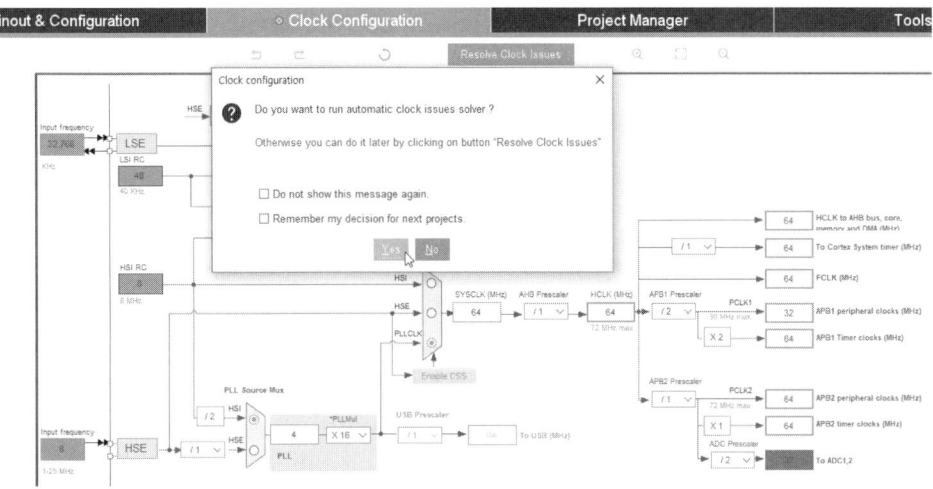

[그림 13.3-3] CubeMX에서 ADC 설정 방법(2).

그런데, clock 문제가 어디서 발생하였는지 확인해 보니, **To ADC1,2**가 **붉은색**으로 표시되고, 이곳이 문제라는 것을 알려준다. 즉, 32[MHz]를 ADC clock으로 사용할 수 없기 때문이다. 구체적으로 STM32F103의 경우에 **14[MHz]를 넘을 수 없다.** Yes button을 click하여 준다. 그러면, [그림 13.3-4]의 ⑥번과 같이 ADC1,2에 대한 clock이 32[MHz]에서 4[MHz]로 바뀐 것을 볼 수 있다.

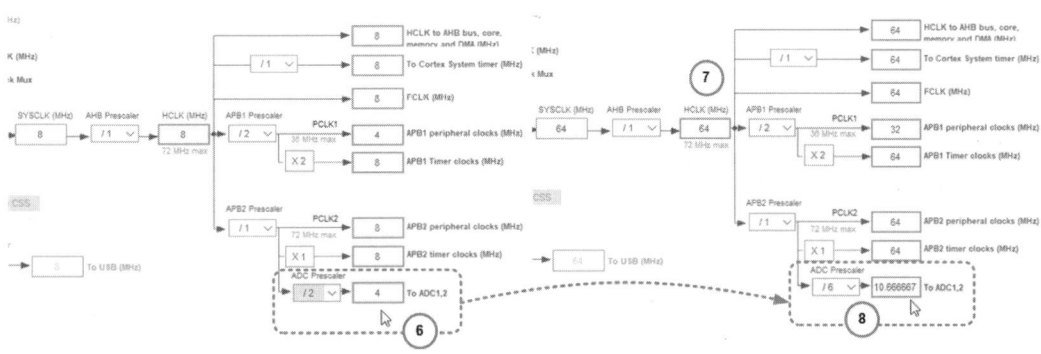

[그림 13.3-4] CubeMX에서 ADC 설정 방법(3).

이제, ⑦번과 같이 System clock을 **64[MHz]**로 설정하고, **Enter** key를 click하면, 자동으로 ⑧번과 같이 ADC clock이 64[MHz]/6=10.6[MHz]로 바뀐 것을 볼 수 있을 것이다. 이제, ADC1과 ADC2에 대한 clock은 **대략 10.67[MHz]**가 된다. ADC clock 설정을 완료하였으면, [그림 13.3-5]의 ⑨번과 같이 **Parameter Settings**를 설정해 주도록 한다.

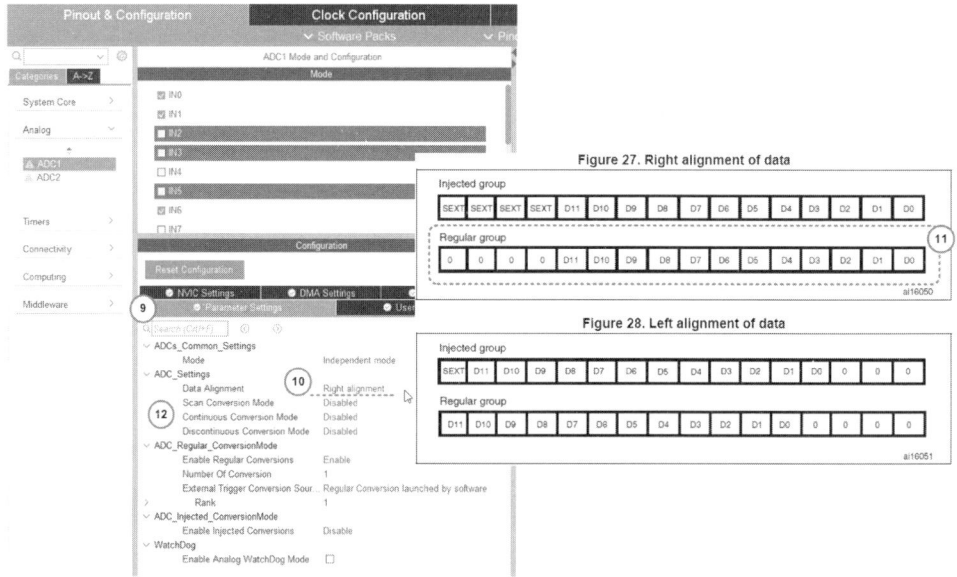

[그림 13.3-5] CubeMX에서 ADC 설정 방법(4).

우선, **ADCs_Common_Settings**의 Mode로 **Independent mode**가 선택되었는데, 이것에 대해서는 13.5.절에서 자세히 설명하기로 하고, 우선은 **Independent mode**를 그대로 사용한다. 그리고, **ADC_Settings**에는 다음과 같은 items가 있다.

❶ Data Alignment,
❷ Scan Conversion Mode,
❸ Continuous Conversion mode,
❹ Discontinuous Conversion Mode

Data Alignment로 ⑩번과 같이 **Right alignment**를 선택하면, ADC 변환 후에 저장되는 데이터는 ⑪번에서 보여준 것과 같이 **D11-D0 12bits 구성**을 갖게 된다. 이것이 **일반적인**

데이터 정렬 방법이다. 그리고, Scan conversion과 Continuous conversion을 설명하기 전에 [그림 13.3-6]에서 보여준 ADC Enabling과 Disabling에 대한 timing diagram을 살펴보기 바란다.

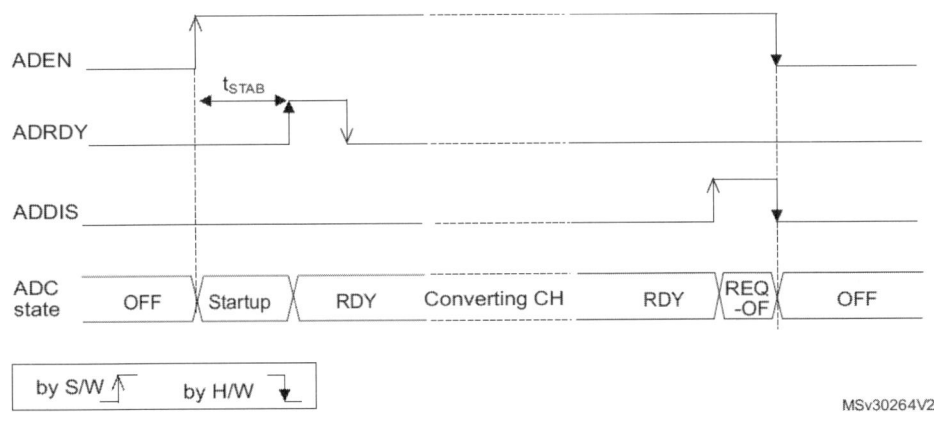

[그림 13.3-6] ADC Enabling과 Disabling.

각각의 ADC는 single channel 즉, 한 개의 channel만 ADC 변환에 사용하거나 또는 연속적으로 여러 channel들을 **순서대로 변환하는데 사용**할 수 있다. 이때, 여러 channel들을 **순서대로(sequentially) 변환**하는 과정을 **scan한다**고 표현하고, [그림 13.3-5]의 ⑫번에서 보여준 것과 같이 ADC_Settings는 Scan, Continuous, 또는 Discontinuous Conversion mode와 Single Conversion mode를 제공한다. 즉, ⑫번은 Scan, Continuous, 또는 Discontinuous mode가 **모두 disable**로 설정되었으므로 이 상황이 바로 **Single mode**이며, 이것은 **하나의** channel만 ADC1에 할당하고, **trigger가 발생할 때 마다** 한번 선택한 입력을 변환한다. 다음은 ADC에서 지원하는 변환 mode에 대해서 정리한 것이다. [그림 13.3-5]에서 보여준 것과 같이 ADC는 independent mode뿐만 아니라 dual mode도 제공한다.

❶ Independent mode :
각각의 ADC를 독립적으로 사용하는 경우.

❷ Dual mode :
2개의 ADC들이 **정확히 동시에 동기를 맞추어** 함께 sampling하는 경우. 예를 들어서,

ADC1과 ADC2가 tightly coupled되어 있고, ADC1은 master이며, dual mode에서 동작할 수 있다. 그러나, ADC가 하나만 있는 경우에는 해당되지 않는데 주의하자.

일단, dual mode에 대해서는 **13.5절**에서 살펴보고, 여기서는 independent mode에 대해서만 상세히 살펴보도록 할 것이다.

❶ Single-channel, Single conversion mode :
ADC는 설정한 single channel x 즉, 하나의 channel x에 대해서 single conversion을 수행하여 하나의 sample에 대한 digital 값을 얻고, 변환을 완료하며 멈춘다.
※ CubeMX 설정 사항 :
- Scan Conversion Mode : Disabled
- Continuous Conversion mode : Disabled
- Discontinuous Conversion Mode : Disabled

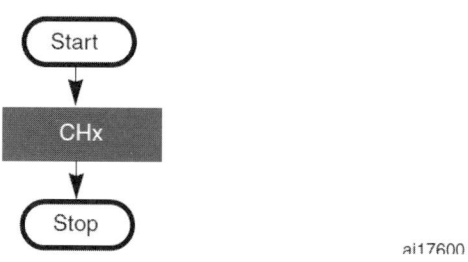

[그림 13.3-7] Single-channel, Single conversion

※ **사용 실례** : system을 시작하기 **전에** battery의 전압 level을 측정하기 위해서 사용된다. 만일, battery의 전압 level이 low level이면, low battery message를 출력하고, system을 시작하지 않는다.

❷ Multichannel(scan), single conversion mode :
연속적으로 몇 개의 channel들로 형성된 **group**을 구성하는 각각의 channel을 **설정한 순서대로** scan하면서 변환하기 위해서 사용된다. 즉, 선택한 **모든 channel들** 각각에 대해서 **한 번씩 변환**을 수행한다. 임의의 channel 변환을 수행한 이후에는 group을 구성하는 **다음 순서의** channel이 **자동으로 변환**을 수행한다. 만일, Scan mode가 아닌

Continuous mode가 선택되었다면, group을 구성하는 마지막 channel에 대해서 변환을 수행한 이후에는 **다시 첫 번째 channel부터 변환을 무한 반복**한다. 중요한 것은 **Scan mode를 사용할 때에는 DMA를 사용**해서 변환된 regular group channel들의 데이터를 SRAM으로 전송하기 위해서 사용되어야 한다. 무엇보다도 ADC DMA 전송 방식은 samples 손실이 적고, CPU 부하가 적으므로 DMA 방식을 사용해야 한다.

일반적으로 Continuous mode를 선택하지 않고, 지정한 group을 **단위로** 하여 HAL_ADC_Start_DMA() 함수를 **매번 필요할 때마다** group **단위로 호출**하여 사용한다. [그림 13.3-8]에서 보여준 것과 같이 각 channel은 서로 다른 sampling time과 자신만의 순번을 가지고 연속적으로 **최대 16개 channel들까지 ADC sequencer**로 설정할 수 있다.

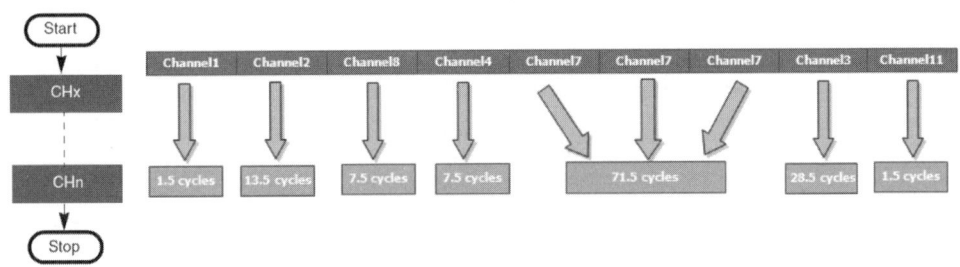

[그림 13.3-8] 서로 다른 sampling times를 갖는 7 channels.

[그림 13.3-9]는 3개의 ADC들을 포함하고 있는 STM32**F103RC**을 사용하여 DMA와 함께 Multichannel(scan), single conversion mode를 CubeMX에서 설정하고 사용한 실례를 보여준 것이다. 참고적으로 Nucleo-STM32**F103RB**는 ADC를 2개 제공하지만, STM32**F103RC**는 ADC를 3개 제공한다. 우선, [그림 13.3-9]의 ①번과 같이 선택한 ADC1에 대해서 group을 형성할 channel들을 선택하였다. 현재, IN0~IN7 총 8개와 그림에는 보이지 않지만, MCU 내부 온도 센서 channel까지 포함하여 모두 9개 channel들을 선택하였다. 그러므로, ADC1에서는 총 9개의 channel들로 구성된 group을 사용할 것이다. 결국, ②번에서 보여준 것과 같이 **Number of Conversion**에는 9를 지정하고, 9개의 channel 각각에 대해서 순서(rank)와 sampling time을 ③번과 같이 설정해 준다. 순서(rank)와 sampling time에 대해서는 잠시 후에 자세히 학습할 것이다.

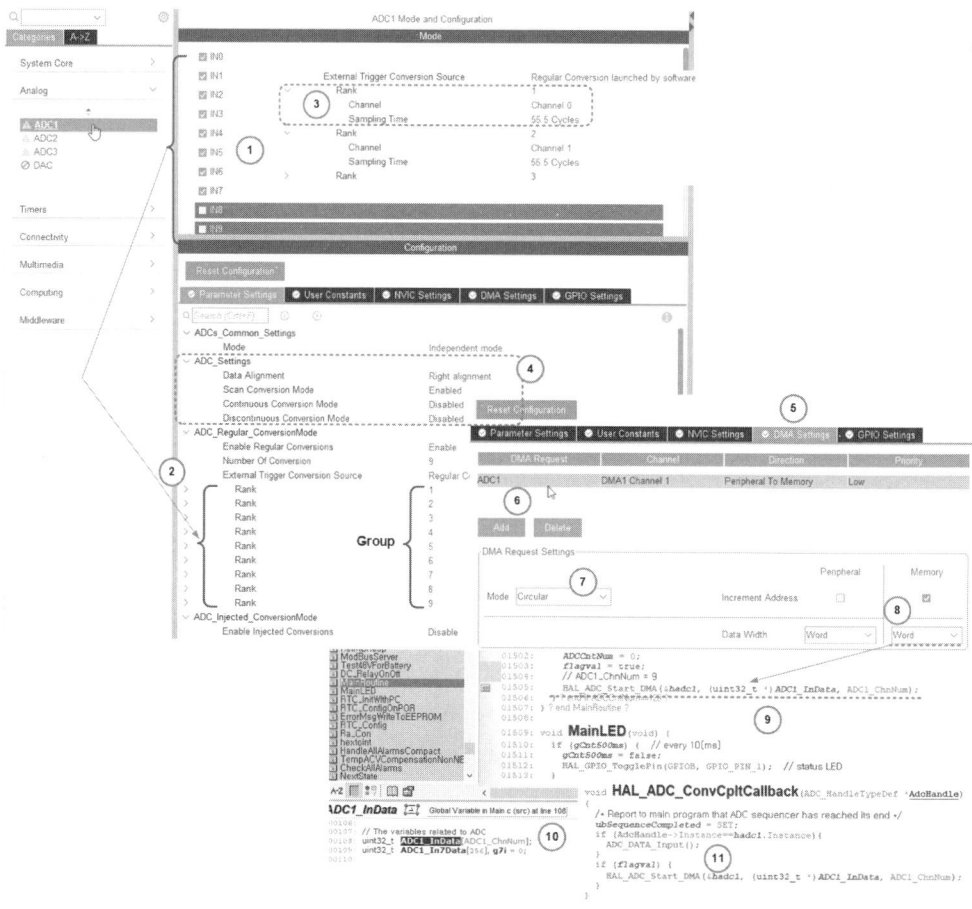

[그림 13.3-9] DMA와 Multichannel(scan), single conversion mode.

이처럼 group을 구성하는 각각의 channel에 대한 sequence(순서) 설정이 완료되었으면, ④번과 같이 **Scan Conversion Mode**만 **Enable**로 설정하여 Single conversion이 수행되도록 한다. 즉, group을 구성하는 각각의 channel에 대해서 **한 번씩만 변환을 수행하고, 멈추도록** 한다. 그리고, ⑤번과 같이 **DMA Settings** Tab을 선택하여 ⑥번에서 보여준 **Add** button을 click하고, **ADC1**에 대해서 **DMA1 Channel1**을 설정해 준다. 이때, ⑦번과 같이 **DMA Request Settings**의 **Mode**로는 **Circular** mode를 선택하여 함수 HAL_ADC_Start_DMA()에서 지정할 DMA buffer를 **Circular** mode로 관리하도록 만든다. 그리고, 각각의 변환 데이터는 32bits **word 단위**가 되어 Memory에 저장되도록 ⑧번과 같이 설정한다. 이처럼 32bit word 단위로 저장되는 것을 고려하여 ⑨번과 같이 HAL_ADC_Start_DMA() 함수를 호출할 때에 DMA buffer의 data type은 **uint32_t**가

되고, 이 buffer의 크기 즉, 배열의 크기는 ⑩번에서 보여준 것과 같이 ADC1에 설정한 channel들의 개수 즉, 9가 될 것이다. 이제, 지정한 group에 대한 한 번의 변환이 완료되면, 더 이상 변환이 발생하지 않으므로 ⑪번과 같이 ADC 변환 완료 callback 함수인 HAL_ADC_ConvCpltCallback() 함수에서 HAL_ADC_Start_DMA() 함수를 호출하여 변환된 데이터를 지정한 group 단위로 **다시** 얻게 한다. 어쨌든, ADC 변환 완료 callback 함수인 HAL_ADC_ConvCpltCallback() 함수에서 변환된 데이터가 저장되어 있는 지정한 DMA buffer의 데이터를 처리해 주면 될 것이다. 이것이 일반적인 STM32 MCU에서 **ADC를 사용하는 기본적인 방법**이다. 만일, 이해가 전혀 되지 않는다면, 한 번 더 읽어보고, 대충 이해되면, 계속해서 읽어 보기 바란다. 반복적이면서 좀 더 내용을 확장해 가는 방식으로 여러분의 이해를 계속해서 돕도록 할 것이다. 정리하면, [그림 13.3-9]의 ④번과 같이 Scan Conversion Mode를 Enabled로 설정하면, group을 구성하는 각각의 channel에 대해서 **한 번씩만 변환을 수행하고, 멈춘다**는 것을 기억해 두기 바란다.

※ CubeMX 설정 사항 :

- Scan Conversion Mode : Enabled
- Continuous Conversion mode : Disabled
- Discontinuous Conversion Mode : Disabled

※ **사용 실례** : 일반적으로 많이 사용하는 방법.

❸ Single-channel, Continuous conversion mode :

[그림 13.3-10]에서 보여준 것과 같이 연속적으로 하나의 channel이 **무한히 변환**을 수행한다.

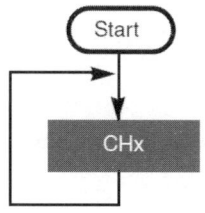

[그림 13.3-10] Single-channel, continuous conversion.

Continuous mode는 ADC가 background에서 **계속해서 변환을 수행**한다. 이때, DMA 는 **Circular** mode에서 사용될 수 있다. 그러므로, **CPU 부하를 줄일 수 있다.**

※ CubeMX 설정 사항 :
- Scan Conversion Mode : Disabled
- Continuous Conversion mode : Enabled
- Discontinuous Conversion Mode : Disabled

※ **사용 실례** : battery 전압 또는 온도를 측정하기 위해서 사용될 수 있다.

❹ Multichannel(Scan), continuous conversion mode :

[그림 13.3-11]처럼 몇 개의 channel들을 연속적으로 변환하기 위해서 사용된다.

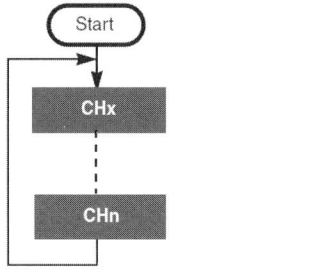

[그림 13.3-11] Multichannel(Scan), continuous conversion.

이때, 몇 개의 channel들로 구성된 group을 구성하는 channel들에 할당한 변환 순서를 **sequence**라고 하며, 이 sequence를 구성하는 각각의 channel은 독립적인 sampling time을 가지고 각각의 순서 즉, rank 값이 적은 순서로 최대 16개 channel들까지 연속적으로 설정할 수 있다.

※ CubeMX 설정 사항 :
- Scan Conversion Mode : Disabled
- Continuous Conversion mode : Enabled
- Discontinuous Conversion Mode : Disabled

정리하면, Continuous mode는 **연속적으로** 선택한 입력들을 변환한다. 즉, [그림 13.3-13]에서 보여준 것과 같이 ADC Stop 신호(ADSTP)가 발생할 때까지 계속해서 **무한 반복**하며 변환을 수행한다. 단, **EOC** : End Of regular Conversion, **EOS** : End Of regular Sequence, **JEOC** : End Of Injected conversion, **JEOS** : End Of injected Sequence

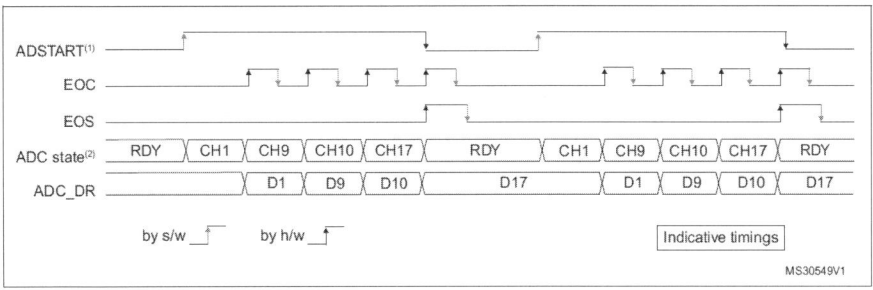

1. EXTEN=0x0, CONT=0
2. Channels selected = 1, 9, 10, 17; AUTDLY=0.

[그림 13.3-12] Single Conversion mode.

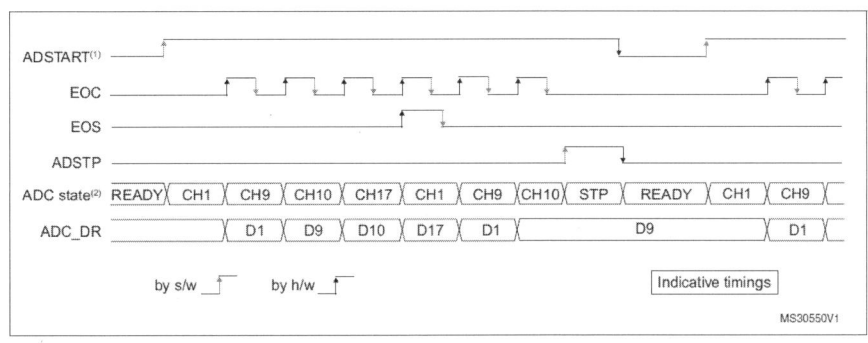

1. EXTEN=0x0, CONT=1
2. Channels selected = 1, 9, 10, 17; AUTDLY=0.

[그림 13.3-13] Continuous Conversion mode.

지금까지 [그림 13.3-5]의 ⑫번 즉, **ADC_Settings**를 구성하는 Data Alignment, Scan Conversion Mode, Continuous Conversion mode와 Discontinuous Conversion mode 설정 방법을 학습하였다. ADC는 다음과 같이 정리할 수 있다.

❶ ADC 변환은 **regular** group과 **injected** group에 대해서 수행된다. regular group에 대한 변환 결과에 따른 데이터의 전송을 위해서 DMA를 설정한 경우에 DMA request가 생성된다. 참고적으로 regular group sequencer 안에서 변환될 rank들의 개수는 ADC_InitTypeDef 구조체의 멤버인 uint32_t **NbrOfConversion**에 설정한다. 또한, regular group의 main sequence(즉, NbrOfConversion)가 얼마나 세분화 될 것인지 discontinuous conversion들의 개수는 1개~8개, 최대 8개이며, NbrOfDiscConversion 으로 지정한다. 예를 들어서, regular group의 main sequence 즉, NbrOfConversion

= 8이고, discontinuous channel 개수인 NbrOfDiscConversion = 3인 경우를 생각해 보자. 이때, 변환될 channel sequence는 0, 1, 2, 3, 6, 7, 9, 10, 이렇게 8개인 경우에 discontinuous channel 개수가 3이므로 첫 번째 외부 trigger 신호가 수신되면, 0, 1, 그리고 2번 channel들이 순서대로 변환이 이루어지고, 2번째 trigger 신호가 들어오면, 3, 6, 그리고 7번 channel들이 역시 순서대로 변환이 수행된다. 그리고, 3번째 trigger 신호가 들어오면, 9번과 10번 channel들이 순서대로 변환되도록 3개의 sub group으로 구분하여 수행한다. 이때, **rollover가 발생하지 않는데 주의하기 바란다.** 이어서 4번째 trigger 신호가 들어오면, 첫 번째 sub group인 0, 1, 그리고 2번 channel들이 순서대로 **다시** 변환이 수행된다.

❷ **single** mode와 **sequence** mode가 있다. sequence mode의 경우, 각각의 channel에 rank가 부여되고, ADC **scan 순서는 rank_1부터 rank_n으로 수행**된다. 단, datasheet와 CubeMX에서는 Sequence mode를 **Scan** mode라고도 부른다. 또한, sequence는 다음과 같이 나뉜다.

    ⓐ Complete-sequence   ⓑ Discontinuous-sequence

❸ 앞서 설명한 것과 같이 Scan conversion, Continuous conversion, 그리고, Discontinuous conversion mode가 있다.

    ⓐ ScanConvMode :

몇 개의 channel들을 group으로 묶어서 **순서대로 변환**하기 위한 mode이다. regular group과 injected group의 sequencer를 구성한다.

- Disabled로 설정한 경우 : single mode로 conversion 수행.
- Enabled로 설정한 경우 : sequence mode로 conversion 수행.

regular group을 위해서 ScanConvMode는 polling 방식인 HAL_ADC_Start() 함수 또는 DMA 방식인 HAL_ADC_Start_DMA() 함수 중에서 어느 하나의 함수**만** 사용 할 수 있고, interrupt 방식은 사용될 수 없다. interrupt는 단지 sequence의 마지막 **channel에 대한 변환에서만 triggering된다.** 그러므로, 모든 이전 변환들은 마지막 변환에 의해서 overwriting될 수도 있으므로 주의해야 한다. scan mode와 함께 사용되는 injected group은 이런 제한을 가지지 않는다. 왜냐하면, [그림 13.3-1]에서 보여준 것과 같이 각각의 Injected Channel은 **자신만의 결과 data register를 독립적**으로 가지므로 데이터를 덮어쓸 염려가 없다. 그러나, 최대 16개까지의 Regular Channel들은 **하나**

의 Regular Data Register(ADC_DR)을 공유하므로 interrupt 방식을 사용하는 경우에는 모든 이전 변환들은 마지막 변환에 의해서 overwriting된다는 데 주의하자.

ⓑ ContinuousConvMode :

선택한 trigger(예 : software start 또는 외부 trigger(Timer 또는 EXTI))가 발생한 경우에 변환이 single mode 또는 regular group을 위한 continuous mode 중에서 어느 mode로 수행될 지를 지정한다.

ⓒ DiscontinuousConvMode :

regular group에 대한 conversions sequence가 Complete sequence 또는 Discontinuous sequence 중에서 어느 sequence로 수행될 지를 지정한다. 이때, Discontinuous mode는 sequencer가 enabling되어 있을 때, 즉, ScanConvMode = enable 일 때만 사용된다. 만일, sequencer가 disabling되어 있다면, 사용할 수 없다.

❹ regular group에 대한 변환의 시작을 trigger하기 위해서 사용되는 **외부 event**는 구조체 ADC_InitTypeDef의 멤버인 uint32_t ExternalTrigConv으로 선택된다. 만일, ADC_SOFTWARE_START으로 설정되어 있다면, 외부 trigger들은 disabling된다. 만일, 외부 trigger source로 설정되어 있다면, **triggering은 rising edge에서 발생**한다.

❺ 선택한 channel에 설정할 sampling time 값은 구조체 ADC_ChannelConfTypeDef의 멤버인 uint32_t **SamplingTime**에 설정한다. 기본 단위는 ADC clock cycles이고, 변환 시간은 sampling time과 **ADC 12bits resolution의 경우에 12.5 ADC clock cycles를 추가적으로 요구**하여 processing time의 합을 구한다.

❻ interrupt는 다음과 같은 경우에 발생한다.

ⓐ regular conversion의 끝에서 발생.

ⓑ injected conversion의 끝에서 발생.

ⓒ analog watchdog 또는 overrun events

참고적으로 [그림 13.3-14]는 ①번에서 보여준 ADC를 구성하는 register들을 정리한 구조체 **ADC_TypeDef**이다. 지금까지 ADC 변환 방식과 group을 형성하는 channel들 사이의 관계에 대해서 설명하였다. 이번에는 **ADC 변환과 관련된 HAL 함수들**에 대해서 살펴보도록 하겠다.

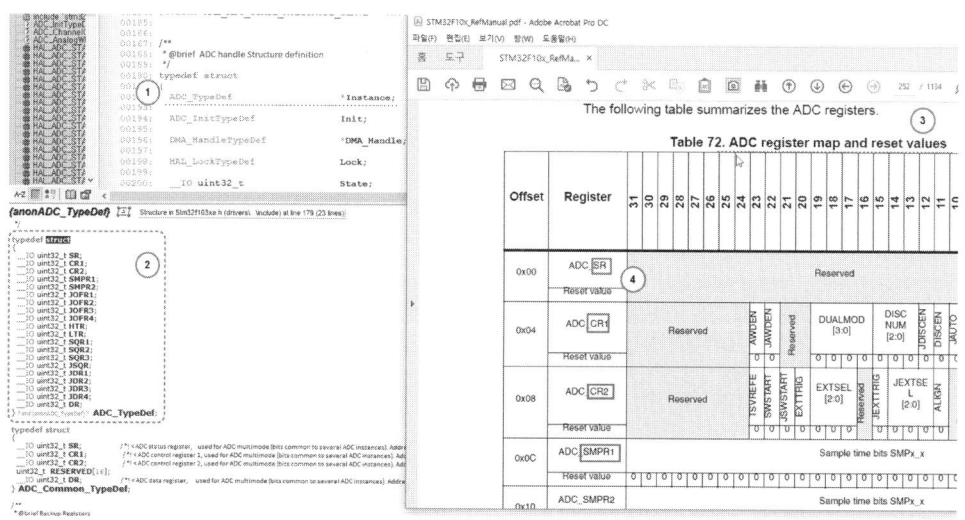

[그림 13.3-14] ADC registers 구조체 typedef ADC_TypeDef.

❶ HAL_ADC_Init() 함수 :

ADC parameters(resolution, data alignment, …)와 regular group parameters(conversion trigger, sequencer, …)를 설정한다.

❷ HAL_ADC_ConfigChannel() 함수 :

regular group parameters 즉, channel number, channel rank, 등등으로 channels 설정.

❸ HAL_ADCEx_Calibration_Start() 함수를 호출하여 **자동으로 ADC 변환 정밀도를 개선**하도록 main while-loop에 진입하기 **전에** ADC calibration을 수행해 준다. 실질적으로 이 함수를 호출하면 ADC 정밀도가 상당히 향상된다. 그러나, 이 함수는 근본적으로 ADC Control register에 ADC Calibration 기능을 가지고 있는 Family**만** 사용할 수 있다. 예를 들면, STM32**F10x**, STM32**F3xx**, 그리고, STM32**L4xx** family는 [그림 13.3-15]에서 보여준 것과 같이 offset error를 포함한 error 성분들을 감소시켜 주는 self-calibration 논리 회로와 관련된 register를 제공한다. 그러나, STM32**F4xx** family의 경우에는 전원이 들어가면 self-calibration을 **자동으로** 수행하고, 관련 register를 제공하지 않으므로 HAL_ADCEx_Calibration_Start() 함수를 사용할 수 없다는 데 주의하자.

❹ 동작 mode 설정 :

Polling mode, Interrupt mode, 그리고, DMA에 의한 전송 mode.

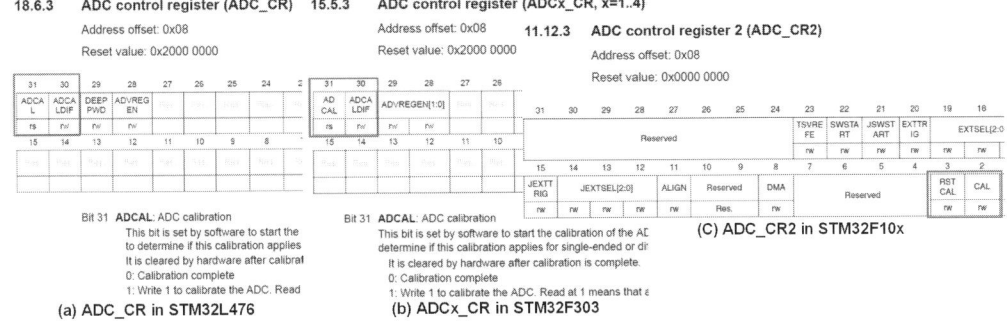

[그림 13.3-15] ADC Self-Calibration 기능을 지원하는 Family.

ⓐ DMA 전송에 의한 ADC 변환 결과 저장 :

- **HAL_ADC_Start_DMA()** 함수를 호출하여 ADC를 enabling 하고, 변환을 시작한다.

   HAL_StatusTypeDef **HAL_ADC_Start_DMA**(ADC_HandleTypeDef *hadc, uint32_t *pData,
          uint32_t Length)

- HAL_ADC_Conv**Cplt**Callback() 함수 또는 HAL_ADC_Conv**Half**CpltCallback() 함수 호출에 의한 ADC 변환 완료를 기다린다. 이들 함수들은 user code에서 구현되어야 한다. 또한, HAL_ADC_Conv**Half**CpltCallback()와 HAL_ADC_Conv**Cplt**Callback() 함수를 사용하여 **double buffering을 구현**하기도 한다.

- 변환 결과들은 DMA에 의해서 자동으로 **HAL_ADC_Start_DMA()** 함수에서 지정한 DMA buffer 즉, **uint32_t *pData**로 **uint32_t Length**에 지정한 Channel 개수만큼 전송된다. 그러므로, pData는 Length 크기를 갖는 배열이어야 한다.

- Continuous Mode가 Enable되어 있다면, **HAL_ADC_Stop_DMA()** 함수를 이용하여 ADC 변환 stop과 disabling을 수행할 수 있다.

ⓑ Polling에 의한 ADC 변환 결과 저장 :

- **HAL_ADC_Start() 함수**를 호출하여 ADC를 enabling 하고, 변환을 시작한다.
- **HAL_ADC_PollForConversion()** 함수를 이용하여 **ADC 변환 완료**를 기다린다. 단, injected group의 경우에는 HAL_ADCEx_**Injected**PollForConversion() 함수를 대신 이용해야 한다.
- **HAL_ADC_GetValue()** 함수를 이용하여 변환 결과를 얻는다. 단, injected group의 경우에는 HAL_ADCEx_**Injected**GetValue() 함수를 대신 이용해야 한다.

- HAL_ADC_Stop() 함수를 이용하여 ADC 변환 stop과 disabling을 수행할 수 있다.

ⓒ Interrupt에 의한 ADC 변환 :
- HAL_ADC_Start_IT() **함수**를 호출하여 ADC를 enabling 하고, 변환을 시작한다.
- HAL_ADC_Conv**Cplt**Callback() 함수 호출에 의한 **ADC 변환 완료**를 기다린다. 단, injected group의 경우에는 HAL_ADCEx_**Injected**ConvCpltCallback() 함수 이용.
- HAL_ADC_GetValue() 함수를 이용하여 변환 결과를 얻는다. 단, injected group의 경우에는 HAL_ADCEx_**Injected**GetValue() 함수를 대신 이용해야 한다.
- HAL_ADC_Stop_IT() 함수를 이용하여 ADC 변환 stop과 disabling을 수행할 수 있다.

다음과 같은 **callback 함수들**을 사용자 code에서 구현하여 사용할 수 있다.

❶ HAL_ADC_ConvCpltCallback(),
❷ HAL_ADC_Conv**Half**CpltCallback()
❸ HAL_ADCEx_InjectedConvCpltCallback()
❹ HAL_ADC_ErrorCallback()
❺ HAL_ADC_LevelOutOfWindowCallback() (callback of analog watchdog)

[그림 13.3-16]은 3개의 ADC들을 포함하고 있는 STM32**F103RC**에 대해 사용한 실례를 보여준 것이다. **rank 설정 방법과 의미, 그리고, ADC clock과 Sampling time** 사이의 관계에 집중하여 번호 순서 대로 따라가면서 ADC를 어떻게 사용하고 있는지 분석해 보기 바란다. 우선, ①번처럼 사용할 ADC1을 선택하고, 이번에는 **8개**의 channel들을 선택하였다. 여기서 주의할 것은 ②번에서 보여준 것과 같이 사용할 channel들을 선택하였다고 해서, 해당 channel에 대하여 변환을 수행하는 것이 아니다. 즉, 변환은 [그림 13.3-17]의 ⑬번에서 보여준 Number Of Conversion에 지정한 **개수만큼 변환을 수행**한다. 이때에 변환 순서는 Rank 순서대로 수행하게 된다. 주의할 것은 변환의 개수이지 변환에 참여할 channel의 개수가 아니라는 것이다. 그러므로, [그림 13.3-8]의 경우에 **Number Of Conversion의 값은 7이 아닌 9**이다. 왜냐하면, 9개의 변환이 필요하기 때문이다. 즉, Channel 7이 3번 변환을 수행하기 때문이다.

[그림 13.3-16] DMA 방식을 이용한 8개 ADC channels에 대한 변환 과정.

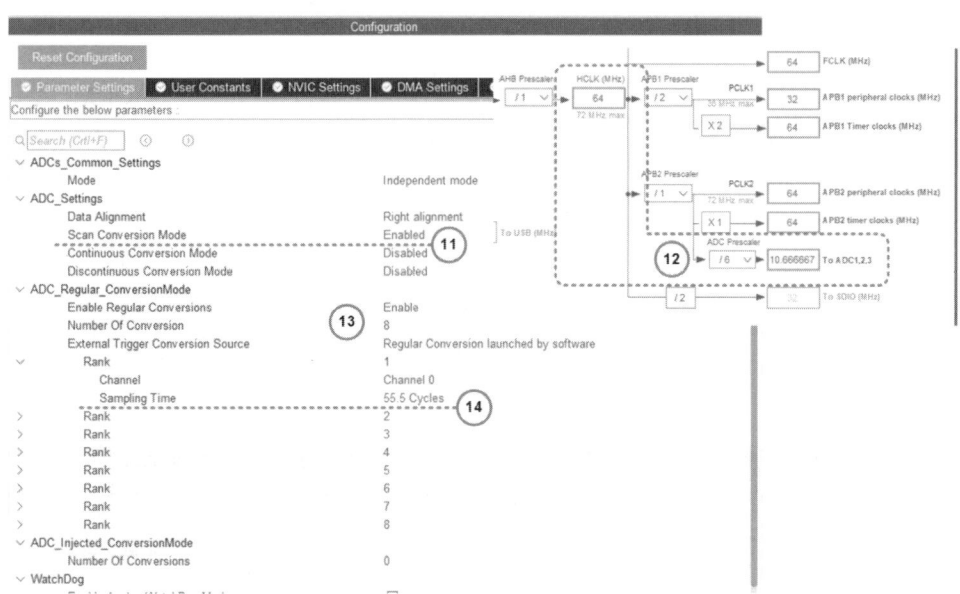

[그림 13.3-17] Sampling 시간 계산 방법(1).

13 ADC와 내부 온도센서, NTC 사용 방법 | 525

예를 들어서, [그림 13.3-16]과 같이 8개의 channel들을 선택하고, **Number Of Conversion=3**이라 지정하고, [그림 13.3-17]의 ⑭번에서 Rank로 3개의 channel들, 예를 들면, IN2, IN3, 그리고, IN4를 선택하면, 앞서 [그림 13.3-16]에서 선택한 8개의 channel들은 **상징적인 것**이고, 실질적인 변환은 Rank에 설정한 3개의 channel들 즉, IN2, IN3, 그리고, IN4 channel들에 대해서**만 변환을 수행**하게 된다는데 주의하자. 그러므로, HAL_ADC_Start_DMA() 함수의 입력 매개변수 DMA buffer 배열 pData의 크기 즉, Length는 선택한 8개의 channel과 상관없이 3으로 지정해 주어야 한다는데 **주의**하자. 이제, 8개의 channel들로 구성되는 ADC channel group을 지정하였으면, [그림 13.3-17]의 ⑪번과 같이 multi-channel이므로 Scan Conversion Mode는 enabling된다. 그리고, 8개의 channel들은 모두 **지정한 rank 순서대**로 scanning하면서 ADC 변환을 수행하게 된다. 총 8개 channel **각각의 sampling time은 55.5cycle로 설정**하였고, [그림 13.3-18]과 같이 STM32F103RC datasheet에 나와 있는 processing time 12.5cycles를 더하여 주면, **각 channel의 총 변환 시간은 55.5+12.5=68cycles**가 된다.

$t_{CONV}^{(2)}$	Total conversion time (including sampling time)	f_{ADC} = 14 MHz	1	-	18	μs
		-	14 to 252 (t_S for sampling +12.5 for successive approximation)			$1/f_{ADC}$

[그림 13.3-18] Sampling 시간 계산 방법(2).

여기서 언급한 cycles는 [그림 13.3-17]의 ⑫번 즉, 각 cycle time은 6/(64[MHz])이 된다. 그러므로, 8개 channel들 모두에 대한 **총 변환 시간**은 다음과 같다.

$$\frac{6}{64 \times 10^6} \times 68 \times 8 = 51 [us]$$

그런데, 이들 8개 ADC 변환들이 모두 완료되면, [그림 13.3-16]의 ③번에서 지정한 것과 같이 DMA1 channel1을 통하여 ADC1로부터 memory로 전송하도록 하는데, 각각의 변환된 데이터는 ⑤번에서 설정한 **32bits 단위**로 전송된다. 또한, ④번과 같이 Circular mode로 지정하여 **DMA buffer에 데이터를 반복적으로 순환하며 계속해서 저장**하도록 한다. 이처럼 DMA1 Channel1을 선택하면, [그림 13.3-19]에서 보여준 것과 같이 자동으로 DMA1

Channel1 interrupt가 enabling된다.

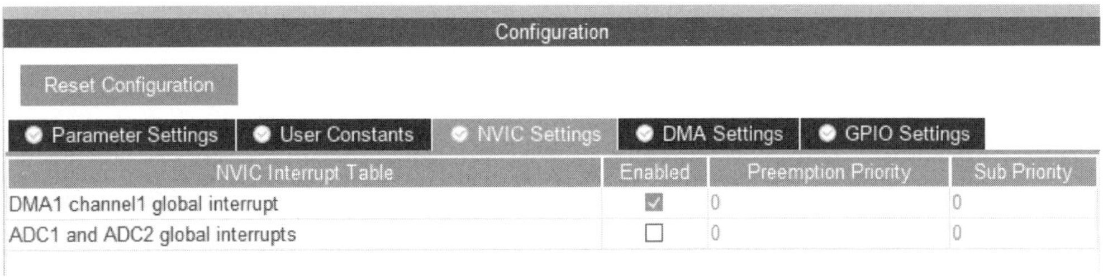

Configuration				
Reset Configuration				
Parameter Settings ● User Constants ● NVIC Settings ● DMA Settings ● GPIO Settings				
NVIC Interrupt Table		Enabled	Preemption Priority	Sub Priority
DMA1 channel1 global interrupt		✓	0	0
ADC1 and ADC2 global interrupts		☐	0	0

[그림 13.3-19] ADC1 DMA1 Channel1 Interrupt.

이제, ADC1의 지정한 8 channel들에 변환된 data가 모두 입력되면, DMA1 Channel1에 대한 interrupt가 발생하여 [그림 13.3-16]의 **Call Stack** window ⑥번에 보여준 **DMA1_Channel1_ IRQHandler** handler를 호출한다. 이 Handler는 최종적으로 **Call Graph** ⑦번과 source code의 ⑧번처럼 HAL_ADC_ConvCpltCallback() 함수를 호출한다. 정리하면, 8개의 ADC1 channel들에 대한 변환이 완료되면, **HAL_ADC_Start_DMA() 함수를 호출할 때**에 입력 매개변수로 지정한 memory 번지 즉, DMA buffer **ADC1_InData** 배열에 word 단위(즉, 32bits)로 지정한 8개(ADC1_ChnNum)의 변환된 데이터를 저장해준다.

```
HAL_ADC_Start_DMA(&hadc1, (uint32_t *)ADC1_InData, ADC1_ChnNum);
```

그리고, 이에 따른 최종적으로 호출되는 함수는 HAL_ADC_ConvCpltCallback()인데 주의하자. 예를 들면, 10[ms] 동안 지정한 ADC1 8개 channel들로부터 **각각** 받을 수 있는 samples의 개수는 $51 \times 10^{-6} \times x = 10 \times 10^{-3}$으로부터 **x = 196 samples**가 된다. 이제부터 원하는 ADC 성능을 얻는 데 반드시 필요한 **ADC 변환 시간을 계산하는 방법**을 학습해 보도록 하겠다. ADC 변환 시간은 잠시 후에 학습할 **ADC 변환 상수**(Conversion Constant)와 함께 STM32 MCU와 상관없이 **ADC를 사용하는데 반드시 필요한 내용**인데 주의하자. [그림 13.3-20]의 경우, Number of Conversion=3이고, Rank=3이며, Channel0만 변환에 참여하도록 선택한 경우를 보여주고 있다. 우선, [그림 13.3-20]으로부터 우리는 **12bits resolution**을 사용하는 경우에만 processing time이 **12.5 ADC clock**인 것을 알 수 있다.

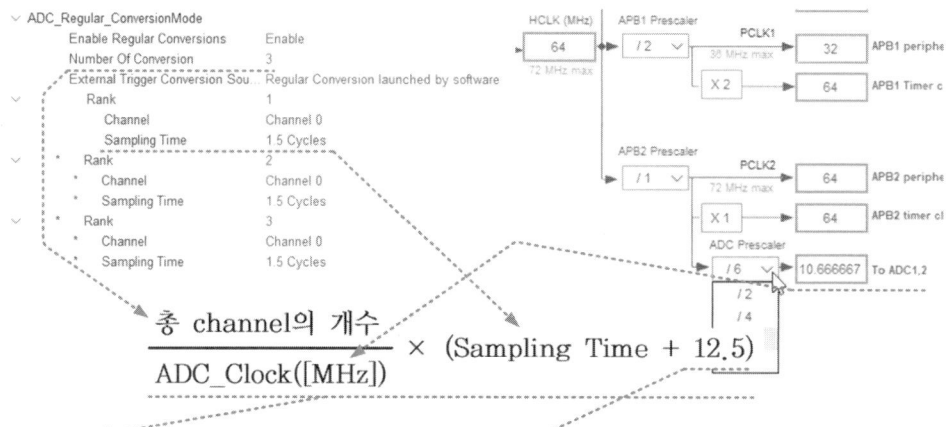

$$\frac{\text{총 channel의 개수}}{\text{ADC\_Clock([MHz])}} \times (\text{Sampling Time} + 12.5)$$

총 변환 시간 × 각 channel에 저장되는 sample의 개수 = sample 획득 시간

Table 110. T_{SAR} timings depending on resolution

RES (bits)	T_{SAR} (ADC clock cycles)	T_{SAR} (ns) at F_{ADC}= 30 MHz	T_{CONV} (ADC clock cycles) (with Sampling Time= 2.5 ADC clock cycles)	T_{CONV} (ns) at F_{ADC}= 30 MHz
12	12.5 ADC clock cycles	416.67 ns	15 ADC clock cycles	500.0 ns
10	10.5 ADC clock cycles	350.0 ns	13 ADC clock cycles	433.33 ns
8	8.5 ADC clock cycles	203.33 ns	11 ADC clock cycles	366.67 ns
6	6.5 ADC clock cycles	216.67 ns	9 ADC clock cycles	300.0 ns

[그림 13.3-20] ADC clock과 sample 개수의 관계.

만일, 10bits, 8bits, 6bits 등과 같이 ADC resolution bits를 줄이면 그만큼 processing time도 줄어든다. 그러나, STM32F103 MCU 보다는 진보한 STM32F3xx MCU부터 이들 resolution을 조정할 수 있다. 그런데, [그림 13.3-21]을 살펴보도록 하자. ①번에서 보여준 것과 같이 STM32**F10x** MCU는 ADC 변환이 완료되고, 이후에 **EOC** bit를 software로 clear해 주는 시간이 **추가적으로 더 필요**하다는 것을 알 수 있다. 그러나, STM32**F10x** 보다 진보한 MCU 예를 들면, F302, L476 등의 MCU는 ②번에서 보여준 것과 같이 **다음 Sampling time 구간 안에서** EOC bit를 clear해 주므로 **추가적인 시간이 필요 없는 것을 알 수 있다.** 결국, STM32F10x MCU 예를 들면, STM32F103을 사용하는 경우에는 [그림 13.3-20]에서 보여준 **총 변환 시간에 추가적인 시간이 더 들어가야 한다.** 그러나, 보다 진보한 MCU에서는 [그림 13.3-20]에서 보여준 **총 변환 시간** 수식을 그대로 사용하면 된다. 이에 대한 자세한 내용은 **13.4.단원**에서 직접 관련 coding을 통한 실험을 수행해 나가면서 확인해 보도록 하겠다.

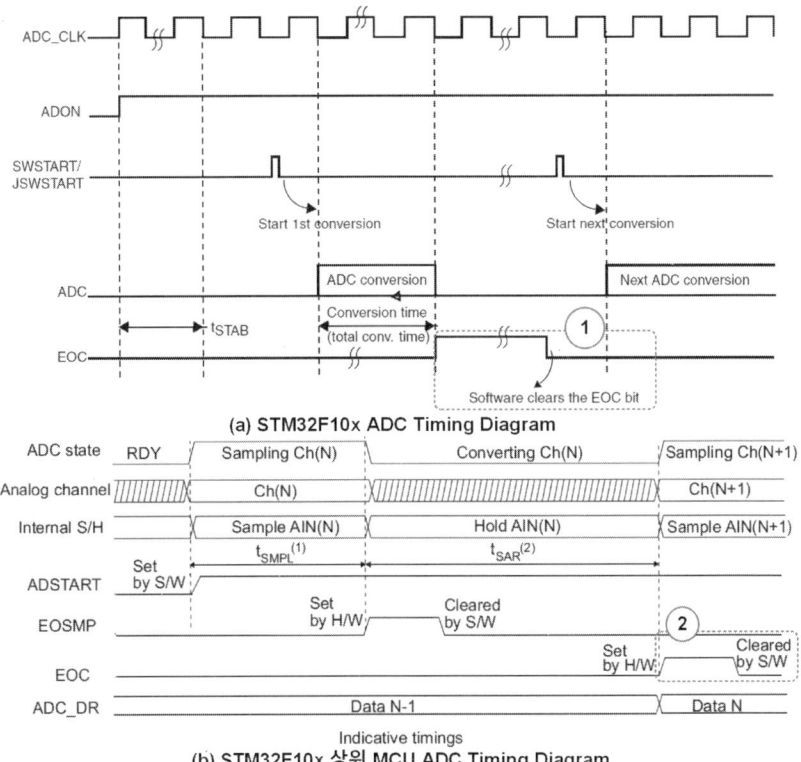

[그림 13.3-21] ADC Timing Diagram.

13.4 CubeMX를 이용한 ADC 사용 방법.

이번 단원에서는 [그림 13.3-5]에서 수행한 작업을 완성해 보도록 하겠다. **목표는** 파형 발생기에서 60[Hz] 진폭 1[V]를 갖는 정현파를 생성하고, 이것을 [그림 13.3-2]의 ②번과 ③번에서 보여준 ADC1 channel_1과 6에 적용해 준다. 그리고, 1주기에 해당하는 시간 즉, $1000/60 \approx 17[ms]$ 동안 ADC sampling 된 결과 값들을 얻어서 그 결과를 Windows Program인 SJ_MCUBook_App을 이용하여 0.5[초] 단위로 그래프로 표시하여 입력한 정현파와 비교 해 보도록 하겠다. 우선, Nucleo-STM32F103RB 보드로 관련 coding을 하여 동작을 확인해 보도록 하겠다. 그리고 나서, Nucleo-STM32L476 보드에도 적용하여 동작을 확인해 보도록 하겠다. 구체적으로 Nucleo-STM32F103RB 보드는 Ch13Lab1과 Ch13Lab2 folder를 확인하면 되고, Nucleo-STM32L476 보드는 Ch13Lab3 folder를 확인하면 된다. 우선, Ch13Lab1 project를 개발하기 위해서 정리해 보도록 하겠다. [그림 13.3-20]에 나와 있는 수식을 이용하면, 60[Hz]는 1/60[초]이고, 이것은 1000/60[ms]≅16.67[ms]이다. 1[ms] timer를 이용하여 시간을 측정할 것이므로 16.67[ms]는 17[ms]가 될 것이다. 이 시간 구간에 대해서 [그림 13.3-5]에서 보여준 3개 channel들로 구성된 group의 **각 channel에 저장**되는 sample들의 개수는 다음과 같이 계산하면 될 것이다. 단, 1/60[초]는 60[Hz] 신호를 위한 시간의 눈금자 단위이다. [그림 13.4-1]의 ①번 ADC clock과 ②번의 Sampling time(71.5 ADC clocks)과 총 channel들의 개수 3을 [그림 13.3-20]에서 보여준 수식에 적용하면, ③번과 같이 60[Hz] 1주기에 총 705개의 sample들이 변환될 수 있다는 것을 알 수 있다.

총 변환 시간 × 각 channel에 저장되는 sample의 개수 = sample 획득 시간
$$(3/(64 \times 10^6/6)) \times (71.5+12.5) \times \text{SamplesNum} = 1/60 \rightarrow \text{SamplesNum}=705$$

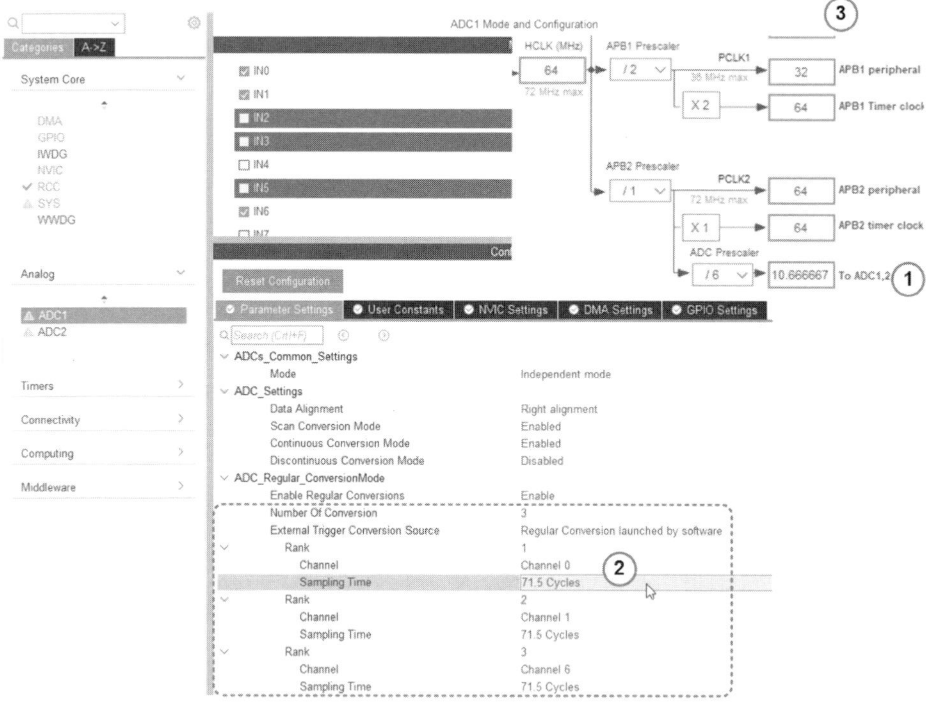

[그림 13.4-1] ADC sample time과 sample 개수 관계.

그러나, 실험을 해보면 알겠지만, **17[ms]** 시간 구간 동안 3개의 각 channel 마다 총 720개의 sample들이 아닌 **628**개의 sample들만 얻을 수 있다. 그 이유는 [그림 13.3-21(a)]에서

설명한 것과 같이 EOC bit를 software로 clear해 주기 위한 **추가적인 시간이 필요**하기 때문이다. 대략 실험에 의하면, STM32**F103**을 사용하는 경우에 12.5 ADC clock이 더 들어 간다. 즉, [그림 13.3-20]의 수식을 다음과 같이 수정해서 사용하면 된다.

$$(3/(64 \times 10^6/6)) \times (71.5+12.5 \times 2) \times \text{SamplesNum}=17/1000 \rightarrow \text{SamplesNum}=626$$

구체적으로 [그림 13.4-1]과 같이 ADC **Parameter Settings**를 설정해 준다. 특별히, Continuous Conversion Mode가 Enable로 설정된 것에 주의하자. 앞서 설명한 것과 같이 이때에는 계속해서 수행하는 DMA 전송을 멈추기 위해서는 **HAL_ADC_Stop_DMA()** 함수를 호출해야 한다. 그리고 나서, [그림 13.4-2]의 ④번과 같이 **DMA Settings**를 설정해 준다.

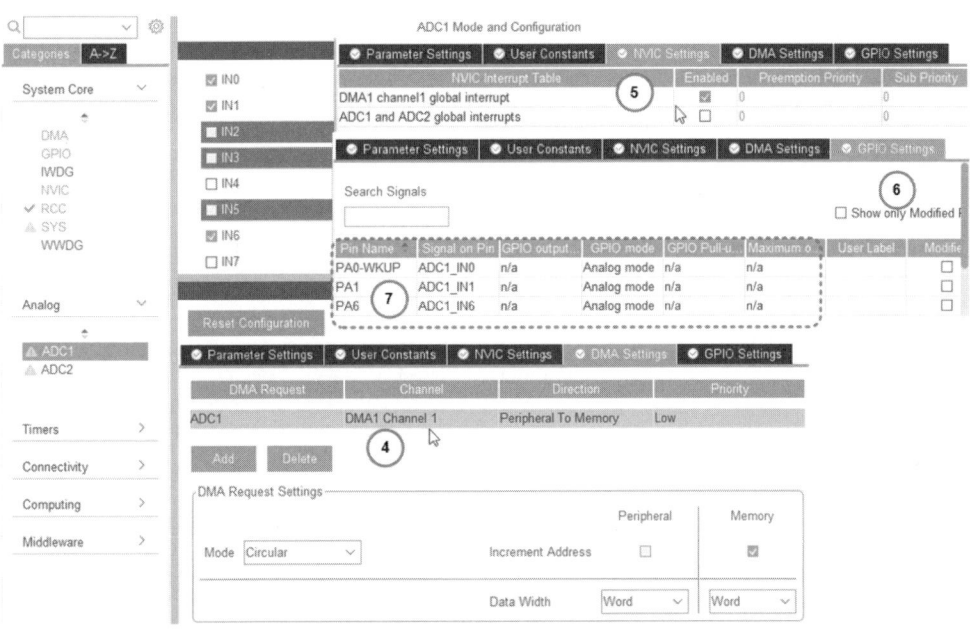

[그림 13.4-2] Ch13Lab1 Project ADC 설정 방법.

여기서 **DMA Request Settings**의 Mode 값으로 **Circular**를 설정했을 때의 의미는 앞서 학습한 UART DMA 관련 내용을 살펴보면 될 것이다. **DMA**를 설정하면, ⑤번과 같이 해당 DMA에 대한 **interrupt가 자동으로 enable**된다. ⑥번과 같이 **GPIO Settings**를 확인해 보면, 현재, ADC1의 Channel_0은 **PA0**번 pin에 할당되었고, ADC1의 Channel_1은 **PA1**번 pin, 그리고, ADC1의 Channel_6은 **PA6**번 pin에 할당된 것을 확인할 수 있다. ADC에 대한 설정이 완료되었으면 CubeMX의 **GENERATE 버튼**을 click하여 선택한 toolchain에 맞는 C framework를 생성해 준다. 그리고 생성된 code에 [그림 13.4-3]과 같이 main while-loop 관련 code를 추가해 준다.

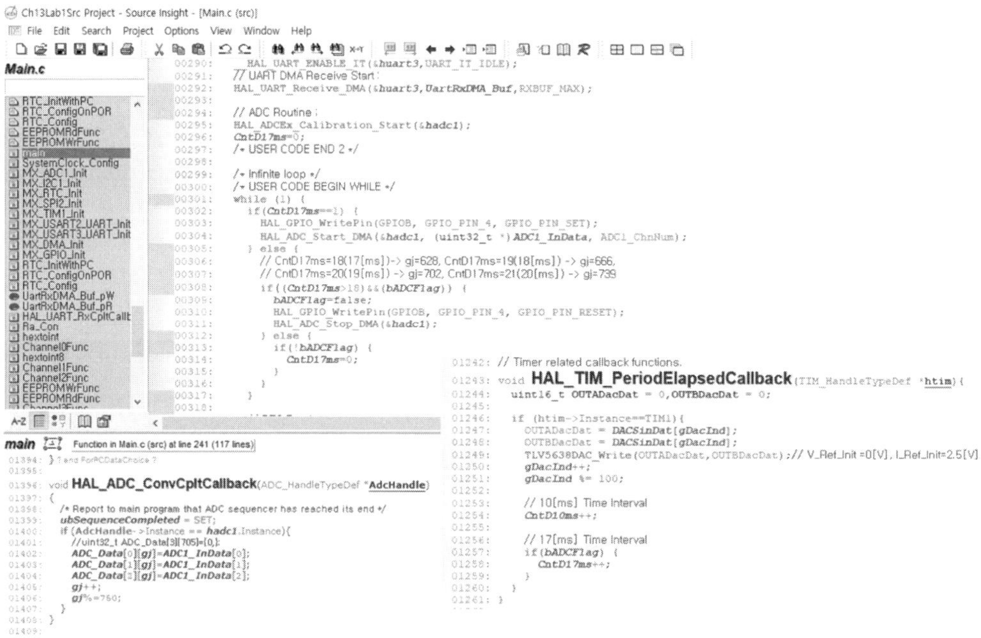

[그림 13.4-3] Ch13Lab1 Project ADC 관련 Coding.

추가한 code를 살펴보면, 일단, main while-loop에 들어가기 **전에** 함수 HAL_ADCEx_Calibration_Start()를 호출하여 calibration을 수행하는 것을 볼 수 있다. 그리고, bool 전역 변수 bADCFlag의 초기 값은 true이다. 그러므로, 1[ms] 마다 호출되는 HAL_TIM_PeriodElapsedCallback() callback 함수에서 CntD17ms는 **1의 값**을 가질 때에 HAL_ADC_Start_DMA() 함수를 호출한다. 현재, [그림 13.4-1]에서 보여준 것과 같이 ADC는 Multichannel(Scan), continuous conversion mode로 설정되어 있다. 그러므로, HAL_ADC_Stop_DMA() 함수가 호출될 때까지 계속해서 모든 group을 구성하는 channel 들을 순서대로 변환하여 DMA buffer **ADC1_InData**에 저장 할 것이다. 즉, 3개의 channel 들로 구성된 group에 대한 변환이 모두 완료되면, ADC callback 함수인 함수

HAL_ADC_ConvCpltCallback()를 호출할 것이다. 여기서는 **ADC1_InData 배열**에 있는 3개 channel들의 데이터를 각각 전체 데이터를 저장하는 ADC_Data[3][750] 배열에 저장해 준다. 그리고, ADC_Data 배열의 크기를 넘지 않도록 전역 변수 **gj**로 인덱싱 하여 준다. 그런데, 한 가지 주의할 것은 ADC1_InData 배열에 저장된 변환된 데이터는 [그림 13.3-5]의 ⑪번과 같이 저장될 것이다. 즉, D0-D11까지 12bits **un**signed data가 저장될 것이다. 이 데이터 값은 analog 신호를 단순히 12bits로 표시한 **ADC code 값**이다. 이 값이 의미를 갖기 위해서는 V_{REF}=3.3[V]가 $2^{12}-1$=4095에 해당하므로 ADC code 값에 3.3/4095를 곱해 주어야 입력 전압 값이 된다. 이처럼 ADC code 값을 어떠한 실질적인 의미 있는 **물리량으로 표현**해 주기 위해서 곱해 주는 상수 즉, 3.3/4095를 **변환 상수**라고 한다. ADC를 사용하는 경우에는 입력되는 analog 신호의 특성과 주변 회로를 고려하여 변환 상수를 구하고, 그 값을 곱해 주어야 **실질적인 물리량으로서 의미를 갖게 된다**는 데 주의하자. 왜냐하면, ADC code 값은 Full Scale 범위에서 단순한 값이기 때문이다. 이제, 전반적인 code 흐름에 대해서 설명하였으니, 쉽게 Ch13Lab1 project의 main.c file의 내용을 이해할 수 있을 것이다. Project를 build하고, error가 없다면, [그림 13.4-4]와 같이 파형 발생기를 사용하여 60[Hz] 진폭 1[V]의 정현파를 생성하고, 이 생성된 정현파를 Nucleo-STM32F103RB 보드의 **PA1**번 pin과 **PA6**번 pin에 함께 공급해 준다.

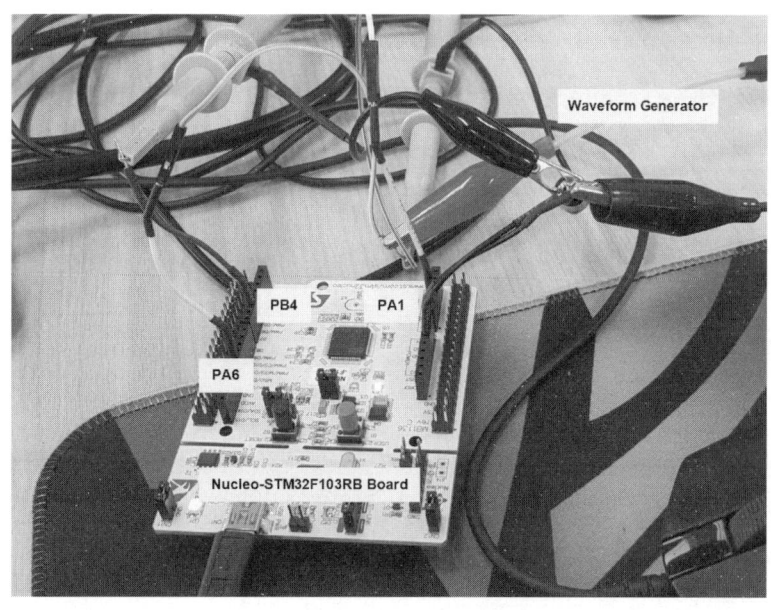

[그림 13.4-4] 60[Hz] 진폭 1[V]의 정현파 공급.

준비가 되었으면, [그림 13.4-5]의 ①번과 같이 breakpoint를 설정하고, **Run** button을 click하여 준다.

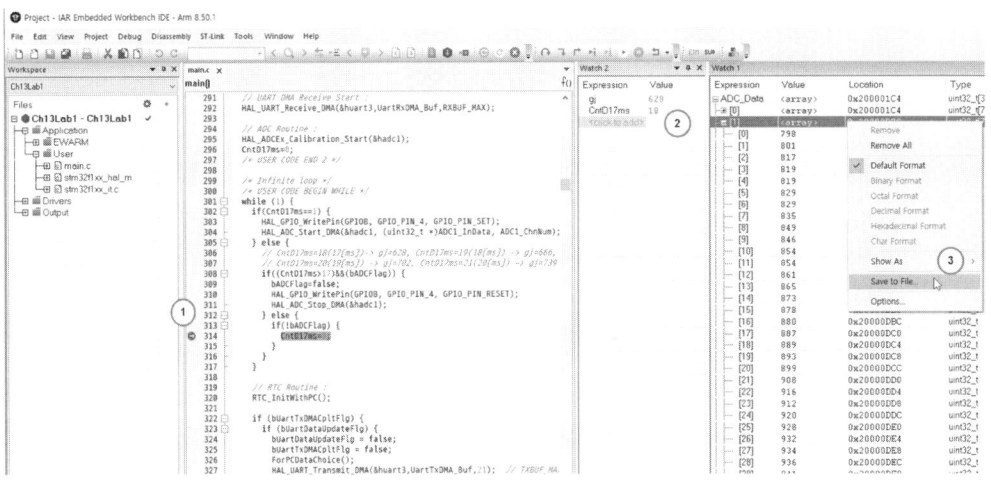

[그림 13.4-5] 60[Hz] 진폭 1[V]의 정현파 ADC data 획득(1).

그러면, 설정한 breakpoint에서 멈춘다. 이때에 ②번과 같이 **Watch** window에 전역변수 **gj**을 넣으면 그 값이 앞서 언급한 **628**인 것을 알 수 있다. 즉, group을 구성하는 3개의 channel 즉, 0번, 1번, 6번 각각의 channel에 628개의 ADC code 값이 저장되었다. ③번과 같이 1번과 6번에 적용한 정현파에 대한 결과를 얻기 위하여 mouse 오른쪽 button을 click하고, **Save to File...** menu를 선택하여 준다. 그러면, **Watch1.log** file로 선택한 데이터를 파일로 저장해 준다. Chapter13 folder의 Ch13Lab1 folder에 있는 Watch1.log file은 이렇게 해서 얻은 것이다. [그림 13.4-6]의 (a)는 Watch1.log file에 있는 ADC1 channel1과 channel6에 대한 데이터를 보여준 것이고, (b)는 파형 발생기에서 생성한 입력 60[Hz] 1[V] 정현파의 모습이다. 정상적으로 ADC channel을 통하여 데이터가 획득된 것을 확인할 수 있다. 이번에는 Chapter 12.의 [그림 12.5-1]에서 규정한 PC의 window program SJ_MCUBook_Apps과 SJ_MCUBook_M3 보드 사이의 UART protocol에 ADC 데이터를 그래프와 데이터로 표시할 수 있도록 [그림 13.4-7]과 같이 수정하였다. 구체적으로 function handle 3을 추가하여 [그림 13.4-8]의 ①번과 같이 ADC 관련 GUI를 보강하였다.

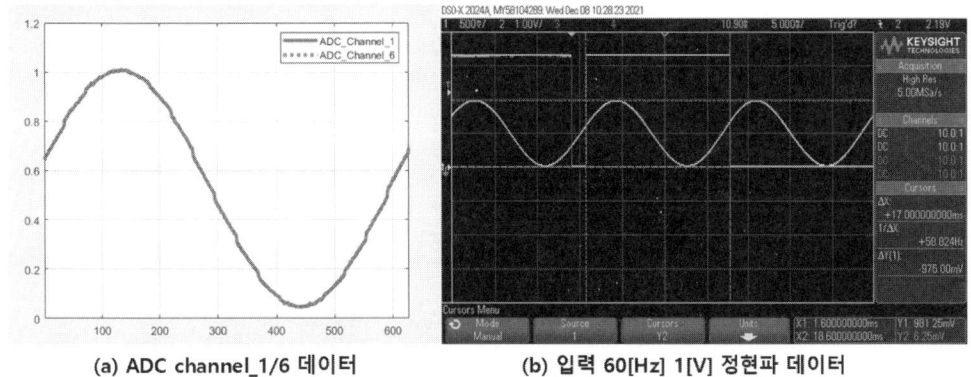

[그림 13.4-6] 60[Hz] 진폭 1[V]의 정현파 ADC data 획득(2).

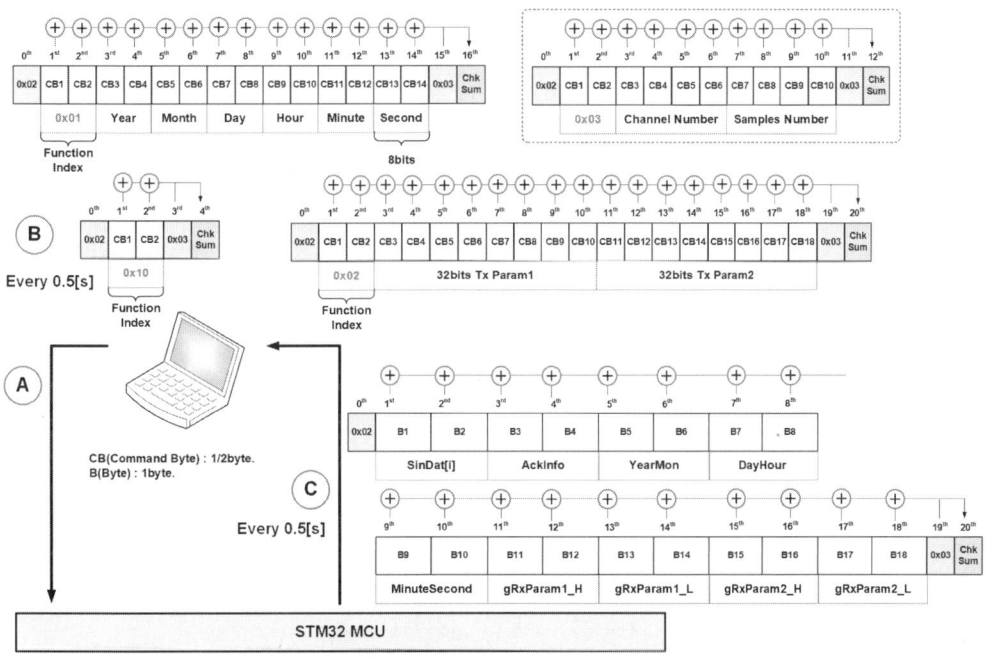

[그림 13.4-7] ADC 제어를 위한 UART 통신 규약 수정.

①번에서 **Samples Number** : 옆의 editbox에 ADC를 이용하여 capturing 할 samples 개수를 지정해 주고, 그리고, capturing 할 regular **Channel Number** :를 popup list에서 선택하여 지정해 준다. 현재, SJ_MCUBook_M3 보드에서는 ADC1의 channel 0, 1, 그리고, 6번만 사용 할 것이다.

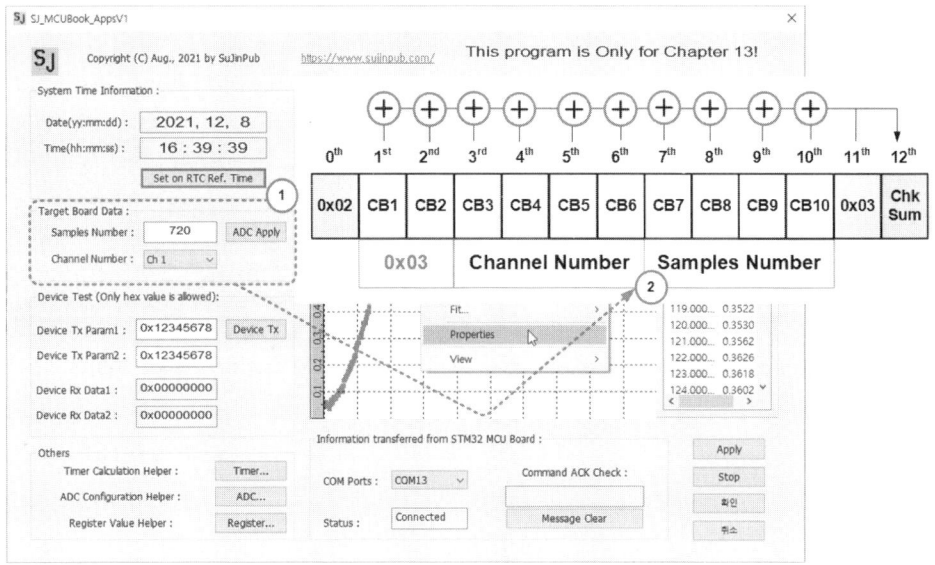

[그림 13.4-8] ADC 관련 GUI 성분 추가 및 수정.

이렇게 지정해 주고, **ADC Apply** button을 click하여 주면, ②번에서 보여준 새로운 UART protocol에 근거한 frame data가 PC의 UART port에서 전송된다. 이에 대한 예제 project는 **Ch13Lab2** folder에 있다. 이 folder에 있는 main.c file에서 function handle 3번에 대한 event handler routine은 다음과 같다.

```
// Channel 3 function :
void Channel3Func(void) {
  int32_t i = 0,j = 0;
  uint8_t Temp[4] = {0,};
  uint16_t ChNum = 0, SamplesNum = 0;
  for (i = 2,j = 0; i<(2+2*5); i += 2,j++) {
    Temp[i-(2+j)] = ((uint32_t)hextoint8(&(UARTBuf.RxBuf2[i])));
  }
  ChNum =(Temp[0]<<8)|Temp[1];   // Selected ADC Channel
  SelChannel=ChNum;
  SamplesNum=(Temp[2]<<8)|Temp[3];   // Selected ADC samples number
  BuffSize=SamplesNum;
  bADCChnSelFlag=true;
  gj=0;
}
```

특별히, PC로부터 전달 받은 SelChannel과 BuffSize 전역 변수의 값들은 ADC callback routine에서 다음과 같이 사용된다.

```c
void HAL_ADC_ConvCpltCallback(ADC_HandleTypeDef *AdcHandle) {
  /* Report to main program that ADC sequencer has reached its end */
  ubSequenceCompleted = SET;
  if (AdcHandle->Instance == hadc1.Instance){
    //uint32_t ADC_Data[3][705]={0,};
    ADC_Data[0][gj]=ADC1_InData[0];
    ADC_Data[1][gj]=ADC1_InData[1];
    ADC_Data[2][gj]=ADC1_InData[2];
    gj++;
    gj%=BufferSZ;
    if((gj>BuffSize)&&(bADCChnSelFlag)) {
      bADCChnSelFlag=false;
      gj=0;
      memcpy(ADC_DataForPC,ADC_Data[SelChannel],BuffSize*4);
    }
  }
}
```

여기서, ADC_DataForPC[BufferSZ] 배열을 구성하는 데이터가 PC로 0.5초마다 전송된다. 그러므로, PC에서 요구한 데이터의 전체 크기가 [그림 13.4-8]의 ①번에서 보여준 것과 같이 720개 이므로 720×0.5[초]=360[초], 결국, 6분 정도 이후에나 요청한 전체 데이터를 전체 그래프로 볼 수 있다. 어쨌든, [그림 13.4-9]는 Ch13Lab2 project를 실행하고, SJ_MCUBook_Apps program으로 ADC 데이터를 그래프로 확인하는 과정을 보여준 것이다. 즉, 전체 720개의 sample들을 요청하였으므로 그래프 화면에서 mouse 오른쪽 버튼을 click하여 **Properties** menu를 선택한다. 그리고 나서, 나타나는 **Properties** Dialogbox에서 **x2** = 옆의 editbox 안에 720보다 큰 **1000**을 지정해 준다. 그리고, 진폭이 0~1[V]라고 하였으므로 y 축의 하한과 상한을 각각 **0**과 **1.2**로 설정해 준다. 또한, 새로운 dialogbox 즉, ④번에서 표시한 **ADC...** button을 볼 수 있다. 새로 추가된 **ADC...** button click하면, [그림 13.4-10]에서 보여준 것과 같이 **ADC Configuration Helper** Dialogbox가 나타난다.

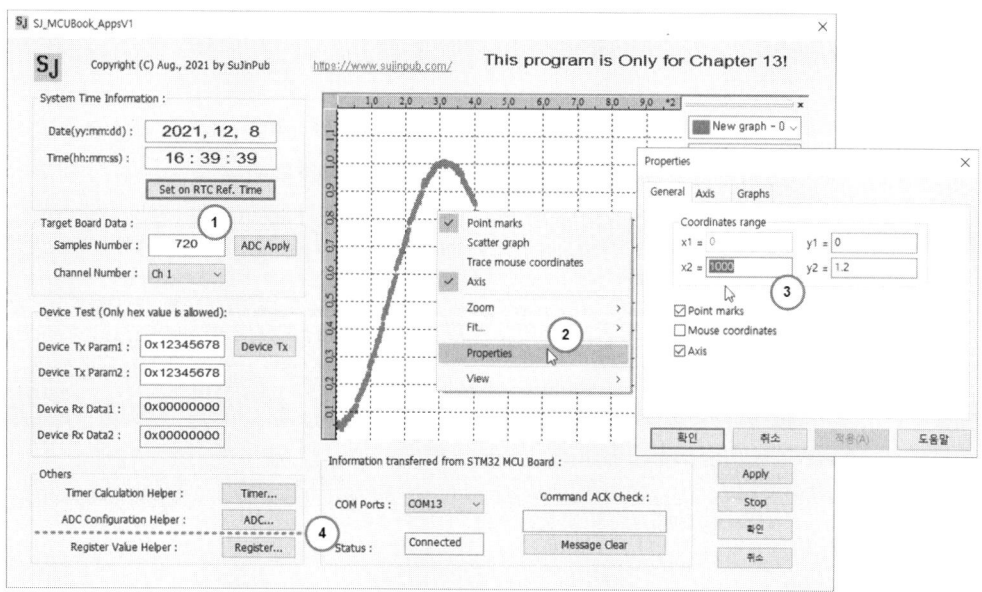

[그림 13.4-9] ADC 관련 데이터 그래프 설정 방법.

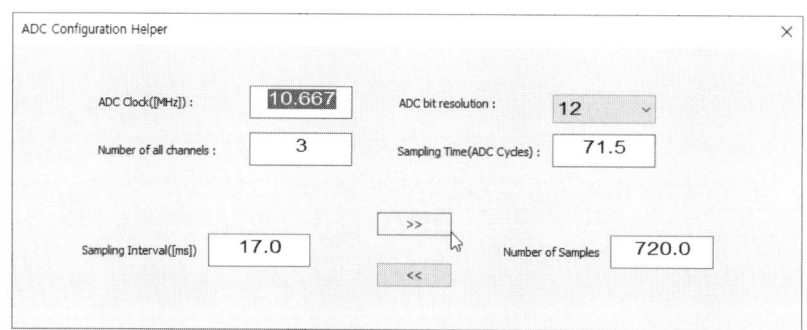

[그림 13.4-10] ADC Configuration Helper Dialogbox.

예를 들어서, ADC clock이 64[MHz]/6 = 10.667[MHz], ADC bit resolution=12bits, 사용하는 group을 구성하는 모든 channel들의 개수가 3개, 그리고, Sampling time이 71.5 ADC cycles인 경우에 17[ms] 시간 구간 동안 **각각의 channel에서 확보할 수 있는 ADC samples의 개수**를 알고 싶은 경우는 Sampling Interval([ms]) 옆의 Editbox에 17을 지정하고, ">>" button을 click하여 준다. 그러면, **Number of Samples** 옆의 editbox에 720개라고 알려준다. 반대로 720개의 sample들을 얻고 싶은 경우에 해당 되는 sampling 시간 구간을 알고 싶을 때에는 **Number of Samples** 옆의 editbox에 720을 지정하고, "<<" button을 click하여 준다. 그러면, **Sampling Interval([ms])** 옆의 Editbox에 17[ms]라고

알려준다. 또한, 앞서 Chapter 11.에서 TLV5638 DAC로 생성한 정현파를 연결하여 데이터 획득과정을 확인해 볼 수도 있는데, 다음과 같이 2가지 문제가 있다.

❶ [그림 11.4-4]에서 보여준 100개의 정현파는 3.3[V] 보다 큰 최대 4.096[V] 출력을 가진다. 그러므로, Nucleo-STM32F103 ADC V_{REF}=3.3[V] 보다 더 큰 입력 전압이 들어와서 문제가 된다. 물론, 이것은 1/2로 진폭을 나누어서 새롭게 정현파를 구성하는 데이터를 만들면 문제가 해결될 것이다.

❷ [그림 11.4-4]의 ②번을 보면, 정현파의 주파수가 60[Hz]가 아닌 10[Hz]인 것을 볼 수 있다. 그러므로, 720 samples 데이터를 획득해도 정현파의 1/6 파형만 볼 수 있게 된다. 물론, 10[Hz]는 100[ms]가 한 주기이므로 [그림 13.4-11]과 같이 dummy ADC channel들을 추가하고, Sampling Time을 더 크게 잡으면 한 주기 정현파에 대한 데이터를 그려줄 수 있을 것이다.

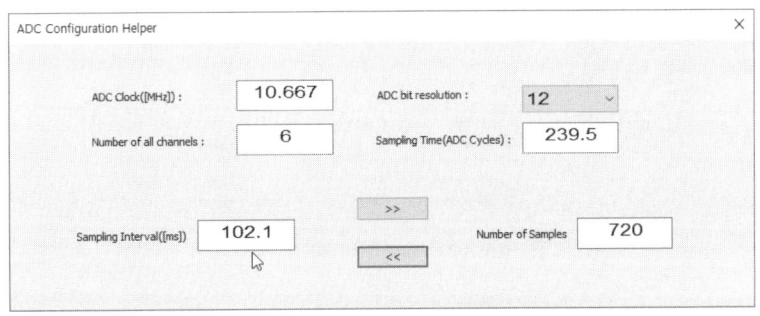

[그림 13.4-11] 10[Hz](100[ms]) 한 주기 그래프 표현 방법.

이번에는 지금까지 학습한 내용을 앞서 언급한 것과 같이 Nucleo-STM32L476 보드에 적용해 보도록 하겠다. 관련 예제는 Ch13Lab3 folder안에 있다. 이를 위해서는 [그림 13.4-12]의 ①번과 ②번처럼 ADC channel number가 PA0, PA1, 그리고, PA6번 pin에 STM32F103과 다르게 할당되어 있다. 즉, **PA0**번 pin에 ADC1_IN5 channel, **PA1**번 pin에는 ADC1_IN6 channel, 그리고, **PA6**번 pin에는 ADC1_IN11 channel이 연결되어 있다. 또한, ③번의 **Parameter Settings**에서 보듯이 STM32L476의 경우에는 Resolution bit를 선택할 수 있도록 되어있다. 또한, **DMA Continuous Requests**를 Enabled로 설정해 주어야 한다. ④번을 보면, Sampling Time이 **247.5 Cycles**로 설정하였다. 그리고 나서, [그림 13.4-13]의 ⑤번과 같이 DMA 설정을 한다.

[그림 13.4-12] Nucleo-STM32L476 ADC 사용 방법(1).

그러면, ⑥번과 같이 DMA1 Channel1 interrupt가 자동으로 enable된다. 최종적으로 ⑦번에서 보여준 것과 같이 ADC clock은 16[MHz]이다. 이제 이들 데이터들을 취합하여 [그림 13.4-14]에서 보여준 것과 같이 **ADC Configuration Helper** dialogbox에 입력하고, **Sampling Interval([ms])**에 17을 지정하고, >> button을 click하면, **348개의 samples가 17[ms] 동안 취합**된다는 것을 알 수 있다. 이제, 348개의 원소를 갖는 배열을 만들어서 데이터를 실질적으로 취합하면, [그림 13.4-15]에서 보여준 것과 같이 ADC Configuration Helper가 알려준 **348개가 정확히 맞는 것을 확인**할 수 있다. 이것은 앞서 [그림 13.3-21(b)]와 [그림 13.4-1]에서 학습한 것과 같이 STM32F10x 상위 버전은 **추가적인 EOC bit clear 시간이 필요 없기 때문**이다.

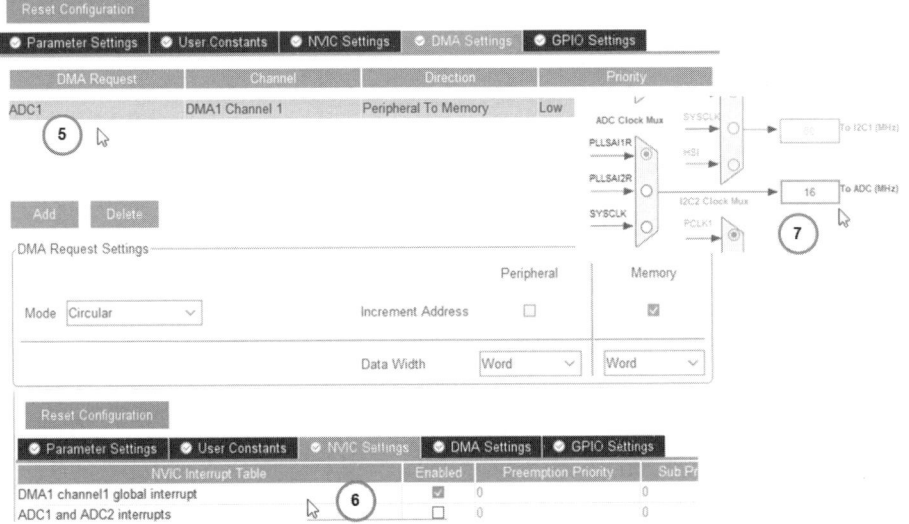

[그림 13.4-13] Nucleo-STM32L476 ADC 사용 방법(2).

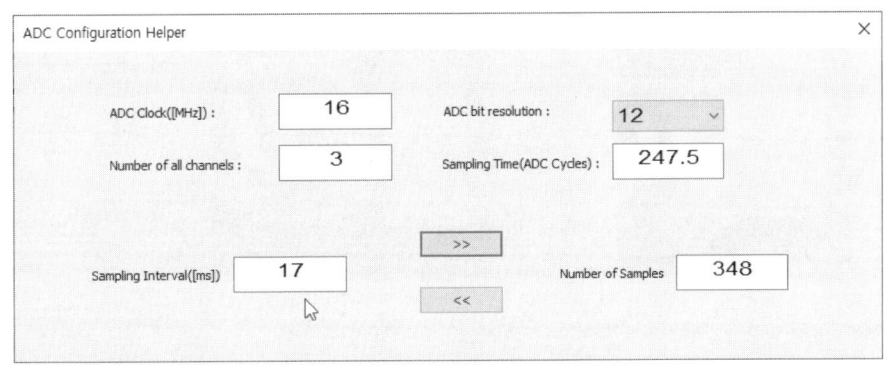

[그림 13.4-14] ADC Configuration Helper.

이제 간단히 지금까지 학습한 내용을 바탕으로 ADC에 대한 전반적인 내용을 정리해 보고, 그리고 나서, 단원을 바꾸어 Injected channel과 Dual Mode를 포함한 다양한 동작 mode들에 대해서 학습하게 될 것이다. 우선, 각각의 ADC는 **최대 16개**의 channel들까지 muxing할 수 있다. 예를 들면, [그림 13.4-16]의 ①번과 같이 STM32F103RC의 경우에 ADC1, ADC2, 그리고, ADC3, 3개의 ADC들을 포함하고 있는데, 이들 ADC channel들의 구성은 ②번에서 보여준 것과 같이 ADC1, ADC2, ADC3이 공통으로 8개 channel들을 공유한다. 즉, 외부 GPIO pin, 예를 들면, **PA0**의 경우, ADC0, ADC1, ADC2의 channel0으로 공유되어 사용된다.

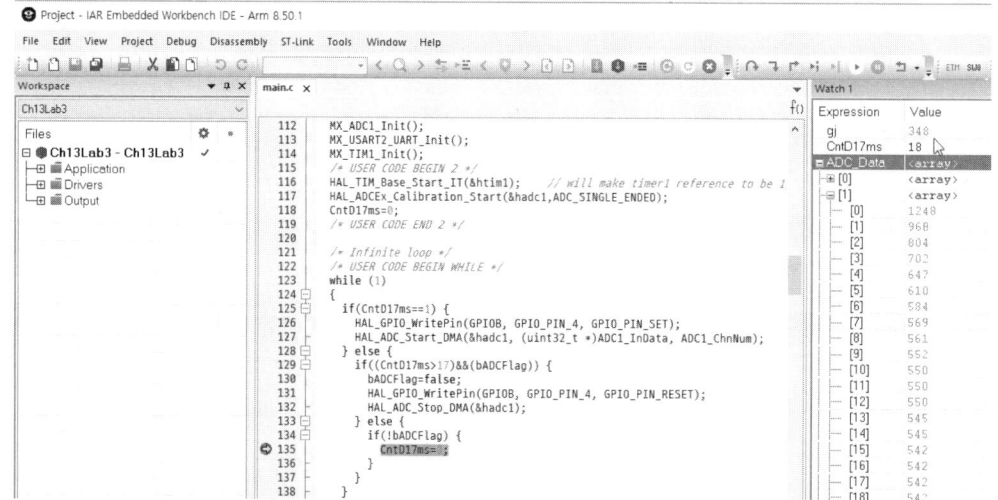

[그림 13.4-15] Nucleo-STM32L476 ADC 사용 방법(3).

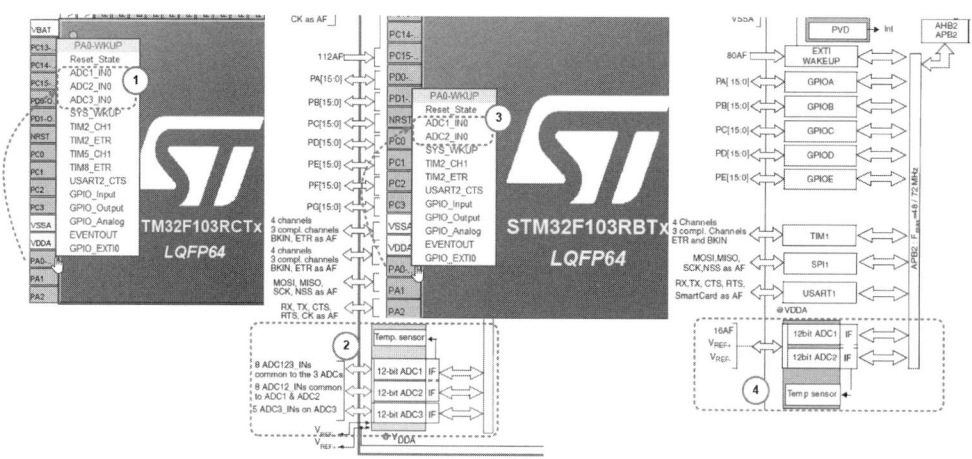

[그림 13.4-16] STM32F103RC와 STM32F103RB에 대한 ADC channel 구성 비교 - 1.

그리고, ADC1과 ADC2는 8개의 channel들을 추가적으로 공유하고, ADC3는 5개의 독립적인 ADC channel들을 위한 GPIO pin들이 할당된다. 그러나, STM32F103RB의 경우에는 ADC1과 ADC2, 2개의 ADC들을 포함하고 있는데, 이들 ADC channel들의 구성은 ④번에서 보여준 것과 같이 ADC1과 ADC2가 공통으로 16개 channel들을 공유한다. 즉, 외부 GPIO pin, 예를 들면, PA0의 경우, ADC0과 ADC1의 channel0으로 공유되어 사용된다. 구체적으로 이들이 GPIO 외부 pin들에 어떻게 할당되는지 [그림 13.4-17]을 통하여 살펴보도록 하겠다.

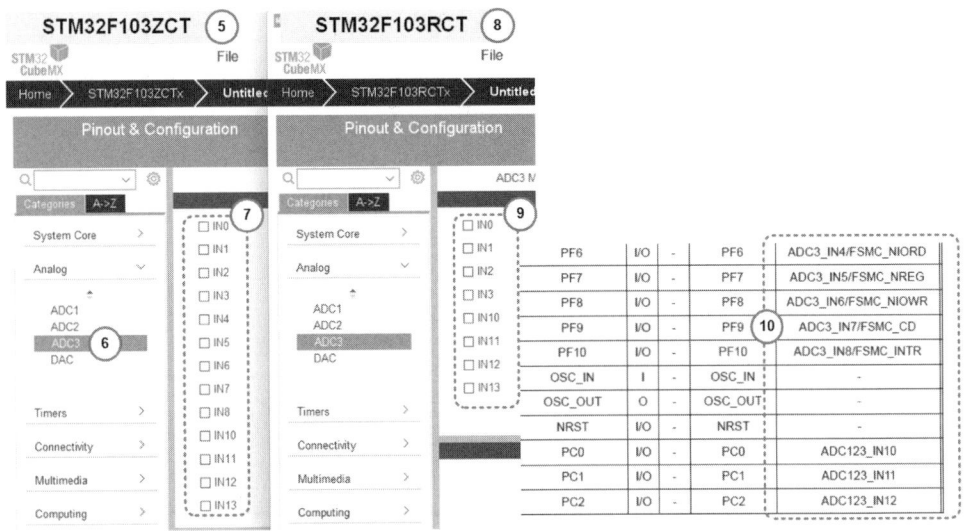

[그림 13.4-17] STM32F103RC와 STM32F103RB에 대한 ADC channel 구성 비교 - 2.

우선, STM32F103ZCT는 전체 144pin들로 구성되고, STM32F103RCT는 전체 64pin들로 구성된 MCU이다. ⑤번처럼 144pin들로 구성된 STM32F103ZCT의 경우에는 ADC3가 ⑦번과 같이 ADC1과 ADC2 사이에 공유되는 8개 channel들 외에 5개 추가적인 channel들을 사용할 수 있고, 구체적으로 ⑩번에 해당 GPIO pin 번호들이 할당된 것을 확인할 수 있다. 그러나, ⑧번처럼 64pin들로 구성된 STM32F103RCT의 경우에는 ADC3가 ⑨번과 같이 ADC1과 ADC2 사이에 공유되는 8개 channel들만 사용할 수 있다는 것에 주의하기 바란다. 이처럼 ADC channel들이 외부 GPIO pin들에 어떻게 할당되는지 확인하였다면, [그림 13.4-18]은 STM32F10x 각각의 ADC 내부 구성도를 보여준 것이다. ⑪번에 보여준 것과 같이 최대 16개까지 ADC channel들을 muxing하여 Regular channel들 또는 Injected channel들에 대해서 관련 conversion을 수행하여 해당 data register에 저장한다. 이와 같은 ADC1, ADC2, 그리고 ADC3은 ⑫번에 보여준 것과 같이 **각각** 해당 register들이 memory로 mapping되고, ⑬번과 같이 regular channel들의 경우에는 각각의 ADC 마다 하나의 data register **ADC_DR**을 공유하는 것을 확인할 수 있다. 지금까지 설명한 STM32F10x의 ADC 관련 내용은 크게 변동 없이 보다 진보한 STM32F3, STM32L4 등에 적용할 수 있다. [그림 13.4-19]는 STM32F103xB에 대한 ADC1과 ADC2에 대해 선언된 macro ADC1과 ADC2의 memory mapping 내용을 보여준 것이다.

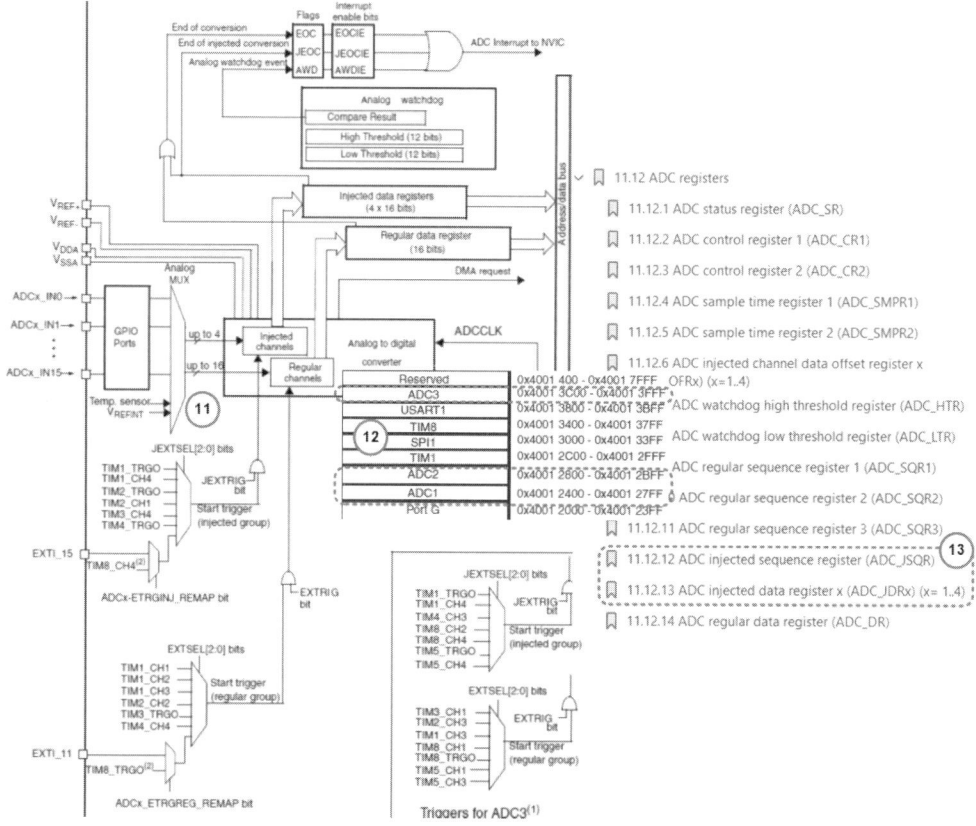

[그림 13.4-18] STM32F10x ADC 내부 구성도.

stm32f103xb.h file에 정의된 것을 확인할 수 있다. 이 파일 이름과 내용을 잘 기억해 두기 바란다. 즉, 다른 주변 장치들에 대해서도 macro 구성이 어떻게 되어 있는지 추후에 자주 참조해야 하기 때문이다.

13.5 그 밖의 ADC 설정 방법.

[그림 13.3-1]에서 보여준 것과 같이 ADC는 16개까지의 일반적인 **Regular** ADC channel 들과 trigger 입력에 의해서 ADC 변환 중간에 **우선적으로 수행**될 수 있는 4개의 **Injected** channel들로 구성되어 있다. 또한, 다음과 같이 ADC 동작 mode로는 independent mode 뿐만 아니라 dual mode도 제공한다.

[그림 13.4-19] STM32F103xB ADC memory mapping.

❶ independent mode :

각각의 ADC를 독립적으로 사용하는 경우.

❷ dual mode :

2개의 ADC들이 **정확히 동시에 동기**를 맞추어 함께 sampling하는 경우.

이제, 이들 사항에 대해서 자세히 살펴보도록 하겠다. 우선, ADC의 regular channel들은 지금까지 충분히 설명하였으므로 여기서는 **Injected channel에 대해서만** 살펴보도록 하겠다. 이 channel은 외부 event에 의해서 또는 software에 의해서 triggering 될 때, [그림 13.5-1]에서 보여준 것처럼 regular channel 변환보다 **우선권**을 갖고, 먼저 변환 처리된다.

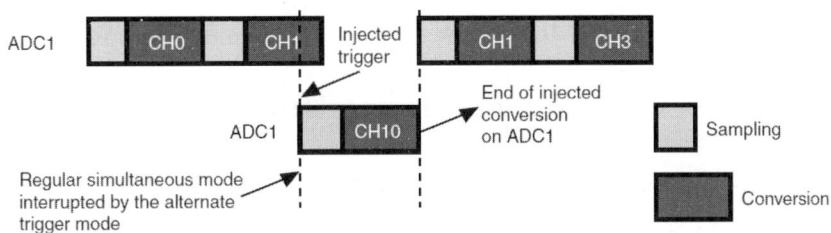

[그림 13.5-1] Injected Channel CH10.

Injected group은 regular channel group에 대해서 우선권을 가진다. 즉, regular channel group에서 현재 channel의 변환을 interrupt한다. 이것은 **임의의 event에 channel들의 변환을 동기화**하기 위해서 사용된다. 예를 들면, 전동기를 제어하는 경우에 전동기를 구동하기 위한 전력용 스위치 소자들이 switching하는 과정에서 발생하는 noise는 ADC 측정에 영향을 줄 수 있으며, 결국, 잘못된 변환 결과를 얻을 수 있게 된다. 그러므로, timer를 이용하여 switching 이후에 ADC 측정을 수행하도록 **지연시키기 위해서** injected channel들이 사용될 수 있다. 이제부터 ADC 동작 mode들에 대해서 정리해 보도록 하겠다. 잘 읽어보고, 추후에 필요한 mode가 있으면 해당 항목을 참조하면 되겠다.

❶ Dual regular simultaneous mode 사용 방법 :

Independent mode가 각각의 ADC block 즉, ADC1, ADC2, 또는 ADC3을 각각 독립적으로 사용하는 동작 mode라고 한다면, **Dual mode**는 2개의 ADC들을 정확히 **동기화**하여 sampling하도록 한다. 즉, ADC1은 **master**이고, ADC2는 **slave**로 설정해 준다. 이와 같이 설정하기 위해서는 [그림 13.5-2]의 ①번과 같이 ADC2를 선택하고, 이어서 동기를 맞출 3개의 channel들을 선택한다. 현재, ②번처럼 ADC2 channel 4, 7과 8을 선택하였다. 그리고, ③번과 같이 ADC1을 선택하면, 이전과 달리 **ADCs_Common_Settings**의 **Mode**에 ④번과 같이 여러 동작 mode들을 선택할 수 있도록 나열해 준다. 여기서, **ADC1과 ADC2를 내부적으로 동기화**해 주기 위해서 **Dual regular simultaneous mode only**를 선택해 준다. 그러면, [그림 13.5-3]의 ⑦번에서 보여준 것과 같이 ADC2의 **Mode**가 자동으로 ADC1과 동일한 Dual regular simultaneous mode only로 설정된 것을 확인할 수 있다. 이제, C framework를 생성하여 데이터를 획득하면 되는데, 이때, [그림 13.5-4]에서 보여준 것처럼 **DMA buffer에 설정한 32bits word**의 **상위** 16bits는 ADC2 변환 결과 데이터가 저장되고, **하위** 16bits는 ADC1 변환 결과 데이터가 저장된다는데 주의하자. 또한, 내부에 3개 이상의 ADC들을 제공하는 MCU도 있는데, ADC1, ADC2, 그리고, ADC3를 **모두 동기화하는 직접적인 설정방법은 제공되지 않는다**. 그러므로, 3개 이상의 ADC들을 동기화하기 위해서는 timer를 이용한 trigger로 ADC들을 동기화해서 사용한다. 이때, 동시에 2개의 ADC들이 동일한 channel에 대해서 sampling을 하면, **변환 error들을 발생**시킬 수 있다는데 주의하자. [그림 13.5-5]는 지금까지 설명한 내용을 정리해 본 것이다.

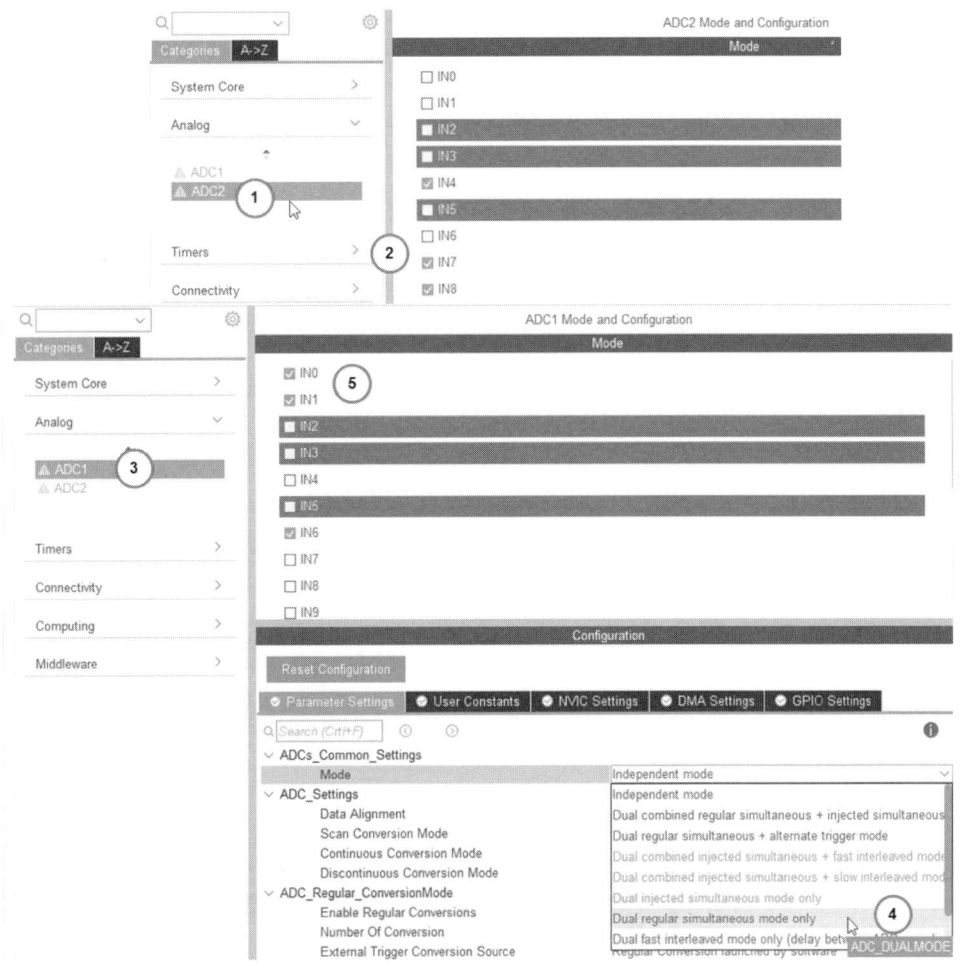

[그림 13.5-2] ADC1과 ADC2 dual mode 설정 방법(1).

즉, 2개의 ADC1과 ADC2가 동기화되어 동시에 2개의 변환을 수행하고 있다. 각각의 ADC는 Scan Conversion mode가 enabled되어 있고, 각 channel에 대해서 rank를 할당하여 sequencer가 설정되어 있다면, channel sequence 변환을 수행하고, Scan Conversion mode가 disabled되어 있다면, single channel 변환을 수행 할 것이다. 변환은 외부 trigger 또는 software에 의해서 시작될 수 있다. 그리고, ADC1과 ADC2에 대한 변환 결과는 [그림 13.5-4]에서 보여준 32bits format으로 ADC1의 data register 즉, ADC_DR에 저장된다. Dual Mode를 사용하는 실례를 살펴보도록 하겠다. 예를 들어서 임의의 순간에 power를 측정하기 위해서는 동시에 전압과 전류가 측정되어야 한다.

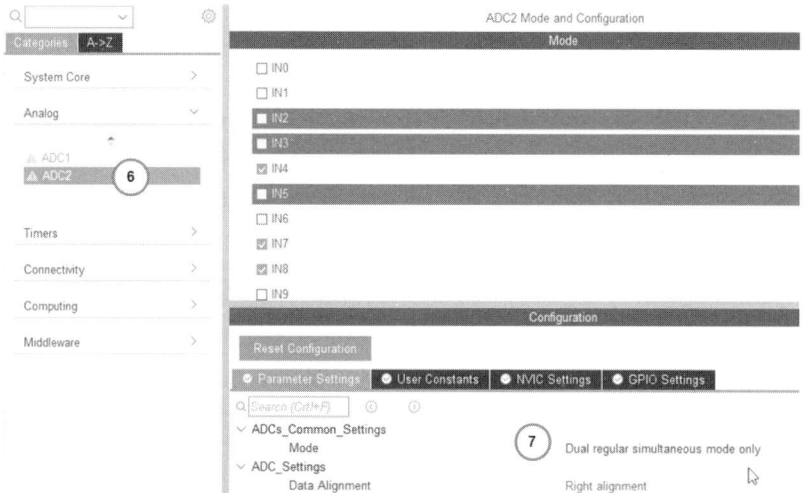

[그림 13.5-3] ADC1과 ADC2 dual mode 설정 방법(2).

31	30	29	28	27	26	25	24	23	22	21	20	19	18	17	16
ADC2DATA[15:0]															
r	r	r	r	r	r	r	r	r	r	r	r	r	r	r	r
15	14	13	12	11	10	9	8	7	6	5	4	3	2	1	0
ADC1DATA[15:0]															
r	r	r	r	r	r	r	r	r	r	r	r	r	r	r	r

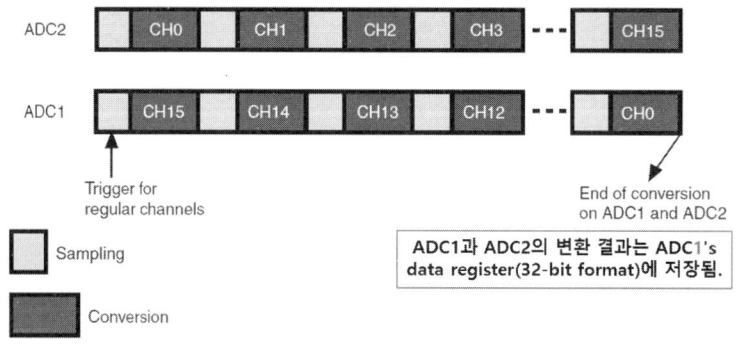

[그림 13.5-4] ADC regular data register (ADC_DR).

[그림 13.5-5] Dual regular simultaneous mode.

[그림 13.5-6]을 보면, single phase(단상) power를 측정하기 위해서 ADC1과 ADC2가 각각 하나의 channel을 사용하고 있다. 그러나, three phase(삼상) power를 측정하는 경우에는 ADC1과 ADC2가 각각 3 channel들을 사용하고 있다.

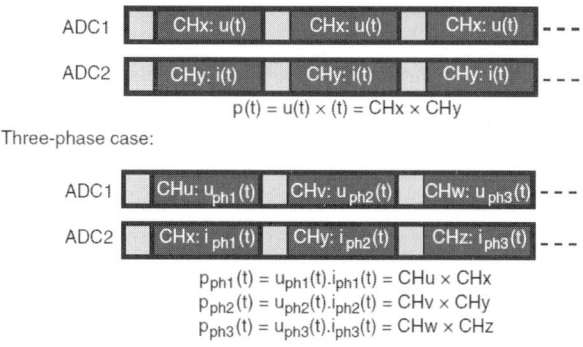

[그림 13.5-6] 전압과 전류의 동시 측정.

이번에는 sampling 속도를 올리는 방법인 Interleaved 동작 mode에 대해서 살펴보도록 하겠다.

❷ Dual fast interleaved mode 사용 방법 :

Dual fast interleaved mode라고 하는 방식이 있는데, 한 개의 channel 변환에 사용된다. 구체적으로 ADC1과 ADC2는 [그림 13.5-7]에서 보여준 것과 같이 7 ADC clock cycles 주기로 교차하며 선택된 channel에 대해서 변환을 수행한다.

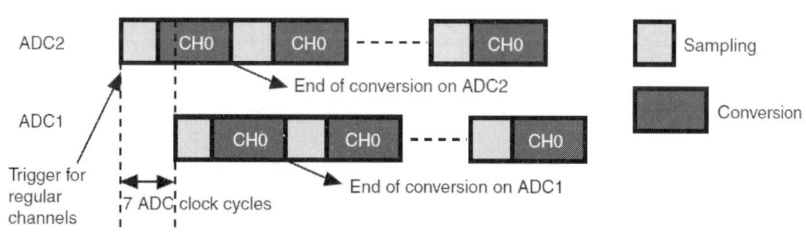

[그림 13.5-7] Dual fast interleaved mode.

즉, ADC1과 ADC2가 서로 번갈아 가면서 sampling과 변환을 수행하여 결국, 선택한 channel은 7 ADC clock cycles마다 변환을 수행하게 된다. 이때, 각각의 ADC는 14 ADC clock cycles 마다 해당 channel을 변환한다. 예를 들면, ADC clock이 14[MHz]인 경우에 14[MHz]/7=2[MHz] samples/second가 된다. 이때 변환은 외부 trigger 또는 software에 의해서 시작될 수 있고, ADC1과 ADC2의 변환 결과들은 ADC1 data register(32bits format)에 저장된다. 최대 허용되는 sampling time은 ADC1과 ADC2 sampling phases 사이의 overlap을 피하기 위해서 7 ADC clock cycles이 사용되었다. 허용되는 sampling time은 1.5cycles뿐이다. 왜냐하면, 전체 변환 시간이 14 ADC clock cycles인데, 여기서 12.5 cycles는 processing time이므로 sampling time은 1.5 cycles 만 허용된다. 무엇보다도 최소 sampling time 허용 시간은 [그림 13.5-8]에서 보여준 것과 같이 1.5 cycles이다.

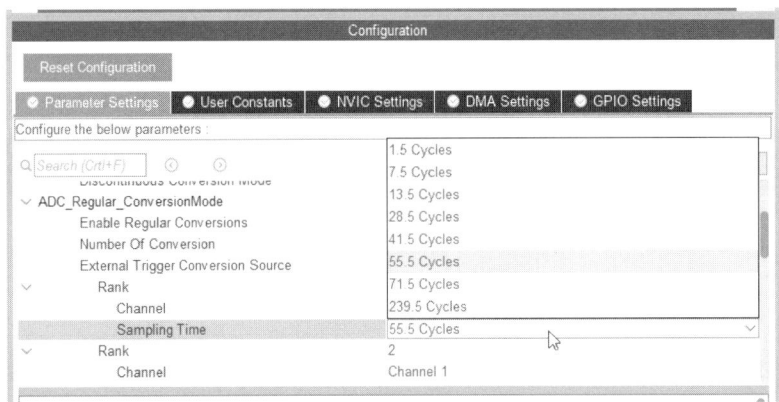

[그림 13.5-8] 최소 sampling time 허용 시간.

그러므로, [그림 13.5-9]에서 보여준 것과 같이 ADCCLK = 14[MHz] 일 때, 최소 sampling time은 1.5cycles이므로 각각의 ADC 결과 값을 얻을 수 있는 최대 sampling rate는 1[MHz] sample/second인 것을 알 수 있다.

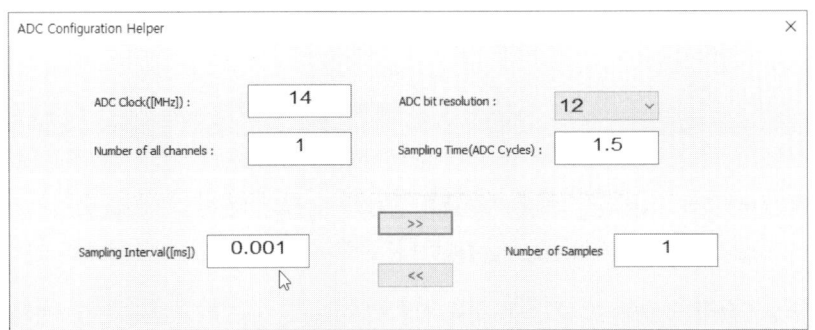

[그림 13.5-9] 최대 sampling rate는 1[Msps].

그런데, Dual fast interleaved mode를 사용하면, 이 sampling rate를 2[Msps]로 **2배**

올릴 수 있다는 의미가 된다. 이 방식을 사용할 때는 **데이터의 손실을 피하기 위해서** interrupts 대신에 DMA를 이용해야 한다.

❸ Dual slow interleaved mode 사용 방법 :

[그림 13.5-10]은 또 다른 동작 mode인 **Dual slow interleaved mode**의 동작 방식을 보여주고 있다.

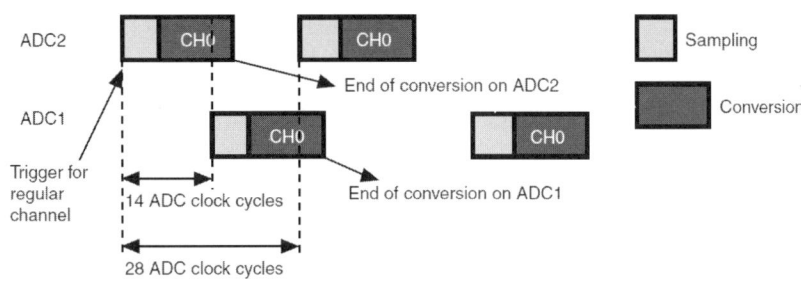

[그림 13.5-10] Dual slow interleaved mode.

역시, **한 개의** channel 변환에 사용된다. ADC1과 ADC2는 [그림 13.5-10]에서 보여준 것과 같이 **14 ADC clock cycles 주기로 교차하며** 선택된 channel을 변환한다. 결국, 선택한 channel은 14 ADC clock cycles 마다 변환을 수행한다. 또한, 각각의 ADC는 **28 ADC clock cycles** 마다 해당 channel을 변환한다. 이때 변환은 외부 trigger 또는 software에 의해서 시작될 수 있고, ADC1과 ADC2의 변환 결과들은 32bits format ADC1 data register에 저장된다. 이때, 최대 허용되는 sampling time은 ADC1과 ADC2 sampling phases 사이의 overlap을 피하기 위해서 14 ADC clock cycles이다. 허용되는 sampling time은 1.5, 7.5 그리고, 13.5cycles뿐이다. 단, Continuous conversion은 이 mode에서 사용되면 안 된다. 왜냐하면, ADC들은 계속해서 자동으로 선택한 channel 을 변환하기 때문이다. 이 방식을 사용할 때는 데이터의 손실을 피하기 위해서 interrupts 대신에 DMA 방식을 이용해야 한다.

❹ Dual alternate trigger mode 사용 방법 :

injected channel group에서**만** 사용되는 mode이다. [그림 13.5-11]처럼 ADC1과 ADC2가 **교대하며** 동일한 외부 trigger로 injected channel들을 변환한다. 첫 번째 trigger가 발생하였을 때, ADC1안에 있는 모든 injected group channels가 변환된다.

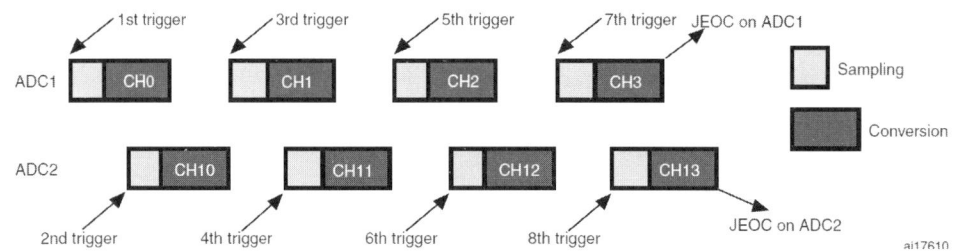

[그림 13.5-11] Dual alternate trigger mode.

두 번째 trigger가 발생하였을 때는 ADC2안에 있는 모든 injected group channels가 변환된다. group 안에 있는 최대 injected channels 개수는 각각의 ADC를 위해서 4개이다. 이 동작 mode는 1.5 ADC cycles보다 더 작은 sampling time을 생성하고 싶을 때에 사용된다.

❺ Dual combined : regular/injected simultaneous mode 사용 방법 :

[그림 13.5-12]처럼 injection을 허락하는 일반적인 simultaneous mode이다.

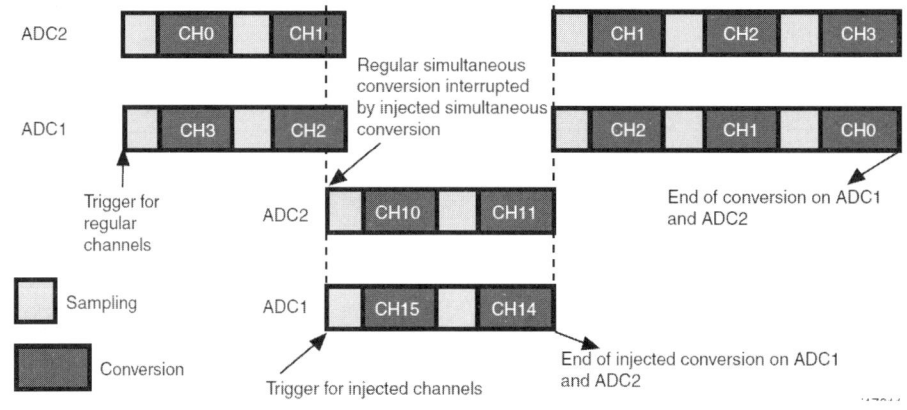

[그림 13.5-12] Dual combined: regular/injected simultaneous mode.

이때, injected channel들도 **동시에 변환**된다. 단, **동일한 길이를 갖는** sequence들을 변환해야하고, trigger들 사이에 간격은 2 sequence들 중에서 가장 긴 것보다 훨씬 긴 것을 보장해야 한다. 그렇지 않으면, 가장 긴 sequence를 가지는 ADC가 이전 변환을 완료하는 동안 가장 짧은 sequence로 ADC를 재 시작할 수 있다.

❻ Dual combined : injected simultaneous+interleaved mode 사용 방법 :

dual interleaved mode(fast 또는 slow)와 dual injected simultaneous mode의 조합이다. 즉, [그림 13.5-13]처럼 dual interleaved mode(fast 또는 slow)로 변환을 시작하고, injected channel이 trigger 될 때, interleaved channel 변환이 interrupt되고, 2개의 ADC들(ADC1과 ADC2)은 injected channels group을 변환하기 시작한다.

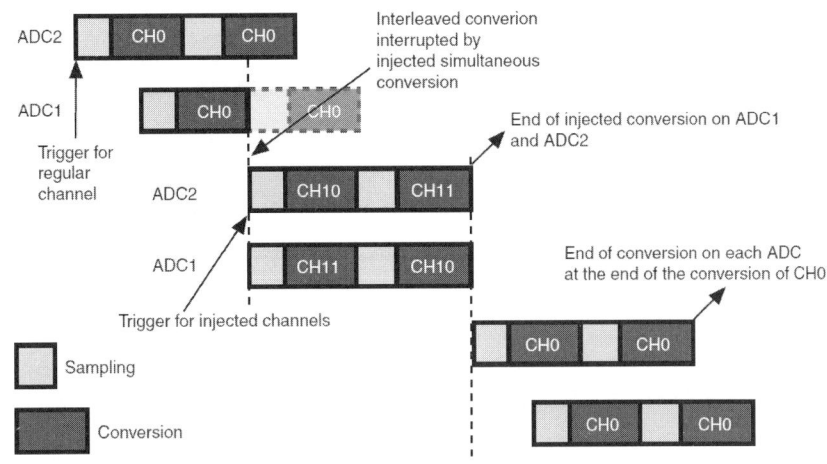

[그림 13.5-13] Dual combined: injected simultaneous + interleaved mode.

이제, 2개의 ADC들이 injected 변환을 완료하면, 다시 interleaved mode에서 설정된 channel의 변환을 시작한다.

지금까지 **다양한 ADC 동작 mode**들에 대해서 학습하였다. 이제부터는 ADC에 대한 좀 더 실질적인 예제들을 살펴보도록 하겠다.

13.6 온도 측정 방법.

이번 단원에서는 SJ_MCUBook_M3 보드에서 제공하는 **NTC** 부품을 이용하여 보드 주변 온도를 읽는 방법과 MCU **내부 온도 센서**를 이용하여 온도를 읽는 2가지 방법들에 대해서 각각 살펴보도록 할 것이다. 우선, 간단한 예제 파일을 만들어 보도록 하겠다. SJ_MCUBook_M3 보드에서는 NTC 소자로 **SMD** type인 **ERTJ1VR103J**을 사용하였다. 이처럼 PCB 표면에

SMD(Surface Mounting Device) Type으로 부착되면, PCB 주변 온도 보다는 상대적으로 **PCB 자체의 온도를 측정**하는 효과를 갖게 된다. 그러나, 만일, PCB 보드 자체 보다는 오히려 **주변의 온도에 좀 더 관심**이 있다면, dip type의 다리를 갖는 NTC 소자를 사용하는 것이 올바른 선택이다. 참고적으로 SJ_MCUBook_M4 보드에서는 다음의 website에서 소개하는 dip type의 다리를 갖는 NTC 소자를 탑재하였다.

http://www.lattron.com/portfolio_page/radial-type/

13.6.1 NTC를 이용한 온도 측정 방법.

[그림 13.6.1-1]은 SJ_MCUBook_M3 보드에 있는 NTC와 관련된 회로도 일부와 관련된 구성도를 보여준 것이다.

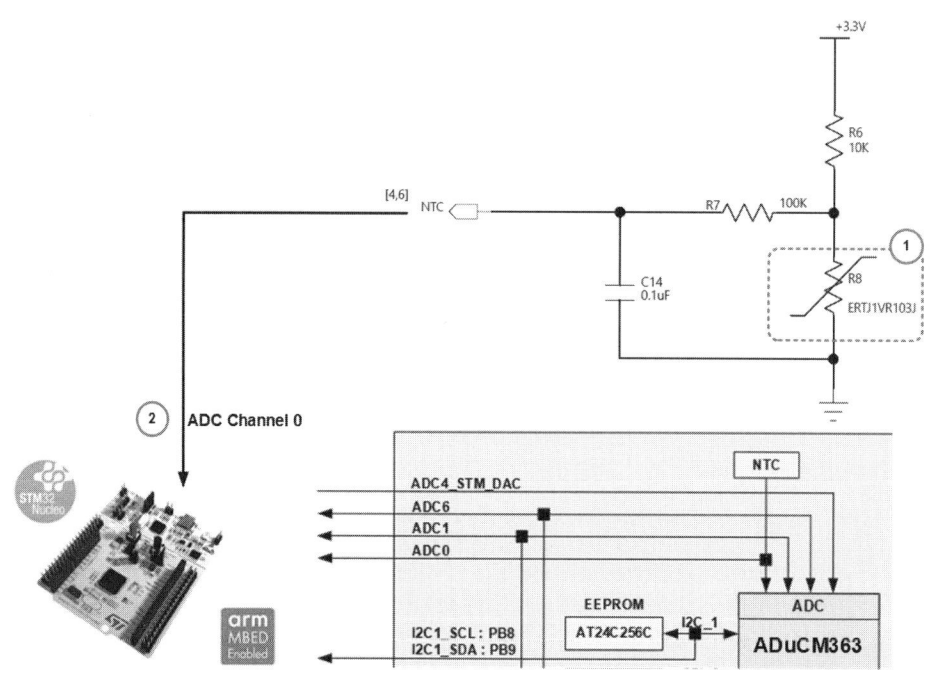

[그림 13.6.1-1] NTC를 이용하여 온도 측정.

①번에서 보여준 NTC는 **SMD type**인 **ERTJ1VR103J**을 사용하였으며, ②번에서 보여준 것과 같이 ADC1 channel_0번의 입력 신호로 연결되어 있다. **NTC**(Negative Temperature Coefficient)는 **온도가 올라가면 저항 값이 내려가는 특성**을 가진 부품으로서 저렴한 가격에

표준 저항 크기를 가지므로 많이 사용한다. 우선, 사용할 ERTJ1VR103J NTC thermistor에 대한 **저항과 온도에 대한 상관관계 표**를 얻어야 한다. [그림 13.6.1-2]는 Google을 통하여 ERTJ1VR103J NTC에 대한 저항과 온도에 대한 상관관계 표를 얻는 과정을 보여준 것이다.

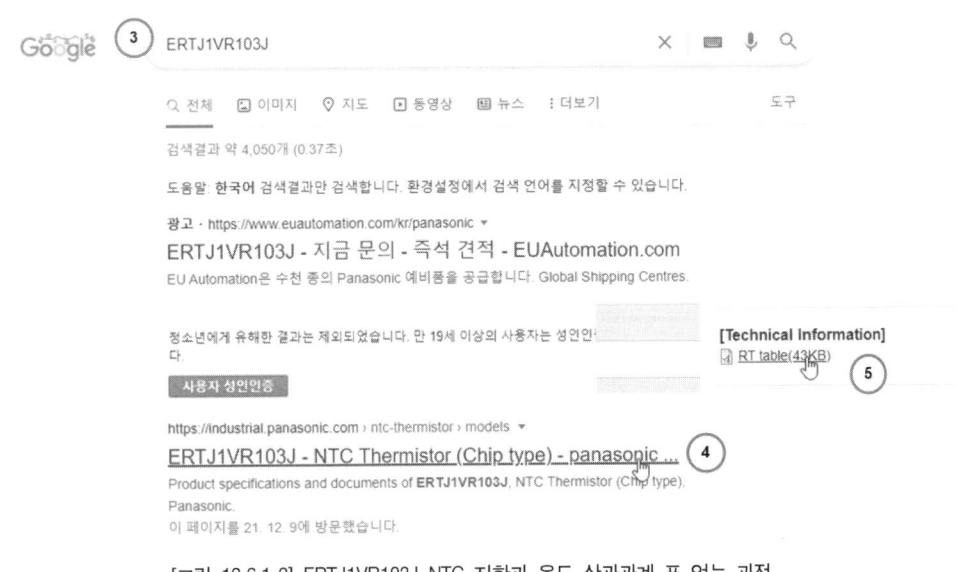

[그림 13.6.1-2] ERTJ1VR103J NTC 저항과 온도 상관관계 표 얻는 과정.

우선, ③번과 같이 부품명을 지정하고, 검색하면, ④번과 같이 **ERTJ1VR103J** NTC의 제조사가 파나소닉인 것을 알 수 있다. ④번의 link를 click하여 들어가서 찾아보면, ⑤번과 같이 **RT_Table** pdf 파일을 발견할 수 있다. [그림 13.6.1-3]의 ⑥번과 ⑦번처럼 [그림 13.6.1-2]의 ⑤번을 click하여 얻은 **RT_table.pdf** file에서 온도와 저항 값을 추출하여 excel로 **정리**한다. 정리한 파일은 Ch13Lab4 folder에 있으며, 해당 파일이름은 **온도센서 프로그램 값 (NTC_ERTJ1VR103J).xls** 이므로 참조하기 바란다. 이 excel file은 여러분이 **향후 임의의 NTC 소자를 사용하려는 경우에 매우 유용한 자료로 사용하게 될 것**이다. 그러므로, 잘 보관하기 바란다. 일반적으로 NTC는 **1도 간격**으로 온도와 저항에 대한 상관표를 제조사가 제공하지 않고, 5도 단위나 주요 온도에 대해서만 제공한다. 그러면, **보간법(Interpolation)**을 이용하여 측정하고자 원하는 온도 범위 즉, -40℃~120℃까지 정확한 온도 측정을 수행할 수 있도록 **1도 간격**의 데이터를 생성해 주어야 한다. 그리고, ⑧번에서 보여준 것과 같이 NTC와 10[kΩ]에 대해서 **전압 분배 법칙**을 적용하여 **센싱 전압**을 계산한다. 또한, ⑨번처럼 12bits ADC full scale인 4095를 곱하여 예상되는 ADC code 값을 계산해 준다.

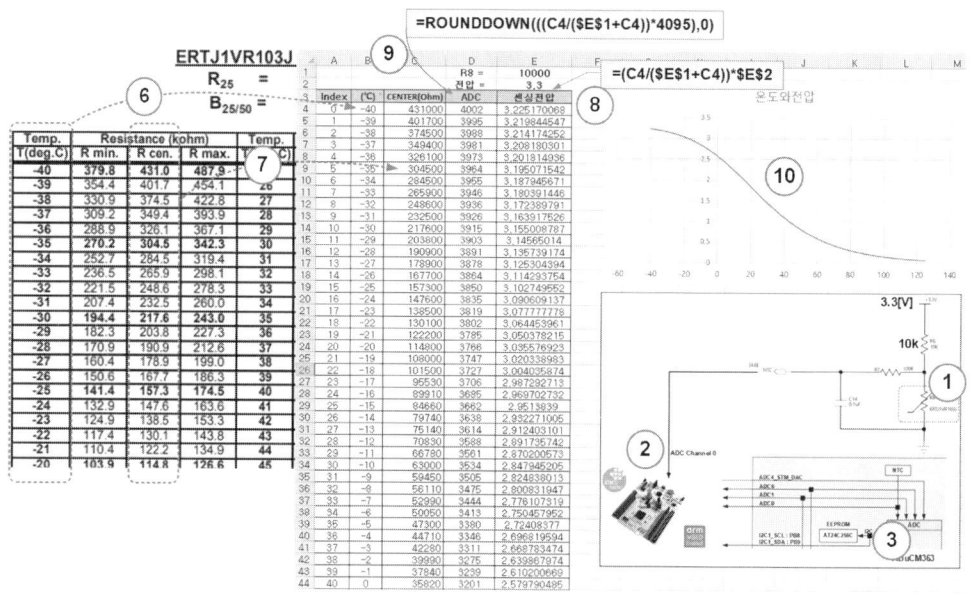

[그림 13.6.1-3] ERTJ1VR103J NTC 저항과 온도 상관관계 표 excel로 정리.

이처럼 계산을 하고, 온도와 전압에 대해서 ⑩번과 같이 그래프를 그려서 온도와 센싱 전압의 상관관계를 확인해 본다. 왜냐하면, 제품의 주요 **동작 온도 범위에서 선형의 관계**를 가지는 것이 중요하기 때문이다. 이처럼 관련 회로도와 table을 하나의 excel file에 추가하여 보관하면, 추후에 임의의 NTC를 사용할 때에 상당히 유용한 자료의 역할을 한다. 어쨌든, NTC로부터 측정된 온도는 ADC1 channel0으로부터 읽혀져서 ADC code으로 얻게 된다. 이제, 다음과 같이 **TempCalHeat()** 함수의 입력 매개변수로 읽혀진 ADC code 값을 제공하면, [그림 13.6.1-3]에서 보여준 도표에 근거하여 실제 온도를 알 수 있게 되고, 이 값을 PC로 보내주면, 온도의 변화를 0.5초 단위로 확인할 수 있게 된다. 단, 배열 NTC_Data[166]은 [그림 13.6.1-3]에서 166개의 ADC code 값들을 저장하고 있다.

```
int32_t TempCalHeat(uint32_t DegVal) {
  int TempVal = 0, i=0;
  for(i=0;i<166;i++) {
    if (NTC_Data[i]<DegVal) {
      TempVal = i-40;
      break;
    }
  }
```

```
    if(i==166) {
      if(100>DegVal) { // larger than 125deg, 단, 100은 최소 ADC code 값!
        TempVal=125;
      } else {          // less than -40deg
        TempVal=-40;
      }
    }
    return TempVal;
  }
```

Ch13Lab4 folder의 main.c 파일을 보면 관련 내용을 확인 할 수 있다. 온도의 변화는 각각의 ADC DMA 전송이 완료될 때마다 정현파처럼 PC에 데이터를 전송할 필요 없이, 17[ms] 동안 데이터를 모두 모아서 평균을 취하여 전송해도 된다. 왜냐하면, 온도는 그렇게 빨리 변하지 않기 때문이다. 현재, **Ch13Lab4** project에서는 100개의 sample들에 대한 평균을 구하여 그 데이터를 PC에 전송하도록 하였다. 그러므로, [그림 13.6.1-4]에서 보여준 것처럼 2.4[ms] 동안 온도 데이터를 취합하여 평균값을 갱신하는 구조이다.

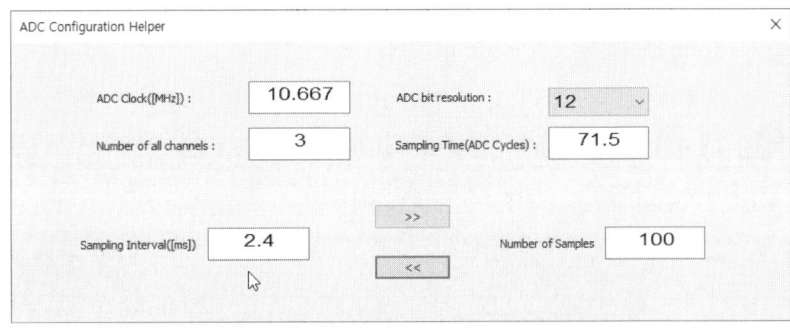

[그림 13.6.1-4] 2.4[ms] 마다 온도 데이터 갱신.

일반적으로 온도는 0.5[초] 단위로 갱신해도 충분하다. 이것은 결국, 500[ms] 마다 PC로 온도 데이터를 전송할 것이므로 10,000개의 sample들에 대한 평균을 취하여 240[ms]마다 온도 데이터를 갱신하여도 된다는 의미가 된다. 이처럼 평균값을 넓게 잡으면, 이것은 결국, 신호 해석적으로 볼 때에 고주파가 사라지는 효과가 있어서 보다 안정된 온도 변화를 관찰할 수 있게 된다. [그림 13.6.1-5]는 가열된 인두 팁을 SJ_MCUBook_M3 보드에 있는 NTC 소자에 가까이 다가간 경우와 NTC 소자 표면 **가까이** 인두의 팁을 가져간 경우에 온도의 변화를 보여준 것이다.

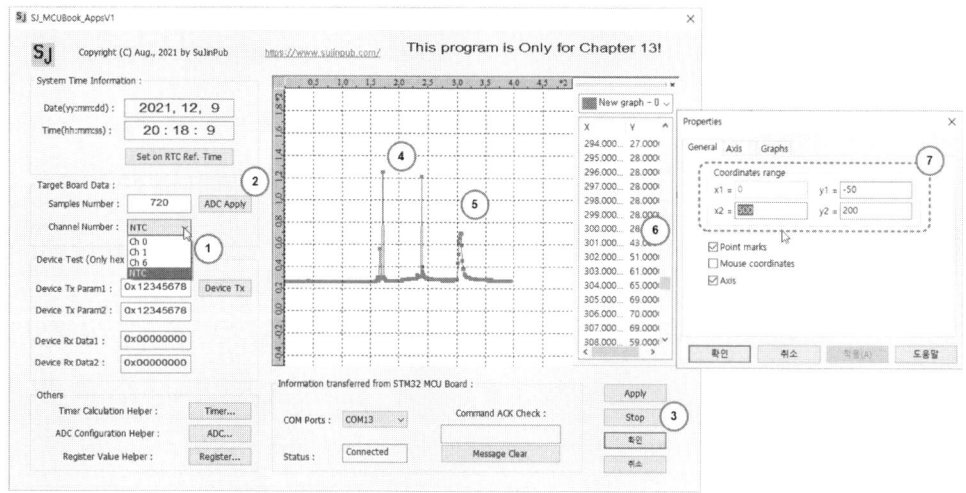

[그림 13.6.1-5] Ch13Lab4 project 동작 모습.

단, TempCalHeat() 함수에 나와 있듯이 125℃가 제일 높은 온도인데 주의하자. 우선, SJ_MCUBook_M3 보드에 Ch13Lab4 project를 build하고, download하여 준다. 그리고 나서, SJ_MCUBook_Apps program을 실행하여 UART를 연결해 준다. 그리고, ①번과 같이 **Channel Number :**에서 4번째 item인 **NTC**를 선택하고, 이어서 ②번과 같이 **ADC Apply** button을 click하여 준다. 그리고, ③번의 **Run** button을 click하여 주면, 문자열이 **Stop**으로 바뀌고, 데이터가 표시되기 시작한다. 이때, 범위를 ⑦번과 같이 x축은 [0 500]으로 설정하고, y축은 온도 범위로서 -40℃~125℃까지 측정하므로 여유 있게 [-50 200]으로 설정해 준다. 그리고 나서, 인두 팁을 NTC 소자에 닿으면 ④번과 같이 가장 높은 온도인 125℃로 올라가고, 가까이 다가가면 ⑤번과 같이 온도가 올라가는 것을 확인 할 수 있으며, 그때의 온도는 ⑥번에서 값으로 확인할 수 있다. 또한, 평상시 온도는 28℃인 것도 알 수 있다. 그런데, **ERTJ1VR103J** NTC과 같이 PCB에 SMD type으로 붙이는 경우에 온도는 보드 주변 온도가 아닌 **PCB 보드 자체의 온도**인 것에 주의하기 바란다. 만일, 보드 주변의 온도를 알고 싶다면, SMD type이 아닌 lead를 갖는 [그림 13.6.1-6]에서 보여준 DIP type이어야 하며, 이 부품은 SJ_MCUBook_M4 보드에 탑재 되어 있다.

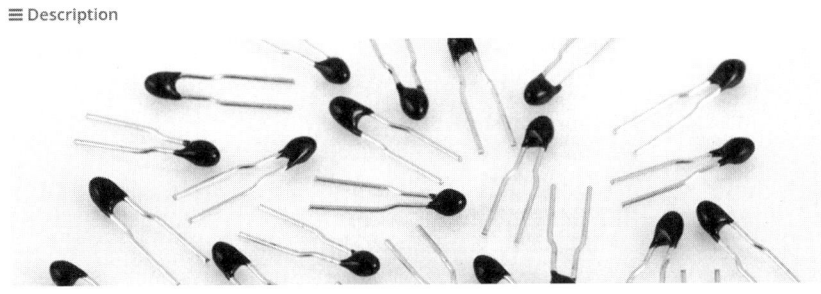

[그림 13.6.1-6] LNTK103FW NTC Thermistor 모습.

13.6.2 STM32F MCU 내부 온도 sensor를 이용한 온도 측정 방법.

STM32 MCU 내부에 있는 **TS**(Temperature sensor)는 온도 변화에 **선형적으로 전압**(V_{SENSE}) 을 발생시켜준다. 전압 변환 범위는 $2[V] < V_{DDA} < 3.6[V]$이다. 참고적으로 Nucleo 보드의 경우에는 $V_{DDA} = 3.3[V]$이다. **온도 sensor는 내부적으로** ADC1_IN16 입력 channel에 연결되어 있으며, digital 값으로 sensor 출력 전압을 변화하여 준다. [그림 13.6.2-1]은 온도 센서 특성을 정리한 것이다. 단, STM32F103, STM32F302에 대한 내용이다.

Symbol	Parameter	Min	Typ	Max	Unit
T_L	V_{SENSE} linearity with temperature	-	±1	±2	°C
Avg_Slope	Average slope	4.0	4.3	4.6	mV/°C
V_{25}	Voltage at 25 °C	1.34	1.43	1.52	V
t_{START} [(1)]	Startup time	4	-	10	μs
T_{S_temp} [(2)(1)]	ADC sampling time when reading the temperature	-	-	17.1	μs

[그림 13.6.2-1] 온도 센서 특성.

추천되는 sensor를 위한 **sampling time은 17.1[us]**이다. 이제, STM32 MCU 내부 온도 센서를 사용하는 예제를 만들기 위해서 우선, Ch13Lab4 folder의 내용을 그대로 복사하여 Ch13Lab5 folder로 이름만 바꾸어 생성한다. 그리고, Ch13Lab4.ioc file을 Ch13Lab5.ioc로 파일 이름을 변경한 이후에 double click하여 CubeMX를 호출한다. 그리고 나서, ADC1 Channel **16번의** Temperature Sensor Channel을 추가하기 위하여 [그림 13.6.2-2]의 ①번과 같이 ADC1 item을 선택하고, ②번과 같이 Temperature Sensor Channel을 선택하여 추가한다.

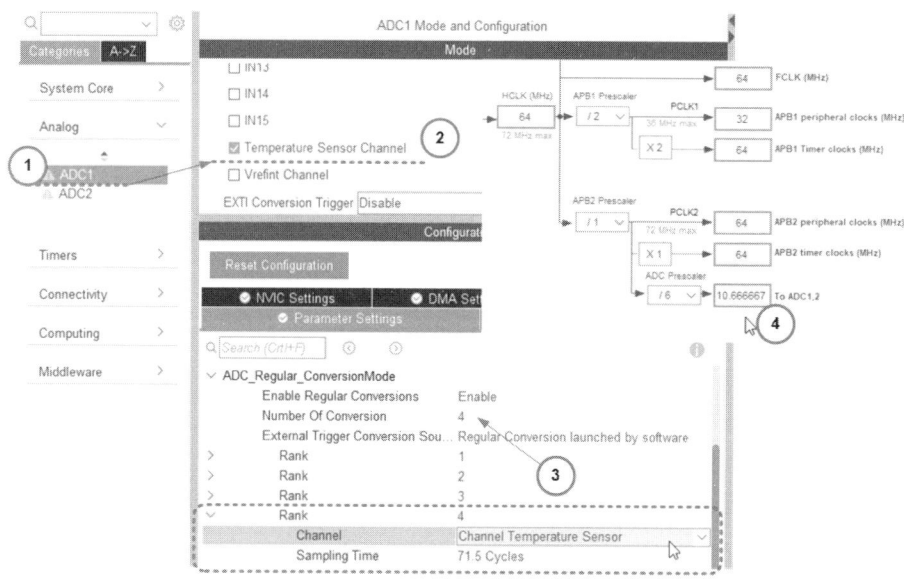

[그림 13.6.2-2] 온도 센서 설정 방법.

③번과 같이 **Parameter Settings** tab에서 **Number Of Conversion**의 개수를 4로 수정하여 전체 group을 형성하는 channel들의 개수를 4로 조정한다. 이어서 추가한 온도 센서 channel에 대한 Rank, Channel과 Sampling Time을 설정해 준다. ④번에서 보여준 것과 같이 ADC clock은 64[MHz]/6≅10.67[MHz]으로 설정되어 있다. 그러므로, Sampling Time을 다른 channel들과 동일하게 71.5Cycles로 설정하면, 각 channel에 대한 변환 시간은 [그림 13.6.2-3]에서 보여준 것과 같이 31.5[us]가 된다.

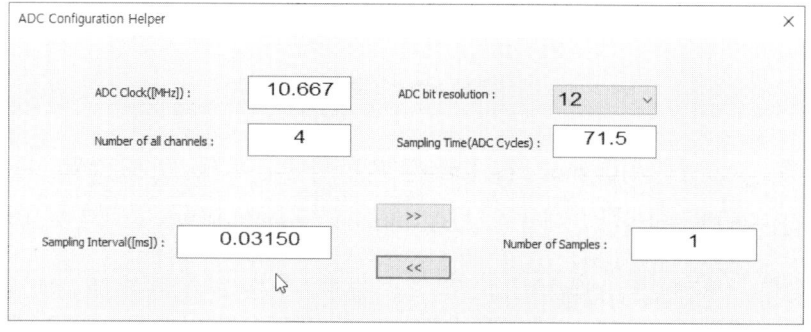

[그림 13.6.2-3] 온도센서 변환 시간.

그러므로, 1번 정도는 온도 데이터가 덮어써지지만(overwrite), 온도 변화는 그렇게 빠르게 발생하지 않으므로 문제가 되지 않는다. 이제, CubeMX에 의해서 생성된 C framework로부터 온도 센서에 대한 ADC code 값은 다음과 같은 공식에 의해서 실질적인 온도 값으로 변환된다.

$$온도(℃) = (V_{25} - V_{SENSE})/Avg\_Slope + 25$$

여기서, V_{25}은 25℃일 때의 V_{SENSE} 전압값으로서 [그림 13.6.2-1]로부터 1.43[V]인 것을 알 수 있다. 그리고, **Avg_Slope**는 역시, [그림 13.6.2-1]로부터 4.3[mV]인 것을 알 수 있다. 결국, STM32F103과 STM32F302 MCU의 경우에는 다음과 같이 공식을 정리할 수 있다.

$$온도(℃) = (1.43 - V_{SENSE})/0.0043 + 25$$

또한, V_{SENSE} 전압값은 다음과 같이 12bits ADC code 값으로 환산된다.

$$V_{SENSE} = (3.3/4095) \times ADC\ Code\ 값$$

그러므로, 온도 공식은 다음과 같이 바뀐다.

$$온도(℃) = (1.43 - ((3.3/4095) \times ADC\_Code))/0.0043 + 25$$

이 수식을 정리하면 다음과 같다.

$$온도(℃) = 357.558 - 0.187 \times ADC\_Code \quad (식\ 13.6.2-1)$$

(식 13.6.2-1)을 MATLAB을 이용하여 그래프로 표시해보면, [그림 13.6.2-4]와 같다. 단, STM32F103은 FPU가 없는 Cortex-M3 core를 사용한다. 그러므로, 수식을 다음과 같이 수정하여 사용하는 것도 좋은 생각일 것이다.

```
// 34500 means 34.5 degree by which it is 34500/1000
#define InternalTempSensor(ADCCode)        (357558-(187*(ADCCode)))
```

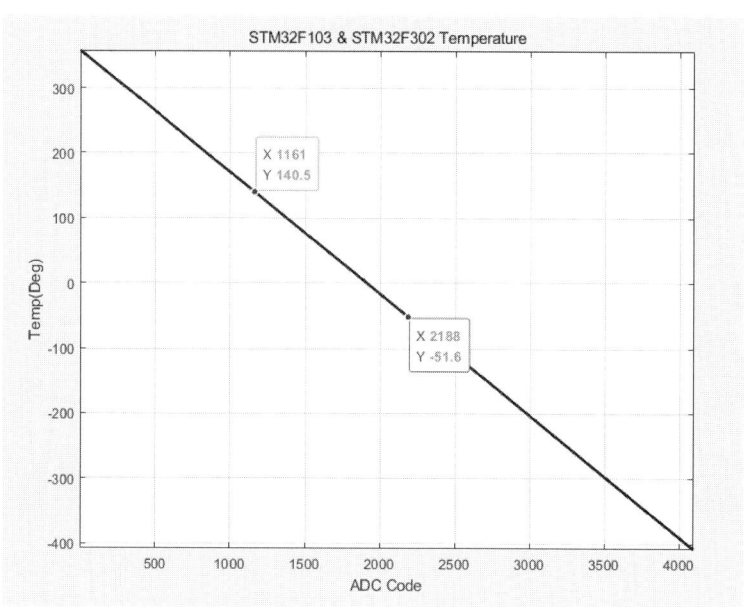

[그림 13.6.2-4] STM32 MCU 온도 센서 특성.

그리고, 실제 온도를 구할 때는 1000을 나누어주면 될 것이다. [그림 13.6.2-5]는 Ch13Lab5 project에 대한 동작 상황을 보여준 것이다.

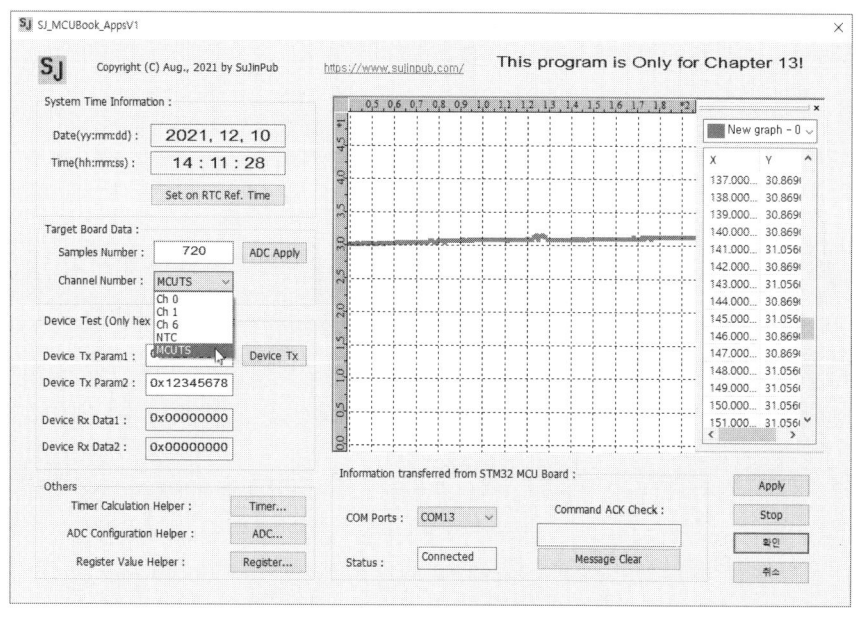

[그림 13.6.2-5] Ch13Lab5 project 동작 상황.

Channel Number:에서 **MCUTS**를 선택하고, **ADC Apply** button을 click하여 준다. 그리고 나서, **Run** button을 click하여 주면, 문자열은 **Stop**으로 바뀌고 이어서 온도를 표시해 준다. function handle 3에 대한 handler routine을 다음과 같이 수정하여 기존의 TLV5638 DAC에 대한 ADC1 channel_1과 channel_6, 그리고, NTC와 MCU 내부 온도센서를 처리하도록 하였다.

```
void Channel3Func(void) { // Channel 3 function :
  int32_t i = 0,j = 0;
  uint8_t Temp[4] = {0,};
  uint16_t ChNum = 0, SamplesNum = 0;
  for (i = 2,j = 0; i<(2+2*5); i += 2,j++) {
    Temp[i-(2+j)] = ((uint32_t)hextoint8(&(UARTBuf.RxBuf2[i])));
  }
  ChNum =(Temp[0]<<8)|Temp[1];   // Selected ADC Channel
  switch(ChNum) {
    case 3 :   // For NTC event
      bTempFlag=true;
    break;
    case 4 :   // For MCU Temperature Sensor
      bMCUTempFlag=true;
    break;
    default :
      bTempFlag=false;
      bMCUTempFlag=false;
      SelChannel=ChNum;
      SamplesNum=(Temp[2]<<8)|Temp[3];   // Selected ADC Channel
      BuffSize=SamplesNum;
      bADCChnSelFlag=true;
      gj=0;
    break;
  }
}
```

또한, MCU 내부 온도센서를 이용하여 온도를 측정할 때에도 NTC와 마찬가지로 100개의 sample들을 취합하여 평균을 구한 뒤에 PC로 보내주는 방식을 사용하였다. 이제, 헤어드라이기를 사용해서 실험해 보기 바란다. 지금까지 STM32 MCU에 대한 ADC 사용 방법을 자세히 학습하였다. 이제 Chapter를 바꾸어 DAC를 사용하는 방법에 대해서 살펴보도록 하겠다.

【연구 과제】

Chapter 13장에서는 STM32의 12bits SAR ADC를 사용하는 방법에 대해서 자세히 학습하였다. Nucleo-STM32F103RB 보드의 Arduino Uno Connector에 SJ_MCUBook_M3 보드를 연결하여 SJ_MCUBook_Apps program을 실행하면서 NTC와 MCU 내부 온도 센서를 이용하여 고온의 인두 등을 가까이 다가갔을 때에 온도가 바뀌는 것을 실시간으로 그래프와 데이터로 확인하였다. 특별히, Ch13Lab4 project는 SJ_MCUBook_M3 보드에 있는 NTC를 이용하였는데, 이 project를 수정하여 Nucleo-STM32L476 보드에 연결하였을 때에도 동일하게 SJ_MCUBook_Apps program이 동작하도록 개발해 보기 바란다.

CHAPTER 14

DAC 사용 방법과 Interrupt 우선순위

우리는 Chapter 11.에서 TLV5638 DAC를 통하여 Digital-to-Analog Converter 소자를 사용하는 방법을 학습하였다. 또한, [그림 11.4-4]에서 보여준 것과 같이 100개의 정현파 **디지털** 데이터를 배열에 저장하여 SPI 통신으로 연결된 TLV5638 DAC에 제공하면, 해당 analog 신호로 변환되어 출력되는 것을 학습하였다.

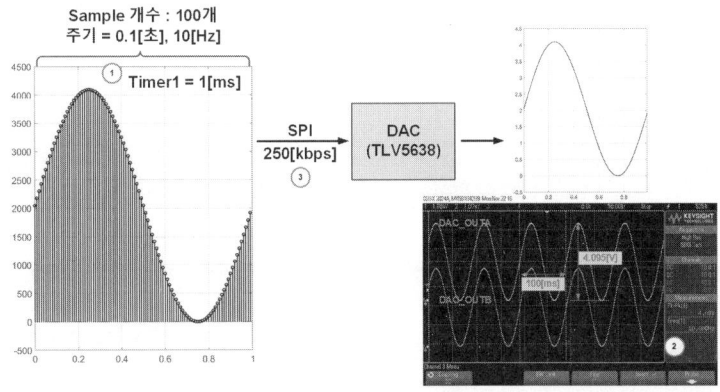

[그림 11.4-4] DAC를 이용한 analog 신호 생성 방법(2).

이번 Chapter에서는 **STM32 MCU에서 제공하는 내부 DAC를 사용하는 방법**에 대해서 자세히 학습하고, 이어서 MCU 내부에서 발생하는 다양한 **interrupt들에 대해서 우선순위를 설정하는 방법**과 그에 따른 동작의 변화를 학습하는 시간을 가질 것이다.

■ 학습 목표 :
- STM32 MCU DAC의 기능과 특징을 학습한다.
- STM32 MCU DAC 사용을 위한 CubeMX 설정 방법을 학습한다.
- DMA 방식으로 신호를 발생시키는 방법을 실험해 본다.
- Cortex-M core를 위한 Interrupt Controller NVIC에 대해서 학습한다.
- Interrupt 우선순위의 개념과 조정 방법에 대해서 학습한다.

14.1 STM32 MCU DAC 특징 정리.

[그림 14.1-1]에서 보여준 것과 같이 Nucleo-STM32F103RB MCU는 DAC를 제공하지 않는다. 그러나, STM32F103RC MCU는 12bits DAC를 2개 제공한다. 그리고, flash memory와 내부 memory 크기가 대략 2배 정도 큰 것을 알 수 있다.

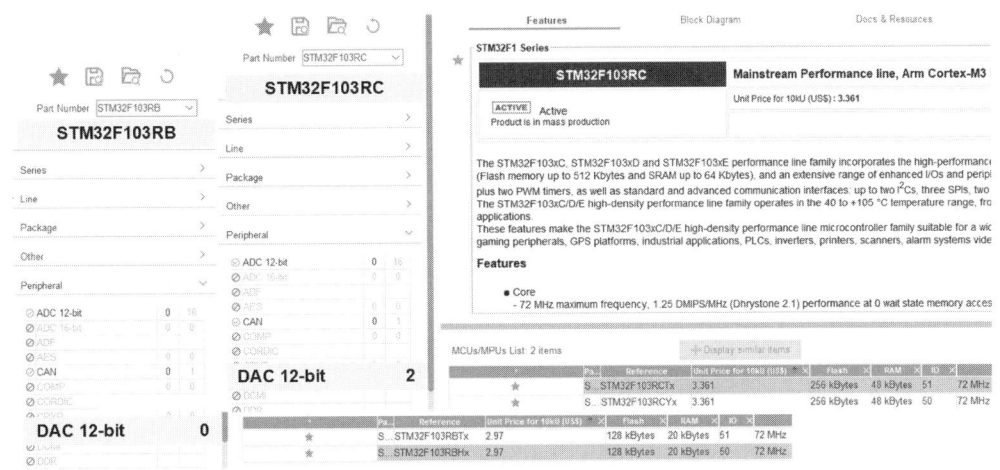

[그림 14.1-1] STM32F103RB와 STM32F103RC MCU 비교.

그래서, 가격이 $0.4 높다. 그러나 불행하게도 STM32F103RC Nucleo 보드는 제공되지 않는다. 그러므로, 이번 Chapter에서는 DAC를 제공하는 Nucleo-STM32L476을 기본으로 설명하도록 하겠다. 사용할 기본 예제는 Chapter13 folder의 **Ch13Lab3** folder이다. 이 folder를 전체 복사하여 새로운 Chapter14 folder를 생성하고, 그 안에 붙여넣기를 한다. 그리고 나서, 붙여 넣기 한 **Ch13Lab3** folder 안에 있는 Ch13Lab3.ioc file을 Ch14Lab1.ioc 파일로 이름만 바꾸어 준다. 이번 단원에서는 STM32 MCU가 제공하는 **DAC에 대한 내용**을 학습하고, **14.2.절**부터 본격적으로 관련 project를 구현해 보도록 하겠다. [그림 14.1-2]에서 보여준 것과 같이 Digital to Analog Converter 즉, DAC는 code 상에 설정한 digital word 각각을 이용하여 대응하는 analog 전압을 만들어 주는 역할을 한다. 즉, ①번과 같이 출력하고자 원하는 analog 신호에 대한 sample 값들을 digital word 배열로 저장한 값들을 ②번처럼 선택한 DAC output channel로 출력하면, ③번과 같이 원하는 analog 전압의 파형을 생성할 수 있다.

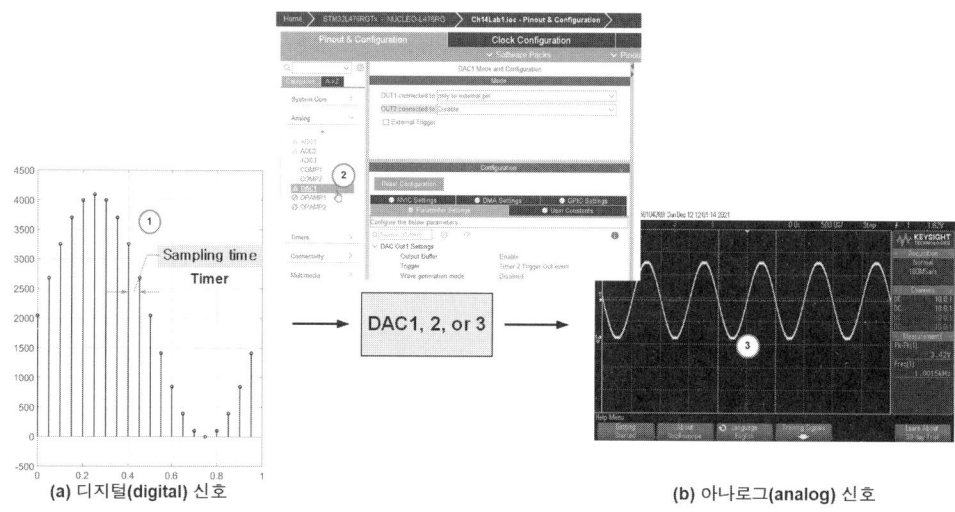

[그림 14.1-2] Digital-to-Analog Converter의 사용 방법.

현재, STM32L476은 DAC1 한 개의 DAC만 제공하고, 2개의 DAC 출력 channel들을 사용할 수 있다. 그러나, STM32F373과 같이 3개의 DAC 출력 channel들을 사용할 수 있는 MCU도 제공되고 있다. 단, 3개의 DAC 출력 channel들이 제공되는 경우에 DAC 주변장치는 DAC1과 DAC2 2개이며, DAC1이 2개 DAC 출력 channel들을 생성하고, DAC2가 1개의 DAC 출력 channel을 생성한다. 어쨌든, 이들 DAC는 각각 12bits 크기를 가지는 digital word를 analog 신호로 변환해 준다. 이처럼 변환된 analog 신호는 다양한 종류의 **오디오 관련 제품에 사용**될 수 있다. 예를 들면, 보안 관련 alarm 신호, 말하는 장난감, 자동 응답기, 그리고 각종 저가의 music player에 적용되어 사용된다. 또는 analog 파형 생성기 등에 사용된다. 다음은 STM32 MCU가 제공하는 DAC의 특징들에 대해서 정리한 것이다.

❶ 최대 3개까지 DAC 출력 channel들을 제공한다.
❷ 잡음(noise) 파형 생성기와 삼각파(Triangular) 파형 생성기를 제공한다.
❸ DMA와 연동하여 사용할 수 있으며, 전용 analog clock을 제공한다.

[표 14.1-1]은 STM32 MCU 종류별로 DAC 특징들을 정리한 것이다. 표에 나와 있듯이 STM32F103RB는 DAC가 없지만, STM32F103xC/D/E/F/G MCU는 DAC 출력 channel을 2개씩 가지고 있는 것을 확인할 수 있다.

Series	Product RPN	DAC outputs	White noise generator	Triangular wave generator	DMA capability	DMA under run error	Series	Product RPN	DAC outputs	White noise generator	Triangular wave generator	DMA capability	DMA under run error
F0	STM32F030xx STM32F031xx STM32F038xx STM32F042xx STM32F048xx STM32F070xx	0	-	-	-	-	F3	STM32F301xx STM32F302xx STM32F318xx	1	Yes	Yes	Yes	Yes
	STM32F051xx STM32F058xx	1	No	No	Yes	No		STM32F303xB/C/D/E STM32F358xx STM32F398xx	2	Yes	Yes	Yes	Yes
	STM32F071xx STM32F072xx STM32F078xx STM32F091xx STM32F098xx	2	Yes	Yes	Yes	Yes		STM32F3328 STM32F3334 STM32F3373 STM32F3378	3	Yes (only for 2 channels)	Yes (only for 2 channels)	Yes	Yes
F1	STM32F101x4/6/8B STM32F102xx STM32F103x4/6/8B	0	-	-	-	-	F4	STM32F401xx STM32F411xx STM32F412xx	0	-	-	-	-
	STM32F100xx STM32F101xC/D/E/F/G STM32F103xC/D/E/F/G STM32F105xx STM32F107xx	2	Yes	Yes	Yes	Yes		STM32F410xx	1	Yes	Yes	Yes	Yes
F2	STM32F2xxxx	2	Yes	Yes	Yes	Yes		STM32F405xx STM32F407xx STM32F413xx STM32F415xx STM32F417xx STM32F423xx STM32F427xx STM32F429xx STM32F437xx STM32F439xx STM32F446xx STM32F469xx STM32F479xx	2	Yes	Yes	Yes	Yes
F7	STM32F7xxxx	2	Yes	Yes	Yes	Yes							
H7	STM32H7xxxx	2	Yes	Yes	Yes	Yes							
L0	STM32L031xx STM32L041xx STM32L051xx STM32L071xx STM32L081xx	0	-	-	-	-	L4	STM32L43xxx STM32L44xxx STM32L47xxx STM32L48xxx STM32L49xxx STM32L4Axxx	2	Yes	Yes	Yes	Yes
	STM32L052xx STM32L053xx STM32L062xx STM32L063xx	1	Yes	Yes	Yes	Yes		STM32L45xxx STM32L46xxx	1	Yes	Yes	Yes	Yes
L1	STM32L1xxxx	2	Yes	Yes	Yes	Yes							

[표 14.1-1] STM32 MCU 종류별로 DAC 특징 정리.

그리고, STM32L47xxx도 2개의 DAC 출력 channel들을 가지고 있는 것을 볼 수 있다. [그림 14.1-3]은 DAC 출력 방식에 따른 digital word 값 즉, data 형식(format)을 보여준 것이다.

❶ Timer를 이용한 DAC 출력 제어 방식 :

HAL_DAC_SetValue() 함수의 4번째 입력 매개변수로 digital word를 제공하고, 정렬 방식(alignment)은 3번째 입력 매개변수로 지정해 준다.

■ 사용 예제 :

HAL_DAC_SetValue(&hdac1, DAC_CHANNEL_1,DAC_ALIGN_12B_R, sine_val[gi]);

❷ DMA를 이용한 DAC 출력 제어 방식 :

HAL_DAC_Start_DMA() 함수의 3번째 입력 매개변수로 digital word가 저장되어 있는 배열의 pointer를 제공하고, 정렬 방식(alignment)은 5번째 입력 매개변수로 지정해 준다.

■ 사용 예제 :

HAL_DAC_Start_DMA(&hdac1,DAC_CHANNEL_1,sine_val,100,DAC_ALIGN_12B_R);

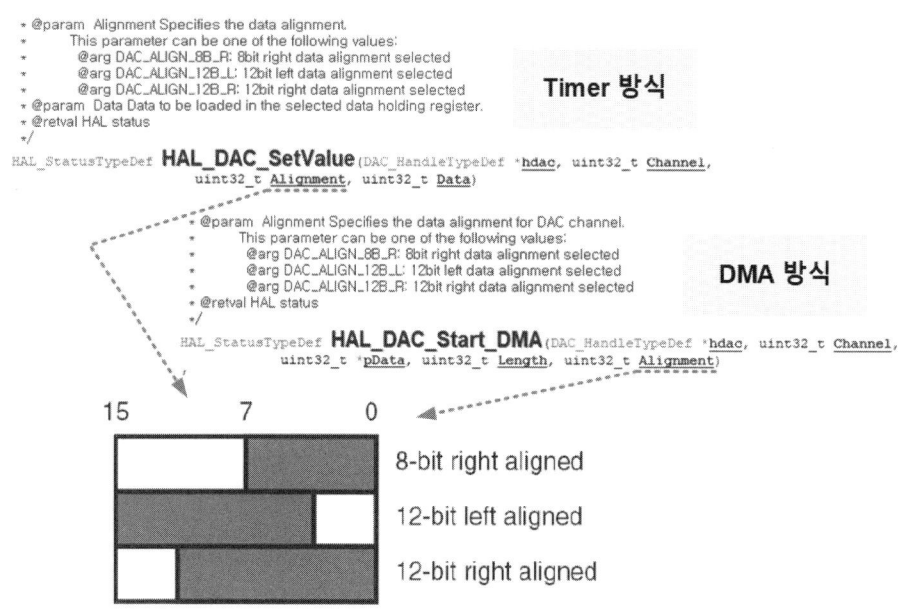

[그림 14.1-3] Digital Word data 형식(format).

최종적으로 다음과 같은 공식으로 지정한 DAC 출력 channel로 전압이 생성된다.

$$DAC_{Output} = V_{REF} \times DOR/4095 \qquad (식\ 14.1\text{-}1)$$

여기서, **DOR**은 DAC 내부 register로서 DAC channelx **D**ata **O**utput **R**egister를 의미하는데, 결국은 여러분이 출력하고자 원하는 C code 상에 지정한 DAC 출력 값인 digital word 값을 의미한다. 또한, 4095는 12bits DAC digital word의 최대값이며, $2^{12} - 1 = 4095$이다. [그림 14.1-4]는 STM32L476이 포함하고 있는 **Dual DAC channels**의 내부 구성도와 CubeMX 사이의 연관 관계를 보여준 것이다. 각각의 DAC 출력 channel은 output buffer 즉, **Buffer1**과 **Buffer2**를 사용할 수 있으므로 외부 부하를 구동하기 위해서 추가적인 OP-AMP를 사용할 필요가 없다. [그림 14.1-5(a)]의 경우는 **Output Buffer** option을 **Disable**하여 출력 output buffer를 사용하지 않았다. 그 결과 ③번에서 보여준 것처럼 5.1[kΩ] 부하에 예상한 1.65[V]가 아닌 **0.6[V]**로 출력 전압이 떨어진 것을 볼 수 있다. 이것은 DAC 출력 impedance가 상당히 크기 때문이다. 그러나, [그림 14.1-5(b)]처럼 **Output Buffer** option을 **Enable**로 설정하여 출력 output buffer를 사용한 경우를 살펴보자.

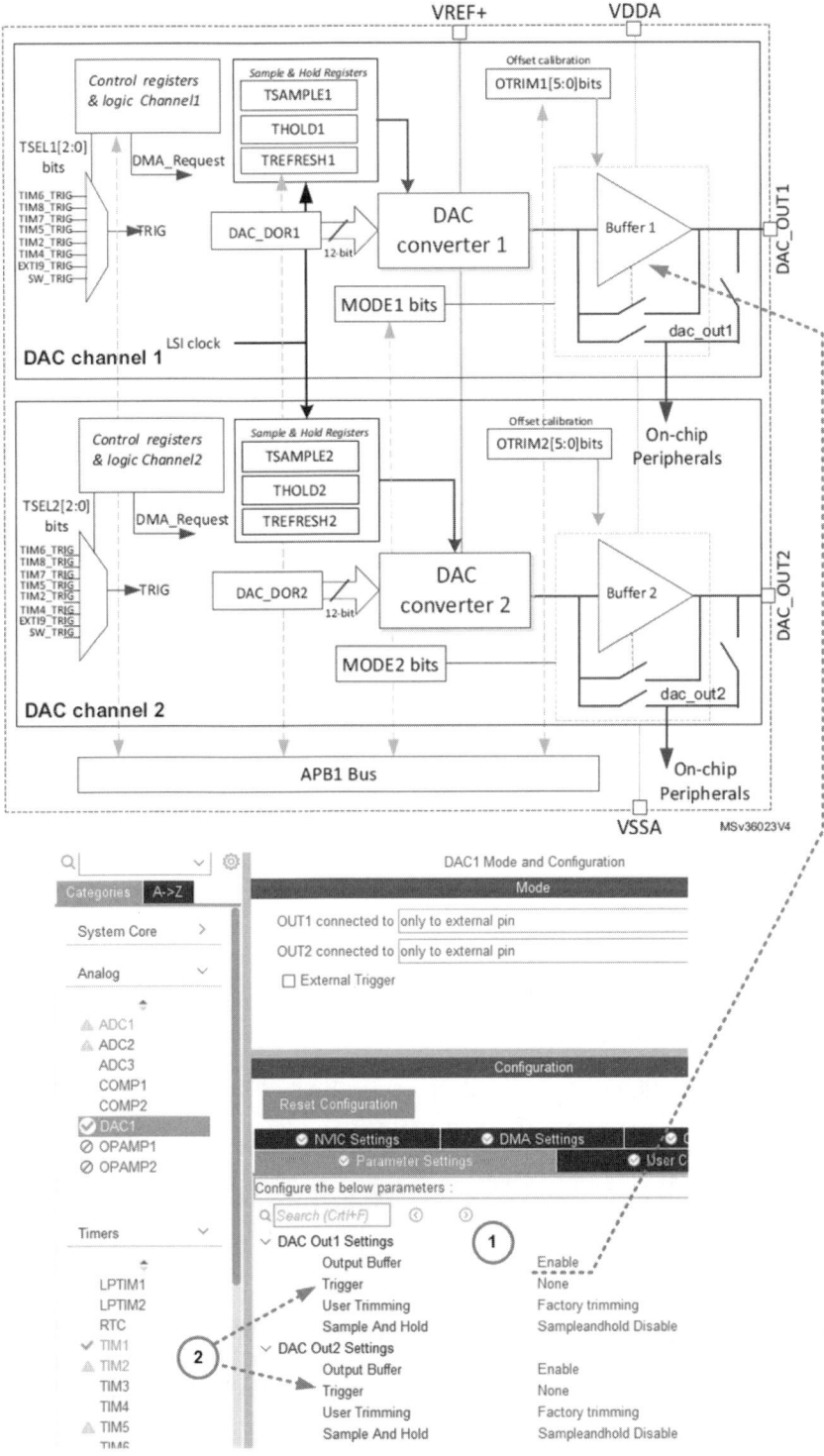

[그림 14.1-4] Dual DAC channels 내부 구성도.

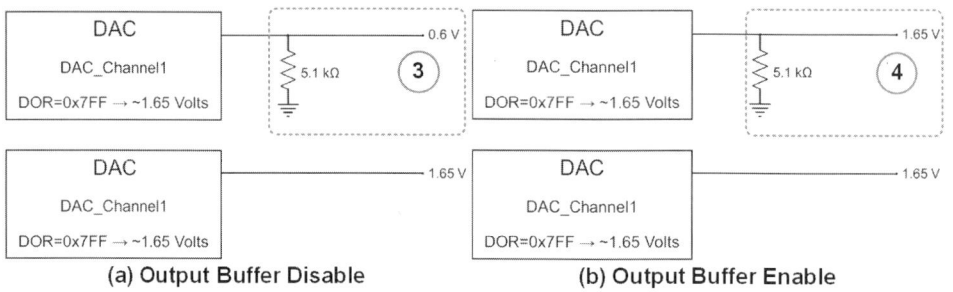

[그림 14.1-5] DAC Output Buffer 효과.

이때에는 DAC 출력 impedance의 영향이 제거되므로 5.1[kΩ] 부하를 사용하거나 사용하지 않거나 상관없이 동일하게 1.65[V]가 출력되는 것을 확인할 수 있다. 이것은 OP-AMP에 대한 기본적인 내용이므로 이 내용이 이해가 가지 않는다면, OP-AMP 기본적인 내용을 학습해 보기를 권고한다. 전자회로에서 OP-AMP는 상당히 중요하기 때문이다. 어쨌든, 이들 2개의 DAC 출력 channel들은 **독립적**으로 또는 **동시에** 출력하도록 제어할 수 있다. 즉, 2개의 channel들을 동일한 source로 triggering하도록 [그림 14.1-4]의 ②번에서 보여준 **Trigger**에서 설정해 주면, 2개의 DAC 출력 channel들은 **하나의 group으로 동작**하게 되고, 결국, **동시에 출력 전압을 위한 변환이 수행**된다. 구체적으로 [그림 14.1-6]의 ③번 **Trigger** option을 이용한다. **Trigger** option으로 나열된 Timer들 중에서 임의의 Timer를 선택하면, 선택한 timer의 trigger 출력 (즉, TIMx_TRGO) 상승 edge 마다 DOR에 저장되어 있는 digital word를 출력하게 된다. 그런데, DOR 즉, **D**ata **O**utput **R**egister에 데이터를 전송해 주는 방식에는 [그림 14.1-3]에서 보여준 것과 같이 Timer Update Event를 이용하여 그때 그때마다 digital word를 설정해 주는 **Timer 방식**이 있고, DMA를 이용하여 CPU와 상관없이 DMA buffer에 있는 데이터를 DOR로 전송해 주는 **DMA 방식**이 있다. [그림 14.1-7]은 이들 방식을 도식적으로 함께 표시해 준 것이다. [그림 14.1-7(b)]와 같이 DMA를 사용하면 결국, CPU는 다른 업무를 수행할 수 있고, 무엇보다도 여러 업무로 바쁜 CPU에게 DAC 출력을 위한 digital word 할당을 각각의 sample 마다 매번 요구한다면, digital word 할당 속도가 상대적으로 느려 질 수 밖에 없다. 이것은 결국, 원하는 analog 신호 1주기를 표현하는데 사용되는 sample들의 개수가 줄어든다는 의미가 되고, 이처럼 sample들의 수가 줄어들게 되면, [그림 11.4-4]의 scope 화면에 표시된 신호처럼 **점선 모양으로 보이는 신호가 생성**된다. 이 점선 모양을 확대해서 보면, 결국, **계단 모양**을 갖는 것을 볼 수 있다.

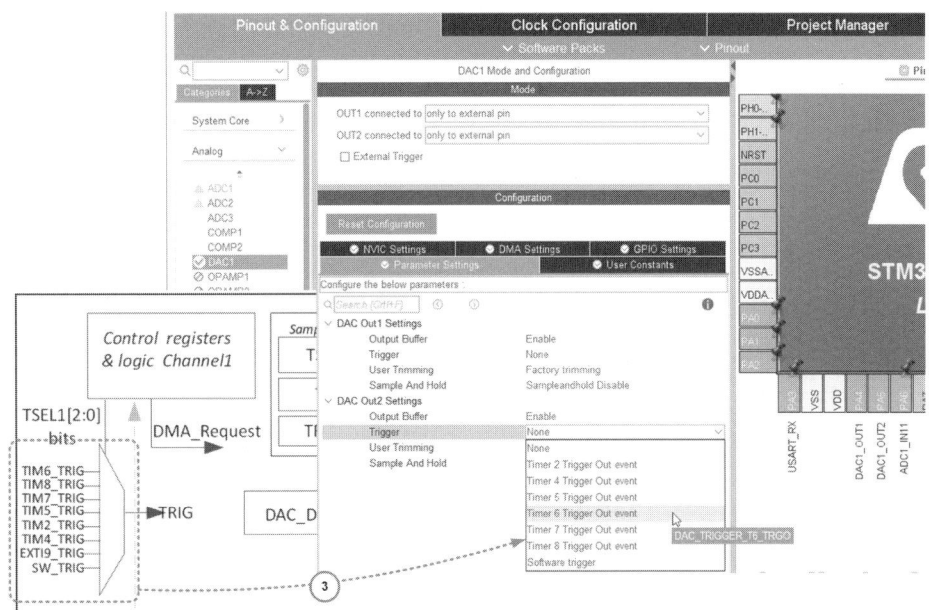

[그림 14.1-6] DAC Trigger Options.

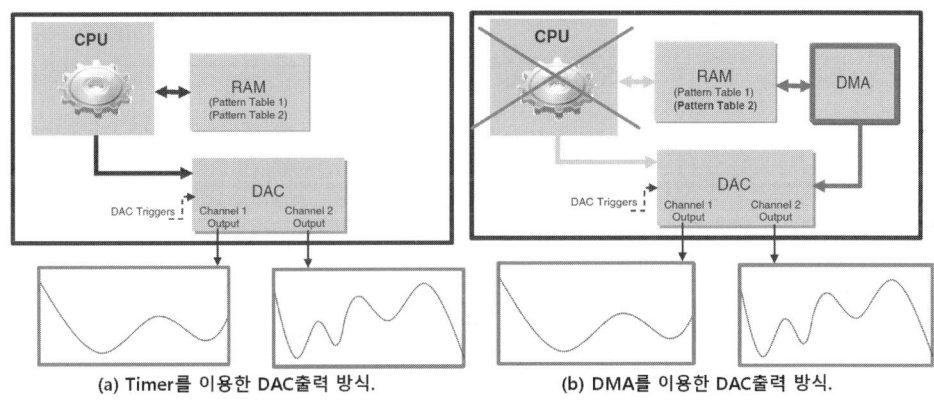

(a) Timer를 이용한 DAC출력 방식. (b) DMA를 이용한 DAC출력 방식.

[그림 14.1-7] DAC 출력 방식.

이와 같은 **각이 있는 계단 모양은 원치 않는 고주파들을 포함**하고 있어서 문제를 유발 할 수 있다는 데 주의해야 한다. 그러나, DMA 전송 방식을 사용하면, 고속으로 digital word 즉, sample 값을 갱신할 수 있으므로 출력 analog 신호 1주기에 더 많은 sample들을 제공할 수 있어서 원하지 않는 고조파들도 줄일 수 있고, 신호 자체도 매끄럽게 생성된다. 그러나, DMA를 사용하는 경우에는 DAC 변환 속도보다 DMA로 digital word를 전송하는 속도가 더 느리면 문제가 된다. 즉, DAC가 변환을 완료하였을 때에 다음 digital word가 없으면, 변환이 수행될 수 없고, 이때에는 **DMA underrun error** flag가 "1"이 된다는데 주의하자. 이를 좀 더 자세히 이해하기 위해서 [그림 14.1-8]의 DAC_SR(DAC status register)를 살펴보도록 하자.

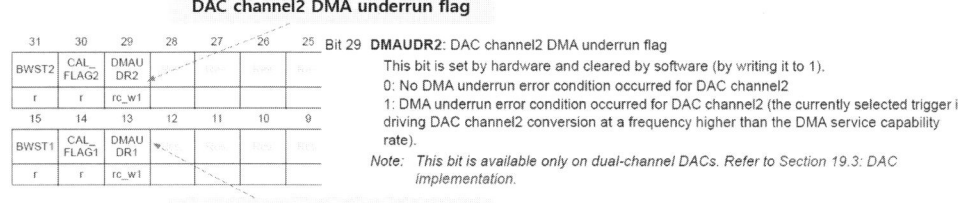

[그림 14.1-8] DAC status register (DAC_SR).

DAC_SR의 29번째와 13번째 bit는 각각 DMA underrun error를 표시해 준다. 이들 bit는 DAC 변환을 유발하는 현재 선택한 **trigger 주파수**가 DMA 전송 속도보다 빠른 경우에 발생한다. 그런데, 우리가 앞서 생성한 Chapter14 folder 안에 있는 Ch14Lab1.ioc 파일을 double click하여 CubeMX를 호출하고, [그림 14.1-9]처럼 **Clock Configuration** tab을 click하여 clock tree를 확인해 보도록 하자. 근본적으로 STM32L476 MCU의 내부 구성도처럼 DMA1과 DMA2는 Timer clock 보다 더 느릴 수가 없으므로 일반적으로 **DMA underrun error**가 발생할 수 없다. 또한, DAC는 [그림 14.1-10]에서 보여준 것과 같이 hardware적으로 백색 잡음(white noise)과 삼각파를 생성할 수 있도록 지원해 준다. 즉, [그림 14.1-10(a)]에서 보여준 것과 같은 white noise를 임의의 DAC channel에서 생성하고, 다른 channel에서는 생성될 noise의 offset을 조정하기 위한 pattern waveform을 생성하여 2개의 DAC channel들을 합쳐주면 된다. 삼각파도 역시, 기본 삼각파를 임의의 DAC channel에서 생성하고, offset을 조정하기 위한 pattern waveform을 생성하여 2개의 DAC channel들을 합쳐주서 생성한다. 결국, white noise와 삼각파를 생성하기 위해서는 Dual channel DAC를 사용해야 한다는 것도 알 수 있다. 또한, white noise와 삼각파의 진폭(amplitude)은 [그림 14.1-11]의 ②번과 ③번에서 보여준 것과 같이 DAC Control register인 DAC_CR.MAMP1/2 bit field를 이용하여 조정할 수 있다. 삼각파뿐만 아니라 white noise를 생성하기 위해서는 ①번과 같이 **Trigger** option에서 sampling time의 기준으로 사용할 Timer를 지정해 주어야 한다.

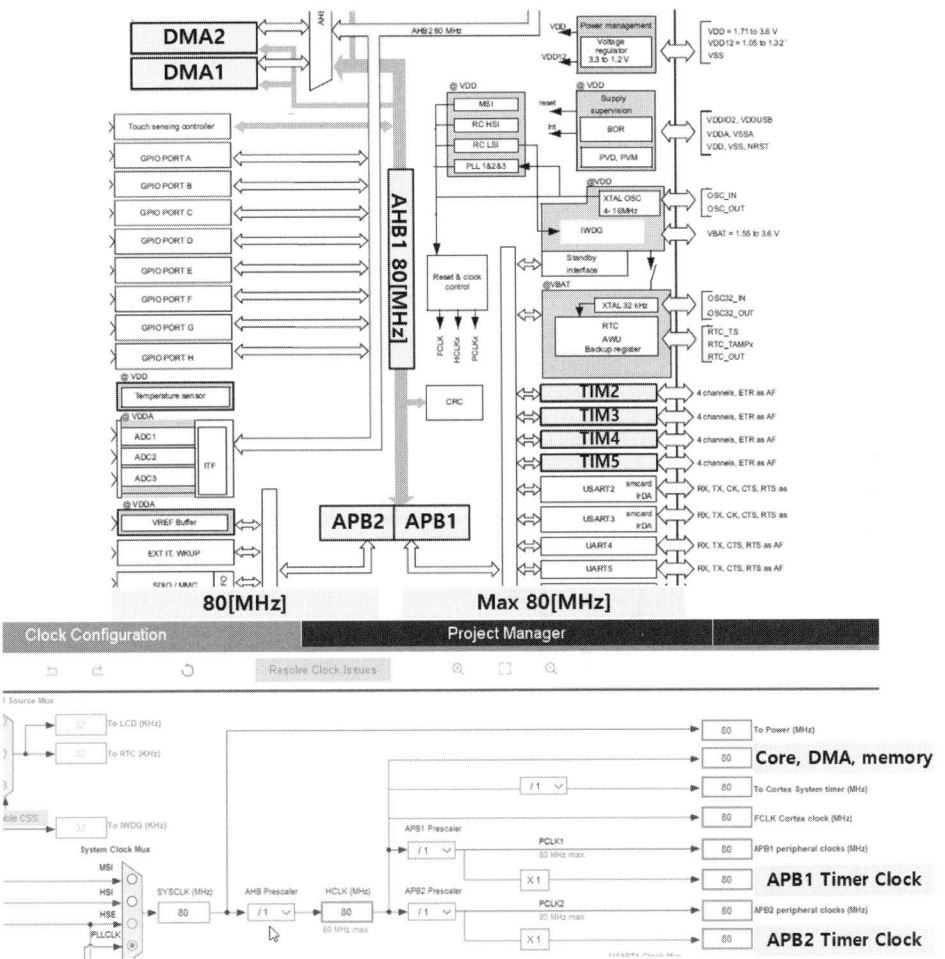

[그림 14.1-9] STM32L476 Clock Configuration.

이 timer의 **update event rate**가 생성될 삼각파에 대한 출력 analog 신호의 **주기를 결정**하기 때문이다. 추가적으로 ④번의 **WAVE1/2** bit field는 DAC1과 DAC2 각각에 대하여 white noise 또는 삼각파 중에서 선택하기 위한 bit field이다. 이때, 생성된 white noise 또는 삼각파는 **자동으로** offset을 위한 pattern waveform과 합쳐져서 출력된다. 그런데, 내부적으로 offset waveform과 white noise 또는 삼각파에 대한 합이 12bits를 초과하는지 검사하는 부분이 없다. 그러므로, software적으로 합이 4095를 넘지 않도록 coding해 주어야 한다는 데 **주의**하자. [표 14.1-2]는 [그림 14.1-11]의 ②번에서 보여준 삼각파에 대한 analog 출력 신호의 진폭에 대한 내용이다. 참고하기 바란다.

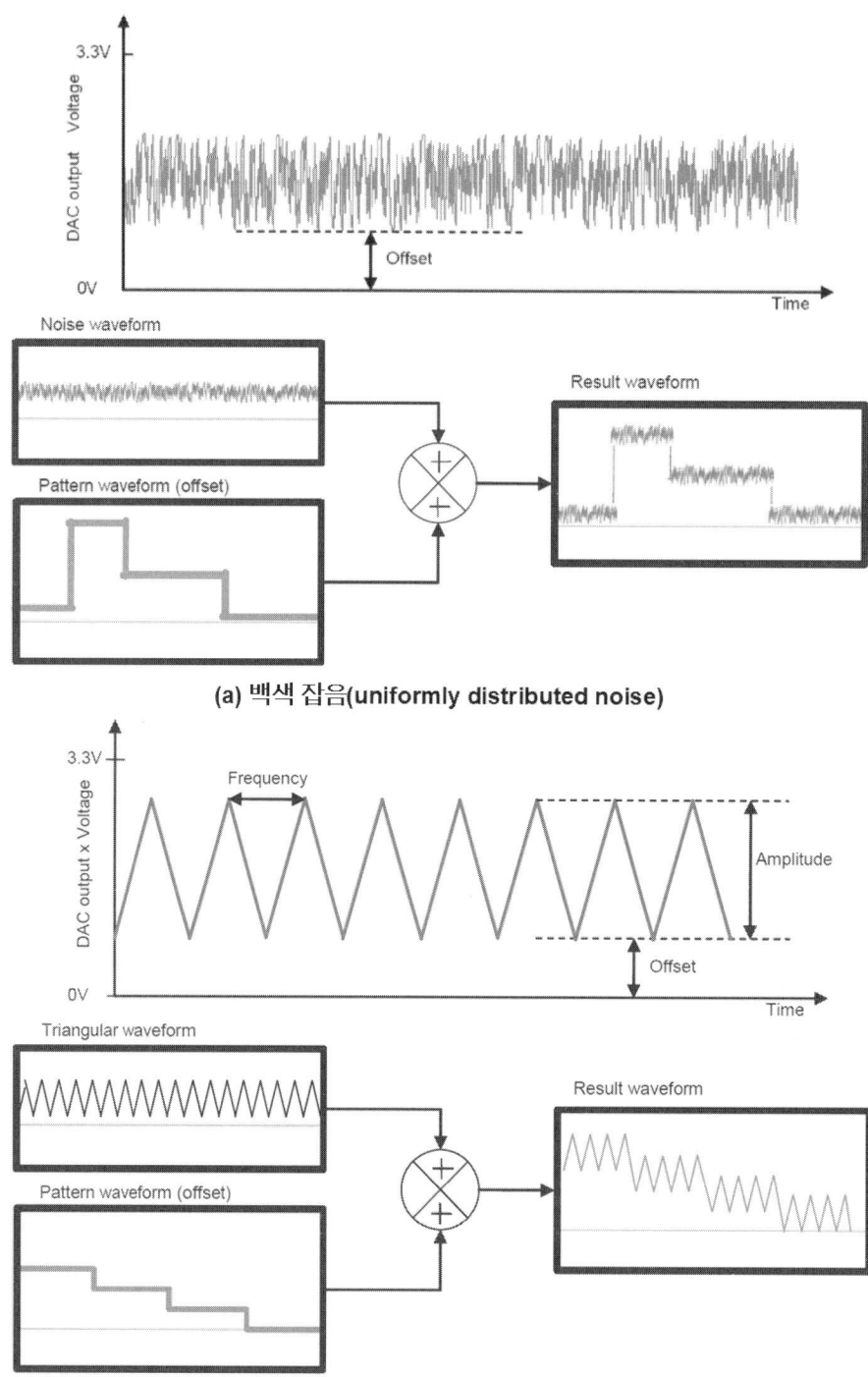

(a) 백색 잡음(uniformly distributed noise)

(b) 삼각파(Triangular waveform)

[그림 14.1-10] 백색 잡음과 삼각파 생성 지원.

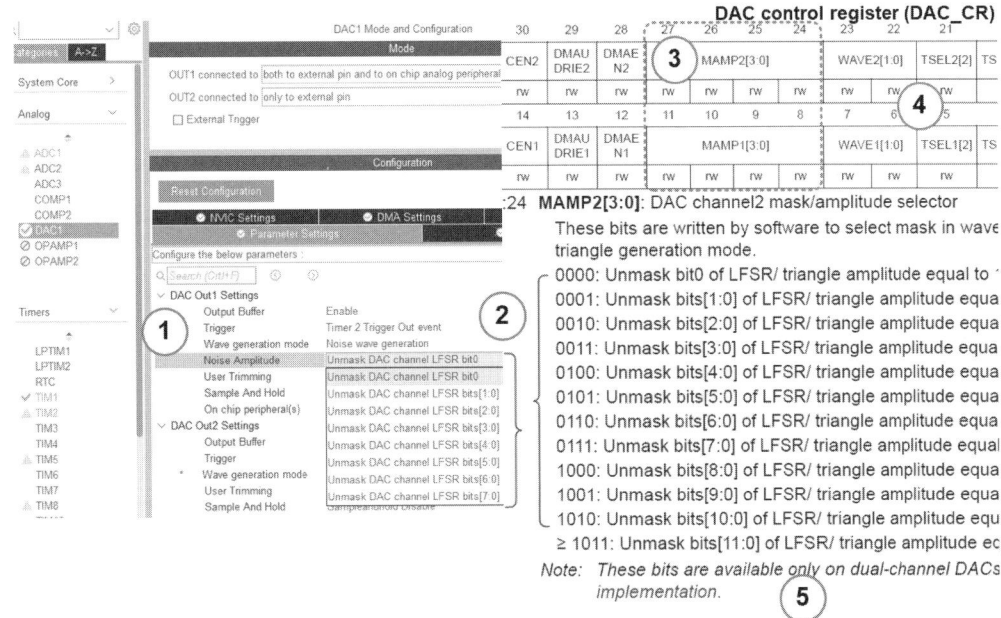

[그림 14.1-11] 백색 잡음 생성 방법.

MAMPx[3:0] bits	Digital amplitude	Analog amplitude (Volt) (with V_{REF+} = 3.3 V)
0	1	0.0008
1	3	0.0024
2	7	0.0056
3	15	0.0121
4	31	0.0250
5	63	0.0508
6	127	0.1023
7	255	0.2054
8	511	0.4117
9	1023	0.8242
10	2047	1.6492
≥ 11	4095	3.2992

[표 14.1-2] 삼각파에 대한 analog 출력 신호의 진폭 설정 방법.

14.2 DAC 사용 방법.

14.1.절에서 Chapter14 folder에 만든 Ch14Lab1 project에 본격적으로 정현파 즉, sine waveform를 [그림 14.1-2]에서 보여준 **Timer 방식**으로 생성하도록 구현해 보도록 하자. 그리고 나서, Ch14Lab2 folder를 만들어서 **DMA 방식**으로 정현파를 생성하는 방법도 학습하도록 할 것이다. DAC를 이용하여 원하는 파형을 출력하기 위해서는 해당 파형에 대한 sample 데이터를 만들어 주어야 한다. 예를 들어서, [그림 14.2-1]은 1주기가 10개의 sample들로 구성된 정현파를 보여주고 있다. sampling time 즉, **sample 간격**은 전체 1주기 2π 를 구성하는 sample들의 전체 개수로 나누어 주면 된다.

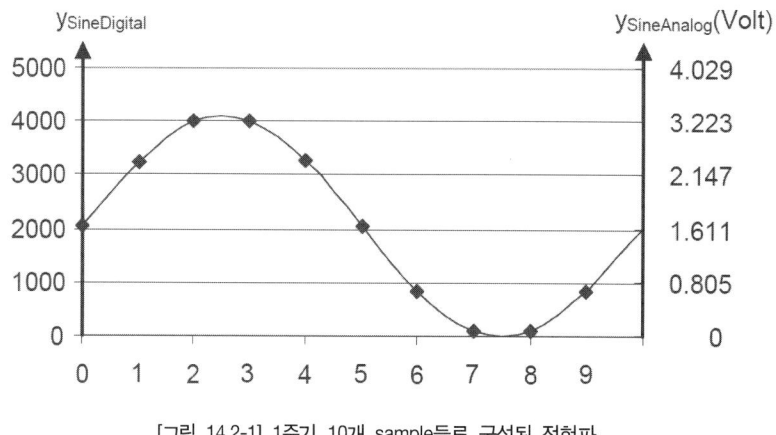

[그림 14.2-1] 1주기 10개 sample들로 구성된 정현파.

여기서는 **변수 ns**를 1주기를 구성하는 전체 sample들의 개수라고 하자. sin(x)는 -1~1까지 변한다. 음의 전압을 보상하기 위해서 sin(x)+1을 해 준다. 그러면, 0~2까지 변할 것이다. 왜냐하면, STM32 MCU DAC는 [그림 13.2-6(a)]에서 보여준 unipolar 양전원만 출력할 수 있기 때문이다. 이 값에 1/2을 곱해 주면, 0~1의 범위를 갖게 되는데, DAC는 12bits이므로 각각의 digital word는 0~4095(0xFFF) 범위를 갖는다. 그러므로, 다음과 같은 정현파를 생성하는 DAC Digital Value $y_{SinDigital}$을 정의할 수 있다.

$$y_{SinDigital}(x) = \left(\sin\left(x \times \frac{2\pi}{ns}\right) + 1\right)\left(\frac{4096}{2}\right) \qquad \text{(식 14.2-1)}$$

DAC digital 입력 값들은 0 ~ V_{REF} **범위**의 출력 전압으로 변환된다. 각각의 DAC channel에 대한 analog 출력 전압은 다음과 같이 계산된다.

$$DAC_{Output} = V_{REF}\frac{DOR}{DAC\_MaxDigitalValue + 1} \quad (식\ 14.2\text{-}2)$$

여기서, DAC_MaxDigitalValue는 [그림 14.1-3]에서 보여준 **12bit right alignment**의 경우에 0xFFF이다. 그러므로, (식 14.2-1)의 DAC Digital Value $y_{SinDigital}$에 대한 analog sine 파형 $y_{SinAnalog}$은 다음과 같은 수식으로 표현된다.

$$y_{SineAnalog}(x) = 3.3Volt\frac{y_{SineDigital}(x)}{0xFFF + 1} \quad (식\ 14.2\text{-}3)$$

[표 14.2-1]은 10개의 sample들에 대해서 (식 14.2-1)과 (식 14.2-3)을 적용한 결과이다.

Sample (x)	Digital sample value $y_{SineDigital}(x)$	Analog sample value (Volt) $y_{SineAnalog}(x)$
0	2048	1.650
1	3251	2.620
2	3995	3.219
3	3996	3.220
4	3253	2.622
5	2051	1.653
6	847	0.682
7	101	0.081
8	98	0.079
9	839	0.676

[표 14.2-1] 10개 sample들과 (식 14.2-1), (식 14.2-3).

이제, DAC Digital Value $y_{SinDigital}$에 대한 값을 배열에 저장하여 DOR로 전송하면 된다. 생성되는 정현파의 주파수(즉, $f_{Sinewave}$)는 다음의 (식 14.2-4)에 의해서 결정된다. 여기서, $f_{TimerTRGO}$는 DAC Digital Value $y_{SinDigital}$를 갱신해 주는 timer의 주파수를 의미한다.

$$f_{Sinewave} = \frac{f_{TimerTRGO}}{n_s} \qquad (식\ 14.2\text{-}4)$$

예를 들면, $f_{TimerTRGO}$=1[MHz]이면, 생성될 정현파의 1주기를 구성하는 sample들의 전체 개수 **ns**=10이므로 1[MHz]/10=100[KHz] 정현파가 생성된다. [그림 14.2-2]에서 보여준 것과 같이 **ns**가 높은 값 즉, 1주기를 구성하는 sample들의 개수가 많으면 많을수록 계단 현상이 줄어들어서 고조파가 제거된다는 것을 알 수 있다.

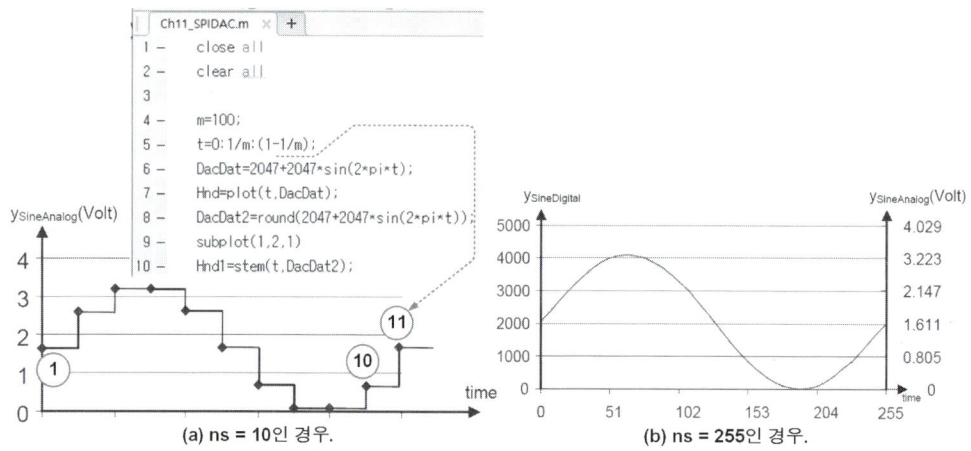

[그림 14.2-2] 1주기 구성하는 sample 개수와 계단 현상.

그러나, ns를 높일수록 생성되는 정현파의 주파수는 줄어든다는데 주의하자. 또한, 주의 할 것은 한 주기 정현파의 시작 sample이 ①번이라면, 끝은 ⑩번 sample이어야 한다. ⑪번이 되면, 결국, 다음이 ①번이 되어서 **"0"의 값이 2번** 나타나게 되어 정상적인 정현파가 되지 않는데 주의하기 바란다. 이와 같은 사소한 실수가 생성되는 정현파에 원하지 않는 고조파를 추가하게 된다. 해당 MATLAB M-file인 Ch11_SPIDAC.m은 **11.4.절**에서 학습한 것으로서 **-1/m을 1에서 빼준 이유가 이것** 때문이다. 이제 다시, Ch14Lab1 project를 완성해 보도록 하자. 이번 project는 정현파(sine waveform)를 [그림 14.1-3]에서 보여준 **Timer 방식**으로 생성하는 것이다. 우선, Chapter14 folder에 있는 Ch14Lab1.ioc file을 double click하여 CubeMX를 호출한다.

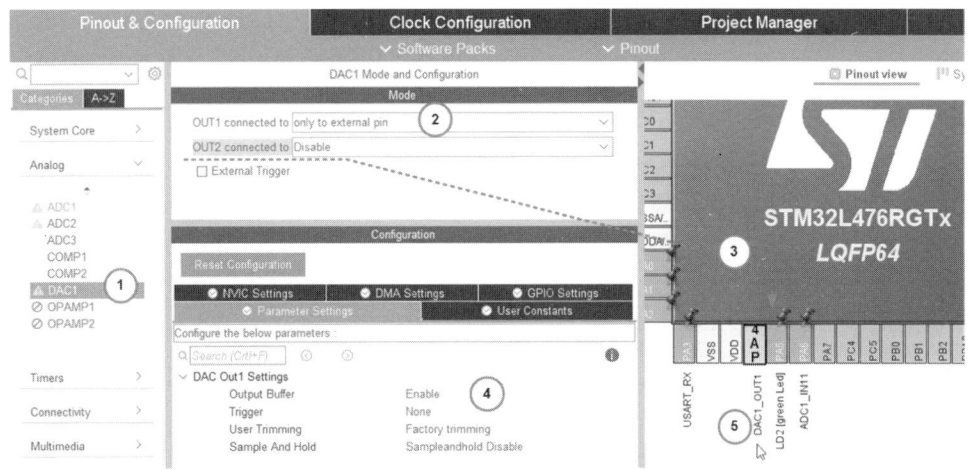

[그림 14.2-3] Ch14Lab1 Project를 위한 DAC1 CubeMX 설정.

그리고, [그림 14.2-3]의 ①번과 같이 **Analog** items 중에서 **DAC1** item을 선택한다. 이어서, ②번과 같이 **OUT1 connected to**에 **only to external pin**을 할당한다. DAC1의 Channel 1번은 ⑤번에서 보여준 것과 같이 **PA4**번 pin에 해당한다. **Parameter Settings** tab에서 ④번과 같이 **Output Buffer**는 **Enable**로 설정하고, **Trigger** Option은 **None**으로 설정한다. 참고적으로 ③번에서 보여준 것과 같이 DAC1 channel 2번은 이미 Nucleo 보드의 녹색 LED 구동을 위해서 설정되어 있다. 그러므로, 사용할 수 없다고 나와 있는 것이다. [그림 14.2-4]는 DAC1 Channel 1번의 digital word를 갱신할 주기 즉, sampling time을 결정할 Timer1에 대한 설정을 보여준 것이다. 즉, ⑥번과 같이 **TIM1**을 선택하고, ⑦번과 같이 PSC=80-1, ARR=1000-1을 설정해 준다. 이어서 ⑧번과 같이 APB2 timer clocks([MHz])=80으로 설정한 이후에 [그림 14.2-5]의 ⑨번과 같이 SJ_MCUBook_Apps program의 **Timer Clock Helper** dialogbox를 호출하여 APB clock, PSC, ARR 값을 설정해 주고, 》 button을 click하여 주면, 1[ms] 마다 Timer1이 update interrupt를 발생시키도록 설정한 것을 확인 할 수 있게 된다. 물론, 이와 같은 update interrupt가 Timer1에서 발생하기 위해서는 ⑩번과 같이 **TIM1 update interrupt and TIM16 global interrupt**를 check해 주어야 한다. 이제 모든 설정이 완료하였으면, **GENERATE CODE** button을 click하여 C framework를 생성하여 준다.

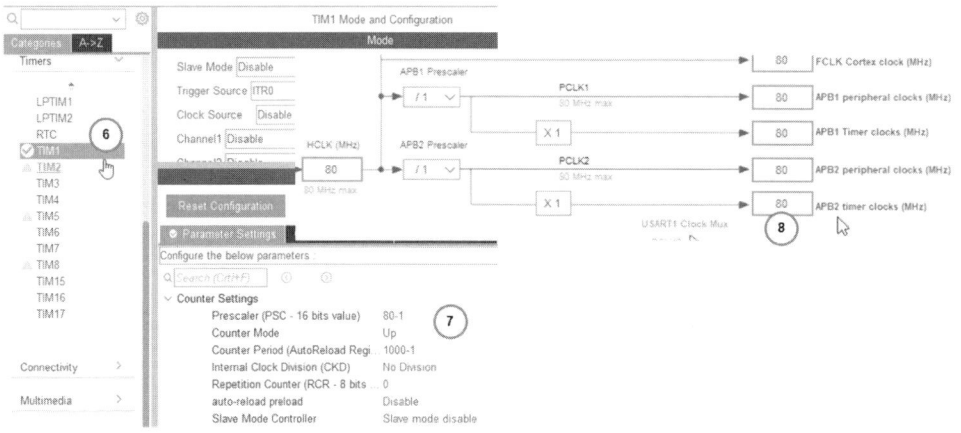

[그림 14.2-4] Ch14Lab1 Project를 위한 Timer1 CubeMX 설정(1).

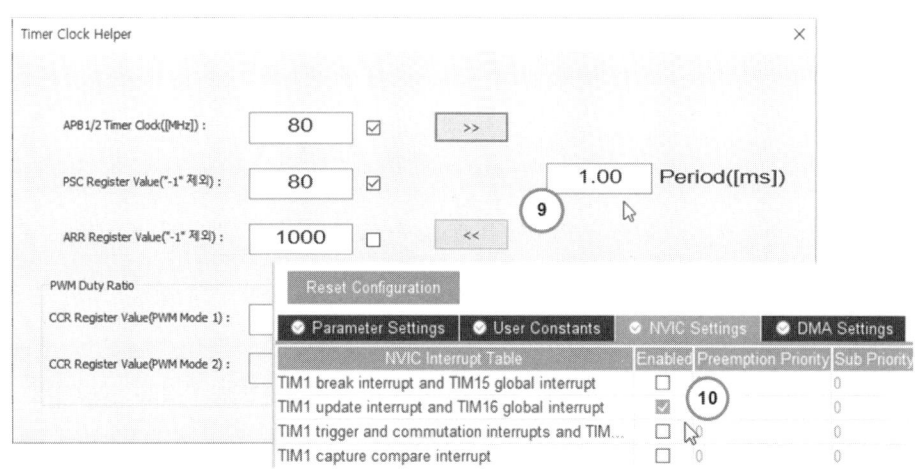

[그림 14.2-5] Ch14Lab1 Project를 위한 Timer1 CubeMX 설정(2).

[그림 14.2-6]에서 보여준 것과 같이 main.c 파일에서 while-loop에 들어가기 **전에** Timer1과 DAC1을 시작해 주기 위해서 각각 HAL_TIM_Base_Start_IT(&htim1) 함수와 HAL_DAC_Start(&hdac1, DAC_CHANNEL_1) 함수를 다음과 같이 호출한 것에 주의하기 바란다.

```
/* USER CODE BEGIN 2 */
HAL_TIM_Base_Start_IT(&htim1);        // will make timer1 reference to be 1[ms]
HAL_ADCEx_Calibration_Start(&hadc1,ADC_SINGLE_ENDED);
CntD17ms=0;
```

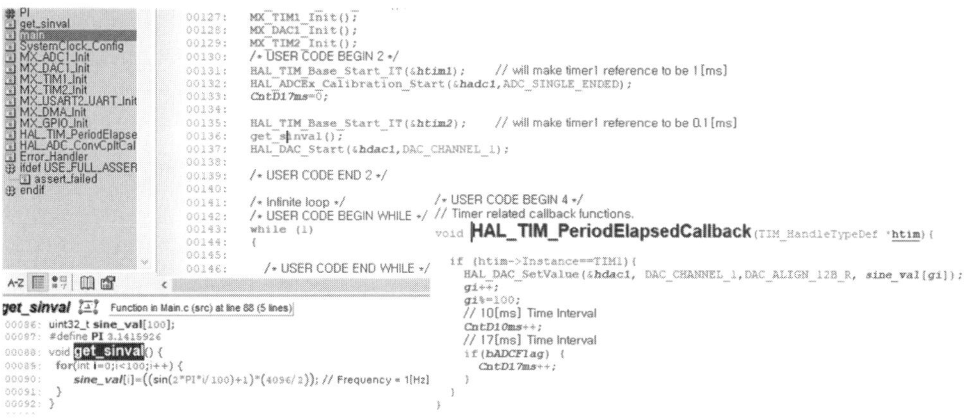

[그림 14.2-6] Ch14Lab1 Project 주요 code 부분.

```
HAL_TIM_Base_Start_IT(&htim2);        // will make timer1 reference to be 0.1[ms]
get_sinval();                          // 100개의 정현파 samples 생성.
HAL_DAC_Start(&hdac1, DAC_CHANNEL_1);
```

또한, 다음과 같이 get_sinval() 함수를 호출하여 정현파 1주기를 구성하는 100개의 sample 들을 생성하여 전역 변수 sine_val 배열에 저장한다.

```
uint32_t sine_val[100];
#define PI 3.1415926
void get_sinval() {
  for(int i=0;i<100;i++) {
    sine_val[i]=((sin(2*PI*i/100)+1)*(4096/2)); // Frequency = 1[Hz]
  }
}
```

그리고 나서, Timer1 callback 함수인 HAL_TIM_PeriodElapsedCallback() 함수에서 정현파를 구성하는 100개의 신호를 하나씩 HAL_DAC_SetValue() 함수를 이용하여 DAC1의 DOR register에 작성해 주도록 다음과 같이 coding 하여 준다.

```
void HAL_TIM_PeriodElapsedCallback(TIM_HandleTypeDef *htim){
  if (htim->Instance==TIM1){
    HAL_DAC_SetValue(&hdac1, DAC_CHANNEL_1,DAC_ALIGN_12B_R, sine_val[gi]);
    gi++;
    gi%=100;
```

```
      CntD10ms++;             // 10[ms] Time Interval
      if(bADCFlag) {          // 17[ms] Time Interval
        CntD17ms++;
      }
    }
  }
}
```

Coding이 완료되면, build하고, 이어서 downloading하여 실행하여 준다. 이때, [그림 14.2-7]에서 보여준 것과 같이 **PA4**번 pin에 Oscilloscope probe를 연결하여 관찰하면, 10[Hz] 3.3[V] 정현파가 생성되는 것을 확인할 수 있다.

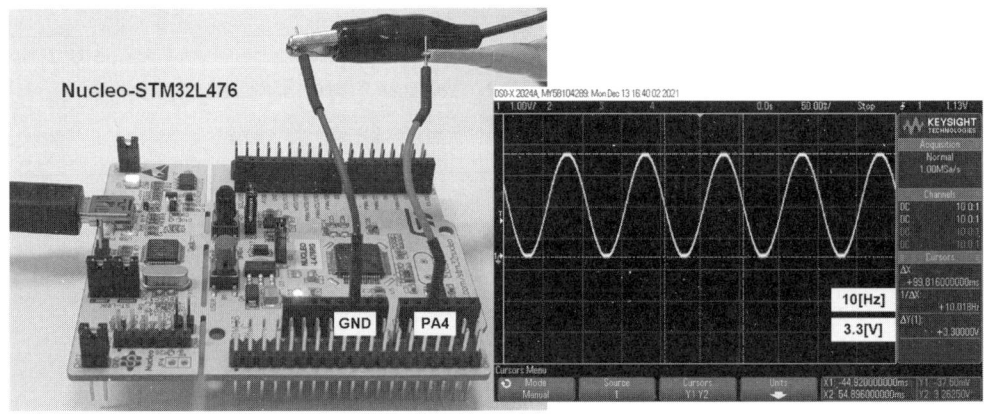

[그림 14.2-7] Ch14Lab1 Project 실행 모습.

즉, DAC sampling time은 1[ms] 즉, 1000[Hz]이고, 이것을 정현파 1주기 100 samples로 나누면 10[Hz]가 된다. 좀 더 자세한 내용은 Ch14Lab1 folder에 있는 관련 파일들을 참조하면 되겠다. 이번에는 동일한 정현파(sine waveform)를 [그림 14.1-3]에서 보여준 **DMA 방식**으로 생성할 것인데, 주파수를 1[kHz]로 올려 볼 것이다. 우선, Chapter14 folder에 있는 Ch14Lab1 folder 내용 전체를 복사하여 동일한 Chapter14 folder에 붙여 넣기를 하고, folder 이름을 Ch14Lab2로 바꾸어 준다. 그리고 나서, Ch14Lab1.ioc file의 이름을 Ch14Lab2.ioc file로 파일 이름만 바꾸고, double click하여 CubeMX를 호출하여 실행한다. 그리고, [그림 14.2-8]과 같이 DAC1을 설정해 준다. 즉, ①번과 같이 DMA 전송을 위한 triggering을 수행할 timer로서 **Trigger** option에서 **Timer 2 Trigger Out event**를 선택한다.

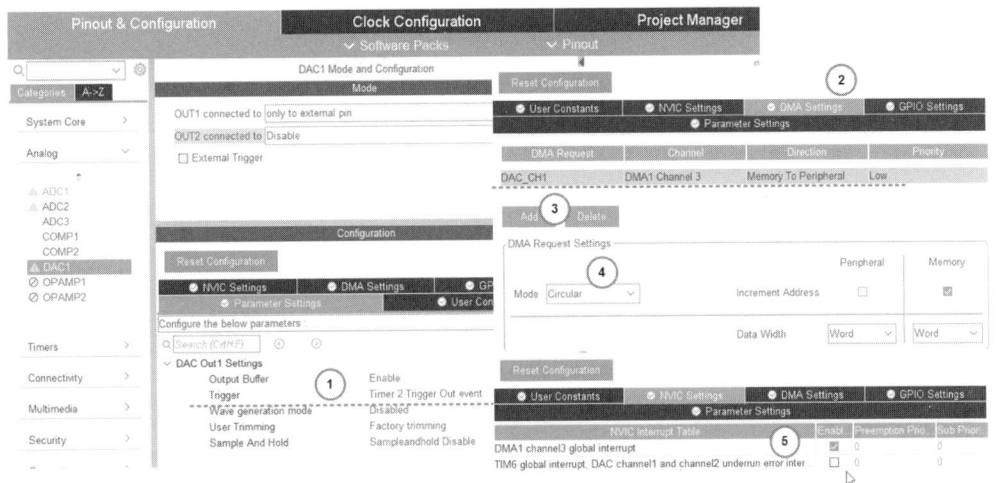

[그림 14.2-8] DMA 방식을 사용하기 위한 DAC1 설정 방법.

이제, Timer2 Update Interrupt가 발생할 때마다 DMA 전송 방식으로 DAC1을 위한 DMA buffer에 저장한 예를 들면, 정현파 1주기를 구성하는 100개의 sample들을 DAC1 DOR에 반복적으로 계속해서 작성해 줄 것이다. 이것이 가능하도록 ②번과 같이 **DMA Settings** tab에서 ③번 **Add** button을 click하여 새로운 DMA Request로 **DAC_CH1**를 추가한다. 이 DMA Request는 DMA1 Channel3에 할당되며, DMA Request Settings는 ④번과 같이 Mode로 **Circular**를 선택하여 반복적으로 계속해서 DMA buffer를 사용하도록 한다. 또한, 100개의 DMA buffer 데이터를 모두 전송 완료하였으면, ⑤번과 같이 자동으로 interrupt가 발생하도록 check되어 있다. [그림 14.2-9]는 DAC1 DMA 전송을 위한 Trigger용 Timer2 설정 모습이다. ⑥번과 같이 **TIM2**를 선택하고, **Parameter Settings**에서 ⑦번과 같이 PSC=8-1, ARR = 100-1을 설정해 준다. 그리고, ⑧번에서 보여준 것과 같이 Timer2를 위한 clock인 **APB1 Timer clock** = 80[MHz]으로 설정한 것을 확인할 수 있다. 이들을 **Timer Clock Helper** dialogbox에 각각 지정해 주고, 〉〉 button을 click하면, ⑨번과 같이 Timer2는 **0.01[ms]**마다 **Update interrupt**를 **발생**시킨다는 것을 알 수 있다. 0.01[ms]는 100,000[Hz]이고, 생성할 정현파의 1주기는 100개의 sample들로 구성되어 있으므로 생성될 정현파의 주파수는 1000[Hz] 즉, **1[kHz]**가 될 것이다. 여기서 기억해 둘 것은 앞서 학습한 interrupt 방식으로 1[kHz] 정현파를 생성하기 위해서는 Timer1이 **0.01[ms]**마다 Update interrupt를 **발생**시켰다.

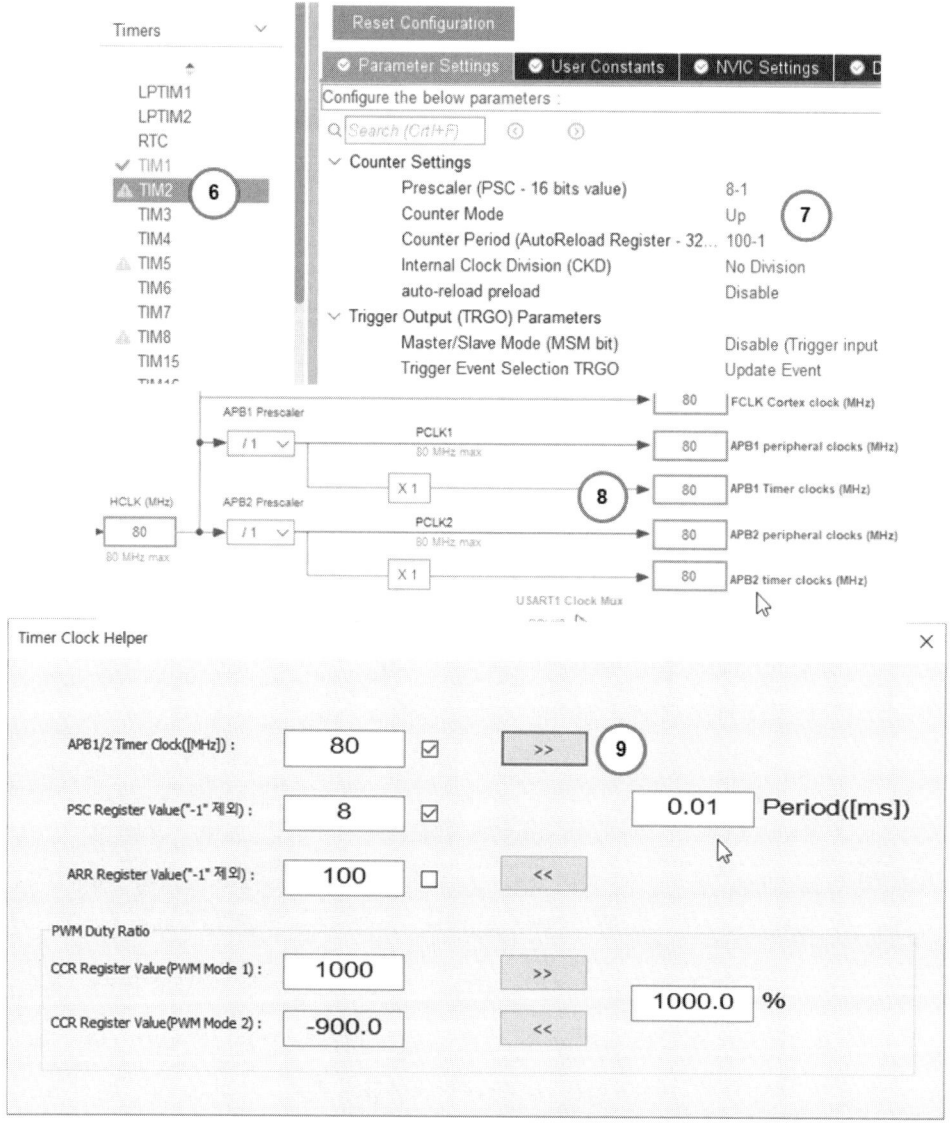

[그림 14.2-9] DMA 방식을 사용하기 위한 trigger용 Timer 설정 방법.

그리고, 해당 callback 함수를 호출하여 DAC1에 새로운 sample 값인 digital word를 넣어 주도록 HAL_DAC_SetValue() 함수를 호출해야 한다. 결국, 0.01[ms]=10[us] 간격으로 callback 함수를 수행해야 한다는 의미가 되고, 이것은 main while-loop를 10[us] 보다 짧은 시간에 모두 수행해야 한다는 의미가 된다. Cortex-M core 기준으로 내부적인 논리 또는 연산 업무가 많은 경우에 해당 system bus와 함께 각각의 sample 데이터를 매번 생성하고, 출력하도록 데이터를 전송하고 처리하기에는 상당히 짧은 시간에 해당한다. 결국, interrupt 방식으로는 1[kHz] 정현파를 계속해서 생성하는 경우에 **순간적으로** sample 데이터 전송이 이루어지지 않아서 **끊기는 현상이 발생**할 수 있다. 즉, 안정적으로 계속해서 생성한다는 보장이 없다. 그러나, DMA를 사용한다면, core와 상관없이 DMA가 DAC로 sample 데이터를 전송하므로 DAC 전송에 따른 소요 시간이 앞서 언급한 10[us]에 포함되지 않으므로 그 만큼 여유가 생겨서 훨씬 안정적으로 파형을 생성할 수 있게 된다. [그림 14.2-8]과 [그림 14.2-9]처럼 DAC1과 TIM2에 대한 설정을 완료하였으면, **GENERATE CODE** button을 click하여 C framework를 생성해 준다. 그리고 나서, [그림 14.2-10]과 같이 **HAL_DAC_Start_DMA()** 함수를 호출해 주면 된다.

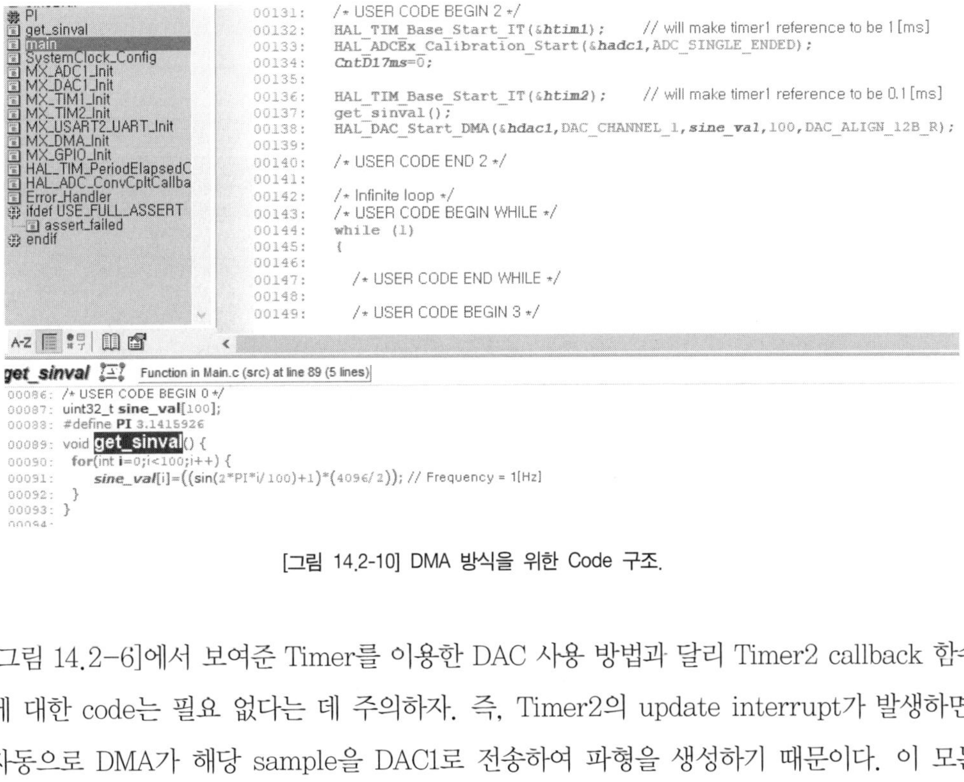

[그림 14.2-10] DMA 방식을 위한 Code 구조.

[그림 14.2-6]에서 보여준 Timer를 이용한 DAC 사용 방법과 달리 Timer2 callback 함수에 대한 code는 필요 없다는 데 주의하자. 즉, Timer2의 update interrupt가 발생하면, 자동으로 DMA가 해당 sample을 DAC1로 전송하여 파형을 생성하기 때문이다. 이 모든 것이 Timer2와 DMA controller의 관련 register들에 설정한 값에 근거하여 core와 상관없이 자동으로 또는 logic적으로 수행되므로 그 만큼 core는 해당 업무를 수행하지 않게 되어 앞서 언급한 10[us] 동안 다른 논리 또는 연산 업무를 처리할 수 있는 상당한 여유가 생기는 것이다. 이 밖에도 다양한 데이터 전송 관련 업무들을 적절히 DMA에 맡긴다면, 그만큼 여유

시간이 더 많아 질 것이다. 앞서 언급한 것과 같이 과도한 interrupt 발생에 의해서 업무를 처리하지 못하는 경우가 발생하면, 예를 들면, 임의의 순간에 sample 데이터 몇 개를 DAC에 전송하지 못하는 경우가 발생하면, 그 만큼 제품의 성능은 떨어지는 것이다. 그러므로, 제품 개발에 있어서 가장 중요한 것은 전체 main while-loop를 반복하는 시간을 정확히 측정하여 그 안에 필요한 **업무들에 적절히 시간 배분이 이루어 졌는지 표로 작성**하는 것은 매우 중요한 업무이다. 이전 직장에서 인도의 음향 전문 업체와 함께 고급 음향기를 개발할 때에 항상 회의의 기본은 이와 같은 **업무(task)들에 대한 시간 할당표**를 작성한 excel file을 바탕으로 하였다. 이제, 작성한 Ch14Lab2 project를 build하고, 실행하여 준다. 그리고, [그림 14.2-7]과 동일하게 보드를 구성하고, Oscilloscope로 **PA4번 pin**을 측정하면, [그림 14.2-11]과 같이 1[kHz] **정현파가 생성**되는 것을 확인할 수 있을 것이다.

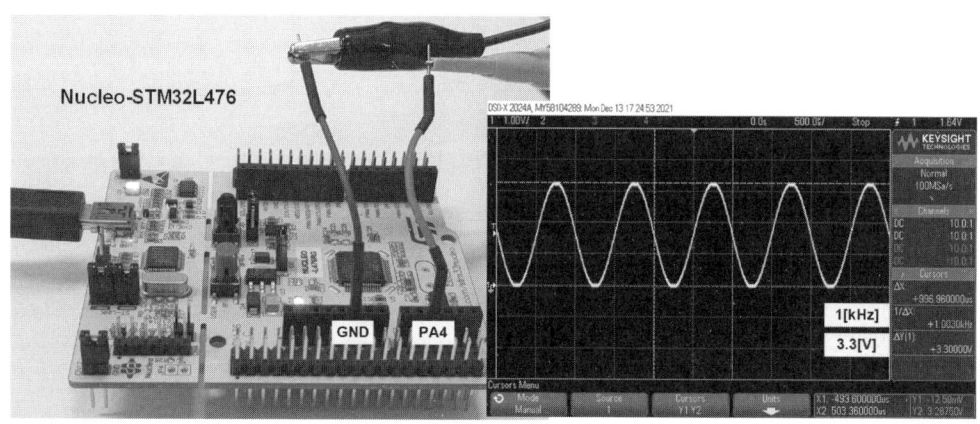

[그림 14.2-11] Ch14Lab2 Project 실행 모습.

14.3 Interrupt 우선순위.

이제부터 설명하는 내용은 [그림 14.3-1]에서 보여준 NVIC Mode and Configuration에 대한 내용이다. 이 내용을 설명하기 위해서는 어쩔 수 없이 STM32 MCU 내부 core로 사용되는 ARM Inc.의 Cortex-M core와 전용 interrupt controller인 NVIC에 대한 자세한 설명이 필요하게 된다. 또한, 관련된 register들에 대한 내용도 필요하게 되므로 너무 내용이 난해하다고 판단된다면, 그냥 **참조용**으로 읽어 두기 바란다.

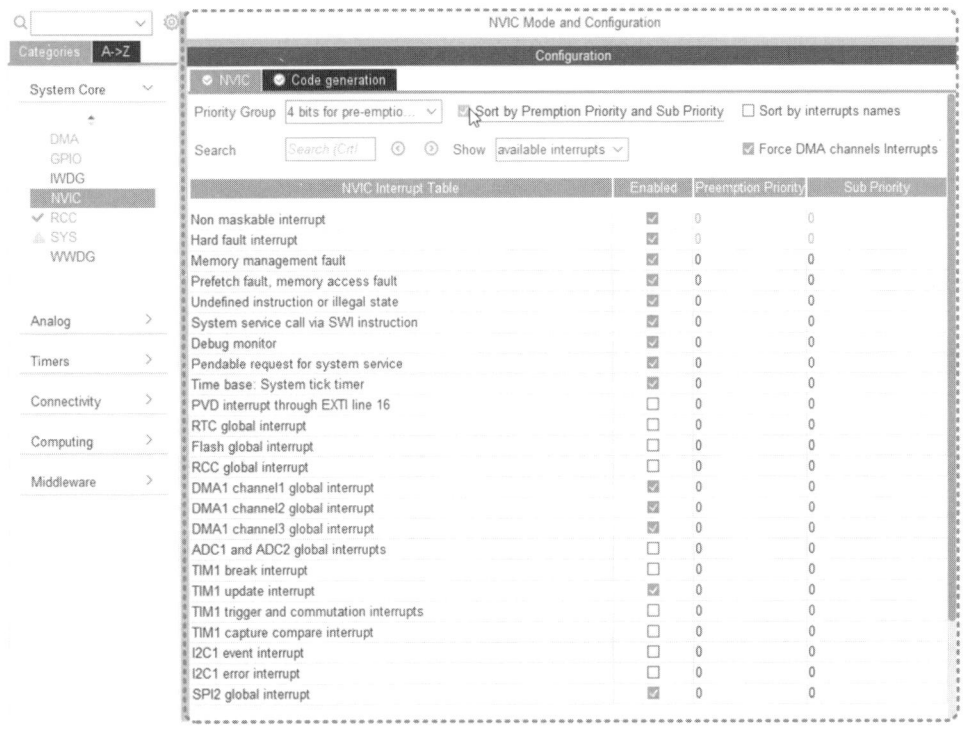

[그림 14.3-1] NVIC Mode and Configuration 설정 방법과 의미.

무엇보다도 지금까지 학습한 UART, I2C, SPI, 그리고, DMA 전송 방식 등의 데이터 전송 방식들과 함께 관련지어 읽어보면 여러분의 coding 실력 향상에 도움이 될 것이다. 참고적으로 Vol.2에서는 보다 자세한 내용 설명과 함께 사용자 bootloader 개발과 RTOS 개발에 적용하는 사례를 학습하게 될 것이다. 임의의 제품을 만들기 위해서는 우선, 선택한 MCU 내부에 사용 가능한 timer로 필요한 **기준이 되는 시간 축**을 만들어야 한다. 이것은 마치 **인간의 심장을 만드는 것과 동일**하다. 기준이 되는 시간 축을 이용하여 **해야 할 일(task)들의 순서를 설정**할 수 있기 때문이다. 즉, 생성한 시간 축에 따라서 순서대로 task들 즉, **해야 할 업무**들이 진행되어 가도록 [그림 14.3-2]의 ⓐ번과 같이 Timer ISR 안에 bool 전역 변수인 Task_Start = true로 설정해 준다. 단, Task_Start의 초기 값은 false이다. 즉, Timer ISR이 호출되면 제일 먼저 Task_Start = true로 설정해 준다. [그림 14.3-2]는 개발하려는 소프트웨어가 전반적으로 어떻게 생성한 timer의 시간 축을 기준으로 운용될 것인지를 보여주고 있다. 즉, [그림 14.3-2]의 table을 보면, **TIM2를 시간축의 기준으로 사용**할 것이다.

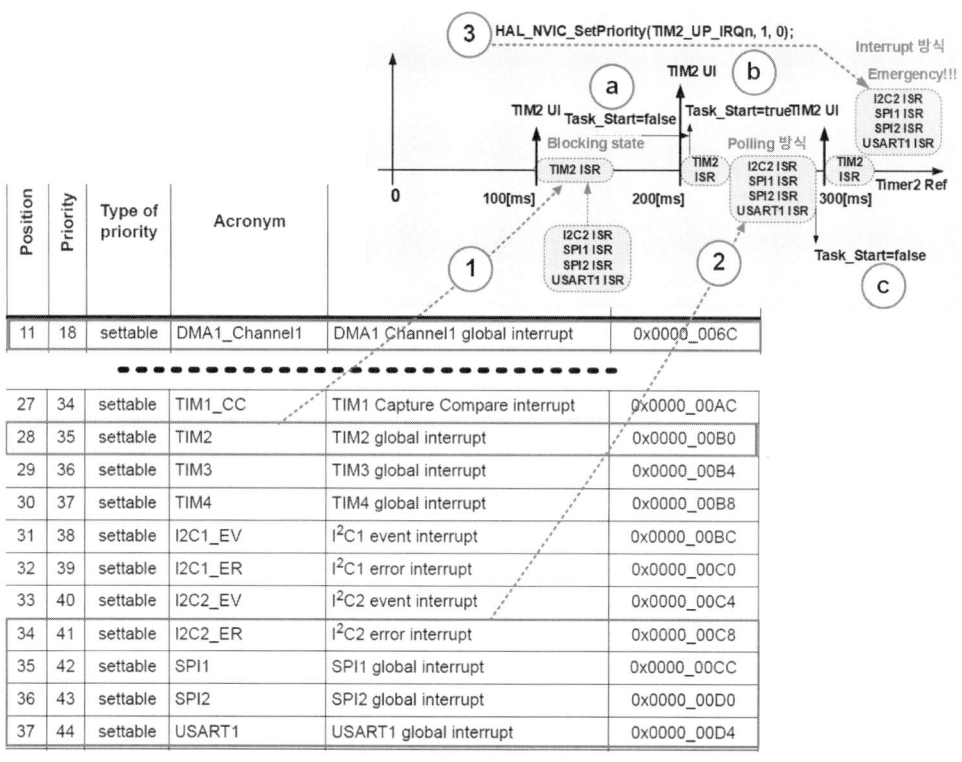

[그림 14.3-2] Application과 timer로 생성한 시간 축에 따른 task 운용 방법.

또한, 100[ms] 마다 interrupt가 발생하도록 설정할 것이다. 그런데, 이 시간 축을 기준으로 운용될 task들 중에서는 I2C2, SPI1, SPI2, 그리고, PC와의 통신을 위해 USART1을 사용할 것이다. 그런데, 이들이 TIM2 보다 우선순위가 낮으므로 ①번에서 보여준 것과 같이 TIM2 ISR안에 이들 주변 장치와 관련된 interrupt를 발생시킨다면, 이들은 모두 실행이 되지 않고, **blocking**되고, TIM2 ISR에서 빠져나와야 실행될 것이다. 사실 좀 더 정확하게 얘기하면 우선순위와 상관없이 일단 임의의 interrupt가 발생하여 해당 handler routine으로 진입하면, **12.5. 단원**에서 언급한 것과 같이 Core는 동작 mode를 **handler mode**로 바꾸고, 이후부터는 **우선순위와 상관없이** 어떠한 interrupt 발생에 따른 handler routine의 진입을 **blocking**한다. 즉, **일단 handler mode**에 진입하면, 그곳에서 빠져나올 때까지 자신을 포함한 다른 어떠한 interrupt 발생에 따른 handler routine의 **진입을 허용하지 않는데 주의**하자. 흔히, Cortex-M core의 전용 interrupt controller는 **reentrance 특성**을 갖고 있고, NVIC 이름 자체도 **Nested**를 포함하고 있으므로, 현재 interrupt를 처리하는 handler routine에서 빠져 나가지 못하였어도 우선순위가 높은 interrupt가 발생하면, 그 우선순위가 높은 handler routine으로 진입 할 것이라고 생각하는데, 그렇지 않다는 것이다. 물론, [표 4.1-1]에서 보여준 Reset, NMI, 그리고, Hard fault exception은 임의의 handler routine에서 발생한 경우에 blocking 없이 해당 exception을 위한 handler routine을 실행한다. 이들을 제외한 여기서 언급한 **interrupt 우선순위가 갖는 의미**는 단지, 임의의 interrupt 처리를 위해서 수행되는 handle routine에서 빠져나갈 때, 그 다음에 pending register에 등록된 interrupt들 중에서 우선순위가 높은 것을 **먼저 수행**해 준다는 의미이다. 또한, **reentrance가 갖는 의미**는 임의의 interrupt를 처리하고 빠져 나올 때에 바로 pending 되어 있는 임의의 interrupt handler mode로 다시 재진입할 수 있도록 필요한 stacking과 unstacking 작업을 내부에 구현한 logic이 **자동으로 수행**해 준다는 의미이다. 그리고, 여기서 언급한 **pending register에 등록**된다는 것은 임의의 interrupt 처리를 수행하는 handler routine에서 또 다른 interrupt가 발생하였을 때에 이들 interrupt들은 모두 해당 pending register bit에 등록된다. 단, 여기서 기억해야 할 것은 임의의 interrupt를 처리하는 handler routine을 수행하는 도중에 [표 4.1-1]에 나열한 16개의 기본 system exception 중에서 MemManage fault, Bus fault, 또는 Usage fault 중에서 어느 하나가 발생한다면, **hardfault exception**으로 진행한다는 것이다. 그러므로, 불행히도 TIM2 ISR 안에서 임의의 주변 장치가 **interrupt 기반으로** 임의의 데이터를 요구한다면, 해당 interrupt 처리가 막히므로(blocking) 그 데이터를 얻을 수 없게 된다. 결국, **무한 loop에 빠져서 나오지 못하게 된다**는 데 주의하자. 그래서, **일반적으로** ⓑ번과 같이 TIM2 ISR에서는 일종의 flag 역할을 하는 Task_Start 전역 변수의 값을 true로 만들어 주고 **바로 handler mode에서 빠져나온다**. 그리고 나서, 나머지 주변 장치들이 Task_Start 전역 변수 값을 조건문으로 판단하여 interrupt 처리를 포함한 자유로운 업무에 대한 수행 방향을 결정하도록 만들어 주면 된다. 또는 관련 Callback 함수를 이용하면 된다. 참고적으로 이것에 대한 구체적인 예제는 Vol.2.의 **7.2. 단원**에서 만날 수 있다. 물론, 다른 task들 중에서도 상당히 중요한 task가 있다면, TIM2 ISR의 시간이 좀 더 길어지더라도 ISR안에 interrupt 방식이 아닌 ②번과 같이 **polling 방식**으로 넣어 주는 것을 생각할 수 있다. 왜냐하면, **polling 방식은** interrupt 방식과 다른 **동기식 통신 방식**이기 때문에 **독립적으로 운영**된다. 그러나, polling 방식은 결국, timeout 될 때까지 기다려야 하고 이것은 결국, handler mode에서 자칫 긴 시간을 머물러야 하므로 main while(1)-loop문을 일반적으로 대략 최대 50 [us] 이하에서는 반복해 주어야 하는데, 이것을 수행하지 못하는 문제가 발생할 수 있다.

이처럼 main while(1)-loop문을 최대 50 [us] 안에 반복해 주어야 하는 이유는 모든 task 들이 **균등한 자원 공유**를 할 수 있도록 하기 위해서 이다. 그러므로, **동일한 주변장치에 polling 방식과 interrupt 방식을 함께 사용하는 것은 올바른 coding 방식이 아니다.** 그러므로, **임의의 주변 장치에 대해서는 가능하면, 한 가지 방법만 사용하는 것이 좋다.** 또한, TIM2 ISR이 끝나기도 **전에** 다른 interrupt들이 여러 번 발생하게 된다면, pending register는 **1개만** 보존할 수 있으므로 이후 발생한 interrupt들은 **모두 무시된다는 데 주의** 하자. 그러므로, NVIC interrupt controller와 **독립적인** 해당 주변 장치의 **DMA controller**를 이용하는 것이 보다 안전한 통신 방식이다. 왜냐하면, handle routine을 수행 하는 도중이어도 DMA controller는 MCU 내부에 구현된 **독립된 logic module**이므로 해당 주변 장치에 데이터가 들어오면 자신의 버퍼에 저장도 해 주고, 또한, 관련된 **12.1. 단원**에서 학습한 register 값들도 갱신해 준다. 그러므로, 현재 handler routine에서 빠져 나간 다음 에 해당 DMA와 관련된 interrupt, 예를 들면, **12.2. 단원**에서 학습한 **Idle interrupt**가 pending register에 등록되어 있다면, 그때에 해당 handler routine이 호출되고, 이때 DMA controller가 착실히 저장해 놓은 데이터와 갱신된 register를 이용하면 되기 때문이 다. 그런데, DMA 방식을 사용하지 않는 경우에는 하나의 8bits 데이터가 들어와서 주변 장치의 내부 Data register에 채워지면 interrupt가 발생하는데, 이때 임의의 다른 interrupt의 handler routine을 처리하고 있으면 pending될 것이다. 그런데, 해당 주변 장치의 data register에 있는 데이터는 여러분이 coding한 변수 또는 buffer로 넘어가는데, 이때, coding 한 변수 또는 buffer가 지역 변수이면, 정상적으로 넘어가지 못하고 그야말로 멀리 멀리 인사도 없이 날아간다고 생각하면 된다. 결국, 주변 장치 입장에서는 데이터를 coding한 변수로 전송하였으니 수신 Data register가 비었으므로 pending register의 등 록을 자동으로 지워버리므로 현재 interrupt 처리 routine에서 빠져 나갔어도 해당 주변 장치의 handler routine으로 들어가지 않게 된다는 데 주의하기 바란다. 또한, TIM2 period 안에 끝낼 task들 전체의 시간을 합하여 그 값이 TIM2 전체 period보다 작도록 설계해야 한다는 데 주의하자. TIM2 handler mode에서 빠져 나간 이후에 필요한 주변 장치들 중에서 보다 낮은 우선권을 갖는 USART1이 급하게 PC에게 interrupt 방식으로 전송할 데이터가 있다면, ③번에서 보여준 것과 비록, TIM2 handler routine 안이라도 **HAL_NVIC_SetPriority**(TIM2_UP_IRQn, 1, 0) 함수를 이용하여 default 우선순위 값인 0을 1로 바꾸어서 우선권을 낮추어서 이후 TIM2와 USART1이 동시에 interrupt가 발생한 경우에 USART1이 **먼저** 필요한 일을 할 수 있도록 만들 수 있다. 물론, 우선순위를 낮추었다면, 해당 업무가 끝나면 잊지 말고, 다시, **HAL_NVIC_SetPriority**(TIM2_UP_IRQn,0,0); 과 같이 **원래의 우선순위**로 바꾸어 놓아야 할 것이다. 이 함수의 prototype은 다음과 같다.

- void HAL_NVIC_SetPriority(IRQn_Type IRQn, uint32_t PreemptPriority, uint32_t SubPriority)

→ IRQn_Type IRQn :
CubeMX가 생성해 준 **Drivers** folder 안에 있는 최종 **include** folder에 속하는 예를 들면, **Stm32l476xx.h** file에 [그림 14.3-3]과 같이 선언되어 있다. 단, 점선의 사각형 안쪽에 있는 exception들은 Cortex-M core의 interrupt controller인 NVIC에 정의되어 있는 interrupt들로서 제조사와 상관없이 **모든 MCU에서 동일**하다. 또한, 이들 Exception들 외에 각 MCU 제조사에서 interrupt들을 추가한다.

→ uint32_t PreemptPriority, uint32_t SubPriority :
0~15 사이의 값이 될 수 있으며, **낮은 값이 높은 우선권**을 가진다.

원칙적으로 exception과 interrupt는 구분하여 사용하는 것이 좋다. 앞서 여러 번 언급하였듯이 Cortex-M core는 16개의 기본적인 system exception들을 가지고 있다. 이처럼 core 자체와 AMBA bus, 그리고, core timer, 등과 같이 ARM Inc.에서 제조사에 제공하는 solution(예: Core, NVIC, Debugger, 등)의 동작 중에 발생하는 event를 **exception**이라고 하고, 제조사에서 개발한 solution(예: DMA controller, Timer, USART, 등)의 동작 중에 발생하는 event를 **interrupt**라고 생각하면 된다. 그러나, 이와 같은 구분 없이 동일한 의미로 사용되는 경우도 많으므로 **문맥에 의존적해서 해석**해야 할 것이다. 구체적으로 임의의 interrupt request 즉, IRQ에 대한 **우선권**은 Cortex-M core의 전용 interrupt vector controller인 NVIC의 registers인 **NVIC_IPR0부터 NVIC_IPR59까지 이용**하여 지정할 수 있고, exception number 4번부터 15번까지의 system exception들에 대한 우선순위는 SHPR1/2/3 register들에서 지정할 수 있다. NVIC_IPR0~NVIC_IPR59 register들은 32bits field를 **8bits씩 나누어** 각각의 interrupt에 대한 우선권을 유지하기 위한 **Exception Priority Field[7:0]**으로 사용되고, **byte-accessible**하다.

13.3 Interrupt and exception vectors

The grey rows in Table 58 describe the vectors without specific position.

Table 58. STM32L47x/L48x/L49x/L4Ax vector table

Position	Priority	Type of priority	Acronym	Description	Address
-	-	-	-	Reserved	0x0000 0000
-	-3	fixed	Reset	Reset	0x0000 0004
-	-2	fixed	NMI	Non maskable interrupt. The RCC Clock Security System (CSS) is linked to the NMI vector.	0x0000 0008
-	-1	fixed	HardFault	All classes of fault	0x0000 000C
-	6	settable	SysTick	System tick timer	0x0000 003C
0	7	settable	WWDG	Window Watchdog interrupt	0x0000 0040
1	8	settable	PVD_PVM	PVD/PVM1/PVM2/PVM3/PVM4 through EXTI lines 16/35/36/37/38 interrupts	0x0000 0044
2	9	settable	RTC_TAMP_STAMP /CSS_LSE	RTC Tamper or TimeStamp /CSS on LSE through EXTI line 19 interrupts	0x0000 0048
3	10	settable	RTC_WKUP	RTC Wakeup timer through EXTI line 20 interrupt	0x0000 004C
4	11	settable	FLASH	Flash global interrupt	0x0000 0050
5	12	settable	RCC	RCC global interrupt	0x0000 0054
6	13	settable	EXTI0	EXTI Line0 interrupt	0x0000 0058
7	14	settable	EXTI1	EXTI Line1 interrupt	0x0000 005C

[그림 14.3-3] HAL_NVIC_SetPriority() 함수에서 IRQn_Type IRQn 입력 매개변수.

그런데, 이들 interrupt에 대한 우선권을 할당하는데 사용되는 8bits는 [그림 14.3-4]에서 보여준 AIRCR(Application Interrupt and Reset Control register)의 PRIGROUP field에 따라서 그 의미가 달라진다. 즉, [표 14.3-1]에서 보여준 것과 같이 AIRCR의 PRIGROUP 값에 의해서 Group priority field와 Subpriority field로 나누어진다. 여기서, Group Priority field는 **preemption을 위한 우선권을 정의**한다. 그러므로 여러 개의 pending interrupt들이 동일한 group priority를 가진다면, Subpriority field를 이용하여 **우선권을 설정**한다.

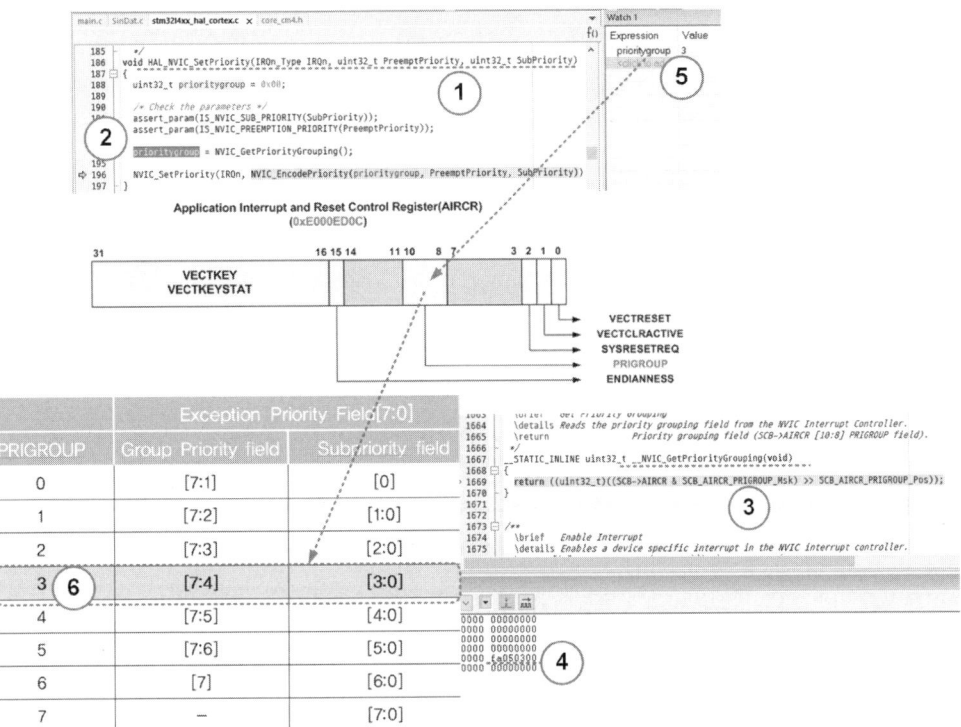

[그림 14.3-4] AIRCR 사용 방법.

	Exception Priority Field[7:0]	
PRIGROUP	Group Priority field	Subpriority field
0	[7:1]	[0]
1	[7:2]	[1:0]
2	[7:3]	[2:0]
3	[7:4]	[3:0]
4	[7:5]	[4:0]
5	[7:6]	[5:0]
6	[7]	[6:0]
7	–	[7:0]

[표 14.3-1] Priority Grouping.

그런데, 여기서 주의할 것은 **Subpriority field는 동일한 우선권**을 갖는 interrupt가 pending 상태에 있을 때, 먼저 수행할 것을 선택하는 것이지 우선권 즉, preemption을 의미하는 것은 아니라는 것이다. 예를 들어서, 만일, 개발하는 소프트웨어가 IRQ#0을 위해서 priority level=0x5를 이용하고, IRQ#1을 위해서는 priority level로 0x3을 이용한다면, IRQ#1이 **보다 높은 우선권**을 가지게 된다. 어쨌든, PRIGROUP의 default 값은 "0"이다. 그런데, PRIGROUP의 값이 "7"인 경우에는 모든 고정된 우선권을 갖는 interrupt들을 제외한 나머지는 동일한 우선권을 가지게 되는데 주의하자. 이때에는 보다 작은 interrupt number를 가진 interrupt가 먼저 수행된다는데 주의하자. 단, **고정된 우선권**을 갖는 exception은 reset, NMI 그리고, Hard fault 3개뿐이며, 이들은 **exception number가 음수**인데 주의하자. 또 한 가지 주의할 것은 일반적으로 상용 MCU는 우선권 지정을 위해서 8bits를 모두 할당하지 않는 경향이 있다. 예를 들어서, 자신이 사용하는 MCU의 datasheet를 참조해보니, 4bits만 지원을 한다고 하면, 그것은 bit7~bit4까지 우선권을 할당할 수 있다는 의미가 되고, 이 4bits는 또 다시 [표 14.3-1]에서 보여준 것과 같이 Group priority와 Subpriority로 나뉘게 된다. 참고적으로 STM32F1**xx**의 경우, 기본적인 16개의 system interrupt들을 제외한 전체 68개의 interrupt들이 존재하며, interrupt priority는 16개의 programmable priority levels 즉, **4bits**를 이용한다. 결국, [그림 14.3-4]의 ⑤번과 ⑥번으로부터 이 경우에 PRIGROUP은 3 즉, Group Priority field는 [7:4] 범위에서 의미가 있다는 것을 알 수 있다. 만일, PRIGROUP의 값으로 4를 할당하였다면, [표 14.3-1]로부터 우선권을 지정하는 8-bit는 [그림 14.3-5]와 같이 표현될 것이다.

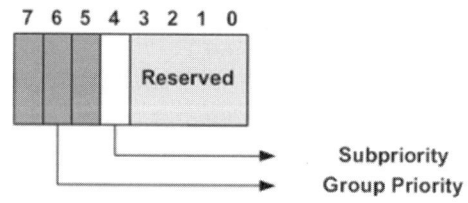

[그림 14.3-5] 3bits priority group

결국, 서로 다른 우선권을 갖는 interrupt들은 [그림 14.3-6]에서 ①번과 같이 모두 2^3=8개를 가질 수 있다는 것을 알 수 있다. [그림 14.3-5]와 같이 사용하는 MCU의 우선권 bits가 모두 4개인데, PRIGROUP의 값으로 0, 1, 2를 할당한다면, 이것은 3을 할당한 것과 같다. 왜냐하면, [그림 14.3-5]에서 보여준 것과 같이 0번부터 3번 bit 위치까지는 reserved로 사용할 수 없기 때문이다.

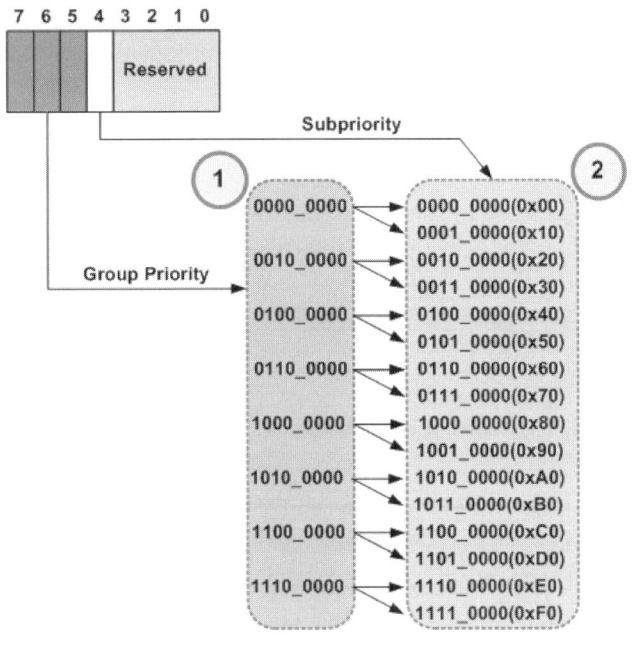

[그림 14.3-6] PRIGROUP=4인 경우.

결국, 총 16개의 우선권을 할당할 수 있는 interrupt들을 사용할 수 있지만, Subpriority의 값이 "0"이므로 **동일한 우선권을 가진 interrupt들에 대해서 먼저 수행할 수 있는 방법은 없다는 의미**가 된다. 이때에는 앞에서 언급하였듯이 보다 작은 interrupt number를 가진 interrupt가 먼저 수행된다. [그림 14.3-7]은 CubeMX를 이용하여 **PRIGROUP의 값을 설정하는 방법**을 보여주고 있다. 또한, [그림 14.3-8]은 CubeMX를 이용하여 interrupt unmasking하는 순서를 설정하는 방법을 보여준 것이다. 여기서 언급한 **unmasking**이란 **interrupt를 enable시켜주는 것**을 의미한다. 그러므로, unmasking 순서는 interrupt 우선순위 결정과는 직접적인 관련이 없다. 그러나, ④번에서 보여준 것과 같이 interrupt unmasking 순서를 확인할 수 있다. 어쨌든, ③번에서 보여준 Tab name과 같이 **Code Generation**을 수행하여 ⑤번에서 보여준 것과 같이 **MX_NVIC_Init() 함수**를 생성하여 추가해 줄 수 있다. 이 함수의 내용을 보면, 알 수 있듯이 CubeMX에서 설정한 모든 interrupt들을 unmasking하고, 우선순위를 지정해 주고 있다. **Code Generation**을 수행하기 전까지는 각각의 interrupt 설정 routine에 포함되어 있다가 **Code Generation**을 수행하면, ⑤번과 같이 한 곳에 모두 모아서 한 번에 설정해 준다. [그림 14.3-9]는 UART4를 TIM1 또는 SPI3 보다 **우선순위를 높게 설정한 것**을 보여준 것이다.

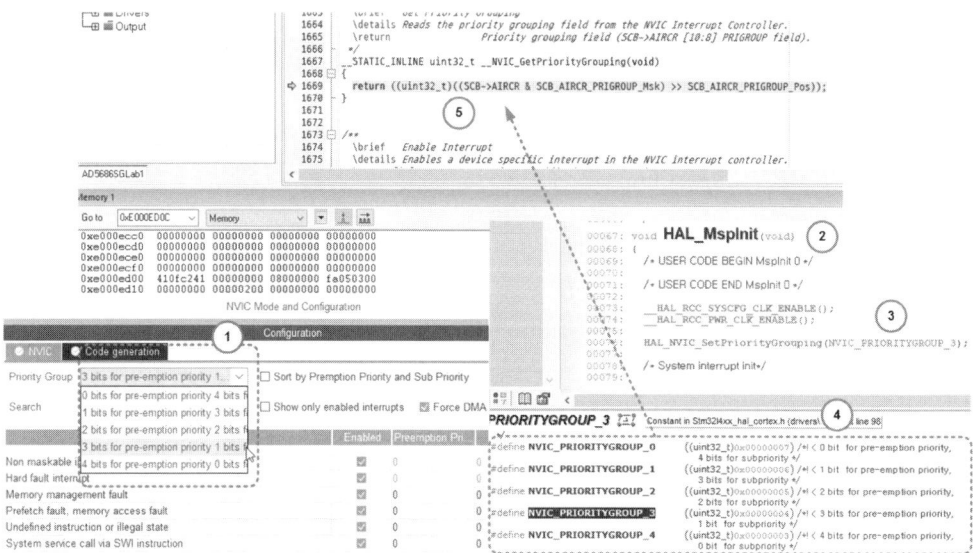

[그림 14.3-7] CubeMX를 이용하여 PRIGROUP의 값 설정 방법.

기본적인 작업은 Timer1에 근거하여 SPI3에 연결되어 있는 DAC 소자에 데이터를 전송해주는 것이지만, 사용자가 새로운 설정을 위해서 UART4 interrupt로 접근하면, 이것이 보다 높은 우선순위를 가져서 가능하면, 임의의 handler mode에서 빠져 나올 때에 제일 먼저 수행하여 사용자가 PC에서 보내준 데이터를 잃지 않도록 하기 위해서 이다. 그러나, 앞서 언급한 것과 같이 단순히 8bit 데이터 수신에 대한 interrupt 방법은 데이터를 유실할 수밖에 없고, DMA controller를 사용해야 최대한 유실하지 않는데 주의하기 바란다. 즉, 새로운 데이터를 설정해 줄 때는 수십 Kbytes가 UART4를 통하여 전송되고, 그에 따른 응답을 할 것이므로 앞서 학습한 **idle interrupt**를 이용한 DMA 전송 방식을 사용한 것을 볼 수 있다. 이렇게 되면, 최초에 상대편에서 데이터를 전송하지 않아도 **무조건 1번은 interrupt**가 걸려서 Rx callback routine으로 들어간다. 그런데, 문제는 이때에 interrupt 우선권을 설정한다는 것이다. 그러므로, 최초 진입한 Rx callback은 무시하고 그냥 지나가도록 coding 해 주어야 한다는 데 주의하자. 만일, 우선순위 동작을 확인하기 위해서 [그림 14.3-9]처럼 **Preemption Priority** 값을 수정하지 말고, default 0으로 설정하고, UART Rx callback routine에 while(1);과 같이 무한 loop를 설정하면, 보다 높은 우선순위를 갖는 Timer1 callback routine으로 Program Counter가 이동하지 않는다. 왜냐하면, UART Rx callback routine에 있는 while(1);에서 빠져나가지 못하기 때문이다.

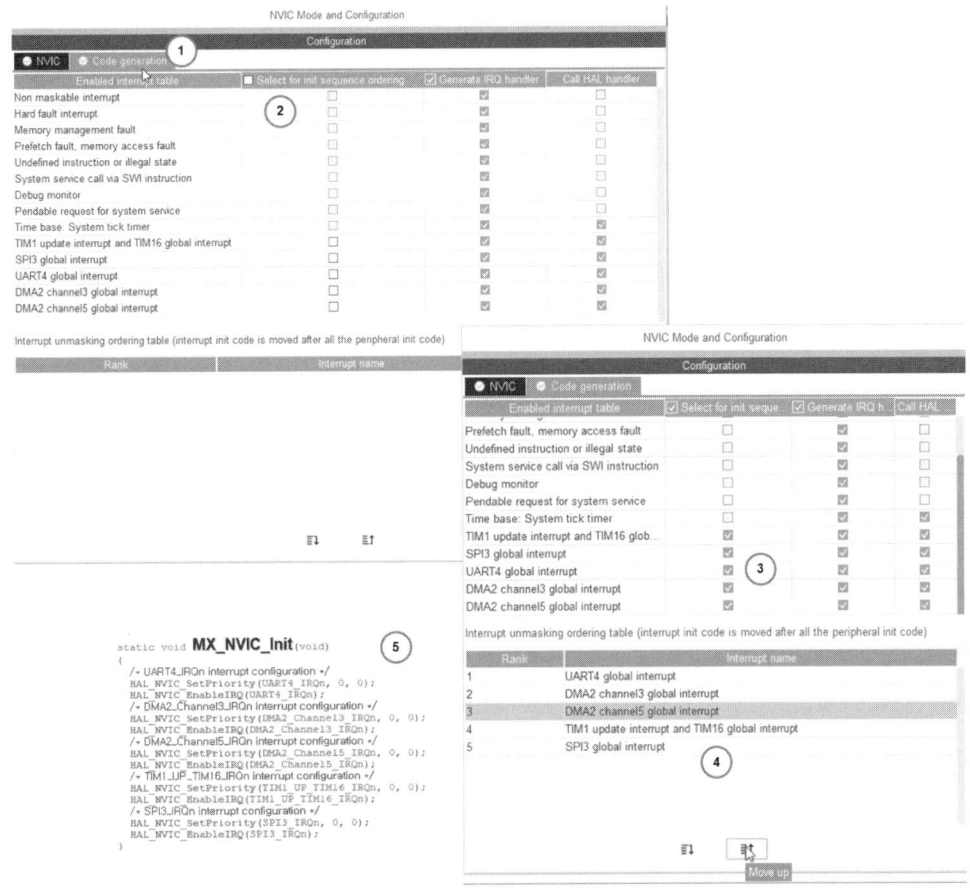

[그림 14.3-8] CubeMX interrupt 설정 방법(1).

RCC global interrupt	☐	0	0
TIM1 break interrupt and TIM15 global interrupt	☐	0	0
TIM1 update interrupt and TIM16 global interrupt	☑	1	0
TIM1 trigger and commutation interrupts and TIM17 global interrupt	☐	0	0
TIM1 capture compare interrupt	☐	0	0
USART2 global interrupt	☐	0	0
EXTI line[15:10] interrupts	☐	0	0
SPI3 global interrupt	☑	2	0
UART4 global interrupt	☑	0	0
DMA2 channel3 global interrupt	☑	0	0
DMA2 channel5 global interrupt	☑	0	0
FPU global interrupt	☐	0	0

[그림 14.3-9] CubeMX interrupt 설정 방법(2).

그러므로, 반드시, 첫 번째 idle interrupt를 이용한 Rx interrupt는 그냥 지나가고, 그 다음부터 설정한 interrupt 우선순위가 적용되도록 해야 한다. 또한, 앞서 언급한 것과 같이

interrupt 우선순위 실험은 낮은 우선순위를 갖는 handle routine에 무한 loop를 넣고, 높은 우선순위에 있는 interrupt와 현재 무한 loop를 수행하고 있는 낮은 우선순위의 interrupt를 모두 발생시켜서 해당 interrupt들이 pending register에 등록되도록 한다. 즉, 낮은 우선순위의 interrupt를 또 다시 발생시키는 것이다. 그리고 나서, 현재 동작 중인 그 낮은 우선순위의 interrupt가 수행하고 있는 그 무한 loop에서 어떠한 조건으로 빠져 나올 때에 pending되었던 높은 우선순위의 interrupt handler routine이 호출되는지 확인 하면 된다. 물론, 이때, main() 함수의 while-loop 안에 있는 명령들은 높은 우선순위 handler routine이 수행되고, 빠져나오면, 바로 pending되어 있던 낮은 우선순위 handle routine의 그 무한 loop에 다시 들어가서 loop를 빠져 나올 조건이 성립될 때까지 실행되지 못하는 것을 확인할 수 있을 것이다. 그러나, 만일, 높은 우선순위 interrupt handle routine에 무한 루프를 넣고, 낮은 우선순위를 갖는 interrupt와 그 높은 우선순위 interrupt를 모두 발생시키면, 이때에는 낮은 우선순위 interrupt handler routine은 호출 되지 않을 것이다. [그림 14.3-9]와 같이 **Preemption Priority** 값을 수정하고, 다시 CubeMX를 이용하여 code를 생성하면, 다음과 같이 설정한 **Preemption Priority** 값이 적 용된 것을 볼 수 있다.

```
static void MX_NVIC_Init(void) {
  /* UART4_IRQn interrupt configuration */
  HAL_NVIC_SetPriority(UART4_IRQn, 0, 0);
  HAL_NVIC_EnableIRQ(UART4_IRQn);
  /* DMA2_Channel3_IRQn interrupt configuration */
  HAL_NVIC_SetPriority(DMA2_Channel3_IRQn, 0, 0);
  HAL_NVIC_EnableIRQ(DMA2_Channel3_IRQn);
  /* DMA2_Channel5_IRQn interrupt configuration */
  HAL_NVIC_SetPriority(DMA2_Channel5_IRQn, 0, 0);
  HAL_NVIC_EnableIRQ(DMA2_Channel5_IRQn);
  /* TIM1_UP_TIM16_IRQn interrupt configuration */
  HAL_NVIC_SetPriority(TIM1_UP_TIM16_IRQn, 1, 0);
  HAL_NVIC_EnableIRQ(TIM1_UP_TIM16_IRQn);
  /* SPI3_IRQn interrupt configuration */
  HAL_NVIC_SetPriority(SPI3_IRQn, 2, 0);
  HAL_NVIC_EnableIRQ(SPI3_IRQn);
}
```

[그림 14.3-2]에서 보여준 interrupt list는 STM32F1xx에 대한 내용이며, [그림 14.3-10]

은 이것만 따로 발췌한 것이다.

Position	Priority	Type of priority	Acronym	Description	Address
11	18	settable	DMA1_Channel1	DMA1 Channel1 global interrupt	0x0000_006C
27	34	settable	TIM1_CC	TIM1 Capture Compare interrupt	0x0000_00AC
28	35	settable	TIM2	TIM2 global interrupt	0x0000_00B0
29	36	settable	TIM3	TIM3 global interrupt	0x0000_00B4
30	37	settable	TIM4	TIM4 global interrupt	0x0000_00B8
31	38	settable	I2C1_EV	I^{2}C1 event interrupt	0x0000_00BC
32	39	settable	I2C1_ER	I^{2}C1 error interrupt	0x0000_00C0
33	40	settable	I2C2_EV	I^{2}C2 event interrupt	0x0000_00C4
34	41	settable	I2C2_ER	I^{2}C2 error interrupt	0x0000_00C8
35	42	settable	SPI1	SPI1 global interrupt	0x0000_00CC
36	43	settable	SPI2	SPI2 global interrupt	0x0000_00D0
37	44	settable	USART1	USART1 global interrupt	0x0000_00D4

[그림 14.3-10] STM32F1xx interrupts list.

[그림 14.3-2]의 오른쪽 그림을 보면, 알 수 있듯이 현재, application에서 사용할 interrupt들은 사각형 안에 있는 것들이다. TIM2를 100[ms]로 설정하여 이것을 시간 축으로 하고, TIM2 ISR 안에 대략 5[ms] 조금 많은 시간을 필요로 하는 56개의 bytes를 PC로 전송하고자 한다. 이때, USART1을 사용할 것이다. 만일, 단순히, TIM2가 5[ms] ISR을 사용한다면, 그 5[ms] 안에 I2C2, SPI1, 그리고, SPI2 interrupt가 발생한다면, 앞서 언급한 것과 같이 blocking되어 문제가 발생한다. 단순히 이 문제를 해결하기 위해서 TIM2의 interrupt 우선순위를 5[ms] 동안 낮추고, 56개의 데이터를 모두 전송한 이후에 TIM2 interrupt 우선순위를 복원해 준다. 이것이 가능한 이유는 PC로 전송하는 데이터는 100[ms] 안에 도착하기만 하면 되기 때문에 5[ms] 정도 TIM2 interrupt 발생에 오차가 있어도 크게 문제가 되지 않고, 또한, 중간에 다른 interrupt들이 치고 들어와도 그 총 합이 50[ms]도 안 되므로 문제가 되지 않는다는 판단 때문이다. Interrupt 방식으로 UART 통신을 사용할 때, 주의할 것이 있다. 기본적으로 HAL_UART_Transmit_IT() 함수 또는

HAL_UART_Receive_IT() 함수의 반환 값은 HAL_OK, HAL_ERROR, 그리고, HAL_BUSY 이렇게 3가지이다. 이들 함수의 도입부를 살펴보면, 해당 UART가 송신 또는 수신할 준비가 되어 있는지 확인하여 준비가 되어 있지 않으면, HAL_BUSY를 반환하게 되어 있다.

```
if(HAL_UART_Transmit_IT(&huart1,(uint8_t*)aTxBuffer,TXBUFFERSIZE)!= HAL_OK) {
    Error_Handler();
  }
if(HAL_UART_Receive_IT(&huart1, (uint8_t *)aRxBuffer, RXBUFFERSIZE) != HAL_OK)
```

그런데, HAL_BUSY도 결국, HAL_OK가 아니므로 Error_Handler() 함수로 빠지는 문제가 발생한다. 그러므로, UART 송신 또는 수신이 완료되었을 때만, 위의 함수들을 호출하도록 다음과 같이 완료 함수에 flag 값을 SET로 바꾸게 하고, 이 flag 함수의 값이 SET일 때만, 위에 2개 함수를 호출하도록 만들어 주는 것이 일반적인 사용 방법이다.

```
void HAL_UART_TxCpltCallback(UART_HandleTypeDef *UartHandle) {
   /* Set transmission flag: transfer complete */
   UartReady = SET;
 }
```

[그림 14.3-11]은 100[ms] TIM2와 USART interrupts 우선순위를 바꾸는 과정을 보여주고 있다. 전체 SendInfoToPC() 함수의 내용은 다음과 같다. 단, HAL_NVIC_SetPriority() 함수의 첫 번째 매개변수는 stm32f103xe.h file을 참조하면 된다.

```
void SendInfoToPC() {
   // TIM2 interrupt level will be lower than others including USART1.
   HAL_NVIC_SetPriority(TIM2_IRQn, 2, 0);
   HAL_NVIC_SetPriority(USART1_IRQn, 1, 0);
   if(HAL_UART_Transmit_IT(&huart1,(uint8_t*)aTxBuffer,TXBUFFERSIZE)!=HAL_OK) {
     Error_Handler();
   }
   while (UartReady!=SET) {
   }
   /* Reset transmission flag */
   UartReady = RESET;
```

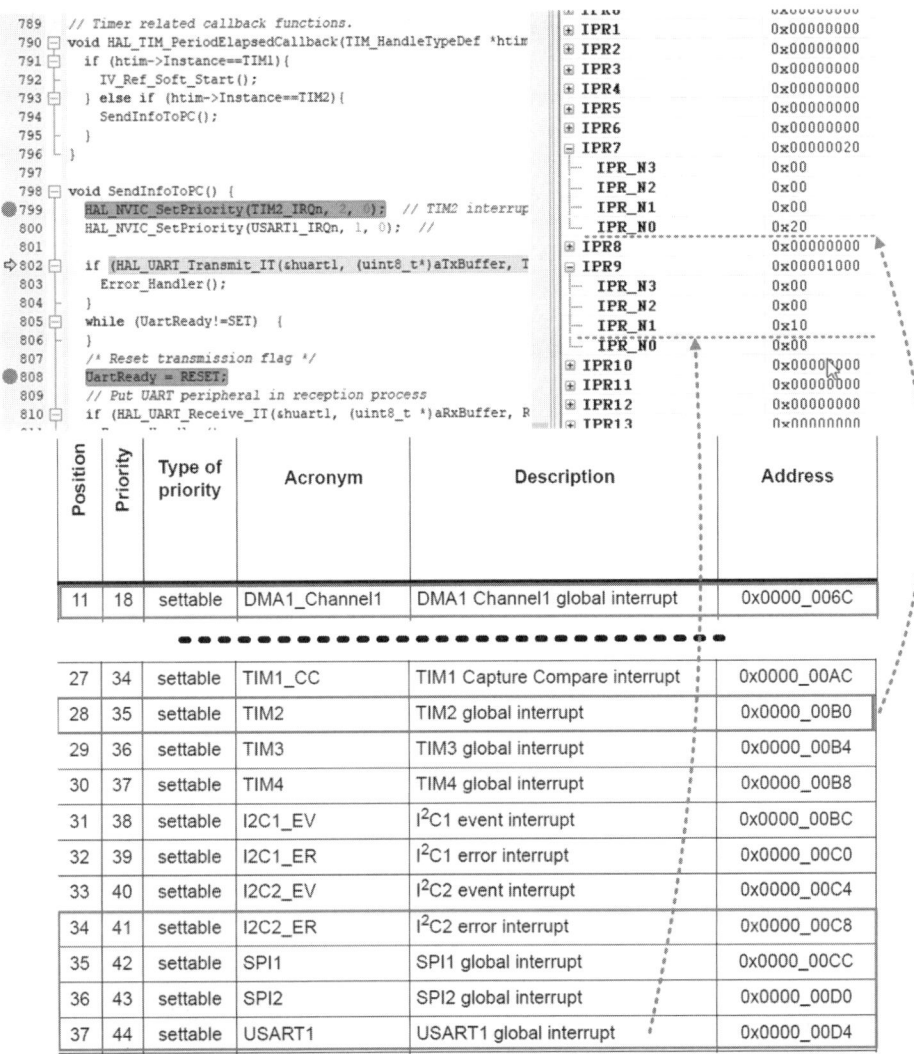

[그림 14.3-11] TIM2와 USART interrupts 우선순위 바꾸는 과정.

```
// Put UART peripheral in reception process
if(HAL_UART_Receive_IT(&huart1,(uint8_t*)aRxBuffer, RXBUFFERSIZE)!=HAL_OK) {
  Error_Handler();
}
while (UartReady!=SET) {
}
/* Reset transmission flag */
UartReady = RESET;
// The interrupt priorities modified before should be returned as below.
HAL_NVIC_SetPriority(TIM2_IRQn, 0, 0);
```

```
    HAL_NVIC_SetPriority(USART1_IRQn, 0, 0);  //
}
```

특별히, 우선순위를 변경한 interrupt priority들은 업무가 완료되면 모두 원래의 우선순위로 복원해 주는 것을 잊지 말아야 한다. 참고적으로 주변 장치 interrupt handler는 다음과 같은 함수 이름을 갖는다.

```
HAL_PPP_IRQHandler(PPP_HandlerTypeDef* Inst);
```

임의의 주변 장치와 관련된 모든 interrupt들을 disabling하면, 다음의 파일들에서 해당 routine들이 추가되지 않는다.

❶ stm32f1xx_it.c, ❷ stm32f1xx_hal_msp.c, ❸ stm32f1xx_it.h

그러므로, main.c에서 interrupt 완료에 따른 callback 관련 호출함수들을 추가하여도 **막상, debugging과정에서 breakpoint를 추가하려고 하면 추가되지 않는다.** 왜냐하면, 해당 함수들이 호출되지 않으므로 **building 과정에서 자동으로 삭제**하기 때문에 소스 code와 symbol이 matching 되지 않기 때문이다. 또한, building 과정에서 어떠한 error message가 나타나지 않기 때문에 사용자는 마치 해당 함수가 호출될 것을 예상하고, breakpoint를 추가하려고 하지만 추가되지 않는 데 주의하기 바란다. 예를 들면, [그림 14.3-12]와 같이 CAN을 사용하려는 경우에 모든 interrupt들을 disabling하면, [그림 14.3-13]에서 보여준 것과 같이 앞서 언급한 3개의 파일들에 interrupt 완료에 따른 handler 함수를 추가하는 **routines가 모두 사라진다**는 데 주의하자. Vol.2의 2.6. 단원에서는 interrupt와 관련된 또 다른 중요한 주제인 interrupt vector table의 재배치 방법에 대해서 학습하게 될 것이다.

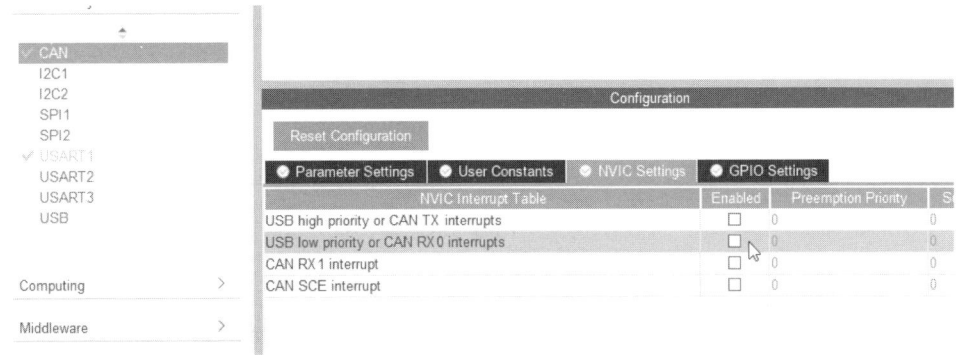

[그림 14.3-12] CAN interrupt enabling/disabling 방법.

[그림 14.3-13] CAN interrupt enabling/disabling에 따른 소스 파일 변화.

14 DAC 사용 방법과 Interrupt 우선순위 | 605

【연구 과제】

[그림 14.1-10]에서 보여준 백색 잡음과 삼각파를 각각 생성하여 Oscilloscope로 확인해 보기 바란다. 또한, Chapter 13.에서 학습한 ADC의 sampling time을 최대한 짧게 설정하여 생성한 백색 잡음을 ADC channel에 연결하여 DMA buffer에 일정 시간 구간 동안 sample들을 저장하고, PC로 전송하여 SJ_MCUBook_Apps program으로 그 결과 파형을 확인하고, 앞서 확인한 Oscilloscope 화면의 파형과 유사한지 확인해 보기 바란다. 또한, 삼각파의 경우에는 1주기 sample 동안 데이터를 취합하여 동일하게 SJ_MCUBook_Apps program으로 그 결과 파형을 확인해 보기 바란다.

CHAPTER

15

RS-485와 LCD 사용 방법

이번 Chapter에서는 산업용 제품에서 통신 방식으로 가장 광범위하게 사용되는 **RS-485**에 대한 내용을 자세히 다룰 것이다. 무엇보다도 RS-485 통신 방식에 대한 기초적인 내용부터 실제 전압 transceiver로 사용되는 ADI Inc.과 TI Inc.에서 출시하는 소자들에 대해서 설명할 것이다. 그리고, 이들 소자를 이용하여 효과적이고, 안정적인 RS-485 통신 회로를 구성하는 방법도 설명할 것이다. 소프트웨어적인 측면에서는 앞서 학습한 UART 통신을 위한 Rx와 Tx 신호선을 그대로 이용하고, 단지, 방향 제어를 위한 GPIO pin 하나만 추가해 주면 된다. 그러므로, 소프트웨어적인 구현상의 어려움은 없을 것이다. 단지, RS-485 통신을 보다 체계적으로 사용하기 위하여 국제적인 규격으로 **modbus**(https://modbus.org/)를 많이 이용하는데, 이 규격을 구현해야 하는 또 다른 업무가 발생할 수도 있다. 그리고, 많이 사용하는 LCD 16×2 module을 STM32 MCU로 어떻게 제어하여 사용하는지 설명하였다.

■ 학습 목표 :
- RS-485 통신 규격에 대한 자세한 학습을 한다.
- RS-485 통신을 회로적으로 구현할 때에 고려해야 하는 사항들을 학습한다.
- RS-485 transceiver 소자인 ADI Inc.의 **ADM2481**과 TI Inc.,의 **ISO308x** 부품들에 대한 특성을 학습한다.
- LCD 16×2 module인 GC1602D-01XA0에 대한 특성을 학습하고, 구동해 본다.

15.1 RS-485 통신에 대한 소개와 사용 방법.

여기서 설명하는 RS-485는 MCU 입장에서는 UART port에 해당하며, 방향을 제어하는 GPIO 한 개 pin이 추가된 것에 불과하다. 물론, 기존의 UART 통신과 같이 송신과 수신을 동시에 수행할 수 있는 full duplex 방식을 사용한다면, 방향을 제어하는 GPIO pin이 추가될 필요는 없다. RS-485는 다음과 같은 특징으로 인해서 일반 산업 현장에서 광범위하게 사용되고 있다.

❶ 최대 4000feet cable, **대략 1.2[km]까지 신호를 전송**할 수 있다.
❷ 송신과 수신 2가닥으로 양방향 통신이 가능하다.
❸ 전압에 대한 **차동(differential) 전송 방식**이며, 이것은 noise에 강하고, 상대적으로 noise 방출이 작아서 EMI를 줄여 준다.
❹ 동일한 버스에 **최대 32개의** transceiver들을 함께 연결할 수 있다. 여러 driver들과 receiver들 사이에서 발생하는 ground 전위 차이에 대한 허용도가 높다.
❺ 최대 10[Mbps]까지 가능하다.
❻ **Modbus**, Profibus, Interbus, 또는 BACnet과 같은 higher level protocol의 **physical layer로 사용**된다.

이처럼 RS-485 통신 방식이 긴 거리에 대해서 통신이 가능한 것은 differential 또는 balanced line들을 사용하기 때문이다. 즉, 하나의 line에 대한 전압은 다른 line에 대한 전압의 반대 위상과 크기를 가진다. [그림 15.1-1]을 기준으로 좀 더 구체적으로 살펴보도록 하겠다.

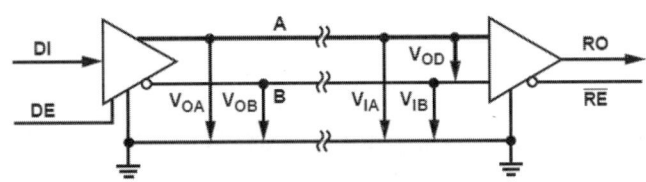

[그림 15.1-1] differential 송/수신기.

❶ **송신기**의 입력에 logic **high**(즉, DI= 1)가 수신된 경우에 driver 출력의 Line A는 Line B 보다 큰 양의 값을 가진다.(즉, $V_{OA} > V_{OB}$) 이때, 수신기의 입력에서 $V_{IA} - V_{IB} > 200[mV]$이면, 수신기 출력 RO=1 즉, **logic high**가 된다.

❷ **송신기**의 입력에 logic **low**(즉, DI= 0)가 수신된 경우에 driver 출력의 Line A는 Line B 보다 작은 양의 값을 가진다.(즉, $V_{OA} < V_{OB}$) 이때, 수신기의 입력에서 $V_{IB} - V_{IA} > 200[mV]$이면, 수신기 출력 RO=0 즉, **logic low**가 된다.

[그림 15.1-2]는 half-duplex 특성을 가지며, 전송 신호에 대해서 절연(isolation) 기능을 가진 ADI Inc.의 **ADM2481**에 대한 전기적 특성의 일부분을 발췌한 것이다. 여기서, V_{CM}(common mode 전압) = $(V_{IA}+V_{IB})/2$으로 정의된다.

RECEIVER						
Differential Inputs						
Differential Input Threshold Voltage	V_{TH}	−200	−125	−30	mV	−7 V ≤ V_{CM} ≤ +12 V
Input Hysteresis	V_{HYS}		20		mV	−7 V ≤ V_{CM} ≤ +12 V
Input Resistance (A, B)		96	150		kΩ	−7 V ≤ V_{CM} ≤ +12 V
Input Current (A, B)				0.125	mA	V_{IN} = 12 V
				−0.1	mA	V_{IN} = −7 V

[그림 15.1-2] ADM2481 datasheet.

그리고, −7[V]~12[V]의 범위를 갖는데, 이것은 driver와 receiver 사이의 **ground 전위 차이**에 대한 **허용 오차**를 의미한다. 즉, 특정 node가 전송을 하지 않아서 bus로부터 끊겼을 동안(즉, tristate) −7[V]~12[V]의 전압이 흔들려도 잘못된 신호가 들어오지 않는다는 의미이다. 이때 전송을 하지 않는다는 의미는 [그림 15.1-1]에서 DE=0 즉, DE pin이 low로 driving되는 것을 의미하고, 이것은 결국, $V_{IA}-V_{IB}=0[V]$를 의미한다. 원칙적으로 **RS-485 수신기의 입력 impedance는 12[kΩ]**과 같거나 커야 한다. 이 impedance는 **1UL(Unit Load)로 정의**된다. 그런데, ADM2481은 [그림 15.1-2]에서 보여준 것과 같이 최소 impedance가 96[kΩ]이다. 이것은 (96/12=8, 1/8UL)8배 더 많은 transceiver들 즉, 32×8=256개의 transceiver들을 동일한 bus에 연결하여 사용할 수 있다는 의미가 된다. 즉, 표준인 32개 transceiver 보다 8배 많은 256개를 붙을 수 있다는 의미이다. 사실, 대부분의 RS-485 transceiver는 1/8UL이다. 예를 들면, TI Inc.,의 **ISO308x** isolated 5[V] full/half duplex RS-485 transceiver도 1/8UL이며, 잠시 후에 설명하겠지만, **true fail-safe 특성**을 갖는다. [그림 15.1-3]은 전형적인 RS-485 구성도이다.

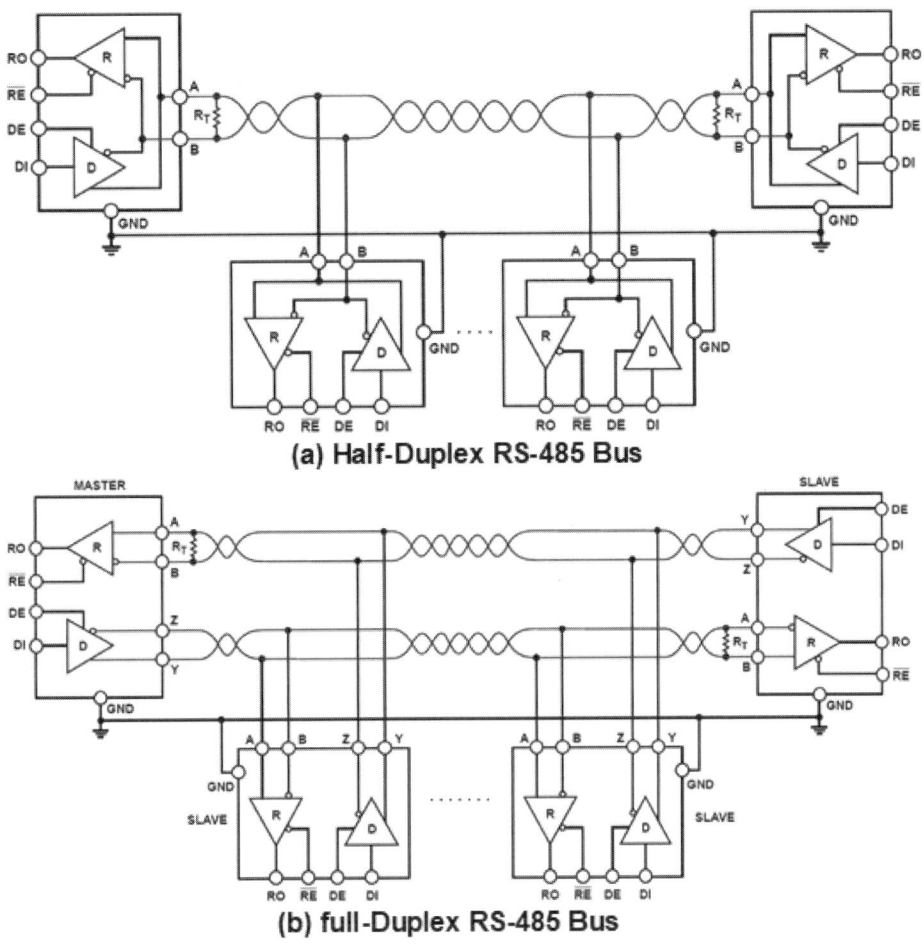

[그림 15.1-3] 전형적인 RS-485 구성도.

전송 선로에는 2개의 line들이 있다. 즉, driver로부터 receiver로 전류를 운반하는 line과 driver로 다시 되돌려주는 line이 있다. 이때, 신호의 transition이 발생하는 순간에 생성되는 **반사(reflection)를 최소화**해야 하며, 이것은 올바른 **cable termination에 의해서 수행**된다. 긴 전송선로에서 보다 심각하게 반사가 발생하며, 이것으로 인해서 수신기에서 잘못된 logic level을 읽을 수 있게 되는데, 상대적으로 짧은 전송선로에서는 그 영향이 거의 없다. 그러므로, **termination 저항은 수신기 가까이** 달아주어야 한다. [그림 15.1-4]는 사용되는 termination의 종류를 정리한 것이다. 참고적으로 신호의 상승 시간이 cable의 propagation delay time의 4배 보다 크면, termination을 사용하지 않아도 된다.

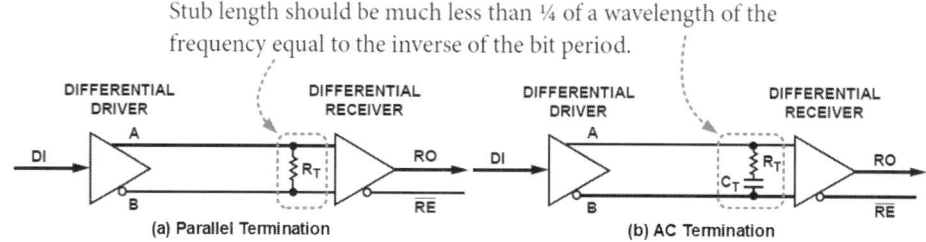

[그림 15.1-4] termination의 종류.

Termination 종류	내 용
사용하지 않는 경우	bit rate 대비 짧은 거리에서 가능. 오류 확률이 제일 높음
Parallel termination	소비 전력이 제일 높다
AC termination	짧은 거리와 낮은 bit rate

[표 10.1-1] termination 장점과 단점.

특별히, parallel termination이 많이 사용되는데, 각각의 link 끝은 cable의 특성 impedance와 같은 **종단(termination) 저항**을 가져야 한다. 일반적으로 종단 저항으로 **120[Ω]**을 사용하는데, 이것은 **CAN 통신도 동일**하다는데 주의하자. 즉, nodes의 개수와 상관없이 link 각각의 끝에**만** 종단 저항을 두어야 한다. 여기서 link 각각의 끝에 node란 **상호 가장 멀리 떨어진 node**를 의미한다. AC termination은 전압의 ringing을 줄이고, idle links에 대한 **전력 소비를 줄이기 위해서** 사용된다. 그러나, cable 길이가 짧아야하고, bit rate가 작아야 한다. [그림 15.1-4(b)]에서 C_T는 다음의 수식으로 얻는다.

$$C_T(pF) > \frac{2(One\text{-}Way\ Cable\ Delay\ (ps))}{Characteristic\ Impedance\ (\Omega)}$$

데이터 rate와 link 길이는 [그림 15.1-5]와 같은 관계를 가진다. 사용하는 cable의 DC 저항은 cable의 길이를 제한하고, AC 특성은 신호의 품질과 길이에 영향을 준다. [그림 15.1-6]은 비동기 데이터 전송의 경우에 마지막 문자가 전송되면, 다음 start bit가 나타날 때까지 line은 high state를 유지하게 되며 이 상태를 **bus idle 상태**라고 한다. 이것은 동일한 bus에 여러 transceiver들이 연결되어 있고, 이들이 모두 수신 mode이면, 문제가 발생될 수 있다.

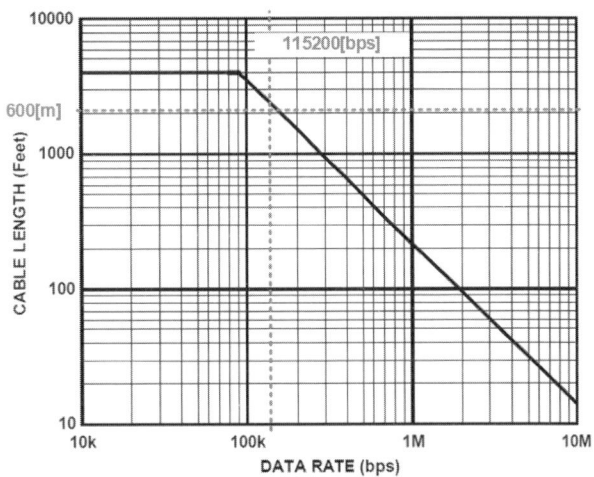

[그림 15.1-5] 데이터 rate와 link 길이.

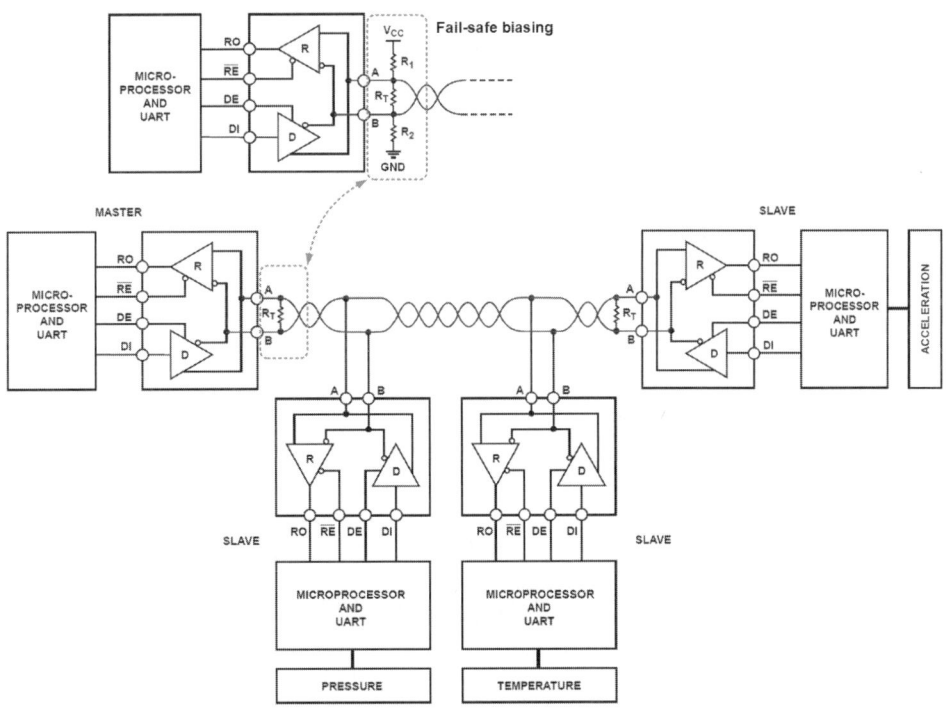

[그림 15.1-6] fail-safe biasing.

즉, $V_{IA}-V_{IB}=0[V]$가 되고, 이 경우에 수신기 출력 RO는 RS-485 표준에 **정의되어 있지 않아서 잘못된 데이터를 수신할 수도 있게 된다.** 즉, **표준 문서에서는 -200[mV]~200[mV]**

범위에 대한 RO가 정의되어 있지(undefined) 않은데 주의하자. [그림 15.1-2]에서 수신기의 Differential Input Threshold Voltage(V_{TH})는 RO의 출력에 대한 천이가 보장될 수 있는 전압을 의미한다. 일반적으로 RS-485 transceiver의 V_{TH} = ±200[mV]이다. 이것은 differential 입력이 200[mV]보다 크거나 같을 때에 즉, $V_{IA}-V_{IB} \geq 200$[mV] 일 때에 RO=1로 되고, $V_{IA}-V_{IB} < -200$[mV] 일 때에 RO=0으로 된다는 의미이다. 결국, [그림 15.1-7]에서 보여준 것과 같이 -200[mV]≤$V_{IA}-V_{IB}$≤200[mV]에 대해서는 정의되어 있지 않다.(즉, undefined)

$\overline{RE}$	A – B (Inputs)	RO
0	≥+200 mV	1
0	≤−200 mV	0
0	−200 mV ≤ (A − B) ≤ +200 mV	X
1	X	High-Z

[그림 15.1-7] Differential 진리표.

정리하면, bus idle 상태에서는 bus를 구동하는 device가 없으며, 이때에 수신기 출력 RO는 undefined가 된다. 이것은 **RS-485 통신으로 연결된 MCU가 잘못된 수신 데이터를 얻게 만들어서 오동작의 원인**이 될 수 있다. 단, 앞서 언급한 것과 같이 MCU 입장에서는 RS-485 통신이 바로 UART 통신을 의미한다는 데 주의하자. 어쨌든, 이 문제는 [그림 15.1-6]에서 보여준 **fail-safe biasing**으로 해결할 수 있다. 다음은 R1과 R2를 계산하는 방법을 보여준 것이다. 단, 종단 저항 R_T=120[Ω]이다.

$$R_1 = R_2 = R$$
$$V_{IA} - V_{IB} \geq 200 \text{ mV}$$
$$V_{IA} - V_{IB} = R_T \frac{V_{CC}}{2R + R_T} = 200 \text{ mV}$$
if V_{CC} = 5 V, then R = 1440 Ω
if V_{CC} = 3 V, then R = 960 Ω

[그림 15.1-6] fail-safe biasing 저항 계산 방법(1).

일반적으로 RS-485 단에서는 5[V]를 사용하므로 1.44[kΩ]을 사용하면 된다. 위의 수식에서 보다 작은 R을 사용하면, $V_{IA}-V_{IB}$는 200[mV] 보다 커지고 그 만큼이 noise margin이 된다. 즉, 보다 큰 noise margin을 얻을 수 있게 된다. [그림 15.1-7]은 도식적으로 fail-safe biasing 저항을 계산하는 방법을 보여준 것이다.

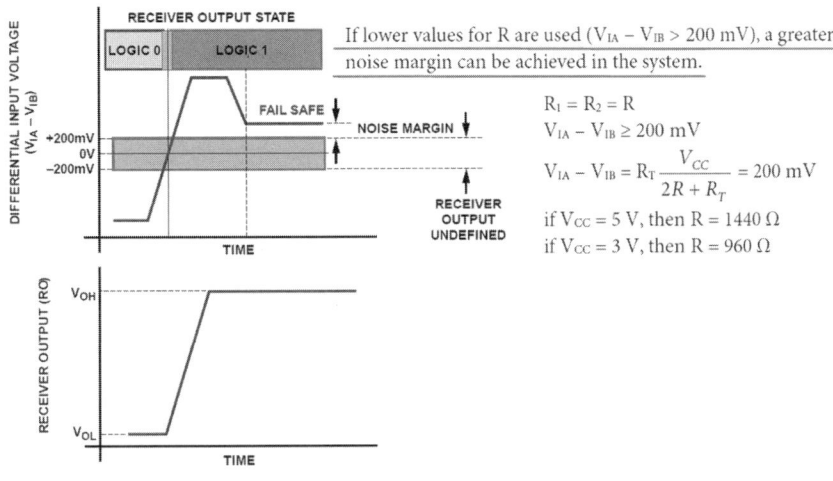

[그림 15.1-7] fail-safe biasing 저항 계산 방법(2).

그런데, 사용하려는 RS-485 transceiver 소자가 **true fail-safe receiver input**을 지원하면, V_{TH}는 ±200[mV]에서 [그림 15.1-8]에서 보여준 것과 같이 -200[mV]~-30[mV]로 undefined 영역이 절반 이하로 범위가 줄어들었다.

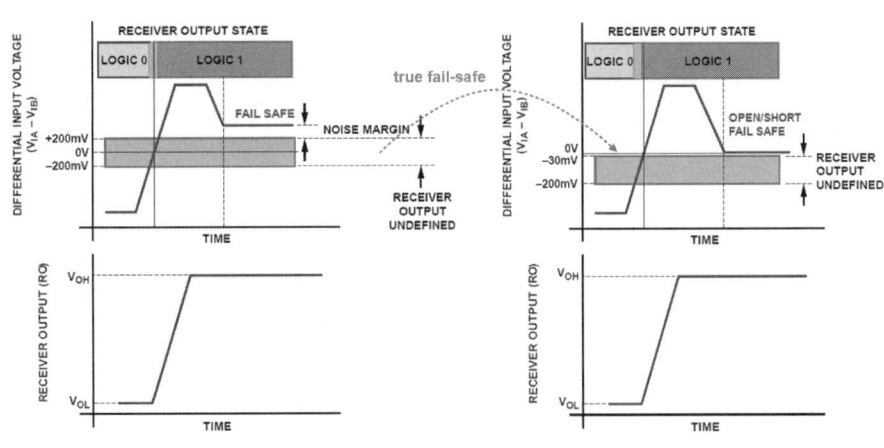

[그림 15.1-8] true fail-safe.

이제, bus idle 동안, $V_{IA}-V_{IB}=0$[V]이고, 이것은 -30[mV] 보다 크다. 결국, 수신기 출력

RO=1이 된다. 이것은 모든 bus에 연결된 transceivers가 true fail-safe를 가지고 있다면, 수신기 출력은 항상 define된다는 의미가 된다. 참고적으로 [그림 15.1-9]는 TI Inc.,의 ISO308x에 대한 datasheet를 발췌한 것이다.

ISO3080, ISO3082, ISO3086, ISO3088
SLOS581I – MAY 2008 – REVISED APRIL 2017 www.ti.com

6.9 Electrical Characteristics: Receiver
over recommended operating conditions (unless otherwise noted)

PARAMETER		TEST CONDITIONS	MIN	TYP	MAX	UNIT
$V_{IT(+)}$	Positive-going input threshold voltage	$I_O = -8$ mA		−85	−10	mV
$V_{IT(-)}$	Negative-going input threshold voltage	$I_O = 8$ mA	−200	−115		mV
V_{hys}	Hysteresis voltage ($V_{IT+} - V_{IT-}$)			30		mV

[그림 15.1-9] ISO308x(TI Inc.) differential input threshold 전압.

앞서 살펴본 ADM2481 보다 대략 20[mV] margin이 더 적은 것을 알 수 있다. 전형적인 값을 기준으로 보면, 40[mV] 정도 margin이 작다. 결국, ADM2481 보다 그만큼 수신기가 잘못된 정보를 받을 수 있는 확률이 높다는 것을 의미한다. 물론, ISO308x는 full duplex를 지원하지만, 대부분 half duplex를 이용하므로 이것은 당장에 장점이 되기 어렵다. [그림 15.1-10]은 서로 다른 system 즉, 전원 공급 장치를 독립적으로 가지고 있는 point A와 point B 장비가 서로 RS-485로 연결된 경우를 보여주고 있다.

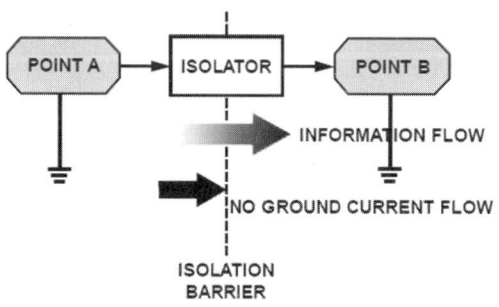

[그림 15.1-10] ground 전위차에 따른 noise.

이때에는 earth ground의 impedance가 증가하게 되고, 결국, link의 ground wire로 전류가 흐르게 되어 문제가 된다. 이것을 해결하기 위해서는 그림과 같이 isolator를 중간에 두어서 ground를 분리하면 문제가 해결된다. 즉, point A와 point B는 isolated 전원과

signal line들을 함께 가져야 한다는 의미이다. 참고적으로 ADI Inc.에서는 isolated DC-DC supply 기술을 **isoPower**라고 하고, isolated signal 구현 기술을 **iCoupler**라고 부른다. 결국, **ADM2481**은 fail-safe 저항을 추가할 필요가 없는 true fail-safe **부품**이다. 그러나, isoPower 기능이 없으므로 따로 isolated 전원 공급을 해 주어야 한다는 데 주의하자. 추가적으로 낙뢰, power source fluctuations, inductive switching, 그리고 정전기 등은 큰 전압의 변이를 생성하고 이것은 RS-485 transceiver들에 손상을 줄 수 있다. 그러므로, 다음과 같은 ESD protection, EFT protection, 그리고, surge protection을 고려해 주어야 한다.

❶ IEC 61000-4-2 ESD protection, ❷ IEC 61000-4-4 EFT protection
❸ IEC 61000-4-5 surge protection

참고적으로 ADI Inc.의 RS-485 관련 부품들 중에서 부품 번호 맨 끝에 **E**가 붙은 것은 향상된 ESD 보호 기능이 있다는 의미이다. 그러나, [그림 15.1-11]에서 보여준 것과 같이 외부에 TVS diode들을 추가해 주는 것이 좋다.

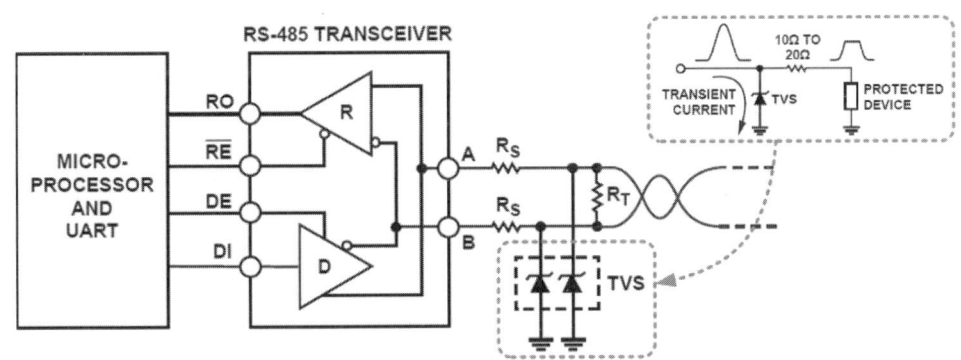

[그림 15.1-11] TVS diode 추가.

일반적으로 RS-485 통신에서 TVS를 사용하는 것은 -7[V]~12[V] V_{CM}으로 bus 상의 전압을 clamp하기 위해서 사용한다. 몇몇 TVS 부품들은 특별히, RS-485를 위해서 설계된 것도 있다. 또한, [그림 15.1-11]에서 보여준 것과 같이 Rs(10[Ω] ~ 20[Ω])를 추가하여 higher **power** transient로부터 부품들을 보호할 수도 있다.

15.2 LCD 16×2 사용 방법.

이번 단원에서는 [그림 15.2-1]에서 보여준 일반적으로 많이 사용되는 LCD 16×2 module 인 GC1602D-01XA0을 STM32 MCU로 제어하는 방법을 설명할 것이다.

[그림 15.2-1] GC1602D-01XA0 주요 사양.

LCD 16×2 module인 GC1602D-01XA0의 주요 특징은 [그림 15.2-2]와 같다.

ITEM	STANDARD VALUE	UNIT
Number of dots	16X2 CHARs	Dots
Outline dimension	80.0(W)X36.0(H)X12.8MAX.(T)	mm
View area	65.0(W)X16.0(H)	mm
Active area	56.21(W)X11.50(H)	mm
Dot size	0.56(W)X0.66(H)	mm
Dot pitch	0.60(W)X0.70(H)	mm
LCD type	STN,Yellow-green,positive,Transflective	
View direction	6 o'clock	
Backlight	LED,Yellow-green	
Controller	SPLC780D1-001	

[그림 15.2-2] GC1602D-01XA0 주요 사양.

결국, 2개의 행을 가질 수 있으며, 각각의 행은 16자를 표시할 수 있다는 의미가 된다. 그래서 16×2이다. 또한, 전기적인 특성은 [그림 15.2-3]과 같다. 즉, 5[V] 전원을 공급해 주어야 한다는 것을 알 수 있다. [그림 15.2-4]는 Backlight 정보이다.

ITEM	SYMBOL	MIN.	TYP.	MAX.	UNIT
Operating Temperature	T_{OP}	-20	-	+70	℃
Storage Temperature	T_{ST}	-30	-	+80	℃
Input Voltage	V_I	0	-	V_{DD}	V
Supply Voltage For Logic	V_{DD}	0	-	5.5	V
Supply Voltage For LCD	$V_{DD}-V_{EE}$	0	-	5	V

[그림 15.2-3] GC1602D-01XA0 전기적 사양.

Item	Symbol	Conditions	Rating	Unit
Reverse voltage	Vr	-	5.0	V
Reverse Current	I_r	Vr=5.0V	80	uA
Absolute maximum forward Current	Ifm		100	mA
Peak forward current	Ifp	I msec plus 10% Duty Cycle	240	mA
Power dissipation	P_d		340	mW
Operating Temperature Range	T_{oper}		-30~+70	℃
Storage Temperature Range	Tst		-40~+80	℃

[그림 15.2-4] GC1602D-01XA0 Backlight 정보.

결국, **340[mW] 전력을 소비**하므로 PC에 전원 어댑터를 연결하지 않고, 바테리 전원만 사용하는 경우에는 USB 2.0 cable을 연결하여 전원을 공급하는 경우에 최대 **100[mA]만 공급**할 수 있으므로 USB 5[V]를 곱하면, 최대 500[mW]가 공급할 수 있어서 충분할 것으로 보인다. 그러나, 이것은 바테리 전원이 충분할 때이고, 바테리를 통한 전원이 부족해지면, 일반적으로 Windows OS의 전원 관리 시스템은 제일 먼저 USB cable과 같은 주변 장치로 빠져나가는 전원부터 줄인다. 그러므로, USB cable을 UART 통신으로 사용하는 경우에는 **데이터가 깨지기 시작한다는 데 주의**하기 바란다. 그런데, PC에 전원 어댑터를 연결하고, USB 2.0 cable로 전원을 공급하는 경우에는 **최대 500[mA] 전원을 공급**할 수 있으므로 반드시, PC에 전원 어댑터를 연결하여 USB cable을 통하여 전원을 공급해 줄 것을 추천한다. LCD 16×2 module인 GC1602D-01XA0을 사용하기 위한 회로 구성은 [그림 15.2-5]와 같이 하였다. 즉, ①번과 ②번 신호선들은 모두 3.3[V] MCU에서 공급된다. 이것을 5[V] 입력을 요구하는 LCD에 연결하기 위하여 중간에 HCT573 소자를 이용하여 ④번과 ⑤번처럼 3.3[V] 신호 level을 5[V]로 바꾸었다. 그런데, [그림 15.2-1]에서 보여준 보드를 제작 완료하고, 실행해 보니 문제가 발생하였다. 문제는 실수로 D7 pin과 LCD-RS pin이 **LCD08** 입력 신호를 통하여 함께 묶여 있다. 이 문제를 해결하기 위하여 4bits mode로 LCD를 구동하고, ⑥번처럼 U10의 19번 pin을 들어올리고, LCD1의 4번 핀에 연결해 주는 jumper wire 작업을 하였다.

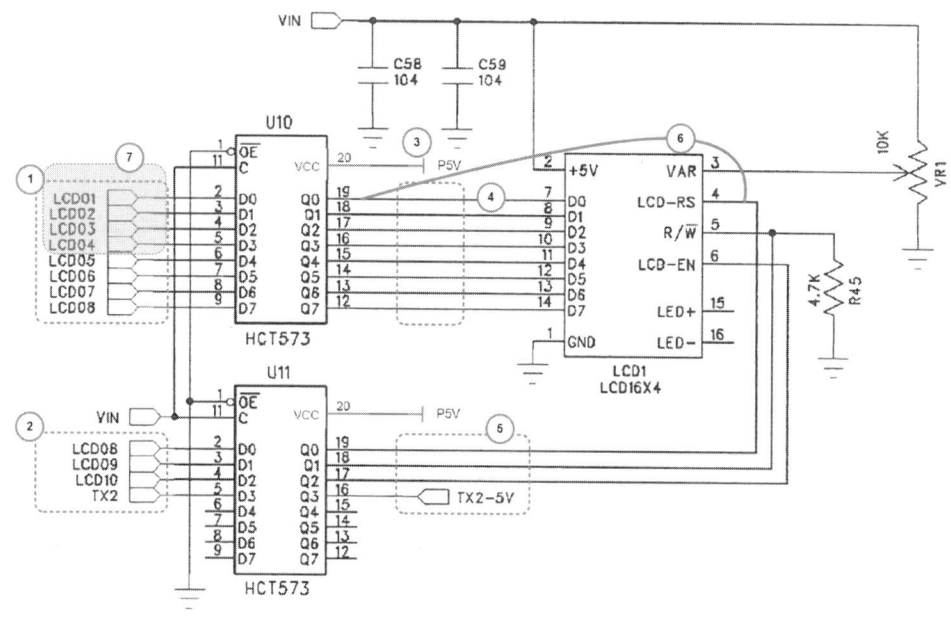

[그림 15.2-5] GC1602D-01XA0 회로 구성.

그리고, U11의 19번 pin을 잘라버렸다. 이렇게 되면, 4bits mode에서는 **D4..D7 pins만 사용**하므로 D0을 LCD-RS pin 역할로 사용할 수 있게 된다. 결국, ⑦번에 표시한 **D1..D3 pins는 사용하지 않고, D0은 LCD-RS로 사용**하였다. 대부분 보드 설계하는 담당자와 PCB artwork 담당자, 그리고, 소프트웨어 개발자가 각각 분리되어 업무를 수행하는 경우가 많은데, 처음 보드를 설계한 경우에는 이와 같은 실수는 일반적으로 발생한다. 결국, 소프트웨어 개발자가 문제를 찾아서 하드웨어 개발자에게 알려주기 위해서는 앞서 언급한 것과 같이 jumper wire 작업을 할 수 있어야 한다. 즉, 인두를 이용한 납땜 작업에 능숙해야 한다. [그림 15.2-6]은 GC1602D-01XA0 핀 구성도를 보여준 것이다. 일반적으로 LCD는 출력 모드로만 사용한다. 그러므로, [그림 15.2-6]에서 **RW=L로 고정**하면 된다. 그리고, GC1602D-01XA0의 내부 구성도는 [그림 15.2-7]과 같다. 내부 LCD controller는 다음과 같이 2개의 8bits register를 가지고 있다.

❶ IR : Instruction register

명령어 code를 저장한다. 예를 들면, display clear, cursor shift, 그리고, display data RAM(DDRAM)과 문자 생성자(CGRAM)의 번지(address) 정보,

Pin No.	Symbol	Level	Description
1	V_{SS}	0V	Ground
2	V_{DD}	5.0V	Power supply for Logic
3	V_O	(Variable)	Supply voltage for LCD Panel
4	RS	H/L	H:Data L:Instruction
5	RW	H/L	H:Read L:Write
6	E	H/L	Enable signal
7~14	DB0~DB7	H/L	Data bus. DB7 is used for Busy Flag.
15	A(LED+)	+5V	Anode of LED Backlight
16	K(LED-)	0V	Cathode of LED Backlight

[그림 15.2-6] GC1602D-01XA0 핀 구성도.

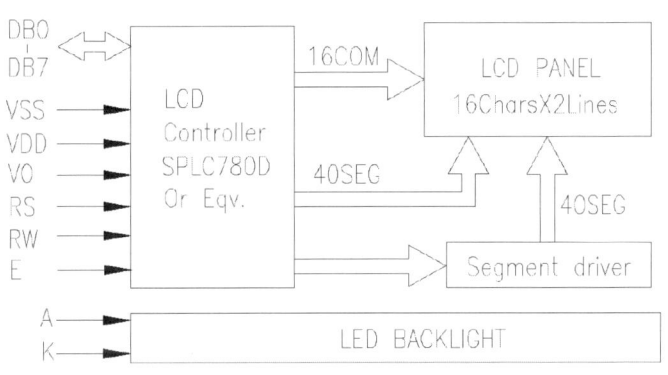

[그림 15.2-7] GC1602D-01XA0의 내부 구성도.

❷ DR : Data register

DDRAM 또는 CGRAM으로부터 읽혀진 또는 writing될 데이터를 저장.

address 정보는 IR(Instruction register)에 저장하고, 그리고 나서, 데이터를 DDRAM 또는 CGRAM으로부터 DR(Data register)에 저장한다. RS(register selector) pin은 이들 2개의 register들 중에서 어느 하나를 선택하기 위해서 사용된다. [그림 15.2-8]은 R/W pin과 함께 동작 사양을 보여준 것이다. 결국, RS=0이면, IR register를 선택하고, RS=1이면, DR을 선택한다. 그리고, Data bus의 DB7은 **Busy Flag(BF)**로 사용된다. 만일, BF= **High**이면, LCM 내부 동작이 처리되고 있다는 의미이므로 다음 명령어를 전송하면 안 된다.

RS	R/W	Operation
0	0	IR write as an internal operation (display clear, etc.)
0	1	Read busy flag (DB7) and address counter (DB0 to DB7)
1	0	Write data to DDRAM or CGRAM (DR to DDRAM or CGRAM)
1	1	Read data from DDRAM or CGRAM (DDRAM or CGRAM to DR)

[그림 15.2-8] RS pin과 R/W pin에 대한 동작 사양.

BF는 RS=0, RW=1 일 때, DB7 port를 통하여 읽혀진다. 그러므로, 다음 명령어를 전송하기 **전에** 반드시 BF=0인 것을 확인해야 한다. 앞서 언급한 AC(Address Counter)는 DDRAM/CGRAM address를 저장한다. DDRAM/CGRAM에 또는 로부터 읽거나 쓴 이후에는 자동으로 AC는 1증가 또는 감소한다. RS=0, RW=1일 때, AC는 DB0~DB6으로부터 읽혀진다. Display Data RAM(DDRAM)은 8bit 문자 code에 대한 데이터를 저장한다. [그림 15.2-9]에서 보여준 것과 같이 우선, AC에 번지 0x4E를 저장하면, 0x4E 위치에 DDRAM에 작성한 8bit 데이터에 해당하는 문자가 표시된다.

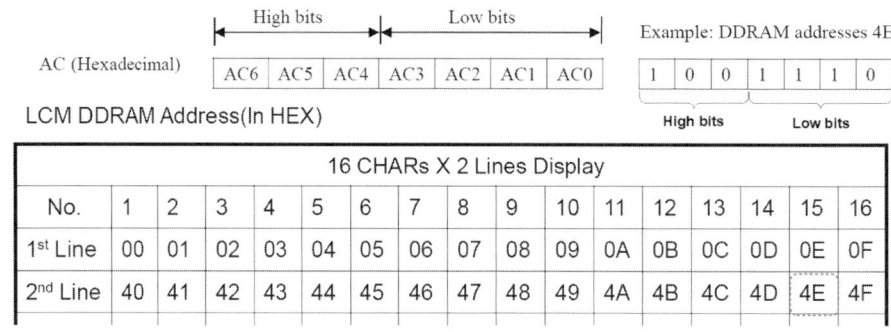

[그림 15.2-9] GC1602D-01XA0 사용 방법.

Character Generator ROM(CGROM)은 DDRAM에 저장한 8bits 문자 code로부터 5×8 dot 또는 5×10 dot 문자 pattern들을 생성한다. Character Generator RAM(CGRAM)에 문자를 다시 writing 할 수 있다. 거의 모든 **LCD 16×2** module은 지금까지 학습한 설명한 내용을 **모든 제조사가 표준**으로 따르므로 임의의 LCD 16×2 module을 구매하여 사용하면 된다. 가격은 소량 구매시 대략 5000원 정도한다.

CHAPTER 16

IAR, KEIL, CubeIDE, 그리고, CubeMX 사용 방법 정리

이번 Chapter에서는 SMT32 전용 소프트웨어 개발 도구인 CubeMX와 통합 개발 환경인 CubeIDE, 그리고, Embedded 소프트웨어 개발 도구로 광범위하게 사용되는 IAR Inc.의 Embedded Workbench, KEIL Inc.의 MDK ARM를 사용하면서 만날 수 있는 다양한 경우들에 대해서 정리하였다. 지난 수년간 다양한 제품들을 개발하면서 경험한 내용들을 항목별로 분리하여 정리해 놓았다. 그러므로 실무를 수행하는 동안에 필요할 수도 있으니 가볍게 읽어두고, 이후에 비슷한 문제를 만나면 다시금 자세히 학습해 보기 바란다. 내용 전개 과정에서 개발 도구의 이름을 간소화하기 위하여 IAR Embedded Workbench는 **IAR**이라 하고, KEIL MDK-ARM은 **KEIL**이라고 하겠다.

- **학습 목표 :**
  - CubeMX, CubeIDE, 그리고, IAR Inc.의 Embedded Workbench, KEIL Inc.의 MDK ARM에 대한 다양한 사용 경험을 공유한다.
  - 각각의 개발 도구에 대한 전용 option들에는 무엇이 있는지 학습한다.
  - Bootloader 등과 같이 2개의 실행 image를 동시에 교차하며 debugging하는 방법을 학습한다.
  - Hex file format에 대한 자세한 내용을 학습한다.
  - Nucleo 보드를 사용할 때에 만날 수 있는 여러 특수 상황을 학습한다.

16.1 IAR Embedded Workbench 사용 방법 정리.

이번 단원에서는 다양한 IAR Embedded Workbench 사용 방법과 사용 과정에서 발생할 수 있는 여러 상황들에 대해서 살펴볼 것이다.

16.1.1. 임의의 외부 header file including 방법.

[그림 16.1.1-1]은 IAR에 임의의 **외부 header file을 추가**로 include하는 방법을 보여주고 있다.

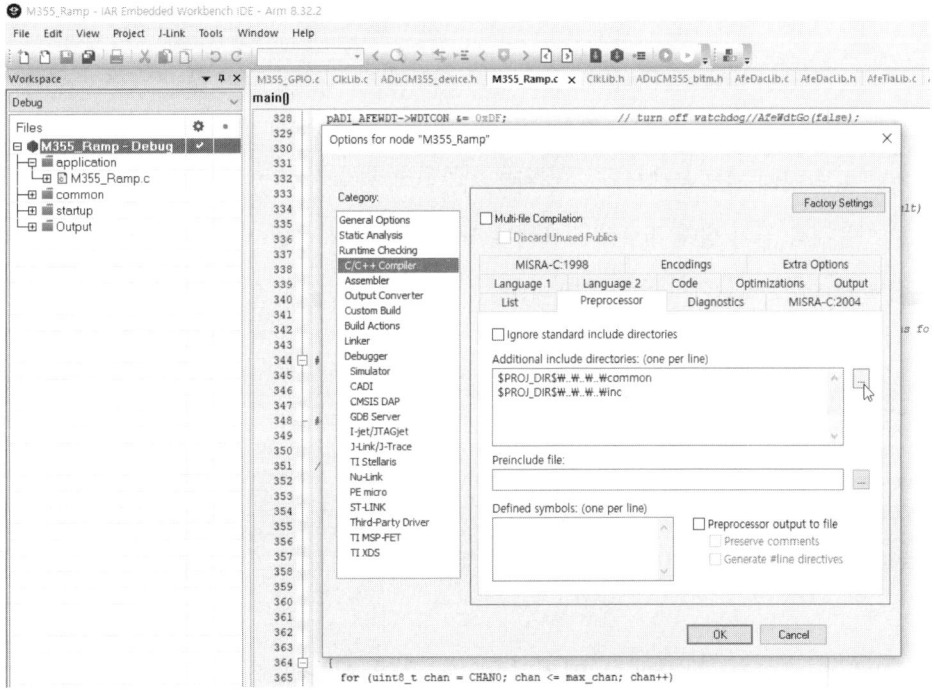

[그림 16.1.1-1] 임의의 외부 header file including 방법(1).

즉, [그림 16.1.1-1]의 ①번과 같이 ... button을 click하여 [그림 16.1.1-2]처럼 **Edit Include Directores** dialogbox를 호출한다. 그리고, ②번에서 가리키는 〈Click to add〉 item을 click하여 주면, 추가할 파일을 지정할 수 있도록 dialogbox가 나타날 것이다. 이곳에서 추가할 header file을 선택해 주면 된다.

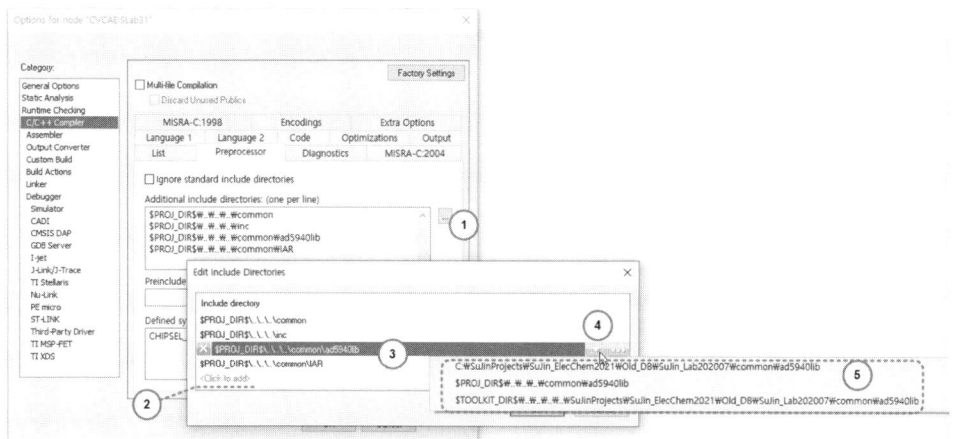

[그림 16.1.1-2] 임의의 외부 header file including 방법(2).

그리고, 선택한 header file을 ③번과 같이 선택하면, ④번과 같이 ☑과 …을 포함하는 button 들이 나타날 것이다. 여기서, ☑ button을 click하면, ⑤번과 같이 첨부할 파일의 경로를 **절대 경로** 또는 **상대 경로** 중에서 어느 형식을 사용할지 선택할 수 있도록 한다. 일반적으로 ③번에서 보여준 것과 같이 **상대 경로**를 사용해야 다른 PC에서 사용할 때에도 해당 header file에 대한 **경로** error가 발생하지 않을 것이다.

16.1.2. CMSIS error가 발생하는 경우.

[그림 16.1.2-1]의 ①번과 같이 개발자가 만든 code가 아닌 CMSIS library file인 **core_cm3.h** file을 열 수 없다는 error가 발생하면, ②번 즉, **use CMSIS**를 check 해 주면 된다.

16.1.3. Debugging 동작에서 빠져나올 때 주의 사항.

[그림 16.1.3-1]과 같이 debugging 모드에서 실행하고 있는 도중에 바로 ⊗ **중지** 버튼을 click 하면 문제가 발생하는 경우가 있다. 그러므로, 가능하면, 그림에서 보여준 것처럼 ⓘ **Break** 버튼 click하고 그리고 나서, ⊗ **중지** 버튼을 click 해 주는 것이 좋겠다.

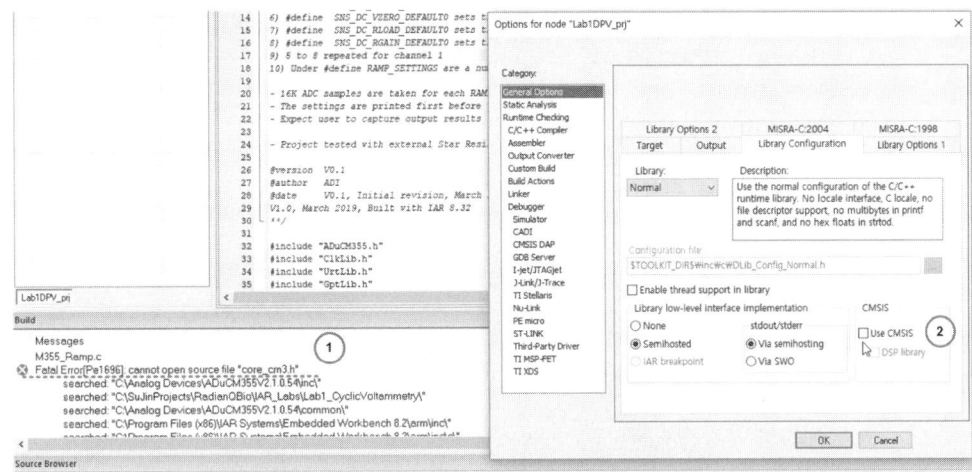

[그림 16.1.2-1] CMSIS error 발생하는 경우.

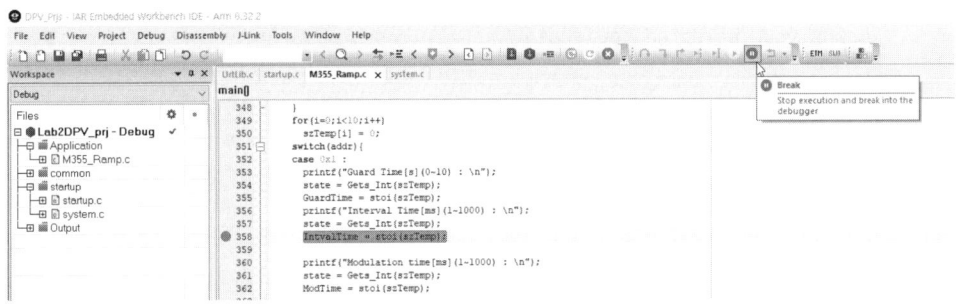

[그림 16.1.3-1] Debugging 동작에서 빠져나올 때 주의 사항.

16.1.4. 예상했던 데이터의 개수보다 적게 데이터가 생성되는 경우.

예를 들어서, 크기가 큰 구조체 변수와 배열을 사용하는 경우에 배열 변수 안에 예상했던 데이터 보다 적게 데이터가 생성되는 경우가 있다. 다음의 내용을 참조하기 바란다.

```
#if defined ( __ICCARM__ )
#pragma location="never_retained_ram"
AppAMPCfg_Type AppAmpCfg = {
  .bParaChanged = bFALSE,
  .SeqStartAddr = 0,
  .MaxSeqLen = 0,
  .SeqStartAddrCal = 0,
  .MaxSeqLenCal = 0,
  .SysClkFreq = 16000000.0,
```

16 IAR, KEIL, CubeIDE, 그리고, CubeMX 사용 방법 정리

```
    .WuptClkFreq = 32000.0,
    .AdcClkFreq = 16000000.0,
    .AmpODR = 1.0,
    .NumOfData = -1,
    .RcalVal = 200.0,
    .PwrMod = AFEPWR_LP,
    .AMPInited = bFALSE,
    .StopRequired = bFALSE,
    .NumSamplesAvg = 8,
    .ADCPgaGain = ADCPGA_1P5,
    .ADCSinc3Osr = ADCSINC3OSR_4,
    .ADCSinc2Osr = ADCSINC2OSR_22,
    .DataFifoSrc = FIFOSRC_SINC2NOTCH,
    .ADCRefVolt = 1.82,
};
#else
#pragma message("WARNING: Need to place this variable in a large RAM section
    using your selected toolchain.")
#endif


#if defined ( __ICCARM__ )
#pragma location="never_retained_ram"
uint32_t AppBuff[APPBUFF_SIZE];
#else
#pragma message("WARNING: Need to place this variable in a large RAM section
    using your selected toolchain.")
#endif
```

결국, 큰 배열 또는 구조체를 전역변수로 선언할 때는 compiler 지시어인

#pragma location="never_retained_ram"

을 사용해야 한다. 그런데, 이때, 간혹, 다음과 같은 경고 message를 만날 수 있다.

```
Warning[Be006]: possible conflict for segment/section "never_retained_ram":
  C:\SuJinProjects\CV_CA_EISLab19\AD5940MainAMP.c 23
          variable "AppAmpCfg @ "never_retained_ram"" (declared at line 23 of
  "C:\SuJinProjects\CV_CA_EISLab19\AD5940MainAMP.c") is an initialized
    variable
          variable "AppBuff @ "never_retained_ram"" (declared at line 20 of
  "C:\SuJinProjects\CV_CA_EISLab19\AD5940MainAMP.c") is a zero-initialized
    variable
```

위와 같은 경고가 나온 것은 **연속해서** 2개의 큰 영역을 요구하는 구조체 변수 AppAmpCfg과 배열 AppBuff이 ever_retained_ram과 함께 사용되었기 때문이다. 이 문제를 해결하기 위해서는 문제가 되는 AppAmpCfg과 AppBuff 변수를 **각각 독립적인 *.c file에서** ever_retained_ram과 함께 사용하면 된다. 좀 더 자세한 내용은 다음의 website를 참조하기 바란다.

https://ez.analog.com/analog-microcontrollers/ultra-low-power-microcontrollers/f/q-a/19491/flash-memory-aducm3029

16.1.5. MCU 자원 사용 현황 확인 방법.

기본적으로 임의의 project를 build하면, [그림 16.1.5-1]에서 보여준 것과 같이 building 과정에서 compile error 또는 linker error가 발생하였는지에 대한 message만 간략히 보여준다.

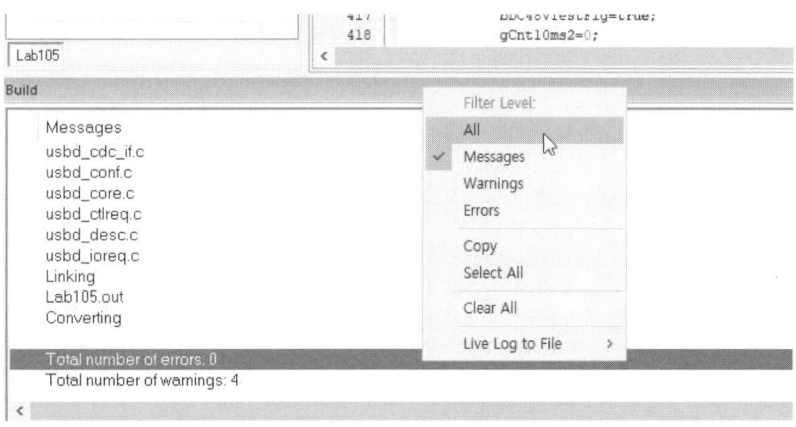

[그림 16.1.5-1] building 관련 정보 표시 방법.

그러나, 생성된 firmware 실행 image(예 : *.hex, *.bin)가 필요로 하는 MCU 내부 flash memory 영역과 SRAM 영역의 크기를 확인해야 하는 경우가 있다. 예를 들면, 큰 데이터를 buffering하기 위한 배열을 선언해야 하는데, 그것이 어느 정도까지 가능한지 추정할 때 필요하다. 이때에는 [그림 16.1.5-1]과 같이 **Build 출력 창**에서 mouse 오른쪽 button을 click하고 나타나는 popup 창에서 **All** menu를 선택하여 준다. 그러면, build 과정에서 생성된 모든 message들이 출력된다. 이때, [그림 16.1.5-2]에서 표시한 것과 같이 출력된 message들의 **거의 맨 마지막**을 보면, ROM 영역 즉, MCU 내부 Flash memory에 저장될 readonly code/data 영역과 일단, ROM 영역에 저장된 이후에 booting 과정에서 RAM 영역으로 복사될 readwrite data 영역에 대한 정보를 확인할 수 있다.

```
Build
Messages

IAR ELF Linker V8.32.3.193/W32 for ARM
Copyright 2007-2019 IAR Systems AB.

67 210 bytes of readonly  code memory
 2 163 bytes of readonly  data memory
11 379 bytes of readwrite data memory

Errors: none
Warnings: none

Link time:  0.39 (CPU)  0.40 (elapsed)
```

[그림 16.1.5-2] ROM/RAM 필요 정보.

현재, 필요한 ROM 영역 즉, flash memory는 67,210+2,163=69373bytes(대략, 68[KB]) 이다. 그리고, 필요한 MCU 내부 SRAM 영역은 11379bytes(대략, 11[KB])이다. 이들 정보는 생성된 *.**map** file에서도 확인할 수 있다. 즉, [그림 16.1.5-3]에서 보여준 것과 같이 *.map file의 맨 아래 부분에 관련 정보가 나와 있다.

```
파일 열기
Lab105.map
1668 [1] = C:\SuJinProjects\SuJinDevDB2018\Software_wc
1669 [2] = dl7M_tlf.a
1670 [3] = m7M_tls.a
1671 [4] = rt7M_tl.a
1672 [5] = shb_l.a
1673
1674   67 210 bytes of readonly  code memory
1675    2 163 bytes of readonly  data memory
1676   11 379 bytes of readwrite data memory
1677
1678 Errors: none
1679 Warnings: none
1680
```

[그림 16.1.5-3] *.map file 정보.

그런데, [그림 16.1.5-4]에서 보여준 것과 같이 **Options** dialogbox에서 **Output Converter** Category를 선택하면, build 이후에 생성될 실행 image의 출력 파일 형식

(format)을 지정할 수 있다.

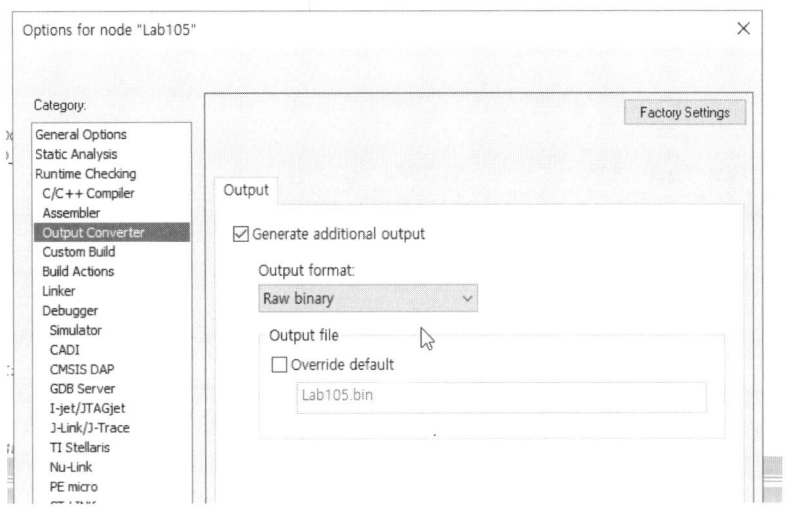

[그림 16.1.5-4] *.bin file 생성.

현재, **Output format :**으로 Raw binary를 선택하였다. 이때에는 출력 파일 형식이 binary file이 된다. 즉, build하면, **Exe** folder에 *.**bin** binary 실행 image가 생성된다. [그림 16.1.5-5]는 *.hex format으로 생성된 실행 image와 *.bin format으로 생성된 실행 image 크기를 비교한 것이다.

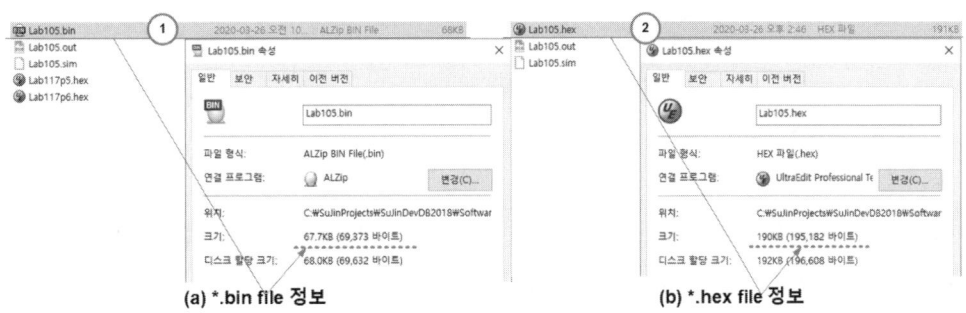

(a) *.bin file 정보   (b) *.hex file 정보

[그림 16.1.5-5] *.bin file과 hex file 비교.

즉, 그 크기를 보면, [그림 16.1.5-5(a)]에서 보여준 것과 같이 [그림 16.1.5-3]의 **readonly code**와 **data memory** 영역을 합친 것과 동일한 것을 알 수 있다. 또한, hex file과 비교하여

binary file이 상당히 작은 것도 알 수 있다. 어쨌든, linker error가 발생하지 않은 것으로 보아서 선택한 MCU 내부 flash memory와 SRAM의 크기를 넘지 않는 다는 것도 알 수 있다. binary file과 hex file에 대한 보다 자세한 설명은 **Vol.2.의 3.2. 단원**을 참조하면 된다.

16.1.6. source file 경로 불일치 error가 발생한 경우.

외부에서 IAR로 개발한 project를 받는 경우, 또는 파일들을 정리하는 과정에서 IAR project 내부에 있는 source file들 경로가 맞지 않는다고 error message가 발생하는 경우가 자주 있다. 즉, [그림 16.1.6-1]과 같이 source file의 경로가 맞지 않다는 error가 발생하는 경우를 생각해 보자.

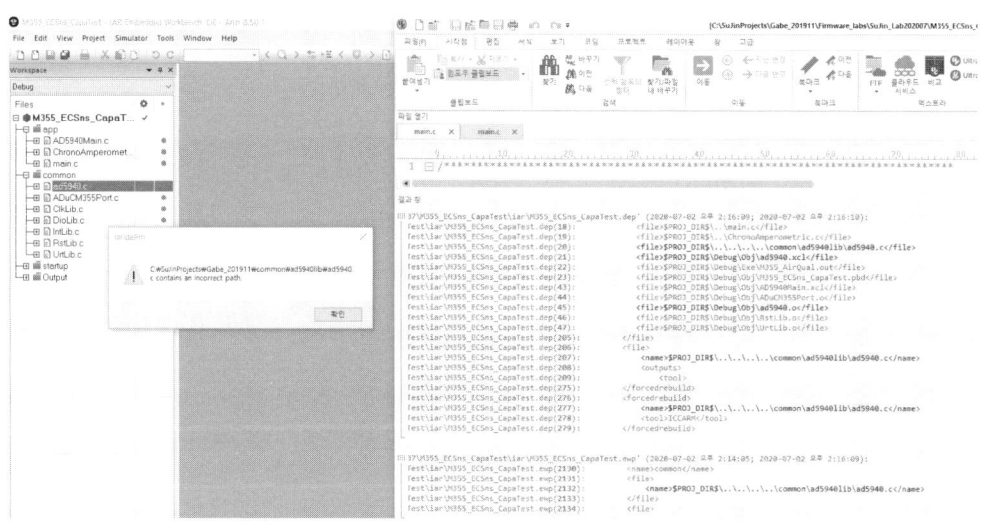

[그림 16.1.6-1] source files 경로 error 발생.

그런데, [그림 16.1.6-2]와 같이 올바로 설정하였는데도 *.ewp(IAR embedded workbench project file)에서는 설정한 경로와 다르게 나온 것을 볼 수 있다. 그것은 [그림 16.1.6-2]와 같이 해당 ewp file에서 **CCIncludePath2**에 해당하는 경로만 바뀌었고, [그림 16.1.6-1]의 **Workspace** window에 나열된 **app, common,** 등과 같은 **group**에 대한 **path**는 바뀌지 않고, 그대로 유지되기 때문이다. [그림 16.1.6-3]에서 보여준 것과 같이 **app, common,** 등과 같은 **group**에 대한 **path**가 *.ewp file에서 그대로 있는 것을 볼 수 있다.

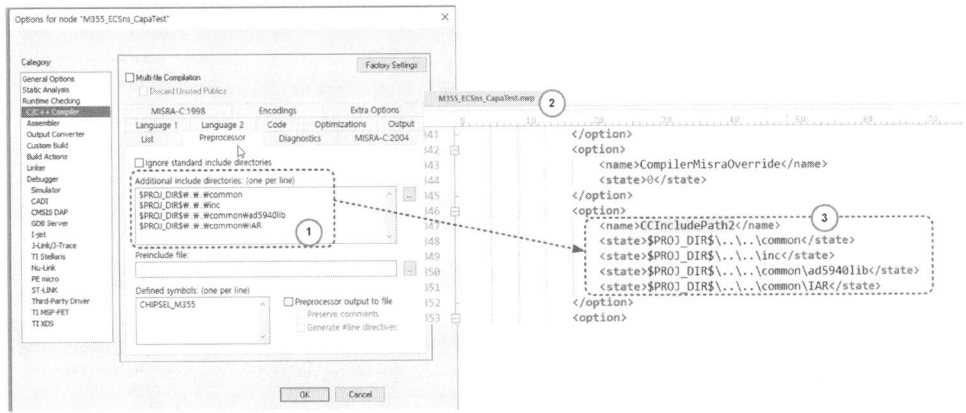

[그림 16.1.6-2] source files 경로 error 해결 방법(1).

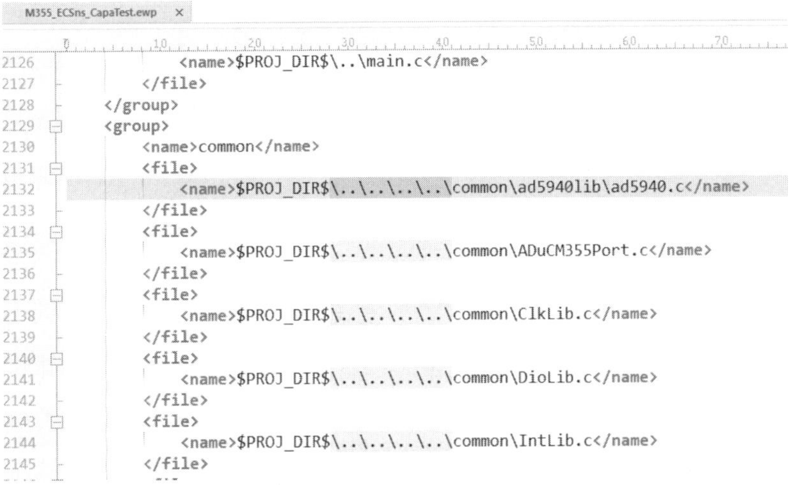

[그림 16.1.6-3] source files 경로 error 해결 방법(2).

그러므로, 이들 경로를 직접 수정해 주어야 error 발생을 막을 수 있다. 그렇지 않으면, 이들 경로가 그대로 *.dep file에 반영된다는 데 주의하기 바란다.

16.1.7. 임의의 source file들을 project에서 제외하는 방법.

[그림 16.1.7-1]은 임의의 source file들을 project에서 제외하는 방법을 보여주고 있다. 예를 들면, AD5940_WGSin.c file을 M355_WaveGenerator project에서 제외시키는 방법을 살펴보도록 하자.

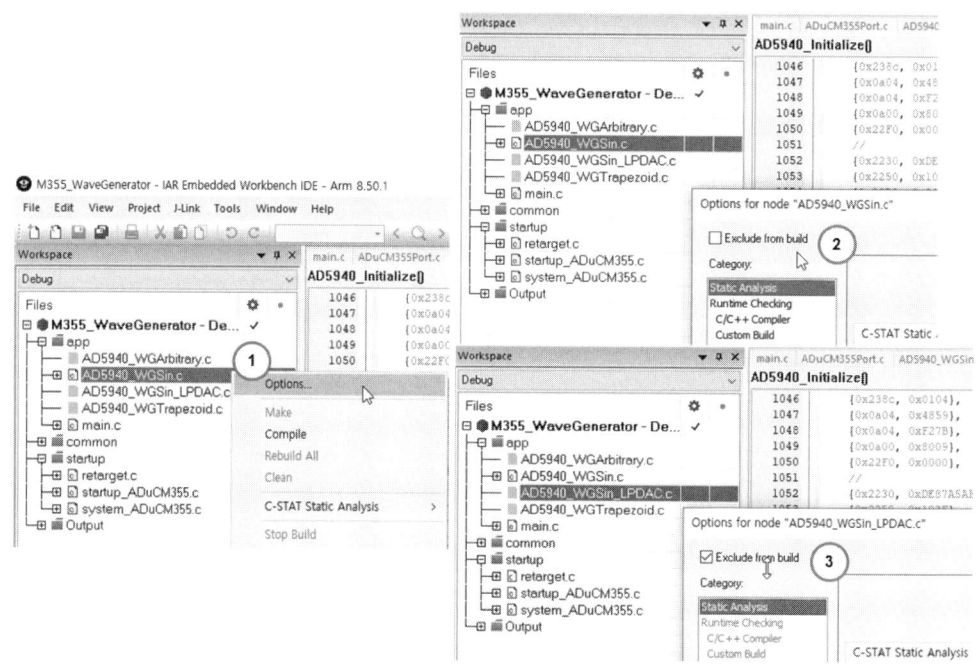

[그림 16.1.7-1] source files project에서 제외하는 방법.

이처럼 project에서 제외되면, 해당 Project folder에 제외된 파일은 그대로 남아 있지만, project에서 제외되었으므로 build 과정에는 포함되지 않는다. 우선, ①번과 같이 제외하려는 AD5940_WGSin.c file을 선택하고, 오른쪽 mouse 버튼을 click하여 나타나는 popup menu에서 **Options…**를 선택한다. 그러면, ②번과 같이 **Exclude from build** 옆의 checkbox가 선택되어 있지 않은 것을 볼 수 있다. 이제, build 과정에서 제외하기 위하여 ③번과 같이 checkbox를 선택하여 주면, Workspace window 안의 AD5940_WGSin.c file 옆의 icon이 회색의 사각형으로 바뀌게 된다. 이제, build하면, 회색 icon으로 표시된 file들을 제외한 나머지 파일들을 이용하여 실행 image가 생성된다.

16.1.8. bootloader와 application image를 하나로 만드는 방법.

이제부터 설명할 내용은 기존에 bootloader를 개발해 본 경험이 있는 분들이 새롭게 IAR을 이용하려는 경우에 필요한 내용이다. KEIL과 관련된 내용은 Vol.2. Chapter 8.부터 상세히 설명되어 있다. bootloder는 현재 실행하고 있는 image 파일을 host로부터 받은 새로운 실행 image로 바꾸고, 실행해 주는 code routine으로서 이에 대한 상세한 내용도 Vol.2.를 참조하면 된다.

[그림 16.1.8-1]은 사용할 2개의 IAR project들을 보여준 것이다.

이름	수정한 날짜	유형
Lab133	2020-07-17 오전 11:11	파일 폴더
STMMDBootLoader_200514	2020-07-17 오전 11:11	파일 폴더

[그림 16.1.8-1] 2개의 IAR projects.

단, Lab133은 folder 이름이고, IAR project 이름은 **Lab105**인데 주의하자.

❶ **Lab105** : Application project.
❷ **STMMDBootLoader_200514** : Bootloader.

이번 단원의 **목표**는 이들 2개의 project 각각에서 만들어진 image를 **하나로 합쳐서** 지정한 MCU 내부 flash memory에 저장해 주는 방법을 살펴보도록 할 것이다. 우선, 2개의 project들을 하나의 workspace에서 관리하도록 [그림 16.1.8-2]와 같이 **BLab4EWW** workspace를 새롭게 만든다. 왜냐하면, 여러 project들을 관리하는 것이 workspace이기 때문이다.

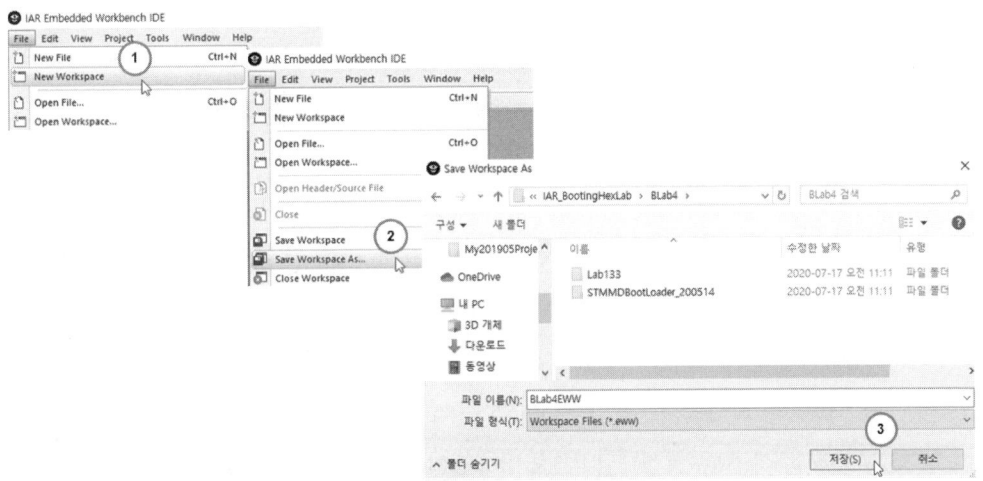

[그림 16.1.8-2] BLab4EWW workspace 생성.

방법은 아주 단순하다. ①번과 같이 File menu에서 New Workspace menu를 선택하고, 이어서 ②번과 같이 단순히, Save Workspace As... button을 click하여 ③번과 같이 workspace 이름을 지정해 주고 저장하면 새로운 workspace가 생성된 것이다. 그리고, [그림 16.1.8-3]에서 보여준 것과 같이 2개의 project들을 새롭게 생성한 workspace에 추가해 준다.

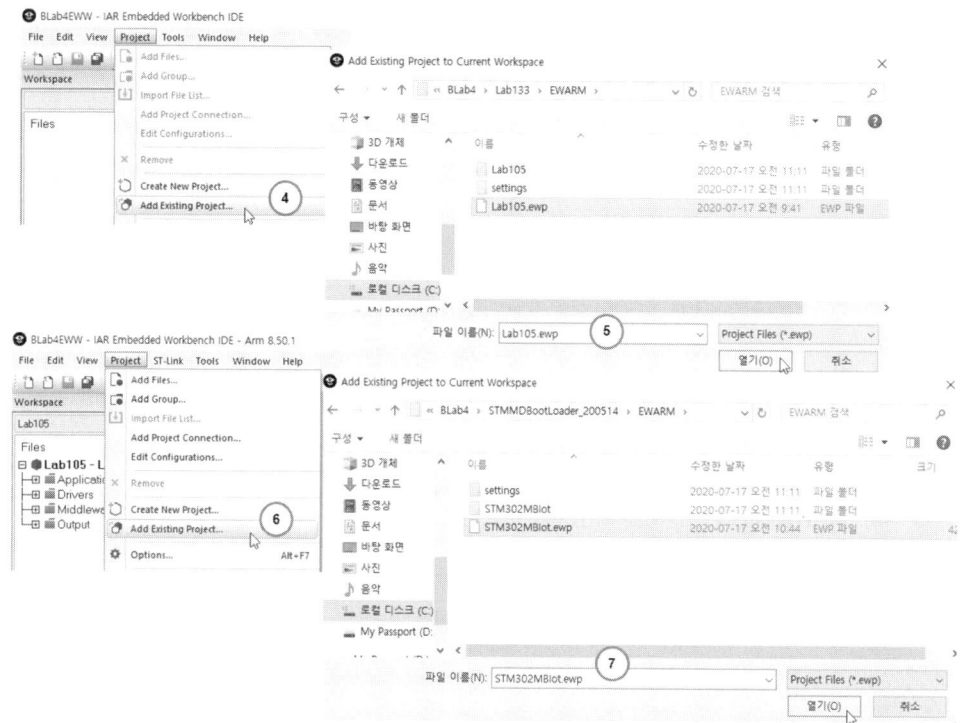

[그림 16.1.8-3] 2개의 project들을 새로운 workspace에 추가하는 방법.

즉, ④번과 같이 Project menu에서 Add Existing Project... menu를 선택해 준다. 그러면, Add Existing Project to Current Workspace dialogbox가 나타날 것이다. 여기서, 추가할 2개의 project들 중에서 우선, Application project인 Lab105.ewp file을 ⑤번과 같이 선택하고, 열기(O) button을 click하여 추가해 준다. 그리고 나서, 다시, ⑥번과 같이 Project menu에서 Add Existing Project... menu를 선택하여 준다. 그리고, ⑦번과 같이 Bootloader project인 STM302MBIot.ewp을 선택하고, 열기(O) button을 click하여 동일한 workspace에 추가해 준다. [그림 16.1.8-4]의 ⑧번에 보여준 것과 같이 마지막으로 추가한 STM302MBIot project가 굵은 글씨체로 현재 Active project로 선택되어 있는 것을 볼 수 있다.

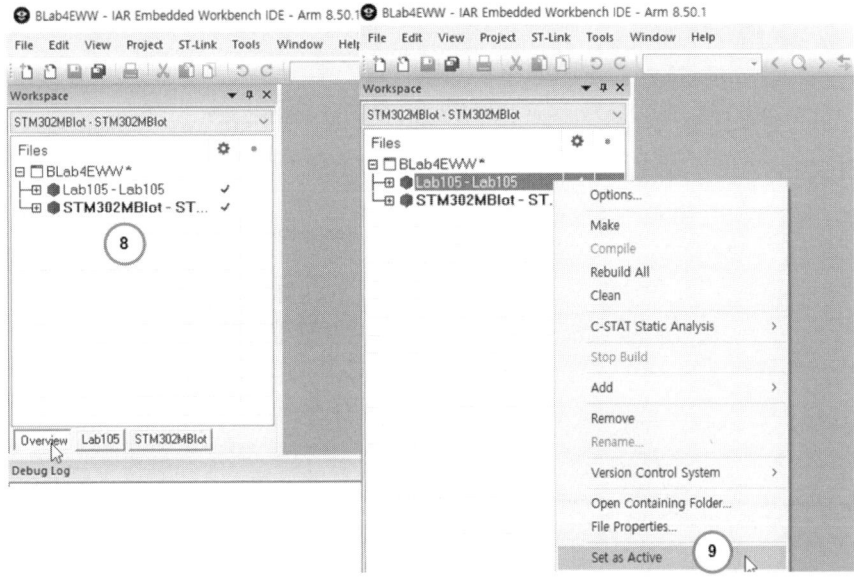

[그림 16.1.8-4] Active project 선택 방법.

이제, ⑨번과 같이 Application project인 **Lab105**를 선택하고, mouse 오른쪽 버튼을 click하여 나타나는 popup menu에서 **Set as Active** menu를 선택하여 주면, **Lab105**를 active project로 설정해 준다. ⑨번과 같이 임의의 Project를 선택하고, **Set as Active** menu를 선택하면, 선택한 project를 Active Project로 바꾸고, Workspace window에서 **굵은 글씨체로 표시**하여 준다. 단, Lab105가 [그림 16.1.8-1]에서 보여준 Lab133 folder에 있는 Application project의 이름인데 주의하자. 이제, Application project와 bootloader project 각각을 build하여 얻은 2개의 hex file들을 **하나의 hex files로 합칠 것**이다. 참고적으로 [그림 16.1.8-5]는 MCU 내부 main flash memory에 대한 map을 보여주고 있다. 이처럼 2개의 hex file들을 하나의 hex files로 합치기 위해서는 [그림 16.1.8-6]에서 보여준 것과 같이 Project의 **Options...** menu에서 ②번과 같이 **Output Converter** item에서 **OutputFormat:**을 **Raw binary**로 선택한다. 그리고, ③번과 같이 Category:에서 **Linker**를 선택하고, 이어서 **Edit...** button을 click하여 나타나는 **Linker configuration file editor** dialogbox에서 **.intvec start**의 값으로 0x0800_4000을 설정하여 생성될 image가 flash memory의 0x0800_4000번지부터 Vector Table이 위치하도록 저장되게 설정해 준다. 단, default 값은 0x0800_0000번지이다. 이처럼 application image를 binary format으로 생성하는 이유는 추후에 bootloader image와 합칠 때, 생성될 hex format인 bootloader에 application binary를 사용해야 좀 더

쉽게 하나의 hex format으로 합칠 수 있기 때문이다.

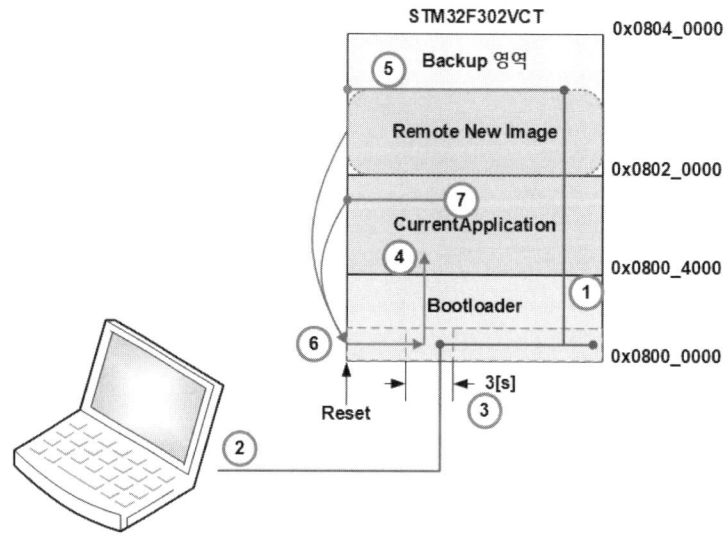

[그림 16.1.8-5] Bootloader관련 flash memory map.

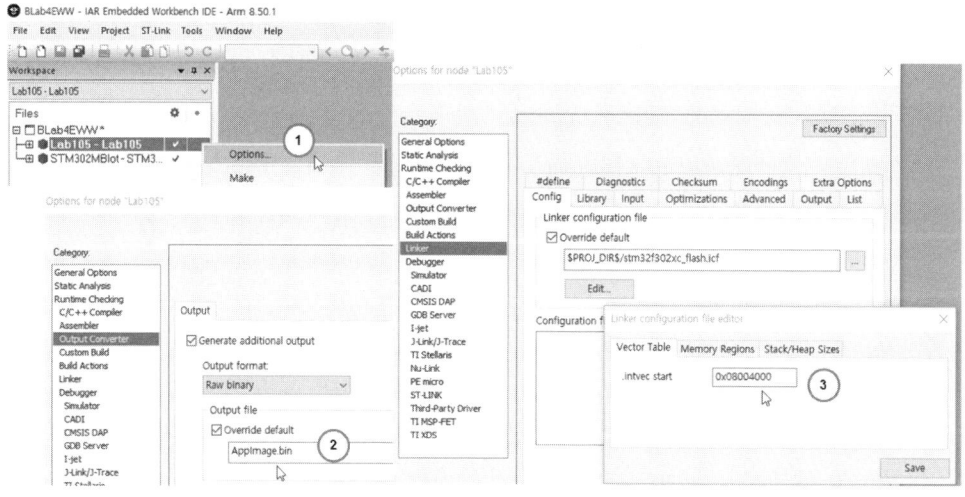

[그림 16.1.8-6] Vector Table .intvec start

그런데, 주의할 것은 0x0800 4000번지의 item 이름이 [그림 16.1.8-6]의 ③번에서 보여준 것과 같이 **Vector Table .intvec start**로 되어 있다는 것이다. 마치, 이것은 **VTOR**(Vector Table Offset Register)에 0x0800_4000을 지정하는 것처럼 보인다. [그림 16.1.8-7]은

Cortex-M3/4에 interrupt가 발생하였을 때, 수행할 ISR의 주소를 결정하는 방법을 보여준 것이다.

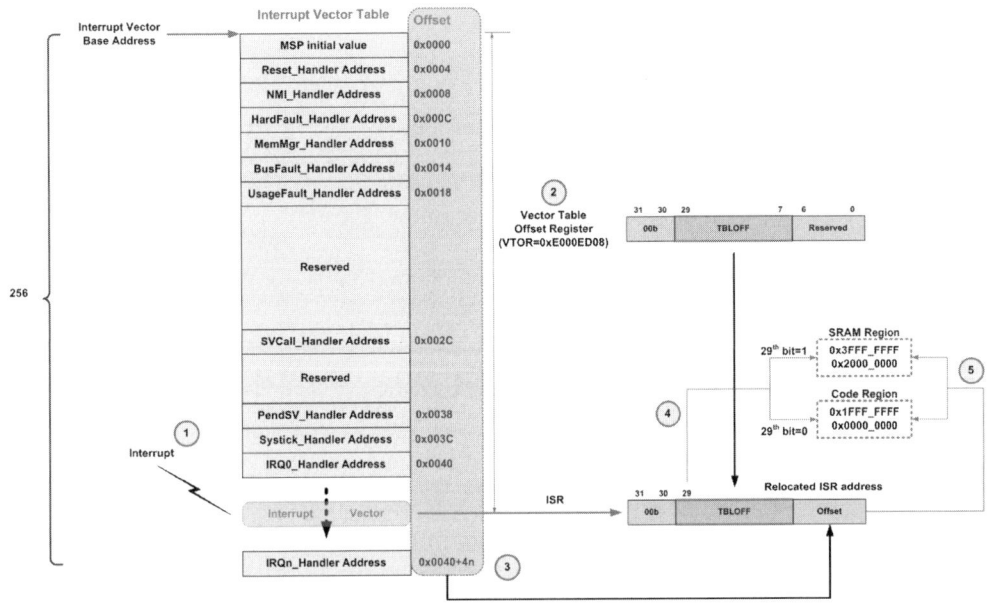

[그림 16.1.8-7] interrupt 발생에 대한 ISR 주소 결정 방법.

[그림 16.1.8-7]에서 보여준 것과 같이 임의의 interrupt가 ①번에서 보여준 것처럼 발생하면, ②번에서 보여준 것과 같이 **VTOR**에 지정한 TBLOFF의 값과 ③번에서 보여준 Offset 8bits를 합친 새로운 relocated ISR address가 만들어진다. 이때, 생성된 address의 29번째 bit의 값이 "1"이면, 이것은 SRAM region에 해당하는 것이고, "0"이면, code영역에 해당하는 것이다. 사실, 이것은 당연한 얘기이다. 29번째 bit만 "1"이면, 0x2000_0000이고, 이 영역은 SRAM 영역이기 때문이다. 그런데, **TBLOFF**를 지정할 때, 한 가지 주의할 것이 있다. 즉, 그림에서 보여준 것과 같이 TBLOFF는 VTOR의 7번째 bit부터 값을 가지므로 $2^7 = 128 = 0x80$부터 의미가 있다. 그러므로 exceptions가 16개이므로 **최소 16개의 interrupt들을 포함해야** 16+16=32word에서 32*4=128bytes로 align이 된다. 여기서, 처음 16은 system exceptions 16개를 의미한다. 또한, 2의 거듭제곱을 만족하는 수치로 TBLOFF field를 지정해 주어야 한다. 예를 들어서, interrupt들이 22개 필요하다면, 16+22=38words이고, 이것은 2의 거듭제곱으로 표현할 수 있어야 하므로, **64word** boundary가 될 것이다. 그러므로 새로 생성되는 relocated ISR address는 0x0, 0x100, 또는 0x200을 새로운 vector table base address로 하여 만들어 주어야 한다. 단, 64word는 64*4=256=0x100인데 주의하자. 그러므로 각각의 interrupt들은 VTOR에 지정한 값에 따라서 **동적으로 할당될 수 있다**는 것을 알 수 있다. 즉, booting sequence에서 VTOR을 이용하여 vector table의 위치를 임의의 위치로 재설정 할 수 있다는 얘기가 된다. 여기서 주의할 것은 **STM32 MCU는 VTOR의 값이** 0x200의 **배수가 되어야 한다는 것**이다. 구체적으로 SCB->VTOR=0x08004000과 같이 coding해 주면, vector table의 시작 위치가 0x0800_4000으로 바뀌게 된다. 그런데, STM32 MCU의 경우에 main() 함수로 진입하기 전에 **SystemInit()** 함수를 거치게 되는데, 이 함수가 SCB->VTOR을 0x08000000으로 바꾸어 버린다. 결국, Bootloader project에서 SCB->VTOR을 새롭게 설정해 주고, Application image를 호출하여도 그 새롭게 설정된 값이 **무시되고, 항상, 0x08000000**으로 된다는 의미이다. 그러므로, application의 main() 함수가 호출될 때, 제일 먼저, 이번 예제의 경우에는 SCB->VTOR = 0x08004000과 같이 설정해 주어야 한다는데 주의하자. 정리하면, STM32 MCU의 경우에는 SystemInit() 함수 때문에 SCB->VTOR은 항상, 0x08000000 값을 가지므로 SCB->VTOR의 값을 바꾸고 싶다면, 해당 main() 함수의 제일 첫 번째에 지정해 주어야 한다. 이에 대한 자세한 설명은 **Vol.2의 2.6 단원**을 참조하면 되고, 여기서는 잠시 후에 예제 code 중심으로 간략히 설명할 것이다. 어쨌든, [그림 16.1.8-6]과 같이 설정해 주고, [그림 16.1.8-8]의 ①번과 같이 **Rebuild All**을 실행하여 ②번처럼 binary image와 *.out file들을 생성시켜 준다.

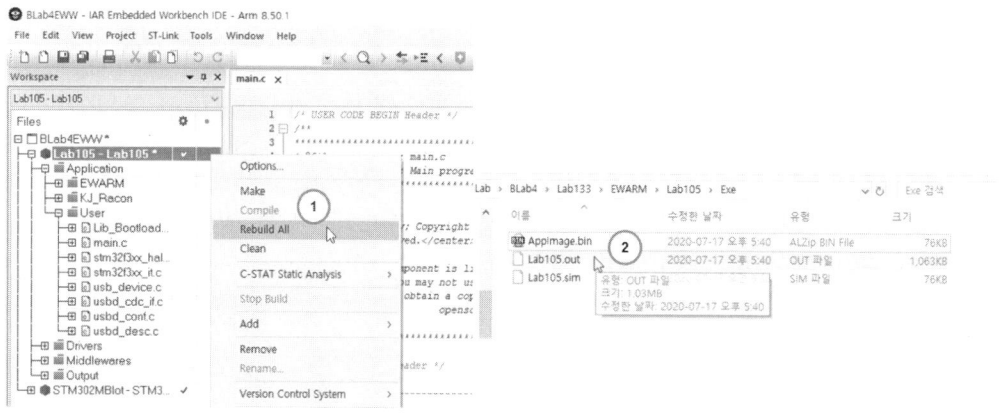

[그림 16.1.8-8] Application Binary image 생성.

이처럼 2개의 image들을 합치는 경우에 Application image는 **binary format**으로 생성해 주어야 한다는 데 주의하자. 이제, [그림 16.1.8-9]에서 보여준 것과 같이 bootloader project에 대한 options를 설정해 준다.

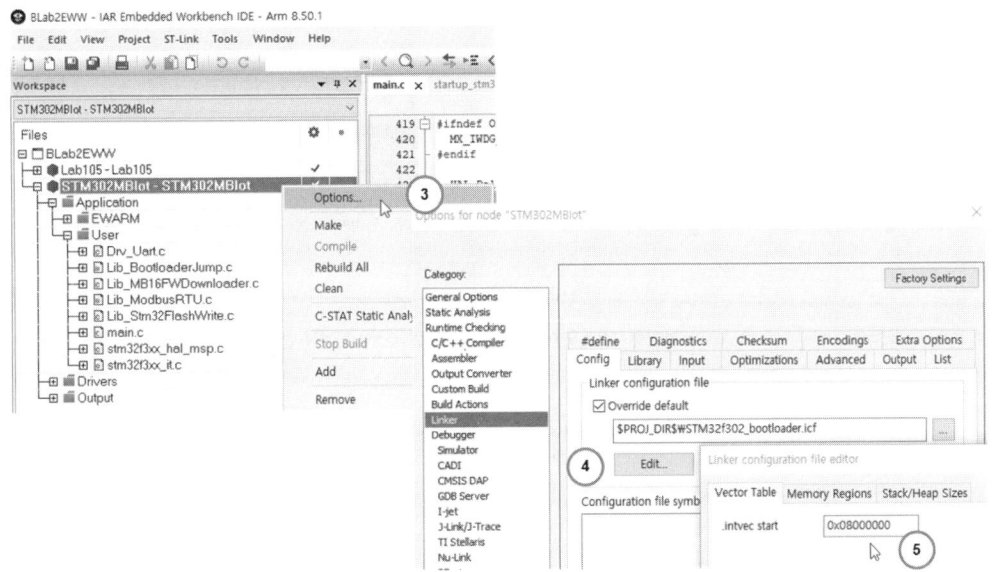

[그림 16.1.8-9] Bootloader project option 설정.

즉, ③번과 같이 bootloader project를 선택하여 mouse 오른쪽 버튼을 click하여 **Options…** menu를 선택한다. 그리고, Category :에서 **Linker**를 선택하고, ④번과 같이 **Edit…** button을 click하여 준다. 그리고, **Linker configuration file editor** dialogbox에서 ⑤번과 같이 Vector table의 시작 번지 즉, **.intvec start**에 0x0800_0000번지를 지정해 준다. 이 내용과 [그림 16.1.8-5]에서 보여준 MCU 내부 flash memory map을 함께 연관지어 생각해 보아야 한다. **bootloader image**는 [그림 16.1.8-5]에서 보여준 것과 같이 0x0800_0000 즉, STM32 MCU flash memory의 **시작 번지**부터 저장해 주어야 하므로 ⑤번과 같이 설정해 준다. 그리고, [그림 16.1.8-10]에서 보여준 것과 같이 Linker의 **Input** option에서 **Keep symbols :(one per line)** 에는 ⑥번과 같이 APP라고 typing한다. 그리고 ⑦번과 같이 **Symbol:**에 APP, **Section:**에 **.APP, Align:**에 8을 지정해 준다. 특별히, **Section:**에 지정하는 값 .APP 앞에는 반드시 "**.**"을 지정해 주어야 한다는 데 주의하자. 이들 typing한 APP 등은 IAR의 linker script file인 ***.icf file**에서 다음과 같이 정의해 주어야 한다.

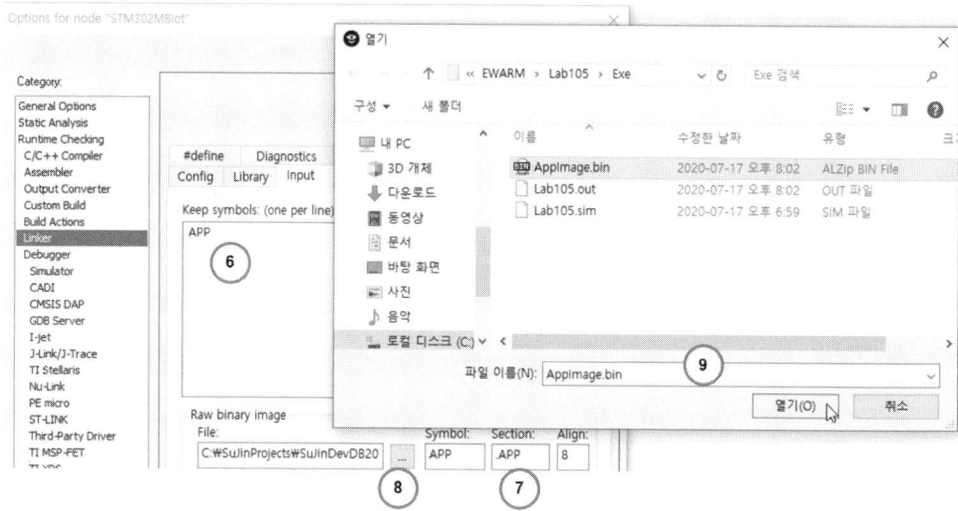

[그림 16.1.8-10] Linker의 Input option 설정 방법.

```
/*###ICF### Section handled by ICF editor, don't touch! ****/
/*-Editor annotation file-*/
/* IcfEditorFile="$TOOLKIT_DIR$\config\ide\IcfEditor\cortex_v1_0.xml" */
/*-Specials-*/
define symbol __ICFEDIT_intvec_start__ = 0x08000000;
/*-Memory Regions-*/
define symbol __ICFEDIT_region_ROM_start__ = 0x08000000;
define symbol __ICFEDIT_region_ROM_end__   = 0x0803FFFF;
define symbol __ICFEDIT_region_RAM_start__ = 0x20000000;
define symbol __ICFEDIT_region_RAM_end__   = 0x20009FFF;
/*-Sizes-*/
define symbol __ICFEDIT_size_cstack__ = 0x400;
define symbol __ICFEDIT_size_heap__   = 0x200;
/**** End of ICF editor section. ###ICF###*/


define memory mem with size = 4G;
define region ROM_region = mem:[from __ICFEDIT_region_ROM_start__ to
    __ICFEDIT_region_ROM_end__];
define region RAM_region = mem:[from __ICFEDIT_region_RAM_start__ to
    __ICFEDIT_region_RAM_end__];


define block CSTACK    with alignment = 8, size = __ICFEDIT_size_cstack__   { };
define block HEAP      with alignment = 8, size = __ICFEDIT_size_heap__     { };

define exported symbol app_vector = 0x08004000;                    ▶ ⓐ
```

```
initialize by copy { readwrite };
do not initialize  { section .noinit };

"INTVEC":
place at address mem:__ICFEDIT_intvec_start__ { readonly section .intvec };
"ROM":
place in ROM_region   { readonly };
"RAM":
place in RAM_region   { readwrite, block CSTACK, block HEAP };
"APPLICATION":
place at address mem: app_vector { readonly section .APP };           ▶ ⓑ
```

ⓐ와 ⓑ처럼 정의해 주어야 한다. 그리고, [그림 16.1.8-10]의 ⑧번 button을 click하여 ⑨번과 같이 앞서 생성한 **Application binary** image를 선택해 준다. 그리고 나서, [그림 16.1.8-11]에서 보여준 것과 같이 **Debugger** item의 **Images** tab을 선택한다.

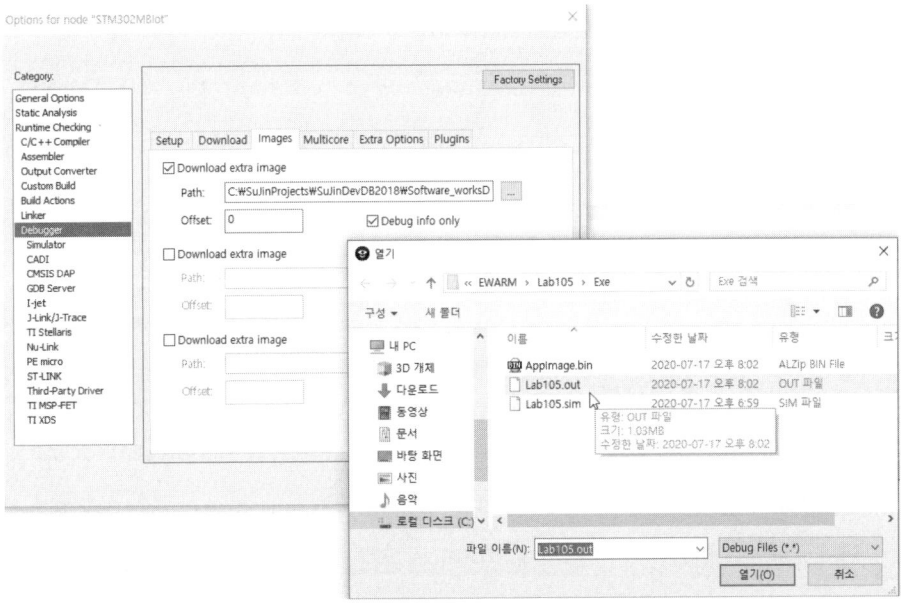

[그림 16.1.8-11] bootloader와 Application을 **동시에 debugging하는 방법**.

그리고, **Download extra image** checkbox를 선택하고, 앞서 생성한 Application binary image와 함께 생성된 *.out file 즉, Lab105.out 파일을 선택해 준다. 이제, 이 선택한 *.out file에 저장된 application image의 debug symbols를 이용하여 bootloader image에서 **자동**

으로 Application image로 **계속해서 debugging**을 할 수 있는데, 이때 주의할 것은 *.out file 은 포함하고 있는 debug symbols와 관련된 files의 위치를 함께 저장하고 있다. 그러므로, [그림 16.1.8-11]과 같이 *.out file을 지정한 이후에 생성된 *.out file과 관련 application source file들을 바꾼다면, **debugging 과정에서 source code와 동기가 맞지 않게 된다는 데 주의**하자. 그리고, 현재, 생성될 image는 bootloader image와 application image 각각 자신만의 고유한 명령의 시작 번지인 main() 함수를 호출하는 **vector table을 하나씩** 가지고 있다. 그러므로, linker 입장에서는 처음 호출할 vector table이 둘 중에서 어느 것인지 알 수 없게 된다. 그러므로, [그림 16.1.8-12]와 같이 **Debugger** item의 **Extra Options**에 ⑪번과 같이 지정해 주고, **Use Command line options** checkbox를 선택해 주면 된다.

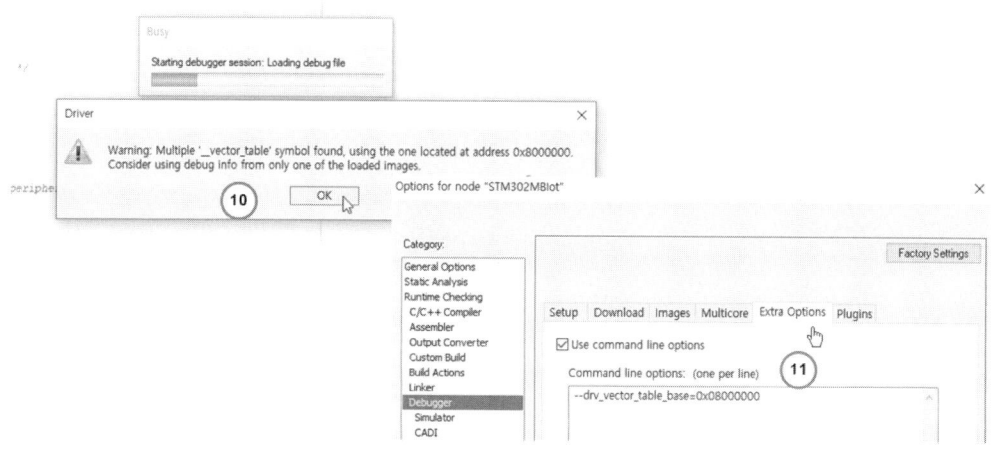

[그림 16.1.8-12] bootloader와 Application 동시에 debugging.

만일, 그렇게 하지 않으면, ⑩번과 같은 경고 message box를 만나게 된다. 또한, Bootloader image에 대한 debugging을 수행하다가 Application image로 **debugging을 계속해서 수행**하기 위해서는 breakpoint들을 설정해 주어야 하는데, 이와 같은 breakpoint는 memory가 허락하는 한 무한 개수를 갖는 software breakpoint와 사용하는 Core에서 제공하는 한정된 개수의 hardware breakpoint가 있다. 간단하게 **software breakpoint**는 breakpoint에 대한 추가적인 code가 생성될 image에 추가되어야 하는데, 문제는 현재 2개의 image들 모두 flash memory에 있어서 breakpoint 관련 정보를 추가 즉, writing 할 수 없다는 것이다. 이와 같은 경우에는 Core와 함께 전자 회로적으로 구현된 **hardware breakpoint**를 사용해야 Flash memory에서도 breakpoint 효과를 볼 수 있다. 이들 hardware breakpoint들은 logic으로 구현해야 하므로 그 개수에 제한이 있고, 사용하는 core에 따라서 제한이 다른 것이다. 예를 들면, ARM7/9에서는 2개 정도 있고, **Cortex-M에는 8개 정도 지원된다**. 그러므로 Code가 flash memory에 있는 경우에는 최대 8개까지 breakpoint를 제한적으로 사용 할 수 있다는데 주의하자. 그러나, 현재 사용하는 STM32**F302**의 경우에는 **6개까지 지원**하고 있다. 즉, 2개의 image들에 대해서 **총 6개의 breakpoint들만 설정**할 수 있다는 의미이다. 이제, 모든 준비가 완료되었으므로 **Rebuild All**을 수행하고, debugging mode로 들어가면, [그림 16.1.8-13]과 같은 **stack 관련 경고 message가 발생**한다.

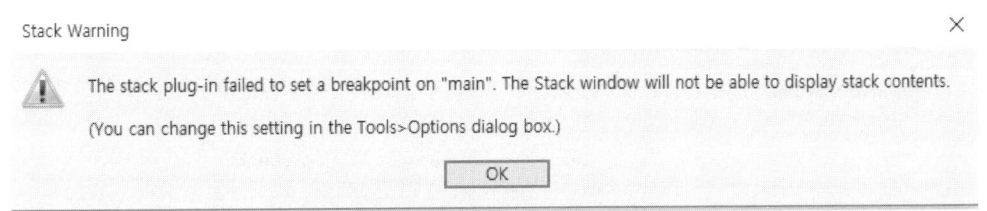

[그림 16.1.8-13] stack 관련 경고 message.

이것은 IAR debugging 환경에서 hardware breakpoint는 C-SPY debugger와 함께 작동하지 않고, user debugger에서 사용되기 때문이다. C-SPY는 IAR의 기본적인 debugger 기능으로서 C-SPY가 조정하는 software breakpoint가 아닌 hardware breakpoint들을 사용하기 위해서는 software breakpoint 기능을 막아주어야 하는데, 이렇게 되면, 다음과 같은 기능들을 사용할 수 없게 된다는데 주의하자.

❶ **Debugger** item의 **Setup** option 중에서 **Run to main** 기능 즉, main() 함수로 jump하는 기능을 사용할 수 없다.
❷ Stack plugin 기능을 사용할 수 없다.
❸ C-SPY Debugger runtime interface 기능을 사용할 수 없다. 즉, I/O window 기능을 사용 못한다.

어쨌든, [그림 16.1.8-14]에서 보여준 ①번부터 ③번까지 모두 설정해 주면, C-SPY가 조정하는 software breakpoint가 disable되고, [그림 16.1.8-13]의 경고 message가 나타나지 않게 된다.

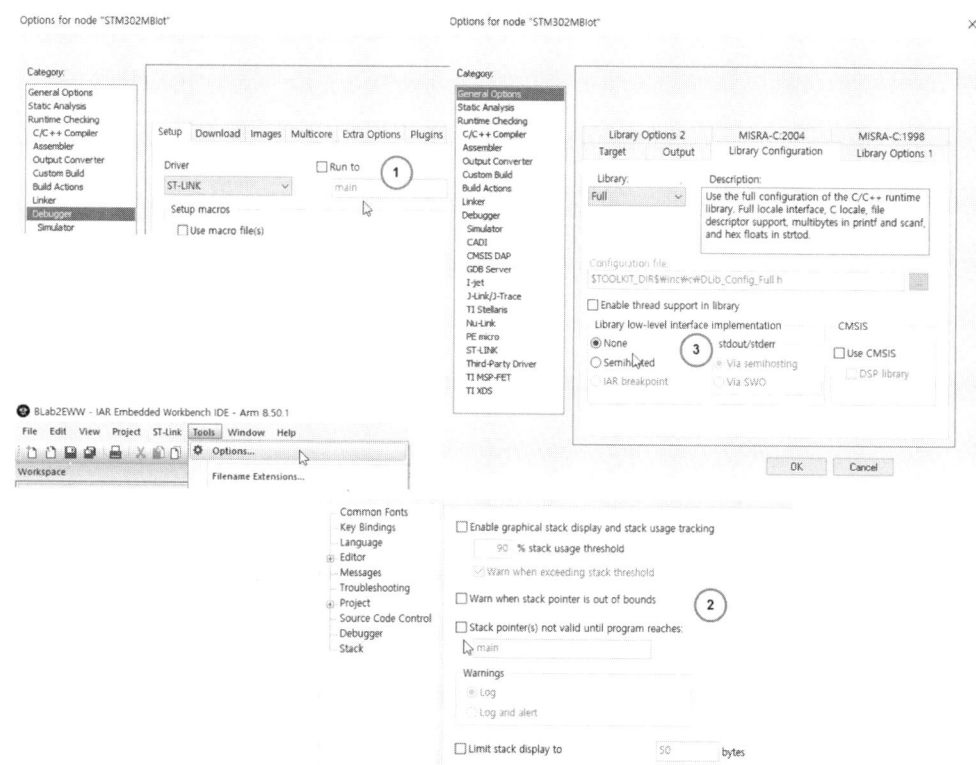

[그림 16.1.8-14] Hardware breakpoint 설정을 위한 option 설정방법.

다음은 bootloader 뿐만 아니라 application program에서도 vector table을 이동하는 경우에 대한 고려사항과 관련 coding 방법을 정리한 것이다. 우선, 다음의 code를 살펴보도록 하자.

```
// ApplicationAddress에 유효한 정보가 있는지 확인
// Test if user code is programmed starting from address "APPLICATION_ADDRESS"
if((((*(uint32_t*)APPLICATION_ADDRESS)&SRAM_ADDRESS_MASK)==SRAM_ADDRESS) {       ▶ ①
   // 유효한 Application이면 Jump
   void (*Jump_To_Application)(void)=(void(*)(void))*((uint32_t *)(APPLICATION_ADDRESS+4));  ▶ ②
   // Initialize user application's Stack Pointer
   __set_MSP(*(__IO uint32_t*) APPLICATION_ADDRESS);
   Jump_To_Application();
} else {
   setBootloaderJump();
   JumpToBootloader();
}
```

Bootloader는 정의한 조건에 따라서 현재 application으로 Jump하여 application을 실행하거나 또는 새로운 application image를 host로 받아서 저장하고 실행하는 Update 동작을 수행할 것이다. Update 동작을 수행하기 위해서는 먼저, 새로운 application image가 저장될 영역인 [그림 16.1.8-5]에서 **Remote New Image** 영역이 비어있는지 확인하여야 한다. 그리고 나서, 이 영역에 새로운 application image를 저장하고, 저장이 완료되면, **CurrentApplication** 영역을 모두 지우고, 0x0800_4000번지부터 모두 복사하여 넣는다. 그리고, 다음에 또 다시 새로운 application image를 저장할 수 있도록 **Remote New Image** 영역을 모두 지운다. 이제, 저장된 새로운 Application image의 첫 번째 주소 값을 128[KB] 내부 SRAM을 가진 MCU에서 사용할 수 있는지 간단히 확인하기 위하여 **0x2FFE_0000**으로 AND 연산한 후에 SRAM base address인 0x2000_0000과 비교하는 방법이다. 좀 더 구체적으로 설명하면, STM32 MCU뿐만 아니라 Cortex-M core를 사용하는 MCU는 Application image가 저장된 memory의 시작 번지, 일반적으로 MCU 내부의 Main Flash memory에 저장하며, 이 시작 번지에는 Vector Table의 시작번지가 위치하게 되고, 그 뒤에 사용자가 작성한 Code와 Data들이 위치하게 된다. Vector Table에는 Cortex-M core에 정의된 exception들과 user를 위한 interrupt handler의 주소가 우선순위에 따라서 저장되어 있다. 그런데, 이 vector table의 첫 번째 주소에는 Main Stack Pointer가 저장된다. Stack Pointer는 프로그램에서 사용되는 Stack의 크기에 따라 다양하게 지정될 수 있으나 최대 SRAM 크기를 넘어설 수는 없다. 그러므로 Stack Pointer가 사용하는 STM32 MCU의 최대 SRAM 크기를 넘어서거나 SRAM 영역이 아닌 위치를 가리키고 있을 경우 정상적인 Firmware가 아니거나 Application이 존재하지 않는 것으로 간단히 판단할 수 있는 것이다. ①번 line의 의미를 좀 더 자세히 살펴보도록 하자.

```
if((((*(uint32_t*)APPLICATION_ADDRESS)&SRAM_ADDRESS_MASK)==SRAM_ADDRESS) {        ▶ ①
```

여기서, APPLICATION_ADDRESS는 Application image가 flash에 저장된 시작 번지이다. 그러므로, [그림 16.1.8-5]의 ④번에서 보여준 것처럼 0x0800_4000 번지인 것을 알 수 있다. 결국, 0x0800_4000 번지에는 Main Stack의 시작 번지 값이 저장될 것이다. 이제, 이 Main Stack Pointer 즉, Main Stack의 번지가 현재 사용하고 있는 MCU에 적합한지 판단하기 위해서 0x2FFE0000와 AND연산하여 그 결과를 SRAM_ADDRESS과 비교하고 있다. Cortex-M의 경우, SRAM_ADDRESS의 값은 0x2000_0000이다. 현재 사용하고 있는 MCU는 예를 들면, 정확하게 STM32F302VCT라고 하자. 이 MCU의 datasheet를 보면, [그림 16.1.8-15]처럼 내

부 SRAM의 크기가 128[KB]가 아닌 40[KB]인 것을 알 수 있다.

Peripheral	STM32F302Cx		STM32F302Rx		STM32F302Vx	
Flash (Kbytes)	128	256	128	256	128	256
SRAM (Kbytes) on data bus	32	40	32	40	32	40

[그림 16.1.8-15] STM32F302VCT의 내부 SRAM 크기.

그러므로, STM32F302VCT는 0x2000_0000~0x2000_9FFF까지 사용할 수 있다는 것을 알 수 있다. 그런데, STM32의 Stack은 **descending stack**이다. 즉, Stack에 Data를 Push하면 Stack pointer가 줄어든 후 Write 동작을 수행한다. 그러므로, Stack Pointer는 이것을 고려해서 최대 SRAM의 크기에 1을 더한 값을 가져야 한다. 즉, STM32F302VCT의 Main stack pointer 범위는 **극단적으로** 0x2000_0000~0x2000_A000이 될 수 있다. 이 범위를 벗어나는 값이 0x0800_4000번지에 저장되어 있다면 정상적인 Firmware가 아니거나 Application이 존재하지 않는 것으로 판단할 수 있다. 결국, ①번의 code는 정확하게 사용할 STM32F302VCT의 경우에는 SRAM_ADDRESS_MASK 값을 0x2FFE_0000 대신에 0x2FFF_0000으로 설정해 주어야 한다. 왜냐하면, [그림 16.1.8-16]에서 보여준 것과 같이 0x2FFF_A000의 경우에 15번째 bit와 13번째 bit 값이 0 또는 1을 가질 수 있기 때문이다.

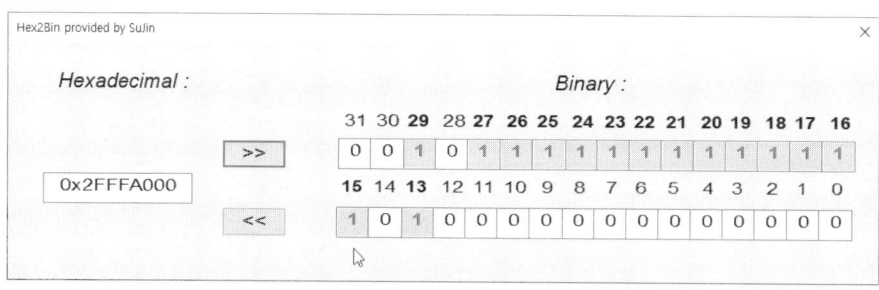

[그림 16.1.8-16] SRAM_ADDRESS_MASK 설정 방법.

[그림 16.1.8-17]에 보여준 것과 같이 왼쪽의 hex file은 **bootloader + application** image이고, 오른쪽은 **application** image hex format이다.

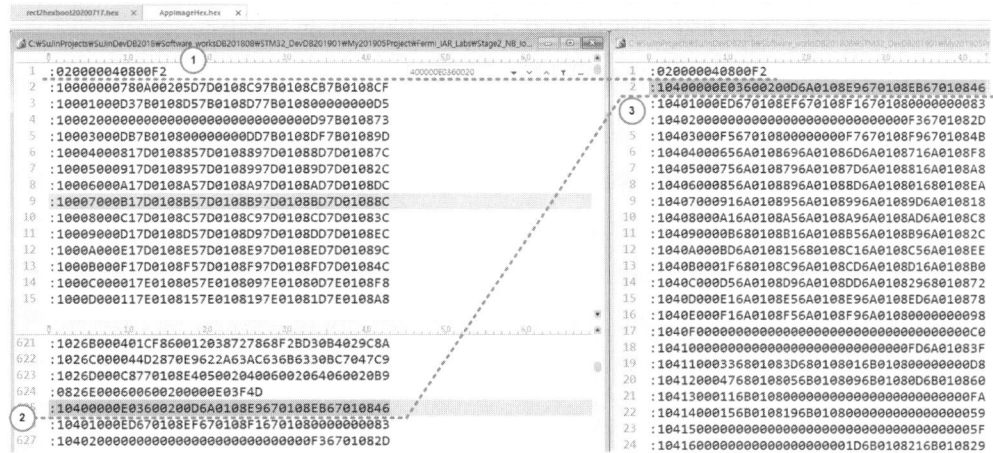

[그림 16.1.8-17] hex file 비교.

[그림 16.1.8-17]에서 생성된 **bootloader + application** image에서 0x0800_4000번지부터는 application image의 binary 영역이 들어가 있는 것을 볼 수 있다. 이제, 이 image hex file을 STM에서 제공하는 STM32 ST-Link Utility로 downloading해 주면, **hex file 정보에 근거해서** [그림 16.1.8-18]에서 보여준 것과 같이 ①번의 0x0800_0000번지에는 bootloader image를 저장하고, ②번의 0x0800_4000번지에는 application image를 저장해 준다.

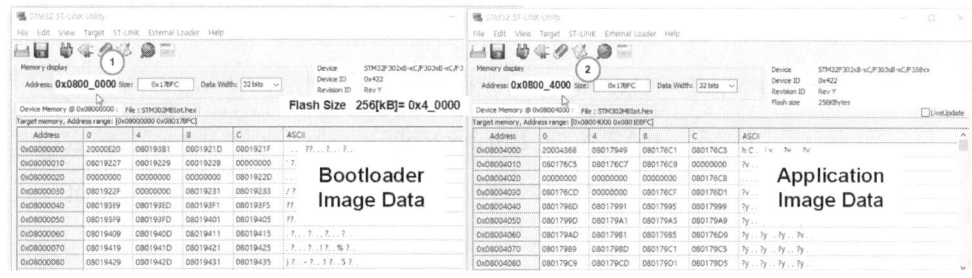

[그림 16.1.8-18] STM32F302에 image를 downloading한 결과.

결국, 앞서 설명한 것과 같이 [그림 16.1.8-5]에서 보여준 Remote New Image 영역을 거치지 않고, 바로 CurrentApplication 영역을 지우고, 새로운 application image를 저장하는 것을 볼 수 있는데, 이것은 일반적인 방법이 아니다. 이에 대한 자세한 설명은 Vol.2.의 **Chapter 8부터 설명하는 사용자 bootloader 개발 방법에 대한 내용**을 참조하면 된다.

16.1.9. 2 image들에 대한 debugging 방법과 CubeIDE 주의 사항.

우리는 2개의 image들을 하나의 image로 생성하는 방법을 학습하였다. 이제, 생성한 image에 포함되어 있는 2개의 image들을 번갈아가며 debugging하는 방법을 학습하고, CubeIDE를 사용하는 경우에 주의해야 할 사항들이 무엇인지 학습해 보도록 하겠다. 예를 들어서, [그림 16.1.9-1]에서 보여준 flash memory map을 사용하는 경우를 생각해 보자.

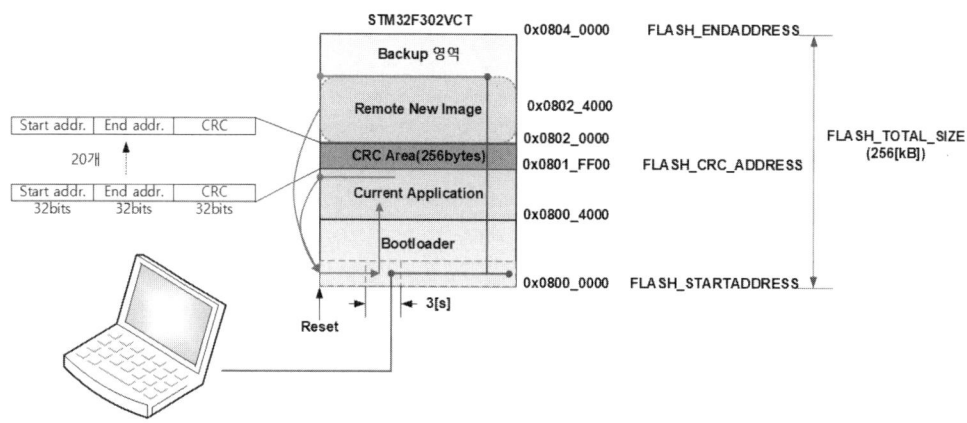

[그림 16.1.9-1] flash memory map.

처음에는 0x0800_0000번지부터 저장되어 있는 bootloader image가 동작하다가 이어서 0x0800_4000번지부터 저장되어 있는 Application image가 동작하는 방식이다. 즉, [그림 16.1.9-2]의 ②번과 같이 bootloader image를 debugging 할 때는 정상적으로 설정한 breakpoint에서 멈추고, 멈추었을 때, **Disassembly** window를 보면, program counter가 멈춘 번지는 **0x800_1ae2**이며, 이 번지는 [그림 16.1.9-1]에서 보여준 것과 같이 **bootloader 영역에 속하는 것**을 알 수 있다. 즉, 현재, bootloader image가 동작하고 있는 것이다. 그런데, 잠시 후에 application image로 program counter가 넘어가면 ④번과 같이 설정한 breakpoint에 멈추지 않게 되며, 이때, 강제로 동작을 멈추어 보면, program counter가 멈춘 곳은 application 영역인 것을 볼 수 있다. bootloader에 의해서 0x0800_4000번지부터 저장되어 있는 application image가 호출되어 program counter 값이 이동한 것이다. 좀 더 자세히 살펴보기 위해서 [그림 16.1.9-3]과 같이 bootloader image에서 application image를 호출하는 code section과 application image의 main() 함수를 포함한 소스 file들을 함께 나열하였다.

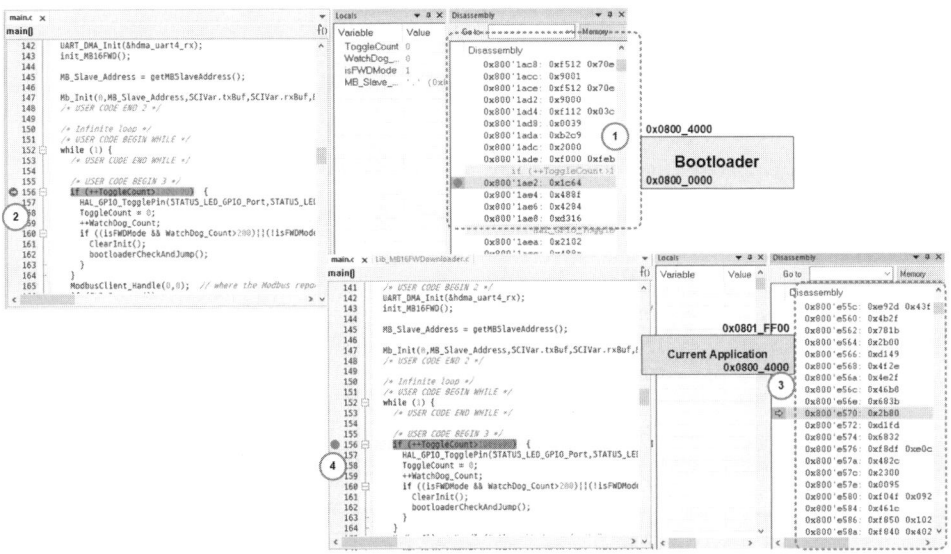

[그림 16.1.9-2] bootloader image와 application image.

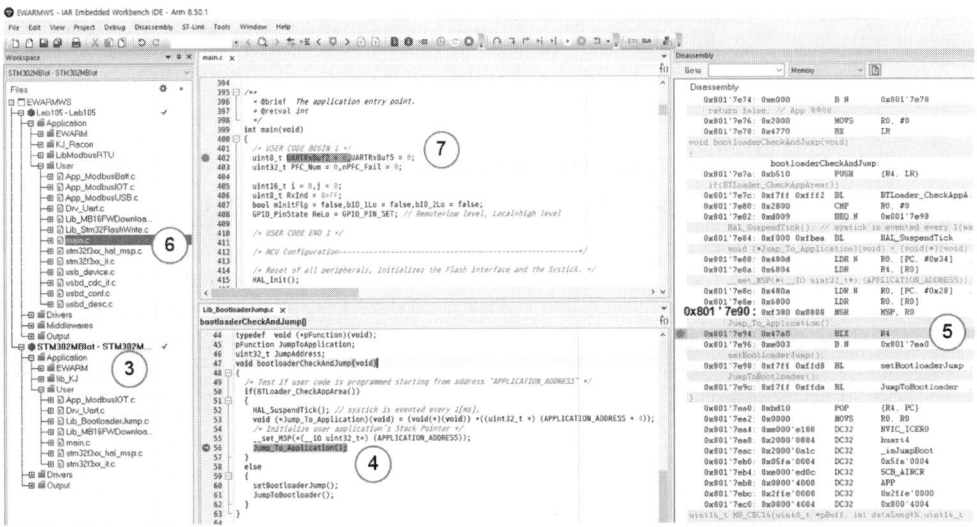

[그림 16.1.9-3] bootloader image와 application image 동시 debugging 방법(1).

이때 주의할 것은 **inactive project**인 application project에서 main() 함수를 포함하고 있는 main.c file에 breakpoint를 설정해 놓았다는 것이다. 그리고, 실행하면, active project인 bootloader project가 실행할 것이다. 즉, default reset vector인 0x0800_0000 번지부터 저장되어 있는 bootloader image를 우선, 호출하여 실행하고 ④번에서 멈출 것이다. 멈춘 곳의

번지를 보니, 0x0801_7E90 번지이므로 이미 bootloader code 영역에서 application 영역으로 넘어 간 것을 알 수 있다. 이제, 실행 버튼을 click 하여 주면, [그림 16.1.9-4]의 ⑨번에서 보여준 것과 같이 application image에 설정한 breakpoint에 걸리는 것을 볼 수 있다.

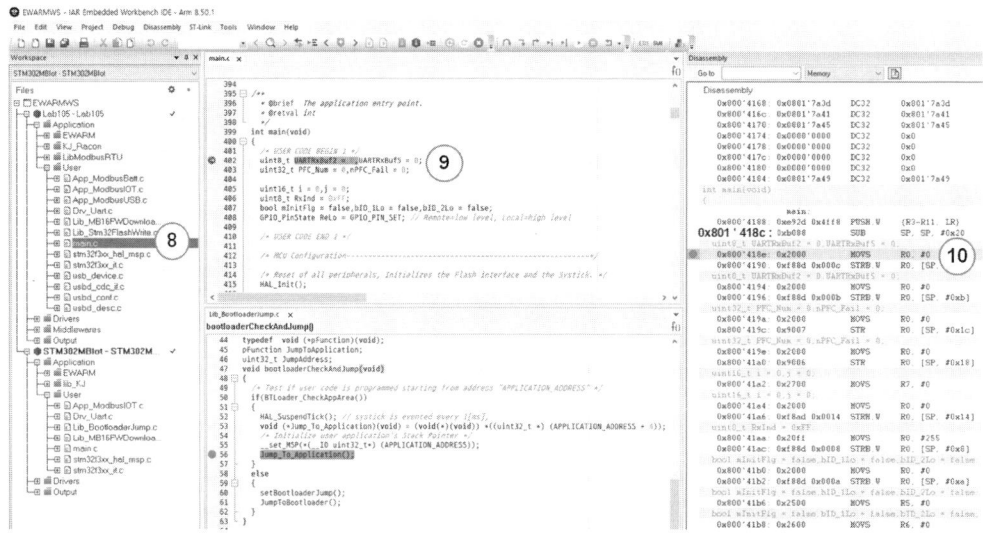

[그림 16.1.9-4] bootloader image와 application image 동시 debugging 방법(2).

이때의 번지는 0x0801_418C 이므로 역시, application image 영역인 것을 알 수 있다. 이번에는 이와 관련된 CubeIDE bug가 존재하는 데, 아마도 version up과정에서 이 bug가 제거되었을 수도 있다. 어쨌든, 현재 사용할 CubeIDE 정보는 [그림 16.1.9-5]와 같다.

[그림 16.1.9-5] CubeIDE version 정보.

예제로 사용할 code section은 [그림 16.1.9-3]의 ④번 즉, bootloader가 0x0800_4000번지부터 저장되어 있는 application을 호출하는 부분이다. 즉,

```
uint32_t temp=*(uint32_t*)APPLICATION_ADDRESS;
// ApplicationAddress에 유효한 정보가 있는지 확인
// Test if user code is programmed starting from address "APPLICATION_ADDRESS"
if((((*(uint32_t*)APPLICATION_ADDRESS)&SRAM_ADDRESS_MASK)
   ==SRAM_ADDRESS) {
 // 유효한 Application이면 Jump
  void (*Jump_To_Application)(void)=
  (void(*)(void))*((uint32_t *)(APPLICATION_ADDRESS+4));
 // Initialize user application's Stack Pointer
   __set_MSP(*(__IO uint32_t*) APPLICATION_ADDRESS);             ▶ ①
   Jump_To_Application();

} else {
  setBootloaderJump();
  JumpToBootloader();
}
```

그런데, 만일, ①번 line에 실수로 다음과 같이 +4를 추가한 경우를 생각해 보자.

```
__set_MSP(*(__IO uint32_t*) (APPLICATION_ADDRESS + 4));          ▶ ②
```

APPLICATION_ADDRESS는 0x800_4000으로 정의되어 있으므로 0x800_4004 번지에는 reset handler의 번지가 저장되어 있어야 한다. 그런데, **실수로** 0x800_4004번지에 application image의 reset vector인 Jump_To_Application() 함수 pointer를 저장하고, 이어서 ②번과 같이 coding하면, 0x0800_4004 번지에 main stack pointer가 또 다시 저장되게 된다. 결국, 저장되어 있던, Jump_To_Application() 함수 pointer를 덮어쓰게 된다. 이제, ②번 line이 실행되면, 0x800_4004번지에 저장한 값은 image의 reset handler 번지이므로 실행은 되지만, stack을 요구하는 code 부분을 만나게 되면, **바로 hard fault error로 빠지게 된다는데 주의**하자. 그런데, 만일, 불행하게도 ②번과 같이 +4를 한 것을 실수로 잊어 버렸다고 하자. 그리고, application program이 동작하지 않아서 그 원인을 파악해야 하는 경우를 생각해 보자. 보다 정확히는 ②번 오류를 포함하는 bootloader를 다른 동료가 개발하였고, 이 bootloader에 의해서 호출되는 application 개

발을 맡은 경우를 가정해 보자. 이때에는 [그림 16.1.9-6]과 같이 STM32 ST_LINK Utility 를 실행해 본다.

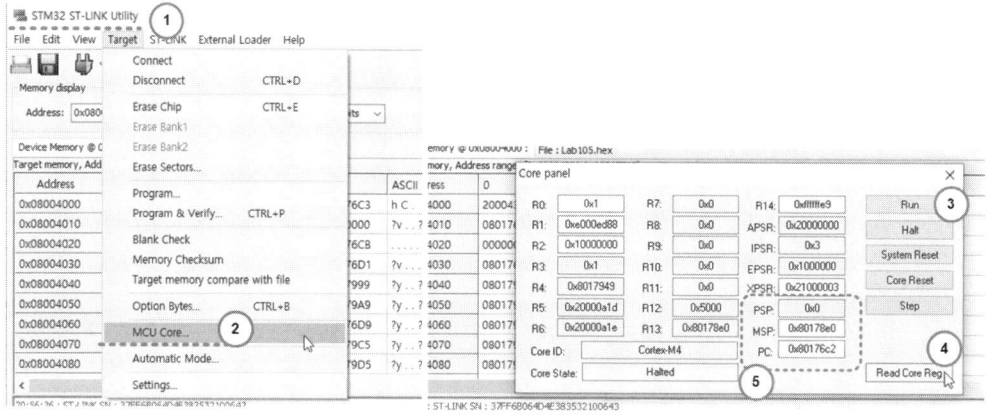

[그림 16.1.9-6] STM32 ST_LINK Utility.

그리고, ②번과 같이 **MCU Core...** menu를 선택하여 **Core panel** dialogbox를 호출한다. 그리고, ③번과 같이 **Run** button을 click한 이후에 ④번과 같이 **Read Core Reg** button을 click하여 주면, 현재, 실행하고 있는 application을 일시 멈추고 registers 값들을 보여준다. ⑤번을 살펴보니, MSP register에 저장된 값이 0x2000_0000~0x2004_0000 번지 범위 밖인 것을 알 수 있다. 게다가 MSP register 값이 0x0801_78E0인 것을 알 수 있다. **이 번지 값은 flash memory 영역에 속한다.** 여기서 기억해 둘 것은 만일, bootloader image를 0x0800_0000번지부터 downloading하고, 이어서 0x0800_4000번지부터 저장될 image를 따로 emulator로 downloading하고 실행한다면, application image에 대한 reset vector 0x0800_4000번지부터 **emulator가 호출**하므로 문제가 없이 동작할 것이다. 왜냐하면, 현재, 문제는 application image를 호출하는 부분에 오류가 있기 때문이다. 그러나, application image를 bootloader image와 함께 MCU 내부의 flash memory에 저장하고, 전원을 끄고 켜거나 또는 reset을 걸어주면, 이때에는 오류를 포함하고 있는 bootloader가 application image를 호출하므로 hard fault error를 발생하게 된다. 정리하면, emulator로 application image를 동작시킬 때는 잘되고, flash memory에 저장하고, reset을 걸어주면 동작하지 않는다. [그림 16.1.9-7]은 IAR을 이용하여 debugging하는 방법을 보여주고 있다. 간단히 정리하면 다음과 같다.

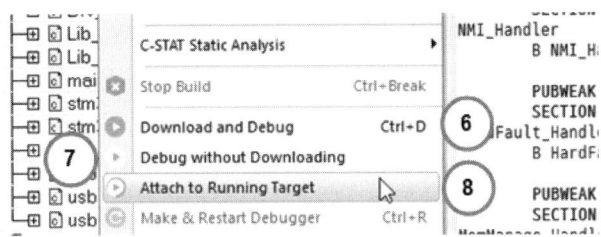

[그림 16.1.9-7] IAR debugging mode.

⑥번 - Download and Debug : image downloading 이후에 reset을 실행.

⑦번 - Debug without Downloading : image downloading 없이 reset을 실행.

⑧번 - Attach to Running Target : 실행중인 image를 reset 하지 않고, debugging함.

그러므로, ⑧번 Attach to Running Target menu를 click하여 application이 어디서 멈추었나 확인하면, hard fault exception handler에서 멈춘 것을 확인할 수 있다. 이 문제는 앞서 설명한 2개의 image들에 대한 연속적인 debugging을 수행하면, 어디서 문제가 발생하였는지 확인이 가능하다. 즉, [그림 16.1.8-14]의 ①번과 같이 main() 함수로 바로 가지 못하도록 설정 하였으므로 [그림 16.1.9-8]과 같이 application image의 Reset_Handler routine에서 멈출 것이다.

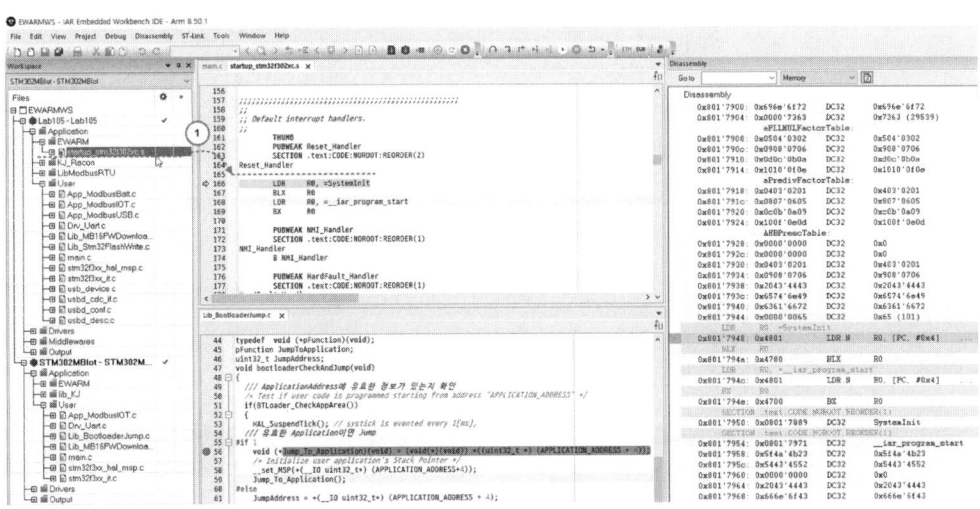

[그림 16.1.9-8] hard fault exception원인 분석 방법.

이제, F11을 이용하여 단계별로 debugging하다보면, __iar_program_start routine을 수행할 때 hard fault exception이 발생하는 것을 알 수 있을 것이다. 여기서 가장 중요한 것은 여러분이 만든 code가 갑자기 emulator로 application image를 동작시킬 때는 잘되고, flash memory에 저장하고, reset을 걸어주면 동작하지 않는 경우에 이와 같은 문제와 관련이 있는지 생각해 볼 내용이라는 것이다.

16.1.10. Project Active로 변경하는 방법과 파일 수정에 따른 붉은 점.

[그림 16.1.10-1]에서 보여준 것과 같이 하나의 workspace에 여러 project들이 있는 경우에 아직, Active 상태가 아닌 project에 속하는 파일을 수정한 경우에는 수정한 파일 옆에 붉은 점이 표시되지 않는다. Active project로 되어야 파일이 바뀐 것을 IAR이 확인하는 데 주의하기 바란다.

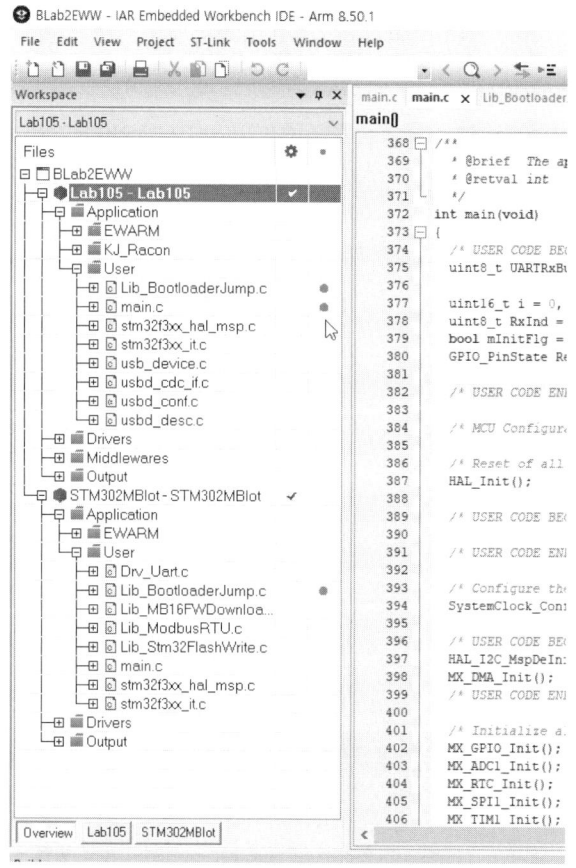

[그림 16.1.10-1] 파일을 수정과 Active.

16.1.11. CSTACK overflow Error.

[그림 16.1.11-1]에서 보여준 것과 같이 기본적으로 **CSTACK**의 크기는 0x400=1024bytes 즉, 1[KB]로 설정되어 있다.

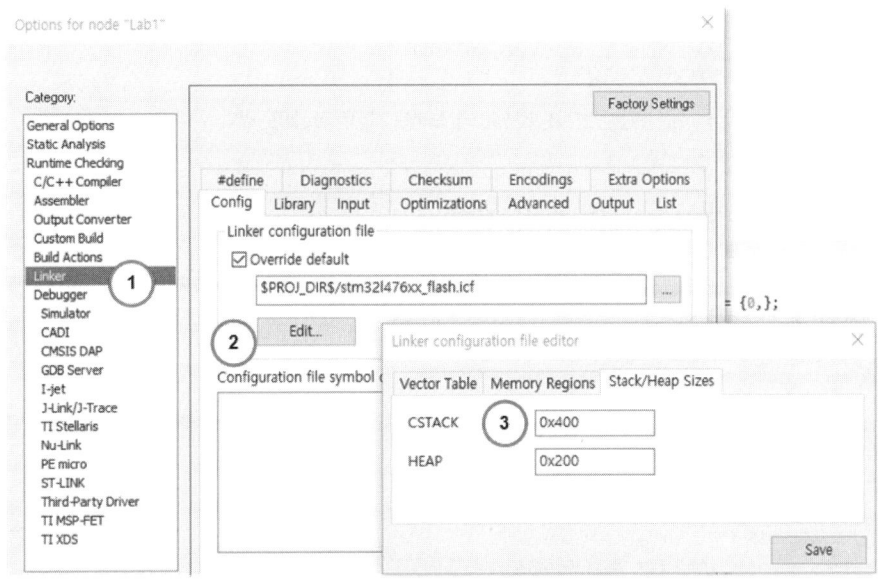

[그림 16.1.11-1] 기본 CSTACK 설정 값.

C 언어에서 전역 변수들로 정의하고, code 상에서 사용한다면, linker가 바로 해당 전역변수에 해당하는 크기를 내부 SRAM에 할당한다. 그러나, 임의의 함수 내에서 사용하는 지역 변수의 경우에는 **해당 함수를 호출할 때**만 그 크기를 [그림 16.1.11-1]에서 보여준 CSTACK에 할당한 영역을 사용한다. 결국, 임의의 함수가 호출되기 위해서는 MCU가 실행을 해야 하고, 그 실행하는 동안 함수에 포함된 지역변수들을 CSTACK에 할당된 영역을 사용하는데, 만일, 지역 변수의 크기가 [그림 16.1.11-2]에서 보여준 것과 같이 CSTACK에 할당한 크기 보다 더 크게 되면, 예측할 수 없는 error 즉, stack overflow error가 발생하게 된다. [그림 16.1.11-2]에서 일단, IA1_H 배열의 크기만 1[kbytes]이다. 그러므로, 기본 CSTACK의 크기 1[kbytes]로는 ⑤번에서 보여준 것과 같이 여러 배열들을 포함할 수 없다. 게다가 ⑥번의 배열 float pDat 크기도 상당히 커 보인다. 어쨌든, 이들 배열의 크기는 개발자가 충분히 미리 예측할 수 있다. 여기서는 ⑦번에서 보여준 것과 같이 8[kbytes] = 8192 = 0x2000로 설정해 주었으며, error가 발생하지 않았다.

[그림 16.1.11-2] 올바른 CSTACK 설정 방법.

16.1.12. IAR C-STAT 사용 방법 정리.

[그림 16.1.12-1]의 ①번에서 보여준 Static Analysis 기능은 추가적으로 license 구매를 해야 사용할 수 있다.

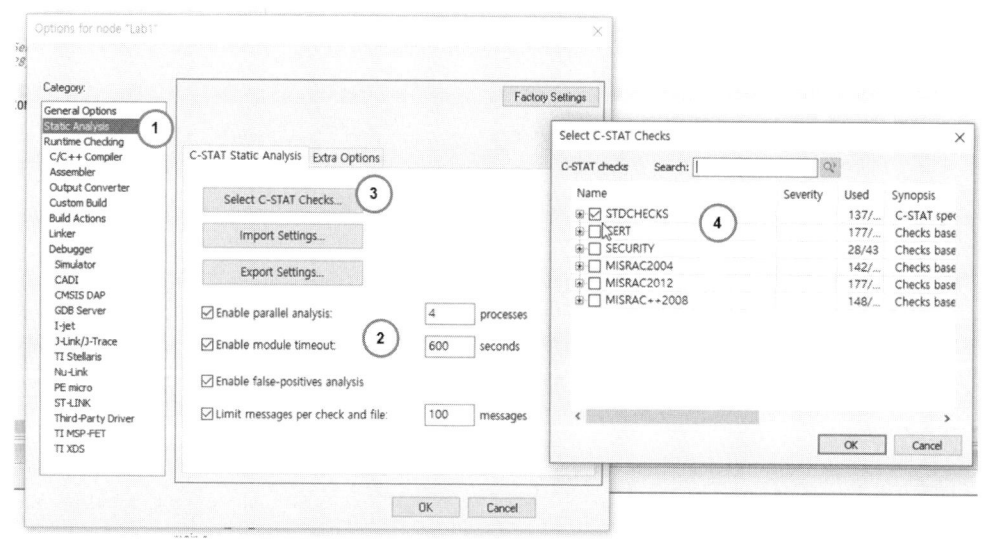

[그림 16.1.12-1] C-STAT 기능사용 방법(1).

이 기능은 단어 자체가 의미하듯이 개발자가 작성한 code를 **실행하기 전에** 분석하여 오류가 있는지 또는 오류가 발생할 수 있는 부분이 있는 지 확인해 주는 역할을 수행한다. 자세한 가격은 IAR Korea에 문의해야 하겠지만, 가격대비 성능이 괜찮다고 생각하여 소개한다. 즉, **code 개발이 완료되고, 코드에 대한 간단한 검증 단계로 사용하기에 적합**하다. 어쨌든, license를 구매하여 C-STAT 기능을 사용할 수 있다면, ②번에서 보여준 기본 설정과 ③번의 검사 항목 설정

부분들이 **활성화**되어 사용할 수 있게 된다. ④번과 같이 STDCHECKS만 선택하고, [그림 16.1.12-2]와 같이 Analyze Project menu를 선택한다.

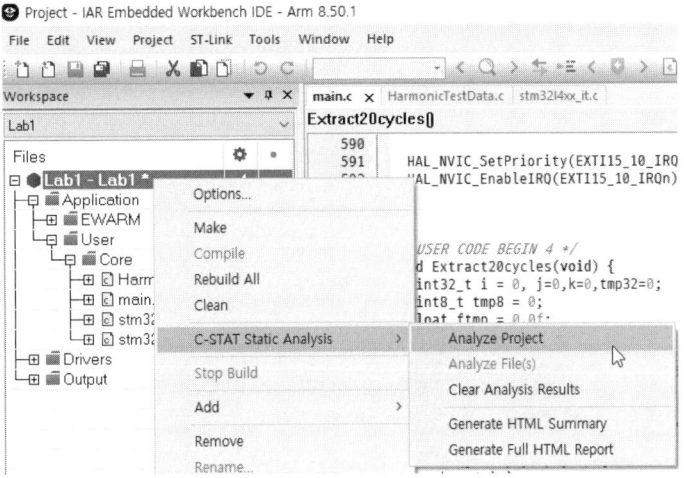

[그림 16.1.12-2] C-STAT 기능사용 방법(2).

그러면, [그림 16.1.12-3]의 ⑤번에서 보여준 것과 같이 project에 관련된 모든 source file들을 분석하기 시작하며, 동시에 ⑥번에서 진행 상황을 report해 준다.

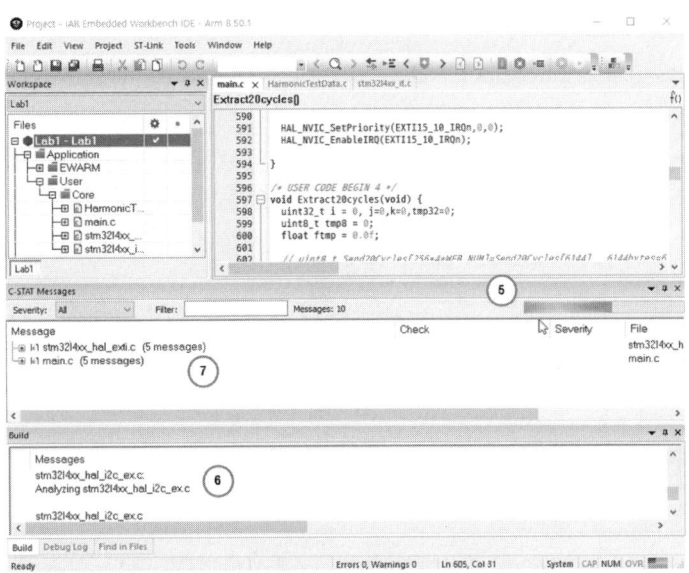

[그림 16.1.12-3] C-STAT 기능사용 방법(3).

그리고, 분석 결과를 ⑦번과 같이 C_STAT Messages window에 정리해 준다. [그림 16.1.12-4]의 ⑧번을 살펴보면, 개발자가 작성한 source file은 main.c file뿐이다.

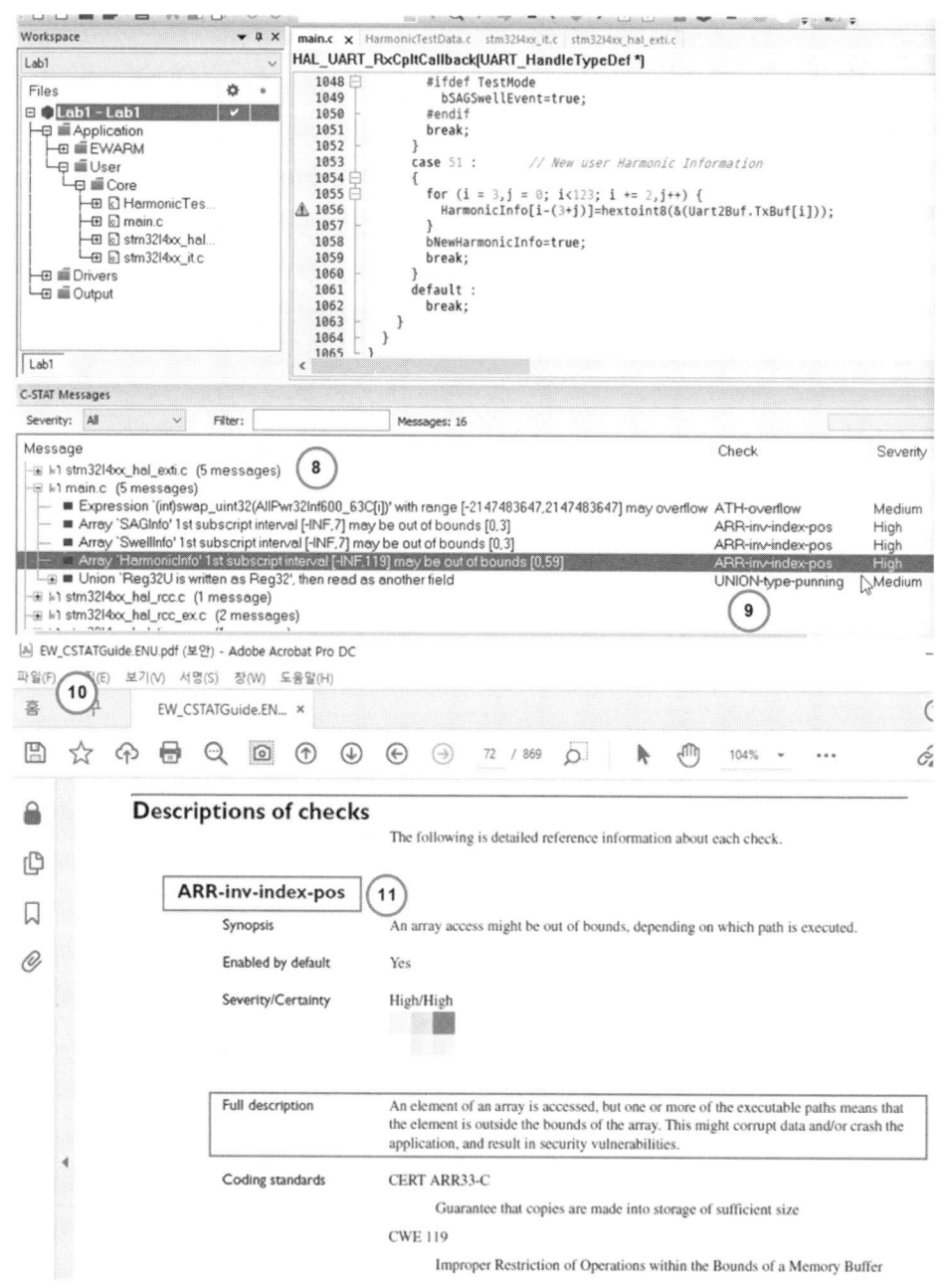

[그림 16.1.12-4] C-STAT 기능사용 방법(4).

그리고, ⑨번과 같이 각각의 분석 내용을 살펴보면, **Check** 항목에 해당 message에 대한 keyword가 나열된 것을 볼 수 있다. 이 keyword는 **EW_CSTATGuide.ENU.pdf** file을 IAR website에서 download 받아서 참고하면 된다. ⑪번은 해당 keyword에 대한 자세한 설명을 보여준 것이다.

16.1.13. 새로운 project 추가 방법.

기존의 workspace에 새로운 project를 추가하는 방법을 알아보도록 하겠다. 예를 들면, [그림 16.1.13-1]의 ①번처럼 **CVCAEISLabsEww.eww** workspace에 ②번의 **CV_CA_EISLab30** project의 수정 버전 CV_CA_EISLab31을 새롭게 만들어서 추가하는 방법을 살펴볼 것이다.

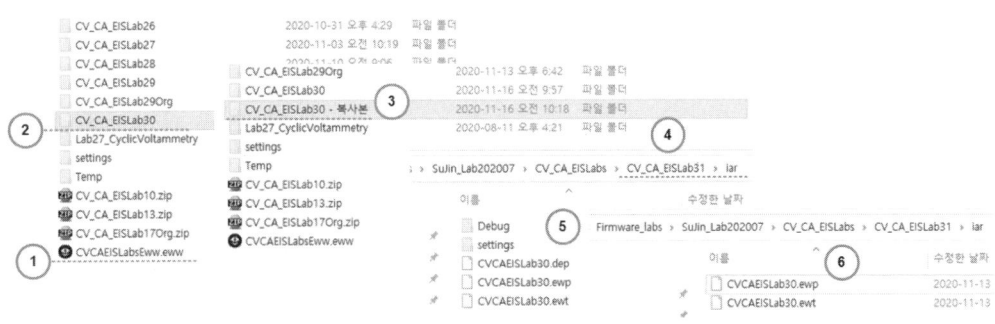

[그림 16.1.13-1] 새로운 project 추가 방법(1).

③번과 같이 CV_CA_EISLab30 project의 **복사본**을 만들어서 ④번과 같이 project 이름을 CV_CA_EISLab31으로 바꾸고, **iar** folder로 들어간다. 그러면, ⑤번과 같은 파일들과 folder 들이 있을 것이다. 이제, ⑥번과 같이 project file인 CV_CA_EISLab30.ewp만 남기고 모두 삭제해 주면 된다. 단, C_STAT와 C_RUN license를 구매하여 이 기능을 사용할 수 있는 경우에는 CV_CA_EISLab30.ewt file도 남겨 둔다. 그리고, [그림 16.1.13-2]의 ⑦번과 같이 새로운 project 이름으로 *.ewp와 *.ewt file의 이름을 바꾸어 준다. 즉, CV_CA_EISLab31.ewp file로 이름을 바꾸어 준다. 이어서 ⑧번과 같이 **Overview** button을 click하여 현재 CVCAEISLabsEww.eww workspace에 포함되어 있는 모든 project들을 나열한다. 이어서 ⑨번과 같이 **Project/Add Existing Project...** menu를 선택하여 준다. 그리고, 앞서 새롭게 수정한 CV_CA_EISLab31.ewp file을 선택하여 준다. 그러면, [그림 16.1.13-3]의 ⑪번과 같이 선택한 CV_CA_EISLab31.ewp project가 CVCAEISLabsEww.eww workspace에 추가된 것

을 확인할 수 있다.

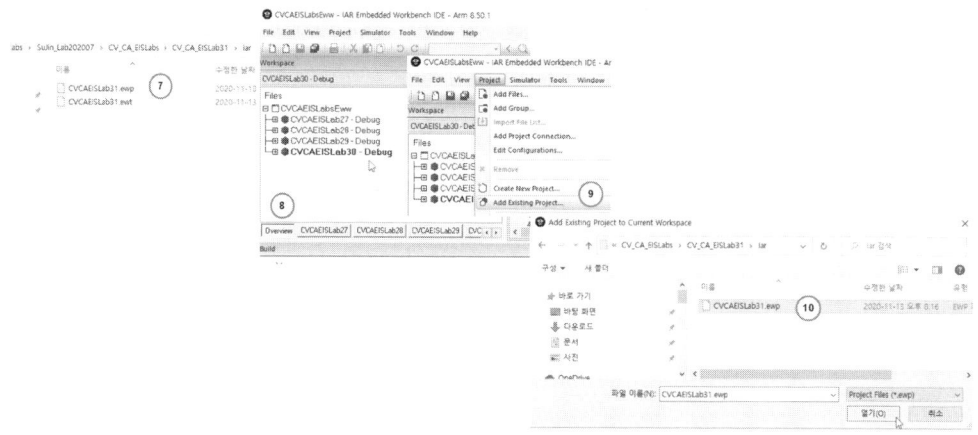

[그림 16.1.13-2] 새로운 project 추가 방법(2).

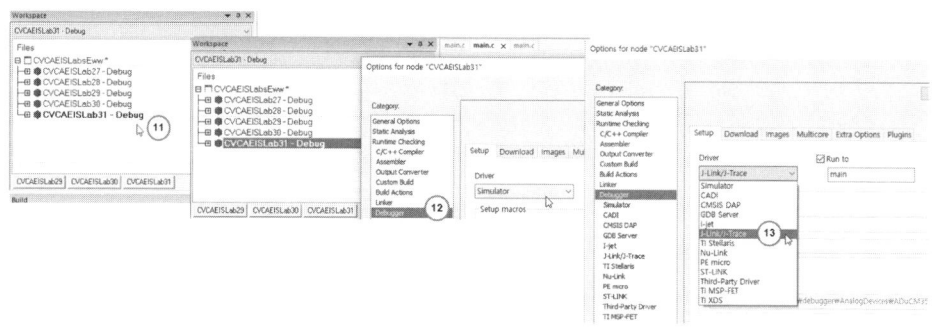

[그림 16.1.13-3] 새로운 project 추가 방법(3).

그런데, 이 방식으로 추가된 project는 ⑫번에서 보여준 것과 같이 **Debugger** option에서 **Driver**가 **자동으로 Simulator로 무조건** 잡혀 있게 된다. 그러므로, 실제 사용하는 emulator의 driver를 ⑬번과 같이 **다시** 선택해 주어야 한다는데 **주의**하자.

16.1.14. Breakpoint에서 실행이 멈추지 않는 경우.

간혹, IAR debug mode에서 breakpoint를 설정하였는데, 설정한 breakpoint에서 stop하지 않는 경우가 있다. 이때에는 조건 판단문의 **조건으로** polling 방식으로 데이터를 **길게 기다리며**, 그 결과를 받아서 판단하는 부분이 있는지 확인해야 한다. 이런 조건문이 있는 경우에는 직접 IAR 편집기에 breakpoint를 설정한 경우에는 잘 동작하는데, 예를 들면, PC에서 UART를 통하여 MCU로 신호를 줘서 그리고, 그 신호를 받아서 조건을 판단하는 문들이 간혹 이상 동작하는 경우가 있다. 즉, breakpoint에서 stop도 하지 않는 경우가 간혹 발생한다는데 주의하자.

16.1.15. 부분적으로 최적화를 설정하는 방법.

[그림 16.1.15-1(a)]에서 보여준 것과 같이 선택한 project에 대한 C/C++ 최적화는 project에 포함된 모든 source file들에 대하여 일괄적으로 ③번에서 설정한 최적화 level을 사용한다.

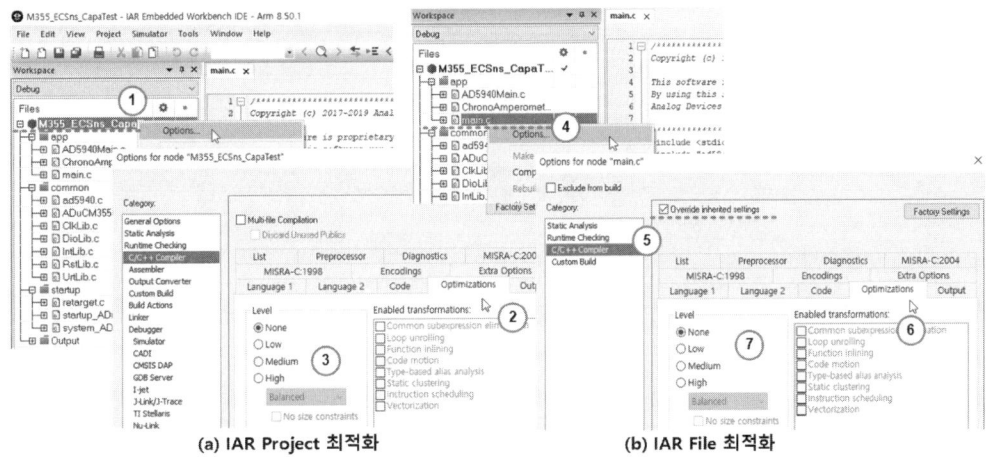

(a) IAR Project 최적화   (b) IAR File 최적화

[그림 16.1.15-1] IAR 최적화 방법.

그러나, [그림 16.1.15-1(b)]에서 보여준 것과 같이 임의의 source file에 대해서만 최적화해 주려는 경우에는 우선, ⑤번에서 보여준 **Override inherited settings** checkbox를 선택해 주면, ⑦번이 활성화되고, 여기서 최적화 level을 설정해 주면 된다. 다른 예제로 다시 자세히 살펴 보도록 하자. 즉, [그림 16.1.15-2]의 ①번과 같이 mouse로 Project를 선택하고, 오른쪽 mouse 버튼을 이용하여 **Options** dialogbox를 호출한다. 그리고, **Optimizations** Level을 ② 번과 같이 **None**으로 지정해 주면, 이것은 전체 project를 구성하고 있는 모든 source file들에 적용된다. 그런데, 일부 source file 예를 들면, **ClkLib.c** file에 대해서는 최적화 level을 **Low** 로 설정하고 싶다면, [그림 16.1.15-3]의 ④번과 같이 우선, **ClkLib.c** file을 선택하고, **Options** dialogbox를 호출한다.

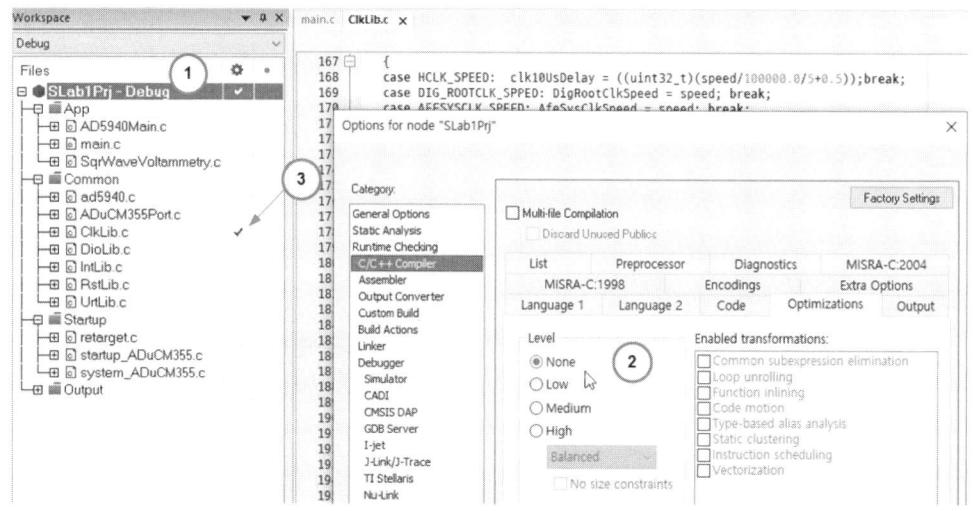

[그림 16.1.15-2] Project C/C++ 최적화 방법.

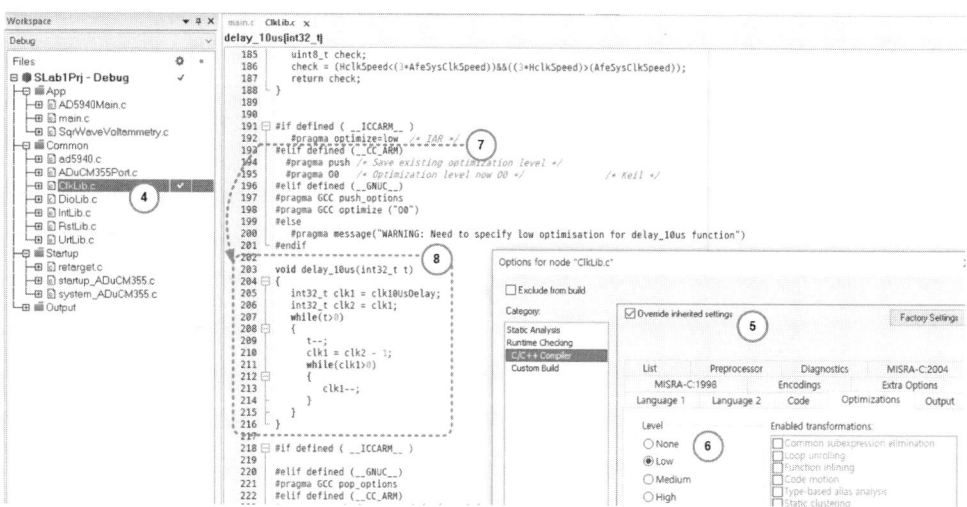

[그림 16.1.15-3] 특정 source file만 C/C++ 최적화 방법.

그리고, ⑤번과 같이 **Override inherited settings** checkbox를 선택해 준다. 그리고 나서, ⑥번과 같이 **Optimizations** Level을 Low로 지정해 주면 된다. 그러면, [그림 16.1.15-2]의 ③번과 같이 √ symbol이 파일 이름에 추가된다. 그런데, [그림 16.1.15-3]의 ⑦번을 보면, 다음과 같이 **#pragma** compiler 지시자를 사용한 것을 볼 수 있다. 즉,

#pragma optimize=low   /* IAR */

이것은 **직접 함수** 즉, ⑧번에서 보여준 delay_10us() 함수에 대해서만 **최적화를 독립적으로 설정**해 준 것이다. 이 방법이 **가장 정확하게 설정**해 주는 방법이다. Syntax는 다음과 같다.

#pragma optimize=s/z none/low/medium/high no_code_motion/no_inline

여기서,

❶ s : speed 최적화, z : 면적 최적화. ❷ none/low/medium/high : 최적화 level
❸ no_code_motion : code 이동을 하지 말 것. no_inline : 함수를 inlining 하지 말 것.
예 제] #pragma optimize = z low no_code_motion

한 가지 주의 할 것은 **#pragma**로 지정한 최적화 level은 소스나 project에서 지정한 최적화 level 보다 낮게 설정해 주어야 한다. 예를 들면, project의 최적화 level이 none인데, #pragma로 임의의 함수를 low로 설정하면, [그림 16.1.15-4]와 같은 경고 message를 만나게 된다는데 주의하자.

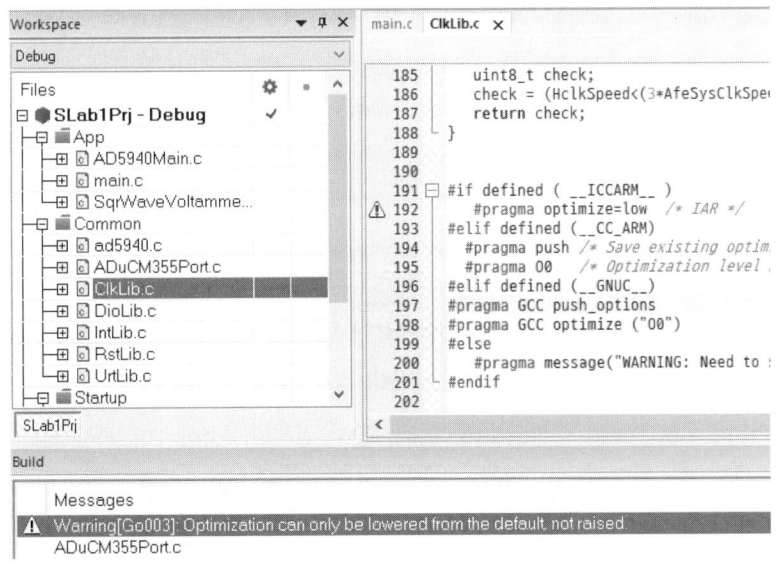

[그림 16.1.15-4] 최적화 level 불일치 경고 발생.

16.1.16. 가변 크기를 가지는 배열 정의를 위한 option.

원칙적으로 **배열의 크기는 상수로 지정**해 주어야 한다. 그러나, [그림 16.1.16-1]의 ①번과 같이

Allow VLA option을 선택하면, ②번과 같이 **배열의 크기가 가변되는 배열을 정의할 수 있게 된다**는 데 주의하자.

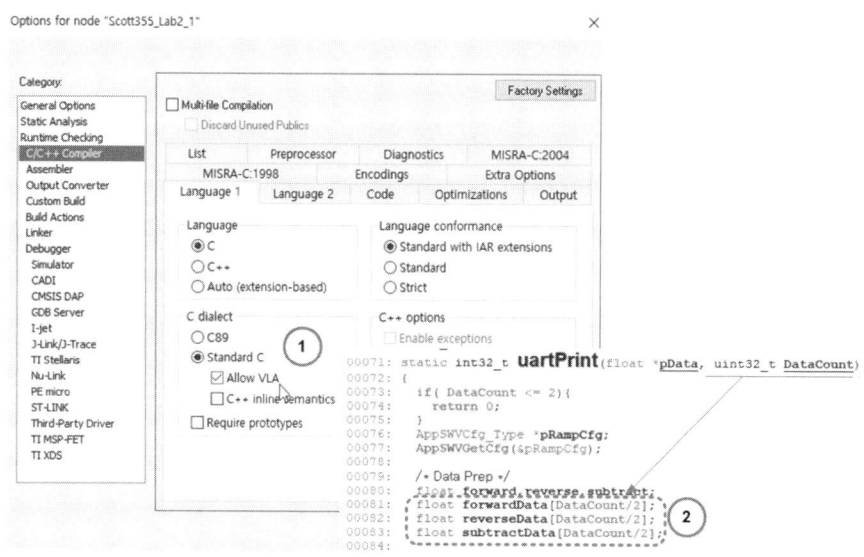

[그림 16.1.16-1] 가변 크기를 가지는 배열 정의를 위한 option.

참고적으로 **KEIL의 MDK ARM의 경우**에는 이 option이 default로 선택되어 있어서 따로 **설정할 필요가 없다**는 데 주의하자.

16.1.17. hex file이 안 만들어 지는 경우.

간혹, [그림 16.1.17-1]에서 보여준 것과 같이 Linker option 중에서 Output tab의 Output filename:에 *.out이 아닌, *.hex를 지정해 주는 경우가 있다. 이렇게 되면, *.hex이 생성되고, **이어서** *.out file이 생성되는데, 이때, 앞서 생성된 *.hex file을 *.out file과 **동일한 elf format**으로 만들어 버린다. 그러므로, 최종적으로 *.hex와 *.out file을 만나볼 수는 있지만, *.hex file은 elf format으로 되어 있어서 사용할 수 없다는 데 주의하자. 결론적으로 Output filename: option에는 **반드시 *.out로 지정**해 주어야 한다는데 주의하자.

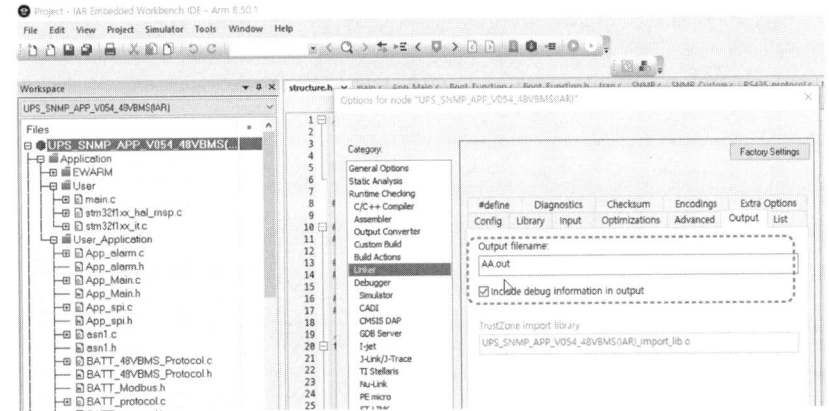

[그림 16.1.17-1] Output filename: option에는 반드시 *.out로 지정.

16.1.18. 전역 변수가 live watch window에서 사용할 수 없는 경우.

간혹, [그림 16.1.18-1]의 ①번과 같이 **Smoke_V**를 **전역 변수**로 정의하고, ②번과 같이 debug mode에서 사용하는 도중에 ③번처럼 Watch window 또는 ④번처럼 Live Watch window에 추가하여 변수의 값을 추적하고 싶은 경우가 있다.

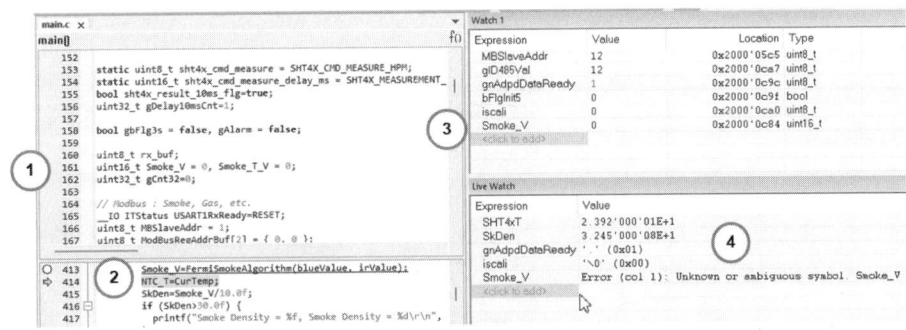

[그림 16.1.18-1] Live Watch window에 전역 변수를 사용할 수 없는 경우.

이때, KEIL MDK-ARM에서는 동일한 실험을 수행하지는 않았지만, ④번과 같이 추가한 전역 변수 Smoke_V를 Unknown or ambiguous symbol로 나타내는 것을 볼 수 있는데, 이것은 전역 변수로 선언한 uint16_t Smoke_V와 동일한 데이터 type을 가진 동일한 이름을 가진 변수를 project에 포함된 임의의 함수 안에 **static 즉, 정적 변수**로 선언한 경우에 발생한다. 일단, 필자가 이와 같은 경험을 한 IAR Embedded Workbench for ARM 버전은 **9.20.4**이다.

16.1.19. CubeMX에서 생성된 linker script file *.icf에 오류가 있어요!

사실, 우리가 **무료**로 download 받아서 사용하는 CubeMX와 같은 소프트웨어에 오류(?)가 있고, 그 오류로 인해서 제품 판매 과정에서 심각한 동작 결함으로 리콜 등과 같은 많은 손해를 보게 된다면 어떻게 하면 되는지 궁금할 수 있다. 필자도 ADI에서 9년 가까이 MCU와 DSP 위주로 기술 지원 및 개발 업무를 하였다. 일단, 무료로 download 받는 software 뿐만 아니라 예제 소스의 경우에 오류로 인한 피해 보상을 받는 것은 불가능하다. 왜냐하면, 우선, 무료로 받았고, 대부분의 경우, 보증하지 않는다는 문구가 어딘가 존재하기 때문입니다. 예를 들어서, 내부 flash memory 32[KB]를 갖고 있는 STM32L052K6을 사용하여 제품을 만들려고 하는 경우를 생각해 보자. 일단, 현재 필자가 사용하는 CubeMX 버전은 **Version 6.7.0**이고, IAR 버전은 **9.20.4**이다. [그림 16.1.19-1]과 같이 단순히 CubeMX를 실행하여 STM32L052K6을 ①번처럼 선택하고, 바로 ②번 **GENERATE CODE** button을 click하여 ③번과 같이 IAR Embedded Workbench를 위한 workspace file 즉, Project.eww file을 생성하였다.

[그림 16.1.19-1] 단순히 CubeMX를 실행하여 STM32L052K6 선택후 Code 생성.

그리고 나서, [그림 16.1.19-2]와 같이 재차 IAR 환경에서 **Category:** 의 **General Options**를 선택하여 STM32L052K6을 확인한다. ④번에서 보여준 것처럼 재대로 선택되어 있다. 이제, [그림 16.1.19-3]과 같이 **Category:** 의 **Runtime Checking**에 속하는 **Linker**를 ⑤번과 같이 선택하여 준다.

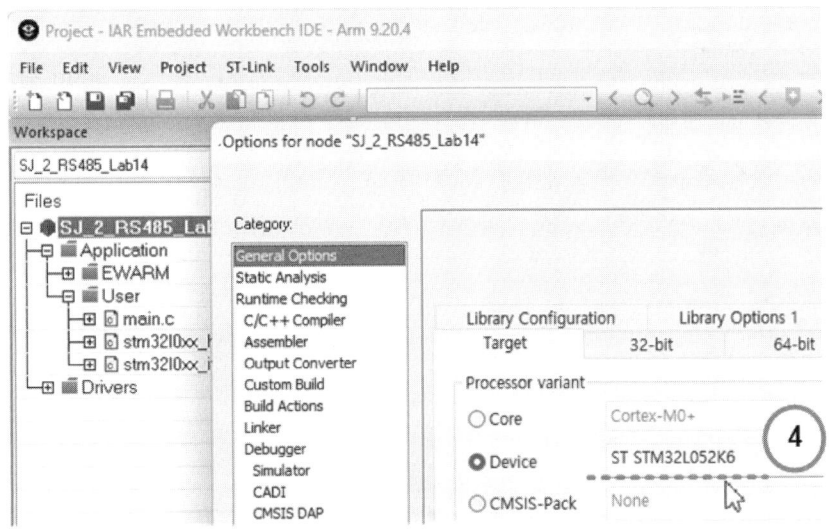

[그림 16.1.19-2] Target MCU STM32L052K6 재차 확인.

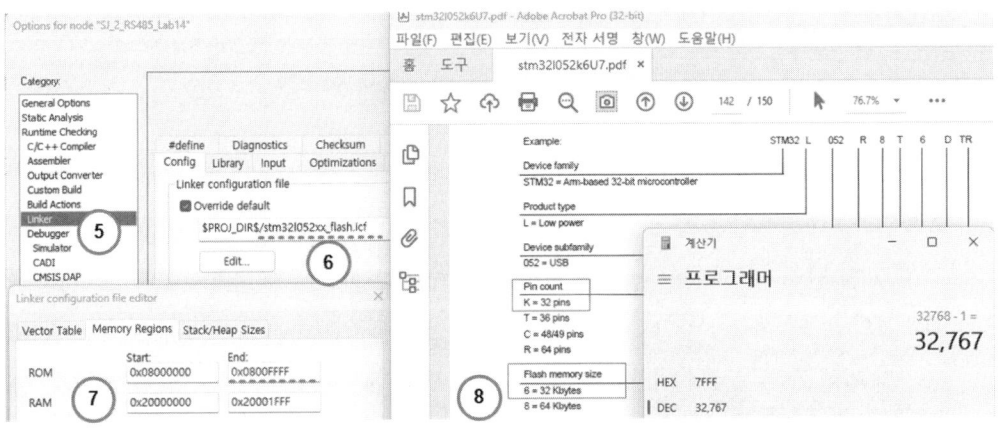

[그림 16.1.19-3] 설정된 linker script 정보와 사용할 MCU의 내부 flash memory 정보 비교.

그리고, linker script file로 **stm32l052xx_flash.icf**이 사용되고 있으며, 그 내용을 확인하기 위해서 ⑥번과 같이 **Edit...** button을 click하여 준다. 그러면, 내부 flash memory 영역이 0x0800_0000부터 0x0800_FFFF까지 총 **64[KB]**가 ⑦번에서 보여준 것과 같이 할당된 것을 볼 수 있다. 분명히, STM32L052K6의 datasheet를 확인해 보면, ⑧번과 같이 **32[KB]**이고, 0x0800_7FFF까지 사용할 수 있는데, 오류가 발생한 것이다. 그런데 문제는 이 상태에서 **readonly code memory**와 **readonly data memory**의 합이 내부 flash memory의 크기인 **32[KB]보다 작아야** 하는데, 훨씬 커도 예를 들어서 20~30[KB] 커도 정상적으로 build가 수행

되어 downloading이 이루어지고, debugging도 정상적으로 수행된다는 것이다. 사실, linker script file의 정보로 볼 때 64[KB]까지 사용할 수 있다. 일반적으로 **Build 출력창**의 경우에 [그림 16.1.19-4]에서 보여준 것과 같이 **All** 보다는 **Messages**를 선택하여 사용하는 경우가 많다보니, **양산 제품을** 이처럼 선택한 MCU의 내부 flash memory 보다 훨씬 큰 실행 image를 만들어서 적용하고, 개발 검증과 양산 검증을 거쳐서 출하할 수 있다.

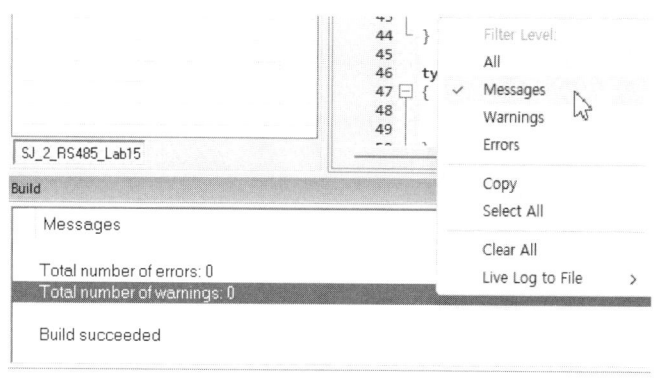

[그림 16.1.19-4] Build window의 Option 선택.

그렇다면, 이처럼 내부 flash memory 용량보다 훨씬 큰 image가 downloading되는 이유는 무엇일까? 그것은 일반적으로 하나의 반도체 die에 검증에 대한 정도의 차이를 두고 packaging 과 label을 달리하기 때문이다. 또한, 일반적으로 MCU die의 80% 정도를 memory가 차지하고, 대부분의 MCU 제조사는 반도체 공장이 없어서 생산을 위탁하기 때문이기도 하다. 결론적으로 필자의 경험으로는 STM32L052K6과 STM32L052K8은 동일한 die로 memory 검증에 대한 정도의 차이만 둔 것이고, 일반적으로 flash loader가 MCU 정보를 읽고, 올바른 크기로 제한을 두는데 이 부분에 오류(?)가 있는 것 같다. 사실, flash loader는 MCU 제조사에서 IAR에 제공하면, IAR은 그야 말로 GUI 환경만 제공해 주는 것이다. 그렇다면, 제일 중요한 것은 어짜피 downloading도 잘되고, debugging도 잘되고, 개발 검증이나 양산 검증에도 문제가 없으면 그냥, STM32L052K8보다 STM32L052K6이 저렴하니, 잘 된 것 아닌가? 하는 생각을 할 수도 있다. 물론, ST가 저렴한 반도체 공장에 MCU 제작을 의뢰하지는 않을 것이니 거의 문제는 없을 수 있다. 실제로 **개발자 전용 영역**으로 이와 같은 추가 영역을 사용하는 경우도 있다. 그러나, 문제가 발생하면, STM32L052K8의 경우, 32[KB] 영역만 보장하므로 어떠한 피해 보상을 요구할 수 없고, 무엇보다도 출하한 제품이 많고, 계속해서 랜덤하게 문제가 발생한다면, 이건

뭐~~~... 이다. 그러므로, [그림 16.1.19-5]의 ⑨번과 같이 정상적으로 설정하고, 저장하면, ⑩번과 같이 해당 *.icf file 내용도 수정된 것을 볼 수 있다.

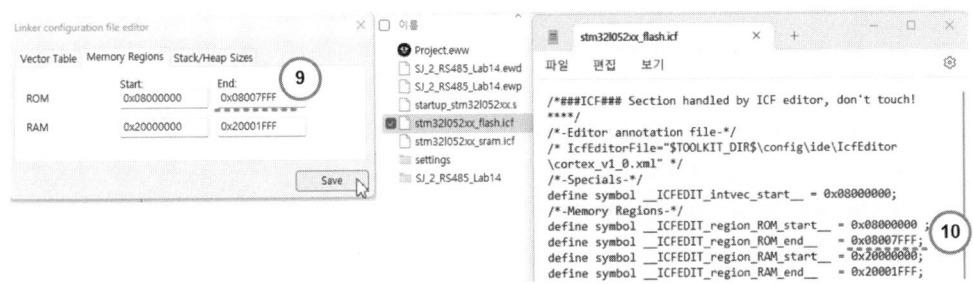

[그림 16.1.19-5] linker script 정보를 사용할 MCU의 내부 flash memory 정보에 맞게 수정.

결론적으로 너무 사용하는 소프트웨어만 믿지 말고, 꼼꼼히 확인해 보고, 점검해 보아야 큰 실수를 막을 수 있다는데 주의하기 바란다.

16.1.20. 현재 IAR Debugging 환경을 다른 Project에서 사용하는 방법.

개발하는 소프트웨어를 버전업하는 경우를 생각해 보자. 즉, 현재 개발한 IAR project가 **SJ_Gas_CH4_RS485_Lab6** folder에 있고, 이것을 버전업하여 **SJ_Gas_CH4_RS485_Lab7** folder에 새롭게 만들고자 한다. 현재 소스 code는 변화가 없고, 단지, 기존의 CubeMX 파일 즉, SJ_Gas_CH4_RS485_Lab6.ioc을 SJ_Gas_CH4_RS485_Lab7.ioc으로 바꾸어 새롭게 IAR project를 생성하도록 CubeMX에서 **GENERATE CODE** 버튼을 click하면, [그림 16.1.20-1]의 ①번에서 보여준 기존의 debugging 환경으로 구성한 watch window, live watch window 등에 설정한 모든 내용들을 다시 구성해야 하는 번거로움이 발생한다. 사실, ①번에서 보여준 모든 debugging 관련 정보는 **settings** folder에 있는 *.**dbgdt** file에 모두 정리되어 있다. 그러므로, 새롭게 IAR project를 생성하였다면, 우선, 해당 workspace file 즉, *.eww file로 workspace를 open하여 준다. 그러면, [그림 16.1.20-2]의 ③번과 같이 **settings** folder가 생성된다. 이제, IAR Embedded workbench를 닫아 주면, settings folder에 ④번과 같은 파일들이 생성되는 데, 이중에서 **SJ_Gas_CH4_RS485_Lab7.dbgdt** file을 삭제하고, 원하는 debugging 환경을 포함하는 project의 settings folder에 있는 예를 들면, ⑤번의 **SJ_Gas_CH4_RS485_Lab7.dbgdt** file을 복사하여 대신 붙여 넣기 해 준다.

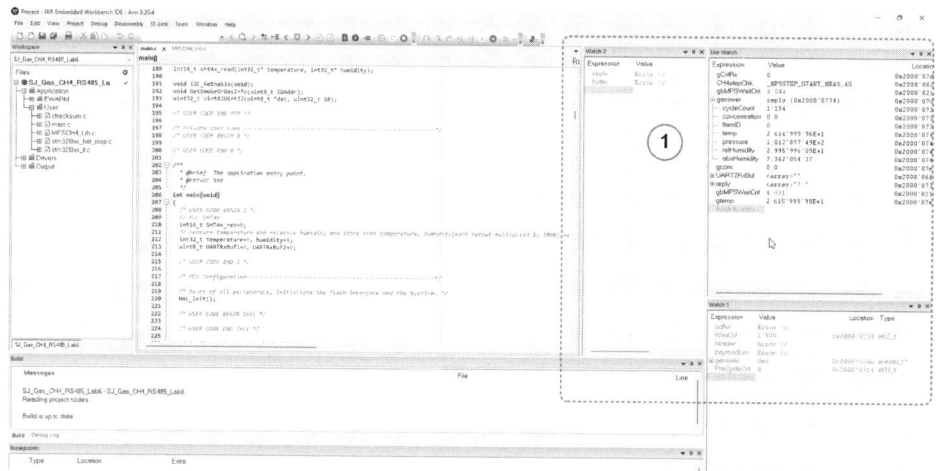

[그림 16.1.20-1] Debugging 환경 복사하는 방법 - 1.

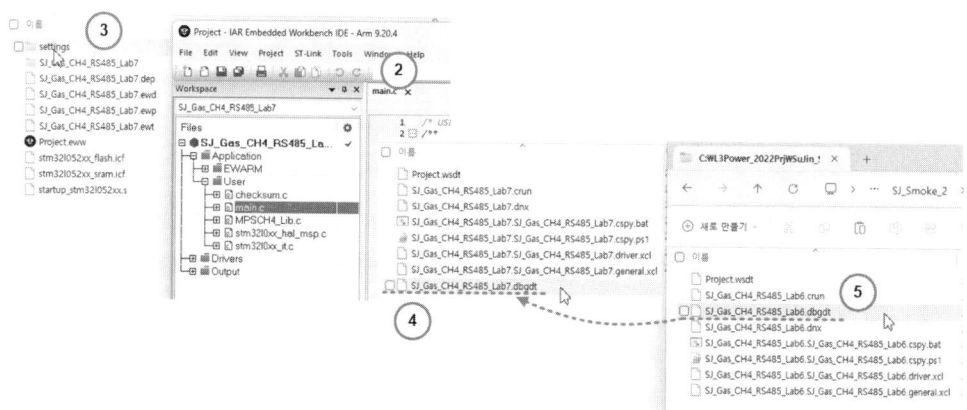

[그림 16.1.20-2] Debugging 환경 복사하는 방법 - 2.

그리고 나서, 다시 IAR Embedded workbench를 다시 실행하고, debugging mode로 들어가면, [그림 16.1.20-1]의 ①번에서 보여준 debugging 환경을 그대로 이용할 수 있다.

16.2 KEIL MDK-ARM 사용 방법 관련 정리.

지금까지 다양한 IAR 사용 방법과 사용 과정에서 발생할 수 있는 여러 상황들에 대해서 살펴보았다. 여기서는 KEIL을 사용하면서 발생할 수 있는 여러 상황들과 그에 따른 해결책들을 살펴보도록 할 것이다.

16.2.1. 임의의 MCU를 위해 새로운 Project 생성 방법.

사실, 이번에 설명할 내용은 STM32 MCU를 사용하는 경우, 항상 CubeMX를 사용하여 KEIL 또는 IAR tool을 위한 C framework뿐만 아니라 해당 project도 함께 **자동으로 생성**하여 사용하기 때문에 의미가 없지만, ADI Inc.에서 출시하는 Cortex-M3 기반의 ADuCM355와 같은 MCU처럼 몇몇 제조사들이 출시하는 MCU들은 CubeMX와 같은 tool을 지원하지 못하는 경우가 많다. 그러므로, 이와 같은 MCU를 사용하여 소프트웨어를 개발하려는 경우에는 일반적인 KEIL 또는 IAR 사용자 설명서에 따라서 project를 생성해 주어야 한다. 이제부터 전기화학 분야에 특화되어 개발된 MCU인 ADuCM355에 대한 project를 KEIL MDK-ARM에서 생성하는 방법을 설명할 것이다. 만일, 다른 제조사의 MCU를 사용하는 경우에도 비슷하게 따라하면 될 것이다. 우선, ADuCM355 MCU에서 사용할 Emulator는 [그림 16.2.1-1]에서 보여준 **J-Link** emulator이다.

[그림 16.2.1-1] ADuCM355 평가 보드 사용 방법.

이것은 ADI Inc.에서 Cortex-M3/M4 기반의 MCU에서**만** 사용할 수 있도록 특별히 emulator 개발 전문 업체인 Segger(https://www.segger.com/)에 의뢰하여 제작한 것으로 평가 보드와 함께 판매하고, 따로 판매하지는 않는다. 어쨌든, ADuCM355 평가 보드를 구매하면 그 보드

상자 안에 함께 동봉되어 있다. 이제, ADuCM355 MCU를 위한 예제 code를 제공하는 다음의 website에 가서 관련 code를 내려 받는다.

https://github.com/analogdevicesinc/aducm355-examples/

참고적으로 여러분이 내려 받은 code는 ADuCM355 MCU를 이용하여 대부분 의료용 진단기, 독가스 검출, 오염물 분석, 바이러스 검출 등과 같이 어떠한 특정 물질을 검출하는 예제 code들이다. 만일, 이들에 대한 좀 더 자세한 사항들을 알기 원한다면, 연락 주기 바란다. 여기서는 특별히, [그림 16.2.1-2]에서 보여준 **M355_SqrWaveVoltammetry** project를 이용할 것이다.

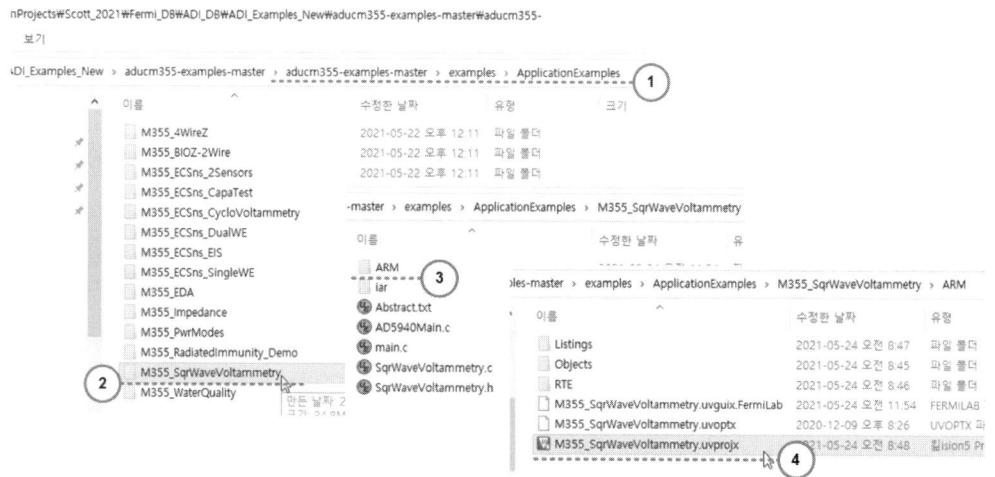

[그림 16.2.1-2] ADuCM355 평가 보드 사용 방법.

사실, ③번에서 보여준 것과 같이 IAR 사용자를 위한 **iar** folder와 KEIL 사용자를 위한 **ARM** folder가 각각 준비되어 있다. 그러므로, ④번에서 보여준 KEIL의 project file인 *.**uvprojx** file을 mouse로 double click하면 자동으로 MDK ARM이 실행된다. 그러나, 여기서는 수동으로 직접 project를 생성하는 방법을 학습하도록 할 것이다. 우선, [그림 16.2.1-3]과 같이 library folder인 **common** folder와 **inc** folder를 ⑤번과 같이 project를 생성할 즉, 포함할 folder에 복사해 넣는다. 그리고, ⑥번과 같이 **새로운 project가 저장될 folder** 즉, **Scott355_Lab2** folder를 만든다. 참고적으로 이 folder는 필자가 그 유명한 COVID-19 검출용 미국 업체 개발 의뢰로 개발할 때 사용한 folder이다.

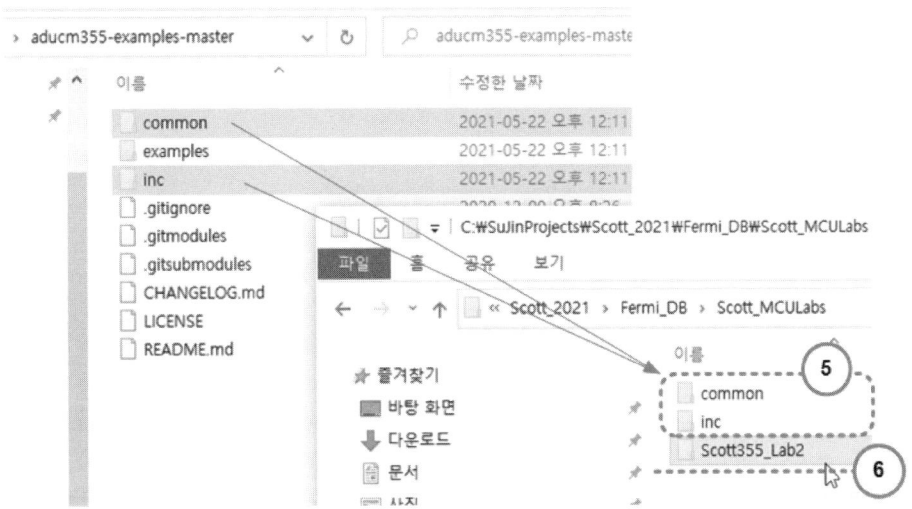

[그림 16.2.1-3] KEIL Project 생성 방법-1.

이제, ⑧번과 같이 필요한 file들을 복사해 넣는다.

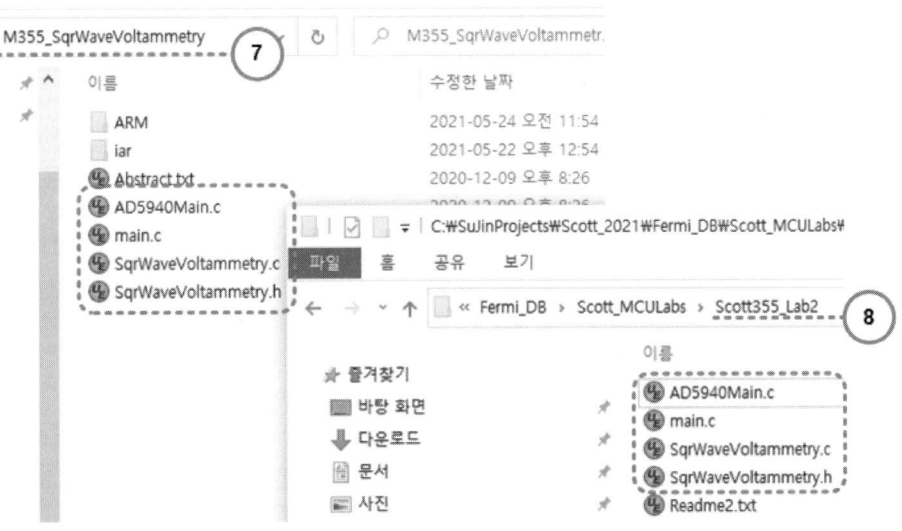

[그림 16.2.1-4] KEIL Project 생성 방법-2.

그리고, MDK ARM을 실행하여 ⑨번과 같이 새로운 project를 생성하도록 menu를 선택하여 주고, ⑩번과 같이 새로운 project 이름을 설정해 준다. 그리고 나서, [그림 16.2.1-6]의 ⑪번과 같이 사용할 ADuCM355 MCU를 선택해 주면 된다.

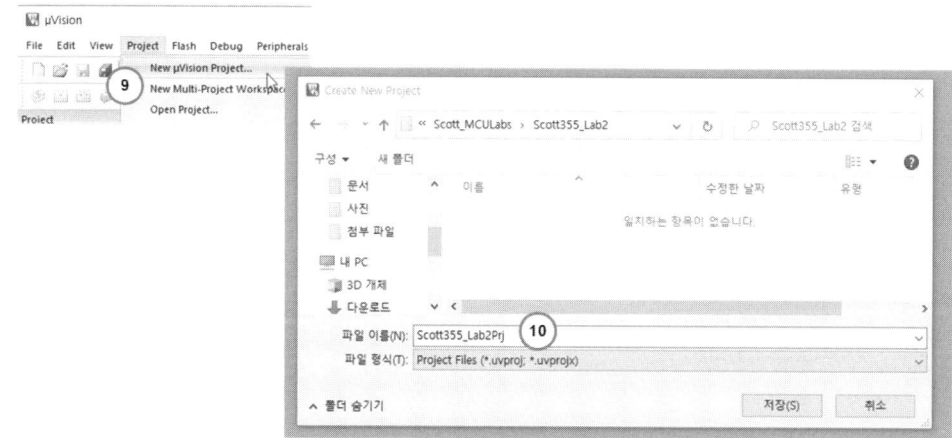

[그림 16.2.1-5] KEIL Project 생성 방법-3.

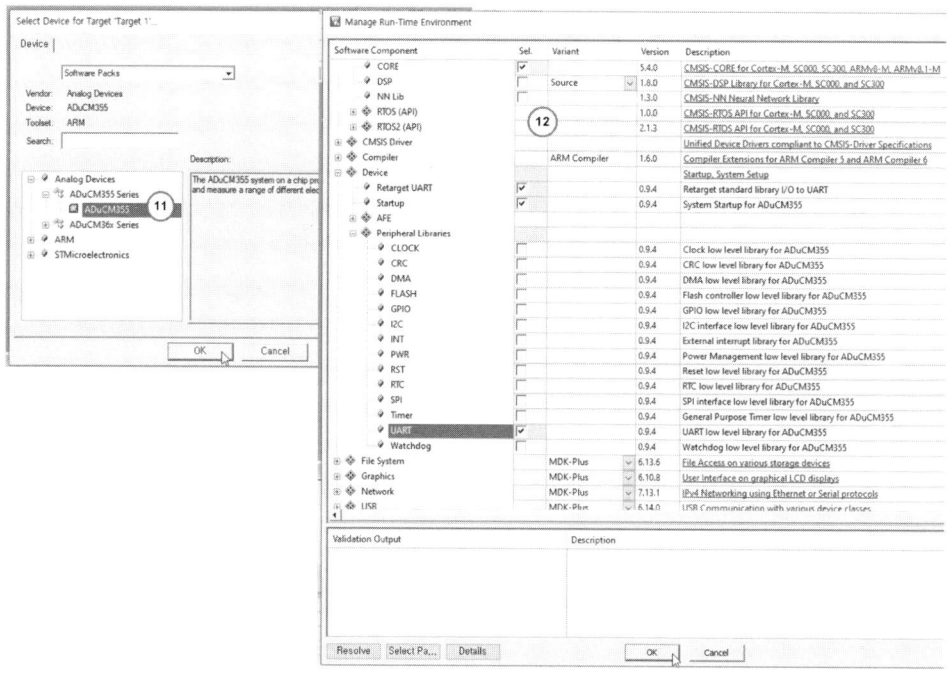

[그림 16.2.1-6] KEIL Project 생성 방법-4.

그런데, 만일, ⑪번과 같은 item이 안 보인다면, pack installer로 Analog Devices의 ADuCM355 MCU를 설치해 주면 된다. 그리고, **OK** button을 click하면, **Manage Run-Time Environment** dialogbox가 나타나고, 이곳에는 ⑫번과 같이 선택해 주면 된다. 즉, main() 함수를 호출하는 assembly code를 포함하고 있는 bootstrap과 관련된 code만 새로 생성할

project에 자동으로 첨가되도록 한다. 이어서 복사한 file들을 project 내에서 관리하기 위하여 [그림 16.2.1-7]의 ⑬번의 icon을 click하여 준다.

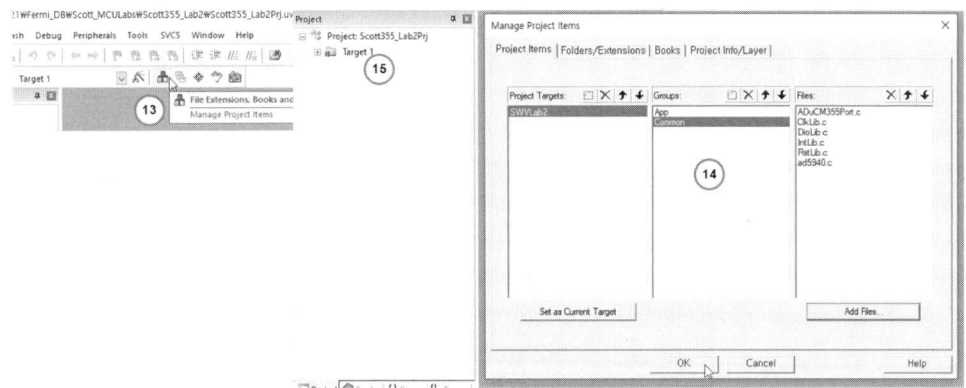

[그림 16.2.1-7] KEIL Project 생성 방법-5.

그러면 **Manage Project Items** dialogbox가 나타날 것이고, 이곳에 ⑮에서 보여준 **Project window**에 표시될 항목들을 ⑭번과 같이 정리해 준다. 그러면, ⑮번이 [그림 16.2.1-8]의 ⑯번과 같이 바뀐다. 그런데, ⑰번과 같이 관련 header files 경로가 잡히지 않은 것을 볼 수 있다. 사실, 이것은 모든 Compile toolchain에서 항상 설정해 주어야 하는 내용으로서 IAR의 경우, **16.1.1.절**에서 학습하였던 내용이며, 해당 내용을 이번에는 KEIL에서 설정하는 방법을 살펴볼 것이다. 이를 위해서 ⑱번과 같이 **Options for Target...** icon을 click하여 준다. 마법사 지팡이처럼 생긴 icon인데, 자주 사용하게 될 것이다. **Options** dialogbox가 나타나면, ⑲번에서 보여준 ... button을 click하여 **Folder Setup** dialogbox를 호출한다. 그리고, 이곳에서 header files에 대한 경로를 ⑳번과 같이 추가해 주면 된다. 이때, ㉑번과 같이 **CHIPSEL_M355**를 정의해 주어야 한다. 이것은 복사해 놓은 files의 특성 때문이다. 여기서 **CHIPSEL_M355**를 지정하면, 이것은 project 상에서 다음과 같은 의미를 갖게 된다.

```
#define CHIPSEL_M355
```

그러므로, project에 포함되는 임의의 source file과 header file에서 사용할 수 있게 된다. 만일, IAR에서 이 기능을 사용하고 싶다면, [그림 16.1.6-2]에서 보여준 것과 같이 **Defined symbols: (one per line)**안에 있는 Editbox에 **CHIPSEL_M355**를 지정해 주면 된다.

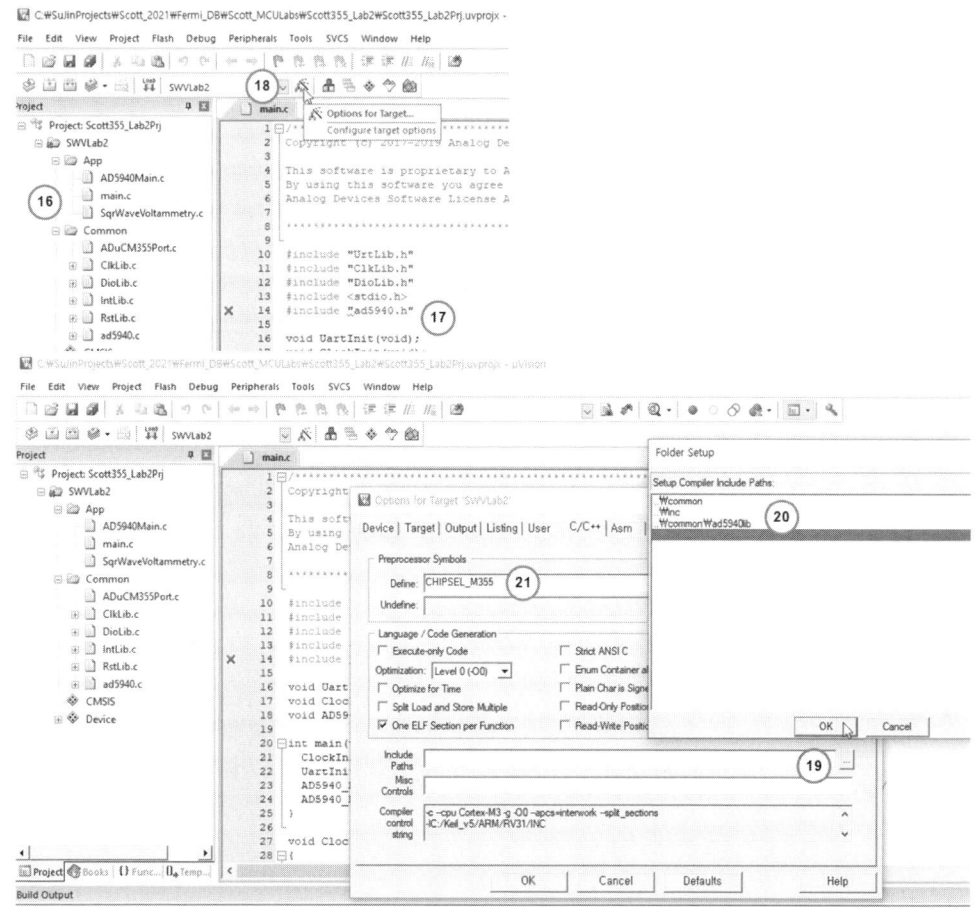

[그림 16.2.1-8] KEIL Project 생성 방법-6.

이제, [그림 16.2.1-9]와 같이 **Rebuild** icon을 click하여 build all을 수행하면, ㉒번과 같이 error 없이 build가 완료된 것을 확인할 수 있다. 이제 사용할 emulator를 KEIL에 연결하는 방법을 살펴보도록 하겠다. 사용할 emulator는 [그림 16.2.1-1]에서 보여준 J-Link emulator이고, 이것을 연결하기 위하여 ㉓번과 같이 **Options for Target...** icon을 다시 click 하여 준다. 그리고, ㉔번과 같이 **Debug** tab에서 사용할 **J-Link/J-TRACE Cortex** item을 선택한다. 그리고, 선택한 Emulator를 연결하기 위해서 [그림 16.2.1-10]의 ㉕번과 같이 **Settings** button을 click하여 준다. 그리고 ㉖번을 영역을 보면, 정상적으로 연결된 경우에는 연결된 emulator의 정보가 나타나는데, 현재는 아무것도 나타나지 않은 것을 볼 수 있다.

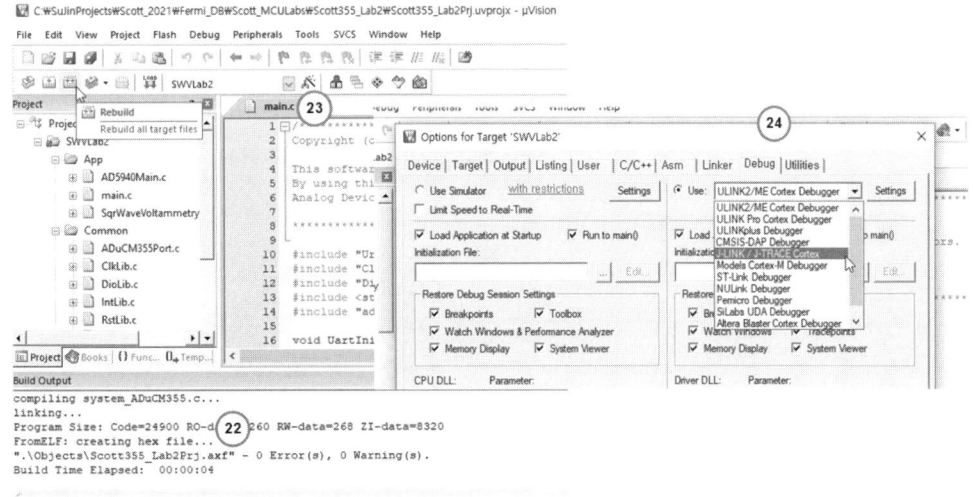

[그림 16.2.1-9] KEIL Project 생성 방법-7.

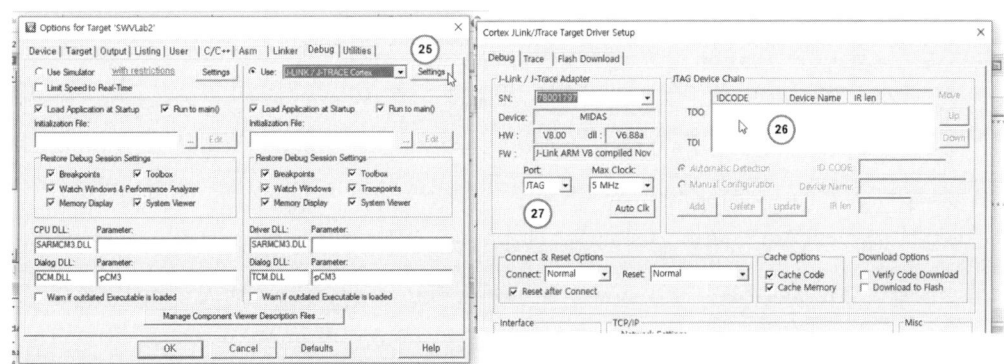

[그림 16.2.1-10] KEIL Project 생성 방법-8.

이것은 현재 ADuCM355에 연결된 J-Link emulator가 JTAG이 아닌 SWIO 방식을 사용하기 때문이다. 그러므로, ㉗번에 설정된 **JTAG**을 [그림 16.2.1-11]의 ㉘번과 같이 **SW**로 바꾸어 주면, ㉙번과 같이 J-Link가 ADuCM355 평가 보드와 연결된다. Cortex-M core를 기반으로 하는 거의 모든 MCU는 2개의 신호선을 사용하는 SWIO 방식을 사용한다. 이에 대한 자세한 사항은 이 책의 **1.3. 단원**을 참조하면 되겠다. 어쨌든, ㉙번과 같이 J-Link가 ADuCM355 보드와 연결되면, ㉚번 **Start/Stop Debug Session** icon을 click하여 정상적으로 debug mode에서 code를 debugging할 수 있게 된다.

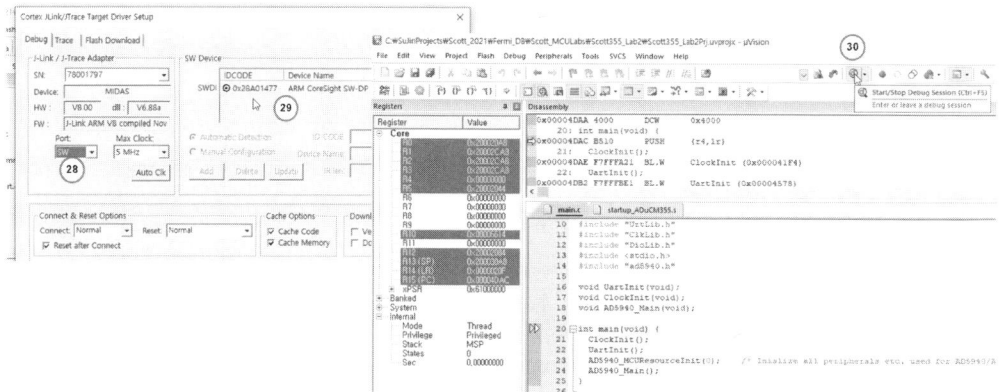

[그림 16.2.1-11] KEIL Project 생성 방법-9.

16.2.2. Project 이름 변경 방법.

예를 들어서, 기존에 개발한 Scott355_Lab4K3라는 project 내용을 갱신하기 위해서 [그림 16.2.2-1]의 ⑤번과 같이 Scott355_Lab6K folder를 만들고, 그곳에 Scott355_Lab4K3 project 내용을 모두 복사하여 넣었다면, project 이름 변경은 단순히 ⑥번과 같이 *.uvoptx과 *.uvprojx의 파일 이름을 원하는 Scott355_Lab6K으로 바꾸어 주면, ④번과 같이 반영되는 것을 확인 할 수 있을 것이다. 한 가지 주의할 것은 출력 파일 이름도 함께 변경하고 싶다면, [그림 16.2.2-2]의 ⑦번과 같이 Options dialogbox의 Output tab에서 Name of Executable :에 변경하고 싶은 출력 파일 이름을 지정해도 되고, 또는 직접 ⑧번과 같이 KEIL의 project 파일 즉, *.uvprojx의 파일을 일반 text editor로 열어서 ⑨번과 같이 수정해 주어도 된다.

16.2.3. hex file만 downloading 방법.

예를 들어서, 외주 업체나 누군가에게 source files는 제공하지 않고, MCU에서 실행 가능한 실행 image file인 *.hex file만 제공하고 싶은 경우가 있다. 이때, 제공한 *.hex file만 가지고 KEIL을 이용하여 MCU를 실행할 수 있도록 현재 source file들을 포함하고 있는 project를 수정하는 방법에 대해서 살펴보도록 하겠다. 이 수정된 project를 제공하고, 여기서 설명하는 내용을 전달하면 된다. 우선, [그림 16.2.3-1]에서 보여준 것과 같이 ①번과 ②번 파일 즉, *.uvprojx과 *.uvoptx 파일만 남겨두고 모두 삭제한다. 그리고, ③번과 같이 Objects folder안의 파일들도 *.hex 파일만 남기고 모두 삭제한다. 그리고 나서, [그림 16.2.3-2]의 ④번과 같이 project file을 double click하여 MDK ARM을 구동한다.

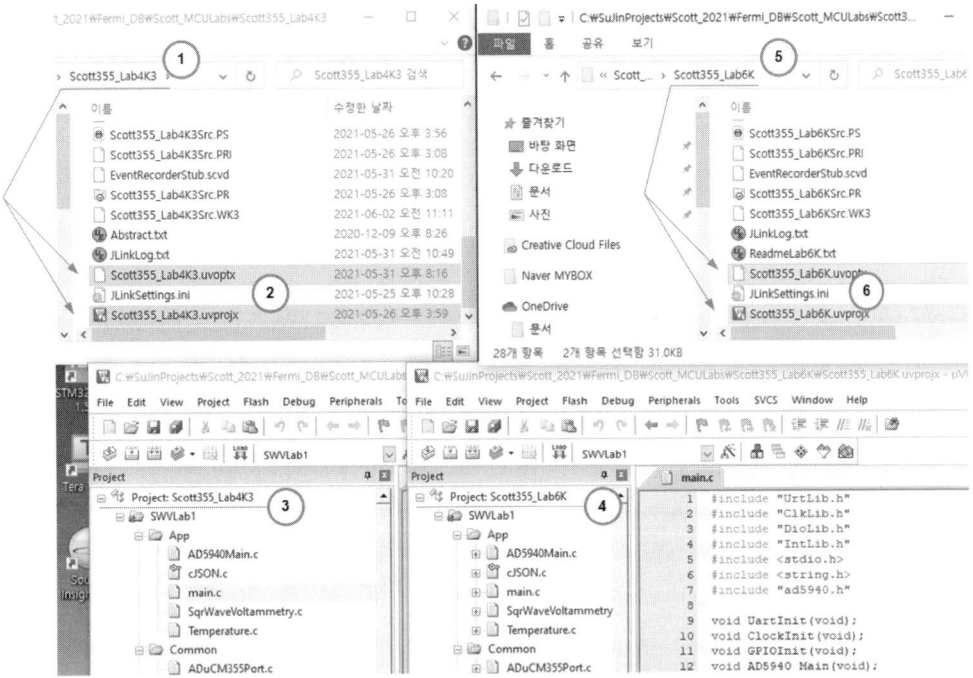

[그림 16.2.2-1] Project 이름 변경 방법-1.

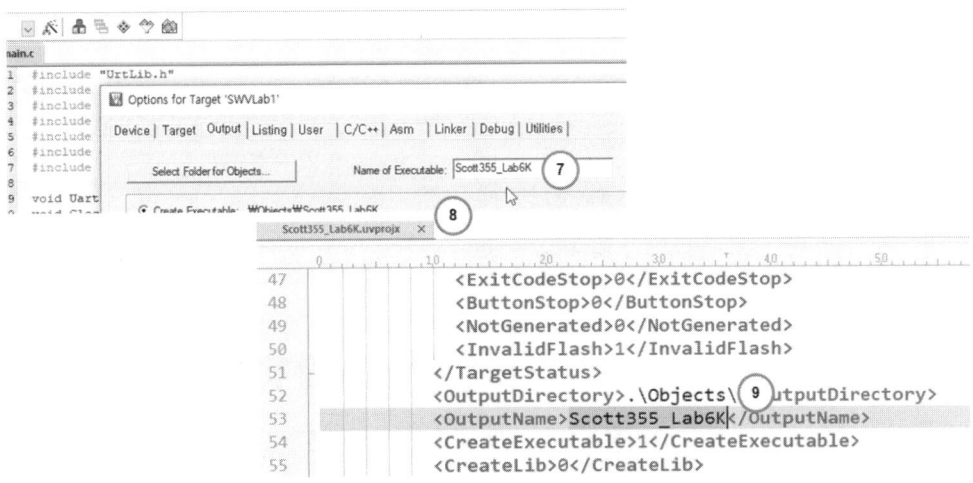

[그림 16.2.2-2] Project 이름 변경 방법-2.

그러면, ⑤번에서 보여준 것과 같이 삭제한 파일들 옆에 느낌표가 추가된 것을 볼 수 있을 것이다. 이제, 이들 삭제한 파일들에 대한 목록을 지우고 싶다면, ⑥번 icon을 click하고 이어서 ⑦번과 같이 **Common** group만 남기고, X button을 click하여 모두 지운다.

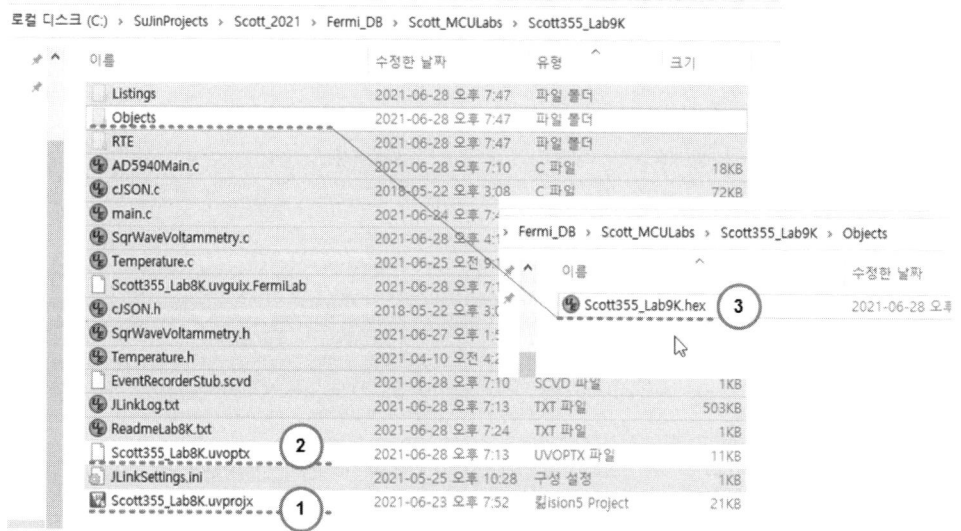

[그림 16.2.3-1] hex file만 downloading방법-1.

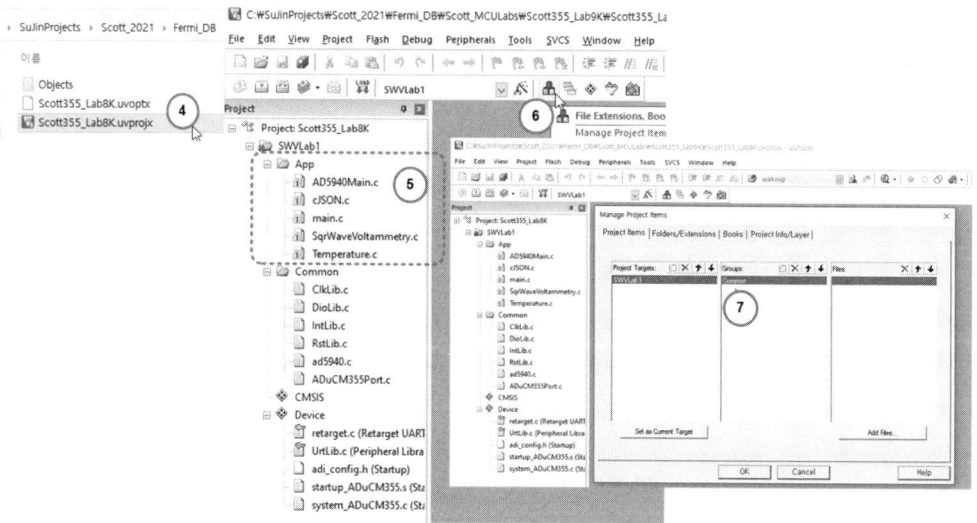

[그림 16.2.3-2] hex file만 downloading방법-2.

이때, 반드시 적어도 하나의 group은 project에 있어야 한다는 데 주의하자. 이제, [그림 16.2.3-3]의 ⑧번처럼 **Options** dialogbox의 **Output** Tab에서 downloading하고자 원하는 파일 이름과 **반드시 확장자 .hex**를 붙여서 지정해 준다. 만일, *.hex 확장자를 생략하면, *.axf file을 찾게 된다는 데 주의하자.

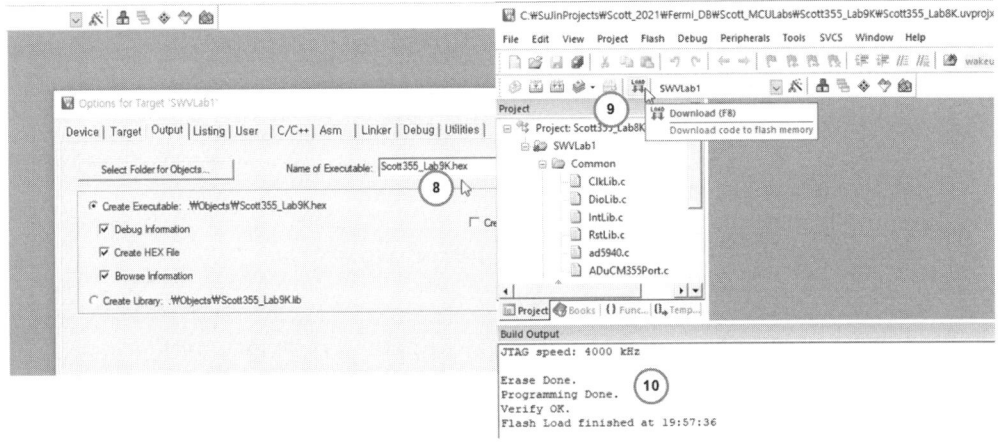

[그림 16.2.3-3] hex file만 downloading방법-3.

*.axf file은 *.out file과 유사한 것으로 debugging을 위한 다양한 symbol들을 포함하고 있는 규격에 따른 파일 형식이다. 중요한 것은 이들 symbols와 hex file의 다양한 header files는 모두 MCU가 명령을 실행하는 데 아무런 상관이 없는 부수적인 것이다. 솔직히, MCU는 binary file 즉, 작성한 파일들에 포함되어 있는 명령어들에 대한 2진수와 필요한 데이터에 대한 2진수만 있으면 충분하다. 어쨌든, ⑧번과 같이 *.hex를 붙인 hex file 이름을 지정하고, 그리고 나서, ⑨번과 같이 **Download** icon을 click하여 주면, ⑩번과 같이 flash memory downloading이 완료되어 사용할 수 있게 된다.

16.2.4. 외부에서 얻은 파일과 library files가 일치하지 않은 경우.

간혹, 외부에서 얻은 파일을 build하면 error가 발생하는 경우가 있다. 이것은 대부분 받은 파일들이 참조하는 제조사의 library files와 현재 여러분의 PC에 KEIL의 **Pack installer**가 설치한 library files의 **버전이 일치하지 않기 때문에 발생**한다. 기본적으로 Pack installer는 제조사의 library file들을 [그림 16.2.4-1]에서 보여준 것과 같이 **Arm** folder 안의 **Packs** folder에 저장한다. 그런데, 문제는 KEIL website를 통하여 받는 제조사 파일들이 **최신 버전이 아닐 수 있다**는 것이다. 왜냐하면, MCU 제조사에서 최신 파일들을 만들면 우선, 이것을 자사의 배포 경로에 **먼저** 올리고, **이후에** KEIL website에 등록하게 되는데, 이 과정에서 누락되거나 또는 MCU 제조사에서 KEIL에 늦게 알려주어서 예전 버전이 pack installer를 통하여 저장되는 경우가 많이 발생한다.

[그림 16.2.4-1] default 제조사 files 저장 위치.

예를 들면, [그림 16.2.4-2]는 ADI Inc.에서 배포하는 ADuCM355 MCU의 library files에 대한 경우를 보여준 것이다.

[그림 16.2.4-2] 제조사의 최신 파일 관리 방법-1.

왼쪽 그림에서 보여준 pack installer에 의해서 저장된 버전과 오른쪽 그림에서 보여준 제조사 website에서 받은 파일의 내용이 서로 다른 것을 볼 수 있다. 이때에는 일반적으로 제조사 website에서 받은 것이 **항상 최신 버전인데 주의**하자. [그림 16.2.4-3]에서 보여준 것과 같이 Pack Installer에 의해서 install된 file들을 사용하는 경우에는 ②번과 같이 **Device** group에 속하는 파일들을 사용하게 되고, 이때에는 C/C++ tab에서 해당 경로를 따로 include 해 주지 않아도 된다. 그러나, ①번과 같이 제조사에서 받은 최신 파일들을 **common** group에 저장하고, 사용하기 위해서는 [그림 16.2.4-4]에서 보여준 것과 같이 C/C++ tab에서 해당 경로를 따로 include 해 주어야 한다는 데 주의하자.

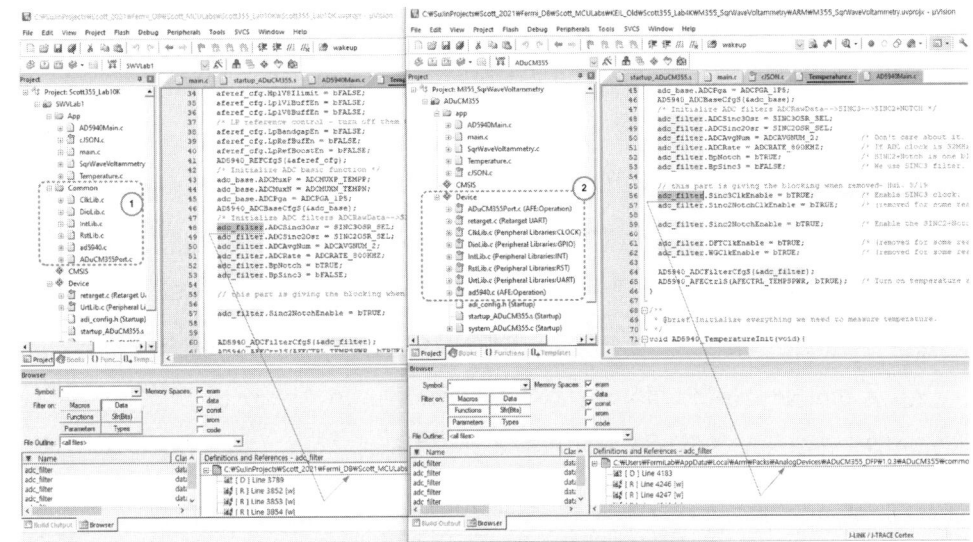

[그림 16.2.4-3] 제조사의 최신 파일 관리 방법-2.

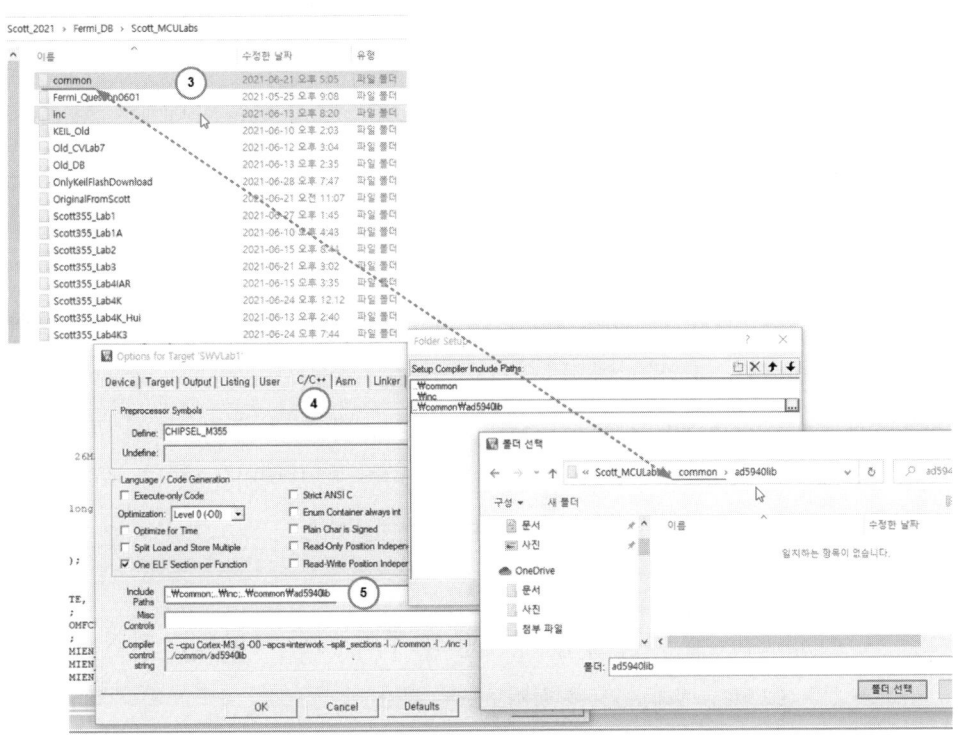

[그림 16.2.4-4] 제조사의 최신 파일 관리 방법-3.

16.2.5. uint32_t에 음수 값을 할당하면 무조건 "0".

사실, 이번 내용은 KEIL 뿐만 아니라 임의의 C compiler toolchain에 모두 적용되는 내용이다. 앞서 10.4.절에서는 debugging 기능이 IAR 또는 KEIL과 비교해서 Visual C++가 훨씬 강력하고, 편리하여 복잡한 구조를 가지는 code 또는 알고리즘을 개발할 때는 Visual C++를 이용하여 해당 code를 개발하고, 그 code를 그대로 embedded code로 사용하는 방법을 소개하였다. 왜냐하면, 이 방식이 전적으로 MCU 내부의 특별한 주변 장치를 이용하지 않는다면, 문제가 되지 않기 때문이다. 그런데, [그림 16.2.5-1]에서 보여준 것과 같이 Visual C++의 C compiler는 -7.0f를 uint32_t 변수에 할당하는 경우에 **자동으로** int32_t로 casting하고, 이어서 typing한 uint32_t data type으로 변환하여 변수에 값을 저장해 준다. 그러나, **IAR과 KEIL은 int32_t casting을 자동으로 수행하지 않는다는데 주의하자**. 필자도 이것을 모르고 Visual C++에서 개발한 routine과 이것을 그대로 MCU에 적용하여 수행한 routine의 값이 **서로 다르게 나와서** 처음에는 문제점을 찾아내는데 많은 시간을 소비하였다. 정리하면, embedded C code뿐만 아니라 Visual C++에서도 **float 또는 double data type의 값이 음의 정수 값을 가지더라도 uint32_t data type에 바로 저장하면 그 값은 무조건 "0"이 된다는 데 주의**해야 한다. 임의의 register 값에 접근하는 함수들은 일반적으로 uint32_t data type의 매개변수를 사용한다. 그러므로, 계산 결과 값이 int32_t data type을 갖는 **음수인 경우**에는 uint32_t data type에 바로 저장해 주어도 되지만, round() 함수를 사용하여 음의 정수를 보장한다고 해도 그 data type이 float 또는 double이면, uint32_t data type변수에 바로 저장하면, "0"이 되므로 **반드시, int32_t data type으로 casting**하고, 이어서 uint32_t data type에 저장해 주어야 한다는데 주의하자. 또한, 계산된 값이 음수인지 아닌지는 조건문으로 판단해야 한다. 단순히, 머릿속으로 계산하고, 그 부호를 확정하지 않는 것이 좋다. 왜냐하면, 이런 실수로 인해서 system이 오동작하게 되면, 그 오동작의 원인을 찾는 다는 것은 상당히 어려운 일이고, 이것은 결국, 쓸데 없이 많은 시간을 낭비하게 되는 것을 의미하기 때문이다.

16.2.6. Cortex Core에 따른 C 언어 사용상 주의 사항 - IAR도 관련됨.

다음과 같은 C 언어 예제 code를 살펴보도록 하자.

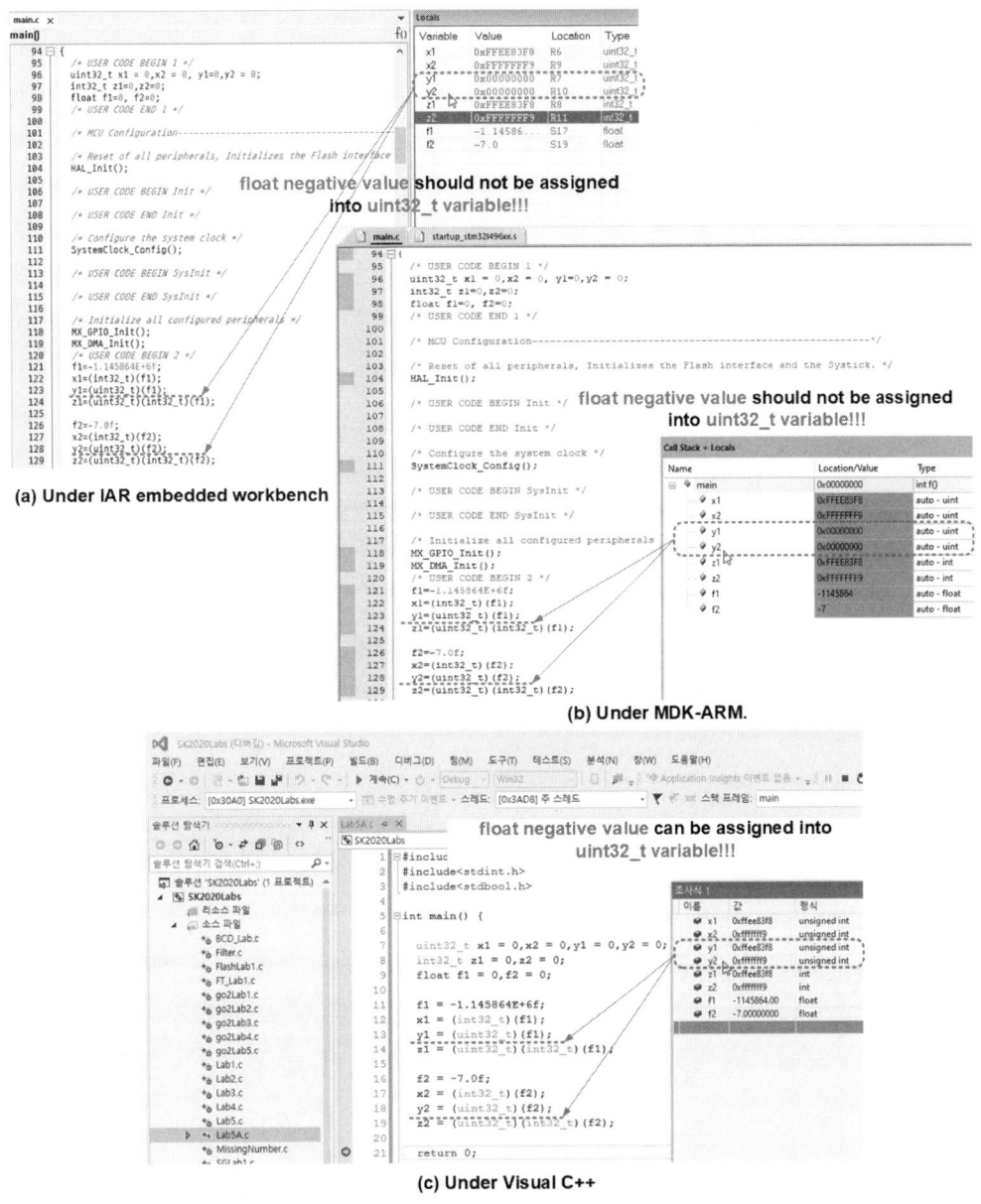

[그림 16.2.5-1] uint32_t에 음수 값을 할당하면 안 됨.

```
int main(void) {
  /* USER CODE BEGIN 1 */
  uint8_t dat[9]={0x01, 0x04, 0x04, 0xE6, 0x15, 0x9B, 0x43, 0xF7, 0xC9};
  uint16_t Dat_OK=((uint16_t)(*(dat+4+3)))<<8;
  uint16_t Dat_Error=(*((uint16_t *)(dat+4+3)))>>8;
```

```
    return 0;
}
```

Visual C++를 이용하여 compile하고, 실행을 수행하면, **전혀 문제없이** 실행되어 [그림 16.2.6-1]에서 보여준 것과 같이 Dat_OK=0xf700, Dat_Error=0x00c9을 저장하고 있을 것이다.

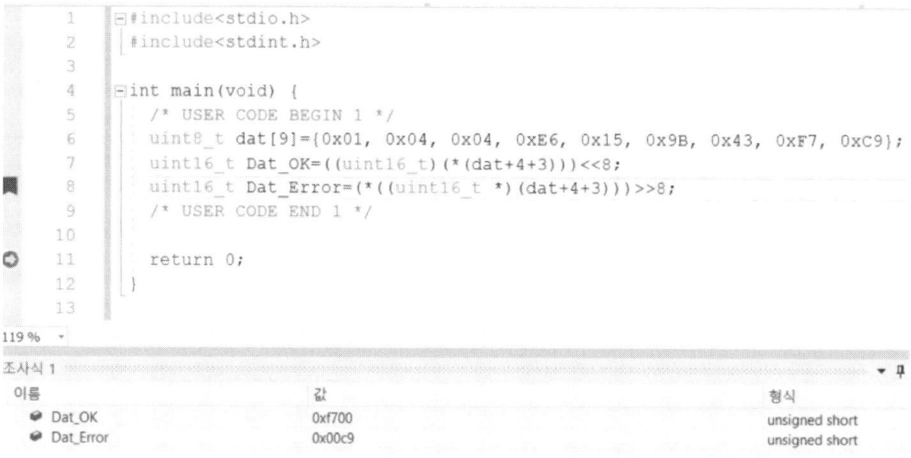

```
 1  #include<stdio.h>
 2  #include<stdint.h>
 3
 4  int main(void) {
 5     /* USER CODE BEGIN 1 */
 6     uint8_t dat[9]={0x01, 0x04, 0x04, 0xE6, 0x15, 0x9B, 0x43, 0xF7, 0xC9};
 7     uint16_t Dat_OK=((uint16_t)(*(dat+4+3)))<<8;
 8     uint16_t Dat_Error=(*((uint16_t *)(dat+4+3)))>>8;
 9     /* USER CODE END 1 */
10
11     return 0;
12  }
13
```

이름	값	형식
Dat_OK	0xf700	unsigned short
Dat_Error	0x00c9	unsigned short

[그림 16.2.6-1] 선택한 Cortex Core에 따른 C 언어 사용시 주의사항 - 1.

일반적으로 Visual C++에서 검증된 C code는 바로 Embedded C code로 사용할 수 있다. 그러나, [그림 16.2.6-2]와 같이 동일한 C code를 Cortex-M0+ core를 가진 **STM32L052**에서 사용하는 경우에는 **hard fault error**가 발생한다는 데 주의하기 바란다. CubeMX를 사용하여 STM32L052K6U7을 선택하고, ①번과 같이 3개의 line들만 추가하였다. 그리고, **78번째 line**에 breakpoint를 설정하고, 실행해 본다. **View** menu에서 **Disassembly** menu를 선택하여 ①번 lines에 대한 assembly code를 볼 수 있도록 한다. Disassembly window는 C 언어에 대한 assembly code를 함께 보여준다. ②번 C code에 대한 assembly code와 ③번 C code에 대한 assembly code를 서로 비교하며 확인해 보기 바란다. 참고적으로 Cortex-M core에 대한 assembly coding 방법은 **Vol.2.의 10.3. 단원**을 참조하면 된다. 어쨌든, ②번 line의 경우, 현재 Stack Pointer(SP) 번지 값을 범용 register R0에 저장하고, 그리고, offset 7에 해당하는 1byte 크기의 값을 메모리에서 R1으로 loading(LDRB)하라는 명령이다.

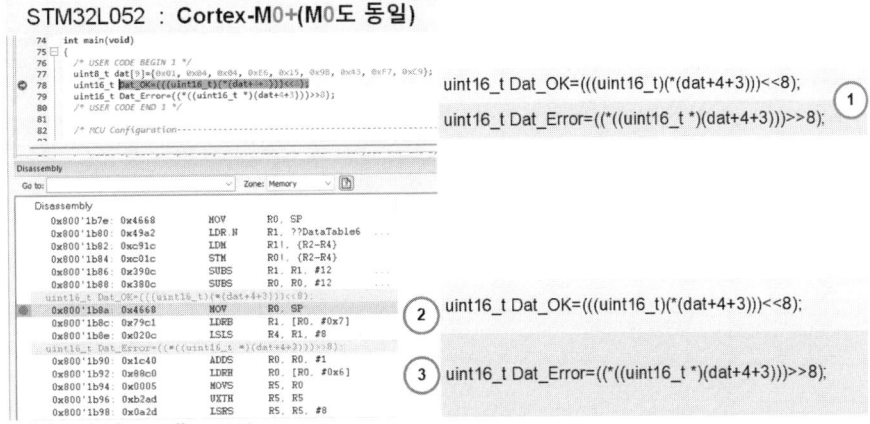

[그림 16.2.6-2] 선택한 Cortex Core에 따른 C 언어 사용시 주의사항 - 2.

그러므로, dat[9]에 있는 8번째 원소인 0xF7이 Dat_OK에 저장되는 것이다. 그런데, 문제는 ③번의 C code에서는 SP의 번지 값을 저장하고 있는 R0에 1을 더하고, 이어서 offset 6에 해당하는 2byte 크기의 값을 메모리에서 R0로 loading(**LDRH**)하라는 명령인데, 이때, **Cortex-M0와 M0+의 경우**에는 ④번에서 언급한 것과 같이 halfword aligned address는 halfword access를 위해서 사용되어야 하는데, dat[9]은 어디까지나 halfword가 아닌 byte aligned address이므로 LDRH와 같은 halfword access를 시도하면, **HardFault exception**이 발생하게 된다. 이 내용은 ⑤번에서 언급한 것과 같이 Cortex M0+의 경우에는 ARM core 문서 번호 **DUI0662B**에 나와 있고, M0의 경우에는 문서 번호 **DUI0497A**에서 **Address Align**이라고 검색해 보면 해당 내용을 확인할 수 있다. 즉, google 검색에서 **DUI0662B**을 검색어로 하여 찾아보면 해당 pdf file을 찾을 수 있다. [그림 16.2.6-3]에서 보여준 것과 같이 **79번째 line**까지 F10을 이용하여 진행하고, 이어서 ⑥번과 같이 Disassembly window를 mouse로 click하여 활성화한 이후에 F10을 이용하여 assembly 명령어 마다 진행해 가다보면, ⑦번에서 보여준 것과 같이 LDRH R0, [R0, #06] 명령을 실행하려고 하면, 갑자기 ⑧번처럼 HardFault exception이 발생하여 해당 exception handler 함수로 빠지는 것을 확인할 수 있을 것이다.

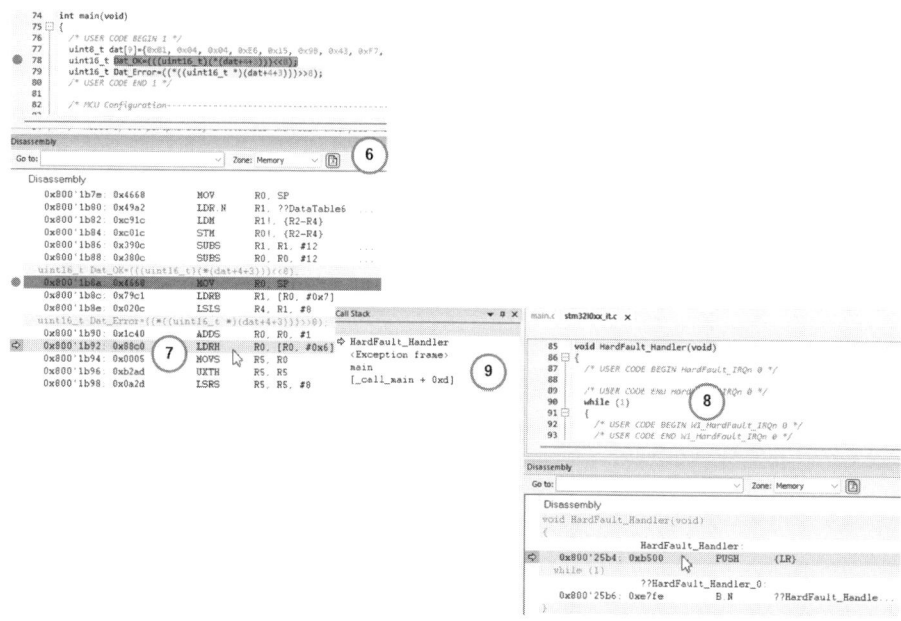

[그림 16.2.6-3] 선택한 Cortex Core에 따른 C 언어 사용시 주의사항 - 3.

동시에 ⑨번과 같이 해당 exception이 어떠한 call stack을 거쳤는지 그 history도 **Call Stack** window를 통하여 보여줄 것이다. 그런데, 문제는 ⑦번과 같이 disassembly window에서 문제가 되는 명령을 실행해야 보여주고, 그렇지 않으면, 단순히 ⑧번에서 보여준 것과 같이 HardFault exception Handler 함수의 내용이 while(1){}와 같은 구조라서 결국, 시스템이 멈춘 것으로 보인다. 결국, 왜? 멈췄는지 원인을 찾기 어렵게 된다. 물론, **Debug** menu에서 **Break** menu를 선택하면, ⑧번과 ⑨번을 보여줄 것이다. 결국, 문제가 되는 [그림 16.2.6-2]의 code를 [그림 16.2.6-4]에서 보여준 것과 같이 dat[9]을 halfword aligned 배열 즉, **uint16_t**로 선언하고 나서 halfword access 즉, LDRH 명령을 사용하면 문제가 발생하지 않는다. 그런데, 문제는 [그림 16.2.6-2]에서 **uint8_t**로 선언하여 문제가 된 dat[9]를 **Cortex-M3 이상의** core에서 실행하게 되면, **정상 동작한다**는 것이다. 예를 들어서, [그림 16.2.6-5]에서 보여준 것처럼 Cortex-M3 core를 사용하는 STM32F103에서 ⑩번과 같이 동일한 Code를 추가하여 준다. 그리고, 실행하여 준다.

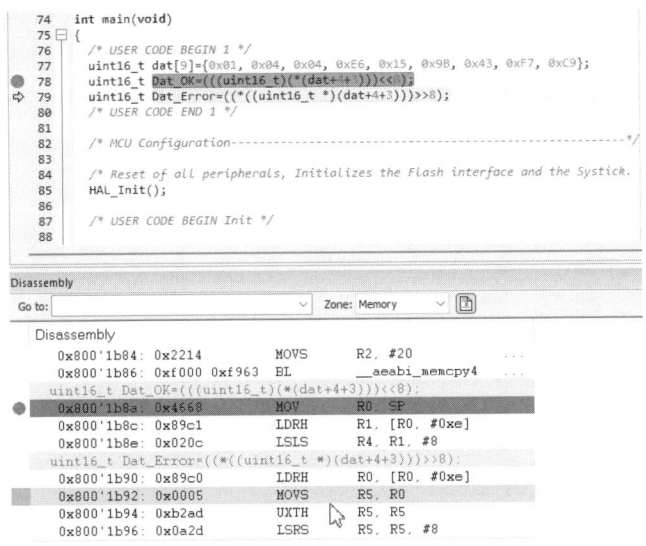

[그림 16.2.6-4] 선택한 Cortex Core에 따른 C 언어 사용시 주의사항 – 4.

이때 disassembly window로 확인해 보면, ⑪번 C code는 Cortex-M0+ core와 동일한 assembly code로 변환되는데, [그림 16.2.6-2]의 ③번에서 보여준 code는 ⑫번과 같이 **이전과 다른** assembly code로 변환된 것을 확인할 수 있다. 이것은 Cortex-M3 core에 대한 문서 번호 **DUI0552A**에서 그 이유를 찾을 수 있다. 즉, ⑬번과 같이 Cortex-M3는 **unaligned access를 지원**하기 때문이며, 이것은 Cortex-M3 이상 되는 즉, M4, M7과 같이 향상된 버전에서는 **모두 지원하므로 정상적으로 사용**할 수 있다는 의미가 된다. 이제 정리해 보도록 하자. 만일, 여러분의 선배가 Cortex-M3 예를 들면, 가장 많이 사용하는 STM32F103을 이용하여 [그림 16.2.6-2]의 ③번에서 보여준 coding style을 사용한 source file을 보다 저렴한 가격의 Cortex-M0 또는 M0+에 **그대로 적용하면 동작하지 않는다**는 것이다. C 문법상 문제는 없지만, **동작시킬 Core가 지원하지 않기** 때문이다. 사실, 이런 문제는 찾기 어려우므로 이해가 되지 않으면 다시 한 번 해당 내용을 잘 숙지하기 바란다. 무엇보다도 이 문제는 STM32 MCU 또는 KEIL, 그리고 IAR과 같은 개발용 소프트웨어의 문제가 아닌 **Cortex Core 자체에 대한 특징**으로 인해서 발생하는 것이기 때문에 **Cortex Core를 이용하는 모든 MCU 제품군에서 동일하게 발생한다**는 데 주의하기 바란다. 아마도 다음의 예제 code가 도움이 될 것이라고 생각한다. 즉, 1byte 단위로 sensor 데이터를 받아서 SensorDat[9]에 저장하고, 이중에서 SensorDat[3]=0xB3부터 4bytes 즉, 32bits를 float data type으로 얻고 싶은 경우에 대한 예제 code이다.

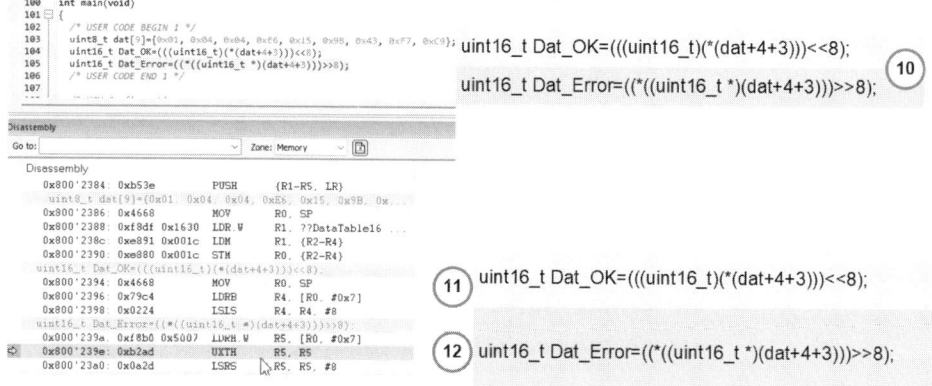

3.3.5 Address alignment

An aligned access is an operation where a word-aligned address is used for a word, dual word, or multiple word access, or where a halfword-aligned address is used for a halfword access. Byte accesses are always aligned.

The Cortex-M3 processor supports unaligned access only for the following instructions:

- LDR, LDRT
- LDRH, LDRHT
- LDRSH, LDRSHT
- STR, STRT
- STRH, STRHT.

All other load and store instructions generate a UsageFault exception if they perform an unaligned access, and therefore their accesses must be address aligned. For more information about UsageFaults see *Fault handling* on page 2-28.

Unaligned accesses are usually slower than aligned accesses. In addition, some memory regions might not support unaligned accesses. Therefore, ARM recommends that programmers ensure that accesses are aligned. To trap accidental generation of unaligned accesses, use the UNALIGN_TRP bit in the Configuration and Control Register, see *Configuration and Control Register* on page 4-19.

⑭ **Cortex-M3 Devices Generic User Guide(문서 번호 : DUI0552A)**

[그림 16.2.6-5] 선택한 Cortex Core에 따른 C 언어 사용시 주의사항 - 5.

```
#include<stdio.h>
#include<stdint.h>
#include<stdbool.h>

#define UNALIGNED_SUPPORT

uint8_t SensorDat[9]={0x01, 0x04, 0x04, 0xB3, 0x33, 0x99, 0x43, 0x06, 0xAE};

float SensorT=0;
float CO2CH4_R=0, SensorT_R=0;
uint32_t u32CO2CH4_R=0, u32SensorT_R=0;
```

```
uint32_t i32CO2CH4_R=0, i32SensorT_R=0;

uint32_t Uint82Uint32(uint8_t *dat, uint32_t SB);
int main() {
#ifdef UNALIGNED_SUPPORT
  SensorT=*(float *)(SensorDat+3+0);                          ▶ ①
#endif

  u32SensorT_R=Uint82Uint32(SensorDat, 3);                    ▶ ②
  SensorT_R=*(float*)(&u32SensorT_R);                         ▶ ③
  i32SensorT_R=(int32_t)(SensorT_R+0.5f);

  return 0;
}

uint32_t Uint82Uint32(uint8_t *dat, uint32_t SB) {
  uint32_t c=0, i=0;

  while(i<4) {
    c=c|((uint32_t)((dat[SB+i])<<(8*i)));
    i++;
  }

  return c;
}
```

물론, 사용하는 Core가 unaligned access를 지원하는 경우에는 ①번과 같이 하나의 문장으로 처리할 수 있지만, 지원하지 않는 경우에는 ②번에서 보여준 Uint82Uint32() 함수를 사용하여 우선, uint32_t data type으로 변환하고, 이어서 float data type으로 변환하면 된다. ③번의 경우에는 4bytes uint32_t를 동일한 크기의 4bytes address로 access하므로 정렬 문제가 발생하지 않는데 주의하기 바란다. 단, Uint82Uint32() 함수는 **little endian format**에 대한 함수인데 주의하자. [그림 16.2.6-6]은 동작 상황을 보여준 것이다.

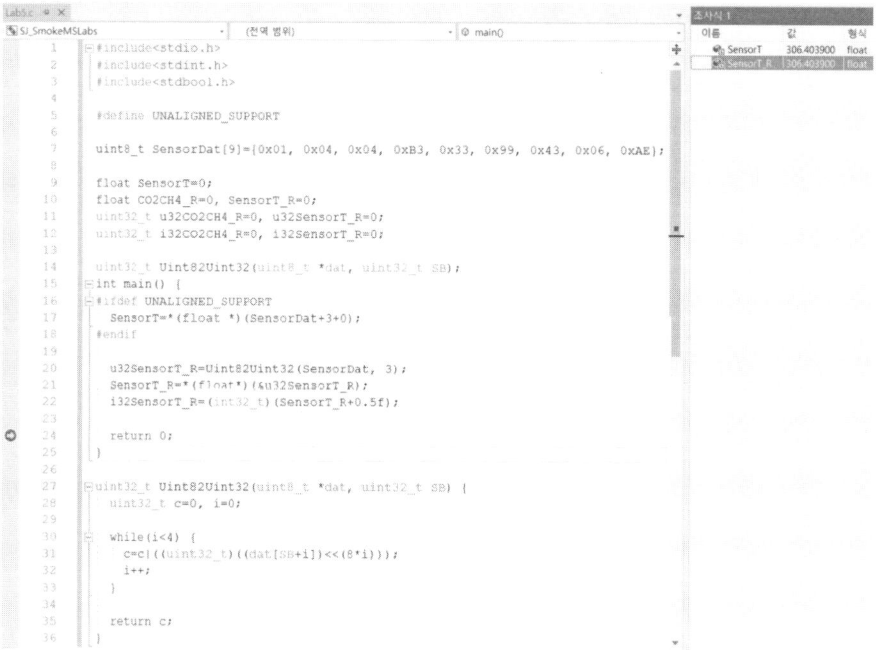

[그림 16.2.6-6] unaligned access data 변환 방법에 대한 예제.

16.3 CubeMX와 CubeIDE 사용시 주의 사항.

이번 단원에서는 그동안 CubeMX와 CubeIDE를 활용하여 제품을 개발하는 과정에서 경험한 내용들을 정리해 보았다. CubeIDE는 STM에서 제공하는 **무료 Compiler toolchain**으로서 **Eclipse**를 사용하고 있다. 그러므로, 기존에 TI MCU를 사용하시던 분들은 쉽게 적응할 수 있을 것이다. 그러나, 자동차, 항공 등 특수한 인증을 요구하는 제품군들에는 유료 버전인 IAR 또는 KEIL을 사용해서 소프트웨어를 개발해야 납품을 받는데 주의하기 바란다.

16.3.1. IAR Project를 CubeIDE로 불러들이는 방법.

만일, IAR Project를 CubeMX로 생성하였다면, 해당 *.ioc file을 다시 CubeMX로 열어서 [그림 16.3.1-1]에서 보여준 것과 같이 **Toolchain/IDE**에서 **STM32CubeIDE**를 선택하여 주면 된다. 그러면, [그림 16.3.1-2]에서 보여준 것과 같이 CubeIDE project를 위한 추가적인 files와 folder가 **자동으로 생성**된다.

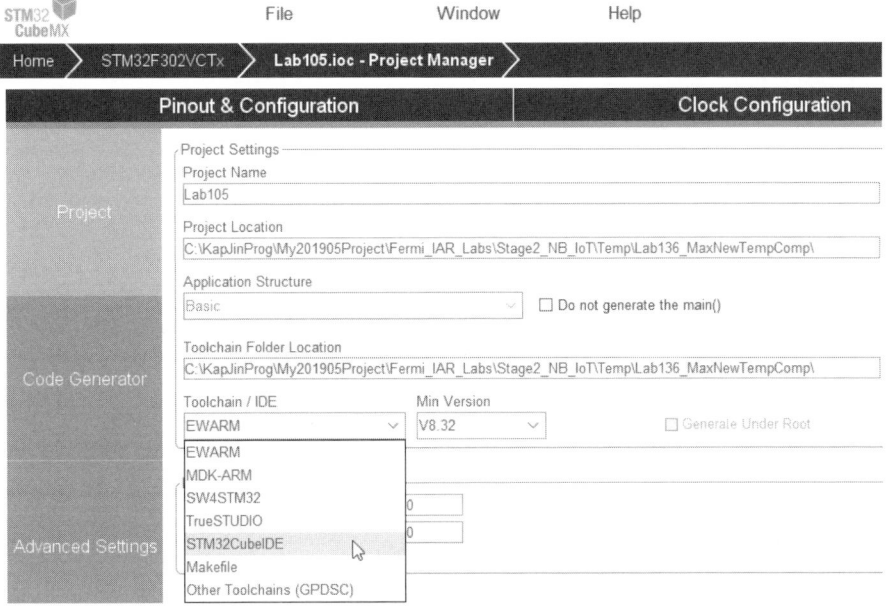

[그림 16.3.1-1] IAR Project를 CubeIDE Project로 변환(1).

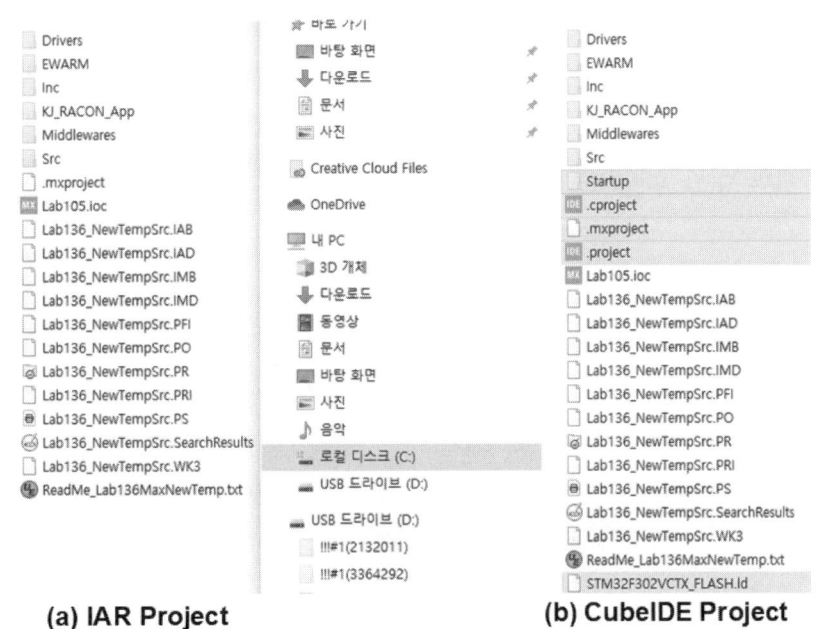

[그림 16.3.1-2] IAR Project를 CubeIDE Project로 변환(2).

이제, CubeIDE를 실행시켜 .project file을 double click해 준다. 참고적으로 .project file과

.cproject file은 모두 Eclipse와 관련된 파일들이며, 각각 Eclipse Project file과 C and C++ plugin CDT file이다. 일단, .project file을 double click하여 주면, [그림 16.3.1-3]에서 보여 준 것과 같이 STM32CubeIDE Launcher dialogbox가 나타난다.

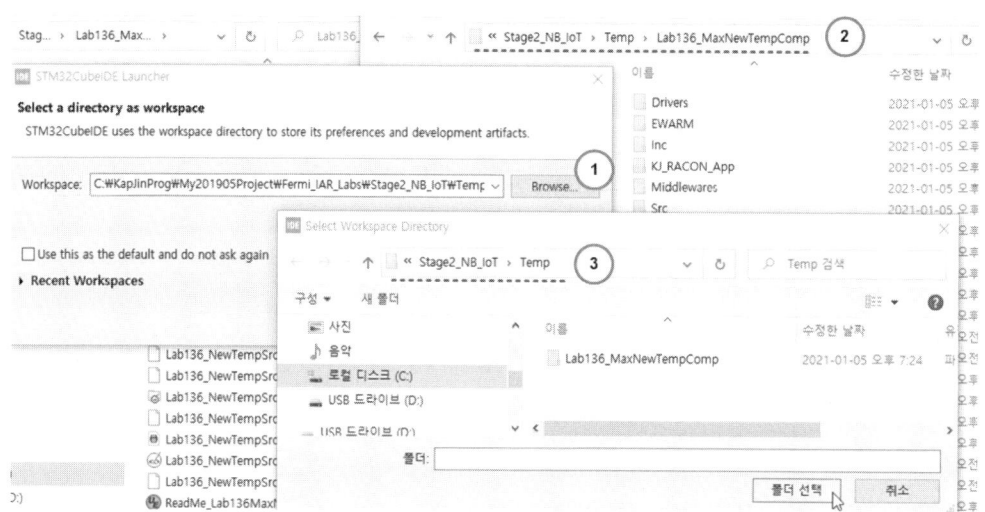

[그림 16.3.1-3] CubeIDE workspace 설정 방법(1).

여기서, ①번 Browse... button을 click하여 ③번에서 보여준 것과 같이 현재 project folder인 ②번 **바로 상위 folder**를 새로운 workspace folder로 설정해 준다. 왜냐하면, 하나의 workspace는 여러 project들을 포함하고, 관리할 수 있으므로 함께 관리할 project들을 포함하는 folder **바로 상위 folder**를 잡아주는 것이 일반적이다. 그리고 나서, [그림 16.3.1-4]와 같이 **Launch** button을 click하여 준다. 그러면, CubeIDE Eclipse 통합 개발 환경이 실행된다. 이 때, 현재 project가 있는 folder에는 **.settings** folder가 생성되고, 바로 상위 workspace folder에는 **.metadata** folder가 생성되어 각각에 대한 환경 설정 데이터를 저장한다. 초기 **Information Center** window를 close하여 **Project Explorer** window로 들어간다. 그리고, [그림 16.3.1-2]에서 생성한 project를 새롭게 생성한 CubeIDE workspace에 **import**하기 위해서 [그림 16.3.1-5]의 ④번처럼 File menu의 Import... menu를 click하여 준다. 이어서 나타나는 Import dialogbox에서 **Existing Projects into Workspace** item을 ⑤번과 같이 선택하여 준다. 그러면, ⑥번과 같이 Import Projects dialogbox가 나타날 것이고, 이때, ⑦번과 같이 **Select root directory :** 의 Browse... button을 선택하여 준다.

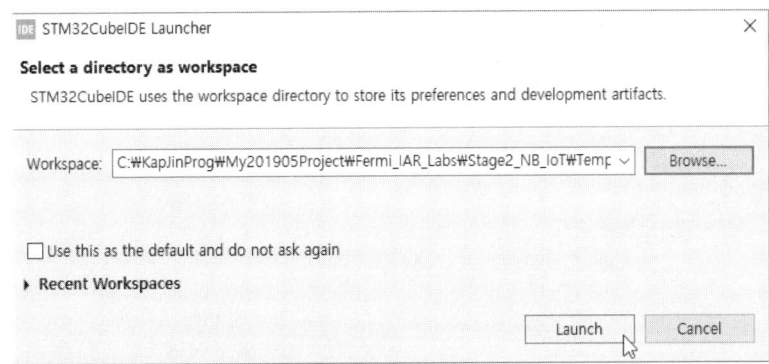

[그림 16.3.1-4] CubeIDE workspace 설정 방법(2).

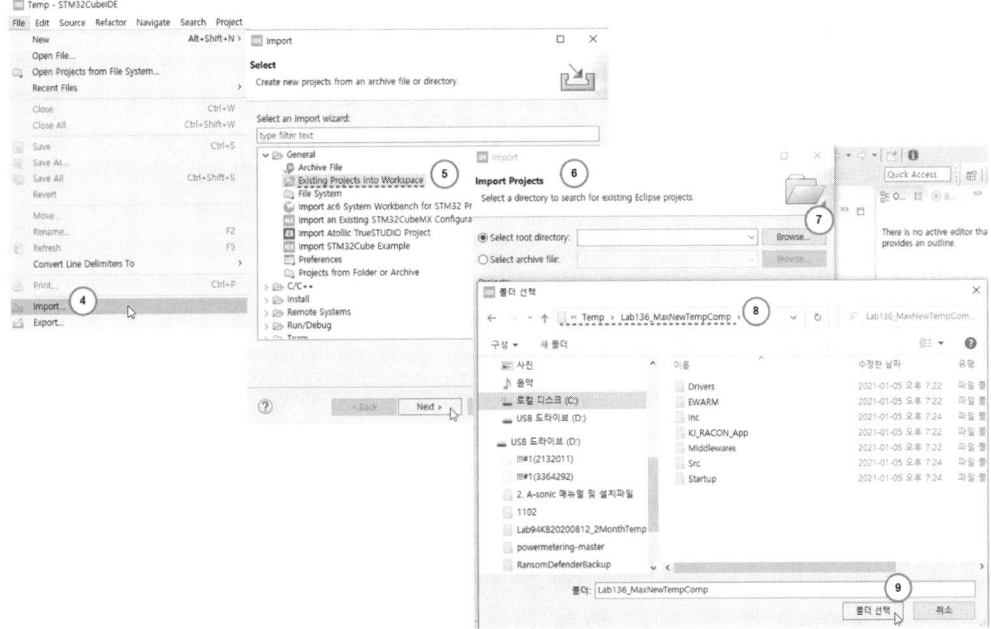

[그림 16.3.1-5] Project import 방법(1).

그리고 나서, ⑧번과 같이 import 할 Project의 folder를 선택하고, ⑨번 **폴더 선택** button을 click하여 주면 된다. 이제, [그림 16.3.1-6]의 ⑩번과 같이 선택한 Project가 설정되었으면, ⑪번 **Finish** button을 click하여 준다. 그러면, ⑫번과 같이 **Project Explorer** tab window에 **project가 import 된 것을 확인**할 수 있다. 이제, **Project** menu에서 **Build All** menu를 click 하여 주면, 물론, 정상적으로 building이 완료 될 수도 있지만, 필자의 경우에는 [그림 16.3.1-7] 과 같이 **KJ_Racon.h** header files이 존재하지 않는다는 error가 발생하였다.

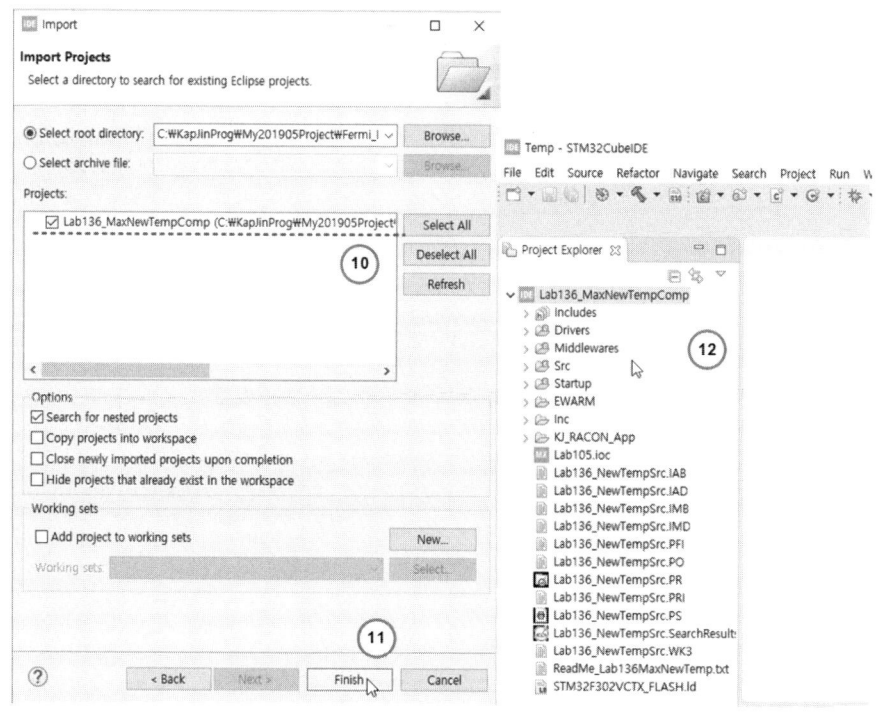

[그림 16.3.1-6] Project import 방법(2).

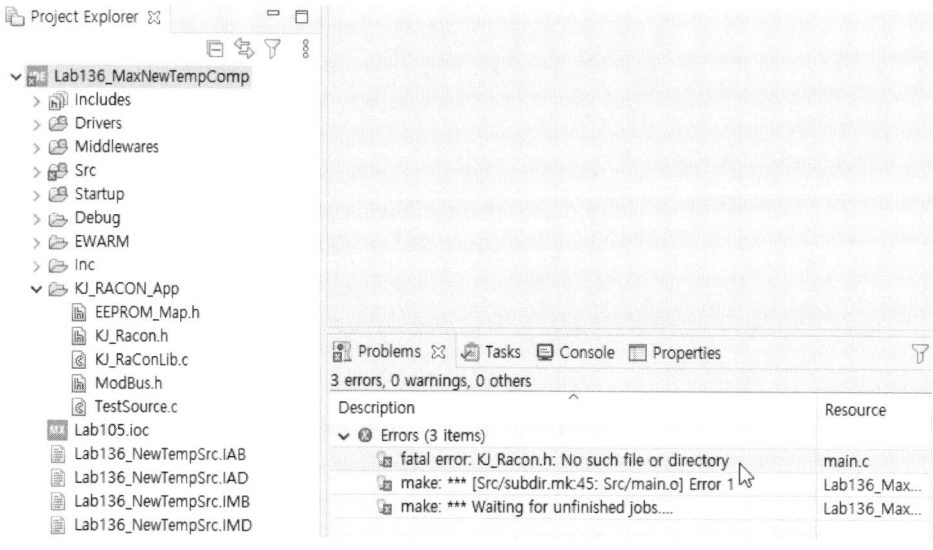

[그림 16.3.1-7] Build Error(1).

이 문제는 관련 header files가 CubeIDE에 include되지 않았기 때문이다. 이 내용은 이미 IAR

과 KEIL에서도 경험한 내용이다. 임의의 header file들을 include하기 위해서는 **Project Explorer**에서 해당 project를 mouse로 선택하고, 오른쪽 mouse button을 click하여 나타나는 popup window에서 [그림 16.3.1-8]의 ⑬번과 같이 **Properties** menu를 선택한다.

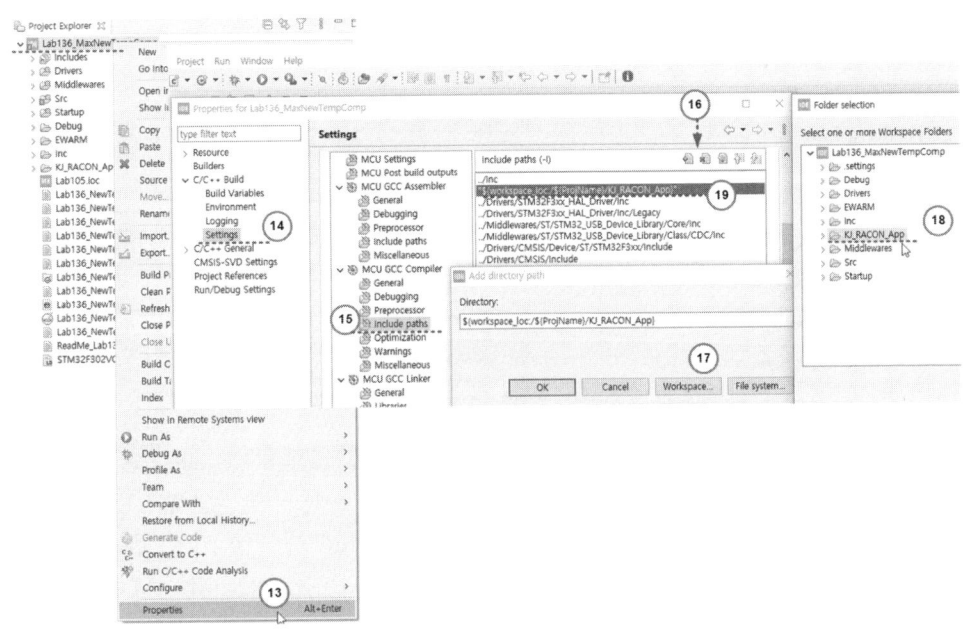

[그림 16.3.1-8] Build Error(2).

그리고 나서, ⑭번과 같이 **Properties** dialogbox에서 C/C++ Build 에 속하는 **Settings** item 을 선택한다. 특별히, 추후 지금 선택한 **Settings** item에 포함된 options를 설정할 일이 많으니 주의 깊게 살펴보기 바란다. 여기서, ⑮번과 같이 **MCU GCC Compiler**에 속하는 **Include paths**를 선택한다. 여기서 우리는 CubeIDE는 GCC compiler 계열을 사용하는 것을 알 수 있다. 그리고, ⑯번과 같이 "+" symbol을 click하여 나타나는 **Add directory path** dialogbox에 ⑰번과 같이 **Workspace...** button을 click하여 준다. 그러면, **Folder selection** dialogxbox가 나타나고, 여기서, ⑱번과 같이 include할 header file들을 포함하고 있는 folder를 선택하여 주면 된다. 이어서 **확인** 버튼을 click하여 주면, ⑲번과 같이 **선택한 folder가 include 경로에 포함된 것을 확인**할 수 있다. 이제, 다시 **Build All**을 수행하여 보았더니, [그림 16.3.1-9]의 ①번과 같이 엄청난 error가 발생한 것을 볼 수 있다.

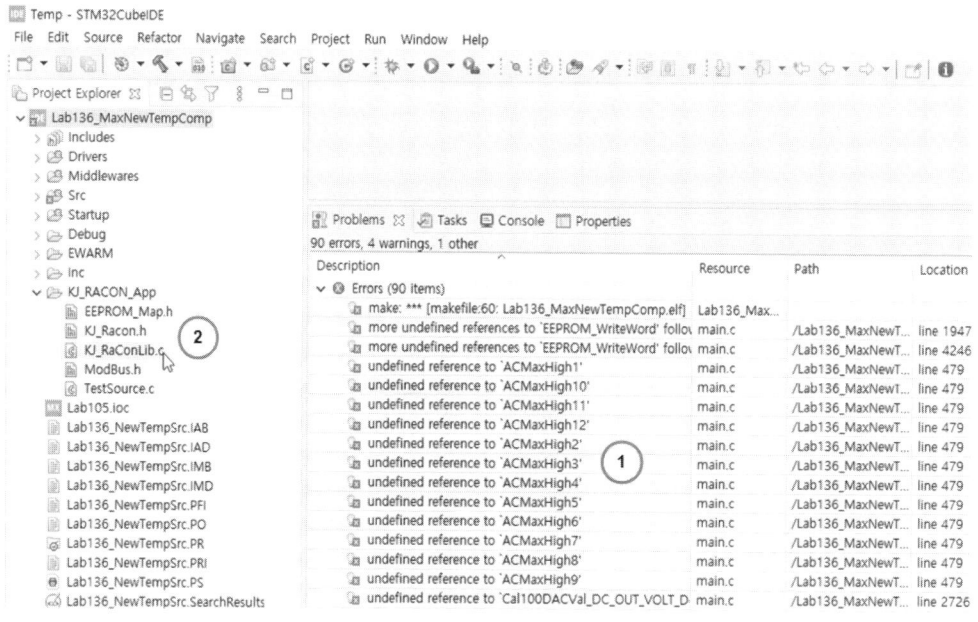

[그림 16.3.1-9] Build Error(3).

이 문제는 ②번에서 보여준 것과 같이 임의의 source file 즉, *.c file은 **CubeIDE에 등록된 folder에만** 있어야 하는데, 해당 **KJ_RACON_App** folder가 등록되어 있지 않았기 때문이다. CubeIDE에 등록이 된 folder는 **Project Explorer** window에서 해당 folder icon 위에 자세히 보면, 회색 바탕의 C symbol이 있는 것을 볼 수 있다. 이 symbol이 없는 것은 CubeIDE에 등록되지 않은 folder이고, 등록이 되어 있지 않다는 것은 **현재 project에서 포함되지 않았다는 의미**인데 주의하자. CubeIDE에 임의의 folder를 등록하기 위해서는 [그림 16.3.1-10]과 같이 등록하고자 원하는 folder를 mouse로 선택하고, 오른쪽 mouse button을 click하여 나타나는 popup window에서 ③번과 같이 **Properties** menu를 선택한다. 이어서 ④번에 선택되어 있는 **Exclude resource from build** checkbox를 해제에 주면 **해당 folder는 CubeIDE의 folder로 등록**되어 ⑤번과 같이 folder icon위에 문자 **C라는 symbol**이 추가 된다. 이어서 build All을 하니까 ⑥번과 같이 error가 대폭 줄어든 것을 볼 수 있다. 그런데, ⑥번의 error message는 결국, **함수를 선언한 type과 정의한 type이 다르다**는 error message인데, [그림 16.3.1-11]에서 보여준 것과 같이 ⑦번 error message를 double click하여 주면, error를 유발한 원인이 되는 해당 source code line으로 cursor가 옮겨간다. 그리고, **Ctrl+H**를 click하면, ⑨번과 같이 **Search** dialogbox가 나타난다.

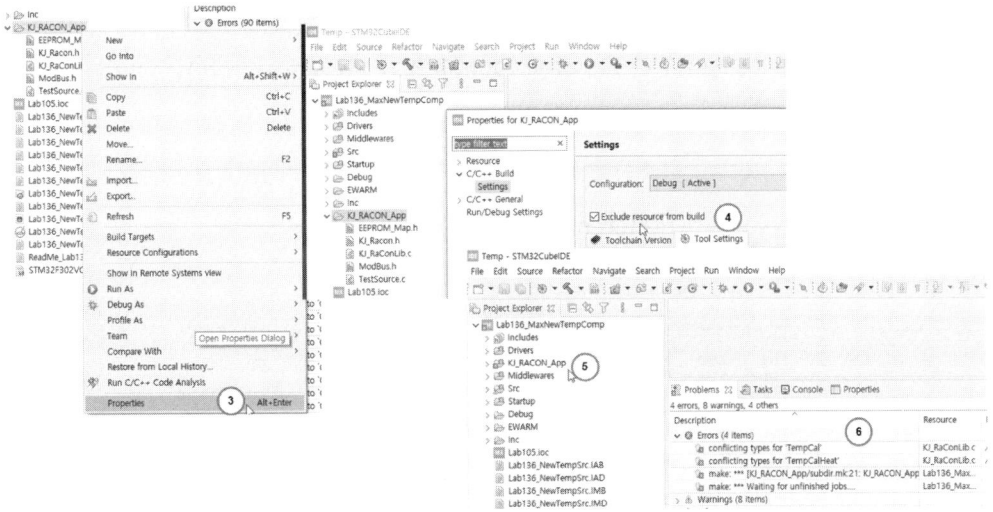

[그림 16.3.1-10] Build Error(4).

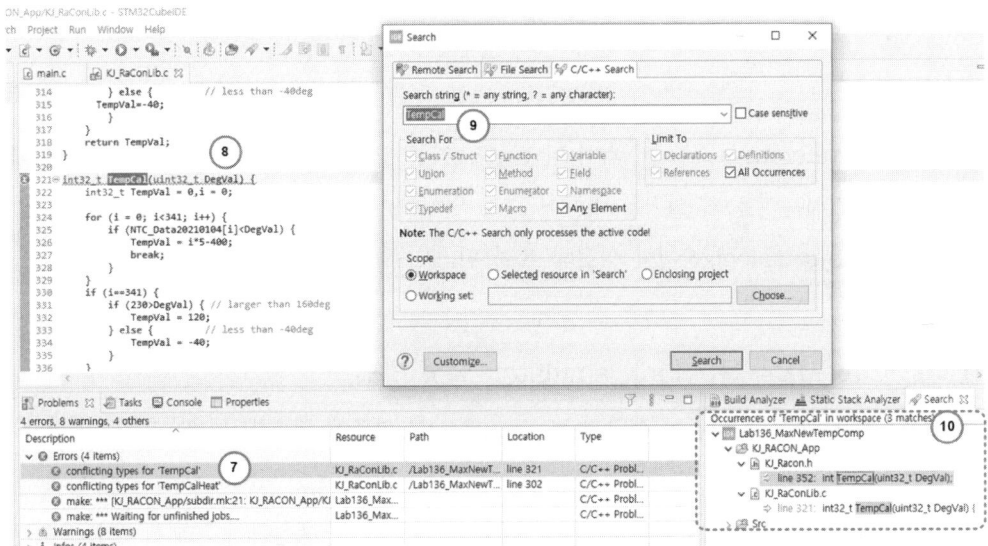

[그림 16.3.1-11] Build Error(5).

여기서, 문제가 되는 함수의 이름을 typing하고, 검색하여 보면, ⑩번과 같이 함수 정의부에서는 return type이 **int32_t**인데, 해당 함수를 선언한 곳에서는 **int**를 return type으로 설정하여 서로 맞지 않아서 발생한 것이다. 사실, 이 문제는 Cortex-M family가 32bits core이므로 원칙적으로 int는 무조건 32bits가 된다. 그러므로, 이들 2개를 구별할 필요는 없지만, IAR은 구분하지 않고, CubeIDE는 구분하는 것을 확인 할 수 있었다. 또한, 여기서 기억해 둘 것은 임의의 source code에서 **Ctrl+H**를 click하면, **Search** dialogbox가 나타난다는 것이다. 적절히 제공하는 options를 설정하여 검색을 수행하면 되는데, 이와 같은 단축키는 쉽게 잊어버리는 경우가 많다. 그러므로, 익숙한 **단축키로 설정을 바꾸고 싶다면**, [그림 16.3.1-12]에서 보여준 것과 같이 **Window** menu에서 **Preferences** menu를 선택하여 준다.

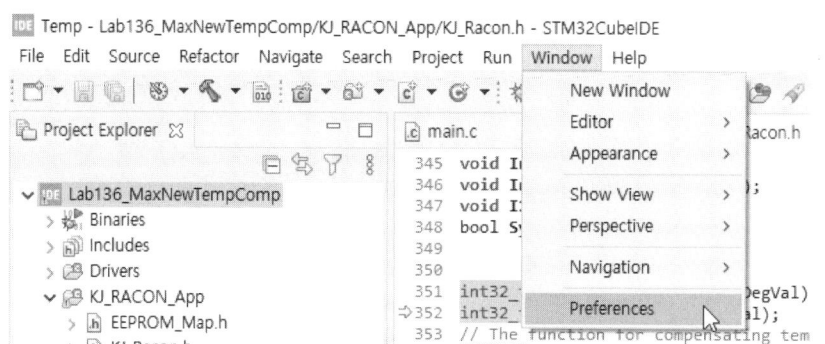

[그림 16.3.1-12] 단축키 설정 방법(1).

그러면, **Preferences** dialogbox가 나타나고, 이곳에서 Eclipse 전반적인 환경을 설정해 줄 수 있다. 여기서는 단축키 설정을 바꾸어 주기 위해서 [그림 16.3.1-13]과 같이 **General** tab에 속하는 **Keys** dialogbox에서 설정해 주면 된다.

16.3.2. CubeMX와 ST-Link emulator 설정 방법.

Code를 개발하기 위해서는 제일 먼저, emulator를 보드에 연결해 주어야 한다. 그러기 위해서는 사용하려는 emulator를 위한 **JTAG** interface 또는 **Serial Wire** interface를 선택해 주어야 한다. 사실, CubeMX를 이용하여 C framework code를 생성하기 위해서 제일 먼저 설정해 주어야 할 것은 사용할 emulator에 대한 내용이다. 즉, [그림 16.3.2-1]의 ①번과 같이 CubeMX를 실행하여 **System Core**에 속하는 **SYS** item을 선택한다. 그리고, ②번과 같이 **Debug**에 JTAG으로 emulator를 연결하도록 설정하면, 이때에는 ④번에서 보여준 것과 같이 **PB4** pin을 임의의 GPIO로 설정하면 안 된다. 만일, 그렇지 않고, PB4번 pin을 GPIO 입력 또는 출력 port로 설정하고, C framework code를 생성하여 임의의 program을 만들어서 실행한 경우를 생각해 보자.

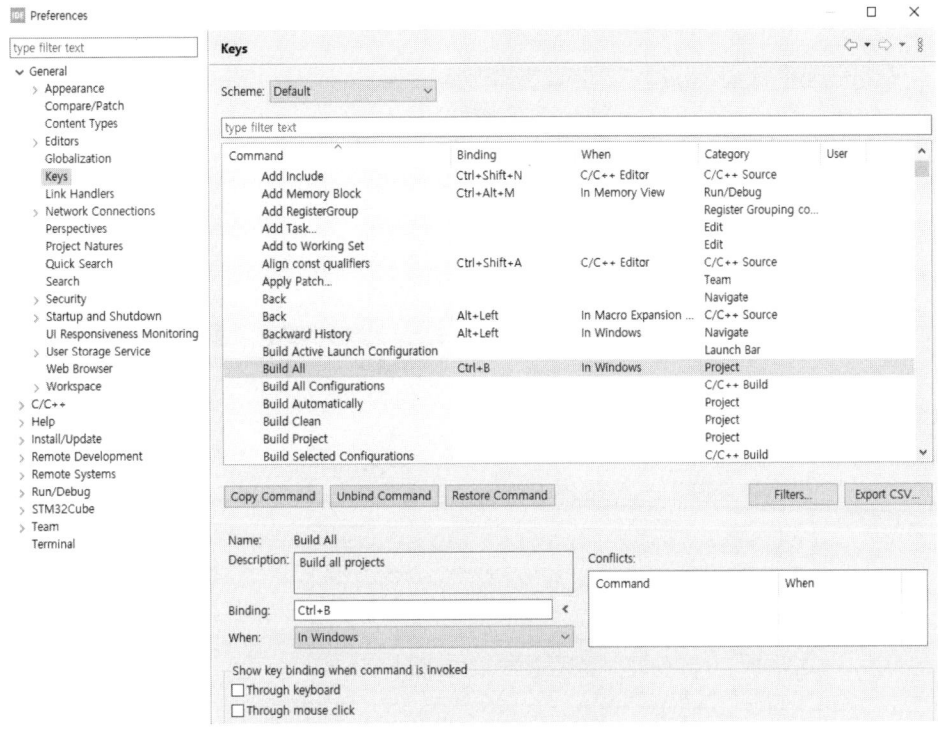

[그림 16.3.1-13] 단축키 설정 방법(2).

이때에는 [그림 16.3.2-2]의 ④번에서 보여준 것과 같이 MX_GPIO_Init() 함수에서 빠져나오지 못한다. 그래서, 함수 안쪽으로 들어가면, ⑤번과 같이 **HAL_GPIO_Init()** 함수에서 무한 루프에 빠지고, 이어서 ⑥번과 같은 **error message**가 나타나게 된다. 정리하면, PB4번 pin과 같이 CubeMX의 설정에 따라서 기능이 설정된 pin을 다른 용도로 사용하면 ⑥번과 같은 error message를 만날 수 있게 된다. 또한, 무한 루프에 들어가면, ⑥번과 같은 error message를 만난다는 것도 기억해 두기 바란다. 이 문제를 해결하기 위해서는 [그림 16.3.2-3]의 ⑦번과 같이 PB4번 pin을 사용하지 않는 Serial Wire interface를 설정하거나 또는 ⑨번과 같이 PB4 pin을 JTAG interface 설정으로 인해서 새롭게 할당된 기능 즉, **SYS_JTRST**으로 할당해 주면 된다. 한 가지 주의할 것은 PB4번 pin은 **NJTRST** pin인데 주의하자. 간혹, **NRST** pin 즉, MCU의 전용 reset pin과 혼동하는 경우가 있기 때문이다. JTAG에 대한 좀 더 자세한 내용을 원하는 경우에는 이 책의 **1.3. 단원**을 참조하기 바란다. 또한, CubeMX에서 ⑦번과 같이 **Debug interface 방식**을 설정해 주면, 그 설정한 interface 방식이 IAR의 **Options** dialogbox의 ⑧번과 같이 자동으로 **Interface**에 설정된다는 것이다.

[그림 16.3.2-1] Emulator 연결 방법(1).

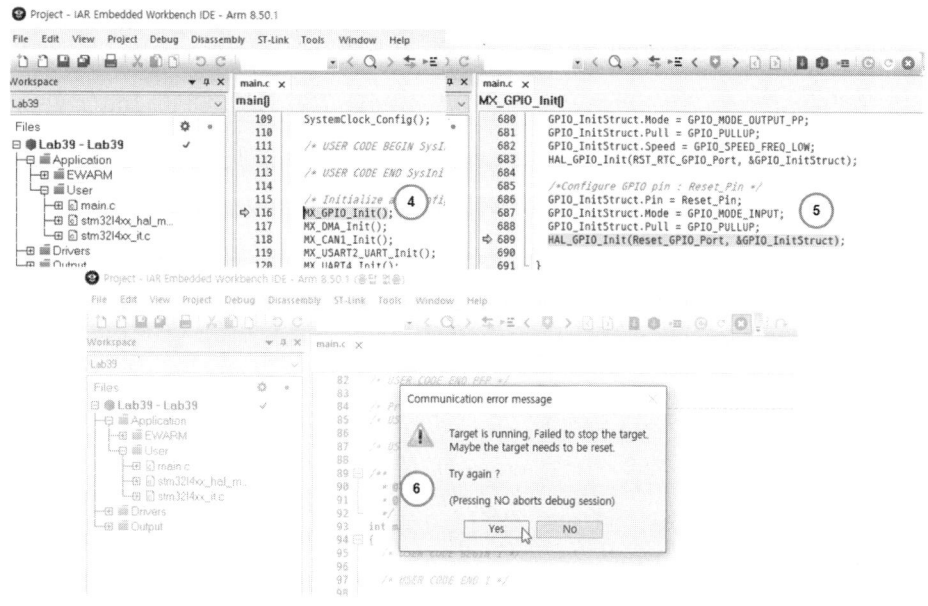

[그림 16.3.2-2] Emulator 연결 방법(2).

[그림 16.3.2-3] Emulator 연결 방법(3).

16.3.3. 새로운 *.c file 추가 할 때 주의 사항.

만일, STM32 library에서 제공하는 임의의 함수들 예컨대, **접두사가 HAL_xxx()인 함수들**을 main.c file이 아닌 새로운 source file에서 사용하고 싶다면, **main.h** header file을 새로 생성할 source 파일 또는 관련된 header file에 [그림 16.3.3-1]에서 보여준 것과 같이 포함시켜 주어야 사용할 수 있다는데 주의하자.

16.3.4. Floating Point Unit(FPU) Enabling.

우선, Cortex-M4 core가 FPU를 포함하는 경우에는 **System Control Block**을 구성하는 register들 중에서 [그림 16.3.4-1]에서 보여준 **CPACR** register의 **CP11**과 **CP10** bit fields 각각에 **0b11**을 writing해 주어야 **FPU에 대한 접근이 가능**해 진다. 그러므로, FPU를 사용하는 MCU는 main() 함수로 진입하기 전에 [그림 16.3.4-2]에서 보여준 것과 같이 SCB->CPACR=0x00f0_0000을 writing해 주도록 이미 coding 되어 있다는데 주의하자.

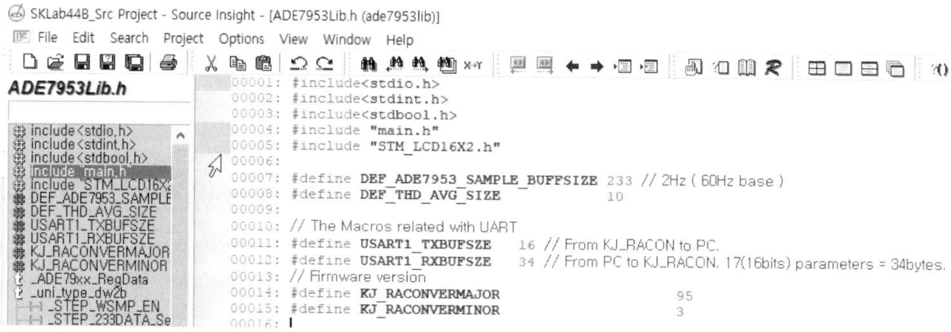

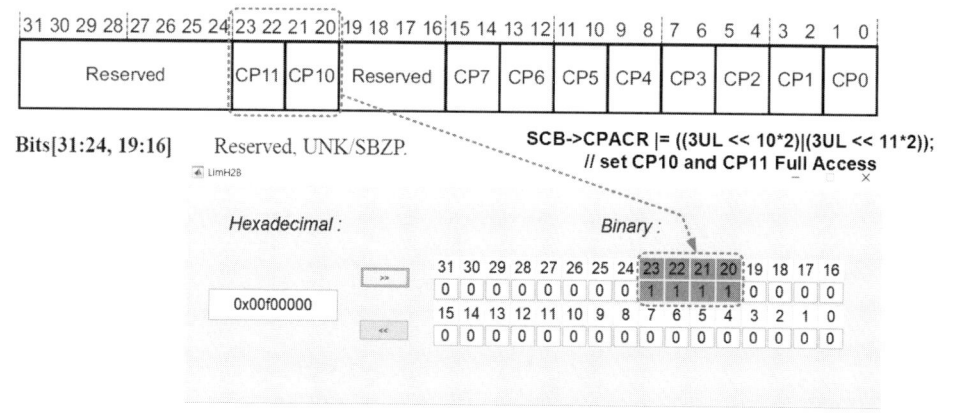

[그림 16.3.3-1] main.h header file 포함해야 HAL 함수들 사용 가능.

[그림 16.3.4-1] SCB->CPACR = 0x00f0_0000.

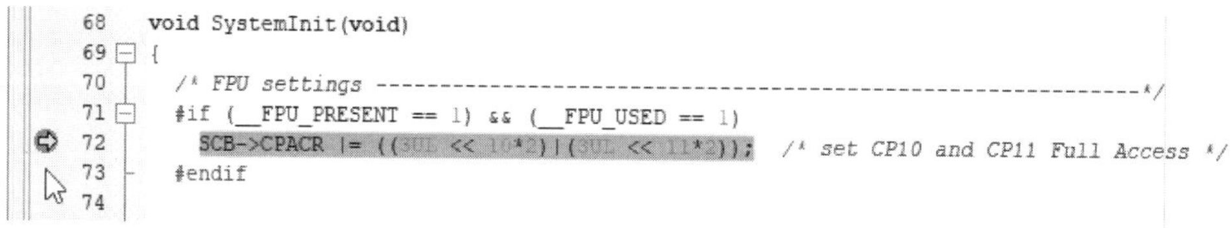

[그림 16.3.4-2] FPU Enabling 방법.

16.3.5. 필요한 HAL 함수 이름이 기억나지 않는 경우.

HAL level API 함수를 사용하는 경우에 그 이름이 길어서 모두 암기할 수 없는 것이 사실이다. CubeIDE를 사용하는 경우에는 [그림 16.3.5-1]에서 보여준 것처럼 기억하는 부분까지 typing을 한다. 예를 들면, **HAL_UART_Receiv**까지 typing하고 이어서 **Ctrl** key를 click 하고 있는 상태에서 **spacebar**를 click하여 준다.

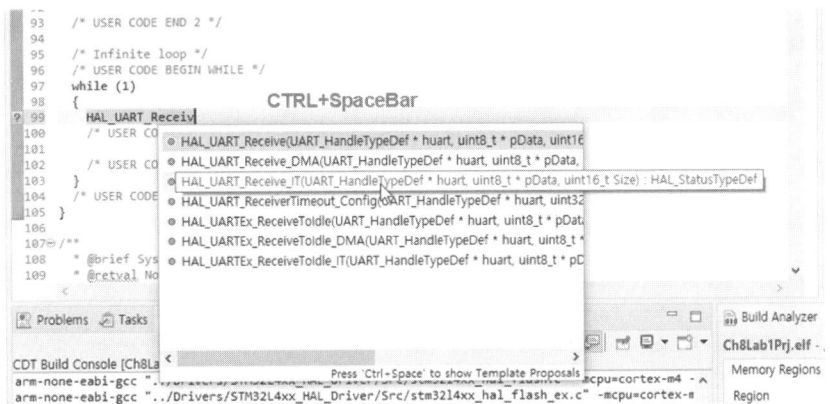

[그림 16.3.5-1] STM32CubeIDE 활용 Tip.

그러면, typing한 문자열까지 공통인 HAL 함수들이 나열된다. 여기서 원하는 함수를 선택하면 된다.

16.3.6. 개발 tool을 IAR로 바꾸었더니 Error 발생.

[그림 16.3.6-1]에서 보여준 것과 같이 외주 용역으로 STM32L051 MCU를 ①번에서 보여준 TrueSTUDIO를 사용하여 Code 개발을 수행하였다.

[그림 16.3.6-1] TrueSTUDIO에서 IAR EWARM으로 개발 tool만 바꾼 경우.

그리고, 몇 달이 지나서 ②번과 code를 수정할 필요가 있어서 단순히, 개발 tool만 IAR EWARM으로 바꾸고, 다시 C framework를 생성하여 build를 수행하였다. 그 결과 error가 발생하였다. 발생한 error의 원인을 분석해 보니, [그림 16.3.6-2]의 ③번에서 보여준 것과 같이 App_ADC.c file과 Main.c file에서 **동일한 hadc1 전역 변수를 각각 정의하였다**.

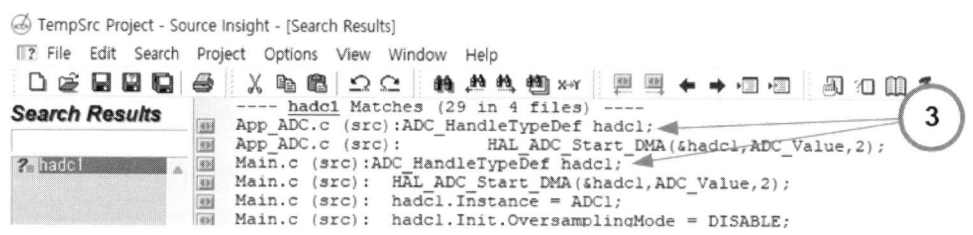

[그림 16.3.6-2] TrueSTUDIO에서 전역 변수 Bug 문제.

이렇게 되면, IAR 또는 KEIL을 이용하여 build를 수행하면, error를 발견하여 주는데, TrueSTUDIO에서는 error가 발생하지 않는 문제점이 있었다.

16.4 Nucleo 보드 사용시 주의 사항.

ST는 다양한 종류의 STM32 MCU를 탑재한 **저가(?)의** Nucleo 보드를 판매하고 있다. 이들 보드는 **모두** ST-Link emulator를 포함하고 있어서 추가적으로 emulator를 구매할 필요가 없다. 이번 단원에서는 Nucleo 보드 활용 과정에서 경험한 내용들을 정리해 보았다.

16.4.1. Nucleo 보드에 있는 emulator로 다른 보드 debugging하는 방법.

간혹, 저가의 Nucleo 보드에 포함되어 있는 ST-Link emulator를 다른 개발용 보드에 연결하여 사용하고 싶을 때가 있다. 참고적으로 **Vol.2.**에서는 이에 대한 예제들을 많이 다루고 있다. [그림 16.4.1-1]은 Nucleo 보드에 있는 **ST-Link emulator**를 새롭게 개발할 보드에서 사용하는 STM32**L496** MCU debugging 용도로 사용하기 위해서 결선한 것을 보여준 것이다. 구체적으로 개발할 보드의 JTAG 20 pin header에서 5핀들을 ②번에서 Nucleo 보드의 ④번으로 연결해 주면 된다. 또한, Nucleo 보드는 기본적으로 ⑤번에서 보여준 것과 같이 2개의 pin header들이 모두 **미니 점퍼핀**으로 연결되어 제공된다.

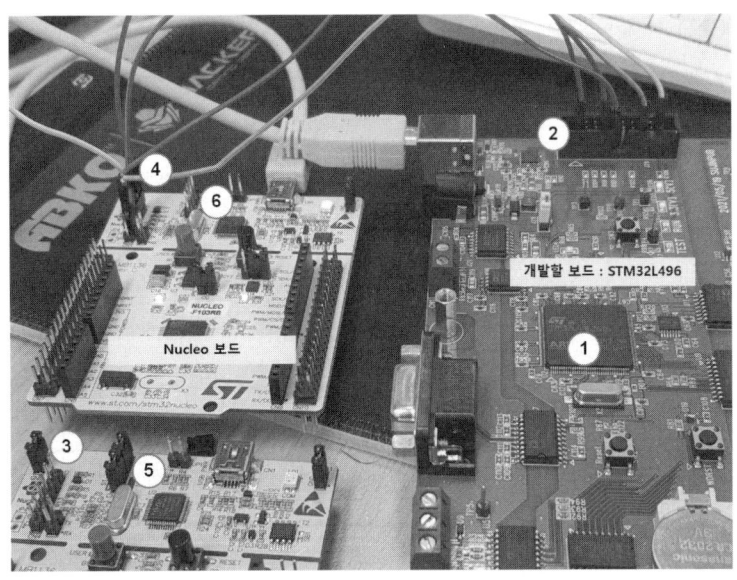

[그림 16.4.1-1] Nucleo Emulator 사용 방법(1).

만일, 미니 점퍼핀이 어떤 것인지 모르겠으면, 디바이스마트에서 **미니 점퍼핀**으로 검색하면 알 수 있을 것이다. **핀 헤더**도 마찬가지다. 이제, Nucleo 보드에 포함되어 있는 emulator를 외부 보드에 연결하여 사용하려면, ⑥번에서 보여준 것과 같이 2개의 미니 점퍼핀들을 모두 핀 헤더에서 떼어내 주어야 한다. 즉, [그림 16.4.1-2]의 ⑦번은 CN2 label을 가지며 원래 ⑧번과 같이 2개의 점퍼 핀으로 연결되어 있는데, 이것을 ⑩번과 같이 떼어 내주어야 한다.

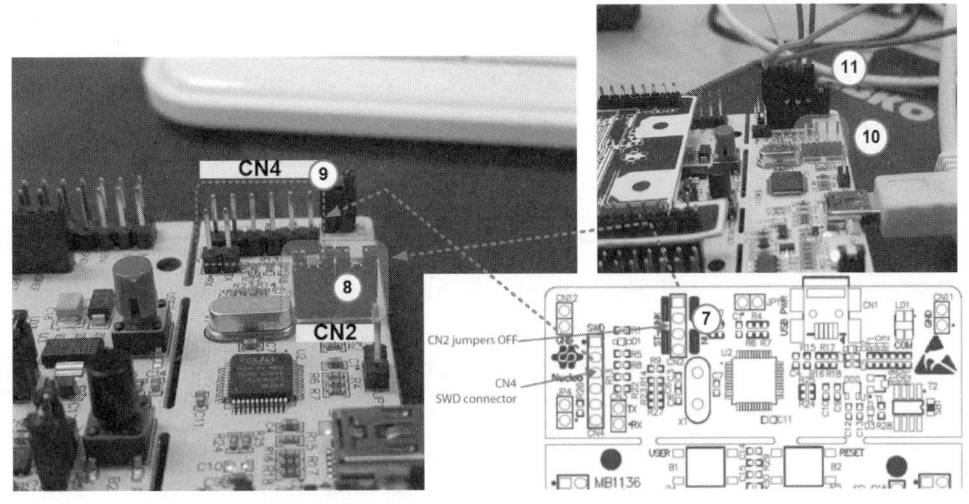

[그림 16.4.1-2] Nucleo Emulator 사용 방법(2).

그리고, CN4 label을 갖는 connector에는 5개의 wire들로 개발할 보드의 20 pin JTAG header에 [그림 16.4.1-3]에서 보여준 표를 참고하여 연결해 주면 된다.

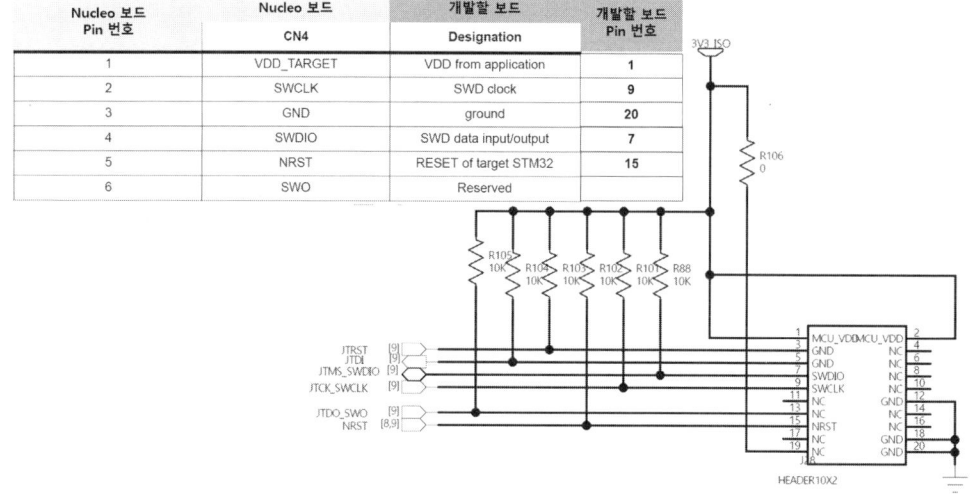

[그림 16.4.1-3] Nucleo Emulator 사용 방법(3).

그런데, 간혹 error가 뜨고, 잘 연결되지 않는 경우가 있을 수 있는데, 이 경우에는 전원을 끄고 다시, 연결을 시도해 주어야 한다. 보드가 저가라서 그런지 좀...

16.4.2. Nucleo 보드에서 제공하는 UART 통신이 잘 안 되는 경우.

지금까지 상당히 많은 종류의 Nucleo 보드들을 개발용 보드에 연결하여 사용해 보았다. 그런데, 간혹, **동일한 Nucleo 보드 종류**인데도 기본적으로 USB cable을 통하여 emulator 기능과 함께 제공되는 UART 통신이 정상적으로 잘 동작하다가 갑자기 동작하지 않는 경우를 만날 수 있다. 예를 들면, ADI Inc.에서 제공하는 ADE9000 평가 보드와 64 pins Nucleo-STM32L476 보드를 Arduino Uno connector를 이용하여 연결하고, ADE9000 평가 보드에 단상/삼상 전원을 제공하여 분석하는 과제를 수행한 경험이 있다. 가지고 있던, STM32L476 Nucleo 보드 3개로 검증하여 모두 code가 정상적으로 수행되는 것을 확인하고, 관련 소프트웨어를 전달했는데, 전달 받은 분이 가지고 있던, STM32L476 Nucleo 보드는 기본적으로 제공해 주는 UART 통신이 되지 않는 것이었다. 그래서, STM32 MCU 기술 지원하는 대리점 분과 함께 검토해 보았는데, 그 분이 가지고 있던 5개의 STM32L476

Nucleo 보드도 **모두** UART 통신이 되지 않는 것이었다. 그래서, 기존에 Nucleo 보드에 붙어 있던 STM32L476 64pins 소자를 떼어내고, 대신에 sample로 받은 STM32L476 64pins 소자를 대신 땜질하여 붙여 넣고, 다시 검사 해 보니 UART 통신이 **정상 동작**하였다. 게다가, 나머지 7개도 모두 소자만 바꾸었는데, **모두** 정상동작하는 것을 확인하였다. 또한, USB cable을 통하여 제공하는 UART가 정상 동작하지 않는 STM32L476 Nucleo 보드에 있는 Arduino Uno connector에서 추가적으로 UART port를 만들어서 jumper wire로 USB2UART module을 연결하였더니 정상적으로 UART port가 동작하는 것을 확인할 수 있었다. 그리고, emulator를 이용하여 실행할 때에는 정상적으로 동작하다가 전원을 모두 끄고, 다시 전원만 살려서 시도해 보면, 정상동작하지 않는 경우도 볼 수 있었다. 이와 같은 문제에 대한 **해결책**은 Nucleo 보드의 emulator에서 기본으로 제공하는 UART port 대신에 다른 추가적인 UART port를 생성하여 사용하는 것이다. 그래서, SJ_MCUBook_M0, SJ_MCUBook_M3와 SJ_MCUBook_M4 보드는 모두 USB2UART 전용 소자를 사용하여 UART port를 사용하고 있는 것이다.

16.4.3. Leakage Current 개념 정리.

개념적으로는 capacitor가 영원히 충전된 전하(charge)를 유지해야하지만, 실질적으로는 **leakage resistance에 의해서 시간에 따라서 감쇄**하게 된다. 거의 모든 capacitor는 내부적으로 한쪽 plate에서 다른 쪽 plate로 느리게 charge를 누설한다. 어떻게 이것이 가능한지는 capacitor의 재료와 제조 공정에 의해서 결정된다. 얼마나 빨리 감쇄하는 지는 leakage resistance의 크기에 의해서 결정된다. leakage resistance는 일반적으로 capacitor의 datasheet에서 확인할 수 있다. leakage resistance가 일반적으로 매우 높다면, high-speed design에서 issue가 발생하지 않는다. leakage current는 보드 상의 ground 로부터 대지면으로 흐르는 전류를 의미한다. 만일, ground가 대지면에 연결되어 있지 않다면, 인체를 포함한 어떠한 전도 경로 형성이 가능한 흐름을 포함한다. 이 전류는 불필요한 성분으로서 안전하게 대지로 보내져야 한다. 예를 들어서, [그림 16.4.3-1]은 STM32L476에 대한 leakage current 특성이다. STM32F103이 3[uA]인 것과 비교하여 L family에 속하는 STM32L476이 보다 낮은 것을 확인할 수 있다.

Table 70. I/O static characteristics (continued)

Symbol	Parameter	Conditions	Min	Typ	Max	Unit
I_{lkg} [4]	FT_xx input leakage current [3][5]	$V_{IN} \leq Max(V_{DDXXX})$ [6][7]	-	-	±100	nA
		$Max(V_{DDXXX}) \leq V_{IN} \leq Max(V_{DDXXX})+1\,V$ [6][7]	-	-	650	
		$Max(V_{DDXXX})+1\,V < V_{IN} \leq 5.5\,V$ [6][7]	-	-	200	
	FT_lu, FT_u and PC3 I/Os	$V_{IN} \leq Max(V_{DDXXX})$ [6][7]	-	-	±150	
		$Max(V_{DDXXX}) \leq V_{IN} \leq Max(V_{DDXXX})+1\,V$ [6][7]	-	-	2500[3]	
		$Max(V_{DDXXX})+1\,V < V_{IN} \leq 5.5\,V$ [6][7]	-	-	250	
	TT_xx input leakage current	$V_{IN} \leq Max(V_{DDXXX})$ [6]	-	-	±150	
		$Max(V_{DDXXX}) \leq V_{IN} < 3.6\,V$ [6]	-	-	2000[3]	
	OPAMPx_VINM (x=1,2) dedicated input leakage current (UFBGA132 and UFBGA144 only)	-	-	-	(8)	

[그림 16.4.3-1] STM32L476 leakage current 특성.

부록 01

SJ_MCUBook_M0/3/4 보드 소개

이 책에서 사용하고 있는 SJ_MCUBook_M3 보드를 포함한 다양한 종류의 교육용 보드는 다음에 보여준 필자의 homepage를 참조하면 된다. 관련 **회로도 pdf file**도 얻을 수 있다.

https://www.sujinpub.com/shop/

그러나, 서문에서도 언급하였듯이 계속해서 Vol.1. **개정판**을 학습하기 위해서는 기본적으로 SJ_MCUBook_M3 보드를 사용해야 하지만, Vol.1, Vol.2, 그리고 앞으로 출간될 Vol.3에서 **공통으로 사용될 SJ_MCUBook_M4 보드를 사용할 것을 추천**한다. 자세한 내용은 10.2. **단원**을 참조하기 바란다. [그림 A1-1]은 SJ_MCUBook_M3 보드의 모습이다. 그리고, [그림 A1-2]는 SJ_MCUBook_M4 보드의 모습이고, [그림 A1-3]은 SJ_MCUBook_M0 보드의 모습이다. 특징적인 것은 SJ_MCUBook_M4 보드의 RS-232, RS-485, 그리고, CAN 통신을 위한 transceiver들은 모두 isolation 기능을 가진 것들을 사용하고 있다. 그러므로, **대전력 보드와 연결하여 사용할 수 있도록 설계된 것**을 알 수 있다. 근본적으로 SJ_MCUBook_M4 보드와 SJ_MCUBook_M0 보드는 제품 개발을 위한 **사전 샘플용 실전 보드로 개발**한 것이다. 다음은 SJ_MCUBook_M3 보드에 대한 회로도이다.

[그림 A1-1] SJ_MCUBook_M3 보드의 모습.

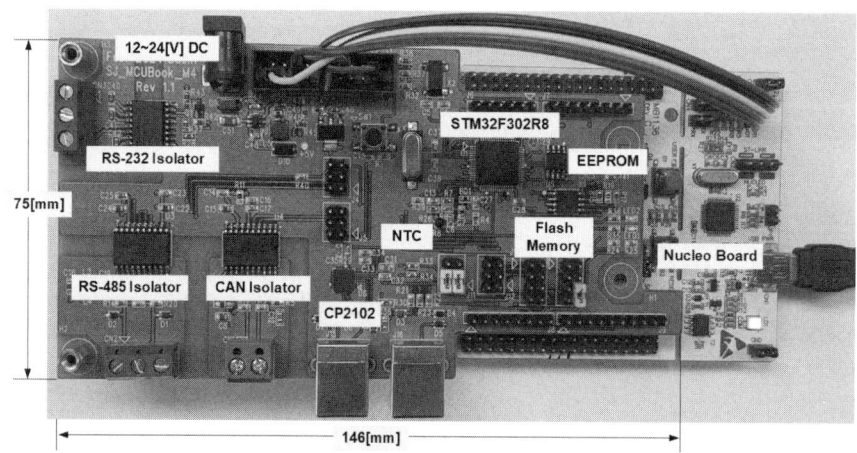

[그림 A1-2] SJ_MCUBook_M4 보드의 모습.

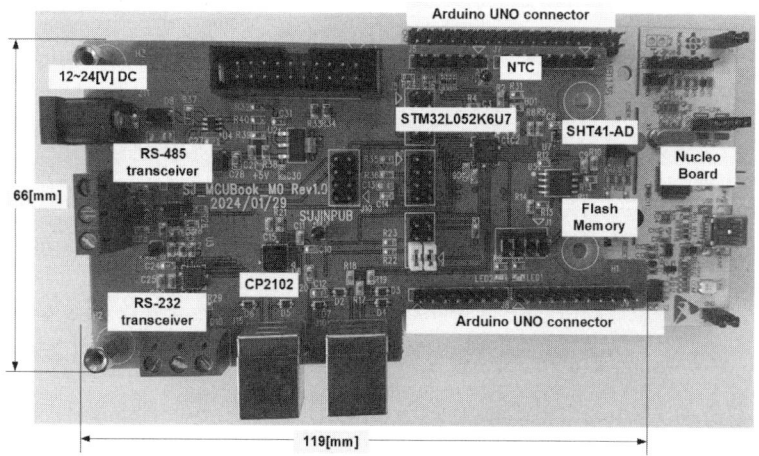

[그림 A1-3] SJ_MCUBook_M0 보드의 모습.

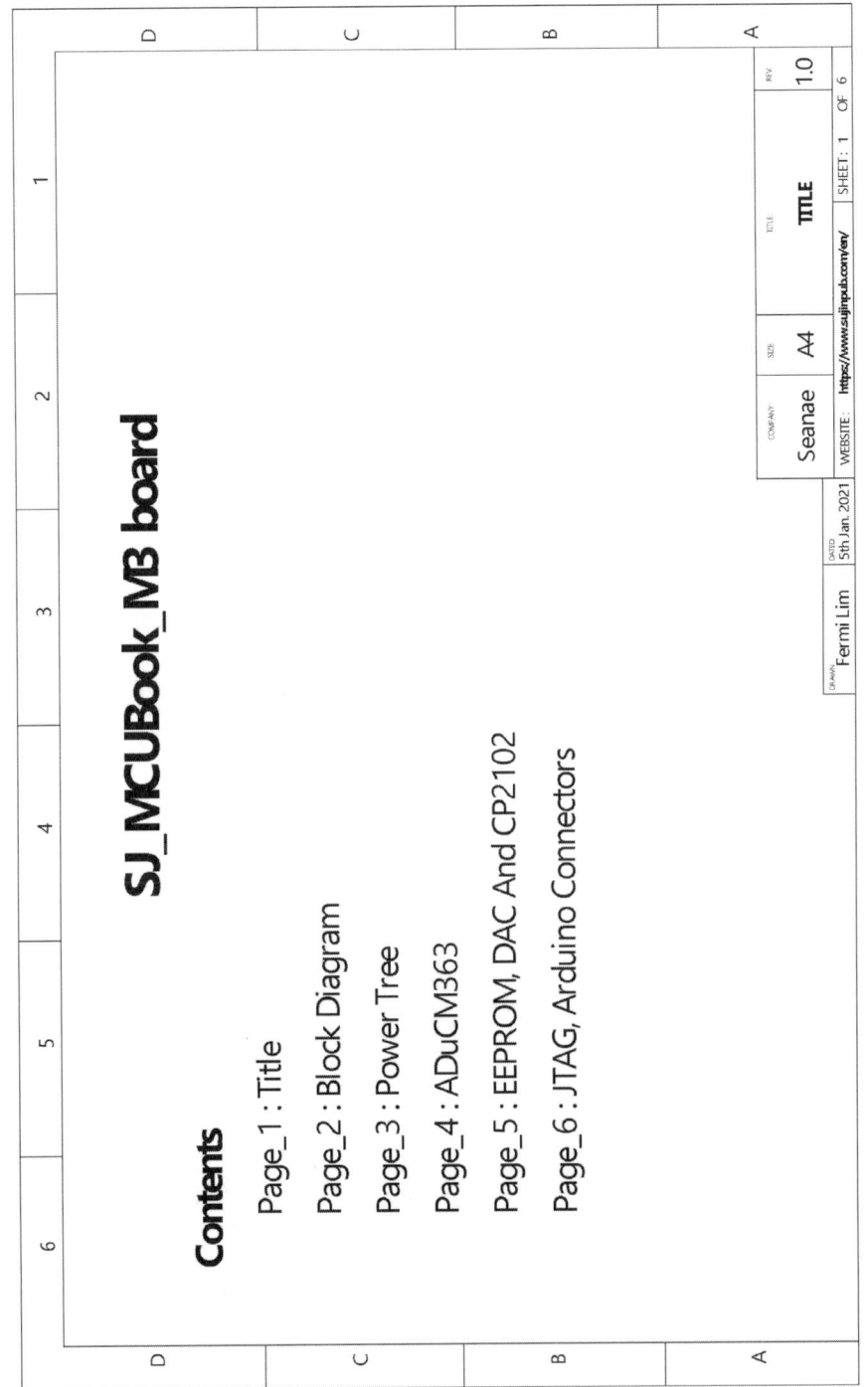

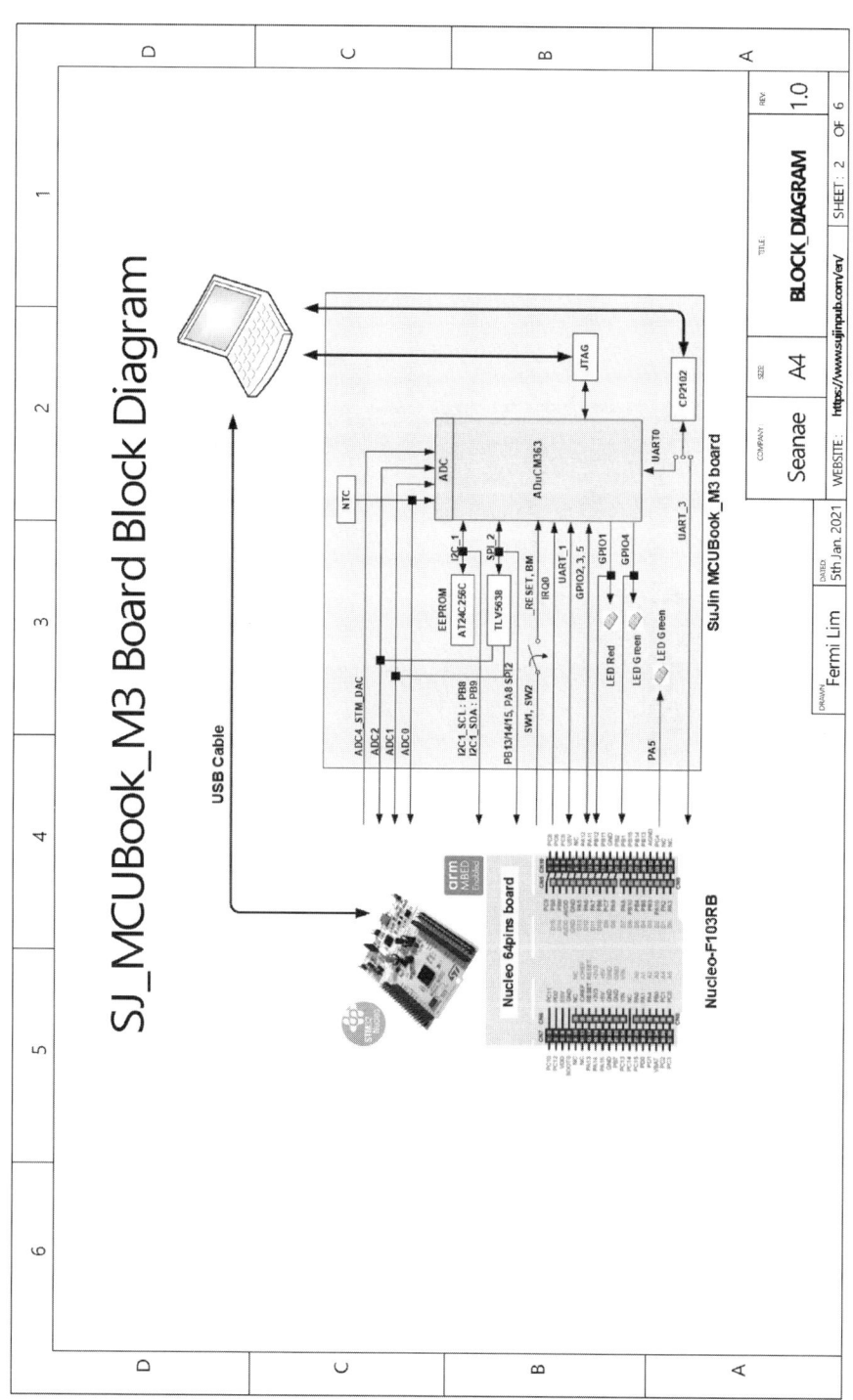

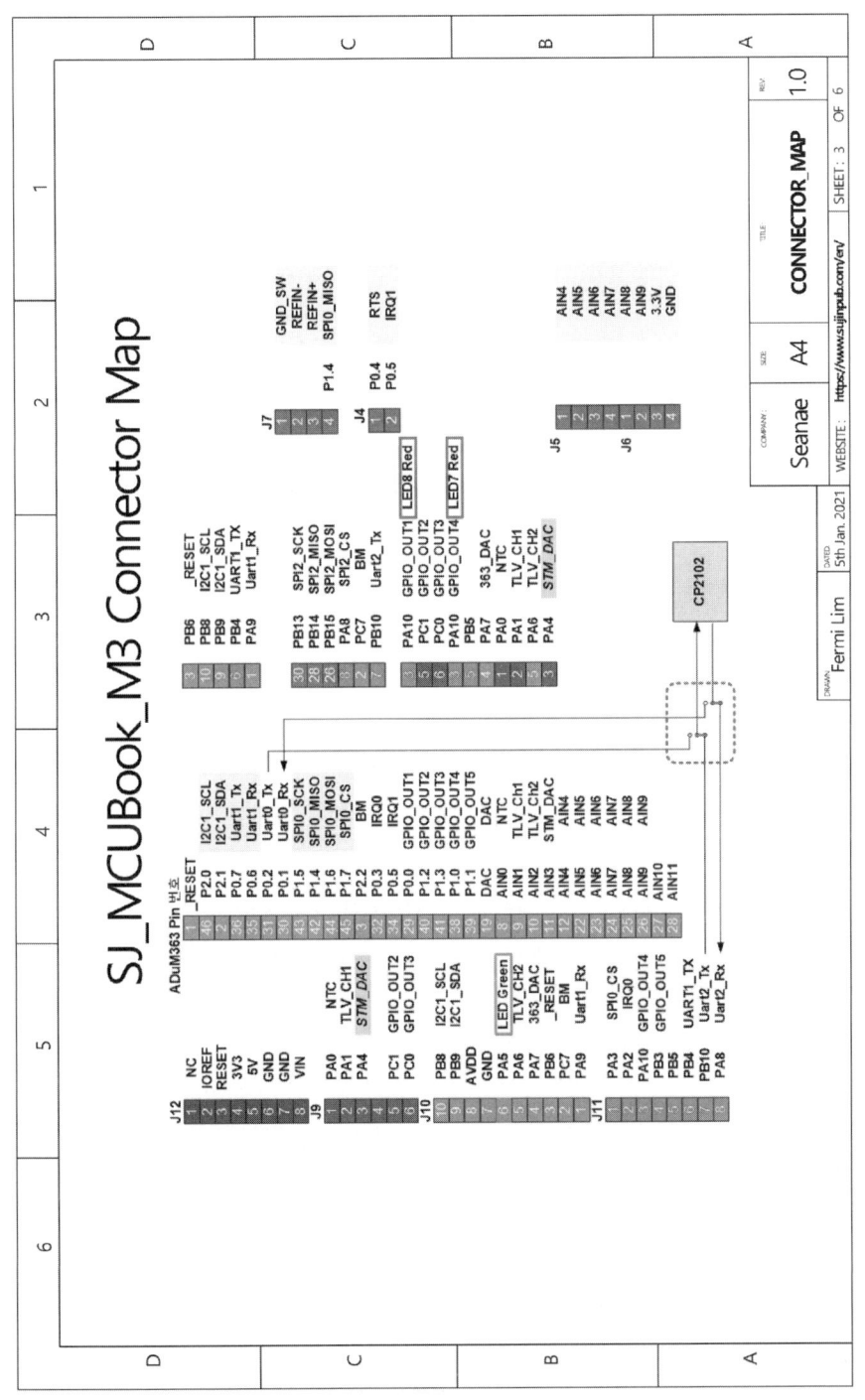

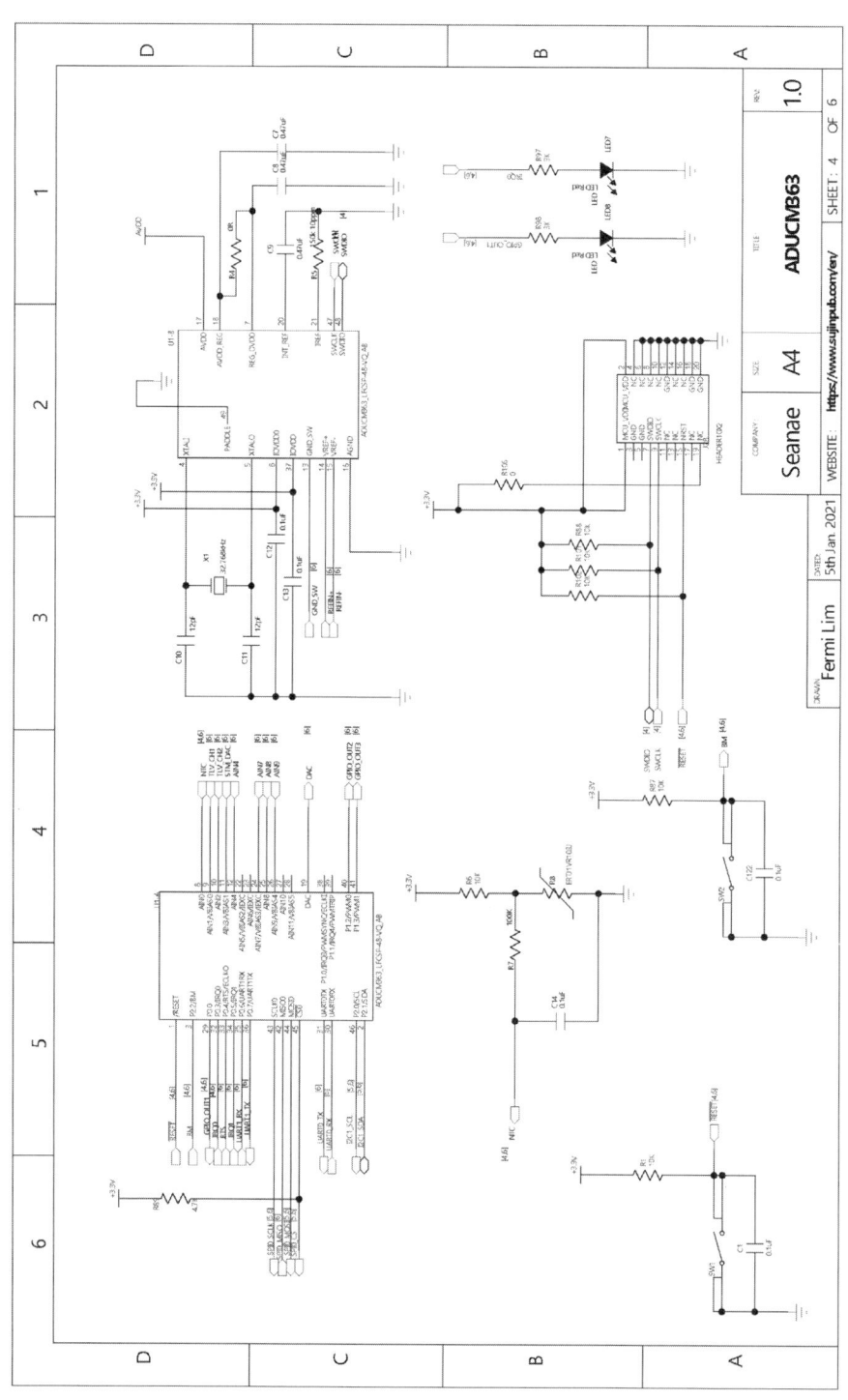

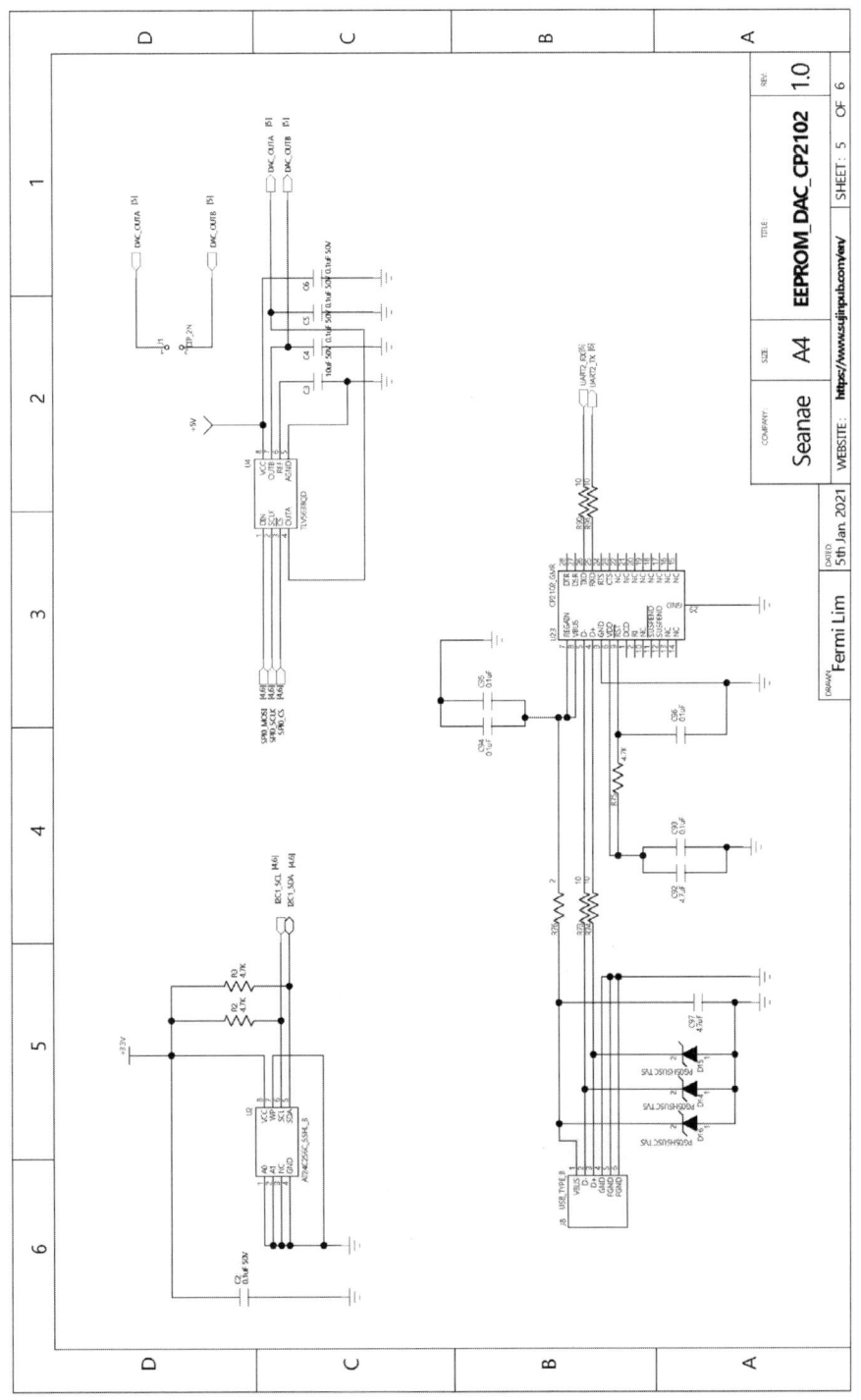

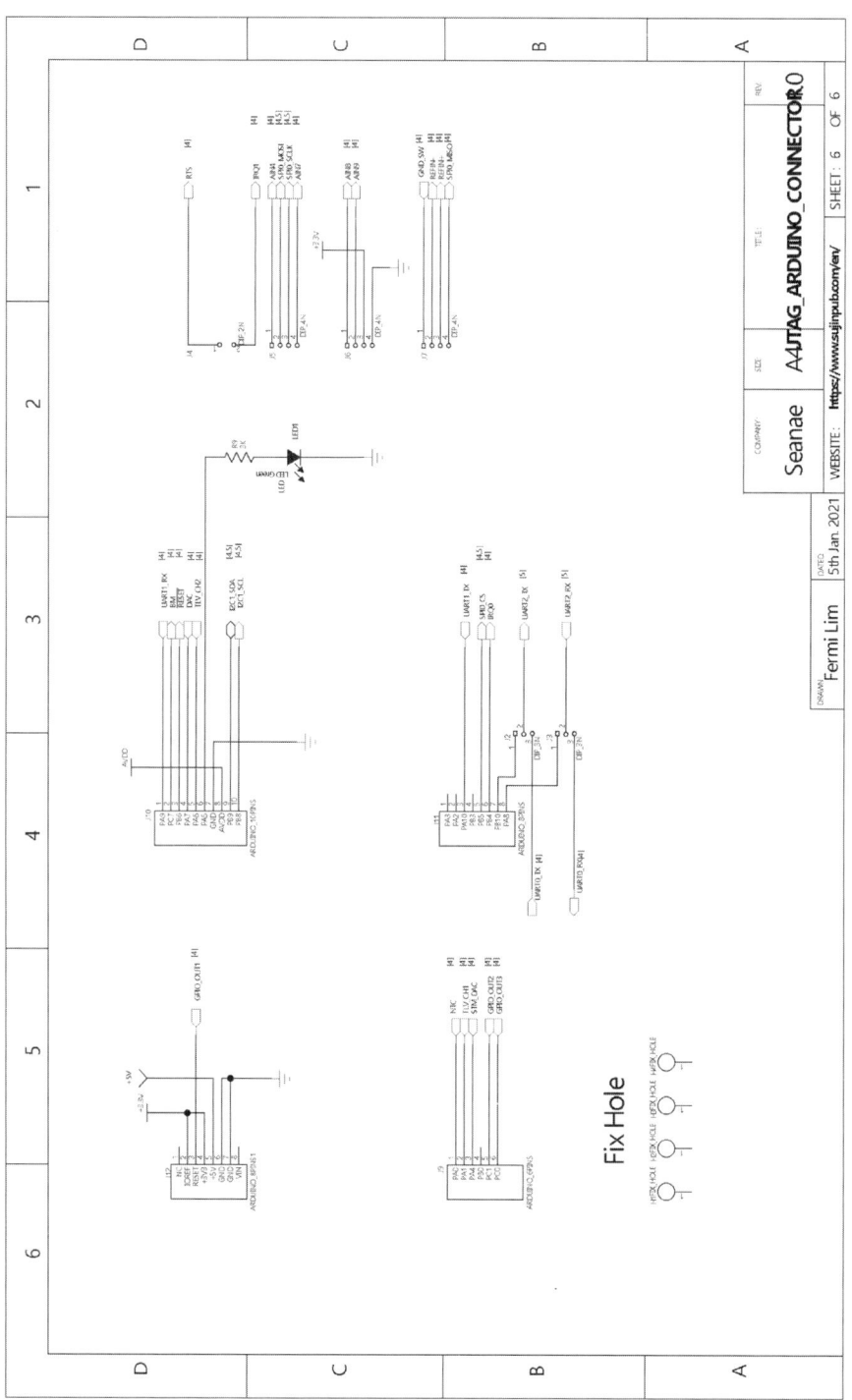

찾아보기

[/]

/* USER CODE BEGIN xxx */ 237
/* USER CODE END xxx */ 237

[1]

1UL(Unit Load) 610

[A]

AC termination 612
AC 사양 - ADC 504
AC3 압축 기술 446
ACK 정의 - I2C 통신 359
AD5421 368
AD5684R/AD5685R/AD5686R 401
AD5687/AD5689 368
AD7923 507
ADC Interleaved 동작 549
ADC scan 의미 513
ADC sequencer 515
ADC_DR 547
ADM2481 263, 608, 610
ADM8613 WatchDog 소자 181
ADM8613Y232 WatchDog 소자 183
ADM8615 WatchDog 소자 183
ADP5062 315

ADP5062 Li-Ion Battery Charger 348
ADPD188BI 498
AHB bus 26
AHB-Lite bus 26
AIRCR 594
aliasing 현상 499
Alternate function 81
AMBA 149
anti-aliasing filter 500, 503
APB1 bus 26
APB2 bus 26
Arbiter 424
arm short 196, 205
ARR(Auto-reload register) 162
AT24C256C 71, 315, 322, 324
AT24C256C device address 327

[B]

Backup domain reset 280
backup register(BKP) 28, 280
Backup 영역 279
balanced lines 609
bandwidth 505
BKPSRAM 138
BKP_DR1 313
blackbox 312
Block 전송 426
blocking mode 229

blue DVD　447
break 기능　207
bug – STM32F103　359
bus idle 상태　612
bus matrix　26, 424

[C]

cache flushing　453
calibration 의미　505
callback 함수　108
CAN interface　449
CCR(Capture Compare register)　198
Circular Queue　453
CMSIS　282
CODEC　447
coherency problem　453
common mode 전압　610
Cortex-M 동작 mode　478
Cortex-M3 Core　25
CP2102 소자　262, 344
CPACR register　705
CR3(Control Register3)　430
CSS(Core Security System)　149
CubeIDE　45
　　Live Expressions　297
CubeMX
　　*.ioc file　100
　　Advanced　277
　　Basic　277

CHECK FOR UPDATES　270
cycle stealing　426

[D]

D-type latch　86
DAC_CR.MAMP1　574
DAC_SR(DAC status register)　574
Data starvation　427
DC Accuracy – ADC　504
DC motor　195, 220
DC noise　503
DC 사양 – ADC　504
Deadtime 기능　196
DFU 의미　239
Differential lines　609
Digital 신호　499
Discrete time 신호　499
DMA bus　26, 424
DMA(Direct Memory Access)　419
DMA_CCRx.CIRC　428
DMA_CCRx.MEM2MEM　429
DMA_CCRx.PL　429
DMA_CCRx.PL[1:0]　421
DMA_CMARx　428
DMA_CNDTRx　428, 443
DMA_CPARx　428
DMA_IFCF　424
DMA_ISR　424
DNL　505

DOR(Data Output Register) 570
Double buffering 451
Double-buffering DMA 전송 427, 451, 452
DS3231M 151, 315, 352
DS3231MZ 265
DT(Dead Time) 205
DVD audio 446
Dynamic performance - ADC 504

[E]

EEPROM 관련 소자 357
effective resolution 504
EMI noise 82
ENOB 505
Event 108
Exception Priority Field 593

[F]

Fast mode - I2C 통신 318
FIFO(First In First Out) 구조 454
floating 상태 80
fputc() 함수 245
free-running counter 165
FSMC bus 26
FT232RQ 소자 262
FT_xxx pins 83
Full bridge 195, 220
Full duplex 통신 방식 365

Full-scale error 506

[G]

Gain error 505, 506
GC1602D-01XA0 608
GIFx - DMA 424
GPIO port 입력 89
GPIO port 출력 86
GPIOx_BSRR 82
GPIOx_IDR 81
GPIOx_ODR 82
GPIO_Analog 143
GPIO_PinState 104
Group priority 594

[H]

H-Bridge 195, 220
half bridge 195
HAL_DAC_SetValue() 함수 569
HAL_DAC_Start_DMA() 함수 569
HAL_Delay() 함수 228
HAL_GPIO_ReadPin 104
HAL_GPIO_WritePin 104
HAL_Init() 함수 228
HAL_RTCEx_BKUPRead() 함수 305
HAL_RTCEx_BKUPWrite() 함수 305
HAL_RTC_GetDate 함수 306
HAL_RTC_GetTime 함수 306
HAL_RTC_SetDate 함수 305

HAL_RTC_SetTime 함수　306
HAL_UART_Transmit() 함수　250
HAL_UART_Transmit_IT() 함수　244
handler mode　478
hang 상황　175
HSE(High Speed External)　145
HSI(High Speed Internal)　145
HTIFx - DMA　424
hysteresis 의미　139

[I]

I2C 통신 규칙　318
I2S　448
IAR
　　C/C++ 최적화　100
　　Live Watch　104
　　Options...　100
　　Show line numbers　102
IC1(Input Capture1)　208
iCoupler 의미　617
IMD　504
inband　500
Injected channel - ADC　509
INL　505
interleaved DMA　426
interrupt　107, 108
Interrupt Controller　107
Interrupt unmasking　597
interrupt vector table　108

interrupt 우선순위　107
ISO308x　608
isoPower 의미　617

[J]

JTAG 20pins　32

[K]

KEIL
　　C/C++ tab　119
　　Options for Target　119

[L]

Li-ion coin battery　267
Low power run Mode　143
Low power sleep Mode　143
LSE(Low Speed External) clock　146,
　　274
LSI(Low Speed Internal)　146

[M]

M24M02-DR　315, 346
master - I2C 통신　318
master clock　447
MATLAB　337
Maximum output speed　82
MCO(Microcontroller Clock Output)
274
Middleware　277
missing code　506

modbus 규격   607
multi-tasking   155

[N]

NACK 정의 - I2C 통신   359
noise shaping filter   500
Non-DMA mode   484
NTC(Negative Temperature Coefficient)
     71, 554
Nucleo board
    STM32F103RB   231
Nucleo-F303ZE   300
Nucleo-L496ZG   303
null modem 방식   262
NVIC   107
NVIC_IPR0_59   593
Nyquist-Shannon Sampling 정리   499

[O]

Offset error   505
Offset voltage   505
Open Drain   80, 83
Option Bytes   37
Out-of-band   500

[P]

Parallel termination   612
PDR(Power Down Reset)   137
Ping-pong buffering   451

PLL(Phased Locked Loop)   145
POR(Power On Reset)   137
ppm(parts per million)   352
Prescaler 의미   160
PRIGROUP   594
PRIMASK(Priority Mask Register) 281
printf() 함수   245
Pull-down   83
Pull-up   83
Push-Pull   80
PVD(Programmable Voltage Detector)
     138, 154
PWM Mode_1   198, 200
PWM Mode_2   198, 200
PWR_CR(Power Control register)   29, 136

[Q]

Queue   453

[R]

RCC(Reset and Clock Control)   149
RCR(Repetition Counter)   162
RDR(Receive Data Register)   251
Regular Channel - ADC   509
Resolution   505
Ring buffer   455
Round-robin 방식   26
RS-485

1UL(Unit Load)　610
　　ADM2481　263, 610, 617
　　bus idle 상태　612
　　fail-safe biasing　614
　　ISO308x　608, 610
　　true fail-safe receiver input　615
RTC Core　280
RTC domain reset　280
RTC register CNTH/CNTL　307
RTC_FORMAT_BCD　306
RTC_FORMAT_BIN　306
RXNE(Read Data Register Not Empty)
　　251

[S]

Sample and hold 과정　499
Sampling time　498
Schmitt trigger　140
SCL - I2C 통신　317
SDA - I2C 통신　317
SDIO　26
Semihost 기능　34, 297
Sensor　498
Sequence - ADC　518
SFDR　504
SHPR1/2/3　593
Shutdown Mode　143
SINAD　505
Slave - I2C 통신　318

Slave 의미　318
Sleep Mode　141, 142, 143
SN54/74HCT573　86
SNR　504, 505
SPI(Serial Peripheral Interfaces)
365
SPORT　446
ST-LINK Utility　35
ST-LINK/V2-ISOL　32
Stale data problem　453
Standard mode　318
Standby Mode　141, 143
stdbool.h　103
Stereo　447
STLink　239
STLinkUpgrade Dialogbox　239
STM32CubeIDE　221
STM32F103RB　231
STM32F4 Family　22
STM32F429 Family　22
STM32F7 Family　9
STM32G Family　22
STM32L Family　21
　　VDD12 pin 용도　21
　　접미사 P　21
STM32L496ZG　303
Stop 0/1/2 Mode　143
Stop Mode　141
Subpriority　594

SWD 2pins 33
SWO 297
SYSCLK 22
SysTick 155
SysTick interrupt 228

[T]

TCB(Transfer Control Block) 419, 426
TCIFx – DMA 424
TDO_SWO 34, 297
TEIFx – DMA 424
THD(Total Harmonic Distortion)
 337, 504
Thread mode 478
TI1FP1 208
TI1FP2 208
Timer CNT 161
Timer PSC 161
Timer 개념 156
Timing margin table 450
TLV5638 366, 377
True fail-safe 특성 610
TS(Temperature sensor) 559
TVS diodes 사용 방법 617

[U]

UART2USB 소자 262
UART_IDLE interrupt 431
UI(Update Interrupt) 162

USART_CR1 436
USART_DR 437
USART_RXNEIE 251
USART_SR 251, 437
USB CDC 기능 262

[V]

VBAT 138
VDD12 pin 21
VESS(가상 엔진 사운드 시스템) 448
Voltage reference 503

[W]

wakeup event 113
Watchdog Timer 175

[Z]

zero padding 371
Zero-scale error 384

[_]

__HAL_UART_CLEAR_PEFLAG() 439
__io_putchar() 함수 245

[ㄷ]

단락(short) 86
동기 mode – AD568xR 406
동기화(Synchronization) 206

[ㅂ]

백색 잡음(white noise) 574
변환 상수 533
비동기 mode - AD568xR 406

[ㅅ]

삼각파 574

[ㅇ]

양자화 noise 503
양자화 오차(Quantization error) 498
위상 지연 500
음장 효과 447

[ㅈ]

전력 mode 141
전원 절체 268
절연(isolation) 32
종단(termination) 저항 612
진폭(Amplitude) 498

[ㅊ]

차동(differential) 전송 방식 609

[ㅎ]

함수의 module화 472